U0901033

中国文化年鉴

ALMANAC OF CHINESE CULTURE

2014

中华人民共和国文化部 编

新 华 出 版 社

图书在版编目（CIP）数据

中国文化年鉴. 2014/中华人民共和国文化部编. --北京：新华出版社，2014.12

ISBN 978-7-5166-1330-6

Ⅰ. ①中… Ⅱ. ①中… Ⅲ. ①文化事业－中国－2014－年鉴 Ⅳ. ①G12－54

中国版本图书馆CIP数据核字（2014）第272981号

中国文化年鉴. 2014

主　　编： 中华人民共和国文化部

出 版 人： 张百新
责任编辑： 梁秋克　王晓娜
封面设计： 厚积广告 · 朱 江　　**印章篆刻：** 庞书田

出版发行： 新华出版社
地　　址： 北京石景山区京原路8号　　**邮　　编：** 100040
网　　址： http://www.xinhuapub.com　　http://press.xinhuanet.com
经　　销： 新华书店
购书热线： 010-63077122　　**中国新闻书店购书热线：** 010-63072012

照　　排： 北京厚积广告有限公司
印　　刷： 北京智慧源印刷有限公司

成品尺寸： 210mm×285mm　　**印　　张：** 47
彩插印张： 4　　**字　　数：** 1347千字
版　　次： 2014年12月第一版　　**印　　次：** 2014年12月第一次印刷

书　　号： ISBN 978-7-5166-1330-6
定　　价： 360.00元

图书如有印装问题请与印刷厂联系调换：010-63830316

《中国文化年鉴》（2014）
编 辑 委 员 会

《中国文化年鉴》（2014）
编 辑 部

《中国文化年鉴》（2014）

鸣谢单位

文化部办公厅

文化部政策法规司

文化部财务司

文化部人事司

文化部艺术司

文化部文化科技司

文化部文化市场司

文化部文化产业司

文化部公共文化司

文化部非物质文化遗产司

文化部对外文化联络局(港澳台办公室)

文化部机关党委

文化部驻部纪检组监察局

文化部信息中心

中国艺术研究院

国家图书馆

故宫博物院

中国国家博物馆

中央文化管理干部学院

中国文化传媒集团 中国文化报社

国家京剧院

中国国家话剧院

中国歌剧舞剧院

中国东方演艺集团有限公司

中国交响乐团

中国儿童艺术剧院

中央芭蕾舞团

中国美术馆

中国国家画院

中国动漫集团有限公司

文化部文化艺术人才中心

文化部艺术发展中心

国家清史纂修领导小组办公室

中外文化交流中心

中国艺术科技研究所

文化部全国公共文化发展中心

《中国文化年鉴》（2014）
鸣谢单位

北京市文化局
天津市文化广播影视局
河北省文化厅
山西省文化厅
内蒙古自治区文化厅
辽宁省文化厅
吉林省文化厅
黑龙江省文化厅
上海市文化广播影视管理局
江苏省文化厅
浙江省文化厅
安徽省文化厅
福建省文化厅
江西省文化厅
山东省文化厅
河南省文化厅
湖北省文化厅
湖南省文化厅
广东省文化厅
广西壮族自治区文化厅
海南省文化广电出版体育厅
重庆市文化广播电视局
四川省文化厅
贵州省文化厅
云南省文化厅
西藏自治区文化厅
陕西省文化厅
甘肃省文化厅
青海省文化和新闻出版厅
宁夏回族自治区文化厅
新疆维吾尔自治区文化厅
新疆生产建设兵团文化广播电视局

《中国文化年鉴》（2014）
组稿人员名单

文化部办公厅：刘宏志

文化部政策法规司：傅瀚霄

文化部财务司：杨　雪、亢　博

文化部人事司：袁　媛、张金宁

文化部艺术司：王　蒙

文化部文化科技司：罗　娟

文化部文化市场司：郑海勇

文化部文化产业司：田　振

文化部公共文化司：汤　琳

文化部非物质文化遗产司：陈　鸿

文化部对外文化联络局：张蓓蓓

文化部机关党委：魏隆姬

文化部驻部纪检组监察局：何海峰

文化部信息中心：洪永平

中国艺术研究院：孙伟科

国家图书馆：高柯立

故宫博物院：段　颖

中国国家博物馆：郭子男

中央文化管理干部学院：董越超

中国文化传媒集团　中国文化报社：李海琪

中国国家京剧院：罗艳琳

中国国家话剧院：吴　青

中国歌舞剧院：杨　烁

中国交响乐团：卜大伟

中国东方演艺集团有限公司：付　真

中国儿童艺术剧院：孙立成

中央芭蕾舞团：孙　豪

中央歌剧院：李英华

中国美术馆：陈　真

中国国家画院：邱　雷

中国动漫集团有限公司：韩　蕊

文化部文化艺术人才中心：李振国

文化部艺术发展中心：高子斐

国家清史纂修领导小组办公室：高子淇

中外文化交流中心：张　立

中国艺术科技研究所：许立勇

全国公共文化发展中心：程志峰

文化部民族民间文艺发展中心：邱邑洪

中国数字文化集团有限公司：周晓爽

北京市文化局：赵珊珊

天津市文化广播影视局：王学增

河北省文化厅：冯彦瑞

山西省文化厅：杨　渊

内蒙古自治区文化厅：关福才

辽宁省文化厅：肖明伟

吉林省文化厅：赵　旭

黑龙江省文化厅：李文娣

上海市文化广播影视管理局：杨　菊

江苏省文化厅：顾海军

浙江省文化厅：陈如福

安徽省文化厅：李一兵

福建省文化厅：江建国

江西省文化厅：邓泽洲

山东省文化厅：王　忠

河南省文化厅：张抗洪

湖北省文化厅：杨　帆

湖南省文化厅：金　樊

广东省文化厅：徐　键

广西壮族自治区文化厅：何小萍

海南省文化广电出版体育厅：高明新

重庆市文化广播电视局：谭家松

四川省文化厅：向仕富

贵州省文化厅：刘伟明

云南省文化厅：王　涓

西藏自治区文化厅：李川州

陕西省文化厅：李海泉

甘肃省文化厅：张书勇

青海省文化和新闻出版厅：祁　鑫

宁夏回族自治区文化厅：张　斌

新疆维吾尔自治区文化厅：裴海寓

新疆生产建设兵团文化广播电视局：安战国

《中国文化年鉴》（2014）
编 辑 说 明

《中国文化年鉴》是一部客观反映文化系统工作情况的综合性年刊，通过逐年记述的形式，展现给广大读者。《年鉴》由中华人民共和国文化部主编，各省、自治区、直辖市文化厅（局），新疆生产建设兵团文化广播电视局，文化部各司局、各直属单位，国家文物局等相关部门及单位等负责年鉴稿件的组织和内容审定，由新华出版社编辑出版发行，自2001年开始出版，现已出版14册，面向全国发行。

《中国文化年鉴》（2014）【以下简称《年鉴》（2014）】以党的十八大、十八届三中全会精神为指导，贯彻落实科学发展观和构建和谐社会的重大战略思想，坚持党和国家关于文化建设、文化工作的路线、方针、政策，力求全面、客观地反映我国文化事业和文化产业发展状况，为各级党和政府加强对文化行业的宏观指导、有效调控、科学管理和依法监督，提供权威的信息参考。

《年鉴》（2014）内容主要有：重要讲话、重要会议、重大活动、获奖名单、文化大事记、文化工作综述、文化政策法规、文化体制改革、公共文化服务、专业艺术、文化市场、文化产业、

文化科教、非物质文化遗产保护、对外文化交流、对港澳台地区文化交流、文物事业、文化人才队伍建设、文化党建、文化反腐倡廉、部属单位概况、地方文化建设、文化机构人员等。《年鉴》（2014）在编写上依据重事实、重数据、据实论理的编写要求，体现年鉴信息富集、资料权威、功能多样的特点，资料收集全面，事实清楚，数据准确，格式规范，是各相关团体会员及部门、单位必备的参考工具书。

《年鉴》（2014）采用篇目、类目、分目、条目四级标题，并分别以不同的字体和字号加以区分，条目为本年鉴内容的基本单位。

文化系统工作与发展情况是本刊的主要内容，着重在以下篇目反映：

［**图片部分**］：直接反映文化系统部分活动和工作场景。

［**重要讲话**］：可公开的党中央、国务院领导同志和文化部部级领导的重要讲话、文章。

［**重要会议、重大活动、获奖名单**］：部级重要会议、活动

资料，评审立项名单、赛事获奖名单、表彰名单等。

［**文化大事记**］：省、部级以上文化事件概要。

［**文化工作综述**］：全国文化建设综述。

［**文化政策法规、文化体制改革、公共文化服务、专业艺术、文化市场、文化产业、文化科教、非物质文化遗产保护、对外文化交流、对港澳台地区文化交流、文物事业、文化人才队伍建设、文化党建、文化反腐倡廉**］：文化建设各领域重要工作情况。

［**部属单位概况**］：文化部各直属单位的文化建设概况。

［**地方文化建设**］：各省、自治区、直辖市文化厅（局），新疆生产建设兵团文化广播电视局文化建设的基本情况及主要成就。

［**文化机构人员**］：各省（区、市）所辖市、县文化局（厅）的人员情况。

文化部非遗司

1	2
3	4	5
6	
7	
8	9

1. 成都国际非物质文化遗产大会。
2. 文化部非遗司司长马文辉致辞。
3. 中国艺术研究院摄影艺术研究所所长李树峰发言 。
4. 一等奖获得者李咸德代表获奖者发言。
5. 中国艺术研究院院长王文章（左三）、中国艺术摄影学会主席杨元惺（左二）等领导为获奖者李咸德（右三）、许亚东、屈公选颁奖后合影。
6. 中国艺术研究院院长、中国非物质文化遗产保护中心主任王文章等参观展览。
7. 开幕式现场。
8. 第四届非遗节开幕式。
9. 观众在展厅参观。

文化部外联局（对港澳台）

1. 11月12日至15日，文化部部长蔡武第3次出席2013“亚洲文化合作论坛”。图为蔡武部长在论坛文化部长座谈会上发表演讲。
2. 9月15日，第十四届“香江明月夜”庆中秋活动在香港文化中心大剧院举行。图为演出结束后嘉宾与演员同台合影。
3. 6月6日和8日，为庆祝联合国教科文组织通过《保护非物质文化遗产公约》十周年和我国第八个“文化遗产日”，由文化部与香港民政事务局、澳门文化局联合举办的2013年“根与魂——中国非物质文化遗产展演”活动分别在香港和澳门隆重开幕。文化部副部长董伟率代表团赴港澳出席了开幕式及相关文化活动。图为展演现场董伟副部长观看香港小朋友学习中国传统乐器竹笛。
4. 7月14日至22日，由文化部与江西省人民政府联合主办，国务院港澳事务办公室特别支持的第九届“艺海流金——感悟瓷魂”对港澳大型文化交流活动在江西成功举办。图为开幕式上董伟副部长与香港嘉宾团团长霍震霆互赠纪念品。
5. 5月至10月间，先后在北京、杭州、广州、上海和成都5个城市举办“香港·文化创意·授权”研讨会，图为北京研讨会现场。
6. 6月18日至7月21日，由文化部联合香港中联办、香港青年联会、澳门中联办和澳门基金会主办的第九届“港澳大学生文化实践活动”在北京成功举办，图为活动开幕式后全体实习学生在国家博物馆的合影。
7. 11月12日杨志今副部长在首届海峡两岸文化遗产节开幕式上致辞，海峡两岸文化遗产节是目前时间跨度最长的两岸文化交流活动，覆盖台北、台中、高雄等台湾主要城市。
8. 11月21日，文化部副部长项兆伦以中华文化联谊会顾问身份出席在台北举办的第四届海峡两岸文化创意展开幕式。
9. 蛇年新春，“欢乐春节”活动首次走进台湾。图为来自贵州的少数民族舞蹈演员在台中“欢乐春节·醉美多彩贵州——两岸春节民俗庙会”上进行的精彩演出。
10. 7月13日，两岸书画名家参加在河北省举办的“情系燕赵——两岸文化联谊行”书画交流笔会。

1	2	3
4		
5		
6		
7		
8	9	10

文化部外联局（对外）

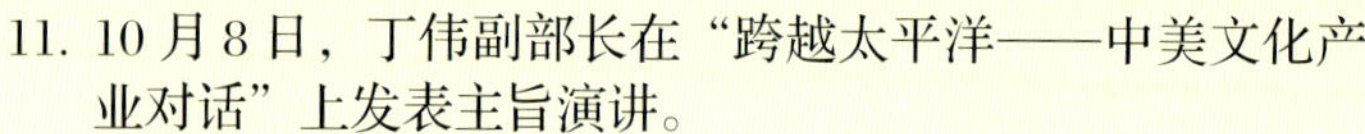

11. 10月8日，丁伟副部长在“跨越太平洋——中美文化产业对话”上发表主旨演讲。
12. 第四轮中美人文交流高层磋商——文化领域磋商会议。
13. 12月5日，杨志今副部长与丹麦文化大臣耶尔维德共同签署《中华人民共和国政府与丹麦王国政府关于互设文化中心的协议》。
14. 11月18日，文化部董伟副部长（左一）出席第十三届亚洲艺术节开幕式。
15. 蔡武部长赴吉尔吉斯斯坦出席上合组织成员国文化部长第十次会晤。
16. 蔡武部长在哈萨克斯坦文化日开幕式上致辞。
17. 董伟副部长出席第四届中俄文化大集开幕式并致辞。
18. 沙特杰纳第利亚文化节主席、沙特国民卫队司令米特阿卜亲王（右）和中国文化部部长蔡武（中）在中国展馆门前为中国舞狮点睛，揭开了为期17天的中国主宾国活动。
19. 由文化部、外交部、国家新闻出版广电总局、国家体育总局、国家宗教局、国家文物局、中国文联、中国作协等共同组织开展的2013年“中阿丝绸之路文化之旅”活动在北京正式启动。
20. 中非文化产业圆桌会议开幕式现场。

11	12	13
		14
		15
		16
		17
18	19	20

中国艺术研究院

第二届亚洲文化论坛合影

第五届中欧文化对话代表合影

纪念《保护非物质文化遗产公约》颁布十周年论坛

公约》精神与中国的保护实践

主办：中华人民共和国文化部
承办：中国非物质文化遗产保护中心
文化部非物质文化遗产司

中国非物质文化保护中心主任王文章为第二届中华非遗传承人颁奖

中国艺术研究院党的群众路线教育实践活动动员会

国家图书馆

1. 2月10日，国家图书馆围绕“书香过大年”主题，推出年画展、数字图书馆推广工程新春趣味答题活动、儿童电影嘉年华、新年亲子故事会等一系列别具特色的春节活动。国家图书馆馆长周和平（右二）向前三位入馆的读者赠送文津图书奖获奖图书，前200位到馆读者也获赠精美纪念品。
2. 3月13至14日，公共图书馆评估定级工作培训班在国家图书馆举办，国家图书馆馆长周和平（中）出席会议并讲话。
3. 4月2日，“科普阅读——开启智慧人生”2013全国少年儿童阅读年系列活动启动仪式在国家图书馆举行，中国图书馆学会副理事长、国家图书馆副馆长陈力出席仪式并致辞。
4. 4月11至12日，“数字图书馆推广工程”资源建设及平台应用培训班在北京举办，国家图书馆副馆长魏大威（右）出席培训班并致辞。
5. 4月18日，第四批《国家珍贵古籍名录》暨古籍普查重要发现在国家图书馆正式发布，国家图书馆副馆长、国家古籍保护中心副主任张志清（左二）、馆长助理孙一钢（左一）等向媒体记者作介绍。
6. 4月23日“世界读书日”之际，第八届文津图书奖获奖图书揭晓，国家图书馆党委书记、常务副馆长、文津图书奖组委会副主任詹福瑞（右三）为获奖图书作者颁奖。
7. 8月16至22日，第79届国际图联大会在新加坡举行，其卫星会议于13日至16日在泰国曼谷召开，国家图书馆馆长助理孙一钢（右四）率代表团参加会议。
8. 9月2日，国家图书馆联合上海交通大学整理出版的《远东国际军事法庭庭审记录》（全80卷）首发出版座谈会在国家图书馆举行。文化部副部长杨志今，中国社会科学院原副院长武寅，中国人民大学原党委书记程天权，国家图书馆馆长周和平（右一），上海交通大学原党委书记、校务委员会名誉主任王宗光以及来自国家新闻出版广电总局、中央档案馆等单位相关负责人出席座谈会。
9. 9月23日，北京大学中文系教授龚鹏程向国家图书馆捐赠其本人十余幅书法作品及数十本著作，捐赠仪式在国家图书馆古籍馆举行。国家图书馆副馆长李虹霖（左）代表国家图书馆向龚鹏程颁发捐赠证书。
10. 9月30日，《永乐大典》入藏国家图书馆仪式暨《永乐大典》特展开幕式在国家图书馆举行。国家图书馆副馆长张志清主持开幕式。
11. 10月16至19日，“2013 年全国图书馆参考咨询工作研讨会”在山东青岛举办，国家图书馆馆长助理汪东波出席会议并致开幕辞。

故宫博物院

在故宫博物院网站发布藏品总目

宫廷园艺研究中心园林景观工程启动仪式，台北故宫院长冯明珠出席

国际博物馆协会、国际博物馆协会中国国家委员会、故宫博物院签署培训中心框架协议

故宫博物院赴中国地震局地震工程与工程振动重点实验室，参加第一期文物防震评估地震模拟试验

在端门西朝房设立售票处，取消午门售票处

实行安检社会化

2013年起实行周一下午闭馆，图为闭馆期间清洁展览设施

中国国家博物馆

1. 4月15日，中央政治局委员、中央书记处书记，中央宣传部部长刘奇葆视察国家博物馆地下文物库房。
2. 6月19日，“中国国家博物馆捐赠基本陈列《复兴之路》图录仪式”在国家博物馆举行。
3. 7月31日，吕章申馆长率国家博物馆代表团出访肯尼亚，洽谈中肯考古合作。
4. 9月2日，国家博物馆举办“深入开展党的群众路线教育实践活动中国国家博物馆‘中国梦·国博梦·我的梦’讲演活动”，馆领导与获奖选手合影留念。
5. 9月13日，“中华文明历史题材美术创作工程创作草图观摩展”在国家博物馆开幕，中华文明历史题材美术创作工程入围艺术家与主办单位正式签约。
6. 10月15日，“2013中阿丝绸之路文化之旅中国—阿拉伯国家博物馆馆长论坛”在国家博物馆开幕。
7. 10月29日，“地中海文明—法国卢浮宫博物馆藏文物精品”展览在国家博物馆开幕。
8. 11月5日，文化部部长蔡武在国家博物馆会见列支敦士登摄政王储阿洛伊斯殿下一行并共同参观“鲁本斯、凡·戴克与佛兰德斯画派——列支敦士登王室珍藏展”。

中央文化管理干部学院

1. 第二期西部地区少数民族文化干部培训班现场教学。
2. 青海省公共文化服务管理与创新专题研修班结构化研讨。
3. 全国文化干部素质能力提升工程——全国文化系统中青年干部培训班。
4. 新疆班在学院远程教育平台上学习。
5. 学院科研团队在新疆乌鲁木齐市进行文化产业规划汇报。
6. 中非博物馆馆长论坛现场。
7. 中国戏曲表演艺术高级研修班合影。
8. 国家文物局第十二期全国县级文物行政部门负责人培训班合影。

中国文化传媒集团

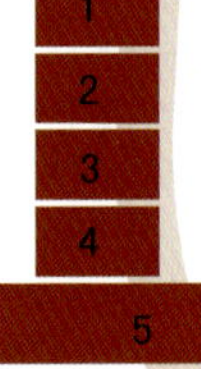

1. 中传国际影城（天津店）正式开业。
2. 与瑞典北欧中国影视文化中心签署战略合作协议。
3. 《艺术市场》美术馆北美分馆正式揭牌。
4. "中国画·画中国——二画新疆"活动采风团在拜城魔鬼城。
5. "美丽中国·海疆行"系列采访报道活动走进三沙市。

国家京剧院

1. 经典保留大奖剧目《杨门女将》巡演。
2. 创排新编历史剧《洛水伊人》。
3. 复排现代京剧 《杜鹃山》。
4. 舞台艺术电影《龙凤呈祥》。
5. 《梅兰霓裳》。
6. 国家京剧院“文化下乡”走进中航工业沈飞集团。
7. 国家京剧院举办2013年“高雅艺术进校园”活动。
8. 国家京剧院鲁东文化促进会基地举办一周年庆典活动。
9. 新春之际，参加国务院侨办 “文化中国·四海同春”赴澳大利亚、新西兰演出。
10. 《慈禧与德龄》参加香港“第四十一届国际艺术节”演出。
11. 《韩玉娘》参演“第二十四届澳门艺术节”。

中国国家话剧院

1. 12月25日，院领导在中国国家话剧院组建12周年庆祝会上向退休的同志献花。
2. 周予援院长在2013年国家艺术院团演出季推介会上。
3. 《本事》——2013中国国家话剧院剧本朗读会11月8日台开。
4. 中国国家话剧院与英国国家剧院就共同排演话剧《战马》中文版签署合作协议。
5. 话剧《大宅门》1月17日首演。
6. 中国国家话剧院与澳大利亚联合出品双语音乐话剧《蝴蝶》1月17日首演。
7. 话剧《青蛇》3月21日首演。
8. 话剧《白夜》12月11日首演。
9. 话剧《伏生》12月25日首演。

1. 第九届撒马尔罕国际音乐节，民乐团获二等奖。
2. 2013年三下乡演出。
3-4. 歌剧《红河谷》获文华大奖。
5. 三下乡演出。
6. 歌剧《天鹅》剧照。
7. 歌剧《苏武》剧照。
8. 中秋明月夜演出，部分演员与香港特首等领导合影。
9. 舞剧《孔子》剧照。

中国东方演艺集团有限公司

1. 10月25日，东方歌舞团有限公司劳动合同签订仪式在集公司举行。
2. 2月26日–3月5日，中国东方演艺集团“三下乡”赴山西乡县慰问演出。
3. 4月2日，中国东方演艺集团组织开展全员竞聘上岗。
4. 4月12日，文化部党组书记、部长蔡武，文化部党组成员副部长董伟，中宣部、中央文资办有关同志，文化部有关局负责同志，来中国东方演艺集团调研座谈。
5. 6月6日，中国东方演艺集团艺术家小分队赴天津河西区办“大地情深”志愿服务走基层舞蹈社团培训活动。
6. 8月21日，中国东方演艺集团出品的大型风情音乐会《民也时尚——天下一家》参加2013年国家艺术院团演出季。
7. 8月26日，中国东方演艺集团出品的大型歌舞晚会《水墨华·雅》参加2013年国家艺术院团演出季。
8. 9月25日，巴基斯坦国家艺术团、蒙古国国家歌舞团、西牙胡莉娅·格雷格斯弗拉明戈舞团来中国东方演艺集团交访问。
9. 10月10日，集团党委、团委组织集团35岁以下青年，台党的群众路线教育实践活动青年座谈会暨文化青年走基层告会。
10. 1月17日–27日，中国东方演艺集团重点援疆项目舞蹈晚《大美新疆》在北京展览馆剧场演出。
11. 8月31日，中国东方演艺集团出品的大型歌舞晚会《天涯比邻》参加2013年国家艺术院团演出季。

中国儿童艺术剧院

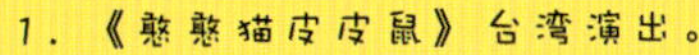

1. 《憨憨猫皮皮鼠》台湾演出。
2. 《特殊作业》云南公益演出。
3. 《小吉普・变变变》云南公益演出。
4. 《伊索寓言》走进新疆哈密公益演出。
5. 第三届中国儿童戏剧节土耳其《秃小子》演出合影。
6. 儿童剧《口袋里的中国故事》。
7. 群众路线教育。
8. 中国儿童戏剧节开幕式。
9. 中国儿童戏剧节闭幕式研讨会。
10. 中层干部培训照片。

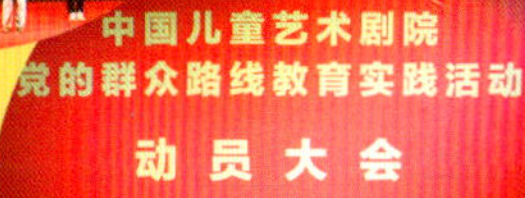

中央歌剧院

1. 2013年2月1日和2日，俞峰院长指挥中央歌剧院携大型音乐诗画《鄞地九歌》回故乡，在鄞州文化艺术中心演出。
2. 2013年5月21日、22日，俞峰院长指挥中央歌剧院首演原创歌剧《红帮裁缝》。
3. 2013年7月6、7日，俞峰院长指挥中央歌剧院首演瓦格纳鸿篇巨制歌剧《女武神》。
4. 2013年4月27日，中央歌剧院交响乐团再度携手卡雷拉斯，于国家大剧院演出《北京·世界》独唱音乐会。
5. 2013年10月9日，中央歌剧院再次与多明戈大师合作，演出《当东方遇见西方》京剧·歌剧音乐会。
6. 2013年5月3日，俞峰院长指挥中央歌剧院在中山公园音乐堂上演傅庚辰作品音乐会。
7. 2013年1月22日，中央歌剧院举办“三下乡”慰问农民工专场音乐会。
8. 2013年10月26、27日，俞峰院长指挥中央歌剧院再赴意大利罗马协和剧院，演出歌剧音乐会《游吟诗人》。

1	2	3
4	5	6
		7
8		

中央芭蕾舞团

1. 2月27日，中央芭蕾舞团在加拿大温哥华伊莉莎白女王剧院演出古典芭蕾名剧《天鹅湖》。
2. 4月19日，“温故知新”第四届workshop芭蕾创意工作坊作品展演在天桥剧场举行，新作《波莱罗》惊艳亮相。
3. 4月24日，《追梦》中央芭蕾舞团2013演员年度考核汇演在天桥剧场举行。
4. 5月9日，中央芭蕾舞团《春之祭》在国家大剧院歌剧院首演。
5. 6月7日，作为中芭第八年参加“中法文化之春”活动剧目，中央芭蕾舞团《经典芭蕾“三合一”专场演出》在北京大学百周年纪念讲堂上演。
6. 9月11日，中央芭蕾舞团重新制作、复排的鲁道夫·纽里耶夫版《堂·吉诃德》在北京天桥剧场隆重首演。
7. 9月25日，中央芭蕾舞团《天鹅湖》在法国巴黎夏特莱剧院激情上演。
8. 10月1日，中央芭蕾舞团经典芭蕾舞剧《红色娘子军》在法国巴黎夏特莱剧院首演。
9. 10月1日，中央芭蕾舞团演员与演出当地舞蹈学校小学员交流。
10. 11月1日，“首届中国国际芭蕾演出季”的开幕gala演出在天桥剧场举行。
11. 2月21日，中央芭蕾舞团的经典保留剧目《大红灯笼高高挂》在加拿大蒙特利尔艺术广场威尔弗莱德·彼莱提尔剧院首演。

中国数字文化集团有限公司

国际奥委会OGKM访谈

——访北京奥运会开幕式
执行制作人 王宁

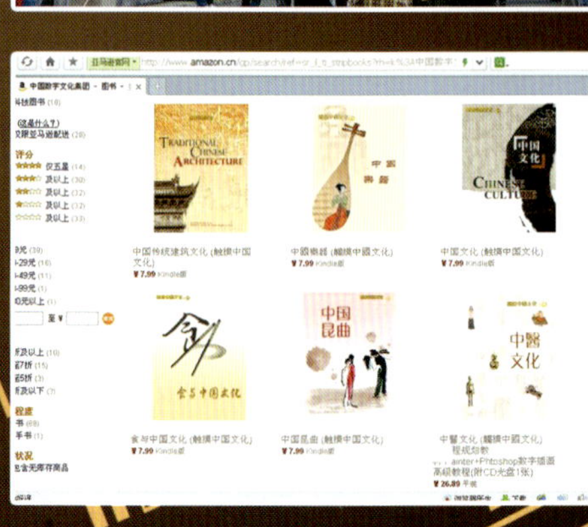

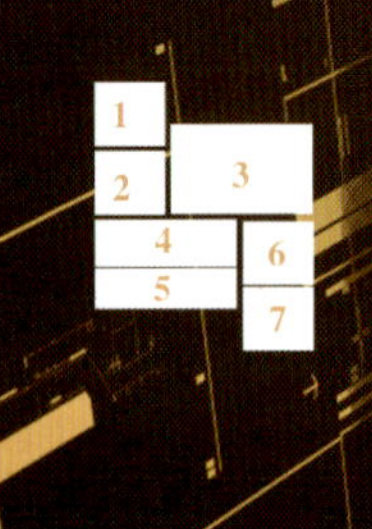

1. 中数集团承办2014年中国海外中心体验式展览"体验春节"。
2. 中数集团制作APP应用"100个汉字认识中国"。
3. 中数集团负责的2014年"欢乐春节"品牌营销推广，登陆纽约时报广场大屏幕。
4. 中数集团下属北京中录电视公司成为中移动中国音乐基地内容提供商。
5. 中数集团制作的国际奥委会采访北京奥运会开幕式执行制作人王宁短片。
6. 中数集团制作的2014年"欢乐春节"品牌营销推广宣传片——和谐篇，登陆纽约时报广场大屏幕。
7. 中数集团制作的"触摸中国文化"系列图书登陆亚马逊网站。

中国动漫集团

文化部副部长项兆伦同志参观第11届网博会

国有资本金项目优化论证会

酷漫网CIS专家论证会

酷漫平台运营思路汇报

动漫集团监事会主席柳士发会见韩国江原道文化产业振兴院院长朴兴寿

北京皇城艺术品交易中心举办的皇城艺术品大讲堂——王敬之先生的讲座

北京皇城艺术品交易中心举办的皇城艺术品大讲堂——张荣女士的讲座

通景大厦

文化部文化艺术人才中心

3月，人才中心组织的“国家博物馆应届毕业生招考”工作中的监考场景。

2013年，人才中心组织的海外中国文化中心文化交流人才储备派遣项目的选拔工作。

2013年，中心组织的演艺设备系统工程项目经理人考试中的场景。

人才中心组织的演艺设备系统工程项目经理岗位培训测试考试。

3月份，人才中心组织的“文化部恭王府管理中心公开招聘考试”的场景。

7月，人才中心组织的2013年第二期艺术品经纪人研修班结业合影。

文化部艺术发展中心

1. 胡克主任在中国国际艺术博览会开幕式上致辞。
2. 胡克主任出席中国美术创作研究基地签约仪式。
3. 胡克主任出席中国美术创作研究基地—江西省基地授牌仪式。
4. 胡克主任出席第四届当代中国画学术论坛开幕仪式。
5. 胡克主任出席”2012中国美术大事记“编辑座谈会。
6. 杨志今副部长与胡克主任交谈。

国家清史纂修领导小组办公室

12月17日，国家清史编纂委员会主任戴逸获得“第二届吴玉章人文社会科学终身成就奖”

11月14日，清史办主任、编委会常务副主任卜键与台北故宫博物院院长冯明珠座谈

9月24日，编委会副主任马大正、清史办副主任顾春等赴英国大英图书馆调研、协商所藏清代档案文献利用事宜

12月10日，由国家清史编纂委员会等单位主办，天津社会科学院协办的“《袁世凯全集》首发式暨学术研讨会”在天津社会科学院召开

11月26日，国家清史纂修领导小组副组长杨志今到清史工程视察工作，听取编委会、清史办工作汇报

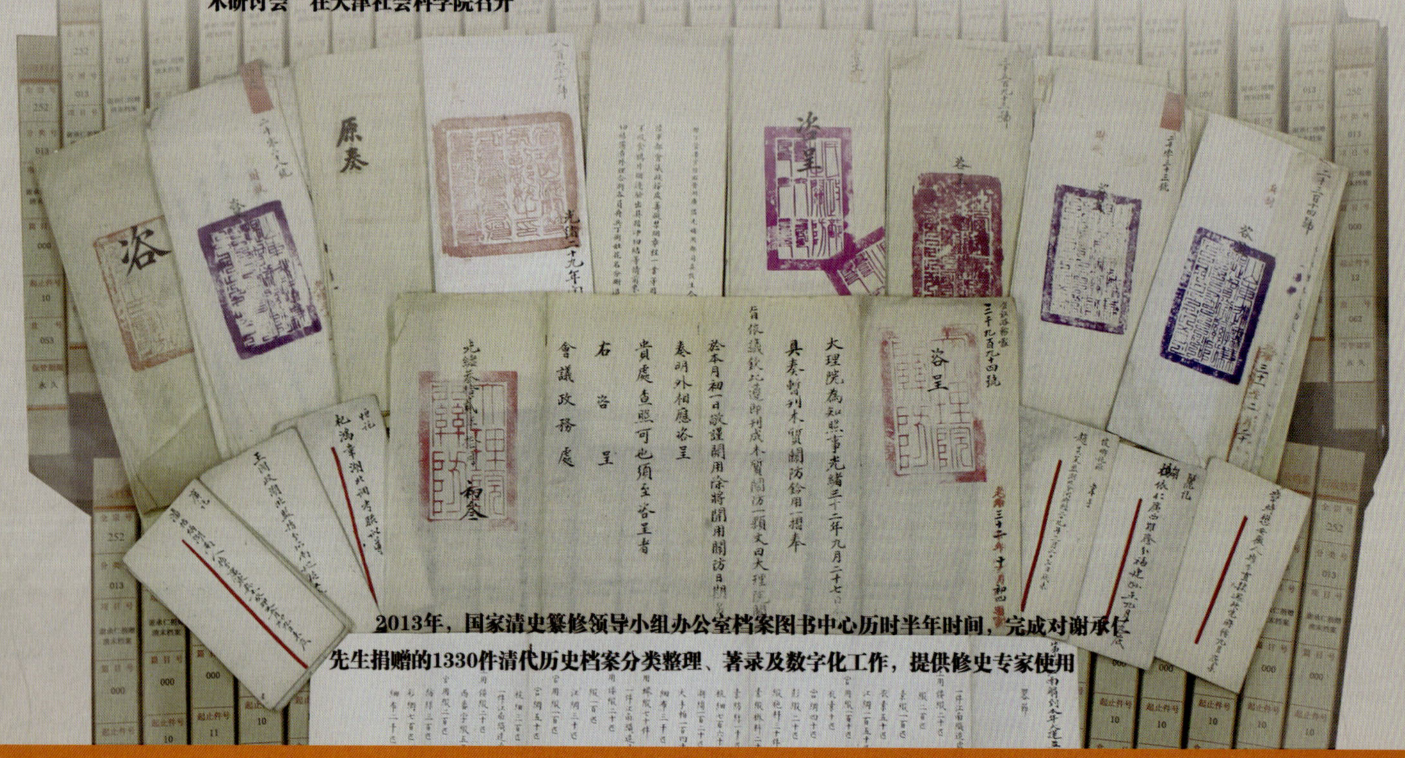
2013年，国家清史纂修领导小组办公室档案图书中心历时半年时间，完成对谢承仁先生捐赠的1330件清代历史档案分类整理、著录及数字化工作，提供修史专家使用

1. 2013海外中国文化中心"奖学之旅"启动仪式学员与领导和嘉宾合影。"奖学之旅"活动一直延续着"配合中国文化中心的教学培训工作，提高学员学习中国语言文化热情"的初衷。通过开展培训、参观体验、外省交流，使学员对中国文化具有鲜活、立体、全面的感知。
2. 2013年，中外文化交流中心影视处制作驻外用故事片和纪录片DVD11880盘。
3. 发运处库房。发运处负责发运文化纪念品、春节饰品、"欢乐春节"活动用品、国庆图片展、建交图片展、故事片和纪录片、台历、挂历、贺卡及海外文化中心专用挂历、国内外期刊报纸和小额文化物资。
4. 《中外文化交流》系全国唯一以对外介绍中国文化艺术为主要内容的大型国际期刊，拥有中文和英文两个版本，强调深度报道，以丰富的信息量、生动的可读性及多角度、宽视野的特色，成为国内海外读者了解中国文化和世界各民族文化的窗口。《中外文化交流》通过我各驻外使（领）馆发送约200个国家和地区。
5. 为配合海外中国文化中心揭牌，根据各海外文化中心所处地域的文化、审美习惯量身制作了系列展览。图为2013年10月马德里"中国文化中心——连接中国与世界的桥梁"揭牌展。
6. 《2013chifra中法艺术交流展》由文化部中外文化交流中心主办、索非亚国际艺术基金会协办，共展出28名中国艺术家和14名法国艺术家超过200件作品。通过精美的油画、雕塑和版画作品，向观众们呈现中法老中青三代艺术家的探索和追求。
7. 由文化部和江苏省人民政府主办，第十届中国（常州）国际动漫艺术周9月28日至10月5日在江苏省常州市举行，文化部丁伟副部长出席开幕式。
8. "共和国相册2013•美丽中国"国庆主题图片展由策划制作处自主策划，承担了从策划、选图到文字撰写、设计等工作。展览共制作183套，如期提供前方使领馆、文化中心使用，获得了广泛的好评。
9. 文化传通网是为实现"国内与国外、前方与后方、中央与地方"的沟通联络而建立的文化资源共享平台。文通网旨在为实施中华文化走出去战略服务，及时汇总国内外文化传播、文化交流、文化贸易的动态信息和丰富资源，通达全球200多个驻外使（领）馆和海外中国文化中心，是对外文化工作的管理者、参与者、业内研究人员和普通关注者及时了解中外文化新闻事件、发展动态、交流情况、优势资源的窗口，也是集知识课堂、资源超市、信息平台、业绩库房为一体的重要工作交流平台。

中国艺术科技研究所

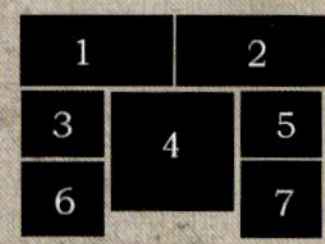

1. 首届艺术品备案认证学术交流会现场。
2. 2013年全国美术考级工作会议。
3. 财政部社会公益项目“国家文化消费需求基础性数据调研及统计评估建模”技术研讨会。
4. 中国艺术科技研究所团员参加文化青年走基层实践活动。
5. 财政部社会公益项目“国家文化消费需求基础性数据调研及统计评估建模”开题会。
6. 财政部社会公益项目《中国汉字历代字体检索数据库》工程项目阶段暨研讨会。
7. 中国区域科学协会沈体雁秘书长授予白国庆所长“区域文化发展专业委员会”铭牌。
8. 所内自主项目“中国文化元素符号的视觉表达及应用”研讨会。

文化部全国公共文化发展中心

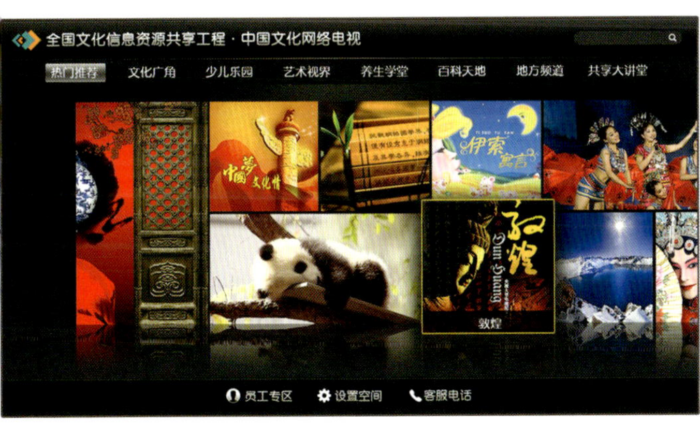

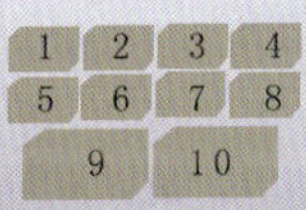

1．11月1日，文化部杨至今副部长调研全军政工网“文化共享工程专栏”试用情况。

2．“心声•音频馆”项目——盲人朋友正在体验音频资源。

3．“心声•音频馆”项目——文化共享工程丰南支中心的盲人朋友享用音频馆资源。

4．“中国文化网络电视”项目——江苏常州文化站用网络电视终端设备开展服务。

5．“传统文化进校活动”——武汉实验外国语学校小学生在公共电子阅览室里观看戏曲动画。

6．2013年中国图书馆年会，在文化共享工程暨公共电子阅览室体验区内，孩子玩得不亦乐乎。

7．“边疆万里数字文化长廊”项目—牧民爷孙使用平板电脑观看视频资源。

8．“边疆万里文化长廊”项目——工作人员为牧民进行移动终端使用指导。

9．“中国文化网络电视”主界面。

10．“国家数字文化网”网站门户获得由文化部办公厅颁发的2013年度“特色创新奖”。

北京市文化局

1. 文化部、财政部领导为31个国家公共文化服务体系示范区和9个优秀示范项目获得者授牌。朝阳区副区长张立新代表朝阳区接牌。
2. 文化志愿者送摄影到农村，为百姓免费拍摄全家福。
3. 北京市东城区群众文化展演季演出活动。
4. 首都图书馆少年儿童图书馆。
5. “十艺节”群星奖获奖作品舞蹈《新居》剧照。

1	2	3
	4	
5	6	7
8	9	10
	11	

6. “十艺节”文华大奖获奖作品昆曲《红楼梦》剧照。
7. “十艺节”文华优秀剧目奖获奖作品儿童剧《想飞的孩子》剧照。
8. “十艺节”群星奖获奖作品戏剧《乐谷之声》剧照。
9. 大兴区举办了“美丽大兴我的家”广场舞蹈大赛。
10. 赴意大利举办欢乐春节活动。
11. 赴古巴举办“北京之夜”文艺演出。

天津市文化广播影视局

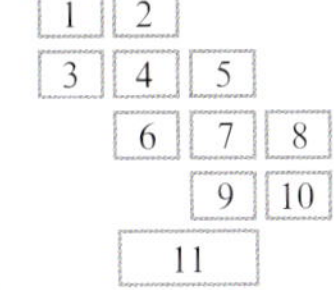

1. 5月，天津博物馆基本陈列《中华百年看天津》荣获第十届全国博物馆十大陈列展览精品奖。
2. 5月，天津市评选命名了全市首批17家文化产业示范园区，图为天津滨海广告产业园全景。
3. 5月，中宣部第十二届精神文明建设"五个一工程"奖获奖剧目河北梆子《晚雪》参加天津市2013年优秀剧目展演。
4. 7月，平津战役纪念馆举办的《中国梦我的梦》大型图片展深受群众欢迎。
5. 7月，天津市文化广播影视局启动党的群众路线教育实践活动，局领导班子带领机关处级干部集体参观《为民 务实 清廉——党风楷模周恩来》展览。
6. 8月，"和平杯"中国京剧小票友邀请赛决赛在津举行。
7. 9月18日，国际专家现场考察中国京杭大运河天津段申遗与保护工作。
8. 10月，京剧《香莲案》荣获第十四届文华奖"优秀剧目奖"。
9. 10月，评剧《赵锦棠》荣获第十四届文华奖"文华大奖"。
10. 10月，情景歌曲《运河颂》等4部作品和3个项目荣获第十届中国艺术节群星奖。
11. 3月，天津五大道建筑群等13处文物点经国务院批准公布为第七批全国重点文物保护单位。

河北省文化厅

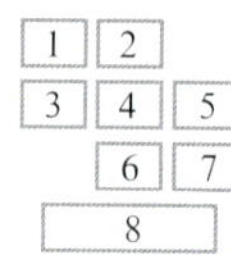

1-2. 第六届河北省民俗文化节暨首届保定市民俗文化节。

3. 河北省杂技团儿童剧《蔬菜瓜果总动员》参加第十四届中国吴桥杂技节河北大戏院惠民专场演出。

4. 朝鲜平壤国家杂技团的《空中飞人》。

5. 云南省杂技团的《女子蹬人流星》。

6. 文化部和河北省人民政府共同主办的“情系燕赵—两岸文化联谊行”大型对台文化交流活动。

7. 蔚县暖泉古镇《打树花》表演。

8. 第十四届中国吴桥国际杂技艺术节闭幕式上领导和部分演员合影。

山西省文化厅

1. 全国文化局长会。
2. 2013 全省文化局长会。
3. 蔡武部长赴清徐县调研。
4. 中部六省文博会。
5. 副省长张建欣视察山西晋剧艺术中心工程。
6. 全省艺术创作会在芮城召开。
7. 6 月 25 日，保利文化集团股份有限公司与省文化厅签署战略合作协议。
8. 图书馆开馆。
9. 文化部与山西签阿作框架协议。
10. 舞剧《粉墨春秋》荣获“文华大奖。
11. “美丽山西・文化惠民”展演活动现场。

内蒙古自治区文化厅

1. 11月25日至30日，在自治区人民政府举办的“草原情·宝岛行—内蒙古·台湾交流合作活动”
文化厅负责组织的“美丽草原我的家”专场文艺晚会和内蒙古风光摄影展，赢得台湾业界、媒体
众广泛好评，取得圆满成功。图为内蒙古自治区主席巴特尔陪同中国国民党原主席吴伯雄观看摄影
2. 8月21日，内蒙古自治区党委宣传部副部长、文化厅厅长周纯杰在帮扶点吴龙宝嘎查调研。
3. 乌兰夫基金民族文化艺术奖第二届颁奖。
4. 7月5日，内蒙古文化厅召开区直文化系统开展党的群众路线教育实践活动动员部署大会。自治区
委常委、宣传部部长乌兰出席会议并讲话。
5. 12月29日，在全国文化市场综合执法技能大比武活动中，我区代表队获总分第13名，名列华北地区第
少数民族地区第一。
6. 12月18日，“警民共建边境地区文化遗产保护‘草原雄鹰’工程启动仪式”在内蒙古公安边防总队举
7. 2月15日至26日，内蒙古艺术团32人赴哈萨克斯坦和俄罗斯参加2013年“欢乐春节”演出活动。
8. 8月至12月，全区开展“百团千场”下基层慰问演出活动。
9. 9月24日至28日，由中国文化部、中国驻毛里求斯大使馆、毛里求斯共和国文化和艺术部、内蒙
自治区人民政府共同举办的2013“中国·内蒙古文化周”活动在非洲毛里求斯共和国成功举办。
10. 10月20日，由内蒙古民族歌舞剧院创作的群舞《盅碗筷》在第七届CCTV全国电视舞蹈大赛民族
间舞决赛中荣获金奖。

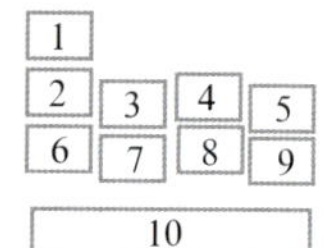

辽宁省文化厅

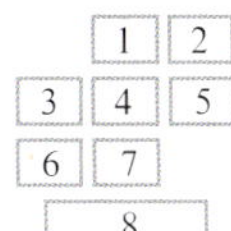

1. 第五届中国东北文化产业博览交易会开幕式。
2. 全省文化市场综合行政执法技能大比武颁奖仪式。
3. 辽宁省第二届群众文化节开幕式。
4. 辽宁省图书馆、辽宁省博物馆与国家图书馆共同举办珍贵古籍特展。
5. 迎全运专场文艺演出——音舞诗画《我的家园我的梦》。
6. 奉海铁路局旧址等75处文物入选第七批国家级文物保护单位。
7. 沈阳京剧院《将军道》入选“2011——2012年度国家舞台艺术精品工程重点资助剧目”并获“文华奖优秀剧目奖”。
8. “激情全运，魅力辽宁”全省非物质文化遗产展示展演周活动。

吉林省文化厅

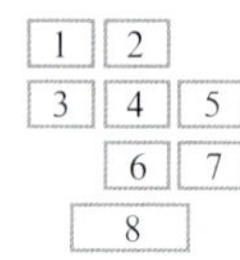

1-2. 吉林省戏曲剧院京剧团《孙安动本》当选国家舞台艺术精品工程重点资助剧目。

3-4. 第四届长白之声合唱节。

5. 戏曲剧院大众剧场。

6. 动漫集团外景楼。

7. 员工在制作动漫人偶。

8. 图书馆新馆。

黑龙江省文化厅

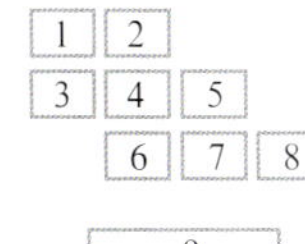

1. 黑龙江省博物馆与首都博物馆联合在京办展。
2. 深圳“文博会”黑龙江省重点文化产业项目合作签约仪式。
3. 黑龙江省（牡丹江）非物质文化遗产博览会。
4. 黑龙江省京剧院新创排京剧《月照塞北》参加中国“十艺节”演出并获奖。
5. 大庆市博物馆《第四纪古生物化石展》获全国博物馆十大陈列展览“精品奖”——猛犸象群。
6. 黑龙江省博物馆与贝林集团环球与健康教育基金会签署合作协议。
7. 第四届中俄文化大集期间《中国国画展》在俄阿穆尔州举办。
8. “哈洽会”期间黑龙江省政府举办第三届友城文化周活动。
9. 第五届东北文博会黑龙江展区。

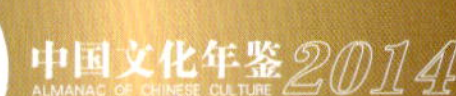

上海市文化广播影视管理局

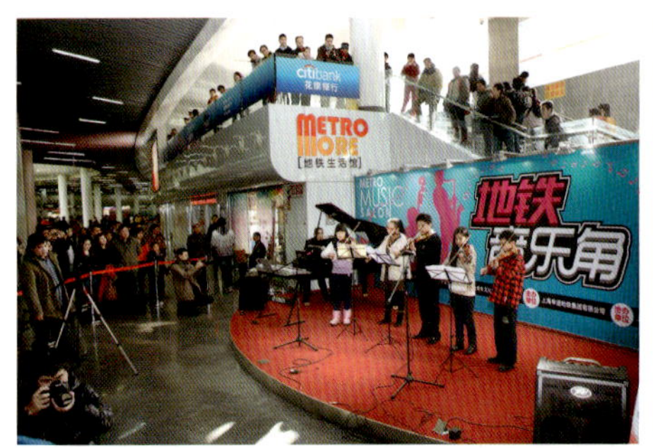

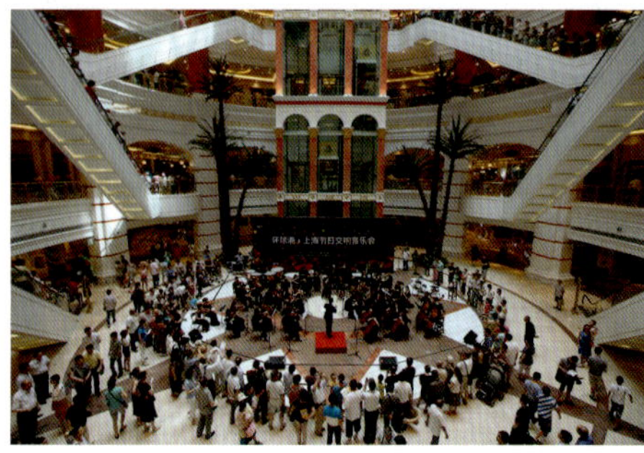

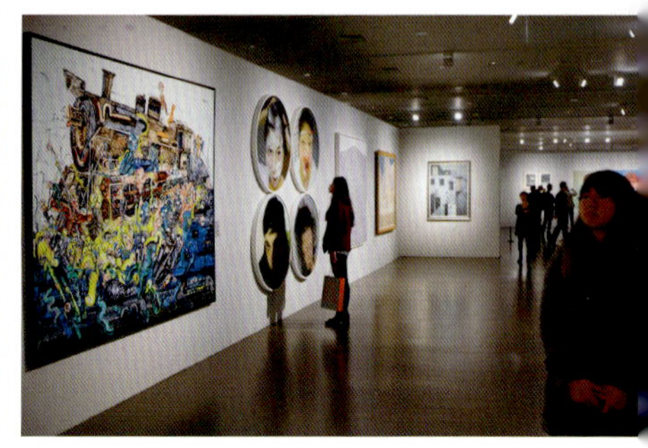

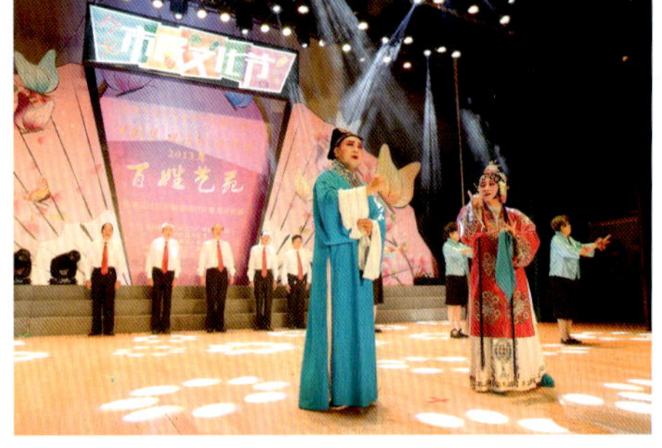

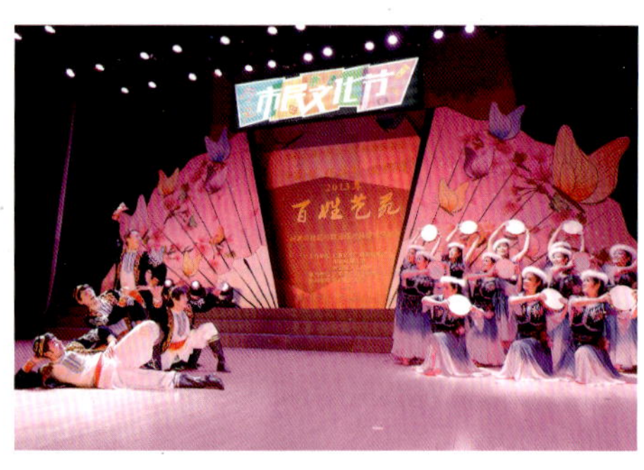

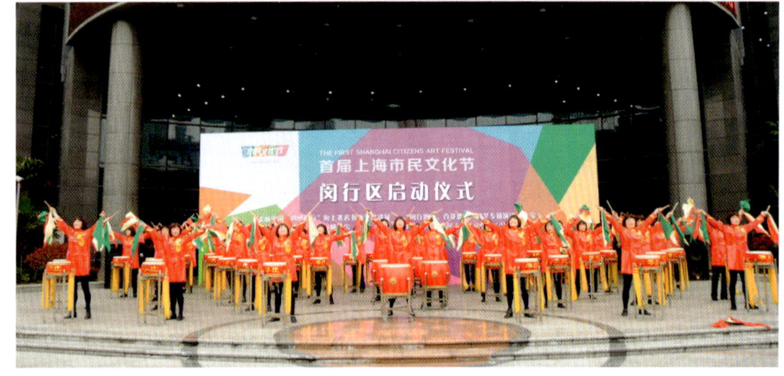

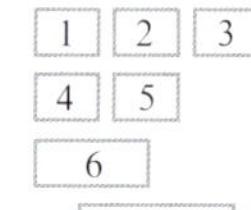

1. 1月1日，地铁音乐角。
2. 7月5日，月星环球港。
3. 11月27日，青年美术大展。
4. 百姓艺苑成果展演－定海路街道淮剧《卖油郎》。
5. 百姓艺苑成果展演－延吉街道舞蹈《西域鼓韵》。
6. 闵行区文化节开幕。
7. 2013“春之声”城市景观交响音乐会在创智天地下沉式广场举行。

1	2	3
4	5	
6		
7		

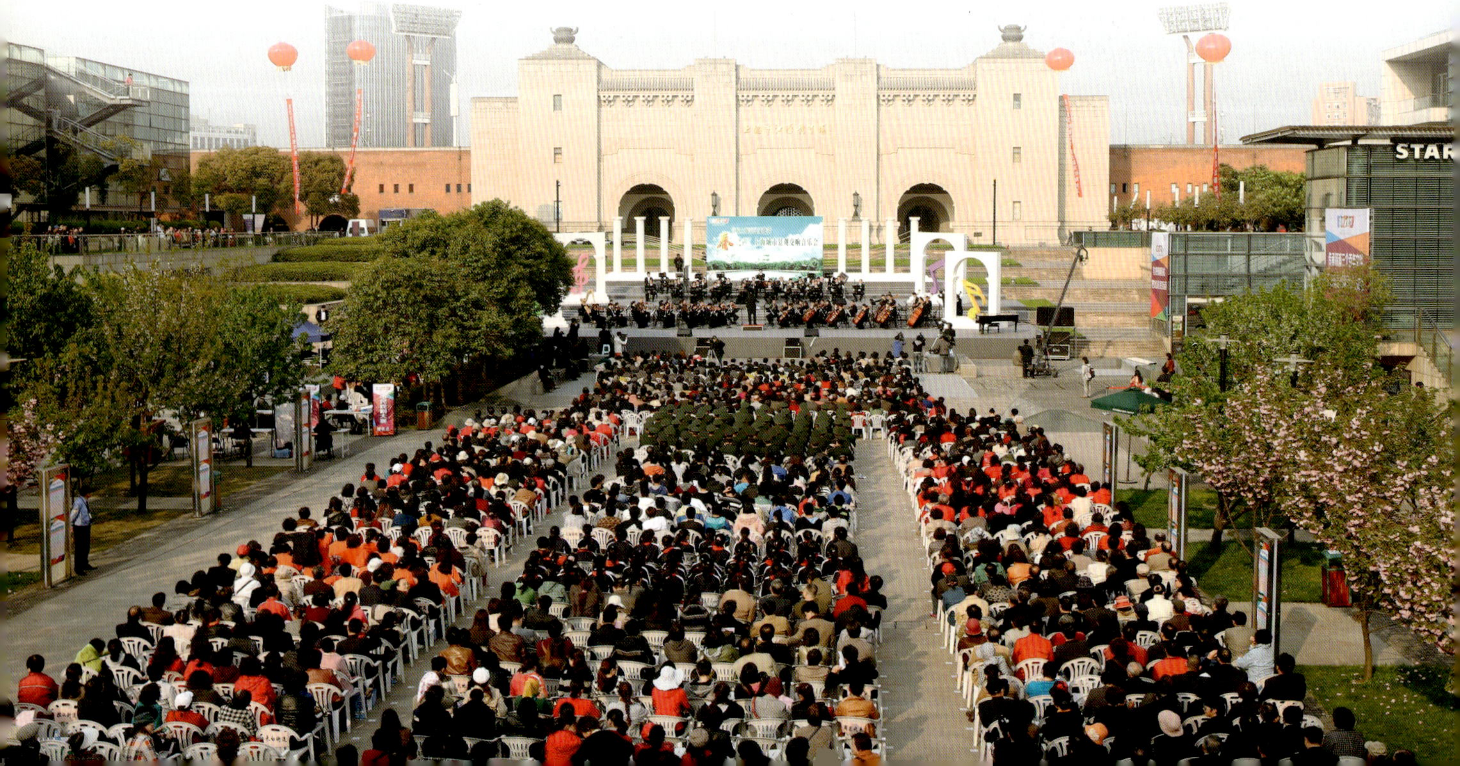

江苏省文化厅

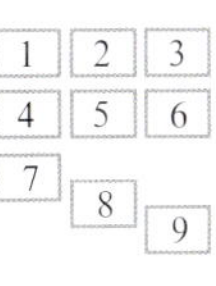

1. 文化部部长蔡武来江苏调研大运河（江苏段）保护和申遗工作，省委书记罗志军、省长李学勇在宁会见了蔡武一行。
2. 文化部部长蔡武、文化部副部长兼国家文物局局长励小捷来我省就大运河（江苏段）保护和申遗工作进行调研。
3. 省长李学勇出席首届江苏艺术展演月。

4–7. 江苏省文化厅与地方政府签署战略合作协议。

8. 江苏省舞台艺术精品获国家大奖庆功会。
9. 江苏重点文化建设项目南京博物院二期改扩建工程经过4年多建设，正式向公众开放"。
10. 省文化厅和盐城市政府联合出品、盐城市杂技团演出的大型音乐杂技剧《美猴王·西游记》作为今年林肯艺术中心艺术节开幕大戏，在美国纽约曼哈顿林肯艺术中心上演，获得西方观众的广泛好评。
11. 原创话剧《枫树林》获第十届中国艺术节文华大奖。
12. 第六届江苏省少儿艺术节优秀剧目展演。

浙江省文化厅

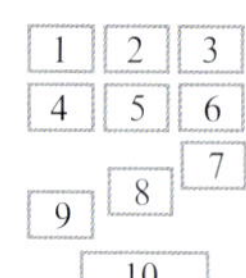

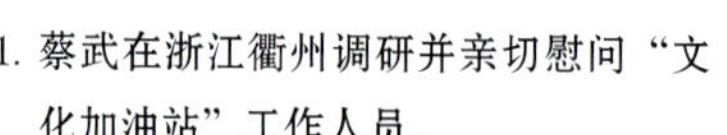

1. 蔡武在浙江衢州调研并亲切慰问“文化加油站”工作人员。
2. 2013 德国·中国浙江文化节开幕式。
3. 第8届中国义乌文化产品交易博览会。
4. 浙江省启动舞台艺术精品创作5年行动计划。
5. 浙江省文化厅召开首次全省美术工作会议。
6. 浙江省第一次全国可移动文物普查人员在查看藏品登记卡。
7. 国际专家对大运河（浙江段）申遗项目进行现场考察评估。
8. 浙江省濒危剧种守护行动启动仪式。
9. 厅领导带头践行群众路线与基层文化工作者面对面座谈。
10. 浙江省万人排舞大展演。

安徽省文化厅

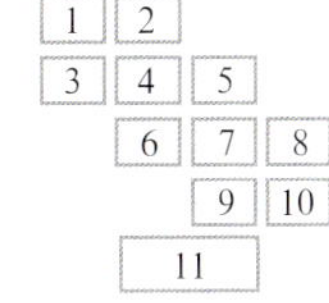

1. 文化部副部长项兆伦视察安徽博物院。
2. 文化部部长、国家文物局局长励小捷一行在黄山调研古村落保护工作。
3. 安徽省政府省长王学军到省文化厅调研。
4. 安徽省委常委、宣传部长曹征海，省文化厅厅长袁华等检查合肥文化市场。
5. 国家文物局古村落保护维修样板工程启动仪式在黄山市呈坎村举行。
6. 安徽省美术馆等三大重点文化项目开工仪式。
7. 安徽省第八个中国文化遗产日主场城市活动。
8. 第三届安徽省民间杂技艺术节在临泉县举办。
9. 安徽省文化厅领导班子召开专题民主生活会。
10. 安徽省文化厅举办全省民营艺术院团“百佳院团”座谈培训会。
11. 安徽省第十届艺术节上省歌舞剧院表演的舞蹈《神香》。

福建省文化厅

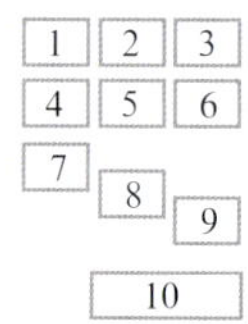

1. 1月31日，福建省文化厅组织文化下乡服务活动。
2. 6月8日，福建举办系列活动纪念第八个“文化遗产日”。
3. 6月16日，文化部部长蔡武、副部长赵少华考察厦门文化产业。
4. 6月24日，福建省文化厅在法国巴黎中国文化中心举办“闽韵流芳·福建文化年”系列活动。
5. 6月30日，福建省文化厅在南非设立全球首家“闽侨文化中心”。
6. 9月，福建省文化厅组织开展“情系八闽——文化志愿服务走基层”活动。
7. 10月28至29日，福建省省长苏树林调研福建文艺院团改革工作。
8. 10月25至28日，由中央台办、文化部、福建省政府等主办的第六届海峡两岸（厦门）文化产业博览交易会在厦门举行。
9. 11月25日，全球最大“美国（纽约）闽侨文化中心”在纽约曼哈顿落成。
10. 6月16晚，由文化部、海峡两岸关系协会、福建省政府等主办的“2013世界闽南文化节”开幕式。

江西省文化厅

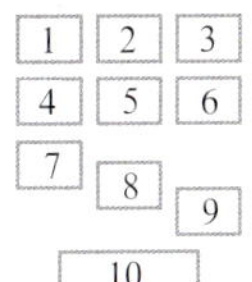

1. 5月31日，江西省委书记强卫（左三）深入省直文化单位调研。
2. 7月14日至20日，由文化部和江西省人民政府联合主办的“艺海流金——感悟瓷魂”大型文化交流活动在江西成功举办。图为7月16日，港澳及内地艺术家在庐山开展书画笔会活动。
3. 9月8日，第五届江西艺术节舞台艺术集中展演拉开大幕，萍乡采茶戏《有事找老杨》作为开幕戏在江西艺术中心大剧院上演。
4. 第五届江西艺术节免费发放集中展演门票3万余张，免费接送1200余名特殊困难群众观看，通过进社区、进公园、进学校演出等措施，在群众身边举办各类展演1100多场，观众达600多万人次。图为免费送演出进社区活动。
5. 10月11日至12日，由江西省话剧团有限责任公司创排的话剧《生如夏花》参加第十届中国艺术节演出，获“文华新剧目奖”。
6. 10月31日，江西省首届农民工才艺大赛优秀节目展演在省电视台演播大厅举行。
7. 2013年，江西省公共图书馆讲座与展览联盟全年开展讲座72场，展览30场，全省市县巡讲12场，巡展18场。图为9月12日，赣图大讲堂“中国梦”系列讲座在鹰潭巡讲。
8. 11月13日至24日，文化部2013年对外文化交流项目——江西省鹰潭市“中国道教音乐演出团”编创的道教音乐吟诵剧《道之韵》，代表中国赴埃及参加第六届埃及国际心灵音乐与歌唱艺术节主宾国演出活动。
9. 12月19日，2013年江西省人民政府动漫奖颁奖活动在南昌举行。
10. 11月15日，江西省非物质文化遗产保护成果展在南昌八一广场举办。

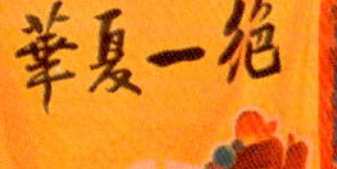

山东省文化厅

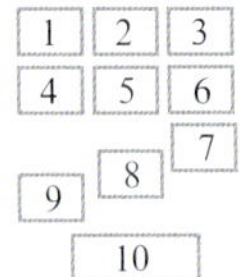

1. 首届山东省政府文化创新奖颁奖。
2. 10月11日，山东省省长郭树清出席第十届中国艺术节开幕式。
3. 9月29日，第十届中国艺术节山东动员会议召开。
4. 第十届中国艺术节组委会向济南儿童福利院赠送演出票。
5. 第十届中国艺术节倒计时活动。
6. 第十届中国艺术节重点剧目：现代吕剧《百姓书记》剧照。
7. 第十届中国艺术节外演剧目：俄罗斯雅各布芭蕾舞团经典芭蕾在济南市历山剧院演出。
8. 第十届中国艺术节商品展。
9. 济南市全国群众文化优秀节目惠民展演。
10. 山东省大剧院效果图。

河南省文化厅

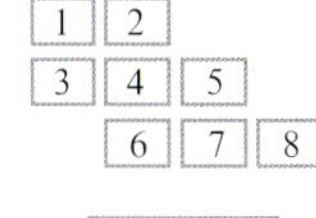

1. 3月30日，淮阳羲皇文化广场上，历时18天、10省份参演的第四届中原古韵——中国（淮阳）非物质文化遗产展演活动落下帷幕，精彩纷呈的演出吸引了省内外观众数十万人。
2. 5月14日至15日，全省文化产业园区建设观摩团分别对郑州、开封文化产业园区进行现场观摩，并召开座谈会。
3. 6月8日是我国第八个“文化遗产日”，以“环保＋传承记忆”这为主题的禹州星航环保窑炉钧瓷艺术添彩“文化遗产日”。
4. 6月9日至6月15日，河南省第七届青年戏剧演员大赛，在郑州经过15场复赛、5场决赛的激烈角逐，评选出文华表演一等奖22名、文华表演二等奖40名、文华表演三等奖72名，另评出组织工作奖7个。
5. 6月13日晚，由河南歌舞演艺集团和焦作市委宣传部共同出品的大型原创舞剧《太极传奇》在国家大剧院隆重上演。
6. 7月17日，在河南省豫剧一团、二团、三团的基础上，组建成立河南豫剧院。
7. 10月26日，第十届中国艺术节在青岛大剧院落幕。由省文化厅选送、省话剧院创作的大型话剧《红旗渠》夺得“文华大奖”。
8. 11月16日，省委宣传部、省文化厅、省邮政公司在新乡市举行了“天天邮戏 戏送万家”文化惠民活动启动仪式。
9. 9月20日，“2013河南国际民间艺术周”开幕，来自世界四大洲的民间艺术团体与河南省民间艺术团体的精彩亮相。

湖北省文化厅

	1	2
3	4	5
6	7	8
9	10	
	11	

1. 9月7日，文化部副部长董伟（左三），中国文联党组成员、副主席左中一（左一），中国文联副主席、中国美协主席刘大为（左二）在上海中华艺术宫参观“神游东方——周韶华艺术大展”。
2. 副省长郭生练（右一）在全省公共文化服务体系建设现场会上讲话。

3-4. 湖北省打造的大型公益性讲座“长江讲坛”受到读者欢迎。

5. 7月3日，湖北随州叶家山墓地考古现场直播室。
6. 曲艺作品《人民调解员》参加第十届中国艺术节群星奖决赛。
7. 京剧《建安轶事》在第十届中国艺术节上荣获第十四届文华大奖。
8. 秋之韵·东湖音乐会惠民乐民，广受欢迎。
9. 2月，湖北艺术团在澳大利亚墨尔本会展中心举办“2013欢乐澳洲行春节晚会”。
10. 12月，武当武术艺术团参加马耳他总统新年慈善直播晚会演出。
11. 5月，湘赣鄂皖四省文化厅举办非物质文化遗产联展。

湖南省文化厅

1. 1月25日，朝鲜国立民族艺术团来长演出，许又声、蔡力峰、肖雅瑜、韩永文等省领导出席观看演出并与朝鲜演职人员合影。
2. 2月12日，花鼓戏《五女拜寿》在红色剧院演出，拉开了2013年“文化春节－亲情演出季”的序幕。
3. 3月20日，“雅韵三湘”高雅艺术普及计划在省群艺馆正式启动，许又声出席并宣布活动开幕。
4. 5月5日，“雅韵三湘－舞台经典”之昆曲《牡丹亭》在湖南大剧院成功演出，许又声、谢勇出席并看望全体演职人员。
5. 7月11日至12日，2013年湖南省文化工作座谈会在岳阳市召开。

6. 7月26日，高雅艺术普及推广活动之一——越剧《红楼梦》在湖南大剧院演出，杜家毫、许又声出席并看望全体演职人员。
7. 8月23日，全省文化市场综合行政执法岗位大练兵与技能大比武决赛颁奖在湖南音乐厅举行。
8. 9月29日，《长株潭三市文化交流与合作框架协议》在长沙蓉园宾馆签订签字仪式，张文雄出席并讲话。
9. 花鼓戏《平民领袖》荣获第十届中国艺术节“文华剧目奖”。
10. 湘剧《谭嗣同》荣获第十届中国艺术节“文华优秀剧目奖”

广东省文化厅

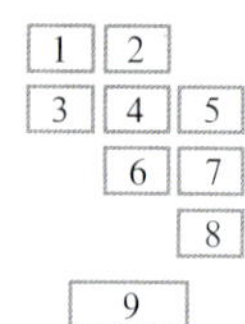

1. 深圳图书馆外景。
2. 东莞图书馆外景。
3. 广东省立中山图书馆中庭庭院。
4. 虎门图书馆。
5. 南方医科大学顺德校区图书馆。
6. 乳源县图书馆全景。
7. 肇庆市图书馆全景。
8. 中山大学东校区图书馆外景。
9. 广州图书馆具有岭南骑楼风格的西门外景。

广西壮族自治区文化厅

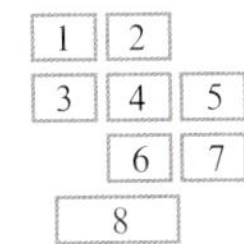

1. 9 月 10 日，2013 中国－东盟文化论坛开幕。
2. 9 月 10 日，2013 中国－东盟文化论坛开幕式领导会面合影。
3. 自治区文化厅 2013 年全区文化工作会议。
4. 全区首届基层群众文艺会演。
5. 9 月 10 日，文化部副部长董伟（右一）在自治区文化厅厅长黄宇陪同下参观。
6. 2013 年广西杂技代表团赴匈牙利参加海外“欢乐春节”活动，在匈牙利巴夏市博尔寿德州表演节目《女子造型》。
7. 76 岁的农济民和 84 的张琴音这两位非遗代表性传承人化身为刘三姐与阿牛哥唱起了《开台歌》。
8. 9 月 10 日，文化部副部长董伟（右一）在自治区文化厅厅长黄宇陪同下观看非物质文化遗产展演。

重庆市文化广播电视局

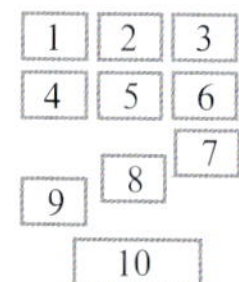

荣誉证书

重庆市文化遗产研究院：

你单位主持的重庆渝中区老鼓楼衙署遗址考古发掘项目荣获2012年度全国十大考古新发现。

特发此证。

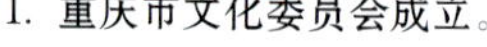

1. 重庆市文化委员会成立。
2. 区县广播电视台标准化建设检查验收。
3. 成功举办第九届全国杂技比赛、第四届重庆文化艺术节。
4. 首届重庆市声乐比赛。
5. 杂技《梦》获第九届全国杂技比赛获金奖。
6. 舞蹈《飞呀飞呀》获群星奖。
7. 周莉获第26届中国戏剧梅花奖。
8. 重庆国泰艺术中心竣工投用。
9. 渝中区老鼓楼衙署遗址获全国十大考古新发现。
10. 重庆市群众艺术馆竣工投用。

四川省文化厅

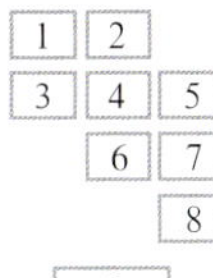

1. 文化部部长蔡武、四川省人民政府省长魏宏与联合国教科文组织总干事伊琳娜·博科娃参观非遗博览会。
2. 国家文物局局长励小捷出席三苏祠灾后抢救保护工程仪式。
3. 四川省文化厅党组书记、厅长郑晓幸到宝兴视察灾情。
4. 第四届中国成都国际非物质文化遗产节开幕式演出。
5. 四川省文化厅党的群众路线教育实践活动动员部署会。
6. 四川首届农民工原创文艺作品大赛颁奖晚会。
7. 公共文化合唱是一项喜闻乐见的群众文化活动。
8. 四川新春农民文化集市。
9. "金蛇献瑞贺新春"——2013年都江堰市城乡大拜年活动

贵州省文化厅

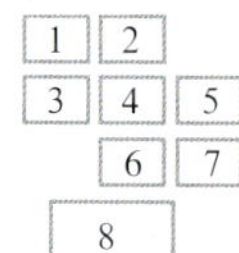

1. 文化部董伟副部长出席在香港举办的“根与魂——贵州非物质文化遗产展演”启动仪式。
2. 贵州省省长陈敏尔视察中国（贵州）国际民族民间工艺品·文化产品博览会展厅。
3. 贵州省文化厅厅长许明出席图书馆服务宣传周启动仪式并致辞。
4. 2013年中法乡村文化遗产学术研讨会开幕式在贵阳举行。
5. 贵州非物质文化遗产项目亮相第九届深圳文博会。
6. 中国（贵州）国际民族民间工艺品·文化产品博览会——颁奖仪式。
7. 中国（贵州）国际民族民间工艺品·文化产品博览会——县域文化产业发展“三个一工程”展示。
8. 2013年图书馆服务宣传周启动仪式。

云南省文化厅

1
2
3

1.《云南省非物质文化遗传保护条例》颁布。
2. 第十三届亚洲艺术节。
3. 云南省京剧院的大篷车开进文山天保口岸慰问演出。

甘肃省文化厅

1
2
3

1. 第三届敦煌行·丝绸之路旅游节开幕式文艺演出——朝圣敦煌祈福平安演出剧照。
2. 新建成的黄河剧院外景。
3. 3月2日，舞剧《丝路花雨》在美国纽约林肯艺术中心大卫·寇克剧院演出。

青海省文化和新闻出版厅

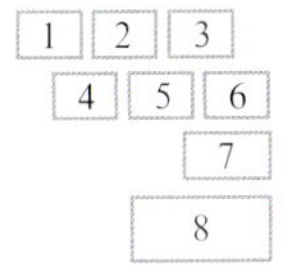

1. 蔡武部长与青海省委省政府主要领导座谈。
2. 青海省委副书记、省长郝鹏在青海省演艺集团有限责任公司调研。
3. 2013 年青海文化新闻出版工作会议。
4. 省级院团下基层演出。
5. 青海省循化县撒拉族石艺画。
6. 热贡唐卡艺术。
7. 澳门乐团来青海省演出。
8. 第十一届青海文化旅游节开幕仪式。

宁夏回族自治区文化厅

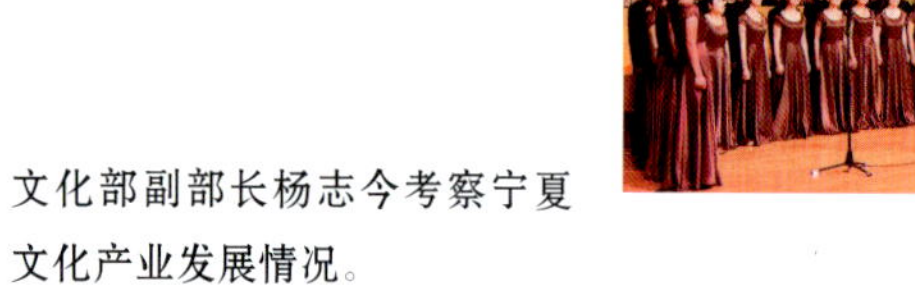

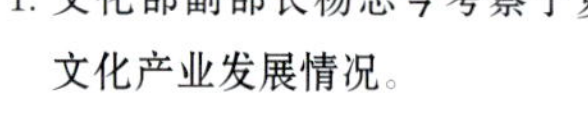

1. 文化部副部长杨志今考察宁夏文化产业发展情况。
2. 第十一届中国西部民歌（花儿）歌会。
3. 2013年春雨工程宁夏行。
4. 2013年文化遗产日主题活动。
5. 第二届中国西部交响乐周开幕式。
6. 第三届全国黄河大合唱邀请赛开幕式。
7. 首届中阿博览会《拥抱世界》主题晚会。
8. “欢乐宁夏”全区农民书画展。
9. 秦腔现代戏《花儿声声》荣获“文华大奖”。
10. 宁夏文化旅游产业种子基金启动暨签约仪式。
11. 第五届中国（宁夏）国际文化艺术旅游博览会暨第三届“感恩母亲河”活动隆重举办。

新疆维吾尔族自治区文化厅

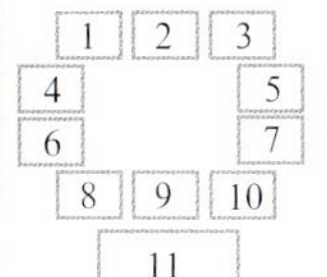

1. 李学军常委到新疆艺术剧院爱乐乐团调研。
2. 自治区副主席艾尔肯·吐尼亚孜调研丝路申遗工作。
3. 第三届中国新疆国际民族舞蹈节开幕式歌舞剧《情暖天山》。
4. 第三届中国—亚欧博览会“中外文化展示周”活动开幕。
5. 首届中国哈萨克油画作品展盛大开幕。
6. “丝路霓裳”中德合作项目签字仪式。
7. 孙蒋涛先生向克孜尔石窟捐赠保护资金100万元。
8. 中国西域·丝路传奇文物展在日本长崎开幕。
9. 文化进军营。
10. 库甬第二届对口援疆经贸文化交流周在宁波拉开序幕。
11. 《永远的麦西热甫》舞出文化惠民风采。

新疆生产建设兵团文化广播电视局

1–4. 兵团第一届文化能人展示展演。

5–11. 西北省区兵团中华锣鼓邀请赛。

目　录
Contents

重要讲话

重要会议

重大活动

文化工作综述

文化政策法规

文化体制改革

公共文化服务

专业艺术

文化市场

文化产业

文化科教

非物质文化遗产保护

对外文化交流

对港澳台地区文化交流

文物事业

财务工作

文化人才队伍建设

文化党建

文化反腐倡廉

部属单位概况

地方文化建设

获奖名单

文化大事记

文化机构人员

附　录

索　引

中国文化年鉴

Almanac Of Chinese Culture

重要讲话

The Important Speech

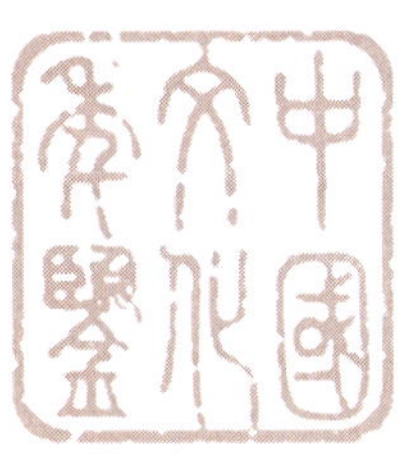

在2013年全国文化厅局长会议上的讲话

文化部党组书记、部长 蔡 武

(2013年1月4日)

同志们：

今天上午我们全国文化厅局长会议的部分代表列席了全国宣传部长会议，云山同志、奇葆同志在全国宣传部长会议上作了重要讲话，深刻分析了当前我国经济社会和宣传思想文化发展面临的新形势，周密部署了2013年重点工作，他们的讲话政治性、思想性、指导性和针对性很强，我们一定要深入学习领会和贯彻落实。

今天我们召开全国文化厅局长会，就是要盘点一年工作，总结成绩与经验，针对不足，研究对策，进一步深刻领会十八大精神，落实全国宣传部长会议精神，理清下一步的思路，部署各项重点工作。下面，我代表党组讲四方面意见。

一、2012年文化工作又上新台阶

刚刚过去的2012年是文化系统深入贯彻落实党的十七届六中全会和十八大精神，全面推动文化改革发展的重要一年。特别是11月29日，习近平同志率中央政治局常委和中央书记处领导同志以参观国家博物馆《复兴之路》基本陈列作为新一届中央领导集体开局之行，并发表重要讲话，这是对文化工作的最大支持与关怀。领导同志讲，博物馆是我们中华文化的祠堂和祖庙。新一届中央领导集体以在国家博物馆参观展览作为开局之行是有深意的，值得我们深入领会。11月21日，李长春同志来我部看望了广大干部职工，充分肯定了文化工作，提出了殷切希望。11月28日，新任中央政治局委员、中宣部部长刘奇葆同志来文化部调研，听取我部汇报，作出重要指示。中央领导同志的深切关怀和高度重视使我们备受鼓舞、深感振奋。

去年一年，各级文化行政部门和文化单位牢牢把握稳中求进的总基调，认识更加深刻，工作更加深入，措施更加务实，成效更加显著。

在文艺创作生产方面，坚持加强引导、推动普及的思路，一手抓创作和生产的引导，一手抓公益性演出，引导广大文化工作者自觉践行社会主义核心价值体系，坚持社会主义先进文化前进方向，努力开创全民族文化创造活力持续迸发、社会文化生活更加丰富多彩的新局面。以“讴歌伟大时代、艺术奉献人民”为主题，成功举办了2012年全国优秀剧目展演，汇聚了119台优秀剧目，演出240多场，观众达30多万人，同时举办了2012年国家艺术院团优秀剧目展演，展现了广大文艺工作者昂扬向上的精神面貌和丰硕的创作成果。成功举办了纪念毛泽东同志在延安文艺座谈会上的讲话发表70周年系列展演展览活动。通过举办全国地方戏精粹展演、第七届全国儿童剧优秀剧目展演、第八届中国评剧节、第六届中国（安庆）黄梅戏艺术节等形式多样的活动，以点带面，促进全国的艺术创作，涌现出话剧《郭明义》、《红旗渠》，豫剧《兰考往事》，儿童剧《特殊作业》，芭蕾舞剧《小美人鱼》等一批优秀艺术作品。实施国家舞台艺术精品工程，编制地方戏和曲艺、杂技等艺术品种发展扶持规划，启动当代昆曲名家收徒传艺工程。举办首届中国（深圳）设计大展，推动设计艺术的创新发展。改进评奖方法和赛事规则，成功举办了第二届全国优秀保留剧目大奖评选、第四届全国青少年民族乐器演奏比赛、“哈尔滨之夏”暨第十届全国声乐比赛、第十届“桃李杯”舞蹈比赛等。海南、湖南、湖北、福建、江苏、青海等地举办了地方性艺术节活动，展示了当地文化改革发展成果，为群众提供了丰富的文化盛宴。公益性演出蓬勃开展，“高雅艺术进校园”活动、“三下乡”慰问演出持续深入。

在公共文化服务体系建设方面，坚持保基本、强基层、建机制的思路，紧紧围绕健全网络、创新方法、提高服务质量和水平，强化督查指导，狠抓落实。对公共文化设施免费开放和国家公共文化服务体系示范区（项目）进行督导检查，结果显示，全国美术馆、公共图书馆、文化馆（站）全部实现了免费开放；首批中央财政3.05亿元示范区创建补助资金撬动31个城市财政资金投入超过100亿元，部分创建城市文化事业费翻番。进一步加强统筹管理，提升三大公共数字文化工程整体效能，公共电子阅览室建设和数字图书馆推广工程全面推进，推动全国文化共享工程转型发展。各地探索创新公共文化服务模式，取得了良好效果。云南省政府出台《关于加强公共文化惠民服务体系建设的意见》，结合边疆民族地区实际，完善公共文化惠民服务保障机制。江苏省张家港市通过网格化文化管理方式解决公共文化服务效率和公平问题，深圳市实行图书馆总分馆制和自助图书服务，吉林省和武汉市建立图书馆联盟，推动了图书资源共享利用，上海市首次推出并免费发放了近百万张公共文化服务信息导览图。青岛实施“文化超市”惠民工程，为基层社区配送文化产品。推进文化志愿服务，出台关于广泛开展基层文化志愿服务活动的意见，扎实开展春雨工程，在全社会掀起文化志愿服务热潮。以示范区展演和“群星奖”为重点，群众性文化活动广泛开展，国家公共文化示范区创建城市群众文化进京展演，29个城市参加，观众近10万人。黑龙江的“送欢笑到基层”、浙江的“文化走亲”和“文化低保”、宁波的“天天”文化惠民工程、陕西的“一元剧场”、广东的“开心广场•百姓舞台”、山西的“辉煌山西、文化惠民”、新疆生产建设兵团的“放歌兵团——兵团团场团歌大赛”等活动影响广泛。

在文化产业方面，以落实政策和重大项目、搭建服务平台为重点，推动文化产业成为新的经济增长点。发布并落实《文化部“十二五”时期文化产业倍增计划》和《“十二五”时期国家动漫产业发展规划》。出台鼓励和引导民间资本进入文化领域、文化产品和服务出口指导目录等文件，扩大投资和出口的行业范围，减轻文化企业的负担。在财政部支持下，国家文化产业专项资金支持全国文化企业达11亿元。扩大文化产业信贷规模，本外币贷款余额突破千亿元；启动文化企业债券融资试点，注册发行债券超过1500亿元；文化产业保险工作顺利推进。各地开展了形式多样的探索和实践，浙江设立了4亿元的文化产业基金，上海、河北、安徽、河南、新疆、海南、大连等地与当地金融机构签订合作协议，四川省文化厅与银监、商务、科技、旅游等部门开展合作，为文化产业发展争取支持。严格产业基地和园区准入制度，实行动态管理，命名第四批国家级文化产业示范（试验）园区和第五批国家文化产业示范基地，撤销4家不符合要求的基地称号。实行差异化区域文化产业发展战略，推动特色文化产业发展工程、国家特色文化产业示范区建设、藏羌彝特色文化产业走廊项目实施。大力推动文化与科技的融合，实施国家文化科技创新工程项目，命名文化和科技融合示范基地。上海市颁布实施全国首个网络游戏行业服务规范，为全国网络游戏行业的规范发展做出了示范。

在文物保护方面，努力践行传承文明、服务社会、惠及民生宗旨，以夯实基础、增强能力为着力点，文物工作取得显著成绩。2012年主抓了两件大事，出台了两个重要文件。两件大事一是7月份国务院召开十年来首次全国文物工作会议，对新时期全面推进文物保护利用发展作出了明确部署。二是配合全国人大常委会开展文物保护执法检查，重点对文物安全、文物保护与经济社会发展的关系、文物流通管理、执法能力和配套法规制定等情况进行调查。两个重要文件，一是《国务院关于在旅游等开发建设活动中加强文物保护的意见》，为进一步做好旅游等开发建设活动中的文物保护工作提供了政策保障；另一个是《国务院关于开展第一次全国可移动文物普查的通知》，决定从2012年开始开展第一次全国可移动国有文物普查，为掌握和科学评价我国文物资源情况和价值，健全文物登录备案机制和文物保护体系奠定基础。

在非物质文化遗产保护方面，不断总结规律，坚持分类保护，着力加强制度建设、完善工作体系，非物质文化遗产保护传承工作水平不断提高。非物质文化遗产名录项目动态管理取得突破性进展，开展国家级非遗代表性项目保护督查工作，对105个项目保护单位进行调整、限期整改或撤销。传承队伍建设不断加强，评审公布了第四批498名国家级非遗项目代表性传承人，到目前为止，文化部共认定了1986名国家级项目代表性传承人。“福建木偶戏后继人才培养计划”成功列入联合国教科文组织“优秀实践名册”。在生产性保护方面，颁布了《文化部关于加强非物质文化遗产生产性保护的指导意见》，41个项目企业或单位被列为第一批生产性保护示范基地，中国非物质文化遗产生产性保护成果大展成功举办，观众超过16万人次，充分展示了创新保护方式的生机和活力。在抢救性保护方面，完成了数字化保护一期工程，在调研的基础上制定了抢救性保护实施方案。在整体性保护方面，新设立了贵州黔东南民族文化、江西省客家文化（赣南）、广西壮族自治区铜鼓文化（河池）三个国家级文化生态保护实验区。截至目前，国家级文化生态保护实验区已达15个，地方政府在经费投入、基础设施建设、人才培养上都开展了相应的工作，整体性保护呈现了明显的效果和优势。

在对外及对港澳台文化交流方面，按照“制度化管理、机制化建设、品牌化发展和系统化运作”要求，注重顶层设计，不断深化对外文化合作机制，助推国内文化建设事业繁荣发展，重点加强政策指导和统筹协调，整合资源、创新方式、打造品牌。政府间文化交流与合作进一步密切，新与27个国家签订了双边文化交流执行计划和互设文化中心协定，政府间文化代表团互访频繁，文化关系更加紧密。中外文化对话与思想交流进一步深入，首届“中非合作论坛—文化部长论坛”上，46位非洲国家文化部长及代表出席，盛况空前。第三届中美文化论坛深入探讨了中美间文化误读与偏见，扩大了共识。在广西举办2012中国—东盟文化论坛、在宁夏举办中国•阿拉伯国家合作论坛文化交流活动。重大品牌活动运作水平进一步提高。加强2012年“欢乐春节”的统筹协调，派出项目多样，交流贸易并举，10多个部委、多家中直院团、20多个省（区、市）文化部门密切配合，驻外使领馆、海外文化中心和孔子学院等机构大力支持，在全球82个国家和地区的144个城市举办了323项活动，吸引40多位国家元首、政府首脑和王室成员、500多位政要、1500余家媒体、3000万海外民众参与，成为当前中外文化交流活动中最具影响力的第一品牌。中欧文化对话年共完成近300个合作项目，覆盖含港澳地区在内的22个省市和所有27个欧盟成员国。海外中国文化中心建设与发展进一步加强，曼谷、莫斯科中心成功揭牌。马德里、墨西哥中心启动试运行。11个省（区、市）与海外中国文化中心完成对接，央地合作成效显著。对港澳文化交流与文化入岛工作进一步提升，首次邀请香港特别行政区民政局长作为文化部代表团成员参加东盟10+3文化部长会晤。湖北、甘肃、海南等地组织独具特色的文艺演出赴港，吸引观众逾百万人。开展系列体验活动，做深、做实港澳青少年文化培育工作。举办情系齐鲁活动、两岸城市艺术节等特色活动，联合举办殷商盛世文化艺术特展。福建省和厦门市发挥区位优势，举办第五届海峡两岸（厦门）文化产业博览交易会、福建文化宝岛校园行等活动，宁波市歌舞剧院有限公司创排的《十里红妆•女儿梦》赴台演出，引起强烈反响。

以上是各个主体业务领域的主要工作亮点。2012年，事关文化建设全局的综合性、基础性、保障性的重点工作，均取得突破性进展，主要体现在以下五个方面：

一是围绕大局、服务中心，以迎接党的十八大召开和学习贯彻十八大精神为主线，推动文化系统的文化自觉和文化自信不断提高。

总结经验，营造氛围，开展针对性报道，做得有声势、有气势、有重点、有高潮，有力宣传了文化建设的新局面。举办《科学发展 成就辉煌》图片展和十七大以来文化建设成就系列专题新闻发布会，在人民日报、中央电视台等主流媒体刊（播）发了一批有份量的报道和《为时代放歌》、《文化体制改革巡礼》等专题片。组织编写“科学发展 成就辉煌”系列丛书文化卷《坚持科学发展 推动文化创新》，总结梳理十年来文化建设的成就和经验，深刻阐释中国特色社会主义文化发展道路。各地统筹安排系列主题文化活动，比如山东举办了“喜迎十八大 相约十艺节”优秀舞台剧目展演，河南举办了优秀剧（节）目北京展演月等，共同为十八大胜利召开营造了喜庆和谐的文化氛围。

加强辅导，组织培训，深入系统地开展了学习贯彻十八大精神系列活动。十八大召开后，文化系统按照中央部署，迅速组织学习传达。11月15日，我主持召开了文化部学习传达十八大精神大会，部署开展学习贯彻活动。文化部以司局级干部和党群工作干部为重点组织学习培训班，培训司局级干部228名，党群工作干部169名。赵少华同志、李洪峰同志、杨志今同志分别作了总结讲话和学习辅导报告。各级文化行政部门、文化单位积极开展学习培训活动，基本实现了十八大精神学习的全覆盖，掀起了整个文化系统学习宣传贯彻十八大精神的热潮。

二是攻坚克难、扎实推进，按照中央确定的“路线图”、“时间表”和“任务书”，全面完成文化体制改革阶段性任务。

全面总结文化体制改革成就与经验，文化系统改革先进典型受到表彰。9月，中央召开全国文化体制改革工作表彰大会，文化文物系统的7家中央文化单位以及110余家地方文化单位受到了表彰。10月，我受国务院委托，就深化文化体制改革推动社会主义文化大发展大繁荣工作情况向全国人大常委会作了汇报，全国人大审议之后对近年来文化改革发展成就给予充分肯定、高度评价，对一些社会上普遍关注、反映强烈的问题，提出了翔实、中肯、有针对性和建设性的意见，如核心价值体系建设、文化发展的资源整合、文化实力和竞争力的培育等，我们要在下一步工作中重点关注。

国有文艺院团按照“转制一批、整合一批、撤销一批、划转一批、保留一批”的路径，完成体制改革阶段性任务。各地不断加大对国有院团改革的扶持力度，推动改革不断深化，带来了文化发展的新气象。如江西出台了17条扶持政策，提高了下乡演出场次的补贴，对商演实行1：1奖励，据初步统计，2012年江西省直五个改制院团完成演出1082场，演出收入1000万元，观众90多万人次，分别是2011年2.4倍、2倍和2.6倍。到2012年底全省文艺院团演出1.5万场，服务群众800多万人次，演出票房总收入4.48亿元，均比去年增长30%以上。宁夏妥善解决“一团一场”，加大政府采购力度，激发院团改革发展积极性。目前，全国文化系统2103家承担改革任务的国有文艺院团已完成2102家，其中，转企改制61%，撤销20%，划转19%。杂技、话剧、歌舞类院团基本实现全行业转企改制。企业为主体、事业为补充的新型演艺体制格局基本建立。改制后的院团生产活力显著增强，演出场次、营业收入和演员薪酬大幅增长。北京、辽宁、江苏、上海等14个省（区、市）组建了省（区、市）级演艺集团公司，中演、保利两大全国性院线和北方剧院联盟、西部演出联盟、天津市剧院联盟等地方联盟规模不断扩大，演艺企业和单位发展空间大幅拓展。

文化市场综合执法改革全面完成，技术监管手段不断创新。全国列入改革范围的403个地级市以及2594个县（区），全部组建了综合执法机构；所有省（区、市）和92.8%的地市、75.9%的县区组建了文化市场管理工作领导小组；86.4%的地市和93.8%的县（区）组建了综合文化责任主体。全国执法人员增加到31444人，执法力量明显加强。发布了13个规范性文件，覆盖综合执法各个环节，综合执法规范化程度大幅提高。大力建设全国文化市场技术监管与服务平台，开发文化市场行政审批、综合执法电子政务系统，建成网络音乐、网络游戏动态监管系统，为下一步试点应用、全国推广打下基础，努力提高文化市场监管感知化、互联化、智能化水平。

政府职能转变进一步加强。推动文化行政部门由办文化向管文化转变，由管微观向管宏观转变，由管脚下向管天下转变，取得了积极成效。2012年5月，中编办批复同意文化部社会文化司更名为公共文化司，这反映了文化行政部门适应新形势新任务的要求，履行公共文化服务职能的新思路、新理念。调整、理顺文化部直属单位职能，盘活资源，成立了非物质文化遗产国际培训中心，国家图书馆加挂“国家典籍博物馆”，文化部文化设施建设管理中心更名为文化部海外文化设施建设管理中心、艺术服务中心更名为艺术发展中心、全国文化信息资源建设管理中心更名为全国公共文化发展中心。这是我们适应文化事业发展新要求，推动直属单位转变职能，提高效能，创新体制机制的重要举措。加强文化行业组织和中介机构建设，成立了中国互联网上网服务营业场所行业协会，把中国演出家协会更名为中国演出行业协会，推动行业自律、健康发展。

三是抓规划、抓法制、抓队伍，文化改革发展的保障更加有力。

集全系统之力，几经磨砺，出台文化部“十二五”时期文化改革发展规划。文化产业、文化科技、动漫产业、公共文化服务、海外文化中心建设等专项规划相继发布。各地也基本完成了地方性文化发展规划编制。推动增加国家区域性规划中文化内容和项目比例，加强与地方党委政府的合作联动，与内蒙古等七省（区）签署合作协议。

文化法制建设步伐不断加快。公共图书馆法顺利推进，文物保护法和非物质文化遗产法的相关配套规章相继出台。贵州、山西等地颁布实施省级非物质文化遗产保护条例。行政审批制度改革不断深化。对调查研究工作的统筹协调不断加强，重点项目调研取得丰硕成果。

不断加强人才队伍建设，努力实现从主要面向文化部系统到面向全国文化系统转变，从面向体制内到面向全社会转变，从侧重高端人才培养到高端人才和基层队伍建设并重转变。深化干部人事制度改革，干部人事工作满意度大大提高。完成年度享受政府特殊津贴人员、创新人才推荐选拔，推动国家文化艺术荣誉制度建设。利用国家艺术基金扶持优秀艺术人才培养。边远贫困地区、边疆民族地区和革命老区人才支持计划文化工作者专项工作即将启动。驻外人员忠诚教育深入开展。各级各类人员特别是基层文化队伍培训工作取得良好效果，如浙江实施基层文化队伍素质提升工程，培训基层文化骨干20余万人次，河南、贵州分别实施了“安心计划”、“653工程”等。

四是抓工程、抓项目、抓投入，文化建设的经费投入实现新增长，财务管理水平实现新提高，文化设施建设取得新突破。

预算投入保持较高增长率。文化部2012年财政拨款预算总额达到38.58亿元，今年预算已落实45.12亿元。落实中央财政补助地方专项资金总额近39亿元。积极探索基金制管理模式，促成设立国家艺术基金，2012年已落实2亿元，今年安排3亿元，“十二五”期间总规模将达20亿元。落实三个规划，争取中央资金约80亿元，用于“十二五”期间地市级公共文化设施、非物质文化遗产保护设施和文化系统所属中等艺术职业学校建设。预算执行能力进一步提升，财政资金使用效益进一步提高。圆满完成了对部长的经济责任审计，审计署对文化工作给予了客观评价和充分肯定。审计署按照中央部署选择文化部作为试点对我任职以来的经济责任进行了长达半年的审计，这次审计效果非常充分，对推动我们执行党和国家方针政策，对文化事业文化产业进行科学化规范化管理，提升政府部门依法行政能力，都起到了非常重要的作用。我们对审计中间发现的重要问题立即整改，进一步完善制度、加强规范、提高素质、提高水平，这对我们工作是极大的促进。审计署选择文化部作为六个被审计国务院部门之一，这是一个重要信号，意味着文化行政管理工作的重要转型。文化工作和经济社会发展的联系越来越紧密，文化行政管理部门要注重与经济社会发展的有效融合。我们认识到，文化部门依法行政不仅仅包括内容管理、市场监管，还在于公共财政资金使用绩效和文化目标的实现，要推动财政资金使用更加规范、更加契合文化改革发展的目标。

财政资金对改革发展的扶持引导作用明显增强。实行预算经费向中直院团企业化管理、中央文化企业深化改革和地方转制院团发展倾斜。配合国家整体发展战略，加大对新疆、西藏和连片贫困地区的文化帮扶力度，召开了全国文化文物系统援藏工作会。

文化设施建设取得突破性进展。国家美术馆、中国工艺美术馆、中央歌剧院剧场等国家重点文化设施建设稳步推进。各地重点文化设施建设进展显著，基层文化设施建设再掀新高潮。天津文化中心、河北省图书馆、湖北省图书馆、广州市图书馆、福建闽南大戏院等投入使用。山东利用十艺节有利契机，重点场馆建设计划投资70多亿元，全省五级公共文化设施投资176.8亿元。甘肃启动8790个贫困村文化室建设。新疆落实南疆三地州4551个村、社区文化室投资。重庆市文化馆、图书馆和乡镇（街道）综合文化站、村文化室覆盖率达到100%并免费开放，全市每万人拥有群众文化设施提高到268平方米，两馆一站达标率分别达到90%、87.8%、94.4%。

五是紧密结合文化系统业务工作实际，加强党的建设和反腐倡廉建设，营造了昂扬向上的浓厚氛围和风清气正的良好风气。大力开展“基层组织建设年”活动，加强基层党组织建设，窗口单位在“为民服务创先争优”活动中，深入基层，面向群众，提供丰富优质的文化服务。加强对各级领导班子和领导干部的监督，对重大基建项目、重要文艺评奖活动及干部选拔任用的监督，防止腐败发生。充分发挥文化资源优势、阵地优势、人才优势，积极推进廉政文化建设。扎实开展“惩防体系建设年”活动，召开惩防体系建设推进会和经验交流会，加强督导检查，文化系统惩防体系基本框架初步建立。

这些工作都是管全局、管长远的重要工作，为文化建设的全面、协调、可持续发展奠定了坚实的基础。

同志们，十七届六中全会以来，文化建设受到了全党、全国、全社会高度关注，进入到前所未有的黄金发展期。总的来说，我们牢牢抓住了当前这个难得的发展机遇，坚持解放思想、与时俱进；坚持改革创新、攻坚克难；坚持以人为本、惠民利民；坚持发展第一、繁荣为先；坚持改进作风、求真务实，以良好的状态、优异的成绩全面完成了2012年的工作任务。在此，我代表党组，向在座的同志们，并通过你们，向全国文化系统全体干部职工表示衷心感谢！

二、深入贯彻落实十八大精神

党的十八大勾画了在新的历史条件下全面建成小康社会的宏伟蓝图，是我们党团结带领全国人民夺取中国特色社会主义新胜利的政治宣言和行动纲领。十八大报告从“五位一体”总体布局的角度，作出了扎实推进社会主义文化强国建设的战略部署，为新时期新阶段文化改革发展提供了根本遵循。我们必须深入贯彻落实十八大精神，切实担当起全面建设小康社会和实现中华民族伟大复兴“中国梦”的文化责任，全面推动文化改革发展。要着力把握好以下几个方面：

（一）牢牢把握文化建设的指导思想，着力在坚

持科学发展上下功夫

党的十八大把科学发展观确立为党必须长期坚持的指导思想并写入党章。我们必须从新的思想高度提升对科学发展观的认识,更加自觉、更加坚定地用科学发展观武装头脑、指导实践、推动工作。一是牢固树立科学发展理念。坚持以长远眼光谋划发展，以全局意识统筹发展，以科学态度搞好发展。更加自觉地把推动经济社会发展作为第一要义，把以人为本作为核心立场，把全面协调可持续作为基本要求，把统筹兼顾作为根本方法。二是努力提高科学决策水平。紧密结合文化改革发展的新形势新任务，努力构建系统完备、科学规范、运行有效的决策体系。以最广大的人民的根本利益为首要标准，努力把十八大的决策部署转化为推动文化改革发展的具体政策。三是着力探求科学发展的举措。认真查找文化改革发展中不适应不符合科学发展观要求的突出症结，着力转变思想观念，着力转变发展方式，着力创新工作方法，推动文化建设健康发展、有效发展、协调发展、公平发展、创新发展。所谓健康发展就是坚持社会主义先进文化的前进方向，坚持正确的导向；有效发展就是无论文化事业还是文化产业的发展都要讲社会效益和经济效益的有机统一，特别是要保证社会效益；协调发展就是统筹协调各方面的关系，实现城乡、区域、不同领域协调发展；公平发展就是无论国有民营，都要提供公平发展的机会，在公共文化服务上要努力实现均等化；创新发展就是与时俱进，不断探求新方法、新模式。

（二）牢牢把握文化建设的根本方向，着力在建设社会主义核心价值体系上下功夫

社会主义核心价值体系是兴国之魂，决定着中国特色社会主义发展方向。十八大报告把加强社会主义核心价值体系建设作为建设社会主义文化强国的首要任务。文化是承载、传播精神价值的重要载体，在培育、弘扬社会主义核心价值观方面具有不可替代的作用。我们必须将社会主义核心价值体系建设贯穿于文化工作各方面，融入到文化建设全过程。一是体现在对艺术创作生产的引导上。要通过组织重大艺术活动、开展评奖、政策扶持、文艺批评等方式，引导艺术家自觉践行社会主义核心价值观，弘扬民族精神和时代精神，创作生产更多思想性、艺术性、观赏性相统一、人民喜闻乐见的优秀作品，培育健康审美情趣，引领良好社会风尚，凝聚人们建设中国特色社会主义的信心和力量。二是体现在公共文化产品和服务的内容建设上。要牢牢掌握社会主义先进文化的主阵地，向人民提供更多内涵丰富、形式多样的公共文化产品和服务，充分利用公共文化机构的平台传播先进文化，积极组织开展健康有益的社会文化活动，旗帜鲜明地唱响主旋律，培育共同的理想信念和追求。三是体现在中华民族优秀文化传承体系建设上。要加大文化遗产的保护和传承力度，守护人民的精神家园，增强民族凝聚力。加强对优秀传统文化思想价值的挖掘和阐释，使优秀传统文化成为新时代鼓舞人民前行的力量。四是体现在文化市场监管上。要努力维护国家主权和国家利益，维护意识形态安全，坚持大力发展先进文化，支持健康有益文化，努力改造落后文化，坚决抵制腐朽文化。要严格执法，把好审批关，查处违法犯罪行为。重视对网络文化的管理，唱响网络文化主旋律。加强诚信体系建设，推动文化市场健康有序发展。五是体现在推动文化产业的价值追求上。要引导文化企业把社会效益放在首位，坚持社会效益与经济效益相统一，努力生产出更好、更多的文化产品，满足人民群众多样性的文化需求，实现文化产品的有效供给、良性供给。六是体现在人才队伍建设上。要不断完善激励机制和保障制度，培养德艺双馨、德才兼备的艺术人才、科技创新人才、经营管理人才，为文化发展提供人才保障。

（三）牢牢把握建设文化强国的关键，着力在增强全民族文化创造活力上下功夫

党的十八大报告鲜明地提出，建设社会主义文化强国，关键是增强全民族文化创造活力，促进文化创造源泉充分涌流，全民族文化创造活力持续迸发，名家大师不断涌现。我们要抓住这个关键,努力营造良好的环境。一是要深化文化体制改革，解放和发展文化生产力。坚持解放思想、实事求是，不断破解制约文化改革发展的矛盾和问题，建立起既顺应文化发展客观规律、又适应市场经济体制和客观环境要求的文化管理体制和文化生产经营机制。二是要发扬学术民主、艺术民主，营造宽松和谐的文化氛围。在坚持“二为”方向前提下，给文艺家们充分的创作自由，使各种流派、风格、题材、体裁都有充分发展的空间，真正实现百花齐放、百家争鸣。对待文学艺术领域的倾向问题，要把握好度。对于思想认识问题和学术问题，不打棍子，不扣帽子，不抓辫子，以理服人。三是要发挥艺术家和人

民群众文化创造的积极性主动性。鼓励艺术家从人民群众的生活实践中汲取营养，升华感情，迸发创造活力，创作出更多具有中华民族特色、时代特征的优秀文艺作品。充分尊重人民在文化建设中的主体地位和首创精神，为人民群众提供广阔文化舞台，动员组织城乡人民群众广泛参与各种形式的文化艺术活动。

（四）牢牢把握文化建设的根本目的，着力在提高文化整体实力和竞争力上下功夫

文化实力和竞争力，是综合国力竞争的重要标志。当今世界综合国力的竞争和较量，更深层次地体现为文化的交流交融交锋。我们这一代文化工作者必须要承担起提高国家文化软实力，增强中华文化的国际竞争力和影响力的责任。一是要增强公共文化服务能力和质量。不断提高公共文化产品和服务的供给质量，从人民群众的需求出发，把老百姓喜闻乐见的公共文化产品送到人民群众手中，满足人民群众的基本文化需求。同时，要推动现有资源的整合和共享，提高资源使用效率。二是要大力振兴文化产业。加大政策扶持力度，着力解决我国文化企业普遍规模小、实力弱、市场占有率低的问题，推动文化产业重点领域发展，加快文化产业结构调整，发展新型文化业态，做大做强国有骨干文化企业，积极引导民间资本投资文化产业。三是要扩大文化领域对外开放。全方位多层次宽领域地推动中华文化“走出去”，不断增进世界人民对中国的了解，同时借鉴吸收一切有利于加强我国文化建设的有益经验，一切有利于丰富我国人民文化生活的文化成果，一切有利于发展我国文化事业和文化产业的经营管理理念和机制，引进优秀艺术人才和管理人才，使中华文化保持旺盛的生命力。

三、扎实做好2013年文化工作

2013年是全面贯彻落实党的十八大精神的开局之年，也是全面实施“十二五”规划承前启后的重要一年。文化系统要以邓小平理论、“三个代表”重要思想、科学发展观为指导，以深入学习贯彻党的十八大精神为主线，按照高举旗帜、围绕大局、服务人民、改革创新的总要求，努力建设社会主义核心价值体系，深化文化领域体制机制改革，推动发展方式转变，牢固树立以人民为中心的创作导向，推动创作生产更多文艺精品，坚持硬件软件并重，提升公共文化服务的质量和水平，加大文化产业结构调整和与科技融合的力度，提升文化产业整体竞争力，全面推进文物和非物质文化遗产保护，传承中华民族优秀文化，坚持对外文化交流和贸易两手抓，拓展对外及对港澳台文化交流的广度和深度，不断开创文化改革发展的新局面，为建设社会主义文化强国打下坚实基础，为夺取全面建成小康社会新胜利作出贡献。

我们要把握，今年工作总基调仍然是稳中求进。稳，就是既定的指导思想、方针原则、规划设计、目标任务都不改变、不换频道、不调节目。要正确理解十八大精神和十七届六中全会决定一脉相承的关系，将六中全会的长期部署与十八大的集中部署有机结合起来，贯彻好、落实好，确保政策和工作的连续性，努力营造平稳有序环境，坚持实事求是、脚踏实地，不搞一阵风，不大摇大摆、大起大落。进，就是要在十八大精神指引下，坚持与时俱进，在改革创新上下功夫、在提高水平上下功夫、在深化工作上下功夫，不僵化、不懈怠、不折腾，力求取得改革发展新突破。

（一）要坚持以人为本，保障和维护广大人民群众文化权益，努力发挥文化引领风尚、教育人民、服务社会、推动发展的作用

一是坚持理论和实践并重、硬件和软件并重、推进改革和夯实基础并重，整合文化资源，畅通供给渠道，提高服务效能，扩大社会参与，推动公共文化服务体系建设科学发展上水平。开展第一批国家公共文化示范区（项目）验收和第二批示范区（项目）申报评审。推进国家公共文化服务体系制度设计研究。加强顶层设计，统筹协调公共数字文化工程建设。强化行业管理，举办好中国图书馆年会和首届中国文化馆年会，开展县级以上公共图书馆和首次全国乡镇综合文化站评估定级。推进文化志愿服务政策理论研究，深入开展“春雨工程”活动。继续推进故宫博物院“平安故宫”项目和国家图书馆一期维修改造、国家美术馆、国家工艺美术馆、中央歌剧院剧场等重大文化设施工程。办好中国典籍博物馆首次展览，继续组织好部级领导干部历史文化讲座。

二是坚持以人民为中心的创作导向，弘扬核心价值，坚持先进文化方向，切实抓好文化产品和服务的创作生产。全力办好第十届中国艺术节。十艺节是集中展现文化艺术发展面貌的综合性平台，是带动全局的重要工作，各地文化部门要加大艺术精品创作打造力度，拿出最好的剧目、作品、产品参

加十艺节，努力把筹备十艺节的过程变成促进全国艺术繁荣的过程，变成文化事业和文化产业有机结合的过程。切实发挥国家艺术基金的扶持引导作用。开展第二届优秀保留剧目大奖获奖作品全国巡演、第七届全国话剧优秀剧目展演等系列活动，启动实施《全国地方戏曲剧种保护和扶持计划》和《全国曲艺木偶戏皮影戏扶持发展计划》，实施重大现实题材美术创作工程、全国画院优秀创作研究扶持计划和全国美术馆发展扶持计划。组织好舞蹈类、音乐类、美术类比赛、展览活动。

三是充分发挥人民群众文化建设主体的作用，指导各地开展广泛的群众性文化活动。要把群众文化活动作为和谐社会和幸福中国建设的重要内容，组织动员各界群众广泛参与。同时，要把群众性文化活动作为精神文明建设的有效方式，用文化活动形式开展核心价值和道德教育，引导群众在文化建设中自我表现、自我教育、自我服务。

（二）要深化改革、扩大开放，增强动力、激发活力，促进文化产业振兴，实现文化建设的可持续发展

一是巩固国有文艺院团改革成果，深化事业单位改革。扎实做好国有院团体制改革督查验收工作，会同相关部门，尽快出台支持转制国有院团改革发展的指导意见，完善和落实国有院团转制各项配套政策。推动保留事业体制的文艺院团面向市场、面向观众，深化内部机制改革，实行企业化管理。审慎稳妥推进文化部直属事业单位分类改革。

二是统筹国有文化和民营文化，协调存量改革与增量发展，努力形成以公有制为主体，多种所有制共同发展文化产业的新格局。继续扶持国有或国有控股文化企业。深化国有文化企业改革，以股份制改造为重点，完善法人治理结构，优化资产配置。进一步放开、搞活，支持民营文化企业发展。贯彻落实《关于鼓励和引导民间资本进入文化领域的实施意见》，鼓励民间资本投资文化领域，参与国有院团转企改制、重大文化项目实施和文化产业园区建设，营造公平竞争的市场环境。

三是以满足人民群众多样性精神文化需求为出发点，围绕推动文化产业成为国民经济支柱性产业的战略要求，适应移动互联网时代要求，加强内容创新，实施差异化发展战略，促进文化产业加快发展。要优化产业结构，壮大演艺、娱乐、艺术品、会展等传统产业，发展创意、动漫、游戏、网络文化等新兴产业。优化产品结构，支持拥有知识产权、弘扬民族优秀文化的企业，着力打造知名文化品牌。实施差异化区域发展战略，推动实施特色文化产业发展工程、藏羌彝文化产业走廊、投融资体系推进工程、公共服务平台建设等重大项目。修订国家级园区基地管理办法，开展示范基地评价工作。继续开展中央财政专项资金支持文化产业项目评估和申报、文化企业债券融资试点、保险支持文化产业试点工作，配合相关部门做好文化产权交易场所清理整顿和规范引导。

四是要加强文化市场综合执法的规范化制度化建设。启动《文化市场综合执法管理条例》起草论证，检查文化市场队伍规范化建设文件落实情况。加强综合执法行风建设，开展全国文化市场综合执法岗位大练兵、技能大比武活动。拓展全国文化市场技术监管与服务平台功能，开展地理信息系统、移动执法等系统建设。开展全国文化市场审批规范大检查。启动修订《互联网上网服务营业场所管理条例》，出台《娱乐场所管理办法》。推动演出经纪人员分级分类管理。开展艺术品鉴定管理工作试点。推进未成年人网络游戏成瘾综合防治工程，加大棋牌类网络游戏整治力度，规范网络游戏虚拟道具发行及交易秩序。培育农村文化市场。加强文化市场诚信建设。指导行业协会健全管理制度，推动全国娱乐、艺术品等行业协会的筹建。

五是统筹国内国际两个市场、两种资源，大力发展对外文化贸易，扩大市场份额。完善对外文化贸易政策体系和交流平台，认定新年度文化出口重点企业和项目目录，制定《中国文化产品全球市场规划》，逐步完善我国文化市场的全球格局。开展央地合作，推动外向型产业聚集区建设。做好深圳文博会及海外重要文化贸易会展参展工作。

（三）要积极推进优秀传统文化传承体系建设

一是继续做好文物保护利用工作。随着文物家底进一步廓清，文物资源大幅度增长，第七批国家文物保护单位审批后，全国重点文物保护单位将达到4000多处。面对新形势，一定要把文物系统的能力建设放到突出位置，切实解决好法规制度、人事编制、经费投入等保障问题。推动全国重点文物保护单位和世界文化遗产的保护，实施西藏重点文物保护、嘉峪关长城保护、涉台和涉外文物保护等重大文物保护工程。推进大遗址保护和国家考古遗址公园建设，加快国家水下文化遗产保护中心和南海

基地、西沙工作站的建设，加快考古研究船建造。提高文物利用水平，推进重要文保单位和博物馆安全达标。优化完善博物馆体系，深化免费开放，提升服务水平。做好第一次国有可移动文物普查工作。加强对文物保护的监督管理，严格执行文物保护法律法规，严格审批涉及文物的旅游等开发建设活动，合理确定文物景区游客承载标准。

二是继续加强非物质文化遗产的有效保护。在充分论证的基础上新设一批国家级文化生态保护实验区。正式启动非遗保护利用设施建设，推进非遗保护研究基地认定，推动出台生产性保护税收优惠政策，继续实施数字化保护，做好非遗宣传展示活动。办好第四届成都国际非遗节。实施中华古籍保护计划，推进《中华再造善本》续编、珍贵古籍数字化等工作。开展民国时期文献保护，促进海外遗存文献回归。完成《远东国际军事法庭庭审记录》的编纂出版。

（四）要创新内容，创新方式，推动中华文化走出去

一是继续实施品牌项目与重大活动，扩大中华文化的海外影响。开展“欢乐春节”和18项重大文化活动。举办第13届亚洲艺术节、“华艺新颜”和“中国文化月”活动、中国当代建筑展。参加俄罗斯中国旅游年。与商务部共助缅甸办好第27届东南亚运动会开、闭幕式。举办亚欧博览会中外文化展示周、中国土耳其文化年、非洲“中国文化聚焦”等大型活动。

二是继续参与和举办高端国际对话和人文交流活动。参与第四轮中美人文交流高层磋商会议，举办中加文化论坛、中国—东盟文化论坛、中日韩文化部长会议、首届中阿丝绸之路文化论坛等。

三是加快海外中国文化中心建设步伐，规范外国在华文化中心的管理。落实海外中国文化中心发展规划，争取2013年商签国家10个，坦桑尼亚等6个中心揭牌启用。启动海外中心运营后援基地计划，年底活动数量达到900项。出台《外国文化中心登记管理条例》，完善外国在华文化中心活动和人员管理制度。

四是完善对港澳台文化交流长效合作机制。推动文化精品进入港澳台主流渠道，做好青少年文化培育品牌活动。更多以中华文化联谊会等民间身份，扶持和资助港澳台文化社团的爱国力量。面向台湾南部基层民众，打造“乡音之旅”品牌活动。

（五）要进一步加快政府职能转变，切实提高文化系统的依法行政能力

一是把完善文化法律法规体系作为一项长期任务持之以恒推动下去。加快推进文化立法规划的总体研究，充分体现文化产品的双重属性，尊重立法程序，把握立法时机，积极稳妥，成熟一个，推进一个。2013年，要加大力度推进《公共图书馆法》、《博物馆条例》等立法进程，推进公共文化服务保障和文化产业振兴方面的立法调研，力争将其列入文化立法规划，进一步完善非物质文化遗产法配套法规。

二是加强规划实施和政策研究，进一步转变政府职能。各级文化行政管理部门一定要从大量的具体活动中摆脱出来，在加强调查研究，制定发展规划，策划重点项目，促进完善政策上下功夫。要加快实施文化改革发展各项规划任务，今年要对“十二五”规划确立的各项任务实施进度进行中期评估。要高度重视人大代表、政协委员和社会各界对文化建设提出的意见建议，提出解决对策。

三是要健全人才工作机制，营造有利于高素质文化人才大量涌现、健康成长的良好环境。表彰有杰出贡献的文化工作者，推动国家荣誉制度出台。继续推动设立文化艺术高层次人才引进、培养和支持项目，开展海外高层次文化人才的引进工作。督促落实乡镇文化站人员编制，加大对基层文化人才队伍的教育培训力度，落实各项保障措施。开展“三区”人才支持计划文化工作者专项实施工作。依托国家艺术基金的人才支持项目，加大高层次人才引进和培养力度。完成首届文化名家暨“四个一批”人才推荐选拔。组织开展部省联合培训工作，着力加强对中西部地区扶持力度，把培训工作与援疆、援藏工作紧密结合起来。进一步推动高等院校艺术教育和中等艺术职业教育的改革和发展，与有关部门共建高等艺术院校，加强艺术教育与文化事业发展需求的结合。

四、切实改进工作作风

中央政治局作出了改进工作作风、密切联系群众的八项规定。我理解，这些规定也是对全党全国各级党政领导班子和领导干部提出的，是中央领导以身作则、率先垂范。我们文化系统要结合自身工作实际，全面深入贯彻落实八项规定，努力在转变党风政风行风上取得明显成效。

一是要大兴调查研究之风，深入实际，深入基

层，密切联系群众。要多与基层文化工作者接触，多与基层群众沟通，多深入老少边穷和农村地区，问需于民，问计于民。要充分尊重群众的首创精神，向群众学习，及时发现和总结各地方在文化建设方面的好经验好做法。希望各级文化部门认真梳理本领域中社会关注度高、人民群众期盼解决的问题，确定若干个重点，进行深入细致的调研，提出解决的思路、举措和办法来。要力戒形式主义，不为调研而调研，不搞大呼隆调研，不把属于明令禁止的各种活动都冠以调研名义，防止走过场。

二是要切实改进会风文风，克服官僚主义、形式主义，防止做表面文章。要下决心、下大力气全面改进文风，提倡短、新、实，克服假、长、空，切实做到言之有物、言之有理、言之有情。要精简文件数量，充分发挥门户网站发布政务信息的作用。要严格控制以文化部名义召开的全国性会议，严格会议申报和审核程序。不要搞得各地方厅局兴师动众、人仰马翻、疲于奔命。能召开网络视频会的，就尽可能不搞大规模人员集中的会议。必须召开的会议，要做好充分准备，提高会后贯彻落实督查的力度。要厉行节约，压缩会议规模，削减不必要的开支。文化系统的特点是各类活动比较多，我们各部门领导一般不要出席各类剪彩、奠基仪式、开幕式和庆祝会、纪念会等，要把更多的精力放在调查研究指导工作和解决问题上，放在不断提高行政效能和执行力上。

三是要进一步转变党风政风行风，坚持勤政廉政，克服慵懒散奢，加强权力监督。各级领导干部，要把对文化事业的热爱，与忠诚于党的事业、忠诚于人民的事业紧密相联，按照为民、务实、清廉的要求，正确对待个人进退去留，坚持共产党员的政治品格和修养，坚守为人为政的道德底线，努力在文化系统内形成讲政治、讲团结、讲大局、讲正气的良好政治生态。要进一步增强政治意识、大局意识、责任意识。这是我们做好一切工作的思想保障。只有讲政治，才能明方向。增强政治意识，就是要把学习宣传贯彻十八大精神作为当前和今后一段时期首要的政治任务，把思想统一到十八大精神上来，把十八大精神落实到文化建设的整个过程和各个方面，在思想上、组织上、行动上，同以习近平同志为总书记的党中央保持高度一致。这是我们讲政治、增强政治意识的首要要求。只有讲大局，才能成大事。增强大局意识，就是要把文化建设放在全面建成小康社会的大局中去思考、去谋划，做到心中有全局，在讲大局、顾大局方面做出表率，正确处理好点和面、当前和长远的关系，加强同宣传思想文化战线各个部门的统筹协调，加强同党中央国务院各个部门之间的统筹协调，加强同各地方党委政府的统筹协调。只有讲责任，才能干成事。增强责任意识，就是要通过严格科学的管理，贯彻落实好各项制度，明确分工责任，依法履行职责，真正做到对人民负责。要大力加强行业作风建设，各文化单位承担着为社会提供公共文化产品和服务、满足人民群众精神文化需求、提高公民思想道德素质和文化素质的重任，是为社会提供服务的窗口行业。要践行全心全意为人民服务的宗旨，体察民心，了解民意，制定计划，安排工作，组织活动都要符合大多数群众的意愿。对举办大型文化活动要严格管理，守土有责，健全制度，切实负起责任。要克服慵懒散奢，精神懈怠，多学习少应酬，多思考少浮躁。坚持标本兼治、综合治理、惩防并举、注重预防的方针，全面贯彻中央《建立健全惩治和预防腐败体系2013-2017年工作规划》和改进作风的“八项规定”，进一步健全廉政风险防控机制和反腐倡廉制度，规范行政权力运行，加强廉洁政治建设，做到干部清正、政府清廉、政治清明。

四是要提倡讲真话、讲实话，努力形成求真务实、团结鼓劲、宽松和谐的良好氛围。在研究问题、解决难题、部署工作、交流思想中，要本着对事业对同志负责的精神，大力倡导讲真话、讲实话，倡导坦诚相见、真诚相待，倡导坚持真理、敢于担当，倡导开展批评与自我批评，充分发扬党内民主。对文化改革发展中出现的新情况新问题，要允许探索，鼓励探索，对一些失误要宽容相待，不断总结经验，修正错误。要加强文化建设新闻宣传报道的可信度和客观性，切忌夸大成绩、文过饰非。

同志们，习近平同志指出，实现中华民族伟大复兴，是中华民族近代以来最伟大的梦想。这个梦想，凝聚了几代中国人的夙愿，体现了中华民族和中国人民的整体利益，是每个中华儿女的共同期盼。让我们担负起这样的历史重任，实干兴邦，奋发有为，攻坚克难，勇于实践，勇于变革，勇于创新，争取2013年工作有一个良好开局，整个文化建设能迈上一个新台阶。

抓住机遇　勇担重任
为实现“中国梦”贡献文化力量

——在2013年全国文化厅局长座谈会议上的讲话

文化部党组书记、部长　蔡　武

（2013年7月1日）

同志们：

2013年全国文化厅局长座谈会今天在太原召开了。我再次代表文化部党组对山西省委省政府、山西省委宣传部、山西省文化厅对这次会议的支持表示感谢。这次会议的主题是：深入贯彻落实十八大精神和中央政治局“改进工作作风、密切联系群众”的八项规定，以推动实现“中国梦”为强大精神动力，以进一步转变政府职能为重要任务，以深入扎实开展党的群众路线教育实践活动为着力点，研究解决制约文化改革发展的深层次矛盾和问题，努力开创文化工作新局面。

下面，我代表文化部党组，讲三个问题。

一、党的十八大开启了文化改革发展新航程

十八大以来，在以习近平同志为总书记的党中央坚强领导下，党和国家各项事业开局良好，党风政风气象日新，全民族凝聚力向心力进一步增强，中国已经站在了新的历史起点，步入了新的发展阶段。去年11月29日，习近平总书记在参观国博《复兴之路》基本陈列时发表了重要讲话，提出了“中国梦”的伟大理想和“两个一百年”的奋斗目标。12月，新一届中央政治局制定了“改进工作作风、密切联系群众”的八项规定，召开了中央经济工作会议。今年3月“两会”后，国务院召开了第一次全体会议，公布了国务院机构改革和职能转变方案，出台了国务院工作条例。4月，国务院召开了廉政工作会议。5月，国务院召开了机构职能转变动员电视电话会议。6月上旬，中央召开了文化体制改革工作座谈会，中旬，中央又召开了深入扎实开展党的群众路线教育实践活动工作会议。这一系列治国理政的新思路新举措，充分体现了我们党立党为公、执政为民，把民之所望作为政之所向的宗旨意识，充分表明了新一届中央领导集体高举中国特色社会主义旗帜，革除积弊，坚定不移推进改革开放的坚强决心，极大地增强了全党全社会的理论自信、道路自信和制度自信，产生了强大的正能量，一股清新的政风扑面而来。

文化系统深入学习贯彻党中央国务院一系列重大决策部署，坚持服务大局，开拓创新，转变作风，深入调研，勇于实践，以更加务实的作风，更加饱满的状态，加快推进文化改革发展，文化建设取得了新进展，迈上了新台阶。上半年各领域的工作总结已印发给大家，我只就重点、亮点工作做一下简要回顾和点评。

一是深入学习十八大和习近平总书记系列重要讲话精神，深化对“中国梦”的理解，文化系统的精神状态更加昂扬向上。上半年，文化部就深入学习十八大和习近平总书记关于“中国梦”的论述及一系列重要讲话精神作出了专门部署。部党组理论中心组组织了专题学习，部机关各司局、各直属单位、各地方文化厅局开展了形式多样的学习活动。同志们结合文化改革发展中存在的理论问题和实践问题，坚持学以致用，用以促学，着力把学习成果转化为改革发展的具体政策和解决问题的有效措施，为推动文化改革发展提供持久动力。

二是认真贯彻落实中央政治局关于“改进工作作风、密切联系群众”的八项规定，作风建设得到进一步加强。根据八项规定，文化部制定了一系列贯彻落实的具体措施，对严格控制应酬性会议及活动、改进新闻媒体报道、转变会风文风、厉行节约、加强预算管理、严格遵守廉洁从政各项规定、控制“三公”经费等都作出明确规定。各地文化厅局也相应制定了实施细则，有效地改进了作风，提高了工作效率。认真落实国务院第一次廉政工作会议精神，就转变职能、规范行政权力、严格管理机制、切实加强作风建设、加强行业管理等方面作出了系统部署，提出了具体措施。进一步加强对预算和各项资金的管理，制定了加强文化部预算管理暂行办法，明确了预算执行管理主体、职责、管理范围、管理流程、考核目标和激励约束机制。

三是精心筹划，周密部署，文化系统大调研取

得丰硕成果。为适应宣传思想文化工作面临的新形势，同时为下半年召开全国宣传思想工作会议作好准备，根据中央统一部署，文化部将组织开展文化领域大调研作为重点工作，全力予以推动。相继召开了党组扩大会、动员会、协调会、交流会，研究制定了工作方案，确定了37个选题，明确任务，分类推进。部党组成员分别带队深入基层，在20多个省（区、市）通过座谈、实地考察等多种方式，全面了解当前文化建设现状，深入分析文化改革发展形势，集中梳理重点难点问题，认真研究对策建议。各有关承办单位积极创新调研的方式方法，利用网络问卷、书面调查、专家访谈等各种形式进行调研。各地方文化厅局高度重视，积极配合，形成了上下协作的全系统大调研格局。此次大调研是十六大以来宣传思想文化系统开展的第四次大调研，是文化系统贯彻落实科学发展观、推动政府职能转变的一次重要实践，也是调研工作的一次大练兵。

四是以行政审批制度改革为着力点，以规划和立法为抓手，以推动文化市场健康有序发展为重点，进一步加快政府职能转变。落实国务院《关于取消和下放一批行政审批项目等事项的决定》要求，取消和下放部分文化部行政许可和非行政许可项目。启动了“十二五”文化改革发展规划中期评估，推动规划落实。文化部关于“十二五”时期公共文化服务体系建设、全国公共图书馆事业发展和文化共享工程建设的规划先后出台。加快文化立法进程，会同有关部门推进《公共图书馆法》、《博物馆条例》、《艺术品市场管理条例》、《古籍保护条例》的完善和出台，起草了《境外组织和个人在境内开展非物质文化遗产调查管理办法》等部门规章，开展了《公共文化服务保障法》、《文化产业振兴法》的前期研究论证。加强和规范文化执法。启动全国文化市场行政审批大检查，开展全国文化市场综合行政执法岗位大练兵技能大比武活动，提高效率，强化监督，优化服务。适应网吧市场新变化，在18个省（区、市）开展网吧管理试点，调整网吧总量、布局规划和准入标准，完善退出机制，促进了网吧行业健康有序发展。

五是完善扶持政策，加强分类指导，巩固和深化文化企事业单位改革成果。会同中宣部等八部门制定《关于支持转企改制国有文艺院团改革发展的指导意见》，从强化政策扶持、促进自我发展能力建设和改革发展支撑体系建设三方面加大扶持力度，激发转制院团发展活力。启动中国动漫集团战略重组，制定了中国动漫集团重组改革的路线图、时间表。推进“留事”院团、图书馆、博物馆、文化馆等文化事业单位内部“三项制度”改革，完善内部运行和管理机制，提升面向市场、服务群众的能力。

六是坚持抓导向，抓精品，文艺创作生产与展演势态良好。统筹各方力量，认真筹备“十艺节”。“十艺节”是十八大之后第一个国家级艺术盛会，社会各界高度关注，充满期待，文化部多次与山东省沟通，山东省全力以赴，各地文化厅局也积极筹备，创排剧目、选送展品、策划项目，掀起了迎接“十艺节”的热潮。目前已在山东多个地市举办了第七届全国话剧优秀剧目展演、中国民族器乐民间乐种组合展演、第十届全国舞蹈决赛等艺术活动，开展了群星奖惠民展演。另外，文化部还采取政府搭台、市场运作的方式，组织第二届优秀保留剧目获奖作品全国巡演，截至6月初 20个参演剧目已在51个城市演出563场，观众50万人次，有效发挥了舞台艺术精品的示范引领作用。召开了全国美术工作会议，针对当前美术领域存在的问题进行了认真梳理与反思，为今后一个时期美术事业繁荣发展团结队伍，凝聚共识。积极推动文艺批评，联合人民日报举办当代舞台艺术观察与思考征文活动，鼓励对当代舞台艺术重要作品、热点现象、创作思潮进行评价，营造了健康向上的评论氛围。

七是以验收第一批创建国家公共文化服务示范区和申报第二批示范区等工作为抓手，深化公共文化服务运行机制创新。文化投入持续稳定增长，2013年文化部部门预算45.16亿元，同比增长17%；落实中央转移支付地方专项资金43.33亿元，同比增长11.2%。这个成绩不容易，整个中央财政支出控制非常严格。公共文化机构运行经费保障机制基本建立。首批创建国家公共文化示范区验收全面启动，对31个示范区项目进行了评估，多数项目都创造了好经验，发挥了示范作用。开展第二批国家公共文化示范区（项目）申报工作，以点带面推动公共文化服务体系建设。推动落实地市级文化基础设施建设规划，截至3月31日，已开工建设项目156个，启动前期准备的工作项目153个。这里强调一下，公共文化服务设施是为全体人民服务的，不是为少数人服务的，是政府提供公共文化服务的重要阵地和平台，不是政府性“楼堂馆所”。我们的公共文化基础设施非常薄弱，现在不是多了，而是还很不够。按照国际标准，平均每4至5万人拥有一个公共图书馆，发达国家是每1至2万人拥有一个公共图书馆，而我国是每45万人才拥有一个公共图书馆。当前，在政府财力增加的情况下，我们应该把更多的财力投入到惠民工程上来。不能简单地因为公共文化设施是政府投入，就把它定位为“楼堂馆所”。为改善边疆地区公共文化设施薄弱、军民文化生活匮乏状况，启动了边疆万里数字文化长廊项目，试点先行，新设320个边境数字文化服务点。开展了2013年“文化志愿者基层服务年”系列活动，通过“大地情深”系列活动、“春雨工程”形成服务项目165个，推动了志愿服务制度化、品牌化，掀起了文化志愿服务热潮。落实“三区”人才支持计划文化工作者专项，联合中组部等五部委制定了实施方案，协调财政部下拨了年度专项经费，有力地推动了基层文化人才队伍建设。

八是围绕调整经济结构、转变发展方式，推动文化产业日益成为经济发展新的增长点。藏羌彝文化产业走廊项目继续推进，形成了发展规划和三年行动计划初稿，正在积极争取有关部门支持。金融、保险支持文化产业的力度不断加大，截至6月，部行合作机制支持重点文化企业信贷项目151个，贷款余额366.9亿元，同比增长73.9%；联合保监会指导试点保险机构研发重点保险项目，实现风险覆盖221.7亿元。推动文化产业公共服务平台建设，建成文化产业项目信息资源整合与共享平台一期工程，成功举办了第八届中国义乌文博会、第九届中国（深圳）国际文博会，成交额分别为48.3亿元和1665亿元，成为海内外文化产业界交流合作的重要平台。推动国家文化科技提升计划项目、文化部科技创新项目、国家文化创新工程项目的实施，14个项目结项，新立项60个，文化创新的驱动作用进一步凸显。标准化工作取得新突破，《图书馆古籍书库基本要求》等4项推荐性国家标准相继完成，《手机（移动终端）动漫内容要求》等3项推荐性行业标准正式发布。

九是围绕构建优秀传统文化传承体系，深化文化遗产保护工作。文物保护工作取得新进展。今年3月，国务院公布了第七批1943处重点文物保护单位，国保单位总量达到4295处，新公布的数量为新中国成立以来历次之最。首次国有可移动文物普查全面展开。6月22日，第37届世界遗产大会决定将中国的红河哈尼梯田文化景观列入《世界遗产名录》，成为中国第31项世界文化遗产，至此中国世界遗产总数达45项，位居世界第二。“平安故宫”工程继续推进，制定了总体方案，地下文物库房改造、安全防范新系统等首批7个项目陆续启动。对国家级非物质文化遗产项目保护单位进行调整和认定，进一步强化了保护责任。围绕“人人都是文化遗产的主人”主题和纪念《保护非物质文化遗产公约》颁布实施十周年，组织开展了纪念公约通过10周年论坛、春节文化摄影优秀作品展等文化遗产日系列宣传展示活动，嘉兴端午民俗文化节、咸阳文化遗产日主场城市活动成功举办。第四届中国成都国际非物质文化遗产节组织了公约通过十周年纪念大会等7大项、264场展演和交流活动。古籍保护工作继续推进，国务院公布了第四批1516部国家珍贵古籍和第四批16家全国古籍重点保护单位。

十是深入探索创新文化“走出去”模式，提升中华文化传播能力。对外文化交流不断开创新局面。俄罗斯中国旅游年开幕式隆重举行，盛况空前，为习近平总书记对俄罗斯的历史性访问营造了良好气氛，充分展现文化外交的力量。习近平总书记和普京总统对中国旅游年开幕式活动给予了高度评价。今年“欢乐春节”活动在99个国家和地区的251个城市举办，涉及项目385个，规模空前，在世界范围再次掀起“中国热”。举办了首届中国-中东欧国家文化合作论坛，汇聚了中东欧16国文化代表团，通过了《中国-中东欧国家文化合作行动指南》，这是自去年中国与中东欧国家建立合作论坛以来落实的第一个部长级项目。我率中国政府代表团出席沙特阿拉伯“杰纳第利亚遗产文化节”，这是中国首次以主宾国身份参与该文化节，也是我国与阿拉伯世界的第一次大规模深层次的文化交流活动，得到了沙特王室和民众的广泛好评。海外中国文化中心建设快速推进，墨西哥文化中心正式挂牌。曼谷中心、莫斯科中心、马德里中心投入运营。新加坡中心、悉尼中心建设按计划推进。塞尔维亚中心土地回购事宜已签署备忘录。文化贸易平台不断拓展，组织国内28家演艺企业和机构赴美参加了全球规模最大的演出交易会——美国演艺出品人年会，推动演艺企业和演艺产品进入国际演出市场。组织有关企业、机构参加了2013年捷克国际动漫节，为我国动漫企业打开中东欧动漫市场打下了基础。对港澳台文化交流取得新成效，第九届港澳大学生文化实践活动在15家文博机构开展，深受青少年欢迎，2013世界闽南文化节在福建泉州成功举办，搭建起两岸民众文化交流与心灵沟通的桥梁。

以上简要回顾和点评，可以看出今年上半年整个文化系统思路清晰，目标明确，重点突出，工作扎实，推进有序，稳中有进，状态良好，成效显著。这是我们深入贯彻落实十八大精神和习近平总书记一系列重要讲话精神，砥砺奋进，攻坚克难所取得的宝贵成果。

二、积极应对解决文化建设面临的困难和问题

通过上半年的大调研，我们深切感到，十六大以来我国文化建设取得了历史性成就，文化改革发展成为“五位一体”战略布局的重要一位，成为转变发展方式、调整经济结构、推动科学发展的重要抓手和内容，成为经济社会发展、人民生活质量提高的重要标志。全党、全国、全社会的文化自觉和文化自信不断增强，文化发展的环境显著改善，文化建设的责任也更加重大。同时，我们也要看到，当前文化发展的环境和条件更加复杂，面临着新的挑战和困难，文化建设自身也存在着一些问题，需要我们认真研究分析，提出有效对策。

（一）文化建设还没有完全实现“两纳入”

十七届六中全会之后，文化在中国特色社会主义建设总体布局的地位和作用更加凸显。十八大报告将文化建设作为中国特色社会主义事业“五位一体”总体布局中的重要内容。在今年“两会”期间的政府工作报告中，再次明确“要将文化改革发展纳入经济社会发展总体规划，列入各级政府效能和领导干部政绩考核体系”但在实际工作中，一些地方没有把文化改革发展摆上重要议事日程，没有把文化建设纳入区域发展战略规划，对文化建设还是“说起来重要，做起来次要，忙起来不要”。在一些地方，“唯GDP”还在一定范围内存在，与树立科学政绩观存在一定差距。针对这种情况，下一步，要抓紧研究落实“两纳入”的要求，建立全面、科学、刚性的文化改革发展指标体系，制定“文化改革发展纳入领导机关和领导干部政绩考核体系”的相关指标和标准。

（二）文化体制机制与新形势要求还不适应

目前文化领域体制机制问题依然比较突出。一是部门权限不明，职能交叉。宣传部门、财政部门和文化行政部门职能没有界定清晰。比如，十七届六中全会提出的“完善管人管事管资产管导向相结合的国有文化资产管理体制”在实际操作中还没有完全落地。文化市场综合行政执法机构归属不尽相同，名称也不统一，有些地方还存在着执法主体不明确、执法机构不完善、行政执法不到位问题。基层公共文化设施多个部门投入，多头管理，亟须有效整合资源，提高项目实效。乡镇文化站、免费放电影、农家书屋这三大文化惠民工程，过去分属三个部门，我们调研中听到基层很多同志反映“为什么不能把这三大工程整合起来”的问题。文化产业博览会有几个部门来举办，文化产业园区多部门命名，标准、政策和管理办法也不尽一致。对外文化交流、非物质文化遗产保护、艺术教育等方面也存在机制不顺、职能交叉的问题。在工艺美术领域，一些从业人员更希望由文化部而非工信部，来进行工艺美术大师的评选认定，但由于体制问题而长期得不到解决。二是文化行政部门的职能还没有完全转变。没有完全厘清政府与市场、与社会的关系，有些该放的没放，有些该管的没完全管好。各级文化行政部门管理手段比较单一，依法行政水平不够高，还没有把职能完全转到政策调节、市场监管、社会管理、公共服务上来，这与新一届政府建设服务型政府、法治政府、创新政府、廉洁政府的要求还有很大差距。三是企事业单位的内部管理机制还不健全。文化事业单位的收入分配、人事制度等内部运营机制不完善，自身发展能力不强，服务质量和效率不高。转制企业还没有完全建立法人治理结构，企业的资产组织形式和经营管理模式还有待于进一步完善。

由此可以看出，深化文化管理体制和运营机制改革的任务依然十分艰巨。我们要打好深化改革、加快发展的“持久战”。一是进一步厘清政府部门间的职责权限。加强与其他部门的沟通协调，明确各有关部门的职能权限，避免重复建设，互相掣肘，形成文化改革发展的合力。二是继续深化文化市场综合执法改革。研究整合中央和省两级文化市场执法权，推动副省级以下城市完善综合文化行政责任主体，完善执法规范，加强机构建设，真正变“多头管理”为“统一指挥、统一协调”。赋予乡镇街道文化站协助管理文化市场职责，强化属地管理责任。三是以建立现代企业制度为重点，深化国有经营性文化单位改革。落实九部门《关于支持转企改制国有文艺院团改革发展的指导意见》，推动转制院团发展壮大。推动已转制文化企业加快股份制改造，完善公司法人治理结构，增强竞争力。四是深化公益性文化单位内部三项制度改革。推动文化馆、博物馆、图书馆建立理事会、董事会、管委会等多种形式的法人治理结构，推动代表民族特色和国家水准的文艺院团实行企业化管理。创新公共文化服务设施运行机制，变财政养人为财政养事。五是加快政府职能转变。进一步深化行政审批制度改革，精简审批项目，优化审批程序、规范审批行为，加强事中事后监管。推动各级文化行政部门职能实现“三个转变”，把精力多用在调查研究、统筹规划、搭建平台、完善政策、营造环境、提供服务上。不断增强依法行政意识，提高依法行政水平。综合运用法律、行政、经济、科技等手段提高机关效能和管理科学化水平。

（三）文化产品和服务的供给还不能满足人民群众日益增长的精神文化需求

随着经济社会发展，我国城乡居民可支配收入不断增加，求知、求乐、求富、求美的愿望更加强烈，文化消费水平稳步提高。人民群众精神文化需求更加多元多样。大调研期间，文化部开展了人民群众文化生活状况网络问卷调查，结果显示，很多网民都期望公共文化设施功能更齐全、使用更便捷，能有更多更好的文化产品和服务。目前，我们的文化产品和服务的数量、质量与广大人民群众日益增长的多样化文化需求相比还有很大差距。一是公共文化产品和服务不能完全满足人民群众基本文化需求。公共文化资源配置不够合理，区域、城乡发展不均衡现象十分突出，农民工等群体的文化权益没有得到很好的保障，公共文化服务均等化还没有完全实现。公共文化设施网络还不健全，农村、老少边穷地区文化设施建设比较薄弱。公共文化服务内容总量不足，缺乏针对性，广大人民群众喜闻乐见的公共文化产品比较匮乏。一些公共文化服务单位内生动力不足。二是通过市场提供的文化产品和服务也不能满足人民群众多样化文化需求。目前，我国文化产业发展总体水平较低，文化企业散、小、弱、差现象依然比较普遍，集约化、规模化水平较低，整体实力和竞争力不够强。产业战略结构不够合理，知名品牌很少。公平竞争的市场环境还没有完全形成，现代文化市场体系还没有完全建立。在文化产品和服务的供给上，存在过剩与不足并存的现象。既叫好又叫座的艺术精品不多。艺术创作生产中出现以自我为中心甚至迎合西方外来意识形态的倾向，泛娱乐化和低俗之风时有抬头，以人民为中心的创作导向有待加强。另外，群众普遍认为文化消费门槛较高，演出票价过高。

要解决这些问题，一是努力完善公共文化服务体系。深入实施重点文化惠民工程，将资金和有限的资源向农村、老少边穷地区和民族地区倾斜，促进城乡公共文化资源合理流动、共建共享，农民工等特殊群体要有效纳入公共文化服务的体系，推动公共文化服务均等化。深化推动公共文化服务示范区建设，创新公共文化服务方式。健全公共文化服务绩效考核机制，着力构建以群众文化需求为导向的公共文化产品和服务供给模式。推动公共文化服务供给的多元化和社会化。二是积极推动艺术创作更加繁荣。充分发挥国家艺术基金的引领作用，引导艺术家创作更多题材多样、内容生动感人的优秀艺术作品。进一步改进评奖办法，营造有利于多出优秀文化产品的良好环境。积极开展建设性、有说服力的文艺批评，推动形成科学的文化产品评价标准。深入开展艺术普及活动。三是大力发展文化产业。推动文化产业结构战略性调整，促进文化与科技、旅游等相关产业融合发展，推进内容创新、形式创新、业态创新。鼓励骨干文化企业做大做强，提高文化产业的规模化集约化产业化水平。针对文化产业特殊性，加大对文化创业、创意人才和成长型企业的支持力度。帮助引导义乌文化产品交易博览会等逐步办成高水平的专业化、市场化、国际化文化产品交易会。引导和规范文化产业园区建设，提高园区发展水平。四是加快建立现代市场体系。积极培育文化市场。推动行业协会建设，发挥其维护权益、行业自律的作用。指导行业协会制定艺术品市场经营规范，加强文化市场诚信建设。改进互联网上网服务营业场所管理。

（四）文化遗产保护力度与构建保护传承体系的要求相比还有差距

随着工业化、城镇化、信息化、农业现代化进程的加速发展，不少文化遗产及其生存环境受到冲击、破坏和严重威胁。文物和非物质文化遗产保护仍然面临很多挑战。一是遗产保护传承与经济开发建设的矛盾。一直以来，重申报、轻保护，重开发、轻管理的现象时有发生，一些地方为了旅游开发或其他建设而给文化遗产造成破坏甚至是严重的破坏。不少历史文化名城（街区、村镇）、古遗址及风景名胜区整体风貌遭到破坏，一些近现代代表性文物建筑在城市施工中被毁。二是文物安全问题。文物非法交易、盗窃，古遗址、古墓葬盗掘以及文物走私等违法犯罪活动还比较猖獗。三是非物质文化遗产快速消亡。许多非物质文化遗产失传或消亡，民族或区域文化特色消失加快，基于农耕文明的传统文化特别是村落文化受到前所未有的冲击。四是法律体系不完善。《文物保护法》有些规定已不适应新形势，需要调整。《非物质文化遗产法》的一些规定，如非物质文化遗产的知识产权界定等比较原则，需要进一步细化。生产性保护有关政策还有待完善。

下一步，我们要以建立优秀传统文化传承体系为目标，以《文物保护法》和《非物质文化遗产法》为支撑，积极推进文化遗产保护。一是加快立法。积极推动《文物保护法》的修订。加快制定《非物质文化遗产法》的配套法规。二是努力推动文化遗产保护与经济社会发展的良性互动。继续探讨大遗址保护的有效模式，推动非物质文化遗产的生产性保护。三是继续推动文物保护。实施重大文物保护工程，做好大型基本建设工程的考古和文物保护，实施国有可移动文物普查，特别要加强文物保护单位的安全管理，提高安全管理水平。四是继续推进非物质文化遗产的分类保护。继续加强制度、机制建设，探讨抢救性保护、生产性保护和整体性保护有效模式，启动和推进非物质文化遗产基础设施试点建设、数字化保护工程建设。研究制定分类保护的标准与规范。

（五）对外及对港澳台文化交流水平与增强我国文化软实力的要求还有一定差距

十六大以来，对外及对港澳台文化交流开展得有声有色，但是也存在着一些短板：一是交流的有效性不够。走出去的文化产品传统内容多，当代内容少，思想性不强、内涵不足，既代表中国特色、又符合国外民众审美取向的项目和作品比较少。二是交流方式方法有待创新。从交流形式上看，“走出去”的多为舞台艺术和展览，深层次交流较少；从交流途径看，政府举办多、市场推动少；从交流主体看，政府出面组织多，民间力量参与少；从受众来看，华人华侨参与多，融入主流社会还不够。三是文化传播能力尚需加强。对新媒体的掌握和运用能力不足，对外文化传播的重要品牌和标志性人物不多，影响力有待提升。四是文化贸易发展后劲不足。具有核心竞争力的企业和产品较少，产学研没有形成有效的相互激励链条，缺乏依靠资本和品牌运营带动产品出口的高端贸易模式。

为了提升对外文化交流水平，下一步，一是提升文化交流活动的品质内涵。在形式上、内容上、质量上狠下功夫，打造代表中国文化精华、展现当代中国形象、符合国外受众需求的文化交流项目。二是创新文化交流模式。坚持政府交流与文化贸易并重，官方组织与民间参与并重，探索“政府主导+半官方独立机构运作+社会民间广泛参与”的工作模式。三是组织开展重大文化品牌活动。精心组织国家文化年、中国文化节、“欢乐春节”等重大活动和品牌项目，举办并参与高端国际对话和人文交流。培育打造地方国际交流品牌。四是搭建对外文化贸易平台。加快建立中国演艺和艺术展览走出去联盟、保税物流仓库、电子商务平台，推动优秀文化产品和服务参与国际竞争，扩大国际市场份额。五是处理好走出去与引进来的关系。在大力推动中华文化走出去的同时，进一步加大引进来力度，把优秀外国文化介绍给国内民众。

（六）保障机制与文化改革发展的需要还不适应

文化建设离不开财政的支持，离不开人才的支撑，离不开政策的保障。但是，与文化建设的新形势新任务相比，我们的经费、人才和政策保障工作还明显滞后。一是文化投入不足。各地各级政府财政对文化建设的投入依然总量偏小、比重偏低，与文化建设的实际需要还有很大差距。对城乡基层和基础文化设施的投入不足，投入方向不明确且重点不突出，财政资金引导社会投资的作用不够明显。二是文化人才队伍结构不合理，机制不完善。各类文化拔尖人才、文化实用人才、青年文化人才、懂经营会管理的文化产业人才比较缺乏。特殊人才的培养、激励和保障机制不完善。很多地方的乡镇文化站编制没有落实，出现无人办事、专干不专的现象，基层文化工作者的业务素质和能力需要进一步提高。三是政策法规体系不健全。与文化相关的法律法规数量少，效力层次低，而且主要集中在文化市场管理和文化遗产保护方面，相关的文化政策也没有形成一个比较完备的体系。

为改变这种状况，一要争取更多投入和支持。努力争取各级财政对文化建设的支持，力求落实十七届六中全会决定提出的“公共财政对文化建设投入的增长幅度高于财政经常性收入增长幅度，提高文化支出占财政支出的比例”两条硬杠杠。同时用好每一分钱，把有限的资金用在文化建设的刀刃上。积极探索“社会办文化”的有效途径，吸引更多的社会资本投入。东中西部地区还要结合当地经济社会发展实际情况，制定科学合理的文化建设投入机制、补偿机制和社会投资引导机制。二要加强人才队伍建设。推动落实六部委《关于加强地方县级和城乡基层宣传文化队伍建设的若干意见》，尽快解决乡镇文化站人员编制问题。深入实施“三区”人才支持计划文化工作者专项，加大基层文化人才教育培训力度。实施好国家艺术基金人才支持项目、“四个一批”工程，培养高素质专业文化工作者。积极推动国家荣誉制度早日出台。发挥市场在人才资源配置中的积极作用，推动设立文化艺术高层次人才引进、培养和支持项目，促进各类文化人才合理流动。探讨文化部与有关部门、单位共建艺术院校的新思路。三要完善政策法规体系。加快《公共图书馆法》、《博物馆条例》立法进程，推进《公共文化服务保障法》、《文化产业振兴法》立法调研。尽快研究出台促进文化产业发展、推动文化创新、深化文化体制改革、促进非物质文化遗产保护、鼓励社会力量参与文化建设等方面的政策和措施。

三、深入扎实开展党的群众路线教育实践活动

开展党的群众路线教育实践活动是十八大作出的一项重要战略部署，是我们党在新形势下坚持党要管党、从严治党的重大决策，是顺应群众期盼、加强学习型服务型创新型马克思主义执政党建设的重大部署，是推进中国特色社会主义的重大举措。深入开展教育实践活动，对实现十八大确定的目标，保持党的先进性和纯洁性，巩固党的执政基础和执政地位，全面建成小康社会，具有重大战略意义。

根据中央的部署，这一次教育实践活动主要任务聚焦在作风建设上，集中要解决“四风”问题，即形式主义、官僚主义、享乐主义和奢靡之风问题。解决“四风”问题，要对准焦距、找准穴位、抓住要害，不能“走神”，不能“散光”。反对形式主义，要着重解决工作不实的问题，教育引导党员、干部改进学风文风会风，改进工作作风，在大是大非面前敢于担当、敢于坚持原则，真正把心思用在干事业上，把功夫下到察实情、出实招、办实事、求实效上。反对官僚主义，要着重解决在人民群众利益上不维护、不作为的问题，教育引导党员、干部深入实际、深入基层、深入群众，坚持民主集中制，虚心向群众学习，真心对群众负责，热心为群众服务，诚心接受群众监督，坚决整治消极应付、推诿扯皮、侵害群众利益的问题。反对享乐主义，要着重克服及时行乐思想和特权现象，教育引导党员、干部牢记“两个务必”，克己奉公，勤政廉政，保持昂扬向上、奋发有为的精神状态。反对奢靡之风，要着重狠刹挥霍享乐和骄奢淫逸的不良风气，教育引导党员、干部坚守节约光荣、浪费可耻的思想观念，做到艰苦朴素、精打细算，勤俭办一切事情。解决“四风”问题，要从实际出发，抓住主要矛盾，什么问题突出就着重解决什么问题，什么问题紧迫就抓紧解决什么问题，找准靶子，有的放矢，务求实效。

这次教育实践活动的总要求是“照镜子、正衣冠、洗洗澡、治治病”，重点是县处级以上领导机关、领导班子、领导干部的作风建设问题。照镜子，主要是以党章为镜，对照党的纪律、群众期盼、先进典型，对照改进作风要求，在宗旨意识、工作作风、廉洁自律上摆问题、找差距、明方向。正衣冠，主要是在照镜子的基础上，按照“为民、务实、清廉”的要求，勇于正视缺点和不足，严明党的纪律特别是政治纪律，敢于触及思想，正视矛盾和问题，从自己做起，从现在改起，端正行为，自觉把党性修养正一正、把党员义务理一理、把党纪国法紧一紧，保持共产党人良好形象。洗洗澡，主要是以整风的精神开展批评和自我批评，深入分析发生问题的原因，清洗思想和行为上的灰尘，既要解决实际问题，更要解决思想问题，保持共产党人政治本色。治治病，主要是坚持惩前毖后、治病救人方针，区别情况、对症下药，对作风方面存在问题的党员、干部进行教育提醒，对问题严重的进行查处，对不正之风和突出问题进行专项治理。以上四个方面的要求概括起来，就是要进行“自我净化、自我完善、自我革新、自我提高”，着重解决工作不实的问题，着重解决在人民群众利益问题上不维护、不作为的问题，着重克服及时行乐思想和特权现象，着重狠刹挥霍享乐和骄奢淫逸的不良风气。

根据中央4号文件规定，各级党委（党组）是抓好本地区、本部门、本单位教育实践活动的责任主体。地方各级文化行政部门的教育实践活动是在地方各级党委领导下组织实施。文化部本身的教育实践活动，主要是在机关各司局和直属单位开展。文化部已经成立了教育实践活动领导小组，制定了工作方案，此次厅局长座谈会后将全面启动。今年下半年，全国文化系统要把教育实践活动作为当前一项重大政治任务抓紧抓好抓实，确保活动取得实效。下面，我就文化系统深入开展教育实践活动谈几点意见。

（一）要认真学习领会中央精神，把学习教育、思想理论武装作为第一任务，为教育实践活动顺利

开展奠定良好的思想基础

一是要原原本本、原汁原味地学习中央领导同志重要讲话和中央文件。要深刻领会习近平总书记提出的“三个必然要求”，充分认识开展教育实践活动的重大战略意义，准确把握教育实践活动的指导思想、目标要求、重点任务和方法步骤。要深刻领会“为民、务实、清廉”是活动主要内容，对全党进行马克思主义群众观点教育是重点，贯彻中央八项规定是切入点，联系实际，融会贯通，吃透精神，领会实质，提高认识，统一思想。二是要按照中央列出的具体书目组织好学习。要进一步深入学习十八大精神，加深对中国特色社会主义理论体系的理解，不断增强理论自信、道路自信和制度自信。要认真学习党关于群众路线的系列论述，学习马克思主义唯物史观，重温党的光辉历史、优良传统和优良作风，深刻认识要认真学习党章，把学习党章作为党员开展教育实践活动的必备课程，作为组织生活、民主生活会的重要内容，使党员干部对党章内化于心、外化于行。三是要结合学习型党组织创建的要求，创新学习方法，丰富学习内容，努力提高学习成效。

（二）查找“四风”中存在的突出问题，提出有效的整改措施，通过教育实践活动，切实转变文化系统的作风

总的来看，在文化建设领域，还存在以下一些突出问题。

在公共文化服务体系建设方面，“硬件”建设虽有了很大发展，但还有不少历史欠账，更主要的是“软件”跟不上。截至2012年底，全国共有博物馆3589座，公共图书馆3076个，文化馆（站）43876个，总量增加较快。但由于过去底子薄、欠账多，这些公共文化设施仍然很不够，不能适应经济社会发展步伐、满足群众精神文化需求。目前全国28.8%的县级公共图书馆和32.7%的文化馆建成于1990年以前，设施比较陈旧。县级的中小剧场比较少。全国村文化室约有28万个，占全国行政村总数的47.7%。更主要的薄弱环节是“软件”上不去。重投入轻产出、重建设轻管理、只管建设不管运转的现象还普遍存在。基层设施保障能力和政策要求脱节，设施的建设和管理使用脱节，公共文化产品和服务的供给与需求脱节。有的设施没有正常运转，一些基层的村文化活动室、乡镇文化站，领导来检查就开门找几个人摆摆样子，领导走了又“铁将军”把门。有的新建设施建在城市新区，不便于老百姓使用，利用率不高。有的设施非常简陋，图书室没有多少藏书或不适应当地群众需要，有些文化中心缺少活动器材或有设备又没人会用。有些乡（镇）文化站建在乡（镇）政府大院内，老百姓不方便进去，成了乡（镇）政府内部的“配套设施”。

在文化产业方面，文化产业园区过多过滥，产业项目同质化竞争的现象比较突出。一些文化产业园区项目盲目上马，有的甚至打着发展文化产业的旗号变相搞房地产开发。一些地方盲目发展文化产业，同质化现象严重，造成资源浪费。《印象•刘三姐》、《印象•丽江》、《印象•西湖》等实景演出推出之后，全国一些风景区一哄而上、集体克隆，扎堆上马此类项目。还有几百个“山寨印象”系列，有些地方同等性质的演出就有很多个。这些演出项目投资巨大，但效益不佳，能够一直良性经营的还不多。

在艺术发展方面，豪华晚会成风，文艺评奖泛滥，“大师”满天飞。现在有一种风气，好像什么事情都要办专场晚会，办晚会就要讲排场、搞大制作、比阔气、拼明星。一台大型晚会动辄就要花费上千万元，一些晚会的舞美投入能占到一半以上，很多设施成了一次性用品，浪费极大，引发社会热议、“两会”代表委员关注，特别是花财政的钱拼明星、拼排场。此外，社会上各类名不副实、移花接木、欺世盗名、招摇撞骗的所谓“评奖”层出不穷，花钱买广告、买荣誉、买奖项成为许多这类“比赛”和“评奖”中的潜规则，误导了社会，毒化了风气，伤害了艺术。有一些原本资质平平的艺术工作者投机钻营，弄来各种光环、头衔，通过媒体炒作，把自己包装成所谓“名家”、“大师”，抬高身价。还有一些文化“李鬼”，假借名人或权威部门的影响力，挂名忽悠，剽窃侵权，冒名顶替，欺骗社会，误导民众，扰乱市场。这些乱象背后，是贪图虚名，是利益驱动、利欲熏心，是权钱交易，腐蚀了职业道德，动摇了文化底线，成了滋生腐败的温床。

在文化遗产保护方面，文物因房地产开发而被毁现象时有发生，非物质文化遗产保护的功利化问题比较突出。一些地方为了房地产开发将很多历史街区、历史建筑进行拆迁，有的历史文化名城（街区、村镇）、古遗址及风景名胜区整体风貌遭到破坏。有的房地产开发商在施工中将地下埋藏的文物损毁，造成不可挽回的损失。这反映了我们的执法能力还不够强，履职还不到位。有的地方政府为了

提升当地名气，促进经济发展、旅游开发，进行拆旧建新，制造假古董，将老街区沦为废墟。有的地方政府对待非物质文化遗产保护工作，只重视那些具有明显经济开发价值的名茶、名酒、名吃，利用入选名录的广告效应提高市场影响，而对于没有直接经济效益的非物质文化遗产项目则任其自生自灭。

在文化市场方面，演出票价过高，艺术品市场乱象严重。演出票价动辄数百元、上千元，几乎为全世界最高。高票价的原因很复杂，但剧场租金过高、大制作、明星大腕出场费高是重要成因。在艺术品市场领域，一级市场不规范、不成熟，少数艺术家、投机分子和某些公司大肆炒作，花钱买好评，拍假售假，哄抬价格，以假乱真，令人防不胜防。

这些现象反映在社会上，并不都是文化工作的问题，而是文化领域的问题。影响我们文化的发展、繁荣，腐蚀文化艺术队伍的风气，侵害人民群众的文化权益，给国家的文化形象抹黑，揭示出我们在行业管理方面还有许多工作要做，需要引起大家高度重视。作为政府文化行政管理部门，我们要有所作为，要按照“谁主管谁负责”和“管行业必须管行风”的要求，加强文化系统行业作风建设，回应社会关切，遏制文化领域存在的不良风气和腐败现象。

一是要抓好节庆活动管理，治理豪华晚会。7月到9月，文化部将会同相关部门对各地各部门主办的节庆、论坛、博览会、运动会进行摸底，提出拟保留活动建议名单，报请党中央、国务院审定。今后原则上不再新批准举办节庆、论坛、博览会、运动会。同时，将根据《节庆活动管理办法》制定实施细则对节庆活动予以规范。希望各文化厅局密切配合做好此次摸底普查和规范工作。要大力整治、清理、规范社会上各类“评奖”。要以社会主义先进文化的理念、信念引领艺术评论，大力倡导积极、健康的文艺批评，激浊扬清，祛邪扶正，避免一些花钱买广告的所谓艺术评论误导社会、误导群众。

二是要管好手中权，用好手中钱，加大监督制约力度，规范行政权力运行。当前，随着文化建设投入力度的加大，文化系统干部面临的诱惑也越来越多。要加大查办案件力度，始终保持惩治腐败的高压态势。加强对干部人事、工程建设、政府采购、课题招标、评审评奖重大活动的监管。提高监督效果，防止监督沦为摆设。在管好财政资金的前提下，还要用好财政资金。绝不能拿纳税人的钱去搞所谓的“面子工程”、“政绩工程”。

三是要大力倡导厉行节约，反对铺张浪费。很多文化活动确实需要通过一定的仪式展示，这是文化领域的一个显著特点。但我们要把提高活动的品质内涵和增强艺术感染力作为着力点，而不是去搞场面上的那些花里胡哨的东西。要集中力量做好示范，节约办好中国艺术节、北京国际艺术节、上海国际艺术节、亚洲艺术节、成都国际非遗节等重大文化活动，切实贯彻“为民、务实、清廉”的要求，突出艺术本体，反对比拼名人效应，反对铺张浪费，体现文化惠民和人民是文化创造主体的精神。顺便说一下我们这次“十艺节”的开幕式，中央政治局八项规定出台后，文化部经过与山东省多次磋商，决定不在体育馆花过多的钱搞开幕式，而是以一场精品演出作为开幕并简短致辞，以务实、朴实的方式办好“十艺节”。

四是要切实改进会风文风，化繁为简，除繁琐之弊。要提倡写短文件、写好执行的文件，讲短话、讲有内容的话，言之有物、言之有理。要压缩会议规模，削减不必要的开支。能通过网络视频召开的会议，就尽可能不搞大规模人员集中的会议。要改进调查研究中的不良风气，减少陪同，简化接待，沉下身子，务求实效。当前，要通过调研多接触基层文化工作者和人民群众，直接听取基层群众的意见，切实了解群众所想、所需、所盼，特别是要避免作秀和形式主义。

文化部机关和直属单位教育实践活动的一个重要环节，是要广泛听取文化系统广大干部、群众对我们工作的意见、建议，广泛听取社会各方面各阶层群众对文化改革发展的意见、要求和期望，广泛听取文化系统之外的各部门同志对文化部门工作情况和工作作风的评价批评和意见建议。除了通过上半年大调研收集汇总各方面的意见外，在这也拜托各地文化厅局用多种方式，收集干部群众对文化部、对文化系统的意见、建议特别是批评意见，及时转给我们，以利于我们按中央部署扎扎实实搞好教育实践活动。我们的教育实践活动领导小组办公室会发出通知，提出具体要求。

同志们，文化改革发展的机遇前所未有，挑战也前所未有，落实党中央国务院决策部署和实现中华民族伟大复兴的“中国梦”责任重大、任务艰巨。让我们以高度的文化自觉和文化自信，不辱使命，勇挑重担，推动文化改革发展再上新台阶，为社会主义文化强国建设作出更大贡献！

在国家公共文化服务体系示范区（项目）创建工作会议上的讲话

文化部党组副书记、副部长　杨志今

（2013年11月6日）

同志们：

大家下午好！

在党的十八届三中全会即将召开之际，我们在上海浦东举行国家公共文化服务体系示范区（项目）创建工作会议，认真总结第一批创建经验，安排部署第二批创建工作。这是文化部、财政部贯彻落实党的十八大和全国宣传思想工作会精神，扎实推进公共文化服务体系建设的一项重要举措。

刚才，于群同志和宋文玉同志分别宣布了第一批示范区（项目）名单和第二批示范区（项目）创建资格名单，马秦临同志介绍了创建工作相关情况，上海市、苏州市、长沙市、成都市、嘉兴市、襄阳市等分别做了典型发言，讲得都很好，希望各地结合实际，借鉴经验，继续推动公共文化服务体系建设不断向前发展。

下面，我就公共文化服务体系建设和示范区创建工作，谈几点意见，供大家参考。

一、认真总结第一批示范区创建工作经验，为第二批示范区的创建提供有益借鉴

作为文化部、财政部在“十二五”期间推动我国公共文化服务体系建设科学发展的一项重要创新举措，国家公共文化示范区（项目）创建工作自2011年正式开展以来，就受到各级党委政府的高度重视和大力支持。各创建示范区城市和创建示范项目单位将创建工作作为保障人民群众基本文化权益、推动文化大发展大繁荣的重要途径，在资金投入、设施建设、队伍建设、体制机制建设等方面优先考虑、重点推进，推动了公共文化服务体系跨越式发展。从两年多的创建实践来看，各示范区城市和示范项目创建单位对当前公共文化服务体系建设中的重大热点难点问题和前瞻性课题进行了积极的探索，取得了很好的成效。

（一）积极探索如何统筹推进公共文化服务体系化建设、提高公共文化服务效能这一课题，努力提升了文化惠民的实际效果

在创建过程中，首批31个示范区城市均立足文化改革发展全局和本地公共文化服务体系建设实际，围绕公共文化服务体系各关键环节制定了全面、系统的规划，以提高服务效能为导向，加强软硬件统筹、城乡统筹、服务对象统筹、服务资源统筹、服务方式统筹，有力地促进了公共文化服务体系化建设，取得了显著的文化惠民效果。通过上述举措，北京市朝阳区、上海市徐汇区、重庆渝中区等12个创建示范区建成了“十五分钟文化服务圈”或“1公里文化服务圈”。总的来看，经过两年多的创建，各地公共文化服务供给能力明显增强，公共文化服务均等化水平显著提升，人民群众幸福指数明显攀升。

（二）积极探索如何正确处理公共文化服务体系建设政府、市场、社会之间的关系这一课题，推动形成了以政府为主导、市场和社会力量广泛参与的公共文化工作格局

在创建工作中，31个城市坚持以政府为主导，切实按照中央关于文化改革发展组织保障的要求，通过列为“一把手工程”、纳入“政府十件实事”、提高在落实科学发展观绩效考核中的分值比例、实行目标责任制、加强考核监督等方式，把公共文化服务体系建设作为“硬指标”“硬任务”，层层推动落实。在坚持政府主导的基础上，江苏省苏州市等示范区城市还立足市场经济体制对文化建设的新要求，建立健全市场和社会力量参与公共文化服务的长效机制，形成了以政府为主导、市场和社会力量广泛参与的公共文化工作格局。

（三）积极探索如何统筹文化事业和文化产业协调发展这一课题，有效提升了文化建设的科学化水平

一些示范区城市通过政府采购等手段，推动公共文化单位与文艺院团、文化企业合作，充分利用市场力量和文化产业发展成果丰富公共文化服务内容、拓展公共文化服务深度。同时，通过对专业文艺院团、市场演艺组织和社会团体给予补贴，使民营院团在参与公共文化服务过程中，享受到政府为文化事业发展提供的创作、演出、交流等方面的资助。通过开展公共文化服务，提高广大群众的文化

素质和艺术品位，激发广大群众的文化消费需求，激活文化产业发展的潜在市场，为文化事业和文化产业的可持续发展创造了积极条件。

（四）积极探索如何通过公共文化服务更好地传播和弘扬社会主义核心价值观这一课题，有效发挥了文化引领风尚、教育人民、服务社会、推动发展的功能

不少示范区城市把加强社会管理与公共文化建设结合起来，整合资源、转变职能、创新机制，积极探索公共文化的社会化参与方式，使群众在公共文化参与中自我表现、自我教育、自我服务。比如，北京市朝阳区首创“文化居委会”基层文化自治组织，让社区居民通过文化议事增强了社会责任感；成都市通过在工业园区试点建设青工文化驿站，为农民工提供心理辅导、艺术培训、社团孵化、图书借阅等服务；重庆市渝中区紧扣都市功能核心区定位，将创建工作与巩固全国文明城区成果结合起来，使文化成为转型升级创新发展的核心竞争力。这些举措，对弘扬社会主义核心价值体系，凝聚社会共识，促进社会安定和谐方面起到了积极的不可替代的作用。

各示范区在事关公共文化服务体系建设长远发展的关键性、战略性问题上所做的探索，充分体现了创建示范区各级党委、政府高度的文化自觉和文化自信，体现了公共文化工作者开拓进取、敢为人先的创新精神，值得我们认真总结和推广，提炼出具有普遍性推广价值的经验，发挥好典型示范的作用。

在看到成绩的同时，我们还要清醒地认识到，当前我国的公共文化服务体系建设仍处于初级阶段，发展水平比较低，还存在一些突出矛盾和问题。相对于教育、卫生、科技等其他公共服务，我国公共文化服务体系建设仍处于起步阶段，不完善、不均衡、不协调、不可持续的问题仍很突出。在资金方面，尽管财政投入总额明显增加，但总量仍然较小。从1991年以来的统计数据看，文化事业费占国家财政支出的比重，“八五”时期为0.5%、“九五”为0.45%、“十五”为0.39%、“十一五”为0.38%。文化与其他社会事业的差距被逐渐拉大。设施方面，虽然我国公共文化设施基本实现了按行政层级“全设置”，但覆盖面和服务能力有限。资源方面，总量不足与结构失衡的问题并存，城乡基层公共文化资源匮乏、缺乏整合、部分资源不符合需求的问题仍然突出。队伍方面，专职公共文化队伍数量严重不足，社区文化指导员、文化义工、农村文化管理员队伍建设虽得到加强，但队伍不稳定，服务水平参差不齐。管理体制方面，财政资金和重大文化惠民工程分散在各个部门，缺乏统筹和整合，难以发挥综合效益。服务方面，公共文化服务内容单一，数量不足，产品内容本身可选择性较少，不能满足群众需求。可以说，我国公共文化服务体系建设机遇与挑战并存，机遇大于挑战。如何把握机遇，应对挑战，推动公共文化服务体系建设可持续发展，是摆在我们面前的一项现实而紧迫的课题。

二、在前期工作的基础上，稳步推进示范区（项目）创建工作

各示范区尤其是刚刚取得创建资格的第二批示范区创建单位，要有充分的思想准备，切实把这项惠民工作推向深入。

一是要继续巩固和提升创建成果。国家创建办公室、创建示范区人民政府、省文化厅(局)在创建中承担着各自不同的责任，任务分工十分明确具体。国家创建办要担负起指导、监督各创建示范区开展工作的职责。各地市人民政府是创建示范区的责任主体，要围绕创建目标、任务，落实相关工作机制和保障措施，加快推动示范区创建工作。各省级文化部门负责统筹本省(区、市)示范区创建工作，要加强对本省(区、市)示范区创建工作的督促指导，定期向国家创建办报告本省示范区工作开展情况，同时要负责指导创建示范区制度设计研究工作，协助完成课题研究任务。各省区市文化部门要善于运用创建示范区这个工作抓手，充分调动各方积极性，推动在本省形成比、学、赶、帮、超的良好态势。

我在这里特别要提醒同志们的是：有的地方在创建申报成功后可能会出现思想松懈，创建工作出现倒退。还有一些地方对示范区创建工作的认识存在一些思想误区，认为创建的目的就是拿一块牌子，牌子到手创建工作就完美收官了。我们必须认识到，公共文化服务体系建设只有起点，没有终点，创建工作只有进行时，没有完成时。这次创建工作领导小组下发了《关于加强第一批国家公共文化服务体系示范区（项目）后续管理工作的通知》，明确了创建之后的工作要求和具体任务，各省文化部门要会同示范区城市和示范项目单位，认真研究总结示范区（项目）创建工作经验，加强宣传和推广。示范区城市要在创建工作基础上，切实把制度设计研究成果转化为推动当地公共文化服务体系建设的具体

政策举措；要结合本地特色，开展以大舞台、大讲堂、大展台为主要形式的工作交流和区域文化联动活动，继续参与“春雨工程”全国文化志愿者边疆行和“大地情深”国家艺术院团（馆）文化志愿服务走基层活动等国家文化惠民项目活动。国家创建办目前正在研究制定国家公共文化服务体系示范区管理办法，下一步将对示范区进行动态管理，各示范区在完成创建任务成功获得授牌后，仍要制定后续建设规划，创建办将对其进行定期复核，对于未通过复核的示范区，将予以摘牌。希望第一批示范区的同志们一如既往地保持良好的创建工作姿态，做好和落实好示范区后续建设规划，继续保持示范领先态势，确保在今后的示范区复核中再创佳绩。

二是要加强制度设计，着力破解当地公共文化服务体系建设面临的突出难题。制度设计研究成果是示范区验收的前置条件。各创建示范区要认真贯彻落实中央关于公共文化服务体系建设的战略部署，强化问题意识，努力成为制度设计和课题研究的实践基地，在公共文化设施网络、公共文化服务供给、组织支撑、人才资金技术支撑、绩效考核、制度设计等各个方面开展研究工作，“对症下药”，力求取得实质性突破，完成“基本建成公共文化服务体系”的战略目标。同时，要充分发挥专家委员会的指导作用，增强制度设计研究的体系化和前瞻性。

三是要不断加大创新力度，充分发挥示范带动作用。各创建示范区要结合当前公共文化发展的新形势和新任务，解放思想，先行先试，不断探索，努力形成责任明确、行为规范、富有效率、服务优良的管理体制和运行机制。积极引进现代信息技术，革新服务理念，丰富服务内容，完善服务供给方式，不断加大创新力度，积极探索新模式、新思路、新方法、新举措，形成公共文化服务体系建设长效机制，增强可持续发展能力。要不断发挥区域带动作用，努力成为本省乃至全国公共文化服务体系建设的先导区。

四是要坚决贯彻落实党的群众路线，注重惠民实效。人民群众是示范区创建的主体，保障人民群众的基本文化权益，满足人民群众日益增长的精神文化需求，是我们示范区创建工作的出发点和落脚点。各创建示范区在创建过程中要强化群众意识，认真贯彻落实党的群众路线，结合当地实际和群众需求设计公共文化建设和服务项目，杜绝形式主义、奢靡之风和贪大求洋思想，真正把示范区创建工作打造成贴近群众的样板工程。

五是要强化宣传意识，扩大公共文化服务体系建设的社会影响。国家创建办要加强新闻宣传协调工作，通过经验交流和专题研讨等形式，交流、推广各地示范区创建工作的成果。文化部将积极为创建示范区搭建信息交流和新闻宣传平台，各地也要加大宣传力度，让广大人民群众了解、参与示范区创建工作，并从创建中得到实惠，树立社会公益形象，争取社会和公众关注、支持和参与示范区创建工作。

三、进一步强化统筹职能，努力推动公共文化服务体系建设再上新台阶

当前和今后一个时期，我们要把“完善公共文化服务体系，提高服务效能”作为努力方向，进一步强化公共文化服务体系建设的党委领导责任和政府主导责任，坚持重在建设的思路，推进“重心下移、资源下移、服务下移”，完善提高服务效能的长效机制，促进公共文化服务均等化。我们考虑，今后要重点做好以下几个方面的工作：

（一）认真贯彻落实全国宣传思想工作会议精神，承担统筹基层公共文化资源整合的职责

前不久召开的全国宣传思想工作会议明确由文化部牵头推进公共文化服务体系建设。这是公共文化服务体系建设的一件大事，是整合基层公共文化资源的一个重要契机，也是文化部实现“三个转变”的重要抓手，即从办文化向管文化转变、从管微观向管宏观转变、从管脚下向管天下转变。目前我们正在积极研究成立公共文化服务协调机制，待基本成熟后就将向党中央、国务院报告。

我们考虑，通过协调机制这个平台，重点做好以下工作：一是在中央层面，进一步推动公共文化服务体系化建设。包括协调推进制定统一的公共文化服务体系专项规划、标准以及重大政策；对已有重大文化惠民工程，做出统一规划，对新的项目，在协调机制的框架下予以安排。二是强化地方党委政府的统筹责任，建立统一的公共文化服务综合平台，作为整合基层文化项目、工程、资源的载体。三是更紧密地加强与相关部门的合作与联系，积极发展各类社会文化，体现导向，增强阵地意识。各级文化部门都要进一步强化统筹意识，勇于承担责任。在示范区创建过程中，各级党委、政府要率先建立公共文化服务协调机制，赋予文化部门以明确的职责，使其在党委、政府的领导下，通过多部门协调联动，有效整合公共文化服务体系建设成果，促进公共文化资源的共建共享、协调运行。

（二）进一步研究和完善公共文化服务标准体系，推动公共文化服务的标准化和规范化

制定标准是科学管理的基础，是开展各项工作的指南和评判工作效果的依据。目前，在公共文化服务标准建设上，我们已经出台了公共图书馆建设标准、服务规范，文化馆建设标准等，还要继续研究制定文化馆服务标准、文化站服务标准。但是，要制定形成全面、完备的公共文化服务标准体系，还需要进一步进行科学的规划和深入的研究。我们考虑，公共文化服务标准体系主要包括四个层面：一是政府保障的标准化。根据政府的职责和财力实际，尽快研究出台公共文化权益保障标准或基本公共文化服务内容供给标准等。我这里说的保障标准，是对政府基本公共文化服务能力的要求，不是评优性的、可做可不做的，而是政府对人民的基本承诺，是必须要承担的基本义务。二是设施建设的标准化。这主要是从设施硬件建设方面提出的要求，比如面积、布局、覆盖面等等。三是管理和服务的标准化。这是从软件方面对公共文化机构的要求。比如，公共图书馆人均图书藏量、到馆服务人次、持证人口占当地人口比例等。像衢州市对流动文化服务的标准化也属于这一类。四是考核评价的标准化。就是要建立针对政府和公共文化机构的评估考核标准，特别是要研究制定群众公共文化服务满意度指标。在工作机制上，我们也在考虑，在国家标准化管理委员会的框架下，加快建立各类公共文化服务标准化技术委员会，做好标准化体系建设的具体工作。我希望，各省文化厅局和各示范区创建城市也要把标准化体系建设作为制度设计和课题研究的重要内容，争取早日取得具体成果，对全国公共文化服务标准化建设发挥推动作用。

（三）以贫困地区文化建设为突破口，推进公共文化服务均等化

基本建成公共文化服务体系，实现公共文化服务均等化，最艰巨、最繁重的任务在贫困地区。这是当前最大的“短板”，也是下一步工作的突破口。要学会“反弹琵琶”，把贫困地区公共文化建设与集中连片扶贫开发结合起来，与城镇化和新农村建设结合起来，推动公共文化资源配置向基层倾斜。比如像文化志愿者边疆行、国家文艺院团文化志愿走基层等各项工作，都要向贫困地区重点倾斜。近期，中宣部专门研究起草了《加强贫困地区公共文化建设研究报告》，报送中央和国务院领导同志。云山、高丽、延东和奇葆同志都做了重要批示。下一步，我们计划还将开展贫困地区公共文化服务体系建设调研，推动中办、国办下发《关于加强基层和贫困地区公共文化服务体系建设的意见》，报请国务院同意召开贫困地区公共文化服务体系建设会议，研究起草《贫困地区公共文化服务体系规划（2015—2020年）》，对“十三五”时期贫困地区公共文化服务体系建设做出部署，下大力气，弥补“短板”，推动公共文化服务均等化。各省文化部门要把这件事作为当前的重要任务之一，协调省财政、发改、编制等部门，在本省范围内开展调研，努力形成客观、翔实、有深度的调研成果，报送文化部。各示范区创建城市特别是本身就属于贫困地区的示范区创建城市，一定要在解决公共文化服务均等化问题上积极探索，为全国作出表率。

（四）坚持重在建设的思路，进一步完善公共文化设施建设和经费、队伍保障机制

当前公共文化服务体系基础仍然还比较薄弱，继续加大建设力度仍然是最重要的任务。在设施建设上，要继续完善公共文化设施网络，努力完善以“两馆一站一室”为重点、以流动文化设施和数字文化设施为补充的基层设施网络，实现有效覆盖。在经费投入上，进一步发挥政府在公共文化服务体系建设中的主导作用，不断增加政府在公共文化上的财政支出，重点落实“公共财政对文化建设投入的增长幅度高于财政经常性收入增长幅度，提高文化支出占财政支出比例”的要求，完善以本级政府为主、中央和地方财政合理分担的常态化、可持续的经费保障机制。同时，进一步拓宽文化投入来源渠道，努力增加政府非税收入用于公共文化建设的投入。在队伍建设上，建立健全人才培养和引进的政策措施和制度保障，完善公共文化机构人员编制标准，建立公共文化从业人员专业能力评价制度，健全经常性轮训培训机制，建立文化志愿服务制度，加大对群众文艺团队扶持力度，建立一支专兼职结合的公共文化队伍。

（五）继续实施重大文化惠民工程，加强公共文化产品和服务供给

在存量上，目前，像文化共享工程等重大文化惠民工程经过几年的建设，已经自成体系，成为公共文化服务大体系下的重要支撑，必须进一步加大实施力度，努力巩固提高。在实施过程中，要探索

文化共享工程与数字电视、数字图书馆和广播电视户户通相结合的方式方法。积极开展公共文化电子阅览室建设，面向城乡结合部和农民工提供数字文化服务等。在增量上，要统筹阵地服务、流动服务和数字文化服务，谋划实施等新的重大文化惠民工程。特别要积极主动应对新技术、新媒体快速发展的形势，认真研究网络公共服务、手机公共服务、移动公共服务等问题，促进公共文化服务的全域化和有效覆盖。同时要加强对工程实施效果的评估，建立文化惠民工程的绩效考核指标体系。

（六）统筹好政府主导与社会力量参与的关系，实现公共文化服务供给主体和方式的多元化

各级政府必须充分发挥宏观管理和公共服务作用，通过着力构建民生财政，坚持需求引导，对公共资源进行合理布局和配置，把该管的事管住管好；同时，发挥市场和社会的作用，激发内在活力。要积极创新财政投入方式，优化政府文化支出结构和资助方式。在政府加大对公益性文化事业投入的前提下，探索将财政投入以直接拨款为主转为购买服务、项目补贴、以奖代补、基金制等多种方式。落实国家有关公益性文化捐赠减免税方面的有关政策法规，鼓励社会力量以捐赠的方式参与公共文化服务体系建设。鼓励和扶持民间资本进入公共文化服务领域。促进各种民间文化艺术团体、文化行业协会、文化基金会的发展，增加公益性和准公益性的社会文化服务机构。通过这些措施，逐步建立公共文化服务政府、市场、社会的良性互动机制，使公共文化服务从文化系统“内循环”逐步转为面向社会的“大循环”。

同志们，构建完备的公共文化服务体系是党中央、国务院对我们的重托，也是人民群众对我们的期盼，创建国家公共文化服务体系示范区，承担着重要的责任和使命。我们一定要以坚定的决心、务实的作风，切实把这项工作做实、做细、做好，努力做到让人民群众满意！

谢谢大家！

认真贯彻落实十八大精神 努力构建对外文化工作科学发展新格局

——在2013年文化部驻外文化处(组)及文化中心负责人年会上的讲话

文化部党组副书记、副部长 赵少华

(2013年1月7日)

同志们：

2013年新年伊始，我们召开驻外文化处（组）及文化中心负责人工作年会。这次会议的主要任务是以十八大精神为引领，认真学习领会全国宣传部长会议与全国文化厅局长会议精神，总结过去一年工作，研究部署今年工作。关于去年工作总结和今年工作重点，侯湘华同志将作具体汇报。我将重点结合以去年十八大召开为契机，对党的十六大、尤其是十七大以来对外文化工作成绩与经验的总结，以及对未来持续推进对外文化工作实现全面协调可持续发展的有关思路，与大家交流。

一、关于过去五年工作

党的十六大、尤其是十七大以来，在党中央、国务院的高度重视与亲切关心下，在蔡武部长、部党组的坚强领导与悉心指导下，对外文化工作认真贯彻落实科学发展观，解放思想，实事求是，开拓创新，不断加快中华文化走向世界的步伐，大力提升中华文化的亲和力、感召力与影响力，坚持走服务全局、放眼世界、与时俱进、科学发展之路，取得了较为显著的进步。

（一）发展理念和规划部署日趋系统明确

过去五年是对外文化工作总体思路和发展理念不断明晰的五年，“以人为本、注重实效，尊重规律、科学发展”的理念越来越深入人心，“官民并举、双轮驱动，交流互鉴、兼容并蓄”成为中外文化交流的重要原则，“继承传统、突出当代，中国元素、国际表达”等工作思路在对外文化工作中得到了具体落实和体现。通过制度创新，明确了部际、部馆、部省、部直“四大工作协调机制”；通过理念创新，提出了“制度化管理、机制化建设、品牌化发展和系统化运作”的“四化建设”方向；通过实践创新，确立了实施文化中国、海外中国文化中心建设、文化产业和贸易促进和港澳台中华文化传承“四大工程”。五年来，对外文化工作始终围绕全面建设小康社会的中心、服务国内文化建设和外交工作的大局，根据国家文化改革发展的总体部署，系统建立了有序推动中华文化走出去和借鉴国外先进文化成果的框架性安排，从国家西部大开发、振兴东北、扶持少数民族地区发展战略，到全国文化强省（区、市）建设，对外文化工作都有相应的内容和重大项目安排。在系统推出《文化部“十二五”时期文化改革发展规划》和《文化部对外文化工作“十二五”发展规划实施方案》的基础上，完成了《海外中国文化中心发展规划（2012—2020年）》、《文化部关于促进中国文化产品和服务“走出去”2011—2015年总体规划》等，提出了《关于进一步加强对外文化工作的意见》。初步形成了宏观战略、配套政策和具体措施相衔接的整体实施框架，做到“理念下有思路，思路下有规划，规划下有计划，计划下有策划”，为不断完善建立系统化工作体系奠定了基础。

（二）国内外协作机制建设成效显著

五年来，机制创新成为推动对外文化事业全面发展的新动力。以四大统筹协调机制为突破，涉及大文化各相关部门、各省（区、市）、驻外文化机构以及文化部直属单位之间的信息、资源与平台得到进一步有效统筹与利用。双边和多边合作机制不断巩固，推动了中美、中英、中欧、中俄高级别人文交流机制的建立，深化了中俄、中日、中德等10多个双边文化磋商机制，促进了与中阿、中非以及对欧盟、东盟、上合组织等区域性多边合作机制下的人文交流。中外文化艺术专业机构和人员间的交流合作机制广泛建立，与肯尼迪艺术中心、纽约大都会歌剧院、爱丁堡艺术节等世界一流文化艺术机构长期合作机制初步形成，中外博物馆、图书馆、艺术团、剧院等项目合作提高了国内文化艺术生产和管理水平。地方对外区域合作机制形成规模。积极促进广西与东盟国家，云南与大湄公河流域和南亚一些国家，东北三省与俄罗斯、韩国和蒙古等周边国家，新疆与上合组织成员国的交流合作逐步实现机制化。长三角、珠三角对外文化工作联席会议制度取得积极效果。地方省（区、市）与海外中国文化中心、驻外使（领）馆的对口合作日趋活跃。与此同时，民间机构和文化企业的交流合作被广泛纳入。通过完善政策支持和各项服务措施，进一步加强了与中外友城、协会等民间合作机制，内引外联，扶持企业走出去，搭建交流合作平台。由此通过加强全方位统筹资源、促进合作的机制建设，有效促进了资源整合与优势互补，初步构成了中外合作、部际合作、部省合作、部直合作、官民合作的新格局，形成了全方位、多层次、宽领域的对外文化工作新局面。

（三）海外中国文化中心建设快速发展

五年来，海外中国文化中心建设克服困难、创新发展，进入了发展黄金期。胡锦涛、习近平、温家宝等中央领导同志到海外中国文化中心视察并参与各类活动共计31次，作出重要批示30多次，充分体现了中央领导同志对文化中心工作的高度重视、亲切关怀与殷切期待。十七届六中全会和《国家“十二五”时期文化改革发展规划纲要》明确提出了海外中国文化中心的建设任务和功能要求。2012年12月，《海外中国文化中心发展规划（2012-2020年）》获得国务院批准，标志着文化中心事业成为国家对外战略的重要组成部分。近五年是文化中心建设和发展全面提速的五年，在已与26个国家签署的政府文件中，其中19个是近五年签署的。截至2012年底，我们在海外投入运营的文化中心达12个，其中6个是2008年以后建成的。文化中心的活动特色突出，发挥“大文化、不间断、亲民性、权威性”的特色，提供丰富多彩的文化活动、信息服务和教学培训等，把中华文化送到驻在国民众的家门口，产生了“以文化人”的良好效果。自2011年起实施“央地年度对口合作计划”以来，先后有近20个省（区、市）与海外文化中心实现对接。2012年，文化部以800多万的投入，带动地方投入项目资金达2000万左右，共举办800多起文化活动，服务海外民众近20万人次，为中华文化“走出去”搭建了常态化的阵地。目前，文化中心与各省（区、市）的对口合作计划已经安排到了2014年。

（四）品牌化和商业化发展步伐加快

五年来，对外文化品牌发展理念逐渐成熟，规模日益扩大，形式更加多样，内涵不断延伸。品牌发展贴近民众、服务社会，一批如上海国际艺术节、相约北京联欢活动、吴桥国际杂技艺术节、新疆国际民族舞蹈节、成都国际非遗节、中国国际合唱节、深圳文博会、北京文化创意博览会等80多个国际性艺术节和产业展会健康发展，北京奥运会、上海世博会和广州亚运会期间举办的国际性文化活动数千起，实现了“还节于民、服务社会”理念。名品名人品牌影响突出，扶持并培育全国数百个优秀艺术院团和精品艺术作品登上世界一流舞台，参与国际一流艺术节，越来越多的中国文化艺术领军人物和优秀专业院团在国际文化艺术舞台上崭露头角。海外“欢乐春节”在短短3年内发展成为我对外文化交流活动中规模最大、覆盖最广、影响最远的第一品牌。“中非文化聚焦”、“亚洲艺术节”等各类交流品牌覆盖世界140多个国家和地区，吸引数千万海内外民众参与。对外文化贸易进一步发展，领域越来越宽、主体越来越多元、贸易模式逐步提升，日渐成为扩大国家文化影响力和竞争力的新途径。推动文化企业做强、做大，在上海和北京设立国家对外文化贸易基地，一批外向型文化产品和文化企业走出去，服务贸易出口有了长足发展。以演艺、新闻出版、电视、电影、动漫、艺术品和网络游戏等为核心内容的文化产品对外贸易额2011年达到14.5亿美元，年增长20%。

（五）“文化中国形象”日渐生动丰满

五年来，对外文化工作不断创新方式方法，全面介绍当代中国对内构建和谐社会、对外推动构建和谐世界的文化理念和伟大实践，积极倡导文化多样性，综合运用视觉艺术、表演艺术、影视、文学等多种形式，加大文化思想领域对话与交流，成功举办了50余场文化高峰论坛与文化对话，配合党和国家领导人高层外事活动60多起。目前，我们已与149个国家签署了文化交流合作协定，与97个国家签订并执行485个文化交流合作执行计划，成功举办“中日文化体育交流年”、美国“中国文化系列活动”、“俄罗斯中国文化年”、“欧罗巴利亚中国文化节”、中意、中澳、中土互办文化年等76起国家级文化交流活动，涉及项目数千起，吸引海外民众数千万，持续掀起中国文化热。广泛参与国际和区域文化合作，提升文化话语权。列入联合国教科文组织《人类非物质文化遗产代表作名录》的项目总数达到29项，列入《急需保护名录》的7项，中国“福建木偶戏后继人才培养计划”成功入选“优秀实践名册”，实现了“零”的突破。海外文化交流传播日益成为中国整体对外关系中新的发展动力。去年，英国政府研究院发表《2011年文化软实力发展指数报告》中，有关中国文化教育影响力的单项排名显著上升，位列世界第七。文化外交为我国在世界舞台上赢得了更多的理解、尊重和信任，“文化中国”的形象日渐生动丰满，中华文化国际影响力不断增强。

二、关于今后工作思路

近年来，对外文化工作沿着科学化、递进式的发展道路不断实现新跨越，构建“四大机制”、实施“四大工程”、确立“四化方向”，全面科学的对外文化工作体系已初具雏形。下面，结合蔡部长在今年文化厅局长会上讲话精神和近几年的工作体会，我对今后对外文化工作体系的建构谈几点认识和要求。

（一）要着力构建思想理论体系

党的十八大确立了“政治、经济、社会、文化和生态—五位一体”发展格局，提出了扎实推进社会主义文化强国建设的目标，对外文化工作如何与“五位一体”的战略发展格局相结合，持续推动各项工作朝着建设文化强国的目标迈进，需要继续解放思想，重视思想理论建树问题。近年来，在总结实践经验的基础上，对外文化工作明确了“对外要服务于国家对外工作大局，服务于提升中华文化国际影响力；对内要服务于祖国统一大业和文化强国建设”的宗旨，确立了“着力推动中华文化走向世界，展示中国文明、民主、开放、进步的形象，营造良好外部环境，推动建设持久和平、共同繁荣的和谐世界”的总体要求。在文化管理促进政策上提出了“分级管理、转变职能、整合资源、形成合力”的思路。在区域和国别政策上，针对发达国家提出了“针对主流、合作主流、影响主流”的基本方针，针对亚洲提出了构建亚洲文化秩序，增强地区文化话语权的思路，针对非洲明确了“宣传中非政治上平等互信，协助经济上合作共赢，落实文化上交流互鉴”的指导思想等。在海外中国文化中心建设上提出了“政府主导，社会参与；科学布局，有序发展；优质普及，友好合作；全面协调，深入持久”的基本原则。在推动文化贸易上提出了“对内服务于国内文化建设，协助文化产业成为国民经济新的增长点，对外服务于国家外交大局，提升国家文化软实力，扩大国际影响力”的指导思想，确立了“政府为引导、企业为主体、市场运作为主要方式；统筹国内外两种资源、两个市场；分层次、分业态和分区域开展工作”的基本原则。这些思想原则和政策理论从实践中来，又指导着实际工作，极大丰富了中国特色对外文化交流实践和理论体系。

思想理论是新时期对外文化工作的重要指针，当前对外文化工作加强自身理论建设的重要性日益突出。外联局在去年底撰写的一份报告中指出，当前理论研究存在“三多三少”的问题，即：承办项目多、调查研究少；具体个案总结多，理论归纳少；自主调研多、横向合作少。目前，各条各块工作的思想火花多散布在各自领域，还没有很好地提炼升华。

思想理论建设是一项基础工作，需要长期积累、跟踪研究和不断总结提升。结合学习领会十八大精神，结合社会主义文化强国建设、结合国际文化传播的最新理论，将丰富的对外文化交流实践经验全面总结和提炼出来，逐步构建中国特色的对外文化工作思想理论体系，应是今后一项长期和重要的任务。首先要建立起理论和调研工作网络。要在扎实做好自身理论研究的同时，充分发挥国内和驻外文化机构调研优势，广泛利用国内外高级智库、学术和文化研究的资源与力量，建立长期、稳定的合作研究关系，逐步形成政学研一体的理论研究工作网络。其次要凝聚一批理论研究人才，争取研究成果。在提升外事干部自身理论研究水平的同时，要逐步引进专家和专业研究合作机制，逐步凝聚一批了解对外文化交流事业的理论研究专家和人才队伍，以科学专业的研究方法对事业发展进行跟踪研究和理论分析，努力形成一批理论研究成果，为事业发展提供持续的智力服务和理论决策参考。第三要理论联系实际，加大对文化传播、文化贸易、品牌发展等实用性课题的综合研究。好的实践经验、地区国别政策以及驻外文化机构报回的国外先进文化管理和建设经验要及时总结归纳；一些新的重大理论表述，如十八大有关文化强国建设的丰富内涵及要求，要及时跟进研究，提出有针对性的实施对策建议，逐步形成“实践丰富理论、理论指导实践”的良性互动，为构建中国特色的对外文化交流和传播思想理论体系打下坚实基础。

（二）要进一步构建社会资源服务体系

对外文化交流是全社会的事业，需要社会的广泛参与。对外文化工作近年发展壮大的过程是不断吸纳多部门、多领域、多团体和多企业积极参与的过程。但与事业发展要求相比，我们工作的社会化程度还不高，项目的社会赞助、媒体、公关等资源调动的专业化能力还不强，社会资源服务于对外文化工作体系还未形成。特别是许多大型活动，社会参与程度不高，活动之后，没有可持续的项目跟进。迫切需要我们进一步转变工作方式，加强与社会专业机构合作，逐步实现管办分离，促进项目运作的社会化，减少大包大揽。要切实努力推动从管脚下向管天下转变，真正实现“政府主导、社会广泛参与，市场化运作”的工作机制，培育并构建一个覆盖全社会、广泛调动各方资源参与、长效的对外文化工作社会资源服务体系。

首先，要实现资金投入和项目来源的多元化。文化的多元化投入是各国发展文化的基本经验，也是对外文化工作未来发展的方向。近几年的中国文化年等大型项目积极引进民间项目、社会资金和国内外企业赞助，例如澳大利亚文化年、土耳其文化年等取得了很好的经验，民间优秀项目正逐步纳入文化交流的主渠道。要进一步探索借助各类社会资金，如基金和基金会的作用，逐步使对外文化从单一的政府投入向社会、企业和个人赞助等投入多元化方向发展。结合文化工作的特性，可加强与国际和国内各类社会资源和基金会等合作，逐步将对外文化与社会公益、慈善、环保等新兴事业有机结合应该是潮流和大方向。一些驻外文化处（组），如驻美国、西班牙等已经尝试将文化项目与当地社会民间机构和慈善事业结合，扩大了社会影响。这方面可借鉴国外类似做法和好的经验，逐步从制度和法律层面，明确激励社会各界参与、支持和赞助对外文化工作的益处，以获得更多理解与支持。

第二，要实现活动参与主体和受众对象的多元化。参与主体的多元是近年来对外文化项目运作的新特点，在今后大型项目的运作过程中，要努力形成相对固定的“政府+社会（协会）+媒体+企业”共同参与的运作模式，要有将交流与贸易相结合的意识，引入市场机制，积极利用交流和重大文化活动契机，主动打造文化产品展示和推广平台，推动可行的项目商业化运作。此外，在活动受众上，要注重邀请政府官员和官方机构，但不能仅以出席人员的级别高低作为成功的唯一标准。活动影响力的大小，应取决于政府、媒体、企业赞助、社区、学校参与等综合因素。针对一般公益性的交流项目，对活动受众要提出规范化要求，尽量扩大活动的受众面，走深走透，逐步形成“专业剧场+社区+学校+普通民众”的活动模式，扩大社会和民众的参与度和关注度。

（三）要建立综合统计评估体系

统计、评估是正确把握对外文化工作发展态势、科学分析工作现状的重要依据和环节。建立对外文化工作的统计和评估体系，一方面要在宏观上对我文化影响力进行客观评估，主要是从国家层面上，对文化影响力进行科学量化的分析评估。去年，我们尝试针对美国、俄罗斯、德国、印度等国家开展了“新时期中国文化海外影响力评估”的数据调查，初步建立了海外影响力调查方式，评估指标体系和评估方法，建立了数据库，这项工作得到了中央领导的认可和积极评价，要继续开展、不断完善，为工作提供决策参考。另一方面要在微观上对内部工作开展评估。可分事前论证评估和事后考核评估。关于事前评估，外联局一些处室在工作中积极尝试，引进了专业分析、专家论证和咨询等工作机制，但尚未形成全局性的工作制度要求。受惯性思维等因素的影响，许多项目仍是临时抱佛脚，缺少前期的充分酝酿、论证和设计，匆匆上马，仓促应战，效果不理想。同时一些项目结束后主观评价多，自圆其说多，科学客观评估少，缺乏数据量化分析，不利于项目修正和水平质量的提升。去年，外联局面向驻外文化处（组）建立了数据收集平台，从目前的报送和反馈情况看，做得较好的文化处（组）有美国、委内瑞拉和孟加拉国等。此外，对干部的评估考核也尚未形成完整的指标和体系。

加强统计和评估体系建设，首先要将数据和评估工作作为转变政府职能的要求来抓。在信息化发展一日千里，互联网影响无处不在的时代，数据、信息逐渐成为这个时代最重要的构成元素之一。要建立起与数据统计分析和评估相配套的形势研究、工作分析评估的配套制度，逐渐形成宏观政策分析、项目委托、监管和评估相结合的新的工作模式。其次，要深化工作流程的评估和工作绩效考核制度建设。关于工作流程，在前期项目策划、推广等环节中引进专业咨询，在中期和后期，加大跟踪、监督和事后评估的力度；建立项目数据量化评估指标体系，将项目拨款与绩效挂钩，使项目运作逐步纳入正规化和制度化轨道。针对干部和工作绩效的考核评估，要明确评估责任，驻外文化处要对文化组和文化中心的工作进行评估，国内要定期对驻外机构进行评估，逐级形成工作评估报告制度。对干部的评估要进一步细化绩效量化考核指标，人事部门要将干部绩效考核与年度考核、定期抽查考察、离任工作评估相结合，逐步建立综合的干部考核评估制度。第三，要进一步抓好数据收集系统建设。数据统计是各项评估的基础。下一步，除要进一步完善升级目前的统计软件外，还要逐步将目前已有的数据统计与地方和其他相关单位的数据统计连通、并网，以促进形成“全国对外文化交流数据大系统”。

（四）要进一步完善队伍和保障体系建设

对外文化工作正经历着深刻的变化，已经不是过去的“游击战”，而是大兵团的“运动战”和长期的“阵地战”，需要全方位的人才、资金、项目、物资等后援保障，特别是海外中国文化中心的各项保障，越来越需要国内强大的系统支撑，需要着重从以下几个方面来加强。

首先，要进一步完善外事经费的科学管理。近几年，财务司在加强外事经费保障和科学实用，以及推进海外中国文化中心的建设与管理方面做了大量扎实工作，保证了对外文化工作的有效推进。结合财政部和审计署等部门反映的问题，需要在以下几个方面加强管理：第一要在预算编制上加强部门沟通，财务部门对一些重大项目要提前介入，参与项目的立项、论证和评审，从专业角度提供支持。比如，在2013年项目预算申报过程中，外联局与财务司一起研究，将原来的19个项目调整为6大板块，突出了重点、亮点，得到了财政部的理解与支持，预算比上一年度有大幅增加。第二要进一步加强外事经费监管，提高使用效益。要依法推进实施政府采购，完善项目委托和交办程序。要从合作框架、项目委托、承办方式、资金拨付、决算报审、执行评估等方面进一步加强规范管理，要从制度与工作程序上规范经费的合理使用，防止浪费、滥用、甚至是腐败、违纪问题的发生。

其次，要加强后援保障的系统化建设。要注重发挥中国对外文化集团公司与中外文化交流中心服务保障作用。要充分调用、积极整合这两家单位的资源，取长补短、优势互补，共同促进、共同发展。尤其面对未来海外中国文化中心的建设与发展，中外文化交流中心将应承担起更大的责任和任务。从全局和长远角度来看，一要广泛调动和吸引社会各种资源参与，分门别类建立起各种专家、人才、项目等应用基础资源数据库，提升网上资源共享平台的功能，为国内外的工作提供全方位的信息查询和检索服务；探讨在高校、研究所、产业园区等设立综合性的项目培育、人才培养等综合保障基地建设。二要研究建立网络数字化资源系统。要在进一步完善网络传播的同时，着力整合自身的网络资源，统筹建设海外中国文化中心、中华文化联谊会等其他网站，形成资源共享、互联互动的网络工作平台。同时，要研究构建文化内容远程投送系统，探索远程课堂教学、影视点播、项目定向供应和信息发布平台等数字内容保障。总之，要继续大胆探索，不仅要努力形成有形资源的保障供应，还要虚实结合，适应数字化发展需求，研究建立数字化的资源保障系统。

第三，关于队伍保障建设。工作要做好，队伍是关键。近几年来，在部党组的重视与关心下，外事干部队伍建设得到了有力加强，努力争取了包括文化中心在内的52个驻外人员编制，干部队伍结构不断调整优化，干部的职级晋升问题得到较好的解决，近几年来，国内外局级领导干部队伍的力量得到进一步的充实与加强，同时正副处级的岗位选拔任用了大批年轻人。人事司进一步完善了干部和工作评估制度，通过公开表彰和奖励驻外机构和地方对外交流优秀集体及个人，大大激发了干部的工作热情。去年，我部派出的共54名驻外使（领）馆党委委员在外交部5月份的测评中，平均优良率为92.53%，优秀率超过50%的占89%，平均优秀率为59.56%。另外，人事司坚持以人为本，先后出台了8个系列文件和法规，解决了驻外人员的子女教育、医疗、补贴等多方面困难，进一步帮助驻外人员解除了后顾之忧。之所以下大力气加强选拔晋升工作，其目的是要让想做事、能做事、做成事的同志有位置、能作为，同时也是为了更好形成外事干部队伍的梯队，不断促进这支队伍的良性发展和循环。当前，队伍建设的某些环节还没有跟上当前事业和形势发展的要求，还要继续着手加强人才的选拔、培养、考核和任用等制度建设。

一是专业干部队伍要向职业化发展。专业的文化外事干部都具有一定政治、业务素质，但面对当前国内外工作形势的迫切要求，其在综合能力、管理水平等方面还存在程度不同的差距。特别是文化中心，作为一项全新的事业，对已任或候任参赞和中心主任的综合素质和管理能力提出了更高的要求。需要通过尽快建立全员综合培训和考核制度，进一步提升外事干部的综合素质。要进一步加强综合培训和考核，根据不同层级外事干部的要求，建立不同标准的培训和考核指标体系，通过定期综合业务测试、工作考评、专业考核等办法，建立梯级升职的标准和要求，逐步使干部培训和考核制度化。促进专业干部向职业化方向发展，还要加强人才多向流动，加大干部交叉任职，丰富工作阅历和履历，增加不同领域的专业能力和社会工作经验，形成对外文化工作的精英团队。

二是文化服务队伍要向社会化发展。服务队伍主要指涉及驻外机构的公共服务、公共关系、文化志愿者、后勤服务等保障人员。除了在文化系统内进行干部储备、建立后备干部人才库外，服务队伍要走社会化发展的路子，可以考虑和一些高校、科研机构、新闻媒体建立合作机制，采取定向委培、针对性培养等方式，升级扩容我们的后备队伍。同时探索建立社会公开选拔和招聘人才机制，对那些个人政治素质过硬，综合能力突出，且有志于对外文化交流事业的国内外社会各阶层人员，在建立配套的综合考核、聘用和使用制度的基础上，将其纳入对外文化工作队伍，使我们的人才结构更加科学、合理和多元化。

三是驻外文化机构关系要向规范化发展。目前，文化部在88个国家的驻外使（领）馆文化处（组）、文化中心、国际组织与机构中共有114个工作点。文化处（组）与文化中心还要进一步理顺和完善协作关系。首先，驻外文化处、文化组之间要加强协作、形成一盘棋。虽然从规定上看，驻外文化处、文化组之间没有直接的从属关系，但从对外工作大局来讲，两者是点与面、局部和整体的关系，必须相互配合、支持，形成合力。文化处是驻在国文化交流业务的主导部门。除做好本领区工作外，还必须承担更大的职责，包括：一要对驻在国的文化发展状况、对外及对华文化影响、当前问题等进行整体了解和把握，并就如何进一步开展我与驻在国的文化交流工作及时向国内提出建议；二要根据对驻在国工作思路，协调各文化组，共同开展工作；三对于涉及跨领区的文化项目，要主动牵头负责，对文化组主办的项目予以积极支持和配合。各领区的文化组除做好本领区工作外，还应做到：定期向文化处通报工作信息及问题，供文化处掌握整体情况。在涉及跨领区的项目时，要接受文化处的协调和安排。

目前在美国、加拿大、澳大利亚、德国、俄罗斯等8个国家，既有文化处又有文化组。在这些文化处、文化组间，有配合协作好的，也有个别的长期各自为政、互不沟通，有的甚至抱有所谓的“地盘”意识，缺乏合作精神。我们在这些国家，文化处有37人，文化组有28人。如果这65个人不能形成合力，我们就失去了派那么多人的意义。因此，必须要加强对文化处、文化组分工协作的管理和指导。如何进一步加强这方面工作，外联局、人事司要研究并拿出意见。

第二，文化中心与文化处（组）要明确定位，协调好彼此关系。文化中心是我们事业发展“第二战场”。处理好文化处（组）与文化中心的关系，文化参赞与文化中心主任的关系、兼职主任与副主任或执行主任的关系是当前提升工作实效的保证。文化处（组）是使（领）馆的内设部门，是指导部门的一部分，是“管”的角色。对中心要履行“政治指导”，可以归纳为“四管”：管当地政治影响、管属地协调保护、管充分发挥作用、管协助国内评估。而文化中心主要是“四办”，自办项目、合办项目、援办项目、承办项目。文化中心在“四办”中，要争取多承办、多合办，尽可能地协调、调动社会资源办，借力借势，形成合力。

关于文化参赞与中心主任之间的关系。清楚了文化处与文化中心的关系，这组关系有矛盾也会迎刃而解。“管当地政治影响”就是要审看中心的年度计划、年底看年度总结，季度看季度预报，对于可能带来不利影响的项目进行政治把关和指导。“管属地协调保护”就是当文化中心遇到问题需要使（领）馆出面的，文化处（组）要责无旁贷，首当其冲。“管充分发挥作用”就是文化处（组）可以把一些工作交给文化中心，腾出更多的时间和精力做更重要的调查研究和综合分析工作。“管协助国内评估”就是要对于文化中心的工作要进行客观评估。文化中心主任则要自觉接受文化参赞的指导，这样就能形成合力。

同志们，改革永无止境，创新永无止境。近年来，对外文化工作努力践行落实科学发展观，坚持改革创新、务实开拓，从“四大机制”、“四大工程”、“四化方向”，到这次提出要逐步构建“思想理论、社会资源、统计评估和队伍保障”四大体系，努力形成科学可持续发展的对外文化工作综合体系，是我们贯彻中央的总体要求、落实部党组的具体部署，在不断的实践探索中，总结经验，升华认识，逐步形成的框架性工作成果；未来仍然需要我们继续扎实实践，不断检验，不断完善，努力为推动社会主义文化强国建设，努力开创对外文化工作科学发展的新局面，为实现中华民族伟大复兴的“中国梦”，做出新的更大的贡献。

谢谢大家！

在第三次全国文化文物援疆工作电视电话会议上的讲话

文化部党组成员、副部长，国家文物局局长　励小捷

(2013年10月21日)

今天，我们召开第三次全国文化文物援疆工作电视电话会议，主要任务是贯彻落实十八大精神和第四次全国对口支援新疆工作会议部署，总结工作，谋划未来，进一步开创文化文物援疆工作新局面。一会，蔡武部长将作重要讲话，我们要认真抓好贯彻落实。下面，我就文物系统对口支援新疆工作，讲几点意见。

新疆自古以来就是多民族聚居地区，长期共同在这片神奇魅力土地上劳动、生息、繁衍的各族人民，创造了具有鲜明特色、独特价值的地域文化和文物资源。这些珍贵文物是反映各族人民建设新疆、友好交往的真实写照，是体现中国历代中央政府对新疆实施有效管辖的历史见证，是彰显中华文化包容性、东西方文化融合的丰富史料，也是支持新疆跨越式发展和长治久安的重要资源。加强文物援疆工作，保护好、利用好新疆文物，有利于巩固中华民族大家庭血脉相连、血浓于水的深厚情感，有利于增强各族人民的“三个离不开”、“四个认同”的思想意识，有利于发挥新疆文物资源的比较优势，为新疆与全国同步实现全面建设小康社会奋斗目标贡献积极力量，从而促进新疆各族人民共同富裕、社会稳定和安居乐业。

2010年中央新疆工作座谈会以来，文化部、国家文物局召开了2次文化文物援疆工作会议，国家文物局成为中央新疆工作协调小组成员单位，编制了《新疆文物保护“十二五”规划重点项目》。全国累计安排文物援疆项目328个，中央财政累计安排文物援疆补助资金10.2亿元，全国帮助新疆培训文博人才800人次。总的讲，在党中央、国务院的坚强领导下，在各援疆省市、中央相关部委的统筹协作下，全国文物系统弘扬“一盘棋”精神，有力有序有效地扎实推进文物援疆工作，取得了良好成效。

一是新疆重点文物保护工程持续开展。完成第三次全国文物普查和长城资源田野调查，公布9545处不可移动文物名录，新增第七批“国保”单位55处；启动新疆段长城烽燧保护工程。丝绸之路新疆段重点文物保护工程取得阶段性成果，成立中国、哈萨克斯坦、吉尔吉斯斯坦丝绸之路协调委员会，基本完成丝绸之路跨国申遗工作准备。大遗址抢救保护工程顺利推进，46处大遗址被列入大遗址保护项目库，4处大遗址被纳入《大遗址保护“十二五”专项规划》，北庭故城国家考古遗址公园开工建设。

二是博物馆建设和社会服务水平稳步提升。新疆博物馆体系日臻完善，博物馆总数78个；免费开放博物馆74个；年举办展览200个，年接待观众500万人次。对新疆博物馆纪念馆免费开放补助资金进行重点倾斜，2013年补助资金达6000万，比2010年增长3.7倍。克州、伊犁州、阿勒泰地区博物馆新建和塔城地区博物馆改扩建项目被列入《“十二五”全国地市级公共文化设施建设规划》，哈密地区、吐鲁番地区、巴州博物馆等相继建成开放。扶持自治区、吐鲁番地区和巴州博物馆，伊犁将军府修复一批可移动文物。赴美国、比利时、意大利、日本和台湾地区举办新疆文物精品展。

三是惠及民生日益凸显。服务新疆跨越式发展战略，加强基本建设的抢救性考古发掘；开展遗产地保护设施建设和环境整治，改善当地百姓生活条件。文物部门和施工单位在文物援疆工程中吸纳当地能工巧匠广泛参与，既传承传统技艺、确保工程质量，又“以工代赈”，创造就业机会，拓展增收途径。坎儿井保护工程就是顺应百姓所期所盼的惠民工程典范，为“地下运河”疏通血脉，保护的不仅是文物更是民生；当地农民参与其中并直接受益。2010吐鲁番地区坎儿井淘捞加固后出水量和灌溉面积分别提高69%、83%。坎儿井所在地403名村民自愿组成掏捞队，用工4.9万人次，为当地百姓创收约300万元，人均增收7000元。吐鲁番地区累计完成三期72条坎儿井清淤加固，2012年启动哈密地区12条坎儿井保护工程。2011年全区参与文物保护工程的农民工达10万人次，现金收入5000万元以上。

四是对口援疆力度进一步加大。各对口支援单位累计落实文物援疆资金7000万元；其中黑龙江

2200万元，江苏1600万，北京1200万元，湖北400万。浙江、中国国家博物馆、南京博物院、上海博物馆、中国文化遗产研究院、中国文物信息咨询中心、中国文物交流中心与新疆文博单位签署支援合作协议。中国文化遗产研究院、河北、江苏等完成一批规划编制、方案设计和民居修缮项目。黑龙江援建北屯市和福海县博物馆，江苏援建乌恰县柯尔克孜博物馆，北京改扩建兵团农十四师某团屯垦成边纪念馆。故宫博物院、山西、湖南等帮扶一批自治区和兵团博物馆提升陈列展示水平。河南、辽宁、广东等与新疆文博单位合作办展。北京、黑龙江、湖北等捐赠一批设施设备和文物藏品。敦煌研究院、中国文化遗产研究院、南京博物院、中国丝绸博物馆与新疆合作建设壁画、纸质文物和纺织品文物修复工作站。陕西、湖北、中国文物信息咨询中心等选派专家进疆工作。福建、山东、吉林、江西、安徽、天津、深圳等19个援疆省市文物部门多渠道为新疆培训各类文博人员。

文物援疆工作成绩的取得，靠的是党中央、国务院的科学决策，靠的是文化部和中央相关部门的大力支持，靠的是新疆维吾尔自治区、兵团和19个援疆省市党委政府及文物部门的共同努力。在此，我谨代表国家文物局表示衷心感谢！

新一届党中央、国务院高度重视新疆工作。习近平总书记就全面推进新疆工作做出重要指示。今年9月，俞正声、张高丽同志在第四次全国对口支援新疆工作会议上，全面部署了今后援疆工作的指导思想、主要任务和工作要求。文物战线要充分认识到援疆工作的战略意义，切实把思想和行动统一到中央的决策部署上来。

为贯彻落实中央整体安排，今年7月国家文物局提前召开了全国文物援疆工作项目对接会；9月国家文物局会同国家发展改革委、财政部进行了文物援疆联合调研，及早开展工作。国家文物局和各对口支援省市文物部门初步确立了一批文物援疆项目。根据新疆文物工作的形势和需求，在文物援疆工作中，要重点抓好以下几个方面：

一要在服务丝绸之路经济带建设国家战略方面有新思路。要胸怀大局、因势而谋，抓紧研究丝绸之路经济带的概念、定位以及新疆在其中的作用，抓紧研究丝绸之路经济带建设战略对新疆文物工作的影响以及文物工作在其中的作用，找准文物工作切入点和着力点，发挥文物资源推动发展、惠及民生作用，发挥文物资源向西开放文化桥头堡作用。做好2014年丝绸之路跨国联合申遗工作，擦亮东西方特别是中亚文化交流名片。推进文物与旅游深度融合，协调文物保护规划与旅游发展规划的衔接，加强对资源利用的分类指导与管理。

二要在重大项目规划实施方面取得新进展。重大项目是新疆文物工作的重要支撑和有力抓手。要配合国家发展改革委、财政部做好“十二五”援疆规划项目评估和调整，争取将文物援疆工作纳入国家援疆规划总盘子。要抓紧完善并颁布《新疆维吾尔自治区文物保护总体规划（2012-2020）》，增设兵团专章，在维修保护、安消防设施达标、科技创新、队伍建设等领域规划一批带动性强、利于长远的重大项目。完成新疆国保单位的“四有”工作，排除第七批国保单位险情隐患。调研新疆国保单位壁画彩塑和石窟寺石刻保存状况，加强项目储备。

三要在博物馆公共服务能力提升方面迈出新步伐。开展好第一次全国可移动文物普查工作，建立国有可移动文物管理服务信息平台。建设好自治区博物馆二期工程，发挥区域核心博物馆的辐射引领作用。支持克州、伊犁州、阿勒泰地区和塔城地区博物馆的规划设计、展陈方案的编制与实施。力争将地市级博物馆、文物大县博物馆、人口较少民族博物馆纳入公共文化服务体系建设，统筹规划、搞好试点。扶持基层博物馆陈列展览质量提升项目，开展援疆省市博物馆对口帮扶新疆地市级博物馆。加强革命文物保护，做好革命纪念馆的建设发展。举办中法建交50年丝绸之路文物展览，形成新疆文物出境展览精品系列。

四要在智力援助方面拓展新渠道。国家文物局、各支援省市文物部门要按照需求导向的原则，增强新疆文博人才培养的针对性，帮助新疆缓解规划方案编制、壁画修复、遗址考古、陈列展示、文物进出境鉴定等人才紧缺问题。支持西北大学等高等院校开展新疆在职文博人员学历教育。各支援单位要通过交流任职、在职培训、考察学习、工程实施、技术指导等方式，搭建新疆文博人才成长平台。各援助单位要做好援疆干部的选拔轮换，关心支持援疆人员的工作和生活。要充分发挥援疆人才的“传帮带”作用，为新疆培养一支带不走的高素质本地人才队伍。加强对新疆文物科研课题研究和文物科技保护的支持，进一步协调新疆文博单位、国内优质科技资源联合设立与管理科研工作站或科技保护中心，合作开展相关课题和关键技术的研究应用。

五要在基础条件改善方面跃上新台阶。各对口支援省市文物部门和文博单位要根据受援地区实际，开展对新疆基层文物部门和文博单位设施设备援助，夯实硬件保障条件。加强文物保护设施投入，支持安全防范系统、环境监测、看护用房和文物库房建设。沙漠无人区遗址巡查设备配置今年启动试点并逐步推广，研究探索沙漠无人区文物安全防范管理模式。联合自治区政府组建国家文物进出境审核新疆管理处；中国文物信息咨询中心支持筹建新疆文物信息中心。坚持“阳光援建”，严格执行项目、资金管理制度，确保援疆项目成为精品工程、廉政工程。

六要在推进兵团文物工作方面实现新突破。新疆兵团担负着中央赋予的屯垦戍边历史使命，兵团文物工作是新疆文物工作的重要组成部分。国家文物局将兵团文物工作与自治区文物工作一并纳入文物援疆盘子；加强与兵团文物工作直接对接。兵团文物保护资金畅通渠道，由兵团文物局、财政局向国家文物局、财政部提出申请，单独测算，单独下达。2013年对兵团已按此政策执行。支持兵团辖区遗址类国保单位考古和屯垦历史博物馆建设，支持兵团文物保护设施建设，为兵团文物系统预留人员培训名额。兵团文物局要加强与自治区文物局的联系，自治区文物局要加强对兵团文物工作的技术指导和业务把关。

同志们，做好文物援疆工作，是一项繁重而光荣的任务。各地区各单位要进一步增强大局意识和责任意识，以踏石留印、抓铁有痕的务实作风，坚持高起点规划、高水平统筹和高效率推进，形成资金支持与智力支持并驾齐驱的对口支援工作格局。国家文物局机关及直属单位要“走在前、作表率”，做到有部署、有落实、有考核；要区分轻重缓急，把当地迫切需要、百姓热切期盼、条件基本具备的事情先干起来，让各族人民共享实惠。各对口支援单位要梳理援助项目，加强工作沟通，积极争取把文物援疆项目纳入各省市援疆规划及经费预算，把援疆任务落实到年度计划上，落实到具体项目上。新疆自治区、兵团各受援单位要充分发挥主体作用，切实做好项目启动的前期基础工作，强化项目监管、检查、审计，切实提高援疆项目管理质量和资金使用效益。

在文化部2013年基本建设廉政工作会议上的讲话

文化部党组成员、中央纪委驻文化部纪检组组长、部直属机关党委书记　李洪峰

（2013年3月28日）

同志们：

今天的会议，是一次十分重要的会议。蔡武部长对这次会议很重视。他强调要把基建工程领域廉政建设当作一件大事来抓，务必不要掉以轻心。

2013年，是贯彻落实党的十八大精神的开局之年，是实施“十二五”计划承前启后的重要一年，也是文化部基本建设工作的关键之年。作为“十二五”期间重点文化设施建设项目的国家美术馆、中国工艺美术馆、中央歌剧院剧场工程将陆续开工建设，中国国家画院院址扩建工程、机关服务局负责的部机关办公楼维修改造项目等工程也将陆续实施。这些工程是文化部新的标志性工程，社会关注度高，影响力大。如何把工程建设好，把国家的资金用好，对我们的工作提出了新的更高要求。因此，我们必须始终绷紧反腐倡廉这根弦，把思想统一到党的十八大精神上来，把力量凝聚到文化部基本建设各项任务上来，采取切实措施，筑牢拒腐防变的思想道德防线，坚决防止基本建设工作腐败现象的发生。

下面，我代表部党组，就进一步加强文化部基本建设廉政工作，讲三点意见。

一、加强基本建设管理

近年来，在党中央、国务院的关心和重视下，在国家发改委、财政部等有关部门的大力支持下，我部各直属单位的艺术生产环境有了较大的改善，基础设施条件有了较大的提高。这与各单位的精心组织，各项目管理人员的辛勤努力是分不开的。从总体上看，文化部的廉政建设扎实有效，没有发生“大楼建起来，干部倒下去”的情况，很难能可贵，这是文化部系统上下共同努力的结果。但是，面对法律法规还不完善，诚信缺失，市场竞争激烈复杂的情况，工程建设领域依然是廉政工作的主战场，加强基本建设管理依然是我们反腐倡廉工作的重中之重。

（一）加强管理队伍建设

基建工作和廉政工作具体落实、实际操作的决定因素还在于“人”。谋事在人，成事也在人，各单位一定要重视加强基建管理队伍的建设。一方面，各单位在领导班子的配备上至少要有一名懂管理、主抓基建工作的领导，单位其他领导也要加强学习，努力成为管理方面的行家；另一方面，要挑选头脑清晰、责任心强、技术过硬、作风正派的同志来参与基本建设管理，负责策划和组织实施，这样才能保证工程“安全、质量、投资、工期”四大控制的顺利实行。

（二）强化基建审计审核工作

近年来，财务司按照“先审核，后审批”的制度，委托中介机构，对基建项目实行工程结算审核和财务决算审计。从实践来看，取得了很好的效果，今后要进一步加强。对于工程审计中出现的问题，要向各单位反馈，责成整改纠正，必要时予以通报，涉及违法违纪的，要向有关部门反映和移交。同时，各单位也要加强自身内部监控机制的建设，参与工程建设的基建、财务、审计、国有资产等部门，项目实施、资金支付、资产交付等各环节，都要建立起既相互配合、又互相监控的机制，防止出现一个部门、甚至一个人说了算的情况。在本身专业力量不够的情况下，要充分利用有资质、经验丰富的中介机构，帮助我们完成专业管理、造价审核把关等工作。

（三）采取有力措施保证工程质量

工程质量是百年大计，关系人民群众生命财产安全，社会各界高度关注。各单位要严格落实勘察、设计、施工、材料供应等各环节的工程质量责任。要加强全程监管，严禁肢解发包、违规指定分包人、盲目赶工期，对转包及违法分包、违反工程建设强制性标准的企业，要及时将情况报告主管部门，并将企业不良行为信息向社会公告。要强化工程监理环节的管理责任，对监理机构和监理人员不履行合同约定、监管不力的，给予严肃处理。要严格执行工程质量终身责任制，积极推行工程质量抽查和监管制度，排查清除事故隐患。

（四）加快基建投资计划执行

基建投资计划执行已经成为部门预算执行的突出问题。国家发改委对投资计划执行工作提出了明确的要求，财政部也将今年所有的基建项目全部列入预算执行重点项目，每月按项目来监测执行情况。基建投资计划执行率不高是工程管理不到位的反映，说明前期准备工作不扎实，工程进展太慢，无法发挥投资效益，既要被财政、审计部门通报，后续项目也很难得到发改、财政等部门的继续支持。各单位要主动适应财政管理形势的发展要求，把加快基建投资计划执行提高到促进事业发展的高度来认识，提升管理水平，细化前期工作，在依法合规的前提下切实加快投资计划执行进度。

二、着力规范招标投标活动

当前，在基建领域，许多违法违纪问题集中表现在招投标环节。各方市场主体相互勾结、围标串标是破坏招标投标市场秩序的顽症之一，有的建设单位不公开招标、规避招标、虚假招标、违规设置限制条件排斥潜在投标人，有的招标代理机构违规操作，私下泄露标底，授意撤换、修改招标文件，有的企业通过“协商报价”、“投标联盟”、“有偿陪标”、“轮流坐庄”等方法串通投标等等。近年来，虽然在文化部基建领域招投标环节没有发现违纪违法问题，但是在个别项目建设中也有来信反映，也存在没有资质的、挂靠的单位中标等不够规范的现象，对我们的工作造成了不利的影响。面对招标投标活动中的严峻形势和廉政风险，文化部各单位必须要有清醒的认识和高度的警惕，着力规范招标投标活动。

（一）认真贯彻执行《招标投标法实施条例》

《条例》自正式实施以来，对规范招标投标活动、完善招标投标法规体系起到了重要作用。各单位要根据《条例》，按照“谁制定、谁清理”的原则，对现有的规章制度和规范性文件进行清理修订，维护法律与规章制度的统一。要加强监督执法，加大对招标投标违规行为的处罚力度，严格按照《条例》规定追究违规单位和人员的责任。

（二）加强对招标投标活动全过程监管

在招标前，要严把项目审批和招标方式核准的关口，防止违背国家发展规划和产业政策的项目，以及未履行规划审批、土地预审、环境影响评价等前置条件的项目擅自招标、违规建设，确保文化部各个基建项目依法招标。在招标过程中，重点监督建设单位是否违规设置条件排斥潜在投标人、明招暗定，投标企业和人员是否挂靠借用资质投标、围标串标，以及招标代理机构是否违规操作和评标专家评标是否公正等问题。在招标结束后，要强化合同履约监管，严格防范违法转包分包工程等行为；对招标结束后需要修改原定招标条件的工程项目，要重新招标，防止弄虚作假。

（三）创新招标投标监管方式

针对招标投标活动中出现的新情况、新问题，要深入探索治理招标投标突出问题的对策措施。选择文化系统一些重点项目进行跟踪调研，及时总结加强招标投标监管的经验做法。要探索实施电子招标、计算机辅助评标和电子监察的方式方法，不断加强和改进对招标投标活动的监督管理。

三、深入推进基建廉政长效机制建设

基建廉政工作是一项长期性工作，既要立足当前，解决和预防突出问题；更要着眼长远，巩固已有的工作成果，形成防范基建工程发生问题的长效机制。

（一）大力开展反腐倡廉教育

党的十八大报告提出要围绕保持党的先进性和纯洁性，在全党深入开展以为民务实清廉为主要内容的群众路线教育实践活动。这是我们党为应对“四种考验”和“四种危险”，着眼于密切党同人民群众血肉联系、巩固党的执政基础，建设坚强有力的马克思主义执政党而做出的重大战略决策。这项活动要在下半年布置。要紧紧围绕全党开展的教育实践活动来思考谋划，结合各单位实际，扎实推进基建工作中的反腐倡廉教育，把开展教育的方式方法融入日常管理工作中，把教育的理念贯彻到基建工作的方方面面，把教育的效果体现到基建工程的建设成果中。要加强理想信念教育、从政道德教育、党的优良传统和作风教育，引导参与基建工作人员坚定理想，自觉拒腐防变，坚决克服形式主义、官僚主义，厉行节约，反对铺张浪费。要注重反腐倡廉法规制度教育，增强基建工作人员纪律意识和依纪依法行政的观念，自觉遵守党纪国法和基建工作各项规章制度。要采取有效方法，加强正反两方面典型教育，切实增强基建工作人员廉洁奉公、遵纪守法的自觉性。

（二）进一步完善法规制度

法规、制度的问题，我们年年都要讲，年年都要强调，这是因为制度建设带有根本性、全局性、长期性的特点。各建设单位要建立健全本单位基建管理的各项规章制度，针对新情况、新形势、新问题，加大制度建设力度，细化原则性要求，完善禁止性规定，建立健全覆盖全面、配套完备、约束有力的基建工程制度体系。要强化法规制度执行力，坚持有法必依、执法必严、违法必究，坚决纠正各种违法违规行为，维护法规制度的严肃性。近年来，文化部各单位在基建工作中形成和建立了一些好的制度，要及时进行总结。同时，要注意向兄弟单位学习他们的好经验、好做法，取长补短，学以致用，把制度的效用发挥到最大。

（三）加强和改进基建领域纪检监察工作

加强和改进纪检监察工作，是保证基建项目廉洁、安全的有效途径。各有关部门要按照职责分工，加强对项目建设的日常监管，特别是要加强对关键环节的监督，使每一个项目、每一笔资金、每一个权力运行环节都有具体的监督单位、监督部门和监督人员。文化部各单位的纪检监察部门要加强自身建设，认真研究开展监督的有效方法，切实履行监督职责。要积极主动参与到基本建设各项工作中，对基建项目的招标投标，以及工程建设实施全程跟踪和监督，发现问题的苗头要及时提出意见并向主要领导和上级部门报告，使监督工作不留死角，整体推进。项目的业主单位要主动接受监督，支持、配合纪检监察部门开展监督工作，为纪检监察部门履行职责提供必要的条件。凡是有工程建设任务的单位，纪检监察部门都要把对工程建设项目的监督做为工作的重中之重。

（四）严肃查办基建工作中的违纪违法案件

查办案件是惩治腐败的重要措施，也是基建廉政工作取得成效的重要保障。当前，基建领域案件仍然易发多发，已经成为严重阻碍科学发展、影响社会和谐稳定的重要问题，人民群众反映强烈。我们一定要充分认识查办基建领域案件工作的重要性和紧迫性，牢固树立查办案件是尽职、有案不查是失职、查不好案件是不称职的观念，把查办基建领域案件工作放在更加重要的位置，旗帜鲜明，态度坚决，始终保持利剑高悬的态势。要结合重点领域和关键环节的治理，严肃查办国家工作人员特别是领导干部违规插手干预基建项目谋取私利，以及监管不力、渎职侵权等案件。严肃查办在招标投标、工程质量、政府采购等环节违纪违法的案件。着力查处因决策失误或失职渎职，给群众生命财产安全造成严重损失的重大责任案件。要注重发挥查办案件的治本功能，研究基建工程项目违纪违法案件的特点和规律，分析原因，创新制度，堵塞漏洞。

同志们，十八大以来，新一届中央领导集体率先垂范，以身作则，高度重视反腐倡廉工作。习近平总书记在十八届中纪委二次会议上明确指示，“反腐倡廉必须常抓不懈，拒腐防变必须警钟长鸣”。前两天刚刚召开的国务院第一次廉政建设工作会议上，李克强总理再次强调“要管好行政权力，强化监督约束，着力建设廉洁政府”。新华社对李克强总理的讲话作了详细报道，针对性很强，建议大家回去后认真学习。我们一定要坚决落实中央的决定，加强文化设施建设管理和廉政建设，继续保持高度的责任感和使命感，恪尽职守，精益求精，把文化设施建成优质工程、阳光工程、廉政工程，为文化大发展大繁荣做出新的更大的贡献！

谢谢大家！

贯彻落实党的十八大精神
加快推动文化产业跨越式发展

——在2013年全国文化产业工作年会上的讲话

文化部党组成员、副部长　王仲伟

（2013年1月22日）

同志们：

2013年是文化系统深入贯彻落实党的十七届六中全会和十八大精神，全面推动文化建设和文化产业发展的重要一年。一年来，各级文化行政部门牢牢把握稳中求进的总基调，认真贯彻党中央、国务院关于文化改革发展的重大部署，锐意进取，勇于创新，扎实推进，以落实政策和重大项目、搭建服务平台为重点，致力于为文化产业发展营造良好环境，文化产业整体呈现出平稳较快增长的态势，在宏观经济下行压力不断加大的情况下成为新的经济增长点。

党的十八大报告从“五位一体”总体布局的角度，作出了扎实推进社会主义文化强国建设的战略部署，深刻反映了社会主义文化发展的本质要求，鲜明回答了我国文化改革发展走什么路、朝着什么目标前进这个带方向性、根本性、战略性的重大问题，对于加快发展文化产业、推动社会主义文化大发展大繁荣具有重要指导意义。今年1月4日，刘云山、刘奇葆同志在全国宣传部长会议上作了重要讲话，深刻分析了当前我国经济社会和文化发展面临的新形势，周密部署了2013年重点工作，强调宣传思想文化战线要按照高举旗帜、围绕大局、服务人民、改革创新的总要求，以学习宣传贯彻党的十八大精神为主线，稳中求进、开拓创新、扎实开局，切实做好宣传思想文化工作，为全面建成小康社会、夺取中国特色社会主义新胜利提供强大的精神文化力量。蔡武部长在同期召开的全国文化厅局长会上对文化系统深入贯彻落实党的十八大精神和中央领导同志指示、全面推动文化改革发展作出重要部署，要求我们牢牢把握文化建设的指导思想、根本方向和根本目的，着力在坚持科学发展、建设社会主义核心价值体系、增强全民族文化创造活力、提高文化整体实力和竞争力上下功夫，切实担当起全面建设小康社会和实现中华民族伟大复兴“中国梦”的文化责任。针对2013年文化产业工作，蔡部长要求以满足人民群众多样性精神文化需求为出发点，围绕推动文化产业成为国民经济支柱性产业的战略要求，适应移动互联网时代要求，加强内容创新，实施差异化发展战略，促进文化产业加快发展。

党的十八大为文化改革发展描绘了美好蓝图，中央领导同志重要指示和蔡武部长的工作部署为文化产业工作提供了具体遵循。我们要认真学习、深刻领会、全面贯彻党的十八大精神和中央领导同志指示，落实蔡武部长关于2013年文化产业工作的重要部署，进一步明确文化产业发展的目标追求，认真分析和把握文化产业发展面临的机遇，从经济社会发展全局的高度谋划文化产业发展，为到2020年实现文化产业成为国民经济支柱性产业的战略目标奠定坚实基础。

下面，我讲几点意见。

一、以党的十八大精神为指导，进一步明确文化产业发展的目标追求

党的十八大勾画了在新的历史条件下全面建成小康社会的宏伟蓝图，是我们党团结带领全国人民夺取中国特色社会主义新胜利的政治宣言和行动纲领。十八大报告为新时期新阶段文化改革发展提供了根本遵循和方向路径，明确了文化产业在社会主义文化强国建设进程中的定位和作用。通过学习十八大精神，我体会到发展文化产业除了增加经济总量以外，还应该有更完整的目标追求，我们需要认真研究文化产业发展的价值和意义，找到观测中国文化产业发展的参照系。我们学习贯彻十八大精神，首先就是要在十八大精神的指引下，进一步明确文化产业发展的目标追求，只有明确了目标追求，我们才能牢牢把握文化产业的正确发展方向。

一是文化产业总量成为国民经济的支柱性产业。推动文化产业成为国民经济支柱性产业是党的十七届五中、六中全会提出的重要命题。《国家“十二五”时期文化改革发展规划纲要》对文化产业发展作出全面部署，提出要在2020年之前推动文化产业成为国民经济支柱性产业，使之成为新的经济增长点、经济结构战略调整的重要支点、转变经济发展方式的重要着力点，为推动科学发展提供重要的支撑。党的十八大报告将文化产业成为国民经济支柱性产业列入2020年全面建成小康社会的指标体系，更是体现了中央对文化建设的深谋远虑和远见卓识，也是对“发展文化产业是社会主义市场经济条件下满足人民多样化精神文化需求的重要途径”这一重要论断的进一步阐释。作为文化工作者对此既倍感振奋，也更加感受到肩负的责任和重担。一般认为，国民经济支柱性产业需具备几个特点：一是产业规模较大，占GDP的5%以上；二是发展较快，市场需求高；三是就业涵盖广；四是关联度大；五是节约资源和能源。对照这一要求，目前我国文化产业总量仍然偏小，与国民经济支柱性产业的标准还有不小的差距，要按照中央设定的时间达到这一战略目标，文化产业必须取得跨越式发展。

二是文化产业实力成为国家产业竞争力的重要构成。党的十八大报告依据经济全球化新形势和我国发展新需要，提出了全面提高开放型经济水平的新任务。开放是我国迈向经济强国的必由之路。中国经济和世界经济已高度融合，中国企业日益同外国企业在国际国内两个市场上展开同台竞争与合作，在这一背景下，加快转变经济发展方式、促进经济结构调整优化，提高发展的协调性和国家产业竞争力显得尤为迫切。当前，文化产业已经进入到国民经济和社会发展的主战场，我们大力发展文化产业，不仅要努力提高文化产业总量规模，更要把文化产业与加快完善社会主义市场经济体制和加快转变经济发展方式有机结合起来，立足经济社会发展全局谋划文化产业发展。要充分发挥文化产业具有的调结构、降消耗、节能源、少排放、扩就业等独特优势，加速文化产业与国民经济各个产业部门的融合发展，在推动其他行业转型升级和国民经济结构调整中发挥更大作用，使文化产业成为促进经济发展方式转变、优化经济结构和产业结构、提升国家产业竞争力的重要产业。

三是文化产业品牌成为国家文化形象的重要标志。国家文化形象是国家形象的重要构成，是国家对内形成向心力和凝聚力、对外产生亲和力和感召力的软实力。我们要扎实推进社会主义文化强国建设，首先要建构一个清晰的国家文化形象。前几年美国《新闻周刊》曾根据美国、加拿大、英国等国家的网民投票，评选出进入21世纪以来世界最具影响力的12大文化国家以及这12个国家最具代表性的文化形象符号，其中美国、英国等国家的文化形象符号包含了百老汇、好莱坞、甲壳虫乐队、哈利波特、BBC等著名文化产业品牌，而中国被选出的文化形象符号基本以故宫、长城、苏州园林、陶瓷、丝绸、京剧等传统文化元素为主，没有一个现代文化产业品牌。我们发展文化产业的一个重要追求，就是要立足五千年文明中形成的优秀文化资源和时代发展的先进文化，着力打造经得起市场和时间检验的文化产业品牌，统筹利用好国内国外两个市场、两种资源，不断增强文化产业品牌在国际市场上的感染力、传播力和认同度，使文化产业品牌成为国家文化形象的重要标志。我们要以企业为主体、以市场化运作为主要方式推动中国文化产品和服务进入国际市场，增强中国文化产业在世界文化市场上的核心竞争力，不断提升国家文化软实力。

二、紧紧抓住推动文化产业跨越式发展的重大机遇

十七届六中全会以来，文化建设和文化产业发展受到了全党、全国、全社会高度关注，进入到前所未有的黄金机遇期。十八大对文化改革发展作出了新的重大战略部署，为文化产业发展注入了强大的动力，我们可以得出这样一个清晰的判断，当前我国文化产业发展已经进入了在新的历史起点上取得突破性进展的新时期、新阶段，并且在今后的10到20年间，仍将持续处于重要的发展机遇期。

一是各级财政对公共文化投入的持续增长有力拉动文化产业发展。近年来，各级政府公共文化投入呈现持续增长态势，“十一五”期间，全国文化事业费（不含基本建设投资、文化管理部门行政运行经费）总计达1220.41亿元，是“十五”时期的2.46倍，年均增长19.3%。2011年，全国文化事业费达392.62亿元，较2010年增长21.5%。2012年，文化部的部门预算总额达38.58亿元，落实中央财政补助地方专项资金总额近39亿元，再创历史新高。2013年，落实部门预算44.59亿元，增幅达15.58%，成为历年来安排预算最多的一年。政府对公共文化产品和服务的采购对产业形成巨额订单，直接拉动产业发展，同时对社会释放出积极信号，间接引导和推动相关产业的不断发展。十七届六中全会明确提出要“把主要公共文化产品和服务项目、公益性文化活动纳入公共财政经常性支出预算”，“保证公共财政对文化建设投入的增长幅度高于财政经常性收入增长幅度，提高文化支出占财政支出比例”，可以预见，公共文化投入的持续增长将给文化产业带来更大的拉动效应。

二是金融机构的积极参与给文化产业发展带来重要支撑。近年来，在国家出台的一系列鼓励金融支持文化产业发展的政策措施引导下，金融投资机构纷纷看好文化产业的发展前景，参与文化产业发展的热情空前高涨。据统计，2012年文化产业本外币贷款余额有望突破千亿；2012年上半年，各文化产业试点保险机构的文化产业保险业务累计实现风险覆盖531.94亿元，涵盖演艺、艺术品、动漫、文化旅游、工艺品等的文化产业领域。不少金融机构将文化产业作为“十二五”时期业务发展的重要方向，制定了支持文化产业发展的相关政策措施，并针对文化产业特点创新设计了一系列金融产品和服务。比如，农业银行、北京银行、民生银行等设立了专门机构；人保财险公司成立了专门的文化保险分公司，并推出网上投保系统；太平洋财产保险公司结合文化产业特点，推出相应的保险险种；中国银行、建设银行、民生银行等积极参与各类文化产业投资基金运作。在金融对经济社会发展的作用越来越重要的今天，金融机构积极参与文化产业发展，将逐步缓解我国文化产业发展的资金不足问题，降低企业经营风险，同时也将引导文化企业更加规范自身的经营管理，使之更符合现代企业发展的要求。

三是直接融资规模的不断扩大对文化产业发展起到积极推动作用。文化产业直接融资步伐也明显加快，融资规模不断扩大。一是文化企业通过发行上市取得长足发展。目前，在沪深两市发行上市的文化企业共计77家，总市值已超过2000亿元，还有10余家文化企业正在排队等待过会。2012年11月，深圳证券交易所正式挂牌上市全国首支文化产业指数，为广大投资人提供了关注中国文化产业发展、关注中国资本市场的新窗口。二是越来越多文化企业成功通过债券形式融资。例如，华侨城集团成功注册发行了国内文化产业第一支非公开定向发行债务融资工具（私募债券），浙江南浔古镇旅游发展有限公司成为首家在深交所发行中小企业私募债的文化企业，北京三浦灵狐动画设计有限公司等三家小微文化企业联合发行了我国首支文化类中小企业集合债券。据统计，截至2012年8月，注册发行债券的文化企业已达64家，发行金额达到1149.5亿元。三是股权投资基金加快进入文化产业的步伐。据不完全统计，截至2012年底，全国共有文化产业投资基金超过140只，资金总规模超过2000亿元，其中2012年1-11月间新设立的基金数量33支，已公布的募集金额约726.52亿元。在2012年整个创投行业投资额下降五成以上的大环境下，文化产业领域表现良好，共发生30余起投资案例，已披露的总投资金额近6亿美元，与去年同期基本持平。四是在国家政策引导下，其他产业资金出现向文化产业持续流动的趋势。如化工企业广西维尼纶集团有限公司参与投资制作全球第一部山水实景演出《印象•刘三姐》；以房地产开发为主导产业的大连万达集团于2012年底组建万达文化产业集团公司，成为目前国内最大的文化企业；在山西、内蒙古等地，不少能源企业也积极谋求转型，投资兴建了一批文化产业项目。文化产业直接融资规模的不断扩大，有效降低企业融资成本，为文化产业发展提供多样化、多渠道、多层次的资金支持，更好地满足文化企业不同类型的资金需求，在产业发展中发挥着重要的推动作用。

四是文化产品和服务出口的快速增长为文化产业发展带来广阔前景。近年来，文化部和国家有关部门先后出台了《文化产品和服务出口指导目录》、《关于金融支持文化出口的指导意见》、《关于促进文化产品和服务“走出去”的总体规划》等一系列政策，开展国家文化出口重点企业和重点项目认定和奖励工作，着力培养外向型文化企业，鼓励文化企业加快走出去步伐。我国对外文化贸易额大幅提高，结构不断优化，中国文化产品和服务的国际竞争力和影响力明显增强。据统计，从2001年到2010年，我国文化产品和服务出口规模分别增长了2.8倍和8.7倍。2011年中国出口文化产品187亿美元，比上年增长22.2%，创出新高。据海关总署统计，2012年前10个月我国出口文化产品179.5亿美元，同比增长20.9%；出口规模前10大省份有4个来自中西部地区，分别是重庆、江西、安徽和四川，四者合计占出口规模24.1%，同比增速分别高达5.6倍、1倍、20.2倍和1.7倍，充分体现了中西部地区文化产业发展的巨大潜力。同时，文化产品出口市场结构得到了优化，出口目的地已遍布全球约220个国家或地区，亚非拉市场成为我国文化产品出口新的增长点。部分企业开始通过海外投资参与国际竞争，例如，完美世界旗下游戏产品占据了俄罗斯、越南等国主要市场份额，云南文化产业投资集团在柬埔寨投资打造演出

《吴哥的微笑》，大连万达集团收购美国第二大院线AMC，标志着我国文化企业在海外有了自己的平台，拓展了海外产业链。随着我国文化产业蓬勃发展以及文化产品和服务出口环境不断优化，世界对我国文化产品和服务的需求将不断增加，我国优秀文化产品、服务和企业"走出去"步伐将不断加快，为我国文化产业发展开辟更为广阔的市场空间。

五是放宽市场准入和简化行政审批为产业发展创造了有利的市场环境。近年来，国家出台了一系列具体的政策，降低文化产业的准入门槛，积极鼓励社会资本发展文化产业，构建合理、公平的市场环境。文化部联合相关部门出台了《关于鼓励和引导民间资本进入文化领域的实施意见》、《关于文化领域引进外资的若干意见》、《关于鼓励发展民营文艺表演团体的意见》等文件，明确了非公有资本可以进入文化产业的领域，目前，在文化部门管理的演出、娱乐、艺术品、网络文化、动漫、游戏等领域，基本实现了对民间资本全方位、全过程开放。同时，文化系统行政审批管理全面规范，文化市场领域取消和下放的行政许可总数已达25项，仅保留17项，同时全面明晰公开审批条件、程序和结果，接受社会监督。随着放宽市场准入和简化行政审批的持续推进，文化产业发展的政策环境和市场环境日趋完善，将充分调动全社会参与文化产业的热情，为产业发展增强后劲。

六是创新驱动战略为文化产业发展不断注入新的动力。目前我国已成为经济大国，但还不是经济强国，经济发展中产业结构不合理、科技创新能力不强、增长的质量和效益不高的问题仍然突出，长期以来高投入、高消耗、高污染、低效益的增长方式已不可为继。党中央、国务院把实施创新驱动战略摆在国家发展全局的核心位置，密切跟踪并大力吸收全球创新资源和最新成果，全面推进自主创新，使创新成果在各领域和全社会得到推广应用，加强新技术、新产品研发及营销，通过市场开拓带动新兴产业发展，为文化产业发展带来了极为有利的契机。近年来，以数字技术、信息技术为代表的高新技术迅猛发展并在文化领域得到广泛应用，文化产业与高新技术相互交融、相互促进，演艺娱乐等传统文化产业在新技术支撑下得到提升，动漫游戏等基于技术创新的新兴业态蓬勃发展，日益成为文化产业新的增长点。创新驱动战略带动了文化产业创新意识的提高，天津国家动漫园将"天河一号"超级计算机系统引入动漫制作领域，成为中国第一、世界领先的"超级云渲染平台"，大大提高了动画电影渲染制作效率，渲染时间从几个月缩短到数小时。创新驱动的传统文化产业升级与新兴文化业态崛起，必将为我国文化产业发展不断注入新的动力。

七是旺盛的城乡居民文化消费需求为文化产业发展拓展了广阔空间。十八大指出扩大内需是我国发展的战略基点，在世界经济可能长期放缓的形势下，未来扩大内需将成为经济发展的主要动力。根据国家统计局的统计，目前我国人均GDP已经超过5000美元，2012年尽管GDP增速放缓，城乡居民收入仍实现较快增长，居民的消费需求结构发生重大变化。2012年上半年北京市47家主要剧场和6家体育场馆演出总场次同比增长6.2%，观众人次增长11%，表明人们对于精神文化产品的需求保持着比较旺盛的发展势头，文化消费的巨大结构性缺口依然存在。事实说明，人们对那些能够带来欢乐，能够放松心情、舒缓情绪、温润心灵的文化产品有着强烈的需要和消费愿望，变成了一种更大的市场需求，一种更强的市场动力，为文化产业发展提供了巨大的空间。

三、以提升创新能力为核心推动文化产业大发展

创新是一个民族进步的灵魂，是一个国家兴旺发达的不竭动力。党的十八大报告和中央经济工作会议明确提出要实施创新驱动发展战略，坚持走中国特色自主创新道路，加快建设国家创新体系，把全社会智慧和力量凝聚到创新发展上来，着力增强创新驱动发展新动力，加快从工业大国向工业强国转变的历史进程。我国总体上仍处于工业化中期，处于国际分工和产业链的中低端，迫切要求国民经济各个产业门类升级转型，在"中国制造"的基础上培育和发展"中国创造"，这给以创新、创意、创造为核心的文化产业带来了广阔前景，也对文化产业创新发展提出了更高的要求。面对文化产业发展的重大机遇，我们要通过政府和企业携手，以提升创新能力为核心，推动传统文化产业转型升级，促进文化和科技融合，加快发展新型文化业态，提高产业的规模化、集约化、专业化水平，促进产业层次从低端走向中高端。

（一）确立企业在创新体系中的主体地位

企业是市场的主体，直接面对市场、参与市场竞争，对市场需求最了解，对市场变化最敏感。长期以来我国产业发展中的创新主体不明确，科研机

构负责研发但不负责创新成果应用和推广，企业负责生产销售但不管科研，两者之间的对接基本靠行政手段来协调。据统计，目前我国本土企业中，只有万分之三的企业建立了研发机构，而在西方发达国家，建立研发机构的企业占到60%以上。实践证明，没有企业这个平台，仅依靠行政协调自主创新很难成功。只有企业成为主体，才能使创新符合市场需求，才能使产、学、研、用真正结合，才能更快更好推进产业的创新发展。因此，提升文化产业的自主创新能力，也必须借鉴我国科技体制改革的成功经验，加快建立以文化企业为主体、市场为导向、产学研相结合的文化产业创新体系，使企业成为文化创新投入的主体、实施文化创新项目的主体、文化创新成果转化的主体，以企业为纽带推动文化在与市场、科技和产业的结合中不断创新。具体来说要重点关注以下五个方面：

一是要以产品创新为核心。产品创新是企业创新的核心环节，在激烈的市场竞争面前，始终保持企业的核心产品走在社会和行业的前端，企业才能不断发展壮大。文化产业本质上是内容产业，文化产品创新的关键是内容创新。要适应人民群众文化需求的新特点和审美情趣的新变化，不断推进文化内容形式的创新，推动不同艺术门类和文化活动相互融合，积极运用声、光、电等手段提高传统文化的表现力，实现题材体裁、风格流派和表现手法的多样化。要关注中华文化在内容上可以回应全球、回应现代，走得出去、受国外欢迎的部分，把握国际国内两个市场需求，生产能够温暖人心、打动人心、捕获人心、震撼人心的内容产品。要把创新精神贯穿创作生产全过程，把传统元素与时尚元素、民族特色与世界潮流结合起来，增强文化产品时代感和吸引力，创作生产更多优秀原创文化产品。

二是要以业态创新为方向。随着文化与技术、经济的相互交融，文化产业与旅游、信息、制造、建筑、商贸、休闲、餐饮等相关产业的结合也更加紧密，文化业态日益丰富，产业边界趋于模糊，以文化内容消费为核心的庞大产业链和产业集群逐渐形成。例如，现代科技在文化领域广泛应用，促进了文化产业拓展新市场、催生新业态、优化产业结构、完善产业链，不断增强文化产品的感染力和传播力；文化与旅游的紧密结合，培育出印象刘三姐、多彩贵州、九寨沟演艺产业群等知名文化品牌。文化与相关产业的融合发展，打通了通讯、传媒、娱乐、休闲等多个领域，推动了动漫、网络游戏、文化旅游、文化会展、文化地产等产业样式的兴起，增加了人们的文化选择和文化享受，也为文化企业发展壮大创造了无限机会。只有把握捕捉文化发展的新动向新趋势，以文化与相关产业融合来创新文化业态，推动跨地域、跨行业的资源整合，增强文化的表现力、感染力，才能不断丰富人们的文化生活、满足人们的文化需求，才能推动各类文化企业向“专、精、特、新”方向发展，形成门类齐全、结构合理、梯次分明、富有活力的文化企业群体。

三是要以模式创新为引领。商业模式创新是企业创新盈利模式并对自身业务流程再造的过程，成功的商业模式创新将带来巨大的商业利益和广泛的影响力，并引领带动整个行业发展。现在我们已经进入了互联网时代，互联网重新定义了社会组织形式和生产生活方式，商业模式创新要比以往任何时候都更加剧烈和频繁。苹果公司通过垂直整合对手机行业的重新定义，淘宝网则通过电子商务成功改变人们消费模式。互联网时代个性化的内容服务、形式多样的展现方式、便捷高效的传播通道不可避免地给传统文化产业带来了冲击，文化产业商业模式创新也要围绕互联网这一全新的商务平台做文章，依托网络平台来催生文化创业、文化销售、文化制造，通过互联网改造文化产品的设计、制造、营销的全过程。例如，演艺、娱乐企业要依托互联网开辟新的业务领域，创意设计企业可利用网络技术提供更加精准优化的客制化服务，动漫游戏企业可进一步探索基于互联网和移动互联网的盈利模式，通过商业模式的创新引领产业发展方向。

四是要以技术创新为动力。当前，科学技术迅猛发展，不断孕育和催生着新的重大突破，科学技术的每一次重大进步，都给文化的发展样式、传播方式、表现形式带来革命性变化，推动文化产业革新发展。文化产业发展不仅要善于运用各种新的技术成果，更要重视自身的技术研发创新，以共性技术、关键技术和核心技术的革新来推动产业发展。要强化企业在技术创新中的主体地位，支持企业加强创新平台建设，推动有条件的企业建立研发平台。注重用高新技术改造传统文化产业，提高传统文化产业科技含量，加快推进传统文化产业在内容、形式、方式和手段等方面的创新。积极发展以数字化生产、网络化传播为主要特征的动漫、游戏、网络文化、数字文化服务等新兴文化产业，推动优秀文化内容与数字等高新技术紧密结合。加强核心技术、关键技术、共性技术攻关，实现文化产业重大技术突破和集成创新。同时，要加大对中小企业、微型企业技术创新的扶持力度，引导资金、人才、技术等创新要素向企业聚集，提升企业自身的技术水平和产业核心竞争力。

五是要以品牌创新为追求。品牌是企业在市场竞争中生存和发展的重要资源，是构建产业核心竞争力的关键因素。在经济全球化步伐不断加快的今天，文化产业的国际竞争日趋激烈，文化产业品牌建设对形成我国文化产业核心竞争力、增强中华文化软实力有着不可或缺的作用。近年来，我国文化产业发展过程中涌现出一批具备一定知名度和影响力的品牌，但由于起步和发展较晚，还缺乏在国际上叫得响、立得住的文化产业品牌，在和众多国际知名文化品牌的竞争中仍比较弱势，推进文化产业品牌创新、加强文化品牌建设和保护成为摆在政府和企业面前的紧迫任务。要推动自主品牌建设，提升品牌价值和效应，以国家级文化产业园区、基地为依托，培育一批拥有国际知名品牌和核心竞争力的文化企业。坚持以企业为主体，促进文化企业提高创新能力和品牌培育意识以及商标注册、运用、管理和保护能力，增强品牌附加值和影响力。坚持以市场为导向，通过市场竞争、优胜劣汰，培育拥有较高知名度和美誉度的文化品牌。建立健全品牌授权机制，建立文化品牌营销推广平台，扩大优秀品牌产品生产销售。政府部门要通过政策扶持、规范市场和加强公共服务体系建设，努力营造有利于文化企业品牌成长的政策和市场环境。

（二）加强政府管理和服务创新以适应产业创新发展的需求

在我国经济社会转型过程中，政府管理和服务创新是增强政府活力、提升政府能力的有力杠杆，是促进政府发展的基本动力，是我国经济社会实现全面协调可持续发展的重要保障。当前我国文化产业已经进入到国民经济和社会发展的主战场，得到了社会各界的广泛关注，对政府管理和服务产业发展的能力提出了更高的要求。我们要推动文化产业跨越式发展，就必须进行创新，推进服务型政府建设，加快转变政府职能。既要遵循市场经济规律，更要研究把握文化产业内涵和发展规律，明确政府部门在发展文化产业中的职能定位，把应该由市场和社会发挥作用的交给市场和社会，切实承担起创造良好环境、提供公共服务、维护社会公平的职责。具体来说，文化产业领域的政府管理和服务创新在内涵上体现为以下四个层面的创新：

一是要推进政策创新。文化产业政策是国家宏观经济政策在文化领域的具体体现，是促进文化产业发展的重要手段，也集中体现了政府在文化产业发展中的职能定位。在新的历史条件下，我国文化产业发展面临的形势发生了深刻变化，世界多极化、经济全球化加快发展和我国对外开放不断扩大，中外思想文化交流交融交锋比以往任何时候都更加频繁，市场经济条件下经济文化一体化趋势不断拓展，文化传播出现崭新特点，人民群众文化需求快速增长、日趋多样，等等。在制定文化产业政策过程中，要根据新形势、针对新问题，采取行之有效的思路和对策。我们要坚持改革创新，学习借鉴经济、社会领域抓发展、促发展的经验和做法，将创新思维贯穿文化产业政策研究制定全过程，努力把十八大的决策部署转化为推动文化产业发展的具体政策，为文化产业发展提供坚实的保障。要特别关注传统经济向新经济转变的趋势，认真研究把握新经济的特点，使我们的产业政策跟上新经济的发展。要加强与财政、发展改革、金融、科技、国土、商务、税务、工信、教育、旅游等部门的协调和合作，综合运用经济、财税、金融、科技、土地政策，整合各种资源、凝聚各方力量来共同推动文化产业加快发展。

二是要强化服务创新。在我国，文化产业还属于新兴行业，具有较高的市场风险性，文化企业大都是中小企业，对公共服务的需求非常迫切。各级文化行政部门要根据建设服务型政府的要求，不断创新公共服务的方式方法，充分发挥公共服务对文化产业发展的支撑作用。要依托各级各类文化产业园区基地，策划建设一批包括企业孵化、公共技术支撑、投融资服务、信息发布、资源共享、统计分析等功能在内的文化产业公共服务平台，降低文化企业的创业和运营成本，形成产业集聚和规模效应。进一步完善文化产业投融资体系，研究制定金融支持文化产业发展的各项具体政策措施，促进文化企业与金融资本全面对接。充分发挥各级各类文博会的展示交易平台作用，突出地域、民族特色，向差异化、品牌化方向发展，进一步提高文博会的吸引力、影响力和效益。不断完善文化产业统计指标体系，创新统计方法，建立文化系统文化产业统计平台，及时准确地反映行业发展动态情况，为各级党委政府决策和企业运营提供数据支撑和信息服务。加大对文化产业领军人物和各类专门人才培养的支持力度，为文化产业发展提供人才支撑。要充分掌握、综合运用信息技术手段提高公共服务的效能和质量，使之与信息化背景下文化企业发展的实际需求相适应。

三是要推动制度创新。制度是发展的根本保障。目前文化体制改革还只完成了第一阶段任务，文化领域不少方面受传统体制的影响还很深，加快文化产业发展面临诸多制约因素。中央领导同志在最近的讲话中指出，改革是中国最大的红利，全党全国各族人民要坚定不移走改革开放的强国之路，更加注重改革的系统性、整体性、协同性，做到改革不停顿、开放不止步。我们要破解影响和制约文化发展的难题，就要进一步深化文化体制改革、推动制度创新，从体制机制上确立文化产业健康快速发展的制度保障。各级文化部门要进一步转变职能，完善政策措施，保障市场机制在加快文化产业发展过程中的作用得以正常发挥。要加快推进国有经营性文化单位的转企改制，按照建立现代企业制度的要求，完善法人治理结构，使之成为合格的市场主体。要打破按部门、按行政区划和行政级次分配文化资源和产品的传统体制，打破条块分割、地区封锁、城乡分离的市场格局，加快建立健全统一开放竞争有序的现代文化市场体系。要坚持科学决策、民主决策、依法决策，健全决策机制和程序，健全重大问题集体决策和专家咨询制度，实行社会公示和听证制度，加强透明度和公众参与度。要进一步完善绩效考核标准，对政府推动文化产业发展的工作实绩和效果做出客观评价，为政府指导文化产业发展、创新工作手段提供依据。

四是要加快管理创新。文化产业快速发展的新局面对各级文化行政部门创新管理理念、转变管理职能、提高管理水平提出了更高的要求。各级文化行政部门要深入推进政企分开、政资分开、政事分开、政社分开，逐步实现由办文化为主向管文化为主转变，由管脚下向管天下转变，由主要面向直属单位转为面向全社会，履行好政策调节、市场监管、社会管理、公共服务的职能。深化行政审批制度改革，继续简政放权，进一步放宽市场准入门槛和减少审批环节，对国有和民营一视同仁，保障各类资本依法投资文化产业的合法权益，为产业发展营造公平、公正、公开的市场环境。要减少直接干预市场机制的行政管理手段的运用，综合运用政策指导、资质认定、业务培训、监督检查、建立征信体系等措施，引导文化企业依法开展经营管理活动。充分发挥各级各类文化产业协会、商会、学会、联盟等行业组织在提供政策咨询、加强行业自律、促进行业发展、维护企业合法权益、制定行业标准等方面的重要作用，使之成为联系文化产业界的桥梁和纽带，努力形成文化企业、行业协会与政府部门之间的良性互动。要加强对文化产业发展现状、趋势的监测和分析，根据产业发展的阶段特点和实际需求，及时调整政府行政管理的方式和重心，有效引导文化产业健康、有序、快速发展。

同志们，党的十八大的胜利召开使中国共产党的历史掀开新的篇章，中国特色社会主义踏上新的征程，中华民族伟大复兴展现新的前景。我们坚信，在十八大精神的指引下，只要我们坚持正确的前进方向，明确目标追求，紧紧抓住机遇，不断推进文化产业内容、技术、服务创新，就能一定推动我国文化产业实现跨越式发展。当前文化产业发展的机遇前所未有，我们肩负的重任也前所未有，我们要继续解放思想，坚持改革创新，推动科学发展，攻坚克难、奋发有为、实干兴邦，以饱满的热情、百倍的努力、扎实的工作，推动2013年文化产业工作迈上新台阶。

在2013年全国文化厅局长座谈会议上的讲话

文化部党组成员、副部长　项兆伦

（2013年7月2日）

同志们：

这次全国文化厅局长座谈会即将结束，受文化部党组书记、部长蔡武同志委托，我对会议作个小结发言。

两天来，会议贯穿全面贯彻落实党的十八大精神这一主线，深入学习领会以习近平同志为总书记的党中央作出的一系列重大决策部署，以文化系统大调研为基础，深入分析当前文化建设面临的新形势新环境，深入查找制约文化改革发展的深层次矛盾和突出问题，深入研究有针对性的举措和办法。会议主题鲜明，内容丰富，务实高效，对于文化系统坚持社会主义文化发展道路，全面深入推进改革发展稳定各方面的工作，深入扎实开展党的群众路线教育实践活动，进一步转变作风，转变职能，建设服务型创新型法治型政府，具有重要意义。

昨天上午，蔡武部长代表文化部党组作了重要讲话。讲话中，蔡部长深入分析当前文化建设面临的新形势新要求，对文化系统上半年贯彻落实党中央国务院各项重大决策部署，努力推进文化建设的重点和亮点工作，作了全面回顾和点评，对文化建设面临的困难和问题及解决办法作了深刻剖析和阐述，进一步明确了文化系统加快改革发展的工作思路和重点任务，并对文化系统深入开展党的群众路线教育实践活动提出了明确要求。

昨天会议进行了大会交流和小组讨论。刚才，各小组的代表又汇报和交流了讨论情况。在交流与讨论中，大家结合贯彻落实十八大精神，介绍了本地区本部门本单位的经验体会，分析了文化改革发展中亟待解决的问题，提出了很多好的理念、深刻的见解和有操作性的工作建议，与会同志都深受启发。文化部将认真研究吸收大家的建议。

下面，根据蔡部长在讲话中提出的要求和会议讨论情况，我就贯彻落实这次会议精神，提两条要求。

第一，认真传达贯彻会议精神。各地文化厅局的同志要抓紧向省（市、自治区）领导汇报好这次会议的精神，积极争取党委、政府和有关部门对文化工作的重视和支持。同时，及时在本地区文化系统组织传达和学习讨论，将会议精神转化为推动文化改革发展的具体部署和扎实举措。文化部已对下半年改革重点任务作了分工，并建立了每季度通报制度，部内各司局、直属单位要结合这次会议精神抓好落实。

第二，加强调查研究，不断改进工作。蔡部长的讲话和大家的讨论都深刻分析了文化改革发展面临的新形势新情况。今年上半年以来，文化部开展了文化工作大调研。应当看到，当前公共文化服务快速推进，文化产业异军突起，文化体制改革不断深入，艺术创作日趋繁荣，对外文化交流日益扩大，文化领域确实有很多新的情况需要科学认识，有很多具体问题需要深入研究。比如，在公共文化方面，如何处理好政府与市场、政府与社会的关系，在努力增加政府公共文化投入的同时，充分发挥市场和社会组织的作用，调动全社会参与文化建设的积极性；如何建立科学的管理运营机制，提高基层公共文化设施和服务项目的有效性和针对性，更好适应公众的文化消费方式、习惯的变化；如何发挥现代科技特别是信息技术的作用，促进公共信息资源共建共享；如何发挥学校、企业、社团等多方面的作用，提高基层公共文化服务的多样性和丰富性。还有，各地新的文化馆、图书馆、博物馆、美术馆、展览馆、大剧院等设施不断落成，为培养文化氛围、提高全民文化素质发挥着日益重要的作用。现在的问题是，如何加快培养有专业水准、有国际视野的经营管理团队，丰富内涵，增强活力。在文化产业发展方面，如何根据文化产业的特殊性和文化生产规律，帮助更多的创意创业人才和成长型企业脱颖而出；如何将各种文化产业园区真正做实、做强，做出特色。现在不少地方都在举办各种文化展会，如何提高展会的市场化、专业化、国际化程度，提高经济效益，实现可持续发展，已经是摆在我们面前的紧迫课题。在文化市场管理方面，如何适应加强和创新社会管理的要求，处理好监管与培育发展的关系，既要加强监管，也要改进监管；既要严格执法，也要重视培育文化领域的行业协会等社会组织，充分发挥其维护权益、行业自律、促进发展的作用；既要注重立法管理，也要重视培养诚信；既要管好市场，也要培育、发展、繁荣市场，为文化事业和文化产业发展不断提供更大的空间。在文化体制改革方面，如何使转制企业真正成为能在市场上生存、发展、壮大的企业；在转制院团走向市场的同时，政府如何继续为他们提供有效的政策支持；保留事业性质的院团如何增强开拓市场的动力和能力。在艺术创作和生产方面，如何把握和尊重艺术规律，营造更好的氛围，提供更加广阔的舞台，激发艺术创作人员的积极性和创造力，使可以传世的精品力作不断涌现。在文化遗产保护方面，现在城镇化快速发展，新的城镇不断兴起，不少历史村落正在消失，如何在经济快速发展中保护好优秀的村落文化和乡村特色文化，为民族保护好历史文明的印记。在对外文化交流中，如何丰富交流内容，提高交流水平，并将引进来与走出去有机结合起来，通过引进来有效借鉴吸收，提高走出去的水平和能力，等等。这些问题，都需要我们深入调研，深入思考，积极探索，以及时掌握文化改革发展的新趋势新特点，深刻把握文化的自身规律和特性，更有针对性地加强和改进工作。

加强调研，一要深入一线，接地气。要多到现场实地调研，听取基层单位和一线人员的意见建议，了解和掌握一线的真实情况，及时发现、总结和推广好的经验。二要开阔眼界，拓宽思路。不仅要了解和研究脚下问题，也要放眼全国、放眼世界，多开展跨行业交流和国内外交流，相互启发，相互借鉴。三要把调研成果落实到改进工作上来，及时完善相关政策，落实各项重点任务，着力解决关键问题、复杂问题、深层次问题，推动文化改革发展不断迈上新的台阶。

创新服务领域 完善运行机制
推动全国文化志愿服务工作迈上新台阶

——在全国文化志愿服务工作现场经验交流会议上的讲话

文化部党组成员、中央纪委驻文化部纪检组组长 王 铁

（2013年12月4日）

同志们：

大家上午好！今天，我们在第28个“国际志愿者日”到来前夕，在美丽的福建省厦门市召开全国文化志愿服务工作现场经验交流会议，主要任务是总结2013年“文化志愿者基层服务年”的工作成绩，表扬优秀典型、交流工作经验，部署2014年工作。刚才，黄强同志作了热情洋溢的致辞，广莲同志宣读了表扬通报，7位同志进行了交流发言，我们为在“文化志愿者基层服务年”活动中作出突出贡献的优秀单位和示范项目代表颁发了奖牌。应该说，这些受表扬的优秀典型，是全国文化志愿服务工作的优秀代表，也是所有文化工作者学习的榜样。借此机会，我谨代表文化部向受表扬的优秀典型表示热烈的祝贺并致以崇高的敬意！向文化战线的同志们以及长期工作在一线的广大文化志愿者致以亲切的问候！

文化志愿服务是构建现代公共文化服务体系的重要内容，是培育和践行社会主义核心价值观的有效载体，是一项充满爱心、充满阳光的公益事业。近年来，在各级文化部门和文明办的大力支持和倡导下，全国文化志愿服务迅速发展、方兴未艾，志愿者队伍不断壮大，活动丰富多彩，影响日益扩大，呈现出蓬勃发展、纵深推进的良好态势。前不久刚刚闭幕的党的十八届三中全会，通过了《中共中央关于全面深化改革若干重大问题的决定》，对国家在新的历史起点上全面深化改革进行了总体部署。《决定》第11部分专门论述了文化改革发展，提出要坚持以人民为中心的工作导向，激发全民族文化创造活力。强调要构建现代公共文化服务体系，促进基本公共文化服务标准化、均等化。应当说，这是我们当前和今后较长一个时期做好文化工作的重要方针。文化志愿服务是公共文化服务体系建设的重要载体，各地各有关单位要把推进文化志愿服务作为贯彻中央精神的一项重要举措，组织动员各方面力量积极行动起来，着力在全面推广、完善机制、提高质量上下功夫、见成效。

下面，我受志今同志委托，代表文化部党组就深入做好文化志愿服务工作讲几点意见：

一、文化志愿服务工作取得的成效和经验

2010年文化部试点启动“春雨工程”——全国文化志愿者边疆行工作以来，经过各地各有关单位坚持不懈的探索与实践，文化志愿服务在较短的时间内实现了突破进展。无论是在组织构建、活动开展上，还是品牌培育、制度建设上，都取得了积极成效。特别是2013年，文化部联合中央文明办开展了“文化志愿者基层服务年”系列活动。其中，文化部指导开展的“春雨工程”和“大地情深”2项示范活动，共对接形成了120多个项目，3000多名文化志愿者深入到社区乡村，举办各类文艺演出、辅导讲座和展览展示380多场，直接和间接受益群众近100万人次。同时，各地实施的9个主题活动异彩纷呈，为群众提供了大量身边的、日常性的文化志愿服务，受到群众普遍欢迎。从近几年活动开展情况看，主要有以下几个特点：

（一）创新公共文化领域，提升了公共文化服务供给能力和人们的思想道德水平

随着我国公共文化建设深入推进，工作重点逐步由完善设施网络转向增强文化产品供给和提高文化服务能力上来。比如我们的图书馆、博物馆、文化馆和数字文化四大体系，尽管已经形成了比较完善的服务网，但从设施利用和作用发挥来看，还远远不能满足群众的实际文化需求。文化志愿服务作为一项现代服务手段，是调节政府、市场和社会关系的桥梁和纽带，通过活动开展，不仅增加了公共文化服务供给，弥补了政府和市场公共服务的不足，也是一个传递正能量的过程，进一步提升了人们的审美水平，体现了公民的高尚追求，激发了全社会的文化创造活力。比如北京市朝阳区开展的“肩并肩农民工志愿工程”、福建省厦门少儿图书馆开展的“故事妈妈”俱乐部，湖南省岳阳群艺馆开展的“三千文化志愿者下基层活动”等，都为人们参加公

益、奉献社会搭建了平台，带动当地文化活动开展，更好地保障了群众基本文化权益。

（二）加强文化互动交流，促进了民族团结与社会和谐

“春雨工程”是文化部贯彻落实党中央、国务院西藏、新疆工作座谈会精神，着眼于丰富边疆群众精神文化生活，维护边疆和谐稳定的大背景下实施的。这项活动紧紧围绕“共同团结进步、共同繁荣发展”的民族工作主题，以满足边疆群众精神文化需求为主要任务，以文化志愿者为骨干力量，以“大舞台”、“大讲堂”和“大展台”为主要形式，为边疆民族地区群众提供了丰富多彩的文化服务，搭建了内地与边疆文化交流的平台，在提高民族地区公共文化服务水平、维护社会和谐稳定等方面发挥了积极作用。特别是今年，在继续横向开展“文化志愿者边疆行”活动的同时，进一步拓宽服务领域，纵向实施了国家艺术院团对公共文化服务示范区的“大地情深”——国家艺术院团志愿服务走基层活动，把高雅艺术直接送到了城乡基层。比如湖南与新疆开展的“洞庭连天山、和美一家亲”文化交流活动，广西、江西、四川联合开展的“魅力北部湾”三省文化交流活动，中国儿童艺术剧院赴9个示范区开展了30多场儿童剧演出。这些活动与地方开展的志愿服务相互呼应，初步形成了在范围上横向与纵向相结合，在内容上深度与广度相结合，在方式上双向交流、多方互动的文化志愿服务长效机制。

（三）动员社会力量参与，实现了资源整合和多方共赢

我国文化志愿服务从无到有，经历了由动员文化系统人员参与为主逐步向社会化发展的过程。特别是近几年“春雨工程”的开展和宣传普及，文化志愿服务理念越来越深入人心，参与文化志愿服务的社会人越来越多，今年地方开展的9个主题活动，很多志愿者都是通过社会招募来的。把社会力量通过志愿服务方式引入基层公共文化建设，不仅拓展了基层获取优质文化资源的渠道，还实现了供需见面、资源整合和多方共赢。比如北京、天津以及厦门等地，通过搭建数字化志愿服务供需平台，实现了供需直接对接；重庆、山东、浙江等地把志愿服务与对口支援工作结合起来，广泛动员企业等社会力量参与。今年浙江的音王集团和海伦钢琴股份有限公司分别举办了音响调音师和钢琴调律师培训班，免费为近100名边疆民族地区基层文化骨干提供了专业技能培训。通过参与文化志愿服务，政府提高了服务效能，志愿者实现了自我价值，群众精神文化生活更加丰富，文化单位更好地体现了社会责任，企业等社会力量提高了知名度和美誉度，取得了一举多得的良好效果。

（四）加大宣传推广力度，文化志愿服务在社会上引起广泛关注

我们坚持活动开展和新闻宣传同步进行，一方面通过开展文化志愿服务活动实现文化志愿者自我教育、自我提高，用他们的亲身经历和真情实感传播文化志愿服务理念，展现文化志愿者的良好风貌；另一方面通过创作生动感人的文艺作品，开展丰富多彩的文化活动，寓教于文、寓教于乐，形成有利于文化志愿服务的良好环境。同时，充分发挥新闻媒体传播的主渠道作用，人民日报、新华社、光明日报、中央电视台和中国文化报等中央主要媒体推出了一批重头报道，比如人民日报在文化版头条刊发了长篇综述《“大地情深”走基层：花最少的钱看最好的演出》，中央电视台《新闻联播》节目对广东与四川甘孜藏族自治州开展“春雨工程”活动进行了报道，中国文化报头版头条刊发了题为《唯有心贴大地 才懂百姓情深》的综述文章，这都大大增强了活动的吸引力和影响力。

二、文化志愿服务工作存在的困难和面临的机遇

总的看，“文化志愿者基层服务年”各项工作取得了显著成效，这是各级各相关部门和广大文化志愿者积极参与、大力支持、共同努力的结果。但也必须清醒地看到，我国文化志愿服务整体水平还不高，依然存在很多困难和问题。一是一些地方对文化志愿服务重要性认识不够，各地进展不平衡。有的地方还没有认识到文化志愿服务是公共文化建设的重要领域和有效抓手，没有把文化志愿服务纳入公共文化总体战略，有的仅满足于下发了文件，没有真正下力气去抓，导致工作效果不理想。从全国来看，大中城市文化志愿服务工作发展较好，城乡基层文化志愿服务的规模还比较小，活动开展也比较零散。二是文化志愿服务社会化发展不够，大多还是以“送”为主，供需有效对接上有待完善。目前，尽管我们积极引入社会力量参与文化志愿服务，但总体上还是以文化系统人员为主，支持和鼓励社会力量参与的政策不健全，落实不到位，宣传力度还不大。志愿服务项目往往是传统的服务内容，创

新较少，还没有做到按需提供。长期持续开展的品牌不多，群众认可度不高。三是机制建设和理论研究不够，保障措施需要进一步加强。由于文化志愿服务工作尚处于起步阶段，理论研究还比较少，特别是在志愿者招募、项目设计、规范管理、运行保障、绩效评估等方面，还没有一套完整的制度体系。同时，由于保障不到位，缺少必要经费和政策支持，限制了活动扩展，降低了服务品质，也影响了各方参与的积极性。

当然，加快推进新形势下文化志愿服务工作开展，既存在困难和挑战，也面临大好机遇。

（一）党和国家的高度重视为文化志愿服务开展营造了政策环境

党的十八大明确提出，要广泛开展志愿服务；党的十八届三中全会《决定》强调，要构建现代公共文化服务体系，支持和发展志愿服务组织；去年，文化部联合中央文明办出台了《关于广泛开展基层文化志愿服务活动的意见》，今年又下发了《通知》，这些都是从国家层面对文化志愿服务工作作出的总体部署。这也说明，经过不断实践探索，文化志愿服务已经不再是一项由地方和社会自主开展的公益活动，而是成为了公共文化建设的一项重要内容。融入国家文化发展战略，为推进文化志愿服务全面开展提供了重要契机，营造了政策环境。

（二）志愿服务快速发展为文化志愿服务工作奠定了坚实基础

志愿服务作为社会公益事业，一方面通过提供社会服务弥补了政府和市场的缺位，使很多政府管不了、也管不好的工作得到改善；另一方面也使人们通过志愿行为实现了自我价值，培育了公民意识和责任意识。经过20多年的持续建设，我国志愿服务取得了突破进展，志愿者人数由少到多，服务领域持续扩大，产生了良好的社会效益和广泛的社会影响，也积累了很多经验。随着志愿服务逐渐向全社会普及，分类发展、专业化发展成为趋势，这就为文化志愿服务作为一个独立的、重要的志愿服务门类加快发展，奠定了群众基础，提供了有力支撑。

（三）群众日益增长的文化需求成为推动文化志愿服务开展的根本动力

随着经济社会快速发展，群众文化需求日益多样化，仅仅依靠政府现有的工作力量和传统的服务方式，远远不能满足社会需要，所以进一步增强供给能力，客观上要求社会力量的介入。同时，在物质生活日益丰富的今天，人们更注重追求精神上的满足和慰藉。在自己有时间、有一定文化技能的前提下，走出家门，融入社会，为他人提供力所能及的帮助，是人的自身能力和综合素质的重要体现，也拓展了和丰富了人生经历。因此，人们追求自我实现和更高品质文化生活成为催生文化志愿服务的源动力，文化志愿服务已逐渐成为一种新的生活方式和社会风尚。

三、深入做好明年文化志愿服务工作

明年是文化志愿服务工作向纵深拓展、提高水平的重要一年。为此，文化部决定，将2014年确定为“文化志愿服务推进年”。做好明年工作的总体思路是：深入贯彻党的十八大和十八届三中全会精神，坚持以群众需求为导向，以社区为主阵地，把文化志愿服务作为弘扬社会主义核心价值观的重要载体，围绕加强组织领导、突出工作重点、做亮示范品牌、完善工作机制和加强服务保障五个方面，加快推进文化志愿服务向社会化、专业化和规范化方向发展，提高文化志愿服务水平。

（一）加强组织领导，把文化志愿服务作为推进现代公共文化服务体系建设的有效载体

社会化是现代公共文化服务体系建设的重要标志之一，文化志愿服务作为社会公益事业，具有鲜明的社会化特征，也是实现基本公共文化服务均等化的有力抓手。各级文化行政部门要高度重视文化志愿服务工作，将其作为贯彻中央精神、创新公共文化领域、构建现代公共文化服务体系的重要载体，纳入文化建设总体安排，做好组织指导和统筹推动工作，确保各项工作落到实处。要建立健全文化志愿服务机构，动员社会力量广泛参与，扩大服务范围，形成工作合力。目前，北京、天津、辽宁等省（市）已经建立了比较完善的文化志愿服务组织网络，很多图书馆、文化馆、博物馆也都建立了相应机构，开展了大量服务活动。希望各地各有关单位本着对文化事业负责、对群众负责的态度，继续加大工作力度，争取明年取得更大突破。

（二）突出工作重点，以城乡社区为突破口带动全社会文化志愿服务活动开展

党的十八届三中全会提出，要统筹城乡社区建设，重点培育和优先发展城乡社区服务类社会组织。随着经济社会的快速发展，我国社会生活正在发生广泛而深刻的变化，特别是新农村建设加速，促进了新型农村社区涌现，城乡社区正在成为除家庭、

单位和村落以外主要的基层社会组织形态。社区文化是社区建设的灵魂，目前，很多地方社区居民的文化活动缺少组织管理和必要的经费支持，甚至一些封建迷信、邪教组织乘虚而入，给社区和谐稳定带来隐患。考虑到社区文化在整个文化建设中具有基础性作用，根据中央文明办的部署，明年文化志愿服务工作将以城乡社区为重点，推动文化志愿服务队伍进社区、服务进社区、制度进社区。在服务主体上，不仅组织国家艺术院团等文化系统的志愿者走进社区服务，还要把社区内的文艺骨干、业余文艺团体吸纳进来，完善文化指导员制度，在社区建立相对固定的队伍，尽可能为居民提供更多高品质、持续开展的文化服务。在服务方式上，要结合"春雨工程"，结合"三下乡"、"四进社区"和"全民阅读"等文化活动开展，突出群众性、便利性和互动性，组织文化志愿者举办文艺演出、道德讲座、读书沙龙等多种文化活动，加强学习交流，传播先进文化。在服务人群上，既要面向普通居民开展文化服务，还要针对农民工、老年人、少年儿童和残疾人等特殊群体，组织文化志愿者走进工地、老年之家、社区学校和残疾人服务中心等，开展文化辅导、读书读报和讲解电影等个性化服务，让他们感受到社会的温暖和关爱。

（三）做亮示范品牌，构筑文化志愿服务的立体化网络

品牌带动是开展文化志愿服务的重要经验。2014年文化部指导实施的文化志愿服务活动将以"美丽中国梦•文化志愿行"为主题，以基层特别是社区为重点，通过大讲堂、大舞台、大展台的服务方式，拓展内容、扩大范围、创新手段，推动"春雨工程"深入开展，逐步建立起横向援助与纵向帮扶相结合、品牌建设与一般服务相结合、政府指导与社会参与相结合的立体化服务网络。一是深入开展"全国文化志愿者边疆行"活动。结合文化对口支援工作，由文化部牵头为发达地区与贫困地区、内地与边疆搭建文化双向交流平台，进一步丰富边疆民族地区基层群众的精神文化生活，推动基本公共文化服务均等化。二是推进"国家艺术院团志愿服务走基层"活动，由文化部为国家艺术院团与国家公共文化服务示范区城市和创建城市搭建纵向文化交流平台，组织志愿者参与示范区的区域文化联动，将更多优质文化资源引入基层公共文化服务领域。三是动员城乡基层开展9个主题的系列文化志愿服务活动。在依托公共文化机构开展服务的同时，广泛动员社会力量参与。服务对象重点向老年人、少年儿童、农民工和残疾人等特殊群体倾斜。不断创新服务形式和内容，把文化志愿服务"送什么"与基层群众"要什么"真正匹配起来，实现精准服务、有效服务。

（四）完善工作机制，推进文化志愿服务科学规范发展

机制建设是文化志愿服务科学规范开展的重要保证。明年要抓紧研究提出一套比较系统的文化志愿服务制度。重点加强理论研究，完善文化志愿服务的相关政策，推出一批理论研究成果；健全招募管理制度，一方面重点依托公共文化设施和文化项目壮大志愿者队伍，另一方面，着力做好规范管理工作，推进分类管理和动态管理；完善供需对接制度，建立供需对接平台，提高服务的针对性和有效性；健全培训制度，依托各级文化单位和培训机构开展专业培训，提高文化志愿者的服务能力；健全考核激励机制，通过量化考核、表彰激励，进一步调动各方面的积极性，吸引更多社会力量参与到文化志愿服务中来。

（五）提供有力保障，为文化志愿服务工作顺利开展营造良好舆论环境

各级文化部门和文化单位要为文化志愿服务工作提供有力的组织保障，明确具体负责人员，加强对文化志愿服务工作的指导和支持；要充分发挥政府投入的引导作用，积极拓展社会筹资渠道，鼓励社会力量以赞助或捐赠形式支持活动开展，为文化志愿服务提供必要的资金支持；要保障文化志愿者的合法权益，签订正式的服务协议，明确权利义务，在组织开展文化志愿服务活动时，为文化志愿者购买保险并提供食宿、交通等基础工作条件，解决他们服务社会的后顾之忧。同时，要把同步做好宣传工作作为"文化志愿服务推进年"的一项重要任务，加大宣传力度，扩大社会影响，使文化志愿服务逐步成为更多人的自觉行动。

同志们，文化志愿服务是一项光荣而精彩的事业，我们要乘着党的十八届三中全会的东风，进一步增强责任感和使命感，抓住机遇，顺势而上，推进"文化志愿服务推进年"各项工作再上新台阶，为提高群众文化生活品质、开创文化志愿服务工作新局面、建设社会主义文化强国作出新的更大贡献！

谢谢大家。

在全国美术工作会议上的讲话

文化部党组成员、副部长　董　伟

（2013年4月19日）

尊敬的各位专家、同志们：

今年是全面贯彻落实党的十八大精神的开局之年，也是实施“十二五”规划承前启后的关键一年，文化部首次组织召开全国美术工作会议，意义重大而深远。昨天上午蔡武部长围绕贯彻落实党的十八大精神，为实现中华民族伟大复兴的中国梦，开创中国美术事业新局面这个主题发表了重要讲话，在回顾和总结近年来我国美术发展所取得的巨大成就、认真分析目前我国美术发展所面临的形势及存在问题的基础上，对当前和今后一个时期的美术工作做出了部署，提出了要求。昨天下午大家围绕蔡部长的讲话，结合本地区、本单位美术工作的实际，开展了热烈的讨论和交流。刚才，五位召集人交流了各小组的讨论情况，讲得很好，既有宏观思考，又有具体建议，也有经验介绍，听后很受启发。昨天下午，我也到各个组听取了部分代表的发言。通过讨论大家一致认为，这次全国美术工作会议是在贯彻落实党的十八大精神，推进社会主义文化强国建设的新形势下召开的一次非常重要的会议，充分体现了文化部党组对美术工作的高度重视。会议团结和凝聚了美术工作各方面的力量，是总结过去、面向未来、推动发展的一次盛会。大家一致认为蔡部长的讲话理论联系实际，总揽美术事业发展的全局，立意高远，内容丰富，文风朴实，具有较强的前瞻性和针对性，对于推动全国美术事业的繁荣发展具有重要的指导意义。大家一致认为，当前我国美术发展正处于历史上最好的时期，我们应该珍惜机遇，奋发有为，努力开创美术事业发展的新局面。在充分肯定成绩，总结经验的同时，大家还认真分析问题，并结合工作实际提出了重要的意见和建议。刚才五位召集人已经汇总了大家的意见和建议，概括起来讲，这些主要的意见是：一是要始终坚持正确的文艺方向，大力弘扬社会主义核心价值观，促进我国美术事业的全面繁荣和科学发展。二是要团结和凝聚各方力量，充分调动全国美术工作者的积极性，整合资源，团结协作，形成合力，推动美术事业的全面发展。三是美术建设和管理一定要从实际出发，因地制宜，合理规划，走科学发展之路。四是既要加强美术发展的战略研究和顶层设计，又要以务实的精神制定具体的措施，要找到工作的抓手，推动出人才、出精品，把美术工作落到实处。五是要提高中国美术走出去的水平和质量，把真正优秀的艺术家和优秀的艺术作品推向世界，切实提升中国艺术的国际影响力。此外，大家在人才培养、制度建设、荣典制度、市场监管以及蔡部长讲话的文字修改等方面也提出了很多很好的意见和建议。我们会后将认真研究，积极采纳并努力落实。

大家一致认为，这次全国美术工作会议主题鲜明，求真务实，团结鼓劲，进一步明确了方向，振奋了精神，增强了信心，凝聚了力量。大家一致表示，要认真贯彻落实这次会议精神，动员和组织全国的美术家和美术工作者肩负神圣历史使命，描绘时代壮美画卷，塑造国家艺术形象，为实现中华民族伟大复兴的中国梦贡献力量。

在大家的共同努力下，会议开得很成功，达到了预期目的，希望会后各地要认真传达学习蔡部长的讲话精神，并结合实际抓好贯彻落实。下面我就贯彻落实蔡武部长的讲话精神，结合文化部实施的国家美术发展工程和文化部近期将要开展的美术工作谈几点意见，供大家参考。

一、坚持以人民为中心的创作导向，引导扶持现实题材美术创作

正确的创作方向是文化创作生产的根本问题。文化部一直坚持贯彻以人民为中心的创作导向，加强对美术创作的引导和扶持。此前，由文化部、财政部联合实施的“国家重大历史题材美术创作工程”，取得了丰硕成果，社会效益显著。正是有了国家重大历史题材美术创作工程的成功经验，在社会各界和美术家们的大力支持和建议之下，经中央领导批准，文化部与财政部将在今后几年内继续实施“国家重大现实题材美术创作工程”。“现实题材美术创作工程”，鼓励和倡导美术家坚持贴近实际、贴近生活、贴近群众，引导美术创作关注现实、关注社会、关注民生，热情讴歌改革开放和社会主义现代

化建设伟大实践，生动展示我国人民奋发有为的精神风貌和创造历史的辉煌业绩。“现实题材美术创作工程”可称之为“国家重大历史题材美术创作工程”的姊妹篇，它的组织实施对于坚持正确的创作方向、引导当代美术的健康发展、增加国家文化积累具有重要的现实意义。

文化部将在总结国家重大历史题材美术创作工程实施经验的基础上，进一步完善和改进工作机制，有效协调并整合各方面的资源，为美术家的创作提供更充分的服务和保障，努力实现引导当代美术创作研究方向、造就优秀青年美术人才、推出优秀现实题材美术作品的综合效益。我们将在以下几个方面采取具体措施：一是有计划地组织美术家开展深入基层的创作采风以及创作观摩和辅导；二是重点加强对于优秀中青年美术家的扶持和培养，将委托专业机构举办主题性美术创作培训班，集中辅导年轻的创作力量；三是加强对主题性美术创作相关的基础理论问题的系统研究，艺术司与中央美术学院共同成立了“国家主题性美术创作研究中心”，并已经着手开始相关的基础理论研究。

目前，现实题材美术创作工程的前期筹备工作已经基本就绪，将于近期正式发布实施方案并启动创作申报工作。希望各地文化主管部门认真组织、主动配合并积极发动本地区优秀美术家参与到现实题材美术创作工程中来，也希望全国的专业美术机构和广大美术家对该工程予以关注和支持，积极参与相关的创作和研究工作。

二、打造国家级展览平台，完善国家美术展览体系

对于美术创作和美术事业的发展而言，具有权威性的国家级展览平台，对于促进当代中国艺术创作的繁荣和健康发展具有重要的导向和示范作用。目前，除文化部参与主办的每五年一届的全国美展之外，我们在近几年着力推进和打造了几项重要的国家级展览项目：

一是中国艺术节•全国优秀美术作品展览。中国艺术节是由国务院批准设立的、由文化部主办的国家级艺术盛会。全国优秀美术作品展览在“九艺节”期间首次举办，并确立为中国艺术节的固定项目，每三年一届。2010 年“九艺节”期间举办的全国优秀美术作品展览，汇集名家名作，盛况空前，在16天的展期中，共接待全国各地的观众10.6万人次。展览获得美术界的一致好评和广大观众的普遍赞誉。今年十月在山东举办的第十届中国艺术节期间，该展览将延续“中国风格•时代丹青”的主题，汇聚近三年来我国美术创作的精品力作，让人民群众分享当代中国美术创作的优秀成果。展览将进一步扩大规模和种类，预计展出包括中国画、油画、版画、雕塑和水彩（粉）画在内的作品约500 件。此前，关于展览工作的通知已经发至各地文化厅（局），希望各级文化主管部门能够积极组织和发动本地区的美术家参与申报；希望各大美术院校、各专业组织对展览工作予以支持和协助，积极动员，发动更多的优秀艺术家拿出作品参与展览。

二是每三年一届的中国设计大展。首届中国设计大展由文化部与深圳市人民政府共同主办，2012年12月在深圳开幕。展览以“时代•创造”为主题，凸显了当代中国设计与社会改革发展的紧密联系。作为国家级、综合性的设计类展览和研究平台，中国设计大展首次成功整合了包括平面设计、产品设计、空间设计以及跨界综合设计在内的众多设计门类，汇集了近几年来我国设计取得的丰硕成果，展示了中国设计的整体形象。联合国教科文组织副总干事出席了展览开幕式，并对展览给予高度评价。中国设计大展不仅关注设计在关系国计民生、社会发展的重大事件中的积极作用和在改善人民生活质量方面的重要价值，而且关注设计的人文关怀和文化内涵，注重发挥设计对于社会审美风尚的引领作用。在80天的展期内，观众达30多万人次，在业内获得一致好评，并形成广泛的社会影响。

此外，为了适应社会发展和美术发展的新形势，促进美术与社会生活的结合，拓展美术发展空间，特别是进一步发挥美术在城市化建设过程中的积极作用，文化部正在就举办首届“全国公共艺术大展”进行研究和论证。公共艺术大展将与前两项展览共同构成政府主办的国家级美术展览的新体系。同时，文化部也在认真研究完善政府美术奖项，并探索建立荣典制度，以进一步加强对于有突出贡献的杰出美术人才的表彰和奖励。希望通过这些国家级的权威的综合性展览平台和荣典制度的建立，更好地凝聚美术人才，展示最新创作成果，并树立明确的艺术创作的导向，这对于促进当代中国艺术创作的繁荣和健康发展具有重要现实意义。

三、全面实施美术馆免费开放，大力推动美术文化惠民

2011年3月文化部、财政部印发《关于推进全国美术馆、公共图书馆、文化馆（站）免费开放工作的意见》，美术馆免费开放工作全面推进。美术馆的免费开放，充分体现了党中央、国务院对文化民生的高度重视，是一项顺应民心、合乎民意的文化惠民工程，应该说以国家财政支持来推动实现博物馆、美术馆的免费开放，这是即使在发达国家也未能完全实现的一项文化惠民的重大举措。

免费开放使美术馆的观众流量大幅上升，受众层次日益丰富，在给美术馆的发展带来新的发展机遇的同时，也对美术馆的业务建设和公共文化服务水平提出更高的要求。希望各有关美术馆要继续推进和完善免费开放相关工作，认真研究、准确把握免费开放后观众及其精神文化需求所具有的多层次、多方面、多样性的特点，不断提高公共文化服务效能。目前，美术馆正逐渐发展成为城市文化的中心。美术馆不仅要根据实际情况，利用自己的文化资源优势，突出自身特色，充分发挥美术馆在地域文化发展和传承方面的重要作用；同时也要不断提高展览水平、收藏质量和学术能力，实现对公众审美趣味的积极引导，充分发挥美术馆的社会教育和审美教育功能。

四、实施美术馆发展扶持计划，全面加强美术馆专业建设

近些年来，我国美术馆无论是硬件建设还是事业发展都展现出令人欣喜的蓬勃态势。为了使美术馆事业科学发展，文化部着重加强对美术馆的标准化和规范化建设的管理和指导。2008年文化部公布了《全国重点美术馆评估办法》及相关标准和评分细则。2011年中国美术馆等9家美术馆被评为首批国家重点美术馆。全国重点美术馆评估有效推动了美术馆的规范化、专业化、标准化建设。今年年底，我们将启动第二次全国重点美术馆评估工作，相关的评估办法、评估标准也将根据近年来美术馆发展的现状和趋势做出相应的调整和改进。美术馆的建设和发展一定要遵循科学有序的原则。美术馆的大量建设是美术馆事业繁荣发展的一个标志，但是大发展、大繁荣绝对不是一哄而上、搞大跃进，中国地域辽阔，区域间差异很大，做任何事情都要从实际出发。美术馆的建设不能以大为标准，而是要综合考虑地域经济、社会、文化的实际情况。美术馆建设一方面要积极发展，另一方面要防止把握不准造成新一轮的浪费。同时，美术馆建设要注重功能，不能重硬件、轻软件，只看重规模而忽视功能，这些都要引起注意。所以文化部重视美术馆的评估和标准的制定，就是要促进美术馆有序发展，科学发展。

此外，为了引导美术馆寻求合理的定位，加强自身的专业化建设，提高履行职能的能力，自2010年开始，文化部启动实施了“全国美术馆发展扶持计划”项目评审工作，重点对美术馆优秀展览、学术研究成果和公共教育推广项目给予奖励性扶持。美术馆发展扶持计划面向国有美术馆和具有非企业法人资质的民营美术馆，3年以来，已经扶持优秀展览项目57个，优秀公共教育和推广项目49个，优秀学术研究成果6个，累计投入资金1650万元，惠及全国18个省区53家美术馆，其中民营美术馆入选项目约占入选项目总数的15%。应该说，通过年度项目的评审工作，我们欣喜地看到美术馆在业务建设方面整体水平的进步和提升。但同时，我们也要对美术馆在业务建设方面的差距和不足保持清醒的头脑和认识。

在这里，我们对美术馆工作提出两点具体要求：

一是要继续加强美术馆硬件建设和科学管理，完善美术馆总体格局。虽然近年来我国美术馆建设速度很快，但无论是在总量还是人均数量上，与其他公共文化设施的建设相比，美术馆建设还相对落后，区域分布严重不平衡。各级地方政府和文化主管部门要持续加强对美术馆的建设投入和科学管理。在硬件建设方面，不要盲目攀比，要合理规划、准确定位，认真研究、充分考虑美术馆的功能要求，多听取专家的意见和建议，以免造成低水平重复建设和资源浪费。同时，要不断加大对现有美术馆的科学管理和事业投入，积极引导社会力量参与到美术馆建设中来，为美术馆的事业发展提供充分的保障。

二是要加强美术馆专业化建设，全面提升美术馆履行专业职能的能力。第一，强化美术馆的收藏职能，提高收藏质量，逐步实现美术馆藏品的长期固定陈列，使美术馆真正成为汇集、展示优秀美术成果，积累文化财富的艺术宝库。第二，强化美术馆的学术研究职能，立足藏品、发掘地域文化资源，以研究带动收藏、提升展览质量。第三，强化美术馆策展和办展的自觉性、主动性。坚持展览、收藏、研究的学术标准和要求，通过高质量的展览内容，实现对美术创作和大众审美的积极引导。第四，强化美术馆的公共文化服务功能，善于运用新媒介传播手段，创新和拓展公共教育的方式和渠道，加大美术文化的传播与普及力度。

五、实施画院发展扶持计划，切实提升画院创作研究能力

画院是我国重要的专业美术创作研究机构。为进一步加强对国有画院创作和研究工作的引导、扶持，鼓励和支持画院积极开展形式多样、内容丰富的美术创作研究活动，促进画院推出更好、更多的优秀美术作品和研究成果，文化部自2010年开始启动了“全国画院优秀创作研究扶持计划”的项目评审工作。该扶持计划目前面向各级各类国有的专业画院展开，着重对于深入基层的优秀创作项目和基于本地美术资源进行的研究项目予以扶持。3年来，已经陆续扶持画院优秀创作类项目52个，优秀研究类项目21个，累计投入资金1250万元，惠及全国25个省区和中直单位的41家国有画院，有力地促进了画院自身的业务建设，取得良好的社会反响。

随着时代发展，画院的职能也在不断扩展，但创作研究始终是画院业务工作的核心。面对新形势、新要求，画院要适应时代的变革和人民群众的需求，一方面要不断深化内部机制改革，激发创作研究活力，加强自身的规范化建设；另一方面要坚持以创作研究为中心，充分发挥自身优势，力争多出精品、多出人才，真正发挥画院在美术创作、研究方面的示范作用。各地文化主管部门要继续加强对画院的管理，结合各地的实际情况，探索设立画院考核标准，完善考核机制，促进画院的健康发展。

六、实施美术人才培养与扶持计划，造就高水平的美术人才队伍

对于美术人才的扶持是国家美术发展工程的重要内容。目前，文化部开展的美术人才扶持项目主要分为两大类。

一是美术馆专业人员培训。2012年文化部首次开展了美术馆馆长、典藏工作人员和策展人的培训工作，共有来自全国美术馆的专业人员以及部分文化厅（局）相关业务负责人150余人次接受培训，覆盖全国23个省、市、自治区所属的64家各级各类美术馆。

二是专业创作人才的培养。2012年文化部首次举办画院专业人员研修班，分为山水画、人物画、油画3个不同门类，对来自全国22个地区的51家画院的73位专业画家进行了培训。研修班聘请中国国家画院、中国艺术研究院中国油画院的著名艺术家担任导师，根据学员的具体情况安排教学计划，使学员的专业水平获得了提升，取得良好的效果。

以上两项培训工作，将作为文化部美术类人才培养的常设项目，持续开展下去。今后，美术人才培训和扶持计划将逐步探索打破体制身份的限制，面向全社会美术人才，特别是加强对青年艺术家的资助和扶持。希望各级文化行政主管部门、各相关美术单位能够充分重视、组织推荐优秀人才参加到培训工作中来，利用好这难得的机会，切实提高美术专业人员队伍整体水平。各级文化行政主管部门要为优秀美术人才提供“用武之地”，解决后顾之忧。总之，要充分调动和保护好广大美术家的积极性和创造性，努力造就一支结构合理、专业健全的高素质的美术人才队伍。

七、加强理论建设和艺术批评，努力构建中国特色社会主义美术理论体系

美术研究和理论建设，以及文艺批评，在引导美术创作健康发展、提高人们艺术鉴赏水平等方面具有重要作用。文化部历来重视艺术理论与学术建设，大力倡导开展积极、健康的文艺评论，从目前国内美术理论研究的实际出发，在国家美术发展工程的总体框架下，设立了“国家近现代美术研究中心”和“国家当代艺术研究中心”以推动我国美术理论研究的健康发展。通过这两个面向全国的开放性的学术研究平台，一方面规划设立国家级美术研究的中长期课题，通过课题招标、申报、评审、验收及成果推广，推动当代中国美术理论研究的健康发展；另一方面，逐步推动建立国家美术档案、文献资源数据中心，设立国家美术资源共享平台。

各地文化主管部门要认真落实蔡部长报告的精神，高度重视美术理论研究和文艺批评工作，采取切实可行的措施，有效协调各方力量，扶持重点报刊、媒体，形成舆论导向，营造美术研究和理论建设的健康环境，并积极利用现代传播手段，不断扩大优秀研究成果的推广和普及力度，增强文艺评论的权威性和实效性，大力推动中国特色社会主义美术理论体系建设。

八、加强对西部和少数民族地区美术发展扶持力度，促进美术事业均衡发展

地方美术事业发展特别是西部和少数民族地区美术发展一直是文化部着力扶持的重点。除了在全国性的扶持项目中，向西部和少数民族地区倾斜外，也在积极寻求与地方合作，有计划地扶持地方优秀美术创作晋京展出，通过这种方式促进地方美术创作，促进西部和少数民族地区与内地的交流。2012年文化部与新疆维吾尔自治区人民政府在北京成功举办了《新疆好•新疆美术作品展》，集中展示了近年来新疆美术家的创作成果，展览在新疆广大艺术家中产生了很大的影响，也得到了社会各界的广泛关注，扩大了新疆美术的影响力。

在这里，我也希望，一方面西部和少数民族地区的同志们要对本地区美术发展的环境和状况有清晰的认识和评估，在工作中充分利用好丰富、独特的美术资源；另一方面，一些在人才、藏品等方面资源相对丰沛的地区，也要采取切实可行的措施，加强与西部及少数民族地区的交流与合作，促进双方的互利共赢，优势互补，共同推动地方美术事业的健康、均衡发展。

九、实施国际美术交流促进计划，提升中国美术的国际影响力

艺术和文化是展示国家形象和民族精神的最直接的方式。国家美术发展工程着力推动和促进中外美术在高端平台平等的交流与合作，强调文化自信，注重从战略高度研究和制定相关规划，并积极调动各方面的优势，形成合力，以推动建立国际高端美术交流品牌，促进中外高端艺术对话，推广、传扬体现中国文化精神和时代风貌的优秀美术家和优秀美术作品，提升中国艺术家和中国艺术的国际影响力。各美术馆及其他专业美术机构也应该有意识地承担起弘扬民族文化、传播优秀中华文化、塑造国家文化形象的任务，积极开展与世界各国的美术馆和艺术机构的联系和合作，在主流的美术交流平台上，积极展现能够真实反映当代中国发展变革、人民生活、社会风貌的优秀的当代艺术作品，主动向世界展示文明、多元的当代中国文化形象。

此外，国家美术发展工程还包括民族传统艺术振兴计划、美术相关政策法规的制定与完善等子项目，并将随着国家美术发展的进程和条件的完善而得到进一步丰富和完善。目前，国家艺术基金正在紧张筹建，相信随着国家艺术基金的设立和走上正轨，国家美术发展工程将能够更广泛地惠及到美术工作的各个层面，逐步将工艺美术、民间美术等纳入基金扶持范围，促进美术事业的全面繁荣发展。

十、实施国家美术收藏工程，全面提高国有美术收藏的整体效益

在全面推进国家美术发展工程各项工作的同时，文化部申请财政专项资金设立了国家美术收藏工程，以进一步加强国家美术收藏力度，全面提高美术收藏整体效益。

早在2004年，文化部、财政部就共同设立了“国家美术作品收藏和捐赠奖励专项资金”，专门用于对国家美术作品的收藏和捐赠奖励，目前该专项资金为每年2000万元。该项目实施10年来成效显著，褒扬奖励了一大批德艺双馨的艺术家，也为国家积累了丰富的文化财富。在此基础上，针对当前我国美术收藏的现状和问题，经过充分的酝酿和研究，文化部提出了国家美术收藏工程的系统方案，希望将目前国内美术馆等公益性收藏单位分散的收藏行为上升为国家战略进行统筹和加强，使国家美术收藏体系更加完备，更加系统化、科学化、规范化，同时加大对于国家美术收藏的研究、展示、宣传和推广力度。这不仅有利于鼓励艺术家、收藏家和社会各界人士向国家捐赠，保证国家美术收藏，保护和发展民族文化，使美术发展的成果惠及百姓，充分发挥社会效益；也有利于倡导当代主流的美术价值标准，对艺术市场形成有力的引导，推动当代美术创作的健康发展。国家美术收藏工程目前几项主要工作包括：

（一）全国美术馆馆藏精品展出季活动

该活动是从美术馆的藏品研究展示、宣传推广工作入手，希望通过项目扶持的方式，引导美术馆加强对藏品的研究利用，并逐步实现美术馆藏品的长期陈列。2012年文化部首次组织了“全国美术馆馆藏精品展出季活动”，全国28个国有美术馆的藏品展览在8月至11月期间陆续举办，共展示馆藏精品超过3900件，观众总量超过170万人次。今年，全国美术馆馆藏精品展出季活动也接到了各地美术馆的踊跃申报，经过专家评审已经确定30个展览项目纳入文化部2013年全国美术馆馆藏精品展出季活动目录，我们将协调各方面资源加大对于展出季活动宣传推广力度。希望各级文化主管部门和相关美术馆，能够按照既定的方案，认真做好展览实施、公共教育以及宣传推广工作，让更多优秀美术作品能够惠及群众，使其社会效益得到更加充分的发挥。

（二）全国美术馆藏品普查工作

制定科学有效的国家美术收藏规划，首先要摸清家底，对已有的国家美术藏品资源有清晰的了解和科学的分析。国家美术藏品资源的普查工作首先将从国有美术馆藏品普查入手，并逐步扩展到其他类型的美术收藏单位。该项工作由中国美术馆和全国美术馆专业委员会具体承办，经过前期的调研和论证，已经形成了具体的普查工作实施方案，并将在今年上半年全面启动。希望各地文化行政主管部门和各级国有美术馆深刻认识藏品普查工作对我国美术馆建设和美术事业发展的重要意义，对于藏品普查工作的实施予以积极的支持配合。

（三）建立国家美术藏品保护与修复示范中心

国家美术藏品保护与修复示范中心将在目前国内具有较为成熟的藏品保护与修复技术和硬件条件的美术馆中培育建立。通过在全国范围内扶持2-3个设备先进、技术完备，同时具有高水平专业修复人员队伍的国家美术藏品保护与修复示范中心，加强国家美术藏品的保护、修复，开展美术藏品保护与修复专业人员培训工作、美术藏品保护与修复技术研发与标准制定工作等。目前，艺术司已经委托中国美术馆研究制定相关业务和技术标准，本年内将启动示范中心的申报、考察工作。

最后，我还要特别强调的是，从全国范围来看，近年来美术事业呈现出蓬勃的发展态势，也取得了可喜的成绩，但是在实际工作中，各级文化行政主管部门还需要进一步增强对于美术工作的重视程度和管理力度。目前，正是我国文化发展的重要机遇期，希望各地文化主管部门一定要尽快适应新形势、新要求，一方面切实提升自身在美术管理工作方面的业务能力和专业水平，积极为美术事业的发展营造良好的政策环境和保障机制，另一方面要立足当下、着眼长远，坚持科学发展的理念，肩负起美术行业管理的职责，统筹协调各方面的资源，共同推进美术事业的繁荣发展。

同志们，全国美术工作会议即将圆满结束，此次会议，回顾历史、总结成就、分析问题、探讨发展，无疑将对全国美术事业的发展产生积极而深远的影响。希望广大美术工作者、美术机构以及各级文化主管部门抓住历史机遇，振奋精神，共同努力，全面开创我国美术事业的新局面，为建设社会主义文化强国、为实现中华民族伟大复兴的“中国梦”做出更大贡献。文化部有关司局也将继续转变工作作风，为推动各地美术事业的繁荣发展做好服务工作。

在外联局（港澳台办）工作研讨会上的讲话

文化部党组成员、副部长　丁　伟

（2013年7月30日）

同志们：

刚才听了大家富有见地的发言，我感觉到形势发展之快，变化之大，需要我们更加凝神聚力、戮力同心、积极作为。

下面，我主要讲以下几个方面的内容。

一、对外及对港澳台文化工作快速发展，迈上新台阶

回国后，我明显感觉到我们对外及对港澳台文化工作近年来无论在数量、规模、声势、质量以及各方参与度，还是中央领导同志和文化部党组的重视和关心程度都有大幅度提高，这可以从大量具有说服力的数据得到佐证。这些成果的取得，是文化部党组、蔡武部长高度重视的结果，也是外联局（港澳台办）全体同志共同努力的结果，凝聚着大家的心血和功劳。这项工作能取得如此显著的成就，我们每一位同志都应该，而且完全有理由感到自豪。

二、中国国际地位显著上升，事业大有可为

我在意大利工作三年多，对中国国际影响力的提升有着切身的体会。第一个感受是中国的国际地位与以前相比有了大幅提升，不可同日而语。现在在世界上、在欧洲几乎没什么事不找中国合作或商量了。我作为一个中国大使在意大利这样的老牌资本主义国家亲身感受到了中国的重要性和影响力以及作为一个中国人的自豪感。第二个感受是中国发展模式的影响力不断增强。中国之所以会有目前这样的地位和影响，其主要原因是我们开创了一条符合中国国情的中国特色社会主义道路。第三个感受是横向比较，外联局（港澳台办）干部所具备的素质和能力都比较高，工作态度积极向上，对事业的认识、投入和引导事业发展的能力不比任何其他部门的干部逊色，这是今后事业发展的重要基础。

三、对外及对港澳台文化工作的特点

我们现在所从事的对外及对港澳台文化事业可以概括为四个字：大、广、高、深。一是“大”。我们的队伍庞大，遍布全球90多个国家，视野宏大，面向全世界推介中国，我们肩负着推动在新的历史时期中国与世界及港澳台思想文化交流这样一项重大工作和职责；二是“广”。从整个对外交流的角度来理解，文化可以想得很广，也可以做得很广。实际上，我们很多驻外文化处（组）都在从事着大文化领域的工作；三是“高”。我们的工作本质决定了此项工作不是事务性的，而要有战略的思维、宽广的视野和高远的追求。综观全球，发展阶段越高的国家对文化就会越重视。虽然目前中国社会各界对文化的重视程度还有待提高，但随着综合国力的进一步增强和大家观念的转变，将来中国文化在世界上的影响力和号召力会是强有力的。四是“深”，文化交流是思想智慧的交流，是人与人心灵和情感的对话，具有相当的深度和渗透力。由此可见，我们所从事的是前景无限广阔的事业，而能否担负起这份重任，就看我们怎么干。

目前，我们的工作正面临全新的发展环境：第一个是新时期。我们干什么事业一定要和时代联系起来，什么时代干什么时代的事业，今天我们在这研究的工作和事情，在10年，20年之前是没有条件干的。其次，新时期对我们的工作提出了新要求，也为我们创造了很多新机遇。而新机遇则为我们开拓和发展事业带来了前所未有的新可能。现在我们有很多可能做到的事，新时期为我们有新作为提供了前所未有的广阔舞台。第三个是新理念。中国人理念的变化是改革开放30多年来最深刻、最具深远意义的变化。现在我们用以指导工作的思维、理念和目标已经是全球的、大国的、独具中国特色的新理念。这些“新”是我们开创一个新局面的重要基础。我希望我们广大的外事干部，尤其是在座的同志们，在今后的工作要牢记新时期、新要求、新机遇、新可能、新作为，凝成一股绳，开创新局面，锻炼出一大批新干部。在这样一个事业发展的新阶段，我们需要一批新的干部。而新干部的脱颖而出取决于自己有没有作为。

四、对外联局（港澳台办）广大干部的几点希望

在座各位肩负我国对外及对港澳台文化事业的重要使命和职责，为更好地推动此项事业迈上新的台阶，我提几点希望。

第一个希望是“胸怀、责任、开拓、作为”8个字。我觉得这八个字非常重要，要在今天这个时代干出一番事业，需要有宽广的胸怀、有责任感、开拓性和作为意识，有作为才会有地位。

第二是希望大家要胸怀宽广、眼界开阔、思路活跃、奋发向上。这是一个思想和态度的问题。我们一定要有这么一种朝气，这么一种动力，团结带领国内外的涉外文化队伍把我们的事业不断推向前进。其实，我们已经做得很好了，但是我希望大家在这方面能更上一层楼，只有这样我们才能够使我们的工作为国家发展和外交大局做出更大的贡献。

第三是希望同志们在工作中要有思想性、全局性、创新性和实效性。

第四是希望同志们在干工作的时候既要低头拉车，就是要实干，更要抬头寻路，就是要开创，要想得更远，找到新的道路。此外，还要举目问天。所谓举目问天就是要考虑一些更为高远宏大的方向性问题。今天的工作研讨会就是举目问天的一种手段。

第五是希望我们局领导和处领导能够做到指路、建路和带路。我们的领导干部要同时做到给大家指路，带领大家去建路，然后在现有的路上引领大家不断向前。

第六是希望大家要“出思路、用干部、办事情、求作为”。首先，我想重点讲讲思路问题。我所说的思路是“大思路”、“新思路”和“宽思路”，是能将我们的工作与大局联系在一起的思路。思路决定出路。回首看看过去几十年，部内部外很多单位是从无到有干出一番事业来的。如果我们始终在守成，对于事业发展而言是会有问题的。其次，办事情要办大事，办要事，办新事。具体而言，就是要寻找新的工作抓手，建造平台，打造品牌。我们现在有一批有影响力的品牌，我们要继续打造。最后，要有所作为。无论是个人还是集体，必须要有作为才能够有影响。

五、深挖潜力，攻坚克难，开创对外及对港澳台文化工作新局面

任何事业、任何单位、任何个人都具有无限潜力。很多的事情，我们已经尽了全力，把该做和能做的都做了，就某一阶段而言似乎没有了拓展空间。但如果从历史的维度来审视这个问题就会有新的思路和做法。工作的发展永无止境。当我们回顾过去30年的对外及对港澳台文化交流事业，就会发现变化巨大，当时的发展边界后来都被一一突破。上世纪80年代的工作空间非常有限。90年代的情况完全不同，90年代是思考、开放和拓展的阶段。到了2000年以后，文化年（节）、“欢乐春节”活动等大规模文化活动、文化中心建设、文化产业发展等工作新领域纷纷涌现，焕发出了强大生命力。

能否推进事业不断发展关键在于新思路、新作为。如果对于发展永无止境这一历史规律没有深刻认识，我们的事业就会在慢车道迟滞不前。刚才大家谈到了事业发展过程中的困难和制约。困难确实存在，而且会自始至终与事业发展相伴而行。所以，不要过分强调困难。有困难仍然可以有作为。每个部门都会说自己的工作困难重重，人员配置不足，财政投入不够。因此，我们要有攻坚克难的勇气和信心，努力推动事业的快速发展。

关于潜力，大家要自觉意识到，每个人、每个单位、每个部门都有潜力，就看你怎么发掘潜力，推动工作。潜力的另外一层意思就是要善于挖掘我们每一个人智力和潜能，这是我们能否不断开阔视野、向前发展的核心问题。人与人之间、部门与部门之间、国家与国家之间，谁能占得上风取决于智慧的博弈。谁有智慧谁就能把这个事业做得更好。我们要牢牢记住不创新就不会有新作为；没有新作为，所管的领域就会被边缘化甚至消失。可见，挖掘创新潜力关乎事业的存亡兴废。此外，各位局、处领导要有广阔胸怀，海纳百川，要将分管的处室经营成国家的战线和领域，要统筹各方力量，挖掘每个人的智慧和创新的潜力，否则就不可能有新的作为和影响。

同志们，使命光荣，责任重大。在此，我希望大家能够携手同心、开拓进取，共同推动对外及对港澳台文化工作再创辉煌，为中国特色社会主义事业“五位一体”的总体推进，为实现两个百年奋斗目标和中华民族伟大复兴中国梦做出新的更大贡献！

重要会议

Important meeting

全国文化厅局长会议

1月4日至5日，全国文化厅局长会议在北京举行。部分与会代表列席全国宣传部长会议，聆听、学习了刘云山、刘奇葆同志在会上所作重要讲话精神。文化部党组书记、部长蔡武出席全国文化厅局长会议并作工作报告。他强调，文化系统必须深入贯彻落实党的十八大精神，着力在坚持文化的科学发展、建设社会主义核心价值体系、增强全民族文化创造活力、提高文化整体实力和竞争力四个方面狠下功夫、狠抓落实，切实担当起全面建成小康社会和实现中华民族伟大复兴“中国梦”的文化责任，全面推动文化改革发展。

文化体制改革工作领导小组会议（一）

3月6日，文化部文化体制改革工作领导小组会议召开。会议讨论并通过《2013年文化系统体制改革工作要点》及其《分工实施方案》。文化部文化体制改革工作领导小组组长、部党组书记、部长蔡武出席会议并讲话。他强调，文化体制改革阶段性任务完成并不表示改革已经结束，改革仍然处于“攻坚期”和“深水区”的基本判断没有变，文化系统必须深入贯彻落实党的十八大精神，以推动文化科学发展为主题，坚定不移深化文化系统体制改革，开创文化改革发展新局面。

文化体制改革工作领导小组会议（二）

6月27日，文化体制改革工作领导小组会议讨论通过了《文化部学习贯彻文化体制改革工作座谈会精神推动2013年下半年重点工作实施方案》，深入贯彻落实中央关于深化文化体制改革的决策部署，总结党的十八大以来文化系统体制改革的新成效，部署下半年文化系统体制改革重点工作。蔡武在会上讲话。文化部党组成员、中纪委驻部纪检组组长李洪峰，部党组成员、副部长杨志今、项兆伦、董伟，部党组成员、故宫博物院院长单霁翔和部文化体制改革工作领导小组及其办公室成员、各直属单位负责人等出席会议。

全国文化厅局长座谈会

7月1日至2日，全国文化厅局长座谈会在山西省太原市举行。会议围绕深入贯彻落实十八大精神和中央政治局“改进工作作风、密切联系群众”的八项规定，以推动实现“中国梦”为强大精神动力，以进一步转变政府职能为重要任务，以深入扎实开展党的群众路线教育实践活动为着力点，努力研究解决制约文化改革发展的深层次矛盾和问题，努力开创文化工作新局面展开。文化部党组书记、部长蔡武，党组成员、副部长、国家文物局局长励小捷，党组成员、副部长项兆伦和董伟出席会议，山西省委常委、宣传部长胡苏平出席会议并代表山西省委、省政府致辞。会议期间，会议代表还赴山西省图书馆、太原市清徐县文体中心等地考察调研。

文化部2013年年终工作总结会

12月27日，文化部在北京召开2013年年终工作总结会，总结2013年文化部工作，明确2014年工作的总体思路和重点任务。文化部党组书记、部长蔡武在会上作工作报告。文化部党组副书记、副部长杨志今主持会议。各位党组成员在会上就各自分管工作作了简要总结和点评。

国家公共文化服务体系示范区（项目）创建工作会议

11月6日，文化部、财政部在上海召开国家公共文化服务体系示范区（项目）创建工作会议，江苏省苏州市等31个城市正式成为我国首批国家公共文化服务体系示范区。国家公共文化服务体系示范区

（项目）创建工作是文化部、财政部“十二五”期间共同开展的一项重大文化惠民项目，旨在推动各地研究和解决公共文化服务体系建设面临的突出矛盾和问题，探索建立公共文化服务体系可持续发展的长效保障机制，为同类地区提供借鉴和示范，为国家制定相关政策提供科学依据和实践经验。创建工作自2011年开始，每两年一个周期，计划开展3批示范区创建。2013年9月，第一批31个创建示范区、45个创建示范项目通过评审验收。10月，第二批32个创建示范区、57个创建示范项目通过评审，获得创建资格。会议印发《关于加强第一批国家公共文化服务体系示范区（项目）后续管理工作的通知》，要求在创建后规划制定、重大文化惠民项目参与、文化活动开展等方面，进一步推进和深化相关工作。

2013全国公共图书馆工作会议

11月8日，2013全国公共图书馆工作会议在上海召开，总结全国第五次县以上公共图书馆评估定级工作，研究部署公共图书馆事业发展、公共数字文化重点工程建设及全国古籍保护工作。文化部党组副书记、副部长杨志今出席会议并讲话，明确提出下一步公共图书馆事业发展的重点工作和任务：一要抓机遇，加快完善公共图书馆设施网络。二要进一步加强政策法律法规建设，完善公共图书馆事业发展的长效保障机制。三要深入推进公共图书馆管理体制机制改革，增强事业发展活力。四要扎实推进重点文化工程建设，完善公共数字文化服务体系和古籍保护工作体系。五要切实加强公共图书馆内部管理，努力提高服务效能。会议向入选第四批《国家珍贵古籍名录》的部分收藏单位颁发证书，向第四批“全国古籍重点保护单位”颁发标牌。全国各省(区、市)文化厅(局)分管厅(局)长，副省级城市文化局长，国家图书馆、文化部全国公共文化发展中心负责人，省级、副省级图书馆馆长约160人参加会议。

全国文化志愿服务工作现场经验交流会

12月4日，在第28个国际志愿者日到来前夕，全国文化志愿服务工作现场经验交流会在福建省厦门市召开。会议全面总结2013年“文化志愿者基层服务年”工作，表扬一批文化志愿服务工作优秀典型，交流了文化志愿服务工作经验，对2014年文化志愿服务工作进行安排部署。文化部党组成员、中纪委驻文化部纪检组组长王铁出席会议。本次会议表扬的19个全国文化志愿服务组织工作优秀单位、119个2013年“文化志愿者基层服务年”示范项目和48名2013优秀文化志愿者，是近年来涌现的全国文化志愿服务工作优秀典型代表。这些典型既有活跃在基层、深受百姓喜爱的文化志愿服务活动，也有紧贴少数民族文化需求、远赴边疆开展文化志愿服务的项目，文化部首次对优秀文化志愿者个人进行表扬。

全国文化市场管理工作会议

1月15日至18日，2013年全国文化市场管理工作会议暨信息化建设工作部署会在广东省广州市召开。文化部党组成员、副部长王仲伟出席会议并讲话。会议总结2012年工作，部署2013年工作，表彰奖励2012年全国文化市场综合执法先进集体、优秀个人和全国文化市场十大案件和重大案件，部署文化市场信息化建设工作，要求深入贯彻落实党的十八大精神，促进文化市场规范有序发展。

文化部2013年党风廉政建设工作会议

1月29日，文化部召开2013年党风廉政建设工作会议。传达习近平总书记在第十八届中央纪委第二次全会上的重要讲话和王岐山所作的工作报告，对文化部2012年党风廉政建设和反腐工作进行总结，对2013年工作作出部署。会议强调，2013年要重点做好7个方面工作。一要坚决维护党章党纪的权威性

和严肃性，严格党的政治纪律、宣传纪律、组织纪律、群众工作纪律，加强对党的纪律执行情况的监督检查。二要进一步抓好改进领导机关领导干部作风工作，以踏石留印、抓铁有痕的劲头抓党员干部思想作风、学风、工作作风和生活作风建设。三要进一步深化惩治和预防腐败体系建设，切实增强反腐倡廉的系统性、协调性、实效性。四要加强反腐倡廉教育，进一步加强廉政文化建设。五要强化监督检查职责，进一步加强对干部人事工作、文艺评审评奖、基建工程招投标、政府采购的监督，防范腐败问题发生。六要进一步做好查办案件工作，继续保持查办案件的高压势头。七要继续加强纪检监察干部队伍建设，建设文化系统一支忠诚可靠、服务人民、刚正不阿、秉公执纪的纪检监察干部队伍。

文化部2013年基本建设廉政工作会议

3月28日上午，文化部召开2013年基本建设廉政工作会议。会议围绕贯彻落实文化部2013年党风廉政建设工作会议精神，对文化部基本建设领域廉政工作作出全面部署。会议对进一步加强基本建设领域廉政工作提出三点要求：一是加强基本建设管理。近些年文化部系统基建廉政工作抓得很紧，没有发生“大楼建起来，干部倒下去”的现象，这是文化部系统上下共同努力的结果。今后要继续加强管理队伍建设，强化基建审计审核工作，采取有力措施保证工程质量，加快基建投资计划执行。二是面对招投标活动的严峻形势和廉政风险，各单位必须要有清醒的认识和高度的警惕，着力规范招投标活动。要认真贯彻执行《招投标法实施条例》，加强对招投标活动全过程监管，创新招标投标监管方式。三是既要立足当前，解决和预防突出问题，更要着眼长远，巩固已有的工作成果，深入推进基建廉政长效机制建设。要大力开展反腐倡廉教育，进一步完善法规制度，加强和改进基建领域纪检监察工作。洪峰要求，凡是有工程建设任务的单位，纪检监察部门都要把对工程项目的监督作为工作的重中之重，要严肃查办基建工作中的违纪违法案件。

文化部廉政工作会议

4月19日，文化部召开廉政工作会议。传达国务院总理李克强在国务院第一次廉政工作会议上的讲话精神，对文化部廉政工作作出部署。会议强调文化部今后要抓好五个方面的重点工作。一是积极转变职能，进一步简政放权。正确处理好与市场、与社会、与地方的关系，查找、梳理、提出进一步简政放权的内容和具体措施。二是加大监督制约力度，规范行政权力运行。加强制度建设，加强对领导干部特别是“一把手”的监督，特别是要加强对干部人事、工程建设、政府采购、评审评奖、重大文化活动等业务工作的监督，加大查办案件工作力度，形成不敢腐的惩戒机制、不能腐的防范机制、不易腐的保障机制。三是严格约束管控机制，管好用好文化资金。加强预算管理，逐步做到把所有收入和支出都纳入预算。加强资产管理，探索建立符合文化系统特点的资产配置标准体系。加强监督检查，防止财政资金“跑冒滴漏”现象。提高财政资金的整体使用效益，绝不能拿去搞所谓“面子工程”“政绩工程”。四是加强作风建设，倡导勤俭从政。切实端正学风，改进会风、文风，改进调查研究中的不良风气。严格贯彻落实《文化部关于做好厉行节约反对浪费工作的意见》。五是加强文化行业管理，整治不正之风。抓好节庆活动管理，治理豪华晚会。进一步清理、整合、规范各类评奖活动，积极推动国家文化荣誉制度尽快出台，大力倡导积极、健康的文艺批评，提倡文化人、艺术家加强道德自律，弘扬文化正气。

全国文化系统廉政文化建设工作经验交流会

8月28日，全国文化系统廉政文化建设工作经验交流会在长春召开。交流全国文化系统廉政文化建设工作情况，总结工作经验，对进一步推进廉政文化建设提出要求。会议强调，要加强作品建设，树立精品意识，实施“廉政文化精品工程”，组织廉政文化作品征集活动，推动廉政文化精品力作不断涌现；要加强活动建设，继续组织开展廉政文化专题活动，推动廉政文化融入公共文化，开展廉政文化品牌建设，促进廉政文化活动常态化、规范化；要加强阵地建设，加强廉政文化教育基地管理利用，加强廉政文化景观建设，将廉政文化活动场所纳入公共文化设施网络布局，打造广泛覆盖的廉政文化传播平台；要加强资源建设，对历史文化资源、革命文化资源、现代文化资源、民间文化资源进行再整理、再挖掘；要加强机制建设，健全外部协作机制、内部责任机制和考核机制等，为廉政文化建设深入持久推进提供保证。会议同时授予国家图书馆、国家博物馆、中国美术馆、首都图书馆等60个单位为“廉政文化教育基地”。

文化部直属机关2013年党的工作会议

3月6日，文化部直属机关2013年党的工作会议在京召开。总结2012年文化部直属机关党建工作，研究部署2013年党建工作任务。蔡武出席会议并作重要讲话，李洪峰代表中共文化部直属机关委员会作工作报告，董伟出席会议。文化部直属机关党委委员、纪委委员，部机关各司局、国家文物局和各直属单位党委（总支、支部）书记、纪委书记，党（纪）办主任，工会组织负责人和团组织负责人共计145人参加会议。李洪峰同志从六个方面总结五年来部直属机关党建方面的主要工作，并对2013年党建工作要重点抓好的五项任务进行部署。蔡武在讲话中要求以加强思想建设为根本，推进学习型党组织建设；以群众路线教育实践活动为载体，开展服务型党组织建设；以促进文化改革发展为根本要求，开展创新型党组织建设，努力开创党建工作新局面。

全国文化系统党建研究会年会

9月11日至12日，全国文化系统党建研究会2013年年会在石家庄市召开。部党组成员、部直属机关党委书记、研究会会长李洪峰作工作报告。河北省委常委、省纪委书记臧胜业出席会议，并与省委常委、宣传部长艾文礼，副省长杨汭等领导一同看望、会见与会有关同志。中央国家机关党建研究会会长张德成莅会并讲话。来自部机关各司局、各直属单位和各省区市文化厅局的理事和会员单位代表及部分年度论文获奖作者共80余人参加会议交流。会上，通过了新任理事、副会长和秘书长名单。

2013年驻外文化处（组）及文化中心负责人会议

1月6日至8日，“2013年驻外文化处（组）及文化中心负责人会议”在北京召开。蔡武、赵少华出席会议并为2012年10个驻外先进集体和15个先进个人颁奖，赵少华做重要讲话。会议期间，套开“文化部直属机构对外（港澳台）文化工作座谈会”。68位文化参赞和中心主任还列席全国文化厅局长会，并与外交部国外工作局、国家文物局领导进行座谈。

博鳌亚洲论坛2013年年会

4月6日，赵少华出席博鳌亚洲论坛2013年年会及成果签字仪式，与秘鲁外交部长隆卡格里奥罗共同签署《中华人民共和国政府和秘鲁共和国政府文化交流协定之2013-2018年执行计划》。

2013年全国文化厅局对外及对港澳台文化工作会议

4月16日至20日，“2013年全国文化厅局对外及对港澳台文化工作会议”在湖北省武汉市召开，赵少华、湖北省副省长王君正出席会议并讲话。来自全国各省区市文化厅局、新疆生产建设兵团文化广播电视局、各计划单列市文化局相关负责人，文化部各相关司局、香港中联办、澳门中联办、国家文物局、文联、作协及中国对外文化集团公司、中外文化交流中心等单位的140余位代表出席会议。

“发展与转型：中国和拉丁美洲的共同议题”研讨会

5月7日，蔡武出席了由中国社会科学院主办的“发展与转型：中国和拉丁美洲的共同议题”研讨会开幕式，并发表题为《美美与共，天下大同—文化交流为中国和拉美关系奏响和谐乐章》的主旨演讲，在各界人士中获得积极反响。

首届“中国—中东欧国家文化合作论坛”

5月13日至19日，应文化部邀请，来自中东欧16国的文化部长及代表在北京参加首届“中国-中东欧国家文化合作论坛”，并一致通过《中国—中东欧国家文化合作行动指南》。蔡武在论坛上作主旨发言，并与参会的各国文化部长就加强中国与中东欧国家的文化交流与合作广泛交换了意见。

上海合作组织成员国文化部长第十次会晤

5月24日，上海合作组织成员国文化部长第十次会晤在吉尔吉斯斯坦首都比什凯克举行。应吉尔吉斯斯坦文化、信息和旅游部邀请，蔡武率政府文化代表团出席会晤。会晤由轮值主席吉尔吉斯斯坦文化、信息和旅游部部长苏尔丹•拉耶夫主持，中国、哈萨克斯坦、俄罗斯、塔吉克斯坦、乌兹别克斯坦等6个成员国的政府文化代表团以及上海合作组织副秘书长诺斯洛夫出席会晤。蔡武就如何加强和深化上海合作组织文化领域的多边合作提出建设性意见。会后，各成员国代表团团长共同签署会晤纪要，通过新闻声明。

首届中非文化产业圆桌会议

6月18日至24日，首届中非文化产业圆桌会议在华举办，文化部副部长赵少华、佛得角文化部长索萨出席开幕式并代表双方做主旨讲话。双方代表围绕“文化产业作为新兴产业在中国和非洲国家地位和作用及双方合作前景”的主题，就中国和非洲国家文化产业的内外政策、发展现状、成功经验、彼此诉求、合作愿景等进行交流，初步搭建双方未来合作的联系平台。

中拉智库论坛

7月22日，蔡武出席了由中国国际问题研究基金会和中国人民外交学会主办的中拉智库论坛活动，并发表题为《分享•互鉴•合作•发展——中拉携手共创美好未来》的主旨演讲。

第五次中日韩文化部长会

9月，蔡武率中国政府文化代表团访问韩国并出席第5次中日韩文化部长会，与韩国文化体育观光部长官刘震龙、日本文部科学大臣下村博文共同出席会议并签署《光州共同文件》。会议期间，蔡武分别会见下村博文大臣、刘震龙长官，加强同上述国家的文化高层对话。三国文化部长还向首届“东亚文化之都”当选城市中国泉州、韩国光州、日本横滨的城市代表授牌，并共同出席媒体见面会。

中乌文化合作分委会第二次会议

9月10日，文化部副部长丁伟与乌克兰文化部第一副部长科汉•季莫菲共同主持召开中乌文化合作分委会第二次会议。

中国—委内瑞拉高级混合委员会第十二次会议

9月21日，董伟与委内瑞拉文化部副部长萨拉比亚在文化部共同主持召开中国—委内瑞拉高级混合委员会第十二次会议文化分委会。9月22日，董伟副部长出席中委高委会第十二次会议全会。蔡武与委内瑞拉外交部长豪亚在人民大会堂签署《中华人民共和国政府和委内瑞拉玻利瓦尔共和国政府文化合作协定之2014—2016年执行计划》。

中俄文化合作分委会第十三次会议

9月23日，中俄文化合作分委会第十三次会议在京举行。文化部副部长丁伟和俄罗斯文化部国务秘书、副部长伊夫利耶夫共同主持会议。

"跨越太平洋——中美文化产业对话"

10月8日，由文化部和洛杉矶亨廷顿图书馆联合举办的"跨越太平洋——中美文化产业对话"在洛杉矶举行，丁伟率政府代表团出席并作主旨演讲，中美两国艺术界及文化企业界杰出代表就高雅艺术和流行艺术对社会经济的推动力发表演讲并进行对话，洛杉矶各界名流120人出席。

中乌（兹别克斯坦）人文合作分委会第二次会议

10月30日，中乌（兹别克斯坦）人文合作分委会第二次会议在乌首都塔什干召开。文化部副部长丁伟和体育部部长霍日玛托夫共同主持。会后签署会议纪要。

中哈（萨克斯坦）文化和人文合作分委会第九次会议

11月4日，中哈（萨克斯坦）文化和人文合作分委会第九次会议在京召开。文化部副部长丁伟与哈文化和信息部副部长布里巴耶夫共同主持召开此次会议，会后签署会议纪要。

中国和巴西高层协调与合作委员会第三次会议

11月6日，丁伟赴广州出席中国和巴西高层协调与合作委员会第三次会议。

第四轮中美人文交流高层磋商会议

11月21日，第四轮中美人文交流高层磋商会议在美国华盛顿举办。丁伟作为中国政府代表团成员参加此次会议相关活动，文化部工作组参与文化领域磋商会议。双方还通报了将于第四轮会议框架下开展的文化合作项目，为中美文化交流的进一步发展奠定良好的基础。

中国文化年鉴

Almanac Of Chinese Culture

重大活动

Major activities

文化部举办深化文化系统体制改革工作培训班

深入贯彻落实文化体制改革工作座谈会精神，推动文化系统体制改革工作开创新局面，7月31日至8月1日，文化部在北京举办深化文化系统体制改革工作培训班。文化部党组书记、部长、文化部文化体制改革工作领导小组组长蔡武在培训班上作录像讲话。

全国演艺企业经营管理人才培训项目启动

转企改制演艺企业答疑解惑，破解国有文艺院团体制改革人才领域深层次难题，文化部改革办启动《全国演艺企业经营管理人才培训规划》制定和实施工作，对全国约5000名演艺企业经营管理人才分批次进行科学化、系统化培训。11月至12月，分别进行以“演艺企业发展战略”“艺术创作和产品推广”“演艺产品营销”为主题的三期全国演艺企业经营管理人才培训班（试验班）培训，这三期培训班紧扣转制演艺企业自身特点，分别从企业战略、产品创新、市场营销等方面设置课程，在培训形式上有较多创新和突破。为帮助演艺企业成功转型，文化部改革办将根据《关于支持转企改制国有文艺院团改革发展的指导意见》有关要求，全面推开全国演艺企业经营管理人才培训工作。

文化部“十二五”时期文化改革发展规划中期评估工作会议暨培训班在京举办

11月27日至28日，在北京召开文化部“十二五”时期文化改革发展规划中期评估工作会议暨培训班。各省（区、市）文化厅局、新疆生产建设兵团文化广播电视局、各计划单列市文化局、文化部各有关司局、国家文物局、各有关直属单位的规划工作负责同志参加会议。

全国文化法制联络员研讨培训班在京举办

11月14日至15日，全国文化法制联络员研讨培训班在北京举行。培训包括三方面内容。一是总结文化系统法制建设的先进经验，研究探讨工作中遇到的困难和问题，加强文化法制联络员之间的沟通交流；二是就公共文化服务保障立法和文化产业促进立法进行研讨，并邀请文化部相关司局专家介绍立法进展情况、邀请部分省市文化厅局同志做交流发言；三是邀请全国人大教科文卫委员会有关领导、文化部法律顾问结合文化法制工作实践，以专题形式进行授课培训。

第十届中国艺术节“群星奖”评奖工作

群星奖是文化部为繁荣群众文艺创作，促进社会文化事业的繁荣与发展而设立的政府社会文化艺术最高奖，至2002年期间每年举办一届，从2004年开始纳入中国艺术节中，每三年举办一届。第十届中国艺术节“群星奖”评奖工作于2012年8月在北京启动，2013年10月25日在山东省威海市落下帷幕。一年多时间内，“群星奖”举办作品类初选、复赛和决赛，项目类和群文之星评审等活动，共有来自全国各地的884件作品、157个公共文化项目和117个“群文之星”候选人参评，共计在山东省济南市、青岛市、泰安市、烟台市、威海市，以及广东省中山市等地举办56场现场评比演出，评出220个作品类“群星奖”，110个项目类“群星奖”，以及100位“群文之星”，十艺节期间，“群星奖”作品决赛观众场场爆满，惠民演出和配套群众文化活动蓬勃开展，集中展示群众文化建设的丰硕成果和基层群众昂扬向上的精神风貌，使广大基层群众成为中国艺术节当之无愧的主角，诠释中国艺术节“人民的节日”的办节宗旨，引起社会各界强烈反响。

第五届中国少年儿童合唱节

贯彻落实党中央、国务院《关于进一步加强和改进未成年人思想道德建设的若干意见》，丰富广大少年儿童精神文化生活，推出更多更好的优秀文化产品，经国务院批准，文化部、教育部于2006年组织首届中国少年儿童合唱节，至今已举办4届。第五届中国少年儿童合唱节于2013年暑假期间（8月2日至4日）在江苏省常熟市举办，共有来自全国22个省(区、市)的25支合唱团队、1000多位少年儿童合唱队员参加。合唱节对参赛曲目作了具体规定，要求至少一首曲目为2010年5月以后新创作或新改编的少儿合唱歌曲。经过为期3天的比赛，来自全国22个省(区、市)的25支合唱团队中9支合唱团获“小黄鹂”杯、8支合唱团获“小云雀”杯、8支合唱团“小百灵”杯。合唱节在全国中小学生中产生积极反响，得到社会各界的广泛赞誉。本届合唱节获得前5名的合唱团直接取得参加第十届中国艺术节“群星奖”合唱比赛决赛的资格。

“永远的辉煌”
——第十五届中国老年合唱节

中国老年合唱节是文化部为全国老年朋友精心打造的重要群众文化活动品牌之一，自1999年创办以来，已相继在北京、江苏、山东、等省区市举办了14届，凝聚大量老年群众，丰富活跃老年群众的精神文化生活，推动老年群众歌咏活动的开展，体现“永远辉煌”的主题，受到全国老年群众的热烈欢迎。“永远的辉煌”——第十五届中国老年合唱节于8月13日至15日在河北承德举办，由文化部、河北省人民政府共同主办，文化部公共文化司、河北省文化厅、承德市人民政府、中国合唱协会联合承办，来自全国的53支老年合唱团、2500余人参加本届合唱节。经过4场合唱展演角逐，北京“秋之韵”合唱团等18个合唱团获得“避暑山庄杯”，广东省珠海市香洲区老干部活动中心合唱团等18个合唱团获得“金山岭长城杯”，辽宁省老干部活动中心合唱团等17个合唱团获得“木兰围场杯”。本届合唱节获得前5名的合唱团直接取得参加第十六届“群星奖”合唱比赛决赛的资格。

第一次全国乡镇综合文化站评估定级工作

文化部在部分省（区、市）乡镇综合文化站评估定级试点的基础上，于2013年开展第一次全国乡镇综合文化站评估定级工作。评估定级工作实行“统一要求、分省实施”的原则，即文化部制定全国乡镇综合文化站评估定级标准指导纲要，明确评估定级的基本标准和基本要求，对乡镇文化站设一级站、二级站和三级站三个等次，分别控制在各省（区、市）乡镇文化站总数的10%、15%、20%以内，等级站总数控制在45%以内。各省（区、市）文化厅（局）根据文化部的指导纲要和本地区实际，制定具体的评估定级标准，负责开展评估定级工作。评估定级的申报和检查工作由地（市）文化局具体组织实施，评估定级结果报省(区、市)文化厅（局）审核、批准，并由省（区、市）文化厅（局）进行命名、颁牌。评估定级结果报文化部备案。每四年开展一次全国乡镇综合文化站评估定级工作。第一次评估定级工作，从2013年4月组织实施，年底之前完成，2014年4月之前完成评估定级总结工作。下一步将加大力度，推动各省（区、市）完成对第一次全国乡镇综合文化站评估定级工作，2013年12月31日前，各地要将评估定级结果报文化部公共文化司备案。2014年1月，将启动抽查和督导工作，对未按期完成且无针对性整改措施的省（区、市），将视情况相应核减其乡镇综合文化站免费开放补助资金。同时，对于评估定级标准未达到文化部《纲要》要求以及等级站比例超过《纲要》要求的45%控制指标的部分地区，文化部将督促当地文化厅（局）予以纠正和完善。

中国图书馆年会

“2013年中国图书馆年会——中国图书馆学会年会•中国图书馆展览会”于11月7日至9日在上海市

浦东新区举办。本届年会由文化部主办，文化部公共文化司、文化产业司、上海市文化广播影视管理局、上海市浦东新区人民政府、中国图书馆学会、国家图书馆、文化部全国公共文化发展中心共同承办，是我国图书馆界最高层次、最大规模的行业盛会。本届年会以“书香中国——阅读引领未来”为主题，分为工作会议、学术会议、展览会三大板块。全国各省（区、市）文化厅（局）长，第一批、第二批国家公共文化服务体系示范区（项目）创建城市市长、文化局长，国内外图书馆领域的管理者、专家学者、图书馆员、媒体记者及企业代表3000余人参会，深入研讨“书香中国”建设大计。展览会面积2.5万平方米，132家单位参展，吸引观众7.5万人次，创历史新高。著名教育家朱永新先生作题为《文化中心，精神客厅，心灵牧场——我心目中理想的图书馆》的大会学术报告，著名文化学者余秋雨作题为《生命因阅读而宁静》的嘉宾演讲，年会开幕式上举办了“2013中国图书馆榜样人物”颁奖活动，展示7位“榜样人物”不平凡的感人事迹，宣传和展现当代图书馆人的职业精神与道德风范。学术会议注重开放性，包括1个大会学术报告、5场主题论坛、29个分会场，分会场的策划和申办进一步面向业界开放。工作会议对全国县以上公共图书馆第五次评估定级工作进行总结，并向上等级图书馆颁牌。年会坚持改革创新，社会化、国际化、信息化程度全面提升。

2013年“文化志愿者基层服务年”系列活动

4月23日，由文化部、中央文明办组织的2013年“文化志愿者基层服务年”系列活动在北京启动。系列活动以文化志愿者为骨干力量，以大讲堂、大舞台、大展台为主要形式，面向基层、贴近生活、服务群众，组织招募文化志愿者广泛开展文艺演出、文化艺术知识普及、技能辅导和展览展示等形式多样的文化志愿服务活动。系列活动由两项示范性活动和8个主题系列活动组成。其中，文化部、中央文明办指导实施两项示范活动，包括继续开展2013年“春雨工程”——全国文化志愿者边疆行活动，启动实施“大地情深”——国家艺术院团（馆）志愿服务走基层活动。这两项活动共对接形成文化志愿服务项目167个，举办各类辅导讲座、文艺演出和展览展示活动500多场次。同时，各省区市文化厅局还将联合各地文明办，依托公共图书馆、文化馆、重要节日纪念日和重大文化惠民工程等方面，开展8个主题系列活动，为群众提供丰富多彩的文化志愿服务。文化部党组书记、部长蔡武，部党组成员、副部长杨志今和中央文明办志愿服务工作组副组长崔海教等出席启动仪式，并为参与此次活动的国家艺术院团（馆）、有关省区市以及国家公共文化服务体系示范区创建城市代表颁发文化志愿者基层服务项目确认书。

国家舞台艺术精品工程授牌仪式

文化部1月4日在北京举行国家舞台艺术精品工程授牌仪式。文化部副部长杨志今、励小捷、项兆伦、董伟、丁伟出席仪式，并为“2011—2012年度国家舞台艺术精品工程重点资助剧目”颁牌。授牌仪式上颁发“国家舞台艺术精品工程组织工作奖”。秦腔《花儿声声》、京剧《将军道》、评剧《赵锦棠》等15部作品被评为“2011—2012年度国家舞台艺术精品工程重点资助剧目”，每部奖励100万元，用于修改、加工、演出。北京市文化局等15家单位获得“2011—2012年度国家舞台艺术精品工程组织工作奖”。

第十届中国艺术节

中国艺术节是我国规格最高、规模最大的国家级艺术盛会。第十届中国艺术节于10月11日至26日在山东省举办，来自全国各地的艺术家欢聚齐鲁大地，或演出，或观摩，或参加展览和交易会；观众们也享受到了130余台高水准的演出和精彩的美术展览。“十艺节”期间，中国当前舞台艺术、群文创作和美术创作的最新成果得到展示，贯彻落实“艺术的盛会、人民的节日”的宗旨，成为一届展示中国道路、中国精神、中国力量的艺术盛会。

第二届优秀保留剧目大奖获奖作品全国巡演

优秀保留剧目大奖评选和巡演活动，是文化部改革和完善文艺评奖的重要举措，也是促进我国舞台艺术繁荣发展的重要举措。2012年底，京剧《杨门女将》等20部思想性、艺术性、观赏性相统一，深受观众喜爱、久演不衰的作品被文化部评为第二届优秀保留剧目大奖。按照优秀保留剧目大奖评选的有关规定，进一步总结、推广优秀保留剧目创作的宝贵经验，促进舞台艺术繁荣发展，2013年4月至7月，文化部组织获奖作品，开展全国巡演。在4个月的时间里，20台剧目在20多个省、自治区、直辖市的100多个城市，以及农村、基层单位演出超过1000场，演出收入1800多万元，观众80多万人次。

第七届全国话剧优秀剧目展演

由文化部、山东省人民政府主办的第七届全国话剧优秀剧目展演于4月26日至5月10日举行。此次展演是第十届中国艺术节专业艺术单项展演系列活动之一。展演汇集来自全国各省、自治区、直辖市以及中直院团和部队近年来创作的24台优秀剧目，分别在济南和莱芜陆续演出。

全国木偶戏、皮影戏优秀剧（节）目展演

由文化部、山东省人民政府主办，文化部艺术司、山东省文化厅、东营市人民政府承办的全国木偶戏、皮影戏优秀剧节目展演于7月22日至8月1日在山东省东营市隆重举办。来自全国15个省、市的26个木偶皮影艺术团体集中展示这门被誉为“百戏之祖”和“世界电影艺术先驱”、让中华民族感到自豪的古老艺术的容貌新姿。

全国曲艺优秀节目展演

7月25日至29日，全国曲艺优秀节目展演在美丽的黄河之滨——山东省滨州市成功举行。本次展演包含全国21个省区市的39个演出单位选送的31个曲种的53个节目，其中新创作节目37个，传统节目16个。

2013年全国小剧场戏剧优秀剧目展演

由文化部艺术司、北京市文化局主办，北京东方文化经济发展集团有限公司承办的“2013年全国小剧场戏剧优秀剧目展演”于8月25日圆满落幕。在历时17天的展演中，来自全国的25台剧目在北京陆续上演，其中，民营艺术团体的参演作品占13台，平均上座率八成以上，在北京乃至全国产生良好反响，受到业内专家学者的肯定、新闻媒体的关注，尤其得到广大观众的欢迎。

第十届全国舞蹈比赛

第十届全国舞蹈比赛于6月29日开幕，分别在山东临沂和日照两地举行9场比赛。7月4日，第十届全国舞蹈比赛圆满结束，并在山东日照举行颁奖晚会。文化部党组成员、副部长董伟，山东省委常委、宣传部部长孙守刚出席比赛闭幕式。

2013年全国美术馆馆藏精品展出季

在2012年成功举办“全国美术馆馆藏精品展出季”活动的基础上，文化部于2013 年继续组织开展该活动。经过专家委员会的认真评审，有30个项目入选“2013年全国美术馆馆藏精品展出季活动目录”，并于8至12月份陆续展开。

春节文化摄影（视频）优秀作品展

根据《中华人民共和国非物质文化遗产法》和中央宣传部、中央文明办、教育部、民政部、文化部《关于运用传统节日弘扬民族文化的优秀传统的意见》（文明办〔2005〕11号）精神，2013年春节期间，文化部启动“春节文化摄影（视频）优秀作品评选”活动，面向社会征集体现鲜明春节文化特色的摄影、视频作品。此次活动收到来自全国31个省、自治区、直辖市，台湾地区及海外1867位作者的26505件作品。经过专家评审，精选出获奖摄影作品216幅（组），视频作品24部。

6月8日至18日，在我国第八个“文化遗产日”期间，围绕“人人都是文化遗产的主人”这一主题，由文化部主办，中国国家博物馆、中国非物质文化遗产保护中心、文化部非物质文化遗产司、中国艺术研究院《中国摄影家》杂志社承办的“春节文化摄影（视频）优秀作品展”在中国国家博物馆举办。大部分获奖作品在此次展览中公开展出。展现全国各地欢度春节的风俗民情，为公众认识春节文化提供媒介，促使全社会珍惜和爱护包括春节文化在内的非物质文化遗产，提高保护非物质文化遗产的自觉意识。

第四届中国·成都
国际非物质文化遗产节

由文化部、四川省人民政府、中国联合国教科文组织全国委员会、联合国教科文组织主办，成都市人民政府、中国非物质文化遗产保护中心、四川省文化厅、联合国教科文组织亚太地区非物质文化遗产国际培训中心承办，成都市文化局、青羊区人民政府、国际非物质文化遗产博览园具体执行的第四届中国成都国际非物质文化遗产节（以下简称“非遗节”），于6月15日至23日举行，得到国际、国内社会的广泛关注和参与，以及各级领导和广大群众的高度评价。

第四届非遗节以“人人都是文化传承人”为主题，重点举行开幕式、纪念联合国教科文组织《保护非物质文化遗产公约》通过10周年的成都国际非遗大会（以下简称“《公约》纪念大会”）、国际非遗博览会、第26届中国戏剧梅花奖大赛、中国书法•篆刻艺术国际大展、主题分会场、文化产业项目签约仪式和闭幕式等八大类主体活动的300多项交流、展示、展演、展销活动；有107个国家（地区）参与，比上届增加35个国家；600多名国际代表（其中包括9个国家的文化部长），3000多名国内代表、380多万游客和市民参与各项节会活动，比上届同时段增长3.8%；国外16支、国内36支队伍的2000多名中外演职人员，演出近300场，约为上届2.3倍之多；500余名国家级和省级传承人，41个首批国家级非遗生产性保护示范基地和37个四川省生产性保护示范项目首次全部参展，参展项目1000余个，是国内展览面积最大、展出项目最多的一次；直接拉动社会消费42亿元，比上届同时段增长6.3%；首次举行文化交流和文化产业项目签约仪式，共签约2个文化交流项目，10个文化产业合作项目，签约金额142.3亿元。

第四届非遗节受到国内外主流媒体的高度关注，30多家中央级媒体、30多家境外华文媒体和各省市媒体的300多名记者和100多名摄影家云集成都，采访报道非遗节。中央级媒体及时报道非遗节开幕盛况、刊发对教科文组织总干事伊琳娜•博科娃的专访，非遗节闭幕的次日，《参考消息》以“第四届国际非遗节获国际社会盛誉”为题，用半版篇幅报道国际社会的评价。据不完全统计，中央主流媒体的报纸、电视、广播、网络对非遗节的报道370余条，省市媒体对非遗节的报道1100多条，其中在中央媒体和省市媒体发表专访和重点报道60余篇。

第四届非遗节规模再创新高，档次提升，内容丰富，国际特色突出，社会效益和经济效益持续提升，成为“文化的盛会、民众的节日”。蔡武指出：“通过非遗节期间开展的论坛、展览、展演等丰富多彩的活动，社会公众对非物质文化遗产及其价值的认识更加深入，各国之间对不同文化遗产的相互欣赏和尊重得到了增强，人类对与文化遗产之间关系的认识、对保护文化遗产和维护文化多样性的使命感、责任感和紧迫感变得越来越强烈。”

第31届中国洛阳牡丹文化节

由文化部与河南省人民政府联合主办，河南省文化厅与洛阳市人民政府承办的第31届中国洛阳牡丹文化节，于4月5日至5月5日在洛阳举办。文化部党组成员、副部长王仲伟出席4月10日举办的开幕式暨文艺晚会并致辞。文化节涵盖“文化部第三届优秀保留剧目洛阳展演月”、“河洛欢歌•广场文化狂欢月”、第23届河洛文化民俗庙会、第二届洛阳•中国名花展、第二届篆书展等诸多文化活动，举办国际牡丹高峰论坛、投资贸易洽谈会、对外经济技术合作项目签约仪式等重点活动。共签订招商引资合同项目103个，投资总额1168亿元，比上届增加23.5亿元。接待游客1869.95万人次，旅游收入112.2亿元，同比增长6.7%。接待入境游客17.25万人次，创汇4181.15万美元，分别比上届增长5.2%和5.5%。本届文化节取得良好的经济效益和社会效益，品牌影响力得到大幅提升。

第八届中国义乌文化产品交易博览会

由文化部和浙江省人民政府共同主办，浙江省文化厅、浙江省文化产业促进会、义乌市人民政府承办的第八届中国义乌文化产品交易博览会于4月27日、30日在浙江义乌举行。文化部党组成员、副部长项兆伦，浙江省委常委、宣传部长葛慧君出席开幕式。本届义乌文博会设展览面积7万平方米，标准展位3320个，突出交易特性，交易类展位占总展位数的80%以上。注重邀请专业采购商参会，提高经贸实效，实现成交额48.3亿元，同比增长6.92%，其中外贸成交额29.15亿元，占总成交额的60.35%，同比增长5.81%。展会期间，吸引来自108个国家和地区9.36万名境内外采购商参会，其中境外客商 5863人，境外贸易团队40个。

本届义乌文博会以“打造文化产品交易平台，推动文化产业跨越发展”为主题，注重文化产品的“商品”属性和“交易”的经贸效果，展会专业化、市场化程度得到提高。

第九届中国（深圳）国际文化产业博览交易会

由文化部、商务部、国家新闻出版广电总局、中国国家贸易促进委员会、广东省人民政府、深圳市人民政府等部门联合主办的第九届中国（深圳）国际文化产业博览交易会，于2013年5月17日至20日在深圳举行。本届文博会秉承节俭办会的原则，未举办大型开幕式。中央政治局委员、中宣部部长刘奇葆，中央政治局委员、广东省委书记胡春华开幕前参观了文博会展馆。本届文博会总成交额达1665.02亿元，比上一届增加229.51亿元，同比增长15.99%。继第八届文博会后，本届文博会合同成交再次远超意向成交，成交额达1065.28亿元，占总成交额63.98%，同比增长24.87%。展览面积达10.5万平方米，来自全国各地的2118家政府组团、企业机构参展。本届文博会展会突出文化贸易主题，以“贸易扬帆，文化远航”为主线，着力推动文化贸易。海外展区比例首次突破10%，达到13.7%；来自全球93个国家和地区的16347名海外采购商受邀参会，创历史新高。商务部在文博会期间召开文化贸易与文化对外合作促进政策研讨会，来自欧盟、美国、韩国等驻华使领馆官员以及有关部门的司局负责人以及文化出口重点企业参加研讨会并发表演讲。

第九届中国国际动漫游戏博览会

7月11日至15日，由文化部、上海市人民政府主办的第九届中国国际动漫游戏博览会在上海世博展览馆开幕。文化部党组成员、副部长项兆伦，上海市副市长翁铁慧出席开幕式。第九届漫博会为期5天，以“开放、融合、提升、共赢”为主题，展区面积达3.8万平方米，325家海内外展商中特装展位面积超过70%，海外展商出展面积超过40%，提升国际化、专业化程度，凸显平台集聚作用和交易服务功能。期间举行行业重大政策发布会，发布2012年全国动漫品牌建设和保护计划名单和手机动漫标准等政策文件。本届展会观众人数21.3万人次，现场零售交易额3500万元。举办的动漫游戏商洽会吸引创意项目65个，意向金额近10亿元；西澳大利亚—中国动画电影商务合作洽谈会为中澳企业的动画电影投资、联合制片、联合宣发等商务合作提供平台，意向金额近5亿元，展会交易金额超过18亿元。

第五届中国东北文化产业博览会

9月20日至24日，由文化部、国家新闻出版广电总局、辽宁、吉林、黑龙江三省人民政府共同主办，沈阳市人民政府承办的第五届中国东北文化产业博览交易会(简称东北文博会)在沈阳开幕。本届东北文博会以“文化、融合、创新、发展”为主题。设置六大展馆、11个分会场，为期5天，集中开展品牌展示、产品交易、项目推介、文化活动等一系列丰富多彩的展览活动。设置展会6500余个，1000多家境内外文化企业参展，现场签约金额达到427亿元。

第八届中国北京国际文化创意产业博览会

11月6日至10日，由文化部、国家新闻出版广电总局、北京市人民政府共同主办的第八届中国北京国际文化创意产业博览会在北京举办。第八届文博会以“促进文化贸易、加快经济升级”为主题，安排了综合活动、展览展示、推介交易、分会场活动、论坛峰会、创意活动等六大系列100多场活动，展览总面积22万平方米，参观人数21万人次。据不完全统计，本届文博会期间，共签署文化创意产业产品交易、产业园区建设和入驻、项目投资、银企合作等协议总金额1190.36亿元人民币，比上届增长9.3%。由文化部文化产业司与中国人民大学联合举办的“文化中国、中国文化产业指数发布会”作为文博会活动之一在中国人民大学成功举办，并首次发布“中国文化消费指数（2013)”。

影动梦想——中国当代动漫艺术展

9月24日至30日，由文化部、中国驻俄罗斯联邦大使馆联合举办的“影动梦想——中国当代动漫艺术展”在俄罗斯莫斯科中国文化中心开幕。包括俄罗斯国家杜马家庭和儿童委员会全权代表维多利亚•安东诺娃在内的中俄两国政府部门和动漫产业界代表共同出席了开幕式。展览不仅在中俄两国人民之间架起一座文化交流的桥梁，也在两国动漫游戏产业界之间搭建交易合作的平台，促成中俄动漫游戏双边合作实现4.7亿元的交易额。

全国文化市场岗位练兵技能比武活动

12月26日至29日，全国文化市场综合执法岗位练兵技能比武活动复决赛在北京举行，文化部党组书记、部长蔡武，党组成员、副部长项兆伦，新闻出版广电总局党组成员、副局长阎晓宏等出席观看决赛下半场，并为获奖代表颁奖。活动期间，全国各级共培训执法人员8万余人次，提升执法人员的工作能力和专业素养，深化多部门协作机制，增强执法队伍的战斗力、凝聚力、向心力。

文化市场行政审批工作

按照国务院统一部署，分两批共计取消和下放9项行政审批，并做好衔接和落实工作；制定示范标准，编制14项29种审批事项的办事指南、业务手册和通用文书，对行政审批进行标准化指引。开展行政审批检查，以检查促建设，督促地方严格履行职责，增强服务能力和法治观念。分类指导，在中国（上海）自由贸易实验区等地区和上网服务等领域，调整市场准入政策，简政放权，释放文化市场活力。

互联网上网服务行业转型升级

在19个省（市、区）的部分地区开展准入试点工作，调整上网服务企业总量和布局规划，降低准入门槛，放开审批，会同公安、工商等部门开展无照上网服务企业整治工作。指导中国互联网上网服务营业场所行业协会举办转型升级论坛，明确上网服务企业“社区信息服务平台和多功能文化休闲场所”的社会定位，在北京、长沙、洛阳等地开展“创新业态、提升形象”试点工作，推动上网服务行业转型升级。

文化青年走基层实践活动

部团委于2013年组织百名文化部青年干部赴山西娄烦农村地区开展2013年“文化青年走基层”实践活动。这100名同志分为文化支教、文化演出、儿童剧演出、非遗民俗调研、文博调研、考古调研、公共文化服务调研、新农村文化建设及扶贫成果调研8个团，按照各团的主题和任务开展活动，利用一周左右的时间与当地农民同吃、同住、同劳动，着重考察农村发展、农业生产、农民生活以及农村文化建设和发展。他们到当地文博单位、文化站、非遗文化等地进行调研，了解当地县、镇、村级文化设施、文化活动场所建设以及文化服务的实际情况；他们走访当地农户，以问卷和访谈的方式了解民情，挖掘感人故事；他们与当地中小学生进行沟通互动，了解孩子们在成长过程中的困惑与希望，捐赠文体用品；他们深入困难农户家中扶贫帮困送温暖，力所能及地做实事。通过为期一周的驻村调研，促进文化部青年干部深入基层和农村，了解国情、社情、民情，增强群众观念、转变工作作风、提升工作能力。

美大地区“欢乐春节”品牌活动

春节期间，文化部与各驻外使领馆密切合作，联合国内相关单位和省市推动落实53项“欢乐春节”活动在多国举办，包括帝国大厦橱窗展、纽约爱乐乐团、悉尼花车巡游、阿根廷春节庙会等项目共吸引当地政要和民众数百万人参与，实现了“进入主流平台、融入本土生活、深入民众内心”的总体目标，提升“欢乐春节”品牌内涵及在美大地区影响力。

亚洲地区“欢乐春节”品牌活动

春节期间，文化部在泰国、韩国、日本、朝鲜、新加坡、柬埔寨、印度、巴基斯坦、孟加拉国、尼泊尔、斯里兰卡等国组织开展“欢乐春节”系列活动，在亚洲国家掀起一轮友华、亲华的“中国热”。其中，蔡武率中国政府文化代表团于2月访泰，出席2013“欢乐春节”文化活动，并与泰方签署《中国对外文化交流协会与泰国泰中文化经济协会2013-2015年中泰文化交流执行计划》，扩大“欢乐春节”品牌知名度和影响力。

“华艺新颜”大型中国文化展示活动

1月至10月，文化部组派浙江婺剧团、南京京剧团、重庆艺术团、河南文化艺术团、北京交响乐团等在墨西哥、巴西、古巴、特多、委内瑞拉、哥伦比亚、厄瓜多尔、智利、乌拉圭、牙买加、巴哈马等15个拉美国家成功举办“华艺新颜”大型中国文化展示活动，利用墨西哥塞万提斯国际艺术节、智利“圣地亚哥一千”国际艺术节等当地主流艺术节和机构平台，举办展演活动50余场，受众达数百万人。

中德文化年闭幕活动

1月，德国中国文化年闭幕，浙江交响乐团赴柏林演出。

俄罗斯“中国旅游年”开幕式活动

3月22日，俄罗斯“中国旅游年”开幕式演出《美丽中国》在莫斯科克里姆林宫剧场成功举办。习近平主席和俄罗斯总统普京到场出席开幕式并致辞。

沙特阿拉伯“杰纳第利亚遗产文化节”中国主宾国活动

4月3日至19日，第28届沙特阿拉伯“杰纳第利亚遗产文化节”中国主宾国活动在沙特首都利雅得举办。中国主宾国馆内汇集近200名展演艺术家、30余项传统非物质遗产展示、600余件展品，全面展示中国传统和当代文化的魅力、中国伊斯兰文化的发展以及中沙友好交往等内容。除室内展示外，还安排舞龙舞狮、太极武术等室外舞台表演。

首届“拉丁美洲和加勒比艺术季”

4月至5月，文化部首次将“拉丁美洲和加勒比艺术季”活动作为“相约北京”国际艺术节整体框架中的一个板块推出，为拉美国家集中展示其文化多样性提供一个专业平台。“艺术季”活动共吸引拉美18个驻华使团参与，包括9场舞台演出、5场视觉艺术展览和开幕式音乐会，增进中国民众对拉美文化的了解与喜爱。

中阿丝绸之路文化之旅

5月14日，由文化部、外交部、国家新闻出版广电总局、国家体育总局、国家宗教局、国家文物局、中国文联、中国作协等共同组织的2013年“中阿丝绸之路文化之旅”活动在北京正式启动。活动旨在打造对阿文化交流新品牌，塑造中国文化崭新的整体形象，向阿拉伯民众呈现一个涵盖传统与现代的文化艺术“中国梦”。

10月15日至16日在中国国家博物馆成功举办的中国阿拉伯国家博物馆馆长论坛，论坛就中阿博物馆建设与管理、博物馆信息共享与合作、文物保护和旅游开发等议题展开富有成效的交流，并一致通过《中国—阿拉伯国家博物馆馆长北京宣言》。

8月14日至9月3日在北京、新疆举行的第四届意会中国—阿拉伯中国采风系列活动，共有来自13个阿拉伯国家的15位画家来华采风创作，并与中国艺术家举行座谈会探讨关于艺术创作的问题。

第四届中俄文化大集

8月7日至11日，第四届中俄文化大集在黑龙江黑河市和俄罗斯阿穆尔州布拉戈维申斯克同步举行。文化部副部长董伟出席大集开幕式。

首届“东亚文化之都”评选活动

中国与韩国、日本于2013年共同启动首届“东亚文化之都”评选工作。评选活动受到各地方高度关注，19个城市（区）提出申报，初审后10个城市入围，终审会于8月26日在国家博物馆召开，最终由专家评审委员会评选出泉州市作为首届“东亚文化之都”当选城市。“东亚文化之都”评选活动是亚洲第一个国际性文化城市命名活动，对推动城市文化发展，提升中华文化国际影响力具有重要意义。

第三届中国—亚欧博览会“中外文化展示周”

9月1日至7日，由文化部和新疆维吾尔自治区人民政府共同主办的第三届中国—亚欧博览会“中外文化展示周”在乌鲁木齐举行。副部长丁伟出席开幕式并致辞。本届展示周以“用艺术编织丝路美景”为主题，包含5项活动，分为国际和国内两部分，国际部分包括：俄罗斯阿尔泰边疆区国家青年歌舞团综合晚会、阿拉伯知名艺术家来华采风作品展和中国新疆国际版画邀请展；国内部分包括：“走进中国的六分之一”中国画精品展和“丝路回响”王宏伟“新疆籍歌手”个人演唱会。

2013中国—东盟文化论坛

9月9日至12日，文化部与广西壮族自治区人民政府联合主办“2013中国—东盟文化论坛”，邀请中国和东盟文化部门官员和非遗领域专家围绕“对话与合作—非物质文化遗产的保护与传承”的主题进行探讨。文化部副部长董伟出席并做主旨报告。

首届中德领袖论坛

9月，文化部与德国贝塔斯曼基金会、北京大学德国研究中心联合举办“敢于信任——首届中德领袖论坛”。部长蔡武与贝塔斯曼基金会副主席列兹摩恩出席。中德双方文化、社科、企业界领袖人物约30人参加论坛。

第五届欧亚经济论坛文化分会暨中国—欧亚地区博物馆馆长论坛

9月26日至28日，由文化部和陕西省人民政府共同主办的第五届欧亚经济论坛文化分会暨中国-欧亚地区博物馆馆长论坛在西安举办。论坛上，来自欧亚地区20多个国家级博物馆馆长与中国国内博物馆领域的众多专家学者，共同研讨、相互交流，分享博物馆领域的管理经验和研究成果，学习和借鉴彼此的先进理念，促进各国博物馆领域的学术交流与务实合作。

巴西“中国文化月”

10月至11月，文化部在巴西圣保罗、里约热内卢、巴西利亚等十几个城市举办“中国文化月”活动，副部长丁伟率中国政府文化代表团访巴并出席相关活动。文化部派出艺术家200余人，演出37场次，直接受众逾百万人，集中向巴西民众介绍中国优秀现当代及传统文化艺术，在巴多地掀起一股中国文化热潮。

哈萨克斯坦文化日

11月5日，“哈萨克斯坦文化日”在京开幕。在文化日框架内，哈方组派183人艺术团来华演出，其中在北京演出2场，在上海、乌鲁木齐各1场，还组派哈国家和贵金属博物馆的400余件藏品来华举办为期两周的“哈萨克斯坦古代珍宝展”。

第十三届亚洲艺术节

11月18日至27日，文化部与云南省人民政府在昆明市共同主办第十三届亚洲艺术节。本届以“魅力亚洲、文化中国、七彩云南、美丽春城”为主题，举办首届亚洲图书馆长论坛、第二届亚洲文化论坛和“四海一家”驻华使馆馆藏精品展等丰富多彩的活动。柬埔寨、印尼、新加坡等10余个亚洲国家组派艺术团应邀参加本届亚艺节活动。亚洲多个国家和地区、相关国际组织的嘉宾和代表，相关国家驻华使节等应邀出席艺术节期间举办的论坛、展览等主要活动。

副总理刘延东访美期间举办文化活动

11月22日，文化部联合驻纽约总领馆、美中关系全国委员会在纽约卡内基音乐厅举办相关文化活动，包括中美文化交流座谈会、文化合作项目签约仪式、副总理刘延东访美招待酒会，刘延东出席上述三项活动。座谈会上，刘延东会晤美国重要文化机构的23名代表，对中美文化交流给予肯定并提出期望。会后，刘延东见证五项中美重大文化项目合作文件的签署。

首届中俄文化旅游论坛

11月22日，首届中俄文化旅游论坛在俄罗斯圣彼得堡塔夫里达宫开幕。中国副总理汪洋、俄罗斯副总理戈洛杰茨出席开幕式并致辞，文化部部长蔡武、俄罗斯文化部国务秘书、副部长伊夫利耶夫、中国国家旅游局局长邵琪伟、俄罗斯联邦旅游署署长拉季科夫先后作主旨发言。论坛期间，中俄两国文化旅游领域近百位专家学者就不同主题展开广泛探讨和深入交流。

俄罗斯“中国旅游年”闭幕式

11月22日，俄罗斯“中国旅游年”闭幕式在圣彼得堡马林斯基剧院举行。中国副总理汪洋、俄罗斯副总理戈洛杰茨出席闭幕式，宣读了两国总理的贺信并分别致辞。随后两国副总理与现场数千名观众共同观看了闭幕式晚会。

“中泰一家亲”音乐歌舞晚会

12月14日，第六届“中泰一家亲”音乐歌舞晚会在清华大学新清华学堂拉开帷幕，朱拉蓬公主亲自登台演奏古筝曲目，副总理刘延东出席观看演出。“中泰一家亲”项目是中泰两国政府共同确立的两国文化交流的重要品牌。自2001年以来已成功举办五届。作为中泰文化交流的旗舰项目，第6届“中泰一家亲”音乐歌舞晚会的成功举办推动了中泰两国文化领域的交流与合作迈上新台阶。

2013中国土耳其文化年

根据2010年中国和土耳其两国共同发表的联合声明，继2012年中国在土耳其成功举办文化年之后，土耳其于2013年在华举办主题为“2013，土耳其就在这里”的文化年活动。文化年期间，土在华举办文化项目60余起，土文化工作者和艺术家访华达到2000余人次，举办200余场文化活动，覆盖国内近20个城市，现场参与群众20余万人次，在两国产生了强烈反响和良好的社会效应。文化年活动是中土建交以来土在华举办的规模最大、时间最长、影响最广的人文交流活动。

援缅第27届东南亚运动会开闭幕式技术支持合作项目

援缅第27届东南亚运动会开闭幕式技术支持合作项目是中国文化部首个大型对外文化援助项目。2013年以来，文化部与商务部、体育总局等有关部门协调沟通，指导具体实施单位——中国对外文化集团公司在中缅政府签署的项目立项换文框架内，与缅文化部等有关部门开展合作，推进各项援助工作。

2013中国文化聚焦

年内，文化部继续联合商务部、国家广电总局、新闻出版总署、国家体育总局、国家文物局等单位共同主办“2013中国文化聚焦”活动，由上海、天津、吉林、河南、内蒙古、福建、南京、深圳等省

（区、市）文化厅（局）、文化机构及我国驻非近30个国家使馆共同承办。活动期间，文化部重点落实中非第五届部长级会议通过的《北京行动计划2013-2015》有关条款，实施“中非文化合作伙伴计划”，推动国内8个省（区）市与非洲16个国家文化机构建立直接的长期对口合作关系；在文化部和驻外使领馆的通力合作下，在“2013中国文化聚焦”框架下，国内外陆续举办几十起场歌舞演出、展览、人力资源培训，还有中国电影周（节）、中国文化讲座、以及图书沙龙、音乐会和艺术家客座创作、文化考察调研等共计200多项活动。

2013年“根与魂——中国非物质文化遗产展演”

6月6日和8日，为庆祝联合国教科文组织通过《保护非物质文化遗产公约》十周年和我国第八个“文化遗产日”，由文化部与香港民政事务局、澳门文化局联合举办的2013年“根与魂——中国非物质文化遗产展演”活动分别在香港和澳门隆重开幕。文化部副部长董伟率代表团赴港澳出席开幕式及相关文化活动。

2013年“港澳大学生文化实践活动”

6月18日至7月21日，由文化部联合香港中联办、香港青年联会、澳门中联办和澳门基金会主办的第九届“港澳大学生文化实践活动”在北京成功举办，来自港澳的96名学生在15家文博机构进行为期5周的实习，增长才干，开阔眼界，亲身感受中华文化的博大精深和内地改革开放所取得的巨大成就。

2013年“艺海流金——感悟瓷魂”

7月14日至22日，由文化部与江西省人民政府联合主办，国务院港澳事务办公室特别支持的第九届“艺海流金——感悟瓷魂”对港澳大型文化交流活动在江西成功举办。文化部副部长董伟、江西省副省长朱虹出席开幕式并致辞；江西省省长鹿心社和董伟共同会见内地与港澳嘉宾代表。

2013年“香江明月夜”和“濠江月明夜”大型中秋晚会

9月15日至19日，文化部副部长项兆伦率团分别赴香港、澳门出席第十四届“香江明月夜”和第二届“濠江月明夜”庆中秋活动。访问期间，项兆伦会见了澳门社会文化司司长张裕以及香港西九文化区管理局、香港艺术节、澳门文化局等港澳重要文化机构负责人。

2013香港“亚洲文化合作论坛”

11月12日至15日，文化部部长蔡武率团赴港出席2013“亚洲文化合作论坛”并在论坛文化部长座谈会上发表演讲。在港期间，与香港文化界知名人士广泛接触，联络情感、交流看法。

蔡武会见台北故宫博物院院长冯明珠

1月23日，文化部部长蔡武在北京会见来访的台北故宫博物院院长冯明珠一行，双方就深化两岸故宫合作、推动两岸文化交流深入交换意见。文化部港澳台办主任侯湘华参加会见。

星云大师一笔字书法展大陆巡展

2013年4月18日至2014年1月10日，中国艺术研究院与台湾佛光山文教基金会合作举办“星云大师一笔字书法展大陆巡展”。台湾佛光山星云法师率团来京出席4月20日在国家博物馆举办的北京站展览开幕活动，并举办“幸福与安乐——幸福生活与中华文化的复兴”专题演讲。中共中央政治局常委、全国政协主席俞正声会见星云法师。蔡武陪同。

第五届海峡论坛暨2013世界闽南文化节

6月15日和16日，由文化部等单位主办的第五届海峡论坛和文化部、福建省人民政府等单位共同主办的2013世界闽南文化节分别在福建省的厦门、泉州等地成功举办。文化部党组书记、部长蔡武，党组副书记、副部长赵少华出席有关活动。

情系燕赵——两岸文化联谊行

7月9日至16日，文化部与河北省人民政府在河北成功举办“情系燕赵——两岸文化联谊行”大型文化交流活动。台湾地区文化界、教育界、媒体界知名人士以及大陆方面的嘉宾约150人应邀参加。文化部副部长项兆伦、河北省副省长杨汭等出席活动开幕式。

交互视象——2013海峡两岸当代艺术展

文化部以中华文化联谊会名义与中国美术馆、财团法人台湾美术基金会、台湾美术馆合作，于5月4日至7月7日、8月26日至9月26日分别在台湾美术馆和中国美术馆举办“交互视象——2013海峡两岸当代艺术展”。该展成为继2009年和2011年两岸成功互办当代艺术展之后，再度携手共同举办的一次大型两岸当代艺术展览。文化部副部长丁伟出席8月26日在中国美术馆举办的展览开幕式。

两岸城市艺术节——台北文化周

由文化部以中华文化联谊会名义、广东省人民政府与台北市政府等联合主办的“两岸城市艺术节——台北文化周”大型两岸文化交流活动于9月6日至8日在广州举办。文化部副部长丁伟出席“两岸城市艺术节——台北文化周”开幕活动。

首届海峡两岸中秋灯会

依托中秋传统佳节，9月17日至10月6日，文化部以中华文化联谊会名义与台湾中华两岸交流协会共同举办首届“海峡两岸中秋灯会”。文化部副部长董伟、海协会会长陈德铭、江苏省委副书记石泰峰、台湾海峡交流基金会董事长林中森、中华两岸交流协会会长刘宗明等出席在昆山举办的开幕活动。

第六届海峡两岸（厦门）文化产业博览交易会

10月25日至28日，文化部与福建省、厦门市等有关单位合作，在厦门成功举办第六届“海峡两岸（厦门）文化产业博览交易会”和“2013海峡两岸民间艺术节”等大型文化活动。文化部副部长项兆伦赴厦门出席有关活动。

杨志今副部长出席首届海峡两岸文化遗产节

文化部副部长杨志今以中华文化联谊会顾问身份率团于11月11日至17日赴台交流访问，并出席首届“海峡两岸文化遗产节”开幕系列活动。“海峡两岸文化遗产节”是在两岸关系进入巩固深化期的新形势下，文化部整合文物和非物质文化遗产，打造的两岸文化交流新品牌。

项兆伦出席第四届海峡两岸文化创意展

文化部副部长项兆伦以中华文化联谊会顾问身份率团一行5人于2013年11月20日至26日赴台出席第四届海峡两岸文化创意展有关活动，参访岛内代表性文化创意产业机构、企业，与岛内各界人士就加强两岸文化产业合作等相关议题开展广泛交流。

文化工作综述

Cultural Wrap-up

概　述

2013年，文化系统干部职工贯彻党的十八大、十八届二中、三中全会、全国宣传思想工作会议精神和习近平总书记系列重要讲话精神，贯彻落实党中央国务院关于文化工作的一系列决策部署，以社会主义文化强国建设为总目标，坚持解放思想、求真务实、开拓创新，推动文化工作再上新台阶。文化体制机制改革持续推进，艺术创作生产欣欣向荣，公共文化服务的质量和水平不断提高，文化市场健康有序发展，文化产业转型升级取得明显成效，文化与科技日益融合，非物质文化遗产保护方式方法日趋完善，文物保护工作整体推进，文化交流和文化贸易齐头并进，文化保障各项工作更加有力，2013年文化建设卓有成效。

学习贯彻落实中央精神，提高做好文化工作的自觉性

切实把学习贯彻落实党的十八大、十八届三中全会、全国宣传思想工作会议和习近平总书记系列重要讲话精神作为重大政治任务来抓，召开部党组会议进行专题学习研讨，召开文化部机关处级以上干部及直属单位负责同志会议进行动员部署，印发《文化部党组关于学习贯彻全国宣传思想工作会议精神的意见》、《文化部贯彻落实全国宣传思想工作会议精神工作分工方案》、《文化部关于学习贯彻党的十八届三中全会精神的通知》等文件，以司局级和机关处级以上干部为重点，组织多期培训班，蔡武亲自动员，举办系列讲座，邀请专家解读辅导，集中交流讨论。各司局各直属单位开展形式多样的学习活动。深化对实现中华民族伟大复兴的中国梦的理解，提高文化工作在党和国家工作全局中地位和作用的认识，明确文化改革发展的方向、目标和思路，增强推动文化大发展大繁荣、建设社会主义文化强国的责任感和使命感。

开展党的群众路线教育实践活动，增强党员干部的理想信念和党性修养

按照中央统一部署，在第一时间成立活动领导小组和办公室，研究制定教育实践活动实施方案，召开文化部系统大会进行动员部署，制定印发文件对开展活动进行统一安排，围绕“学习教育、听取意见”，“查摆问题、开展批评”，“整改落实、建章立制”三个环节扎实推进，部党组带头学习、交流讨论、专题辅导，在听取群众意见的基础上，查摆在思想上和工作中存在的“四风”问题，拟订《文化部党组在“四风”方面存在的突出问题》、《文化部党组对照检查材料》，召开高质量的专题民主生活会，开展批评与自我批评，各司局各直属单位领导班子也先后召开专题民主生活会、专题组织生活会，针对查摆出来的主要问题，提出《部领导班子整改方案》、《专题治理方案》和《制度建设计划》，重新修订《文化部党组工作规则》。牵头开展全国节庆、论坛、展会和运动会等活动摸底普查规范工作，全国省部级节庆精减调整幅度达63.7%；对涉及作风建设和机关运转的126项规章制度进行清理，保留66项，废止10项，计划修订23项，拟新增27项；联系文化系统实际，制定《关于文化系统贯彻落实〈十八届中央政治局关于改进工作作风、密切联系群众的八项规定〉的意见》，从部级重要会议入手改进会风，年中的全国文化厅局长座谈会通过部长蔡武带头压缩主报告时间，增加交流、印发上半年工作重点和亮点通报、组织参观考察等会议形式和内容上的创新，会风呈现简朴、务实的新气象，受到与会代表的普遍好评；深入基层，围绕公共文化服务体系建设标准化均等化、艺术创作生产、文化改革发展、文化与经济的融合及文化产业发展、文物事业发展等重点难点问题，确定37个选题，开展文化大调研活动，掌握全国基层文化单位情况，形成一批对改进工作有参考价值的调研报告，为不断完善工作思路、提出改进工作的政策措施奠定基础；减少文件数量，截至12月20日，共计发文3076件，较去年同期减少534件，减幅15%，做到少发文、发短文、发管用的文；规范机关会议活动经费使用，压缩会议经费190万元。教育实践活动，树立文化部系

统党员干部“为民、务实、清廉”的意识，增强责任心，转变工作作风。

推进、深化文化体制机制改革

【概况】 抓住全面深化改革的有利契机，以深化行政审批制度改革、简政放权为着力点，努力解决制约改革发展的深层次矛盾和问题，深化文化体制改革,推动文化事业全面繁荣和文化产业快速发展。

【加大行政审批制度改革力度，推进政府职能转变】 贯彻落实国务院关于取消、下放行政审批项目有关部署，推进行政审批制度改革，文化部行政审批事项取消3项、下放1项，并拟再下放6项，仅保留4项。公共文化司根据事业发展需要进行职能转变和处室调整，努力实现“政事分开”、“政社分开”和“管办分离”。推动设立国家艺术基金，创新财政投入模式，搭建促进艺术繁荣发展新平台。以服务文化中心工作为重点，加强文化行业协会建设，指导中国互联网上网服务营业场所行业协会建设，推动成立中国文化产业协会、中国非物质文化遗产保护协会等，发挥其在加强行业自律、促进行业发展、制订行业标准等方面的作用。

【体制改革取得新进展，部直属集团公司和事业单位改革取得新突破】 会同中宣部等八部门制定出台《关于支持转企改制国有文艺院团改革发展的指导意见》，落实和强化对转制院团政策扶持，增强转制院团的自我发展能力，加强转制院团改革发展支撑体系建设。《中国东方演艺集团有限公司改革发展情况的报告》得到中央领导同志高度重视，为东方演艺集团深化改革加快发展争取支持。推动部直属集团公司建立健全现代法人治理结构。实施中国文化传媒集团有限公司与中国动漫集团有限公司的战略重组，推动中国数字文化集团有限公司改革重组工作。以推进文化事业单位分类改革为依托，清理规范文化部直属事业单位，对职能变化的单位重新界定和赋予职能。按照创新机制、增强活力的要求，推进图书馆、博物馆、文化馆等文化事业单位内部机制改革。推动保留事业体制院团完善内部运行和管理机制，提升其面向市场、服务群众的能力。部系统非时政类报刊出版单位体制改革和事业单位内部机制改革步伐不断加快。

【深化文化市场综合执法改革，推进综合执法规范化建设】 全国共成立省级文化市场管理工作领导小组办公室30个，市县两级1766个，省级综合执法机构10个，市县两级综合执法机构2875个，市县执法人员编制总数32089人，909个机构实现参公管理，参公人数11328人，各级文化市场综合执法队伍不断完善，执法能力大幅提高。组织编撰《文化市场综合执法手册》、《文化市场综合执法案例汇编》，开展说理式文化市场综合执法文书试点工作，提升规范化水平。初步建立省级文管办工作考核督查机制和工作信息报送机制，将省级文管办工作纳入年度综合执法考核指标体系。

加强示范带动，艺术创作生产成果丰硕

【概况】 以规划管理、引导带动为着力点，提升文艺创作力、影响力，提高艺术质量和艺术品位，为人民群众提供更好更多的精神食粮。

【突出艺术本体，倡导厉行节约，第十届中国艺术节办出新风气】 贯彻落实中宣部、文化部等五部委《关于制止豪华铺张、提倡节俭办晚会的通知》精神，精简节庆活动，抵制豪华晚会，反对浮华奢靡之风，发挥带头示范作用，把第十届中国艺术节办成一届简朴节约、反对铺张、开创新风的国家级艺术节，取消开幕式大型文艺晚会，代之以简短仪式和一台重点剧目作为开幕演出，节约资金5000万元。总书记习近平发来贺信，刘延东出席开幕式。“十艺节”期间，133台国内外优秀剧目、647件优秀美术作品参演、参展，观看演出、参观展览达60余万人次，规模效果超过往届。演交会签约金额9.02亿元，社会筹资合同金额3.16亿元，创历届最高水平；文化惠民，取消向党政机关、领导干部公款送票，中低票价占60%以上，最低票价仅20元，让普通老百姓、低收入群体走进剧场。“十艺节”体现“艺术的盛会、人民的节日”的宗旨，对当前和今后举办大型艺术节和大型活动具有标志和示范意义。

【创新工作思路，改进文艺评奖】 改进文艺评奖，完善评奖机制，下放“文华奖”初评权，调整评委结构，加入地方推荐评委，促进公正公开公平。推进政府职能转变，将中国越剧节等一批专业艺术节庆活动主办权下放到地方。加强获奖作品宣传推广，

采取政府搭台、市场运作的方式，组织获得第二届全国优秀保留剧目大奖的20部作品全国巡演，历时4个月，在20多个省（区、市）的100多个城市社区、农村及基层单位演出1000多场，演出收入达1800多万元，吸引观众80多万人次，实现社会效益、经济效益双赢。

【加强创作引导，推动各艺术门类繁荣发展】 实施国家舞台艺术精品工程、中国民族音乐发展扶持工程、国家美术作品收藏工程等重点文化工程，开展京剧、昆曲、民族音乐、杂技、美术等艺术门类扶持发展计划，推动实施地方戏曲、曲艺、木偶、皮影保护扶持计划，举办话剧、小剧场戏剧、民族器乐等优秀剧节目展演和第二届中国西部交响乐周、首届中国珠海国际马戏节等专业艺术活动，促进各艺术门类全面协调发展。举办国家艺术院团演出季，促进中直院团的创作生产和演出推广，9个中直院团27台剧目演出65场。加强美术规划，首次召开全国美术工作会议，探索引导美术创作和繁荣美术事业的工作机制，举办2013年全国重点美术馆馆藏精品展出季，展出作品3200件，观众超过150万人次，美术馆公共服务能力和馆藏精品开放水平不断提升。重视艺术评论和理论研究，与《人民日报》联合举办“当代舞台艺术观察与思考”征文活动，发挥艺术评论引导艺术创作取向和提高群众鉴赏水平的重要作用。

【推动多出精品、多出人才，艺术创作生产迈出新步伐】 在第十届中国艺术节和第十四届文华奖等展示平台上，艺术佳作百花齐放、硕果累累。京剧《瑞蚨祥》、昆曲《红楼梦》、秦腔《花儿声声》、吕剧《百姓书记》、话剧《红旗渠》、歌剧《红河谷》、舞剧《铁道游击队》等优秀剧目弘扬民族精神和时代精神，增强艺术作品的思想性和感染力，在喜闻乐见中彰显正确导向。举办文华表演奖评选，表彰奖励殷秀梅等21位德艺双馨的中青年表演艺术家。举办第二届名家传戏—当代昆曲名家收徒传艺工程，促进传统艺术薪火相承。举办第十届全国舞蹈比赛、第九届全国杂技比赛等活动，推出新人新作。

注重实效，公共文化服务体系建设亮点纷呈

【概况】 以人为本，重心下移，完善公共文化服务网络，推动实施各项重点文化惠民工程，提升公共文化设施免费开放水平和服务质量，保障人民的基本文化权益。

【文化产品和服务的质量和水平不断提升，文化惠民成效显著】 继博物馆之后，美术馆、公共图书馆、文化馆（站）全面实现免费开放，公共文化产品和服务的质量和水平不断提升。国家图书馆努力提升服务水平，社会教育工作进一步加强；国家博物馆不断完善特色展陈体系和“以人为本”的公众服务系统，开发微信导览平台，受到观众好评，接待量逐年上升。广泛调动文化系统资源，组织9个中直院团知名艺术家，分赴灾区、革命老区以及少数民族和边疆地区，为30余万基层群众送去近80场免费演出。推动“高雅艺术进校园”，演出237场，近40万高校师生受惠。国家京剧院邀请千余名农民工免费走进梅兰芳大剧院，中国儿童艺术剧院通过“经典儿童戏剧走进西部”等项目为孩子们带去精彩演出，中国美术馆以纪念建馆50周年为契机打造“馆庆年”，策划一系列精选藏品展，为社会公众提供文化大餐，受到广泛好评。

【以重点项目建设为依托，全国公共文化服务共建共享加快推进】 与财政部共同启动第一批创建示范区（项目）验收和第二批申报工作，第一批31个示范区创建城市和45个示范项目通过验收，32个城市和57个项目列入第二批创建名单，公共文化建设从文化部门行为上升为党委政府行为，文化事业费投入大幅度增加。开展第五次全国县以上公共图书馆评估定级工作，上等级图书馆2230个，比例达72.5%。开展第一次全国乡镇综合文化站评估定级工作，重庆、安徽等12个省（区、市）完成评估定级工作。公共数字文化建设全面推进，文化共享工程建成2843个市县支中心，29555个乡镇（街道）基层服务点，60.2万个村（社区）基层服务点，数字资源总量达200.29TB；数字图书馆推广工程在全国33家省馆、374家市馆全面实施，超过120TB的数字资源面向全国读者共享使用；建成公共电子阅览室28639个，服务网络初具规模，数字资源不断丰富，服务能力全面提升。推进中华古籍保护工程，国务院正式印发第四批国家珍贵古籍名录和第四批全国古籍重点保护单位名单，共有1516部古籍和16个收藏单位入选。古籍普查登记工作全面展开。清史书稿审改工作有序推进，高质量的研究成果不断涌现。

【以大型活动为抓手，扩大公共文化服务的品牌影响

力】 以“十艺节”为平台，评选出220个“群星奖”作品、110个“群星奖”项目和100位“群文之星”。全国各地围绕“群星奖”开展广泛的层层选拔和评比演出活动，发挥“群星奖”的示范和带动作用。比赛期间组织开展近万场惠民演出和群众文化活动，深入基层社区、学校、企业演出。举办第十五届中国老年合唱节和第五届中国少年儿童合唱节，丰富基层群众精神文化生活。成功举办中国图书馆年会，参会人数超过3000人，会展面积2.5万平方米，参展单位132家，观众7.5万人次，创历史新高，成为促进公共文化服务领域交流合作的重要平台，影响力持续扩大。

【开展文化志愿服务活动，公共文化建设再续新篇章】 组织开展“文化志愿者基层服务年”系列活动，实施“大地情深”——国家艺术院团（馆）志愿服务走基层和“春雨工程”——全国文化志愿者边疆行活动，促成内地与边疆民族地区、国家艺术院团（馆）与示范区创建城市对接实施120余个项目，3000多名文化志愿者深入城乡基层，受益群众近百万人次。各地结合实际，依托公共文化设施、重点文化惠民工程和重大节日、纪念日等，开展系列活动，涌现出一批有影响的文化志愿服务品牌，文化志愿服务成为推动基层公共文化建设的有效载体。

加强指导监督，优化文化市场发展格局

【概况】 进一步认识和掌握现阶段文化市场的特点和规律，降低成本，提高效率，做到文化市场管理为人民服务，为经营主体服务。

【推进文化市场行政审批规范化建设，调整自贸区管理政策】 印发《文化市场行政审批规范化建设示范标准》，编订审批事项办事指南、业务手册以及行政审批通用文书，对各项行政审批进行全流程标准化指引。开展全国文化市场行政审批大检查，赴16省（区、市）检查行政审批服务窗口、审批案卷、经营场所，以检查促建设，督促地方严格履行行政审批职责，增强管理人员服务能力和法治观念。根据国务院统一部署，结合上海实际，印发《文化部关于实施中国（上海）自由贸易试验区文化市场管理政策的通知》，允许在试验区内设立外资经营的演出经纪机构、演出场所经营单位、娱乐场所，从事游戏游艺设备的生产和销售，通过文化主管部门内容审查的可面向国内市场销售。

【改进和创新管理，推动各门类市场转型升级】 根据新修订的《娱乐场所管理办法》，引入行政指导制度，对娱乐市场实行分级管理，赋予省级部门更多事权；监督指导中国演出行业协会发布《演出经纪人员资格认定考试办法》和《演出经纪资格证书管理办法》，规范演出经纪人员资格认定程序。开展艺术品市场鉴定管理试点工作，举办第二届艺术品市场法制宣传周活动，提高艺术品经营者守法意识和消费者维权意识，推动艺术品市场诚信体系建设。明确上网服务企业“社区信息服务平台和多功能文化休闲场所”的社会定位和市场定位。调整上网服务企业总量和布局规划，降低准入门槛。分类确定上网服务企业市场准入标准，依法开展单体上网服务企业审批和法定代表人变更等工作。出台《网络文化经营单位内容自审管理办法》，将原来主要由政府部门承担的网络文化产品内容审核和管理责任更多地交由企业承担，提升企业自我管理能力。联合卫生计生委等15部门发布《未成年人网络游戏成瘾综合防治工程工作方案》，完善相关管理制度，减少网瘾对未成年人的危害。

【加强执法队伍建设，提升文化市场监管水平】 开展全国文化市场综合执法岗位大练兵技能大比武活动，提升执法人员基本理论、基本知识、基本技能和专业能力。改进和加强执法培训工作，在全国选定47家符合培训标准的单位作为文化市场定点培训单位，组建师资库，举办文化市场舆情管理与突发事件应急处置、网络文化执法、娱乐演出艺术品市场管理与执法等培训，提升执法人员的能力和水平。以打击侵犯知识产权和制售假冒伪劣商品为重点，以交叉执法检查和暗访抽查为方式，以上网服务企业、出版、游艺娱乐为抓手，加强文化市场督促检查。组织开展“两节”、“两会”期间及上网服务企业等市场专项整治，落实三项重点“扫黄打非”行动。全年办结案件4.2万件，责令改正12.6万家次，警告8.5万家次，罚款近1.6亿元，责令停业整顿1.3万家次，震慑违法经营分子，确保文化市场健康有序运行。

【推进全国文化市场技术监管与服务平台建设，提升信息化水平】 全国文化市场技术监管与服务平台是“十二五”时期文化建设重点工程，被列入中央政治局常委会2013年工作日程。以提高宏观管理水平和

能力为目标，全面铺开平台建设，取得阶段性成果。9月平台上线运行，并在黑龙江、上海等7省（市）启动试点工作，实现执法与准入、地方与中央的数据交换，有效规范了试点地区准入、执法业务。依托“1511”业务应用系统构架，全面推进文化市场信息化建设。充分利用综合执法办公系统和网吧监管平台等信息化建设成果，加强技术监管，提高管理效能。

多措并举，文化产业转型升级取得成效

【概况】 坚持导向，重点培育，围绕调整经济结构、转变发展方式，完善文化产业体系，努力推动文化产业成为国民经济支柱性产业。

【完善产业政策，推动项目实施，为文化产业发展营造良好环境】 会同国务院办公厅、国家发展改革委开展关于推进文化创意与相关产业融合发展的若干意见文件起草工作。研究制订文化产业创业创意人才扶持计划、重点文化设施经营管理人才培养计划、成长型文化企业扶持和中国民族歌舞走出去等4个计划实施方案。推动财政部等部门出台动漫产业增值税、营业税的延期优惠政策。加强与相关部门协调，推进特色文化产业发展工程、藏羌彝文化产业走廊等重大项目。加强国家级文化产业园区基地建设和管理，开展园区考核和基地巡检，撤销一个国家级园区和一个国家级基地称号。形成《文化产业促进法》（草案）和可行性报告，首次向社会发布“2013中国文化消费指数”。完成中央财经领导小组委托《文化与经济融合及文化产业发展》重大课题。

【争取财政资金支持，发展文化金融合作】 与中国人民银行联合起草《关于深入推进文化金融合作的意见》，通过部行合作机制支持重点文化企业信贷项目151个，贷款余额366.91亿元。与财政部联合实施文化产业专项资金重大项目——文化金融扶持计划，建立首批“文化金融合作信贷项目库”，对92个重点文化信贷项目给予4.6亿元贴息支持，专项资金支持文化系统文化产业一般项目210个，支持金额达15亿元。制定扶持小微文化企业发展政策，国务院促进中小企业发展工作领导小组增补文化部为成员单位。

【以科技创新为驱动，动漫产业和数字文化产业实现较快发展】 实施国家动漫品牌建设和保护计划，对入选项目给予产业化推广支持，推动建设一批在国内和国际市场具有一定影响力的民族原创动漫品牌。推进手机（移动终端）动漫标准示范应用推广工程，引导新媒体动漫加快发展。联合国家发展改革委组织实施数字内容动漫游戏高技术服务业研发与产业化项目，对11个关键技术研发和产业化重点项目给予资金扶持。新认定动漫企业87家、重点动漫企业9家，扩大税收优惠覆盖范围。促进信息消费，牵头建立数字内容生产、转换、加工、投送平台，实施网络文化信息内容建设工程。加强对国家动漫产业公共技术服务平台的考核管理，启动建设国家动漫产业基础信息数据库。

【以重点展会为突破，推进文化产业公共服务平台建设】 联合相关部门做好第9届中国（深圳）国际文化产业博览交易会、第8届中国北京国际文化创意产业博览会、第31届中国洛阳牡丹文化节和上海动漫游戏博览会等重点节会，提升展会品牌实力和影响力。支持中国义乌文化产品交易会转型升级，提高展会市场化、专业化、国际化水平。完成国家文化产业公共服务平台整体建设方案，推进文化产业项目服务平台建设，初步完成文化品牌评价体系。

坚持科教引领，驱动、支撑文化建设再上新台阶

【概况】 推动文化与科技融合，增强艺术科研引领、支撑作用，通过科技、科研创新驱动文化业态、文化产品、文化服务的发展提升。

【加强部际合作，文化科技项目协调、管理能力增强】 调动中国艺术研究院、文化部民族民间文艺发展中心、中国艺术科技研究所等单位科研力量，推动协调国家文化科技创新工程项目4项，获得6000万元经费支持，科技部支撑计划项目1项，获得2350万经费支持，基础科学研究项目1项，获得568万元经费资助。立足于解决文化领域重大整装技术和设备集成，确定国家文化科技提升计划项目16项、国家文化创新工程项目12项、文化部科技创新项目32项。强化项目中期检查和结项验收管理，5个提升计划项目、5个国家文化创新工程项目、19个科技创新项目完成考核指标并通过专家验收。

【立足长效机制，完善文化行业标准体系】 发布

《博物馆和文物保护单位安全防范系统要求》和《文物建筑防雷技术规范》等国家标准，组织完成《图书馆古籍书库基本要求》等4项推荐性国家标准的制定工作，组织审定并批准发布《手机（移动终端）动漫内容要求》等6项推荐性行业标准，审定并批准《艺术表演场所安全技术通则》等11个项目为2013年度文化行业标准化修订计划项目，审定并批准《ISO、IFLA图书馆标准规范体系研究》等3个项目为2013年度文化行业标准化研究项目，为文化行业的规范和长期发展提供依据和保障。

【加强对策研究，关注文化艺术建设重大现实问题的研究成果不断涌现】 针对当前国内文化艺术建设重大现实问题，首次实施“国家社科基金艺术学重大项目”，《小康社会的文化建设目标研究》、《公共文化服务体系建设和运行中的财政保障标准与保障方式研究》等6个项目立项；首次设立“文化部文化艺术科学研究”专项经费，《文化产权市场中的供应链金融协作机理及实证研究》等50个项目立项；开展2013年国家社科基金艺术学项目评审工作，《中国当前文艺热点与前沿问题研究》等145个项目立项，资助经费总额2836万元。完成各类艺术学项目鉴定结项3批60项，涌现出《文化竞争力评价体系研究报告》、《中国演艺院团改革发展研究》、《非物质文化遗产生产性保护的实践框架与策略》等一批对策性强的优秀成果。

【发挥共建优势，艺术教育取得新成效】 发挥共建工作互通、互动、互利作用，在继续深化与原部属4所高校共建的同时，推动与广西壮族自治区政府共建广西艺术学院、与北京市政府共建中国戏曲学院工作。会同教育部、国家民委确定并公布首批100个民族文化专业示范点，文化系统31所艺术职业院校、原部属4所高校、艺术职业教育学会3所专业院校入选。组织举办文华艺术院校奖、全国艺术职业院校技能大赛艺术专业技能比赛等赛事，展示全国艺术院校的教育教学成果，为选拔和推出艺术人才提供广阔平台。加强全国社会艺术水平考级中心建设，开展考级机构评估试点工作，规范考级服务，提升考级质量。

完善措施，推进非物质文化遗产保护工作

【概况】 贯彻落实《中华人民共和国非物质文化遗产法》，以制定配套政策措施为工作重点，不断探索和完善非物质文化遗产保护方式方法，从制度机制建设上推动非物质文化遗产保护工作深入开展。

【加强制度建设，非遗保护法规体系逐步完善】 起草《境外组织或者个人在中华人民共和国境内进行非物质文化遗产调查管理暂行办法（草案送审稿）》，经部务会研究通过，正式上报国务院法制办。根据《中华人民共和国非物质文化遗产法》和非遗保护工作实际，在修改《国家级非物质文化遗产代表作申报评定暂行办法》和《国家级非物质文化遗产保护与管理暂行办法》两个文件有关内容的基础上，重新起草《国家级非物质文化遗产代表性项目管理办法》（送审稿）。推动地方制定出台非物质文化遗产保护条例，已有山西、广东、湖北等13个省（区、市）人大颁布出台了非物质文化遗产保护条例，非遗保护法规体系逐步完善。

【完善保护方式，提升非遗保护工作水平】 开展抢救性保护，研究制定《关于加强非物质文化遗产抢救性保护工作的指导意见》，组织制定抢救性保护的业务标准，启动国家级非遗代表性传承人抢救性记录工作，首批确定50名代表性传承人试点记录工作。深化生产性保护，启动第二批国家级非遗生产性保护示范基地建设，配合国家税务总局研究制定非遗生产性保护税收优惠政策。推进整体性保护，批准实施潍水文化、晋中文化生态保护区总体规划，起草制定文化生态保护区建设评估验收标准与条件。会同国家发展改革委联合启动全国非遗保护利用设施试点项目建设，“十二五”期间试点建设100个非遗保护利用设施。

【开展宣传展示活动，提高全社会的非遗保护意识】 成功申报“中国珠算”列入联合国教科文组织人类非物质文化遗产代表作名录，中国入选非遗名录总数达到38项。围绕纪念联合国教科文组织《保护非物质文化遗产公约》颁布十周年，组织开展第四届中国•成都国际非遗节、第八个“文化遗产日”、2013中国嘉兴端午民俗文化节等活动，举办纪念《保护非物质文化遗产公约》通过十周年论坛、“春

节文化摄影（视频）优秀作品展”、非遗保护讲座周等一系列丰富多彩的宣传展示活动，提高全社会的非遗保护意识。

转变管理方式，文物保护工作呈现整体推进、重点突破的良好态势

【概况】 夯实基础，强化管理，服务社会，提高文物保护利用水平，完善优秀传统文化传承保护体系。

【着力统筹推进，文物保护利用工作再上新台阶】 召开全国可移动文物普查领导小组会议、全国可移动文物普查工作电视电话会议，全面铺开第一次全国可移动文物普查工作。公布第七批全国重点文物保护单位1943处，全国重点文物保护单位总数达到4295处。启动文物保护样板工程，开展古村落古民居展示利用试点，开展第六批历史文化名镇名村申报工作。与财政部联合印发《大遗址保护“十二五”专项规划》，出台《关于加强大遗址考古工作的指导意见》，发布第二批国家考古遗址公园名单和立项名单。加强可移动文物保护管理，修订《馆藏文物修复管理办法》，修复6000余件馆藏濒危文物。召开正定古城保护现场会议，玉树灾后文物抢救工程基本完成，启动平安故宫、应县木塔加固维修工程，开展四川雅安地震、延安特大洪涝、甘肃岷县和漳县地震文物保护应急抢险。首次组织开展南沙海域水下考古和执法巡查，南海基地建设用地指标及选址意见获得批复，水下考古工作船开工建造。

【理顺思路，提高管理和服务水平】 组织开展旅游等开发建设活动中文物保护情况的督导检查工作，通过督察和自查，理顺文物保护单位管理体制，查处一批行政违法案件，解决一些历史遗留问题。召开全国文物安全部际联席会议第三次全体会议，开展文物安全监管平台建设试点，启动一批防盗报警、防火防雷设施建设。完成2013年度国家一级博物馆运行评估，初步形成博物馆等级能上能下的动态评估机制。发布第二批国家二、三级博物馆名单，新增国家二级博物馆52家、国家三级博物馆144家。印发《关于推进国有博物馆对口支援民办博物馆工作意见》和《中央补助地方博物馆纪念馆免费开放专项资金管理暂行办法》，安排民办博物馆奖励资金1亿元，扶持民办博物馆发展。健全国家文物鉴定委员会机制。

【加强协调，对外文物交流合作取得新成果】 红河哈尼梯田文化景观成功申遗，丝绸之路、大运河申遗完成前期准备和国际专家现场考察评估工作，印发《世界文化遗产申报工程规程（试行）》。加强文物进出境审核管理，推动公安、海关罚没文物移交工作。开展文物拍卖市场专项治理行动，促成法国比诺家族捐赠圆明园鼠首、兔首铜像。全面多元的对外文物交流合作机制形成，与尼日利亚、瑞士和塞浦路斯签署关于防止盗窃、盗掘和非法出境文化财产的政府间双边协定，中国当选1970年公约首届附属委员会委员国，举办海峡两岸及港澳地区建筑遗产再利用研讨会。

拓展创新，提升对外文化交流在国家战略和外交大局中的作用和地位

【概况】 坚持制度化管理、机制化建设、品牌化引领、系统化运作，整合资源，形成合力，构建多渠道多形式多层次的对外及对港澳台文化工作大格局，提升中华文化的传播力和影响力。

【文化外交的层级和影响日益增大，文化交流机制不断创新】 全年配合参与各类高访和出访35次，接待外国政府文化代表团32起，与24个国家签订或续签文化交流年度执行计划。配合国家主席习近平访俄策划组织俄罗斯“中国旅游年”开幕式演出——《美丽中国》，为新一届中国领导人外交开篇之旅画上了浓墨重彩的一笔。举办首届“汉学家与中外文化交流”座谈会，为深化中外思想文化交流与对话，借助海外汉学家力量传播中国文化搭建了重要平台。初步完成汉学家资源数据库建设，为今后扶持新生代汉学家，培育知华、友华力量打下良好基础。在中俄、中美、中欧、东盟10+3、上合组织等近20个区域性多边和双边政府合作机制框架下，举办美国“跨越太平洋”、第55届威尼斯艺术双年展中国馆活动、第28届沙特阿拉伯“杰纳第利亚遗产文化节”中国主宾国活动等重大对外文化项目近百起。为缅甸承办第27届东南亚运动会开闭幕式提供技术支持，成为新中国成立以来首次大型文化援外项目。

【重大文化品牌活动突出实效，规模和影响不断扩大】 做好规划，注重对外文化品牌活动的打造，在

99个国家和地区的251个城市举办“欢乐春节”活动，项目达385个，50多位总统、副总统、总理、议长、王室成员，800多位内阁部长、省（市）长、议员等政要出席，约3500万海外各阶层民众和华人华侨热情参与，2000多家海外各类媒体参加报道，在世界范围掀起“中国热”，成为当前中外文化交流活动中规模最大、覆盖最广、影响最为深远的第一品牌。成功举办第十三届亚洲艺术节、第十三届“相约北京”、第十五届中国上海国际艺术节等品牌活动，成为传播中华文化、促进中外文化交流的重要载体。“2013中国文化聚焦”在中非两地举办200多项文化活动。加大统筹，发挥恭王府管理中心、艺术发展中心、中外文化交流中心等直属单位作用，开展对外文化交流活动，形成工作合力，增强整体效应。

【稳中求进，海外中国文化中心发展提速】 中国国家主席习近平亲自见证与越南互设文化中心谅解备忘录的签署，全国人大常委会委员长张德江为尼日利亚中国文化中心揭牌，副总理刘延东和汪洋分别视察首尔和莫斯科中国文化中心。加快中心的筹备和设立工作，推动尼日利亚、马德里和悉尼文化中心筹建和揭牌启用工作，海外中国文化中心总数达到14个，对外传播能力显著提升，全年举办各类文化活动近千场，受众超过50万人次，显示海外中国文化中心扎根当地、统筹各方资源、面向驻在国主流社会开展丰富多彩活动的独特优势。启动《海外中国文化中心发展规划（2013—2020年）》实施方案，组织文化艺术人才中心开展海外中国文化中心文化交流人才储备项目。中编办批准成立海外文化设施建设管理中心，标志着海外中国文化中心建设跨入发展新阶段。

【以中华民族优秀文化凝聚人心，对港澳台文化工作深入有效】 将港澳纳入国家文化交流平台，在莫斯科中国文化中心举办“香港•亚洲国际都会”展览，邀请港澳文化界人士、艺术团组观摩“第十届中国艺术节”、“第三届中国新疆国际民族舞蹈节”等高水平文艺活动。组织“艺海流金”、“香江明月夜”等大型文化品牌活动，增进港澳同胞的文化认同和国家民族认知。对台文化交流与合作持续推进，“欢乐春节”活动首次走入台湾，组派多支“文化小分队”与台基层民众交流联谊，成功举办星云大师一笔字书法2013年中国大陆巡回展、2013世界闽南文化节、美丽台湾——台湾近现代名家经典作品展等系列活动，为两岸交流与合作搭建平台。促成签署《海峡两岸服务贸易协议》，两岸文化交流与合作的机制化建设取得进展。

【对外文化贸易政策环境优化，文化产品和服务走出去步伐加快】 与中宣部等部门共同起草《关于加快发展对外文化贸易的意见》，推动出口便利化，着力解决文化企业走出去遇到的政策瓶颈。开展面向全国文化企业和项目的资金扶持，引导中小企业和民营企业进军海外文化市场。加强平台和渠道建设，为文化产品和企业走出去铺路搭桥。中国对外文化集团公司2013年在全球300余座城市举办5500场演出。中国交响乐团赴美国进行30场交响乐的商业巡演，观众达4万余人次。

【国内外统筹协调加强，政策调研深入广泛】 制定和执行年度对外文化传播计划、召开驻外文化处（组）和文化中心负责人会议，加强对驻外使领馆文化处（组）和文化中心的指导和沟通。部省（区、市）对口合作密切。根据《2013年中央文件和党内法规制定计划》，起草《关于进一步加强对外及对港澳台文化工作的意见》，正式上报党中央、国务院审批。围绕中央一系列战略部署，加强对政策研究的宏观指导，完成有关借助国外汉学家加强中国文化传播、增强我国际传播能力、加强对周边国家文化工作、对台文化交流基地工作等十余篇调研报告，为中央领导和相关部门决策提供重要参考。推动民间力量投入对外文化交流的激励机制，制定《文化部关于进一步规范文化外事工作的若干规定》。

完善文化发展保障机制，提升机关政务水平

【加强党的建设和干部人才队伍建设，为文化事业长远发展提供人才支撑】 继续开展学习型党组织建设，有针对性地促进党员干部和群众思想政治素质和文化业务水平的全面提高。召开文化部党风廉政建设工作会议、全国廉政文化建设工作会议，加强监督检查，推动文化部门反腐倡廉工作深入开展，为文化改革发展提供坚强保证。以调整班子结构，提高班子整体素质和工作效能为重点，加大选拔任用和交流轮岗力度。注重能力实绩、坚持公开民主，切实做好处级领导岗位竞争上岗工作。拓宽选人渠道，做好人员任职和轮换工作，保障对外文化交流工作的人才需求。联合中组部等五部委制定出台实

施方案，落实专项经费，正式启动“三区人才支持计划”文化工作者专项工作。加大干部挂职、深入基层、锻炼成长的力度。不断创新培训方式和内容，启动全国文化干部培训名师库建设、首批全国文化干部培训基地评选工作，开通全国文化干部网络学院。加大培训力度，中央文化管理干部学院全年举办400多期培训班，培训对象涵盖全国文化系统。

【文化财政投入获得新增长，重点文化工程迎来建设新高潮】 文化部部门预算与中央补助地方专项资金首次实现“双突破”，均过40亿元大关。落实全年部门预算45.21亿元，比2013年增加9.74亿元，增幅达27.46%，落实中央补助地方资金42.8亿元，较2013年增幅近10%。争取财政追加安排中直院团改革发展经费2.07亿元，8家直属院团的经费增幅超过82%，为院团实行企业化管理提供支撑。申请追加下达国有资本经营预算1.28亿元、文化产业发展专项资金1.11亿元。国家画院扩建工程、中央歌剧院剧场工程、国家美术馆与中央工美馆等近10项大型重点文化工程有序分步地推进，投资共计36.88亿元。召开第三次全国文化文物系统对口支援新疆工作电视电话会议，参与武陵山区、乌蒙山区等11个连片特困地区的政策调研与规划编制工作，争取文化建设项目和资金。实施连片特困地区流动图书车工程。加强文化统计工作，编印《文化发展统计公报》，与《统计年鉴》、《统计提要》和《统计手册》一起，形成完整的文化统计产品体系。筹建国家艺术基金管理中心，研究制定理事会章程及相关管理办法，健全工作机制，召开国家艺术基金成立座谈会，启动基金相关工作。加强资金监管，规范财务审批流程，严控“三公经费”支出，完成驻外机构财务巡查、内部审计等各项监督检查工作，推行“阳光财务”，做好政府信息公开工作。

【上下团结，砥砺奋进，提升政务管理和服务保障水平】 加强新闻宣传，策划推出“贯彻十八大开局新举措”、“中国特色社会主义和中国梦”主题报告会、文化系统节俭办晚会等主题宣传。围绕中心工作抓好督促落实工作，2013年前三季度共收到中央领导同志批示件205件，办结率95%；“四会”议定事项80项，办结率96%，推动重点工作落实。政府门户网站和办公网改版升级，信息系统运行维护能力加强，视频会议系统和业务专网使用效率逐步提高，为机关业务工作高效运行和信息公开提供技术保障。发布《文化部信息化发展纲要》，着力构建网络畅通、管理有序、运行高效、保障有力的文化信息化运行体系和业务发展机制。以提高管理水平、服务水平、运转效率、降低运行成本为指导思想，以“干后勤向管后勤”转变作为改革突破口，推进后勤社会化、商品化、货币化，机关后勤服务能力持续增强。组织有力，协调得当，部机关办公楼搬迁工作顺利完成。离退休干部局、离退休人员服务中心等部门用行动关心、关爱离退休老同志，提高广大老同志对离退休干部工作的认同感和满意度。

文化政策法规

Cultural Policies and Regulations

文化政策

概　述

2013年，党的十八届三中全会通过的《中共中央关于全面深化改革若干重大问题的决定》，对全面深化改革做出总部署，将“推进文化体制机制创新”作为重要内容，提出“完善文化管理体制”、“建立健全现代文化市场体系”、“构建现代公共文化服务体系”、“提高文化开放水平”的任务，为文化改革发展指明方向。文化部贯彻落实党中央国务院关于文化工作的一系列决策部署，完善文化政策，推动文化工作实现新突破、取得新成绩。

文化体制改革政策的研究与制定实施

2013年，文化系统贯彻落实中央关于深化文化体制改革的决策部署，出台相关政策推进文化体制机制创新。

5月，文化部会同中宣部、中组部、中央编办、发展改革委、财政部、人力资源社会保障部、税务总局、工商总局等部门制定出台《关于支持转企改制国有文艺院团改革发展的指导意见》（文政法发〔2013〕28号）。主要内容是：一是落实和强化对转制院团的政策扶持。落实转制院团土地使用政策，符合《划拨用地目录》的，可仍以划拨方式使用；不符合《划拨用地目录》的，依法办理土地有偿使用手续，以作价出资（入股）等方式处置，转增国家资本。加大财税扶持力度，继续拨付原有的正常事业费，将转制院团纳入文化产业发展专项资金支持范围。财政部门通过政府购买服务、项目补贴、定向资助、以奖代补等方式，鼓励和引导转制院团参与公共文化服务。落实税收优惠政策，继续享受有关税收优惠政策。改善转制院团排练、演出条件，鼓励通过置换、改造现有闲置建筑、政府购买演出场所演出时段、提供场租补贴等方式，为各转制院团解决排练场所问题。加大演艺基础设施建设力度，多渠道筹措资金支持演艺基础设施建设。支持文艺演出院线建设，支持一批重点文艺演出院线企业发展，推动主要城市演出场所连锁经营，鼓励具备条件的地区开展演艺产业集聚区建设。鼓励转制院团特别是骨干演艺企业通过投资、联合等方式参与文艺演出院线建设。二是促进转制院团自我发展能力建设。要求国有文艺院团加快公司制股份制改造，建立现代企业制度，完善法人治理结构，努力提升创新能力、演艺产品营销能力、资本运作能力和知识产权经营能力，强化企业内部运行机制和经营管理创新。鼓励转制院团跨地区、跨行业、跨所有制发展，通过股权投资、资源互补等，开展多种形式的联合。培育打造一批具有较强竞争力的骨干演艺企业，推动符合条件的演艺企业上市融资。扶持中小转制院团健康发展，走专、精、特发展道路，尽快形成一批特色演艺企业。鼓励金融机构通过发放小企业贷款、权利质押贷款等方式，支持中小转制院团发展。三是加强转制院团改革发展支撑体系建设。包括完善工商登记注册服务、鼓励各类资本投资演艺业、发展中介组织、为转制院团发展提供人才支撑等。该《意见》的出台，为转企改制国有文艺院团的改革发展提供了有力支撑。此后，四川、重庆等省（市）出台贯彻该《意见》的实施细则。

艺术创作生产政策的研究与制定

文化部坚持以规划管理、政策引导为着力点，推动艺术创作生产。

落实中央领导同志关于保护和扶持地方戏曲剧种的指示精神，解决地方戏曲生存与发展面临的困境，7月，文化部制定印发《地方戏曲剧种保护与扶持计划实施方案》（文艺发〔2013〕35号），从确定地方戏创作演出重点院团、对剧目创作给予资助、对重点院团的表演及创作人才进行培训、支持各地对本地最具代表性地方戏曲剧种的史料进行抢救、保存等方面，提出推动地方戏曲剧种保护的措施。经各省、自治区、直辖市文化厅（局）申报推荐，最终确定38家“全国地方戏创作演出重点院团”。

落实中央关于“改进工作作风、密切联系群众的八项规定”，治理文艺晚会豪华铺张、节庆演出过多过滥的现象，8月，中宣部、文化部、财政部、审计署、新闻出版广电总局等部门制定下发《关于制止豪华铺张、节俭办晚会的通知》（中宣发〔2013〕19号）。通知要求，严格控制党政机关文艺晚会，不得使用财政资金举办营业性文艺晚会，不得使用财政资金高价请演艺人员，不得使用国有企业资金高价捧“明星”、“大腕”。原则上不得使用财政资金为公祭、旅游、历史文化、特色物产、行政区划变更、工程奠基或竣工等节庆活动举办晚会。要大力宣传勤俭节约精神，宣传报道崇尚艺术、不尚奢华、人民群众喜闻乐见的文艺晚会和节庆演出，鼓励演出节目出新出彩，鼓励内容与形式的完美统一。要加强对文艺晚会的监督检查，把好文艺晚会和节庆演出的立项关、内容关、监管关。加强资金管理，严格晚会预算，压缩不必要的开支。

为创新艺术创作生产引导管理方式，繁荣艺术创作，经国务院批准，文化部、财政部于2013年12月正式设立国家艺术基金。为规范国家艺术基金的管理，文化部着手研究制定《中国国家艺术基金章程》，对国家艺术基金资助范围、资助方式、决策机构和执行机构的工作职责予以明确界定。

公共文化服务体系建设政策的研究与制定

文化部将公共文化服务体系建设作为重中之重，坚持以人为本，重心下移，完善公共文化服务网络，推动实施各项重点文化惠民工程，提升公共文化设施免费开放水平，提高公共服务质量，保障人民的基本文化权益。

贯彻落实党的十八大和十七届六中全会精神，推动“十二五”时期公共文化服务体系建设，文化部于1月始先后印发《文化部“十二五”时期公共文化服务体系建设实施纲要》（文公共发〔2013〕3号）、《全国文化信息资源共享工程“十二五”规划纲要》（文公共发〔2013〕7号）、《全国公共图书馆事业发展“十二五”规划》（文公共发〔2013〕8号），分别明确“十二五”期间公共文化服务体系建设、全国文化信息资源共享工程建设、图书馆事业发展的总体思路、重点任务。其中，《文化部“十二五”时期公共文化服务体系建设实施纲要》提出，要按照公益性、基本性、均等性、便利性的要求，坚持政府主导，依循“保基本、强基层、建机制、重实效”的基本思路，着力丰富人民群众精神文化生活，着力提高公共文化服务效能，着力创新体制机制，完善覆盖城乡、结构合理、功能健全、实用高效的公共文化服务体系，努力实现“广覆盖、高效能”，全面提升公共文化服务均等化水平，保障广大人民群众基本文化权益。“十二五”期间，要继续提高基层公共文化设施建设管理水平，加强公共文化产品的创作和生产，加强公共文化产品和服务供给，加强公共文化人才队伍建设，促进公共文化领域与科技融合发展。《全国文化信息资源共享工程“十二五”规划纲要》提出，“十二五”期间文化共享工程建设的主要任务主要包括完善覆盖城乡的六级服务网络、推进文化共享工程进入居民家庭、实施“公共电子阅览室建设计划”、加强数字资源建设的统筹规划和管理、打造先进实用的技术平台、推动国家中长期人才培训计划的实施、促进基层惠民服务品牌化专业化，力争将文化共享工程建成资源丰富、传播高效、服务便捷、管理科学的公共数字文化品牌工程。《全国公共图书馆事业发展“十二五”规划》是我国第一个全国性的公共图书馆事业发展五年规划，规划提出，到“十二五”末期，逐步建立覆盖城乡、结构合理、功能健全、实用高效的服务网络，带动全国图书馆事业发展，使公共图书馆在公共文化服务体系和公共数字文化建设中发挥主体作用，使公共图书馆成为人民群众基本文化需求的重要阵地。

为推进少数民族和民族地区公共文化服务体系建设，文化部在研究少数民族和民族地区公共文化服务的现实状况、取得成绩、存在问题的基础上，下发《文化部关于加快少数民族和民族地区公共文化服务体系建设的意见》（文公共发〔2013〕10号），提出加快推进少数民族和民族地区公共文化服务体系建设的任务目标是：到2020年，民族地区公共文化服务设施网络更加完备，基本实现文化馆（站）、公共图书馆、全国文化信息资源共享工程和公共电子阅览室全覆盖，博物馆、美术馆建设取得实效；公共文化产品和服务供给能力显著增强，少数民族群众文艺创作水平不断提升，各具特色的少数民族群众文化活动广泛开展，重点公共文化服务项目成效明显；公共文化服务运行机制更加完善，少数民族人才队伍结构更加合理，公共财政对文化建设投入持续增长，各族群众基本文化权益得到更好保障。意见指出，要加快少数民族和民族地区公共文化设施网络建设，不断提升管理水平和服务能力；促进群众性文艺作品创作生产，丰富少数民族和民族地区群众精神文化生活；推进重点公共文化服务项目实施，拓宽少数民族和民族地区公共文化服务供给渠道；加强工作机制建设，从加强组织领导、建立长效机制、加大投入力度、推进队伍建设等方面为少数民族和民族地区公共文化服务体系建设提供有力保障等。意见对于更好地推动少数民族和民族地区公共文化服务建设，保障少数民族优秀文化的传承与发扬有着积极指导意义。

非物质文化遗产保护政策的研究与制定

2013年，文化部贯彻落实《中华人民共和国非物质文化遗产法》，制定配套政策措施。为推进非物质文化遗产的抢救性保护，文化部着手研究制定《关于加强非物质文化遗产抢救性保护工作的指导意见》和抢救性保护的业务标准。为推进非物质文化遗产的生产性保护，配合国家税务总局研究制定非遗生产性保护税收优惠政策。为推进整体性保护，起草制定文化生态保护区建设评估验收标准与条件。

加强国家级非物质文化遗产代表性项目保护，推进国家级非遗代表性项目保护单位的动态化管理，2月，文化部下发《文化部办公厅关于调整和认定国家级非物质文化遗产代表性项目保护单位的通知》（办非遗发〔2013〕7号），对第一、二批国家级非遗代表性项目保护单位进行调整和重新认定，标志着文化部对国家级代表性项目保护单位的动态化管理工作进入了常态化阶段。

文化产业政策的研究和制定

文化部坚持国家最新政策导向，围绕调整经济结构、转变发展方式，完善文化产业体系，推动文化产业成为国民经济支柱性产业。

为争取财政资金支持，促使文化金融合作发展，文化部与中国人民银行联合起草《关于深入推进文化金融合作的意见》，与财政部联合实施文化产业专项资金重大项目——文化金融扶持计划，建立首批“文化金融合作信贷项目库”。

落实国务院《关于进一步支持小微企业健康发展的意见》，文化部配合国务院制定扶持小微文化企业发展政策，采取措施为小微文化企业发展创造良好环境。

推动新兴文化业态持续快速发展，文化部实施国家动漫品牌建设和保护计划，6月，下发《文化部关于公布2013年通过认定重点动漫产品名单的通知》（文产发〔2013〕30号），保障相关国家优惠政策惠及符合条件的动漫企业。7月，会同财政部等联合下发《文化部、财政部、海关总署、税务总局关于公布2013年获得进口动漫开发生产用品免税资格的动漫企业名单的通知》（文产发〔2013〕36号），确保国家的税收优惠政策能够有效施行于相关动漫企业。10月，下发《文化部关于公布2013年国家动漫品牌建设和保护计划评选结果的通知》（文产发〔2013〕49号），对入选优秀项目给予重点产业化推广支持，推动建设一批在国内和国际市场具有一定影响力的民族原创动漫品牌。为规范国内手机动漫运营服务，文化部发布《手机（移动终端）动漫内容要求》等3项推荐性行业标准的通知(文科技发〔2013〕16号)，《手机（移动终端）动漫内容要求》（WH/T54-2013）、《手机（移动终端）动漫运营服务要求》（WH/T55-2013）、《手机（移动终端）动漫用户服务规范》（WH/T56-2013）3项标准经审定通过，被批准为推荐性行业标准。

各地方响应国家文化产业全面发展要求，出台政策促进文化产业大繁荣大发展。济南出台《关于加快文化产业振兴发展的意见》、《济南市文化产业发展专项资金管理办法（试行）》等政策性文件。为加快演艺业发展提供保障，文化部、国家文物局和广东省人民政府在北京签署《关于共同推进文化建设战略合作框架协议》，从十个方面给予广东支持和工作推动等。

文化市场管理的政策研究与制定

2013年，文化部先后出台多个行业管理规范。2月出台《娱乐场所管理办法》（文化部令第55号）和《网络文化经营单位内容自审管理办法》（文市发〔2013〕39号）。前者详细规定娱乐场所设立地点界定方法、游戏游艺设备内容审核程序、游艺娱乐场所设备核查要点、歌舞娱乐场所歌曲点播系统核查要点以及文化部门行政指导服务的相关须知。为《网络文化经营单位内容自审管理办法》要求依法取得《网络文化经营许可证》的网络文化经营单位根据规定，在向公众提供服务前，依法对拟提供的文化产品及服务的内容进行事先审核，以不断增强企业自主管理能力和自律责任，保障网络文化健康快速发展。8月，文化部根据《互联网文化管理暂行规定》，结合网络文化建设与管理的现实和发展需要，联合卫生部、国家互联网信息办公室等十五个部门发布《未成年人网络游戏成瘾综合防治工程工作方案》（文市发〔2013〕9号），提出以预防、干预、控制网瘾为主线，完善相关管理制度，减少网瘾对未成年人的危害，并推广“网吧上网时间提示制度”。

为落实《中国（上海）自由贸易试验区总体方案》有关规定，根据国务院统一部署，结合上海实际，印发《文化部关于实施中国（上海）自由贸易试验区文化市场管理政策的通知》（文市发〔2013〕47号）。主要内容是：一是允许在试验区内设立外资经营的演出经纪机构、演出场所经营单位。设立合资、合作、独资演出经纪机构的，应向上海市文化主管部门提出申请。设立合资、合作、独资经营演出场所经营单位的，自领取工商营业执照之日起20日内，持上述证照以及消防、卫生部门的批准文件，到上海市文化主管部门备案。外资演出经纪机构在上海市内举办营业性演出活动，应向上海市文化主管部门提出申请。外资演出场所经营单位在本场所内举办营业性演出活动，应当向上海市文化主管部门提出申请。二是允许在试验区内设立外资经营的娱乐场所。应向上海市文化主管部门提出申请。三是允许外资企业在试验区内从事游戏游艺设备的生产和销售，通过文化主管部门内容审查的游戏游艺设备可面向国内市场销售。在试验区内注册的外资企业在国内销售其生产的游戏游艺设备，应当向上海市文化主管部门提出内容审查申请。

为提高文化市场执法水平，文化部组织编撰《文化市场综合执法手册》，编制了14个文化市场行政审批项目的办事指南和业务手册，并印发《文化市场行政审批规范化建设示范标准》。发布了《文化部关于全国文化市场技术监管与服务平台建设的实施意见》及《全国文化市场技术监管与服务平台建设指导目录》。

各地方出台政策法规推动文化市场繁荣有序。如湖南出台全国首部艺术品市场管理地方法规《湖南省艺术品市场管理暂行规定》。江苏、浙江、上海签署《江浙沪文化市场合作与发展意向书》和《长三角区域演出市场合作与发展实施意见》，探索建立长三角演艺、网吧、动漫、娱乐等文化市场重大信息交流渠道，推动许可门槛合理设置，联手共建区域文化市场发展支持系统。

对外文化交流政策的研究与制定

贯彻落实党的十七届六中全会和十八大精神，深化对外文化交流与合作，增强国家文化软实力，文化部编制印发《文化部对外文化工作“十二五”发展规划实施方案》，为“十二五”时期开展多渠道宽领域多形式多层次的对外文化工作提供明确指导。

为进一步推动建立全面多元的对外文物交流合作机制，文化部起草《关于进一步加强对外及对港澳台文化工作的意见》，正式上报党中央、国务院审批。同时，着手研究制定推动民间力量投入对外文化交流的激励机制。

为适应新时期对港澳工作的需要，加强对港澳文化工作“部省（自治区、直辖市）”、“部直（直属单位）”合作机制建设，统筹全国文化资源，形成对港澳文化工作合力，文化部研究制定《对港澳文化交流重点项目扶持办法（试行）》。

为推动对外文化贸易，文化部与中宣部等部门共同起草《关于加快发展对外文化贸易的意见》，推动出口便利化，着力解决文化企业走出去遇到的政策瓶颈。

信息化发展政策的研究与制定

为适应信息技术突飞猛进的新形势和我国文化发展的业务需要，全面推进文化部信息化建设，文化部编制印发《文化部信息化发展纲要》（2013—2020年），明确今后一个时期文化部门信息化的发展目标和重点任务，并规定推动纲要落实的保障措施。

人才队伍建设政策的研究与制定

为贯彻落实《国家中长期人才发展规划纲要（2010—2020年）》、《全国文化系统人才发展规划（2010—2020年）》和《中国农村扶贫开发纲要（2011—2020年）》精神，根据中央组织部等10部门《关于印发〈边远贫困地区、边疆民族地区和革命老区人才支持计划实施方案〉的通知》（中组发〔2013〕23号）要求，结合文化工作实际，实施边远贫困地区、边疆民族地区和革命老区（以下简称“三区”）人才支持计划文化工作者专项，特制定《边远贫困地区、边疆民族地区和革命老区人才支持计划文化工作者专项实施方案》（文人发〔2013〕1号），《方案》要求按照中央指导、地方实施，统筹规划、整体安排，因地制宜、注重实效的工作原则，力争实现到2020年，每年选派1.9万名优秀文化工作者到“三区”工作或提供服务；每年为“三区”培养1500名“三区”急需紧缺的文化工作者的目标任务。通过选派和培养工作，加快“三区”文化人才队伍建设，提高“三区”文化工作者素质，为推动“三区”文化发展、提升公共文化服务水平提供人才支持。同时，《方案》规定了政策、经费的保障措施，明确本计划实施周期及具体任务。

文化法制工作

概　述

2013年是文化法制建设取得进展的一年，文化领域的立法建设水平不断提高，重点立法项目稳步推进；文化法制宣传教育的理念和方法更加有效，文化系统工作懂法、学法、用法能力不断增强；文化领域依法行政工作进一步深入，行政审批制度改革工作成效明显。

文化立法

【重要的文化法律及国际公约】　为依法推进行政审批制度改革和政府职能转变，需要对涉及的法律、行政法规分批进行清理。2013年6月5日，国务院向全国人大常委会提请审议文物保护法等12部法律修正案草案；6月29日，第十二届全国人大常委会第三次会议通过修改文物保护法等12部法律的决定。决定中提出，将《中华人民共和国文物保护法》第二十五条第二款修改为：“非国有不可移动文物转让、抵押或者改变用途的，应当根据其级别报相应的文物行政部门备案”；将第五十六条第二款修改为：“拍卖企业拍卖的文物，在拍卖前应当经省、自治区、直辖市人民政府文物行政部门审核，并报国务院文物行政部门备案”。在法律层面减少和下放行政审批项目，依靠法治的力量，发挥地方政府贴近基层的优势，促进和保障政府管理由事前审批更多地转为事中事后监管，激发市场、社会的创造活力。

为创新对外开放模式，探索深化改革开放的经验，第十二届全国人民代表大会常务委员会第四次会议通过了《全国人民代表大会常务委员会关于授权国务院在中国（上海）自由贸易实验区暂时调整有关法律规定的行政审批的决定》，授权国务院在上海外高桥保税区、上海外高桥保税物流园区、洋山保税港区和上海浦东机场综合保税区基础上设立的中国（上海）自由贸易试验区内，对国家规定实施准入特别管理措施之外的外商投资，暂时调整《中华人民共和国外资企业法》、《中华人民共和国中外合资经营企业法》和《中华人民共和国中外合作经营企业法》规定的有关行政审批。这些审批包括：外资企业设立审批、外资企业分立、合并或者其他重要事项变更审批、外资企业经营期限审批、中外合资经营企业设立审批、中外合资经营企业延长合营期限审批、中外合作经营企业设立审批等。这些行政审批的调整在三年内试行，对实践证明可行的，应当修改完善有关法律；对实践证明不宜调整的，恢复施行有关法律规定。在文化服务领域也进行相应调整，提出以下开放措施：

演出经纪（国民经济行业分类：R文化、体育和娱乐业——8941文化娱乐经纪人）

开放措施　取消外资演出经纪机构的股比限制，允许设立外商独资演出经纪机构，为上海市提供服务。

娱乐场所（国民经济行业分类：R文化、体育和娱乐业——8911歌舞厅娱乐活动）

开放措施　允许设立外商独资的娱乐场所，在试验区内提供服务。

【重要文化法规及规章】　2013年1月16日，国务院第231次常务会议通过了《国务院关于修改〈中华人民共和国著作权法实施条例〉的决定》。决定中提出，将条例第三十六条修改为："有著作权法第四十八条所列侵权行为，同时损害社会公共利益，非法经营额5万元以上的，著作权行政管理部门可处非法经营额1倍以上5倍以下的罚款；没有非法经营额或者非法经营额5万元以下的，著作权行政管理部门根据情节轻重，可处25万元以下的罚款。"通过对罚款数额的规定作出修改，加大了对侵犯知识产权和制售假冒伪劣商品行为的打击力度。

为激发市场、社会的创造活力，发挥地方政府贴近基层的优势，促进和保障政府管理由事前审批更多地转为事中事后监管，2013年5月31日，国务院第10次常务会议通过《国务院关于废止和修改部分行政法规的决定》（国务院第638号令），对包括《营业性演出管理条例》、《传统工艺美术保护条例》在内的25件行政法规进行修改。《营业性演出管理条例》的修改有3处：一是删去第九条第一款中的"和演出经纪机构"。二是将第十二条第三款修改为"依照本条规定设立演出经纪机构、演出场所经营单位的，应当依照本条例第十一条第三款的规定办理审批手续。"三是将第十六条第一款修改为"举办外国的文艺表演团体、个人参加的营业性演出，演出举办单位应当向演出所在地省、自治区、直辖市人民政府文化主管部门提出申请。"《传统工艺美术保护条例》的修改有两处：一是将第十二条修改为"符合下列条件并长期从事传统工艺美术制作的人员，由相关行业协会组织评审，可以授予中国工艺美术大师称号：（一）成就卓越，在国内外享有盛誉的；（二）技艺精湛，自成流派的。"二是删去原第十三条。

文化部2013年发布的重要的部门规章是《娱乐场所管理法》。《娱乐场所管理办法》经2013年1月25日文化部部务会议审议通过，2013年2月4日中华人民共和国文化部令第55号发布。该《办法》共35条，自2013年3月11日起施行。《办法》规定了娱乐场所设立条件、设立程序等方面内容。在设立条件方面，《办法》对于娱乐场所禁止设立地点，特别是居民楼、学校、医院等概念作出细化界定，便于场所申办人选址。考虑到我国地区差别大、城乡差别大，规定娱乐场所设立地点与学校、医院、机关距离及其测量方法的实施方案由省级文化部门根据实际情况制定。同时，从场所安全、事故应急处理，保障消费者人身安全方面，对娱乐场所的人均面积、最小面积做出细化规定。在娱乐场所设立程序方面，《办法》细化了娱乐场所设立审批程序，体现合法、公开和便民。主要制度包括四项。一是行政指导制度，即在设立程序中明确了文化部门对娱乐场所筹建人有提供行政指导和服务的义务，行政指导是指文化主管部门应场所筹建人申请，在娱乐场所设立前，可根据《娱乐场所管理条例》规定的条件，对拟设立娱乐场所的地点与周边居民区、学校、医院等建筑的合理距离，应当为申办人提供指引和参考意见。避免娱乐场所筹建人因选址不当，盲目投建造成损失。二是实地勘察制度。办法规定，文化主管部门受理申请后，应当到设立场所的现场对面积、位置、周边环境等进行勘查，实地了解娱乐场所设立地址是否符合法规要求。三是公示听证制度。《办法》规定，文化主管部门在娱乐场所审批过程必须履行公示和听证程序，充分听取娱乐场所周边群众、相关利害关系人的意见，保护群众合法权益，公开接受群众对审批行为的监督。四是内容核查制度。《办法》对于游艺娱乐场所，严格审核场所内的游戏游艺机型机种，禁止具有赌博、暴力等非法内容的游戏游艺机进入场所。

地方文化立法方面，2013年，地方以出台加强文物和非物质文化遗产保护的地方性法规为主，如《云南省非物质文化遗产保护条例》、《浙江省历史文化名城名镇名村保护条例》等。同时，部分省市在公共文化服务、文化产业、文化市场立法方面也进行了积极的探索，出台了《四川省公共图书馆条例》、《上海市社区公共文化服务规定》、《厦门经济特区文化市场管理条例》等地方性法规。

【文化立法项目和理论研究的推进】 2013年，文化部重要文化立法项目的立法进程继续稳步推进，多个立法项目分别列入《十二届全国人大常委会立法规划》、中宣部《未来五年（2014—2018）加快推进我国文化立法工作的建议》和《国务院2014年立法工作计划》。《公共图书馆法》方面，配合国务院法制办赴山东、四川开展立法调研，围绕立法目的、图书馆分类、非国有资金举办的图书馆发展现状和存在问题、政府在公共图书馆事业发展中的职责和任务、出版物缴送制度设计、农村图书馆事业发展现状和存在问题、读者权益等开展调研。《文化产业促进法》方面，2013文化部完成了中宣部文化立法理论研究国家社科基金特别委托项目"《文化产业促进法》可行性研究及草案起草"。《古籍保护条例》、《营业性演出管理条例》（修订）、《互联网上网服务营业场所管理条例》（修订）、《文化市场综合行政执法管理规定》、《娱乐场所管理条例（修订）》、《外国文化中心登记管理条例》等立法项目也在积极推动过程中。

在文化立法理论研究方面，2013年，文化部政策法规司承担并完成了中宣部文化立法理论研究国家社科基金特别委托项目《公共文化服务保障法可行性研究及草案起草》课题。该课题在公共文化服务保障立法的法律草案框架及各章条旨进行设计，并对有关制度设计的可行性进行分析，为下一步起草法律草案奠定基础。课题采用寓可行性研究于法律草案之中的写法，在课题框架设计上遵循课题主体结构与法律草案框架统一的原则。该课题共分为五个部分。第一部分为"公共文化服务立法总体原则"，主要内容包括立法目的、法律调整对象、法律原则、工作方针、保障总体要求、鼓励社会力量原则、人民群众主体地位原则、利用市场机制原则、开展国际合作原则、监督管理体制等等。第二部分为"公共文化设施服务法律规范"，主要内容包括公共文化设施种类、设施建设布局规划、设施建设标准（如1%用于艺术装潢）、鼓励社会力量兴建设施的措施、利用设施开展服务及其标准、对改变设施用途的限制等等。第三部分为"公共文化产品服务法律规范"，主要内容包括公共文化产品的种类、产品的生产制作、产品的内容要求、提供和传播产品的方式（如信息资源共享）、鼓励社会力量生产公共文化产品的措施（如政府采购）、与现行著作权法律关系的处理等等。第四部分为"公共文化活动服务法律规范"，主要内容包括公共文化活动的定义、种类、活动的内容要求、政府在开展公共文化活动中的职责、开展活动的方式、鼓励社会力量开展公共文化活动的措施等等。第五部分为"公共文化服务法律责任追究"，主要内容包括公共文化服务权利受到限制或侵犯的法律救济、对政府不作为或乱作为的责任追究、公益诉讼机制的引入、给付行政理论的落实等等。

文化法制宣传教育

【概况】 2013年，文化系统坚持把法制宣传教育工作作为提高文化管理水平的重要举措，贯彻"六五"普法规划，加大工作力度，完善制度建设，创新普法形式，增强文化系统领导干部和工作人员的宪法意识、依法行政意识、公民文化权益保障意识、知识产权保护和文化遗产保护等法律意识，提高学法用法能力，为加快文化立法进程、提高文化执法水平，推动文化事业建设，促进文化大发展大繁荣奠定了思想基础，营造良好的氛围。

【召开全国文化法制联络员研讨培训班】 为加快文化领域基本法律的立法进程，提高文化法制队伍的立法理论水平，交流文化法制工作经验，文化部政策法规司于2013年11月14日至15日在北京召开全国文化法制联络员研讨培训班。培训主要包括三方面内容。一是工作总结，总结文化系统法制建设的先进经验，研究探讨工作中遇到的困难和问题，加强文化法制联络员之间的沟通交流；二是研讨交流，就公共文化服务保障立法和文化产业促进立法进行研讨，并邀请文化部相关司局专家介绍立法进展情况、邀请部分省市文化厅局同志做交流发言；三是授课培训，邀请全国人大教科文卫委员会有关领导、文化部法律顾问等，结合文化法制工作实践，以专题形式进行授课培训。文化部政策法规司副司长王建华参加培训，全国文化系统各地方厅（局）负责文化法制工作的处级领导共30余人作为联络员参加此次培训。

研讨和培训期间，全国人大教科文卫委员会文化室主任朱兵、文化部特约法律顾问、金诚同达律师事务所律师周俊武、国家公共文化服务体系建设专家委员会副主任、北京大学教授李国新、中国社会科学院文化研究中心副主任、研究员教授贾旭东分别就公共文化服务保障立法和文化产业立法等文化领域基本法制定作了专题讲座。各位主讲人以专业的知识、生动的案例、丰富的工作经验，从不同角度做了详细阐述。学员积极发言、畅谈感想和体会，并对各自工作中遇到的有关文化法制问题向专家们请教。全国文化法制联络员研讨培训班是文化部法制队伍建设的重要组成部分，是文化部机关和各地方法制工作建设的一个交流和学习的平台，为文化系统建立文化法制工作长效机制起到推动作用。

【筹办“文化与法治”法学名家系列讲座第三讲】 为创新法制宣传教育工作的新方式，增强文化系统领导和工作人员的法律意识，提高学法用法能力，文化部政策法规司于2011年底开始，筹办“文化与法治”法学名家的系列讲座。2013年11月，在国家图书馆举办“文化与法治”法学名家讲座第三讲，邀请北京大学法学院教授、副院长、博士生导师王锡锌，为文化系统做主题为“政府治理中的法制建设”的讲座，文化部机关、直属单位60多人参加此次讲座。

【编辑发行文化法制通讯】 文化部政策法规司主办的《文化法制通讯》是展示文化法制工作的窗口、加强理论研究的平台和凝聚文化法制队伍的纽带。通讯中包括文化法制动态的及时反映、最新法规的权威解读、理论研究的前沿探索、典型案例的透彻剖析、实践经验的深入交流等重要内容。《通讯》的宗旨，一方面是要洞悉文化发展的规律，促进纷繁复杂的文化形态和文化现象与法律思维、制度、环境的有机结合。另一方面，是要将国家法制建设中的普遍要求应用到文化管理的实践中，提高文化系统依法治理的水平。

2013年，文化部政策法规司共编辑发行5期《文化法制通讯》，刊登工作动态、理论研究、法学论坛、法谚等文章50余篇，受到部领导、机关各司局、各地方文化厅局的欢迎，对文化普法工作起到推动作用。同时，文化部建立文化法制手机信息平台，及时发布文化法制重要信息，定期编辑文化法制简讯发送给文化部机关公务员及各地文化法制联络员，实现法制宣传教育的高效便捷。根据政府信息公开的要求，在文化部网站上及时公布最新文化法规、规章和规范性文件。对文化部网站上涉及文化政策法规的公众留言及时进行回复。

依法行政工作

【继续实施法律顾问制度】 党的十八届三中全会明确指出，要“普遍建立法律顾问制度”。2011年12月30日，文化部与北京一知名律师事务所签订《2012年常年法律顾问合同》。2013年，文化部本着围绕中心、服务大局、依法行政、优质高效的原则，利用法律顾问机制为部党组做好参谋助手，为部业务司局提供优质专业法律服务，取得预期效果。

一是为行政决策提供法律意见。对“中华文化小姐全球大赛”的举办问题提供专业及时、客观有效的法律意见，提出应对方案。提供关于中数集团有关问题的法律意见，供部领导决策。

二是为立法调研提供法律咨询。邀请法律顾问作为独立第三方收集整理英国、日本、越南等国家在设立私立博物馆方面的有关规定，为立法机关提供决策参考和咨询服务。

三是为复议案件提供法律建议。处理杨绮云、杨伟谦申请文化部预算决算公开以及对2012年度部门预算提起的两个行政复议案件。

四是为业务司局审核合同文本。2013年，法律顾问审核各司局15份合同文本，涉及政府采购、房屋租赁、合作协议、对外交流等。法律顾问通过专业服务在规范合同签署的同时提高文化部业务司局的依法办事能力。

【实施知识产权战略】 2013年，文化部根据《2013年国家知识产权战略实施推进计划》，着重开展六个方面的工作：

一是学习贯彻全国知识产权战略实施电视电话会议精神。2013年是国家知识产权战略实施5周年，文化部根据会议精神对文化系统5年来实施知识产权战略的有关情况进行较为全面系统的评估。按照战略联席会议办公室的统一部署参加全国知识产权战略实施电视电话会议，学习和领会国务委员王勇的讲话精神，明确文化部在促进优秀文化产品创作，加强知识产权保护行政执法体系建设，建立健全传统知识保护制度等方面的重点任务。配合战略联席会议办公室制定有关下一步工作的具体实施方案，做好战略实施5周年的先进集体和先进个人的推荐表彰工作。

二是推动重点联系单位开展战略实施工作。为研究文化信息资源共享和民族民间文艺发展工作中涉及知识产权的突出问题和主要矛盾，及时回应相关利益主体的诉求，文化部经与部际联席会议办公室充分协商，于2012年6月5日正式确立文化部民族民间文艺发展中心和文化部公共文化发展中心为战略实施重点联系单位，共同推动文化领域知识产权战略实施。2013年，文化部对两家重点联系单位的项目开展情况进行跟踪，给予支持和指导。

三是通过制定行业标准加强动漫品牌建设。2012年，文化部编印《动漫知识产权保护手册》，作为开展全国动漫人才培训的主要教材。在此基础上，2013年文化部实施国家动漫品牌建设和保护计划，采取多种形式对入选项目给予产业化推广支持，推动建设一批在国内和国际市场具有一定影响力的民族原创动漫品牌。推进手机（移动终端）动漫标准示范应用推广工程，引导新媒体动漫加快发展。

四是加强执法力度打击侵权盗版。2013年，文化部组织“两节”“两会”期间及网吧等市场专项整治行动，以打击侵犯知识产权和制售假冒伪劣商品工作为重点，以交叉执法检查和暗访抽查工作为主要抓手。以网吧、出版、游艺娱乐为重点领域，全年组织15个暗访组，对29个省的43个地市、81县区的2314家经营单位进行暗访抽查。继续强化网络文化市场执法协作机制，对55家网络游戏经营单位、134家网络音乐经营单位以及428家网站进行查处。执法行动保护知识产权，确保文化市场平稳有序运行。

五是研究制定文化系统实施知识产权战略的指导性文件。为加强对全国文化系统知识产权工作的指导，推动制定文化系统实施知识产权战略的指导性文件，委托中南财经政法大学针对文化领域的表演者权利保护、博物馆藏品开发利用、改革开放前文艺作品著作权归属、公共文化服务中公共利益与个人权利的平衡等重点难点问题开展理论研究，为起草指导性文件奠定理论基础。此外，文化部根据调研取得的阶段性成果，结合战略实施重点联系单位的项目进展情况，初步规划文化系统知识产权战略实施指导性文件的有关内容。

六是参与相关政策文件的制定工作。文化部参与《关于加强知识产权文化建设的若干意见》的制定工作，于2013年3月13日由国家知识产权局、文化部等六部门印发。此外，还参与《民间文学艺术作品著作权保护条例》的立法研讨；配合国家知识产权局修改完善《关于深入实施知识产权战略，促进中原经济区经济社会发展的若干意见》。

【推进行政审批制度改革】 2013年4月，国务院决定由中央编办牵头行政审批制度改革，以国务院审改办的名义开展工作，对行政审批制度改革工作提出更高要求。文化部配合国务院审改办在取消和下放行政审批事项方面主要开展了两项工作：

一是取消和下放一批行政审批项目。文化部于2013年5月取消3项行政许可项目，下放1项行政许可项目。这些项目在国务院发布的《国务院关于取消和下放一批行政审批项目等事项的决定》（国发〔2013〕19号）中公布。这些项目为：取消中外合资经营、中外合作经营的演出经纪机构名称、住所、法定代表人或者主要负责人、营业性演出经营项目变更审批；取消港澳投资者在内地投资设立合资、合作、独资经营的演出经纪机构名称、住所、法定代表人或者主要负责人、营业性演出经营项目变更审批；取消台湾地区投资者在内地投资设立合资、合作经营的演出经纪机构名称、住所、法定代表人或者主要负责人、营业性演出经营项目变更审批；将外国文艺表演团体、个人来华在非歌舞娱乐场所进行营业性演出审批权限下放至省级文化部门。2013年11月，文化部再次下放了5项行政审批项目。这些项目在国务院发布的《国务院关于取消和下放一批行政审批项目的决定》（国发〔2013〕44号）中公布。这些项目为：下放港、澳投资者在内地投资设立合资、合作、独资经营的演出经纪机构审批权限至省级文化部门；下放港、澳投资者在内地投资设立合资、合作、独资经营的演出场所经营单位审批权限至省级文化部门；下放台湾地区投资者在内地投资设立合资、合作经营的演出经纪机构审批权限至省级文化部门；下放台湾地区投资者在内地投资设立合资、合作经营的演出场所经营单位审批权限至省级文化部门；下放美术品进出口经营活动审批权限至省级文化部门。

经过两轮取消和下放工作，文化部共取消3项行政许可项目，下放6项行政许可项目，仅保留4项行政许可项目和10项非行政许可类审批项目。保留的

4项行政许可项目为：中外合资经营、中外合作经营的演出经纪机构设立审批；中外合资经营、中外合作经营的演出场所经营单位设立审批；互联网文化单位进口互联网文化产品内容审查；境外组织或者个人在中华人民共和国境内两个以上省、自治区、直辖市行政区域进行非物质文化遗产调查审批。

二是加强对取消和下放的行政审批项目的监督落实。①分别于2013年6月、12月以文化部文件的形式发布了《文化部关于做好取消和下放营业性演出审批项目工作的通知》和《文化部关于下放一批行政审批项目的通知》。这两个文件对取消和下放审批权限作出明确规定，提出简化审批程序的要求，并对下一步做好取消和下放行政审批项目的衔接工作提出具体的意见，体现加快转变政府职能、深化行政体制改革的精神。文件在文化部政府门户网站上公布，便于行政相对人及社会公众知晓。②配合审改办对取消的行政审批事项所涉及的法律、行政法规及时进行修改。通过修改《营业性演出管理条例》，为取消演出经营主体变更的行政审批事项提供法律保障。③通过加强企业自律、开展审批检查、提供精细化服务、制定审批示范性标准、加强社会监督、发展行业组织等方式，加强事中事后监管。

截至2013年年初，部内共保留13项行政许可类审批项目和12项非行政许可类审批项目。通过一年来积极配合国务院审改办开展行政审批制度改革工作，截至年底，在文化部现有的13项行政许可审批项目中，取消3项，下放6项，保留4项，取消和下放的项目比例占69%，在国务院各部委中名列前茅；非行政许可类审批项目仅保留10项，并对非行政许可类审批项目的性质认定、设定依据和处理意见等进行研究。

文化部取消和下放的行政审批事项，大多属于文化产品的生产、流通环节，或者属于开展文化活动的资质、资格认定等事项，行政审批制度改革的不断深入，使文化行政部门的职能逐渐转变到市场监管、社会管理和公共服务上来。通过开展行政审批制度改革工作，文化行政部门简政放权、激发文化市场活力，实现文化市场领域对民间资本全方位、全过程开放，为文化市场的稳定和繁荣奠定政策基础；通过减少审批事项、加强事中事后监管，加强企业自律责任，增强企业的自主管理能力，配合国家社会信用体系建设和工商登记制度改革建设；简化行政审批程序，方便市场主体和行政相对人，降低审批成本，发挥属地管理作用。

文化规划工作

概　述

2013年是实施国民经济和社会发展第十二个五年规划的第三年。《国家“十二五”时期文化改革发展规划纲要》、《文化部“十二五”时期文化改革发展规划》和其他文化专项规划的实施进入中期阶段。为全面了解“十二五”规划特别是《文化部“十二五”时期文化改革发展规划》的执行情况，掌握规划确定的发展目标、重大项目、重要指标和政策措施的落实状况并科学评价其实施效果，为“十二五”后半期文化改革发展与“十三五”规划编制提供参考依据，文化部开展“十二五”文化改革发展规划中期评估工作。

主要工作

【开展规划中期评估调研】　通过实地调研、问卷调查、召开座谈会等多种方式，全面了解“十二五”文化改革发展规划的执行情况，掌握规划确定的发展目标、重大项目、重要指标和政策措施的落实状况。

【举办中期评估工作座谈会】　11月下旬，举办文化部“十二五”时期文化改革发展规划中期评估工作会议暨培训班，文化部有关司局、各省、自治区、各直属单位负责规划工作的同志60多人参加会议。会议对“十二五”文化改革发展规划实施情况进行总结，科学评价“十二五”规划实施效果，分析存在的问题，交流各地“十二五”规划实施情况，并就完善规划编制及执行机制进行探讨。

【开展第三方独立评估工作】 选定第三方独立评估委托单位，与清华大学中国发展规划研究中心签署第三方独立评估协议委托书。通过第三方评估，全面地解各方对于“十二五”规划执行情况的评价，推动“十二五”规划各项目标实现。

【印发中期评估报告】 10月，在前期工作的基础上，结合各司局提供的中期评估相关资料和第三方独立评估报告，经过研究和反复讨论修改，形成文化部“十二五”时期文化改革发展规划中期评估报告，于2014年2月印发。

【支持甘肃省华夏文明创新区建设】 为推进甘肃省文化大省建设，加快甘肃省经济社会全面发展，在经过调研和科学论证的基础上，起草《关于支持甘肃省以建设华夏文明传承创新区为平台推进文化大省建设的情况报告》，并于2014年1月上报国务院。同月，国务院办公厅正式印发《关于支持甘肃省以建设华夏文明传承创新区为平台整体推进文化大省建设的函》（国办函〔2013〕24号），同意明确支持甘肃以建设华夏文明传承创新区为平台，依据《甘肃省华夏文明传承创新区建设方案》整体推进文化大省建设。甘肃省华夏文明传承创新区，成为甘肃省推进文化大省建设、推动经济社会全面进步的重要抓手。

【配合国家发改委区域性规划和行业性规划的制定开展研究】 就《江西、福建、广东三省拟提请支持赣南等原中央苏区振兴发展部际联席会议协调解决的有关事项》、《文化部、山西省政府关于共同推进文化建设战略合作的框架协议（草案）》、《内蒙古满洲里重点开发开放试验区建设总体规划》等40余份区域性、行业性发展规划代部回复意见。参加国家发改委牵头的皖南国际文化旅游示范区规划编制调研、福建省加快建设生态文明示范区若干意见编制调研和湖州生态文明示范区建设考察，为地方文化部门争取更多资源和支持。

中国文化年鉴

Almanac Of Chinese Culture

文化体制改革

Cultural Restructuring

概　述

2013年，文化系统贯彻落实党的十八大，十八届二中、三中全会和总书记习近平系列重要讲话精神，加强组织领导、完善政策措施，在国有文艺院团体制改革、文化企事业单位分类改革、公共文化服务运行机制创新、文化市场综合执法改革、文化产业发展方式转变、文化遗产保护、中华文化“走出去”、政府职能转变等方面取得重大进展，文化生产力得到解放和发展，广大干部职工的文化自觉和文化自信显著提升，文化系统改革发展呈现崭新局面。

继续深化国有文艺院团体制改革，提高演艺业科学发展水平

【加大政策扶持力度】　2013年，文化部会同中宣部、中组部、国家发展改革委、财政部等八部门共同制定印发了《关于支持转企改制国有文艺院团改革发展的指导意见》，对转制院团加强政策扶持，增强转制院团的自我发展能力，加强转制院团改革发展支撑体系建设。2013年7月底举办学习贯彻《意见》精神培训班，学习贯彻九部门文件精神。督促各省（区、市）文化厅（局）制定实施方案，建立问责和督查机制，推动各地方出台。重庆市、四川省下发贯彻落实《关于支持转企改制国有文艺院团改革发展的指导意见》的实施细则，为当地深化国有文艺院团体制改革提供政策支撑。编辑《关于支持转企改制国有文艺院团改革发展的指导意见》解读读本。参与中宣部组织的修订国办发〔2008〕114号文件的调研和起草工作，通过文化经济政策杠杆，支持经营性文化单位转企改制和文化企业，特别是转制院团的发展。

【加大对演艺企业经营管理人才的培训力度】　研究制定《全国演艺企业经营管理人才五年培训规划》，启动对全国转制院团经营人才的培训，11月至12月成功举办三期试验班，紧扣转制演艺企业自身特点，分别从企业战略、产品创新、市场营销等方面设置课程，在培训形式上有较多创新和突破，受到全国转制院团的欢迎，并为下一步培训工作进行有益探索。

【开展调查研究工作】　针对国有文艺院团转制过程中出现的问题进行调查研究，参与中宣部《深化文化体制改革实施方案》的调研、起草工作，并形成调研报告。协调国家级社会科学基金艺术学重大项目《国有表演艺术院团体制改革现状调查与发展路径研究》的申报和开题论证等事宜，并组织调研组赴贵州、重庆、河北、陕西等地进行实地考察。就演出高票价问题、演艺业发展与剧场建设、培育骨干演艺企业等问题召开研讨会，听取有关专家意见和建议。

【总结宣传改革经验】　总结文化系统体制改革阶段性进展和经验，并在全国文化厅局长座谈会、文化体制改革工作领导小组会等会议上，将改革工作的进展在文化系统内作通报交流。通过动态、简报宣传改革工作中的典型，全年共编辑印发《改革发展动态》96期，除了通过文化部门户网站、手机信息平台、QQ群等传统手段发布外，还运用微信等新媒体进行发布，传播渠道不断扩大；编辑印发《文化体制改革简报》9期，反映和通报文化体制改革的进展情况，为文化系统体制改革提供重要的舆情信息支持。围绕九部门文件的印发，通过中央人民广播电台、新华社、《人民日报》、《光明日报》、《中国文化报》等多家中央主流媒体，展开系列宣传，为改革营造良好舆论环境。

【推进保留事业体制的中直院团内部机制改革】　文化部制定下发专门文件要求保留事业体制的中直院团实施企业化管理，即在保持中直院团公益性事业单位性质不变的前提下，引入和综合运用企业化管理的理念、方式和手段，逐步建立起与社会主义市场经济体制相适应，符合艺术发展规律，以社会效益与经济效益有机统一为目标的管理运营体制。争取财政追加安排中直院团改革发展经费2.07亿元，增幅超过82%，为院团实行企业化管理提供支撑。

推进文化企事业单位分类改革，增强文化微观主体活力

【推动部系统集团公司改革加快发展】　推动文化部系统五家集团公司深化转企改制工作，建立现代化企业管理制度，完善公司法人治理结构，发挥集团公司的

活力与创造力，增强集团公司的实力和竞争力。各集团公司在完善内部管理制度的同时转变思维开拓新市场，中国对外文化集团公司2013年演出过万场，中演院线发展成为拥有53家直营或加盟剧院的院线体系，中演票务通在全国50余座城市设立了分支机构，合作渠道近3000家，2013年第五次入选“中国文化企业30强”。中国东方演艺集团有限公司竞聘上岗激发全员活力，通过股份制运作，实现资本增益5倍，推动艺术生产水平的提升，形成了较为完整的产业链。文化部关于《中国东方演艺集团有限公司改革发展情况的报告》得到中央高度重视，为东方演艺集团有限公司深化改革发展争取有力支持。中国文化传媒集团公司，坚持以推动文化产业发展为中心，对外加强合作，对内搞活机制，主营业务进一步发展壮大，《中国文化报》入选全国“百强报纸”。中国动漫集团有限公司和中国数字文化集团有限公司深化改革、调整领导班子有关工作取得重要进展。

【推动部系统非时政类报刊出版单位体制改革】 根据中央关于非时政类报刊出版单位体制改革的有关要求，贯彻落实《中共中央办公厅、国务院办公厅关于深化非时政类报刊出版单位体制改革的意见》，加强与新闻出版总署等业务主管部门的协调，在文化部系统非时政类报刊出版单位开展调研，指导有关单位制定工作方案，推进转企改制。2013年先后完成《百老汇》杂志社补办2012年度年检和清产核资、红楼梦学刊核销事业编制和清产核资等工作。

【推动事业单位改革与发展】 召开文化部直属事业单位分类及人事制度改革工作会议，加强部直属单位分类改革工作指导，加快事业单位内部机制改革步伐。制定印发《文化部直属单位人事管理监督检查暂行办法》等文件，推动部直属事业单位人事管理进一步优化。对保留的事业单位更名、调整编制，进行科学分类，为下一步推进改革打下基础。推进文化事业单位内部“三项制度”改革。

创新公共文化服务运行机制，人民群众基本文化权益得到保障

【全国公共文化服务共建共享加快推进】 与财政部共同启动第一批创建国家公共文化服务体系示范区（项目）验收和第二批申报工作。第一批31个示范区创建城市和45个示范项目通过验收，32个城市和57个项目列入第二批创建名单。首批中央财政3.05亿元示范区创建补助资金带动31个创建城市财政资金投入超过150亿元，4550万元示范项目补助资金带动47个创建示范项目所在地财政资金投入超过30亿元。健全公共数字文化服务网络，文化共享工程建成2843个市县支中心、29555个乡镇（街道）基层服务点、60.2万个村（社区）基层服务点；数字图书馆推广工程已在全国33家省馆、374家市馆全面实施；公共电子阅览室建设计划已在全国建成公共电子阅览室28639个。推进国家公共文化数字支撑平台建设，启动“中国文化网络电视”建设试点，推进公共数字文化“进村入户”。

【公共文化运行机制不断创新】 继博物馆之后，美术馆、公共图书馆、文化馆（站）全面实现免费开放，公共文化产品和服务的质量和水平不断提升。开展第五次全国公共图书馆评估定级和首次全国文化馆评估定级工作。举办图书馆年会、美术馆年会和博物馆陈列展览学术研讨会。

【社会力量参与公共文化服务】 组织开展“文化志愿者基层服务年”系列活动，大地情深系列活动和春雨工程实施项目130多个，举办活动382场，3000多名文化志愿者深入基层，受益群众近百万人次。各地结合实际，依托公共文化设施、重点文化惠民工程和重大节日、纪念日等，开展系列活动，涌现出一批有影响力的文化志愿服务品牌，文化志愿服务成为推动基层公共文化建设的载体。

巩固综合执法改革成果，文化市场管理水平迈上新台阶

【加强综合执法规范化建设】 2013年，全国共成立省级文化市场管理工作领导小组办公室30个，市县两级1766个，省级综合执法机构10个，市县两级综合执法机构2875个，市县执法人员编制总数32089人，各级文化市场综合执法队伍不断规范化。开展全国文化市场综合执法岗位练兵、技能比武活动，提升执法人员基本理论、基本知识、基本技能和专业能力。在全国选定47家符合培训标准的单位作为文化市场定点培训工作，提升执法人员的能力和水平。编撰《文化市场综合执法手册》、《文化市场综

合执法案例汇编》，开展说理式文化市场综合执法文书试点工作对各项行政审批进行流程标准化指引。开展全国文化市场行政审批大检查，赴16省（区、市）检查行政审批服务窗口、审批案卷、经营场所，以检查促进建设，督促地方严格履行行政审批职责，增强管理人员服务能力和法治观念。

【加强综合执法工作信息化建设】 全国文化市场技术监管与服务平台是“十二五”时期文化建设重点工程，以提高宏观管理水平和能力为目标，全面铺开平台建设，取得阶段性成果。9月平台上线运行，并在黑龙江、上海等7省（市）启动试点工作，实现执法与准入、地方与中央的数据交换，有效规范了试点地区准入、执法业务。依托“1511”业务系统构架，全面推进文化市场信息化建设。充分利用综合执法办公系统和网吧监管平台等信息化建设成果，加强技术监管，提高管理效能。

加强政策引导，文化产业转型升级

【完善产业政策，推动项目实施，为文化产业发展营造良好环境】 会同国务院办公厅、国家发展改革委开展关于推进文化创意与相关产业融合发展的若干意见文件起草工作。推动财政部等部门出台动漫产业增值税、营业税的延期优惠政策。与中国人民银行联合起草《关于深入推进文化金融合作的意见》。制定扶持小微文化企业发展政策，国务院促进中小企业发展工作领导小组增补文化部为成员单位。研究制定文化产业创意人才扶持计划、重点文化设施经营管理人才培养计划、成长型文化企业扶持和中国民族歌舞走出去等4个计划实施方案。积极加强与相关部门协调，推进特色文化产业发展工程、藏羌彝文化产业走廊等重大项目。加强国家级文化产业园基地建设和管理，开展园区考核和基地巡检，撤销一个国家级园区和一个国家级基地称号。

【促进文化金融合作向纵深发展】 通过部行联合机制支持重点文化企业信贷项目151个，贷款余额366.91亿元。与财政部联合实施文化产业专项资金重大项目——文化金融扶持计划，建立首批“文化金融刚合作信贷项目库”，对92个重点文化信贷项目给予4.6亿元贴息支持，专项资金支持文化系统文化产业一般项目210个，支持金额达15亿元。

【文化产业与科技的融合】 加强文化部、科技部部际合作，4个项目列入国家文化科技创新工程项目。分级实施、协同推进国家文化科技提升计划、文化部科技创新项目、国家文化创新工程、标准化制修订项目等部级科技及创新项目，文化创新的驱动作用显现。联合国家发展改革委组织实施数字内容动漫游戏高技术服务业研发与产业化项目，对11个关键技术研发和产业化重点项目给予资金扶持。加强对国家动漫产业公共技术服务平台的考核管理，启动建设国家动漫产业基础信息数据库。新认定动漫企业87家、重点动漫企业9家，扩大税收优惠覆盖范围。实施国家动漫品牌建设和保护机制，对入选项目给予产业化推广支持，推动建设一批在国内和国际市场具有一定影响力的民族原创动漫品牌。推进手机（移动终端）动漫标准示范应用推广工程，引导新媒体动漫加快发展。促进信息消费，牵头建立数字内容生产、转换、加工、投送平台，实施网络文化信息内容建设工程。

【文化产业公共服务平台建设】 联合相关部门做好第九届中国（深圳）国际文化产业博览交易会、第八届中国北京国际文化创意产业博览会、第三十一届中国洛阳牡丹文化节和上海动漫游戏博览会等重点展会，提升展会品牌实力和影响力。支持中国义乌文化产品交易会转型升级，提高展会市场化、专业化、国际化水平。完成国家文化产业公共服务平台整体建设方案，大力推进文化产业项目服务平台建设，完成文化品牌评价体系。

转变管理方式，推进文化遗产保护工作

【文物保护工作】 召开全国可移动文物普查领导小组会议、全国可移动文物普查工作电视电话会议，全面铺开第一次全国可移动文物普查工作。启动文物保护样板工程，开展古村落顾居民展示利用试点，开展第六批历史文化名镇名村申报工作。出台《关于加强大遗址考古工作的指导意见》，发布第二批国家考古遗址公园名单和立项名单。组织开展旅游等开发建设活动中文物保护情况的督导检查工作，理顺文物保护单位管理体制。召开全国文物安全部际联席会议第三次全体会议，开展文物安全监管平台建设试点。扶持民办博物馆发展，安排民办博物馆

奖励资金1亿元。健全国家文物鉴定委员会机制。

【非物质文化遗产保护工作】 开展抢救性保护，研究制定《关于加强非物质文化遗产抢救性保护工作的指导意见》，组织制定抢救性保护的业务标准，启动国家级非遗代表性传承人抢救性记录工作，首批确定50名代表性传承人试点记录工作。深化生产性保护，启动第二批国家级非遗生产性保护示范基地建设，配合国家税务总局研究制定非遗生产性保护税收优惠政策。推进整体性保护，批准实施潍水文化、晋中文化生态保护区总体规划，起草制定文化生态保护区建设评估验收标准与条件。会同国家发展改革委联合启动全国非遗保护利用设施试点项目建设，“十二五”期间试点建设98个非遗保护利用设施。成功申报“中国珠算”列入联合国教科文组织人类非物质文化遗产代表作名录，中国入选非遗名录总数达到38项。围绕纪念联合国教科文组织《保护非物质文化遗产公约》颁布十周年，组织开展第四届中国•成都国际非遗节、第八个“文化遗产日”等一系列宣传展示活动，提高全社会的非遗保护意识。

【古籍保护工作】 推动中华古籍保护工程，国务院正式印发第四批国家珍贵古籍名录和第四批国家珍贵古籍重点保护单位名单，共有1516部古籍和16个收藏单位入选。古籍普查登记工作全面展开。清史书稿审改工作有序推进。

对外文化交流和贸易

【中外思想文化交流与对话】 文化部成功举办首届“汉学家与中外文化交流论坛”座谈会，为深化中外思想文化交流与对话，借助海外汉学家力量传播中国文化搭建重要平台。初步完成汉学家资源数据库建设，在中俄、中美、中欧、东盟10+3、上合组织等近20个区域性多边和双边政府合作机制框架下，成功举办美国“跨越太平洋”、第55届威尼斯艺术双年展中国馆活动等重大对外文化项目近百起。

【重大文化品牌活动】 文化部做好规划，注重对外文化品牌活动的打造，在99个国家和地区的251个城市举办“欢乐春节”活动，项目达385个，在世界99个国家和地区的251个城市成功举办，在世界范围再次掀起“中国热”。约3500万海外各阶层民众和华人华侨热情参与，2000多家海外各类媒体参加报道，在世界范围掀起“中国热”，成为当前中外文化交流活动中规模最大、影响最为深远的第一品牌。成功举办第十三届亚洲艺术节、第十三届相约北京、第十五届中国上海国际艺术节等品牌活动。为缅甸承办第27届东南亚运动会开闭幕式提供技术支持，成为新中国成立以来首次大型文化援外项目。

【海外文化中心】 启动《海外中国文化中心发展规划（2012—2020年）》实施方案，组织文化艺术人才中心开展海外中国文化中心文化交流人才储备项目。中编办批准成立海外文化设施建设管理中心，海外中国文化中心总数达到14个，对外传播能力显著提升，全年举办各类文化活动近千场，受众超过50万人次，显示了海外中国文化中心扎根当地、统筹各方资源、面向驻在国主流社会开展丰富国财活动的独特优势。

【优化对外文化贸易政策环境，加快文化产品和服务走出去步伐】 文化部与中宣部等部门共同起草《关于加快发展对外文化贸易的意见》，推动出口便利化，着力解决文化企业走出去遇到的政策瓶颈。开展面向全国文化企业的项目的资金扶持，引导中小企业和民营企业进军海外文化市场。加强平台和渠道建设，为文化产品和企业走出去铺路搭桥。2013年，中国对外文化集团公司在全球300余座城市举办5500场演出。中国交响乐团赴美国进行30场交响乐的商业巡演，观众达4万余人次。

简政放权，转变政府职能

【概况】 2013年，文化部抓住全面深化改革的有利契机，以深化行政审批制度改革、简政放权为着力点，解决制约改革发展的深层次矛盾和问题，实现政府职能从“办文化”为主向“管文化”为主转变，从管微观向管宏观转变。从面向直属单位向面向全社会转变，从重管理向寓管理于服务转变。

【转变政府职能】 文化部贯彻落实国务院关于取消、下放行政审批项目有关部署，大幅度减少行政许可类审批项目，对原有13项行政许可审批项目取消3项，下放6项，保留4项，取消和下放的项目比例占69%。对取消和下放的行政审批事项所涉及的法律、行政法规进行修改，先后两次修改《营业性演出管理条例》，使延续20多年的营业性演出审批制度得到完善。指导中国互联网上网服务营业场所行业协会建设，推动成立中国文化产业协会、中国非物质文化遗产保护协会等，发挥行业协会在行业自律、促进行业发展、制定行业标准等方面的作用。设立国家艺术基金，组建国家艺术基金规划管理办公室，加强对优秀艺术作品创作生产、重大展演活动、优秀人才培训培养、优秀作品评价传播的扶持保障。

【文化立法工作】 文化部推动的重点立法项目进展顺利，《博物馆条例》排上国务院常务会议；《公共图书馆法》开展了调研论证；《互联网信息服务管理办法》、《外国文化中心登记管理条例》等立法工作取得阶段性成果。文化领域基本法的制定提上了重要议事日程，《公共文化服务保障法》和《文化产业促进法》两部法律列入《十二届全国人大常委会立法规划》，全国人大常委会专门召开立法工作会议部署规划落实工作。国家社科基金特别委托课题《公共文化服务保障法可行性研究及草案》起草工作，已取得有阶段性成果。起草《境外组织或者个人在中华人民共和国境内进行非物质文化遗产调查管理暂行办法（草案送审稿）》，正式上报国务院法制办。根据《中华人民共和国非物质文化遗产法》和非遗保护工作实际，在修改《国家级非物质文化遗产代表作申报评定暂行办法》和《国家级非物质文化遗产保护与管理暂行办法》两个文件有关内容的基础上，重新起草《国家级非物质文化遗产代表性项目管理办法》（送审稿）。印发《文化市场行政审批规范化建设示范标准》，编订审批事项办事指南，业务手册以及行政审批通用文书。

【文化规划工作】 文化部开展《文化部“十二五”时期文化改革发展规划》中期评估工作。为了解“十二五”文化改革发展规划的执行情况，借鉴国家发展改革委等部门的做法，委托清华大学首次开展了第三方独立评估，形成《文化部“十二五”时期文化改革发展规划中期评估报告》。配合国家发展改革委开展区域性规划和行业性规划的制定研究工作，先后就《江西、福建、广东三省拟提请支持赣南等原中央苏区振兴发展部际联席会议协调解决的有关事项》、《内蒙古满洲里重点开发开放试验区建设总体规划》等40余件区域性、行业性发展规划征求意见、整理相关材料并回复国家发改委。

公共文化服务

Public Cultural Services

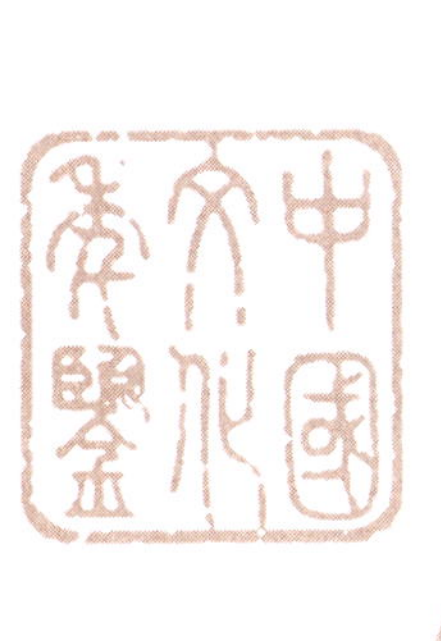

公共文化服务体系建设

概　述

2013年，中央先后召开全国宣传思想工作会议、十八届三中全会等重要会议，对文化工作做出部署，在公共文化服务体系建设方面提出一系列新要求。党的十八届三中全会《中共中央关于全面深化改革若干重大问题的决定》，提出要“构建现代公共文化服务体系”。这是公共文化服务体系建设的大事，是整合基层公共文化资源的重要契机，也是文化部实现“三个转变”的重要抓手，为推进文化改革发展和公共文化服务体系建设指明方向。在部党组的领导下，根据公共文化服务体系建设的特点，继2012年5月公共文化司更名之后，2013年11月，公共文化司各处室也相应作出调整，这次调整是在中央要求转变职能的大背景下进行的，遵循“职能明确、权责均衡、边界清晰、提高效率”的原则，弥补公共文化管理中的“短板”，实现履职能力的提升，体现“文化民生”的重要宗旨和公益性、均等性的要求。

探索建立公共文化服务体系协调机制和促进公共文化服务标准化、均等化

党的十八届三中全会明确提出要“构建现代公共文化服务体系”，指出要“建立公共文化服务体系建设协调机制，统筹服务设施网络建设，促进基本公共文化服务标准化、均等化”。中央领导高度重视，多次作出批示，并在2014年1月召开的全国宣传部长会议上要求文化部牵头做好相关协调工作。

贯彻落实党的十八大和十八届三中全会、全国宣传思想工作会精神，按照部领导的批示要求，文化部于2013年10月正式启动《公共文化服务体系建设协调机制工作方案》、《基本公共文化服务标准化建设工作方案》、《贫困地区公共文化服务体系建设工作方案》三份文件的起草工作。11月初，在部长蔡武的带领下赴浙江衢州等地开展公共文化服务标准化均等化调研。在吸纳地方经验的基础上，对三份文件作修改完善，形成讨论稿。11月中旬，文化部组织多次座谈会，对文件进行讨论，并对文件继续修改和完善，体现党的十八届三中全会的有关精神，增强文件的针对性和可操作性。在此基础上，征求中宣部、财政部、国家发展改革委等部门的意见。

国家公共文化服务体系制度设计研究工作取得阶段性成果

为探索中国特色公共文化服务体系建设的规律、途径、方式、方法，构建中国特色公共文化理论和制度体系，文化部于2010年启动国家公共文化服务体系制度设计研究工作，针对公共文化服务体系建设面临的突出矛盾和问题，对涉及全局性、战略性的重大问题进行研究，提出政策建议和解决方案。通过两年的工作，建立一支数量充足、结构合理、素质优良的公共文化专家队伍，形成一系列政策、手段和措施，完善公共文化服务体系建设长效机制。制度设计研究发挥“决策参考、指导实践、推动立法”的重要作用。

国家公共文化服务体系建设制度设计研究，是第一批国家公共文化服务体系示范区验收工作的前置条件和重要内容。开展制度设计研究，目的是在示范区创建工作中探索符合各地实际的不同模式，提出针对性和可操作性较强的解决方案，逐步建立和完善符合中国国情、符合市场经济规律、符合文化自身发展要求的公共文化理论和制度体系，为公共文化服务体系建设提供理论依据和决策参考，增强工作的前瞻性和科学性，推动公共文化服务体系科学发展。第一批创建示范区31个课题，涵盖公共文化服务体系建设的关键环节，包括政府主体地位、

经费保障机制、队伍建设、社会力量参与、公共文化服务供给、公共数字文化建设、公共文化服务绩效评估等多方面内容，立足解决制约本地公共文化服务体系建设的突出矛盾和问题。大多数课题研究把握示范区制度设计研究的实质，体现与创建工作的紧密结合，并把研究成果转化为制度设计，发挥示范区创建的引导、示范效应，达到制度设计研究的预期目标。如，广东省东莞市针对东莞公共电子阅览室发展中所遇到的突出问题以及实施“公共电子阅览室计划”面临的共性问题进行系统的研究，采用标准先行、制度保障、技术支撑的研究思路，2011年以来，东莞市政府、市文广新局、财政局等政府部门下发关于公共电子阅览室建设的相关文件7份，制定的东莞市村(社区)公共电子阅览室相关标准5个。东莞市以“五个统一、三级管理”的总体规划解决公共电子阅览室布点问题，以“文化e管家+云管理平台”的技术方案解决基层缺人才、少资源的现实问题，以“新型公共电子阅览室”的整体设计解决建设形态和新技术新媒体应用的问题，通过标准与政策文件的发行推动公共电子阅览室的发展，完成公共电子阅览室全覆盖的建设目标。北京市朝阳区公共文化服务体系示范区制度设计研究工作以提升服务效能为切入点，开展“3+1”服务网络建设和“2+5”公共文化服务评价指标体系：一是针对区域面积大、发展不均衡特点，建立四级公共文化服务设施网络。打破以行政体制设置公共文化设施的格局，在“区级—街乡级—社区（村)”三级公共文化服务网络的基础上，在区级和街乡级文化设施之间增加地区级文化中心建设，创新建立公共文化服务设施的“3+1”模式。区级设施重在统筹引导，地区级设施强调特色共享，街乡级设施实现公益均等，社区村级设施突出基本便利。二是针对公共文化服务效能不高的问题，创新服务方式，研究建立评估体系。在创建期间研究制定评价与考核相结合，且符合朝阳自身实际的“2+5”公共文化服务评价指标体系，即2个评价指标体系，《朝阳区公共文化服务评价指标体系》和《朝阳区街乡公共文化服务评价指标体系》；5个绩效考核指标体系，《朝阳区文化馆绩效考核指标体系》、《朝阳区图书馆绩效考核指标体系》、《朝阳区博物馆绩效考核指标体系》、《朝阳区街乡文化中心绩效考核指标体系》和《朝阳区社区（村）文化活动室绩效考核指标体系》。

2013年，为贯彻落实中央部署和部领导要求，围绕当前公共文化服务体系建设领域重大问题，文化部先后组织开展公共文化服务体系建设，提高公共文化服务效能，基层流动公共文化服务体系建设，推进公共文化服务体系标准化和均等化，建立基层公共文化服务协调机制等相关调研，涉及公共文化服务体系建设宏观、中观、微观三个层面，有针对性地开展各种形式、各个层级的调研，分别形成《完善公共文化服务体系、提高公共文化服务效能》、《推广流动公共文化服务，缩小城乡文化差距——浙江省衢州市流动公共文化服务调研报告》、《国家基本公共文化服务标准体系建设工作方案》、《贫困地区公共文化建设工作方案》、《国家公共文化服务体系建设协调机制工作方案》等文件，为构建现代公共文化服务体系夯实理论基础。

2013年4月，2013-2014年国家公共文化服务体系制度设计研究课题立项评审工作完成，首次面向文化系统外高校、科研机构以及个人公开招标，把公共文化服务体系理论与实践相互促进从文化系统的“内循环”变为全社会范围内的“大循环”。共有112个申报课题，其中文化部直属单位申报6项、地方文化部门申报80项、高校科研机构申报26项，涵盖课题指南中32类二级课题。经过小组评议和评审组集体讨论，在保证质量的前提下，统筹考虑东、中、西部实际，兼顾文化单位和高校覆盖面，评选出40个立项课题，涵盖公共文化服务体系建设的关键环节。通过公开招标，吸引学术领域对公共文化服务的关注，提高公共文化服务体系理论研究的科学化水平，为制度设计研究发挥“决策参考、指导实践、推动立法”作用提供保障。公共文化司组织专家委员会对课题研究加强指导。按照课题性质和研究内容，课题研究时间为1—2年，届时，公共文化司会分别组织专家对立项课题研究成果进行验收，对优秀课题给予奖励并结集出版。

国家公共文化服务体系示范区（项目）创建取得阶段性成果

【概况】 2013年是国家公共文化服务体系示范区（项目）创建出成果、见成效的重要一年。年初文化部与财政部共同启动第一批创建示范区（项目）验收和第二批申报工作。经过评审，第一批31个示范区创建城市和45个示范项目通过验收，32个城市和57个项目列入第二批创建名单。从评审情况来看，创建工作使公共文化建设从文化部门行为上升为党委政府行为，创建城市文化事业费投入大幅度增加。首批中央财政3.05亿元示范区创建补助资金撬动31个创建城市财政资金投入超过100亿元，4550万元示范项目补助资金撬动47个创建示范项目所在地财政资金投入超过30亿元。各示范区城市和示范项目创建单位以体制机制创新为重点，落实政府职责，对当前存在的突出矛盾和问题进行集中研究解决，对当前公共文化服务体系建设中的重大热点难点问题和前瞻性课题进行探索，取得成果，发挥在区域乃至在全国的示范作用。

【提升文化惠民效果】 在创建过程中，首批31个示范区城市均立足文化改革发展全局和本地公共文化服务体系建设实际，围绕公共文化服务体系各关键环节制定全面、系统的规划，提高服务效能为导向，加强软硬件统筹、城乡统筹、服务对象统筹、服务资源统筹、服务方式统筹，促进公共文化服务体系化建设，取得文化惠民效果。通过这些举措，北京市朝阳区、上海市徐汇区、湖南省长沙市、安徽省马鞍山市、重庆渝中区等12个创建示范区建成“十五分钟文化服务圈”或“1公里文化服务圈”。

【形成以政府为主导、市场和社会力量广泛参与的公共文化工作格局】 在创建工作中，31个城市坚持以政府为主导，按照中央关于文化改革发展组织保障的要求，通过列为“一把手工程”、纳入“政府十件实事”、提高在落实科学发展观绩效考核中的分值比例、实行目标责任制、加强考核监督等方式，把公共文化服务体系建设作为“硬指标”“硬任务”，层层推动落实。在坚持政府主导的基础上，江苏省苏州市等示范区城市还立足市场经济体制对文化建设的新要求，建立健全市场和社会力量参与公共文化服务的长效机制，形成以政府为主导、市场和社会力量广泛参与的公共文化工作格局。

【提升文化建设的科学化水平】 一些示范区城市通过政府采购等手段，推动公共文化单位与文艺院团、文化企业合作，利用市场力量和文化产业发展成果丰富公共文化服务内容、拓展公共文化服务深度。通过对专业文艺院团、市场演艺组织和社会团体给予补贴，使民营院团在参与公共文化服务过程中，享受到政府为文化事业发展提供的创作、演出、交流等方面的资助。通过开展公共文化服务，提高广大群众的文化素质和艺术品位，激发广大群众的文化消费需求，激活文化产业发展的潜在市场，为文化事业和文化产业的可持续发展创造条件。

【发挥文化引领风尚、教育人民、服务社会、推动发展的功能】 不少示范区城市把加强社会管理与公共文化建设结合起来，整合资源、转变职能、创新机制，探索公共文化的社会化参与方式，使群众在公共文化参与中自我表现、自我教育、自我服务。比如，北京市朝阳区首创“文化居委会”基层文化自治组织，让社区居民通过文化议事增强社会责任感；成都市通过在工业园区试点建设青工文化驿站，为农民工提供心理辅导、艺术培训、社团孵化、图书借阅等服务；重庆市渝中区紧扣都市功能核心区定位，将创建工作与巩固全国文明城区成果结合起来，使文化成为转型升级创新发展的核心竞争力。

各示范区在事关公共文化服务体系建设长远发展的关键性、战略性问题上所做的探索，体现创建示范区各级党委、政府高度的文化自觉和文化自信，体现公共文化工作者开拓进取、敢为人先的创新精神。

推动当地公共文化服务体系实现跨越式发展

【文化经费投入大幅度增加】 据估算，中央财政3.05亿元示范区创建补助资金撬动地方财政资金投入超过150亿元，31个创建示范区均以创建为契机，落实中央关于“保证公共财政对文化建设的增长幅度高于财政经常性收入增长幅度”的政策要求。内蒙古鄂尔多斯市创建以来累计投入公共文化建设资金达52.3亿元，江苏省苏州市投入创建资金达42.75亿元，广东省东莞市投入创建资金达13.3亿元，并设立五年每年10亿元的“文化东莞工程”专项资金，保障公共文化服务体系建设的可持续发展。

【公共文化设施建设取得发展】 中西部创建示范区城市修订完善其“十二五”发展规划，许多原未列入规划的重大公共文化设施项目得以开工建设，公共文化设施建设至少提速5年，实现跨越式发展。按照创建指标要求，各地还采取一系列“固强补弱”

的措施，推动文化设施合理布局、均衡发展。如北京市朝阳区、上海市徐汇区、湖南省长沙市、安徽省马鞍山市、重庆市渝中区等12个创建示范区建成“十五分钟城市公共文化服务圈”或“十分钟城市公共文化服务圈”，天津市和平区建成“五分钟城市公共文化服务圈”。

【长期制约公共文化服务体系建设的突出矛盾和问题得到集中解决】 各创建示范区均按照创建标准要求，长期存在的乡镇文化站人员编制问题和村（社区）文化管理员的问题得到解决。吉林省长春市在创建开始时，全市乡镇综合文化站人员编制仅为80人，经过2年创建，在市委市政府高度重视下，通过多种方式调剂，增加至208人，实现每个文化站至少3个编制的创建目标。不少创建示范区对公共文化服务社会力量参与、绩效考核评估等难题进行制度设计研究，并上升为政府文件，形成长效机制。江苏省苏州市出台《关于加强苏州市公共文化机构服务标准化建设的意见》，在公共文化标准化体系建设方面为全国做出示范；北京市朝阳区首创“文化居委会”，实现基层文化自治，保障人民群众的文化主体地位等。

【人民群众的精神文化需求得到满足】 各地在示范区创建过程中通过实施文化惠民项目，较好地满足人民群众的精神文化需求，使人民群众真正享受到创建带来的文化惠民成果，示范区创建工作因此被各地群众亲切地誉为“最走群众路线”的项目。

【公共文化服务体系建设市长论坛】 2013年11月6日至8日，文化部、财政部在上海召开国家公共文化服务体系示范区创建工作会议，举办公共文化服务体系建设市长论坛。对示范区（项目）创建工作会议进行总结，对示范区（项目）创建成果进行宣传。会议要求各省文化部门会同示范区城市和示范项目单位，认真研究总结示范区（项目）创建工作经验，加强宣传和推广。①要求示范区城市在创建工作基础上，把制度设计研究成果转化为推动当地公共文化服务体系建设的具体政策举措；结合本地特色，开展以大舞台、大讲堂、大展台为主要形式的工作交流和区域文化联动活动，继续参与“春雨工程”全国文化志愿者边疆行和“大地情深”国家艺术院团（馆）文化志愿服务走基层活动等国家文化惠民项目活动。创建工作领导小组经印发的《关于加强第一批国家公共文化服务体系示范区（项目）后续管理工作的通知》明确创建之后的工作要求和具体任务。国家创建办正在研究制定国家公共文化服务体系示范区管理办法，下一步将对示范区进行动态管理，各示范区在完成创建任务成功获得授牌后，仍要制定后续建设规划，创建办将对其进行定期复核，对于未通过复核的示范区，将予以摘牌。要求第一批示范区做好和落实好示范区后续建设规划，继续保持示范领先态势，确保在今后的示范区复核中再创佳绩。②要加强制度设计，破解当地公共文化服务体系建设面临的突出难题。制度设计研究成果是示范区验收的前置条件。各创建示范区贯彻落实中央关于公共文化服务体系建设的战略部署，强化问题意识，努力成为制度设计和课题研究的实践基地，在公共文化设施网络、公共文化服务供给、组织支撑、人才资金技术支撑、绩效考核、制度设计等各个方面开展研究工作，“对症下药”，力求取得实质性突破，完成“基本建成公共文化服务体系”的战略目标。发挥专家委员会的指导作用，增强制度设计研究的体系化和前瞻性。③要加大创新力度，发挥示范带动作用。各创建示范区要结合当前公共文化发展的新形势和新任务，解放思想，先行先试，不断探索，努力形成责任明确、行为规范、富率、服务优良的管理体制和运行机制。引进现代信息技术，革新服务理念，丰富服务内容，完善服务供给方式，不断加大创新力度，探索新模式、新思路、新方法、新举措，形成公共文化服务体系建设长效机制，增强可持续发展能力。要不断发挥区域带动作用，努力成为本省乃至全国公共文化服务体系建设的先导区。④要坚决贯彻落实党的群众路线，注重惠民实效。人民群众是示范区创建的主体，保障人民群众的基本文化权益，满足人民群众日益增长的精神文化需求，是我们示范区创建工作的出发点和落脚点。各创建示范区在创建过程中要强化群众意识，认真贯彻落实党的群众路线，结合当地实际和群众需求设计公共文化建设和服务项目，杜绝形式主义、奢靡之风和贪大求洋思想，真正把示范区创建工作打造成贴近群众的样板工程。五是要强化宣传意识，扩大公共文化服务体系建设的社会影响。要通过经验交流和专题研讨等形式，交流、推广各地示范区创建工作的成果，要加强新闻宣传工作，文化部将为创建示范区搭建信息交流和新闻宣传平台，各地也要加大宣传力度，让广大人民群众解、参与示范区创建工作，并从创建中得到实惠，树立社会公益形象，争取社会和公众关注、支持和参与示范区创建工作。

探索政府职能转变，筹备成立中国文化馆协会

为贯彻落实党中央关于“政事分开”、“政社分开”的精神和党组关于实现“三个转变”的要求，推动政府职能转变，加强文化馆站行业管理，2013年，公共文化司将完善公共文化管理体制机制作为工作重点，推动中国文化馆协会成立。先后完成《中国文化馆协会》章程和文化馆协会组织构建，与文化部全国公共文化发展中心就成立筹备工作进行分工，制定时间表路线图。7月，成立协会相关资料报送民政部。9月，中国文化馆协会筹备成立申请经民政部批准报送国务院审批。2014年，中国文化馆协会将筹备成立，成为文化部转变职能、引入社会管理机制的创新之举。成立中国文化馆协会后，政府逐步将文化馆站评估定级、行业标准制定、职业规范制定等交由协会承担。同时，以协会为载体，吸收文联系统行业协会、相关协会参加，建立一业多会的工作格局，在此基础上，举办第一届中国文化馆年会。

推进公共数字文化建设

【概况】 公共数字文化建设作为公共文化服务体系建设的重要组成部分，是数字化、信息化、网络化环境下文化建设的新平台、新阵地，是利用信息技术拓展公共文化服务能力和传播范围的重要途径，对于消除数字鸿沟，满足人民群众不断增长的精神文化需求、提高全民族文明素质，构建社会主义核心价值体系具有重要意义。文化部、财政部共同组织实施全国文化信息资源共享工程（以下简称“文化共享工程”）、数字图书馆推广工程和公共电子阅览室建设计划，并取得进展，为“十二五”时期的公共数字文化建设奠定基础。2013年1月，为加强对公共图书馆事业的宏观管理和规划指导，文化部正式印发《全国公共图书馆事业发展“十二五”规划》和《文化共享工程“十二五”规划纲要》，对公共图书馆事业和文化共享工程建设进行全局性的规划指导。《公共图书馆法》被纳入十二届全国人大常委会立法规划一类项目和中宣部文化立法五年规划。研究起草《公共数字文化重点工程管理办法》和《公共数字文化建设专项资金管理暂行办法》，对公共数字文化重点工程规范工作机制，加强业务指导和资金管理，强化绩效考核。

【文化共享工程及公共电子阅览室建设计划】 文化共享工程利用现代信息技术，依托各级图书馆、文化馆等公共文化设施，通过互联网、卫星网、广播电视网、无线通信网等新型传播载体，在全国范围内实现中华优秀文化资源的共建共享。工程启动近十年来，取得全面、快速发展，基本实现“十一五”期间建成“资源丰富、技术先进、服务便捷、覆盖城乡的数字文化服务体系，实现‘村村通’”的目标，在丰富基层群众业余文化生活、保障基层群众的基本文化权益、缩小城乡“数字鸿沟”等方面发挥重要作用，推动公共文化服务体系建设。全国公共数字文化服务网络健全。文化共享工程建成2843个市县支中心，29555个乡镇（街道）基层服务点，60.2万个村（社区）基层服务点。数字图书馆推广工程在全国33家省馆、374家市馆全面实施，覆盖全国的数字图书馆虚拟网初具规模。公共电子阅览室建设计划在全国建成公共电子阅览室28639个。公共数字文化资源丰富。文化共享工程资源建设总量达到200.29TB。市级以上公共图书馆共建设数字资源约6000TB。公共数字文化服务能力全面提升。推进国家公共文化数字支撑平台建设。启动“中国文化网络电视”建设试点，推进公共数字文化“进村入户”。打造“网络书香”等服务品牌，探索数字图书馆新媒体服务，为基层群众提供更加丰富的数字文化服务。

2013年6月至7月，文化部组织督导组，对各地2012年以来文化共享工程及公共电子阅览室建设计划进行督导检查，重点检查各地在经费投入、资源建设、公共电子阅览室网点建设、基层文化队伍培训以及服务活动开展等方面的工作情况，总结各地推动各项工作的新经验、新模式和新亮点，查找存在的问题和不足。

一是党和政府重视，经费有保障，公共数字文化服务网络健全。2012年2月，中共中央办公厅、国务院办公厅印发《国家“十二五”时期文化改革发展规划纲要》，要求加快城乡文化一体化发展，深

入实施文化信息资源共享等重点文化惠民工程，扩大覆盖、消除盲点、提高标准、完善服务、改进管理。2012年2月，文化部、财政部联合印发《“公共电子阅览室建设计划”实施方案》，标志着公共电子阅览室建设从试点转向全面实施。2013年1月，文化部发布《“十二五”时期公共文化服务体系建设实施纲要》，要求各级文化馆（站、室）、公共图书馆和文化共享工程基层服务点基本建有公共电子阅览室，文化共享工程资源量争取达到530百万兆字节以上，入户率达到50%左右。同期印发《全国文化信息资源共享工程“十二五”规划纲要》，提出文化共享工程从共建进入到全面共享的发展阶段，面临着三个重要转变，即工作重点从侧重设施建设向侧重管理服务转变，建设方式从铺摊建点的规模化建设向专业化和品牌化转变，发展模式从单一化向社会化转变，打造公共数字文化品牌工程。财政继续给予有力支持。截至2013年6月，各级财政对文化共享工程和公共电子阅览室建设的经费投入总额达累计77.17亿元，其中中央财政投入40.05亿元，地方财政投入资金37.12亿元。2012年中央财政下达专项经费4.99亿元（其中国家中心本级经费6000万元，中央财政转移支付支持文化共享工程经费1.62亿元，支持公共电子阅览室建设计划经费2.79亿元），2013年中央财政下达专项经费5.03亿元（其中国家中心本级经费6500万元，中央财政转移支付支持文化共享工程经费1.62亿元，支持公共电子阅览室建设计划经费2.76亿元）。中央财政投入拉动地方财政投入，各地结合工作重点，落实配套资金，加大投入。北京市2012年本级投入资源建设经费达809.59万元。辽宁省每年为文化共享工程核定资源建设专项经费，2012年投入592万元。内蒙古自治区每年从主席专项基金中拿出100万元用于配备服务设备。浙江省实施“文化信息资源共享工程服务提升项目”，财政投入达2000万元。江苏省落实省级奖励补助资金3020万元，用于扶持经济薄弱地区和奖励建设先进单位。安徽省将每个基层点的建设标准提高到5万元，2012年配套投入2062.2万元，2013年配套投入1569万元。文化共享工程暨公共电子阅览室建设形成层次分明、多种方式并用的国家、省、市、县、乡镇（街道）、村（社区）六级公共数字文化服务网络体系。截至2013年6月，建成1个国家中心，33个省级分中心，2843个市县支中心，29555个乡镇（街道）基层服务点，60.2万个村（社区）基层服务点，部分省（区、市）村级覆盖范围延伸到自然村；建设公共电子阅览室28639个，其中乡镇19572个，街道1389个，社区7678个。

二是加强统筹和管理，资源建设成效明显。2012年下半年，文化共享工程国家中心强化数字资源建设顶层设计，筹建“文化共享工程资源建设工作领导小组和专家委员会”，编制《全国文化信息资源共享工程资源建设管理办法》《2013年—2015年全国文化信息资源共享工程资源建设规划》，建立地方资源项目建设“先申报立项、后定财政资金分配方案”工作机制，提高资源建设的科学性、系统性和规范化。各级中心资源建设性得到调动，建设水平得到提升。资源建设总量稳步增长，截至2012年底，达到200.29TB，其中，国家中心达44.21TB，各地达156.08TB。特色资源项目成果丰硕。国家中心于2013年上半年推出“心声•音频馆”，上线音频12000余小时/61765集，上线1个多月访问量突破60万人次，成为残疾人服务、公共文化服务的品牌；在新疆维吾尔自治区和内蒙古自治区分别成立文化共享工程新疆少数民族语言资源建设中心和文化共享工程蒙古语资源建设中心。浙江省建设的《浙江藏书楼》专题片于2013年荣获第四届中华优秀出版物大奖。福建省完成《闽南文化》《客家文化》《妈祖信俗》等一批高质量的文化专题片。江苏省建成江苏文化数据库、江苏地方戏剧视频资源库、江苏省五星工程数据库、抗日战争历史图库等一批特色鲜明、史料性强的专题资源。黑龙江省自主建设历史文化、冰雪文化、旅游文化等专题数据库，地方特色专题数据库资源总量达到32.3TB。河北省自建的《燕赵红色记忆》和《沧州武术》专题片通过流媒体直播系统对外发布，兼具观赏性和专业性。西藏自治区完成《八大藏戏》《西藏舞蹈》《藏北赛马文化资源》三个专题资源建设，通过藏汉两种语言文字在自治区分中心网站和西藏图书馆网站提供服务。云南省突出少数民族特色资源进行选题和建库，完成《云南独有少数民族多媒体资源库》中纳西族、白族、傣族等独有少数民族资源库的建设。吉林省完成《打牲乌拉》等11个多媒体资源库的建设，拍摄制作《萨满》等6部专题片，译制朝鲜语视频资源535小时/814种。甘肃省相继出台资源制作管理办法、资源制作专项经费管理办法、资源征集和加工制作付费标准、讲座资源制作规范、地方资源建设专题片验收办法等一系列规章制度，对地方资源建设工作进行科学化、规范化管理。贵州省建成《贵州仡佬毛龙多媒体资源库》《贵州铜鼓十二调多媒体资源库》《贵州彝族撮泰吉多媒体资源库》等富有少数民族文化特色的系列多媒体资源库，对少数民族文化资源进行的保护和传承。青海省着力打造《三江源》专题资源库，努力形成独具地方特色的数字资源品牌。

三是公共电子阅览室建设全面铺开，有序推进。公共电子阅览室建设在全国各乡镇、街道、社区全面推进并全部实现免费开放，面向广大社会公众特别是未成年人、老年人、进城务工人员等城乡低收入阶层及弱势群体提供数字文化服务。为实现对公共电子阅览室的管理，国家中心组织研发公共电子阅览室管理信息系统，与各省管理系统开展对接，制定印发《全国省级、乡镇、街道（社区）公共电子阅览室建设标准》和《省级、乡镇、街道（社区）公共电子阅览室技术平台集成方案》。安徽省将公共电子阅览室建设列入本省2012年33项民生工程之一，并开发包括公共电子阅览室业务平台、信息交换平台、资源导航平台的公共电子阅览室综合应用系统。山东省建成公共电子阅览室6400余个，服务终端数10万台，3G网络终端4100个，安装全省统一的信息浏览监控和屏蔽软件，实现对全网的即时监控与资源使用情况的统计与反馈。陕西省搭建陕西文化信息网、文化共享工程服务专网、播客频道、影视资源服务平台等网络渠道进行发布资源，依托公共电子阅览室为基层群众提供信息服务。广东省实施“基础文化设施全覆盖工程”，东莞市推出“文化e管家”新型公共电子阅览室模式，建立集群式公共电子阅览室管理体系。浙江省推行公共电子阅览室备案制度，要求所有公共电子阅览室必须备案，所有资料录入浙江省社会文化数据动态填报系统，统一管理。天津市2012年1月至2013年6月各级公共电子阅览室为市民服务共计1318962人次。

四是策划并实施重点项目，着力打通公共数字文化服务“最后一公里”。2012年下半年，国家中心策划并开始试点实施国家公共文化数字支撑平台、边疆万里数字文化长廊建设、国家数字文化网、中国文化网络电视等重点项目。国家公共文化数字支撑平台旨在突破原有的“共享不足”“传输不畅”“使用不便”“管理不够”等瓶颈，实现公共数字文化服务在资源共享、智能调度、应用服务、管理监控等方面的上下贯通；启动黑龙江省、北京市、陕西省、广西壮族自治区、湖北省、浙江省、上海市7省（区、市）第一批国家公共文化数字支撑平台建设，筹备第二批省（区、市）建设。国家数字文化网（www.ndcnc.gov.cn）设计为实现文化传播、社会教育和基层资源服务等功能的综合性数字文化网络平台，分为新闻资讯、资源服务、公共文化服务体系三大版块、23个频道页。边疆万里数字文化长廊建设以提升边疆18个省（市、区）公共文化服务效能和辐射能力为目标，以边疆地区的人口、地理、边防、对外交流等功能特点作为布局依据，构建环绕边疆地区的广覆盖、高效能公共数字文化服务网络；2013年在黑龙江、内蒙古、新疆、云南4个省（区）启动试点。中国文化网络电视以文化共享工程优秀数字资源为内容，以互联网、广电网络、移动通信网为传输通道，以“入站”和“入户”方式，为文化共享工程基层服务点和百姓家庭提供数字文化服务；梳理、加工节目5000个/2500小时；2013年5月在云南省开通试点，入站基层点达6个，入户数达40万户，上线节目1000个/500小时；按计划在江苏、内蒙古开始部署试点工作。各地策划符合本地实际的重点项目，突破资源传输与服务瓶颈。上海市推出文化共享工程IPAD客户端和公共文化地图，定期更新文章、照片、讲座、视频等各类文化资源，用户体验良好，扩大对年轻受众的影响力，提高服务终端普适性。新疆兵团搭建“兵团数字文化长廊”网络试用平台，方便用户通过电脑、手机浏览、下载资源。北京市结合本地实际提出“数字文化社区”建设项目，2012年建设完成100个，2013年建设200个。内蒙古自治区启动“数字文化走进蒙古包”项目，在牧民活动相对集中地区搭建数字文化加油站，提供无线WIFI定向推送服务，形成覆盖全区的数字文化服务网络。海南省依托国家中心支持的设备与数字资源，在三沙市建成公共电子阅览室，在永兴岛、珊瑚岛、琛航岛、石岛、金银岛、中建岛和东岛7个岛屿建立文化共享工程基层服务点，为驻岛军民提供数字文化服务。浙江省、山东省依托本地有线数字电视，协调开通专门栏目，向家庭用户推送数字资源。天津市与天津广播电视网络有限公司合作开通“文化共享工程天津数字频道”图文频道，共推出八个专题栏目，覆盖全市280万数字电视用户。江西省政府外网覆盖全省11个市支中心、

100个县支中心，并通过政务外网提供数字资源14TB。

五是打造惠民服务品牌，提高基层公共文化服务效能。国家中心与教育部门联动，启动"'传承经典 共享文化'——文化共享工程公共电子阅览室暨传统文化进校园行动"，依托文化共享工程基层服务网点及公共电子阅览室服务网络，将中国戏曲等传统文化内容以数字化形式进课堂、进校园，普及中华传统文化知识。2013年，湖南省启动首批试点，开展教师培训、动漫光盘进校园、艺术专家送教下点等活动，67所试点学校参与深度培训的学生超过4000人。海南省、湖北省响应，启动"传统文化进校园"活动，参与学生踊跃，戏曲动漫深受学生欢迎。各地拓宽工作思路，从群众需求出发，推出品牌化服务项目，提升服务效能。重庆市以"融入城市，让生活更美好"为服务理念，打造"重庆市文化共享工程农民工服务联盟"和"蒲公英梦想书屋"服务品牌，在25个农民工集聚地建立文化共享工程基层点。湖南省连续推出"文化共享、惠泽三湘"系列主题服务活动7000多场次，服务基层群众达150万人次，受到基层群众的一致好评。浙江省策划"网聚少年"暑期网络夏令营活动，举办作品征集、网上知识竞赛、技能学习、手工竞赛等网上活动，收到各类作品1.38万份，参与人次5.6万。福建省在南非设立全球首家"闽侨文化中心"，为当地华侨提供数字文化资源服务。广西壮族自治区与相关单位合作开设中国—广西东盟大讲坛、国乐堂音乐沙龙、八桂发展对话等专题活动，推广开辟进城务工人员服务点，举办"进企业服务外来工"文化惠民活动和"感动在身边"外来务工人员摄影作品展。天津市联合多个部门拓展服务领域，与群艺馆、市教委等部门合作，开展"天津市首届群众摄影大赛""音乐大讲堂""天津图书馆信息服务系列讲座"等活动，满足社区群众的精神文化需要。河北省创新服务方式，研发"网上跟我唱"、"我的DV网上行"等互动服务系统，开展《用DV讲述你的春节故事》网上活动，群众自传专辑达100多个。山西省通过公共电子阅览室开展"网上公益课堂"、"老干部专题讲座"等活动。

六是跨部门多渠道合作，扩大共建共享范围。各地结合实际，与全国农村党员干部现代远程教育工作、全国农村中小学远程教育工程以及信息产业、农业、科研、军队、武警等系统广泛开展共建共享，在基层服务网络设施、服务内容、管理以及人才培养等方面进行整合。截止到2013年6月，文化共享工程与全国农村党员干部现代远程教育工作、全国农村中小学远程教育工程合作共建基层服务点85万个，累计提供数字资源68TB。国家中心与有关部门沟通，将"第十六届群星奖""第十届艺术节"作品以及历届全国少儿合唱节、老年合唱节、慰问农民工春节晚会等作品纳入文化共享工程数字资源库共享。文化共享工程与中国残疾人联合会合作开展"携手共享 文化同行——全国文化信息资源共享工程与中国残疾人联合会共同推进残疾人公共数字文化服务 "工作，依托文化共享工程各分支中心、中国残联各类服务机构，为残疾人打造公共文化数字化学习通道;依托全国妇联系统农村留守儿童关爱服务阵地、未成年人校外活动场所、家庭教育指导机构和网络平台等，为未成年人及其家庭免费提供文化共享工程数字文化产品服务；与中国人民解放军政治工作网签署合作协议，设立"文化共享工程专栏"，首批提供1654部/集、800GB资源，为全军官兵提供数字文化服务。

七是强化培训，提高人才队伍综合素质。文化共享工程继续加大培训工作力度，注重提升基层文化服务人员在宣传服务、资源建设、技术应用、组织管理等方面的综合服务能力。截至2013年6月，通过集中培训和网络培训相结合，培训人次达1197万。浙江省组建以青年为主体的"数字文化讲师团"，结合数字资源推广年活动开展培训。北京市建立逐级实施、分级分类、全员培训、全程跟踪的培训机制，2012年培训覆盖率超过100%。吉林省在全国培训评比中连续 4 年荣获一等奖，形成比较完备、系统的培训体系。上海市开展地毯式培训，基层服务点建到哪里，培训就做到哪里，建立"不培训不上岗，培训不合格不上岗"准入制度。福建省与农村文化协管员培训结合，将农村文化协管员培训内容纳入基层点管理人员培训班课程。河南省在IPTV平台上设置"培训专栏"，发布培训教材、培训视频课件等，便于各地在线点播和下载使用。陕西省2012年各级基层服务点开展培训1.3万场，培训人次达34.8万人。宁夏回族自治区搭建"信息大篷车"对基层群众进行现场培训，培训农村实用人才4200人次。

各地在文化共享工程及公共电子阅览室建设中仍然存在一些问题与不足：一是对工程建设的重视和认识尚需提高。二是对现有设施设备给予的管理和利用需加强。个别文化共享工程基层服务点和公共电子阅览室配备的计算机、服务器、投影仪、移动播放器等服务设备存在缺失和使用率不高的情况，文化行政管理部门应采取措施，查找问题，制定制度，运用现代化管理手段对现有设施设备进行管理。三是公共数字文化服务效能需提升。在新媒体时代，人民群众对公共数字文化的需求更加强烈，获取数字文化资源的方式和终端呈现多样化。各级文化行政管理部门应以需求为导向，运用数字技术、网络技术等现代信息技术，突破瓶颈，提高资源建设与服务的针对性，强化对重点区域、特定人群的专题服务，提升公共数字文化服务效能。

【数字图书馆推广工程】　数字图书馆推广工程是继文化共享工程、公共电子阅览室建设工作实施之后，文化部、财政部在“十二五”时期启动的一项重大数字文化惠民工程。工程以技术手段整合国家数字图书馆与全国各级公共图书馆数字资源，形成覆盖全国的数字图书馆服务网络，从而全面提升各级公共图书馆的文献保障水平和信息服务能力，打造基于新媒体的图书馆服务新业态，带动图书馆事业的整体发展，推动公共文化服务体系的建设。文化部、财政部先后出台一系列文件，对推广工程实施工作进行指导和部署。财政部将数字图书馆推广工程作为公共财政保障的重要项目之一，给予大力支持。在各级文化行政部门的指导下，逐步建立由国家图书馆、省级馆、市级馆和县级图书馆为实施主体的四级推广工程建设机制。

2013年是全面推广阶段的第一年，在党中央和各级政府的重视下，在文化部领导下，国家图书馆和各兄弟图书馆通力合作，按照《关于加快实施数字图书馆推广工程的意见》的具体要求，以整体提升全国数字图书馆业务水平为工作重点，围绕网络平台搭建、资源共建共享与服务等方面，加快工程实施进度，推进各项工作，完成2013年工作目标。

一是各级政府高度重视。自推广工程实施以来，文化部、财政部高度重视，先后组织召开工作会议和督导工作，对推广工程实施工作进行指导和部署。上半年，文化部组织开展第五次全国公共图书馆评估和重点文化工程督导工作，将推广工程纳入评估体系和督导重点，以督促建，推动工程在各地的实施。各地将数字图书馆建设纳入当地文化发展规划，地领导、组织、统筹本地开展推广工程建设工作。黑龙江省、山东省、内蒙古自治区、青岛市等地区落实出台本地区工作规划、建设方案以及相关技术标准。山西省图书馆、湖北省图书馆、河北沧州市图书馆、安徽池州市图书馆等一批数字图书馆新馆开馆，提升当地的数字图书馆建设与服务水平。

二是数字图书馆经费投入增长。截至2013年底，各级财政对数字图书馆推广工程的经费投入总额累计达7.29亿元，包括中央财政投入资金3.62亿元，地方配套资金3.67亿元。2013年新增中央转移支付1.23亿元，用于第三批实施的189家市级馆硬件平台搭建以及各省开展资源建设。在中央财政投入的带动下，各地加大对本地数字图书馆建设资金投入力度，保证数字图书馆建设与服务工作的顺利开展。湖北省投入8800万元，天津市投入6090万元，上海市投入3485万元，用于省级数字图书馆建设。河南郑州市投入3490万元，宁夏银川市投入2850万元，辽宁沈阳市投入1444万元，用于市级数字图书馆建设。

三是数字图书馆网络建设稳步推进。截至2013年底，47家副省级以上图书馆与国家图书馆联通虚拟网，占副省级以上图书馆的94%，45家副省级以上图书馆可以通过虚拟网实现数字资源的访问，占到副省级以上图书馆的90%。24个省（区、市）开展省内虚拟网搭建工作，累计联通地市级图书馆164家。天津市联通全部16家区县馆，宁夏回族自治区联通全部21家市县馆，完成覆盖省、市、县三级的数字图书馆虚拟网建设；山东省联通17家市级图书馆，浙江省联通11家市级图书馆，基本建成覆盖省、市级的数字图书馆虚拟网。国家图书馆筹备数字图书馆专网建设，完成全国副省级图书馆以上的专网规划，15家图书馆开展与国家图书馆的专网建设工作。

四是各地数字图书馆软硬件标准化建设全面提升。数字图书馆硬件条件大幅提升。根据《关于印发“数字图书馆推广工程”省级、市级数字图书馆硬件配置标准的通知》要求，各地根据实施启动陆续开展硬件平台搭建，2011年、2012年实施的218家公共图书馆中，有30家省级图书馆和139家市级图书馆达到硬件配置标准要求，分别占省、市级图书馆的91%和75%。2013年实施的图书馆在经费到位后陆续启动采购招标，26个公共图书馆硬件配置到位。数字图书馆系统平台有序搭建。根据《数字图书馆推广工程软件配置方案》，国家图书馆结合各地条件和需求，陆续开展数字图书馆业务平台的部署。截至2013年底，国家图书馆面向省、市级系统平台累计完成部署工作130馆次，省级系统平台搭建过半数。其中：统一用户管理系统完成30家副省级以上图书馆和7家市级图书馆的部署；唯一标识符系统完成23家副省级以上图书馆和5家市级图书馆的部署；政府公开信息整合服务平台完成42家副省级以上图书馆的部署；运行管理平台完成14家副省级以上图书馆和7家市级图书馆的部署；版权信息管理系统完成2家副省级以上图书馆的部署。

五是数字资源保障体系逐步确立。根据《文化部关于加快实施数字图书馆推广工程的意见》要求，到“十二五”末，各级公共图书馆的数字资源得到较大增长。截至2013年底，国家图书馆数字资源总量约为830TB，各地图书馆资源建设也取得进展，北京、上海、江苏等地省级图书馆，杭州、济南、厦门等地市级图书馆，结合地方特色，依托馆藏资源，建设一批内容丰富、形式多样的优秀数字资源，满足读者日益增长的文化信息需求。为发挥公共图书馆的整体优势和规模效益，提升数字资源建设能力与服务效能，数图推广工程依托全国各地公共图书馆有馆藏资源，开展资源共知、共建、共享。①构建全国信息资源元数据仓储，各地继续开展元数据登记，为全国文献信息资源的集中揭示、分级调度与服务奠定基础，共登记123个数据库、150万条数据。②逐步开展资源联合建设工作，拨付620万中央转移支付经费用于各地省级图书馆开展数字资源建设，重点开展各地区自建数字资源元数据仓储和网络资源典藏专题库建设。③加大资源共享与服务力度。推广工程共享数字资源总量超过120TB，年内对部分资源进行补充更新，45家副省级以上图书馆通过虚拟网实现数字资源的访问，32家图书馆通过统一用户认证系统实现对国家数字图书馆海量数字资源的认证访问。

六是服务能力不断提升。推广工程配置总量超过120TB内容丰富的数字资源，面向全国读者共享使用，整体提升各级公共图书馆的服务能力和服务水平。截至2013年底，推广工程统一用户管理系统实名用户达到397万人。2013年推广工程网站访问人数达到22.1万，较2012年增长67%。惠民特色服务品牌逐步彰显。各地依托推广工程整体优势，打造“网络书香”等特色品牌，向公众宣传推广工程，推介数字资源服务内容。2013年，国家图书馆联合全国160余家图书馆开展新春系列活动和全国数字阅读推广活动，陆续在天津、贵州、甘肃、江西、湖南、浙江等地进行重点推广。此外，“我与数字图书馆”有奖征文、在线资源搜索竞赛、“掠美瞬间”图片征集等群众活动贯穿全年，吸引15万余人次广泛参与，受到普遍好评。新媒体服务日益深化。借助移动终端、数字电视、电子触摸屏等新媒体设备，各地开展创新性读者服务工作，将各类型优秀文化资源推送到用户身边。2013年，推广工程移动阅读平台上线运行，108家图书馆完成分站建设。北京、天津、辽宁、吉林、上海、江苏、浙江、福建、贵州、云南等地开展手机、数字电视等新媒体服务。数字图书馆公众服务深入基层。各地拓展面向基层的数字图书馆服务，打通公共文化服务最后一公里。内蒙古自治区结合区域特点和民族特色，首创“马背数字图书馆”；贵州省开展“百万公众网络学习工程”活动，提升贵州数字图书馆影响力；西藏自治区举办“数字资源走基层”活动，将定制化数字资源推送至学校、军营。

七是培训工作全面展开。自实施以来，数字图书馆推广工程加大培训力度，夯实新技术环境下适应数字图书馆业务发展的人才队伍，培养一批专业知识与实际技能兼备的数字图书馆专业人才。截至2013年底，推广工程举办全国性各类培训班25期，培训人员超过2200人次，内容涉及资源建设、系统平台应用、移动阅读平台等培训。各地按照推广工程要求，密切结合实际，开展区域数字图书馆人才培训，28个省共开展区域内数字图书馆专题培训86次，培训人员9900余人次。

数字图书馆推广工程是“十二五”期间实施的一项重大数字文化惠民工程。对于加强公共数字文化建设，提高公共文化服务能力，推进覆盖城乡的公共文化服务体系建设，意义重大。

开展公共图书馆评估定级工作，推动事业发展

【概况】 文化部自1994年开始组织实施公共图书馆评估定级工作，通过评估定级，提高科学化管理水平，推动公共图书馆事业发展，提高图书馆的工作

水平。2013年，文化部开展全国第五次县以上公共图书馆评估定级工作，整个评估工作分为修订标准、实施评估和定级总结三个阶段。由文化部公共文化司负责组织对省级、副省级、计划单列市图书馆进行评估，各省（区、市）文化厅（局）负责组织对所属市、县级图书馆进行评估，市、县级图书馆的评估定级工作于2013年4月启动。2013年6月中旬至7月中旬，公共文化司按照“结构合理、队伍精干”的原则，组织成立14个评估组，赴全国副省级以上公共图书馆开展评估定级工作。各评估组成员主要由文化部公共文化司、部分文化厅（局）、国家图书馆和文化部全国公共文化发展中心的相关负责人，以及具有丰富评估经验和较高学术水平的馆长、专家等共同组成。评估工作主要以《公共图书馆评估标准》和定级必备条件为依据展开。期间，评估组调研各地公共文化发展总体情况、解各地公共图书馆事业的发展情况，对部分市县级图书馆的评估情况进行抽查。此次评估工作还与文化共享工程、数字图书馆推广工程、公共电子阅览室建设计划、中华古籍保护计划等重点文化工程的督导工作同期进行。各级文化主管部门高度重视、精心组织，各级公共图书馆认真准备、迎评，评估定级工作取得良好成效。文化部于10月印发《关于公布第五次公共图书馆评估定级上等级图书馆的通知》。本次评估上等级图书馆共2230个，其中一级图书馆859个，二级图书馆640个，三级图书馆731个。上等级图书馆数量比第四次评估增长24.3%，一、二级图书馆数量分别增长79%和54.4%；上等级馆比例达72.5%，比第四次评估增长15.2%；一级图书馆比例27.9%，比第四次评估增长66.1%。

从1994年到2009年，文化部先后组织开展4次全国公共图书馆评估定级工作，每次都是对图书馆事业发展的推进。2013年的第五次评估定级工作，各地提交的“答卷”更是令人欣喜，其中一个主要原因是各地政府对于公共文化事业的重视程度与日俱增，财政投入大幅增长。2012年，全国县以上公共图书馆的财政拨款达93.49亿元，其中购书费14.13亿元，比2008年分别增长95.7%和68.6%。4年里，黑龙江省公共图书馆财政拨款增加51%，江苏、上海等地的增长幅度更高，分别达到78.7%和87%。各地对于县级图书馆的投入也明显提高，比如，黑龙江省萝北县图书馆的购书经费从2008年的3.1万元增加到2012年的16.7万元，增长率达439%；江苏全省县级图书馆的财政拨款在4年内提高101.1%。改善各级公共图书馆。截至2012年底，全国县以上公共图书馆的公共房屋建筑面积从2008年的780万平方米增长到1058.4万平方米，硬件设施、设备和场馆的升级和扩充是前所未有的。在广东，一批省、市级标志性文化设施纷纷落成或开工建设，如上年10月落成的肇庆市图书馆新馆、6月正式开放的广州图书馆新馆等，他们独特的设计和富有现代感的造型，成城市里一道道亮丽的风景。针对县级文化设施面积狭小的问题，从2008年至2012年，山西省累计投入6455万元，对67个县级公共图书馆及其他公共文化设施进行补助。该省利用省级彩票公益金、省级煤炭可持续发展基金共6000余万元，补助60个县级公共图书馆的新建、改扩建及修缮工作，使县级图书馆的馆舍条件发生翻天覆地的变化。截至2012年底，山西省县级公共图书馆公用房屋建筑面积达21.1万平方米，比2008年增长90.24%。截至2012年底，全国县以上公共图书馆总藏量达7.89亿册次，总流通人次4.34亿人次，书刊外借3.32亿册次，相比2008年分别提高91.5%、54.4%和43.7%。各地公共图书馆的资源建设提升快速，2012年，吉林省公共图书馆馆藏总量、新增藏量比2009年增长28.2%和119.3%；浙江全省各馆入藏文献5344.3万册次，比2009年增长50.5%。公共图书馆的服务理念也发生深刻的变革，“读者第一、服务至上”的理念贯彻于服务之中，2011年免费开放政策的提出让读者享受到实惠。各地公共图书馆的读者到馆量、借阅量均大幅提升。面对相伴而来的读者需求的剧增，先进的信息技术、现代化的设施设备成图书馆的有力帮手。如，在天津图书馆文化中心馆，用手指轻触电子阅报机，便可饱览200余份全国各地的报纸。移动图书馆、数字电视图书馆等新型服务方式，也为图书馆与读者的零距离接触提供多样化的平台。随着公共文化服务体系建设的推进，各地纷纷开始公共图书馆总分馆体系、服务阵地延伸、区域性图书馆联盟等建设实践。在2011年成功申报创建国家公共文化服务体系示范区之后，江苏省苏州市的图书馆总分馆服务体系建设规模逐步扩大，建有市级总馆1个、区（市）级总馆7个、分馆173个，总分馆体系正在苏州“书香城市”建设和保障市民基本文化权益中发挥着越来越重要的作用。2012年3月，由114家图书馆联合发起的首都图书馆联盟正式成立，并联合开展阅读推广活动，推动北京大学等10余所高校图书馆及行业图书馆不同程度地对外开放。除地区性的跨行业联盟外，江西、安徽、湖南、湖北四省年内还探索建立跨省域的“中三角”公共图书馆联盟，在资源共享、信息服务等方面搭建联盟平台。

公共图书馆事业整体发展情况有很大提高，但区域发展不平衡现象仍比较严重，尤其是各地基层图书馆在经费投入、设施设备、服务水平等方面还存在很大差距。在公共图书馆设施网络体系建设中，整体服务效能还有待提升，应建设固定服务、流动服务、数字服务相辅相成的设施网络体系，在建设单体图书馆时应考虑其服务半径以及服务的覆盖能力。在基层地区存在乡村图书室、共享工程基层服务点、农家书屋等多种农村公共文化工程资源的重复建设问题。各地应探索建立一个统一的服务平台，实现资源的整合、共建共享。

【此次评估定级工作的特点】 一是做好前期培训动员，调动各级文化行政部门和公共图书馆的性，参评率明显提高。全国共2621个图书馆参评，占全国图书馆总数的85.2%，比2009年第四次评估时增加387个，增长17.3%。二是评估工作体现政府推动公共图书馆事业发展的政策导向。三是评估考核办法科学规范。四是将有关重点文化工程作为评估重要内容。评估定级工作推动公共图书馆事业发展，具体表现在：①带动各级政府加大对公共图书馆事业的支持和保障力度，2010—2012年全国公共图书馆年均财政拨款75.83亿元，比2005—2009年间增长87.6%；全国公共图书馆2012年人均购书经费1.09元，比2009年增长39.7%。②带动各级公共图书馆办馆条件的提档升级，公共图书馆数量逐年增长，2012年全国共有县级以上独立建制的公共图书馆3076个，比2009年增加226个，省级图书馆覆盖率达100%，地市级图书馆覆盖率87%，县市级图书馆覆盖率92%，覆盖全国的公共图书馆设施网络经基本形成；各级公共图书馆设施条件明显改善，2012年全国公共图书馆平均馆舍面积3440.8平方米，比2009年增长15.3%，平均拥有电子阅览室终端33台，比2009年增长30.4%。③带动各级公共图书馆文献资源规模与质量的同步提升，2012年，全国县以上公共图书馆文献总藏量7.89亿册/件，比2009年增长34.7%；人均藏书量0.58册，比2009年增长31.8%。④带动各级公共图书馆服务效能的明显增强，各级公共图书馆不断更新服务理念，拓展服务内容，延伸服务范围，创新服务形式，2012年，全国公共图书馆总流通人次达到4.34亿，文献外借册数超过3.3亿册次，分别比2009年增长34.8%和28.4%。

推进全国基层文化队伍培训

【概况】 2010年10月21日，文化部下发《关于开展全国基层文化队伍培训工作的意见》（文社文发〔2010〕33号），正式启动“全国基层文化队伍培训项目”。项目主要内容是在“十二五”期间，用5年时间，对全国现有24.27万县乡专职文化队伍和366.85万左右的业余文化队伍进行系统培训，包括县级文化馆、公共图书馆、艺术表演团体和乡镇文化站（街道文化站）工作人员，以及这些基层文化单位指导的村（社区）文化活动室、农村文化中心户、群众业余文艺团队等业余文化工作者和社区文化志愿者等。

文化部、国家图书馆、中央文化管理干部学院、全国公共文化发展中心、全国基层文化队伍培训基地以及各省文化厅局围绕培训目标做大量工作。

【建立分级负责、分类实施的培训工作机制】 经过三年的努力，基本建立分级负责、分类实施的培训工作机制，文化部本级抓师资培训、示范性培训和公共文化巡讲，抓培训基地、教材和远程培训平台建设，负责指导各地培训工作；中央文化管理干部学院和文化部全国公共文化发展中心负责部本级培训工作；全国基层文化队伍培训基地负责开展区域性培训和全国性特色培训工作；省级、地市级文化行政部门负责组织培训辖区内县、乡级专业文化队伍；县级文化行政部门负责组织培训业余文化队伍。按照培训工作机制要求，形成由中央文化管理干部学院、4家全国培训基地、各地省市县按照各自职责开展工作的培训网络，搭建覆盖全国的基层文化队伍培训体系。

【各级文化部门树立培训工作的自觉意识】 许多地方文化部门重视基层文化队伍培训工作，把培训工作纳入年度工作计划，作为公共文化服务体系建设的专项工作加以推进，按照相关政策文件要求，制定培训规划方案，落实培训经费，加强培训管理，保障培训工作有序开展。特别是公共文化设施免费开放以来，各地文化部门把培训工作作为提升公共文化服务能力和水平的重要举措，作为推动业务工作的重要抓手，建立培训工作长效机制，加强基础建设，树立基层文化队伍培训工作的自觉意识。

【培训工作进展顺利】 2013年，中央文化管理干部学院和4家全国培训基地通过开展基层文化骨干培训，公共文化巡讲以及各地开展的各类基层文化队伍培训，累计培训基层文化人员3万余人次。从经费保障看，中央本级每年450万元用于开展示范性和骨干培训、远程网络平台建设、教材编纂出版等，各地文化行政部门将基层文化队伍培训经费纳入年度预算，建立培训工作经费保障机制。从师资建设看，通过建立国家公共文化专家队伍，开展师资培训，形成以公共文化理论政策、公共图书馆业务、文化馆业务、群众文化活动、公共数字文化等为主要模块的稳定师资队伍。从教材建设看，组织专家编著公共文化基层队伍培训系列教材，正式出版较完整的教材系列，计18本。培训系列教材委托北京师范大学出版社出版，中央财政购买部分教材，赠送给中央文化管理干部学院和4家培训基地，向学员免费发放。从远程培训平台建设看，经过两年来的软件研发、硬件配套，全国基层文化队伍远程培训平台经在培训基地开始试运行。

【培训领域、方式和对象不断拓展】 2013年，在中央文化管理干部学院举办10期示范性培训班和师资班，在4个全国基层文化队伍培训基地举办16期示范性培训班，培训基层文化骨干1000余人。与上年相比，2013年培训工作亮点突出：①结合培训基地特长，开展专业培训。年内4个培训基地在承担原有片区内公共文化理论培训任务的同时，分别面向全国基层文化骨干举办音乐、美术、舞蹈等4期专业培训班。②创新培训工作形式，开展公共文化巡讲活动。遴选国内公共文化领域专家，分赴各地开展巡讲，培训基层公共文化管理者、业务骨干；巡讲专家同时开展公共文化建设调研和示范区（项目）创建指导，促进公共文化服务体系建设和示范区（项目）创建。公共文化司委托中央文化管理干部学院在5个省区开展公共文化巡讲，受训人员达到1500人次。③培训范围扩大。在示范班和骨干班的带动下，各培训基地配合周边省份的培训工作，2013年承接地方文化厅（局）组织的基层文化队伍培训班累计76期，培训基层文化骨干5000余人。④形成品牌效应，承接外系统培训工作。2012年，先后有中国人民解放军总政治部、国务院侨务办公室与公共文化司联系，提出委托培训基地开展军队文艺骨干和华侨农场文艺从业人员培训。2013年，首次将部队文化工作者纳入基地培训工作中，累计培训军队文艺骨干27名。面向华侨农场文艺从业人员的培训也在落实中。

【基层文化队伍培训工作存在的问题】 ①不均衡。表现在区域之间、中央和省市县各层级之间、专业队伍和业余队伍等不同类别之间的培训还不均衡，不同层级、不同地方在重视程度上、工作推进力度上差距较大。②不规范。表现在培训内容、课程设置、培训方式、培训管理、绩效考核等方面的标准规范还不完善。③不可持续。表现一些地方的培训工作与业务工作衔接不够紧密，在培训机构、师资队伍、教材编写、经费保障、培训需求调研、监督检查、绩效考核等基础建设方面相对薄弱，尚未形成完善的长效机制。

中华古籍保护计划

【概况】 2007年，国务院办公厅发布《关于加强古籍保护工作的意见》(国办发[2007]6号)，提出在“十一五”期间大力实施“中华古籍保护计划”。中华古籍保护计划的内容主要有五个方面：一是统一部署，从2007年开始，用3到5年时间，对全国公共图书馆、博物馆和教育、宗教、民族、文物等 系统的古籍收藏和保护状况进行全面普查，建立中华古籍联合目录和古籍数字资源库；二是建立《国家珍贵古籍名录》，实现国家对古籍的分级管理和保护；三是命名“全国古籍重点保护单位”，完成一批古籍书库的标准化建设，改善古籍的存藏环境；四是培养一批具有较高水平的古籍保护专业人员，加强 古籍修复工作和基础实验研究工作，逐步形成完善的古籍保护工作体系；五是加强古籍的整理、出版和研究利用，特别是应用现代技术加强古籍数 字化和缩微工作，建设中华古籍保护网。完成“十一五”国家古籍整理重点图书出版规划，争取开展中华再造善本二期工程，使古籍得到全面保护。

【"中华古籍保护计划"的成绩】 全国古籍保护工作体系基本建立，保护力度不断加大，保护能力和水平提高，古籍保护意识不断深入人心，优秀民族文化得到弘扬。一是古籍保护工作领导机制基本建立。各地纷纷建立古籍保护工作厅（局）际联席会议制度和省级古籍保护中心，并领导、组织、协调本地的古籍保护工作。在此基础上，有些省（区、市）逐步完善分级领导的管理机制，如辽宁省成立沈阳市古籍保护中心、大连市古籍保护中心；山东省成立济南市古籍保护中心；福建省组建厦门市古籍保护工作专家委员会；云南省成立昆明、曲靖、大理、楚雄、临沧、昭通、红河等7个州市"古籍保护分中心"，特别是楚雄州图书馆作为州古籍保护分中心，专门设立"古籍普查、彝族文献建设办公室"，建成在全国有一定影响力的彝族文献中心。大多数省（区、市）根据本地情况，制定并下发关于加强古籍保护工作意见的通知、古籍保护工作实施方案、古籍普查方案、地区古籍联合目录编纂方案等，为古籍保护工作的开展提供有力的政策支持和制度保障。全国有18个省（区、市）开展本地《珍贵古籍名录》的评审工作，古籍分级保护制度逐步建立。二是古籍保护经费增长。各省（区、市）相关部门和单位争取经费支持，并加大对本地古籍保护工作资金投入的力度，各地普遍建立成熟的古籍保护经费投入机制，每年都有固定的经费和专项资金投入，保证古籍保护工作的持续稳定发展，确保投入经费的规范使用。如浙江省建立古籍保护经费补助机制，省财政设立古籍保护专项补助经费，对古籍普查、古籍重点保护单位和珍贵古籍进行经费补助。古籍保护经费投入相比过去增长，特别是经济发达地区，自"中华古籍保护计划"启动到2012年底，近10个省市古籍保护累计经费投入超过500万元，其中浙江省投入经费达1104.6万元，山东省投入经费达880万元,江苏省投入经费达662万元。西部地区在古籍保护经费投入上也有提高，甘肃省投入经费累计达670万元，西藏自治区和新疆维吾尔自治区累计投入经费分别达到310万元和180万元。据不完全统计，从2007年到2012年底，各地财政累计拨付古籍保护经费达1.35亿元。三是全面开展古籍普查登记工作。建立中华古籍联合目录和古籍数字资源库，是古籍保护工作的首要任务。各省（区、市）图书馆（古籍保护中心）对这项工作高度重视。全国有北京、天津、山西、内蒙古、辽宁、黑龙江、安徽、湖南、宁夏、陕西、新疆等11家省（区、市）图书馆完成古籍普查登记工作。就辖区范围而言，有北京、天津、河北、辽宁、黑龙江、安徽、山东、重庆、贵州、云南、宁夏等11个省（区、市）普查登记完成数量达到本省（区、市）藏量一半以上。从普查推进的方式方法上看，各地区因地制宜，各有特点。如天津图书馆在制度建设、组织协调方面卓有成效；浙江省图书馆建立普查规范管理机制和质量控制体系，普查数据质量高，并提升普查数据灾备能力，2012年在台州市图书馆安装虚拟带库，建立浙江省古籍保护备份中心，成为全国首个建立数据备份中心的省中心；西藏自治区文化厅为加强对全区古籍普查工作的指导，组织专业人员分赴全区各地市，对70余个古籍收藏单位的古籍普查保护情况进行调查和督导，有力促进各地市和单位的古籍普查保护工作。河南省古籍保护中心从2012年6月起，采取逐月通报的办法，对各单位普查进度进行公示和督促，从而使得全省古籍普查进度大大加快。四是多渠道、分层次培养古籍保护人才。各地以点带面，开展多层次、多类型培训，培养一批古籍保护的中坚力量；各省级中心承担本地的古籍人才培养工作，承办或举办多个古籍培训班。新疆古籍保护中心在2010—2012年期间分别在乌鲁木齐地区、昌吉回族自治州地区、阿克苏地区、巴音郭楞蒙古自治州地区和伊犁地区举办地州级古籍人员培训班。多家收藏单位在利用有的古籍人才资源的基础上，通过外聘专家、返聘退休人员，采取老带新、师带徒、传帮带的方式，从古籍著录到古籍修复，让古籍人才在实践中成长。山东、天津聘请国家级修复专家，对本馆的修复人员进行手把手培训。浙江省图书馆在馆内建立古籍普查培训基地，以"跟班"方式为古籍藏书机构提供人员培训。重庆、云南、西藏、甘肃等省中心采用点对点"帮教式"的办法，下到基层馆边工作边培训，提高基层单位独立开展古籍保护工作的能力。各省级中心利用现代网络通讯工具，建立古籍保护交流群，在日常工作中发挥着工作指导和信息交流的作用。部分省（区、市）与教育部门联合办学，探索古籍保护人才培养新途径。天津古籍保护中心与天津艺术职业学院通过联合办学的方式培养出的古籍专业人才，被输送到天津市属各级图书馆，承担馆藏古籍修复任务。南京图书馆与金陵科技学院合作成立"文献保护所"。黑龙江省中心与黑龙江中医药大学联合办学，指导中医药大学学生来馆进行古籍修复实践。五是古籍安全得到保障。各馆古籍书库存藏条件均得到不同程度的改善。省级图书馆中，最近新建、扩建、改造馆舍的首都图书馆、天津图书馆、重庆图书馆、河北省图书馆、广东省立中山图书馆、湖北省图书馆、山西省图书馆、内蒙古自治区图书馆、浙江省图书馆、江西省图书馆等建设专门的古籍书库；正在建设的新疆维吾尔自治区图书馆，也将新建专门的古籍书库。部分省（区、市）全面改善古籍书库条件。山东、江苏省内图书馆、博物馆和高校图书馆都有新的古籍书库建成；浙江全省古籍库房条件得到改善，超过73%的古籍处于良好的保存保管条件之下；广东省也新建一批古籍书库，其中区县级图书馆不在少数。各地还开拓书库使用新模式。北京市古籍保护中心针对部分市属单位古籍保护工作基础薄弱，保存条件不达标等问题，依托首都图书馆一流的藏书环境和严格的管理制度，为市属单位提供古籍代存代管服务，截至2013年6月，共为北京市委图书馆等12家单位代存古籍72623册。山东、云南、浙江、陕西等省图书馆发挥国家级古籍修复中心的作用，根据地域特色和修复传统，逐步形成特色专长，起到行业引领和示范作用，促进古籍修复工作的科学化、规范化。六是推进古籍的开发利用。加强古籍出版、缩微复制等再生性保护，加快古籍的数字化建设，在做好原生性保护的同时，加大古籍再生性保护的力度。山西省图书馆抢救民间古籍资源，推进民间石刻文献拓制保护工程，有计划、有步骤地将全省范围内所存民间石刻资源陆续进行复制保护，以县域为单位收集山西野外石刻拓片700余种；上海图书馆开展的古籍全文数字化工作连续17年，今年又完成善本732种，家谱987种的数字化工作；浙江省古籍数字化完成491万叶（幅），影印出版550种；山东省图书馆联合高校、出版社共同进行古籍的开发与利用，与山东大学、国家图书馆出版社、齐鲁书社等合作出版《山东文献集成》、《丛书人物传记资料类编》、《十三经古注》等，完成504种古籍的数字化。七是加强对古籍保护知识的宣传。各地古籍保护宣传工作不断取得新的突破和进展，宣传形式日益多样，展示内容更加丰富，宣传力度不断增强，影响范围逐步扩展，在社会上取得较好的宣传效果。一些古籍收藏量大、古籍保护工作基础较好的地区，如上海、山东、浙江、江苏、辽宁、山西、广东等地，通过展览、讲座向公众展示馆藏珍贵古籍原貌，普及古籍保护知识，弘扬优秀典籍文化，吸引大量的观众和听众，受到古籍保护工作者和公众的广泛好评。各地与各类媒体合作，以图书馆服务宣传周、非物质文化遗产日等为契机，通过报刊、杂志、电视、网络等多种渠道对古籍保护工作进行报道。如河北、安徽、江西、福建、云南、甘肃、陕西等省中心均借助中央及地方媒体对本省古籍保护工作做全方位、多角度的报道，及时发布当地古籍保护动态和阶段性成果，营造全社会共同关注和支持古籍保护事业的良好氛围。

举办中国图书馆年会，探索改革创新

【概况】 文化部自2011年开始主办中国图书馆年会，探索政府管理图书馆事业的新机制、新模式，搭建多方共赢的交流合作平台。2013年，年会坚持政府主导和城市承办，集中展示图书馆事业发展的最新成果，展现中国图书馆人进取、勇于创新的精神风貌，整体安排简朴、高效，是一届充满浓郁的书香气息的文化盛会。

2013年中国图书馆年会以"书香中国——阅读引领未来"为主题，旨在倡导"全民阅读"理念，营造多读书、读好书的良好氛围，推动"书香中国"建设，分为工作会议、学术会议和展览会三大板块，各项活动紧扣主题。著名教育家朱永新先生作题为《文化中心，精神客厅，心灵牧场——我心目中理想的图书馆》的大会学术报告，著名文化学者余秋雨作题为《生命因阅读而宁静》的嘉宾演讲，引起图书馆人的共鸣，产生良好的社会反响。年会开幕式上举办"2013中国图书馆榜样人物"颁奖活动，展示7位"榜样人物"不平凡的感人事迹，宣传和展现当代图书馆人的职业精神与道德风范。学术会议注重开放性，包括1个大会学术报告、5场主题论坛、29个分会场，分会场的策划和申办面向业界开放。主题论坛内容丰富，名家云集，分会场注重对各图书馆优秀经验的鼓励和推介，参会代表踊跃参与，气氛热烈。年会前后还在江浙地区举办卫星会议，延展年会学术会议的时空跨度。展览会突出行业特性，设立主题（事业）展示区、企业展示区、国际展示区、主题书展区、互动交流区共五个展区，全面展现图书馆现状及未来发展。年会活动丰富，举办上海市作家协会名人名家讲座及签名送书活动，上海连环画中心“纸上的艺术”阅读表演活动，沪江网“爱心借阅，1元邮费”现场借阅书刊活动，龙源2013中国期刊网络传播TOP100排行发布，2013期刊杂志评选排行榜颁奖仪式等。全国各省（区、市）文化厅（局）长，第一批、第二批国家公共文化服务体系示范区（项目）创建城市市长、文化局长，国内外图书馆领域的管理者、专家学者、图书馆员、媒体记者及企业代表3000余人参会；展览会面积2.5万平方米，132家单位参展，吸引观众7.5万人次，创历史新高。

年会坚持改革创新，社会化、国际化、信息化程度全面提升。在社会化方面，浦东以政府搭建平台、政府购买服务的方式，发动社会力量参与；年会学术会议和展览会全部零门槛向市民开放，数十项精彩活动吸引市民参与互动，使年会成为一场群众参与的文化节日。在国际化方面，学术会议云集中外业界精英，在国际化背景下探讨“阅读引领未来”的主题。美国图书馆协会、日本图书馆研究会、新加坡国家图书馆管理局等国外重要专业机构负责人参会。展览会首次开辟国际展示区，世界最大的图书馆系统供应商SirsiDynix、最大的学术出版集团泰勒弗朗西斯等14家具有很强行业影响力的国际企业首次参展。在信息化方面，学术会议围绕数字阅读等议题深入研讨，展览会引入与数字图书馆建设相关联的41家企业参展，整体展示图书馆科技应用的最新成果。年会还依托新媒体，开通官网、微博、微信等多种信息平台，向参会代表和社会公众发布最新信息。

年会期间召开全国公共图书馆工作会议和国家公共文化服务体系示范区（项目）创建工作会议。江苏省苏州市等31个城市，浙江省嘉兴市城乡一体化公共图书馆服务体系建设等45个项目成为首批国家公共文化服务体系示范区、示范项目，正式启动第二批32个示范区、57个示范项目的创建工作，标志着以文化惠民为核心内容的公共文化服务体系建设进入一个新的阶段。全国公共图书馆工作会议总结第五次全国县以上公共图书馆评估定级及重点文化工程督导工作，公布上等级图书馆名单，并对公共图书馆事业发展进行总体部署。中国图书馆学会发布《图书馆发展浦东共识》，提出“推动图书馆事业均衡发展；实现图书馆服务转型升级；完善服务体系，提高服务效能；打造全民阅读公共空间；支持国家创新体系建设；加强图书馆法治建设；落实人才优先战略”，以推动图书馆创新驱动，转型发展。经过征集和评审，从600多份应征作品中，产生中国图书馆年会永久会徽。年会还举办“为全国少年儿童推荐一本好书征集活动”，推出100本适合少年儿童阅读的好书。年会坚持社会宣传和新闻宣传同步，传统媒体宣传和新媒体宣传联动，多渠道全面呈现本届年会的“成功、精彩、难忘”。

【成绩】 通过近三年的探索和培育，年会规模不断扩大，影响力不断提升，成为图书馆界层次最高、规模最大的年度盛会，引领作用和社会效益日益凸显。一是推动事业发展。年会按照“政府主导和社会支持相结合、文化事业和文化产业相结合、理论研究和实践工作相结合”的总体思路，探索政府管理图书馆事业的新机制、新模式。2011年以来，工作会议作为年会的三大板块之一，在推动公共文化服务体系建设，部署公共图书馆事业发展重点任务和推进重点文化惠民工程建设方面发挥重要作用。2011年工作会议提出加快推进《公共图书馆法》立法，提高公共图书馆法制化、规范化水平，当年年底文化部向国务院呈报《公共图书馆法（草案送审稿）》。2012年工作会议部署第五次全国公共图书馆评估定级工作和《公共图书馆服务规范》宣传贯彻工作。2013年工作会议分析公共图书馆事业发展面临的主要问题和主要原因，明确提出公共图书馆事业发展的重点工作和任务。年会对于承办城市提升公共文化服务水平作用，东莞、浦东以年会为契机，加速公共文化事业发展，城市公共文化服务体系建设和图书馆事业跨上新台阶。二是打造交流合作平台。年会发挥凝聚力量、振奋精神的作用，成为各方交流合作首选平台。年会以学术研讨为重要依托，为业界专家、学者和图书馆员提供传播思想、交流经验、相互学习和共同进步的舞台，对图书馆学理论研究和图书馆事业的发展起到重要的引领作用。学术会议以“繁荣学术研究、促进学术交流和推动事业发展”为宗旨，内容丰富，议题广泛，数量和质量逐年提升。除大会学术报告外，2011年17个分会场，2012年4个主题论坛和27个分会场，2013年为5个主题论坛和29个分会场。展览会全方位展示事业发展成就和业界最新成果，坚持市场化运作，展览面积、参展单位数量稳步提升，2011年展览面积仅3000平方米，60余家单位参展，2012年总面积达20000平方米，100多家企业参展，今年展览面积达2.5万平方米，132家单位参展，实现事业链和产业链的结合。年会以会展结合作为基本模式，经成为图书馆事业发展成就的展示平台、图书馆事业与相关产业的合作平台，搭建图书馆界与地方政府、企业界、高等院校、科研机构之间的互动平台。三是提升图书馆行业影响力。近两年，年会主题分别为“文化强国——图书馆的责任与使命”、“书香中国——阅读引领未来”，立足于全面建成小康社会和社会主义文化强国建设对图书馆事业的新要求，围绕主题，倡导和传播“全民阅读”理念，体现图书馆作为促进全民阅读、建设书香中国的中坚力量，在社会主义文化强国建设中的责任和使命。从2012年会开始的年度图书馆榜样人物揭晓，让广大图书馆工作者充满期待。中央主流媒体和地方媒体的报道，中国网络电视台每年对年会开闭幕活动进行的网络视频直播，扩大年会的影响。依托年会，对图书馆事业的宣传贯穿全年，全面展现图书馆事业的发展成果和社会影响。年会发挥交流、鼓舞、激励作用，传播图书馆的社会价值，为图书馆事业发展创造更好的社会环境，提升图书馆行业在文化建设和经济社会发展全局中的影响力。

【经验】 一是图书馆事业的繁荣发展是年会成功举办的坚实基础。在党中央的正确领导下，在各级党委、政府的重视和支持下，图书馆事业迅速发展，取得令人瞩目的成就。公共图书馆全面实现免费开放，设施数量稳步增长、软硬件条件大幅改善、资金人才技术保障水平提高、法制化标准化规范化程度明显增强。高校图书馆、科研院所图书馆事业在“科教兴国”战略指引下高速发展，成绩斐然，高校图书馆先后建立的中国高等教育文献保障系统（CALIS）、大学数字图书馆国际合作计划（CADAL），成为数字图书馆建设的重要组成部分。其他行业图书馆、专业图书馆也随着群众的需求增长而不断增长，特别是军队、党校图书馆，特色鲜明，发展迅速。二是改革创新是年会发展壮大的不竭动力。年会借鉴国外经验，结合国情，探索公共文化管理体制机制改革创新，探索市场经济条件下文化事业和文化产业相结合，发动社会力量参与和支持年会，在开放办会、市场化运作等方面取得突破。三年来，年会由原来的行业组织内部会议转变为面向整个社会、面向市场的大型会展活动，影响力逐年提升。展览会坚持市场化运作，参展企业数量、观众数量逐年提升。年会的成功举办为政府管理公益性文化事业提供新经验，为培育图书馆行业组织，进而实现政府职能转变，逐步形成管办分离、政社分离的公共文化事业管理模式奠定基础。三是多举共赢的办会机制是年会可持续发展的重要保障。借鉴国外图书馆行业年会的经验，发挥行业组织和承办城市的作用，广泛发动全国图书馆界、企业界及社会力量的参与和大力支持，整合各方力量和资源，调动各方性，发挥各方优势，形成合力，确保年会的成功举办。文化部通过主办年会，表明政府始终支持公益性文化事业发展的态度；承办城市通过年会加强宣传，提升城市形象，形成会展经济效应，促进当地旅游服务业发展；图书馆行业组织提升影响，积累经验，锻炼队伍；国家图书馆在年会上体现在图书馆行业的龙头带动作用；重点文化工程建设既是每年工作会议的重要议题，又是支撑展览会事业展区的主体力量；参展企业随着年会参会人数的增长、展览会规模的扩大，更好地面向目标群体宣传展示，交换信息，提升实际成交额。

第十届中国艺术节“群星奖”评奖工作

【概况】 第十届中国艺术节“群星奖”评奖工作于2012年8月在北京启动，2013年10月25日在山东省威海市落下帷幕。一年多时间内，“群星奖”举办作品类初选、复赛和决赛，项目类和群文之星评审等活动，共计在山东省济南市、青岛市、泰安市、烟台市、威海市，以及广东省中山市等地举办56场现场评比演出。艺节期间，“群星奖”作品决赛观众场场爆满，惠民演出和配套群众文化活动蓬勃开展，集中展示群众文化建设的丰硕成果和基层群众昂扬向上的精神风貌，使广大基层群众成为中国艺术节当之无愧的主角，生动诠释中国艺术节“人民的节日”的办节宗旨，引起社会各界强烈反响。

第十届中国艺术节“群星奖”是党的十八大召开以后群众文化首次集体亮相，也是近年来基层群众文化建设成果的大检阅和大展示，汇集最优秀的群众文艺作品、群众文化项目和文化人才。该届“群星奖”共收到来自各省、自治区、直辖市文化厅

（局）等35家单位报送的作品类节目884个，经过初选和复赛环节，有353件作品入围本届“群星奖”决赛，其中音乐作品109个（含37个合唱团），舞蹈作品89个（含13个广场舞），戏剧作品88个，曲艺作品67个。这些作品内容题材丰富，形式短小精悍，表演朴实生动，带有浓郁的生活气息和时代特征，呈现出鲜明的民族风情及地域特色。演职人员来自社会各个领域和各行各业，有工人、农民、教师、学生、军人、警察、医生、农民工、残疾人等，全部参演人员达15000余人次。除舞台作品外，本届“群星奖”还有各地申报的157个候选项目和117位群文之星候选人参评。

该届“群星奖”作品类共举办集中初选、32场复赛、24场决赛，1场颁奖仪式获奖作品演出。其中初选采取在北京组织专家审看视频或文字材料的方式进行，复赛和决赛采取现场演出评比的方式进行。32场复赛分别于2012年11月及2013年6月在山东省济南市、青岛市、烟台市和威海市举办。24场决赛中除3场合唱决赛于2013年8月在广东省中山市举办外，其余21场决赛均于2013年10月第十届中国艺术节期间在山东省济南市、青岛市、泰安市和威海市举办。总计56场“群星奖”比赛和演出共吸引近10万人到现场免费观看，赛事筹备阶段和赛事进行过程中，山东省在全省范围内组织开展近万场惠民演出和群众文化活动，全国各省（区、市）围绕“群星奖”开展的层层选拔和评比演出等活动更是不计其数，体现出“群星奖”作为社会文化领导政府最高奖的示范和带动作用，激发基层群众参与文化创造的性，使“群星奖”成为基层群众展示才华和欣赏艺术的平台。

该届“群星奖”项目类和群文之星评选于2013年9月在北京举办，9名来自公共文化服务体系建设、群众文化建设等领域的评审专家对候选项目及群文之星候选人的申报材料进行集中评审。其中候选项目内容涵盖演出、展览、讲座、培训、流动服务、民俗活动、文化艺术节、数字信息服务等各类群众文化活动和公共文化服务项目，群文之星候选人全部从基层文化工作者中产生，他们凭着对群众文化工作的激情与热爱，长年坚守在一线，“群星奖”对他们的肯定，将对基层群众文化人才队伍建设起到推动作用。

经过专家严格评审，第十届中国艺术节“群星奖”共评选出220个“群星奖”作品（其中戏剧类59个，音乐类49个，舞蹈类51个，曲艺类44个，合唱类10个，广场舞7个），110个“群星奖”项目和100位“群文之星”。

【亮点】　该届“群星奖”贯彻落实党的十七届六中全会和党的十八大精神，在部党组的统一部署安排下，精心做好组织工作，完善评奖机制，突出群众主体地位，让群众当主角，坚持为最广大的基层群众服务，呈现出一些新的亮点。一是严格落实“八项规定”，杜绝浪费节俭办赛。本届“群星奖”贯彻党的群众路线，全面落实中央八项规定，响应中宣部、文化部等五部门提出的制止豪华铺张、节俭办晚会的要求，活动组织形式简朴务实，不走奢华、大型演出的路线，在保证活动效果的前提下，最大限度地节约经费。活动食宿接待方面厉行节约，比赛现场不过度包装美化，主体活动现场不摆放鲜花，简化开、闭幕式程序，颁奖仪式演出不请名主持、名编导，不邀请专业演艺团队，全部由“群星奖”获奖节目参演，缩减不必要的开支，把舞台最大限度地留给基层群众。二是坚持改革创新，发挥政府奖的带动作用。按照文化部党组审订的“群星奖”改革思路，本届“群星奖”首次采取“分门类、分年度”的工作机制，改变过去4个门类作品集中在一个时段评奖，各地临赛前仓促应付、为参赛而参赛的局面，引导各地在三年评奖周期内每年重点打造一到两个门类作品，建立起群众文艺创作的良性机制。另外，本届“群星奖”还将中国老年合唱节、中国少年儿童合唱节等重大群众文化活动纳入评奖序列，两个合唱节的前5名直接入围“群星奖”决赛，发挥出“群星奖”政府奖的龙头作用，以点带面，推动全国各地群众文化活动的蓬勃开展，逐步建立以评奖促进群众文化事业繁荣的长效机制。三是完善评奖机制，确保比赛公开、公平、公正。①组织专家重新制订评审标准、评审流程、评审规则和评分办法等，从制度上保证评审工作的严谨和规范。②在工作程序上力求严谨规范。参赛作品随机抽签分组，评审专家由驻部纪检组监察局协助抽取，评审专家名单赛前严格保密，邀请中纪委驻部纪检监察局派专员全程监督赛事等，从程序上保证评审工作的公平和公正。③引入观众评审机制，每场比赛从现场随机抽取14位观众参与节目评审和打分，使基层群众真正参与到国家级奖项的评奖工作中来。④佳作频出，引领群众文化新风尚。各级政府和文化部门重视群众文化工作和群众文艺创作，使本届“群星奖”参赛作品质量有提升。此外，本届“群星奖”首次增加现场复赛环节，一方面使更多作品有到现场展示和观摩学习的机会，另一方面也使参赛作品在专家评委的帮助下，打磨提高，涌现出众多群众文艺精品佳作。专家评委一致认为，部分作品所体现出的对老百姓日常生活细致入微的观察和提炼，对基层普通群众人物性格活灵活现的描绘，以及对生活中真善美的真诚讴歌，使小作品体现出大情怀，将引领群众文艺的创作方向。五是坚持文化惠民，从群众中来、到群众中去。本届“群星奖”在比赛开始前，引导各地围绕“群星奖”筹备工作开展系列文化惠民活动，山东省从2010年开始先后举办“喜迎十艺节•全民共欢乐”、“唱响中国梦•喜迎十艺节”等系列群众文化活动，成功营造全民共同参与群众文化创造的良好氛围；在比赛过程中，坚持所有比赛场次向公众免费开放，要求各承办城市结合当地特点和原有的品牌文化活动，组织参演队伍深入社区、农村、厂矿、企业、部队，开展慰问演出、联欢交流等文化惠民活动。六是加强宣传，扩大“群星奖”社会影响力。本届“群星奖”重视宣传工作，利用传统平面、广播、电视媒体以及网络媒体、手机媒体等新兴媒体渠道对各项赛事活动进行全方位报道。《中国文化报》自9月底开始在头版推出“群星奖”专题系列报道，中国文化报手机报利用其方便快捷的新媒体优势，对各项赛事密集报道，使订阅者在第一时间内解到“群星奖”的最新情况。中央主流媒体对“群星奖”做出高度评价，《人民日报》以“艺术‘菜品’质量高，保证群众‘吃得好’”为题对群星奖进行评论，认为十艺节“群星奖”的最大特点是“群众演，演群众，演给群众看”，让群众文化活动有更多的机会走上“前台”，走上“版面”，占据“黄金时段”，有更广阔的展示群众文化的舞台。《光明日报》认为“群星奖”成为十艺节文化惠民楷模，除21场决赛表演全部向社会公众免费外，比赛期间参赛节目还深入基层社区、学校、企业演出，让更多的群众有机会欣赏到群众艺术精品，体现中国艺术节“艺术的盛会、人民的节日”的办节宗旨。

【“群星奖”评奖后续工作】 文化部将做好以下工作：一是组织相关专家总结本届“群星奖”评奖工作，提炼经验，反思不足，着重研究和完善“群星奖”项目和“群文之星”评审办法。及时谋划下届“群星奖”评奖相关工作，尽早确定各项评奖活动报名及评奖、评审时间表，以便各地早作准备。二是推动“群星奖”获奖作品、项目及个人反哺社会，扩大“群星奖”的社会效应。①组织优秀获奖作品赴基层展开巡演，让评选出来的“群星奖”群众文艺精品惠及更多的基层群众，让广大基层群众认识和解“群星奖”，增强参与意识。②考虑与国家公共文化服务体系示范区创建工作相结合，推动示范区创建城市开展区域性“群星奖”获奖作品交流展演、群众文艺创作机制交流学习等活动。③组织本届“群星奖”评审专家及获奖优秀作品主创人员组成讲师团，赴各地举办“群星讲堂”活动，点评本届参赛作品，交流创作心得，提高基层文化工作者创作水平。④拟在适当时机召开“群星奖”项目和“群文之星”经验交流会，促进地区间的交流和学习，及时总结各地的先进经验，在全国加以推广。

加强统筹规划，整合社会资源，推进群众文化活动的系统化建设

【与相关部门合作，推进农民工文化建设】 1. 举办“关爱打工子弟 快乐健康成长”慰问打工子弟公益演出活动。与中国儿童艺术剧院合作于2013年1月5日、6日以“关爱打工子弟 快乐健康成长”为主题，组织1500多名农民工子弟走进中国儿童剧场，观看由中国儿童艺术剧院创作演出的经典童话人偶剧《白雪公主和七个小矮人》。此次活动利用元旦春节这一传统节日的有利时机，满足和保障广大农民工子女等特殊群体文化权益。

2. 落实领导批示，完成城乡结合部农民工文化生活调研。按照中共中央宣传部《宣传思想文化系统调研工作方案》要求和部党组统一部署，上半年组织开展“城乡结合部农民工文化生活”专题调研。4月15日下发通知，要求广东省、湖北省、重庆市等东、中、西部代表性省市在当地开展调研，共收集到8份专题调研报告；5月10—14日赴江西省和广西壮族自治区进行实地调研，考察县、乡镇文化馆（站）、图书馆及城中村文化大院等公共文化设施；南昌县小蓝工业园区、金砂湾工业园区、灵川县八

里街八荣社区、七彩社区等社区；九江萍钢钢铁股份有限公司、中建五局南宁公司、柳州五菱集团等企业；南昌市东湖区青桥小学、柳州市革新路二小等农民工子弟学校，对两地城乡结合部农民工文化生活现状和农民工文化工作情况进行摸底，对加强城乡结合部农民工文化工作提出具体建议。

3. 配合国务院农民工办完成全国第七次农民工工作督察。根据国务院农民工办关于开展全国第七次农民工工作督察的通知要求，11月17—19日会同团中央、计生委和扶贫办等部门组成督察组，赴宁夏回族自治区开展农民工工作督察。

【关注和丰富老年及少年儿童文化生活】 1.举办第五届中国少年儿童合唱节。贯彻落实党中央、国务院《关于加强和改进未成年人思想道德建设的若干意见》，丰富广大少年儿童精神文化生活，推出更多更好的优秀文化产品，经国务院批准，文化部、教育部于2006年组织首届中国少年儿童合唱节，至今举办4届。第五届中国少年儿童合唱节于2013年暑假期间（8月2日—4日）在江苏省常熟市举办，共有来自全国22个省(区、市)的25支合唱团队、1000多位少年儿童合唱队员参加。合唱节对参赛曲目作具体规定，要求至少一首曲目为2010年5月以后新创作或新改编的少儿合唱歌曲。经过为期3天的比赛，来自全国22个省(区、市)的25支合唱团队中9支合唱团获“小黄鹂”杯、8支合唱团获“小云雀”杯、8支合唱团“小百灵”杯。合唱节集中展示少儿合唱艺术教育成果，促进少儿合唱艺术水平的提高，弘扬中华优秀传统文化，在全国中小学生中产生反响，并得到社会各界的广泛赞誉。本届合唱节获得前5名的合唱团直接取得参加第十届中国艺术节“群星奖”合唱比赛决赛的资格。

2. 举办第十五届中国老年合唱节。“永远的辉煌”——中国老年合唱节是文化部为全国老年朋友精心打造的重要群众文化活动品牌之一，1999年创办，相继在北京、江苏、山东、等省区市举办14届，凝聚大量老年群众，丰富和活跃老年群众的精神文化生活，推动老年群众歌咏活动的开展，体现“永远辉煌”的主题，受到全国老年群众的欢迎。“永远的辉煌”——第十五届中国老年合唱节于2013年8月13日至15日在河北承德举办，由文化部、河北省人民政府共同主办，文化部公共文化司、河北省文化厅、承德市人民政府、中国合唱协会联合承办，来自全国的53支老年合唱团、2500余人参加本届合唱节。经过4场合唱展演角逐，北京“秋之韵”合唱团等18个合唱团获得“避暑山庄杯”，广东省珠海市香洲区老干部活动中心合唱团等18个合唱团获得“金山岭长城杯”，辽宁省老干部活动中心合唱团等17个合唱团获得“木兰围场杯”。本届合唱节获得前5名的合唱团直接取得参加第十六届“群星奖”合唱比赛决赛的资格。

【与国家级奖项挂钩，整合品牌活动资源，推进群众文化活动的体系化建设】 将“永远的辉煌”——第十五届中国老年合唱节和第五届中国少儿合唱节等重大群众文化活动纳入“群星奖”评奖序列，两个合唱节的前5名直接入围“群星奖”决赛，既整合品牌活动资源，提升传统品牌活动的社会影响力，也发挥出“群星奖”作为政府奖项的龙头作用，以点带面，推动全国各地群众文化活动的蓬勃开展，推动群众文化活动的系统化、体系化建设。

【创新工作思路，统筹规划群众文化工作项目，提高工作的系统化程度】 为加大对群众文化活动现有工作项目的统筹规划，2013年在原有工作项目分散执行的基础上，分别策划特殊群体文化产品扶持计划和城乡特色文化提升计划两个综合项目，向财政部申请立项。这两个项目都是针对原有工作内容比较分散、零散或者缺乏工作经费的现状而提出的统筹解决方案。对原来的一些专项工作进行统筹整合，具体工作内容相应作出调整，围绕全局重新进行统筹规划，变局部扶持为整体扶持，全面提升群众文化活动财政支持的规模和力度。特殊群体文化产品扶持计划得到财政部门的认可。

以“文化志愿者基层服务年”为抓手，形成文化志愿服务立体化工作格局

【概况】 “文化志愿者基层服务年”系列活动是文化部联合中央文明办共同组织开展，着眼于创新公共文化服务领域，普及公共文化资源，旨在更好地保障基层群众基本文化权益，是文化部确定的6项重点文化惠民活动之一。

2013年初，文化部联合中央文明办共同印发《关于开展“文化志愿者基层服务年”系列活动的通知》，在全国启动“文化志愿者基层服务年”系列活动。该系列活动由国家层面开展的“春雨工程”——

全国文化志愿者边疆行和“大地情深”——国家艺术院团（馆）志愿服务走基层两项示范活动，以及各地依托公共文化设施和重点文化惠民工程开展的9个主题活动组成。其中，“春雨工程”和“大地情深”两项示范活动共对接实施138个项目，3000多名文化志愿者深入城乡基层，举办各类文艺演出162场、辅导讲座198场、展览展示22场，直接受益群众近30万人次。各地还开展多种文化服务活动，为群众提供身边的、日常性的文化志愿服务。12月4日，文化部召开全国文化志愿服务工作现场经验交流会，总结2013年，交流经验，表彰先进，并对2014年工作进行全面部署，部党组成员、中纪委驻文化部纪检组组长王铁出席会议并讲话。

【活动特点】 一是领导重视，把活动纳入全年重点工作。年初，文化部联合中央文明办共同印发活动通知和方案，召开启动仪式和工作部署会，对活动作出全面部署。各地各有关单位对活动也非常重视，纳入整体工作计划之中，确保活动顺利推进。从各地情况看，北京、辽宁等省（市）成立省、市（县）两级文化志愿服务总队或中心，重庆、上海以及厦门等地建立文化志愿者信息管理系统，开设文化志愿服务网站，全国性的文化志愿服务组织框架基本形成。二是重点面向基层，活动覆盖范围不断扩大。在年内活动中，文化部把基层作为服务重点，特别是向老少边穷地区倾斜，扩大服务范围，把文化志愿服务送到群众最需要的地方。从实际对接情况看，年内全国30个省（区、市）和新疆生产建设兵团参加“春雨工程”，14个国家艺术院团（馆）与31个公共文化服务示范区创建城市签订“大地情深”项目协议，实现活动在全国省域范围的全覆盖。为把有限的文化资源投入到最需要的地方，有近80%的演出和培训项目集中在中西部。比如四川与内蒙古、海南与宁夏开展的活动，都把边境地区、农牧区作为重点领域，取得良好社会效果。三是创新服务手段，文化服务水平高、效果好。2013年，文化部推动服务手段和内容创新，在资源统筹方面，各地注意接轨文化援助，形成工作合力。比如重庆、北京等地，把开展“春雨工程”活动纳入全市文化援藏、援疆总体计划中，争取更多资源和经费支持。在服务创新方面，文化部建立文化志愿服务数字网络对接平台，实现供需双方信息同时发布、动态更新和准确对接。在内容创新方面，很多地方和单位创造性地把演出、辅导和展示结合起来，不仅提供单一类型服务，还提供组合式的套餐服务，取得良好效果。比如中央芭蕾舞团《红色娘子军》、中国儿童艺术剧院《特殊作业》等，通过综合艺术表现形式，得到群众好评。四是同步做好宣传，活动在社会上引起广泛关注。文化部坚持活动开展和新闻宣传同步进行，邀请《人民日报》、新华社、中央电视台以及中国文化报等中央主要媒体和新闻网站，对活动进行重点报道。各地也作深入报道。如《人民日报》在文化版头条刊发长篇综述《“大地情深”走基层：花最少的钱看最好的演出》，中央电视台《新闻联播》节目对“春雨工程”活动进行报道，《中国文化报》刊发题为《唯有心贴大地 才懂百姓情深》的综述文章等，增强活动的吸引力和影响力。

以政策研究、督查指导为手段，做好少数民族文化工作

【制定政策法规，为相关工作开展提供遵循】 文化部于2013年3月初以部文件形式印发《关于加快推进少数民族和民族地区公共文化服务体系建设的意见》（文公共发[2013]10号），明确工作思路、任务目标和工作重点，为各地各有关单位开展工作提供政策指导和遵循。

【加强调查研究，推动少数民族文化各项工作落实】 一是做好落实国务院〔2009〕29号文件督查工作。7月中旬，由文化部副部长杨志今担任国务院第三督查组组长，对内蒙古和宁夏回族自治区落实国务院〔2009〕29号文件精神情况进行督查。二是对少数民族文化工作进行调研。针对少数民族文化建设存在的热点难点问题，听取各地的意见建议，起草调研报告。

【认真履行职责，加强民族地区文化工作的协调指导】 一是落实中央关于加强西藏、新疆等民族地区文化建设的要求，根据任务分工，做好文化援藏、援疆相关工作，做好其他各项少数民族文化工作，及时向中宣部、国家民委、国家发改委等相关部门提供文字材料，提出工作建议。二是支持、参与内蒙古第三届中国•呼和浩特少数民族文化旅游艺术活动，协助做好相关筹备工作。

2013年，全国各级文化部门认真贯彻执行中央有关精神，加大对公共文化服务设施建设的投入力度，进取，开拓创新，各项文化设施建设均取得成效。

公共文化服务设施建设

全国公共文化设施建设稳步推进

2013年，全国文化(文物)系统基本建设投资项目总数达到2279个，项目计划总投资达938.11亿元，比上年增长27.5%；计划施工面积（建筑面积）1909.70万平方米，比上年增长30.7%；本年完成投资额为118.32亿元，比上年增长11.3%。全国竣工项目850个，竣工面积376.54万平方米。

2013年，全国文化基建项目1498个，项目计划总投资607.81亿元，比上年增长18.9%；计划施工面积（建筑面积）989.65万平方米，与上年基本持平；竣工项目693个，竣工面积162.74万平方米。

2013年，全国文物事业机构新建项目总数为781个（不含文物维修项目），与比上年增加338个；项目计划总投资330.30亿元；计划施工面积（建筑面积）920.05万平方米；本年完成投资额为37.74亿元；全年竣工项目157个，竣工面积213.80万平方米。

在文化基建项目中，全国有207个公共图书馆建设项目，占文化基建项目总数的13.8%；计划施工面积184.31万平方米，占文化基建项目总面积的18.6%；国家预算内资金10.50亿元，占文化基建项目国家预算内资金总量的17.4%；本年实际完成投资额11.15亿元，占文化建设项目本年实际完成投资额的13.8%。全年竣工项目48个，竣工项目面积23.65万平方米；全国有668个群众艺术馆、文化馆、乡镇文化站建设项目，占文化基建项目总数的44.6%；计划施工面积94.67万平方米，占文化基建项目计划施工总面积的9.6%；国家预算内资金8.56亿元，占文化基建项目国家投资总数的14.2%；本年完成投资额10.7亿元，占总数的13.3%。全年竣工项目384个，其中文化馆29个，文化站355个，竣工面积38.05万平方米。

在文物基建项目中，有285个博物馆建设项目，占文物基建项目总数的36.5%。计划施工面积264.12万平方米，占文物基建项目总面积的28.7%。国家预算内资金22.40亿元，占文物系统总数的59.4%；本年完成投资额25.96亿元，占文物系统总数的68.8%。2013年，全国共有55个博物馆项目建成，竣工面积31.44万平方米。

基层文化设施建设项目是建设主体

2013年，各级文化部门对县级图书馆、文化馆和乡镇综合文化站等基层文化设施建设的投入大幅增加。在全国2279个文化（文物）基建项目中，县级和乡镇级基建项目共1703个，占全国文化基建项目总数的74.7%。其中，乡镇综合文化站建设项目共495个。

乡镇综合文化站是农村群众文化工作网络的重要组成部分，是党和政府开展农村文化工作的基本阵地，长期以来在活跃农村文化生活，促进农村经济社会协调发展等方面，发挥着重要作用。“十一五”期间，文化部和国家发展改革委联合制定并实施《全国“十一五”乡镇综合文化站建设规划》，在全国范围内基本实现“乡乡有文化站”的建设目标。截至2013年底，需要中央补助投资的乡镇综合文化站建设项目23856个基本全部建成。竣工并投入使用的乡镇综合文化站，为群众开展丰富多彩的文化活动，对于满足广大农民群众精神文化需求，保障基层群众文化权益起到重要的作用。

地市级公共文化设施成重点建设领域

为改善城市文化设施，解决地市级文化基础设施薄弱的问题，2012年1月，文化部会同国家发展改革委、国家文物局正式印发《全国地市级公共文化设施建设规划》。根据规划，拟对全国532个纳入项目储备库的地市级文化设施项目进行建设。其中，公共图书馆189个，文化馆221个，博物馆122个。预计总建设规模约为450万平方米，总投资约200亿元，中央投资近70亿元。规划实施完成后，将基本实现全国地市级城市都建有设施达标、布局合理、功能完善的公共图书馆、文化馆和博物馆。

2012年6月，国家发展改革委安排第一笔中央补助资金4亿元，共对全国57个建设项目进行补助；2013年5月，第二笔中央补助资金6亿元也顺利下达，共对全国75个建设项目给予补助。

截至2013年底，在纳入《规划》的532个地市级公共图书馆、文化馆和博物馆建设项目中，开工建设项目187个，占规划项目总数的35.2%；开工建设项目计划总投资193.64亿元，平均每馆10355万元；开工建设项目累计完成投资72.47亿元，占开工建设项目计划总投资的37.4%；开工建设项目总建筑面积248.11万平方米，平均每馆13268平方米。

国家重点文化设施建设进展顺利

稳步推进国家重点文化设施建设。完成中央歌剧院剧场工程可行性研究报告批复，总建筑面积39333平方米，总投资49850万元,启动土方工程施工。对中国工艺美术馆、国家美术馆工程的建筑方案进行优化设计，两大工程均选址奥林匹克公园中心区，总投资分别为17.13亿元、11.4亿元。完成中国国家画院扩建工程项目建议书批复，选址画院东侧院落，总建筑面积33690平方米，总投资45359万元。“平安故宫”工程中，完成地下文物库房和基础设施维修改造一期（试点）两大工程项目建议书批复，总投资分别为2.1亿元、1.23亿元；对故宫博物院北院区项目建设的必要性、规模、方案、投资测算等进行深入讨论和研究。开展国家图书馆文献战略储备库、中央芭蕾舞团业务用房扩建、中国歌剧舞剧院剧场等国家重点文化设施前期准备工作。

有力实施海外中国文化中心建设。陆续在澳大利亚、尼日利亚等国家建成海外中国文化中心，海外中国文化中心的运行总数达到14个。以每年5—6个的建设速度稳步推进，按照规划至2020年，建成覆盖全球的50个海外中国文化中心，成为中华文化对外传播的固定阵地和窗口。

专业艺术

Professional arts

概 述

2013年，艺术司在部党组的正确领导下，贯彻党的十八大、十八届三中全会和全国宣传思想工作会议精神，开展党的群众路线教育实践活动，把围绕中心、服务大局、加强引导、促进繁荣作为基本职责，牢牢把握方向，坚持改革创新，全面推进艺术规划管理、创作生产、演出展览等各项工作。

【举办第十届中国艺术节】 十艺节是党的十八大、全国思想宣传工作会议召开以及新一届中央领导集体和中央政府产生之后举办的第一个全国性文化艺术盛会，也是在深入贯彻中央“八项规定”、禁止豪华晚会和开展党的群众路线教育实践活动的情况下举办的第一个国家级艺术节庆活动。我们认真学习领会中央精神，把握大势、着眼大事，高标准、严要求，以改革创新的精神办好十艺节。十艺节坚持“艺术的盛会、人民的节日”的宗旨，成为一届展示中国道路、中国精神、中国力量的艺术盛会。习近平总书记致贺信，刘延东副总理出席开幕式及有关活动，并给予高度评价。

十艺节工作指导方针、工作导向明确，对办节模式和办节机制进行探索创新，对当前和今后举办大型艺术节庆活动具有标志和示范意义。

全国31个省区市和部队、兵团系统共133台国内外优秀剧目参加，规模超过往届；全国优秀美术作品展览荟萃647件作品、观众参观人次达20余万次，演交会签约金额9.02亿元，社会筹资合同金额折合人民币3.16亿元，均创历届之最。

贯彻中央精神，取消开幕式大型文艺演出，代之以简短仪式和一台重点剧目作为开幕演出，节省资金5000万元。

减少评审环节，将文华奖初评权下放到各地文化厅局，改进完善评委组成办法，增加地方推荐评委的比例，促进评奖公开公平公正。

【推进艺术工作改革创新】 继续实施国家舞台艺术精品工程和京剧、昆曲、民族音乐、美术等艺术门类的重点工程计划，举办第二届文化部优秀保留剧目大奖获奖作品全国巡演和2013年国家艺术院团演出季等品牌活动，举办昆曲、话剧、小剧场戏剧、曲艺、木偶皮影、民族器乐等优秀剧节目展演和第二届中国西部交响乐周、“青春万岁——王蒙文学生涯六十年”展览等专业艺术活动。

印发《全国地方戏曲剧种保护和扶持计划》、《全国曲艺木偶皮影戏保护和扶持计划》，评估产生39个全国地方戏创作演出重点院团，举办专项展演，扶持一批优秀剧节目，加大对中华民族优秀传统艺术的传承保护和发展扶持力度。首次召开全国美术工作会议，对美术发展做出部署。正式启动国家美术收藏工程，通过举办2013年全国重点美术馆馆藏精品展出季和开展全国美术馆藏品普查，统筹并加强美术收藏各项工作。首次举办中国民族器乐民间乐种组合展演。

将连续举办三届的国家艺术院团优秀剧目展演更名为演出季，面向演出市场,着力优秀剧目的打磨提高和保留积累。

落实中央要求，加强节庆晚会管理，保留中国艺术节等重大节庆活动，将中国越剧节等一批专业艺术节庆活动主办权下放到地方，取消话剧等多项全国展演活动的评奖，制止豪华铺张，突出艺术本体，节俭办好新年戏曲晚会等。

按照中宣部和文化部部署，多次组织调研工作组，就精品创作、演出票价、艺术评论等课题赴基层单位走访调研，提出政策性建议。

与《人民日报》文艺部联合举办“当代舞台艺术观察与思考”征文活动，发挥艺术评论引导艺术创作取向和提高群众鉴赏水平的重要作用。与国家近现代美术研究中心、国家当代艺术研究中心、中央美术学院等合作开展重大课题研究。

【推动艺术创作发展】 第十届中国艺术节和第十四届文华奖对艺术创作成果进行集中展示，90台优秀剧目参演参评。品种题材丰富，思想内涵深刻，表现手法新颖。《赵锦棠》、《景阳钟》等传统戏进行整理改编，在继承传统经典的基础上进行重新诠释，使经典剧目赢得新的观众。《红楼梦》、《建安轶事》等新编历史剧，灌注人文精神和时代思考，更加符合当代观众的价值判断和审美需求。《花儿声声》、《西京故事》、《百姓书记》、《铁道游击队》等现代戏和现实题材作品弘扬民族精神和时代精神，成为支撑当前戏剧舞台的重要力量，作品在题材开拓、人物塑造以及艺术表达均有新的突破，表现力和感染力增强，正确导向在喜闻乐见中彰显。艺术家们还探索发展音乐剧、杂技剧等艺术形式，丰富艺术品种和艺术表现。

举办2013年中国文化艺术政府奖——文华表演奖评选，表彰奖励殷秀梅等21位德艺双馨的中青年表演艺术家。举办第二届名家传戏——当代昆曲名家收徒传艺工程，促进传统艺术薪火相承。举办第十届全国舞蹈比赛、第九届全国杂技比赛等活动，推出新人新作。

【满足基层群众精神文化需求】 继续开展“高雅艺术进校园”、“三下乡”慰问演出，组织小分队赴新疆演出，举办西藏导演培训班，推动送戏下乡、服务基层。十艺节一律取消向各级党政机关、领导干部公款赠票送票，中低票价占到总体的60%以上，最低票价20元。

坚持重心下移，鼓励获奖作品在坚持演出中接受群众检验，第二届优秀保留剧目大奖获奖作品全国巡演采取政府搭台、市场运作的方式，组织京剧《杨门女将》等20部作品历时4个月，在20多个省区市的100多个城市社区、农村及基层单位演出1000多场，演出收入达1800多万元，吸引观众80多万人次。推动美术经典藏品走进基层，提升美术馆的公共文化服务能力，组织2013年全国美术馆馆藏精品展出季，30个项目入选，展出作品近3200件，观众总量超过150万人次。第二届中国西部交响乐周组织8支交响乐团，开展“走进广场、走进学校、走进社区”演出，促进交响乐艺术的普及和推广。

国家舞台艺术精品工程授牌仪式

文化部1月4日在北京举行国家舞台艺术精品工程授牌仪式。文化部副部长杨志今、励小捷、项兆伦、董伟、丁伟出席仪式，并为“2011—2012年度国家舞台艺术精品工程重点资助剧目”颁牌。授牌仪式上颁发“国家舞台艺术精品工程组织工作奖”。

秦腔《花儿声声》、京剧《将军道》、评剧《赵锦棠》等15部作品被评为“2011—2012年度国家舞台艺术精品工程重点资助剧目”，每部奖励100万元，用于修改、加工、演出。北京市文化局等15家单位获得“2011—2012年度国家舞台艺术精品工程组织工作奖”。

国家舞台艺术精品工程是文化部、财政部于2002年开始实施的重大文化建设项目，旨在扶持舞台艺术各个门类的精品剧目，推动舞台艺术全面发展。10年来，国家舞台艺术精品工程相继推出100部精品剧目，资助200多部优秀舞台作品，涌现出京剧《廉吏于成龙》、川剧《金子》、豫剧《程婴救孤》、眉户戏《迟开的玫瑰》、越剧《梁山伯与祝英台》、话剧《生命档案》和《这是最后的斗争》等一批代表国家舞台艺术发展最高水平的精品剧目。

国家舞台艺术精品工程的实施，树立艺术创作的标杆，发挥优秀作品的示范和导向作用。舞剧《大红灯笼高高挂》、杂技剧《天鹅湖》和《花木兰》等作品多次到国外进行巡演，取得良好社会反响。国家舞台艺术精品工程还推出一大批优秀艺术人才，繁荣舞台艺术、增加当代文化积累。

第十届中国艺术节

【概况】 “十艺节”是国内规格最高、规模最大的国家级艺术盛会，10月11日开幕，来自全国各地的艺术家欢聚齐鲁大地，带来130余台高水准的演出和美术展览。“十艺节”期间，中国当代舞台艺术、群文创作和美术创作的最新成果得到展示。

“十艺节”得到全国文艺工作者的响应和踊跃参与。全国31个省（区、市），新疆生产建设兵团，中直院团和解放军文艺团体均有作品参加评奖演出，规模超过历届。舞台艺术有133台剧节目参加演出；角逐第十四届文华奖的剧目多达87台，较上届增加22台；山东17个地市全部参与承担此次“十艺节”的展演或活动。

“十艺节”全国优秀美术作品展览通过邀请参展和公开征集相结合的方式，汇集近3年来中国美术创作在中国画、油画、版画、雕塑、水彩（粉）画方面的精品力作647件，反映中国美术在当代的传承、创新与探索。参展作者涵盖国内美术界老、中、青三代美术家。参展作者中，年龄最大的逾九十高龄，最年轻的22岁。截至，有16万人次走进山东美术馆新馆参观展览。

“十艺节”突破15天的办节时限，把京剧、话剧、指挥、舞蹈、民族器乐、木偶皮影、曲艺7项全国性评比展演提前安排在山东举办，演出100余场，丰富“十艺节”的内容。

“十艺节”期间，87台参评剧目激烈角逐第十四届文华奖的各个奖项。参评剧目中戏曲作品44台，涉及27个剧种，除京剧、昆曲、秦腔、越剧等传统大剧种之外，还包括五音戏、平调落子、锡剧、汉剧等地方剧种。这些作品中包括戏曲现代戏24台，历史剧及传统戏12台，整理改编传统剧目8台，体现出传统戏、新编历史剧、现代戏“三并举”。

社会各界关注的现实题材创作取得成果。作为开幕式演出的吕剧《百姓书记》，用山东人民熟悉的音乐曲调、语言，塑造带领百姓致富的新时期优秀基层干部形象。话剧《生命档案》、《郭明义》中，艺术家们力求以新的视角，对英模人物、历史事件及其内在精神进行挖掘，做出阐释。

音乐、舞蹈、杂技类作品，呈现出创新、融合、多元的态势。除歌剧、舞剧、舞蹈诗之外，还出现说唱剧、歌舞剧、杂技剧等艺术形式，显示中国艺术的多元与创新。

【推出德艺双馨的艺术人才】 “2013年中国文化艺术政府奖——文华表演奖”选出殷秀梅、阮余群、张剑、曾昭娟等21名获奖演员。此外，艺术节也为青年艺术人才提供展示才华的舞台。昆曲《红楼梦》、汉剧《宇宙锋》等作品都大胆起用“80后”年轻人担纲主演。

【组织观摩演出】 艺术节期间，各省（区、市）文化厅（局）组织本地区的编剧、导演、表演、作曲、舞美等领域的骨干人员，来山东观摩演出、开展业务培训，艺术节成为艺术家交流、观摩、提高的平台。据不完全统计，全国有28个省（区、市）派出1000位观摩代表。

【演出交易会推动艺术走向市场】 “十艺节”中国（山东）演艺产品交易会共有国内外600多个演艺机构近2000个剧（节）来参加。86个演艺项目达成合作，签约9.02亿元。其中，北京保利剧院管理有限公司与中央芭蕾舞团的《小美人鱼》签约金额1320万元。

第二届优秀保留剧目大奖获奖作品全国巡演

【概况】 优秀保留剧目大奖评选和巡演活动，是文化部改革和完善文艺评奖的重要举措，也是促进国内舞台艺术繁荣发展的重要举措。2012年底，京剧《杨门女将》等20部思想性、艺术性、观赏性相统一，深受观众喜爱、久演不衰的作品被文化部评为第二届优秀保留剧目大奖。2013年4月至7月，文化部组织获奖作品，开展全国巡演。

2012年11月20日，文化部在北京召开第二届优秀保留剧目大奖获奖作品表彰会，部长蔡武出席会议、为获奖作品颁发奖牌并讲话。表彰会结束后，副部长董伟出席第二届优秀保留剧目大奖获奖作品全国巡演工作会，就巡演时间和范围、巡演机制、启动仪式、安全问题、演出质量和效益、宣传问题等提出要求，对获奖作品全国巡演给予殷切希望。

文化部艺术司按照“政府搭台、市场运作，让人民共享艺术发展成果”的巡演机制，发挥组织协调作用。下发《关于开展第二届优秀保留剧目大奖获奖作品全国巡演的通知》，请各省区市文化厅（局）、总政宣传部艺术局等单位重视全国巡演工作，给予必要的支持。组织定点展演工作，做到巡演和定点展演相结合，安排河南洛阳、广东深圳和佛山等地进行展演。召开巡演工作前站会，3月初在京召集参演院团负责人汇总巡演安排情况，拾遗补缺，合理安排巡演时间、路线、场次等。做好宣传工作。制定总体宣传方案，协调中宣部新闻局下发通知，安排《人民日报》、中央电视台、新华社、《中国文化报》等媒体宣传报道巡演等。召开巡演新闻发布会，编发巡演工作简报，宣传报道重点场次等。

在4个月的时间里，20台剧目在20多个省、自治区、直辖市的100多个城市，以及农村、基层单位演出超过1000场，演出收入1800多万元，观众80多万人次。

【场次增长，收入增加】 首届全国巡演18台作品在3个月的时间里演出419 场，平均每团每月演出7.75场，此次巡演平均每团每月演出13.01场，比首届巡演增长68%。儿童剧《宝贝儿》《青春跑道》超过250场，《铡刀下的红梅》超过100场，《天仙配》《柳毅传书》《宝莲灯》《桃李梅》超过30场。各院团开拓演出市场，国家京剧院先后携手中国国际演出剧院联盟、沈阳市演出公司实施整个巡演活动，取得良好的经济效益。演出收入1800多万元，超过首届。单场演出收入屡创新高，歌剧《江姐》16场商演收入570万元，京剧《杨门女将》单场纯收入8万元至10万元。

【巡演推动院团走出去，促进艺术交流】 巡演走出省区市，走进全国大舞台。《宝莲灯》前往西部巡演，开创剧院建院54年来河北梆子剧种首次进入西部的历史。吉剧《桃李梅》巡演的33场演出经历广东、海南、福建、浙江等4省14余座城市。梨园戏《董生与李氏》进军北京、天津、河北、陕西等地，第一次大规模地在北方演出。巡演让各地观众欣赏到不同艺术门类的优秀作品。各艺术门类相互学习、取长补短、相互促进。河北省河北梆子剧院与广州粤剧院经过巧妙的艺术加工创新，在澳门文化中心联袂献艺的《宝莲灯》，首次在一场演出中将河北梆子与粤剧融合。著名粤剧表演艺术家红线女激动地说："这样的跨剧种演出交流，意义重大，十分罕见。"天津京剧院与湖北省京剧院达成共识，《华子良》与《徐九经升官记》在武汉、天津交流演出，收到好的效果。吉剧《桃李梅》在海口演出时恰逢海南琼剧院正在移植该剧，琼剧院演职员能看到原版演出，受益匪浅。

【名家新人齐上阵】 此次巡演，名家新人齐上阵。单仰萍、钱惠丽、王平、顾芗、张克勤、王红丽等知名艺术家粉墨登场，展示炉火纯青的艺术功力和德艺双馨的艺术风范。越剧《红楼梦》巡演由"三版""四团队"组合演绎完成：一版是全明星阵容演绎全场，二版是明星演员携带青年演员分上、下半场组合演绎，三版两团队由平均年龄29岁及23岁左右的两批组青年演员分别演绎全场。安徽省黄梅戏剧院以平均年龄不足25岁的青年演员为主，打造青春版《天仙配》，扑面而来的青春气息让观众耳目一新，40余场巡演让青年演员的演技不断成熟，不断提高，越演越好。《徐九经升官记》培养新的"徐九经"，朱世慧与28岁的谈元"师徒齐上阵，同饰徐九经"。很多青年演职员是第一次参加这么长时间、远距离的演出，边演边学，磨炼意志，丰富舞台经验。

【巡演面向广大观众】 此次巡演时间长、路途远、困难多，参演院团克服困难，把优秀保留剧目送给观众。芭蕾舞剧《红色娘子军》赴革命老区福建宁德开展公益演出，让老区人民观赏到精彩演出，演职员也受到革命教育。浙江昆剧团运用全新无障碍(手语和实景解说)表演形式，将昆曲《十五贯》搬上洛阳和杭州舞台，让听障和视障群众走进剧场欣赏戏剧演出，得到社会各界的高度评价。四川芦山地震发生后，在四川演出的《江姐》剧组，和在河北涞水演出的《朝阳沟》剧组为地震灾区进行募捐，表达艺术工作者心系百姓的赤子之心。济南市儿童艺术剧院于5月底6月初，克服强烈的高原反应、安排两组演员轮番上场，在西藏拉萨和山南地区演出5场，让雪域高原的孩子们看上优秀保留剧目《宝贝儿》。豫剧《铡刀下的红梅》、蒲剧《山村母亲》不辞辛劳、风餐露宿，下基层演出，为普通群众送去欢乐，《铡刀下的红梅》演出结束台上台下同唱"没有共产党就没有新中国"，场面感人震撼。《红楼梦》《柳毅传书》《十五贯》《宝贝儿》《宝莲灯》赴港澳台进行演出，《刘三姐》赴马来西亚演出，推动文化艺术交流。通过集中宣传，吸引观众，在全国形成一定的声势。

文化部出台地方戏曲保护扶持计划实施方案

【概况】 7月，文化部出台《地方戏曲剧种保护与扶持计划实施方案》，符合评估指标的地方戏曲院团可申请相关扶持。

为保障全国地方戏创作演出重点院团专款专用，文化部与受资助单位签订资助协议，坚持"事先论证、事中监督、事后评估"的原则，加大对专项资助资金使用情况的监督和管理。同时，文化部规定各省级文化行政部门要对全国地方戏创作演出重点院团给予资金扶持，各地扶持资金原则上不低于文化部资金支持额度；同时，要对本地确立的省级重点院团给予相应资金支持；要监督相关单位严格管理、合理使用资助资金，确保资金使用方向，提高资金使用效益。

【保护与扶持地方戏曲剧种的基本目标】 以5年为周期（首期实施时间为2013年至2017年），确立40个左右全国地方戏创作演出重点院团；创作一批地方戏优秀作品；培养一批潜心地方戏曲艺术、德艺双馨的专门人才；挖掘、整理一批珍贵的地方戏曲史料，使其成为地方戏曲剧目创作中心、地方戏曲剧种保护中心、地方戏曲艺术传播普及中心和地方戏曲资料收集整理与研究中心，逐步建立地方戏曲艺术生态保护区。

【确定全国地方戏创作演出重点院团条件】 各省级

文化行政部门应结合实际，确定本地1至2个全国地方戏创作演出重点院团（含转制、民营及其他社会力量举办的各种体制地方戏曲院团）并报文化部。

各地确定的全国地方戏创作演出重点院团应具备以下条件：

1. 贯彻“二为”方向和“双百”方针，落实中央关于深化文化体制改革的一系列决策部署；

2. 所属地方戏曲剧种具有独特的文化价值，具有浓郁地方特色或民族特色，在本地具有较高的代表性；

3. 具有丰厚的艺术遗产，在音乐唱腔和表演上都有突出的特点并达到较高的成就；

4. 拥有艺术质量较高的代表剧目和在全国范围内具有一定知名度的艺术人才，剧目创作和人才培养成绩突出；

5. 具有广泛的区域影响。

各地确定全国地方戏创作演出重点院团需填写《全国地方戏创作演出重点院团评估指标体系》和自评报告（附件1）。2013年，在各地申报基础上，文化部将确立40个左右全国地方戏创作演出重点院团。

【对全国地方戏创作演出重点院团的剧目创作给予资助】 2013年，首批资助40台左右优秀地方戏剧目，2014年至2017年每年资助10台左右优秀地方戏剧目，力争推出一批具有民族精神和浓郁地方特色、思想性艺术性观赏性相统一、人民群众喜闻乐见的优秀作品，推动地方戏曲院团科学发展。

【对全国地方戏创作演出重点院团的表演及创作人才进行培训】 文化部组织对全国地方戏创作演出重点院团的定向招生或委托培养项目给予资助；分年度委托戏曲院校开展全国地方戏曲编剧、导演、作曲、舞美人才培训班，每年资助10个地方戏曲剧种人才培训班；并对各地开展的各类特色鲜明、重点突出的地方戏曲人才培训项目进行资助。

【资助地方戏曲剧种的史料抢救、保存】 在地方戏漫长的发展过程中，留下丰富的珍贵文献、曲谱、图片、行头等。在加大剧目创作和人才培养力度的同时，各地要根据实际情况，深入研究和总结本地区地方戏曲艺术的本质特征、历史内涵、呈现形态、文化价值、表演体系等，以深入的理论研究和艺术评论促进本地区地方戏曲艺术在当代的弘扬和发展。通过文字、图片、影像等方式，加大对现存的地方戏曲文献、资料，对健在的老一辈艺术家丰富多彩的舞台艺术实践、艺术精粹和历史记忆的挖掘、抢救和保护力度。文化部将对以上项目予以分年度扶持，每年资助10个地方戏曲剧种文献、资料等抢救、保存。

【举办有影响的地方戏曲展演及表彰活动】 组织专家对全国地方戏创作演出重点院团创排的剧目进行验收，并对涌现出的优秀创作人才和优秀演员给予奖励性补贴，同时表彰和奖励一批深化体制机制改革、长期扎根基层、服务群众的基层地方戏曲院团。

【对全国地方戏创作演出重点院团赴境外演出和艺术交流活动实行补贴】 文化部鼓励各地方戏创作演出重点院团“走出去”，演出本剧种优秀剧目，开展多种形式的艺术交流活动，扩大地方戏曲海外演出市场，推动地方戏曲走向世界。各地要为本地全国地方戏创作演出重点院团“走出去”提供便利条件。在各省申报基础上，文化部将对各地全国地方戏创作演出重点院团赴国外及港澳台地区演出活动进行资助。每年资助10个地方戏曲剧种的10个院团“走出去”，由各院团向文化部提出申请，审核通过后拨付经费。

【做好全国地方戏曲创作演出重点院团建设】 地方各级文化行政部门对地方戏曲剧种的保护与扶持工作负有主要责任。在深化和巩固文化体制改革成果的同时，要配合文化部做好本地区全国地方戏创作演出重点院团建设。要结合实际确立一批代表本地区艺术水准的省级重点地方戏曲院团，采取措施予以重点扶持。要依照非物质文化遗产保护法律、法规、条例等对各地有影响的濒危剧种给予保护和扶持。要重视基层戏曲院团和民营艺术院团在活跃基层演出市场、满足广大人民群众精神文化需求方面的重要作用，发挥其性和创造性，制定相关政策措施推动基层戏曲院团和民营艺术院团持续、健康发展。

【支持方式及资金管理】 为保护与扶持地方戏曲剧种，文化部会同财政部门争取设立地方戏曲剧种保护与扶持专项资金，对全国地方戏创作演出重点院团剧目创作、人才培养、史料抢救与保存、赴境外演出等给予资金扶持。各全国地方戏创作演出重点院团必须建立严格的财务管理制度，专户管理、专账核算、专款专用。文化部与受资助单位签订资助协议，坚持“事先论证、事中监督、事后评估”的原则，加大对专项资助资金使用情况的监督和管理。各省级文化行政部门要对全国地方戏创作演出重点院团给予资金扶持，各地扶持资金原则上不低于文化部资金支持额度；同时，要对本地确立的省级重点院团给予相应资金支持；要监督相关单位严格管理、合理使用资助资金，确保资金使用方向，提高资金使用效益。

第七届全国话剧优秀剧目展演

由文化部、山东省人民政府主办的第七届全国话剧优秀剧目展演于4月26日至5月10日举行。此次展演是第十届中国艺术节专业艺术单项展演系列活动之一。展演汇集来自全国各省、自治区、直辖市以及中直院团和部队近年来创作的24台优秀剧目，分别在济南和莱芜陆续演出。

此次话剧展演现实题材作品达13台。这些内容丰富、风格多样的作品，坚持写人民、演人民，体现话剧艺术反映现实生活快速、直接的特点。开幕式上，由济南市曲艺团演出的《泉城人家》围绕主人公泉妞失而复得的柜子层层铺开，讲述邻里之间的亲情、爱情和友情，幽默诙谐的台词、一波三折的剧情生动展现泉城人风雨相扶、危难相助的真情实感，反映济南人淳朴善良、热情率真的品格。上海话剧艺术中心的《大哥》、新疆艺术剧院的《大巴扎》、四川人民艺术剧院的《第29棵树》、北京林兆华戏剧文化有限公司的《海淀之北》等作品通过一个家庭、一个市场、一个地方的历史变迁，“以小见大”折射出改革开放带来的巨大社会变化。云南省话剧院的《搬家》、河南省话剧院的《红旗渠》、山西省话剧院的《立春》等作品分别将着眼点放在“搬家”、“修渠”、“植树”上，反衬出亿万中国人实现历史跨越的伟大变迁。还有集中笔墨描写新一代“村官”探索、勇于求变精神面貌的“时代剧”，如辽宁人民艺术剧院的《代理村官》、河北省承德话剧团的《雾蒙山》等，江苏省话剧团、南京市话剧团联合演出的《枫树林——一个村官生命最后的九十天》描写新时期农村党支部书记心路历程，塑造新农村建设发展领头人形象，撼人心魄、催人泪下。

革命历史题材的作品聚焦“信仰”、张扬“理想”，中国国家话剧院的《红岩魂》、西藏话剧团的《解放，解放》、广州军区战士文工团的《共产党宣言》、重庆市话剧团的《幸存者》等作品刻画共产党员追求革命理想的高贵品质。由国内首位“诺贝尔文学奖”获得者莫言编剧、北京人民艺术剧院演出的《我们的荆轲》以独到的历史视角重新解读“荆轲刺秦”的故事，表现出深刻的思想内涵，台词语言极富哲理，演出一票难求。山东省话剧院的《严复》和全总文工团的《格桑花》等作品各具特色，票房均创下当地话剧演出最好纪录。

此次展演坚持“文化惠民”理念，营造良好条件，吸引更多群众走近话剧。一是将演出剧目集中在基层、学校、部队和厂矿，方便群众观看。《红岩魂》和《大巴扎》在章丘文化中心演出，使县城百姓第一次有机会零距离感受国家级院团的艺术精品和来自万里边疆的民族风情；《海淀之北》和《格桑花》在莱芜职业技术学院演出，为在校大学生展示北京中关村现代科技集聚区的发展，以及青藏铁路建设者们寻梦、追梦、圆梦的感人事迹；《共产党宣言》和湖北长江人民艺术剧院的《信仰》在八一剧场演出，为广大部队官兵呈现革命先烈和一个老兵对信仰的坚守；《搬家》和《第29棵树》在莱钢集团工人文化宫演出，让钢铁工人在欣赏话剧演出的同时度过“五一”劳动节。二是在票务及观众组织上强调“公益惠民”，优惠票价仅20元，每场还提供100张公益观摩票免费送给社区观众，受到好评。三是举办话剧“名家进校园”活动，邀请《大哥》剧组主创人员走进山东大学，就话剧艺术与青年学生展开交流，与青年学生们分享专业演员演出心得，探讨话剧如何更好走进校园，受到广大师生一致欢迎。

展演平均上座率达八成。很多第一次走进剧场欣赏话剧演出的当地观众表示，精美的舞台呈现、高超的表演水平让人大开眼界，增进对话剧艺术的解。《我们的荆轲》演出结束后，不少观众激动地说这是一出既好看又能引起反思的好戏。专家普遍认为：“此次展演的剧目创作总体艺术水平有很大提高。”新华社、《人民日报》、中央人民广播电台、《光明日报》、《中国文化报》、《文艺报》等媒体都对展演进行报道；济南电视台开辟专门频道，全方位宣传报道展演情况；济南市属媒体还连续刊登参演剧目资料，并在城市主干道等区域设置灯杆、标语、横幅、公益广告牌、电子显示屏和宣传展板等，扩大展演影响，营造良好的社会氛围。

全国曲艺优秀节目展演

【概况】 7月25日至29日，全国曲艺优秀节目展演在美丽的黄河之滨——山东省滨州市成功举行。展演包含全国21个省区市的39个演出单位选送的31个曲种的53个节目，其中新创作节目37个，传统节目16个。

【参展曲种具有代表性】 北方的相声、快书、大鼓、琴书、渔鼓，坠子，江浙沪的弹词、小热昏、独脚戏，福建的十番伬，两湖的三弦、丝弦，南粤的粤曲、龙舟歌，川渝的清音、竹琴、扬琴，另有广西壮族的《天琴的传说》、云南彝族的阿细说唱、藏族结婚时的说唱《达西》等少数民族曲种。相对拥有500多个曲种的中国曲艺艺术，参展曲种数量有限，但是它们涵盖中国曲艺的主要类别，代表当今时代民间曲艺艺术百花齐放、摇曳多姿的生存状态。

【参展作品具有时代感】 53个节目中的37个创作节目，绝大多数反映的是改革开放30年来中国社会发生的深刻变化，通过对基层普通百姓喜怒哀乐的描写，讲述他们的生活所发生的变化。作品中的人物有：2008年春节，为滞留广东火车站数十万民工奋战九天九夜的4位年轻的解放军战士（粤曲•琵琶弹唱《九天九夜》）；为成长而烦恼，探讨应该为什么而学习的中学生（相声《想不想长大》）；在非物质文化遗产传承中千方百计解决困难的非物质文化遗产代表性传承人（山东落子《特殊招聘》）；为南水北调工程弃小家为大家的丹江水库区农民（郧西三弦《丹水橘香》）；在城镇新社区为养宠物而结怨又和好的大妈大婶们（广西渔鼓《家长里短》）；大旱面前不退缩的彝族少年和他的老奶奶（阿细说唱《爱心水》）；老年丧偶，在子女支持下重新建立幸福家庭的老年人（山东琴书《亲上亲》）；孔繁森的平凡而伟大的老母亲（河南坠子《寸草心》）等等。将众多普通人身上发生的小事、心事、喜事、烦事聚集在一起。

【部分创作改编曲目达到精粹】 话剧《雷雨》是众人皆知的名著，盛小云、吴伟东演唱的苏州弹词《雷雨•留萍》作为《雷雨》的弹词版，成为当今苏州弹词的名篇。弹词版《雷雨》的成功，在于它将话剧《雷雨》中只可意会不可言传的部分，用“说、噱、弹、唱”的全部技巧，向人们做淋漓尽致的描绘。尤其是对人物的内心活动做深刻的挖掘，把繁漪对生活、对爱情的期盼，她的绝望与挣扎，做与话剧不同的展示，为此它成为名著的又一个版本。演出后就有评论称“《雷雨•留萍》在会场上掀起一股‘评弹旋风’。柔美甜蜜的吴侬软语、细腻入微的说唱表演，对北方的观众而言，这种水乡雅韵的表演是一种全新的曲艺形式，他们听得如痴如醉，回味悠长”（鲁北晚报，2013年7月29日《苏州评弹〈雷雨〉情动滨州》，对盛小云、吴伟东的演唱给予极高的评价）。

【表演者的光彩和魅力】 京韵大鼓青年演员冯欣蕊演唱的《丑末寅初》，刘士福等演唱的山东琴书《说唱农村新风尚》，陈玲玉等演唱的粤曲• 琵琶弹唱《九天九夜》，包伟等演唱的扬州弹词《盛世红伶》选段，秦建国、蒋文演出的评弹新篇《四大美人•雁门关》，徐惠新、周红演唱的短篇弹词《梁祝•梳妆》等，在演绎北方大鼓、琴书的“派”，广东粤曲的“腔”，江浙沪弹词的各种“调”的传统方面，都是有大成就者，他们定将成为传承发展优秀曲艺演唱技艺的中流砥柱。李卫东演唱的山东快书《鲁达除霸》，李少杰演出的快板书《武松打店》，梁奇智演唱的龙舟说唱《智救队长》，青年相声演员李梓庭、孟令一的相声《戏剧杂谈》等的演出，显示曲艺艺术千百年来形成的“装龙装虎我自己，一人一台大戏”的优良传统。从演员规矩的台风，到对人物形象细腻的刻画；从不同人物的瞬间转换，到时而窃窃私语、时而雷霆万钧的情景变化，一两个人于台上，而满台生风。

【浓郁的地方特色带给人们奇妙的享受】 东路大鼓《太师训徒》淳朴的三弦、大鼓、月牙板声，山东落子《特殊招聘》粗犷豪放的大钹声，福州十番伬精致的锣鼓声、曼妙的逗管声，小热昏《卖鱼桥传说》小手锣的铛铛声等等，每一种声音代表的是一个曲种的历史、一个地域的风情和乡音。在《卖鱼桥传说》演出过程中，观众有强烈的反响，每当小手锣的铛铛声响起，台下就是一片掌声。参演的少数民族曲种不多，但那静静地弹唱着的壮族说唱《天琴的传说》，载歌载舞的彝族阿细说唱《爱心水》，边唱边说边舞的藏族说唱《达西》则极具代表性，并为展演增添一抹亮丽的色彩。从北京话到山东话，从吴侬软语到火辣的川渝之音，从9 个声调的粤语到闽北语的词唱，这一切都带给人们一种坐游中国的感觉。

全国木偶戏、皮影戏优秀剧（节）目展演

由文化部、山东省人民政府主办，文化部艺术司、山东省文化厅、东营市人民政府承办的全国木偶戏、皮影戏优秀剧节目展演于7月22日至8月1日在山东东营市隆重举办。来自全国15个省、市的26个木偶皮影艺术团体集中展示这门被誉为“百戏之祖”和“世界电影艺术先驱”、足以让中华民族感到自豪的古老艺术的容貌新姿。

此次参加展演的团体有国有、集体、民营公助等多种体制。民营团体几乎占所有参加展演单位的1/3，民营团体和高等艺术学府的参与，具有时代特色的新现。参加展演的剧节目题材广泛，包括神话故事、民间传说、名著改编等。从特色上看，这里有泉州古老的“傀儡调”、山西风味的“碗碗腔”、陕西高原风情的“灯影腔”、皇城脚下的“京腔京韵”、大西南的“ 川蜀高腔”、齐鲁风格的“泰山皮影”和陇原特有的“道情皮影”、浙江海宁的“弋阳腔” 等等，展示五彩斑斓的地域神韵。大气凛然的《斩蔡阳》、唐山影调的《劈山救母》、古色古香的《秦琼观阵》、少数民族风情的《水寨龙珠》、人偶同台技艺高超的《踢花枪》、海派风格的《八仙过海》、外国题材的《胡桃夹子》、演绎红色经典的《智斗》，异彩纷呈。传统经典、当代精品、新创佳作、大体上各占展演总量的1/3。

从表现内容上看，此次展演瑰丽多姿。《人狼同舞》散发着超越人性的暖暖诗意，通过狼妈妈在洪水中救一个人类的婴儿，它不顾狼族的反对把婴儿养大，又把狼孩还给日思夜念、饱受失子之痛的人类母亲的感人故事，折射出人与动物和谐相处、大爱至善、平等对待一切生命的伟大主题。

15场演出，一票难求，买不到票聚集在剧场外等候退票的观众请求多加演几场。

10台风格迥异的作品代表中国木偶戏皮影戏的整体面貌、传承现状、创新成果和艺术水准。

2013年全国小剧场戏剧优秀剧目展演

“2013年全国小剧场戏剧优秀剧目展演”由文化部艺术司、北京市文化局主办，北京东方文化经济发展集团有限公司承办，历时17天，来自全国的25台剧目在北京陆续上演，其中，民营艺术团体的参演作品占13台，平均上座率8.5成以上，在北京乃至全国产生良好反响，受到业内专家学者的肯定、新闻媒体的关注，得到广大观众的欢迎。

自2005年以来，小剧场戏剧在北京、上海等地出现快速商业化的趋势，北京每年以1000场的速度递增。到2013年，小剧场戏剧每晚的演出平均达到20场以上。小剧场戏剧的主流作品、健康、向上，既展现青年戏剧人面对生活、坚持理想的态度，也显示出很强的艺术探索能力。

小剧场戏剧商业化带来一些负面问题。首先，以赚钱为目的，以“恶搞”为手段，制作戏剧“娱乐快餐”。其次，粗制滥造，以多取胜，以短平快为手段占领演出市场。再次，创作上缺乏严肃的态度。有些民营艺术剧团的演出力量薄弱，表演上随随便便，缺乏艺术创造的严肃性，以耍贫嘴逗笑，以无知冒充高雅，以逗观众发笑为目的。

为加强创作引导，文化部艺术司再度举办2013年全国小剧场戏剧优秀剧目展演，集中展示小剧场戏剧在政府引导下的发展状况，推出一批思想性、艺术性、观赏性相统一，体现真、善、美艺术追求的优秀小剧场戏剧，提倡社会效益与经济效益相统一，树立“以人民为中心”的创作导向，传递“正能量”，引导并推动小剧场戏剧健康发展。

此次展演秉承政府主导与社会参与相结合、剧目思想性与艺术性相结合、彰显艺术特色与传播主流价值相结合的原则。参演剧目既有话剧，也有戏曲，还有音乐剧和舞剧，风格迥异、样式新颖，紧扣现实生活、反映时代精神，具有时代感、丰富性和多样化的特点。

从此次展演剧目来看，无论在制作水平、作品内容还是艺术上的探索，相比之前都有很大的提高。国家艺术院团的作品，仍然是小剧场话剧中的佼佼者。如国家话剧院的《纪念碑》、上海话剧艺术中心

的《雾都孤儿》、福建人民艺术剧院的《雷雨》等剧目的演出震撼人心，在思想性和艺术探索上，展示新的思维、新的形式、新的表达，给人别开生面、耳目一新的惊喜。此次展演中的小剧场戏曲在探索戏曲的现代表达方式上，取得长足的进展。

第十届全国舞蹈比赛

第十届全国舞蹈比赛于6月29日开幕，分别在山东临沂和日照两地举行9场比赛。7月4日，第十届全国舞蹈比赛圆满结束，并在山东日照举行颁奖晚会。文化部党组成员、副部长董伟，山东省委常委、宣传部部长孙守刚出席比赛闭幕式。

经过激烈角逐，第十届全国舞蹈比赛各奖项顺利产生，摘得单双三组表演一等奖的作品为总政歌舞团的《兵——作品一号》、北京舞蹈学院的《红色恋情》；创作奖一等奖空缺，二等奖为东北师范大学音乐学院的《进城2——返乡》、成都军区战旗文工团的《鬣鹰13行动》、北京舞蹈学院的《恋舞伊人》。获得群舞组表演一等奖的作品为山东省文化艺术学校的《鼓子少年》，创作一等奖为海军政治部文工团的《深潜，深潜》。

全国舞蹈比赛是由政府主办的舞蹈专业领域的最高赛事。作为第十届中国艺术节专业艺术单项评比展演系列活动之一，第十届全国舞蹈比赛汇集来自全国各地的160多个舞蹈作品和2000多名演员，该届比赛的水平较以往有较大提高，涌现出一批思想性、艺术性、观赏性的优秀作品和具有创新精神的青年人才。许多作品立足社会主义现代化建设和人民群众的伟大实践，以深刻的内涵、丰富的情感、高超的技艺，热情讴歌时代精神，反映现实生活，引起观众的共鸣。比赛采取公益性演出和低票价相结合的方式，让更多老百姓走进剧场观看演出，共享舞蹈艺术发展成果，体现赛事的导向性、示范性作用。

2013年国家艺术院团演出季

【概况】 演出季期间，国家京剧院、中国国家话剧院等9个文化部直属艺术院团及特邀德国柏林德意志剧院等，呈现28台精品节目，共在首都各大剧场演出65场，集中展示国家艺术院团艺术水准和精神风貌，并通过艺术研讨和演出交易等活动，推动国家艺术院团的改革发展。

【原创精品体现民族文化特色】 注重原创是本届演出季一大特色，各大院团立足民族文化，全新立意，纷纷推出原创精品剧目，呈现出鲜明的民族文化特色。国家京剧院京剧《洛水伊人》再现曹魏时代才女甄宓的传奇人生。由刘威、朱媛媛、斯琴高娃、刘佩琦、雷恪生等参演的国家话剧院话剧《大宅门》，讲述百年商号的沧桑变迁。中国歌剧舞剧院推出的原创舞剧《孔子》追述孔子的一生，对孔子一生所呈现的儒文化精神进行探讨和演绎。中央歌剧院推出新创歌剧《红帮裁缝》，回溯民国旧事，再现民族资本和家族纠纷的跌宕命运。中央民族乐团推出的由“印象”系列导演王潮歌导演的《印象·国乐》对中华民族国乐进行一次系统整理。中国东方演绎集团有限公司推出的歌舞《水墨中华·雅》，以歌舞等形式演绎浓墨相宜、奇美壮观的中华山水风貌。

【重排经典改编名著】 本届演出季展演节目，重排经典和改编名著成为亮点。许多剧目改编自名家名著，《洛水伊人》、《大宅门》、《红岩》、《红河谷》等，对中国传统文化和红色经典进行崭新解读和演绎。京剧《杜鹃山》、交响乐音乐会3D《春之祭》、歌剧《游吟诗人》、神话舞台剧《西游记》、芭蕾舞剧《天鹅湖》和《堂吉诃德》则彰显中国演艺界的专业水准和软实力。

中国儿童艺术剧院推出的音乐剧《岳云》，改编自著名剧作家马少波先生同名作品，以音乐剧为载体，集历史故事、原创音乐、功夫武术、皮影艺术、精彩舞蹈及台词念白，弘扬精忠报国的爱国主义精神。

为纪念斯特拉夫文斯基作品《春之祭》公演100周年，中国国家交响乐团首次以跨界形式邀请著名多媒体导演克劳斯欧•伯梅耶、指挥胡咏言、男高音歌唱家谢天与青年舞蹈家茱莉亚•马赫，推出3D交响音乐会《春之祭》，将开创古典音乐多媒体跨界合作的新形式。

中央歌剧院为纪念世界著名作曲家威尔第诞辰200周年推出的歌剧《游吟诗人》，为纪念世界著名作曲家瓦格纳诞辰200周年复排创作的歌剧《女武神》都在原作基础上进行大胆创新。

创建国际文化交流平台

【概况】 国家艺术院团在艺术创作实践中，拓展视野，通过版权合作、联合创作和互邀访问等形式加强国际交流合作，呈现出中外艺术交相辉映的活跃氛围。

演出季，涌现出大批中外艺术家共同合作项目如音乐会《春之祭》，芭蕾《天鹅湖》、《堂吉诃德》，歌剧《女武神》等。中央芭蕾舞团推出的舞蹈专场《芭蕾新人新作荟萃》中，现代芭蕾作品《萨拉班德男子四人舞》，由中外青年艺术家共同创作，题材新颖，为芭蕾艺术注入活力。

为推进国际文化交流，“2013年国家艺术院团演出季”还特邀德国柏林德意志剧院话剧《俄狄浦斯城》参演。这次邀演是演出季的首次尝试，这为促进国家艺术院团与国外演出团体间的互相交流和学习，分享艺术创作经验，搭建平台。

演出季期间，文化部组织演出推广交易会、专业研讨会等，为院团提供展示和交易平台，更好地促进国家艺术院团朝着市场化运作方向发展。

演出季项目采取市场化运作模式，由各院团将节目全部推向市场，采取先展演后交易的运作模式。演出季期间，各院团按照市场化方式自行组织演出和票房运营，自负盈亏。文化部起到节目评选、品牌建设和搭建交易平台的作用，为院团精品展演和市场化运作提供良好的宏观环境。

第二届中国西部交响乐周

【概况】 2013年9月21日至28日，由文化部、宁夏回族自治区人民政府主办，文化部艺术司、宁夏文化厅承办，宁夏演艺集团有限公司执行承办的第二届中国西部交响乐周在银川市成功举办。活动以“音乐的盛会，人民的节日”为宗旨，在8天时间里，西部7省市区8支交响乐劲旅在宁激情演绎，全面展示西部交响乐的优秀成果，促进西部地区交响乐艺术普及，丰富广大群众的文化生活，推动西部交响乐艺术事业发展，受到社会各界的好评。

第二届中国西部交响乐周是近年来西部地区交响乐团演出规模最大、规格档次最高的一次交响音乐盛会。此次活动，有陕西爱乐乐团、重庆交响乐团、甘肃歌剧院交响乐团、新疆艺术剧院爱乐乐团、昆明聂耳交响乐团、内蒙古民族歌舞剧院交响乐团、宁夏演艺集团歌舞剧院交响乐团、兰州交响乐团等8支西部专业实力和演奏水平最高的交响乐团来宁展演，并邀请到卞祖善、姜金一、焦阳等著名指挥家以及刘光宇、金辉、胡剑等著名演奏家来宁激情表演。

中国西部交响乐周致力于提升西部高雅艺术水平，力推优秀交响乐原创作品，大量具有西部特色和民族风格的原创交响乐作品成为此次活动的亮点，让广大观众感受交响乐的独特魅力。

第二届中国西部交响乐周将交响乐艺术的普及推广作为重要内容，通过举措，扩大交响乐艺术的群众基础，拉近高雅艺术与普通群众的距离，凸显文艺为人民服务的优秀传统。一是接触零距离。9月21日至28日，此次展演的8支交响乐团，先后深入宁夏农业学校、北方民族大学、宁夏育才中学、贺兰文化广场、石嘴山文化中心、公安边防总队、解放军驻宁某部等地开展7场“三进”演出活动，让广大群众免费欣赏高雅音乐。其间，各乐团精心地设置曲目讲解、观众互动等环节，拉近交响乐与观众的距离。到贺兰县文化广场演出时，昆明聂耳交响乐团派出80余人的庞大演奏队伍，精心安排《法兰多拉舞曲》、《音乐之声》集锦等旋律性强、通俗易懂的曲目，吸引许多以前很少接触交响乐的观众。活动举办期间，中国西部交响乐周组委会采取低价惠民措施，加大高雅艺术普及推广力度，在8场交响专场音乐会的演出门票中，60-100元的门票占总票数的60%，低票价让广大普通群众得到实惠。据统计，活动举办期间听众人数累计26000余人次，其中直接走进剧场观看演出的听众12000余人次，在广场、学校、社区观看演出的观众达14000余人次，剧场观众上座率高达90%以上。

第九届全国杂技比赛

【概况】 比赛由文化部、重庆市人民政府主办，文化部艺术司、重庆市文化广播电视局承办。杂技(魔术)比赛汇集来自北京、天津、上海、重庆、广东、浙江等地的43个院团,共900余名选手,52个节目参赛,将在3天的比赛中,在杂技、魔术两大项目里一决高下。

与上一届大赛相比,本届参赛团体增加18个院团,共21个节目。比赛期间,中国杂技艺术团、上海杂技艺术团、沈阳杂技艺术团等众多国内知名杂技团上演《倒立技巧》、《集体空竹》、《秘籍传•跳板凳人》等脍炙人口的传统之作和《梦》、《禅武•头顶技巧》、《竹林欢歌•抖杠》等新创作品,更有《飞轮炫技》、《大飞人》等惊险刺激的大型空中杂技,也有变鸽、变伞等魔术表演。

2013年全国美术馆馆藏精品展出季

【概况】 在2012年成功举办“全国美术馆馆藏精品展出季”活动的基础上,文化部于2013年继续组织开展该活动。经过专家委员会的认真评审,有30个项目入选“2013年全国美术馆馆藏精品展出季活动目录”,并于8月至12月份陆续展开。

【大师与庙堂——中国美术学院美术馆典藏展】 展览时间:4月9日至29日(第一季),5月3日至23日(第二季),8月4日至25日(第三季)。

展览,是美术馆在丰富的藏品的基础上,精选出80件名师、校友的作品,如林风眠、黄宾虹、潘天寿、颜文樑、刘开渠等先生的作品,这些作品不仅是该馆重要的馆藏资源,也是中国现代美术史上的代表之作。展览以展品勾连起诸位先生与学院的关系,根据校史发展脉络分为初创期、新生期、新时期三大板块进行具体的作品展示,阐释不同历史时期我院先辈的艺术探索和社会责任和他们所做出的贡献。借此引导学生和观众,并突出对当代美术创作的影响。同时呈现他们与20 世纪中国美术此起彼伏的关联。

【巴蜀丹青缀英——成都市美术馆馆藏精品展】 展览时间:6月2日至6月30日

成都市美术馆现馆藏各类书画艺术精品1300余件。这些藏品,从一个侧面折射着成都这座历史文化名城的经济社会和人文精神的发展变化,是人民的文化财富。成都市美术馆策划的“巴蜀丹青掇英”馆藏精品展,一方面“含弘光大”,掇英于上世纪巴蜀艺坛的百年历史和艺术文脉,选取上述那些代表上世纪巴蜀画坛巅峰水平的老一辈艺术家精品;另一方面“继往开来”,掇英于当代全国艺坛,以巴蜀为中心辐射出画坛的整体面貌。展览除展出上述具有双重历史和艺术价值的早期藏品外,还包括该馆近年来最大一次收藏的部分藏品,来源于2008年举办的《暖流——全国书画名家赈灾特展》。这些题材各异、风格多样,蕴含着艺术家们对民族历史文化深厚感情的艺术精品,为初夏的成都献上一场饕餮艺术盛宴。

【中央美术学院美术馆藏北平艺专精品陈列(中国画部分)】 展览时间:6月6日至12月1日

展览精选艺专历史上任教过的三十余位中国画大家的重要馆藏作品,其中大部分作品为首次展出。对于艺专时期的中国画教学以及画学流变做系统的梳理和研究。

【境生象外——湖北美术馆馆藏水彩画作品展】 展览时间:6月29日至8月4日

展览以湖北水彩画这一特色收藏为主题,展出湖北近60年来不同时期具代表性的水彩画作品100件,题材广泛、内容丰富,既有传统的风景写生,又有创新性静物摹写;既有写实的人物题材,又有抽象的技法表达,老、中、青三代艺术家的作品均有涉及。从中可以看到湖北水彩画发展的清晰脉络与多样面貌。

【水印年华——馆藏水印版画精品展】 展览时间:7月5日至9月30日

为推动江苏版画的创作与研究,回顾江苏水印版画的发展历程,江苏省美术馆立足地域优势,利用馆藏江苏版画的丰富资源,策划举办“水印年华——馆藏水印版画精品展”。展品中包含10位江苏水印木刻的创始人:吴俊发、黄丕谟、朱琴葆、张树云、程勉、张仲则、金明华、李树勤、周炳辰、翁承豪的作品。

【心灵的艺术家——广州艺术博物院藏符罗飞作品展】 展览时间:2013年7月13日至2014年1月30日

符罗飞(1897—1971),一位活跃于20世纪中叶的艺术家,其生活与艺术充满与命运抗争的顽强精神和传奇色彩。作为中国现代美术史重要的艺术家,符罗飞的作品反映社会,反映画家对时代的爱与恨。

【妙于陈馨——于非闇、陈之佛精品展】 展览时间：7月25日至9月2日

集中呈现北京画院和南京博物院收藏的于非闇、陈之佛两位工笔花鸟画大家的精品力作70幅。展览分为“与古为徒”、“我师造化”、“ 诗情画意”三个专题，从传统的继承与发展、写生与师法自然、个人涵养与风格创造等角度揭示中国画内在衍变发展的普遍规律。

【中国美学的现代视觉建构——中华艺术宫典藏精品展】 展览时间：8月至11月

“东方之路：中国美学的现代视觉建构”展，意图通过该馆现有藏品，梳理20世纪初至今几代中国艺术家在中西融合道路上发掘和拓展民族本土美学内涵，并进行现代视觉转化的珍贵历程，呈现100多年来中西方文化碰撞、交流的时代语境下，“中国美学”在不同的艺术家创作中所演绎出的不同情韵和视觉风貌。

【为艺术战——浙江美术馆藏品展】 展览时间：8月1日至9月4日

展览分为三大板块：国立艺专时期、中央美术学院华东分院时期、浙江美术学院时期。作品涵盖国画（含书法）、油画（含素描、水彩等）、版画、雕塑等各个艺术门类，具有较高的艺术水准，其中有将近三分之二的作品是浙江美术馆最新征集入藏的大师名家的精品，首次与观众见面。

【字里千秋——陕西省美术博物馆馆藏金石拓片精品展】 展览时间：8月1日至9月4日

陕西省美术博物馆遴选出一百余件精品进行集中展出，其中绝大多数书法拓片是进入中国书法史的名碑巨拓，包括“秦中三绝碑”旧拓，汉中石门汉魏摩崖碑拓系列，以及西安碑林、陕西耀县药王山北魏名碑拓片等。展览结构按拓片时代顺序分为：篆籀古风、汉风唐法、宋元意笔、 明清遗韵，四个部分。

【百年笔墨集萃——刘海粟美术馆馆藏精品国画展】 展览时间：8月1日至10月31日

涵盖吴昌硕、陈师曾、刘海粟、齐白石、黄宾虹、黄胄、陆抑非、程十发、钱瘦铁、陈大羽、杨正新、陈家泠、朱振庚、田黎明等不同时期艺术家的精品力作。展览旨在使观众解百年以来，“东方固有的艺术”之中国画所呈现的整体面貌和不同时期的艺术风格；彰显中国画的多元形式和文化深度，拓展民众对百年以来中国画的认识；为中国画的传承和发展创造一个更为开放的语境。

【水之魅——苏州河系列馆藏书画精品展】 展览时间：8月15日至9月15日

展览展出苏州河系列馆藏书画66幅，汇集陈佩秋、陈家泠、杨正新为代表的当代上海画坛大家，赵宗概、周京新、徐善等当代江苏画坛代表性画家，以及马锋辉、池沙鸿等浙江画坛代表性画家，韩天衡、周慧珺等全国书法名家，以书法和中国画的形式集中展示苏州河的历史风貌和崭新容颜。

【城市记忆——深圳美术馆藏深圳本土艺术家精品展】 展览时间：8月25日至9月25日

展览从馆藏作品中精心挑选深圳本土艺术精品进行分类展出，作品涉及油画、国画、版画、水彩、雕塑、摄影、录像等各门类， 根据深圳美术馆馆藏深圳美术作品的特色，分为四类，包括“阅读深圳：表现深圳城市建设的历史”、“具象深圳：表现深圳城市的时代面貌”、“人文情怀：文化哲思”、“感受都市：生活微体验”，力图呈现出一部视觉的深圳美术史。

【笔墨纵横 气质宏博——黑龙江省美术馆藏王绍维作品艺术展】 展览时间：9月5日—10月5日

展览采用学术文献展的展览架构， 分为图像与文本两个部分。图像部分选取王绍维先生具有代表意义的作品，以创作年代为序列， 展现王绍维先生承继传统、求新图变的艺术创作轨迹；文本部分通过“评论”、“画论”、“求学杭州”、“留学日本”、“艺术家年表”等图片、手稿、实物等史料文献，阐释其艺术轨迹延伸和发展的内在因由，立体呈现王先生求学、思考、创作的历程和成果，及其处于特殊的历史变革年代中的求艺之路和施教之道。

【海峡和风 翰墨传情——福建省美术馆馆藏台湾艺术家精品展】 展览时间: 9月7日至10月7日

“海峡和风 翰墨传情——福建省美术馆馆藏台湾艺术家精品展”是由福建省美术馆自主策划的馆藏精品展。展览集中展示该馆所收藏的台湾艺术家李锡奇、黄歌川、黄云溪、林覃、吴清菊、陈大络等人的作品，既涉及宏大叙事，又有个体感受、经验和思考的个性表达。

【潘天寿美术教育文献展】 展览时间：9月18日至11月18日

潘天寿纪念馆、中国美术学院档案室、中国美

术学院国画系所藏有关潘天寿教育的文献资料为主体展示内容，包括各种历史档案、手稿、信件、老照片、作品等馆藏精品

【图画先行——庞薰琹图案艺术精品展】 展览时间：9月18日至12月31日

展出的作品为庞薰琹于20世纪30年代末作的中国商周时期至唐代年间的传统工艺美术图案。其中包括商周青铜器纹样、玉器纹样；战国青铜纹样；汉代画像石、画像砖纹样；魏晋南北朝忍冬纹、陶马纹样；隋唐陶马纹样、织锦纹样等内容

【水天一色·彩韵随行——2013年青岛当代水彩名家巡回展】 展览时间：9月23日至10月30日

画展挑选整合青岛市美术馆馆藏的优秀水彩作品，旨在全面梳理青岛水彩发展的宏观脉络和轨迹，集中呈现青岛百年来水彩创作的整体水平和丰硕成果。

【武汉美术馆藏“武汉·印象”系列精品回顾展】 展览时间：9月24日至10月22日

武汉美术馆收藏历年来“武汉•印象”创作活动中最优秀的作品，同时也将“武汉•印象”创作活动的相关档案文件进行全面的收集与整理。展览的呈现特点不仅仅是集中展示艺术精品，更是将历届从未公开过的美术创作活动点滴及学术风貌进行一次全面展示。

【百年太阳——阳太阳艺术精品展】 展览时间：9月28日至10月28日

阳太阳先生是国内著名艺术家，“决澜社”主要成员，漓江画派的领军人物。该展以桂林美术馆馆藏作品为主，重点展出阳太阳先生各个时期的艺术代表作，力图以新的视角，新的方式来探讨阳太阳产生的重要影响和历史意义。

【云南美术馆藏少数民族银饰精品展】 展览时间：10月

云南美术馆藏有一批历史久远、风格独特的银饰，这些珍贵的银饰是收藏家从少数民族地区收集而来并捐赠的。作为馆藏中最珍贵的陈列，深受世人瞩目。既能看到云南少数民族传统银饰艺术的发展脉络和轨迹，又能获得美的感受和智慧的启迪。这些光华四射的银饰，在云南民族艺术史上，写下灿烂辉煌的篇章。明清时期云南少数民族喜银好饰之风盛行，银饰成为每个家庭必备的饰物。

【传承——单应桂美术作品巡礼展】 展览时间：10月1日至31日

单应桂先生1956年考入中央美术学院中国画系，1961年毕业后任教于中央工艺美术学院，是女画家的杰出代表。单应桂先生将毕生的绘画精品无偿的捐给山东省美术馆，体现出一位老艺术家博大的艺术情怀。山东省美术馆希望通过举办展览，使观众在欣赏单应桂先生精湛技艺的同时，更能在心灵深处得到美的启迪。

【红色经典——天津美术馆藏二十世纪中国画展（1950-1979）】 展览时间：2013年10月至2014年2月

展览立足馆藏，遴选77位画家的85幅作品，以题材为基础、以画科为单元，划分为“人物新容”、“山河新貌”、“花鸟新姿”三个章节，配合这一时期的美术文献资料及艺术家影像资料，力图立体多维地呈现建国后三十年里中国画艺术家们在绘画主题、语言等方面的探索创新，以及中国画与政治、社会、大众的关系。

【刻就历史·传承经典——重庆美术馆（四川美术学院美术馆）馆藏版画精品展】 展览时间：10月10日至11月12日

展览整体推出的110件四川版画精品，表现出四川版画的不断发展和各个时期所呈现的不同形态。该展是对四川版画艺术脉络做出较为全面的梳理，是四川版画创作群体的整体呈现，印证四川版画创作群体为推进和丰富中国版画创作所作出的努力。

【设计之都·让梦飞翔——2003—2013深圳设计优秀作品展】 展览时间：10月20日至11月19日

2008年11月，深圳成为中国第一个获得联合国教科文组织“设计之都”称号的城市。“设计之都”的概念为城市打开更多新的发展空间，使城市变得更时尚、更青春、更加生机勃勃。关山月美术馆参与推动并见证“设计之都”创建的历程，希望通过馆藏的深圳优秀设计作品梳理，展示“设计之都”的建设成果，也为研究设计与转型中的中国城市化进程的互动关系提供一个典型案例。

【木石艺痕——赖少其版画回顾及文献史料展】 展览时间：10月28日至11月30日

此次馆藏精品展由“烽火木痕——1930—40年代木刻专题”、“开拓创新——1950—70年代版画专题”、“历史回顾——文献史料专题”及“继往开来——安徽现当代版画专题”4个专题组成，通过4个方面的展品和赖少其生平陈列，达到主题突出、

史料完整、内容丰富、意义深远的成效。

【20世纪中国美术之旅：走向西部】 展览以中国美术馆馆藏西部主题作品为主，包含国画、油画、版画、雕塑等各种艺术形式，试图从“发现西部”、“高原之春”、“寻源与拓展”3个章节来展现20世纪不同时期艺术家走向西部这一重要艺术现象，透过历史叙述，勾画出20世纪中国艺术家发现西部、认识西部、表现西部的创作历程，挖掘西部艺术创作在20世纪中国艺术史中的重要意义和价值。

【生活·永恒——宁波美术馆馆藏中国油画50名家作品展】 展览时间：11月14日至12月14日

展览展出宁波美术馆收藏的罗工柳、靳尚谊、詹建俊、全山石、朱乃正、钟涵等大家力作，早期留学归国画家沙耆、贺慕群等人的作品，以及忻东旺等活跃于画坛的中青年画家的优秀作品。这些馆藏精品采用现实主义的艺术表现技法，不管是革命现实题材，还是反映普通老百姓的生活现实题材，体现中国人民在20世纪为创建共和国所走过的坎坷道路，以及建设社会主义的不同历史时期人民生活的种种状态，展现永恒的现实主义艺术的美学价值。

【新兴木刻与广东版画——广东美术馆藏版画作品陈列展】 展览时间：2013年11月19日至2014年1月12日

陈列展主要是广东美术馆藏的1930年代至1970年代这一时期新兴版画的代表作品，通过这一展览，冀望观众能真正体味那段承载着艺术家理想与使命的峥嵘岁月，感受以中国版画为代表的艺术所表现出的感召力与深远影响，以及艺术家们强烈的社会责任感与民族解放的使命感，以此推动当代版画的发展。

【名师丹青—“湖北三老”作品展】 展览时间：12月

“湖北三老”——王霞宙、张肇明、张振铎是中国近现代美术教育的重要开拓者，是20世纪湖北写意花鸟画的领军人物。此次展览是湖北美术学院通过百年收藏来回顾校史文脉，梳理湖北地域画派形成的文脉关系，全面呈现湖北近现代花鸟绘画艺术成就的展事活动。展览将有利于深度解析湖北地域美术文化与个体美术创作以及师承之间的文化关联，明确武昌艺专与湖北美术学院、湖北学术文化与地域美术文化之间的文化现象，并通过不同时期的办学现象及个案研究的方式，阐明地域美术文化的文化张力，为艺术史的重构及艺术史现象的研究，提供有章可循的文脉轨迹。

“三下乡”慰问演出

【概况】 2月3日，文化部艺术家小分队赴四川“三下乡”慰问演出在茂县举行。2月3日，农历龙年腊月二十三“小年”，由文化部副部长董伟带队的文化部艺术家小分队赶到茂县，在县城羌文化广场和牟托羌寨进行两场“三下乡”慰问演出。

茂县是“5•12”地震后救援部队克服万难最后抵达的重灾区之一，大地震对茂县人民生命财产和自然环境造成重大损失和破坏。5年过去，在全国上下的关心支持和山西省的对口援建下，茂县在曾经满目疮痍的土地上重建起的美好家园，焕发出蓬勃生机。

杨春霞、郑咏、吴琼、黄越峰、王丽达、高保利、尉金莹、杨德来、朱桂兰、王静……来自文化部直属院团和总政、海政、全总、铁路等著名文艺团体的老中青知名艺术家们献上精彩演出。在牟托羌寨演出现场，文化部艺术家小分队把中国国家画院十几位国画家精心联袂创作的《繁花锦簇图》转交到茂县领导手中。

到四川灾区演出是全国文化系统两节期间三下乡活动的重要组成部分。文化部艺术家小分队几年来坚持在两节期间到四川地震灾区等地慰问演出，把艺术奉献给人民的同时，也感受到灾后重建的喜人变化，从灾区人民身上汲取营养。

5月24日至25日，在中央新疆工作座谈会召开三周年之际，由国内知名艺术家及自治区文化厅直属院团、新疆军区文工团的艺术家组成的文化部艺术家小分队赴新疆伊犁的三县一市进行慰问演出。

文化部艺术家小分队主要由来自中央歌剧院、中国歌剧舞剧院、空政文工团、中国广播艺术团、中国铁路文工团等国内一流院团的知名艺术家组成，包括歌唱家迪里拜尔、夏米力、严当当、韩延文、尤泓斐、阿不都拉，相声表演艺术家奇志、张伟，魔术大师杨德来、朱桂兰，舞蹈家迪丽娜尔•阿布都拉以及著名的黄梅戏表演艺术家吴琼等。艺术家们在整个活动周期短、演出密度高、行程距离长的情况下，不计酬劳、不辞辛苦，克服旅途的疲惫和风雨天气的影响，在短短两天时间里奉献四场饱含深情的演出，表达党中央、国务院对新疆各族人民的亲切关怀。

5月24日中午，演出小分队一行在伊宁市进行首场慰问演出。青年歌唱家尤鸿斐演唱《我爱你中国》，相声表演艺术家奇志和张伟表演《祈福》，魔术大师杨德来、朱桂兰表演魔术让，黄梅戏表演艺术家吴琼现场邀请哈萨克族“董永”与她一起演唱《夫妻双双把家还》，花腔女高音歌唱家迪里拜尔演唱《七月的草原》、《我们的歌声》、《一杯美酒》。

5月24日下午至25日，小分队分别在察布查尔锡伯族自治县、伊宁县、新源县进行三场慰问演出，小分队所到之处都受到当地各族群众和广大官兵的热烈欢迎。两天四场的慰问演出取得圆满成功。

文化部从2010年正式启动“文化援疆”工作以来，连续四次组织国内知名艺术家赴新疆慰问演出，足迹遍布喀什、克州、阿勒泰、哈密、石河子、和田、阜康、五家渠等地，近三万名新疆各族群众、解放军指战员、武警官兵以及兵团职工近距离欣赏艺术家们的表演。艺术家慰问演出活动成为广受新疆各族群众欢迎的文化品牌。

中国文化年鉴

Almanac Of Chinese Culture

文化市场

Cultural market

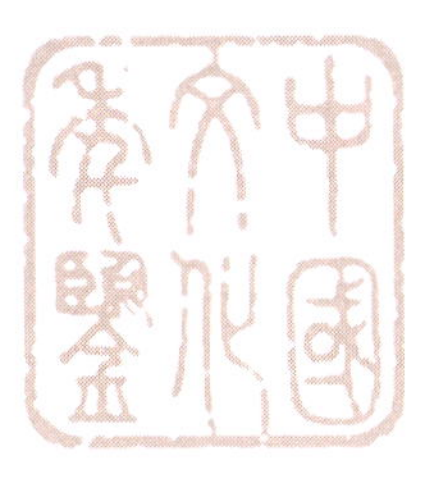

转变政府职能，推进行政审批改革

【简政放权，做好营业性演出审批取消和下放工作】 根据国务院总体部署，取消和下放4项审批项目。下发涉外演出中有政治倾向或其他不符合内容管理规定的国外乐队和演员名录，总结涉外演出内容审核的工作要点和应急处理方案，指导省级文化部门做好涉外演出审批工作。2013年7月1日起，文化部不再从事涉外营业性演出审批工作。

【文化市场行政审批规范】 下发《文化市场行政审批规范化建设示范标准》，编订文化市场14项29种审批事项的办事指南、业务手册以及行政审批通用文书，对文化市场各项行政审批进行全流程标准化指引。

【开展全国文化市场行政审批大检查】 分8个组赴16省（市、区）开展文化市场行政审批检查，检查行政审批服务窗口、审批案卷、经营场所，以检查促建设，督促地方严格履行行政审批职责，增强管理人员服务能力和法治观念。

【在上海自贸区调整文化市场管理政策】 “点对点”输送政策，印发《文化部关于实施中国（上海）自由贸易试验区文化市场管理政策的通知》，允许在试验区内设立外资演出经纪机构、演出场所、娱乐场所以及从事游戏游艺设备的生产和销售。

改进和创新管理，推动各类文化市场转型升级

【规范娱乐和演出市场管理】 出台《娱乐场所管理办法》（文化部令第55号），引入行政指导制度，实行分级分类管理措施，为娱乐市场管理提供的法规支撑。规范演出经纪人员资格认定程序，加强对演出行业协会组织实施资格认定工作的监督和指导。

【加强艺术品市场管理】 在北京、上海、江苏、浙江、湖南、陕西6省市开展艺术品市场鉴定管理试点，探索艺术品鉴定管理措施；组织开展第二届艺术品市场法制宣传周活动，提高艺术品经营者守法意识和消费者维权意识。

【调整上网服务行业市场准入政策，推进上网服务行业转型升级】 在19个省（市、区）的部分地区开展准入试点工作，调整上网服务企业总量和布局规划，降低准入门槛，放开审批，会同公安、工信、工商等部门开展无照上网服务企业整治工作。指导中国互联网上网服务营业场所行业协会举办转型升级论坛，明确上网服务企业“社区信息服务平台和多功能文化休闲场所”的社会定位，在北京、长沙、洛阳等地开展“创新业态、提升形象”试点工作。

【提升网络文化企业自我管理能力】 出台《网络文化经营单位内容自审管理办法》，规范企业对自身内容审核和管理责任，强化政府对企业的指导服务和后续监管。联合卫生部、国家互联网信息办公室等15个部门发布《未成年人网络游戏成瘾综合防治工程工作方案》，提出以预防、干预、控制网瘾为主线，完善相关管理制度，减少网瘾对未成年人的危害，在上网服务场所推广“上网时间提示制度”。

【引导新兴业态发展】 召开全国网络演出试点经验交流会，总结网络演出经验、交流试点成果。举办首届中国应用游戏大赛，指导移动游戏联盟举办2013移动游戏大会，指导游戏评论联盟举办游戏分级管理沙龙活动，引导游戏行业健康、规范发展。

加强综合执法队伍建设，提高执法效能

【开展全国文化市场综合执法“练兵比武”活动】 以“全员参与，全员练兵”为要求，从“训、练、比、督”四个方面指导地方开展岗位大练兵。发布《比武大纲》和《竞赛规则》，编写培训试题4000余道，作为各地练兵比武的重要抓手。活动期间，截至11月底，全国各级共培训执法人员8万余人次，全面提升执法人员基本理论、基本知识、基本技能和专业能力。

【加大监督指导力度，提升市场监管水平】 组织“两节”“两会”期间专项整治，落实“净网”、“清源”、“秋风”三项“扫黄打非”行动，以打击侵犯知识产权、查处接纳未成年人为重点，加大明察暗访、督导检查等工作力度，强化网络文化市场执法协作机制，发布第十八、十九批黑名单，对626家违法违规网络文化经营单位进行查处。年内，共组织15个暗访组，抽查29个省份43个地市81个县区2314家单位。

【创新执法培训形式，加强执法理论研讨】 举办文化市场网络舆情监测及突发事件应急处置培训，并首次组织涉外文化市场创新管理高级研修班。编撰《文化市场综合执法手册》、《文化市场综合执法案例汇编》，开展说理式综合执法文书试点工作，梳理文化市场综合执法业务流程、执法事项及行政处罚案由等工作，作为基层综合执法人员业务培训考核的教材和执法工作的指南。

全国文化市场技术监管与服务平台建设取得阶段性成果，提升信息化水平

全国文化市场技术监管与服务平台建设被中央政治局常委会列入2013年工作要点，按照“政府职能转变”要求，以“从管微观到管宏观，提高宏观管理水平和能力”为目标，2013年，平台建设全面铺开，取得阶段性成果。

9月29日起，准入审批系统、综合执法系统在黑龙江、上海、江苏、浙江、安徽、山东、四川等7省（市）试点运行；网络游戏、网络音乐动态监管系统在全国试运行。截至12月5日，平台录入文化市场经营单位32234户，312个文化行政机构和综合执法机构的1542人使用系统；通过系统发起准入业务587件，办结341件；受理举报11件；发起日常检查40169人次，检查经营单位13852家次，立案调查89件，办结案件13588件。通过试点，检验系统的稳定性、易用性、适用性，在真实的业务环境中实现执法与准入、地方与中央的数据交换，平台的顶层设计理念得到验证。

以党的群众路线教育实践活动为契机，转变工作作风

按照中央要求和文化部部署，文化市场司党的群众路线教育实践活动稳步推进，开展学习教育、征求意见建议、开展谈心工作、撰写对照检查材料、召开专题民主生活会、制定整改方案、着眼制度建设，解决领导班子及其成员在工作作风及业务工作方面存在的突出问题，促使全司同志尤其是党员领导干部牢固树立宗旨意识，增强贯彻党的群众路线的自觉性和坚定性。

通过教育实践活动，文化市场司明确从“坚持‘为民’原则，简政放权”、“坚持‘务实’原则，加强制度建设”、“坚持‘清廉’原则，贯彻落实‘八项规定’”三个方面加以改进。

2013年全国文化市场综合执法工作情况

【概况】 2013年，全国各级文化行政部门和文化市场综合执法机构全力开展系列专项整治行动，以清理整治互联网上网服务、网络文化、出版物、游艺娱乐等市场为重点，推进平安文化市场建设，创造良好的社会文化环境。

【执法工作总体情况】 从各地上报的执法数据看，2013年度，全国共出动执法人员1065.22万余人次，与2012年度相比减少13%；检查文化市场经营单位464.12万余家次，与2012年度相比减少24%；责令经营单位改正13.76万余家次，与2012年度相比减少5%。全国共受理举报2.21万余件，与2012年度相比减少35%；立案调查4.14万余件，与2012年度相比减少28%；移交案件1768件，与2012年度相比减少46%；办结案件4.07万余件，与2012年度相比减少21%。全国共警告经营单位10.50万余家次，与2012年度相比减少3%；罚款1.51亿余元，与2012年度相比减少22%；没收违法所得313.19万余元，与2012年度相比减少7%；责令停业整顿6074家次，与2012年度相比减少38%；吊销许可证209家，与2012年度相比减少32%。

数据显示，互联网上网服务、娱乐、出版物等市场仍是各地监管的重心，对以上市场的检查人次数占总人次数的91.55%，受理举报次数占总次数的83.54%，办结案件数量占总结案数的92.29%。互联网上网服务市场依然在各市场中占有较大比例，对其检查人次数占到总人次数的42.75%，受理举报次数占总次数的55.71%，办结案件数量占总结案数的66.78%。互联网出版、互联网视听、互联网文化、文物、电影发行放映等市场在各项执法数据中所占比例仍较低。

【执法信息报送情况】 2013年，各地通过全国文化市场行政执法系统报送各类信息4033条，收入“中国文化市场网”962条。其中，山东省最多，为499条；其后依次为河南省374条、四川省349条、安徽省314条、宁夏回族自治区222条、福建省215条。总体而言，山东省、安徽省、河南省、广西壮族自治区等地信息报送内容针对性较强、质量较高。

2013年，各项综合执法数据指标与2012年相比有较大幅度下降，既有执法办公系统升级改造的原因，也有部分地区监管不力的因素。

中国文化年鉴

Almanac Of Chinese Culture

文化产业

Cultural Industries

综　述

以制定政策为导向，开展调查研究，完善文化产业政策体系

配合国务院办公厅、国家发改委开展《关于推进文化创意和设计服务与相关产业融合发展的若干意见》文件起草工作。联合中国人民银行起草《关于深入推进文化金融合作的意见》。推动财政部、国家税务总局等部门出台动漫产业增值税、营业税的延期到2017年底的优惠政策，并对经认定的动漫企业在营业税改征增值税试点扩围后的税收优惠政策予以明确。

开展中国文化产业促进院（暂定名）前期调研和“文化与经济的融合及文化产业发展”课题、“《文化产业促进法》可行性研究及草案起草”研究工作并形成报告。完成部里确定的“拉动城乡居民文化消费的政策和措施”专题调研工作，发布“2013中国文化消费指数”。与工信部有关部门沟通协调，将文化部纳入国务院促进中小企业发展工作领导小组，开展调研和专项课题研究，联合工信部起草《关于支持小微文化企业发展的实施意见》。

以重大项目为抓手，加强基地园区管理，推动落实“十二五”时期文化产业倍增计划

制定文化产业创业创意人才扶持、重点文化设施经营管理人才培养、成长型文化企业扶持和中国民族歌舞走出去四个计划实施方案。加强与相关部门的沟通协调，推动特色文化产业发展工程、藏羌彝文化产业走廊等重大文化产业项目的实施。完成《藏羌彝文化产业走廊发展总体规划（征求意见稿）》的研究编制。联合国家发改委，组织实施数字内容动漫游戏高技术服务业研发与产业化专项重大项目，文化部推荐的动漫游戏关键技术研发和产业化重点项目首次全部列入发改委高技术专项立项名单。

开展国家文化产业示范基地和园区巡检考核工作，对不合格的基地园区予以撤销，实施动态管理。推动成立中国文化产业协会，发挥其在加强行业自律、促进行业发展、制定行业标准等方面的重要作用，完善政府和产业界之间的沟通渠道。

文化金融合作，争取财政资金支持，鼓励文化产品和服务走出去

截至2013年5月，通过部行合作机制支持重点文化企业信贷项目151个，贷款余额366.91亿元。

与财政部文资办沟通，共同实施中央财政文化产业专项资金重大项目——“文化金融扶持计划”，建立首批“文化金融合作信贷项目库”，对92个重点文化信贷项目给予4.6亿元贴息支持。年内专项资金支持文化系统文化产业一般项目210个，支持金额达15亿元。

鼓励文化产品和服务走出去，与中宣部等部门共同起草《关于加快发展对外文化贸易的意见》。联合商务部等开展《2013—2014年度国家文化出口重点企业目录》和《2013—2014年度国家文化出口重点项目目录》认定工作，文化部门管理范围内的232个文化企业和34个项目纳入名单，分别占总数的63.7%和28.8%。

以科技创新为驱动，提升动漫产业的品质，培育数字文化产业加快发展

实施国家动漫品牌建设和保护计划，采取多种形式对入选项目给予产业化推广支持，推动建设一

批在国内和国际市场具有一定影响力的民族原创动漫品牌。

加强标准化建设，推进手机（移动终端）动漫标准示范应用推广工程，推动制定并向社会发布手机（移动终端）动漫行业文件格式、内容、运营、服务等四项行业标准，引导新媒体动漫加快发展。

启动开展数字文化产业理论研究及人才培养工作，加强对国家动漫产业公共技术服务平台的考核管理，全面提升平台服务能力，将平台开展的一批技术创新重大项目纳入支持范围。国家动漫公共素材库顺利上线，启动建设国家动漫产业基础信息数据库，建立原创动漫推广的常态和长效机制。

以重点展会为突破，加大人才培养力度，加快文化产业公共服务平台建设

联合相关部门做好第9届中国（深圳）国际文化产业博览交易会、第31届中国洛阳牡丹文化节、中国国际动漫游戏博览会等重点节会的组织协调工作，提倡节俭办展会，提高展会实效。支持中国（义乌）文化产品交易会转型升级，提高其市场化、专业化和国际化水平。

完成国家文化产业公共服务平台整体建设方案和文化产业项目服务平台的建设工作。结合中国文化产业网站改版，丰富文化产业公共信息服务平台政策解读、数据统计分析等功能。推进文化品牌实验室建设相关工作，完成文化品牌评价体系。

举办第十期西部文化产业经营管理人才培训班。支持河南、江西、陕西、青岛等地举办文化产业投融资培训班，学员超过300人次。组织举办新媒体、品牌、游戏运营、编导等多个方向的高端动漫产业研修班，培养一批动漫产业高端人才。

专　题

文化产业博览会，文化产业展会业

2013年，由文化部联合国家相关部委和地方政府共同举办的各类文化产业博览会相继在各地成功举办。展会的规模、成交量、专业化水平、国家化程度等各项指标均刷新历史纪录，为促进文化资源开发、产品交易、信息交流、项目合作发挥作用。

第九届中国（深圳）国际文化产业博览交易会总成交额达1665.02亿元，比上一届增加229.51亿元，同比增长15.99%。继第八届文博会后，本届文博会合同成交再次远超意向成交，成交额达1065.28亿元，占总成交额63.98%，同比增长24.87%。展览面积达10.5万平方米，共有来自全国各地的2118家政府组团、企业机构踊跃参展。本届文博会展会突出文化贸易主题，以“贸易扬帆，文化远航”为主线，着力推动文化贸易。海外展区比例首次突破10%，达到13.7%；来自全球93个国家和地区的16347名海外采购商受邀参会，创造历史新高。商务部还在文博会期间召开文化贸易与文化对外合作促进政策研讨会，来自欧盟、美国、韩国等驻华使领馆官员以及有关部门的司局负责人以及文化出口重点企业参加研讨会并发表演讲。

第八届中国义乌文化产品交易博览会以“打造文化产品交易平台，推动文化产业跨越发展”为主题，注重文化产品的“商品”属性和“交易”的经贸效果。展会共设展览面积7万平方米，标准展位3320个，其中突出交易特性，交易类展位占总展位

数的80%以上。注重邀请专业采购商参会，不断提高经贸实效，实现成交额48.3亿元，同比增长6.92%，其中外贸成交额29.15亿元，占总成交额的60.35%，同比增长5.81%。展会期间，共吸引来自108个国家和地区9.36万名境内外采购商参会，其中境外客商5863人，境外贸易团队40个。

第五届中国东北文化产业博览会以“文化、融合、创新、发展”为主题。设置六大展馆、11个分会场，在为期5天的活动期间，集中开展品牌展示、产品交易、项目推介、文化活动等一系列丰富多彩的展览活动。共设置展会6500余个，1000多家境内外文化企业参展，现场签约金额达到427亿元。

第八届中国北京国际文化创意产业博览会以“促进文化贸易、加快经济升级”为主题，安排综合活动、展览展示、推介交易、分会场活动、论坛峰会、创意活动等六大系列100多场活动，展览总面积22万平方米，参观人数21万人次。据不完全统计，本届文博会期间，共签署文化创意产业产品交易、产业园区建设和入驻、项目投资、银企合作等协议总金额1190.36 亿元人民币，比上届增长9.3%。由文化部文化产业司与中国人民大学联合举办的“文化中国•中国文化产业指数发布会”作为文博会活动之一在中国人民大学成功举办，并首次发布“中国文化消费指数（2013）”。

第九届中国国际动漫游戏博览会以“开放、融合、提升、共赢”为主题，展区总面积达3.8万平方米，325家海内外展商中特装展位面积超过70%，海外展商出展面积超过40%。期间举行行业重大政策发布会，发布2012年全国动漫品牌建设和保护计划名单和手机动漫标准等政策文件。本届展会观众人数21.3万人次，现场零售交易额3500万元。举办的动漫游戏商洽会吸引创意项目65个，意向金额近10亿元；西澳大利亚—中国动画电影商务合作洽谈会为中澳企业的动画电影投资、联合制片、联合宣发等商务合作提供平台，意向金额近5亿元，展会交易总金额超过18亿元。

以中国（义乌）文化产品交易会转型升级为重点，提升各类文化展会的市场化、专业化、国际化水平。做好中国（义乌）文化产品交易会转型升级的各项筹备工作。开展国内外实地调研，拟定转型升级方案，邀请中国贸促会担任联合主办单位，提高义乌文交会市场化、专业化、国际化水平，打造优秀文化产业展会品牌。部领导主持召开义乌文交会联席会议，研究总体方案，布置任务分工。多次召开义乌文交会筹备工作协调会，研究建立协调机制。同时，在历次节会组织工作中落实八项规定，勤俭办会，指导督促各地承办机构精简开幕仪式；将举办节会与城市建设相结合，推进特色文化城市发展；在各项活动举办中突出文化惠民，打造人民的节日；各项活动注重提高实效，以项目合作和产品交易促进文化产业发展。

文化消费工作

按照文化部统一安排，文化产业司开展并完成“拉动城乡居民文化消费的政策和措施”专题调研。研究制定工作方案，邀请中国社会科学院、中国人民大学文化产业研究院有关专家成立调研组，学习借鉴相关成果经验，向各地文化厅局发放书面调研问卷、通过网络手段对5000名普通消费者进行抽样调查、分别到东中西部杭州、宁波、长沙、昆明四个代表性城市进行实地调研，收集掌握文化消费理论成果、统计数据和第一手调研资料，与国际国内文化消费情况进行比较研究，对城乡居民文化消费当前存在的问题以及影响因素进行分析，并从文化消费主体、文化供给主体、文化消费条件三个方面，提出拉动城乡居民文化消费的政策措施建议。

联合中国人民大学文化产业研究院开展历时4月、覆盖全国的文化消费专项调查，在此基础上结合2012年在“文化创意产品与品牌城市国际论坛”上发布的“中国文化消费指标体系”，开展“中国文化消费指数”研究工作，并于11月在中国人民大学与该司共同主办的“文化中国•中国文化产业指数发布会”上发布“中国文化消费指数（2013）”、“中国省市文化产业发展指数（2013）”以及相关研究成果。

“中国文化消费指数”从文化消费环境、文化消费意愿、文化消费能力、文化消费水平、文化消费满意度五个方面全面研究文化消费水平。指数体系的构建借鉴国际的成功经验，结合文化消费的实际情况，突出全面性和可比性，是首个反映全国总况和省、区、市情况的文化消费指数。此外，“中国文化消费指数”还从总体情况、城乡差异、区域差异、消费结构、消费偏好和影响因素等方面系统勾勒文化消费的现状。

“中国文化消费指数（2013）”的发布，推动各地各部门研究制定促进文化产业相关政策，引导文化消费，扩大文化消费规模，促进文化产业健康发展。

文化产业政策措施研究制定工作

配合国务院办公厅、国家发展改革委开展关于推进文化创意和设计服务与相关产业融合发展的若干意见文件起草工作，发挥文化产业在调整结构、扩大内需、增加就业、推动发展等方面的重要作用。该文件上报国务院，经国务院常务会议审议后将正式发布。

按照“扶大与扶小相结合、扶企业和扶个人相结合”的原则，研究制订文化产业创业创意人才扶持计划，鼓励各类文化人才创意、创造和创新，从根本上提升文化产业发展活力和创意创新水平；针对近年来各地大剧院、艺术中心等文化设施不断落成，但管理乏人、运营乏力的问题，研究制订重点文化设施经营管理人才培养计划，帮助文化设施经营管理人才掌握大型文化设施经营管理的基本要领，全面提高文化设施运营水平和经济社会效益。两个计划均获2013年度中央财政文化产业发展专项资金立项支持。

文化金融合作

文化部联合中国人民银行、财政部共同起草《关于深入推进文化金融合作的意见》，从创新文化金融体制机制、创新文化金融产品与服务、加强组织实施与配套保障等方面对深化文化金融合作进行全面部署，提出加强文化企业融资担保、支持文化企业直接融资、建立文化金融专营机构、建设文化金融服务中心和文化金融合作实验区等若干创新举措。该文件是为数不多的央行与行业主管部门联合下发推动特定领域工作的文件（此前只与农业部和科技部有过联合发文的先例）。

经与财政部文资办沟通，财政部将“文化金融扶持计划”列为年内中央财政文化产业发展专项资金的四个重大项目之一（其他三个项目均为广电出版方面），财政部专项安排文化信贷项目贷款贴息申报工作，单独划拨资金4.6亿元（占全年中央财政专项资金总额的10%），对92个重点文化产业信贷项目给予贴息支持。通过文化产业司的推荐和协调，为更多文化企业争取到年度中央财政专项资金支持，全国文化行业210个文化产业项目获得支持金额15亿元，较2012年增长37%。其中，文化部报出的“创意创业人才培养计划”、“文化设施经营管理人才培养计划”、“中国民族歌舞走出去计划”等3个项目共获得支持资金4000万元。

小微文化企业工作

在文化部文化产业司推动下，小微文化企业发展工作得到国务院促进中小企业发展工作领导小组的认可，2013年，国务院正式将文化部增补为领导小组成员单位。文化产业司在开展专项调研和课题研究基础上，按照部领导指示要求，起草“成长型小微文化企业扶持计划”框架方案，对下一步工作的推进和相关措施的实施提出具体计划。与工信部中小企业司、财政部文资办开展共同调研，研究细化实施方案和财政配套措施，争取2014年正式实施该计划。文化产业司联合工信部联合开展《关于大力支持小微文化企业发展的意见》起草工作，从落实现有支持政策、优化创业发展环境、提升企业可持续发展能力、提高公共服务水平等方面对文化系统的支持小微企业发展工作做出全面部署。该文件计划于2014年制定出台。

手机（移动终端）动漫标准示范应用推广工作

落实中央领导的批示，文化部会同有关部门，对手机（移动终端）动漫产业整个产业链进行全面调研，经过两年的研究制订工作，年内，经国家标准委备案，文化部正式对外公布“手机动漫文件格式”、“手机（移动终端）动漫内容要求”、“手机（移动终端）动漫用户服务规范”、“手机（移动终端）动漫运营服务要求”4个手机（移动终端）动漫行业标准。在形成较为完善的一套标准体系的基础上，在中央财政的支持下，启动“手机（移动终端）动漫标准示范应用推广工程”项目，通过运营、用户服务平台标准升级改造，内容标准示范推广，标准创作工具开发，编写标准授课教材，标准应用培训等项目推动标准在行业中的示范推广应用，鼓励创作适合手机（移动终端）的优秀原创动漫产品，促进在手机（移动终端）上的动漫消费。联合有关部门对标准不断更新并推动标准成为国家标准，并在国际上推广中国标准，争取突破成为国际标准。文化产业司推动动漫与数字信息技术结合，2013年，文化部联合国家发改委，组织实施高技术服务业研发与产业化专项数字内容动漫游戏领域申报评审和中期检查工作，发改委对11个动漫游戏关键技术研发和产业化重点项目予以立项，并将择优予以资金支持，文化部对该11个重点项目给予资金支持。

影动梦想——中国当代动漫艺术展

9月24日至30日，由文化部、中国驻俄罗斯联邦大使馆联合举办的“影动梦想——中国当代动漫艺术展”在俄罗斯莫斯科中国文化中心开幕。包括俄罗斯国家杜马家庭和儿童委员会全权代表维多利亚•安东诺娃在内的中俄两国政府部门和动漫产业界代表共同出席开幕式。

此次展览是落实《“十二五”时期国家动漫产业发展规划》和《文化部关于促进文化产品和服务“走出去”2011—2015年总体规划》，支持动漫游戏企业“走出去”的具体举措。展览以“影动梦想”为主题，通过影像、图片、文字、实物、交互体验等多种形式，依托中国科学院自动化研究所科学艺术中心在动漫技术创新与应用方面的成熟经验和专业水平，成功地向俄罗斯观众和中外媒体展示中国当代动漫艺术的巨大成就和动漫产业的前景。

展览内容以动画、漫画、游戏为主体，并涉及3D动画电影、新媒体动画、动画应用和产业发展，涵盖动漫产业的主要领域。动漫展的入选作品和动漫品牌突出时代性、创新性与发展性特点，以“中国文化艺术政府奖首届动漫奖”获奖作品和“2012国家动漫品牌建设和保护计划”入选的优秀品牌为主，并辅以近年中国动漫领域的其他代表性作品。共有40多家动漫企业、30多位动漫家的近百部作品和项目参加展会。展览期间，举办“传承与创新——中国当代动漫游戏”主题论坛、中俄动漫游戏界产业交流会等主题活动，深入中俄动漫游戏产业界的交流，搭建两国动漫游戏产业交流合作的平台。

展览不仅在中俄两国人民之间架起一座文化交流的桥梁，也在两国动漫游戏产业界之间搭建交易合作的平台，促成中俄动漫游戏双边合作实现4.7亿元的交易额。

中国文化产业协会成立

6月29日上午，中国文化产业示范基地园区协会第一次会员代表大会在北京京西宾馆召开。大会按照《社会团体登记管理条例》和协会章程的有关规定，完成协会首届理事会、常务理事会、会长、副会长、秘书长等协会负责人的选举。

6月29日下午，中国文化产业示范基地园区协会召开成立大会。全国政协副主席马飚，民政部部长李立国，文化部副部长、全国文物局局长励小捷，文化部副部长杨志今、项兆伦和财政部中央文化企业国有资产监督管理领导小组办公室主任王家新出席成立大会。

为紧跟国家文化发展战略，为更多的文化企业提供服务，便于国际交流与合作，文化部推动中国文化产业示范基地园区协会更名为中国文化产业协会。中国文化产业协会的成立，将在文化产业领域发挥社会组织的作用，完善政府与产业界之间的沟通渠道，提升优秀文化企业的示范效应，促进文化产业的自律和建设，加强中国文化产业界的国际交流，调动整个社会从事文化建设的活力，推动文化产业的发展。

中国文化年鉴

Almanac Of Chinese Culture

文化科教

Cultural Science and Education

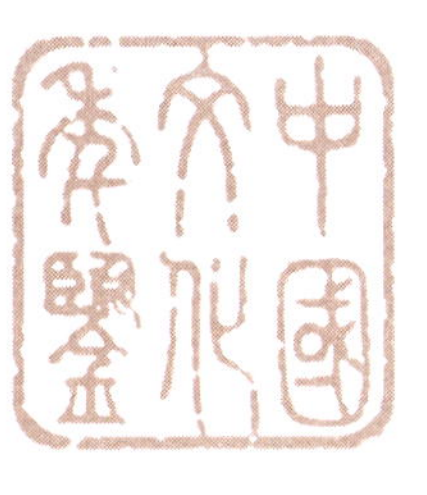

综 述

概 述

2013年，在部党组和分管部长的领导下，文化科技司认真学习总书记习近平一系列重要指示，和全国宣传思想工作会议上的讲话和中央政治局以“实施创新驱动发展战略”为主题集体学习会上的讲话，投身群众路线教育实践活动，继续促进文化和科技融合创新，推动艺术科研服务文化建设，探索艺术教育对接行业发展，在文化科研科教工作中开拓奋进、砥砺前行。

推动文化与科技融合，解决文化建设过程中的技术瓶颈和创新难题

【加强与科技部的部际合作，争取国家科技专项投入，组织实施文化科技领域重点支撑项目】 按照《国家文化科技创新工程纲要》的部署要求，强化文化部、科技部部际合作成果，推动文化领域的技术研发纳入国家科技创新体系，组织重大专项攻关，加强科技在公共文化服务、艺术创作、文化产业、文化传播等各项重点工作中的转化与应用。2013年，由文化科技司协调组织，经过缜密论证和设计，集合中央歌剧院、文化部民族民间文艺发展中心、中国数字文化集团有限公司、浙江大丰、深圳华强等32家直属单位、企事业单位参与国家级重点科技项目研发与实施，《演出效果呈现关键支撑技术研发与应用示范》等4个项目列入科技部2013年国家文化科技创新工程项目，获得国家财政6000万元支持。其中，《演出效果呈现关键支撑技术研发与应用示范》作为优先启动项目，获国拨资金支持3000万元。该项目围绕增强舞台演出艺术创作力、感染力、保障力的具体需求，解决当前舞台技术系统整体控制难、指挥调度差等问题，力图构建舞台综合效果整装系统技术集成解决方案，提高演艺装备制造业的整体技术水平与服务文化的能力，提升文艺演出的技术保障水平，促进相应行业技术标准的研制，推动演艺业的繁荣发展。

经由文化科技司鼎力推荐，国家图书馆作为牵头单位的《公共文化数字资源传播服务关键技术研发与示范》列入2013年科技部支撑计划项目，获得国拨2350万元经费支持；民族民间文艺发展中心承担的《中国传统声学测量及频谱分析》作为基础科学研究项目，获得568万元经费资助。

【强化各类部级项目管理，完善项目申报、评审、立项、检查、验收等管理手段及方式，加强调研，解决制约文化发展的科技问题】 2013年，文化科技司分级实施、协同推进国家文化科技提升计划、文化部科技创新项目、国家文化创新工程、标准化制修订项目等部级科技及创新项目，扶持立项涉及公共文化服务、文化产业发展、文化市场管理、体制机制改革等领域的科技项目48项，国家文化创新工程项目12项，标准化制修订项目14项，并有28个立项项目今年通过验收。通过支持《公共电子阅览室的新形态实现研究》、《分布式异构文化资源智能定位与收割平台研究》等项目的研发，提出和实现与新媒体、新技术发展相适应的公共文化服务的新形态、新理念，完善和建设现代公共文化体系。通过《中国戏曲海外传播推送服务平台构建》、《中国典型视觉与听觉文化符号的数字化表达与特征量研究》等项目的研发，整合优质文化资源，形成“文化库”的概念。

【其他】 针对文化科技融合现状、作用、不足、需求等开展两项实地调研，完成《文化科技对文化创新驱动作用研究调研报告》及《首批16家国家级文化和科技融合示范基地调研报告》，对促进建立文化和科技融合的长效机制，提升文化科技工作效能起到作用。

艺术科研管理的基础性工作

【完成艺术学各类项目评审、立项、管理、结项等工作】 年内，共完成各类艺术学评审立项项目210项，资助经费总额2836万元。其中，评审立项国家社科基金艺术学重大招标项目6项，为确保项目有针对性地解决文化发展的关键问题，资助经费420万元；评审立项国家社科基金艺术学年度项目145项，资助经费2232万元；评审立项文化部文化艺术科学研究项目50项，资助经费184万元。国家社科基金成果文库项目、国家社科基金艺术学后期资助项目初评工作业完成。年内还完成3批项目鉴定结项审批工作，有《中国电影史学与资料库建设研究》、《我国艺术表演团体改革的政策与路径研究》等60个项目获准结项。

年内首次开展“国家社科基金艺术学重大项目”评审立项工作。该项目是现阶段艺术科学领域层次最高、资助力度最大、权威性最强的国家级政府基金资助项目，旨在推出高质量的，能够为当前文化艺术建设重要问题提供决策参考的研究成果。经过组织专家论证招标选题、通讯初评、现场答辩、网上公示等环节，首批共有《小康社会的文化建设目标研究》、《国有表演艺术院团体制改革现状调查与发展路径研究》等6个项目获得立项，每个项目资助60万元至80万元。

【促进地方艺术科研管理机构建设，加强艺术科研管理培训】 开展全国艺术科学管理调研。重点通过人才结构、重点学科建设、重点研究机构、科研研究、获奖、经费使用情况等全面系统的调查研究和统计分析，掌握全国艺术科学研究和规划管理工作经验做法，梳理出存在的突出问题并提出相应的对策建议，形成富有指导价值的《全国艺术科学规划管理工作调研报告》。

规划调整全国艺术研究院所的长效发展思路。针对艺术研究院所如何在“后集成”时期及时调整思路，改变单一化的学科研究状况，创新发展的问题，召开年度艺术科研院所建设会议，明确思路，统一思想，整体规划全国艺术研究院所建设。对全国艺术研究院所开展调研，专门设立委托项目，对全国各省艺术研究院所的基础信息进行的一次全面系统的摸底普查，并选取不同地域、不同特色，具有典型性和代表性的福建省艺术研究院、甘肃省文化艺术研究所、贵州省文化艺术研究院作为个别案例进行实地调查研究，完成《全国艺术科研院所现状调查与创新发展研究》研究报告。

推动省级艺术科研管理机构完善体制与机制，指导各级艺术科研管理工作协同优质发展。召开全国艺术科研管理培训工作会议，强调加快建立省级艺术科学规划领导小组，开展省级科研项目评审立项工作。年内，有16个省份建立省级艺术科学规划领导小组，1个省份正在筹建中；有8个省份设立省级文化艺术科研项目。

谋划艺术教育管理工作，推进“音乐厅”项目，用好“赛事”抓手，促进“共建”工作

【抓好“我的音乐厅”、艺术考级及各项赛事】 按照“我的音乐厅——外国经典音乐欣赏”项目整体规划，向两家承办单位下达正式任务委托函，其中，中央音乐学院承担大提琴独奏、外国歌曲、俄罗斯歌曲、小夜曲四个项目共计160首曲目的录制工作；上海音乐学院承担音乐剧、爵士乐、轻音乐三个项目共计112首曲目的录制工作。经过前期精心准备和多次排练，两家单位在下半年顺利完成所有曲目的录音录像及说明撰写工作。9月高等教育出版社开始对上年录制完成的曲目进行后期加工和整体设计，11月做出第一批样盘交领导审看。

借助“文华艺术院校奖”和“全国职业院校技能大赛”两大平台，展示全国艺术院校的教育教学成果，发挥赛事导向性、示范性作用，引导院校进行教育教学改革，采用先进的教学方式，创作出大量的教学作品，为选拔和推出艺术人才提供广阔平台。成功组织举办第十届桃李杯舞蹈比赛国际标准舞项目比赛和全国艺术职业院校技能大赛艺术专业技能比赛。筹备第二届全国青少年戏曲比赛和第五届全国青少年民族乐器演奏比赛。

将艺术考级作为促进青少年艺术素养的提升举措。加强全国社会艺术水平考级中心的建设，完善考级工作领导小组、考级工作专家指导委员会、考级中心三位一体的艺术考级管理体系，开展社会艺术水平考级机构评估试点工作，规范考级服务，提升考级质量，引导考级机构树立“普及艺术教育、

提高国民素质”的理念。

【抓好共建工作】 共建工作是建立起文化部与地方政府、艺术院校之间互通、互动、互利桥梁的重要工作。继续深化文化部与广西壮族自治区共建广西艺术学院工作，指导该院承办第五届全国青少年民族乐器演奏比赛。文化部与北京市人民政府共建中国戏曲学院，具体方案正在制定中，以此促进戏曲教育与文化事业发展需求的结合，建立可持续发展的戏曲艺术人才培养机制。协调、帮助中国艺术研究院和上海大学的合作。指导中国艺术研究院研究生教育，完成上年度招生及有关统计工作；协调北京市、教育部有关部门，推动第六届中国京剧优秀青年演员研究生班的有关工作。

发挥艺术职业教育在文化传承创新中的基础性作用，提升艺术职业院校民族文化传承与创新能力，引导艺术职业学校科学合理地设置和调整专业，推动相关艺术职业院校办出特色，建立高素质、专业化教师队伍。会同教育部、国家民委确定并公布首批100个民族文化专业示范点，文化系统共有31所艺术职业院校、原部属4所高校、艺术职业教育学会教育系统3所专业院校入选；通过行指委开展中等艺术职业教育专业教学标准制定及配套国规教材开发工作。截止到年底，将完成5个专业的国家专业教学标准制定工作。启动首批27本教材编写工作，出版9本，在产5本，完成二批教材选题申报、评审、立项工作；启动高等职业学校表演艺术类专业目录修订工作。年底完成《目录》修订及专业简介文稿撰写工作；举办全国艺术职业教育师资培训班。

【其他】 文化科研科教工作存在着需要尽快解决的突出问题。主要体现为文化和科技融合创新的社会、人才、资金、市场、观念等软硬件环境还不完善，体制内事业单位的文化科技自觉性和科研能力亟待提高，民营科技企业参与文化建设的渠道不够通畅，科技转化为文化生产力的途径不能适应文化的发展和社会的需求，文化科技、艺术科研人才紧缺且科研力量薄弱，艺术教育管理在院校划转之后始终处于边缘地位，难以找到抓手发挥在艺术类专业人才培养、选拔方面的独特作用等问题。

专　题

“文化科技对文化创新驱动力研究”调研报告

为深入贯彻党的“十八大”精神，全面落实中宣部文化部大调研专项任务，“文化科技对文化创新驱动力研究”课题组，在文化部副部长董伟同志、文化部科技司司长于平同志带领下，深入基层一线，寻找好经验、好做法，解真问题、难问题，真诚倾听人民群众和广大文化工作者对当前文化建设的意见和建议，围绕文化科技对文化创新驱动力这一前沿性议题，询政于实，问计于民，以期推动理论和实践层面的突破，为打造文化建设升级版积累第一手决策资料。调研期间，课题组轻车简从，厉行节约，严格执行中央“八项规定”，坚决摒弃形式主义工作作风，整个调研工作始终在求真务实和严谨高效中进行。

整个调研过程中，全体课题组成员获得一次“走基层、转作风、改文风”的现实教育，深刻感受到科学技术突飞猛进正全面提升社会发展水平和人民生活品质，深刻感受到科技对文化发展的创新驱动正从选择性介入走向深度融合，深刻感受到文化科技创新正在文化事业和文化产业等领域带来强大创新驱动效应，深刻感受到整个社会正以一种高度文化自觉姿态致力于文化科技驱动文化创新的探索实践。调研组在深入调研、反复讨论、精心修改基础上，形成相对成熟和完整的调研报告，作为专项调研课题的最终成果形式。

1. 进入新世纪以来，文化与科技融合呈加速推进态势，工具创新提升公共文化服务能力效果明显，文化产业技术研发与转化增强产业装备水平和企业核心竞争力，文化遗产保护（含物质文化遗产与非物质文化遗产）手段、目标及效果更佳，文化科技在文化创新各个环节显示出前所未有的勃勃生机。

文化科技从“选择性介入”走向“整体融合”，为文化创新驱动力奠定坚实基础。文化发展不断提出更高的科技诉求，科技发展在文化领域寻找到广泛的应用空间，文化科技整体融合在推进文化创新的同时，不仅形成对文化科技基础研究和科技创新的倒逼机制，而且为文化创新发展提供可持续驱动力量。认知科学、系统科学、计算科学、信息科学、材料科学以及一系列前沿性交叉科学，物联网技术、云计算技术、虚拟空间技术、图像传输技术、数字转换技术、监测技术、仿真技术、防护技术等一系列开发前景广阔的应用技术，在文化管理、文化创意、文化生产、文化展示、文化传播、文化交流、公共文化服务、文化遗产保护等领域，正越来越发挥出解放文化生产力和改变文化发展方式的巨大作用。2011年挂牌成立的中科院常州数字与艺术融合技术研究中心，在文化科技融合实践中，取得CG公共服务平台、3D特效自动生成、微型传感器人体运动捕获、人物表情捕捉和编辑关键技术等相关技术突破，这些突破为视觉工业以及文化原创技术的脱颖而出，开辟超越传统观念存在空间与价值形态。上海戏剧学院通过“演艺虚拟空间合成”以及DTAM平台（Dimensia Theatre Art Museum），极大地延伸戏剧空间、戏剧时间、戏剧内容和戏剧观演方式，对戏剧未来带来一定程度上的本体拓值意义。

政府、社会、市场和知识界对文化科技融合的助推努力，对文化创新驱动提供有力的杠杆。党的十八大以高度的文化自觉，高屋建瓴地提出“促进文化和科技融合，发展新型文化业态，提高文化产业规模化、集约化、专业化水平”；地方各级政府在发展文化事业和文化产业的长期实践中，逐步增强文化科技融合以提升综合文化实力的责任感、使命感；大批文化机构和文化企业面对文化科技融合的汹涌时代潮流，知难而上，面对，变被动为主动，不断创造出打造驱动力杠杆的鲜活经验；整个社会尤其是知识界，对文化科技融合的真实性、必要性和迫切性，有更加清醒的认识和理论把握，一大批科技精英和技术骨干人才，正在中国文化发展的时代舞台一展才华。江苏省人民政府2009年举办“文化创新与科技发展高层论坛”，2011年召开全省文化科技创新工作会议，省长李学勇作出批示并经省政府办公厅转发文化厅、科技厅共同拟定《关于加强文化科技创新的意见》，省文化厅与省委组织部共同开展“文化科技企业家培育工程”，明确到2015年前选拔50名省级文化科技企业家和300名市级文化科技企业家。民营企业郑州枫华实业有限公司，以科技创新驱动文化遗产保护方法与保护理念创新，开展前沿应用技术开发，努力寻找文化科技融合在当代文化建设中的新目标、新思路、新手段和新效果，每年从营业收入中提取6%作为研发经费，三年内取得24项国家发明专利和具有核心竞争力的垄断性关键技术，成为中国博物馆协会制定的“文物古籍保护修复技术研发中心暨设备生产基地”，为国内外一大批文化保护机构提供高端设备和技术服务，企业社会效益与经济效益深得业界称奇。

融合广度与融合深度的迅速推进，为文化创新驱动力提供隐性社会倒逼机制。融合广度的后果，导致一大批新兴文化业态应运而生，极大地丰富人民群众的文化生活空间和参与方式，以3D电影、数字动漫、手机电视、网络游戏、移动终端信息检索、物联网互动全景体验为标志的新兴文化业态，革命性地改变着我们所处时代的日常文化存在形态。融合深度的后果，促使整个社会重新审视文化生产关系中的必然后果与可能后果，重新审视文化科技对文化创新进行高强度驱动中的权重配置与要素配置。融合广度与融合深度的社会进展，经形成强有力的隐性社会倒逼机制，迫使政府、社会和企业界，必须更新观念，调整思路，应对，从而适应文化发展与文化创新所尖锐面对的形势变化。常州“国家级文化和科技融合示范基地”的经验启示就在于，适应形势变化，迎接倒逼挑战，抢占体制高地，以改革开放的政策红利反哺文化科技融合，从而取得软件与信息服务业年收入63.5亿、移动互联网应用年收入109亿、电子商务年收入151亿、广告与创意旅游年收入180亿以及基地年均增速49%的良好业绩。国家图书馆、上海图书馆、东莞图书馆等一批公共文化服务单位，变倒逼的被动为创新的主动，利用前沿应用技术，拓展服务渠道与服务方式，强化服务工具功能配置，以人为本地构建阅读主体性体验环境，公共文化服务绩效大幅提升，为全国图书馆走出“门前冷落鞍马稀”闯出一条创新迸发活力的成功之路。

2.各地探索实践表明，文化科技融合必然有力驱动文化创新，这种驱动既体现为杠杆助推功能，也体现为平台托举功能，更体现为引擎牵引功能，强大的内驱力为文化创新插上腾飞翅膀。

文化科技融合所形成的杠杆助推功能，在文化管理、文化传播、文化参与、文化呈现、文化遗产保护等相关环节，为文化创新提供效力保障和影响力支撑，为满足人民群众日益增长的文化需要创造更高水平的物质条件。一是各级文化行政管理部门，追求制度理性与技术理性的高度统一，发挥信息技术、网络技术、统计与抽样分析技术、实时管理监测技术等相关技术门类的应用功能，不断提高政府文化行政治理效率，推进文化制度运行和文化政策落实的长效化、规范化、精密化和可操作化。张家港市文化局所实施的公共文化服务“网格化”体制运行模式，依托技术管理支撑，使全市公共文化资源、文化动力骨干人才、不同所有制归属的场地与设施以及较为有限的文化财政支出预算额度，得到的整合与配置，标杆清晰，绩效。二是一些基层公益文化机构，克服历史文化欠账多和当前投入不足的实际困难，改变基础设施和条件装备建设中“撒胡椒面”的老套做法，将有限资金用在刀刃上，努力实现跨越式技术装备升级，确保新形势下公益文化机构的运行，促使更多的参与主体在技术装备升级中焕发出更大的文化热情。陕西省宜川县综合文化中心，虽处国家级贫困县域，但升级所带来的3D电影院、标准灯光球场、电子阅览室、自动旋转舞台以及大功率立体音响设备等，广泛吸引城乡居民的持续参与，其参与度经足以使积重难返的麻将、黄色录像、游戏网吧以及占卦算命等迷信活动相形失色。三是一批锐意创新的文化创造者或文化生产机构，敏锐接受新知识，大胆引入最新科技成果，不懈探索科技支撑条件的文化呈现手段与文化传播方式，强化文化作品和文化产品的凝聚力、表现力、辐射力和影响力。张艺谋的“印象系列”，将科技手段、艺术元素和自然条件进行融合配置，取得经济效益与社会效益的双向突破，使得千百万体验型文化旅游参与者，获得耳目一新的艺术经验与生存感受。继国家大剧院以后，武汉琴台剧院等数十家省市级剧院，较传统的表演舞台均有明显的代际转型，声音混响技术、立体投影技术、虚拟成像技术、舞台合成技术、数字控制技术以及效果监测技术等技术形态的深度融入，使剧场效果、舞台效果、表演效果、接受效果、视听效果、声音效果等，因代际转型促使表演艺术获得新的成长空间，吸引更多观众回归剧场，享受高科技条件下表演艺术的审美体验。

文化科技融合所形成的平台托举功能，使文化创新跃升至协同推进发展阶段，协同创新意义上的诸如信息共享平台、在线交互平台、技术孵化平台、创意衍生平台、大数据与云计算平台、跨文化传播平台以及生产分工平台等，使文化创意、文化生产、文化消费、文化传播、文化贸易获得强大的平台托举支撑，获得超过预期的协同效应、聚集效应、漫溢效应、提升效应以及优化配置效应。全国首批十八家重点动漫企业之一的上海今日动画影视文化有限公司，在与迪士尼频道、德国国家电视台、法国国家电视集团、法国电视一台、法国电视六台、CCTV、SMG等主流媒体成功合作基础上，搭建基于技术优势和社会责任的“全网化动漫制片管理系统AOL”，不仅可以在线整合社会化创意主体与分置性想象能力，而且可以降低劳动力成本、企业管理成本、重复性生产成本，以价格优势打造中国动漫产业链，驱动中国动漫产业参与国际竞争，以平台优势赢得竞争优势。深圳华强集团作为最具核心竞争力大型文化企业之一，坚持高水平全方位技术孵化平台建设，长期致力于前沿科技成果向应用技术形态转化、应用技术形态向文化衍生产品转化，依托技术孵化平台进行文化创意产业相关要素高效率配置，探索中国特色大型体验式创意主题公园连锁发展模式，寻求文化意义与科技功能最佳整合，软件设计与硬件生产同步推进，取得巨大的经济效益和社会效益，成为高科技文化企业的一张出彩名片。各地兴建的一批文化科技产业园区，尽管类型不同，规模有别，但普遍具有综合服务平台与公共技术平台支撑功能，依托这些支撑功能，资金、技术、人才、项目以及创意环境等关键性要素，程度不同地获得聚集效果，一批拥有高水平创意人才和核心技术支撑的新型文化企业，正逐渐成为中国文化产业发展版图上富有朝气的产业生力军。

文化科技融合所形成的引擎牵引功能，是文化与科技融合的辉煌结晶，是文化科技驱动文化创新的中坚力量，是文化创新驱动力的主流价值导向和未来发展方向。深度融合结晶的引擎作用在于，积聚文化发展内生动力，改变文化生存传统方式，催生文化创意杰出人才，迸发文化创造主体激情，促进文化传统历史延续，强化文化人格民族建构，在协同创新的文化发展道路上显示其主动性、能动性、导向性和可持续性，以源源不断的牵引力量驱动中国文化建设的各个具体领域。文化遗产发掘保护部门，在遥感技术、卫星定位技术、红外频谱技术、生物全息技术等的应用开发牵引下，拓展视野，调整思路，更新手段，取得预想不到的考古成果和保护效果。更多的动漫创意企业，依靠动作与表情捕捉技术、无纸动画制作技术、3D数字技术和移动终端链接技术等的牵引，不断追求创意平台、呈现方式、想象空间、传播渠道和视听效果的快速更新换代，为动漫艺术的表现力、影响力和创新生产能力提供升级驱动能量。以网络技术为代表的现代技术进步，强大的牵引力量正在日新月异地催生新的艺术形态与文化业态，同时也在人与文化、人与艺术的关系重构中，全面而深刻地改变着既往的艺术生态和文化秩序，一切都在不以人的意志为转移中开创着崭新世界。尤其值得关注的是，要想文化产业成为国民经济支柱性产业，要想文化产业在转变经济发展方式中成为不可替代的战略新兴产业，文化科技融合的引擎牵引必须发挥其支撑功能。

3. 文化科技融合过程中，存在观念滞后、制度缺位、投入不足、复合人才匮乏等瓶颈性发展障碍，存在政府支持与社会、市场现实诉求之间的严重不相适应，同时也存在政府职能一定程度缺位。

观念滞后，认识模糊，文化与科技异质本体观与边界壁垒长期占据主流地位，是文化科技融合过程减速的思想根源。看不到文化科技融合并驱动文化创新的世界潮流，把握不准文化与科技融合什么以及怎么融合，对文化科技驱动文化创新的现实性、可能性和必然性缺乏完整、全面而且深刻的认识，导致很多同志、很多地方缺乏助推自觉性与性，导致很多同志、很多地方甚至还停留在“扯着嗓子喊”而不是“甩开膀子干”。观念滞后所以动力不足，动力不足所以进度不快。机遇稍纵即逝，形势喜人但更逼人，中国文化建设能否撬动文化科技融合的创新引擎，是摆在各级政府尤其是决策者面前的一道严峻答题，同时也是中国社会尤其是广大文化从业者所共同面对的时代挑战。

制度缺失，政策失配，对文化科技融合缺乏政府资源的稳定性保障，是文化科技对文化创新驱动力不足的现实障碍。一是缺乏体制预期目标。没有将文化科技融合纳入文化发展中长期规划纲要，没有将文化创新的科技引擎驱动纳入科技发展总体布局，没有将文化科技对文化创新的驱动实际编入经济与社会发展的时间表、路线图及目标定位。体制预期目标不明确，直接导致以预期目标为导向的顶层制度设计迟迟不能面世。行动失去方向，绩效失去标杆，作为失去动力，没有体制预期目标将会从根本上制约文化科技融合的速度、质量及其文化创新驱动效果。二是缺乏功能支撑架构。突出矛盾在于，政府职能不明晰，相关职能部门之间没有功能接口和协调机制，社会和市场文化科技融合诉求常常遭遇缝隙政府行政回应。一些地方政府反映，在促进文化科技融合及其驱动文化创新过程中，政府职能难以清晰划分，任务难以落实到位，责、权、利标杆难以建构，操作过程中遇到的困难难以在现行体制框架给予圆满解决。行政随意性较大，口号宣传大于实际运行，具有功能支撑的相应政府平台尚未全面搭建。三是缺乏政策工具配置。在宏观层面，缺乏有整合力的政策，对政府、社会和市场的相关资源进行整合、激活、调控，各自为战，散打散敲，局面存在一定程度失序、失控、失衡。在微观层面，缺乏配套性政策的后台技术支撑覆盖，诸如投融资、文化科技企业身份确定、税收优惠、技术成果孵化补贴、土地指标、人才聚集与人才培养、社会效益评价与激励、知识产权斟定等一系列相关政策，还没有体系化制定，从而导致文化科技融合及其对文化创新驱动实际过程中存在很多操作性障碍。

投入不足，支持乏力，文化科技融合长期处于低水平社会自发状态，是缺乏文化创新驱动力的重要影响因素。一是政府没有建立规范性引导资金，相关项目性资金投入方式单一，申报渠道不畅，专项管理缺乏规范性和长效机制。国家高科技企业专项支持资金、以奖代补专项资金、863计划专项资金、国家自然科学基金等，均没有面向文化科技融合的链接接口。文化领域面向事业建设的文化科技融合至今尚无支持目录，全国公共文化服务机构普遍存在设施陈旧、技术落后、科技含量低等被动局面，文化系统行业性地存在不能适应科技高速发展和社会生活方式不断进步的总体形势变化。2012年5月由科技部、中宣部、文化部、广电总局和新闻出版总署五部门联合发布的“天津滨海高新区”等16家国家级文化和科技融合示范基地，符号命名大于功能支撑，除部分项目性小额科研基金有所倾斜外，尚未得到中央政府层面的实际资金支持。二是文化科技企业缺乏基础研发和长期投入性，技术装备力量更新周期滞缓，前沿科技成果深度融合过程中转换能力不足，原创性研发及应用技术开发大多得不到稳定资金保障，绝大多数文化科技企业没有能力进行技术储备与高强度技术升级，企业的市场核心竞争力不强，低端重复生产现象较为严重。三是融资渠道不畅，资本市场基本渠道证券、公募、风投、基金等，尚无做大文化科技题材和流量的动力，银行信贷因行业风险管理政策缺位而无法实现对文化科技企业所需流通资金稳定保障，其他产业资本向文化科技的产业性战略转移仍然没有足够的市场动力，融资困难成为绝大多数文化科技企业做大做强的发展瓶颈。

复合人才匮乏，文化工作者普遍缺乏高科技知识训练，科技工作者大多没有深厚完备的文化准备，能够站在文化与科技相同高度并驾驭深度融合的复合型高端人才几乎凤毛麟角，是制约文化科技融合进程并弱化文化创新驱动力的最终关键。现行高等教育学科设置陈旧、文理分科导致复合人才先天性流失，无限的知识分化与技术分工，很难培养出具有国际竞争力的文化科技融合领军集体。文化事业领域广大干部职工，大多没有现代科技相对系统完整的培训，面对管理精密化、服务技术化和设施装备升级，缺乏主动应对和驾驭的综合素质与操作能力，科技对文化支撑与文化对科技承接之间严重不相匹配，行业性文化科技素质较低直接制约着文化事业发展水平和公共文化服务的现实性。文化产业及具体的文化科技企业，因产业分工当前弱势而无法实现对高端复合人才强力吸附，人才坏境与产业人才链条件，尚不足以引导大批量高科技人才进入以前沿成果开发为支撑的文化创新高地。各级政府鼓动文化科技融合复合型人才政策不到位，措施不具体，行动不。高端复合才匮乏，基础技术储备不足，以及行业性人力资源综合素质低端状况，将有可能在相当长一段时期内成为影响文化创新乃至中国文化建设的掣肘要素。

4. 面对大数据时代严峻挑战，文化建设机遇稍纵即逝，必须站在国家文化发展战略高度，统筹谋划，科学应对，努力寻求促进文化科技融合及其对文化创新驱动的制度张力，让文化创新全面释放实现“中国梦”的强大正能量。

一是建议加大舆论宣传力度，广发开展文化科技深度融合知识普及，增强全社会对文化科技驱动文化创新价值认同感，动员更多的媒体和专家就文化科技驱动文化创新的发展趋势、基本规律和探索实践等进行全方位讨论，营造文化科技融合与文化创新的社会氛围，解放思想，更新观念，凝聚智慧，形成合力，以理论先导推进文化自觉，以文化自觉引领文化创新。

二是建议强化制度设计，尤其要强化顶层制度设计，创新体制，完善机制，将文化科技融合及其对文化创新的驱动，提升到国家文化发展战略层面给予制度安排。要在政府行政平台形成文化科技发展合力，统筹相关职能部门事权会商处置机制，在科技发展与文化发展国家预算方案中添列文化科技融合发展预算支持科目，使各级政府对文化科技融合与文化创新发展更具调控能力。要制定文化科技融合发展中长期规划，在与国家科技发展规划与文化发展规划目标一致和指标匹配基础上，确立融合发展的时间表、路线图、发展标杆。要把文化科技融合纳入各级政府议事日程，尤其纳入各级政府文化行政部门的重要工作安排，促使相关工作成为政府文化治理制度运行内容的重要组成部分。

三是建议尽快出台相关配套政策，激励人才，撬动项目，引导更多文化科技企业实现研发升级，促进文化科技融合可持续稳步推进。要逐步出台具有明确针对性的文化科技融合导向政策，清晰定位，找准方向，加强引导，扩大支持范围与支持力度。要逐步出台具有明确针对性的经济政策，对文化科技企业资质审定、投资准入、融资渠道、税收优惠等给予政策倾斜，助推文化科技企业实现跨越式发展。要逐步出台具有明确针对性的文化科技复合人才政策，引导人才培养，激励人才成长，促进杰出人才参与国际竞争，为复合人才提供住房、户籍、子女入学、出国深造、科研环境等生活保障。

四是建议着力打造文化科技融合发展平台，夯实基础，整合资源，形成文化科技融合战略优势。要优先发展科技部、中宣部、文化部、广电总局、新闻出版总署联合下文搭建的十五个国家级文化科技融合示范基地，在项目、资金，人才及相关领域加大支持力度，确立刚性指标，聚集能量，迅速形成具有国际竞争能力的研发团队、研发规模、研发优势，形成文化科技深度融合并驱动文化创新的强大竞争团队。要鼓励更多的文化事业单位投身基于文化科技融合的技术升级、装备升级、服务升级和文化建设升级，鼓励更多的文化企业努力实现文化科技融合所带来的转型效应、竞争力效应、市场拓展效应和可持续效益增长效应。要精心谋划具有国家实力标志的基础理论研究平台和高端应用研发平台，聚集国内外一流复合前沿人才，联合高等院校和科研机构，打造文化科技融合国家重点实验室，为抢占文化科技融合中国高地组建起实力雄厚的国家队。

五是建议将经实施的各类文化科技融合项目做大做强，增加支持力度，扩大支持范围，强化支持性。要加强相关政府职能部门之间的联合会商制度，深化相关各方政策功能链接，实现文化科技融合进程中的信息资源共享，形成推进文化科技融合的行政合力。要较大幅度提高“国家文化创新工程”、“国家文化科技提升计划”的资金规模与项目支持力度，力争2013财年达到2000万总量水平，按照适当的年度递增比例，到“十二五”时期末不低于1亿的年投入规模，使相关国家工程能名符其实地真正发挥引导调节功能。

2013年度国家社科基金艺术学项目评审会

由文化部文化科技司暨全国艺术科学规划领导小组办公室主办、黑龙江省文化厅承办的2013年度国家社科基金艺术学项目评审会日前在哈尔滨举行。

艺术科学是哲学社会科学的重要组成部分，是中国特色社会主义文化建设的重要基石。国家社科基金艺术学项目是繁荣发展艺术科学、促进文化建设的重要载体和抓手，体现国家在文化艺术领域的导向与要求，也体现艺术学各学科发展的最高水准。

2013年度国家社科基金艺术学项目申报工作得到全国艺术研究工作者响应。在申报期限内，共收到全国31个省、自治区、直辖市申报的课题2599项。根据《2013年度国家社会科学基金艺术学项目课题指南》要求，本次课题申报工作涵括艺术基础理论研究、戏剧研究、音乐研究、舞蹈研究、美术研究、设计艺术研究、艺术文化综合研究以及电影、广播电视及新媒体艺术研究等八个艺术门类和领域，并设置优先研究方向。优先研究方向的申报课题一经获准立项，可根据研究工作的实际需求，适度放宽资助额度。

为适应新的任务要求，不断提高立项质量，发挥好国家社科基金艺术学项目的导向性、示范性作用，文化部文化科技司暨全国艺术科学规划领导小组办公室围绕党的十八大提出的重大理论观点和重大工作部署，坚持公平竞争、择优立项的评审原则，严把政治关和学术质量关，遴选出具有较高的理论意义、实践价值和学术水准的项目。国家社科基金艺术学项目的评审工作遵守会议评审纪律。

在评审会正式召开之前，进行匿名通讯初评，来自全国各地的初评评委针对申报项目的选题、论证、研究基础三项内容进行“背靠背”打分，根据项目得分排名情况，确定初评入围项目。

在评审会期间，评委们以高度的责任感和使命感参与工作，把坚持正确导向贯彻工作始终，把突出国家水准贯穿工作始终。本着公平公正原则，对初评入围项目进行严格、细致、审慎地评阅和遴选。

此次评审会强化评委轮换制度，坚持回避制度，改进评审工作作风。驻文化部纪检组监察局派员到会，对评审程序、评委纪律、工作人员纪律等方面提出严格要求，并全程驻会监督项目评议及投票、计票工作。在艺术学项目评审工作中，纪检监察部门参与评审成为长效机制。

第十届“桃李杯”国际标准舞比赛在上海举行

6月14日至15日，第十届“桃李杯”国际标准舞比赛在上海源深体育馆成功举行。第十届“桃李杯”舞蹈比赛国际标准舞项目比赛由文化部主办，上海电影艺术学院舞蹈学院承办。比赛旨在检验我国舞蹈专业教学成果，总结交流教学及创作经验，促进舞蹈教学质量和表演水平的提高，繁荣舞蹈剧目创作，发现并选拔舞蹈新人新作，推动我国舞蹈教育事业的发展。比赛每三年举办一届，继2010年在上海成功举办第九届后，本届比赛再次在上海举办。此次大赛在比赛项目上，除常规的标准舞、拉丁舞比赛外，还设立艺术表演舞比赛。共有全国各地37所艺术类院校，近千名选手参与，百余个舞蹈作品参赛，范围之广、作品之多、规模之大，皆高出往届水平。

全国职业院校技能大赛艺术专业技能比赛

6月16日至20日，由教育部、文化部等多部门联合主办，文化部文化科技司、教育部职业教育与成人教育司、江苏省教育厅、江苏省文化厅、南京市人民政府承办，全国文化艺术职业教育教学指导委员会、南京市教育局、江苏省戏剧学校协办的2013年全国职业院校技能大赛艺术专业技能赛项比赛在江苏南京成功举办。这是艺术专业首次被纳入全国职业院校技能大赛，在办赛理念、赛项设计、交流协作等方面开拓全新局面。这一赛项的举办对整合文化艺术行业、企业的专业优势和特色资源，深入推进我国艺术职业教育的改革和发展，展示全国职业院校艺术专业教育教学成果，促进学生综合职业能力和创造精神的培养具有重要意义。

中国文化年鉴

Almanac Of Chinese Culture

非物质文化遗产保护

The Protection of Intangible Cultural Heritage

中国文化年鉴

概　述

2013年，贯彻实施《中华人民共和国非物质文化遗产法》，以制定与《非遗法》相配套的政策规章为工作重点，注重基础和长远，不断探索和完善各种保护的方式方法，非物质文化遗产保护的关键环节有新进展、新成效，保护工作全面、深入发展。

制定和修订与《非遗法》相配套的制度和规章

一是在征求专家与各方意见的基础上，《境外组织或者个人在中华人民共和国境内进行非物质文化遗产调查管理暂行办法（草案送审稿）》经部务会研究通过，正式上报国务院法制办。

二是在《国家级非物质文化遗产代表作申报评定暂行办法》（国办发〔2005〕18号附件）和《国家级非物质文化遗产保护与管理暂行办法》（部长令39号）的基础上，起草《国家级非物质文化遗产代表性项目管理办法（修订稿）》，经调研和多方征求意见，《管理办法（修订稿）》，将于2014年上半年报部务会审议。

三是地方非物质文化遗产保护法律法规建设不断加强。山西、江苏、浙江、福建、湖北、河南、广东、广西、重庆、云南、贵州、宁夏、新疆等13个省（区、市）人大颁布出台非物质文化遗产或民族民间文化保护条例，非遗保护法规体系逐步完善。

国家级非物质文化遗产项目代表性传承人抢救性记录工作启动

截至10月，命名的1986名国家级非遗代表性传承人中有150多人相继去世。开展国家级代表性传承人抢救性记录工作，尽可能完整记录代表性传承人所掌握的非物质文化遗产丰富知识和精湛技艺，为后人留存珍贵的研究资料和文化记忆，是非遗保护的一个重要目的。2013年，中国非物质文化遗产保护中心和数字化保护中心制定非遗10个门类抢救性记录的相关业务标准和技术标准，首批共确定50名国家级非物质文化遗产项目代表性传承人试点开展抢救性记录，并在中央补助地方专项资金中安排相应的资金扶持，为加强对抢救性保护工作的具体指导，组织专家研究起草《关于加强非物质文化遗产抢救性保护工作的指导意见》。

开展第二批国家级非物质文化遗产生产性保护示范基地建设工作

继续深化非遗生产性保护，配合国家税务总局开展非物质文化遗产生产性保护税收优惠政策的调研和制定工作。通过非物质文化遗产生产性保护示范基地的示范、带动作用，使非物质文化遗产在生产实践中得到保护，提升非遗项目自身的造血机能，实现非物质文化遗产保护与经济社会协调发展的良性互动。在第一批41个国家级非遗生产性保护示范基地的基础上，2013年，第二批国家级非遗生产性保护示范基地的申报评审工作启动。第二批国家级非遗生产性保护示范基地评审不仅注重项目自身的典型性和代表性，更加注重参评对象在生产实践过程中具有示范意义的模式和做法。10月，组织召开第二批国家级非遗生产件保护示范基地专家初评工作。2014年初组织召开国家级非遗生产性保护示范基地评审委员会会议，审议入选名单并公示。

研究制定文化生态保护区建设评估验收标准和条件

按照《非遗法》和《文化部关于加强国家级文化生态保护区建设的指导意见》的有关规定，继续引导和督促地方政府和省市文化厅局开展各项建设工作。继续推进命名的文化生态保护区总体规划的编制、论证和审批工作，潍水文化生态保护区、晋中文化生态保护区总体规划经文化部正式批准同意实施。

对文化生态保护区的建设情况进行评估、检查和验收，是检验总体规划实施的重要手段，对于完善文化生态保护区的管理机制和推动文化生态保护区建设具有重要意义。2013年，在赴海洋渔文化（象山）生态保护实验区、婺源徽州文化生态保护实验区等地进行调研的基础上，起草完成《国家级文化生态保护区建设评估标准》（草稿），正在修改完善。

推进第四批国家级非物质文化遗产代表性名录申报评审工作

在前三批国家级非物质文化遗产项目申报评审工作基础上，结合《非物质文化遗产法》有关精神，启动第四批国家级非物质文化遗产代表性项目名录申报评审工作。

第四批国家级非物质文化遗产代表性项目名录首次采用网上申报的方式。网上申报有利于申报项目的归类、统计和分析，有利于减少纸质文本资源的消耗，提高工作效率，也是现代信息技术与当前非遗保护工作融合的一个重要体现。9月，下发通知部署第四批国家级非物质文化遗产代表性项目申报评审工作，增加对推荐保护单位资质能力的要求，细化保护计划。10月，在陕西举办第四批国家级项目申报工作培训班，就申报工作和网上推荐申报平台操作等进行培训。2014年上半年组织开展专家评审工作。

组织非物质文化遗产节庆活动

2013年是《保护非物质文化遗产公约》颁布十周年，结合联合国教科文组织要求各国组织《公约》纪念活动的要求，系统总结非物质文化遗产保护的经验，开展一系列卓有成效的宣传展示活动。在中国艺术研究院举办纪念《保护非物质文化遗产公约》颁布十周年论坛；在国家图书馆举办8场非物质文化遗产专家讲座；在国家博物馆举办春节文化摄影（视频）优秀作品展；在国家图书馆举办大漆项目代表性传承人作品大展；与中央电视台国际频道《文明之旅》栏目联合制作专题节目《人人都是文化遗产的主人》，与四川省人民政府共同主办第四届中国·成都国际非物质文化遗产节等。这些活动规格高、涉及面广；深层报道多，宣传力度大；对全民进行一次全面的遗产教育，提升全社会遗产保护意识，使“人人都是文化遗产的主人”的观念更加深入人心，为今后非物质文化遗产保护工作奠定良好的社会基础。

联合国教科文组织非物质文化遗产名录项目申报取得新突破

联合国教科文组织保护非遗政府间委员会第八届常会上，中国申报的“中国珠算”成功入选联合国教科文组织“人类非物质文化遗产代表作名录”。截至2013年底，在加入《保护非物质文化遗产公约》的145个国家中，中国有38项非物质文化遗产项目入选联合国教科文组织名录，是唯一一个在“人类非物质文化遗产代表作名录”、“急需保护的非物质文化遗产名录”和“优秀实践名册”三个名录中都有入选项目的国家，也是入选三个名录项目最多的国家。

中国文化年鉴

Almanac Of Chinese Culture

对外文化交流

Foreign Cultural Exchange

综　述

党的群众路线教育实践活动促进工作作风转变

外联局（港澳台办）党委和局领导班子，按照文化部党组的统一部署和要求，成立教育实践活动领导小组及其办公室，制订《外联局党的群众路线教育实践活动实施方案》，分阶段、有重点地扎实推进各项活动，全局（办）风清气正的工作氛围、团结奋进的工作作风彰显。通过召开专题民主生活会等多种形式，局领导班子成员查摆在“四风”方面存在的问题，剖析思想根源，开展批评和自我批评，提出整改思路。

提升文化外交层级，创新文化交流机制

全年配合中央领导和部领导参与各类高访和出访35次，接待外国政府文化代表团32起，与24个国家签订或续签文化交流年度执行计划，与9个国家签订互设文化中心协定和谅解备忘录。在国家主席习近平主席出访俄罗斯期间，策划组织“中国旅游年”开幕式演出——《美丽中国》，为新一届中国领导人外交开篇之旅画上浓墨重彩的一笔。在中欧、中英、中非、中阿、东盟10+3、上合组织等近20个区域性多边和双边政府合作机制框架下，成功举办加拿大“中国文化系列活动”、美国“跨越太平洋”系列活动、德国“中国文化年”闭幕式、第28届沙特阿拉伯“杰纳第利亚遗产文化节”中国主宾国活动、第55届威尼斯艺术双年展中国馆活动、“中阿丝绸之路文化之旅”等重大对外文化项目近百起。

成功申报“中国珠算”正式列入人类非物质文化遗产名录，使中国列入非遗的项目总数达30项，成为拥有世界非物质文化遗产数量最多的国家。

文化部根据中央对周边外交工作的大政方针，为缅甸承办第27届东南亚运动会开闭幕式提供技术支持，这是中国首次设计并成功实施的国家级大型文化软援助项目，创新对外文化合作的手段；通过举办首届“东亚文化之都”评选活动，带来对外文化合作内容的新突破。

扩大重大文化品牌活动规模和影响

2013年海外“欢乐春节”活动共涉及385个项目，在世界99个国家和地区的251个城市举办，国内参与省（区、市）多达29个，另有100多个中国驻外使（领）馆、中国文化中心，上百家海外中资企业参与，共有世界各国50多位总统、副总统、总理、议长、王室成员，800多位内阁部长、省（市）长、议员等政要出席，吸引约3500万海外各阶层民众和华人华侨的热情参与，得到2000多家海外各类媒体的正面报道。“第十二届亚洲艺术节”在云南省昆明市举办，以“魅力亚洲、文化中国、七彩云南、美丽春城”为主题，邀请10余个国家和地区的艺术团组参加，成为展示亚洲各国优秀艺术成果、丰富中国民众文化生活的重要品牌。“2013中国文化聚焦”由10余个省（区、市）文化厅（局）、文化机构及中国驻非近30个国家使馆共同承办，在国内外举办200多项文化活动。

文化部还成功举办第十五届中国上海国际艺术节、第四届成都国际非物质文化遗产节、第十三届“相约北京”联欢活动等颇具国际知名度和影响力的品牌活动。

开展中外思想文化对话和交流

先后举办和参与第四轮中美人文交流高层磋商

会、“上合组织文化部长第10次会晤”、“2013中国—东盟文化论坛”、中阿丝绸之路文化论坛、“中国—中东欧国家文化合作论坛”、“敢于信任”——首届中德领袖论坛、“首届中非文化产业圆桌会议”、“首届中国—南亚加德满都文化论坛”等20多次文化论坛和对话会。

首届“汉学家与中外文化交流”座谈会邀请20余位海外知名汉学家与国内社科领域著名学者围绕“文化交流”等议题讨论，刘奇葆与中外学者座谈。第5次中日韩文化部长会议签署《光州共同文件》，向首届“东亚文化之都”当选城市中国泉州等中日韩城市代表授牌，为三国文化部长定期交换意见搭建平台。首届“中国—中东欧国家文化合作论坛”邀请16国文化代表团来华出席，通过《中国—中东欧国家文化合作行动指南》，共商文化合作战略大计。

推进海外中国文化中心建设

推动国家主席习近平见证中国与越南互设文化中心谅解备忘录的签署，中共中央政治局常委、全国人大常委会委员长张德江为尼日利亚中国文化中心揭牌，国务委员刘延东和副总理汪洋分别视察首尔和莫斯科中国文化中心等项重大活动的开展，配合国家领导人的外事出访活动。

根据国务院批复的《海外中国文化中心发展规划（2012-2020年）》，加快中心的筹备和设立工作，完成尼日利亚中心的筹建和马德里中心的揭牌启用工作，使海外中心总数达到14个。各海外中心活动精彩不断，全年举办各类文化活动达近千场，受众超过50万人次。部省年度对口合作成果丰硕，与13个省（区、市）联合开展100余项文化活动，国外参与相关活动公众10万多人次。中编办批准成立海外文化设施建设管理中心，标志着文化中心的建设将跨入新的发展阶段。

开展调研工作和政策法规建设

加强对外及港澳台文化工作的顶层设计和战略规划，推动有关指导文件出台。

针对当前对外及对港澳台文化工作的热点和难点问题，文化部外联局专门组织开展“对外及对港澳台文化交流、合作和贸易体系建设研究”等7个专项调研，向中央领导和有关部门上报《文化部关于国外知识产权推动文化贸易的做法及启示的报告》、《文化部关于借助海外汉学家力量加强中国文化传播的报告》、《文化部关于加强对周边国家文化工作的报告》和《文化部关于“汉学家与中外文化交流”座谈会为深化中外思想文化交流开创新平台的报告》等十余篇调研报告，为中央领导和相关部门决策提供参考。以部长蔡武名义发表《做好文化睦邻，夯实周边外交》等重要政策性文稿。

根据中央领导有关批示精神，制定下发《文化部关于加强对台文化交流基地建设的指导意见》等7个政策法规性文件，加大全国对台文化工作的统筹和指导。

扩大对外文化传播途径

部长蔡武等部领导在《人民日报》等中央媒体发表《文化外交唱响国际舞台》、《向世界展现中国梦》等署名文章，或以接受记者采访的形式就中国文化外交的成就和经验、中国文化软实力的提升以及国际文化格局的重塑等热点问题进行阐释和回答。

组织新华社、《人民日报》等多家媒体赴海外中国文化中心采访，报道中国中心丰富多彩的文化活动和海外汉学家的研究成果。加强与首都国际机场合作，举办《春节里的中国》等数期“文化国门”展览，向往来北京的国际旅客展示丰富多彩的中国文化。在全球140多个国家和地区举办“美丽中国”图片展。

继续与美国中文电视台、泰国中文电视台等传媒机构开展合作，利用海外播出渠道实现我影视片在世界各地区落地。推进文化传通网、中国文化网的发展，加速资源库融合和网上办公平台建设，两网全年编辑发布稿件23000多篇，图片28000多幅，策划制作“2013年欢乐春节”、“我的文化中国梦”等网页和专题活动。

用“八项规定”约束公务行为

贯彻落实中央“八项规定”，文化部外联局出台

《文化部关于规范文化外事工作的若干规定》，确保文化外事工作在新形势下有法可依、有章可循。重新对《外联局（港澳台办）工作规则》进行修订，增加"工作纪律和廉政建设"的内容，促进外联局的日常工作更加严谨规范。

加大行政审批制度改革力度，将原有的11项非行政许可项目调整为8项。调动各方资源，对签证送签和机场迎送等一般性事务服务外包进行探索试验，促进从"办文化"到"管文化"的转变。

根据部长蔡武的指示，2013年底首次选取"欢乐春节"和"上海国际艺术节"两个对外文化交流重大品牌活动开展评估，逐步建立科学完善的对外及对港澳台文化工作评估体系。

双边文化交流

中国政府文化代表团出访

【美大地区】 8月8日至16日，文化部部长蔡武率中国政府文化代表团访问斐济、瓦努阿图和新西兰，与斐政府签署《中华人民共和国政府和斐济共和国政府双边文化交流合作谅解备忘录》。

10月7日至14日，副部长丁伟率中国政府文化代表团一行5人访问美国、巴西。在洛杉矶出席"跨越太平洋—中美文化产业对话"活动，部长丁伟副做主旨发言。

【西欧地区】 12月4日至13日，部长杨志今副率中国政府文化代表团，应丹麦文化部、西班牙外交部和比利时法语区文化部邀请，对上述三国进行友好访问。

【欧亚地区】 5月23日至25日，蔡武率中国政府文化代表团赴吉尔吉斯斯坦出席上合组织成员国文化部长第十次会晤。

10月29日至11月2日，丁伟率团赴乌兹别克斯坦出席中乌人文合作分委会第二次会议。

11月20日至23日，蔡武率团访问俄罗斯，出席俄罗斯"中国旅游年"闭幕式及首届中俄文化旅游论坛。

【亚洲地区】 2月6日至11日，蔡武率中国政府文化代表团对泰国进行友好访问，出席由中泰两国文化部、泰国旅游体育部、曼谷市政府和中国驻泰国大使馆联合主办的"2013•欢乐春节"文化活动开幕式及相关活动。

9月24日至25日，蔡武率中国政府文化代表团一行6人访问蒙古。期间会见蒙古国总理阿勒坦呼雅格，与文化体育旅游部长奥云格日勒举行工作会谈，签署《中华人民共和国文化部和蒙古国文化体育旅游部于2014年互办"文化周"备忘录》，并出席"2013蒙古国—中国吉林文化周"开幕活动。

9月26日至28日，蔡武率中国政府文化代表团访问韩国。出席9月27日至28日在韩国光州举行的第5次中日韩文化部长会议，签署和通过《光州共同文件》。

11月12日至16日，副部长项兆伦率中国政府文化代表团赴韩国首尔，出席"中国印•李岚清篆刻书法艺术展"开幕式及相关活动；并与韩国文化体育观光部次官签署中韩两国文化部《文化产业合作谅解备忘录》，出席首届"中韩文化产业论坛"。

11月24日至27日，蔡武率中国政府文化代表团访问雅加达并出席在巴厘岛举行的世界文化论坛，与印尼方签署两国文化部《就互设文化中心开展合作的联合公报》。

12月12日至16日，丁伟率团赴尼泊尔，出席由文化部与驻尼泊尔使馆共同举办的第六届尼泊尔"中国节"开幕式。

【亚非地区】 4月2日至6日，蔡武部长率中国政府文化代表团赴沙特阿拉伯，出席第28届沙特阿拉伯"杰纳第利亚遗产文化节"中国主宾国活动开幕式。

7月5日至14日，孙建华率亚非地区文化资源考察团一行5人访问摩洛哥、毛里塔尼亚和突尼斯。

8月2日至5日，蔡武作为国家主席习近平特使参加伊朗新任总统鲁哈尼就职典礼，并拜访伊朗文化和伊斯兰联络组织主席霍拉姆沙德。

9月29日至10月1日，李立言率工作组赴卡塔尔协调卡塔尔文化周筹备工作。

11月1日至10日，董伟率中国政府文化代表团出访伊朗、卡塔尔、阿尔及利亚三国。会见伊朗文化与伊斯兰指导部部长，会见伊朗文化和伊斯兰联络组织副主席并签署中伊关于互设文化中心的备忘录；会见阿尔及利亚文化部长图米，并签署关于成立中阿文化联委会的谅解备忘录；会见卡塔尔文化艺术与遗产大臣库瓦里。

【非洲地区】 9月18至25日，丁伟率团出访埃塞俄比亚和尼日利亚，向埃方提交在埃塞设立中国文化中心的谅备，与尼文化部长共同出席尼中国文化中心揭牌仪式，委员长张德江出席并见证。

文艺团组出访

【美大地区】 1月1日，应加拿大“太阳马戏团”的邀请，组派内蒙古自治区杂技团“高车踢碗”节目组一行6人在美国和加拿大演出，此次演出活动持续至2014年12月31日。

1月2日至24日，文化部组派南京市京剧团一行25人赴智利参加2013年“圣地亚哥一千”国际艺术节暨“欢乐春节”活动并进行巡演。

1月16日至3月9日，中国交响乐团一行130人应美国哥伦比亚艺术家经纪公司邀请赴美巡演。

1月，舞剧《清明上河图》赴美国、加拿大巡演。

2月，文化部组派深圳文化代表团赴澳大利亚参加悉尼欢乐春节活动。

2月，文化部组派上海、四川艺术团赴新西兰参加欢乐春节•元宵灯节活动。

2月至7月，《蔡国强：农民达芬奇》作品展在巴西利亚、里约热内卢和圣保罗3地举办。

2月4日至23日，文化部组派重庆艺术团一行18人赴哥伦比亚、厄瓜多尔参加2013年“欢乐春节”庆祝活动并进行巡演。

2月6日至13日，广东海外交流协会慰侨艺术团一行22人，赴巴拿马参加当地华人华侨迎新春慰侨演出活动。

2月9日至24日，北京市归国华侨联合会李昭玲等一行16人赴美国、加拿大进行“欢乐春节”慰侨活动。

2月14日至3月5日，应加拿大拉•杜予马戏艺术城邀请，上海杂技团一行3人赴加拿大参加马戏节特别演出。

2月14日至3月5日，应中加文化发展协会的邀请，中国广播艺术团江平等一行59人赴加拿大渥太华等7个城市举办“2013欢乐春节•五洲同春”文化访演活动。

2月19日至24日，中国对外文化集团公司组派《美猴王》剧组一行32人赴加拿大驻场演出。

2月19日至3月3日，应加拿大蒙特利尔大芭蕾舞团和温哥华不列颠哥伦比亚芭蕾舞团邀请，中央芭蕾舞团一行109人赴加拿大蒙特利尔和温哥华访演。

3月1日至23日，文化部组派浙江婺剧团一行20人赴古巴和特多参加2013年“欢乐春节”庆祝活动。

3月，文化部组派湖南省杂技团一行10人，参加厄瓜多尔副总统府举办的社会马戏大篷公益演出。

3月，应新西兰奥克兰艺术节邀请，国家话剧院《恋爱的犀牛》剧组一行27人赴新西兰参加奥克兰艺术节。

3月8日至15日，中国对外文化交流协会组派唐国强等19人赴澳大利亚举办艺术展览。

3月18日至24日，陶身体艺术剧团一行7人赴多伦多参加“2013世界舞台艺术节”并在港前艺术中心演出。

3月23日至31日，文化部资助国家话剧院《青蛇》剧组一行45人赴华盛顿肯尼迪表演艺术中心演出5场。

5月28日至6月7日，国家图书馆党委书记、常务副馆长詹福瑞率代表团一行5人赴古巴、墨西哥、秘鲁访问，与秘鲁国家图书馆续签《中华人民共和国国家图书馆与秘鲁共和国国家图书馆技术与合作框架协议》，并与古巴、墨西哥图书馆商签合作协议。

6月11日至7月8日，应加拿大“点亮多伦多”艺术节（LUMINATO）组委会邀请，龙神道乐团一行10人赴加，先后参加“点亮多伦多”艺术节、蒙特利尔音乐节演出。

6月12日至23日，应加拿大“点亮多伦多”艺术节邀请，重庆川剧院歌剧《凤仪亭》剧组一行10人赴多伦多参加该艺术节。

6月13日至7月7日，《中国艺术家当代作品展》在巴拿马运河博物馆举办。

6月16日至22日，中国知名诗人沈苇赴委内瑞拉加拉加斯参加第十届世界诗歌节。

7月1日至18日，应加拿大德鲁蒙德维尔国际文化节邀请，四川省凉山歌舞团一行35人赴加拿大演出。

7月6日至28日，江苏省盐城市杂技团演出的音乐杂技剧《猴•西游记》在美国纽约林肯中心艺术节成功上演，该剧此次连续演出27场。

7月，杭盖乐队赴纽约参加林肯中心艺术节。

7月16日至22日，深圳市福永杂技团一行26人，赴古巴参加“第十二届古巴国际夏季杂技节”大赛。

7月30日至8月21日，文化部组派河南文化艺术团一行27人，赴加勒比地区开展“华艺新颜”活动，参加在苏里南举办的第10届加勒比文化艺术节及牙买加独立日庆典活动，并顺访巴哈马、巴巴多斯及安提瓜和巴布达。

7月底至8月，文化部资助1名风筝艺人赴美国旧金山，在当地举办的“中华文化夏令营”上展示风筝作品并教授制作技艺。

8月10日至14日，国家博物馆党委书记兼副馆长黄振春率5人代表团赴里约热内卢参加第23届国际博协大会。

8月17日至29日，应中国驻斐济和瓦努阿图大使馆邀请，重庆文化代表团一行22人赴斐济和瓦努阿图访问演出。

9月7日至10月8日，应澳大利亚艺术项目公司邀请，国家话剧院音乐剧《蝴蝶》剧组一行11人赴澳大利亚巡演。

9月12日至18日，应新西兰七彩中国文化传媒集团邀请，中国曲艺家协会艺术团一行12人赴新西兰，参加该集团举办的交流演出和交流座谈等活动。

9月15日至10月19日，应新西兰纳尔逊艺术节、克赖斯特彻奇艺术节和奥克兰现代舞蹈节组委会邀请，文化部组派乐山歌舞团《断层》剧组一行25人先后参加3个艺术节的演出。

9月21日至29日，国家新闻出版广电总局组派中国广播艺术团冯巩等一行32人赴加拿大渥太华、多伦多和蒙特利尔举办“欢声笑语迎金秋”相声小品晚会。

9月底至10月初，中央民族乐团在美举行“跨越太平洋——弦上中国”音乐会巡演。

10月4日至20日，中国对外文化集团公司、中央美术学院美术馆赴费城德雷萨尔大学美术馆举办《千里之行——中央美术学院毕业生优秀作品收藏展》。

10月中旬，文化部支持河南省文化厅组派少林寺武僧团赴美国举办“北美少林文化节”。

10月至11月，中国在巴西利亚、圣保罗、里约热内卢等巴西主要城市举办“中国文化月”活动。

10月30日至11月6日，文化部组派深圳艺术团一行26人赴汤加访演，期间参加中国驻汤使馆举办的中汤建交30周年庆典活动。

11月8日，文化部与美国亨廷顿图书馆在洛杉矶联合举办“跨越太平洋——中美文化产业对话”活动。

11月11日至18日，中华社会文化发展基金会、赴加拿大举办中加国际文化艺术展，为期8天，展品共计54件。

11月，文化部委托中外文化交流中心组派1名画家赴美国芝加哥，在当地20所公立学校举办50多场中国绘画演示和教学活动。

11月，中国歌剧舞剧院歌舞晚会《四季情韵》一行115人赴悉尼、堪培拉、布里斯班巡演。

12月，中国对外艺术展览中心组派“跨越太平洋——当代中国艺术展”参加迈阿密艺术博览会。

【西欧地区】 1月，浙江交响乐团赴柏林演出（德国中国文化年闭幕式）。

1月14日至21日，浙江交响乐团陈西泠等一行100人，赴西班牙参加中西建交40周年庆祝演出。

2月，内蒙古自治区乌兰牧骑艺术团一行17人赴丹麦参加第十二届“欢乐春节”活动。

2月，江苏省“欢乐春节”表演团一行27人赴荷兰海牙和蒂尔堡演出。

2月7日至15日，中国音乐学院紫禁城室内乐团一行14人赴西班牙，执行“欢乐春节”任务。

6月，广东佛山粤剧团一行39人出访德国莱法州凯泽斯劳滕市、黑森州法兰克福卫星城乌尔泽市和北威州州府杜塞尔多夫市。

6月至2014年3月，在意大利罗马威尼斯宫博物馆举办《早期中国》文物展（两国国家博物馆互设长期展馆项目）。

6月至8月，在意大利佛罗伦萨美第奇宫举办《李英杰石画艺术展》。

7月，北京市青年戏剧工作者协会参加法国阿维尼翁戏剧节OFF单元并上演3个剧目共140场。

8月，北京人民艺术剧院《大将军寇流兰》剧目赴英国参加“爱丁堡国际艺术节”。

8月，北京人民艺术剧院应邀携莎士比亚话剧《大将军寇流兰》在爱丁堡国际艺术节Playhouse剧院演出，反响热烈，取得巨大成功。

9月至10月，中央芭蕾舞团在法国巴黎莎特莱剧院上演舞剧《天鹅湖》和《红色娘子军》获得巨大成功。

9月至11月，展览《中国建筑100》赴西班牙参加塞戈维亚第八届海伊艺术节中国主宾国活动（中西建交40周年活动）。

10月，《地中海文明—法国卢浮宫博物馆馆藏文物精品》在国家博物馆开幕。

11月，中央歌剧院《游吟诗人》在罗马协和剧场演出。

【欧亚地区】 1月30日至2月13日，文化部组派广西杂技团一行35人赴波兰、匈牙利执行“欢乐春节”演出任务，演出效果良好。

2月15日至25日，受文化部组派，四川省甘孜州民族歌舞团一行29人赴斯洛文尼亚、保加利亚执行“欢乐春节”演出任务，共计演出5场。

3月22日，文化部组派来自全国7个省市区和解放军等15家艺术团体的230位艺术家和演员，赴俄参加俄罗斯“中国旅游年”开幕式晚会演出。

4月至11月，由文化部主办，北京画廊协会承办的“中国当代艺术新景象”展在保加利亚、罗马尼亚、捷克和塞尔维亚成功举办。

7月13日至19日，“多彩贵州”艺术学校师生一行30人赴波兰参加第28届卢布林国际少儿艺术节，近3000名观众观看演出。

7月17日至21日，应吉尔吉斯斯坦文化、信息和旅游部邀请，文化部委派中国歌剧舞剧院2名青年歌手赴吉参加伊塞克国际流行音乐节并荣获二等奖。

7月27日，中国国家话剧院历史剧《理查三世》赴马其顿参加比托拉戏剧节。

7月21日至8月2日，由中央音乐学院民乐系师生组成的民族管弦乐队共计86人赴保加利亚、马其顿和斯洛伐克进行巡演交流活动。

8月6日至8日受文化部委派，广东省汕头市金凤艺术团一行16人赴土参加“阿瓦扎——友谊之滨”国际天才儿童艺术节，荣获多个奖项。

8月28日至9月10日，河南少林寺武僧团104人应邀访问俄罗斯，参加莫斯科国际军乐节。

8月25日至30日，文化部组派中国歌剧舞剧院民族器乐组合一行7人赴乌兹别克斯坦撒马尔罕市参加第九届“东方旋律”国际音乐节，荣获二等奖。

9月上旬，“多彩中华”艺术团赴俄罗斯参加多个俄民间艺术节。

9月21日至10月1日，文化部组派由甘肃省歌剧院、天津杂技团和天津文武学院组成的60人团组赴塔吉克斯坦、土库曼斯坦举行“中国文化日”演出，并组派苏州镇湖街道的刺绣艺术家赴土举办苏绣艺术展。

11月22日，组派中国民族乐团赴俄罗斯参加“俄罗斯旅游年”闭幕式晚会演出。

12月1日至5日，文化部组派中国残疾人艺术团赴马其顿、阿尔巴尼亚、黑山3国访演，取得圆满成功。本次活动也是庆祝中马建交20周年的系列活动之一。

【亚洲地区】 6月18日至23日，文化部组派以湖南飞燕杂技团为主的中国艺术团一行25人赴柬埔寨交流访问，参加纪念中柬建交55周年专场演出，并参加中国驻柬埔寨使馆举办的建交招待会。

7月，文化部委托中国对外艺术展览公司组派4名中国艺术家赴孟加拉国采风并举办专题展览。

11月13日至16日，由印尼国家美术馆主办的“第七届亚洲美术馆馆长论坛”在印度尼西亚举办。本届论坛围绕“收藏：亚洲内容”这一主题进行三场大会发言。

【亚非地区】 2月，杭州歌舞团赴埃及参加“欢乐春节”演出。

2月2日至2月7日，北京歌舞剧院民乐团一行13人赴摩洛哥参加“欢乐春节”演出。

2月14日至24日，北京现代舞团一行25人和成都民族歌舞团一行25人赴以色列参加“欢乐春节”演出。

3月，江西画院5名中青年画家赴阿尔及利亚写生创作，并在阿举办作品展。

4月，北京青年女子鼓乐团赴埃及参加埃及首届国际鼓乐节。

6月25日至7月13日，吉林歌舞团应以色列国际民间舞蹈节组委会、土耳其布尔萨艺术旅游基金会、约旦杰拉什国际艺术节组委会邀请，赴上述3国访问演出。

7月1日至7月17日，黑龙江京剧团赴摩洛哥、阿尔及利亚、突尼斯访问演出，参加摩洛哥沃吕比利斯艺术节和突尼斯迦太基国际艺术节，并顺访阿尔及利亚。

8月3日至20日，中国民间文艺家协会赴以色列参加“国际艺术和手工艺博览会”。

9月，江西道教心灵音乐团赴埃及参加第六届埃及心灵音乐与歌唱节。

9月13日至22日，浙江交响乐团赴阿尔及利亚参加第五届国际交响乐节。

10月24日至11月1日，江西道教音乐团组赴埃及参加埃及心灵音乐与合唱节。

11月14日至24日，北京雷动天下现代舞团赴阿尔及利亚参加阿第五届国际现代舞艺术节，获得比赛金奖。

【非洲地区】 2013年欢乐春节期间，天津、河南和南京三个艺术团共86人分别赴坦桑尼亚、毛里求斯、纳米比亚、塞舌尔、卢旺达、埃塞俄比亚、马拉维、加纳和科特迪瓦等非洲9国访演。

6月，成都市艺术团赴佛得角访演。

8月，深圳艺术团赴津巴布韦和纳米比亚访演。

8月，中国民族广播乐团艺术家小组赴马拉维访演。

8月，深圳钢琴家和指挥家赴南非参加约翰内斯堡活力艺术节。

9月，上海艺术团赴乌干达和南非访演。

9月，内蒙古展演团组赴毛里求斯举办“内蒙古文化周”。

11月，吉林艺术团赴尼日利亚、贝宁和埃塞俄比亚访演。

外国政府文化代表团来访

【美大地区】 5月19日至20日，受文化部部长蔡武邀请，澳大利亚新任艺术部长托尼・伯克一行访华。

9月10日至16日，巴西文化部长玛尔塔・苏普里奇女士率代表团来华访问北京、上海两地，参加中国“巴西文化月”相关活动。

9月17日至25日，特多艺术与多元文化部长林肯・道格拉斯率特多国家钢鼓乐团参加第九届中国国际民间艺术节。

【西欧地区】 6月，法国文化与新闻部长奥蕾莉•菲利佩蒂访华并拜会蔡武。

8月，瑞士联邦委员兼内政部长阿兰•贝尔赛特访华并拜会丁伟。

11月，列支敦士登摄政王储访华，与蔡武会谈并出席“列支敦士登王室珍藏展”开幕式。

11月1日，西班牙教育、文化、体育大臣何塞•伊格纳西奥•维特访华并与蔡武会见。

【欧亚地区】 9月9日至13日，乌克兰文化部第一副部长科汉•季莫菲率乌政府文化代表团访问北京、桂林。

7月8日，俄罗斯总统国际文化合作事务特别代表施维特科伊访华，与蔡武会谈。

9月23日，俄罗斯文化部国务秘书、副部长伊夫利耶夫来华参加第十三次中俄文化合作分委会会议和第十四次中俄人文合作委员会会议。

11月3日至6日，哈萨克斯坦文化和信息部部长穆赫塔尔•库尔-穆罕默德率哈政府文化代表团一行4人来华出席“哈萨克斯坦文化日”活动，蔡武会见并宴请该团。

【亚洲地区】 8月14日至18日，泰国国家旅游局局长素拉蓬率团访华并赴北京、安徽、上海三地为2014年泰国“欢乐春节”活动挑选节目。

9月3日至6日，泰国前总理班汉率团访华，并赴新疆、成都为2014年赴泰参加素攀府“欢乐春节”挑选节目。9月4日，丁伟会见泰国前总理班汉。

10月21日至24日，日本茶道里千家千玄室大宗匠（正部级）率日本茶道里千家友好访华团一行6人自费来华，访问北京、天津等地。

11月17日至26日，柬埔寨王国新任文化艺术部大臣彭萨格娜率团访华，出席在云南举办的第十三届亚洲艺术节并与董伟副部长举行双边会谈，并赴广州出席纪念中柬建交55周年“柬埔寨文化周”开幕活动。

2013年12月8日至21日，泰国朱拉蓬公主率代表团52人以及泰国艺术团50人访华，参加12月中旬在北京、上海和杭州举办的第6届“中泰一家亲”音乐歌舞晚会。

12月18日，柬埔寨人民党中央常委、政府副首相兼首相府大臣索安访华。期间蔡武会见索安副首相，双方就加强两国文化交流与合作、柬方倡导成立“保护柏威夏寺国际协调委员会”等问题交换意见。

【亚非地区】 6月20日，蔡武会见伊朗文化和伊斯兰联络组织主席霍拉姆沙德，并出席伊朗文化周开幕式。张爱平局长陪同出席。

3月24日—30日，埃及文化部副部长凯米莉娅应邀访华，与深圳文化产业博览会组委会进行交流。

4月2日，孙建华会见埃及中国友好协会理事会成员高达一行。

5月6日，蔡武出席习主席与巴勒斯坦国阿巴斯总统举行的工作会谈，并与巴勒斯坦驻华大使艾哈迈德•拉马丹分别代表本国政府签署《中华人民共和国政府和巴勒斯坦国政府文化教育协定2013年至2016年执行计划》。

5月29日，孙建华出席中阿合作论坛第十次高官会。

6月14日，赵少华在成都会见来华出席第四届中国成都国际非物质文化遗产节的约旦文化部秘书长马蒙及伊朗文化与伊斯兰指导部第一副部长阿里阿斯加尔•阿巴斯•普尔穆哈马迪。

6月14日，于芃副局长会见海湾友好人士代表团。

6月26日至29日，李立言赴新疆参加中阿文明对话研讨会。

9月22日至30日，北非友好人士代表团（含突尼斯、毛里塔尼亚文化部副部长）一行4人来华访问北京、广西、四川3地。23日，董伟在京宴请代表团。

11月14日，董伟会见并宴请来华访问的阿尔及利亚文化部部长顾问萨拉依一行。

12月17日，蔡武会见来华访问的塞浦路斯教育文化部长科内维泽斯，双方签署《关于签署2014年至2018年文化合作执行计划的备忘录》。

【非洲地区】 6月，尼日利亚文化和国家指导部长杜克来华参加成都国际非物质文化遗产节。

6月，佛得角文化部长索萨来华访问，并签署《中佛文化合作协定2013-2015年执行计划》。

9月9日，纳米文化部长杰里来华访问。

10月，尼文化部长杜克来华出席“第二届尼日利亚文化周”。

10月，莱索托文化大臣来华访问并签署《中莱文化合作协定2014-2016年执行计划》。

外国交流性文艺团组来访

【美大地区】 4月至6月期间，文化部联合拉美和加勒比地区驻华使团共同在“相约北京”框架下推出“第一届拉美艺术季”活动，为拉美来华项目搭建专业平台。具体项目如下：

4月2日至8日，《东方探戈：乌拉圭探戈的三种形式》在首都图书馆展出。

4月16日至23日，《形象，景象和抽象—哥伦比亚艺术展》在首都图书馆展出。

4月29日至5月1日，乌拉圭女歌手克莱默音乐会、古巴蒙卡达乐队、哥伦比亚萨尔萨舞蹈团、厄瓜多尔平衡乐队在朝阳体育中心演出。

5月2日至9日，《厄瓜多尔绘画摄影艺术展》在中华世纪坛展出。

5月13日，文化部与拉美驻华使团17个国家在保利剧院共同举办“第一届拉美艺术季”音乐会。

5月19日至25日，秘鲁马纳德乐队访华演出。

5月19日至25日，《马普切人欢迎你——智利摄影展》在首都图书馆展出。

5月26日至6月10日，《格里玛尼萨•阿莫罗斯——镜像链接》装置艺术展在中央美术学院美术馆展出。

5月9日至18日，文化部接待智利、委内瑞拉2国文化机构和国际艺术节负责人代表团访问北京、浙江和上海，考察上述3地的文化机构和艺术院团，观摩相关演艺产品，并挑选适合赴拉美进行交流性演出的项目。

9月，巴西在北京、上海及香港举办“巴西文化月”活动。主要包括巴西流行音乐会、艺术展览、电影周、新书发布会、美食节等活动。

10月16日至11月30日，文化部与秘鲁驻华使馆在北京与成都两地举办2013秘鲁文化周系列活动。

【西欧地区】 5月，爱丁堡国际艺术节总监米尔斯访华，德国柏林博物馆总馆长访华。

10月，北欧文化产业高管代表团访华，芬兰赫尔辛基节总监埃里克访华，意大利前副外长、威尼斯市特别顾问劳拉•芬卡托访华。

11月，德国鲁尔区美术馆代表团访华，奥地利莫扎特基金会访华。

12月，德国巴伐利亚国家绘画收藏馆馆长代表团访华。

【欧亚地区】 5月，“华沙之秋”现代音乐节派出6名中青年作曲家来华为“紫禁城室内乐团”创作作品。5月27日在波兰驻华使馆举办合作启动仪式新闻发布会。

7月，俄罗斯新西伯利亚歌剧和芭蕾舞剧院来华参加第三届中国新疆国际民族舞蹈节。

7月19日至30日，格鲁吉亚阿扎尔州舞蹈团来华参加“第三届中国新疆国际民族舞蹈节”。

7月31日至8月5日，格鲁吉亚国家舞蹈团、格鲁吉亚阿扎尔州舞蹈团在天桥剧场演出成功，期间还举办格鲁吉亚瓷器展和红酒品尝活动。

10月至12月期间，俄罗斯文化节在华举办。文化节框架内共举办俄罗斯室内乐四重奏、俄国立模范民族乐团音乐会、号角乐团音乐会、纪念柴可夫斯基歌剧晚会、第三届中俄舞台艺术对话、纪念斯坦尼斯拉夫斯基诞辰150周年图片展等活动。

11月8日，塞尔维亚维瓦沃克斯合唱团应邀在人民大会堂举行访华演出。

【亚洲地区】 11月21日至27日，柬埔寨组派由29人组成的艺术团在广东省广州市举行表演，参加纪念中柬建交55周年“柬埔寨文化周”活动。

6月底至7月中旬，文化部举办“中国—东盟青年艺术家交流营”活动，邀请东盟和中国11位青年艺术家在北京、洛阳两地采风创作，并在中国—东盟中心举办特邀观摩展。

8月，文化部邀请5名巴基斯坦青年艺术家在北京、河北两地进行采风及创作，并在北京举办“意会中国—巴基斯坦青年艺术家来华采风创作”专题作品展开幕式。

【亚非地区】 7月20日至8月4日，黎巴嫩“绿线”影视制作公司摄制组来华，拍摄一部有关中国文化和风土人情的电视片。

7月30日至8月11日，以色列卡迈尔艺术团来华参加“欢动北京”2013国际青少年文化艺术交流周活动。

9月13日至25日，埃及文化部下属转裙舞文化遗产艺术团一行7人参加武汉第九届中国国际民间艺术节。

9月15日至19日，首届“中阿博览会•中阿文化艺术展示周”在宁夏银川市举办，科威特艺术团参加。

10月28日至11月1日，以色列苏珊德拉舞剧中心负责人瓦迪先生来华访问北京、成都两地，考察2014年欢乐春节节目。

【非洲地区】 5月，纳米比亚合唱小组访华，在北京、天津等地演出。

6月，刚果（金）、津巴布韦等国艺术团来华参加成都国际非物质文化遗产节。

7月，毛里求斯艺术团来华参加新疆国际民族舞蹈节并赴内蒙古访演，塞拉利昂和冈比亚艺术团来华参加甘肃国际鼓文化节。

9月，埃塞俄比亚国家大剧院艺术团来华参加湖北宜昌国际民间艺术节。

11月，纳米比亚艺术团来华参加上海国际艺术节。

对外培训和文化援助

【美大地区】 8月8日至16日，蔡武率中国政府文化代表团访问斐济、瓦努阿图期间，并分别向斐、瓦两国主管文化的政府部门宣布两笔文化援助。

【欧亚地区】 11月28日至12月7日，应塔吉克斯坦文化部请求，文化部委托国家图书馆为塔方培训图书馆工作人员。

【亚洲地区】 9月24日至25日蔡武率中国政府文化代表团一行6人访问蒙古。期间，文化部向蒙古文化体育旅游部提供价值人民币30万元的小额物资援助。

2013是中柬建交55周年，为巩固两国友好关系、增进人民见相互解、支持柬埔寨文化建设，11月，中华人民共和国文化部向柬埔寨王国文化艺术部提供价值人民币30万元的文化物资援助。

为缅甸举办第27届东南亚运动会开闭幕式，12月，中华人民共和国文化部向缅甸联邦共和国文化部提供价值人民币30万元的文化物资援助。

5月13日至5月21日，由文化部主办的第八期东盟中日韩（10+3）文化人力资源开发合作研讨班在北京、深圳举办。此次研讨班的主题是“网络文化市场管理和企业发展”。

【亚非地区】 5月，来自16个阿拉伯国家的16位外宾，在中央文化管理干部学院参加“阿拉伯国家舞台技术人员培训班”。

10月20日起，苏丹杂技团5名杂技学员来华参加河北吴桥杂技艺术学校举办的“2013年非洲国家杂技培训班”。

11月，向也门文化机构提供小额文化援助，为价值25万余元的乐器。

12月，向巴勒斯坦提供小额文化援助，为价值30万余元的乐器。

【非洲地区】 6月，在京召开首届中非文化产业圆桌会议，共商中非文化产业发展大计。

9月，在河南少林寺举办非洲五国武术培训班；

10月，在浙江杭州举办博茨瓦纳刺绣师培训；

11月，在京举办非洲国家博物馆长研修班暨中非博物馆长论坛；

12月，在天津举办津巴布韦武术培训班。

多边文化交流

国际会议、国际组织相关工作

【《非遗公约》相关工作】 1.参与、主办国际会议，把握国际规则

联合国教科文组织《非遗公约》通过10周年纪念大会暨成都国际非物质文化遗产大会于6月14-16日在四川省成都市举行。会议邀请各缔约国代表、参与《非遗公约》起草和为《非遗公约》实施做出重要贡献的国际专家学者、教科文组织官员、国内各省非遗保护主管人员和专家学者共400余人出席。蔡武担任大会主席，赵少华、董伟，中国艺术研究院院长、中国非物质文化遗产保护中心主任王文章出席大会开幕式。教科文组织总干事伊琳娜•博科娃通过视频致辞，赵少华在开幕式上致辞，王文章做主旨发言。大会以“《非遗公约》：第一个十年”为主题，回顾《非遗公约》产生的历程，总结履约经验，探讨各国非遗保护所面临的困难、挑战和机遇等，对提升国际社会对《非遗公约》意义和价值的认识、推动全球非遗保护工作沿着正确方向健康发展做出重要贡献。大会形成成果文件《成都展望》，对非遗保护未来发展方向提供指导。

12月，教科文组织保护非物质文化遗产政府间委员会第八次会议在阿塞拜疆举办，中国是委员国之一。文化部组团与会，参与规则制定。在此次会议上，“中国珠算”项目顺利列入代表作名录，成为中国第30个列入该名录的项目。

2.推进中国亚太中心工作

6月17日，联合国教科文组织亚太地区非物质文化遗产国际培训中心（下称“亚太中心”）管理委员会第二次会议在成都举行。王文章、吕品田等10名亚太中心管理委员会成员及亚太中心咨询委员会主席王学贤等12名观察员代表参加此次会议。会议主要审议通过亚太中心2012年工作报告、批准亚太中心2013年工作计划等议题。

11月29日至12月7日，由亚太中心主办的“欢乐春节与传统节日的保护与弘扬高级研修班”在广东潮州和佛山举行。研修班期间，来自北京、广东两地从事中国传统节日研究的专家学者以及来自世界各地近30余位友好人士，先后在两地开展研讨活动并进行实地考察。此次高级研修班的举办，是从非物质文化遗产传承与保护的角度进行的一项有意义的尝试，为各国与会者的交流与探讨提供平台。

3.开展国际合作，推动中蒙联合保护非遗合作机制工作

4月7日至10日，中蒙联合保护非物质文化遗产合作机制第三次工作小组会议在蒙古乌兰巴托召开。文化部组派工作组赴蒙参会，成员包括文化部外联局、非遗司，中国亚太地区非物质文化遗产国际培训中心、内蒙古自治区文化厅、新疆维吾尔自治区文化厅等部门相关人员。中蒙工作小组相互通报两国履行《非遗公约》的情况、当前联合保护非物质文化遗产相关成果，并就未来可能开展的合作项目进行沟通。

4.《〈非遗公约〉基础文件汇编》出版发行

文化部外联局于2012年编辑出版《〈非遗公约〉基础文件汇编》，受到国内非遗保护工作从业人员的欢迎。2012年6月《非遗公约》缔约国大会第四届会议对操作指南进行相关修改。为更好地服务于国内非遗保护工作，与国际事务接轨，将修订《汇编》并在此基础上增加制作系列电子书，便于宣传和业内参考。

【《多样性公约》相关工作】 教科文组织《多样性公约》缔约方大会第四届会议于6月10-13日在巴黎教科文组织总部召开。文化部组派代表团与会，成员包括文化部、外交部、新闻出版广电总局等相关部门人员以及社科院专家。会议审议缔约方提交的首批履约报告摘要及秘书处提交的文化多样性国际基金报告；审议《多样性公约》第21条“国际磋商与协调”报告；制定《多样性公约》标识及其操作指

南；改选部分政府间委员会成员国等。

文化部外联局和上海市文广新局合作于第十五届中国上海国际艺术节期间在上海成功举办“包容、开放与创新——尊重文化多样性、促进文化间对话”文化多样性论坛，来自教科文组织的代表、世界各地的文化官员和文化界人士就本届论坛主题开展一系列的沟通和交流。

“南南国家文化多样性可持续发展国际会议”于3月21—23日在南非德班市举行。文化部组派代表团与会。会议主要围绕教科文组织《多样性公约》的落实展开，主要包括发展中国家对文化表现形式多样性定义的界定、发展中国家如何加强合作促进文化产业发展等议题。15个发展中国家文化官员出席本次会议。会议通过《德班声明》。中国代表团与各方代表交流，发言，广泛介绍中国批约以来所开展的工作及所取得的成就。

文化部还派员于12月参加教科文组织保护和促进文化表现形式多样性政府间委员会第七次常会，密切关注《多样性公约》的发展情况。

【与联合国教科文组织加强合作】 教科文组织大会第37届会议于11月5日至20日在巴黎教科文组织总部召开，来自195个会员国的多位国家元首、150名部长以及3000余名代表参会，共同规划教科文组织未来几年的发展战略。会议主要审议并通过《2014至2021年中期战略草案》、《2014至2017年计划与预算草案》等，并选举产生新一任教科文组织总干事、下一届执行局委员等。文化部派员与中国教科文全委会、住建部、国家文物局、我常驻教科文组织代表团等部门人员一同参加大会文化委员会会议。

【参与有关文化发展的国际会议】 由文化部、中国教科文全委会、杭州市人民政府、联合国教科文组织联合主办的“文化：可持续发展的关键”国际会议于5月15-17日在浙江省杭州市举办。这是教科文组织继1998年斯德哥尔摩会议后举办的又一次重要的国际文化会议，来自81个国家、26个国际组织的400多位来宾与会。刘延东、赵少华、郝平、教科文组织总干事伊琳娜•博科娃等出席开幕式。赵少华主持开幕式并做主旨发言。会议最终通过《杭州宣言》，并提交给联合国大会作为讨论2015年后世界发展议程的重要文件。

蔡武率中国政府文化代表团于11月24日至28日赴印尼出席“世界文化论坛”并做主旨发言，与来自印尼、马来西亚、南非和波兰等16个国家的文化部长共同就文化领域的国际性问题进行探讨和交流。代表团抓住机遇，开展公共外交，宣示中国文化发展的理念及文化发展成就，阐释“中国梦”内涵。

第十五届中国上海国际艺术节期间，以“加强合作，文化共赢——金砖国家框架下的文化交流与合作”为主题的金砖国家文化高官研讨会成功举办，这是金砖国家间首次举办文化领域的官方对话，与会各方肯定文化对于增进理解和友谊、促进可持续发展等的作用与意义，就金砖五国间加强多边文化交流与合作交换意见，为未来金砖国家间文化合作奠定基础。

国际文化艺术节和赛事活动

2013年，将“勤俭办节”和“文化惠民”落实到政府举办的国际文化艺术活动中，加强对文化部主办的各大国际艺术节和国际艺术比赛的指导，与活动承办单位紧密沟通，加强交流，在北京、张家界、厦门、石家庄等多地举行座谈或研讨，推动国内举办的国际艺术节和比赛朝着世界一流水平发展。

【国际文化艺术节和赛事活动】 2013年2月制定发布《文化部办公厅关于文化部主办的国际艺术比赛有关事项的通知》，要求由文化部主办的三大国际艺术赛事——中国国际钢琴比赛（厦门）、中国国际小提琴比赛（青岛）、中国国际声乐比赛（宁波）精化报批手续，根据国际惯例提前筹备并邀请评委，注重对高雅艺术的宣传，同时要求每个比赛制定关于组织获奖选手赛后巡演、惠民演出的计划。

落实中央精神，将“勤俭办节”和“文化惠民”落实到政府举办的国际文化艺术活动中。全年举办的各大国际艺术节庆活动均简化开、闭幕式等程序，厉行节约。

【举办多项国际文化艺术活动】 由文化部与北京市人民政府、国家广电总局共同主办的2013年北京国际电影节于4月16日在北京举行，俄罗斯著名导演尼基塔•米哈尔科夫担任评委会主席，中国著名导演顾长卫、张一白等任评委，冯小刚导演作品《一九四二》夺得本届电影节最佳电影奖。

第十三届“相约北京”联欢活动于4月27日至5月30日在北京举行。本届“相约北京”联欢活动以“浪漫春天”为主题，分为音乐、舞蹈、戏剧、展览、节中节等板块，邀请来自西班牙、美国、法国、波兰等近20个国家的60余个中外艺术团体，在一个月的时间里，为观众呈现50场剧场演出、100场广场演出以及多个展览和青少年艺术教育活动，

6月15日至23日，由文化部、四川省人民政府、中国教科文全委会、联合国教科文组织联合主办，成都市人民政府、国家非遗保护中心、四川省文化厅、亚太中心承办的第四届中国成都国际非遗节在四川省成都市举办。本届非遗节以“人人都是文化传承人”为主题，举办300多项交流、展示、展演、展销等活动，来自16个国家和地区的外籍演出团体和国内演出团体在非遗博览园和7个分会场演出200多场。蔡武，赵少华、董伟、王文章，教科文组织总干事伊琳娜•博科娃出席开幕式。董伟出席闭幕式。

第三届中国新疆国际民族舞蹈节于7月20日至8月5日在乌鲁木齐成功举办。来自比利时、格鲁吉亚等13个国家及地区共21个中外艺术团汇聚新疆，围绕“和谐中国，多彩世界”这一主题，在乌鲁木齐、库尔勒和石河子三个城市的八大剧场演出66台优秀剧目，数千万观众通过现场参与和媒体渠道观看舞蹈节的各类节目。

2013北京国际设计周于9月26日至10月3日在北京举办。2013年初，北京国际设计周与米兰设计周、伦敦设计节等历史悠久的世界知名设计周（节）共同被在线设计类杂志Dezeen收录进入2013年世界创意活动地图“World Design Guide”,成为世界公认的40个国际设计活动之一，成为亚洲规模、影响力较大的创意设计展示、推介、交流、交易平台。

10月4日至31日，由文化部和北京市人民政府主办、北京市国际音乐节艺术基金会等机构承办的第十六届北京国际音乐节在京成功举办。本届音乐节以“向大师致敬”为主题，以“纪念威尔第与瓦格纳诞辰二百周年音乐会”拉开帷幕，以瓦格纳的歌剧《帕西法尔》收官，历时28天，演出22场音乐会和歌剧，共有近2万人次的观众观看音乐节的演出。

10月18日至11月18日，由文化部主办、上海市人民政府承办的第十五届中国上海国际艺术节在上海成功举办。共有42个国家和地区的3000多名中外艺术家参演，共47台节目，其中境外26台，境内21台，演出130多场。展览项目共10项。据不完全统计，约有30万观众观看艺术节期间的演出和展览。年内艺术节以“包容、开放与创新文化多样性，促进不同文化对话”为主题举办“文化多样性论坛”和“金砖国家文化高官研讨会”等多场论坛活动，政府、业界、学界嘉宾广泛参与，坐而论道，交流思想，增进理解，获得中外媒体的高度关注。

由文化部、北京市政府主办的“北京国际摄影周2013”大型摄影主题活动于10月24日至30日在北京举办，本届摄影周以“摄影•聚焦世界”为主题，内容形式丰富多样，同时覆盖798艺术区、草场地艺术区等文化场所。其中重要组成部分“首届北京国际摄影双年展：灵光与后灵光”在中华世纪坛等地展出。

第十四届中国吴桥国际杂技艺术节于10月26日至11月3日在石家庄主会场成功举办。杂技节继续秉持“杂技艺术的盛会，人民大众的节日”的办节宗旨，按照“政府主导、社会参与、市场运作、勤俭办节”的思路，坚持节俭、务实、创新的办节原则，简化开闭幕式程序，取消开幕式晚会，加大惠民力度，举办杂技艺术进社区、学校、商场、工地的惠民演出；让杂技艺术节回归艺术本身。本届杂技节共有来自德国、匈牙利、比利时、法国、巴西、乌克兰、俄罗斯、美国、朝鲜和中国、中国台湾等19个国家和地区的30个节目、260多位杂技精英参加演出。台湾著名魔术师刘谦率团队在闭幕式上友情义演。台湾著名腹语大师刘成担任主会场节目主持人。经激烈角逐，朝鲜平壤国家杂技团的《空中飞人》、俄罗斯尼古灵马戏公司的《抖杠》、中国云南省杂技团的《女子蹬人流星》夺得金狮奖。刘谦获金狮荣誉奖。

第六届北京国际音乐比赛于11月1日至19日在北京举行。作为亚洲最大的古典音乐赛事，北京国际音乐比赛举办第六届，也是中国唯一的专业级科目音乐大赛，年内同时举办歌剧和单簧管两项国际赛事。本届比赛共有来自全球17个国家218人报名，最终47人入围歌剧决赛、34人入围单簧管决赛。来自11个国家的21位在国际单簧管、歌剧教育和演奏领域最负盛名的艺术家担任赛事评委。

第六届中国国际钢琴比赛（厦门）于11月16日至26日在厦门市举办，共邀请13位国内外著名音乐家担任比赛评委，中国著名钢琴家鲍蕙荞担任评委会主席，澳门乐团应邀担任决赛协奏并参加颁奖仪式暨获奖者音乐会演出。据统计，现场观看比赛和演出的观众达13306人次，在线观看网络直播节目的达275300余人次；截至比赛结束，回看网络点播节目达645200多人次。

由文化部、广东省人民政府主办，珠海市人民政府、广东长隆集团有限公司承办的首届中国国际马戏节于11月20日至12月1日在珠海横琴长隆国际马戏城举行。举办该活动旨在完善粤港澳地区文化旅游产品结构，构建不同主题、特色、档次的多元文化旅游产品体系，实现三地文化旅游休闲产业在门类上的互补共赢发展，推动实现三地旅游、经济一体化建设，增强地区整合力度。在本届马戏节筹办过程中，主承办方探索新方法新模式，大胆创新，在市场化运作上获得成功，门票销售的市场反响程度大大超过预期。

11月23日至26日，由文化部批准，广东省文化厅、清远市人民政府、连州市人民政府共同主办的2013连州国际摄影年展成功举办。本届活动以“告别经验”为主题，展出来自美国、英国、法国、阿根廷、韩国、中国香港等国家和地区及国内150多名摄影师的约6500幅作品，创立集学术交流、专题研讨、摄影创作、图像显示、摄影大赛、体育邀请赛于一身的文化与经济、专业与市场共赢的国际文化交流平台。

【与国外先进国际赛事活动交流经验】 1月，文化部外联局与艺术司联合组派由各地杂技团团长组成的15人代表团赴法国和摩纳哥考察、观摩巴黎“明日”和蒙特卡洛国际杂技节，并与两个赛事组委会进行接洽和座谈，推动中国杂技精品“走出去”。

5月，文化部组派三大国际艺术赛事承办单位组成的6人代表团赴以色列参加第57届国际音乐比赛世界联盟年会。与会期间，与国际专业人士交流办赛经验，发放中国三大赛事宣传资料。

【表彰2012国际艺术比赛中国获奖选手】 根据《文化部关于2012—2014年国际艺术比赛获奖选手奖励办法的通知》，文化部外联局继续做好2012年度在国际艺术比赛中获奖选手的统计、奖励工作。2012年度获奖选手总计奖励金额98万元，完成证书和奖金发放工作。2013年8月12日，由著名歌唱家田浩江、戴玉强、廖昌永、幺红、杨光等名家领衔，以青年指挥家焦阳、大提琴家田博年及多位国际音乐大赛获奖选手为亮点的中国国际青年艺术周开幕式暨国际艺术比赛中国获奖选手音乐会在世纪剧院举行。中外艺术家用精湛的演奏和歌唱技巧，呈现德沃夏克、普契尼等音乐大师经典名作和《茉莉花》、《黄河怨》等中国家喻户晓的不朽作品。

中外文化传播

对外文化传播

通过制定和执行2013年对外文化传播计划，深化文化传播的方向目标、优先领域和重点任务，增强对外文化传播的指导性和针对性，拓展对外文化传播的国际化视野，加强与驻外使领馆的协调互动。在法国外交部长、文化部长发表《我们对于21世纪文化外交的雄心》之际，请蔡武在《人民日报》发表署名文章《文化外交唱响国际舞台》，以中外呼应的方式在国际舞台上就文化外交发出中高层声音。与美国《中国新闻》杂志社合作，出版《中国文化》英文专刊，面向美参众两院和高层人士宣传中国文化的成就、繁荣与发展，专刊同时加印发往世界各国，推动各国主流社会和民众对中国的准确认识和理解支持。2013年“两会”期间，请《人民日报》记者采访赵少华，发表《向世界展现中国梦》文章，回顾近年来对外文化交流的成就和经验，围绕热点问题回答记者的提问。在国庆节前夕，请丁伟会见5家媒体记者，并就重塑世界文化格局、提高中国软实力、加快海外中国文化中心发展等发表谈话，《人民日报》、新华社《国内动态清样》、《环球时报》等相继作报道。

对外文化新闻宣传

协调新闻媒体开展对"欢乐春节"、"中日韩文化部长会议"、"上海国际艺术节"、"相约北京"、"中泰一家亲"、"第27届亚运会开幕式"活动的宣传报道。针对海外"欢乐春节"活动，邀请倪萍、杨澜和郎朗三位文化名人担任形象大使，拍摄向全球拜年视频短片，开展中国春节文化知识竞赛活动，制作《春节里的中国》图片展，推出兼容多种系统的二维码信息平台等，组织中央电视台、《光明日报》及部分地方媒体记者赴泰国、斯洛文尼亚、保加利亚等国开展随团报道，提升"欢乐春节"活动的国际影响和宣传效果。组织新华社、《人民日报》、凤凰卫视、《环球时报》、中国新闻社、网络名人等赴巴黎、莫斯科等5个中国文化中心采访，深入报道海外中心丰富多彩的文化活动和海外汉学家研究成果。实施"国外涉华文化舆情监测项目"，委托中国日报网以国际一流传媒舆论为对象，编印《舆情周报》50期，编译涉华文化报道400余篇，为文化工作提供决策参考。举办"2013年文化部中秋招待会"，来自70多个国家的驻华使节、外国驻华文化中心负责人、部分国际组织和文化产业集团驻华代表出席，丁伟和中外嘉宾共同回顾中外文化交流成果，畅谈文化合作的美好愿景。由中央电视台发起的"中华之光——传播中华文化年度人物评选"活动成功举办两届。

做好驻外使领馆和文化中心文化外宣服务和保障工作

加强与首都国际机场合作，举办"驻华外交官看中国"、"春节里的中国"、"中国戏曲艺术及戏曲服饰展"、"中国少数民族文化展"、"美丽中国"等7期"文化国门"展览，向往来北京的国际旅客展示丰富多彩的中国文化。在全球140多个国家和地区举办"美丽中国"图片展，彰显"和谐中国"、"美丽中国"、"文明中国"的国家形象。为乌拉圭、美国、西班牙、法国、安哥拉、科特迪瓦、南非等19个使领馆制作提供"建交图片展"，凸显从文化视角诠释国家关系深入发展的外宣特色。推动《女红展》、《竹草编展》、《中国工艺雕刻精品展》、《当代中国水彩画展》、《中国漆艺展》、《中国动漫艺术展》的全球巡展，在海外11个中国文化中心启动"中国春节互动体验展"，以及与国家画院合作的中国画、中国书法作品专题展出。首次面向全国各省（区、市）文化厅局遴选各具特色的20余种文化产品推向海外，探索为地方文化产业走向世界搭建平台。推动实施"文化外交官知识更新计划"、文化台历挂历等项目，开发《中国食文化》、《童趣中国》、《欢乐春节纪念邮册》等纪念品，满足文化外宣工作需要。组织编印《对外文化交流年鉴》和《对港澳台文化交流年鉴》、《100个汉字认识中国》、《56个民族认识中国》，以新颖的视角折射中国文化的独特魅力，吸引外国公众对中国文化的兴趣和关注。

优化对外文化影视工作机制，加快海外宣传片落地

规范影视片拍摄、选片、包装、翻译、蓝光盘制作等工作，实现影视工作由"办"到"管"的转变。推动影视高清设备的配置和外宣影片特色化服务，为前方提供50多部影视片、5000张光盘，配合前方开展影视外宣，保障驻外使馆、文化中心、高校等机构的外宣需求。参加波兰中国电影周、尼日尔人权电影节等国外影展活动，深化与美国中文电视台、彩虹电视台、中央电视台、华润尚德、泰国中文电视台、四达时代、香港旅游与经济电视台等传媒机构的合作，制作《中医大师李济仁》、《少林武术大师释永信》非遗系列专题片和《欢乐春节》纪录片，并利用其海外播出渠道在美国、德国、泰国及非洲地区的播出。通过上述"借船出海"的方式，成功实现中国文化外宣影视片的海外落地，扩大影视外宣的传播空间。

打造以网络、新媒体为代表的文化外宣平台

与亚马逊合作在其网站上开设"文化中国"类区，开定制阅读器，推动中国文化的新媒体传播。

与中国数字集团合作，开发“触摸中国文化”电子书架iPad版、iPhone版上线苹果商店，全球下载量用户量超过5万。开发《汉字与中国文化》、《漫画春节》APP动画程序，融汉字、中国诗词、绘画、古典名乐，使用户轻松体验中国古典与现代文化的魅力。立足文通网、中国网的不同定位、特点，最大限度地发挥其政府网站和外宣窗口的优势，形成内外互动、相得益彰的良好局面，加速资源库融合和网上办公平台建设。两网全年编辑发布稿件23000多篇，图片28000多幅，策划制作“2013年欢乐春节”、“聚焦2013全国两会”、十一届亚洲艺术节、深圳文博会、第四届四川非遗节、相约北京、“我的文化中国梦”、“中国茶文化”“中国春节文化知识竞赛”等网页和专题活动。加速推进网站影视、出版、视觉艺术、舞台艺术信息资源库建设，完成300部外宣影视片、4300余条表演和视觉艺术信息工作。

文化中心工作

中央领导重视海外文化中心发展

6月19日以来，主席习近平、总理李克强、委员长张德江、副总理汪洋、副总理刘延东分别出席见证文化中心有关的谅解备忘录和协定的签署、视察、揭牌等活动。

制订海外中国文化中心发展规划

根据国务院批复精神，4月，文化部、中央编办、发展改革委和财政部正式印发《海外中国文化中心发展规划（2012—2020年）》。为加强海外中心管理，制订《海外中国文化中心管理办法》和《海外中国文化中心评估框架》，打造海外中国文化中心管理体系。

政府文件商签工作

2013年与越南（6月）、匈牙利（6月）、坦桑尼亚（7月）、比利时（10月）、伊朗（11月）、罗马尼亚（11月）、埃塞俄比亚（11月）、丹麦（12月）、印尼等9个国家签署协定、谅备、联合公报等政府文件，领导人宣布在南非、印尼设立中心。中国与越南、阿根廷、塞尔维亚、巴西、土耳其的协定商签工作和与保加利亚、斐济、印尼、缅甸、莫桑比克谅备的商签工作取得进展，为加快中心设立拓展发展空间。

海外中国文化中心业务工作

2013年海外中国文化中心发挥扎根当地的优势，继续夯实部省合作机制，发挥“欢乐春节”等品牌引领作用。全年各海外中心与对口省市联合开展100余项大型文化活动，国外参与相关活动公众逾10万人次。在举办“欢乐春节”期间，各中心还同时推出演出、展览、广场巡游、庙会等近百场活动，参与公众达5万多人次。其中，巴黎中心的“巴黎中国电影节”、“巴黎中国戏曲节”等影响不断扩大，对外传播能力提高。

外国在华文化中心增加到7个

2013年，匈牙利在北京设立文化中心。外国在华文化中心增加到7个。

文化贸易工作

制订政策规划，建立合作机制

2013年5月起，与中宣部、商务部等部门联合商议起草《国务院关于加快发展对外文化贸易的意见》，从国家层面规划对外文化贸易工作。

完善全国对外文化贸易布局。2013年12月将深圳报业集团命名为第三个国家对外文化贸易基地。指导和支持上海、北京、深圳三个基地协调发展，服务于全国文化贸易工作。以基地为依托，与上海市、北京市、深圳市建立持续的合作机制。

搭建文化市场平台

组织企业参与国际展会，协助企业拓展海外渠道。组织演艺企业参加第56届美国演艺出品人年会，在美国举办第二届“中美演艺合作研讨会”。组织画廊参加第18届洛杉矶艺术博览会中国主宾国活动，并举办中国特展。组织游戏企业以中国展团的形式参加科隆国际游戏展，并举办“中国日”系列主题活动。赴阿根廷参加第二届阿根廷文化产业交易会，探索文化产品和服务进入南美市场可行性。

提升国内重大国际展会的国际化水平。在中国（深圳）国际文化产业博览交易会期间，举办“中国—中东欧国家文化产业交流会”和“创意设计研讨交流会”。支持第二届中国（北京）国际服务贸易交易会举办“文化产业投资与贸易国际大会”，和“中华春节文化走出去”主题会暨中华“春节符号”全球征集活动启动仪式。在第三届中国文化产品国际营销年会框架下，举办“中国动漫产品与国际市场研讨会”。

编辑国际文化市场动向资料

定期发布《国际文化市场动态信息》，为国内各界解国际文化市场动向提供参考。撰写《2012年演艺产品出口数据及特点分析报告》，服务全国文化贸易统计工作。为全面客观解国外文化市场，与传媒大学合作编辑出版《2013国际文化市场年度报告》。为研习并推广国内外文化贸易成功经验，与北京第二外国语学院国际文化贸易研究中心合作编辑出版《中国文化贸易经典案例研究》。

第四届海外“欢乐春节”活动

2013年海外“欢乐春节”规模扩大。蛇年春节期间，在全球99个国家和地区的251座城市举办385项内容丰富、形式多样的春节活动，传递中国农历新年“欢乐、和谐、共享”的主题氛围，“大自然的节日”、“家庭的节日”、“世界的节日”等节日理念引发各国民众的共鸣和喜爱。

文化交流协议文件与国际公约

美大地区

与秘鲁外交部长隆卡格里奥罗签署《中秘政府文化交流协定之2013-2018年执行计划》。

与斐政府签署《中华人民共和国政府和斐济共和国政府双边文化交流合作谅解备忘录》。

与委内瑞拉外交部部长豪亚续签《中委政府文化合作协定之2014-2016年执行计划》。

11月22日，副总理刘延东访美期间，见证五项中美重大文化项目合作文件的签署。分别为：

1. 文化部和美国史密森学会关于举办“2014年美国史密森民俗节中国主宾国活动”的合作文件；

2. 中国国家图书馆与美国杰弗逊基金会关于举办杰斐逊展览的合作文件；

3. 中国对外文化集团公司和美国国际管理艺术集团关于在美国合资成立“中美环球演艺股份有限公司”的合作文件；

4. 中华文物交流协会和美国国家美术馆关于举办大型中国文物展的合作文件；

5. 中华文物交流协会和美国印第安纳波利斯儿童博物馆关于举办《带我去中国》系列活动的首展——《秦兵马俑展》的合作文件。

西欧地区

《中华人民共和国政府和法兰西共和国政府2013年-2015年文化交流执行计划》。

《中华人民共和国政府和西班牙王国政府2013-2016年文化、青年、体育合作执行计划》。

《中华人民共和国政府与丹麦王国政府关于互设文化中心的协议》。

《中华人民共和国与英国2013-2018文化交流执行计划》。

《中华人民共和国与比利时王国法语区政府关于在2015年“欧洲文化之都”框架下开展合作的谅解备忘录》。

欧亚地区

5月13日，与塞尔维亚、爱沙尼亚、保加利亚签署《中华人民共和国文化部和塞尔维亚共和国文化和信息部2013—2016文化合作计划》、《中华人民共和国文化部和爱沙尼亚共和国文化部2013—2017年文化合作计划》、《中华人民共和国文化部和保加利亚共和国文化部2013—2016年文化合作计划》。

5月14日，与匈牙利签署《中华人民共和国文化部和匈牙利人力资源部2013—2015年文化合作计划》。

6月，中国国家大剧院与白俄罗斯国家大剧院签署合作备忘录。

7月，中国首都图书馆与白俄罗斯国家图书馆签署合作协议。

9月10日，与乌克兰签署《中华人民共和国文化部和乌克兰文化部2013—2017年文化合作计划》。

11月22日，与俄罗斯签署《中华人民共和国文化部和俄罗斯联邦文化部2014—2016年文化合作计划》。

11月25日，与罗马尼亚签署《中华人民共和国政府与罗马尼亚政府2013—2016年文化合作计划》以及《中华人民共和国政府与罗马尼亚政府关于互设文化中心的协定》。

11月29日，与乌兹别克斯坦签署《中华人民共和国文化部和乌兹别克斯坦共和国文化和体育部2010—2013年文化交流计划》。

亚洲地区

10月25日，中华人民共和国文化部副部长杨志今和印度驻华大使苏杰生共同签署《中华人民共和国政府与印度共和国政府文化交流协定》。

亚非地区

5月6日签订《中华人民共和国政府和巴勒斯坦国政府文化教育协定2013年至2016年执行计划》。

11月2日签署《中伊关于互设文化中心的备忘录》。

11月7日签署《中华人民共和国文化部和阿尔及利亚民主人民共和国文化部关于成立中阿文化联合委员会的谅解备忘录》。

12月17日签订《关于签署2014年至2018年文化合作执行计划的备忘录》。

非洲地区

10月30日，与莱索托签署《中莱文化合作协定2014-2016年执行计划》。

4月6日，与赞比亚签署《中华人民共和国政府和赞比亚共和国政府文化合作协定2013年至2016年执行计划》。

6月19日，与佛得角签署《中佛文化合作协定2013-2015年执行计划》。

7月，与尼日利亚签署《中华人民共和国政府和尼日利亚联邦共和国政府关于防止盗窃、盗掘和非法进出境文化财产的协定》。

中国文化年鉴

Almanac Of Chinese Culture

对港澳台地区文化交流

Cultural exchange with Hong Kong and Macao Special Administrative Regions and Taiwan Region

对港澳文化工作

增强对港澳文化工作统筹管理

为增强全国对港澳文化交流的规划性和统筹性，减少交流项目重复或交流效果不尽人意的情况，文化部结合港澳特区文化需求，出台《对港澳文化交流重点项目扶持办法（试行）》，旨在：1.通过在全国范围内筛选自创的“对港澳文化交流重点项目”并给予资金扶持的方式，达到统筹全国各类文化资源，形成对港澳文化工作合力的目的；2.通过重点扶持体现文化部对港澳文化工作方向，引导地方在开展文化交流与合作中配合中央对港澳工作大局；3.面向全国各企事业单位给予扶持，整合各类型社会资源参与对港澳文化交流。该办法得到各地的响应，广东、江苏、上海、四川、辽宁等14个省（自治区、直辖市）上报申请材料。

加强对港澳文化工作的部省合作，文化部将多年打造运作成型、具有一定知名度和影响的品牌项目公布并向全国各省市公开征集承办方。6个品牌项目共收到24个省（自治区、直辖市）的89个申请材料。为文化部的品牌项目与地方资源之间搭建合作平台。一方面为文化部现有品牌项目提供资源选择余地，另一方面调动地方积极性，使各地能够展现其传统文化底蕴及最新文化成就，为地方自主策划、拓展与港澳交流奠定基础。文化部将征集上来的项目材料交港澳合作方征求意见，使交流内容能贴合港澳民众的文化需求及欣赏习惯，提升项目的实际成效。

内地与港澳特区文化高层保持频繁交往

年内，文化部领导多次访问港澳，并会见多批来访的港澳文化高层人士，主要有：6月，董伟副部长率团赴港澳参加“根与魂——中国非物质文化遗产展演”系列活动；9月，项兆伦赴港澳出席“濠江月明夜”和“香江明月夜”大型中秋晚会等中秋国庆文化活动；11月，蔡武赴港参加2013“亚洲文化合作论坛”并与港文化界人士深入交流。赵少华、杨志今、丁伟分别在京会见来访的香港民政事务局局长曾德成、澳门特区政府社会文化司司长张裕、澳门基本法推广协会会长陆波以及香港特区康文署署长冯程淑仪等。内地与港澳文化高层增进了解彼此的文化政策、措施和需求，在形成长效合作机制、发挥港澳窗口作用、开展多形式文化人才交流与培训、加强青少年文化培育、实现内地与港澳优势互补、促进三地文化创意产业合作双赢、鼓励特区参与国家文化外交活动等方面交换意见与看法，达成共识，密切内地与港澳文化关系。

推动内地与港澳深层次多方位文化合作

文化部加强与港澳在多方面的文化合作。在产业方面，年初，组织近30家动漫企业和文博机构观摩“2013香港国际授权展”，参加同期举行的“亚洲授权业会议”；5月至10月，与香港贸发局合作，在北京、杭州、广州、上海和成都举办“香港•文化•授权”系列研讨会，共吸引1200多名业界人士参加，向内地相关企业和机构介绍全球、特别是中国授权业发展趋势、行业精英的成功经验及先进理念，为内地企业拓展授权业务打下基础。在人才培养方面，继续与澳门特区政府文化局合作，举办第四届“澳门特区文化管理高级研修班”，组织澳门文化遗产管理单位、社团代表及政府官员围绕“古建筑的保护与管理”主题，探索如何在当代社会中实现文化遗产的永续传承。在联合创作方面，广东星海现代舞蹈艺术有限公司与香港多位文化艺人、澳门演艺学院舞蹈学校、内地音乐人共同创作现代舞剧《情书》，并在广州、香港和澳门三地巡演。由香港艺术节及上海国际艺术节联合委约，国家话剧院导演田沁鑫创作的话剧《青蛇》在今年的第41届香港艺术节首演大获成功，随后在佛山、北京、澳门、上海、台北等地巡演，获得票房佳绩，2014年3月将赴美国肯尼迪艺术中心演出。这些合作项目显现出内地与港澳在优势互补、展示内地当代文化发展成就、借助港澳平台共同推动中华文化走出去方面的巨大活力和发展潜力。

扩大中华文化在港澳的影响力

文化部继续挖掘内地与港澳“血脉同宗、文化相通”的特殊关系，通过组织三地文化界人士互访、进行非遗展演展示以及节庆、联谊等活动，提高中华文化在港澳多元文化中的比重和影响力。在江西省成功举办第九届“艺海流金——感悟瓷魂”活动，邀请近百名港澳文化艺术界代表考察江西的名人文化、戏剧文化、陶瓷文化、民居文化等人文资源，并与当地文化界人士对口交流，达到以文化促进交流、以交流凝聚共识的目的。在国家非遗日期间分别在澳门、香港成功举办第三届“根与魂——中国非物质文化遗产展演”活动。来自贵州和云南两地的非遗精品，分赴港澳，让当地民众有机会领略中国地方非物质文化遗产的魅力。结合全球“欢乐春节”品牌活动，继续做大做精春节期间赴港澳文化活动。组织实施澳门“春意万象满山川——山西省、四川省春节习俗展演”，参加澳门旅游局举办的首次花车巡游。组派云南省红河州歌舞团大型民族歌舞赴香港参加“2013年香港元宵彩灯会”演出。中秋节前夕分别在香港、澳门举办“香江明月夜”和“濠江月明夜”大型中秋晚会。组派四川省甘孜州歌舞团、遂宁市春苗杂技团及非遗传承人一行54人参加“香港中秋彩灯会”文艺展演等。

做深做实对港澳青少年文化工作

文化部组织来自香港荃湾圣芳济中学、裘锦秋中学、王锦辉中学80余名师生，深入瑶族聚居地广东连南瑶族自治县，感知和体验瑶族民俗和文化艺术，并赴内蒙古自治区，考察草原游牧文化，从传统与现代两方面、了解蒙古族文化的传承；举办“港澳大学生内地文化实践活动”，选拔来自港澳地区96名大学生赴北京文博机构进行为期5周的实习和文化交流；组织“国粹香江校园行”活动，将代表性地方戏种秦腔以讲座和示范演出的形式，介绍给香港科技大学、香港大学、香港浸会大学、香港演艺学院和香港理工大学5所院校的师生。

将港澳文化活动纳入国家对外文化交流平台

文化部鼓励港澳举办区域性或国际文化交流活动，协调特区通过国家对外文化交流平台参与对外文化交流，参与内地举办的国际性、全国性及区域性文化交流活动。年内，蔡武第三次率代表团参加由香港特区政府民政事务局发起组织的2013“亚洲文化合作论坛”并发表演讲，鼓励支持香港成为国际文化交流中心；促成香港特区政府民政事务局在莫斯科中国文化中心举办“香港•亚洲国际都会”展览；邀请港澳文化主管官员和业界人士观摩第十届中国艺术节、第三届中国新疆国际民族舞蹈节等国内高水平文艺活动；邀请澳门演艺学院舞蹈团在第三届中国新疆国际民族舞蹈节演出；邀请澳门乐团参加厦门国际钢琴比赛颁奖演出等。拓展内地与港澳特区的文化交流，扩大港澳文化在内地及国际上的影响。

经统计，全年全国经文化部门审批的内地与港澳地区文化交流项目共计747起，人员交流10012人次。

对台文化工作

打造对台文化工作新品牌

【“欢乐春节”首次走入台湾】 于2月12日至21日在台中举办“欢乐春节海峡两岸春节民俗庙会”，台15万民众参观庙会，文化部港澳台办副主任赵海生、台“文化部”文化资产局局长王寿来、台中市副市长蔡炳坤等出席开幕活动。

【首次创建中秋文化品牌】 9月17日至10月6日举办文化嘉年华、两岸美食汇、彩车巡游、灯谜竞猜等两岸民众喜闻乐见的文化活动，打造“海峡两岸中秋灯会”品牌。文化部副部长董伟、海基会董事长林中森等出席开幕活动。

【首届“海峡两岸文化遗产节”】 依托两岸中华民族共有的丰富文化遗产，整合资源，2013年11月12日至2014年6月在台湾举办首届“海峡两岸文化遗产节”，包括《护生画集》文物展、话剧《最后之胜利》、《天工遗风浙江非物质文化遗产精品展》、《光照大千——丝绸之路的佛教艺术展》、《山水化境-富春山居图随想民族管弦乐组曲音乐会》、《浙江婺剧综艺—欢乐春节》、《老照片•新北京》展览等七大系列活动等，覆盖台北、台中、高雄、台南、台东等台湾重要县市，时间跨度长达7个月，成为迄今持续时间最长的两岸文化交流项目。连战、蒋孝严、曾永权、王金平、蔡英文、星云法师等多位岛内重量级人士为文化遗产节题词，文化部党组副书记、副部长杨志今出席开幕活动。

【搭建两岸文化交流平台】 根据文化部业务主管领域新创交流系列品牌“艺传两岸”、“艺绘两岸”、“艺游两岸”，分别于6月30日至8月21日、10月26日至11月8日、3月4日至9日开展青少年中华传统文化传承、造型艺术领域、表演艺术领域交流。“艺传两岸”通过培训台湾艺术院校学生的京剧、杂技技艺，促进他们对国粹艺术的学习和领悟，加深对中华文化的理解。“艺绘两岸”和“艺游两岸”分别为两岸造型艺术和表演艺术疏通交流和展览、演出渠道，搭建共同创作的合作平台。文化部港澳台办主任助理李保宗出席汇报演出等活动。

【以文化乡音联结两岸乡情的“乡音之旅”】 3月和9月间组派多个闽南文化团体赴台进行“乡音之旅”，以乡音为纽带增进解，以乡情为桥梁促进交流，受到岛内南部民众的热烈欢迎和广泛赞誉。

创新工作方式，拓展活动内容

【“情系”活动推陈出新】 7月8日至17日在河北举办的“情系燕赵-两岸文化联谊行”活动增加台湾合作单位，扩大嘉宾邀约来源，重量级嘉宾的数量前所未有，首次参加情系活动的台湾嘉宾比例高达40%，媒体广泛关注，创下历届情系活动媒体关注度之最。活动期间，台湾访问团祭拜黄帝、炎帝、蚩尤中华三祖，就两岸表演艺术传承和发展及深化两岸文化交流进行座谈、研讨，全面解河北深厚的文化底蕴与当代文化发展成就，共同探求中华民族的复兴之梦。文化部副部长项兆伦等出席开幕活动。

【加强两岸文化学术领域对话】 1月8日至22日在台北成功举办由学术高峰论坛、美术展、专题研讨会和两岸交流笔会等系列活动组成的“当代中国画学术论坛”，成为迄今学术水平最高、展览规模及影响最大的美术专业活动之一，反映两岸美术界最新的学术观点和研究成果。文化部港澳台办主任张爱平、台“行政院政务委员”黄光男等出席开幕活动。

【创新“两岸文创展”组织方式】 首次以“主宾省”形式进行“两岸文化创意产业展”招展，11月21日至24日在台北举办“2013海峡两岸文化创意产业展”，集中展示文化产业较为发达的浙江文化产业的发展成果，杭州馆获得台行业专家及主管部门评选的“最佳展示奖”，经10余万名观众投票又位列十大“最佳人气奖”展馆。现场成交866万元人民币，意向成交1875万元人民币，成为文化交流与文化贸易有机结合的典型范例。首次同期举办“两岸文化创意产业发展研讨班”，研究探讨深化两岸文化产业合作的方向和举措。文化部副部长项兆伦等出席开幕活动。

【“海峡两岸民间艺术节”扩大规模】 来自台湾多个县市的表演团体、文化部门负责人、嘉宾学者等560余人参加10月25日至28日在厦门举办的“2013海峡两岸民间艺术节”。参加此次艺术节的大陆参演团体首次拓展到福建以外的上海、浙江两省，为今后丰富艺术节内涵奠定基础。文化部副部长项兆伦出席开幕活动。

【“文化行政团”首次开展专题交流】 举办多年的“大陆文化行政人士访问团”结合文化发展需要首次设立参访主题，将该活动打造为两岸文化行政人员的专业交流之旅。3月28日至4月4日赴台的“文化行政团”聚焦公共文化，有针对性地入岛开展考察交流活动。

开展两岸文化交流

【借助各方力量，弘扬中华文化】 文化部协调有关方面于2013年4月18日至2014年1月10日在北京等10省市举办“星云大师一笔字书法2013年中国大陆巡回展”。中共中央政治局常委、全国政协主席俞正声会见来京出席展览开幕活动的台湾佛光山开山宗长、国际佛光会世界总会会长星云法师。文化部部长蔡武、副部长赵少华分别会见星云法师并出席展览开幕活动。

为鼓励更多地区、部门、机构开展两岸文化交流，通过申报评审的办法命名上海文化联谊会、浙江省文化艺术交流促进会、江苏省文化联谊会、河南文化联谊会、福建省闽台文化交流中心、厦门市中华文化联谊会、国家话剧院、中国美术馆、重庆中国三峡博物馆、浙江杭州连横纪念馆、山东高唐李奇茂美术馆等11家各具特色的“海峡两岸文化交流基地”。

【2013世界闽南文化节】 闽南籍台胞占台湾人口总数超70%。作为中华文化重要组成部分的闽南文化是联结海内外闽南人的重要精神纽带。为发挥闽南文化在两岸文化交流中的独特作用，6月16日至19日文化部与福建省人民政府在闽南文化主要发祥地和闽南文化遗产富集区泉州共同举办2013世界闽南文化节，文化部部长蔡武、副部长赵少华、国民党副主席林丰正等出席文化节开幕活动。

【“两岸城市艺术节—台北文化周”活动】 9月5日至26日，在广东举办“两岸城市艺术节—台北文化周”大型城市文化交流活动。台北市立国乐团、全民大剧团、朱宗庆打击乐团、台北市立美术馆等250余人以话剧、舞蹈、打击乐、当代艺术展览等丰富多彩的形式展现城市文化传承与发展中的特色与成就，为两岸民众开创文化城市生活，提升城市文化影响力与认同感，在同根同源的中华文化底蕴上加强艺术交流，增进民间友谊，促进两岸城市文化的繁荣与发展，密切两岸文化亲缘。文化部副部长丁伟出席文化周开幕活动。

【“交互视象——海峡两岸当代艺术双年展”等活动】 5月4日至7月7日，8月26日至9月26日在台中和北京互办“交互视象——海峡两岸当代艺术双年展”，集中反映两岸当代艺术创作的最新面貌，展示对当代艺术的包容开放胸怀。除展览外，还组织系列学术研讨和公共教育等活动，使得更多民众成为文化交流的主体，拓展交流与对话的广度和深度，搭建民众之间互动的平台。文化部副部长丁伟出席展览开幕活动。

【借助高层访问，达成共识】 2013年副部长杨志今、项兆伦等6位文化部现任和前任部领导访问台湾，会见国民党荣誉主席吴伯雄、海基会董事长林中森、台“政务委员”黄光男、台“文化部政务次长”洪孟启等台湾各界人士，全面介绍内地文化发展成就，阐述两岸文化交流的态度和政策主张，解疑释惑，促进两岸文化交流。

【2013“妈祖之光•祈福”电视晚会】 4月4日举办的2013“妈祖之光•祈福”大型电视晚会厚植社会民意基础，依托扎根两岸、辐射全球的妈祖文化，与深受岛内民众追捧的妈祖信仰活动相结合，吸引广大民众参与，鼓励人们为“创造美好未来”这一共同的梦想而努力，契合两岸和平发展的共同期盼。晚会沿用两岸合作模式，由两岸主流电视媒体共同制作，并面向全球直播或录播，实现晚会宣传效果最大化。

【琉璃艺术促进两岸同胞情谊】 4月23日至5月12日，举办“琉璃之人间探索——杨惠姗、张毅联展”。通过台湾电影界著名人士张毅、杨惠姗复兴失传久的中国古代琉璃“脱蜡铸造”技法，向世界证明，东方的传统元素不仅不因时代变迁而褪色，还会凭借中国现代艺术家的智慧发扬光大，完成满怀民族情感和艺术复兴的“中国梦”使命。杨惠姗和张毅还将展品“万象唯一心”拍卖所得善款捐赠给四川雅安地震灾区人民，体现两岸血浓于水的同胞情谊。文化部港澳台办副主任赵海生等出席展览开幕活动。

机制化建设取得可喜进展

在文化部的参与下，经过多轮商谈，海协、海基两会于6月21日在上海签署包含文化部主管领域内容的《海峡两岸服务贸易协议》，标志着两岸文化交流与合作的机制化建设取得可喜进展。

文物事业

Cultural Relic Undertakings

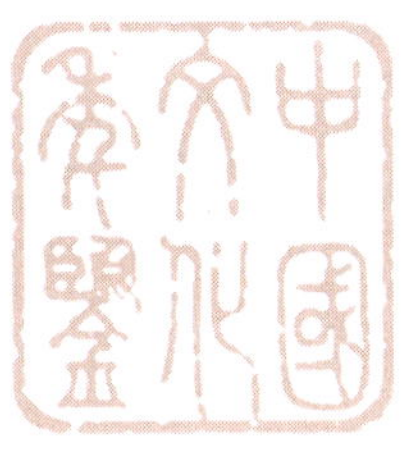

概　述

【概况】　2013年是落实全国文物工作会议精神的起步之年。总书记习近平、总理李克强和副总理刘延东等中央领导同志分别就文化传承、文物保护作出重要批示，国务院召开第一次全国可移动文物普查电视电话会议，体现党和国家领导人对文物工作的高度重视和殷切关怀。

【推进行政审批制度改革】　按照国务院部署，国家文物局在梳理现有行政审批事项、核实非行政许可类审批事项的基础上，制定2013年至2015年行政审批事项精简计划。全年取消由政府出资修缮的非国有全国重点文物保护单位转让、抵押或者改变用途审批，境外机构和团体拍摄文物审批，处理有关可移动文物或标本许可等3项审批事项;下放考古发掘单位保留少量出土文物留作科研标本许可事项。

为提高行政审批效率，国家文物局将全国重点文物保护单位维修及防雷项目立项审批与技术方案审核分开，引入市场主体承担技术方案审核任务；在保留立项审批的前提下，将全国重点文物保护单位防雷工程技术方案审核、馆藏珍贵文物保护修复项目方案审批和结项验收，下放省级文物行政部门；将文物保护工程勘察设计、施工、监理甲级（一级）资质年检，下放省级文物行政部门。

为加强文物保护工程、安消防工程的事中事后监管，制定全国重点文物保护单位文物保护工程立项报告和设计文件编制、项目申报审批管理、防雷工程管理等6个规范性文件，为推进文物保护工程项目审批改革提供制度保障。省级文物行政部门为把下放、取消的审批项目接好管好，制定系列配套措施。

【开展第一次全国可移动文物普查】　各地按照国务院的总体要求，进行动员部署，组建普查机构，落实普查经费，进行人员培训，宣传普查知识，各项工作稳步推进。国家文物局与教育部、民政部、财政部、文化部、新闻出版广电总局、国资委、档案局分别印发通知，推动普查开展；举办5期全国文物普查骨干培训班。各地广泛开展省、市、县三级普查人员培训，全国完成1.5万余人次普查骨干培训，1.6万余名普查员持证上岗。中央本级和28个省份普查经费基本落实。摸清系统外国有单位文物收藏情况，约2%的国有单位收藏有文物。山西、陕西、河南、四川等省份提前开展文物信息采集。

【加强不可移动文物保护】　2013年3月，国务院核定公布第七批全国重点文物保护单位1943处，全国重点文物保护单位总数达到4295处。一些地方政府相继核定公布新一批省级、市县级文物保护单位，更多文物资源纳入依法保护范围。推进各项基础性工作，“第三次全国文物普查”不可移动文物名录公布任务基本完成，第七批全国重点文物保护单位“四有”工作积极推进。统筹实施一批文物本体修缮、保护设施建设和环境整治项目，消除文物险情和重大安全隐患。会同住建部报请国务院将泰州、会泽、烟台、青州公布为国家历史文化名城，开展第六批中国历史文化名镇名村评定工作。

落实第四次全国对口支援新疆工作会议精神，部署新一轮文物援疆工作，加强与兵团文物工作对接，畅通兵团文物保护资金渠道。西藏27处重点文物保护工程开工建设，累计下达资金4.4亿元，完成投资3亿元。承德避暑山庄、山西南部早期建筑等重点工程继续推进，平安故宫工程全面启动，彩塑壁画保存状况调查和保存环境评估有序展开。推进灾后文物保护抢险工作，下拨雅安地震、延安特大洪涝、岷县和漳县地震灾后文物保护应急抢险经费，玉树灾后文物抢救保护工程圆满收官。

公布第二批12个国家考古遗址公园名单、31个国家考古遗址公园立项名单，推动汉长安城国家大遗址保护特区建设。完成南水北调东中线一期工程沿线文物保护项目田野考古、丹江口库区文物抢救保护项目蓄水前验收。赴南沙海域开展首次远海水下考古调查和执法巡查，完成天津、河北、辽宁沿海海域和江西鄱阳湖老爷庙水域的水下文物调查。

红河哈尼梯田文化景观成功申遗，中国世界遗产总数达到45项，位居世界第二。完成大运河和丝绸之路申遗项目的前期准备和国际专家现场评估，确定土司遗址为2015年申遗项目。印发《世界文化遗产申报工作规程（试行）》，指导、规范世界文化遗产申报工作。

开展文物保护样板工程和安徽呈坎村、河北鸡鸣驿村等6处古村落保护利用综合试点。围绕不同类型文化遗产的可持续利用，在无锡、天津分别举办文化遗产保护论坛、海峡两岸及港澳地区建筑遗产再利用研讨会，探寻文化遗产保护与利用的平衡发展之路。

【提升博物馆社会服务水平】 南京博物院、天津博物馆、河北省博物馆和辽宁省博物馆等新馆相继落成，一批地市级博物馆新建和改扩建工程进展。全国博物馆达到4165个，其中国有博物馆3354个，民办博物馆811个。编制博物馆免费开放绩效考评办法，推广全国博物馆十大陈列展览精品。全国博物馆举办展览2.2万个，年接待观众6.4亿人次。

完成国家一级博物馆年度运行评估，形成博物馆等级管理动态机制。启动浙江、湖南、四川3省的国家三级博物馆年度运行评估试点。浙江、安徽、福建、广西、贵州开展生态博物馆示范点建设评估，促进博物馆业态发展与文化遗产及其环境保护有机结合。

扶持民办博物馆发展，印发《关于推进国有博物馆对口支援民办博物馆工作的意见》。配合印发《中央补助地方博物馆纪念馆免费开放专项资金管理暂行办法》，中央财政为民办博物馆安排奖励资金1亿元。

加大馆藏珍贵文物修复力度，完成6000余件馆藏濒危文物保护修复，启动8000余件馆藏文物保护修复。开展可移动文物保存环境监测与控制培训与试点。

加强文物市场监管，完善文物拍卖标的备案制度和文物拍卖企业资质评审机制。促成法国比诺家族捐赠圆明园鼠首、兔首铜像，协调美国政府移交查扣文物运输回国。推动公安、海关罚没文物移交工作，接收北京海关移交罚没文物1万余件（套）。

【加强人才培训和科技支撑】 举办全国县级文物行政部门负责人、文物安全管理人员、考古领队、纺织品和石质文物修复，以及博物馆展览策划和文物保护标准等36个专题培训班，培训学员达2700余人。创新技能型人才培养模式，委托北京建筑大学、陕西文物保护专修学院举办全国文物保护规划与工程勘察设计、古建彩画保护修复培训班。编制全国文博人才发展中长期规划纲要，启动文博人才培养教育教学体系研究。文物修复师、考古探掘师职业获得国家职业分类大典专家委员会原则通过。

加强协同创新，推动敦煌研究院、秦始皇帝陵博物院等文博机构与中科院建立合作科研机构，与工信部建立文物保护与传承装备产业化和应用协作机制。开展第五批国家文物局重点科研基地遴选。继续推进指南针计划专项和中华文明探源工程。完成科技援藏工作调研。完成“十一五”国家科技支撑计划项目科技成果推广应用情况跟踪调查，科技成果转化率达到44%。

【加强法制建设，完善制度体系】 与全国人大、国务院立法机构沟通，将文物保护法修订列入全国人大五年立法规划和国务院立法工作计划。开展文物保护法修订前期研究，委托7省市文物部门开展修法调研，组织各方力量，完成文物保护补偿、文物影响评估、文物利用等25个涉及修法的课题研究，明确修法重点和草案框架。

加大文物保护标准制修订力度，组织完成文物保护标准体系框架构建，提出2014至2016年标准制修订计划；完成3项国家标准初审、16项行业标准审核。发布《博物馆和文物保护单位安全防范系统要求》和《文物建筑防雷技术规范》，完成《馆藏文物保护修复工作量清单计价规范》研究，开展文物保护工程北方定额标准试点。

与财政部修订《国家重点文物保护专项补助资金管理办法》，实施项目库管理，规范专项资金分配和使用，扩大资金支持范围，对文物系统外和非国有全国重点文物保护单位给予适当补助。加强经费使用绩效管理，制定《国家重点文物保护专项补助资金绩效管理暂行办法》。中央财政文物保护资金达到140亿元，比上年增长10%；其中，国家重点文物保护资金70亿元，博物馆免费开放资金30亿元。

围绕十八大提出的到2020年全面建成小康社会战略任务，制定2020年文物事业发展目标体系，从管理体系、保护效果、社会作用、国际地位、政策保障等5个方面构建事业发展中长期目标任务。组织完成“十二五”规划中期评估。

成功举办咸阳文化遗产日主场城市、济南国际博物馆日主场城市和国际古迹遗址日活动。开展“寻找最美文物安全守护人”宣传活动和文物安全典型案例警示教育活动。做好文物信息公开和新闻发布工作，提高文物舆情监测、研判和网络事件处置能力，营造良好发展氛围。

【深化对外交流与合作】 按照外联、外展、外援、外研四个方面统筹文物外事工作。与尼日利亚、瑞士和塞浦路斯签署关于防止盗窃、盗掘和非法进出境文化财产的政府间双边协定。与国际文化财产保护与修复研究中心签署联合培训合作协议。成功当选1970年公约首届附属委员会委员国，中国在国际文化遗产领域的影响力明显提升。国家博物馆举办列支敦士登王室珍藏展，土耳其首次来华举办安纳托利亚文明展，赴罗马尼亚、意大利、摩洛哥等举办华夏瑰宝展、中华文明系列展等，全年批复出入境展览64个。启动乌兹别克斯坦萨马尔罕古城和蒙古国辽代古塔修复援助项目，推进援柬二期茶胶寺修复工程。

与台港澳地区的文物交流务实，举办第五届海峡两岸文化遗产保护论坛，《光照大千展》在台湾高雄引起良好反响。组织台湾青少年和中学教师中华历史文化研习营活动，支持澳门文物大使协会赴内地交流。

【开展重点工作和文物安全专项督查】 为督促落实年度重点工作，从2013年11月起，国家文物局组成5个督查组，分赴10个省份开展以可移动文物普查、全国重点文物保护单位保护工程及专项补助资金使用和第七批全国重点文物保护单位“四有”工作落实情况为主要内容的专项督查。督查中发现一些省份市县级普查经费落实不到位、普查工作进展缓慢，文保工程开工率较低、资金使用不规范、文物保护与利用脱节，全国重点文物保护单位“四有”工作不规范等问题。其他省份围绕这三个方面也进行自查，提交自查报告。

落实《国务院关于做好旅游等开发建设活动中文物保护工作的意见》，各地对《意见》中提出的几个问题进行自查自纠，28个省级人民政府向国务院上报检查情况，查明文物保护单位违法违规行为126起，完成整改的59起，明确整改措施的67起。国家文物局会同国家旅游局组成督查组，对四川、安徽、陕西、湖南等11个省份进行重点督导。通过督察，一些文物保护单位管理体制得到理顺，一些行政违法行为得到纠正，部分历史遗留问题得到解决。

召开全国文物安全工作部际联席会议，持续推进文物安全协调机制。指导北京、内蒙古、重庆、西藏、陕西开展区域性打击文物犯罪专项行动。部署文物系统文物安全大检查，发现并整改安全隐患1万余项。开展文物行政执法和安全监管平台试点。与最高人民法院、司法部联合开展文物犯罪司法解释修订、文物司法鉴定管理调研，与监察部建立文物违法行为行政追责工作联系机制。

按照党中央的部署，开展党的群众路线教育实践活动。局党组认真征求意见建议，查摆“四风”方面存在的问题，提出努力方向和整改措施，加强制度建设。群众路线教育实践活动从整体上增强国家文物局工作中的大局意识、改革意识、问题意识、服务意识和狠抓落实意识，为完成全 年任务提供重要的思想作风保证。

第一次全国可移动文物普查

【第一次全国可移动文物普查电视电话会议】 4月18日，在北京召开。中共中央政治局委员、国务院副总理、第一次全国可移动文物普查领导小组组长刘延东出席会议并作重要讲话。国务院副秘书长江小涓主持会议，中宣部副部长翟卫华参加会议，国务院可移动文物普查领导小组副组长、文化部副部长、国家文物局局长励小捷就可移动文物普查情况作说明，财政部副部长张少春代表国务院可移动文物普查领导小组成员单位讲话，北京市副市长鲁炜代表地方政府发言。

刘延东强调，要贯彻落实党的十八大精神，以建设社会主义文化强国为目标，科学、规范、有序、高质量做好可移动文物普查工作，为保护祖国珍贵文化遗产作贡献。第一次全国可移动文物普查是落实国家“十二五”时期文化改革发展规划纲要任务，由国务院部署开展的文化遗产领域的一项国情国力调查，计划到2016年底完成对全国（不含港澳台地区）各类国有单位收藏保管的国有可移动文物的全面普查。

刘延东指出，可移动文物作为中华文化的实物见证，是开展爱国主义教育、传播先进文化、构建社会主义和谐社会的宝贵资源。依法开展文物普查，是建设文化强国、增强国家软实力的重大文化工程，对于提升公共服务能力、保障人民群众基本文化权益，加强国有文物监管、健全国家文物保护和利用体系，弘扬中华优秀传统文化、维护国家文化安全具有重要意义。

刘延东强调，可移动文物开展普查在尚属首次，要借鉴以往不可移动文物普查的成功经验，依法严格按照普查实施方案精心组织，统一标准规范，加强质量监控，确保基础数据的完整、真实、准确。要加强文化与科技的融合，运用信息技术实现数字化管理。要通过翔实准确的普查数据为科学制定文物保护政策和规划提供依据，创新展示传播功能，实现文化遗产资源信息共享。她要求，各地各有关部门要加强组织领导，落实保障措施，加强人员培训，动员全社会参与文化遗产保护事业，确保如期完成普查任务。

第一次全国可移动文物普查领导小组成员单位、中央有关国家机关，全国县级以上人民政府负责同志及相关部门在分会场收听收看会议。会后，分管可移动文物普查工作的省级人民政府负责同志对贯彻落实全国会议精神作出安排，按照国务院和省政府的要求，扎实做好本地区可移动文物普查工作。

【构建普查组织体系和协作机制】 2013年1月，国务院第一次全国可移动文物普查领导小组第一次会议召开，会议通过《第一次全国可移动文物普查实施方案》，要求普查领导小组各成员单位、各有关部门通力协作、密切配合，共同做好普查工作，并加强普查的各项保障措施。

国家文物局与国家档案局、教育部、民政部、文化部、国资委、财政部、国家新闻出版广电总局等部门沟通联系，联合印发普查通知，对各部门、各系统的普查工作做出统一安排。国家文物局指导北京市与中央驻京单位建立联系机制，走访全国人大机关、全国政协机关、各民主党派中央和全国工商联、中共中央直属机关事务管理局、国务院机关事务管理局、国家新闻出版广电总局，以及中国社会科学院、国家博物馆、故宫博物院等重点文物收藏单位，指导各单位建立专门普查机制。全国政协将普查与中国政协文史馆建设、文物移交相结合；国管局率先开展局属单位书画作品普查，制定发布《国务院机关事务管理局局属单位书画作品管理办法》；新闻出版总署把文物普查作为新闻出版博物馆建设基础，中国社会科学院将普查纳入“中国社会科学院哲学社会科学创新工程”。

各省（自治区、直辖市）结合地方实际，联合印发普查通知，共同部署推进普查任务。内蒙古、吉林、安徽、福建、江西、河南、湖南、湖北、云南、贵州等省（自治区、直辖市）文物局分别与本省相关部门联合印发通知，共同召开会议，部署普查工作。四川省、山西省省财政厅与省文物局联合印发通知，保障普查经费落实。浙江省文物局与省统计局联合发文，要求做好普查资料提供和业务指导工作。西藏自治区文物局与统战、民宗、宗教办四家单位联合印发通知，督促各部门统一认识，团结协作，全力配合普查工作。

【制定普查技术标准规范】 国家文物局普查办制订各项普查标准规范，修订完发布行业标准《馆藏文物登录规范》。组织印发普查调查表、登记表、汇总表，编辑出版《第一次全国可移动文物普查工作手册》。翻译出版《法国文化遗产普查的原则、方法和实施》。各省结合本省情况制定各项普查工作细则和实施标准。

【普查员队伍培训】 全国各级建立普查人员队伍。普查员实行统一登记，持证上岗，分级管理。全国申报普查员24930名，其中省级普查员1576名，地市级普查员5283名，区县级普查人员18071名。江苏省、湖北省、广西壮族自治区、安徽省、湖南省、重庆市等地招募培训志愿者，充实普查队伍。2013年国家文物局普查办举办五期全国普查骨干培训班，为各省培训业务骨干及师资力量600余人；协助北京市普查办为中共中央直属机关事务管理局在京单位和国务院机关事务管理局国在京单位培训普查工作人员近200人。各省（自治区、直辖市）分片区、分级对来自各行业的普查工作人员进行培训，全年共培训近7万人。

【完成国有单位文物收藏情况调查】 全国28个省（自治区、直辖市）完成国有单位文物收藏情况摸底调查工作（北京市中央驻京单位普查工作加紧推进，天津市进入收尾阶段，山东省进入资料核对阶段）。

28个省（自治区、直辖市）共向920683家单位发放《国有单位文物收藏情况调查登记表》，调查覆盖率达98.2%；反馈有文物的单位为13343家，占全部国有单位的1.5%，其中博物馆、纪念馆、美术馆、图书馆等专业文物收藏单位4345家，占反馈有文物国有单位总数的32.6%；文物系统外国有单位8998家，占67.4%。从反馈有文物的国有单位行业分布上看，文化文物、体育和娱乐业，公共管理和社会组织，教育三个行业国有单位占总数的89.6%。

法制建设

【修订《文物保护法》】 开展文物保护法修订调研。赴7省区开展文物保护法修订专题调研，撰写专题调研报告；在京召开两次文物保护法修订征求意见座谈会，集中听取部分省市文物部门和部分在京文博单位、专家学者的意见；向社会各界发放调查问卷

1640份，回收问卷1411份，汇总归纳各方面意见建议215条。

开展文物保护法修订专项研究。制订文物保护法修订研究工作方案，委托有关单位对涉及法律修订的25个重点难点问题开展专题研究并提交研究成果；召开文物利用座谈会并开展专题调研，推进文物利用管理专题研究。

推动纳入立法规划。加强与全国人大教科文卫委员会、国务院法制办公室的沟通，文物保护法修订列入十二届全国人大常委会立法规划和国务院2014年立法工作计划。

在广泛听取意见建议和调查研究的基础上，确立修法框架思路，起草完成文物保护法修订草案框架。

【立法工作】 推进《博物馆条例》立法进程。配合国务院法制办，就外资设立博物馆事宜进行认真研究，组织中宣部、外交部、商务部、文化部等部委赴四川省开展专题调研，组织相关部门和专家召开座谈会，妥善研讨解决外资设立博物馆问题。

【文物安全违法犯罪惩罚机制研究】 致函全国人大法工委刑法室，建议修订文物犯罪部分条款。协调最高人民法院研究室，调研起草完成《关于办理文物犯罪案件具体应用法律若干问题的解释》（初稿）。会商监察部，建立重大文物违法案件行政追责工作联系机制。

【全国人大建议和全国政协提案办理】 国家文物局全年负责办理完成全国人大建议、全国政协提案共166件。制订《国家文物局办理人大建议和政协提案工作规定》，提高办理工作的制度化、规范化水平。

《2020年文物事业发展目标体系》制定

【制定背景】 在2012年全国文物工作会议上，中共中央政治局委员、国务委员刘延东强调，全面推进文物保护利用和传承发展，努力建设与丰厚文化遗产资源相匹配、与社会主义文化大发展大繁荣相适应、与建设社会主义现代化国家目标相承接的文化遗产强国。

2010年文物事业发展目标体系与党的十八大提出的到2020年全面建成小康社会目标相承接，与“十二五”规划相衔接，是指导和规划今后一个时期文物事业发展的战略性文件，具有严谨的科学性、前瞻性、系统性、约束性、规范性和指导性。

【专题调研】 贯彻党的十八大精神，全面落实全国文物工作会议精神，明确2020年文物事业发展目标体系，按照中宣部、文化部关于开展宣传思想文化系统大调研工作的总体部署，2013年3月至5月，国家文物局组织开展“2020年文物事业发展目标体系”专题调研。向31个省（自治区、直辖市）文物部门，7个直属单位以及故宫博物院、中国国家博物馆发出征求意见问卷，实地考察江苏、浙江、辽宁、内蒙古、广东、广西、陕西、安徽等8个省份，分别召开省、市、县三级文物行政、文博单位负责人参加的座谈会，走访50多家基层文博单位，就确立2020年文物事业发展目标体系作调研，听取各方意见建议。

【体系构成】 围绕十八大提出的到2020年全面建成小康社会战略任务，制定2020年文物事业发展目标体系，从管理体系、保护效果、社会作用、国际地位、政策保障等5个方面构建文物事业发展中长期目标任务。

2020年文物事业发展目标体系总体概括为5句话：文物管理体系建立健全；各类文物得到全面保护；在“五位一体”建设中发挥重要作用；在国际文化遗产领域的影响力提升；政策保障。

宣传工作

【重要节庆活动宣传】 成功组织2013年文化遗产日咸阳主场城市活动，确定景德镇为2014年文化遗产日主场城市。配合做好国际古迹遗址日、国际博物馆日活动的宣传报道，与央视科教频道合作完成国际博物馆日大型媒体行动和文化遗产日“中国记忆”特别节目。

【重点工作宣传】 协调完成凤凰卫视《问答神州》励小捷专访。与央视新闻中心策划年度宣传重点，协调“南海I号”发掘、湖北叶家山曾侯墓考古发掘、宁波保国寺千年大典等大型直播，共同策划实施“走进国家重点实验室”、“中华文明探源工程”等项目报道。组织第七批“国保”公布、全国可移动文物普查电视电话会议、云南红河哈尼梯田申遗、比诺家族捐赠圆明园文物、海峡两岸及港澳地区建筑遗产再利用研讨会、正定古城保护现场会、全国文物局长会议等专题报道。

做好常规宣传项目的组织实施。支持中国文化报社、中国文物报社做好第五届中国历史文化名街评选推介。协调中国文物报社做好红楼橱窗展示和《文物工作》改版出刊。组织完成中国文物报社新闻采编人员岗位培训。审发《文物要情》18期，受理拍摄许可80余份，审核文物报等重要稿件200余篇。

【文物安全专题宣传】 编印《文物安全典型案例警示教育材料》，委托中国文物报社开展《平凡中的坚守——寻找最美文物安全守护人》宣传报道活动。

【舆情监测与应对】 印发《中共国家文物局党组关于学习贯彻全国宣传思想工作会议精神的意见》，指导开展文物宣传工作。协调中国文物信息咨询中心对接人民网舆情监测室，做好全年文物舆情监测。出台《国家文物局文物舆情突发事件应对工作流程》，应对陕西兴教寺、四川芦山地震、国家一级博物馆降级等突发舆情。

执法督察

【专项督察】 贯彻落实《国务院关于做好旅游等开发建设活动中文物保护工作的意见》，是文物行政执法专项督察重点工作内容。全年组织各地自查自纠，会同国家旅游局对11个省份重点督察，29个省份向国务院上报检查情况，查明文物违法违规行为126起，其中整改完毕59起，明确整改措施67起。理顺一些文物保护单位管理体制，集中纠正一批违法行为，提高各级政府各有关部门的文物保护意识。

【案件督办】 各地加大文物行政执法力度，全年查处行政违法案件236起，将一些违法案件控制在萌芽状态或发案初期，避免了文物损失。全年接报各类文物安全案件（事故）227起，同比下降26%，文物安全形势总体平稳。其中，全国重点文物保护单位发生安全案件（事故）37起，同比增加9起;文物建筑发生火灾事故11起，虽同比减少5起，但火灾事故造成的文物损失较为严重。

【执法巡查】 全年开展执法巡查15.35万次，检查发现违法行为1339起，调查处理完毕1291起，整改率96.4%；开展安全检查共18.98万次，发现安全隐患36,334项，整改完毕30,170项，整改率83.1%。

【联合执法】 成功召开全国文物安全工作部际联席会议第三次全体会议。与公安部共同落实两部门打击和防范文物犯罪长效机制，支持西安文物犯罪信息中心升级改造，指导北京、内蒙古、重庆、西藏、陕西组织开展区域性打击文物犯罪专项行动，仅陕西“猎鹰”行动，即破获文物犯罪案件699起，抓获犯罪嫌疑人385人，追缴文物1188件。会同公安部督导西藏寺庙文物安全保护，自治区政府列专款解决全区246处野外文物点看护经费。与中国海监研拟联合执法工作规程，组织部分沿海省份开展重点海域文化遗产执法巡查。协同国家宗教事务局对涉及佛教寺庙、道教宫观的国保单位进行联合执法检查。

文物安全

【文物安全行政审批制度改革】 2013年文物安全防范领域审批制度改革全面启动。完成《文物安全防范设施方案审批改革研究报告》，按照全面改革、综合配套的思路，形成《督察司安全防护工程审批改革工作方案》。会同国家文物局文物保护与考古司出台文物保护工程立项报告规范文本和方案编制深度要求，会同中国气象局出台强制性行业标准《文物建筑防雷技术规范》，招标遴选安全防护工程第三方评估机构，印发《关于改革全国重点文物保护单位防雷工程管理工作的通知》，下放防雷工程审批权限。

【文物安全防护工程】 审核安全防护工程方案和立项报告555项，批准280余项，开展河北、山西、安徽、甘肃、湖南等省安防工程工地检查，在项目安排中优化安防、消防、防雷工程占比，完成项目结构调整。

【文物系统安全大检查】 部署开展文物系统安全大检查，检查文物博物馆单位9.9万余处，整改安全隐患1.9万余项。指导各地加强汛期文物安全，尽管汛期有24省（市、区）的3203处不可移动文物，73座博物馆受洪灾波及，但灾情损失较小。

【文物行业安防、消防标准体系研究】 完成《文物保护行业消防标准体系研究》和《文物安全技术防范标准体系研究》，编制文物消防、安防标准体系表。组织起草《文物建筑消防工程技术要求》、《文物保护单位安全管理指南》、《文博单位安防系统管理使用指南》初稿。委托完成文物行政执法、文物安全管理修法研究和2010-2012年度文物行政执法案例研究，开展文物保护单位中寺庙道观沿革及保护利用情况调研。

【文物安全防范科技支撑】 加大文物安全防范科技

支撑相关投入力度。研发“全国重点文物保护单位安全管理数据库”并投入运行，实现工程方案、安全案件、自然灾害数据的智能化管理与有机更新。针对文物消防中的电气火灾风险，组织完成河北省“文物建筑电气火灾智能防控”试点，成功研发适用技术与装备。针对文物系统人员不足、监管手段落后的能力短板，完成山西省“文物安全巡查人员一键报警系统”试点、安徽省“博物馆安防系统远程监管平台”试点和北京市“区域性文物安全监管平台”试点，向精细化管理要安全，向信息化手段要编制，效果。针对各地瞒报不报文物案件的被动局面，完成文物行政执法监测管理平台河南、浙江两省试点，实现通过卫星遥感技术对文物保护单位周边建设情况的主动监管。

考古工作

【基本建设工程中考古和文物保护】 国家文物局与国务院三峡办等部门沟通，确保三峡库区消落区文物保护工作的开展。配合三建委三峡工程整体竣工验收工作，委托中国文物信息咨询中心开展文物保护专题验收的前期准备工作，完成《验收大纲》编写。

国家文物局联合国务院南水北调办对南水北调丹江口水库大坝加高工程文物保护工作进行蓄水前终验，对涉及河南和湖北两省的共274个项目（其中地下文物考古发掘项目239项，含河南114项，湖北125项；地面文物保护项目35项，含河南13项，湖北22项）进行检验，同时组织编纂完成《中国南水北调•文物保护卷》初稿。

国家文物局加强对国家原油及成品油管网建设、高速公路、铁路等国家重大基本建设工程，以及各地城市建设中的考古项目审批和指导。江苏扬州隋炀帝墓、浙江龙游荷花山、湖南益阳兔子山、四川成都老官山墓地、贵州遵义杨氏土司墓群等遗址和墓葬的考古工作，抢救保护一批珍贵文物，确保城乡建设和文物保护的双利双赢。

【考古研究】 各地组织实施一系列考古工作，推动各项文保工程的开展。河南洛阳汉魏洛阳城四号殿、湖北恩施唐崖土司、湖南永顺老司城、贵州遵义海龙囤等遗址的考古发掘，理清遗址内涵，发掘文化价值，夯实世界文化遗产申报基础。河南洛阳邙山陵墓群、西藏琼结藏王墓、陕西岐山周原、甘肃临洮马家窑等遗址考古，为遗址规划科学编制提供基础数据。北京圆明园、河北邯郸赵王城、山西运城蒲津渡与蒲州故城、安徽含山凌家滩、江西吉安吉州窑等遗址考古，确保遗址环境整治、保护展示方案的科学实施。

辽宁北镇辽代帝陵、黑龙江齐齐哈尔洪河遗址、山东临淄齐故城冶铁作坊、江苏泗洪顺山集、云南宾川白羊村、陕西南郑龙岗寺、新疆阿敦乔鲁等遗址考古，运用全新的工作理念和研究方法，获得一系列重要成果，推进学术研究和考古学科的发展。

国家文物局先后批复河北张北元中都遗址、山东章丘城子崖遗址、陕西西安西汉帝陵、湖南宁乡炭河里等数十项中长期大遗址考古工作计划，指导相关遗址考古、保护和建设工作的开展。

【考古管理】 5月，国家文物局正式推出考古发掘电子审批系统（2.0版），严格考古发掘项目审批程序，对发掘项目实施过程的动态管理。

国家文物局委托编制《考古发掘资质单位管理要求》，就考古发掘资质单位的资质管理、工作管理、考古工作关键点管理、考古监理和公众考古、资质单位动态管理系统、资质单位内部管理等方面提出相应的规范性要求。组织编写《考古发掘单位文物标本库房建设管理规范》，明确库房建设的相关标准。

【考古工作会议和学术研讨会】 3月，国家文物局召开主动性考古发掘项目咨询会，对各地上报的125项主动性考古发掘项目进行评审，确保各项工作科学、有序开展。

10月24日至27日，中国考古学会第十六次年会暨第六次全体代表大会在西安召开，选举第六届中国考古学会的理事长、常务理事、理事的人选。王巍、童明康、赵辉、李济等分别担任理事长和副理事长。

【考古报告出版】 国家文物局全年批准山西、安徽、四川、湖南、浙江等省上报的《蚌埠禹会村》、《云冈石窟》、《安阳大司空》等30部考古报告出版计划。为宣传考古工作最新成果，推动考古和文物工作服务社会，国家文物局组织出版《2012中国重要考古发现》，有43项年度重要考古成果入选。

【2012年度全国十大考古新发现】 4月，2012年度全国十大考古新发现评选活动在北京举行，评选10个项目列入2012年度全国十大考古新发现。

2012年度全国十大考古新发现名单：河南栾川孙家洞旧石器遗址；江苏泗洪顺山集新石器时代遗

址；四川金川刘家寨新石器时代遗址；陕西神木石峁遗址；新疆温泉阿敦乔鲁遗址与墓地；山东定陶灵圣湖汉墓；河北内丘邢窑遗址；内蒙古辽上京皇城西山坡佛寺遗址；重庆渝中区老鼓楼衙署遗址；贵州遵义海龙囤遗址。

【考古资质资格】 3月，经国家文物局研究批准，中国人民大学、徐州博物馆、杭州市文物考古研究所、珠海市博物馆等4家单位获得考古发掘资质，78人获得考古发掘领队资格。

【合作考古】 国家文物局全年受理中外合作考古研究项目7项，其中中加合作开展“秦始皇帝陵陪葬坑出土兵马俑制陶工艺研究”、中日合作开展小珠山遗址动物考古学研究、河南新砦遗址出土动物标本出境检测分析、新疆出土文物取样标本出境分析检测、中美合作开展云南大营庄遗址和西王庙遗址考古发掘和研究项目，以及北京大学考古文博学院、中国人民大学留学生参加田野考古实习项目获得批复。

文物保护维修

【第七批全国重点文物保护单位】 3月，国务院印发《关于核定并公布第七批全国重点文物保护单位的通知》（国发〔2013〕13号），核定公布第七批全国重点文物保护单位1943处，另有47处项目与现有全国重点文物保护单位合并。全国重点文物保护单位共计4295处。

4月，国家文物局印发《关于加强第七批全国重点文物保护单位保护工作的通知》，要求各地贯彻落实国务院通知精神，做好第七批全国重点文物保护单位的保护工作。

5月，国家文物局制定《第一至七批全国重点文物保护单位统计资料指标体系》，编制印刷《第一至第七批全国重点文物保护单位统计资料简册》，为文物保护工作提供参考依据。

12月，国家文物局印发《关于印发第七批全国重点文物保护单位简介的通知》，明确第七批全国重点文物保护单位的单体构成，为全国重点文物保护单位规范化管理奠定基础。

【重大文物保护工程】 **应县木塔保护工程。**9月28日，组织召开应县木塔第三层保护加固方案专家评审会，原则通过中国文化遗产研究院编制的《应县木塔严重倾斜部位及严重残损构件加固方案》，并根据专家意见进行修改和完善。开展《应县木塔周边环境整治规划》的论证和批复工作。

山西南部早期建筑保护工程。完成16项工程招投标工作，并开工实施。6月22日至25日，组织专家组对武乡洪济院、襄垣灵泽王庙、潞城东邑龙王庙、长子天王寺、西李门二仙庙等南部工程工地进行现场检查指导。

西藏文物保护工程。西藏“十二五”重点文物保护工程开工建设27处，组织招投标9处，有7处项目处于方案报审阶段，3处项目组织开展前期工作。西藏“十二五”重点文物保护工程累计下达资金43828万元，完成投资30393万元。

芦山震后文物抢救保护工程。组织编制《芦山地震灾后文物抢救保护规划》，灾后文物保护抢救工作有序开展。芦山灾后文物抢救保护项目共186项，规划资金7.7亿元，全年启动灾后文物抢救保护项目78个，其中开工6项，完成维修方案和保护规划批复16项，完成方案编制54项。6月9日和8月16日，国家文物局组织召开芦山地震文物保护工作指导协调小组全体会议，全面部署震后文物保护抢救工作。8月22日，在四川雅安、眉山举行茶马古道•观音阁和眉山三苏祠灾后抢救保护工程开工仪式，标志着四川芦山地震灾后文物抢救保护工程全面启动。

玉树震后文物抢救保护工程基本完成。2013年玉树震后文物抢救保护工程新开工项目13项，其中全国重点文物保护单位1项。截至2013年，玉树震后文物抢救保护工程基本结束，累计开工项目65项，竣工59项，其中全国重点文物保护单位保护工程4项，规划总投资5亿元，完成投资3.8亿元。

壁画彩塑保护专项工程。启动“全国重点文物保护单位壁画彩塑保护状况调研”项目，对第一至第六批全国重点文物保护单位中彩塑和壁画的分布特征、保存状况、环境评估等进行调研评估，提出综合保护对策建议，搭建起国保单位中壁画彩塑资源的空间分布资源数据库。推进山西彩塑壁画专项保护规划和保护方案的编制和审工作，隰县千佛庵、介休后土庙等10余个彩塑、壁画保护项目完成批复，安排专项补助经费3300余万元。启动壁画彩塑数字化项目，由中国文化遗产研究院及其所属北京国文琰文物保护发展有限公司组织实施文物三维激光扫描数字化试点工作，10处数字化试点项目批复实施。

山西南部早期木构建筑信息数字化研究项目。4

月19日，清华大学建筑学院承担的“山西南部早期木构建筑信息数字化研究项目”2010年至2011年、2011年至2012年度通过国家文物局组织的结项验收。6月，委托清华大学建筑学院承担2013年至2014年度山西南部早期木构建筑信息数字化项目。

继续开展近现代重要史迹及代表性建筑中的全国重点文物保护单位的保护工程，重点指导开展赣南原中央苏区革命旧址保护、延安灾后文物抢救保护等工程。

【文物保护样板工程】 组织编制《国家文物局文物保护样板工程实施方案》，以安徽呈坎、黄田古建筑群和河北清西陵为试点，开展文物保护样板工程。6月6日，国家文物局和安徽省人民政府在呈坎村举行样板工程启动仪式。完成首批开展的29项样板工程方案和呈坎、黄田古建筑群二期维修目立项的编制和审批工作，圆满完成呈坎村环秀桥修缮工程，清西陵崇陵、黄田敦睦堂、呈坎罗会度宅等7处维修项目完成施工前各项准备工作。批复黄田村古建筑群文物保护规划，开展呈坎村古建筑群和清西陵文物保护规划的编制及修订工作，并在此基础上组织编制古村落保护利用实施规划。

【文物保护工程项目审批制度改革】 规范和指导文物保护工程立项和设计方案的编制，提高方案编制水平和审批效率。2013年5月，国家文物局正式印发《文物保护工程立项报告编制规范文本（试行）》和《文物保护工程设计文件编制深度要求（试行）》。

适应文物保护工作的新形势，完善资质管理制度，4月28日发布《关于开展文物保护工程勘察设计甲级、施工一级和监理甲级资质年检工作的通知》（文物保函〔2013〕534号），将勘察设计甲级和施工一级的资质年检工作，明确下放由省级文物行政部门开展，提高实际管理效率；下半年启动文物保护工程勘察设计、施工、监理等三项资质管理办法修订工作。

【历史文化名城名镇名村保护管理】 经国家文物局与住建部联合考察并报经国务院同意，2013年，江苏泰州、云南会泽、山东烟台和青州被国务院公布为国家历史文化名城。截至2013年，国家历史文化名城数量达123座。

12月，贯彻落实中央领导同志关于古城保护的重要指示精神，国家文物局会同河北省人民政府、住房和城乡建设部在河北正定召开古城保护现场会，29座古城代表共同发布《古城保护正定宣言》。

【文物合理利用工作】 4月，国家文物局与江苏省人民政府在无锡组织召开以“文化遗产保护与利用——发展中的平衡”为主题的文化遗产保护无锡论坛，研究、交流和探索在新形势下实现文化遗产保护和利用的最佳途径，促进文物工作在经济社会发展中发挥作用。

加强古村落的保护利用工作，9月，国家文物局印发《关于开展古村落保护利用综合试点工作的通知》，制定古村落保护利用综合试点方案，选取浙江、安徽、陕西、河北、山西和贵州等地6处古村落，开展古村落保护利用综合试点工作。

古城保护正定现场会

12月25日，为贯彻落实中央城镇化工作会议精神，学习贯彻中央领导同志的重要批示，树立正确的古城保护理念，宣传推广正定古城保护经验，国家文物局、住房和城乡建设部、河北省人民政府联合召开正定古城保护现场会。河北省省长张庆伟，文化部副部长、国家文物局局长励小捷出席会议并讲话，住建部规划司司长孙安军发言，石家庄市副市长、正定县委书记王韶华介绍正定古城保护经验，古城所在地方政府代表以及部分专家学者围绕古城保护发展主题作典型发言。与会同志实地考察正定古城保护成果。与会古城政府代表共同发布《古城保护正定宣言》。

国家发展和改革委员会、住房和城乡建设部、国家旅游局、国家文物局等有关部门负责人，各省（自治区、直辖市）文物行政部门负责人，全国29个古城政府代表和部分专家学者参加会议。

会议强调，古城保护要树立正确的保护理念，正确处理古城保护与城镇化建设的关系，把古城保护、文化传承作为城镇化发展中的“软实力”和“助推器”，为推进中国特色新型城镇化建设做出贡献。古城保护要坚持以人为本、整体保护、突出特色、体现城乡一体化理念，着力保护古城历史文化价值。认真履行文物部门职责，做好古城保护工作。提升古城保护在文物工作中的地位，加强古城历史文化价值研究，科学编制规划，实施分层次、有针对性的保护。要发挥政府在古城保护中的主导作用，重点保护好古城的历史文物，妥善慎重做好古城开发利用工作。在古城管理体制和决策机制中，发挥文物部门专业优势，多部门协作，共同做好古城保护工作。加大古城历史文物保护、基础设施建设、环境保护与整治等方面的资金投入，探索多元化投资渠道。要重视保护规划的制定和落实，合理规划好古城与新城的关系。认真履职，严格执法，对破坏古城的违法行为采取更为严厉的惩罚措施。

《古城保护正定宣言》，提出做好古城保护工作的四点倡议。《宣言》认为，古城保存的丰富历史文化资源，赋予古城特有的文化身份和魅力。在新型城镇化发展的进程中，保护和传承古城的历史文化价值，焕发古城活力，提高居民生活质量，是我们的历史责任。

会议倡议：①保护古城，必须研究古城的历史文化价值，而不能只是研究其开发价值。②保护古城，必须坚持科学规划，严格执行规划，而不能违背规划，随意更改规划。③保护古城，必须坚持整体保护的原则，而不能割裂各类历史文化遗产之间的内在联系。④保护古城，必须坚持以人为本，而不能违背古城居民意愿，损害古城居民的利益，实现在保护中发展，在发展中保护。

大遗址保护

【《大遗址保护“十二五”专项规划》】 2013年6月，国家文物局、财政部联合印发《大遗址保护“十二五”专项规划》，提出以实施重大保护示范项目、建设大遗址保护示范园区为着力点，构建“六片、四线、一圈”为重点、150处大遗址为支撑的大遗址保护新格局；发挥专项资金使用的综合效益，加强大遗址保护管理能力建设，提高大遗址保护展示水平，提升大遗址服务社会的能力，实现大遗址保护与生态文明建设、经济建设紧密结合，社会效益与经济效益协调统一；逐步完善大遗址保护项目管理体系，建立相关标准规范，明确管理方式，加强项目检查及阶段性评估。

【第二批国家考古遗址公园】 国家文物局开展第二批国家考古遗址公园评定工作，有23个省（区、市）、76家单位提交申报材料。国家文物局对各地提交的申报材料进行初审，组织专家进行现场考察和评分，并于2013年11月6日至8日在京组织召开评议会，确定第二批国家考古遗址公园评定名单（12家）和立项名单（31家），并予以公布。

第二批国家考古遗址公园名单（共12个）：辽宁牛河梁国家考古遗址公园，吉林渤海中京国家考古遗址公园，黑龙江渤海上京国家考古遗址公园，江西御窑厂国家考古遗址公园，山东曲阜鲁国故城国家考古遗址公园、大运河南旺枢纽国家考古遗址公园，河南汉魏洛阳故城国家考古遗址公园，湖北熊家冢国家考古遗址公园，湖南长沙铜官窑国家考古遗址公园，广西甑皮岩国家考古遗址公园，重庆钓鱼城国家考古遗址公园，新疆北庭故城国家考古遗址公园。

第二批国家考古遗址公园立项名单（共31个）：河北元中都考古遗址公园、泥河湾考古遗址公园、赵王城考古遗址公园；山西蒲津渡与蒲州故城考古遗址公园；内蒙古辽上京考古遗址公园、萨拉乌苏考古遗址公园；辽宁金牛山考古遗址公园；吉林罗通山城考古遗址公园；黑龙江金上京考古遗址公园；江苏阖闾城考古遗址公园；安徽凌家滩考古遗址公园、明中都皇故城考古遗址公园；福建城村汉城考古遗址公园、万寿岩考古遗址公园；江西吉州窑考古遗址公园；山东临淄齐国故城考古遗址公园、城子崖考古遗址公园；河南郑韩故城考古遗址公园、偃师商城考古遗址公园、城阳城址考古遗址公园；湖北铜绿山考古遗址公园、龙湾考古遗址公园、盘龙城考古遗址公园；湖南炭河里考古遗址公园、城头山考古遗址公园；云南太和城考古遗址公园；陕西统万城考古遗址公园、龙岗寺考古遗址公园；甘肃大地湾考古遗址公园；宁夏西夏陵考古遗址公园；青海喇家考古遗址公园。

【大遗址保护规划】 全年批复秦雍城遗址、邛窑遗址、宋陵、陶寺遗址、万发拨子遗址、齐国故城、乾陵、汉代长沙王陵墓群、合浦汉墓群等重要遗址保护规划；批准高昌故城、宋陵永昌陵、交河故城、雅儿湖石窟、海龙屯遗址、燕下都遗址、罗通山城、自安山城、老司城遗址、凌家滩遗址、邛窑十方堂遗址、御窑厂遗址、鲁国故城、唐崖土司遗址等重要遗址保护工程设计方案。

【大遗址管理与研究】 4月，国家文物局、陕西省人民政府召开合作共建汉长安城国家大遗址保护特区第二次会议。会议明确今后一个时期内特区建设的主要方向和工作思路，对全面推动汉长安城大遗址保护、国家考古遗址公园建设和未央宫申遗工作，起到重要促进作用。

国家文物局委托中国社会科学院考古研究所开展国家考古遗址公园运营评估。中国社会科学院考古研究所完成《国家考古遗址公园运营评估导则》初稿。

国家文物局委托中国信息咨询中心开展的大遗址保护工程检查制度预研究项目取得阶段性成果，构建检查制度的总体框架。

水下文化遗产保护

【南沙海域水下文化遗产调查】 国家文物局协调外交、海洋和总参、海军等有关部门，完成南沙水下文化遗产调查项目的申报和审批工作。5月24日至6月5日，完成对我控制南沙海域水下文化遗产调查工作，先后对南沙群岛的渚碧、永暑和美济礁的9处水下疑点进行系统调查和核实，发现水下遗物点5处、沉船遗址1处，采集标本200余件。此次南沙水下文化遗产调查项目是第一次正式组织实施的远海水下文化遗产保护项目，对全面掌握南海水下文化遗产分布和保存状况，科学分析水下文化遗产保护形势，统筹水下文化遗产保护工作的重点和方向，具有重要意义。

【水下文化遗产专项调查】 3月12日至24日，国家文物局水下文化遗产保护中心组织开展鄱阳湖水下考古专项调查，实现在内陆水域开展水下考古调查工作零的突破，验证前期陆上调查与物探调查的相关线索。

国家文物局水下文化遗产保护中心与辽宁省文物考古研究所联合开展对辽宁省绥中海域水下文化遗产的调查，对局部淹没于水中的“碣石”和“礁石通道”进行科学的水下调查和勘测，此项工作对于理清海中“碣石”与陆上姜女石秦行宫遗址之间的关联，揭示姜女石秦行宫遗址全貌有着重要意义。

9月11日，“天津、河北水下文化遗产重点调查工作现场总结会”在天津召开，两地调查工作结束。新确认水下古沉船遗址2处。排除水下疑点7处，发现被打捞沉船点4处，确认古代水下沉船遗址2处，其中判断清代晚期沉船遗址1处（河北）、民国时期沉船遗址1处（天津）。

【“南海Ⅰ号”沉船考古发掘与保护项目】 11月，国家文物局水下文化遗产保护中心、广东省文物考古研究所、广东省博物馆、广东海上丝绸之路博物馆联合承担的“南海Ⅰ号”沉船考古发掘与保护项目正式启动，沉船整体发掘的前期准备工作进展。

【水下考古工作船建造】 重庆长航东风船舶工业公司负责施工建造的首艘水下考古工作船——“中国考古01号”，完成分段制作和船台合拢工作，计划于2014年1月正式下水，进入水上舾装环节。

【国家文物局水下文化遗产保护中心年会】 3月，国家文物局水下文化遗产保护中心组织召开年会。与会代表围绕2012年水下考古的新进展和2013年全国水下考古工作计划展开讨论，达成共识。此次年会是国家文物局水下文化遗产保护中心成立以来召开的第一次全国性水下考古会议，为全国水下考古工作者提供交流和沟通的平台，促进各地贯彻国家战略布局，将水下考古学研究和水下文化遗产保护工作引向。

【水下考古交流】 国家文物局水下文化遗产保护中心发挥水下文化遗产领域的沟通协调作用，组织赴越南、澳大利亚、泰国、塞舌尔等进行工作访问并开展相关调研，派员参加第四届“2011水下公约组织会议”，开展相关水下考古技能培训及相关课题实验，组织编译《水下文化遗产行动手册：联合国教科文组织〈2001年公约〉附件的指南》，举办一系列水下文化遗产保护讲座，取得良好的效果。

世界文化遗产保护

【红河哈尼梯田文化景观成功申遗】 6月22日，在柬埔寨金边举行的联合国教科文组织世界遗产委员会第37届会议上，红河哈尼梯田文化景观通过世界遗产委员会审议，列入《世界遗产名录》，成为中国第31处世界文化遗产，保持中国连续11年成功申报世界文化遗产的良好势头。截至2013年，中国世界遗产总数达到45项，居世界第二位。

【大运河保护与申遗】 1月，大运河申遗文本提交至联合国教科文组织世界遗产中心，《中国大运河遗产管理规划》正式公布实施。国家文物局印发《中国大运河遗产监测和档案系统建设工作指导意见》、《中国大运河申报世界文化遗产界桩指导意见》及大运河国际专家现场考察评估的工作总方案等指导性文件，多次召开相关工作推进会，继续指导、推动各地做好申遗点段保护展示、环境整治和国际专家现场考察评估准备工作。7月，开展现场考察预演；9月，大运河国际专家现场评估考察完成，编制提交第一次补充材料。根据国际古迹遗址理事会要求，国家文物局组织开展大运河第二次补充材料编制工作。

【丝绸之路跨国系列申遗】 1月，中、哈、吉三国联合提交“丝绸之路：起始段和天山廊道的路网”项目的申遗文本。国家文物局与丝路沿线六省（自治区）人民政府间、六省（自治区）文物局之间《关于保护丝绸之路遗产的联合协定》正式签订，国家文物局印发《丝绸之路：起始段和天山廊道的路网中国部分展示标识系统指导意见》、丝绸之路国际专家现场考察评估的工作总方案等指导性文件，并多次召开相关工作推进会，指导、推动各地做好申遗点段保护展示、环境整治、网络信息档案管理平台建设、丝路申遗工作简报编制和国际专家现场考察评估准备工作。7月，开展现场考察预演；10月，丝绸之路国际专家现场评估考察完成。根据国际古迹遗址理事会要求，国家文物局组织开展丝绸之路补充材料编制工作。

【土司遗址申遗项期准备】 2013年，在土司遗址（老司城遗址、唐崖土司遗址、海龙屯遗址）确定为2015年申报项目后，国家文物局多次召开相关会议、组织专家对土司遗址进行现场考察，指导、推动土司遗址相关立法、保护整治工作的开展，并组织编制申遗文本和管理规划。9月，土司遗址申遗文本报送至世界遗产中心预审，并在其后按照预审意见对文本进行修改完善。12月，国家文物局与湖南省、湖北省、贵州省三省人民政府签订《关于保护土司遗产的联合协定》，完善土司遗址申遗和保护的协调机制。

【《世界文化遗产申报工作规程（试行）》】 为加强对世界文化遗产申报工作的指导，规范世界文化遗产申报准备、咨询等工作，8月，国家文物局印发《世界文化遗产申报工作规程（试行）》，明确申报相关各方的责任、权利和义务，申报项目应具备的条件和所需开展的工作，以及申报程序等。12月，国家文物局举办规程专题研讨会，对该规程进行推广、培训。

【世界文化遗产监测与管理】 2013年，国家文物局组织推动《中国世界文化遗产监测预警体系建设规划》编制工作，并征求各遗产地管理机构的意见。中国世界文化遗产监测预警国家总平台建设稳步推进，12处世界文化遗产地监测试点工作开展。国家文物局多次赴各世界文化遗产地、世界文化遗产预备名单项目所在地进行监测巡视，推动各遗产地的保护管理和遗产监测工作。

1月，国家文物局组织编制并提交丽江古城、布达拉宫历史建筑群、澳门历史城区3处世界遗产的保护状况报告，其中丽江古城和布达拉宫历史建筑群（关于总体保护管理情况）的保护状况报告在世界遗产委员会第37届大会上表决通过。世界文化遗产武当山古建筑群将迎来国际组织的反应性监测，8月和11月，国家文物局两次组织专家组赴现场开展国内反应性监测任务，督促指导地方政府和文物部门做好迎检准备工作，并组织编写武当山古建筑群、拉萨布达拉宫历史建筑群（关于老城区改造工程）的保护状况报告。

5月，国家文物局派员出席联合国训练研究所世界遗产保护和管理系列培训。11月，国家文物局委托杭州市园林文物局召开“系列遗产保护、管理与监测国际会议”，国际国内专家对系列遗产的概念源起、申报、保护、监测和管理中存在的问题及解决方案进行广泛的研讨，对系列遗产的申报保护起到引导作用。

【世界文化遗产保护工程】 6月，国家文物局组织专家组赴承德避暑山庄及其周围寺庙，对其保护工程进行工地检查，听取工程进展情况汇报，赴多处保护工程工地进行实地踏查，并召开意见反馈会，对后续工作提出指导意见。

千手观音造像修复工作初见成效，保护工程取得实质性进展。7月，举行大足石刻千手观音造像抢救性保护工程阶段性现场汇报会。9月，大足石刻保护修复国际学术研讨会召开，推动中国与国际石质文物保护修复领域的交流与合作。

11月，国家文物局印发长城保护维修和长城“四有”工作指导意见。国家文物局多次召开专家论证、评审会，组织相关专家进行现场考察，加强对承德避暑山庄及其周围寺庙、故宫、嘉峪关长城、高句丽壁画、大足石刻千手观音造像等重大保护工程的指导和检查，推进工程进展，确保工程质量。

博物馆建设

【博物馆年检备案】 完成博物馆2012年检备案及名录公布。全国备案博物馆3866个，其中国有博物馆3219个，民办博物馆647个。

【博物馆质量评估】 编制完成中央地方共建国家级博物馆的运行评估办法和运行评估试点方案，提高央地共建博物馆运行管理水平。

完成2012年度国家一级博物馆运行评估，95家国家一级博物馆平均65.42分，比2011年度提升1.01分，体现国家一级博物馆办馆水平的整体提升。完成2010、2011年度两次运行评估基本合格六家博物馆整改和重新定级评估。

开展国家三级博物馆评估定级，新增恭王府博物馆等52家国家二级博物馆，丽江博物院等144家国家三级博物馆；其中民办博物馆8个（二级馆1个，三级馆7个）。

【博物馆相关行政审批事项管理改革】 取消局直属文物收藏单位处理不够入藏标准、无保存价值的文物或标本行政许可。印发《关于改进可移动文物保护修复项目方案审批管理工作的通知》，将部分馆藏珍贵文物保护修复项目方案审批、结项验收下放到省级文物行政部门审批。

【博物馆免费开放】 全国博物馆举办展览2.2万个，年接待观众6.4亿人次。组织完成博物馆免费开放绩效考评试点，编制博物馆免费开放绩效考评办法（含指标体系）草案，提高博物馆免费开放绩效。开展生态博物馆示范点建设评估。制定《全国博物馆十大陈列展览精品评选章程（试行）》，评选周期由两年改为一年，组织完成第十届全国博物馆十大陈列展览精品评选和推广。评选出“回望大明——走近万历朝（首都博物馆）”等2011年度全国博物馆十大陈列展览精品和“幽蓝神采——元代青花瓷器大展（上海博物馆）”等2012年度全国博物馆十大陈列展览精品。与山东省人民政府联合举办国际博物馆日济南主场城市活动，搭建博物馆与公众互动的桥梁。

【馆藏珍贵文物保护】 按照《国家重点文物保护专项补助资金管理办法》，组织各省编制项目计划，根据专家评审、择优入库的原则，确定300余项列入2013年项目库。完成六安双墩墓出土漆木器等120余项馆藏濒危文物保护修复项目，抢救性保护修复文物6000余件。启动160余项馆藏文物保护修复项目，针对8000余件馆藏文物开展保护修复工作。完成香山汉墓出土陶质彩绘文物、四神云气图壁画等2项保护修复报告编撰。组织馆藏微环境保存国家文物局重点科研基地（上海博物馆）举办可移动文物保存环境监测与控制培训班，确定四川、湖北、河南、江苏等省16家博物馆开展可移动文物保存环境监测与控制试点，推动馆藏文物保护由被动的抢救性保护向主动的预防性保护转变。

【民办博物馆管理】 扶持民办博物馆发展，印发《关于推进国有博物馆对口支援民办博物馆工作的意见》。编制完成《民办博物馆设立标准（草案）》，开展民办博物馆规范建设评估试点，推动民办博物馆健康发展。中央财政为民办博物馆安排奖励资金1亿元。

社会文物管理

【文物市场监管】 规范文物市场秩序，完善《文物拍卖许可证》审批工作。全年办理《文物拍卖许可证》申领审批事项66起，其中批复同意53起，不批准或暂不批准13起。新批准13家企业增加第一类文物拍卖经营资质。截至2013年，全国文物拍卖企业382家，其中具有第一类文物经营资质企业129家。

加强文物拍卖专业人员考核，举办2013年度文物拍卖企业专业人员资格考试，参考人数686人，204人通过247个专业门类的考试。截至2013年，全国有567人考取《文物拍卖企业专业人员资格证书》。

健全文物拍卖标的网上备案流程。全年备案262家文物拍卖企业951个场次的634699件/套标的，对不符合规定的8场拍卖会236件/套标的进行撤拍（省级文物行政部门共撤拍标的1109件/套）。据不完全统计，2013年全国文物艺术品拍卖实际成交额313.83亿元，同比增长11.67%。对社会文物管理网进行升级改版。

加强文物鉴定类广播电视节目监听监看和动态管理，指导有关单位制定文物鉴定类广播电视节目监听监看细则，对全国11家电视台17档共384期节目实施常规监看，协调《天下收藏》、《华夏夺宝》等不规范节目进行改版，遏制庸俗戏说、现场交易等行为，提升节目品质。

加强对无资质销售、拍卖文物活动的治理，规范上海自贸区内及相关外资机构在华拍卖活动管理。会同文化部文化市场司开展全国文物市场专项治理行动。

【文物进出境审核管理】 制定发布《1949年后故著名书画家作品限制出境鉴定标准（第二批）》，将吴冠中等24人作品补充列入限制出境鉴定标准，防止珍贵作品流失。指导浙江、海南、安徽等地机构，举办文物进出境审核人员玉器、陶瓷、杂项鉴定研修与培训，培养鉴定骨干百余人。举办文物进出境责任鉴定员玉器、杂项资格考试，23人次通过26科次考试。在天津、浙江、广东3地试行“文物进出境审核信息管理系统”，提升文物进出境管理标准化、信息化水平。

【执法部门罚没文物移交机制】 印发《关于做好公安、海关罚没文物移交工作的通知》，会同海关等部门大力推动罚没文物移交接收工作。2013年度，各级文物行政部门共接收北京、深圳、西安等地海关移交的15789件/套罚没文物。

【出入境展览及其文物管理】 印发《出境展览文物安全规定（试行）》，对出境展览文物遴选评估、包装、运输、布撤展等事项予以重点规范。印发《第三批禁止出境展览文物目录》，新增禁止出境青铜器、陶瓷、玉器、杂项四类一级文物94件。全年受理各地申报出入境展览74项，其中出境展览50项、批复44项，入境展览24项、批复20项。

【海外流失文物返还】 促成法国皮诺家族将圆明园流失鼠首和兔首铜像以捐赠形式返还中国。协调美国政府移交查扣文物运输回国。

通过公开谴责、渠道协调等方式，遏制境外机构非法拍卖中国流失文物的行为，致使相关拍卖均未实际成交。

【国家文物鉴定委员会及相关工作】 研究健全国家文物鉴定委员会工作机制。

会同司法部、最高人民法院开展文物司法鉴定管理调研，探索推动文物司法鉴定科学管理的路径。

完成德国、意大利、希腊、澳大利亚等国政府有关部门查扣疑似中国文物鉴定、评估工作。完成大量民间信访及境外机构拟捐赠文物鉴定工作。指导各地开展涉案文物鉴定工作。

文物科技与信息化建设

【与中国科学院、工业和信息化部的战略合作】 与中科院正式签署的院局科技战略合作协议精神，深化文物保护与科技交流、协作、融合，推动中科院上海高等研究院与敦煌研究院成立“文物保护联合实验室”，推动中科院微生物所、中国文化遗产研究院建立合作科研机构，推动中科院地球遥感所与国内文博单位开展研讨和合作，委托中科院上海高等研究院开展“基于物联网的中国智慧博物馆建设可行性研究”项目。“文化遗产空间观测机理与科学认知”和“珍贵石质和土质文物微生物病害及防治重要基础研究”，作为2015年基础研究重点战略需求方向报送科技部。

与工业和信息化部合作推进文物保护与传承装备产业化和应用工作。加强先进制造业与文物、博物馆行业的合作，扭转文博行业装备适用性差、技术含量低、集成性低的现状，提升文物保护与传承的整体能力与水平。双方议定建立联合工作机制；联合印发指导性意见，组织有关部门和地方参与此项工作；联合制定文物保护与传承装备产业化和应用专项规划，明确近期、中期、远期目标，落实相关保障措施；联合编制2013年度项目申报指南，优先启动一批文物博物馆行业需求明确、用量大的重点项目。

【科技项目管理】 抓好指南针计划专项和中华文明探源工程，促进文物保护与研究相结合、展示利用与教育传承相结合，提升文物保护研究、展示传播的整体水平。

加强国家科技计划项目的管理，做好国家科技计划项目储备、项目实施、项目检查和绩效评估等系列工作。完成3个国家科技计划备选项目的推荐工作。配合科技部，做好“十一五”国家科技支撑计划《中华文明探源及其相关文物保护技术研究》项目验收的准备工作，确保该项目通过验收，为《中华文明探源工程（2013-2015）》（四期）奠定基础。加强国家科技计划项目的进程管理工作。通过第三方咨询评估机构，加强课题执行进度、科研质量、组织管理和经费使用的评价。完成《中华文明探源及其相关文物保护技术研究（2013-2015）》等2个国家科技支撑计划项目的第三方评估工作。

【一般课题申报与管理】 完成2013年度一般课题的评审工作，收到来自30个省的500余项课题申请，支持36个项目开展科学研究。上半年集中开展立项课题的中期检查和结项验收工作。重点对立项4年以上尚未结题、立项2年以上尚未中期评审的课题进行清理整治。完成66项课题的中期评审和结项验收工作，有4项课题未通过评审。

【第五批国家文物局重点科研基地】 开展第五批科研基地评审工作，共有45个单位申报，经专家评审、报局审定，有5家单位成为国家文物局重点科研基地。

第五批国家文物局重点科研基地名单：南京博物院纸质文物保护国家文物局重点科研基地；故宫博物院明清官式建筑保护研究国家文物局重点科研基地；东南大学传统木构建筑营造技艺研究国家文物局重点科研基地；吉林大学体质人类学与分子考古学国家文物局重点科研基地；北京化工大学文物保护领域科技评价研究国家文物局重点科研基地。

【科技成果推广转化】 委托陕西省文物保护研究院承担的“石质文物表面物理清洗技术成果适用性示范研究”。委托上海博物馆举办馆藏文物保存环境监测与调控技术成果推广班，参加人数130余名，了解馆藏文物保存环境监测与调控技术最新成果，推动馆藏珍贵文物预防性保护工作。

贯彻落实第四次全国文化文物援藏工作会议精神，组织6家国家文物局重点科研基地专家，赴西藏自治区进行文物保护科技工作调研，在加强西藏馆藏珍贵文物保护、促进相关技术成果转化、建立科技援藏机制等方面形成专题调研报告。

委托中国博物馆协会、中国文物保护技术协会和西北大学开展文物保护科技优秀青年研究计划，旨在通过创新体制机制、优化政策环境、强化保障措施，推进青年科技骨干成长，培养和造就一批高水平的文物保护科技青年领军骨干、优秀创新团队和创业群体，加强高层次创新型青年科技队伍建设，引领和带动文物保护科技研究的发展，

委托中国文物报社编制“中华文明探源工程对公服务”项目实施方案，由中国文物报社联系相关平面媒体、电视媒体、网络媒体跟进报道中华文明探源工程的最新进展，形式多样，新闻报道、人物专访、深度通讯报道相结合。

【文物保护标准化建设】 开展文物保护标准体系框架研究。组织开展文物保护标准体系框架构建的研究工作。该课题通过对文物保护标准化工作的现状和问题进行系统梳理，与国际文化遗产保护标准构成情况进行比较研究，针对行业特点提出构建标准体系框架的方法与原则，分别提出截至2015年和2020年的中长期标准制修订计划建议。

加强标准制修订工作。完成《可移动文物病害评估技术规程 陶质文物》《古代陶瓷科技信息提取规范》等15项标准的审核、审查工作。完成《古代木构建筑保护工程施工工序记录规范》《博物馆突发事件应急预案编制规范》等13项行业标准的立项。完成拟向国家标准化管理委员会申报的《文物进出境标识使用规范》《古陶瓷化学组成无损检测EDXRF分析技术规范》等7项国家标准的咨询初审工作。支持开展地方标准、单位标准的制定工作，共收到28项单位标准、6项地方标准申报书。

完善组织机构布局。与工业和信息化部、中国博物馆协会藏品保护专业委员会、山西省文物局协商一致，着手申报筹建“文物保护基础设施（装备）装备分技术委员会”、“馆藏文物标准化分技术委员会”和“山西省文物保护标准化技术委员会”。推动筹建文化遗产保护国际标准化组织，推动与国家标准化管理委员会协商建立联合工作机制，向国际标准化组织申请成立文化遗产保护技术委员会，成立申报工作筹备机构。

推动标准的宣传推广与执行，委托陕西省考古研究院、河南省古代建筑保护研究所对《馆藏金属文物保护修复方案编写规范》《古建筑保护工程施工监理规范》等5项标准宣传贯彻工作，进行标准化知识以及上述标准的理论、技术和操作培训。

【信息化建设】 开展科研项目管理信息系统升级项目，科研课题、指南针计划项目、标准制修订项目的管理工作，实现网上申报、评审、监督、成果信息发布等一站式管理。一般课题网上申报模块投入使用。

文物保护领域物联网发展研讨会暨物联网联盟理事会全体大会，在陕西西安举办第三届文物保护领域应用及发展研讨会。来在全国文博系统、高等院校、科研院所等34家单位近百名代表参加研讨会。与会人员交流互联网技术在文博单位中的示范应用成果，结合文物的保护、展示、管理，就物联网的应用于发展进行讨论。

对外交流与合作

【政府间交流与合作】 7月10日，经国务院批准并授权，在国家主席习近平和尼日利亚总统古德勒克•乔纳森的见证下，文化部副部长、国家文物局局长励小捷与尼日利亚联邦旅游、文化和民族事务指导部部长埃德姆•杜克分别代表两国政府在北京人民大会堂签署中尼《关于防止盗窃、盗掘和非法进出境文化财产的协定》。

8月16日，经国务院批准并授权，励小捷与瑞士联邦委员兼内政部部长阿兰•贝尔塞特分别代表两国政府在北京签署中瑞《关于非法进出境文化财产及其返还的协定》。

9月10日，励小捷会见美国国务院教育与文化事务局文化遗产中心主任玛利亚•库鲁帕斯女士一行，商谈续签《中华人民共和国政府和美利坚合众国政府对旧石器时代到唐末的归类考古材料以及至少250年以上的古迹雕塑和壁上艺术实施进口限制的谅解备忘录》事宜。备忘录修订及顺延有效期工作顺利完成。新文本于2014年1月14日生效，有效期5年。

10月29日，经国务院批准并授权，文化部副部长、国家文物局局长励小捷与塞浦路斯交通与工程部部长塔索斯•米特索普鲁斯分别代表两国政府在尼科西亚签署《中华人民共和国政府和塞浦路斯共和国政府关于防止盗窃、盗掘和非法进出境文化财产的协定》。

【与国际组织的交流与合作】 7月1日，在法国巴黎召开的联合国教科文组织《关于禁止和防止非法进出口文化财产和非法转让其所有权的方法的公约》（简称1970年公约）特别会议上，中国以亚太组别最高票当选1970年公约首届附属委员会委员国，任期两年。

10月，励小捷率团出席在希腊雅典召开的第三届文化财产返还专家国际大会，探讨现有国际公约体系下文化遗产返还的新思路和新做法。会议决定，中国政府承办2014年第四届大会。

11月，《国家文物局与国际文化财产保护与修复研究中心关于合作开展文化遗产保护国际培训的框架协议》签署。

与港澳台的交流与合作

【文物展览】 举办《天朝衣冠——清代宫廷服饰展》、《东江纵队港九独立大队文物展》、《地下的中国——凤翥龙翔考展》、《辛亥革命在广东》、《岭南印记——粤港澳考古成果展》共5项赴香港文物展览；《景德镇官窑博物馆藏珠山明御厂出土成化官窑瓷器展》、《山水清晖——故宫、上博珍藏王鉴、王翚"虞山派"绘画精品展》、《盛唐回忆——洛阳博物馆唐三彩珍品展》、《清心妙契——中国茶艺文物展"的请示》、《岭南印记——粤港澳考古成果展》共5项赴澳门文物展览；《十全乾隆——清高宗的艺术品味展》、《光照大千——丝绸之路的佛教艺术展》、《古韵新风——河南朱仙镇木版年画展》、《溯源与拓展——岭南画派特展》、《天工开物——中国盐史展》、《梁庄王墓文物展》、《永远的孔子——走进衍圣公府展》、《中枢玄览：海峡两岸玄览堂珍籍展》、《丰子恺 "护生画集"真迹展》、《佛国墨影——河南巩义石窟寺拓片展》共10个赴台展览。其中《十全乾隆——清高宗的艺术品味展》、《光照大千——丝绸之路的佛教艺术展》被列入国务院台湾事务办公室2013年对台重点交流项目，获得重点扶持。

【学术交流】 7月22日至23日，海峡两岸及港澳地区建筑遗产再利用研讨会在天津成功举办，国家文物局与台湾沈春池文教基金会、天津市人民政府、香港特区政府发展局、澳门特区政府社会文化司共同主办。该研讨会被列入国台办2013年对台重点交流项目。会议以"分享、交流、发展"为宗旨，集中展示海峡两岸及港澳地区建筑遗产再利用的成果，探讨和交流经验。由大陆、台湾、香港、澳门共同举办文化遗产保护与利用方面的研讨会尚属首次。

8月，国家文物局代表团赴台开展海峡两岸文博专业人员交流互访项目，与台湾文化资产主管部门就两岸文物保护法规的修订情况，及双方在修法中存在的热点、难点问题进行探讨和交流。

11月4日至5日，第五届海峡两岸文化遗产论坛在台南市台湾文化资产保存中心举行，国家文物局与台湾沈春池文教基金会联合主办。该论坛以"考古与遗产地管理"为主题

【人员交流】 11月11日，国家文物局与香港特区政

府发展局、民政事务局、康乐及文化事务署在北京召开2013年度工作组会议。双方就展览交流、专业会议与人员培训、打击非法交易和走私文物等工作进行通报并商谈。

11月27日至30日，应香港民政事务局、康乐及文化事务署、发展局邀请，文化部副部长、国家文物局局长励小捷局长参加香港“内地贵宾访港计划”，并于11月29日出席由香港发展局主办的“文物保育国际研讨会”。

8月5日至11日，由国家文物局主办、陕西省文物交流协会承办的“台湾中华历史文化研习营”在陕西成功举办，邀请台湾中南部历史教师20人参加，包括参观与座谈交流两个部分。

8月，国家文物局委托河南省文物考古研究院邀请台湾大学人类学系师生5人在河南开展为期4周的学术参访活动，增进海峡两岸考古工作者的相互解，加强海峡两岸考古同行特别是青年学人之间的学术交流。

【对外文物保护援助项目】 落实国家主席习近平访问中亚成果，开展乌兹别克斯坦花剌子模州希瓦古城修复保护前期勘测、规划工作；开展与塞浦路斯开展壁画与彩塑的科技保护的前期联络工作；启动援助蒙古国辽代古塔的修复工作；配合文化部开展中共六大会址保护修复前期工作。

中国政府援助柬埔寨吴哥古迹二期茶胶寺保护修复工程进展，开展9个子项共计12个点的维修工作，完成4个子项7个施工点的维修工作。赴柬埔寨检查茶胶寺修复项目进展情况。7月，中国文化遗产研究院与商务部国际经济合作事务局签署援柬二期茶胶寺项目的《第二阶段分年度（2013.3—2014.8）承包合同》以及工作计划。11月30日，应联合国教科文组织吴哥古迹保护与发展国际协调委员会要求，在中国援柬茶胶寺修复项目现场举办研讨会。

【文物进出境展览】 全年主办政府间大型文物展览4项：中国“土耳其文化年”的“安纳托利亚文明：从新石器时代到奥斯曼帝国展”、赴罗马尼亚“华夏瑰宝展”、赴意大利“早期中国——中华文明系列展Ⅰ”和赴摩洛哥“斗品团香——中摩茶文化交流展”。

土耳其来华“安纳托利亚文明：从新石器时代到奥斯曼帝国展”。该展览由国家文物局、土耳其共和国文化旅游部主办，2013年11月18日至2014年2月20日在上海博物馆展出。该展览是2013中国“土耳其文化年”的一项重要内容，系统展现从新石器时代到土耳其-奥斯曼时期5千余年的安纳托利亚文明精粹；是土耳其首次在中国举办文物展览，观众近5万人次。

赴罗马尼亚“华夏瑰宝展”。该展览由国家文物局、罗马尼亚文化部及驻罗马尼亚大使馆合作主办，于2013年4月29日至8月14日在罗马尼亚国家历史博物馆展出。观众逾5万人，创造该馆临展观众人数最高纪录。

赴意大利“早期中国——中华文明系列展Ⅰ”。该展览由国家文物局和意大利文化遗产与活动部主办，于2013年6月20日至2014年3月20日在意大利罗马威尼斯宫国立博物馆展出。

赴摩洛哥“斗品团香——中摩茶文化交流展”。该展览由国家文物局、驻摩洛哥王国大使馆、摩洛哥王国文化部联合主办，于2013年11月25日至2014年9月15日在摩洛哥索维拉的穆罕默德•本•阿卜杜拉先生博物馆展出。

党的建设

【党的群众路线教育实践活动】 根据党中央的统一部署，自2013年7月至2014年1月，国家文物局机关党的群众路线教育实践活动以“照镜子、正衣冠、洗洗澡、治治病”为总要求，以为民务实清廉为主线，以转变作风为核心，查摆和解决形式主义、官僚主义、享乐主义和奢靡之风问题。

局党组主要负责人和党组成员发挥模范带头作用，带头学习，带头征集意见，带头分析问题，带头开展批评和自我批评，带头落实整改措施。教育实践活动过程中，征集各类意见建议527条，召开各类会议51个，印发各类文件200余个，开展7个方面的专项整治工作，制定整改措施47条。

中央第21督导组对局教育实践活动给予高度评价。一是学习教育认真。二是征求意见广泛。三是谈心交心坦率真诚。四是对照检查严肃认真。五是专题民主生活会质量高、效果好。六是整改落实扎实。

【党组中心组学习活动】 全年党组中心组共学习10次，重点学习总书记习近平等中央领导有关党的群众路线教育实践活动讲话精神，以及中央组织工作会议、中央宣传工作会议、全国宣传思想工作会议、党的十八届三中全会、中央经济工作会议和城镇化工作会议等讲话精神。

【学习十八大精神培训班】 5月15日至17日，40名基层党支部书记参加“以十八大精神提升党支部工作”为主题的培训班，提高党支部书记的角色认知，发挥基层党支部的堡垒作用。

【基层党组织建设】 指导中国文物报社党总支按规定程序，进行增补选举。指导局直属单位党组织制定党员发展计划，加强党员发展工作的规范化管理。2013年新发展党员11名，预备党员按期转正5名。利用教育实践活动组织基层党支部书记和广大党员进行对照检查，开展批评与自我批评，抓好整改和提高。开展献爱心活动，向贫困地区捐款16000元。召开援藏援疆和扶贫工作座谈会，激励年轻干部一线、扎根基层。举办党内统计培训班，做好党员有关数据统计上报工作。加强学习型机关、学习型党组织建设，建立局机关学习制度，确定每个季度的最后一个周五为学习日，邀请局领导、文博专家开设专题讲座。

廉政建设

【党风廉政建设精神学习贯彻】 1月，召开2013年党风廉政建设工作会议，系统回顾总结2012年党风廉政建设工作，部署2013年党风廉政建设工作任务，明确要求，细化责任。

【中央八项规定贯彻落实】 制定并印发《中共国家文物局党组落实〈十八届中央政治局关于改进工作作风、密切联系群众的八项规定〉的实施意见》、《关于贯彻厉行勤俭节约反对铺张浪费精神的通知》。抓住元旦、春节、“五一”、中秋、国庆等重要节点开展检查、抽查，明确禁止滥发津补贴，明确禁止用公款为职工购买“购书卡”、公园年票、年节礼物等。

【廉政建设监督监察】 认真落实党员领导干部个人有关事项报告制度、领导干部经济责任审计制度。对局机关干部选拔任用、公开招标、行政审批等重大事项，进行全程监督，确保工作过程的公开、公平、公正。引进第三方进行文物保护工程技术方案预算审核，确保财政资金使用效益。直属机关纪委按照程序和规定对群众来信来访进行调查核实。

【会员卡专项清退活动】 在纪检监察系统开展会员卡专项清退活动，国家文物局纪检监察干部做到“零持有、零报告”。

人才队伍建设

【文博人才队伍培训】 2013年全年完成36个培训班，培训文物系统管理人员和专业技术人员2700余人。完成全国县级文物行政部门负责人培训班第11期至16期，培训学员680人；委托中国文化遗产研究院举办纺织品文物保护修复技术培训、馆藏纸质文物保护修复培训、石质文物保护修复培训、现代分析技术在文物保护中的应用、中德合作皮革文物保护修复技术培训；以高等院校、职业院校为依托，借助高校人才多、学科建设强、教育资源聚集、培训模式成熟的优势，在北京建筑大学举办全国文物保护规划与工程勘察设计培训班，在陕西文物保护专修学院举办古建彩画保护修复培训班；落实中央对口支援新疆工作会议和第三次全国文化文物系统对口支援新疆工作电视电话会议精神，11月在陕西半坡博物馆举办新疆博物馆讲解员培训班；全国博物馆展览策划专题培训班和文化遗产创意产业专题培训班、全国民办博物馆馆长培训班举办。

文物行政执法与安全管理人员培训。举办安徽、重庆、黑龙江、甘肃四省文物行政执法人员片区培训班，培训基层文物行政执法人员654人。组织“文物安全防范综合演练”。国家文物局全年在辽宁、湖南、山东、西藏、新疆、云南、宁夏等7省区举办文物安全管理培训班，培训基层文物安全管理人员767人。

考古人才培训。国家文物局分别在陕西岐山双庵遗址和西安市组织开办田野考古培训班和新任领队岗前培训班，推广《田野考古工作规程》和新的考古、保护技术手段，提高一线人员综合素质和工作水平。国家文物局先后批准吉林大安后套木嘎、山东即墨北阡、甘肃甘谷毛家坪、河南荥阳官庄、福建武夷山竹林坑窑址、安徽固镇南城孜、谷阳城等结合学生实习开展主动性考古发掘项目，并从经费安排、统筹协调等方面给予支持。

【在职人员培训】 完成中组部干部调训工作，选派7位司局级领导干部参加中央党校、国家行政学院、中央组织干部学院培训，选派2位处级领导参加中央国家机关工委党校处级领导培训。选派11名机关和直属单位的司局级领导参加司局级干部选学。

【文博高级职称评审】 9月27日，增补北京鲁迅博物馆研究馆员杨阳为国家文物局文物博物馆高级职称评审委员会委员，任期为2013年9月27日至2015年11月30日。

完成2013年度高级职称评审。中国文化遗产研究院张秋艳获得古建高级工程师职务任职资格；中国文物信息咨询中心滕磊、中国文化遗产研究院乔云飞、王元林、北京鲁迅博物馆何洪、葛涛、天津博物馆黄克力、天津市文物管理中心施俊获得研究馆员职务任职资格；中国文物信息咨询中心彭蕾、北京新文化运动纪念馆田丹获得副研究馆员职务任职资格；文物出版社陈峰、张晓曦、刘婕、李东、陈婧、冯冬梅、王哲、张晓悟，中国文物报社文冰、文丹、李耀申获得副编审职务任职资格。

【职业分类大典修订】 4月1日，经国家职业大典修订工作专家委员会评审，文物修复师、考古探掘师职业获得原则通过。

12月10日，考古专业人员、馆藏文物保护专业人员、文物藏品管理专业人员职业获得原则通过。

【2012年度政府特殊津贴】 根据人力资源和社会保障部《关于公布2012年享受政府特殊津贴人员名单的通知》（人社部函〔2013〕31号文件），中国文化遗产研究院詹长法、乔梁，中国文物信息咨询中心常兴照3名同志被批准享受2012年政府特殊津贴。

人事工作

【干部任免】 1月，国家文物局党组任命郭俊英为北京新文化运动纪念馆馆长；任命李让为中国文物报社副总编辑。任命李学良为中国文物报社社长助理；任命王莉为博物馆与社会文物司（科技司）巡视员；任命庆祝为文物保护与考古司（世界文化遗产司）副巡视员；任命尹建明为人事司副巡视员。

3月，免去刘殿林的文物出版社社长助理职务。

4月，任命陈红为办公室（外事联络司）副主任；任命唐炜为文物保护与考古司（世界文化遗产司）副司长。

7月，任命梁刚为中国文物信息咨询中心党总支书记、副主任。

8月，任命赵国顺为北京鲁迅博物馆党委书记；免去杨阳的北京鲁迅博物馆党委书记职务；任命李耀申为中国文物报社社长、党总支书记；免去彭常新的中国文物报社社长、党总支副书记职务；任命温大严为办公室（外事联络司）外事处处长；免去张和清的办公室（外事联络司）副巡视员、外事处处长职务。

9月，同意提名吴东风为北京国文信文物保护有限公司执行董事；提名刘小和为北京国文信文物保护有限公司监事；提名梁刚为北京国文信文物保护有限公司总经理、法定代表人。

11月，任命李游为办公室（外事联络司）主任，免去其机关服务中心（局）主任（局长）、北京文博大厦物业管理公司董事长（法人代表）职务；任命朱晓东为政策法规司司长，免去其办公室（外事联络司）主任职务；免去李耀申的政策法规司司长职务；任命邓超为督察司督察处处长；任命辛泸江为文物保护与考古司（世界文化遗产司）资源管理处处长；任命刘洋为文物保护与考古司（世界文化遗产司）世界遗产处处长；任命郑绍亮为办公室（外事联络司）预算处处长；任命刘大明为督察司安全监管处处长；任命凌明为文物保护与考古司（世界文化遗产司）文物保护处处长；任命张磊为文物保护与考古司（世界文化遗产司）考古处处长；任命郭长虹为博物馆与社会文物司（科技司）博物馆处处长；任命付红领为局直属机关纪委办公室主任。

12月，任命刘铭威为局直属机关党委专职副书记、免去其督察司副司长职务；任命金瑞国为博物馆与社会文物司（科技司）社会文物处处长。

【扶贫工作】 按照《关于做好新一轮中央、国家机关和有关单位定点扶贫工作的通知》（国开办发〔2012〕78号）要求，选派博物馆与社会文物司(科技司)博物馆处副调研员支小勇赴国家文物局扶贫点河南省淮阳县挂职锻炼，任淮阳县人民政府副县长。

【挂职锻炼】 根据中组部《关于选派干部到西部地区、老工业基地和革命老区挂职锻炼的通知》（组通字〔2013〕31号）精神，选派国家文物局办公室（外事联络司）副主任闫亚林赴陕西省挂职锻炼，任西咸新区秦汉新城管委会副主任。选派文物保护与考古司（世界文化遗产司）考古处处长张磊赴江西省挂职锻炼，任宜黄县县委副书记、副县长。

根据中组部和人社部《关于做好第七批援藏干部人才和第二批援青干部选派工作有关问题的通知》（组通字〔2013〕12号）精神，选派中国文化遗产研究院文物修复与培训中心副研究馆员高峰为该局第七批援藏干部，任西藏自治区文物局文博处副处长。

按照《关于选派第九、十批中央和国家机关中青年干部到国家信访局挂职锻炼的通知》（组通字〔2013〕9号），选派政策法规司新闻与宣传处主任科员王汉卫赴国家信访局挂职锻炼。

任命王大民为中国文化遗产研究院（国家文物局水下文化遗产保护中心）院长助理（挂职锻炼一年）；任命王金华为办公室（外事联络司）副主任（挂职锻炼一年）；任命范伊然为政策法规司新闻与宣传处处长（挂职锻炼一年）。

【社团管理】　完成国家文物局主管的17家社会组织2012年年度检查材料的初审工作。中国文物学会增设分支机构历史文化名街专业委员会。

10月28日，中国海外交通史研究会召开会员代表大会，谢必震当选会长。

财务工作

Financial work

中国文化年鉴

Almanac Of Chinese Culture

中国文化年鉴

概 述

2013年，政府工作报告将文化改革发展纳入经济社会发展总体规划，列入各级政府效能和领导干部政绩考核体系；十八届三中全会强调建立健全文化管理体制，构建现代公共文化服务体系，提高文化开放水平，文化在国民经济和社会发展中的地位与作用不断提升，中央及地方各级财政文化投入力度增强；中央“八项规定”、国务院“约法三章”、财政部压缩预算等一系列财务管理上的新规定、新任务，对文化财务工作提出更新、更高的要求。

在部党组的领导下，财务司以总书记习近平系列重要讲话精神和十八大、十八届三中全会精神为指引，发挥“保障、服务、管理、监督”的职能作用，为文化事业建设发展保驾护航，同时以贯彻落实中央“八项规定”为契机，以践行党的群众路线教育实践活动为载体，全面审视自身工作，改进工作作风。先后制定司领导班子整改方案、专项整治方案和制度建设计划，细化到32件具体事项，边查边改，深化整改落实，推进文化财务科学管理体制机制的建立健全。

文化财政投入获得新增长

2013年文化部部门预算与中央补助地方专项首次实现“双突破”，共过40亿元大关。落实全年部门预算45.78亿元，比2012年增加10.31亿元，增幅达29%。落实中央补助地方资金42.8亿元，比2012年增加3.83亿元，增幅近10%。另按财政部统一压缩预算5%的要求，平稳有序完成压减年度预算资金1.54亿元的任务。

部门预算安排方面，支持文化改革发展，争取政策保障和经费投入，为文化转企改制单位做大做强和中直院团实行事业单位企业化管理提供保障。一是落实文化产业发展专项资金1.11亿元，重点支持转制企业和艺术院团，在发展文化产业方面实现新的突破；二是落实国有资本经营预算1.28亿元，解决部属转制文化企业所需资金问题；三是落实中直院团改革发展经费2.07亿元，使8家中直院团经费投入从2.5亿元激增至4.5亿元，增幅超过82%，2013年成为中直院团经费增量最多、增幅最大的一年。

中央补助地方专项资金方面，一是在“三馆一站”免费开放专项资金中，将中部省份参照执行西部政策的地区，比照西部补助标准安排专项资金；二是在免费开放专项资金中新增中西部地区奖励资金，用于对免费开放工作开展较好的省份给予奖励；三是在流动舞台车工程的基础上实施流动图书车工程，为集中连片特困地区县级图书馆每馆配送一辆流动图书车。

财务管理采取新举措

根据中央的要求与部党组的部署，就厉行节约反对浪费、控制“三公经费”支出、规范因公出国经费管理等方面，制定规章制度，规范财务审批流程。印发《文化部办公厅关于加强财务预算管理做好厉行节约反对浪费工作的通知》，围绕强化预算管理与执行、完善国有资产、政府采购和基本建设管理等内容，对机关司局与直属单位提出具体要求；针对控制“三公经费”支出中有关因公出国的管理，配合外联局修订出台《文化部关于规范文化外事工作的若干规定》，明确有关经费审批与核定要求。2013年文化部“三公”经费财政拨款支出决算较2012年减少71万元，较预算节约16%。

加强审计与监督检查工作。开展驻外文化机构财务巡视检查、内部审计轮审、重点项目专项资金检查以及对部属27家直属事业单位的国有资产管理等专项检查，完成5位司局级干部离任经济责任审计工作，加强对资金和资产的监督管理。逐步建立完善中央补助地方专项资金等监管机制，制定出台《中央补助地方美术馆、公共图书馆、文化馆（站）免费开放专项资金管理暂行办法》、《文化部预算执行管理办法》、《驻外文化机构财务巡视检查制度》等相关制度，开展文化部直属单位财务工作综合评价考核指标体系研究，提高财政资金使用效益。

加强文化财务系统队伍建设。根据文化财务系统人员的实际需求，就新出台的相关财务制度、内部控制与内部审计以及统计工作等开展专题培训，2013年培训文化财务系统近千人次，提高财务人员素质，提升文化财务管理水平。

文化统计工作再出新成果

文化统计工作以文化系统统计能力建设工程为依托，以提高统计数据质量为核心，以提高统计服务水平为目标，丰富文化统计产品，为新时期文化发展提供保障。2013年试编完成《文化发展统计公报》，用数据，直观解读文化改革发展的新成就，完善统计分析报告，着眼于影响文化工作全局和长远发展的问题，结合基层调研拓展统计专题研究的深度与广度，起草十多篇高质量分析报告。其中“我国新建剧场的现状问题及对策研究”得到国务院副总理刘延东的批示。

部门政务公开呈现新气象

推行阳光预决算，做好政务公开工作。一方面，在文化部政府网站按时公开年度部门预算、决算和“三公经费”情况，向部系统印发《文化部预算项目及中央补助地方专项资金概要（2013）》与《2012年文化部决算数据简明资料》，增强部内预决算数据的透明度和公信力。另一方面，根据《政府信息公开条例》，针对部分公众的申请，向全社会补充公开文化部2007年至2009年预决算信息，以书面形式向公众反馈故宫博物院2007年至2013年的收支情况。2013年是文化部预决算信息公开力度最大的一年。

推动中直院团实行企业化管理

落实六中全会关于推动“代表民族特色和国家水准的文艺院团等事业单位实行企业化管理”的要求，会同财政部研究提出改革思路与政策建议，起草调研报告，得到中央领导的肯定。在此基础上，争取财政追加安排中直院团改革发展经费2.07亿元，使得八家直属院团的经费增幅超过82%。

通过调研和经费支持，解决中直院团长期存在的离退休人员负担较重等问题，为中直院团基础条件改善提供经费来源，为院团培养中青年艺术人才、引进海内外高端人才、打造国家级人才队伍提供支持，弥补中直院团面临的创作专项经费的不足，增强院团艺术创作的自主性和主动性，鼓励中直院团加大免费开放力度和推动中直院团走出去。第一次对中直院团实行捐赠配比，鼓励中直院团面向社会筹措资金，拓宽资金来源渠道。

完善文化投入模式，成立艺术基金

国家艺术基金于2013年12月30日正式成立，资金主要来自中央财政拨款，依法接受自然人、法人或其他组织的捐赠，重点围绕创作生产、宣传推广、征集收藏和人才培养四大方向进行资助。国家艺术基金的成立，是完善文化投入模式的新探索，也是我国艺术资助评审体制转型的里程碑，体现出文化部门转变职能、创新艺术创作生产的引导方式，对推进艺术治理“管”、“办”分离、激发全社会文化创造力具有意义。

文化部财务司与国务院办公厅、中编办、财政部等有关部门沟通协调，推动国家艺术基金管理机构批准设立，确定国家艺术基金理事会组成人员名单。研究制定有关基金章程、工作制度、财务管理办法及项目管理办法等制度性文件。

加强重点文化工程建设

以“平安故宫”工程的总体方案获得国务院批准同意为标志，近十项大型重点文化工程有序分步地推进策划与实施方案。其中，“平安故宫”工程从火灾、盗窃、基础设施、游客安全等多方面存在的安全隐患着手，进行整体设计，从根本上解决故宫博物院安全面临的突出问题，总体方案获国务院原则同意。中国工艺美术馆、国家美术馆、国家画院扩建和中央歌剧院剧场四项重点工程完成立项批复，规模30万平方米，投资36.88亿元。中央芭蕾舞团业务用房与中国歌剧舞剧院剧场等开始选址与方案策划，国家图书馆“国家文献战略储备库”项目正式启动，对梅兰芳大剧院剧场投资缺口问题完成审计工作。

在中小型设施建设项目中，强调项目法人责任制，强化直属单位的管理责任，依靠市场的力量，利用项目管理、造价咨询、招标代理等专业中介机构，以《工程结算审核和财务决算审计管理实施细则》的发布为标志，规范中小型设施建设项目的管理。

海外文化中心建设

加强和财政部、外交部等部门的协调，落实《海外中国文化中心发展规划》确定的建设任务。尼日利亚中心2013年9月18日揭牌，新加坡、悉尼中心在建，完成塞尔维亚土地回购谈判工作签署回购协议备忘录。厘清海外中国文化中心建设的程序和职责分工，开展丹麦、斯里兰卡、老挝、尼泊尔等中心的选址筹建工作。

规范海外中国文化中心建设的管理和监督，完成莫斯科、马德里和曼谷3个中心的工程结算和财务决算审计；对多家中心开展财务巡查，起草《海外中国文化中心项目支出预算管理办法》，增设文化中心运行保障经费项目预算，完善中心人员、经费、管理等相关的配套政策和机制，解决制约中心建设工作中的突出矛盾和问题。

2013年，中编办批准成立海外文化设施建设管理中心，增强海外基建工作的力量。

基层公共文化设施建设管理使用调研

通过问卷调查、会议研讨、实地考察等形式，点面结合，解各地情况，听取各方意见，形成《基层公共文化设施建设管理使用现状问题和对策研究》调研报告。赵少华在调研后作出重要指示，要求各级文化部门针对当前基层公共文化设施建设、管理与使用方面的主要困难和问题，从硬件和软件两个方面着手开展工作，让百姓真正享受基本文化权益。

研究建立基层公共文化服务体系经费保障机制、中央补助地方专项资金及部本级拨付地方资金的监督管理机制，正式建立《全国地市级公共文化设施建设规划项目季度监测报告制度》，形成对基层公共文化建设工作的经费保障到位、专款专用到位、设施规划落实与监管到位的支持环境。

文化援疆、援藏与文化扶贫、抢险救灾工作

2013年，对口支援工作按照中央的统一部署，参与区域调研和政策研究，加强援助机制建设，通过监测衔接和资源整合，为地方争取文化建设政策、项目和资金，实现文化建设与经济社会建设协调发展，推动受援地区与全国同步实现全面建成小康社会。

在对口支援新疆西藏文化建设方面，成功召开第三次全国文化文物系统对口支援新疆工作电视电话会议，在20个省区市设立50多个分会场，数百人参加会议。建立健全分工协作、监督检查、定期交流、考核评比等工作机制，组织各单位按季度监测、总结、上报工作进展情况，确保各项对口支援工作落到实处。

在支援连片特困地区文化建设方面，针对武陵山区、乌蒙山区等11个连片特困地区和明确实施特殊政策的西藏、四省藏区、新疆南疆三地州等扶贫攻坚主战场，参加政策调研和规划编制等工作，为片区文化建设争取项目和资金。在流动舞台车工程的基础上实施流动图书车工程，为集中连片特困地区县级图书馆配送流动图书车。参与相关扶贫法律法规制定工作。

在地震灾后恢复重建方面，为芦山地震、定西地震各专门划拨100万元资金，用于抗震救灾应急工作。参与制定国家规划，支持开展文化系统恢复重建工作。

2013年，在财政部开展的中央部门预算绩效管理工作考评中，文化部获一等奖；在财政部对中央部门年度决算工作评比中，文化部获二等奖；在国管局开展的中央国家机关行政事业单位国有资产绩效考核中，文化部获前十佳；在国家统计局的评比中，文化统计工作得到通报表扬。

2013年全国公共文化服务设施建设概述

2013年，全国各级文化部门认真贯彻执行中央有关精神，加大对公共文化服务设施建设的投入力度，进取，开拓创新，各项文化设施建设均取得显

著成效。

全国公共文化设施建设

2013年，全国文化(文物)系统基本建设投资项目总数达到2279个，项目计划总投资达938.11亿元，比上年增长27.5%；计划施工面积（建筑面积）1909.70万平方米，比上年增长30.7%；本年完成投资额为118.32亿元，比上年增长11.3%。全国竣工项目850个，竣工面积376.54万平方米。

2013年，全国文化基建项目1498个，项目计划总投资607.81亿元，比上年增长18.9%；计划施工面积（建筑面积）989.65万平方米，与上年基本持平；竣工项目693个，竣工面积162.74万平方米。

2013年，全国文物事业机构新建项目总数为781个（不含文物维修项目），比上年增加338个；项目计划总投资330.30亿元；计划施工面积（建筑面积）920.05万平方米；本年完成投资额为37.74亿元；全年竣工项目157个，竣工面积213.80万平方米。

在文化基建项目中，全国有207个公共图书馆建设项目，占文化基建项目总数的13.8%；计划施工面积184.31万平方米，占文化基建项目总面积的18.6%；国家预算内资金10.50亿元，占文化基建项目国家预算内资金总量的17.4%；本年实际完成投资额11.15亿元，占文化建设项目本年实际完成投资额的13.8%。全年竣工项目48个，竣工项目面积23.65万平方米；全国有668个群众艺术馆、文化馆、乡镇文化站建设项目，占文化基建项目总数的44.6%；计划施工面积94.67万平方米，占文化基建项目计划施工总面积的9.6%；国家预算内资金8.56亿元，占文化基建项目国家投资总数的14.2%；本年完成投资额10.7亿元，占总数的13.3%。全年竣工项目384个，其中文化馆29个，文化站355个，竣工面积38.05万平方米。

在文物基建项目中，有285个博物馆建设项目，占文物基建项目总数的36.5%。计划施工面积264.12万平方米，占文物基建项目总面积的28.7%。国家预算内资金22.40亿元，占文物系统总数的59.4%；本年完成投资额25.96亿元，占文物系统总数的68.8%。2013年，全国共有55个博物馆项目建成，竣工面积31.44万平方米。

基层文化设施建设项目

2013年，各级文化部门对县级图书馆、文化馆和乡镇综合文化站等基层文化设施建设的投入大幅增加。在全国2279个文化（文物）基建项目中，县级和乡镇级基建项目共1703个，占全国文化基建项目总数的74.7%。其中，乡镇综合文化站建设项目共495个。

乡镇综合文化站是我国农村群众文化工作网络的重要组成部分，是党和政府开展农村文化工作的基本阵地，长期以来在活跃农村文化生活，促进农村经济社会协调发展等方面，发挥着重要作用。“十一五”期间，文化部和国家发展改革委联合制定实施《全国“十一五”乡镇综合文化站建设规划》，在全国范围内基本实现“乡乡有文化站”的建设目标。截至2013年底，需要中央补助投资的乡镇综合文化站建设项目23856个基本全部建成。目前，竣工投入使用的乡镇综合文化站，为群众开展丰富多彩的文化活动，对于满足广大农民群众精神文化需求，保障基层群众文化权益起到重要的作用。

地市级公共文化设施

为改善我国城市文化设施，解决地市级文化基础设施薄弱的问题，2012年1月，文化部会同国家发展改革委、国家文物局正式印发《全国地市级公共文化设施建设规划》。根据规划，拟对全国532个纳入项目储备库的地市级文化设施项目进行建设。其中，公共图书馆189个，文化馆221个，博物馆122个。预计总建设规模约为450万平方米，总投资约200亿元，中央投资近70亿元。规划实施完成后，将基本实现全国地市级城市都建有设施达标、布局合理、功能完善的公共图书馆、文化馆和博物馆。

2012年6月，国家发展改革委安排第一笔中央补助资金4亿元，共对全国57个建设项目进行补助；2013年5月，第二笔中央补助资金6亿元也下达，共对全国75个建设项目给予补助。

2013年底，在纳入《规划》的532个地市级公共图书馆、文化馆和博物馆建设项目中，开工建设项目187个，占规划项目总数的35.2%；开工建设项目计划总投资193.64亿元，平均每馆10355万元；开工建设项目累计完成投资72.47亿元，占开工建设项目计划总投资的37.4%；开工建设项目总建筑面积248.11万平方米，平均每馆13268平方米。

国家重点文化设施建设

稳步推进国家重点文化设施建设。完成中央歌剧院剧场工程可行性研究报告批复，总建筑面积39333平方米，总投资49850万元，并启动土方工程施工。对中国工艺美术馆、国家美术馆工程的建筑方案进行优化设计，两大工程均选址奥林匹克公园中心区，总投资分别为17.13亿元、11.4亿元。完成中国国家画院扩建工程项目建议书批复，选址画院东侧院落，总建筑面积33690平方米，总投资45359万元。“平安故宫”工程中，完成地下文物库房和基础设施维修改造一期（试点）两大工程项目建议书批复，总投资分别为2.1亿元、1.23亿元；对故宫博物院北院区项目建设的必要性、规模、方案、投资测算等进行讨论和研究。开展国家图书馆文献战略储备库、中央芭蕾舞团业务用房扩建、中国歌剧舞剧院剧场等国家重点文化设施前期准备工作。

实施海外中国文化中心建设。陆续在澳大利亚、尼日利亚等国家建成海外中国文化中心，至此海外中国文化中心的运行总数达到14个，并以每年5至6个的建设速度稳步推进。按照规划至2020年，将建成覆盖全球的50个海外中国文化中心，成为中华文化对外传播的固定阵地和窗口。

文化人才队伍建设

Cultural Talent Team Construction

概　述

2013年，文化部学习实践党的十八大和十八届三中全会精神，实施“人才兴文”战略，以转变政府职能为契机，以推进重大人才工程为重点，创新工作思路，完善人才评价机制，强化专家服务职能，推动文化人才队伍建设，实现从主要面向文化部系统人才工作向面向全国文化系统人才工作转变，从面向体制内的文化人才工作向面向全社会的文化人才工作转变，从侧重高层次、高技能人才工作到对高端文化人才队伍和基层文化人才队伍建设并重转变，完成各项人才工作任务。

贯彻落实人才规划，推动各项人才工程，推进各类文化人才队伍建设

【贯彻落实人才规划，加强文化人才队伍建设】　根据中央对人才工作的新部署和新要求，文化部贯彻落实《国家中长期人才发展规划纲要（2010-2020年）》及《全国文化系统人才发展规划（2010-2020年）》，围绕建设宏大文化人才队伍，为社会主义文化大发展大繁荣提供人才支撑的中心任务，完善人才培养开发、评价发现、选拔任用、流动配置、激励保障机制，调动各类文化人才的性和创造性。

7月，组织召开文化人才队伍建设座谈会，对照《〈文化部“十二五”时期文化改革发展规划〉重点任务责任分工方案的通知》要求，沟通相关司局任务分工落实情况，对文化人才队伍建设中存在的主要问题、困难进行研讨，明确文化人才队伍建设发展方向，推进《文化部“十二五”时期文化改革发展规划》中文化人才队伍建设的4项重点工程即文化艺术人才队伍建设工程、边远贫困地区、边疆民族地区和革命老区人才支持计划（以下简称“三区计划”）文化工作者专项、全国基层文化队伍培训工作项目和非物质文化遗产项目代表性传承人扶持计划。

【推进各项人才工程建设，搭建人才成长集聚平台】全面推动“三区计划”文化工作者专项实施。根据中组部等10部委《边远贫困地区、边疆民族地区和革命老区人才支持计划实施方案》，制定出台《边远贫困地区、边疆民族地区和革命老区人才支持计划文化工作者专项实施方案》（以下简称《方案》）。1月，组织中西部省（区、市）文化厅（局）和新疆生产建设兵团文化广播电视局人事部门负责召开“三区计划”文化工作者专项实施工作会议，正式启动专项工作，对选派和培养方式、人员来源、工作流程等进行部署。根据《方案》要求和各有关省（区、市）就选派和培养名额的反馈意见，5月上旬以办公厅名义下发《文化部办公厅关于组织开展2013年度边远贫困地区、边疆民族地区和革命老区人才支持计划文化工作者专项工作的通知》，向各省（区、市）下达选派培养工作任务，并督促各地制定本地区工作方案。经与财政部沟通，“三区计划”文化工作者专项经费于9月拨付各有关省（区、市）。11月中、下旬分3个片区召开“三区计划”文化工作者专项片区会议，解各地项目开展情况，交流各地实施经验，研讨项目实施过程中遇到的困难和问题，对2014年工作进行部署，加快专项工作实施进度。

开展专业技术人才知识更新工程。经人社部审批，在中央文化管理干部学院设立国家级专业技术人员继续教育基地，制定国家级专业技术人员继续教育基地2014年培训计划。2013年举办3期面向全国文化系统的专业技术人才知识更新工程高级研修班，分别由中国文化传媒集团、中国动漫集团有限公司、国家图书馆承办，主题为“文化创意产业投融资管理人才创新能力建设”、“全国立体动画影视技术应用与开发”、“数字图书馆可持续发展战略”，培训高级专业技术人才150人左右。

利用国家公派留学计划和留学归国人员资助项目培养支持优秀人才。加强与教育部国家留学基金委沟通协调，选派有发展潜力的优秀学者和中青年艺术家到国外著名院校或机构留学，开展2013年艺术类人才培养特别项目申报推荐工作。开展人社部留学人员科技活动择优资助项目，对留学归国的优秀专业技术人员进行资助。开展2013年度中新总理基金奖学金项目申报工作，选拔优秀人员赴外留学。

落实《全国文化系统人才发展规划（2010-2020年）》中规划的重点人才工程和项目。推进文化产业高层次经营管理人才培养工程。启动《全国演艺企业经营管理人才培训规划》制定和实施工作，对全国约5000名演艺企业经营管理人才分批次进行科学化、系统化培训。2013年，针对大中型演艺企业负责人、专

业团体负责人、管理部门负责人开展培训。研究制定重点文化设施经营管理人才培养计划，旨在培养一批大剧院、艺术中心等高层次文化设施经营管理人才，全面提升文化设施运营的经济社会效益。目前，该计划获文化产业发展专项资金立项支持。在文化部指导下，中国对外文化交流协会与国内外相关机构合作，开展文化管理人才培训计划，2013年首先面向演艺行业开展高级舞台技术与管理人员、演艺创作营销人员培训。

加大优秀青年文化艺术人才支持计划实施力度。开展国家重点京剧院团人才培养与扶持项目。在国家重点京剧院团保护和扶持计划（二期）实施方案中，将人才培养列为重要内容。2013年，向国家重点京剧院团提供人才培养扶持专项资金，培养和造就新一代京剧尖子人才。继续实施“名家传戏——当代昆曲名家收徒传艺工程”。举办“名家传戏——首届当代昆曲名家收徒传艺工程汇报演出”，实施第二届当代昆曲名家收徒传艺工程，扩大工程的实施范围，带动全国昆曲院团继续加大对青年艺术创作人才和表演人才的培养。国家京剧院举办“年轻的朋友来相会”优秀青年演员展演活动，加强青年人才培养，增进演员梯队建设。国家话剧院推出“新人新作计划”，为青年编剧、导演积累艺术经验、展示艺术才智提供机会，激发剧院青年艺术工作者的创作与演出热情。

推动西部地区文化人才支持计划。支持新疆维吾尔自治区文化厅举办2013年新疆维吾尔自治区文化产业人才培训班，给予资金补贴和相关师资支持。支持甘肃省文化厅举办西部动漫产业经营管理人才培训班。在上海举办西藏编导培训班，来自西藏10家艺术院团的25名学员参加培训。

落实非物质文化遗产保护管理和专业人才培养工程，中国艺术研究院举办第四期新疆非物质文化遗产保护定向培训班和太平洋岛国—非物质文化遗产清单制定培训班，提高非物质文化遗产保护工作者的专业能力。

【加强高端人才选拔培养，推进高层次文化人才队伍建设】 做好国家级高层次人才选拔推荐工作。开展2013年“百千万人才工程”国家级人选推荐选拔工作，经人社部等9部门评审，中国艺术研究院黑明入选2013年国家百千万人才工程，并被授予“有突出贡献中青年专家”荣誉称号。开展第十二届中华技能大奖全国技术能手候选人和国家技能人才培育突出贡献候选单位候选个人推荐选拔工作，推荐全国技术能手候选人2人。开展国家各项重大人才工程评委专家推荐工作，向人社部报送中国艺术研究院牛克诚等15人为国家各项重大人才工程评委专家人选。

开展2013年度文化部优秀专家推荐选拔工作。为调动优秀中青年文化人才的性和创造性，激励广大文化工作者创新、多出成果、多出精品，推动文化事业和文化产业的发展，在全国文化系统继续开展文化部优秀专家选拔工作，选拔文化部优秀专家95名，并对往届文化部优秀专家后续发展进行跟踪调查，探索总结人才发展规律，加强专家获选后的扶持、培养和使用力度。

举办2013年中国文化艺术政府奖——文华表演奖评选。文化部完善文华表演奖评奖机制，提高评奖标准，面向全国评选出阮余群等21位德艺双馨、技艺精湛、面向基层、扎根群众的表演艺术家，涵盖京剧、昆曲、黄梅戏、晋剧、婺剧、评剧、柳琴戏等地方戏曲和话剧、舞剧、芭蕾舞、歌剧等文化艺术领域，为全国的艺术工作者树立榜样，激励艺术工作者向他们学习，为艺术事业作出贡献。

【做好文化特殊人才队伍建设调研】 根据中宣部《宣传思想文化系统调研工作方案》和《文化部工作调研方案》要求，针对文化特殊人才工作面临的新形势和亟待解决的重点难点问题，开展文化特殊人才队伍建设调研工作。3月份以来，召开直属单位人才工作负责人座谈会，请各地文化厅（局）提供书面材料，赴广东、上海、青海进行实地调研，就各地文化特殊人才涉及的领域、分布状况、专业特点、成长规律以及现有扶持政策措施进行调研，汇总各地各部门在文化特殊人才队伍建设中遇到的困难及需要重点解决的问题，以及各地实践中的一些有益探索。根据调研情况，结合文化工作实际，形成《文化特殊人才队伍建设调研报告》，提出文化特殊人才的定义、范围和主要特点，文化特殊人才队伍建设存在的主要问题，并提出相关建议。

开拓培训内容，创新培训工作

【贯彻落实培训规划，发挥主体班次示范效应，打造培训品牌】 文化部贯彻落实党的十七届六中全会和十八大提出的关于加强基层文化人才队伍建设的要求，按照中央提出的“大规模培训干部，大幅度提高干部素质”的精神和部党组关于培训工作的总体部署，贯彻落实《2011-2015年全国文化系统干部教育培训规划》。

继续组织实施主体培训班次，打造培训品牌。2013年，举办第六期全国文化艺术管理机构人力资源管理境外培训班、第二十二期全国地市文化局长培训班、第七期全国文化系统青年公务员培训班、第三期全国文化系统企事业单位青年干部培训班、第十二期文化部机关处长任职培训班暨政府职能转变研讨班等主体性品牌培训班。突出主体培训班次主题，丰富创新，形成品牌效应，在学员中引起良好反响。

【加强合作，整合培训资源，扩宽培训渠道】 支持有关省（区、市）开展人才培训工作，2013年，以部省（区、市）联合培训形式共同举办内蒙古自治区文化创意产业人才高级研修班、广西壮族自治区公共文化服务管理与创新专题研讨班、云南省文化产业投融资专题研修班等部省（区）联合培训。在培训经费上提供资金支持，搭建人才培训交流合作平台。

利用其他部委、院校、艺术机构之间的专业优势，加强合作，依托相关院校和机构举办培训。联合财政部，委托清华大学新闻与传播学院举办首届国家数字文化产业高级研修班，研讨移动互联网时代的数字文化产业发展。委托中国传媒大学举办游戏策划方向高级研修班、委托中国玩具和婴童用品协会举办动漫方向高级研修班、委托中国移动手机动漫基地举办新媒体方向高级研修班、委托北京电影学院举办动漫编导方向高级研修班共4期，加强对动漫人才的培养。委托中国传媒大学国家文化创新研究中心举办以“文化科技创新与文化产业发展”为主题的第三期文化创新人才培训班，全国各地50余名文化领域“政产学研”多个层面的一线工作者参加培训。与上海戏剧学院联合举办国际导演大师班培训活动，请德国著名导演和院团管理者授课并举办工作坊。中国歌剧舞剧院与中央戏剧学院签署协议，定向培养专业人才，联合举办歌剧、舞剧班，聘请国际级大师为剧院歌剧团、舞剧团演员上课。中央芭蕾舞团通过“请进来”和“走出去”，多措并举，夯实艺术功底。“请进来”14位专家来团教课、排练或进行艺术创作，为演员提供高端和开阔的国际视野。派出马晓东等优秀芭蕾舞演员参加国外知名剧团客座演出，促进中国芭蕾与世界的交融。

【拓宽培训内容，创新培训模式，扩大培训覆盖面】学习贯彻党的群众路线教育实践活动，举办司局级干部培训班、专职党务干部培训班和下派督导组人员培训班。帮助转企改制演艺企业转型，分3期，举办以“演艺企业发展战略”、“艺术创作与产品推广”、“演艺产品营销”为主题的全国演艺企业经营管理人才培训班。在全国举办4期文化产业投融资培训班，培训人员约300人次，着力培训一批熟练掌握相关金融知识，具备一定资本运作能力的高层次文化企业管理者。举办2期文化市场舆情管理与突发事件应急处置专题培训班、2期网络文化执法培训班、地市级文化市场综合执法队伍主要负责人高级研修班、娱乐演出艺术品市场管理与执法培训班、文化市场创新管理高级研修班等培训，总计培训600余人次。以“全员参与，全员练兵”为要求，从“训、练、比、督”四个方面开展全国文化市场综合执法“练兵比武”活动，编写培训试题4000余道，全国各级培训执法人员8万余人次，提升执法人员基本理论、基本知识、基本技能和专业能力。

【加强培训工作基础建设，推进全国文化干部培训交流合作平台建设】 正式启动全国文化干部培训名师库建设。按照分期分批、分阶段推进的原则，建立一支数量稳定的开放型师资队伍，实现优质师资资源的交流共享和互惠互利。参照中组部有关规定，研究起草《全国文化干部培训名师库建设管理办法（试行）》，并下发通知请各地按照推荐条件推荐师资人选。经统计，各地报送263名师资人选。

启动全国文化干部培训基地建设。在全国遴选一批文化教育培训机构作为全国文化干部培训基地，形成以中央文化管理干部学院为主阵地、以各基地为辅的全国文化干部培训网络，促进优质培训资源整合与利用。制定下发《全国文化干部培训基地建设管理暂行办法》，以文化部办公厅名义印发《文化部办公厅关于开展首批全国文化干部培训基地评选的通知》。在各地上报的12个候选单位中评选出6个全国文化干部培训基地，并举行授牌仪式。

推动全国文化干部培训网络学院建设。对中央文化管理干部学院建立的以远程网络教育培训为主要功能的学知网进行考察，确认其具备全国文化干部远程网络教育培训平台的条件后冠名为全国文化干部网络学院，于11月正式开通。全国文化干部网络学院具有信息发布、在线学习、教学考评、培训管理、课程共享、交流互动等功能，现有近4000多门课程，并丰富更新，是依托互联网建设的全国文化系统从业人员的网络教育培训平台和管理平台，对大规模开展文化队伍培训工作，提高文化干部教育培训教学和管理的信息化水平具有重要意义。

改进和完善文化人才评价机制

修订完善高级职称评审基本条件。组织召开职称工作座谈会，对高级职称评审条件修订完善进行研讨。在结合各有关单位、专家评委对高级职称评审基本条件的意见和建议的基础上，制定音乐、舞蹈、戏剧、戏曲、美术、舞台美术设计、舞台技术、图书资料、文物博物、群众文化等10个专业的高级职称评审条件，完善2009年出台的艺术研究、演出监督、摄影摄像、工程技术、新闻出版等5个专业的职称评审条件，并印制《文化部高级职称评审基本条件汇编》。

做好职称评审工作。对2012年职称评审工作情况进行汇总并报部审批，公布职称评审结果。开展2013年职称评审工作，落实部领导关于职称评审工作的要求，严格执行评审条件，强化对职称评审材料的审核。规范外单位评审要求，对部外单位申报人员严格审核。在评审会议中严格履行评审程序，坚持公正、公平原则，评委对参评人员逐一评议审核，确保评审质量。

加强人才沟通联系

【生活上关心】 年初，为解决部分生活有特殊困难及身患重病的老艺术家、老专家生活困难问题，按照国务院的要求，文化部向742名老艺术家、老专家发放困难补助，发放补助总金额为846万元。补助范围包括文化部直属院团和在京中央部委直属艺术院团老艺术家、老专家。其中文化部系统549人，中国文联、中国广播艺术团、中央民族歌舞团、中国铁路文工团、全总文工团、煤矿文工团等6家单位193人。补助人员绝大多数在65岁以上，年龄最大的98岁。此外，根据人社部安排，对按月享受政府特殊津贴人员情况进行核查，及时将按月享受政府特殊津贴专项资金核拨到各有关单位。根据人社部、财政部《关于给有名望的老艺术家老运动员老教练员发放生活补贴的通知》，向文化部13位有名望的老艺术家发放生活补贴。

【为专家开展学习及研究创作活动做好服务】 根据中组部安排，做好文化部中央联系专家参加2013年国情研修班相关工作，办理国家话剧院李羚参加中国大连高级经理学院2013年第1期两院院士和中央联系专家班有关事宜。根据中组部要求，做好2013年“西部之光”访问学者内蒙古自治区群众艺术馆张项军、云南省迪庆州非物质文化遗产保护中心阿新接收工作，与中国艺术研究院协调，做好导师联系，课程安排和生活工作条件保障等服务工作。根据中宣部安排，做好该部“四个一批”人才田沁鑫开展“创作排演舞台剧《我的千岁寒》”项目、冯英开展“中国版芭蕾舞剧《胡桃夹子》编排展演”项目相关联系服务工作。

【开展各项人才走访慰问活动】 春节前，按照办公厅整体安排，做好部领导慰问王昆、范曾、郭汉城等老艺术家、老专家的相关协调联络工作，为老艺术家、老专家送去慰问金及慰问信。在中国文联、中国作协、北京市文化局及该部有关直属单位推荐的基础上，拟订参加中央办公厅举办的2013年元宵节联欢晚会的文化艺术界专家名单，并承担晚会期间专家的联系服务工作。按照中组部安排，配合中组部做好2013年院士专家新春联谊会、2013年中央团拜会的联系协调服务工作。

【组织专家考察休假，搭建学习交流平台】 7月底到8月初，组织部系统12位在国内同行中有较高知名度的专家赴吉林考察休假。参加考察休假活动的专家均具有高级专业技术职务，涉及艺术研究、文物博物、新闻出版、表演等专业。考察休假为专家提供疗养身心的机会和学术交流的平台，增强他们对吉林省文化艺术发展历史和基层文化发展现状的解，专家们对地方博物馆、文艺院团等文化工作提出建设性意见和建议。

【排忧解难，解决人才后顾之忧】 2013年，文化部累计办理52名干部夫妻两地分居问题，解决干部后顾之忧，稳定直属单位人才队伍。

【加强人才信息化建设，掌握文化人才动态】 健全完善文化部高级专家数据库信息报送和管理制度，扩大专家管理的范围，将各省（区、市）文化系统的高级专家纳入专家数据库收录范围，做好数据更新工作。推动专家管理系统的使用开发，研究下发《关于完善文化部高级专家信息采集管理工作的通知》。

做好人才统计工作。参加全国文化文物统计工作会议，掌握文化人才的现状，与有关部门进行沟通，在全国文化文物统计工作增加文化人才的统计指标，解全国文化系统高级职称、中级职称的人员数量，以掌握文化系统的人才结构。根据国家统计局、国家外国专家局通知，做好该部系统境外来中国大陆工作专家基本情况统计工作。

中国文化年鉴

Almanac Of Chinese Culture

文化党建

Party Building In Cultural Department

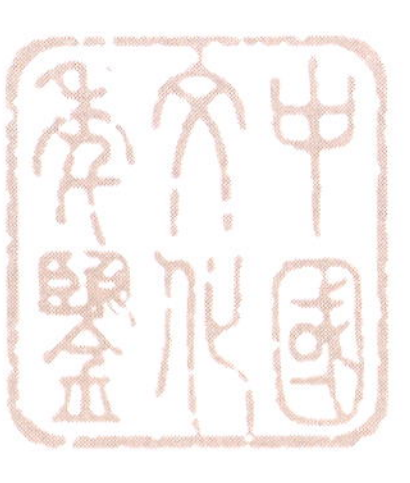

概 述

2013年，文化部直属机关党委坚持围绕中心、服务大局，团结和带领直属机关各级党组织以学习贯彻党的十八大、十八届二中、三中全会和总书记习近平系列重要讲话精神为主线，把握服务中心、建设队伍两大核心任务，建设学习型服务型创新型党组织，提高机关党的建设科学化水平。

开展党的群众路线教育实践活动

【概况】 根据中央统一部署，在中央第21督导组的直接指导下，文化部党组围绕解决在“四风”方面存在的主要问题，根据三个重要环节的不同任务要求，制定活动工作方案，开展党的群众路线教育实践活动。坚持边学边改，即查即改，根据各方面反映的意见和建议，制定整改方案，针对16个方面的问题提出58条整改措施，明确责任分工单位，解决常规性问题，集中力量解决突出问题，及时发现解决新问题，以建章立制为重点，建立长效机制。把思想统一到党的十八大精神上和习近平总书记系列重要讲话精神上来。

【推进学习型服务型创新型党组织建设】 部系统各级党组织以举行报告会、座谈会等多种方式，组织党员干部学习，在中央文化管理干部学院举办2013年新党员培训班，通过党员素质能力培养、分组讨论、考评测试等多种形式对文化部机关及直属单位118名新党员进行为期四天的培训。举办党（纪）办主任培训班，提高各单位党（纪）办主任党性修养和履职能力。加强基层党组织建设，起草《关于加强全国文化系统基层党建工作的意见》和《全国文化系统基层党建评估标准》，征求部分省份文化部门的意见。完成党建在线网站改版，发挥网站、报纸等媒介的作用，宣传各部门各单位的好经验好做法。开展社会组织党建工作情况调研。做好基层党组织换届工作，2013年有2个直属党委、5个直属党支部进行换届选举，2个直属党支部进行更名。

文化系统转变工作作风

【概况】 根据中央八项规定和总书记习近平关于厉行勤俭节约反对铺张浪费重要批示精神，部党组高度重视、部署，召开部系统干部大会，传达学习中央有关文件，提出具体落实要求。研究制定《关于文化系统贯彻落实〈十八届中央政治局关于改进工作作风、密切联系群众的八项规定〉的意见》，下发到全国文化系统。根据中央纪委要求，建立落实中央八项规定精神情况月报制度，每月向中央国家机关纪工委报送文化系统纠正和查处的违反八项规定精神问题总数、处理人数以及每月查结的典型案例。根据部党组指示精神，会同办公厅、监察局专门组成调研小组，采取实地和书面调研形式分别对中国艺术研究院等9个直属单位和内蒙古等5个省（区、市）文化厅（局）贯彻落实八项规定、改进工作作风和加强党风廉政建设情况进行调研，形成专题报告报送中央领导。

开展党建和思想政治理论研究

【概况】 根据部党组关于在文化系统开展大调研的要求，会同中组部组织二局成立调研组，先后赴陕西、广东两省就“文化系统机关党的建设面临的新情况新问题研究”进行调研，形成调研报告。根据中组部要求，对部分直属单位基层服务型党组织建设情况进行调研，撰写《文化事业单位基层服务型党组织建设调研报告》。为推动建立文化系统基层党建评估工作，对教育等系统党建工作及评估体系进行研究，由机关党委牵头撰写的《建立系统基层党建评估制度调研报告》，被评为中央国家机关重点创新项目给予资金资助。参加全国党建研究会、中国思想政治研究会等上级研究会的课题调研，报送论文32篇，有20篇论文获得奖励，其中一等奖1篇，二等奖2篇，机关党委获得中央国家机关党建研究会优秀组织奖，实现获奖等次和数量双突破。

开展反腐倡廉工作

【概况】 加强廉政文化建设，举办“风清月明”文化部廉政屏保征集活动，征集作品106件，将所有参赛作品在文化部一楼大厅展出。落实《党政领导干部选拔任用工作条例》，为调任、新任和转正处级干部签署廉政意见。会同监察局共同派出监察员参与第十届中国艺术节和第十四届文华奖评选的监察工作。会同人事司执行领导干部报告个人有关事项等制度。认真做好信访举报核查工作，对全年收到的各类信访举报均按有关规定进行妥善处理。

开展文化娱乐活动

【概况】 部直属机关工会加大对困难干部职工的帮扶力度，春节期间走访慰问干部职工160多人，发放慰问补助32.7万元。与全国总工会联合下发《国有文化企事业单位职工代表大会实施办法（暂行）》，探索国有文化企事业单位工会开展职工民主管理工作。部直属机关工会以十八大为主题开展系列文体活动，先后组织“向党和人民报告”干部职工摄影展、“学习十八大精神”主题赛诗会、“走中国道路、弘扬中国精神、凝聚中国力量”为主题的春季健步走、第九套广播体操展演、机关干部职工过军事日等活动。举办文化部直属机关工会干部培训班和学习传达工会十六大精神学习班，提高工会干部做好新形势下职工群众工作的能力和水平。组织召开文化部第五次归侨侨眷代表大会和文化部青年联合会第三届委员会第一次全体会议，完成侨联和青联的换届选举工作。部侨联举办“相思情•中国梦”中秋联谊会活动，部妇委会举办“三八”国际劳动妇女节《品•读》专题讲座和心理健康专题讲座等，丰富干部职工业余文化生活。部直属机关团委举办文化部青年艺术家音乐会、文化部五四表彰大会暨“中国梦”国家青年艺术家展演、慰问农民工演出、为少年儿童推荐一本好书活动、文化青年走基层实践活动，以及文化资源共享活动等。组织参加中央国家机关青年篮球赛、划龙舟比赛、摄影比赛、植树等活动，展示文化部系统干部职工的精神风貌。

中国文化年鉴

Almanac Of Chinese Culture

文化反腐倡廉

Culture to combat corruption and build a clean government

概　述

2013年，文化部贯彻落实十八大、十八届三中全会和十八届中央纪委二次全会、国务院第一次廉政工作会议精神，坚持党要管党、从严治党原则，结合文化工作实际，推进反腐倡廉建设。

贯彻落实中央决策部署，推进文化部反腐倡廉工作

贯彻十八届中央纪委二次全会精神，文化部召开2013年党风廉政建设工作会议和全国文化系统纪检组长监察室主任工作会议，传达十八大和十八届中央纪委二次全会精神及总书记习近平的重要讲话和王岐山的工作报告，总结2012年文化部门反腐倡廉工作，对2013年党风廉政建设和反腐败工作进行全面部署。受蔡武委托，杨志今代表部党组讲话，对2013年文化部门党风廉政建设和反腐败工作提出明确要求。会后，驻部纪检组监察局向全国文化系统纪检监察部门下发2013年反腐倡廉工作要点。

贯彻国务院第一次廉政工作会议精神，文化部召开廉政工作会议，传达国务院第一次廉政工作会议精神和总理李克强的重要讲话。杨志今代表部党组出席会议讲话，对文化部门贯彻落实国务院廉政工作会议精神提出明确要求。会后，文化部印发《关于贯彻落实国务院第一次廉政工作会议精神的具体措施》，要求文化部各单位严格按照职责分工，抓好国务院第一次廉政工作会议精神的贯彻落实，强调对工作不落实的单位和领导干部进行责任追究，发现违纪违规行为的要严肃查处。

年内，驻部纪检组监察局对文化部各单位执行党风廉政建设责任制、贯彻落实部党组反腐倡廉部署情况进行监督检查和重点抽查。从检查和抽查情况看，各单位能够按照部党组的要求，重视反腐倡廉工作，措施得力，成效明显，没有发现严重违纪违规行为。

贯彻执行中央“八项规定”，加强作风建设

按照中央“八项规定”的要求，文化部党组先后下发《贯彻落实中央政治局〈关于改进工作作风、密切联系群众的“八项规定”〉的具体措施》等多个文件，要求文化部各单位贯彻执行。4月底至5月初，驻部纪检组监察局会同部办公厅、直属机关党委成立检查组，对中国艺术研究院、国家图书馆等9家直属单位贯彻落实中央八项规定精神、改进工作作风情况进行重点监督检查，形成文化部贯彻中央转变作风八项规定情况的专题报告,向中央纪委进行专题汇报，得到中央纪委领导的肯定。

驻部纪检组监察局先后转发中央纪委《关于严禁公款购买印制寄送贺年卡等物品的通知》和《关于严禁元旦春节期间公款购买赠送烟花爆竹等年货节礼的通知》，会同办公厅下发《关于对公款购买印制寄送贺年卡等物品情况进行监督检查的通知》，要求文化部各单位进行自查自纠，保证中央八项规定落到实处。驻部纪检组监察局对外联局、故宫博物院等5个单位进行重点抽查。对来信反映文化部机关干部履行公务过程中涉嫌违反八项规定的问题进行调查核实取证，实事求是地提出处理意见，将调查结果上报中央纪委。至年底，文化部各单位没有发现严重违反中央八项规定的行为。

履行职责，对行使权力进行监督

按照中央纪委的要求，文化部纪检监察部门履行《党章》赋予的监督检查职责，加强对文化部各级领导班子及其成员遵守政治纪律、组织纪律、工作纪律、财经纪律和生活纪律，贯彻执行党的路线方针政策，廉洁自律和正确行使权力的监督。驻部纪检组监察局坚持参加文化部各单位领导班子民主生活会和年终考核，发现问题，及时纠正，通过谈话提醒、函询等方式，增强党员领导干部的政治意识、大局意识、责任意识、廉洁意识，促使党员领导干部做到为民务实清廉。驻部纪检组监察局加强对文化部机关及直属单位干部选拔任用工作的监

督，为选拔任用试用期满转正的132名干部签署廉政意见，预防干部选拔任用方面存在的“带病提拔”、“带病上岗”。对2013年部机关公务员考录和领导干部竞争上岗，第十届艺术节和文艺评审评奖，政府采购和基建工程招投标等43个项目进行监督。

受理群众来信来访，严肃查办违纪违法案件

2013年，驻部纪检组监察局收到信访举报136件次。驻部纪检组监察局坚持有信必办、有案必查，事事有结果，件件有着落，处理信访举报问题，保持惩治腐败的高压态势。初步核实案件线索33件，其中，了结26件，核实未结7件。协助司法机关调查处理4件，协助其他单位调查处理1件。在查办案件过程中，驻部纪检组监察局坚持有法必依，执法必严，违纪违法必究，坚决维护党纪国法的严肃性；另一方面坚持惩前毖后、治病救人，抓早抓小，惩恶扬善，严肃查处腐败行为，保护干部积极性。

调查研究，推进廉政文化建设

上半年，驻部纪检组监察局对国家博物馆、国家图书馆等5家直属单位和山西、内蒙古等7省市自治区文化系统开展廉政文化建设情况进行调研，撰写《文化反腐的成功实践——关于全国文化系统廉政文化建设情况的调研报告》，报送文化部政策法规司，同时抄报中央纪委有关部门，得到肯定。《中国纪检监察报》、《中国监察》杂志分别全文刊载这篇调研报告，取得良好的社会效果。下半年，文化部在长春召开全国文化系统廉政文化建设工作经验交流会议，总结十七大以来全国文化系统廉政文化建设的成绩和经验，分析存在问题及其原因，提出今后的工作思路。会议上同时授予国家博物馆等60家文化单位全国文化系统“廉政文化教育基地”称号。

2013年，文化部开展纪检监察理论研究工作。驻部纪检组监察局举办全国文化系统反腐倡廉理论研究征文活动，得到文化系统纪检监察干部支持和参与，收到84篇理论文章，反映文化系统纪检监察工作最新理论研究成果，准备汇编成册下发文化部门纪检监察干部学习参考，推动文化系统纪检监察理论研究工作开展。

加强纪检监察干部队伍建设，提高政治业务素质

文化部纪检监察队伍按照“打铁还要自身硬”的要求，严格执行学习政治和业务制度，加强学习型纪检监察机关建设；按照中央统一部署，开展群众路线教育实践活动；组织党员干部到西柏坡、白洋淀参观学习，重温“两个务必”，接受革命传统教育；举办全国文化系统纪检监察干部业务培训班，提高干部的履职能力和水平。上半年，按照中央纪委《关于在全国纪检监察系统开展会员卡专项清退活动的通知》的要求，文化部开展纪检监察干部会员卡清退专项工作，机关和直属单位共120位专职纪检监察干部作零持有报告。

贯彻落实中央“八项规定”

【概况】 部党组书记、部长蔡武在部党组会、部务会、工作通气会和其他重要会议上多次对贯彻“八项规定”，制定具体措施，改进作风作出部署；部党组成员率先垂范，各级领导以身作则，各单位密切结合文化工作实际，建立规章制度，细化落实措施，纪检监察部门加强监督检查，推进文化系统作风建设。

【组织学习】 召开部党组理论学习中心组会议及部机关和直属单位处级以上干部大会，学习贯彻中央八项规定。文化部党组结合文化工作实际，采取集体学习、交流研讨、专题辅导等形式，学习党的十八大精神和总书记习近平系列重要讲话，分别请中央纪委和中央党校有关专家作“党的群众路线理论与实践”和“十八大以来反腐倡廉形势与任务”主题辅导报告，强化全心全意为人民服务的宗旨意识。

【建章立制】 年初，文化部党组下发《文化部党组、机关和直属单位贯彻落实中央政治局〈关于改进工作作风、密切联系群众的“八项规定”〉的具体措施》。在此基础上，结合文化工作实际，制定具体落实措施，对节庆论坛展会活动、部机关公务用车、

原部领导办公用房、部公务接待迎来送往、因公出国审批安排等方面，都制定详细规则，开展立查立改工作。对厉行节约、公务接待、因公出国、公务用车、会议活动、公务支出等方面的规章制度，有不符合中央八项规定整治“四风”要求的，进行废止、修订，对容易产生“四风”问题的关键环节，研究设立相关制度加强管理。针对作风建设查找出的突出问题和容易发生的问题，驻部纪检组监察局先后转发中央纪委《关于严禁公款购买印制寄送贺年卡等物品的通知》和《关于严禁元旦春节期间公款购买赠送烟花爆竹等年货节礼的通知》，会同部直属机关党委起草《加强文化部机关作风建设的工作方案》，下发文化部系统贯彻执行。

【开展党的群众路线教育实践活动】 7月至2014年1月，文化部围绕保持党的先进性和纯洁性，按照“照镜子、正衣冠、洗洗澡、治治病”的总要求，以为民务实清廉为主题，以“反对‘四风’、服务群众”为重点，开展党的群众路线教育实践活动。针对花财政钱办豪华晚会的奢靡现象，与中宣部等五部门联合出台《关于制止豪华铺张、提倡节俭办晚会的通知》。针对文山会海、空话套话现象，出台相应措施，大幅减少以文化部名义印发文件简报，召开会议和举办活动。针对享乐主义方面存在的问题，出台贯彻落实八项规定的意见和厉行节约反对浪费的意见，纠正节日期间公款消费和收受礼品等不正之风。针对“三公”经费和日常办公支出问题，严格控制接待经费开支标准。针对预算执行和资金管理不规范的问题，完善财务管理制度，加强内控制度建设，建立健全专项资金使用管理办法。针对文化领域党风廉政建设存在的薄弱环节，根据《中国共产党党员领导干部廉洁从政若干准则》，对照八项“禁止”和52个“不准”逐一排查，堵住用公款报销和支付应由个人负担费用的渠道。

【加强监督检查】 确保中央八项规定有关要求落到实处。4月至5月，驻部纪检组监察局会同文化部办公厅、机关党委专门组成调研小组，到中国艺术研究院、国家图书馆、中国文化传媒集团有限公司、中国歌剧舞剧院、中国儿童艺术剧院、中央歌剧院、中国美术馆、中国国家画院、文化部恭王府管理中心等直属单位调研贯彻落实八项规定精神、改进工作作风情况，督促改进创新工作，建立长效机制，落实责任追究，确保纠正“四风”和加强作风建设常态化、制度化。驻文化部纪检组监察局对各司局、各直属单位厉行节约工作实施和公开情况进行监督检查，对经整改的问题，进行继续跟踪。年底会同办公厅下发《关于对公款购买印制寄送贺年卡等物品情况进行监督检查的通知》，要求文化部各单位高度重视，坚决贯彻，自查自纠。在此基础上，12月，驻部纪检组监察局对外联局、故宫博物院等5个单位进行重点抽查，对中央纪委转来的反映文化部机关干部在履行公务过程中涉嫌违反八项规定的行为调查核实，提出处理意见，将结果上报中央纪委。至年底，文化部门还没有发现违规行为，没有关于违反八项规定精神给予党纪政纪处分和组织处理的事件。

纪检监察干部职工清退会员卡

【概况】 5月31日，文化部纪检监察干部会员卡专项清退活动会议召开，文化部各部门各单位纪委负责人及专职纪检监察干部、驻文化部纪检组监察局和文化部机关纪委全体干部参加会议。秦建业主持会议，亓胜阁宣读中央纪委《关于在全国纪检监察系统开展会员卡清退活动的通知》。李洪峰出席会议讲话，强调要深刻认识会员卡专项清退活动的重要意义，加强组织领导，认真组织清退活动。他要求文化部纪检监察干部职工要按时进行清退，做到“零持有、零报告”，以实际行动维护纪检监察干部忠诚可靠、服务人民、刚正不阿、秉公执纪的良好形象。李洪峰讲话根据中央纪委通知精神，明确清退会员卡的对象和范围，要求严肃开展清退，各单位清退工作6月15日前完成，将清退活动的登记材料报告驻部纪检组监察局。

按照中央纪委《关于在全国纪检监察系统开展会员卡清退活动的通知》要求，文化部纪检监察干部职工清退会员卡对象有三部分人员：①在职各级纪委委员；②驻文化部纪检组监察局和文化部机关纪委工作人员；③文化部设立党委的直属单位的专职纪检监察工作人员。文化部系统121名清退对象均作出零持有报告。

“廉政文化教育基地”评选活动

【概况】 2月，驻文化部纪检组监察局下发通知，关于在廉政文化建设中发挥重要作用的各级文化行政部门管理的图书馆、博物馆、美术馆、文化馆、纪念馆、展览馆、历史遗迹遗址、故居等场馆中推荐一批“廉政文化教育基地”。要求推荐的廉政文化教育基地，能够面向社会组织开展廉政文化活动，有突出的廉政专题展览内容，具有廉政教育价值，得到社会广泛认可。

各省（区、市）文化厅（局）纪检组（纪委）在征求公共文化、文物等部门意见基础上，报经本单位党组（党委）同意，推荐出候选教育基地单位。经过精心评审，驻部纪检组监察局确定决定授予国家博物馆、国家图书馆、首都图书馆等60个廉政文化建设成绩突出、社会影响较大、廉政教育特色鲜明的文化窗口单位“廉政文化教育基地”称号向社会公布名单。8月28日，授牌仪式在长春举办。

中国文化年鉴

Almanac Of Chinese Culture

部属单位概况

Subordinate Unit Profiles

中國文化年鑒

文化部信息中心

概　述

2013年，信息中心全体干部职工齐心协力，克服任务重、人手少、底子薄的困难，学习领会十八大报告精神，贯彻落实党的群众路线教育实践活动，按照稳中求进的原则，开展业务工作，在基础运行维护、电子政务建设、数据业务建设、门户网站建设和信息应用服务等方面取得良好业绩，圆满地完成年初制定的各项任务计划，发挥文化系统信息化建设领头羊的作用。

加强内部建设，提高业务能力，营造工作氛围

开展政治理论学习，践行党的群众路线教育实践活动。开展多层次、广覆盖的学习活动，学习十八大报告，习近平一系列讲话，十八届三中全会有关报告、决定等。中心领导班子按照中央和部党组关于开展党的群众路线教育实践活动的部署和具体要求，学习有关文件、材料，参加专题培训，组织党员干部集体学习，开展谈心活动，围绕“四风”问题广泛征求群众意见，按照“照镜子、正衣冠、洗洗澡、治治病”的要求，分析存在的“四风”问题及根源，召开专题民主生活会，制定、落实整改措施，保证群众路线教育实践活动取得实效。

开展业务学习和专项研究

中心加强制度建设，中心编审委员会、技术委员会发挥作用，用制度保证职工发表意见、参与中心管理的权利，决策过程更加公开透明；继续、细化财务管理、项目管理、公文管理等各项工作规章制度的建设，修订《文化部信息中心信息系统等级保护管理制度》、《信息中心综合业务工作单管理办法》等业务管理规定，使中心日常工作能够规范化、制度化，确保各项工作的稳定性、连续性。

中心有针对性地制订学习计划，集中学习信息安全、网站管理、电子政务、信息资源开发、数据管理与应用等有关知识，为更好地开展业务工作打下坚实的基础。中心承担的国家文化科技提升项目“基于GIS和LBS的公共文化信息服务平台”顺利完成，形成利用信息化技术进行公共文化服务的技术路线和可行性方案。

中心党支部、团支部和工会组织带领中心成员参加素质拓展、走基层、体育比赛等一系列活动，营造团结活泼的和谐氛围，大大增加中心凝聚力。

网站群、专网及数据库建设取得进展

【政府网站建设突破创新，发挥新媒体宣传主导作用】　中心圆满完成文化部政府门户网站第五次改版工作，三个版本的移动门户也同步上线，实现“服务架构明确化、网站设计标准化、展现形式规范化、用户体验人性化”的建设目标，网站整体框架、内容整合和服务能力得到全面提升。2013年，文化部政府门户网站共发布各类政务信息16000余条，新增政府信息公开数据700余条，发布各直属单位展演讲座信息600条，开展会议、活动“网上直播”12场，制作各类宣传视频14个，推出“热点专题”13个，以文字、图片、视频等形式对文化部重要会议、重大文化活动进行全面宣传报道，内容翔实，形式多样，特色鲜明，宣传效果显著提升。

【数据业务工作启动，文化信息基础数据库系统等项目开展】　围绕为文化部系统提供数据服务的工作职责，中心明确“搭建数据仓库、梳理数据资源、形成数据市场”的数据业务定位，选取“文化部政务

信息资源目录体系建设项目”为突破点启动数据业务工作。通过梳理各司局核心业务和政务信息资源，将明确文化部电子政务建设总体需求，掌握文化部各司局建、在建和待建应用系统和数据库的规模、运行管理模式和数据容量等基本情况，通过整合同类应用系统和数据库需求，减少信息系统重复建设，为实现部内政务信息资源交换共享，推进政务信息资源开发和利用打下基础。

【专网建设和视频会议系统升级改造项目取得进展】中心通过文化部综合运维平台建设，实现全国37条专网线路、501台软硬件设备的运行参数配置的统一管理，整体运行情况的全面掌握，规范和完善运维管理流程，大幅提升运维效率。中心开展专网应用推广工作。专网在保证视频会议、网吧监管平台等现有系统带宽需求的，在专网上运行科研项目申报平台、非物质文化遗产项目管理平台等系统，承担国家级非遗项目申报工作中视频申报材料的传输工作，走出专网应用的第一步。另外我们还与国家文物局合作，将视频会议系统服务范围扩展到文物系统，完成国家文物局两个分会场的建设，为全国文物系统提供视频会议服务。

确保机关电子政务系统运行，推进行业网络安全与信息化建设

【加强信息系统安全管理，保障机关电子政务系统运行】　中心完成涉密办公网分级保护建设整改验收工作。共完成网络和计算机维护1800余人次，新增或更换计算机联网工作180余次，新增或变更办公网用户及权限150人次。维修电话故障600余次，更换线路1500余米，装机、移机130余次，包括更换电话机100余部，办理电话业务、开通长途、调整号码130余次。排除卫星电视系统故障5次，电视终端维护60余次，更换线路200余米，为部机关播放闭路电视5次。2013年视频会议系统共使用71次，其中配合业务司局使用309大屏66次；召开全国性视频会议5次。2013年10月21日召开的第三次全国文化文物系统对口支援新疆工作电视电话会议，首次将视频会议系统连接到新疆12个建设兵团师级单位、13个地市及67个县，为我部节省大量会议经费。开展重大时期安全保障和安全应急工作，两会、国庆等重要时期对部机关、直属单位和地方文化厅局共计62个网站开展远程安全扫描工作，及时发现和处理有关安全事件。

【做好搬迁工作，保障办公运行】　中心负责文化部信息系统搬迁和友谊宾馆临时机房改造工程，克服机房面积不够、布线系统落后、设备老旧、机器故障等多种困难，最终按时保质保量完成各类设备的搬迁封存工作，以及新办公场所的通信、机房、网络和业务系统的恢复重建工作。共完成友谊宾馆办公场所320个网络电话设备、320个网络交换机设备、700部话机、400台外网计算机的连线和配置工作。完成视频会议系统、网吧监管平台的85台设备的搬迁、43台设备的封存工作。

【发挥信息化工作领导小组办公室职能，促进行业信息化发展】　按照部党组要求，信息化工作领导小组办公室起草《文化部信息化发展纲要》，以文化部文件形式印发。《纲要》的印发对完善文化信息化行政管理体制和业务发展机制，搭建网络畅通、管理有序、运行高效、保障有力的文化信息化运行体系将会起到有力的推动作用。赴财政部信息中心、民政部信息中心、商务部中国国际电子商务中心等多家单位以及地方文化厅局和部直属单位进行调研，与国家发改委、财政部、公安部、国家互联网信息办公室等单位交流信息化发展思路。在广泛调研的基础上，撰写报送《创新文化工作理念，推进文化信息化发展》的调研报告。发挥专业优势，为河南、湖北、云南、新疆等省、区、市文化厅局提供信息化工作的咨询和帮助，协助文化部恭王府管理中心、中国美术馆开展网站及应用系统建设。

中国艺术研究院

概　述

2013年，中国艺术研究院（简称研究院）在文化部党组的领导下，在财政部、教育部、科技部等相关部委和文化部各有关司局的支持指导下，学习贯彻党的十八大会议精神，以艺术科研为中心，以人才建设为基础，深化改革，强化管理，在推出创新性理论成果和艺术精品、培养高级艺术人才等方面取得显著成绩，完善艺术科研、艺术创作、艺术教育三足鼎立的发展格局。

【开展实施党的群众路线教育实践活动】 院党委按照中央和文化部统一部署，结合实际，创新方式方法，丰富活动载体，有步骤地抓好学习教育、听取意见，查摆问题、开展批评，整改落实、建章立制等环节的工作。党委专题座谈学习党的十八大会议精神，贯彻落实中央政治局《关于改进工作作风、密切联系群众的“八项规定”》。成立院党的群众路线教育实践活动领导小组及其办公室。召开全院动员大会。组织多种形式的征求意见会议，广泛听取党员、群众的意见。副局级部门开展集中讨论会，召开专题民主生活会，进行批评和自我批评。对照八项规定要求，和查摆出的突出问题，制定整改方案，加强研究院制度建设。

配合群众路线教育活动，研究院召开在职党员干部和群众代表座谈会、离退休党支部委员座谈会等，传达学习全国宣传思想工作会议精神，明确新形势下宣传思想工作的方向目标、重点任务和基本遵循。

【推进艺术科研发展】 2013年，研究院获批国家社会科学基金艺术学重大项目1项、国家社会科学基金艺术学重点项目1项、国家社会科学基金艺术学一般项目3项、国家社会科学基金艺术学青年项目3项、2013年度文化部文化艺术科学研究项目1项。制订和评审中国艺术研究院2013年指定招标课题，有14项课题获准立项。这些课题既包括具有原创性、开拓性和学术思想价值较高的基础研究，又包括具有现实性、针对性和较强决策参考价值的应用研究。

主办和参与多项学术研讨会和国内外文化交流活动：主办“第二届中华艺文奖”、2013年度“中国青年艺术家提名奖”颁奖典礼和学术研讨会，名家风范大成之道——腾讯互动娱乐艺术高峰论坛等。研究院还主办《斯坦尼斯拉夫斯基全集》出版首发式暨学术研讨会、纪念葛一虹诞辰100周年暨《葛一虹文集》出版研讨会、《世界电影鉴赏辞典》出版暨学术研讨会，主办常德“鼓书”进京学术观摩展演及传承发展学术研讨会等系列活动，开展“惠新讲坛”、“王朝闻学术讲坛”、“影视大讲堂”等各类学术、艺术讲座，与北京大学共同主办“科学与文学的对话”活动，与北京横山书院联合举办“文化中国——多闻多思学术公益讲座”，在“青年文艺论坛”基础上举办第一届全国青年文艺论坛等，促进研究院文化艺术科研的繁荣，推动青年学术力量的成长。

艺术教育实现数量扩大到质量优先转变

【概况】 中国艺术研究院是国务院首批公布的博士、硕士学位授予单位，也是国务院学位委员会批准的艺术学一级学科授权单位。2013年，研究院把艺术教育的主要精力放到人才培养的质量上，在研究生教育规模扩大的基础上实现数量扩大到质量优先的转变。如调整专业和课程设置，使之更有利于出人才、有利于就业；调整、完善考试科目和招生目录；开设“与大师面对面”、“名师讲座”等高端学术讲座和艺术专题讲座；完善奖学金、助学金评定规定，减轻学生负担；改善研究生教学条件；改进研究生导师遴选办法；开门纳贤办学，聘请多位院外专家担任研究生导师，其中包括具有理论造诣的中国工艺美术大师、“非遗”国家级传承人，教学中将师徒相传的传统教育方式纳入艺术硕士研究生教育实践；聘请15位故宫博物院专家联合招收“书画鉴定与文物保护”方向研究生，使艺术教育更加贴近实际。举行与河北传媒学院合作培养博士研究生的签约仪式，这是我国民办高校首次获得博士研究生的培养项目，对民办教育高层次人才的培养具开拓性意义。

壮大艺术创作力量

【概况】 2013年，研究院通过开拓新领域壮大艺术创作力量，促进艺术创作、艺术科研和艺术教育的全面发展。如新设范曾文苑，艺术创作研究中心更名为艺术创作院，建成中国（广西）篆刻艺术馆，启用中国艺术研究院中国画院无锡创作研究基地等。举办“2013•博物馆文物保护与管理”培训班及“全国中青年工艺美术理论家研修班”等，壮大青年专业艺术创作人才队伍力量。

研究院通过举办一系列高质量的展览活动和学术研讨，推出一批具有广泛社会影响的作品，如举办广西（中国）首届篆刻艺术展，“丹青太湖”中国画院名家作品展，文化中国——百名书画家邀请展，同源•异构——当代青年书画邀请展，“丹青高密”第二届中国画名家精品展，《中国工艺美术大师全集•徐秀棠卷》首发式暨徐秀棠紫砂精品展、艺术研讨会，《中国工艺美术大师全集•高公博卷》首发式暨高公博黄杨木雕精品展、艺术研讨会，承办“高岭杯国际陶瓷艺术展”等。

中国篆刻艺术院、艺术创作院、中国画院、中国书法院广纳人才，分别举行特聘研究员聘任仪式，创造条件使艺术创作人才获得广阔的发展空间。

非物质文化遗产保护工作

【概况】 2013年，研究院参与举办“成都国际非物质文化遗产大会”，成果文件《成都展望》为全球“非遗”保护事业的发展方向提供纲领性指导；与文化部非遗司共同承办“纪念《保护非物质文化遗产公约》颁布十周年论坛——《公约》精神与中国的保护实践”活动；首批命名设立4个“国家级非物质文化遗产保护研究基地”；举办“传统节日文化论坛”；与上海朵云轩（集团）签订“共同建设中国非物质文化遗产上海展示中心战略合作协议”，搭建国家级传统技艺和传统美术类非物质文化遗产的展示、推广平台；开设新疆非物质文化遗产保护定向培训班（第四期）；成立“中国艺术研究院文化援疆科研基地”；举行“第二届中华非物质文化遗产传承人薪传奖”颁奖仪式；举行“中国艺术研究院•中国非物质文化遗产保护中心、延庆县人民政府战略合作框架协议签字仪式”；举办“春节文化摄影（视频）优秀作品展”；举办2013“BMW中国文化之旅”；举办“太平洋岛国——非物质文化遗产清单制定培训班”，加强认定非物质文化遗产的能力。中国珠算列入联合国教科文组织“人类非物质文化遗产代表作名录”后，主办“中国珠算入选联合国教科文组织‘人类非物质文化遗产代表作名录’保护工作座谈会”等。

整合出版期刊单位资源，筹建“中国艺术传播集团公司”

【概况】 研究院拥有1家出版社、16家公开出版物和1种内刊，包括文化艺术出版社，《戏曲研究》、《文艺研究》、《文艺理论与批评》、《美术观察》、《红楼梦学刊》、《中国音乐学》、《中华文化画报》、《中国摄影家》、《传记文学》、《中国文化》、《艺术评论》和《中国非物质文化遗产》等学术文化期刊。

2013年，研究院出版机构和各类期刊坚持正确舆论导向，遵守党和国家出版方针、政策、法律、法规要求，严把政治关和内容关，坚守学术品格，坚持把社会效益放在首位，实现社会效益和经济效益的有机统一。研究院推进文化体制改革，针对院属非时政类期刊情况制订改制方案，整合研究院出版、期刊单位优势资源，筹建“中国艺术传播集团公司”。文化艺术出版社入选国家社科基金后期资助项目推荐出版单位。

公共文化服务体系建设

【概况】 2013年，研究院响应国家及文化部要求，参与公共文化服务体系建设。研究院为14个志愿单位之一参与“大地情深”——国家艺术院团（馆）志愿服务走基层活动。在全国文化志愿服务工作现场经验交流会上，研究院被文化部评为全国文化志愿服务工作优秀单位，研究院报送的“文艺知识大讲堂”项目被评为“文化志愿者基层服务年”示范项目。研究院还参与“中国梦”网上系列座谈会——“文化艺术界专家学者畅谈中国梦”，为繁荣发展社会主义先进文化，构建和谐社会发挥作用。

对外文化交流和学术交流

【概况】　研究院作为全国唯一一家集艺术科研、艺术教育、艺术创作为一体的大型综合性学术机构，重视与国外、港澳台的学术联系和文化交流，在坚持民族文化的自主性和独特性前提下，以开放的姿态展开不同文化间的平等对话，促进国际间学术研究的发展和文化艺术的传播，打造文化交流品牌和活动平台。重大活动包括举办第五届中欧文化对话、第二届亚洲文化论坛、第六届世界儒学大会、第二届中国国家文化安全学术研讨会、参与举办第四届两岸汉字艺术节等。文化与学术“走出去”包括派学术考察团分别于7月和9月出访俄罗斯和美国，与俄罗斯艺术科学院、苏里科夫美术学院、列宾美术学院、哥伦比亚大学艺术学院等就建立高端学术合作机制进行磋商；参与承办由文化部主办的“汉学家与中外文化交流”座谈会等。

国家图书馆

概 述

2013年，是国家图书馆的“发展年”。国家图书馆继续加强文献资源建设，整体提升立法决策服务和读者服务工作水平；推进重点文化工程实施；学习贯彻十八大精神，落实中央“八项规定”。

文献资源建设

【实体文献建设】 2013年缴送中文图书种数同比增长6.9%。外文各语种文献采访工作全面展开，文献采访入藏量较大幅度增长，重点印本文献补藏工作取得较大成果。海外文献征集取得实质性进展，本年度征集到馆老照片1.6万张，东京审判日文证据资料156卷，马尼拉审判、横滨审判缩微胶片93卷，历史视频近30份，订制日本侵华战争罪行档案文件缩微副本2212卷。古籍特藏及地方文献采访入藏量稳步增加，新入藏的《永乐大典》1册、黄河水利档案、钓鱼岛和南海地图等具有极高价值。缩微文献资源建设稳步开展。全年新入藏实体文献125万册（件），馆藏文献总量达3244万册（件）。

【数字资源建设】 制定完善数字资源建设相关规章制度，规范数字资源建设项目管理、验收、发布、保存、统计和知识产权管理的全业务流程，提高数字资源建设管理水平。开展文献数字化，加强网络信息资源采集与保存，推进资源征集，全年新增数字资源61TB，数字资源总量达874.5TB。

【文献编目与揭示】 年内新入藏文献编目和书目数据回溯工作顺利完成。编制中国国家书目，完成中国国家书目门户一期建设。基本完成外文文献回溯编目工作，各语种文献均实现计算机编目。西文图书编目量同比增长32%，俄文、东文小文种图书编目量同比有较大增长。全年各类文献编目加工总量为58.9万种，126万册（件）。数字资源元数据建设稳步推进，文津搜索系统新增元数据约1000万条，元数据总量达2亿条。

立法决策服务

【概况】 为党政军立法决策提供咨询服务1515件。完成全国“两会”服务。策划组织实施“中办数字图书服务平台”项目，实现专业化、数字化、权威性的图书检索、阅览和收藏服务。全面开展馆藏边疆文献调研工作，整理编纂《文献为证——钓鱼岛文献图籍录》举行整理出版座谈会。建立国家图书馆团中央分馆，部委分馆总数达14家。“部级领导干部历史文化讲座”共举办13场，2002年至2013年底累计举办204场，创新讲座模式，开办诗词赏析、书画艺术两个专题研习小组，完成讲座网站建设，提高讲座服务能力。

读者服务工作

【概况】 根据社会公众需求，制定《国家图书馆关于加强精细化管理整体提升服务水平的意见》，推出读者服务系列举措，提升服务精细化水平。将一期维修改造对读者服务工作的影响降到最低，全年到馆读者人数达418.7万人（次），文献流通2773万册（次），网站点击10.4亿次。

【服务新举措】 放宽读者入馆年龄，加大面向未成年人开放力度。总馆北区中外文文献开架阅览区，接待读者年龄由年满16周岁调整为年满13周岁，少年儿童馆接待12周岁（含）以下少年儿童，取消少儿馆入馆年龄下限，所有公共区域面向未成年人全面开放参观。开设“每日课堂”，在国图主页增设读者培训栏目，方便读者解图书馆的服务。全年主动走进38家科研教育企业单位，集体办理读者卡9400张。加强国家图书馆与中国高等教育文献保障系统之间的馆际互借与文献传递服务。

【数字图书馆服务】 优化互联网服务，网络带宽由250兆拓宽至1200兆，简化读者上网手续，拓展远程服务。加强新媒体资源建设，创新服务方式，推出数字图书馆移动阅读平台、国家动漫公共素材库、多媒体展示平台等服务。联合全国66家省市公共图书馆举行“网络书香过大年”活动，启动“网络书香”全国数字阅读推广工作，陆续在全国百家公共图书馆开展，服务全国读者。

【社会教育工作】 全年举办文津讲坛、国图讲坛等高水平公益讲座237场，推进全国公共图书馆讲座联盟建设，举办国图流动讲坛29场。挖掘馆藏，策划举办展览53场，中国记忆项目“年画中的记忆”、“大漆的记忆”、“丝绸的记忆”系列展览，结合古籍善本、非遗作品、传承人技艺演示于一体综合展出，通过对传承人口述采访的文字和影像记录，丰富中国记忆项目专题资源。通过展览，国家图书馆获捐国家级非物质文化遗产项目代表性传承人作品实物52件。首次引入社会力量支持阅读文化项目，加多宝集团捐赠300万元支持第八届“文津图书奖”公益评选，服务全民阅读。开展精品展览的巡展工作，完成全国巡展44场。

【特殊群体服务】 加强未成年读者精细化管理，设置低幼儿童读物阅览区，引导家长陪同儿童合理有效使用图书馆。组织实施弱势儿童知识援助计划及少儿阅读推广进校园活动。开展“2013全国少年儿童阅读年”活动，开通全国少年儿童阅读推广服务平台，编制《温暖童心绘本书目》《家庭亲子阅读指导书目》《全国少年儿童图书馆基本藏书目录2013》，指导少儿阅读。联合中国残联举行“图书馆文化助残系列活动”，开设文津•阳光讲坛，为残疾人创造良好的学习和信息获取环境。

重点文化项目

【数字图书馆建设与服务】 国家数字图书馆工程基本完成工程软硬件平台建设，开展国家验收前的各项准备工作。数字图书馆推广工程取得进展，48家副省级以上图书馆实现虚拟网联通，全国虚拟网连通的省市级图书馆达110余家，除国家图书馆之外，15家省级图书馆开始专网联通建设，覆盖全国的数字图书馆服务网络基本形成。开展推广工程运行管理平台、统一用户管理系统、唯一标识符系统等系列软件平台部署，提升各地数字图书馆的建设和服务水平。首次实现通过中央转移支付经费开展资源建设，拓展数据库共享与服务范围，通过虚拟网共享至30个省100余家图书馆，共享资源达120TB。依托数字图书馆建设成果，与总后勤部共建数字图书馆，开通国家图书馆三沙市分馆，为部队官兵服务。完成塔里木油田数字图书馆一期建设，创新企业服务方式。开展数字图书馆建设全国性专题业务培训9期，1100余人（次）参加培训。

【中华古籍保护计划】 截至2013年，共计四批《国家珍贵古籍名录》和“全国古籍重点保护单位”通过国办审批，11375部古籍入选《国家珍贵古籍名录》，命名166家“全国古籍重点保护单位”。策划举办“古籍普查重要发现暨第四批国家珍贵古籍特展”，增强古籍保护工作影响力。截至年底，有27个省、市及2家中央直属机关单位400余家古籍收藏单位完成古籍普查登记工作。推进与“第一次全国可移动文物普查工作”对接，实现古籍普查数据与文物普查数据共享。开展新疆、西藏古籍保护专项工作。推进“中华珍贵典籍资源库”建设，制定珍贵古籍数字化标准，全国首批27家参建单位有序开展数字化工作。《原国立北平图书馆甲库善本丛书》正式出版，《中华医藏》《中国珍贵典籍史话丛书》《国家珍贵古籍名录》中古籍题跋整理等文献整理出版工作稳步开展。举办全国古籍普查、鉴定、保护等各类培训班11期，培训学员477人（次）。

【民国时期文献保护工作】 开展文献普查，形成联合目录，试点单位上传书目数据近17万条。推进民国时期文献整理出版，与22个单位签订整理出版协议，完成《民国时期经济调查资料汇编》等8个项目的出版工作。完成近5万页的《远东国际军事法庭庭审记录》（全80卷）整理正式出版，作为第一手资料，庭审记录真实、完整再现东京审判全过程，习近平、江泽民、刘云山、刘延东、刘奇葆等领导对该项工作给予肯定。原生性文献保护研究稳步推进，设立民国时期文献库房标准研究项目开展文献脱酸研究。

【一期维修改造工程和国家文献战略储备库立项工

作】 大部分改造区域陆续完成，交付使用，完成国家典籍博物馆、国图艺术中心、综合服务楼等重点区域细化设计，2013年底基本竣工。随着改造工作进展，完成保存本文献、缩微文献、基藏库文献的内部调整，启动天竺周转库文献回迁工作。国家文献战略储备库立项取得进展，李克强、刘云山、张高丽、刘延东等分别作出重要批示，对该项目予以肯定。国家发改委高度重视开展评估，国家图书馆根据评估意见完成项目建议书补充上报工作，并推动项目立项。

国内外交流与合作

【概况】 2013年，推出国内图书馆界第一本综合性研究报告——《中国图书馆事业发展报告2012》（蓝皮书），全面反映我国图书馆事业整体面貌。配合文化部公共文化司开展公共图书馆评估定级工作，牵头修订《第五次全国公共图书馆评估定级系列标准》举办培训班。成功承办2013年中国图书馆年会学术会议部分，推动业界学术研究和交流，在展览会上举办的数字图书馆推广工程体验区、中华古籍保护计划展示体验区得到与会代表肯定。推进援疆、援藏工作，制定对口支援新疆、西藏文化建设工作计划，落实2013年“春雨工程——全国文化志愿者边疆行”国家图书馆有关项目。全国联合编目中心拥有数据用户1965家，成员馆1477家，服务覆盖全国。全国省级公共图书馆决策咨询服务协作平台、全国图书馆信息咨询协作网基本建成，提升为业界服务水平。

在国家主席习近平与巴林国王的共同见证下，文化部部长蔡武与巴林王国教育部大臣分别代表两国国家图书馆签署合作备忘录，开展相关合作。在副总理刘延东见证下，周和平与美国杰斐逊基金会主席签署合作备忘录，落实第三轮中美人文交流高层磋商机制成果。与古巴、秘鲁、加拿大、澳大利亚、新西兰、中国香港等国家和地区的图书馆签署协议，加强双边交流与合作，为今后在中华古籍、民国时期文献的保护与回归等重点领域开展合作打好基础。举办2013亚洲图书馆馆长论坛，与会代表讨论通过《2013亚洲图书馆馆长论坛昆明宣言》，有效推动区域合作。成功举办海外（北美地区）中华古籍保护工作研讨会、中文文献资源共建共享合作会议等。参加第79届国际图联大会、世界数字图书馆会议、亚大地区国家图书馆馆长会议、亚洲文化合作论坛等重要会议。与台北故宫博物院就推动古籍合作出版达成初步意向。

人才培养和科研管理

【加强人才培养】 年内接收应届高校毕业生89人，从劳务派遣员工中招录工作人员18人，接收军转干部2人。遴选进站博士后研究人员2人。完成职称评审，推荐晋升各系列高级职称12人，通过晋升副研究馆员35人，通过晋升或转任各系列中级职称34人。国家图书馆报送的数字图书馆可持续发展项目入选文化部专业技术人才知识更新高级研修班项目。组建外事工作志愿者队伍，对首批49名员工颁发《国家图书馆外事翻译资格证书》。开展“双基”培训，结合服务实际，提升一线服务部门和重点服务岗位人员的服务能力，形成符合国家图书馆服务工作要求的持证上岗制度。

【召开科研工作会议，加强科研管理】 组织各类科研项目选题及项目申报工作，2013年国家图书馆获准国家社科基金项目重点项目立项2项，社科基金后期资助项目1项，文化部科技创新项目2项，文化部科技创新工程1项，博士后面上基金资助项目5项。国家图书馆与文化部公共文化司建立业务协调机制，为公共图书馆法立法、全国公共图书馆“十二五”规划制定等重要工作提供研究支撑，在图书馆政策研究和事业发展研究方面取得一批新成果，为政府和业界制定图书馆事业政策提供重要参考。

党的建设

【开展党的群众路线教育实践活动】 坚持理论中心组学习、“三会一课”等学习制度，分层分类分批开展学习贯彻落实党的十八大精神活动。举办“两会”精神专题报告会，围绕“七一”“十一”等重要节点，开展主题党日活动，增强党组织的凝聚力和战斗力。

上半年开展专题调研，为群众路线教育实践活动顺利开展奠定基础。按照中央和文化部统一部署，做好各环节工作，开展多种形式理论学习，广泛征求馆内外意见建议，聚焦“四风”查摆问题，边学边查边改，召开馆领导班子及各部处领导班子专题民主生活会。推出提升读者服务水平系列新举措；落实中央八项规定，杜绝请客送礼，转变会风文风；在一期维修改造工程中简化装修，修旧利废，大幅节约经费。研究整改对策，确保教育实践活动取得实效。

【党风廉政建设】 结合实际制定《国家图书馆贯彻落实中央政治局〈关于改进工作作风、密切联系群众的“八项规定”〉的实施意见》，作出23条具体规定，改进工作作风、密切联系群众、厉行勤俭节约。通过发放廉政教育资料、组织观看警示教育录像、召开基建工程廉政座谈会等多种方式加强反腐倡廉教育，完善政府采购与工程招投标的监督工作，保障各项经济活动有序推进。国家图书馆被评为全国文化系统“廉政文化教育基地”。

【群团工作】 召开第二届职工代表大会第二次全体会议，保障职工参与重大决策和管理的权益。馆工会荣获“全国教科文卫体系统模范职工之家”、中华全国总工会“会员评议职工之家示范单位”荣誉称号。开展“国图新闻我来拍”新闻摄影比赛等文娱活动，丰富职工生活。加强妇女工作，开展“三八”趣味游艺、优秀女性先进事迹报告会等活动。馆团委组织青年开展多种形式学习研讨。

故宫博物院

概　述

2013年，确保故宫古建筑、文物和观众安全，消除火灾、盗窃、震灾、藏品自然损坏、文物库房、基础设施、观众安全等七重隐患的“平安故宫”工程于4月由国务院批准立项开始实施。工程的七个子项目先后启动，取得阶段性成果。年初和年中，向社会发布、更新《故宫博物院藏品总目》，接受社会监督。实行全年周一下午闭馆（法定节假日、7月和8月除外）；实施国宾车辆不再穿行开放区域的国宾接待新方案、故宫全面禁烟、禁带火种参观、安检社会化、引入社会安保机制等举措，增强故宫的安防能力；提升端门区域观众服务设施。故宫研究院、故宫学院、国际博协国际博物馆培训中心先后成立。两岸故宫院长两次互访，就2013年至2015年合作交流的具体内容进行务实沟通，达成共识。全年接待观众1456万人（次），比去年减少5.08%。门票收入6.9亿元，比去年降低6.43%。

各项工作

【“平安故宫”工程】　自4月16日中央政治局委员、国务院副总理刘延东在故宫博物院西玉河基地主持召开“平安故宫”工程现场办公会，工程七个子项目均有不同程度的进展。

北院区建设，进行征地前期准备，在原有用地上规划建设的宫廷园艺中心开工，其中花房建设工程率先竣工。地库改造工程，9月底获北京市文物局的批准。基础设施改造工程，在继续深化设计的同时，完成约8300平方米的考古勘探工作。世界文化遗产监测项目，文物建筑、环境质量、游客动态、馆藏文物等10个监测方面全面展开。故宫安全防范新系统，继中心控制室竣工后，完成文物藏品全时空技术防范工程方案设计，开展视频监控系统无缝隙加密工程。院藏文物防震项目，完成第一期文物防震评估工作，实施文物藏品防震囊匣和密集柜配置工程。院藏文物抢救性科技修复保护项目，引进非物质文化遗产传承人，建立起宫廷家具文物、车马轿舆与中和韶乐3个文物修复工作室，西河沿文保综合用房工程开工。

【文物保管】　文物管理工作制度化、公开化，丰富馆藏，推进文物的日常科技保护工作，防止藏品自然损毁。

制定《藏品安全操作细则》、《故宫博物院西玉河基地藏品库房管理规定（试行）》。年初和年中，向社会发布、更新《故宫博物院藏品总目》。接受捐赠藏品17件。其中，《元人张达善跋隋人书出师颂卷》的入藏，实现卷、跋的合璧，对《出师颂》的传承和中国早期书法史研究具有重要意义。修复文物200余件，复制近70件，人工临摹15件，制作画套和文物囊匣94件。修复武英殿聚珍版善本书《春秋释例》14册和《嘉兴藏》12册。

【世界文化遗产的完整性保护与古建修缮】　故宫世界文化遗产的完整性保护方面，理论研究与实践传承并重，古建修缮与环境治理并行，开启变“古建筑修缮工程”为“古建筑保护研究”的道路。

《故宫保护总体规划》编制工作全面启动，第一阶段工作基本完成。重点修缮工程开工9项。其中，慈宁花园修缮工程、东华门修缮工程等竣工，午门雁翅楼古建筑群维修工程、上驷院车房复建工程、南大库文物保护管理用房工程开工。另有7项工程准备开工。整治被占用的古建筑、具有严重火患的彩钢房、影响故宫环境协调的花房。完成古建日常零修工程498项。启动清理院内散落石材、闲置的箱子、废弃的展柜等的三清理工作。明清宫廷建筑大事史料长编、中国明清建筑历史图集、清宫内檐装修等科研工作持续进行。故宫官式古建筑营造技艺传承人培训完成，首次技艺操作展示工程——乾清门地面铺墁完工，木作培训班开班并结束课程。

【陈列展览】 以举办临时展览、引进外展、改造原有专馆、开放新的原状陈列丰富院内展览形式，向国内博物馆输出或支援二十余个展览项目。

院内举办展览8个，包括神武门展厅“张伯驹潘素书画展”，午门展厅“印度宫廷的辉煌——英国国立维多利亚与艾伯特博物馆珍藏展”，武英殿“故宫藏历代书画展”（第六、七期），延禧宫“故宫钧窑瓷器展”，延禧宫“清风徐来——故宫藏成扇展”，承乾宫、永和宫青铜器馆，乾清宫西庑“清代万寿庆典展”，景仁宫“孙瀛洲捐献文物精品展”。文渊阁于“五一”对观众开放。

赴境内文博机构举办或参与展览21个，续借展览3个，数量远超上年。支援新疆文化建设，完成援疆项目新疆伊犁将军府展览。西六宫区域相关宫殿窗户更换防砸玻璃工程完成。

【安全保卫与开放管理】 安全保卫与开放管理工作以确保古建筑、藏品、观众的安全为要旨，采取“禁车”“禁烟”“禁火”的“三禁”措施，以周一下午闭馆还文物以喘息时间，以端门区域服务设施总体提升体现博物馆的人文关怀。

4月26日起实行国宾参观午门前下车、国宾车辆不再穿行开放区域的国宾接待新方案。5月18日起实行故宫全面禁烟，由志愿者向观众宣传在参观过程中互相监督、提醒，消除因吸烟带来安全隐患的理念；制定《故宫博物院禁止吸烟规定》，严禁故宫职工在紫禁城内吸烟。7月1日起实行安检社会化，由社会力量担负安检职责，提高安检质量。8月15日起实行禁带火种参观。“十一”前夕引入社会安保机制，负责售票、检票以及参观秩序的维护和观众疏导，治理高价倒卖门票等行为。举办消防培训，开展防雷火演习4次，组织封门演习40次。

1月1日起试行周一下午闭馆（法定节假日、7月和8月除外），4月1日起正式实行全年周一下午闭馆，进行服务设备维修、展览维护、工程施工、古建筑影像数据采集、员工培训等工作。“十一”前夕完成端门区域服务设施总体提升，包括增加售票窗口和安检通道、启用改造后的观众服务中心、新设供1000人休息的座椅、设立故宫商店等措施。“十一”期间，接待观众71.4万人次。10月1日至5日每天提前一小时开放，开启端门区域的30个售票窗口。在观众流量最大的10月2日，350名志愿者为观众提供义务咨询、路线指引、倡导文明等服务，太和门广场及乾清门广场的开阔空间设立3个观众义务咨询站。

【学术与出版】 注重故宫博物院在国内、国际学术地位的提升，建立“两院一中心”向全球文博界培养、输出人才，改变中国在国际相关学术领域缺乏话语权的状况。

7月1日成立国际博协国际博物馆培训中心，这是国际博物馆协会成立之后，首个建在海外的培训中心。该中心完成第一期培训，来自16个国家的学员参与。10月23日成立故宫研究院，下设一室一站四所五中心，是集合故宫专家和国内外学术界热心于故宫学术研究的人才的高端学术研究平台。11月4日成立故宫学院，作为业务培训和教育机构，面向自身、行业、全国、世界开展多层次、多渠道、多形式的博物馆和文化遗产保护培训项目。完成14项国家级、省部级科研课题的申报工作，26个院级科研课题项目获得立项。故宫学建立十年，组织编纂《故宫学研究报告（2013）》《故宫学十年》，总结故宫学十年来走过的历程和取得的成绩。故宫学方面获得3项国家社科基金，1项北京市哲学社会科学规划项目，主办、合办故宫学学术研讨会8个，举办第二届故宫学高校教师讲习班，招收访问学者1名，《故宫学刊》出版第9、10辑。南开大学开始招收故宫学与明清宫廷研究方向的博士研究生，合作院校招收17名故宫学方向硕士研究生，与北京外国语大学合作成立故宫学与西方研究中心。三希讲堂中小学书法教师培训完成第二期。

故宫出版社成书共计191种，其中新书143种，重印书48种。2个出版项目获得国家资助。《米芾书法全集》、《故宫博物院藏品大系·玉器编》获第四届中华优秀出版物奖，《兰亭展示纪实》获得2012年度文化遗产十佳图书，《文物保护理论与方法》、《故宫博物院诉讼案例选编》获得2012年度文化遗产优秀图书。《云会》被评为2013年度中国最美的书。《清宫后妃首饰图典》荣获第四届“三个一百”原创图书出版工程奖。经国家新闻出版广电总局批复，故宫出版社获得音像、电子出版资质。

【数字故宫】 数字技术竭诚为故宫文化传播、为社会大众服务，通过多个数字化传播渠道的开通和完善，增强故宫博物院与大众之间的亲密程度。

故宫官网发布4期虚拟展览。青少版官方网站完成卡通形象设计、故事情节与世界观文案。发布首个iPad应用项目《胤禛美人图》。完成3项虚拟漫游项目及《清明上河图》、《韩熙载夜宴图》的线上多媒体互动展示。故宫官方微信公众账号开通。端门数字展馆拟定“故宫是座博物馆”和“三希合璧”两个数字展览主题并开展展览大纲的策划工作。古代书画研究系统升级、电子导览系统开发工作完成。制作《古陶瓷之美》、《从陶到瓷》视频片DVD光盘。完成《龙在故宫》、《紫禁城里的运动会》两个互动节目的光盘版改造、石鼓馆《天子万年——清代万寿庆典》高清视频片的制作。完成第5部VR作品《灵沼轩》、宁寿宫花园数字记录项目第4期（遂初堂院落）、故宫数字沙盘项目2013版。虚拟现实演播厅共接待231场、5547人（次）。

故宫博物院网站在年度文化部政府网站群绩效评估中获在线服务领先奖。“走进清明上河图”沉浸式数字音画展示项目被北京市政府评为北京市科学技术奖三等奖。《胤禛美人图》iPad应用被App Store评为2013年度精选中国区年度优秀App，香港、台湾地区及新加坡区年度Runner-up App，印度尼西亚及泰国区年度优秀教育类App。

【宣教与服务】　宣教服务延续品牌活动的影响力，将公益活动延伸至京内学校、街道、社区，甚至京外地区，注重惠及特殊人群。文创产品也在征集社会创意的基础上，力图兼顾产品的历史性和实用性、趣味性。

第八届故宫知识课堂活动分1月30日至2月2日、7月26日至8月17日、11月27日至11月30日三阶段举办。第一阶段以皇帝的新年为主题，600余名学生及其家长参与。第二阶段主题为珍宝的故事，319个家庭参与。第三阶段赴贵州省贞丰县纳孔小学开展，共120余人参加。在国际博物馆日、中国文化遗产日、“六一”儿童节举办主题日特别教育活动。组织动手教育活动10场，参与人数达429人。参与汇文中学初二年级以故宫为专题的校本课课程，35名学生参加。讲解接待国内外贵宾团体和免费参观的学生团体，729批，16458人。志愿者177人次参与服务，为观众提供服务8768小时，服务人次达26299人。故宫文化志愿宣讲团赴街道、社区、学校举办活动29场，听众达3028人次。“故宫讲坛”由东城区图书馆移至故宫学院举办。与秦皇岛市人民政府合力推出系列公益讲座——“故宫大讲堂”。

主办紫禁城杯故宫文化产品创意设计大赛，征集作品675件，评出金银铜等奖项。推出200余种故宫特色文化产品。在第六届海峡两岸（厦门）文化产品博览交易会博物馆展区综合评比中荣获一等奖，被文博博览会组委会授予组织最佳展会展示奖银奖。

【对外交流】　对外交流由展览项目交流为主向多种合作项目拓展，两岸故宫在互访中达成合作共识。

举办和参加各类涉外展览共9项，如赴台北故宫博物院“十全乾隆——清高宗的艺术品味特展”，赴英国国立维多利亚与艾伯特博物馆“中国古代绘画名品展”等。

两岸故宫院长在年内完成两次互访，根据2009年达成的“八点共识”，对2013年至2015年两岸故宫交流合作计划逐项进行讨论确认，决定两岸故宫于2013年10月至2014年1月在台北故宫举办“乾隆皇帝的艺术品味特展”，2013年11月在北京故宫举办以乾隆皇帝的艺术品味为主题的两岸故宫第四届学术研讨会，于2015年举办故宫博物院成立90周年系列庆祝活动等。与澳门民政总署签署战略合作意向书。邀请各国驻华官员参加第二届使节进故宫活动。派出赴外出访团组43个。

【建设管理】　博物馆建设与管理围绕党的群众路线教育实践活动的开展、“平安故宫”工程的实施，以及全院各项事业的发展展开。

成立开展党的群众路线教育实践活动领导小组，制订活动方案，分阶段、多形式地推进该项活动。召开党建工作暨纪检工作会议，接受中纪委驻文化部纪检组监察局对故宫博物院廉政情况调研，开展廉政文化专题教育、警示教育。召开统战人士迎春团拜会、“巾帼建功”标兵评选活动。以故宫文物南迁为主题的团员青年自编自演的话剧《海棠依旧》上演5场。故宫博物院团委被文化部团委授予“五四红旗团组织”称号。

《故宫博物院规章制度汇编》于2013年1月出版，发给每一位职工学习。《故宫博物院禁止吸烟规定》也在2013年全面实施，降低火险隐患。

完成2010—2013年度聘期考核、2013—2016年度聘期的全员聘用及签订聘期合同的工作，进行内设机构调整。做好“平安故宫”工程立项首年的预算编报工作，配合财政部评审中心开展相关评审工作。

策划媒体宣传36场，向媒体发布新闻稿30余篇，接待记者专访65批（次），向公众传播故宫博物院工作动态和发展规划，为故宫博物院发展凝聚社会智慧和支持。实现实时监测，处理舆情21次，就热点、敏感、负面话题制定媒体预案，向媒体发布回应失实报道、澄清事实、表明故宫态度，维护故宫形象。

中国国家博物馆

概　述

2013年，在文化部的正确领导和国家文物局的指导下，中国国家博物馆学习贯彻党的十八大和十八届三中全会精神，以总书记习近平参观“复兴之路”基本陈列的讲话精神为指导，按照党的群众路线教育实践活动的要求，坚持“人才立馆、藏品立馆、学术立馆、服务立馆”的办馆方针，以改革创新的精神，加快“世界一流”博物馆建设步伐，推进国家博物馆各项建设。

“中国梦”系列活动

【概况】　2012年底总书记习近平到国家博物馆参观“复兴之路”基本陈列的消息引发各家媒体广泛报道，在全国各地群众中产生强烈反响。之后国家博物馆的观众接待量攀升，出现一个个参观高峰。2013年累计接待参观“复兴之路”基本陈列的观众约550万人次，其中讲解接待团体观众3892批次，讲解时间超过7000小时，发挥国家博物馆弘扬社会主义先进文化的窗口作用、基地作用和示范作用。

6月，国家博物馆向新疆、西藏、雅安灾区以及4个国家贫困县捐赠4000册《复兴之路》基本陈列图录。9月，作为文化部“春雨工程——全国文化志愿者边疆行”示范项目，“牵手文明”图片展赴新疆，受到当地欢迎和好评。10月5日，在香港会展中心举办“复兴之路”大型展览赴香港巡展活动，得到香港各界热烈反响。

国家博物馆以总书记习近平讲话精神为指导，把“中国梦”与国家博物馆的事业发展结合在一起，提出实现“国博梦”的目标。9月2日，在全馆职工中开展“中国梦·国博梦·我的梦”主题演讲活动。11月29日，举行总书记习近平来馆参观“复兴之路”提出实现“中国梦”一周年学习座谈会。

2013年，国家博物馆全力做好服务接待等各项工作，各项业务活动蓬勃开展，全年接待参观观众745余万人次，运行服务得到社会各界的好评。

党的群众路线教育实践活动

【概况】　按照中央和文化部部署，国家博物馆开展党的群众路线教育实践活动。

【按照文化部部署，“规定动作”做到位】　馆领导班子先后组织五次集体学习，学习中央规定的文件材料和总书记习近平一系列重要讲话。带头深入部门联系点，拜访离退休老专家。两次召开馆内职工代表座谈会。征集意见建议583条。开展谈心活动近百人次。馆领导班子成员撰写对照检查材料，进行思想剖析，提出改进措施。

【结合实际，利用资源优势，开展特色的“自选动作”】　7月22日，馆长吕章申带领全馆处级以上领导干部，集体重温“复兴之路”基本陈列，加深对“中国梦”的理解，加深对党的群众路线的认识。向社会观众和馆内职工倡导“参观文明、文明参观”和“勤俭节约、反对浪费”活动，发放3000份调查问卷。

国家博物馆在党的群众路线教育实践活动中，整理编发活动简报84期，周报15期。10月30日，馆领导班子召开专题民主生活会，领导班子及其成员进行对照检查和自我剖析。

贯彻中央八项规定

【概况】　贯彻落实中央精神，国家博物馆采取措施节约运行成本，防止浪费。1月，向各部门下发通知，就改进工作作风，厉行节约作出部署。7月31

日，在全馆职工中倡议“勤俭节约、反对浪费”活动。10月21日，召开专门会议压缩“三公经费”。年底共节约“三公经费”88万元拟上交国家财政。在职工食堂开展“光盘行动”，减少餐饮浪费现象。开展大楼管理节能减耗行动，每天节省电费近2万元，每月节水约30吨。改造票务系统，降低门票制作成本。合理配置人力资源，减少服务外包量。不再发放月饼，不再用财政资金印制挂历、贺卡和笔记本。减少公务出国活动，必要的公务接待用餐原则上在馆内食堂按标准进行，压缩公务用车数量、车辆要求在指定地点维修等。节俭活动取得明显成效，全年节约预算经费近1000万元。

党组织建设

【概况】 2013年，国家博物馆贯彻落实十八大精神，围绕“中国梦”和“国博梦”，以开展党的群众路线教育实践活动为主线，开展创先争优活动，推进新型党组织建设。6月21、24日举办学习党的十八大精神知识竞赛活动。举办“中国梦•国博梦•我的梦”征文讲演系列活动。召开庆祝中国共产党建党92周年暨“七一”表彰大会，开展“两优一先”评比表彰活动。发展中共预备党员16名，转正党员27名，培训入党分子30余名。做好离退休党员的服务工作。开展反腐倡廉教育，加强惩防体系建设。完成内审项目310项。馆团委和工会开展丰富多彩的活动。11月18日，举行馆工会第二次会员代表大会，选举新一届工会委员会。

对外文化交流活动

【概况】 12月2日，国务院总理李克强陪同英国首相戴维•卡梅伦专程来国家博物馆参观展览。4月11日，副总理刘延东出席国家博物馆毛利斗篷借展交接仪式宴请新西兰总理约翰•基。6月28日，刘延东出席国家博物馆举行的圆明园兔首、鼠首入藏仪式。12月29日，刘延东来馆参观“科技梦•中国梦——中国现代科学家主题展”。中宣部部长刘奇葆两次在国家博物馆会见台湾客人，接见基层先进工作者。12月4日，刘奇葆来国家博物馆，与参加“汉学家与中外文化交流”活动的各国汉学家座谈。10月29日、11月5日，蔡武部长在国家博物馆分别会见法国卢浮宫博物馆馆长和列支敦士登公国外交、教育和文化部长。国家博物馆还举办“中国—阿拉伯国家博物馆馆长论坛”等活动。

2013年，先后与英国、法国、意大利、列支敦士登等国家的著名博物馆及收藏机构合作举办“地中海文明——法国卢浮宫博物馆馆藏文物精品展”、“鲁本斯、凡•戴克与佛兰德斯画派——列支敦士登王室珍藏展”等5个大型国际交流展览，在国内外产生巨大反响。国家主席习近平专门发来贺信，祝贺“列支敦士登王室珍藏展”在国家博物馆成功举办，肯定国家博物馆文化软实力的窗口作用。全年共接待外宾来访215批，计2767人，其中副总理级别以上12人次，包括基辛格博士和他信前总理等，向世界展示悠久灿烂的中华文化。5月，国博被英国《泰晤士报》评为世界十佳博物馆。

中华文明历史题材美术创作工程

【概况】 从2011年开始，与中国文联、中国美术家协会合作，共同推进“中华文明历史题材美术创作工程”。这是新中国成立以来国家投入最大（两亿多元），也是集中全国美术家最多的一次美术创作工程。最终完成的150件作品，再现五千年中华民族的重大历史事件、重要人物形象、优秀文明成果和社会历史风貌，它将代表着21世纪初期中国美术创作的最高水准。这些作品，是为国家博物馆量身定做的美术作品，丰富国家博物馆收藏，届时将布置在国家博物馆“艺术长廊”等最显眼的公共空间长期陈列，把国家博物馆装点成“无处不历史、无处不艺术、无处不学术”的宏伟殿堂。9月13日，举办“中华文明历史题材美术创作工程创作草图观摩展”，展出评审入围作品165件，标志着这一国家级重大艺术工程取得实质性进展。

人事制度改革

【概况】 全年调整和新设科室32个，理顺6个部门工作职能。4月和11月，分别进行处级和科级领导岗位

公开选拔竞聘上岗工作，涉及10个处级领导岗位和33个科级岗位。

推进多种形式、灵活多样的内部分配激励机制，稳步提高职工收入，深化职称制度改革，强化参评人员部门的推荐意见。着力加强离退休人员的服务工作，设置老同志活动中心。

馆藏文物普查工作

【概况】 2013年，国家博物馆启动馆藏文物普查工作，成立可移动文物普查工作领导小组和专家委员会，制定馆藏文物普查工作方案，把文物普查作为国家博物馆重要工作之一。两次召开专门会议，讨论馆藏文物普查工作方案对相关工作进行部署。推动藏品管理系统于11月4日正式上线运行，使藏品管理和研究工作上新台阶。年内共征集古代藏品20件，艺术类和近现代历史类实物藏品2633件套、图片135张。

藏品陈列展览和学术研究

【举办37个展览】 挖掘馆藏藏品资源，举办“巨人毛泽东——毛泽东书法与当代名家雕塑绘画展”、“大美木艺——中国明清家具珍品”等5个专题陈列，充实和丰富展陈体系。举办26个包含国内外艺术大家的展览，包括“星云大师一笔字书法——2013中国大陆巡回展”、“李岚清艺术展”、“黄永玉艺术展”、“青春万岁——王蒙文学生涯六十年展”、“陈家泠艺术展”等。

【坚持“学术立馆”的办馆方针】 研究制定出版项目管理办法、职工论文和专著的分类评奖办法，鼓励职工尤其是青年职工多出学术成果。全年出版专著29部，图录13部，论文243篇，开展科研项目27个，获得1项科研奖励、2项专利，创作绘画作品7幅，“国博讲堂”举办13场学术讲座活动，参加各类学术研讨活动100余次。其中，国家博物馆与敦煌研究院共同主持的国家科技支撑项目“文物出土现场保护移动实验室研发”获国家科技进步二等奖。

公众服务和安全保障体系

【概况】 2013年，国家博物馆为各界观众提供讲解服务11000批次，23000余小时。与史家胡同小学签约合作开发《漫步国博——史家课程》项目。先后接待大中小学生3万余人，使国家博物馆成为中小学生综合素质教育，进行优秀传统文化教育和社会主义先进文化教育的基地和社会大课堂。利用影视网络等媒体服务国内外观众。3D人文纪录片《国脉》于5月18日登陆中国3D电视试验频道。5月13日，国家博物馆法德意文网站正式上线，成为国内唯一拥有6种外语版本网站的博物馆。推出微信语音导览服务，受到广大用户的欢迎。12月2日，国家博物馆与国信办合作举办“网络文化名人游国博”活动，邀请40余位网络媒体知名人士参观，以宣传我国文化软实力、正能量，各大网站播发消息，扩大国博的社会影响力。加强安全保障服务工作，一刻都不能放松。安检接待服务745万人次，贵宾勤务服务355次。新开发70余款具有国博特色的文化创意产品。各项服务获得专业机构和社会各界的肯定。

业务（服务）活动开展

【概况】 2013年，国家博物馆进入常态化运行管理模式，为适应这种运行管理的要求，采取多项措施，推进各项基础业务活动，完善财务制度，厉行节约，压缩开支，继续开展文物科技保护和综合考古等工作，推进国博的数字化水平，继续调整经营思路，做好各项服务保障工作等。

中央文化管理干部学院

概　述

2013年，学院紧扣发展主题，不浮躁不懈怠，推进各项工作，取得一定的成绩。

重点工作

【干部培训】　2013年，完成135个培训项目，培训学员9696多名。培训班数量比2012年增长24%，培训人员规模增长39%，学员满意度调查结果显示，师资、教学、管理等优良率达到98%。

加强自主培训和特色培训。重点开展全国文化干部素质能力提升工程专项培训，联合地方厅局举办16期培训班，研究制定十几个学习专题，内容涉及公共文化服务管理与创新、文艺院团管理、文化创意产业、文化活动策划、文化遗产保护等，培训学员涵盖全国30个省市自治区，600余人次，在全国文化系统引起很大反响。

在涉外培训方面，全年举办5个涉外培训班，来自亚、欧、非三大洲的33个国家，共计81名外国文化官员参加培训学习，总学时126天。其中首次为欧洲官员开设专题培训，涉外培训取得新的突破。为拓宽渠道，开阔视野，组织完成全国文化艺术管理人才赴德学习培训班。在对外文化交流方面，继续发挥CIOFF作用，协助各地艺术节引进外国艺术团14个，共224人。

根据中组部加强学员管理、厉行勤俭节约反对铺张浪费的精神，加强学风建设，重新修订《学员管理办法》、《班主任管理办法》、《培训工作流程》，制定《师资管理办法》、《现场教学点管理办法》等相关制度。

【艺术人才培训】　3月，艺术学院成立。明确定位与职能，初步建立全国艺术职业教育师资、艺术专业技术人才、基层文艺骨干、艺术管理与文化产业人才及美术类等五个序列的培养体系，分别开展试点工作，年内举办培训项目20个，培训人数842人。

编制《全国艺术职业教育师资培训规划》及相关方案，增强培训工作的科学性和计划性。

2013年，在音乐、舞蹈、美术、戏曲等12个专业方向完成课程搭建，涵养艺术师资近400人，聘请80多位名誉和客座教授。

艺术学院试行项目负责制，每个成员都有业务发展方向，面向社会和市场，初步形成招生、教务、管理、服务及宣传等工作机制。

【科研咨询】　组织课题申报。2013年申报国家和省部级课题30余项，有8个项目获得立项，其中，2个国家级重大课题。年内出版研究专著和研究论文累计超过15项。

受部政策法规司委托，开展国有文艺院团体制改革扶持政策研究、国有文艺院团体制改革政策支撑体系研究，出版《转制院团改革发展政策解读》等著作；受部公共文化司委托，开展公共文化服务体系制度设计研究课题管理工作，重点完成制度设计课题的开题组织工作、基层文化队伍建设培训全国督导活动，组织完成五期全国公共文化服务各地巡讲和调研活动；受文化产业司委托，承担文化产业人才扶持培养政策机制研究任务；受文化市场司委托，参与《网络文化管理》教材相关内容编写工作。

服务地方和社会文化产业。为北京、山西、新疆等地区开展产业规划咨询。利用学院研究成果服务基层，到边疆和基层开展文化政策和理论宣讲。

【远程教育】　2013年，全国文化干部远程教育培训平台取得突破性进展，全国文化干部网络学院试用工作展开。11月，全国文化干部网络学院正式挂牌成立。

制定《全国文化干部网络学院暂行办法》等管理制度和网上运行机制。建成一个有五大模块20多个门类、总数达5000多个讲座的数据库，其中自行录制的专业类课程经有近400门。年内展开试点培训，积累经验。

【管网改造】　学院管网改造工程全面完成。景观道路、校园绿化、给水、排水等改造工程完成，餐厅改造及新建餐厅等工程顺利完成。学院通过对全院道路、室外设备管线的改造，消除原有安全隐患，功能得到提升，适应现代教育培训的需求，为学院教育培训工作的开展提供发展基础。

【内部建设】 开展党的群众路线教育实践活动。学院领导班子把群众满意与否作为检验活动成效的标准，把落实中央八项规定精神作为切入点，把坚决反对形式主义、官僚主义、享乐主义和奢靡之风四种不良风气，解决群众对学院发展中反映强烈的突出问题作为抓好教育实践活动的重点。执行中央“八项规定”。制定《学院接待工作暂行规定》、《办公用设备配置及办公用房使用管理办法》，对学员管理系列制度进行重新修订，加强学风建设。对学院的接待工作、办公资源使用等方面做出规定。通过多种形式广泛征求意见。通过聚焦“四风”开展谈心，院领导及班子成员针对梳理出的问题撰写对照检查材料，召开民主生活会进行整改落实。

完成党委换届改选工作。院党委高度重视组织建设，5月10日召开学院第五次党员大会，选举产生第五届党委和第五届纪委。各党支部围绕院党委的各项任务和全院的中心工作，开展活动，发挥党支部的战斗堡垒作用。

队伍建设加强。建立随堂听课制度，依托学院培训资源，定期公布讲座题目，供员工按需自主选择听课。举办革命传统教育培训，分别赴河北狼牙山、白洋淀、井冈山进行职工革命传统教育。年内开展《培训理念与技能》、《现代培训方法》等12个专题的学习和交流活动。年内公开竞争上岗选拔中层干部6人。

依托《院报》和学院网站，加强宣传工作。《院报》创刊以来，在文化系统内形成一定的影响力。学院官方网站突出自身特色，提高服务水平，获得2013年度文化部政府网站群绩效评估特色创新奖。

加强对工、青、妇等群团组织的领导和支持，年内召开在院三十周年老职工座谈会和三十五岁以下青年职工座谈会，征求对学院发展的建议和意见。丰富职工业余生活，开展乒乓球赛、摄影比赛等职工文体活动，组织团员青年举办文化沙龙系列活动，凝聚人心，促进和谐校园建设。

【后勤服务】 2013年，后勤服务保障工作有计划、有步骤、有成效地完成各项任务。为4300余人次提供住宿和会务服务、就餐服务、车辆和维修保障等各项后勤服务工作，在学员对后勤服务各项工作的满意度测评中，满意率达到95%以上。

完成所有聘用人员工装的统一更换和补充，制订《工装着装管理规定》，实行着装上岗，重点岗位挂牌服务，实现服务规范化和制度化。重新修订总务处部门和人员职责及各项规章制度，使制度更加科学、合理，具有针对性和可操作性。

【安全保卫】 2013年，学院按照预防为主，安全第一的工作方针，在“两会”和节假日期间，尤其是中华女子学院400余学生入学期间均实行保卫干部24小时上岗值勤制度，完成维稳、安全保卫值班工作。

按照文化部保卫处及辖区公安、消防等部门的要求，完成落实单位消防户籍化管理建档、消防安全情况评估、少数民族信息、流动人员信息、敏感时期安保方案等数据统计上报工作。

做好保安管理工作。为提升保安服务管理水平，重点抓好保安员外表形象及礼貌服务工作，定期对全体保安人员进行一般性规范动作和服务的专题培训。

工作亮点

【国家级专业技术人员继续教育基地平台】 2013年，经人力资源社会保障部批准，学院被设立为国家级专业技术人员继续教育基地。这个平台落户学院，标志着学院专业技术人员培训工作将迈上新的台阶。学院发挥这个平台的作用，全面开展高层次、急需紧缺和骨干文化艺术人才的培养培训工作。

【全国文化干部网络学院平台】 为满足多层次培训需求，学院经过三年多的努力，建成覆盖全国文化干部和人才队伍培训的综合应用服务平台。这个平台的推出，对于推进干部在线学习，在新的历史条件下，贯彻落实中央关于干部培训教育改革纲要精神起到积极作用。

【打造文化科技研究推广平台】 学院依托文化系统行政、政策、人才和市场等资源优势，利用中科院高端的文化科技和研发人才资源，合作开展文化科技研究工作，合作共建4D文化科技现场教学室，为开展文化科技培训提供基础。

【全国基层文化队伍培训基地平台】 负责指导各基地课程设计、师资推荐、效果检查等工作以及年度总结工作。2013年，学院通过与基地合作办训、共同承担课题等方式，加强对基地的指导与纵深合作，在学院的协调、指导下，相关基地培训学员全年总计上千人。

中国文化传媒集团

概　述

2013年是贯彻落实党的十八大精神的开局之年，中国文化传媒集团以党的十八大精神为指引，在文化部党组的正确领导下，围绕年初所制定的各项目标，同心同德，团结奋进，开拓进取，取得令人满意的显著成绩。

文化宣传

【概况】　2013年，集团贯彻落实党的十八大和十八届二中、三中全会精神，围绕学习宣传总书记习近平系列重要讲话精神，完成各项宣传报道任务，在文化领域，发挥思想引领、舆论推动、精神激励和文化支撑的作用。

【重要活动报道】　在报道2013年“两会”时继续采用“报网互动”，全方位、立体式报道，期间，报纸共计刊发稿件45篇，计7.3万字，图片31幅；网站、手机报也相应推出多个专题专屏报道，出色地完成“两会”的宣传报道任务。

年内，配合“中国文化年”“欢乐春节”、深圳文博会、第十届中国艺术节、上海国际艺术节、“文化部服务基层走进西沙”、文化部大调研等文化部重大文化活动，集团所属媒体联动，精心组织，完成各项宣传报道任务。在报道第十届中国艺术节时，集团成立由集团领导带队，报社业务部门、网站、杂志及记者站等部门人员共同参与、总人数达30人的前方报道组和由执行总编牵头、总编室为主、多部门参与的后方编辑组，以全媒体的形式，全面立体呈现“十艺节”的盛况。

针对突发事件和社会热点、焦点问题，集团积极应对，推出一批有时效、有深度的新闻报道、优秀言论及评论员文章。面对四川雅安芦山、甘肃岷县漳县的地震，面对大众质疑的社会问题以及文化界存在的不良风气和现象，集团都能组织相关力量，快速做出反应，通过报纸、网站和手机报，多方面给予关注和报道，还原事实真相。

【基层采访活动】　践行“走转改”，“美丽中国•海疆行”受文化部表彰。

“美丽中国•海疆行”系列采访报道活动于4月启动。这是中国文化报前所未有的一次长时间、大跨度、成规模的主题式一线采访活动。30名记者历时9个月、跨越沿海11个省区市，海防一线及沿海城市、乡村，以文化的独特视角，全面展示沿海地区军民文化建设、文化生活状况。据统计，此次活动共刊发报道70篇，共计10.76万字、135张图片。该活动被列入“文化部服务基层走进西沙”的重要内容之一，被评为2013年“文化志愿者基层服务年”示范项目，集团被评为2013年全国文化志愿服务组织工作优秀单位。

发挥资源优势，组织中央媒体走进华夏文明传承创新区。2013年，集团发挥媒体优势，组织《人民日报》、新华社、中央人民广播电台、中央电视台等10家中央媒体走进甘肃华夏文明传承创新区，先后兰州、酒泉、嘉峪关、敦煌等地，采访报道文物保护、非遗传承、公共文化服务体系建设等华夏文明传承创新区建设中取得的成就以及面临的困难、问题和不足，共计发稿12篇，1.8万字。中央媒体的全面互动式报道，产生广泛的社会影响，为甘肃华夏文明传承创新区建设营造良好的舆论氛围。

坚持群众路线，常规报道更加基层，贴近群众。贯彻落实党的群众路线教育实践活动，集团组织策划各类“贴民生、接地气”的选题和专题，开设“新春走基层，文化惠民生”“美丽乡村”“美丽非遗•浙江行”等专栏，完成系列报道；开设“镜头里的百姓故事”“群文之星”“基层万象”等常规栏目，对常年扎根基层、对群众文化工作有突出贡献的文化工作者和基层文化建设进行报道。

【发挥报刊，网络自媒体作用】

1．创办《美术文化周刊》，打造新品牌

1月6日，《美术文化周刊》创刊，在报社原美术部的基础上成立美术文化周刊编辑部，由每周编发4版改为独立8版周刊；吸引社会资金600万元注册成立中传壹画艺术（北京）有限责任公司，负责市场运营，两块牌子，一套人马，实行公司化运作。

2．发挥网络传播力，推动报网互动

2013年，集团发挥报刊、网络、自媒体在文化传播领域的重要作用，利用全媒体平台，为党和国家大事要事及文化部重点工作营造舆论氛围。加强网络传播力。中国文化传媒网全年完成专题127个，中国文化手机报刊发专刊34期，国家动漫产业网完成改版上线，落实报网互动方案，实现新闻资源“一次采访，多次利用”。

3．统一管理杂志，提升刊物质量

艺术市场杂志社有限责任公司成立以来，对《艺术市场》《艺术教育》《文化月刊》进行统一管理，实现杂志资源的有效整合，三本刊物定位日益清晰和精准，刊物质量和发行稳步上升。

2013年，中国文化传媒集团各项报道精彩，亮点纷呈。经文化部推荐，《中国文化报》入选全国“百强报刊”，中国文化传媒网、国家动漫产业网发挥网络优势，在引导社会热点、培育健康向上的网络舆论生态方面发挥着重要作用；《中国文化手机报》用户体验满意度持续上升；“三刊”总体质量稳步提高。刘承萱获得中国报业经营管理先进个人奖。

报刊质量的提升，报纸发行取得较大突破，新设3个分印点，使中国文化报在全国的印点达到6个，使多个地区实现日报日到。《中国文化报》在2013年报纸发行创历史高点的基础上，再创新高。

集团业务发展合作

【重大项目取得新突破、新进展，国有资金实现保值增值】 1.多方考察、论证，国有资本金项目安全平稳落地，一是中传文创投资（北京）有限公司负责的“中华5000电商平台”正式启动，该项目重要内容电子商务平台——“我的手艺网”正式开通，“中国手工艺复兴计划”同期启动；以此项目与江苏吴江市展开合作，以优惠价格获得150亩土地建设非遗手工艺基地和网站总部，为即将新增的文化地产业务奠定基础。二是中传经典（北京）影院投资管理有限公司具体负责的中传经典院线项目签约9家影院的建设，超额完成计划。12月28日，面积达4000平方米的天津欧亚达商业广场影院正式开业，投入运营；2014年五一前，还将有6家影院陆续开业，这个项目为集团撬动一个新的产业。

2.丝绸之路文化旅游小镇项目落户甘肃

落实文化部与甘肃省人民政府签署的战略合作协议，3月，集团领导带领有关部门负责人对甘肃华夏文明创新区进行考察，与甘肃省委宣传部合作共同确定重点打造文化旅游综合体项目——“丝绸之路文化旅游小镇”。该项目列入甘肃省建设丝绸之路经济带的重大项目，集团与敦煌市、嘉峪关市签订合作协议，土地、资金、建设等工作正在推进，一期工程有望在2014年4月全面开工建设。

【品牌活动】 集团的国际品牌文化交流项目，“视觉中国•洲际行”于2013年分别在埃及、英国、法国、日本、美国完成5次海外展览；贯彻第四次全国对口支援新疆工作会议精神，集团中国美术院组织20余位全国知名画家齐聚新疆，创作出40余幅写生作品成功举办画展，集团还向新疆文化馆捐赠一部价值30余万元的越野车；第五届历史文化名街评选活动如期完成，衍生活动增加；“第八届全国艺术院校院（校）长高峰论坛”成功举办，较往届规格、层次均有提升。

年内，集团新推出的 系列活动也陆续登场，相得益彰：首届“温馨之约——中瑞文化传媒论坛”为传播中国文化和拓展集团业务进行探索和尝试；首届中国游牧文化节开创与包头市的深度广泛合作；“首届文化产业资本运营财税与法律高峰论坛”填补文化财税改革的空白；“文化奔小康——中国县域群众文化节”吸引企业参与地方公共文化建设，既减轻政府负担，又丰富群众的精神文化生活；“大数据——大文化高峰论坛”在社会上引起广泛关注；集团参与运作的“第九届中国国际动漫游戏博览会”及期间开办的“文化创意产业投融资管理人才创新能力高级研修班”，既锻炼承办大型节展活动的能力和素质，又增加收益。

【拓展文化市场经营渠道】 艺术市场杂志社依托其优质资源，引入社会资金1000万元，以无形资产注入控股60%，注册成立北京大家风汇文化艺术公司，负责集团国际文化交流中心、《艺术市场》杂志社艺术家俱乐部、《艺术市场》美术馆的运营，成为集艺术创作、展览、展示、交流、交易、仓储等功能俱全的综合性美术馆。运营一年，成功举办各种展览22场，相继在鄂尔多斯、介休、唐山及庐山建立艺术家创作基地。

集团成立的中国城市文化发展研究中心，迅速展开影视制作、节庆论坛、城市文化、产业规划等一系列的新业务拓展。2013年，该中心签订合同金额达2400万元，实现利润940万元，人均创利120万元。其中，与山西省朔州市签约金额约达1300万元；与包头市成功举办的首届中国游牧文化节为当地带来5.5亿元的旅游收入。

网络动漫中心在用好原有文化系统内部资源基础上，拓展系统外的资源，形成固定的具有增长性的市场。印刷厂克服人员老化等困难，加强与相关部委的合作，拓展业务，实现全年经营目标。

【加强合作，拓宽业务领域】 增强风险评估意识，确保国有资产安全和保值增值。拓展集团新业务，2013年合作成立6家新公司，使集团业务拓展到文化地产、文化科技、文化金融、文化旅游、产权交易和大型会展等领域。展开资本运作，在“零”投入的情况下与多家公司合作，为集团融资2310万元，带动1.6亿元投资额。与甘肃、包头、深圳等有关政府部门签署一系列战略合作协议，确定文化旅游小镇、中国游牧文化旅游节、中国非遗工艺品研发基地、中国海洋文化中心综合体等一系列重大合作项目，实现互惠共赢。

改革管理

【开展党的群众路线教育实践活动】 按照党中央及文化部的部署，集团精心组织，合理安排，通过组织学习、召开座谈会和民主生活会开展批评与自我批评等形式查摆党员干部在“四风”方面存在的问题。

【业务技能培训】 2013年，集团按照年初制定的培训计划，开展有针对性的各种培训，提高员工业务技能。培训员工350人次。新闻采编培训以马克思主义新闻价值观为指导，把课堂讲授与交流学习相结合，提升采编人员的业务水平和新闻采编素质。

【完善稿件版面的考评制度】 开好编前会，建立季度重大选题制度；执行总编每周点评制度；制定《关于从各专刊部门调稿给一版做头条加分奖励办法》；坚持每月优稿优版评选制度；针对重大文化活动的采访报道和重大系列选题，加强报社业务部门间的联动，提高协同作战能力。

【健全各项人事制度】 2013年，集团修订完善《干部考核奖励办法》、《三定方案》、《员工司龄工资制度》、《报社采编人员职称聘任方案（修订稿）》、《关于规范记者、编辑在本报署名工作的相关规定》等一系列人事管理制度，做到集团员工入职、岗位调整、绩效考核等都有据可循。

【干部管理】 年内，集团执行《干部选拔任用工作条例》和《干部管理（试行）办法》，加强考核考察力度，做到任前公示、广泛听取民意，确保选拔聘用干部的质量。办理中层干部职务晋升手续25人次。

【关心职工生活】 2013年，集团通过多方协调，承接东土城路15号院物业管理工作，投入近百万元开办职工食堂，解决报社员工及院内相关单位的午餐问题。集团工会发挥自身作用，组织职工健步走活动、安排职工体检等；组织参加文化部广播操比赛、羽毛球、网球等各类比赛，丰富职工业余生活；做好退休职工的服务工作，组织活动、慰问走访、健康体检、订书订报等。年内，集团荣获金融街地区2013年社会管理综合治理先进单位。

2013年，集团各项收入总额达到12179万元，较上年增幅超过22%。年度利润总额超过500万元，净利润超额完成年初制定经营指标。在收入总额中，主营业务收入为9785万元，增幅达17%；集团其他经营收入及二级公司收入为7816万元，增长72%，占集团总体收入的64%。人均工资福利增长11%。2013年，集团还加大对各项成本开支的管控力度，各项费用支出全部控制在年初预算范围之内，办公、招待、会议等支出实现15%的降幅。

国家京剧院

概　述

2013年，国家京剧院在文化部党组的领导下，贯彻落实党的十八大和十八届三中全会精神，努力塑造国家艺术形象，推进剧院业务建设和事业发展，打造精品力作、市场开发和国粹“走出去”等。

党建和思想建设

【学习贯彻党的十八大和十八届三中全会精神】 剧院组织党员干部学习领会十八大报告和十八届三中全会精神、新党章和习近平一系列重要讲话。提高党建工作，加强党员干部廉政建设和“院风”“艺风”建设。突出“中国梦”的研讨活动。党委中心组学习、举办中层干部十八大学习培训班，组织党员干部学习十八届三中全会精神，召开支部座谈会、播放专题教育片，开办网站演职员“学习心得”专栏等，提高全体演职员政治思想水平、责任感和使命感。

【开展党的群众路线教育实践活动】 按照文化部的统一部署，以党的群众路线教育实践活动为契机，提升剧院全面建设。剧院于7月启动群众路线教育实践活动。开展中心组学习、座谈会、支部征求意见、专题民主生活会等工作。征得各方意见72条，内容涉及8个方面，剧院边学边改，转变工作作风、提高工作效能。

【组织建设】 3月，剧院召开第四次党代会，听取和审议上届党委题为《求真务实　开拓进取　为实现国家京剧院可持续发展而奋斗》的工作报告，总结回顾六年来的党委工作。大会选举产生新一届院党委、纪委。年内，剧院选派3名预备党员参加部直属机关党委组织的党员教育培训，完成9名预备党员转正。

内部机制改革

【岗位设置管理工作】 按照中央和文化部《关于深化事业单位人事制度改革的意见》要求，制定剧院岗位设置管理实施方案，4至6月，分批完成正高、副高级专业技术人员及其他人员的岗位聘任工作。通过岗位设置，分级分类管理，使剧院实现由身份管理向岗位管理的转变。

【演职人员收入分配改革】 按照注重实绩、按劳分配、提高效率、兼顾公平的分配原则，加快剧院演职人员收入分配改革。通过实施岗位设置管理，增加兑现专业职称人员和岗位变动人员的薪资，演职人员普遍受益。鼓励演职人员加大演出创收。

【任期目标管理责任制】 剧院连续三年实施“管理干部任期目标管理责任书”制度。通过这一举措，管理干部的责任意识，管理水平和执行力得到明显提升。根据工作目标，业务干部开拓思路，拓展业务空间，各团演出收入明显增加。行政干部创新工作方法，提升服务意识，管理水平有所提升。年终，剧院组织考核，各部门都出色完成既定目标。

重点工程

【概况】 以艺术生产为中心，创新思维，激发活力，形成出人、出戏、出精品、出效益的态势。2013年剧院演出297场，其中公益演出76场；收入约2300万元，其中商业演出收入约1569万元。

【彰显国家京剧院艺术风格】 2013年，剧院按照“精创新编剧目，精排优秀保留剧目，精演经典传统剧目”的艺术追求，以文化部举办的国家艺术院团演出季、剧院“三大演出季”和对外文化交流等重要活动为契机，创作排演新编历史剧《洛水伊人》，重点复排传统戏《钗头凤》、现代京剧《杜鹃山》、排演京剧晚会《年轻的朋友来相会》等。精心推出京剧《大漠苏武》和《范进中举》参演上海国际艺术节。与中国戏曲学院联合创新演出《梅兰霓裳》提升传统艺术现代审美价值。在文化部和广电总局的支持下，在拍摄经典传统大戏工程领导小组指导下，拍摄完成由李维康、耿其昌等京剧名家参演的京剧经典传统大戏《龙凤呈祥》舞台艺术电影。完成京剧数字电影《对花枪》《桃花扇》《谢瑶环》《杨门女将》和《赵建华京胡演奏音乐会》的出版发行。与中国文联基金会合作，联合拍摄《满江红》《柳荫记》《打金砖》《贵妃醉酒》四部舞台艺术片。

【加强中青年演员培养】 加大人才培养力度，2013年再次举办“年轻的朋友来相会”国家京剧院优秀青年演员展演活动。剧院60余名青年演员，连续20天，演出17台大戏，13出折子戏和1场演唱会，尽显梨园青春靓丽风采。

为提高中青年演员的社会知名度和影响力，剧院还依托“春平爱心行动”公益演出平台，推出“荀韵流芳——吕慧敏专场”演出活动。年内，剧院组织实施中青年武戏演员对口交流考核，共有46名中青年武戏演员参加，有10人获得优秀成绩。

【公益演出和商业演出齐头并进】 塑造国家艺术形象，加强宣传工作，年度内在各类媒体发稿达900余篇（条），官方网站信息发布近千条，累计访问量突破千万次，为宣传剧院起到作用。

1. 重视公益性演出，文化惠民

2013年元旦，剧院连续三年举办慰问首都建设者新年专场演出，邀请近千名农民工免费走进梅兰芳大剧院。年初组织“文化下乡”慰问演出，一团一行53人，走进中航工业沈飞集团，在机库车间和沈飞文化宫为职工举行慰问演出。

参与文化部2013年“大地情深——国家院团志愿服务走基层”活动，剧院组团先后赴国家公共文化示范区河北省秦皇岛市和内蒙古鄂尔多斯市、上海市演出，文化惠民3000余人次。4月和10月、组织完成“高雅艺术进校园”活动，剧院先后走进内蒙古、广西、福建、浙江、河北、上海、陕西、天津等地的40所高校，近8万师生与京剧艺术近距离接触，艺术讲座与演出，推动京剧艺术在莘莘学子中的传播普及。

争取社会资金，携手著名慈善家李春平的“春平爱心行动”再度拉开帷幕，剧院于5月21日至6月30日，在北京高校及北京交通大学附中等地演出23场，近2万名观众免费走进剧场，感受国粹的魅力。

剧院继续加强基层联系点鲁东京剧文化促进会基地和黑龙江迎春林业局基地建设，举行2场基地成立1周年慰问演出。创新文化惠民的方式方法，携手全国公共文化发展中心录制23场演出上传文化共享工程网，使全国各地的基层观众，可以通过网络点播观看剧院演出。

2. 提升商业演出市场品牌

以国家艺术院团演出季和剧院“新春、五一、金秋”三大演出活动为主要载体，开展演出活动，增强剧院演出市场竞争力。以梅兰芳大剧院收回自主经营为契机，占领北京演出市场，举办2013新春演出月、“年轻的朋友来相会”青年演员展演等大型主题性活动。

推进与京外文化机构的合作，有针对性地开展商业演出活动。4月20日至5月9日，剧院携手中国国际演出剧院联盟，开启经典保留大奖剧目《杨门女将》的巡演之旅，这部历经半个世纪的经典保留剧目在国家京剧院演职员的倾情演绎中，先后走进江苏、浙江、江西、福建等省市，演出10场。

携手国税宣传演出，开拓新的合作方，以河南为试点，与报业、邮政系统进行合作，通过商业运作模式，培养固定市场。

3. 加大对外文化交流力度

年内剧院出国（境）演出活动共计17批次，385人次出访，推动京剧艺术的海外传播。

2013年新春之际，剧院多名艺术家应国务院侨办的邀请参加“四海同春”赴澳大利亚、新西兰以及中国香港、澳门等国家和地区演出。3月，组建116人演出团赴香港参加“第41届国际艺术节”演出新编历史剧《慈禧与德龄》和“老旦专场”等4场演出。4月，派出14人的演出队伍赴法国戛纳电视节进行央视纪录频道纪录片《京剧》现场推广活动。4月，与澳门中乐团再度联手，在澳门推出《风华国乐》音乐会。5月，京剧《韩玉娘》作为第二十四届澳门艺术节参展艺术精品，央视《空中剧院》进行现场直播。5至6月，在中日关系的特殊时期，剧院演出团一行51人携《长坂坡•汉津口》大戏赴日本东京、大阪、名古屋三地巡演。剧院组团第17次赴台演出受到广泛关注和热烈欢迎。

年初，剧院承接由文化部主办的“2013年新春招待会”，来自92个国家驻华使馆和联合国教科文组织的大使、代办、文化参赞和其他外交官员，外国驻华文化中心负责人，香港特区政府和澳门特区政府驻京机构负责人等400余人，聚集梅兰芳大剧院，度过一个难忘的京剧之夜。

【做好演职人员后勤保障和离退人员服务工作】 为一线演职员购置夏季、春秋季练功服和练功鞋。组织45岁以上在职职工、全体女职工和部分离退休人员体检。落实部工会关于“中央国家机关困难职工调查工作通知”精神，为剧院符合条件的同志申报补助。关心离退休老同志的生活，组织老同志新春团拜会、春游联谊等活动。2013年有10位老同志相继辞世，剧院及时抚慰家属，配合家属处理后事。做好职工餐厅和嗓音诊所。

中国国家话剧院

概　述

2013年，中国国家话剧院在文化部党组的领导下，完成院领导班子的交接和转换工作，稳定队伍，保持良好的工作秩序，艺术生产和管理工作稳步前进，全院干部职工团结一致，完成各项工作任务。

艺术生产

【创作演出】 2013年中国国家话剧院共演出536场，其中在京演出317场，京外、境外演出219场，足迹遍布全球27个城市、30多座剧场，累计观众超过35万人次，商业演出总收入3721.5万元，较去年相比增幅5.2%。全年共演出剧目26部，其中新创排《大宅门》、《蝴蝶》、《青蛇》、《白夜》、《伏生》5部话剧。

《纪念碑》、《红岩魂》和《大宅门》三部剧目参加文化部“2013年国家艺术院团演出季”演出，《四世同堂》作为参评剧目参加“第十届中国艺术节”演出，更有一批优秀剧目亮相国内外各大艺术节和戏剧节，向全世界观众展现中国戏剧的独特魅力。

【公益演出】 中国国家话剧院持续完善公共服务长效机制，全年不间断地将优质的艺术作品送往全国各地。《信》主题综艺演出、《这是最后的斗争》参加“文化三下乡”、“高雅艺术进校园”和“‘大地情深’国家艺术院团走基层活动”等主题公益演出，为基层百姓、高校师生演出。开展《话剧——我们身边的艺术》普及教育活动。继续做好文化援疆工作，《两只狗的生活意见》作为首届新疆话剧季特邀剧目在乌鲁木齐演出。中国国家话剧院国话剧场、中国国家话剧院小剧场和国话先锋剧场累计安排演出398场，接待观众人数超过15万人次，举办承接“中国国家话剧院2013消夏戏剧广场”、“全国小剧场优秀剧目展演”、“北京国际青年戏剧节”等多项大型公益演出活动。

【获奖情况】 2013年中国国家话剧院多部剧目获奖：话剧《四世同堂》荣获2012年度国家舞台艺术精品工程重点资助剧目，文化部第十四届文华奖“优秀剧目奖”；《纪念碑》《向上走、向下走》荣获“2013年全国小剧场戏剧优秀剧目奖”；话剧《青蛇》荣获第三届中国话剧表演“学院奖”优秀剧目奖；话剧《活着》荣获现代戏剧谷2013壹戏剧大赏年度大戏；双语音乐话剧《蝴蝶》荣获澳大利亚澳亚艺术奖最佳戏剧奖、最佳合作奖；中国国家话剧院演员袁泉荣获第26届戏剧梅花奖，演员张秋歌荣获第26届戏剧梅花奖（二度梅），演员辛柏青荣获第十届中国艺术节“优秀表演奖”和第三届中国话剧表演“学院奖”最佳主角奖，演员金戈获第三届中国话剧表演“学院奖”最佳配角奖。

艺术生产力

【推行“保留剧目制”】 下半年起，中国国家话剧院全面启动“保留剧目制”，通过排演过往优秀剧目的方式，将戏剧宝贵的艺术价值和思想内涵传递给今天的观众，发挥戏剧的传承和发展的作用。《纪念碑》时隔13年后重排，在京连续演出21场，引起社会各方的广泛关注。

【推出“新人新作计划”】 下半年推出的“新人新作计划”，旨在通过中国国家话剧院的平台，展示青年编剧、导演的艺术才智，提供积累艺术经验的机会。《白夜》作为“新人新作计划”首部剧目登上中国国家话剧院舞台，陀思妥耶夫斯基作品首次被改编正式亮相中国戏剧舞台。

【建立剧目创作新机制】 下半年剧院加强剧本创作活动，召开编剧、导演参加的“剧的本”创作研讨会，明确剧目创作目标，激发艺术家的创作热情；举办“本事——2013年中国国家话剧院剧本朗读会”，邀请国内著名作家参加，通过演员朗读作家们提供的尚未搬上舞台的剧本，共同探讨剧本选题、激发构思创意，为今后的深度合作打下基础，成为联系剧作家、强力推进戏剧文学建设的又一新举措。

对外戏剧交流

【概况】 中国国家话剧院规范外事管理模式，整合多方文化资源，加大“走出去”和“请进来”战略步伐。拓展交流渠道，提升演出质量，形成全方位、多层次、宽领域、多渠道的对外文化交流新格局。

【优秀作品“走出去”】 7月，作为中国与马其顿共和国建交20周年文化交流项目，《理查三世》在马其顿“比托拉莎士比亚戏剧节”闭幕式上成功演出。《恋爱的犀牛》赴新西兰参加奥克兰艺术节，首次实现中国国家话剧院与新西兰间的文化项目合作。《青蛇》在香港首演后，应邀赴澳门和台湾地区巡演，成为中国国家话剧院首部一年内完成内地与港澳台地区全覆盖的剧目。音乐话剧《蝴蝶》作为首部与澳大利亚墨尔本艺术节、PlayKing制作公司共同出品的剧目，在悉尼和墨尔本演出12场，实现中澳演员同台双语演出的新模式。

【经典剧目“引进来”】 中国国家话剧院邀请德国柏林德意志剧院的经典戏剧《俄狄浦斯城》作为2013国家艺术院团演出季的特邀剧目在京演出，这是国家艺术院团演出季首次邀请境外演出团体参演。中国国家话剧院首次与韩国国立剧院合作，联合制作韩语版话剧《罗密欧与朱丽叶》亮相上海国际艺术节。中国国家话剧院与英国国家剧院就共同排演全球知名戏剧《战马》中文版签署合作协议，在跨国排演方面进行有益尝试与探索。

内部管理

【概况】 中国国家话剧院形成以创作演出为主线，行政管理为支撑，制度化管理为保障的运营构架，通过精细化的管理使艺术生产富有活力。

【建章立制】 下半年开始，梳理规章制度，推动建章立制，使各项工作做到有法可依，有章可循，为中国国家话剧院良性运营提供能效。推进合同范本修订工作，协调法律顾问统一梳理文本。完善院内人员出国政审程序，达到把控、提高效率的目的。规范《职工退休管理制度》，加强对退休职工的人文关怀，增加一次谈话、一份慰问品和一个月津贴“三个一”举措；实施老服务制度，提出清楚家庭住址、清楚家庭通讯情况、清楚家庭成员的联系方式、清楚本人身体状况、清楚家庭变化的“五清”标准，服务离退休职工。恢复节假日领导干部值班制度。

【演出资源的整合管理】 中国国家话剧院从下半年起探索高效沟通机制，建立演出—舞美—演员三方联席会议制度，实现对演出情况的实时调控与安排。有机协调舞台保障、场务服务、安全保卫、后勤管理、基建等部门，提高演出资源的整合管理能力。完成剧场硬件服务设施改造工作，完善剧场使用功能。

【演职人员队伍建设】 按照文化部人事司关于对于破格提拔使用干部情况检查的文件精神，对剧院违反《党政领导干部选拔任用条例》的职务职级进行纠正，规范剧院干部选拔任用工作。本着“公正、公平、科学、客观”的原则，执行评审程序，严肃评审工作纪律，完成年度职称推荐评审工作。

根据事业单位企业化管理及内部控制规范的要求，结合中国国家话剧院实际工作情况，重新核定部门岗位设置，明确岗位职责，细化各岗位用人标准，对各职能部门架构进行调整，建立工作内容科学分配、工作量合理负荷的岗位管理机制。

【财务推行企业化管理模式】 中国国家话剧院完善预算管理体系，全面实现记账型财务模式转变为管理型、控制型财务模式，对各项业务工作通过预算管理系统做到事前审核、事中控制、事后分析。分步骤地调整财务职能，由传统的记账型转化为管理型，逐步摸索建立以成本核算为核心的新型核算体系，建立剧目的经济档案，对各项经济活动所引起的收支情况实行动态化管理。

【物业管理】 规范中国国家话剧院所属住宅区的管理，为职工营造安全、有序、舒适的生活环境，剧院决定聘请物业公司对辖区实行专业化管理，通过公开招标的方式引入社会优秀物业团队进驻管理。开阔管理思路，开发利用和盘活国有资产资源，提升国话大厦经营能力。

【剧院工程建设】 根据国家发改委关于调整剧场工程投资概算批复，中国国家话剧院完成文化部下达的预算执行计划。国家财政部委托大连市投资审核中心对中国国家话剧院剧场工程进行竣工财务决算评审工作，剧场工程划上圆满句号。

【与报社等媒体联手正能量】 10月，中国国家话剧院与《新京报》签署战略合作协议，首次合作开展“2013中国时尚权力榜”活动，借助优质媒体资源优势，扩大中国国家话剧院剧场影响力，为剧院整体品牌宣传积累宝贵经验。

作风建设

【概况】 年内，开展以“为民务实清廉”为主题的党的群众路线教育实践活动。聚焦“四风”，广泛征集演职员工的意见建议，查摆领导班子、班子成员、处级以上干部在四风方面的问题，开展批评与自我批评，做好各环节的整改落实、建章立制。剧院党员干部增强践行群众路线的宗旨意识，转变工作作风。

组织在职党员赴井冈山革命老区开展以“统一思想、凝聚力量、共铸国话”为主题的革命传统教育活动，提高党员干部的党性修养，锤炼工作作风。

中国歌剧舞剧院

概　述

2013年，是中国歌剧舞剧院剧目创作、“走出去”，人才培养的丰收年。拓展多种经营思路，年收入达到1.195亿元，比2012年增长10%。

复排歌剧《红河谷》，代表中直院团参加第十届中国艺术节，以歌剧舞剧杂技剧类最高分荣获第十四届文华奖“文华大奖”。

中国歌剧舞剧院的大型演出走进澳大利亚星光演艺中心、悉尼市政厅剧院，新加坡圣淘沙剧场，香港文化中心大剧院，中国歌剧舞剧院民乐团代表中国参加第九届撒马尔罕国际音乐节荣获二等奖。

中国歌剧舞剧院与中央戏剧学院签署协议，定向培养专业人才，联合开办歌剧、舞剧班；聘请国际级大师为中国歌剧舞剧院歌剧团、舞剧团演员上课；为青年人搭建平台，青年演员荣获“梅花奖”、“文华奖优秀表演奖”、“国家艺术院团演出季优秀表演奖”、国际音乐比赛大奖的喜讯接踵而至。

2013年，中国歌剧舞剧院担当社会责任，文化“三下乡”、“高雅艺术进校园”等公益性演出反响强烈。

精品剧目

【概况】　2013年，中国歌剧舞剧院的大型原创民族歌剧《红河谷》参加第十届中国艺术节荣获第十四届文华奖“文华大奖”。剧院在一年中推出民族原创歌剧《苏武》、《天鹅》，舞剧《孔子》，歌舞晚会《一路风情嘉年华》，音乐剧《魔幻阿凡提》等新创剧目；重新编排“高雅艺术进校园”、“打开音乐之门”等普及高雅艺术的演出。

歌剧《红河谷》是一部近些年来民族歌剧的巅峰之作，2013年文化部选派《红河谷》作为唯一一部歌剧作品代表中直院团参加十艺节演出，复排中，全体演职人鼓足干劲，齐心协力，在音乐作业、创排改编、形体训练、宗教礼仪……细致地研磨每一个细节，不懈怠、无怨言。

在十艺节的舞台上，歌剧《红河谷》不负众望，用完美的表现赢得胜利，以歌剧舞剧杂技剧类的最高票数夺得“文华大奖”。

舞剧《孔子》是中国歌剧舞剧院2013年推出的重点剧目，是一部极具思想深度的原创作品，也是首次以舞剧的形式展现孔子的生命历程。通过孔子这样一个人物，诠释当下社会对国泰民安“中国梦”的渴望。

《孔子》首轮演出获得多方好评，作为闭幕式被邀请参加“北京国际戏剧节”的演出。上演至今场场爆满、一票难求。

原创歌剧《苏武》参加2013年国家艺术院团演出季；原创歌剧《天鹅》作为开幕式参加2013年北京金秋优秀剧目展演；音乐剧《魔幻阿凡提》获得2013年度国产音乐剧票房排行榜的第四名。

对外交流

【概况】　2013年，中国歌剧舞剧院赴澳大利亚、美国、新加坡、土耳其、乌兹别克斯坦、泰国、柬埔寨、香港、澳门等地交流演出，深化对外文化交流合作。

大型民族情景歌舞《四季情韵》赴澳大利亚，在悉尼市政厅剧院、星光演艺中心演出，这是中国歌剧舞剧院近年来首次采取合作方式，将大型演出推向国际市场，面对西方主流观众进行商业售票演出，盛况空前。驻澳总领事、副总领事、文化参赞、教育参赞等都观看演出，他们说这是近些年来水平最高的华人演出。

中国歌剧舞剧院民乐团代表中国，赴乌兹别克斯坦参加第九届撒马尔罕国际音乐节比赛，与来自

54个国家的400多名音乐家同台竞技，荣获音乐节二等奖。这是自1997年音乐节开办以来，文化部直属院团在此项比赛中获得的最佳成绩。在吉尔吉斯斯坦共和国举办的亚洲首届国际流行音乐节歌唱大赛中，该院男高音歌唱家李振涛代表中国参加比赛，获得第三名。

9月，中国歌剧舞剧院120人的演出阵容赴香港文化中心，完成文化部外联局选派的第十四届“香江明月夜”的演出任务，为香港观众奉献精彩的演出，得到香港特首及文化部领导的赞扬。

在做好出国演出、比赛外，中国歌剧舞剧院开展对外文化宣传，为更多的剧目“走出去”做好铺垫。舞剧《孔子》、歌剧《红河谷》专题片在国际频道的《中心舞台》栏目播出，舞剧《孔子》宣传片在有世界十字路口之称的“纽约时报广场”纳斯达克大屏幕上循环播出。

一位在纽约工作的中国人在微博中说：“中国的文化令人敬仰，中国对文化的重视也日渐鲜明，中国对文化的宣传变得强劲有力！居然在‘时报广场’的纳斯达克大屏幕上看到一部中国舞剧《孔子》的宣传视频。中国的文化博大精深就要震惊西方！伟大的祖国！”

公益演出

【概况】 2013年，中国歌剧舞剧院参加“三下乡”、“高雅艺术进校园”、“大地情深”、“打开音乐之门”等公益性演出活动，为普及高雅艺术，为老百姓奉献优质的精神食粮做出贡献。

4月初，中国歌剧舞剧院派出120人的演职人员队伍，分成两个小分队走进乡镇、社区、企业、厂矿、建设工地、军营以及大剧院连续演出10场。走进老百姓中间，首次将完整版的大型情景歌舞《四季情韵》展现在马鞍山市民面前。歌手高保利在马鞍山大桥建筑工地对工人们说：“看到你们我觉得非常亲切，因为我曾经也是一名建筑工人，大家只要怀揣希望、付出、坚持不懈，梦想就一定会实现。”社区的老百姓说：“当演员们为我们面对面演出，我们感受到温暖，这些节目真棒，这些艺术家真好！”

2013年中国歌剧舞剧院“高雅艺术进校园”活动取得良好的反响，兰州、成都、烟台、太原、秦皇岛五座城市的20所大专院校的学生们观看演出，针对大学生的欣赏习惯，结合该院艺术门类齐全的特点，对进校园的演出进行重新编排，增加舞蹈、器乐等节目的讲解和演绎。该院每年都将商演收入的一部分补贴到公益演出中。

人才队伍建设

【概况】 中国歌剧舞剧院实施“人才兴文”战略，加强文化人才队伍建设，建设出业务精湛、品德优良、成就突出的高层次文化艺术专业人才队伍。

2013年中国歌剧舞剧院与中央戏剧学院签署合作培养歌剧、舞剧表演本科班协议，这是一个强强联合、“产学研”相结合的人才培养模式。

加强对剧院人才的培训与培养。剧院为舞剧团聘请北京舞蹈学院的教授、美国亚利桑那州立大学舞蹈系教授以及各科专业老师，为演员们上基本功训练、现代舞、街舞、拉丁舞、太极拳等课程，接触多舞种为今后更专业更细腻地诠释艺术作品做准备；为歌剧团聘请专业的合唱指挥、视唱老师提高合唱队整体演唱水平，聘请意大利著名声乐指导罗兰多•尼克罗西为演员们上大师课，答疑解惑，让演员们与世界级大师零距离接触，解歌剧艺术最前沿、最专业的资讯。

剧院大胆起用新人，专业人员一律实行业务考核上岗。2013年创排的剧目，都采取公开选拔角色的方式。舞剧《孔子》的主演胡阳、唐诗逸，歌剧《红河谷》的主要演员巨有燕、毋攀，歌剧《苏武》的主演陈小朵都是青年演员，他们的表现得到业内外的高度评价，并获得演出季、歌剧节、文华奖优秀表演奖、梅花奖等奖项。

改革与管理

【概况】 2013年，剧院成立改革工作领导小组。继续深化人事制度、收入分配制度、社会保障制度、财务管理制度等方面的改革。院办公室、财务、人事等部门在院领导的带领下，制定《事业单位企业化管理的改革规划》。

剧院根据文化部人事司相关文件的规定，组织实施，使定岗、定编、定责工作进入常态化管理轨道。管理，考核，按照绩效优先、兼顾公平的原则，推进剧院分配制度改革，让竞争和激励成为调动广大演职员工性的强大动力。

财务管理，做到关口前移，剧院建立中介机构进点审计的监督机制，按照文化部财务司关于事业单位建立内部控制体系的要求，建立“中国歌剧舞剧院内部控制管理规范暂行办法”。

党建工作

【概况】 落实中央政治局转变作风、密切联系群众“八项规定”；推进党的群众路线教育实践活动。中国歌剧舞剧院党委把各项要求和责任落到日常工作中，解决突出问题，联系群众，广泛听取群众意见和建议，接受群众评议和社会监督。剧院响应中央节俭办晚会的号召，坚持艺术表演的本体展现。

中国东方演艺集团有限公司

概　述

2013年是中国东方演艺集团有限公司（以下简称“集团公司”）转企改制的第4个年头，面对文化市场复杂多变的形势，集团公司锐意创新，开拓进取，在体制改革、机制创新、艺术生产、人才培养等多方面实现跨越发展。

艺术创作

【概况】　2013年，集团公司贯彻落实中宣部等五部委关于制止豪华铺张、提倡节俭办晚会的通知精神，艺术创作注重品牌效应，推出具有国家水准、民族特色，为广大群众喜爱的艺术产品。

年内，集团公司出品的《水墨中华•雅》、《民乐也时尚——天下一家》、《天涯若比邻》三台新剧目，摒弃大舞美、大制作、大场面，舞台表演呈现清新自然、淳朴简约之风。其中，《民乐也时尚——天下一家》和《水墨中华•雅》是集团公司打造“时尚民乐”、“水墨中华”两个经典品牌的再尝试。《民乐也时尚—天下一家》是在《东方世纪行》、《民乐也时尚》基础上创新发展而成，该系列不仅突破民乐要坐着演奏的传统形式，还尝试民乐与流行乐结合、民族乐器与电声、铜管等西洋乐器大胆碰撞，实现国外经典名曲与中国古典名曲的完美融合，推动民乐表演形式与表演内容的革新。另继《水墨中华》、《水墨中华•风》后，集团公司又推出《水墨中华•雅》，其延续品牌雅逸洒脱的舞台风格，既保持品牌形象，又推陈出新、丰富完善。该剧目沿用上年以交响乐团现场伴奏代替录音带伴奏的举措，使舞台表演回归艺术本体，展现纯粹的歌舞乐艺术。

新剧目《天涯若比邻》运用项目制的运作方式，打破原东方歌舞创排的固有模式，以资本与市场为纽带，整合各国优质艺术资源，以国际化的演出操作模式，吸纳多国顶尖的编创、演奏、表演人才。晚会中有享誉印度的奥迪西舞蹈大师卢德希斯尔•纳亚克，有西班牙最好的弗拉门戈男舞者之一奥斯卡•奎罗•罗德里盖茨，而韩国板块的编导金坪浩更是韩国家喻户晓的舞剧导演。多国艺术精英齐聚一堂，为观众献上一场精彩的文化盛宴。该剧目在2013年国家艺术院团演出季亮相后，受到文化部党组书记、部长蔡武，文化部党组成员、副部长董伟等的肯定。

集团公司打造的《问候——中国男高音新年音乐会》、“东方交响乐团音乐季”等艺术品牌也逐步建立起品牌影响力。经过不断地传承创新，集团公司已形成歌、舞、乐相互促进、共同发展的品牌优势，对延伸产业链，拓展产业空间，提升集团公司整体品牌影响力和竞争力奠定基础。

体制机制创新

【概况】　2013年，集团公司深化文化体制改革、完善现代企业制度、加快产业发展。在全国文化体制改革的这盘棋中，集团公司探索道路、创造经验、树立典型、做好表率。

【成立东方歌舞团有限公司】　2013年，集团公司组建成立东方歌舞团有限公司。该公司是集团公司将舞蹈、艺术教育、创意、院线营销、交响乐团等优质资源进行股份制改造后成立的股份制企业。在较短时间内实现跨地区、跨行业的优质资源整合，完成资本、业务板块、人力资源等生产要素的优化配置和规模运营。通过股份制运作，公司实现资本增益5倍，直接推动艺术生产水平的提升。

集团公司通过这种改革，实现投资主体多元化，建立和发展混合所有制经济，从根本上解决过去单一所有制国有文化企业缺乏活力的弊端。突破传统的业务发展格局，开创立体化、多业态的商业模式；

健全现代企业制度和完善的法人治理结构。东方歌舞团有限公司成立后，迅猛发展，迅速壮大。

【竞聘上岗】 3月，集团公司组织开展全员竞聘上岗，设置岗位430个，囊括从“总监”到具体专业演员的所有岗位。演职员工和各部门之间实行双向选择，做到“上岗必考、积极展示、不留死角、盘活资源”，尊重演职员工的专业和特长，让专业的人做专业的事，挖掘人才资源，发挥人才优势，树立人才品牌。

竞聘上岗取得多重效果：一是使演职员工获得审视自我、参与竞争的机会，竞聘后工作态度更加积极；二是搭建符合现代文化企业发展需要的组织架构。集团公司精简机构，重新定编定岗，岗位职责更加清晰，办公流程更加规范，办公效率大幅提升；三是员工找准定位、自主选岗，双向选择后上岗，集团公司因才适用，使人力资源得到优化提升。

【整合资源成立三个中心】 5月，集团公司在组织结构上实行“大部制”整合。整合原东方歌舞团、中国歌舞团、东方民乐团、东方流行乐团、东方爱之旅声乐艺术团等优质资源，成立舞蹈中心和音乐中心，整合原后勤、车队、食堂等相关部门，成立行政中心，建立起一套精简、统一、可行、高效的管理体系。年内集团公司又对三个中心进行改革，探索符合新形势下文化企业改革发展需要的管理模式。

社会责任

【概况】 坚持近40%的演出直接服务县以下基层。完成政府公益性演出30场，为13所高校的数万名师生和重庆、宝鸡等地基层群众送去高雅文化艺术作品，于9月选派4位青年赴山西省娄烦县盖家庄乡参加文化部团委“根在基层•中国梦”文化青年走基层实践活动。这些活动的开展使集团公司干部、员工接地气，感受基层群众的文化需求。

在支援新疆、西藏文化建设工作方面，集团公司调动现有资源，通过“干部借调工作——最新成果送进去、人员支援运作——优质剧目做起来、免费来京培训——先进经验带回去”等三方面手段，不走过场、讲求实效，取得集团公司与对口支援单位互利共赢的局面。其中，集团公司挖掘重点援疆项目——歌舞晚会《大美新疆》的市场潜力，帮助新疆艺术剧院营销运作，在北京、深圳等地演出8场，观众数万人，展示新疆优秀民族艺术，使新疆当地艺术院团创作队伍得到锻炼，积累演出市场化运作经验，实现支援工作的效果。

力戒“四风”聚焦服务

【概况】 按照中央督导组和部党组的要求，成立党的群众路线教育领导小组和相关机构，召开动员部署会，制定集团党的群众路线教育实践活动方案，组织召开调研座谈会、专题学习讨论会。深入基层，采取设置意见箱、座谈、谈话等多种形式广泛征求群众对领导班子的意见及对集团公司改革发展的建议，组织召开领导班子专题民主生活会，查找领导班子在“四风”方面的问题，剖析问题的根源和危害。

集团公司在查摆和整改的过程中，一是贯穿“四句话”。即党的群众路线教育实践活动提出的“照镜子、正衣冠、洗洗澡、治治病”的总要求，坚持自我净化、自我完善、自我革新、自我提高。二是把握“五个坚持”。坚持正面教育为主，坚持批评与自我批评，坚持讲求实效，坚持分类指导，坚持领导带头。三是实现“三个提高”。教育实践活动要服务于集团的中心工作。通过活动，提高人才培养能力，提高服务艺术生产能力，提高服务市场能力。

中国交响乐团

概　述

2013年，中国交响乐团在文化部党组的领导下，在团党委和领导班子率领下，学习贯彻落实党的十八大精神，团结一致、奋力拼搏，坚持以艺术生产为中心，坚持“提高与普及并重，面向市场，面向大众，面向未来”的工作方针，坚持走“交响乐中国化，中国交响乐国际化”的发展道路。在全国演出市场普遍低迷的大环境下，适时调整艺术生产战略部署：消减对国际大师的邀请，杜绝自娱自乐性的出国演出。抓好每一场演出的票房，力促收入的提高；加大商演力度。完成各项既定目标，创造巨大的社会效益，经济效益保持近年来的较高水平。

美国巡演

【概况】　1月至3月，应世界最大演出经纪公司——美国哥伦比亚公司邀请，中国交响乐团联手中国对外演出集团赴美进行“地毯式”商业巡演，全程历时53天，在16个州的29个城市进行30场交响音乐会的商业巡回演出，观众多达4万余人。音乐会不仅在纽约、华盛顿这样的一线城市演出，还去到三线城市和著名大学演出，每场音乐会都出现全体观众起立欢呼甚至跺脚的盛况。这次中国交响乐历史上最大规模的美国巡演，是中国交响乐史上的一项壮举，国内媒体骄傲地称之为“中国交响乐的历史性长征！”《纽约时报》惊叹这是“中国艺术之风席卷美洲大陆！”这次美国巡演对乐团开拓国际市场、扩大国际影响力及推动中国文化走向世界，都产生十分重要而深远的意义。正如专业媒体评论所言：“中国交响乐团的美国巡演是中国交响乐走向世界的一座光荣里程碑！”

音乐会

【概况】　中国交响乐团的乐季演出，尤其是“龙声华韵”、“聆赏经典”等品牌音乐会，凭实力获得业内口碑、媒体称赞和观众的热烈欢迎，票房收入很好。

【具有意义的演出】　6月6日，中国交响乐团与美国费城交响乐团携手登上国家大剧院舞台，演出“世纪交响——跨越海洋的握手”音乐会。蔡武题词与时任美国驻华大使骆家辉一同出席音乐会。

7月20日和26日，中国交响乐团与韩国KBS交响乐团联袂，分别在北京和首尔各演一场“梦想百年大计——2013中韩友好音乐会”。

9月7日，《龙声华韵》为新乐季首场演出迎来“开门红”。蔡武、杨志今等领导出席，对乐团多年来坚持推广中国交响乐作品给予肯定和称赞。

12月10日，中国交响乐团在北京音乐厅演出《百年琴思》音乐会，隆重纪念中央乐团—中国交响乐团第一任团长李凌诞辰百年。音乐界长辈、彭丽媛及董伟莅临音乐会。老中青三代艺术家汇聚一堂，年逾九十的韩中杰、严良堃和刘诗昆等艺术家纷纷登台。音乐会演奏关峡的《大地安魂曲》，告慰所有在天的新中国交响乐事业的奠基者，继往开来的新一代正在将龙声华韵奏响世界舞台。

【具有市场影响力的演出】　6月9日，中国交响乐团在北京朝阳公园万人广场举办“谭盾《武侠三部曲》——大型户外多媒体交响音乐会”。

6月21日，中国交响乐团在北京音乐厅演出苏联作曲家普罗科菲耶夫的舞剧音乐《彼得与狼》视听音乐会，作为2013“打开音乐之门”的开幕式。

9月11日，以纪念《春之祭》公演100周年及威尔第诞辰200周年为主题，演出别具一格的《春之祭》3D音乐会。

【具有深刻印象的演出】　5月11日，中国交响乐团在国家大剧院音乐厅演出《大地安魂曲》—纪念汶川地震五周年音乐会，由乐团首席指挥——世界大师普拉松先生执棒；

7月3日，中国交响乐团演出2013“中法文化之春”艺术节闭幕式《牵手柴可夫斯基》交响音乐会，指挥菲利普•卓丹携手小提琴大师弗里德里克•拉洛克及中国交响乐团，成功演奏柴可夫斯基的经典作品；

9月26日，中国交响乐团与德国著名指挥家克劳斯•彼得•弗洛合作，为乐迷们献上《印象—瓦格纳》专场；

10月15、16日，中国交响乐团以2场专场音乐会向波兰“国宝级”音乐大师潘德列茨基致敬；

11月10日，中国交响乐团与波兰指挥家卢卡斯•波罗维斯合作，完成莫纽什科《哈尔卡》序曲的中国首演。

文化走基层

【概况】 近年来，中国交响乐团构建涵盖高、中、低三个层次的立体化演出体系——既有“走出去”音乐会、经典音乐会和重大国事任务，也有进校园、打开音乐之门等公益演出，还有“下基层、进乡村”等扎根基层的演出和实践活动。

【公益性演出活动】 2014年1月8日至9日，中国交响乐团来到重庆市南岸区迎龙镇，带着党中央和中宣部、文化部的节日问候，艺术家们在留守儿童的“指挥”下演奏，与北斗村农民管乐队同台演出，看望重庆市特殊教育中心的盲童孩子们，为盲童扬帆管乐队开设“梦想课堂”。

这是乐团的第四次到访南岸迎龙镇。南岸是人民音乐家施光南先生的出生地，施光南是中国交响乐团（原中央乐团）的艺术家。

中国交响乐团的活动受到当地群众热烈欢迎，有许多难忘的场景：

1月8日晚，乐团在南岸演奏“文化走进层新年音乐会”，乐团4年前帮助建立的“北斗农民管乐队”在下半场开场登台亮相。十多位朴实的老乡，手执光彩熠熠的铜管乐器，吹奏出《迎宾曲》、《解放区的天》等欢快的曲调，赢来全场雷鸣般的掌声。

在迎龙镇的留守儿童小学的学生食堂里，主持现场一首中国交响乐团合唱团演员与孩子们合唱的《最好的未来》。让观众潸然泪下。

在重庆特殊教育中心（盲校），中国交响乐团以南岸区“金弦银管”中国交响乐志愿服务队的身份来到这里，与该校的扬帆管乐团进行交流，为这支在全国极具震撼力的未成年人文化艺术乐队——南岸区“扬帆”管乐艺术团进行专业的志愿服务指导，捐赠一台钢琴。

中国交响乐团每年来到南岸，都要组织艺术家到农田里参加劳动，挽起裤管，拿起锄头，翻土、除草、插秧、收菜，在老乡们手把手的指导下，当一回“农民的学生”。邵恩先生说：“当年我下乡插队的时候，可是种地的一把好手。艺术来源于生活，劳动人民养育我们艺术家，劳动才是最美的艺术！”

2013年，中国交响乐团成功完成为国家主席习近平等出席博鳌论坛的元首们演出，以及为习近平接见到访外国元首演出等重大任务，多次得到习主席亲切称赞，尤其是乐队杨颖等的室内乐组合，多次以精彩表现为国争光，也为国交赢得荣誉。

中国交响乐团还走到边疆，于2013年5月16日至17日，在新疆人民会堂演出《走进春天》——纪念中央新疆工作会议三周年交响音乐会。这一公益性主题音乐会也经连续举办三年，受到新疆各族观众的热烈欢迎，得到自治区党政领导的高度评价。

2013年，乐队、合唱团共完成进校园演出20场，走进北京、郑州、新疆、江西、海口等20所大学，为近5万名师生举行校园音乐会，受到热烈欢迎。

合唱团与音乐厅

【概况】 2013年，中国交响乐团按照中央精神和文化部党组指示，开展党的群众路线实践教育活动，抓好各个环节的目标任务，推动实践教育活动落到实处，推动全团的发展。

【中国交响乐团】 中国交响乐团“三位一体”，乐队、合唱团和北京音乐厅，都是一线艺术生产单位。

近年来，合唱团艺术水平提高很大，2013年在总团支持下，聘请维也纳国家歌剧院著名指挥瓦尔特•采恩来华排练演出，更上一层楼。在文化部组织的全国优秀剧目展演中，合唱团以一台《伏尔加之声》获得好评，还出色完成12场进校园演出任务，

10月，两次赴韩国参加首尔合唱节和大田合唱节的演出。特别是大田合唱节闭幕式演出，反响热烈。

【北京音乐厅】 2013年，音乐会场次约为248场，全年总收入约为1240万元。在改革与创新方面，北京音乐厅探索建立事业单位现代文化企业管理体系，将建立音乐厅管理股份公司、艺术测试中心、艺术培训中心、音乐家经纪、青年交响乐团等提上日程。

乐团自2004年以来，逐步走出困境，走出低谷，从2004年上半年全团演出收入仅41万元，到2013年乐队、合唱团完成各类演出约115场，演出收入连续多年稳定在2000多万元，经营总收入连续两年突破4000多万元，这些数字在全国交响乐团中遥遥领先。员工收入持续攀升，医疗保险（包括一份额外的商业保险），以及住房公积金等各项福利待遇也都得到保障。

企业化管理制度

【概况】 根据文化部党组指示，中国交响乐团改革重点是“实行事业单位企业化管理”，乐团根据发展需求实行全员聘任制，全体员工签约上岗；完善音乐季演出制度；加强艺术行政办公室的职能作用；执行按预算管理的财务制度；尝试“项目制”运作模式，在欧洲巡演和美国巡演经营实践中获得成功；建立乐团“荣誉董事会”制度，为社会筹融资拓宽渠道。2013年，乐团筹集社会赞助1000多万元，没有任何提成与回扣，每一分钱都进乐团账户，用在大家身上。

按照文化部统一部署，中国交响乐团成立企业化管理改革领导小组，制定《总体方案》，完善各项规章制度。

中国儿童艺术剧院

概　述

中国儿童艺术剧院成立于1956年。肩负着为广大青少年儿童提供优秀儿童戏剧的责任,肩负着儿童戏剧的继承、发展与创新的责任；在全国儿童戏剧事业中发挥着代表性、示范性和导向性作用。“让全中国的每一个孩子都能看到儿童剧”是中国儿童艺术剧院持之以恒的追求。

中国儿童艺术剧院创作演出众多古今中外的优秀儿童戏剧作品，演出足迹遍布祖国大江南北，培养了一大批从事儿童戏剧的艺术骨干，多次荣获各种艺术大奖。中国儿童艺术剧院的“中国儿童剧场”由宋庆龄题字命名，多年来为无数观众奉献多彩绚丽的儿童戏剧艺术精品。中国儿童剧场和剧场四楼的“假日经典小剧场”，双休日和节假日常年演出，大小剧场演出交相辉映，中外经典童话异彩纷呈，“逛王府井，看儿童剧”成为北京人节假日文娱生活的一个重要文化品牌。

中国儿童艺术剧院现有人员223人，其中劳务派遣人员52人；高级专业职称98人，中级职称49人。经文化部正式批准的机构设置为：管理部门7个：院长办公室、党委办公室、人事管理部、财务管理部、行政保障部、国有资产与基建管理部、离退休人员管理部；业务部门7个：合作发展部、创作部、制作部、演出部、演员管理部、舞美管理部、影视资料部；附属机构2个：中国儿童剧场和马兰花艺校。

2013年，中国儿童艺术剧院以党的“十八大”精神为指导，坚持“为人民服务、为社会主义服务”的方向和“百花齐放、百家争鸣”的方针，坚持把社会效益放在首位、实现社会效益和经济效益的统一，以创作和演出为中心，以打造中国儿艺品牌为途径，以“出精品、出效益、出人才”为目标，以改革创新精神统揽全院的各项工作，落实文化部的指示精神，全院团结一心、勤奋工作、进取、勇于探索，剧院各项建设稳步发展，走出一条具有中国儿艺特色的可持续发展之路。

创作思想

【概况】　着眼于培养社会主义事业接班人，着眼于三亿八千万少年儿童的健康成长，着眼于把中华民族优秀传统文化传承给下一代，就是中国艺术剧院创作儿童剧的指导思想。胡锦涛指出：“要实施精品战略，为未成年人提供更多更好的文化产品和文化服务”。在儿童戏剧创作和演出中，中国儿艺适应未成年人身心成长的特点和接受能力，高度重视儿童戏剧的教育作用，坚持寓教于乐，使少年儿童在自觉不自觉的参与中，兴趣爱好得到满足，思想感情得到熏陶，精神生活得到充实，道德境界得到升华。

2013年中国儿艺注重历史题材和现实题材相结合，大小剧目相结合，创排4部儿童剧。大型儿童剧《岳云》，是已故戏剧家马少波先生专门为中国儿艺创作的，也是他一生中唯一的一部儿童剧，曾于上个世纪六十年代和八十年代两度上演。年内第三度搬上中国儿艺舞台，为适应当代少年儿童欣赏趣味，采用音乐剧的表现形式，对蕴含其中的爱国主义和英雄主义的精神进行新的诠释。这是近年来中国儿艺传承保留剧目的重要举措。大型儿童剧《心愿》，取材于现实生活真实的故事，通过一个身患绝症的小姑娘梦想到天安门看升旗得到众人的关爱，在临终前捐献自己的角膜为他人带来光明的叙述，歌颂和呼唤人与人之间的互助互爱和社会的温暖。小剧场儿童剧《小布头奇遇记》原著是新中国第一部长篇童话，在国际上获奖，作者是著名童话作家孙幼军先生。中国儿艺以多媒体的新颖形式首次将其改编为舞台剧，通过诙谐、幽默、趣味盎然的情节表现，告诉孩子们在成长中要勇敢智慧。小剧场儿童剧《口袋里的中国故事》取材于流传千年、大家耳熟能详的传统故事，如司马光砸缸、孔融让梨等，通过匠心独具的编排，成为一部前后连贯的有人物有情节的舞台剧，有着出人意料、情理之中的艺术效果，适合小学校园演出。这些作品的选题体现中国儿艺在创作上的一贯追求，即艺术的高品质与多样性的统一，思想性、艺术性和观赏性的统一，传承和创新的统一。

演出市场

【概况】 完善优秀剧目轮换上演制，以北京自有大小剧场为阵地，定时、定点轮番上演保留和新创剧目，得到京城和周边地区孩子及家长们的称赞，“逛王府井，看儿童剧”成为凝聚人气的文化品牌。坚持驻场演出和巡回演出相结合，演出场次和收入再创新高。2013年轮回上演23部儿童剧，全年演出 632场，比上年增加55场。其中公益性演出88场，低票价演出350场，巡回商演194场，演出足迹遍布全国23个省、自治区、直辖市，观众达62万人次。商演收入1858万元，同比上年增长25%。在中央五部委制止奢华晚会的文件出台之后，公款支撑的演出市场表面繁荣的泡沫破灭的情况下，中国儿艺的演出没有受到影响。这是中国儿艺多年坚持“高品质、低票价”的经营策略，“面向家庭、面向学校、面向儿童”着力培育市场、培养观众的结果。

中国儿艺在面向市场进行商业演出的，不忘国家剧院对老少边穷地区孩子应当承担的责任，统筹兼顾，精心策划，用一流的艺术水准、一流的精神面貌，把最好的精神食粮献给边远地区的孩子们。2013年实施“经典儿童戏剧走进西部”、“文化下乡”、“大地情深”等项目，到乡镇、校园、社区，进行公益演出88场。3月《特殊作业》《小吉普变变变》赴云南昆明、玉溪文化下乡演出32场，6月《特殊作业》《伊索寓言》走进新疆哈密演出16场，7月《小吉普变变变》赴内蒙古多伦演出10场，9月《特殊作业》赴新疆石河子、乌鲁木齐演出16场，《小吉普变变变》赴山西娄烦演出3场，10月《伊索寓言》赴陕西潼关、华阴演出10场，180余人次参加公益演出，为8万多少年儿童送去欢乐。在孩子看来，来自北京的中国儿艺，带给他们的不仅是精彩的演出，而且是中央和文化部的关心和爱护。这样的公益演出活动对演职员也是一种磨炼和熏陶，在孩子们热情的欢呼声中，在孩子们沉浸艺术享受的眼神里，演职员们更体会到从事儿童戏剧事业的价值和意义。

举办第三届中国儿童戏剧节

【概况】 中国儿艺在中国儿童戏剧事业中发挥“导向、示范、代表”作用，坚持以重大活动为抓手，团结全国儿童戏剧院团为繁荣儿童戏剧共同奋斗，取得成效。2013年“六一”儿童节期间，由中国儿童戏剧研究会发起，中国儿童艺术剧院首次联合23家儿童剧院团开展“点亮童心 共筑中国梦”“六一”大型公益演出活动。汇聚36台剧目、近100场演出、覆盖30个省区市，通过专场公益演出、派发公益演出票等形式，邀请困难群体的少年儿童免费观看优秀剧目演出，共同打造全国性的“六一”公益演出品牌。7月12日至8月28日，中国儿艺成功举办第三届中国儿童戏剧节。该届戏剧节历时48天，共有7个国家和地区的27家儿童戏剧团体奉献45台剧目209场精彩演出，进行17项系列活动，观众近16万人次。戏剧节不仅为孩子打造多姿多彩的艺术节日，而且展示中国儿童戏剧创作成果，推进国内外儿童戏剧交流与合作，对儿童戏剧全行业的发展起到推动作用。

事业单位企业化管理改革

【概况】 中国儿艺领会中央精神，落实文化部的部署，研究形成机制改革的总目标，即按照“政府扶持、转换机制、面向市场、增强活力”的方针，引入和综合运用企业化管理的理念、方式和手段，通过内部管理和运行机制创新，建立与社会主义市场经济体制相适应，与儿童戏剧艺术发展规律相统一，面向观众，面向市场，多出精品多出人才的管理运营体制，把剧院建设成为中国儿童戏剧创作演出的最高殿堂、中国儿童戏剧艺术教育普及的重要基地、中国儿童戏剧对外交流的首要窗口。在总目标的基础上，确定改革的重点，一是按照文化部的统一要求和部署，适应政事分开、管办分离的改革方向，探索完善剧院决策、执行和监督相互统一相互协调相互制约的法人治理结构，建立健全企业化管理运行机制。二是借鉴企业人力资源管理模式，建立科学灵活、能进能出、能上能下的用人机制，实现人力资源的合理配置。三是遵循市场规律、艺术规律和公平效率兼顾的原则，探索建立以企业化薪酬体系为基础，公平公正、激励有效的薪酬制度。四是由事业单位财务和会计制度向企业财务和会计制度转变，建立科学的预决算制度，完善、细化财会科目，探索适合事业单位企业化管理的财会管理制度。

党的群众路线教育实践活动

【概况】 按照中央和文化部党组的部署，中国儿艺自7月15日开始，结合自身实际，开展形式多样、富有成效的党的群众路线教育实践活动。成立领导小组，研究部署实施方案，围绕遵守党的政治纪律、贯彻中央八项规定、转变作风、检查“四风”方面征集群众意见，形成《中国儿艺领导班子对照检查报告》。在文化部督导组的指导下，中国儿艺召开专题民主生活会，提出整改措施，实现统一思想、改进作风、增强团结、推动工作的目的。

中国儿艺党委在抓党的群众路线教育实践活动的，抓住党的自身建设不放松，提高党委解决问题的能力，增强党组织的凝聚力和战斗力，以“创先争优”为载体，发挥党支部的战斗堡垒作用和党员的先锋模范作用，为中国儿艺的稳定和发展提供政治保证。一是着力搞好领导班子建设，形成“学习、团结、有为”的领导集体。二是通过支部建设搭建职工和剧院之间的联系桥梁，动员职工为剧院建设献计献策，发挥主人翁作用。通过思想工作，化解矛盾，解决问题，维护大局的稳定。三是建立完善廉政监督制度，保证大额资金使用和干部调整符合党和国家政策要求。剧院党委引导支持工会和团委的工作，开展体育比赛及读书等活动，活跃群众生活。

科学发展品牌效应

【概况】 中国儿艺坚持科学发展，打造具有引领作用的品牌，系列品牌形象日益深入人心。品牌之一：优秀剧目轮换上演制。以坐落在王府井的中国儿童剧场为主阵地，实行定点定时演出，周周有演出，月月有活动。每个周末在中国儿艺大小剧场上演5场优秀儿童剧。和演出院线合作，每年巡回商演百余场，将优秀剧目送到全国各地。自2010年实施优秀剧目轮换上演制以来，中国儿艺共有26台新创和保留剧目演出2100多场，少年儿童观众200余万。品牌之二：中国儿童戏剧节。2011年7月首届，连续举办三届，集中外优秀剧目展演、理论研讨和丰富多彩的儿童文化活动为一体，100多部剧目争奇斗艳，近50万观众观看演出，成为展示儿童戏剧创作成果，推进国内外儿童戏剧交流合作，活跃丰富儿童暑期文化生活的重大文化活动。品牌之三：经典儿童剧走进西部校园计划。2007年，中国儿童艺术剧院开展的“经典儿童戏剧走进西部校园”公益演出，走遍新疆、西藏、青海等西部12个省、自治区、直辖市，演出近500场，使近50万西部贫困山区的孩子感受到儿童剧艺术的魅力与欢乐。品牌之四：“点亮童心，共筑中国梦”“六一”大型公益演出。2012年第二届中国儿童戏剧节期间，中国儿童戏剧研究会的多家儿童戏剧院团团体会员共同倡议，自2013年起，在每年的“六一”国际儿童节，面向城市打工家庭、低保家庭等困难家庭的少年儿童和农村留守儿童，联合推出大型公益演出活动，让他们有机会享受到艺术的熏陶，沐浴祖国的温暖，度过一个欢乐充实的节日。

中国儿艺风格特色

【概况】 近五年来，中国儿艺以年均4部儿童剧的速度推出新作品，丰富剧院的精品剧目，随时可以上演的完整剧目达到28部。这些作品具有鲜明的中国儿艺风格和特色。一是高品质。追求思想性、艺术性和观赏性的统一，追求老少咸宜，家长认可、专家点头、孩子喜欢。二是多品种。儿童话剧、歌舞剧、音乐剧、动漫剧、杂技剧，品种多样，类型丰富，各有千秋。三是系列化。中国儿艺明确三个面向的创作走向，就是面向历史、面向当代、面向世界。构成中国儿艺剧目的三个基本的系列，就是中国经典系列，如《西游记》、《岳云》就是这一类代表作。世界经典系列，如《皮皮长袜子》、《十二个月》、《卖火柴的小女孩》等；反映当代生活的原创作品系列，如《特殊作业》、《天蓝色的纸飞机》及参加2013年国家艺术院团演出季的《心愿》，等等。

四是适应性强。中国儿艺剧目创作大中小相结合，既有适合大剧院演出的气势恢宏的大型剧目，比如《西游记》，又有对舞台要求不高的中型剧目，比如《特殊作业》、《天蓝色的纸飞机》；还有可以走进社区、校园的小型剧目，比如《伊索预言》、《变变变》系列剧等。不同的舞台条件，不同的演出环境，都有相应的剧目，这样的适应性是中国儿艺的重要特色。

中国儿童艺术剧院强化培养接班人的意识，用社会主义核心价值体系作为创作与演出儿童剧的灵魂，运用少年儿童喜闻乐见、寓教于乐的各种戏剧形式，创作和演出更多更好的符合少年儿童的欣赏情趣，知识性、娱乐性、趣味性、教育性相统一的儿童剧，发挥国家儿童艺术剧院的代表、示范、导向作用。

中央歌剧院

概　述

2013年，中央歌剧院学习贯彻党的十八大精神，开展党的群众路线教育实践活动，以建设具有导向性、代表性、示范性的全能歌剧院为目标，加强艺术建设；深化内部机制改革；坚持双轮驱动，在创新艺术生产的，做大的同时做强文化产业；完善提高公共文化服务水平。全年完成各类演出130场，其中歌剧8部29场。三下乡演出3场、高雅艺术进校园演出30场、基层文化大讲堂（示范、辅导等）10余场，演出总收入3000万元。

党的群众路线教育实践活动

【概况】　剧院党委、领导班子高度重视，按照中央和文化部的部署，联系单位创新艺术生产、内部机制改革及各项工作实际，制定“关于开展党的群众路线教育实践活动实施方案”，召开全院大会传达中央和文化部精神和要求，采取党委中心组学习会、中层干部会、支部党员会等形式，学习有关文件，进行理想信念教育；通过员工投票、发放征求意见表、召开各阶层座谈会，向文化部各司局、直属单位发函及班子成员间相互谈心等多种渠道征求意见、查找问题，受到广泛好评。

11月13日，院领导班子召开专题民主生活会，邀请剧院基层党支部、工、青、妇、政协委员、民主党派、中层干部代表列席。文化部督导组对剧院班子整体、每位成员的对照检查报告及开展的批评与自我批评给予高度评价：一是规定动作到位，自选动作务实，会前准备充分；二是自我剖析深刻、相互批评诚恳，会议质量比较高；三是整改方向明确，整改措施得当，会议成果丰富。

内部机制改革

【概况】　剧院领导班子坚持以中国特色社会主义理论为指导，以科学发展的姿态，围绕发展艺术生产中心任务，按照“国家扶持、转换机制、面向市场、增强活力”的原则，把握“出作品、出人才、出效益”这个根本任务不放松，树立与社会主义市场经济体制相适应的发展理念，按照现代企业管理的要求，从“发展经济、繁荣艺术”起步，面向国内外市场按照企业生产流程创新剧目生产经营机制；实行全员聘任、完善人才培养、激励机制；借鉴企业分配制度；坚持文化事业与文化产业双轮驱动等方面进行探索。

【创新剧目生产经营机制】　提升剧目艺术水准，减少排练、制作、合成、装台等程序的周期，提高效率，降低成本，数台剧目可同期生产、演出。9月，演出3部歌剧（5场），1场国际提琴制作获奖音乐会和建国64周年交响音乐会；10月演出歌剧、音乐会24场，取得显著的社会和经济效益。

【实行全员聘任和岗位目标管理】　年内剧院对所有在岗正式编制人员完成聘任，做到全体演职员工无论是否在编一视同仁，全员聘任，同工同酬，激发演职员的工作性。

【借鉴企业分配制度】　坚持按劳分配，以创造直接（间接）效益、效率等因素为基准进行分配制度改革。改革时，一线演职员先行，行政与院领导在后。员工收入连年递增。2013年在演出市场严峻的形势下，剧院将乐团、合唱团排练工时费增至1600/月，歌剧团主演达20000元一场，行政人员月收入普增1200元。

【青年演员崭露头角】　2013年，剧院青年演员阮余群荣获政府文华表演大奖，青年演员徐祥荣获国际声乐比赛一等奖，青年演奏员侯文涛荣获国际弦乐比赛低音提琴金奖，剧院青年指挥家朱曼应邀赴澳大利亚指挥维多利亚交响乐团演出新年音乐会，一大批优秀青年人才在演出剧目中担纲重任，崭露头角。

【打造品牌团队，提升舞美设计制作能力】 交响乐团2013年参加歌剧、各类音乐会105场，受到中外指挥、艺术家的称赞，是一支特别能战斗的队伍。

年内组建的百人合唱团成为业内公认的品牌团队。该团独立走市场，策划3轮“保利院线”合唱音乐会，途经9省17市演出17场，完成建团以来首次单独巡演，受到广泛赞誉。

建设成形的舞美设计制作中心和舞美工厂在能够独立完成本院各类剧目的设计、制作、生产的基础上，具备承接国内外各类演艺活动设计、制作能力。年内承接西藏歌舞团大型歌舞“魅力西藏”布景、道具制作，北京歌舞剧院赴澳门演出100套服装制作，及中央音乐学院歌剧《阿依达》全部舞美、设计制作。

【文化惠民】 1月，剧院应邀携为浙江鄞州量身定做的大型音乐诗画歌剧《鄞地九歌》赴鄞州演出，期间，剧院领导、艺术家两次在基层开设“文化大讲堂”，院长俞峰上台讲座，艺术家现场示范，创造“国家院团下基层、群众文化上殿堂”的互动模式。

3月，剧院向祖国海疆最南端海南省三沙市守岛官兵赠送价值百余万元演艺设备，在西沙建立基层文化服务基地，树起中央歌剧院的旗帜，受到守岛官兵及文化部领导的欢迎和赞赏。

10月，经再度创作修改的大型音乐舞蹈史诗《复兴之路》音乐会赴安徽、四川地震灾区演出4场，受到蔡武的表扬，并给予支持和帮助推广。

执行三部委高雅艺术进校园任务，剧院组团赴甘、陕、吉、辽、湘、赣、皖、豫8省30所院校演出30场，“三下乡”演出3场，观众达45000余人。

2013年，剧院以院长亲自挂帅陆续派出合唱团、导演、知名演员先后在京和赴浙江、新疆等地学校、文艺院团和基层文化馆举办“基层公共文化服务大讲堂”，进行歌剧艺术讲座、音乐欣赏讲座、声乐授课和示范演出，受到校园师生、基层文化工作者及音乐爱好者的好评。

剧院为“我的音乐厅”项目完成二期录制工作。

【文化事业与文化产业双轮驱动】 坚持“以文养文”的发展思路，以文化事业推动文化产业，以文化产业反哺艺术生产，取得显著成效

1．为贯彻落实中央“建立国家艺术院团基层联系基地”精神，中央歌剧院选择辽宁省东港市，建立“中央歌剧院（东港）基层文化联系基地”。

2．完成文化部科技创新项目《数字化舞台技术研究》的结项验收。项目获得文化部领导及现场评审专家的一致好评。

3．与跨国企业正大集团签署合作协议，重点发展数字化舞美与城市数字化景观科技产业。与中央歌剧院的合作，是正大集团25年来再次涉足文化领域的首选合作单位。

4．研究开发《舞台数字化多维空间技术》《中国舞美产业网》项目，被选为文化部重点扶持项目，两个项目最终为剧院申请文化产业专项扶持资金400万元。

5．与中国卫通集团航天数字传媒有限公司签署《公共文化传播卫星专属网络服务平台》合作协议，搭建央企共同打造国家主流文化新型传播平台。

6．在“第十届中国艺术节演艺产品交易会”上，国务院副总理刘延东、文化部部长蔡武及山东省领导，对中央歌剧院青岛“数字化舞美科技应用产业基地”研制的《数字化舞台监督监控指挥调度系统》给予高度评价。授予中央歌剧院优秀展示奖。

7．将自主研发的《数字化舞台监督监控指挥调度系统》成功应用于人民大会堂2013年国庆晚会中。

参加国家艺术院团演出季

【概况】 2013年，中央歌剧院以原创歌剧《红帮裁缝》、瓦格纳歌剧《女武神》、威尔第歌剧《游吟诗人》（音乐会）三部剧目参加国家艺术院团演出季。

原创歌剧《红帮裁缝》由中央歌剧院与宁波市演艺集团有限公司联手打造，是继上年成功为全国公共文化服务体系示范区——宁波市鄞州区创作演出大型音乐诗画《鄞地九歌》后又一部反映地方历史、人文、发展的舞台综合剧。文化部副部长董伟出席该剧新闻发布会并讲话，他强调文化部对中央歌剧院艺术创作的重视和支持；肯定剧院在舞台艺术创作生产中注重弘扬民族精神和地域文化发挥的导向性、代表性和示范性作用；对剧院与宁波采取的央地合作，优势互补、接地气的合作方式表示赞赏和期待。该剧于5月21、22日在宁波成功首演，26、27日赴上海巡演，9月14、15日在京参加“演出季”。

经典歌剧《女武神》是中央歌剧院在中国成功首演号称歌剧航母《汤豪塞》之后，在瓦格纳诞辰200周年之际再度倾力打造的精品力作。此番，剧

院发扬自主创新精神，整台剧目从指挥、导演、演出团队、舞台美术设计、制作等均由剧院独立完成，开创自我主创、自我演绎、自我设计制作的新局面，是剧院对自身综合实力的自信表现。

经典歌剧《游吟诗人》是中央歌剧院为纪念威尔第诞辰200周年而推出的又一歌剧精品。该剧11月回到作曲家的故乡意大利演出，这次演出是音乐会版。剧院将这次演出当作出访前的前哨攻坚战，从指挥的整体把握、导演的处理手段、演员的艺术功力、不乏亮点，均保持非常投入的精神状态，给观众以美的享受。

国家艺术院团演出季评委在文化部专题研究会上评价“中央歌剧院不愧为中国最具实力、最强的歌剧院，体现国家最高水平”！蔡武亲临剧场观看《红帮裁缝》和《女武神》两部歌剧；励小捷、董伟观看《红帮裁缝》。部领导对中央歌剧院在艺术创作中勇于承担、善于创新，发挥导向性、代表性、示范性精神给予肯定。

举办第五届国际歌剧季

【概况】 2013年中央歌剧院第五届国际歌剧季从3月9日启动，分别在北京、浙江、上海、意大利演出包括7部中外歌剧在内的20台剧目共31场。该届国际歌剧季亮点：

传统歌剧畅想中国梦

以《白毛女》作为歌剧季的开篇，宣传以爱国主义为核心的民族精神；以创新改版大型音乐舞蹈史诗《复兴之路》音乐会赴川、皖巡演宣传党和国家奋斗历程和中国梦。

原创歌剧《红帮裁缝》

该剧是中央歌剧院肯于“接地气”被称为“高雅艺术与地方建设、发展相互融合、相互促进的样板”。它为推动地方全方位发展、推动基层文化建设搭建广阔的平台，所起的作用得到文化部和当地领导的一致认可。

歌剧《图兰朵》走进高校

歌剧《图兰朵》走进清华校园示范演出，侧重歌剧普及、培育歌剧知音，体现剧院注重长远发展的战略性思维。

歌剧《女武神》

歌剧《女武神》彰显中央歌剧院能够独立制作成功上演世界任何歌剧剧目的综合实力，结束中国男高音无人能唱瓦格纳歌剧和上演“指环”系列歌剧的历史。

承办新中国成立64周年大型交响音乐会《祖国颂》

这是五部委下发坚决制止豪华演出通知后剧院执行的首个政府项目。剧院贯彻执行《通知》精神，既保证晚会艺术质量，又注重节俭。成功的演出受到各方称赞，国务院副总理刘延东请文化部副部长董伟转达对中央歌剧院全体演职员的祝贺和感谢。

国际合作交流

第五届国际歌剧季中与意大利指挥合作的《安魂曲》、与世界著名男高音歌唱家卡雷拉斯合作的音乐会、与世界著名男高音歌唱家多明戈合作的交响音乐会、马勒作品音乐会、贝多芬作品音乐会、歌剧GALA音乐会，剧院艺术家赴俄罗斯与麦克罗沃爱乐乐团合作演出歌剧《图兰朵》，歌剧《游吟诗人》应邀赴意大利罗马为纪念威尔第诞辰200周年的演出等，体现中央歌剧院作为国家歌剧院，保持创造性、开放性、国际性的发展理念，担负发展民族文化和国际间合作交流的重任。

承办文化部第十七届全国音乐作品（合唱、室内乐）评奖和获奖作品音乐会。

剧场建设

【概况】 中央歌剧院剧场建设项目得到文化部党组、部领导、各相关司局和国家发改委及地方政府的支持，现完成设计方案，完成上报剧场建设可行性研究报告。剧院领导、相关部门做好建设前期各项筹备、准备工作，计划于2014年1月全面开工。

中央芭蕾舞团

概　述

2013年，为践行“芭蕾中国梦”，中央芭蕾舞团全体演职员齐心协力，攻坚克难，创造成绩。剧团全年创作4部芭蕾新作，古典芭蕾、现代芭蕾质量更高；推出151场演出，惠及30多万观众，社会公益、经济效益兼顾更好；携2部经典舞剧赴国外巡演，举办“首届中国国际芭蕾演出季”活动，更大“请进来”和“走出去”力度；深化管理体制改革，调动全团积极性践行“芭蕾中国梦”。

艺术创作

【概况】 2013年，中芭多部颇有新意和分量的新作涌现。全年共编创四部芭蕾新作，其中包括：1部年度大戏《堂•吉诃德》，1部现代作品《春之祭》，1部“芭蕾创意工作坊”作品《波莱罗》，以及1部“演员年度考核”作品《华尔兹》。

巴黎歌剧院纽里耶夫版《堂•吉诃德》，是业内共知技术最难、戏剧性最强的舞剧之一。在对该剧进行全方位重新打造和排演的过程中，中芭排练者强调其民族色调和喜剧风格，强调刻画其平民化人物性格和心理活动，在舞蹈动作中赋予人物生活情趣；做到戏中有舞、舞中有戏，随处点缀生动活泼的感情交流细节。该剧群舞场面主体突出，层次分明，舞段富于雕塑感、韵律感和生活气息。表演者从内到外准确而丰满地展示了其强烈的西欧历史文化特征和戏剧性。

《春之祭》这部现代芭蕾舞作的表现同样不俗。编创者从传统芭蕾舞蹈中汲取丰厚营养，而后创新再生，用全新舞台构成理念和空间处理方法，深刻挖掘人类精神世界多样性，提供非常新鲜的视觉审美体验。创作者艺术手法使用娴熟，对现代精神和时代感的把握准确有力。舞蹈肢体语言现代，采用意象富有诗意，群舞、双人舞和独舞的情景设计和技巧展示体现出一种张弛有度、疏密有致、刚柔并济的现代美学风格。这部由音乐史上极具份量的经典作品改编而成的芭蕾舞作，由交响乐团现场伴奏，与另外两部具有同样份量和难度的现代芭蕾作品同台表演，是对中芭综合实力的一次全方位考验，促使其提升驾驭高难度作品的能力。

以“温故•知新”为题，意在“推陈出新”的“第四届workshop芭蕾创意工作坊”及“2013演员年度考核汇演”再次释放年轻一代中国芭蕾舞蹈工作者的艺术创造性，两部新作《波莱罗》、《华尔兹》的舞台呈现较以往成熟，有多流向发展趋势。创作者以贴近现实生活和与时代脉搏息息相关的创作态度，广泛吸收各类舞蹈语汇，应用舞台空间心理化的处理方法，灵活创造和运作舞蹈舞台空间，利用灯光分区切割、舞段对比切割、舞蹈动机切割等手段，高速变换舞台呈现，迅速接近作品主旨。在创作过程中，编创者注意到人类心理活动的典型化细节特征，以心理态势决定作品走势，以人类心理活动的典型外化行为细节作为安排作品结构的支点，展现极富个性的艺术追求。

演出推广

【概况】 2013年，中芭全年共推出14台芭蕾剧目，22场独立交响音乐会，共计151场演出，创历史新高，观众达30多万人。其中，公益演出51场，约占总演出量的1/3。在艺术完整性、舞台呈现、票房收益、社会效益诸方面，各类演出均有上佳表现，获得社会广泛赞誉。作品、演员在多次重大比赛和评奖活动中斩获殊荣。

《堂•吉诃德》、《春之祭》、《波莱罗》、《火鸟》等新作演出效果极佳，广受社会各界好评。其中

《堂•吉诃德》被国际级芭蕾大师努埃尔•勒格里赞誉为世界一流水准，得到中央领导和其他专业人士好评，《波莱罗》获得“舞蹈界奥斯卡奖”之称的“Benois de la Danse”国际芭蕾舞艺术节提名。《红色娘子军》、《大红灯笼高高挂》、《小美人鱼》、《过年》等优秀剧目展示国家大团的气势和综合实力。“workshop芭蕾创意工作坊”和“追梦——演员年度考核汇演”等活动，让观众感受到中国芭蕾年轻创作团队的朝气和才华，以及中国芭蕾表演新生代的活力。在完成芭蕾舞剧音乐现场演奏任务之外，中芭交响乐团还在北京、长沙等地独立举办了各类交响音乐会，赢得口碑，创造业绩。

中芭始终坚持社会效益第一，践行党的群众路线教育实践活动，开展文化惠民公益演出：“高雅艺术进校园”演出横跨8个省（直辖市、自治区），32所高校；文化部“三下乡”演出，义务远赴闽东苏区慰问先烈后代；“优秀保留剧目”全国巡回演出，为数万基层百姓及革命老区群众送戏上门；《阳光下成长•与芭蕾共舞》联欢活动，为在京近2000名流动青少年演出庆祝“六一”儿童节，为西城区残疾人举办公益慰问演出；参与“大地情深”国家艺术院团志愿服务走基层文艺展演；选派优秀芭蕾教师深入北京部分中小学、泸州芭蕾艺术教育基地，开设芭蕾欣赏讲座和芭蕾体验课程；在四川雅安发生地震后，中芭第一时间举办“赈灾义演”，将演出收入捐给雅安中学，邀请雅安灾区师生“走进中芭”参观、交流。

除开展公益演出活动外，中芭还以“低价门票”、“保障性门票”等方式，在商业演出中实施公益惠民措施。在“首届中国国际芭蕾演出季”4万余张公开销售的门票中，50至100元低价票达12000张，约占门票总数的30%。为让老百姓看到演出，中芭与几十个街道、社区管理人员共同探讨、制定出“保障性门票”推广措施，将惠民票送到条件困难、有观看芭蕾愿望的老百姓家中，帮助其实现梦想。

2013年，中芭多部作品、多位演员在国内重大评奖活动中取得佳绩，得到党和政府以及社会各界的肯定和鼓励。贺岁芭蕾《过年》亮相第十届“中国艺术节”，获“文华优秀剧目奖”；表演者张剑获“文华表演奖”，盛世东获“优秀表演奖”，冯英作为舞蹈编导之一获“文华编导奖”。在“第七届全国电视舞蹈大赛”中，现代芭蕾作品《天黑请闭眼》、《那里》包揽该赛事芭蕾舞作品金、银两项大奖；舞蹈演员张镇新获芭蕾舞组最佳演员奖。剧团首席王启敏获“华鼎奖——中国最佳舞蹈女演员”奖；年轻演员邱芸庭、武思聪获“第二届北京国际芭蕾舞暨编舞比赛”金奖；曹舒慈获2013年“全国艺德标兵”称号，另有 14位演员和3个剧目在“国家艺术院团演出季”中获奖。

对外交流

【概况】 2013年，中芭加大“请进来”和“走出去”国际文化艺术交流力度，重视与国际芭蕾名团及著名芭蕾艺术家的交流，面向国际主流观众，加强国外市场开拓，以高质量剧目创作和表演赢得世界赞誉，巩固中国芭蕾品牌的国际影响力。

2月底至3月初，中芭携两部经典舞剧——《大红灯笼高高挂》和《天鹅湖》赴加拿大蒙特利尔艺术广场剧院和温哥华伊丽莎白皇后剧院进行9场演出。10月，携《红色娘子军》和《天鹅湖》远赴法国巴黎，为中法建交50周年纪念活动预热造势，进行10场演出。两次出访，中芭在“开拓主流渠道，亮相主流平台，吸引主流社会，影响主流媒体和规范化国际商演运作”的“四主一商”对外文化交流模式下，以高质量演出，增进加拿大和法国观众对中国芭蕾的了解。其演绎古典芭蕾的实力和原创中国芭蕾的独特风格使国外观众产生由衷赞叹。演出反响热烈，引发轰动。

国际巡演期间，中芭还面向加拿大和法国巡演城市的当地青少年，举办“芭蕾•中国芭蕾•中国文化”系列讲座，用芭蕾这一艺术媒介开展更为广泛的国际文化交流，促进中国国际人文地位的提升，彰显中国的文化大国底蕴和气势。

为庆祝天桥剧场建成60周年，2013年11月初至12月底，中央芭蕾舞团主办，中芭演出公司和天桥剧场承办了“首届中国国际芭蕾演出季”活动。在历时两月中，来自中国、美国、法国、德国、英国、俄罗斯、澳大利亚、韩国、瑞士、乌克兰等10多个国家的近20个芭蕾舞团，为中国观众带来《罗密欧与朱丽叶》、《海盗》、《卡门》、《阿莱城的姑娘》、《吉赛尔》、《夜宴》、《海盗》、《小美人鱼》、《简爱》、《胡桃夹子》、《天鹅湖》、《过年》、《芭蕾精品荟萃》等14台大戏、37场演出，以及若干场芭蕾大师课。

演出季为中国芭蕾搭建了与国际同行切磋技艺的平台，繁荣中国文化市场，推动国际文化艺术交流。

6月7日，中芭在北京大学百周年纪念讲堂举办了《经典芭蕾“三合一”专场演出》，为“中法文化之春”活动再添新功，也为2014年庆祝“中法建交50周年”纪念活动奠定基础。中芭艺术家表演了古典芭蕾舞剧《堂•吉诃德》二幕片段《梦幻王国》、现代芭蕾作品《火鸟》，以及法国著名编导本杰明•米勒皮耶创作的《萨拉班德男子四人舞》，受到中外观众的喜爱。

2013年，中芭优秀演员马晓东、王晔、孙瑞辰、徐琰、周兆辉、刘琪等先后应邀“走出去”，赴国外进行客座演出，向世界展示了新时期中国年轻一代艺术家的风采和活力；为提升演员、教员艺术水准，中芭有针对性地“请进来”14位专家，进行教课、排练或合作创作，为剧团带来了专业精湛的技术技巧和严谨高效的艺术工作方法。

深化改革

【概况】 2013年，中芭领导班子落实中央领导支持该团更好发展的有关讲话和批示精神，组织专题小组进行调研，客观论证，使若干涉及剧团发展的重大事项决议有理论依据。在党的群众路线教育实践活动中，团领导班子及各部门多次召开民主生活会，开展批评与自我批评，对照"四风"问题开诚布公，听取意见。

年内，中芭推动事业单位企业化管理的探索：一是在内部事务管理上，增加管理流程设计，提高整体工作效率；二是在人事管理上，增强现代企业管理理念，细化“符合岗位特点”的考核，对管理人员实行“季度绩效考核办法”；三是在收入分配上，力推现代企业“多元化年薪制”；四是在财务管理上，探索成本核算机制和不同效益目标评估机制的建设。

2013年，中芭应对国内演出市场变化，转变发展思路，开拓新渠道，将芭蕾艺术普及推广与党的群众路线、“我们的中国梦——文化进万家”等思想教育活动紧密结合；培养、树立服务意识，加大服务社会力度，注重“小微力量”的培养，积极利用在线咨询、微博、微信等互联网手段和工具，与社会大众紧密联系、广泛沟通，积极宣传、推广剧团文化产品和艺术产业，赢得较好效益。

中国美术馆

概　述

2013年，中国美术馆提高公共文化服务水平，促进专业建设，围绕落实中央“八项规定”，转变工作作风，取得新的成效。

建馆50周年活动

【概况】 2013年，中国美术馆迎来建馆50周年华诞，以展现“人民的美术馆”为主题，以精品展览为主线，打造综合立体的“馆庆年”效应，从年初到年终形成好展，精彩纷呈的展览格局，为广大公众和全社会提供文化大餐。全年共举办各类美术展览112个，其中自主策划与参与主办的展览40余个。其中“20世纪中国美术之路：与时代同行”大型藏品展，从10万件馆藏中精选666件代表作品，配以400余份文献资料，吸引公众20余万人（次），公众问卷调查赞誉度达80%以上。办展规划更具科学性与针对性，在学术策划、品牌推广、教育拓展、便民服务等方面全面提升展览的综合质量，精心打造高雅且具有强烈时代精神的品牌展览。其中自主策划的主题大展包括：“群珍荟萃——全国十大美术馆馆藏精品展”、“翰墨传承——中国美术馆癸巳新春楹联书法大展”、“20世纪中国美术之旅——留学到苏联”等。突出自身的学术定位，加强展览展示设计，使观众常进常新，获得新颖的艺术体验。

公众共享美术馆艺术资源

【概况】 通过常规收藏和专项捐赠构建国家美术收藏序列，全年完成收藏和获得捐赠的作品共计1305件，与上年相比有所增长。2013年是“国家美术收藏和捐赠奖励专项计划”的第十个年头，十年来，中国美术馆按照专项资金设立的主旨，累计完成77个项目，接收捐赠作品1万余件。年内落实11个专项捐赠项目，举办捐赠展6个，共计作品841件。其中“静山远韵——郎静山摄影艺术特展”开启中国美术馆收藏20世纪摄影艺术名家名作的先河，成为海峡两岸同根同源，深情厚谊的友好见证。

加强藏品管理制度体系的建设和专业人员学术研究能力的培养，加快典藏工作专业化步伐。重新编制《中国美术馆藏品管理办法》、《中国美术馆藏品库房管理规定》、《中国美术馆藏品数据管理办法》，完善藏品外借及藏品图片使用工作流程和借展协议文本。加快藏品数据库的建设工作，新拍高质量藏品图片1500张，参与全国美术馆藏品普查著录标准文件的起草工作。

提高藏品研究能力，发挥藏品作用，推动国家美术资源普遍惠民。自主策划“馆藏刘岘版画作品展”、“馆藏路德维希夫妇捐赠国际作品选展”、“馆藏水彩风景作品展”、“馆藏邓伟肖像摄影作品选展”、“20世纪中国美术之旅——走向西部”等。推动藏品走出去，文化资源惠及基层。在吉林延边博物馆举办“纪念韩乐然先生诞辰115周年——韩乐然绘画作品展”，在大连博物馆举办“共和国美术之路——中国美术馆藏品选萃”。为配合兄弟美术馆的展览和研究需要，全年藏品出入库次为6246件（次），图片使用5500余张（次）。

推动藏品保存修复，借鉴国内外先进技术与理念，筹建油画修复工作室建设项目，各项要求指标达到国内一流水平。筹备“国家美术藏品保护与修复示范中心”项目，完成《构建国家艺术品保存修复示范中心（油画部分）初步方案》，邀请国内外业界专家，召开项目预备会与研讨会，形成《国家美术藏品保护与修复示范中心申报与评估办法》，在藏品保存修复理念上走在全国美术馆界的前列。

创新服务

【概况】 提升科技与艺术相结合的能力，以数字技术拓展美术馆的业务建设与服务覆盖面，在媒体资讯、虚拟展厅、资源共享、反馈机制等方面，为公众提供更加便捷、高效、优质的文化服务。专门设置观众免费WIFI和二维码的作品简介，更新触摸屏的展览资讯，对中国美术馆网站进行改版充实。为保障观众安全，专门购买《中国美术馆公众责任险》；对服务台、问询处、存包处进行改造，完善功能。结合展览举办"中国美术馆艺术讲堂"、"艺术家教我来创作"，"少儿书法邀请展"等形式新颖的艺术教育活动，创造观众与艺术家沟通、与作品对话的机会。

配合文化部、中央文明办开展的"文化志愿者基层服务年"活动，突出示范引导，打造志愿者文化服务品牌。培训志愿者教员队伍，开展"十佳志愿者"评选活动，提高志愿服务工作的性；参与"大地情深"国家艺术院团（馆）志愿服务走基层活动，先后与银川美术馆、长春市图书馆合作，举办四场公益讲座，延伸美术馆学术资源的基层惠民服务；开展与台湾地区美术馆志愿者工作双向交流，取长补短，共促两岸艺术博物馆教育发展；成功举办2013"志愿者与美术馆公共文化服务"年会暨"美术馆志愿者管理"工作坊，建构起美术馆界志愿者工作的交流平台。

强调分众定位，细化服务对象层次。针对儿童开展"我在美术馆画画"，针对专业人士举办学术讲座，针对大学生组织"体验中国美术馆"主题参观交流活动，针对普通成人举办艺术沙龙、艺术讲堂。走出美术馆，将教育活动办到社区、学校，组织残疾人、农民工等群体的专项公共教育活动，体现美术馆的人文关怀。全年共举办各类公共教育活动近百场，直接服务观众约10万人次。

对外及对港澳台的艺术交流

【概况】 中国美术馆坚持面向世界传播中国美术，成为中外美术交流的重要平台和窗口。年内组织策划赴外展览有"影叙千秋——中国美术馆藏皮影艺术精品展"、"@WHAT——中国艺术新一代"、"相生、共存、希望——中日韩三国书法展"、"李岚清篆刻书法艺术展"（韩国展）。在中国与西班牙建交40周年的框架下，策划"新境——中国当代艺术展"赴西班牙马德里展出。配合中俄旅游年，策划"大器玩成：中国美术馆藏民间玩具精品展"赴莫斯科展出。

中国美术馆坚持推介台湾美术家的优秀作品，年内举办"美丽台湾——台湾近现代名家经典作品展"，与台湾美术馆合作"海峡两岸当代艺术展"，每两年举办一次，发展为两岸当代艺术交流中规模最大、最具专业水平的品牌性项目。2013年的展览以"交互视象"为主题，先后在台湾和大陆举办，加强两岸美术馆在学术与业务的交流对接。

与国际美术馆界开展学术交流，增进不同文化间的对话。全年安排接待外事参访、业务洽谈等近300人(次)。包括奥地利MAK馆长、法国奥赛博物馆执行总监、美国费城艺术博物馆馆长、美国芝加哥艺术博物馆馆长、法国吉美亚洲艺术博物馆馆长、中东欧国家博物馆馆长访华团、德国鲁尔区博物馆馆长访华团等，与广东美术馆主办"亚洲美术策展人"论坛，参与筹办"第七届亚洲美术馆馆长论坛"。通过学术对话和扩大共识，中国美术馆在国际交流的深度和广度以及文化交流的思想内涵方面不断深入。

工作作风建设

【概况】 结合实际，制定《美术馆关于改进工作作风和厉行节约的规定》。精简展览开幕式，减少馆领导出席社会活动开幕式，控制会议数量规模和经费，节约和多次利用办展材料，执行公务接待标准，精简文件编发，规范画册出版管理，从严控制因公出国出境。

加大人才队伍建设，加强培训；推进制度建设，统筹全馆各部门加快制度的完善与修订；档案管理工作有序推进；政务文书、会议组织及日常管理工作规范；数字美术馆建设效果明显；新闻宣传工作热点突出；国有资产管理更加规范；馆所维护及时有效、各项设备设施安全正常运转，无事故发生；新馆建设加快推进设计优化，完善功能设计；关心离退人员、落实待遇，开展多样的工会活动，丰富职工文化生活；全年接待观众约105万人(次)。其中接待298个团体预约参观，团体参观人数近4万人(次)，重大节日期间安保工作保障有力。

党的建设和反腐倡廉建设

【概况】 按照中央和部党组的统一部署，组织开展群众路线教育实践活动，馆党委和领导班子高度重视，成立活动领导小组，研究制度《实施方案》，按照“照镜子、正衣冠、洗洗澡、治治病”的总要求，以为民务实清廉为主题，以贯彻中央“八项规定”为切入点，聚焦“四风”学习调研、听取意见，查摆问题、开展批评，班子民主生活会坦诚相见，在解决制约该馆事业科学发展的突出问题上形成共识，推进整改方案的落实。

加强学习型党组织建设，创新学习形式，丰富学习内容。围绕学习贯彻党的十八大精神，举办党员轮训班，开展专题讲座，把党员的思想统一到中央精神上来。结合教育实践活动的开展，为全体党员订购学习资料、组织观看专题辅导，增强广大党员对教育实践活动的理解和认识。

以党的群众路线教育实践活动为契机，加强对各支部工作的指导，督促各支部根据自己工作特点开展学习和教育活动，通过专题组织生活的形式，检查整改“四风”方面存在的问题。做好党员发展工作，加强在专业技术人员和青年职工中的培养工作，年内完成3名预备党员的转正工作。

按照文化部2013年党风廉政建设工作的总体部署，结合该馆工作实际，把加强制度建设、加强监督检查作为工作重点。2013年，纪检参与全馆涉及人事、业务、经费开支、政府采购、工程建设等事项的监督工作近30项。开展廉政文化建设，在干部职工中注重培育“诚实做人、干净做事”的廉政理念，营造爱岗敬业、奉公职守的工作氛围。通过举办具有思想性、艺术性主题展览和公共教育活动，让公众在参观美术展览中获得知识和美育，陶冶情操、净化心灵，促进具有美术馆特色的廉政文化建设，被文化部授予“廉政文化教育基地”。

中国国家画院

概　述

2013年，中国国家画院主办、承办多项在全国乃至世界范围内产生重要影响的展览、研讨会等学术活动，在教学培训、收藏、外事交流以及基础设施建等方面也取得颇多成绩。

党的群众路线教育实践活动

【概况】　根据文化部党的群众路线教育实践活动总体阶段安排和规划的内容要求及按照《文化部党的群众路线教育实践活动查摆问题、开展批评环节实施方案》的部署要求，中国国家画院领导班子按阶段安排、学习、谈心，查摆领导班子及成员在落实中央“八项”规定、执行党的政治纪律、反“四风”规定等方面存在的突出问题。院长杨晓阳对该院学习党的群众路线教育实践活动亲自制定各阶段具体学习内容、安排时间。按照文化部等上级领导要求，按照步骤执行，召开民主生活会，对发现的问题进行逐一整改落实。

创作、研究

【主办承办多项大型美术展览】　2013年，该院以“六大题材美术创作工程”、“写意中国”、“第十届中国艺术节美术作品展”、“新中国美术家”等学术活动为代表，先后在国内、外主办承办多项美术展览活动，在美术界和社会引起广泛反响。

【开展学术研究】　1. 各项国家级科研课题进展顺利

包括《中国画院史》、《中国现代美术史》两项国家重点课题在内的共七项科研课题正在进行。《中国画院史》年底完成初稿进行论证，《中国现代美术史》在年底结题。新立项课题《写意论》开始启动实施。

2. 月度学术日活动

自2011年起，学术日每月举行一次，全院专业人员参加，围绕六大题材美术创作工程，中国当代美术创作、研究发展现状，中华文明历史题材创作，古代画论翻译工程等议题进行讨论，增强国家画院学术研究的风气和氛围。

教学培训

【概况】　在人事部、文化部等相关上级单位的指导和支持下，该院完成博士后工作站的申办工作。3月底向文化部正式上报博士后设站申请，5月完善推进博士后工作站的设站工作；8月底经过全国博士后管理委员会的评审正式批准设站；11月1日收到人事部授予的铜牌，将于11月底举行“中国国家画院博士后科研工作站”挂牌仪式。

6月，分别举行文化部2012全国画院专业人员高级研修班（山水、人物画）成果汇报展、2012山水画高研班结业作品展、2012花鸟、人物画高研班结业作品展相继出版画册。国家画院现有名家工作室30余个，学员300余名，成为全国美术高端人才培养的重要阵地。

收藏工作

【概况】　2013年在国家画院收藏经费相对有限的情况下，探索实行以展代藏、以捐代藏等多元收藏方式。完成收藏包括龙瑞、崔振宽、郭全忠、王迎春、杨力舟等12位名家的大幅作品（丈二尺）十余件，包括雕塑全国师生展参展作品十余件。收藏故著名花鸟画家冯今松精品累计100平尺。年内中国国家画院累计收藏花费900万元，收集数量多、质量高、价值大的艺术精品，为国家留下宝贵的艺术财富。

外事及文化交流

【概况】 2013年，在文化部支持下，该院设立外事办，调入有丰富经验的工作人员，解决困扰全院外事发展的难题。

【与文化部外联局和对外友协合作】 先后组织艺术家出访美国、印尼、泰国、毛里求斯等国举办展览，进行采风写生活动，提升中国文化艺术的知名度和影响力。

【与美国子午线艺术中心建立友好合作关系】 酝酿签署3年合作计划，互派国内顶尖艺术家联合创作、展览、采风等，对促进中美文化交流将产生影响。

【责成美术研究院】 在全世界范围内聘请15位著名艺术家成为该院的特聘研究员。由外事办负责，挑选10家世界顶尖艺术机构，与该院建立友好合作。

【在纽约设立中国国家画院美国创作中心】 9月揭牌；在巴黎设立中国国家画院法国创作中心，12月10日揭牌。两个中心的建立将把中国文化以及国家画院的影响力辐射到欧洲和北美。

【与国外著名艺术家、艺术机构代表交流】 包括美国大都会博物馆亚洲部主任，《美国艺术》杂志主编，德国美术家协会主席，法兰西艺术院油画院院长、法国美术家协会主席等。

艺术信息和媒体

【概况】 2013年《中国美术报》的申报工作正在进行，信息中心在人员业务上做着前期准备。推动该院信息化建设，争取上级部门资金支持，推进该院公共信息发布平台建设、网速提升和无线网络开通等。

院刊《中国国家美术》、《中国国家画廊》，市场定位准确，一本偏向学术性，一本关注市场前沿，实行“理事会”制度，在解决办刊经费的，提升刊物的艺术质量，紧贴艺术市场，获得广泛好评。

争取专项资金，全面完成该院官网改版工作；通过微信等新媒体形式加强学术形象宣传推广工作。

国家画院《中国国家画廊》杂志继续立体办刊思路，办好“一人一品•《中国国家画廊》年度学术邀请展”品牌活动，尝试全国巡展，扩大杂志的品牌影响力。

人事及建章立制

【人事工作】 2013年调干4人，接受毕业生1人，落实北京籍户口。完成2013年度职称评审工作。该院共推荐7人。完成2013年度因公因私出国（境）人员审批工作9人、次，办理因公、因私护照。

【建章立制】 完善财务管理制度、人事审查制度和绩效考评制度，以及规范用车、用餐、加班等，2013年，该院以院内各职能部门为单位，分别完善规章制度，上报院办和人事处，统一完善后制定中国国家画院的规章制度和准则。

【推行“首问负责制”】 在院内推行首问负责制，在接待上级领导、业务单位或个人过程中，要增强责任意识，不能敷衍了事。有任何问题问到谁，都有责任一管到底，解决不的要引导到相关负责人处理。实行以来提升国家画院的工作效率和部门形象。

财务管理

【概况】 建立健全国家画院财务管理制度贯彻好文化资金的使用情况：

10月院财务处制定出财务规章制度：《中国国家画院财务管理办法》；《差旅费管理暂行办法》；《交通费报销单》；《公务接待费报销单》；《中国国家画院财务处职责范围》；《财务处长的岗位职责》；《会计岗位职责》；《出纳岗位职责》等内部管理办法，做到有法可依，有章可循。

国家画院按照《事业单位会计制度》的要求建立一套适合画院核算要求的会计帐套，完善原始凭证、凭证审核、凭证装订、报表审核、印章管理、合同管理等基础工作，细化各项财务管理流程。配合文化部国有资产管理处委托审计，对固定资产的账目进行清理，实地盘点三年增加的固定资产实物。

后勤基建

【院址东扩项目】 国家画院扩建工程得到国家发展改革委，文化部，北京市政府的关心和支持。国家发改委5月批准立项，总建筑面积33690平方米，项目总投资估算为45359万元，其中，拆迁安置补偿费及自来水集团抢险大队办公用房及车库还建费22538万元，画院建设费22821万元。

6月该院扩建办组织在国内公开征集扩建工程设计方案，通过资格预审有10家甲级设计院提交设计方案，8月27日召开设计方案专家评审会，院领导全体出席，经过评委会的详细评审，6号方案将现庭院特色元素，体现当代中国艺术的国家气派。

【院址修缮改造】 2013年针对国家画院内各处房屋的问题及状况，经文化部批复，对新画库楼空调、职工食堂、大教室、地下室及水池防水等进行维修改造；对院内各受损建筑进行屋面漏水抢修、修复损坏部分，全院排查防水隐患，提前维护，防患于未然；协调文化部机关服务局等相关单位，保障冬季院内办公区及文化部高知楼的供暖工作。加强固定资产管理，根据文化部、财政部的相关文件规定，经院领导批准，按程序对该院固定资产中超过使用年限规定及损坏的设备进行报废处理。

美术馆工作

【概况】 中国国家画院美术馆秉承以往办馆的理念，借鉴国内其他美术馆的先进经验，不断完善自己，逐步形成具有自己特色的办馆机制，年内，根据馆内展览的结构模式，举办不同类型的展览三十余个，展览学术上呈现多元化的格局，满足观众的审美需求。使自身的学术价值与社会价值得到肯定与延伸。美术馆展览的信息及国内外的艺术资讯及时的发布到美术馆网站上，使美术馆与社会各界的交流更加人性化。

公益性活动

【支持受困灾区】 4月20日，四川省雅安市芦山县发生7.0级地震，中国国家画院呼吁在聘全体艺术家和其他画家以及中国国家画院历届高级研修学员，紧急行动起来自愿为灾区捐赠作品，为灾区人民送去温暖与援助。

启动国家画院职工困难基金和扶贫基建，对该院离退休患病的困难职工以及社会受困人员进行帮扶。

【基层，三下乡、三贴近】 2013年，组织艺术家赴西北、西南偏远地区进行采风写生活动，与当代艺术家 共同创作，为地方文化艺术事业的繁荣起到带动作用。

中国数字文化集团有限公司

概　述

中国数字文化集团有限公司（以下简称中数集团）成立于2011年底，由原中国录音录像出版总社（以下简称中录总社）转企改制而来，是文化部直属国家级文化产业集团，由财政部作为国有文化资产监管部门履行出资人职责，北京首都创业集团有限公司参股组建。2013年中数集团经过一年的发展，各项业务步入正轨。

转企改制衔接

【职工社保衔接工作】　社保衔接是体制改革工作的关键环节，关系到全体职工的切身利益，影响到企业的安定团结。由于历史原因，原事业单位人事管理和档案材料缺失严重，在集团领导的关心下，社保衔接工作成为2013年度集团重点工作之一。在三次全面清理人事档案材料的基础上，组织人员寻找补充档案中的缺失材料；与北京市人力资源和社会保障局及东城区、朝阳区、西城区社保中心等有关单位沟通，取得支持。

月12日，北京市人力资源和社会保障局发文——《对中国数字文化集团有限公司〈关于中国数字文化集团有限公司人员社保衔接相关事项的函〉的复函意见》，同意中数集团的人员社保衔接相关事项。在职人员自2012年7月1日起全部参加北京市企业职工基本养老保险；转制前离退休34人自2012年7月1日起由北京市社保中心发放养老金，社保中心返还中数集团参保前垫付的离退休费216.67万余元；按照规定为过渡期内退休的人员办理养老金审批相关手续；为历史原因造成应缴未缴养老保险的5名合同制职工办理补缴手续，解决各类历史遗留的保险问题，规范参保行为。

【补足集团国有资本金3200万元】　中数集团财政部一方股东注册资本金3200万元两年来一直欠缺。在文化部财务司与产业司的协助下，11月，财政部从2013年财政部文化产业发展专项资金中下拨3200万元，用于集团注册资金的补足，12月下达至中数集团。

【建立新型企业文化】　中数集团成立后，根据文化产业发展的整体规划和布局，分析市场需求，制定战略发展目标，明确董事会、党委会、经理会、监事会四套班子职责，完善企业法人治理结构，发挥转企改制试点单位的引领示范作用。

在综合管理、财务管理、人力资源管理等建立各项规章制度，并在企业发展中完善收入分配制度，建立规范的收入分配激励与约束机制，逐步建立企业年薪制度；出台一些新的管理制度保障企业的发展。加强对各级子企业的管理、考核，对子企业高管的选拔任用委派；集团组织结构要适时进行调整，对管理部门和业务部门的职能进行重新划分，各自形成新的管理机制，以适应企业的发展。

公司经营情况

【出版业务】　出版业务作为原中录总社的主业中数集团成立后没有出版资质，经过一年多的，2013年5月，在部办公厅的协助下，国家新闻出版广电总局批复同意，中数集团获得音像制品、电子出版物、互联网出版等三项出版资质。年内中数集团出版239个编号。

在出版上游方面，集团获批的《数字文化内容原创与集成基地》建成后将成为出版内容的重要来源。在出版下游方面，集团申报答辩2014年度中央国有资本预算项目《中数数字出版发行平台》，以集团官网为基础筹建集团经营性网站，申请经营性ICP许可证，为数字发行搭建平台。集团与中移动无线

音乐基地签约，利用现有平台商和渠道商开展数字发行业务。将中外合作公司中录华纳迁址北京，协调相关部门核定税率由17%降为6%。

中数集团正在打造内容生产、数字出版、数字发行一条龙的全产业链。

【文化与科技相融合】 中数集团开展文化与科技相融合的探索。2013年，在文化部科技司协助下取得项目支持：

申报的《网络音乐集成制播系统研究与示范》，集团作为项目牵头单位，列入科技部国家科技支撑计划，到位项目资金223万元；“无线城市数字文化综合服务平台”项目，获朝阳区文化创意产业发展引导资金补贴75万元，完成硬件采购与软件研发的招投标工作；承担科技司“首批国家级文化和科技融合示范基地”课题调研工作顺利完成。文化与旅游结合项目“多维北京”获北京市100万元资金扶持。

【研发数字文化产品，推动文化“走出去”】 中数集团完成财政部2012年文化产业发展专项资金扶持项目“中国数字文化产品海外营销平台”招投标工作，进入软件开发阶段。中标方为中科院软件所，该项目将建立起中国文化产品海外营销电商平台，为国内中小企业文化产品“走出去”提供服务。

在部外联局指导下，集团参加2013年度、2014年度“欢乐春节”品牌推广活动，其中2013年度上线的“欢乐春节”手机游戏全球下载量达25508次，涉及55个国家地区；为2014年度“欢乐春节”品牌推广活动筹划的互动体验式展览，有12家海外中国文化中心订购。

还有24本多语种《触摸中国文化》主题电子书继登陆苹果商城和亚马逊电子书城，供全球移动终端用户有偿下载。

【获取2013年度国有资本经营预算项目资金】 2012年底，财政部发文同意自2013年起，中数集团纳入中央文化企业国有资本经营预算实施范围。在财务司协助下，中数集团申报的《数字文化内容原创与集成基地》项目经专家答辩、重点项目对接后，2013年10月获得财政部2013年度国有资本经营预算项目拨款5000万元，作为增加国有资本金处理。

【开展多方合作】 2013年，中数集团洽谈各项文化、科技产业园区项目，意向签约的项目有：北京国家科技文化城、大连数字文化研发基地、四川峨眉金顶数字文化城、大连海洋文化城、贵州凯里民族文化产业园；正在洽谈的项目有：江西共青城知青文化园、苏州昆曲游园、山东数字美术城、北京（延庆）小城镇文化园、广东音乐数字艺术城、中数老年文化城、数字游戏娱乐城等。

中国动漫集团有限公司

概　述

中国动漫集团有限公司(以下简称动漫集团)2009年11月成立，是由文化部两个直属事业单位（文化部文化市场发展中心、中国演出管理中心）改制转企基础上组建的国有独资企业，财政部代国务院履行出资人职责，行政管理和指导单位为文化部。

2013年5月，文化部党组决定对中国文化传媒集团、中国动漫集团进行战略重组，在资源、人才、项目等方面互通共享。与新产业、新业态对接，激活新品牌，形成自身稳定的主营业务，是动漫集团自战略重组以来的工作重心。集团在提供技术支撑、形成专业团队、建立面向市场的营销渠道等方面探索最佳方案。

年内，中国动漫集团有限公司的战略重组初见成效，整体情况企稳向好。

统一思想　明确发展方向

【概况】　新领导班子成立后，首先，在加强班子团结问题上形成共识，购房解决集团长期以来没有自主办公用房的状况，新办公地点位于北京市苹果园交通枢纽处，可满足商务办公的需要；其次，组建四大业务中心：品牌会展中心、酷漫平台管理中心、资源教育交流中心、综合业务推广中心，明确责任目标，使竞争力和创新能力获得释放；第三，对二级公司的重大项目实行动态管理，建立一套行之有效的汇报审批制度，根据二级公司的不同性质和经营状况进行任务分解，确定目标责任。2013年，集团本部比上年收入增长35%，成本下降26%。

抓大放小　重视主营业务

【概况】　集团领导对国有资本金项目即“国家动漫游戏综合服务平台”非常重视，在审慎论证的基础上，举全集团之力推进项目建设。班子成员分别带队到上海、天津等地动漫公共技术服务平台实地调研，组织相关人员对现有项目软硬件配置进行梳理，将项目主要定位于为中小微动漫游戏企业提供内容渠道服务，获得相应的中介服务收入，抽调业务骨干，在不增加费用的基础上实现设备的更新升级。年内，集团国有资本金项目执行率超过60%。“国家动漫游戏综合服务平台”计划于2014年正式上线试运营。

由动漫集团承办的第11届中国国际网络文化博览会与往届相比，展会规模和水平均有所突破，被《人民日报》、中央电视台等各大媒体竞相报道。文化部副部长项兆伦到场视察，给予肯定。集团领导班子趁热打铁，在集团层面成立品牌会展中心，为举办“动漫北京·中国国际网络文化博览会（第十二届）”做准备，并于2014年3月组织赴日韩招商活动。

盘活存量　培育新业务

【概况】　网博会成功举办后，为深挖隐藏在其背后的成功经验和资源，2013年动漫集团筹备的“中国数字娱乐竞技大赛”初步实现创收。同时，动漫集团拟对中国动漫游戏产业股权投资管理有限公司实行增资扩股和股权转让，引入战略合作伙伴，搭建动漫游戏投融资平台，对小微动漫企业进行股权和项目投资。在“开展动漫园区合作项目”的思路引导下，集团领导班子推进南京建邺区、河南焦作市、浙江嵩阳等项目，论证天津北辰动漫影视园项目的可行性，探索新出路。

参与外事活动　开展多元公众服务

【概况】　11月，动漫集团监事会主席柳士发与来访的韩国江原道文化产业振兴院院长朴兴寿进行交流。双方就动画制作产业、流通数码作品发行与衍生商品生产等话题进行探讨，就双方未来合作达成初步意向。

2013年起，由动漫集团下属公司北京皇城艺术品交易中心有限公司举办的皇城文化艺术大讲堂至今连续举办九期，大讲堂将艺术生活引入到社会文化当中，主讲人有来自国家文物局、国家博物馆、故宫博物院的专家，也有来自中国文物学会及政府有关主管部门的学者和高等艺术院校的教授等。

文化部文化艺术人才中心

概　述

文化部文化艺术人才中心（以下简称“中心”）成立于1996年1月，是全国文化艺术人才中介机构，也是全国文化行业特有职业鉴定机构。中心成立以来，遵循“以人为本，诚信至上，服务人才，服务公共文化建设”的宗旨，坚持公益性服务发展方向，强化公共服务职能，以加强文化人才队伍建设为己任，承担全国文化人才公共服务工作，提升文化行业的整体竞争力，为文化大发展大繁荣提供优质高效的人才服务。

业务范围

【概况】　中心业务：开展文化行业人才社会化服务、人才市场中介服务；承担人事代理、人才派遣、人才咨询工作；开展流动人员人事档案收存及管理工作；承办人才交流、人力资源开发、人才培训、人才评价工作；开展人才信息收集、整理、发布工作，建立人才信息库；承办文化行业职业技能鉴定、职业资格考试、专业水平考评的工作；组织人才成果开发、利用、展览、演示等工作；开展人才输出、引进和猎头服务工作；开展出国（境）留学、劳务输出和境外就业服务工作；承办直属单位人事争议调解工作；主办中国文化人才网、中国京剧杂志。

中心下设办公室、财务处、人才评价处、人才培训处、信息资源处、人事争议调解处、开发交流处。中心直接管理的下属单位有文化部文化艺术人才中心培训中心、北京国文人力资源有限责任公司和中国京剧杂志社。

工作成果

【概况】　学习贯彻党的十八大和十八届三中全会精神，落实中央八项规定，开展党的群众路线教育实践活动，加强领导班子建设和党员干部队伍建设，加强中心的业务工作建设，坚持“文化人才服务社会文化”的工作理念，推动各项工作顺利开展。

【业务工作】　2013年人才中心创纯收益比上年翻一番，提高100%。

1.职业技能鉴定工作

2013年完成文化行业职业技能鉴定3000人次，鉴定规模较上年增长近30%，涉及文献修复、芭蕾舞、钢琴演奏、弦乐演奏等15个专业，遍布浙江、湖北、上海、安徽等9省市。全年完成对60名文化行业考评员的培训工作。

2.人事代理与人才派遣

截止12月底，新增人事代理集体委托存档立户单位18家，累计总数119家单位集体户。2013年新增派遣单位5家（总数达30家），新增派遣员工425名比上年增加38.12%，总量达到1540名。

3.海外中国文化中心文化交流人才储备派遣项目

海外中国文化中心文化交流人才储备派遣项目通过建立对驻外人员招聘、选拔，培训、储备、派出等相应配套的工作流程，确立经考核评价后以派遣或借调的形式将优秀人才派至海外中国文化中心的新型用人模式，建成一套能够适应海外中国文化中心正常运营所需的人力资源保障体系。人才中心于2月份开始设计策划海外中国文化中心文化交流人才派遣储备项目方案，经过项目立案由人才中心执行，2013年完成第一批4语种驻外人员招聘选拔培训工作，派到4个国家使馆文化处工作。

4.开展“预防化解，构建和谐”活动

2013年共调解及处理、化解各类争议52件。7月至10月，中心开展“预防化解，构建和谐”活动暨

2013年文化部直属单位劳动人事争议预防化解专项活动。走访文化部直属单位33个，对各单位不期出现的劳动人事争议纠纷进行梳理，找出在现行法律政策下能够化解纠纷、解决历史遗留问题的方式和途径。

5. 人才库与人才网建设

人才中心高级人才库逐步建立。与中国文化管理学会等携手完善企业文化人才库、戏剧人才库、曲艺人才库、书画人才库，截至11月文化艺术人才库共收录高级文化人才315人。

2013年，人才中心实施计算机网络等级保护，在定级、备案的基础上，采购一批先进的安全设备，从物理安全、网络安全、主机系统安全、应用安全、安全管理等五方面着手，对中心网络及机房进行整改和安全加固。10月，中国文化人才网通过网络信息安全国家2级等保测评。

6. 人力资源定制性服务

2013年，人才中心在自主开发的为文化人才定制化服务上，力求内容稳中求新，客户稳中求升，人力资源定制性服务所覆盖的服务人数共计322人。

完成国家博物馆应届毕业生招考工作。完成文化部恭王府管理中心公开招聘考试、新晋升人员考试测评、青年干部的内训以及年终全员竞聘上岗测评四项工作。完成中国对外文化集团、全国公共文化发展中心两个单位的代理招聘工作。

7. 培训工作

2013年人才中心组织艺术形象设计、戏剧演员、演艺设备系统工程项目经理、艺术品经纪人、书画家等5个项目的培训，共计培训660余人次。

年内，人才中心把面向市场举办高端商业性培训，作为年度重点开拓和研发的业务工作之一，使8期商业性培训班达到预期效果采取优化师资力量、扩充测试题型，科学定制培训内容等措施，完善人才中心培训体系建设，探究市场运作规律，为培训项目逐步走向社会、走向市场积累经验。

8. 借助社会组织实现市场运作

探索和社会组织的合作，借助社会组织对市场运作的优势，广揽社会资源，锻炼自身队伍，摸索和推进业务链的形成。主办“2013年青少年艺术人才测评活动”和2013年“长征组歌少年版鸟巢大型音乐会”；合作出版《一代翘楚》、《大师与他的名家弟子》、《文化精英 绽放梦想》等专辑；主办“走进大家—龙联航书画作品集”首发式研讨会。

9.《中国京剧》杂志出版发行工作

2013年，《中国京剧》杂志社完成全年12期杂志的编辑出版工作。7月，成功召开首届《中国京剧》联谊会成立大会暨新版《中国京剧》杂志发布会，建立读者俱乐部，为《中国京剧》杂志提升质量、提高发行量架桥铺路；杂志的改版使内容更加充实，增加杂志的可读性。

10. 改善办公环境 完成装修改造工作

9月底，遵循“中央八项规定”的精神，以节俭为准则，人才中心完成历时5个月的办公用房装修改造工作，装修改造后的办公室改变夏闷、冬凉、光暗、线乱的现象，达到冬暖、夏凉、明亮、整齐，安全的效果，为干部职工创造舒适、明亮的办公环境，提升人才中心对外形象。

【思想政治建设】 1. 学习贯彻党的十八大会议精神

全年党委中心组以学习贯彻十八大精神为主要内容，对十八大的新表述、新提法、新观点、新论断进行研讨。各党支部、各处室结合各自实际，提交和评选优秀研讨论文4篇。

2. 开展党的群众路线教育实践活动

年初，中心按照中央八项规定制订实施方案，严格执行各项业务活动。

7月，中心开展党的群众路线教育实践活动。活动分为“学习教育，听取意见”、“查摆问题、开展批评”、“整改落实、建章立制”三个阶段。在学习教育活动中，中心开展各种形式的学习活动9次；在征求意见阶段，共召开4个座谈会听取意见，通过设置意见箱和网上匿名征求渠道，广泛征集意见建议，坚持边整边改，建立和健全中心各项制度。

3. 开展社会主义核心价值理念系列活动

3月，中心开展核心价值理念征集提炼活动，以提炼出符合中心实情的中心文化，共征求建议28条，通过汇总和多次研究讨论，最后提炼出“务实、和谐、创新、服务、发展”的十字精神。中心精神的提出提升中心文化建设的水平和境界。

5月，以社会主义核心价值理念教育为契机，开展学习中心先进典型王琨琳事迹活动。王琨琳生前任中心人才评价处处长，脚踏实地、默默无闻工作、踏踏实实做事，在埋头苦干中实现自己的人生价值，在拼搏奉献中绽放自己的生命光彩，鼓舞中心广大干部职工的干劲。

9月，人才中心党委提交的课题研究成果《党员干部践行社会会主义核心价值观问题研究》荣获全国文化系统党建研究会2013年课题研究一等奖。

4.加强中心党的组织建设工作。合理地设置中心的党支部建制

为便于党员管理教育，利于党组织工作的开展，将原有的4个支部调整合为3个支部。指导成立首届中心团支部。在中心党委的指导下，经上级团委批准，中心在2013年7月成立“文化部文化艺术人才中心团支部”。

文化部艺术发展中心

概　述

2013年，文化部艺术发展中心在部党组的领导下，学习贯彻党的十八大和十八届三中全会精神，开展党的群众路线教育实践活动，开拓思路、更新理念，以品牌建设为主线，以构筑服务平台为重点，以改革创新为动力，各项工作取得显著成效。

文化事业

【概况】　面对文化改革发展的新形势，“中心”在加大公共文化服务工作的同时继续增强创新意识，重视品牌建设，科学发展。在文化建设上打造出一片天地。

【打造文化品牌，促进文化艺术发展】　1.《中国美术大事记》在全面改版的基础上更加完善

《中国美术大事记》当代美术（年度）史料文献，全方位、多角度、真实、客观、公正地记录中国美术界每年度、每一天所发生的每一件大事要事，遴选记录具有专业性、代表性、学术性、权威性和探索精神的艺术家代表作品和艺术主张。通过多渠道合作和推广，目前已成为当今中国唯一覆盖世界50个主要国家1277家图书馆、博物馆、国际著名大学、部分国家驻华大使馆和全国各省市（包括港、澳、台地区）图书馆、艺术研究机构、高等艺术院校的当代中国美术“史记”，填补当代中国美术史料记录、代表作品著录和当代中国美术国际传播与推广方面的历史空白，在海内外美术学术界形成广泛的吸引力和影响力，树立良好的学术形象和学术公信力，产生巨大的学术号召力和凝聚力，彰显中华文化的学术品格，培养高度的文化自觉和文化自信，在小阵地上做出大文章。

2013年度《中国美术大事记》在求真务实的基础上大胆创新，突出重点、主次分明、扩大收录资讯信息量，配套出版《中国美术大事记*年度索引简明本》和《中国美术大事记-当代美术家代表作品全集》（当代版《石渠宝笈》），逐步形成完整的当代中国美术图文著录档案，传播入藏国内外上千家各类文化艺术组织和机构。

2. 当代中国画学术论坛系列活动在台湾成功举行

1月“第四届当代中国画学术论坛暨第四届当代中国画学术展”系列活动在台湾地区隆重举行，集合遴选境内外182位画家专业美术研究机构、美协、画院及专业美术院校卓有成就的当代中国画家、理论家及其代表作品赴台展出，100多位中国画艺术家亲临台北与台湾社会各界、境内外美术人士现场互动对话，场面学术气氛浓厚，堪称史无前例，成为两岸中国画艺术交流史上学术规格最高、展览规模最大、社会影响力最强的里程碑式活动，成为当代中国画学科集学术性、专业性、权威性于一体的著名专业学术品牌，代表着当代中国画学科的最高学术水平。

3. 第三届中国国际文化艺术博览会成功举办

2013年9月，“2013中国国际文化艺术博览会”（以下简称“艺博会”）在北京•全国农业展览馆-新馆成功举办，参观人数达到三万多人次，成交金额达近亿元人民币。此届“艺博会”无论在档次规模，作品质量、人气氛围、成交金额等方面均超过前两届。得到来自欧美、亚洲等国和全国参展商家的一致认可。

4. 中国美术创作研究基地稳健发展

中国美术创作研究基地三年来，发展省级基地15家，其中有8个省级基地进入土建工程设计阶段，3个基地试运营，建成项目面积约37万平方米，在建项目约52万平方米，逐步形成区域文化标志性机构，带动社会非公资本投资文化领域约为人民币200亿元，带动产业人员就业约4.5万人，直接或间接产生经济效益约为人民币300亿元，在全社会引起广泛而

的影响。

【着力公共服务，推动文化惠民项目与群众文化需求有效对接】 1.中国美术考试网上线运行

"中心"考级中心利用网络优势，经过近半年时间的设计制作，2013年1月，美术考级专业网站——"中国美术考级网"上线运行。与此，考级中心在十几家平面及网络媒体进行长期大量的宣传，借以推动美术考级工作。

2.影视制作产业化发展

2013年"中心"影视部创作、设置、发行若干部影视作品，取得经济和社会效益的双丰收。30集连续剧《将军外交家——黄镇》制作完成，在央视一套新闻联播后播出；廉政题材电视连续剧《下访工作队》完成制作，在央视一套首播；电视连续剧《外姓兄弟》于2014年6月在央视电视剧频道播出；百集非遗系列电视专题片《中华戏曲》在征得戏曲界相关专家们的论证后，正式开始运行。

【增强文化软实力】 年内，成功举办"全国民间美术类与传统手工技艺类非物质文化遗产灾（害）难预防与风险管理培训班"。为配合建设优秀传统文化传承体系，中心开展优秀传统文化教育普及活动以及各种形式交流活动，内部设立茶文化、香文化、漆画艺术、紫砂艺术、国学文化、武术文化、海峡两岸文化、佛学文化、石头文化、红山文化等研究和运营机构，弘扬中华优秀传统文化。

党组织建设

【开展党的群众路线教育实践活动】 按照中央和部党组的统一部署，艺术发展中心从7月开始，用半年时间开展党的群众路线教育实践活动。中心党支部利用这次实践教育活动，履行职责，完善制度措施，抓工作落实，把党的群众路线活动成果转化为中心全体党员干部"解放思想、转变职能、创新机制、突围发展"的强大动力，推进中心各项工作开展。

【贯彻落实中央八项规定】 中心成立"八项制度"贯彻落实工作领导小组，制定每月"例会制"召开会议，专题研究"八项制度"贯彻落实工作，一把手负总责，各位副职领导按分管狠抓贯彻落实，狠抓推进，力求实效。

日常规章制度管理

【概况】 2013年，针对业务工作和内部管理上出现的问题，梳理反思、汲取教训、召开多次主任办公会，分析、检查工作中存在的问题，全面检查各项规章制度的制定、执行情况，找问题，堵漏洞，完成全年的工作任务。年总收入1535万元，总支出1332万元，创收盈利800万元。提高职工福利待遇，2013年比上年增加20%以上，是2008年的8.3倍。

中心预算执行工作贯彻落实"全方位预算、全员参与、全过程控制"的全面预算管理思路，有计划，有步骤的执行。全年预算执行达到百分之百。

国家清史纂修领导小组办公室

概述

2013年,清史纂修工作进入一个新的阶段。在文化部党组和清史纂修领导小组的领导下，贯彻落实党的十八大会议精神，研究清史纂修新思路、新方法，以审改工作为中心，深化机构整合，调整岗位人员，充实编纂力量，加快审改进度，推动清史纂修向前发展。

《清史》书稿审改

【《清史》审改项目】 将审改程序中的一审、一审验收、二审专家意见精简为一次集中处理,减少审改稿件印制次数及发放范围。提高审改工作的速度和效率。2013年，《清史》需要审改的项目144个，提交141个，提交率98%；有140个项目进入一审，进入率97%；有131个项目进入二审，进入率91%；完成一审项目134个，完成率93%；完成二审项目86个，完成率为60%。

【《清史》审改程序】 抓住一审工作这个龙头，明确审改工作内容与责任，建立绩效考核制度，一审书稿质量有明显提高；加大二审力度，将二审由原来的评阅、整体把关升级为一个完整的审次，二审专家亦需修改书稿，写出评审意见。在二审专家的遴选上，克服困难，反复斟酌，优中选优，为提高书稿质量发挥作用。

根据《清史》各部类工作进度情况，由进度较快的通纪组先行开展篇目、注释、引文核查，修改错误，统一规范体例，为三审统稿工作先行试点，积累经验。

基础业务

【加强出版项目检查】 完成21个项目的出版采购，对45个在出版环节的项目加大编辑、审校等检查力度，解决编校疑难问题，出版质量，推动出版进度。出版图书15种479册。其中《清代军机处随手登记档》（180册）、《近代史所藏清代名人稿本抄本》第二辑（172册）、《袁世凯全集》（36册）、《清代西藏地方档案文献选编》（6册）、《小莽苍苍斋藏清代学者书札》等一批重要项目的出版尤其引人关注。

【分批向出版社移交《清史》史表项目】 借助人民出版社专业力量先期介入编纂工作，分4批向出版社移交15个史表项目，就审稿中发现的问题进行探讨，为审改工作提供借鉴。与出版社先期就《清史》装帧总体设计等进行研讨，规划编辑出版方案。

【档案文献和史料的整理著录工作】 对所藏的清末1330件档案进行整理、著录及数字化工作。完成从日本收集的610件日文珍贵史料和从台湾征集的899件传包传稿、志包志稿的整理、加工及编目工作。整理、著录完成312次学术会议、调研照片1021张，《清史•图录》专项课题照片19.2万张。完成清史编纂中形成8752件档案的整理著录编目上架工作。补充清代档案、文献出版物，购置专家所需书籍与复制装订图书21种237册。开展图书资料互换工作，与北京、上海、黑龙江等多家单位交流图书83种192册，收集到部分内部资料及所缺图书。启动图书自动化管理系统，完成4.8万余册图书的重新编目、上架工作。接待读者阅览2515人（次）；“清史工程数字资源库”年度检索量为360741次，累计检索量为2286032次。

【搭建“清史编纂平台”，改版中华文史网】 完成清史编纂平台的部署和试运行，根据主体组工作内容、流程，为专家进行用户和权限配置，开展清史编纂平台应用培训。通过清华同方学术检测系统，对清史文稿进行103篇次防抄袭检测，有针对性地对检测结果进行分析，为减少文稿的过度引用、避免抄袭提供信息依据和技术支持，有效提高文稿学术规范和质量。根据项目审改业务需求，自行设计开发《清史•典志》文稿全文检索系统、清代档案检索查询系统、清代照片档案管理系统，安排技术人员对专家进行计算机和软件使用培训，方便专家利用档案文献数据库。改版“中华文史网”，对网页和栏目进行重新设计，新增“清史文库”、“清史百科”、“舆地图典”、“文史多媒体”等栏目，以多种形式展示清史纂修和研究的相关成果。

【《清史参考》的编发工作】 编发《清史参考》48期，约16万字。精选刊物创刊以来的60余篇文章再次进行校核，由人民出版社出版《读一点清史》，与国家图书馆出版社合作完成《清史镜鉴》第六辑出版。《清史参考》得到有关领导的批示，受到媒体的关注，《中国文化报》转载文章18篇，《光明日报》、《新华文摘》、《中华魂》等报刊转载文章10篇。

【成功举办“两岸学者清史纂修座谈会”】 与台北故宫博物院、台北中央研究院历史语言研究所和台南成功大学进行学术交流，介绍国家清史纂修工程最新进展，与台湾承担清史纂修的项目主持人沟通交流项目情况，实地调研台湾清代档案文献收藏、整理及数字化加工情况，探讨合作意向。赴英国大英图书馆、法国外交部档案馆进行调研，解馆藏清代档案情况，探讨协商所藏清代档案文献利用的具体事宜，为清史工程后续发展提供有价值的学术资源信息。

【党的群众路线教育实践活动】 分别召开干部和全员会议进行动员，组织学习中央关于改进工作作风、密切联系群众的“八项规定”，总书记习近平在河北省委常委领导班子民主生活会上的讲话精神，以及文化部贯彻落实中央《〈关于改进工作作风、密切联系群众的“八项规定”〉的具体措施》。领导班子听取各方意见，查摆问题，对照党章，自我反省，开展批评与自我批判，狠抓整改落实，将中央及文化部要求落到实处。

【加强内务管理和财务管理】 根据新颁布的《文化事业单位财务制度》要求，结合单位特点，按照科学化、精细化财务管理要求，调整新的会计科目、细化核算，建立监督制度，堵塞漏洞，提高资金的安全性和财务管理水平。坚持“统筹兼顾、保证重点”的原则编制当年预算，将经费预算与年度工作任务和进度紧密结合，制定预算执行方案和月度执行计划表，发挥各部门合力，保证当年预算按照序时进度执行。完成年度财政资金预算2546万元的99.99%，共计2545.54万元。

【开展国有资产管理专项检查】 重点对近三年的房屋出租情况进行清查，规范房屋出租办法。完成网络类固定资产1200余万元的细目拆分核对和图书类资产2200余万元的账卡与实物审核，做好捐赠和报废物品的处置，实现固定资产动态管理。按照政府采购有关规定，采购节俭使用办公设备。停用租摆公司专配绿植，节约绿植与维护费用。公务用车使用，完善派车制度，完善车辆维修审核。加强消防安全工作，开展消防安全教育，排查安全隐患，完善应急疏散预案，组织应急逃生演练，保障办公安全。

队伍建设

【人事管理与绩效考核】 规范各类人员聘用办法，明确岗位职责和工作要求，坚持择优聘用。根据需求调整岗位设置，将编制人员、外聘人员统一纳入岗位管理，制订《国家清史工程编外聘用人员工资管理办法》（试行），完善考勤制度，建立以部门为主体的考勤考绩机制，考勤与出勤津贴挂钩，增加月度绩效考评，重点就完成工作情况进行考核。

【加强清史工程干部的培养】 一方面通过压担子、传帮带，营造良好的学习和工作氛围，关心青年干部成长，及时给予的指导和关心。另一方面注意干部梯队建设，坚持工作第一，根据工作表现选拔使用干部。年内通过组织考察、民主测评，有2名提拔到部门正职的领导岗位，有4名青年晋级到科级干部岗位。

【开展党的十八大精神等系列讲座培训活动】 结合实际，领会精神，研究新情况，解决制约清史纂修发展的实际问题，提高干部职工的理论素养和解决问题的能力。发挥党支部、工会作用，共同策划组织“《红楼梦》欣赏”、“清代宫中奏折解读”、“清代的皇权、皇位与皇帝”、“新疆历史与现状的几个问题”等清史知识系列讲座。安排人员参加财务从业资格培训、人事工作培训、档案图书专业培训。加强专业技术职务评审工作，鼓励业务人员参加文化部职称考试培训，共有19人次报考语言和计算机考试，有8人通过相应的职称评定。

中外文化交流中心

概 述

2013年，中外文化交流中心（以下简称“中心”）贯彻党的十八大和十八届三中全会精神，开展党的群众路线教育实践活动，遵守中央政治局八项规定，做好厉行节约反对浪费工作。中心全体员工忠于职守、甘于奉献、遵纪守法、廉洁奉公，视服务意识和服务质量为中心安身立命之本，各处室按照职能分工，各尽其职，相互配合，强化服务意识和服务质量，优质高效地完成年内各项任务。中心领导班子遵守民主集中制原则，人事、项目等重大事项决策依规则和程序进行，推动员工参与、专家咨询和领导决策相结合的决策机制。

业务开展情况

【文化宣传活动】 年内，策划、制作发运文化纪念品约36种，春节饰品12种；“欢乐春节”活动用品20余种；支持200余家使馆举办2013年国庆图片展《共和国相册•美丽中国》、建交图片展；策划、制作、配发2014年度台历、挂历、贺卡及海外文化中心专用挂历；征订、配发国内外期刊报纸等。

【对外文化网站和期刊工作】 截止到11月，文化传通网新闻性更新文字量达18,070,377字，编辑发布文章15,516篇，图片12,662幅。设计制作文通网专题（包括图片专题）24个。约每月更新164万余字，编辑发布文章1377篇，图片1151幅；《中外文化交流》杂志顺利出版第1至12期中英文杂志。

【部、局交办的对外文化艺术交流活动】 承办外联局交办的《毛利碧玉：新西兰文化艺术珍品展》四地巡展（2013年4月-2014年7月）、中国—中东欧国家文化合作论坛（5月）、各海外文化中国中心“奖学之旅”体验团（8月）、“第五届欧亚经济论坛文化分会”（9月）、首届东亚文化之都评选（9月）、中俄文化旅游论坛（11月）、首届国际汉学家座谈会（12月）等20余项活动相关组织协调、具体实施和后勤保障工作。

11月起承担为文化部系统出访团组信息和被授权单位邀请函信息录入及护照、签证和赴港澳通行证送办等服务工作。

【开拓多方合作项目】 9月，与常州市成功举办“第十届中国（常州）国际动漫周”副部长丁伟出席；10月，与恭王府管理中心共同主办“2013恭王府论坛”；与北京市文化局、南京市京剧院合作组派艺术团出国进行文化交流等活动；与国内外文化基金会、企业的合作，举办“Chifra中法文化艺术展”和第四届中国西安国际民间影像节。

社会效益和经济效益

【社会效益】 2013年，中心围绕对外文化宣传和对外文化交流工作为文化部外事工作和驻外使领馆提供细致、周到、及时、准确的服务，保障相关工作的顺利开展，取得一定成效。

中心承办的重点文化外宣项目“美丽中国—2013年国庆图片展”在140多个国家和地区的近200各驻外使领馆和海外中国文化中心成功展出，吸引当地主流社会和普通民众的广泛关注，受到中国驻外使领馆的高度评价；在中国政府网发布的2013年中国优秀政务平台推荐及综合影响力评估结果中，该中心承办运营的“文化传通网”获评“2013年度管理创新型政务网站”，其《聚焦中华》栏目获得“2013年度中央国家机关网站特色栏目”称号；该中心承担制作、发运的建交图片展也因及时、准确、优质、高效提供给中国驻外使领馆，为前方开展相关建交活动提供保障，得到中国驻外使领馆书面和口头表扬。

【经济效益】 受益于交流中心与文化部外联局签署的《外宣服务协议》中提高有关费用比例、主办和承办社会项目增加和承担护签服务职能，中心2013年事业收入为30,884,363.63元，结余75,532.94元。

文化部民族民间文艺发展中心

概 述

2013年，文化部民族民间文艺发展中心（以下简称为“中心”）在文化部党组的领导下，在文化部有关司局的指导及各地文化机构的支持下，学习党的十八大会议精神，把贯彻落实十八大精神与“中心”实际工作结合，推进国家民族民间文化艺术的发展，促进“中心”的发展。

重点任务

【概况】 年内，“中心”坚持求真务实、创新的工作原则，坚持项目立项的可持续性和具有可积累性的原则。不搞急功近利，国家文化建设需求与国内相关研究和教育领域的学科发展及人才培养实际相结合，发挥国家文化研究和文化行政资源的引领性作用和杠杆效应，撬动文化研究资源围绕国家文化建设需求长期开展工作。仅“中国节日志”一个国家社科重大委托项目，有140多个子课题组，调动硕、博研究生两千多人，博士生导师100多位。“中心”不仅保持与文化系统各个文化艺术研究院所的传统业务联系，还与国内外高等院校和研究机构合作建立相关研究基地20多个，且全部都有一批在研项目进行，学术内容涵盖知识产权保护、人类学、民族学、民俗学、艺术学、数字艺术、计算机技术、影视传播等领域，提高国家文化行政资源的社会应用效率，体现社会管理能力的提高。

文化艺术领域

【概况】 “中心”以国家哲学社会科学及文化科技领域的重大科研项目的设计、申报、组织、实施为龙头，推进国家民族民间文化艺术领域在资源抢救、永久保存、数字化整备、理论研究、传播应用等各领域的基础性、战略性的研究和实际工作，各项工作取得成绩。

【国家哲学社会科学重大委托项目齐头并进】 “中国民族民间文艺集成志书”、“中国节日志”以及“中国史诗百部”三个主要项目均为国家文化标志性、典籍性项目。这三个项目是在党和国家领导人的关心、指导和批示下立项展开，为国家哲学社会科学重大委托项目。为国家对中华民族优秀文化传统保护传承的实质性系统工程，无论是在内容全面性与研究深度上，还是在资源调动与成果规模上，都代表着中华民族当下文化研究和保护传承的基础性、标志性、典籍性重大项目。

1．“十大文艺集成志书”香港卷、澳门卷逐步展开且得到港澳文化界、知识界的认同，体现中华文化同根同源、和谐凝聚的巨大能力。

2．“中国节日志”在历史文献数据库、文本编纂、影像志、资源数字化、理论研究五个方面全面展开，在立项评审、中期检查、终审修订、出版编辑、成果发布等工作环节取得实质性进展。

3．“中国史诗百部”项目试点工作全面展开。这三个重大项目有近180个子项目展开，这些子课题在立项评审、学术研讨、体例完善、中期检查、业务培训、结项终审、学术专著编纂出版、节日文化资源数字化建设及资源发布平台研发等诸环节全面展开工作。完成“中国节日志”文本35卷（800万字）、影像志9部的终审，“中国节日志”研究出版7卷200万字。

【文化科技项目立项展开】 一批具有开创性的文化科技项目和课题在延续性、实用性、领先性、可行性的条件下陆续展开。项目均是结合“中心”工作基础和实际发展的需求，围绕国家民族民间文化资源在数字化抢救记录、永久保存、研究梳理、展示传播等环节展开，是国家文化资源基础性素材建设和应用领域的系统工程。代表性项目包括：国家科技基础研究项目“国家重要文化品种空间信息整编”（结项为优秀）；国家科技基础研究项目“中国传统乐器声学测量与频谱分析”；国家科技支撑计划课题“动态数字文化多维展示技术研究”；国家科技支撑计划“基于位置服务的文化旅游综合服务研究与应用示范”中的“文化与旅游信息资源融合的数据模型及典型地区数据库构建”。

1．“中国民间文学数据库”120万条数据基本整备完毕，内容涵盖民间故事44万个、谚语55万余条、歌谣17万个、节日文献6万条等。

2．一批国家文化科技项目立项展开，相关软硬件配置及实验空间布置基本完成，在具备完成国家项目条件的，初步具备在音乐声学、动作捕捉、光学及数字化情景在现、文化资源与空间信息融合利用、文化数字资源管理发布等方向建设国家级重点实验室的工作基础。

3．文化资源标准化建设稳步推进。

【配合文化部各司局完成相关工作】 在办公厅指导下，组建国家节庆活动管理专家咨询办公室，建设专家库开展相关评估工作；在政策法规司指导下，完成国家知识产权战略实施重点联系单位的相关工作和项目，与中南财经政法大学合作完成“中国民间文学数据库的知识产权解决方案”、“国内外民间文学艺术登录制度研究”项目；在外联局指导下，完成2013澳门内地春节习俗展演和2014澳门展演的筹备，完成香港青少年中国民族民间文化艺术研习考察计划两次；在文化科技司的指导下，完成全国艺术科学规划申报、管理的数字化平台建设在全国范围内试用，完成2013年国家社科基金艺术学项目的咨询、受理、资格审查、分类整理协助通信和会议评审，协助组织全国艺术科学规划课题指南论证会议、重大项目评审及全国艺术科研成果库管理等相关工作；2014年即将开展的“第七届中国原生民歌大赛”和新一届“文华艺术院校奖——民族乐器演奏比赛”中的“少数民族特色乐器独奏及组合”比赛的相关筹备工作进展顺利。

传统文化领域

【概况】 “中心”顺应学术融合的发展要求，以国家文化艺术基础性建设工作为核心，以信息化时代国家文化治理和传承创新的需求为导向，对中华民族优秀传统文化的挖掘、整理、研究、保护、传播、应用方面取得全面进展。

1．代表国家水平的项目设计和组织实施能力得到广泛认可

“中心”设计和组织实施的各类科研项目得到国内外学术界广泛认同，学术交流合作日益增多，增强中华文化和政府相关文化工作的影响力。

2．文化与科技领域的跨学科研究与应用能力提高

系统的项目实施取得较好的示范与边际效应，与国内艺术研究院所、大学、教育系统（协同创新领域）、澳门基金会（澳门记忆文化资源管理发布系统应用）、香港中乐团（资料数字化建设及乐器改革）、台湾中央研究院（文化空间信息应用研究）等一批机构成为长期的项目合作伙伴。

目标及任务

【概况】 1.在文化部的指导下，明确中心职能、清晰工作内容，解决困扰中心发展多年的基本问题。解决人员不足，没有自有工作空间的问题。

2.推进符合科研事业单位发展需要的绩效评估、人才管理、激励机制、财务管理等制度建设。

3.完善国家级科研院所开放性研究平台建设的体制机制，在文化研究、技术融合、人才培养、资源共享领域，利用社会资源形成长效机制。

4.探索文化资源社会应用的体制机制建设，推进文化资源及科研成果的社会化应用，促进公益性文化事业和文化产业的发展。

5.建立文化系统科研机构在资源保护、研究成果利用等领域的共赢互利机制，在加强工作体系建设的，探索资源利用的利益共享机制与平台建设，实现文化事业与文化产业的共赢。

中国艺术科技研究所

概　述

2013年，中国艺术科技研究所贯彻落实党的十八大和十八届三中全会精神，执行文化部党组的工作部署，结合开展党的群众路线教育实践活动，推进所内工作机制创新，推进文化与科技融合，科研成果多元化、科研创新步伐加快、科研管理规范、人才队伍日渐扩大，在文化科技领域的声誉得到提升。

文化与科技融合

【科研成果多元化】 2013年，中国艺术科技研究所以推动文化和科技融合、推动文化创新为主线，突出关键技术项目的研究，取得成果。

科技部国家科技支撑计划项目《文化资源数字化采集、加工、支撑技术研究》完成视频采集数据研发、静态三维扫描技术研发、3D视频采集技术研发；科技部国家科技支撑计划项目《立体视觉内容资源管理支撑技术研究》，完成该项目的管理支撑技术研发、镜头分割算法研究和元数据管理和3D视频管理平台开发。这两个项目均通过科技部的中期考核。

财政部社会公益项目《国家文化消费需求基础性数据调研及统计评估建模》自年初启动以来，先后召开4次专家研讨会，发放1万余份文化消费调查问卷，在调研的基础上，最终形成3万字的研究报告。该研究报告及其成果，引起业内专家的好评和文化部相关司局的重视，为文化部《2013文化发展统计分析报告》所收录。不少新闻媒体也关注该项目成果，《中国文化报》、《检察日报》和《中国时报（海外版）》等媒体发布专稿，文化传媒网、正义网等40余家网络媒体进行相关内容的播发和转发。

1．财政部社会公益项目“中国汉字历代字体检索数据库”取得阶段性成果，研发组完成数据库的基本结构、内容以及相关的功能软件开发，将于2014年上半年结题。

2．文化部国家文化科技提升计划《中国传统绘画材料关键技术研究与应用》项目，经过科学检验和查阅各种技术资料，整理出约三万字的书画材料年代发展历程报告，对中国传统绘画自古至今的主要物质成分进行科学的分析和梳理，形成书画材料年代表；对部分书画颜料的物质成分进行检测，研究其包括重金属含量在内的各种毒性情况，以及耐光、耐热等指标，为书画颜料向无毒、耐久方向的发展提供技术参数。

3．中国艺术科技研究所参与起草的国家质检公益性行业科研专项——《基层公共文化服务场所重要技术标准研究》中的《文化馆服务标准》和《乡镇综合文化站服务标准》完成修改稿，报送公共文化司征求各地文化部门意见。

4．中国艺术科技研究所自主课题《中国近现代文化传播方式与途径演进研究》，对于梳理“文化科技传播史”以及对当代的“文化科技大融合”提供学理借鉴等具有重要意义。年内，完成前期论文成果4篇。

5．所内自主课题《新型城镇化进程中的文化要素分布及其布局研究》的特点是切中当下，现实性较强。“新型城镇化”成为当下中央工作重点之一，2013年两会期间，部长蔡武指出要为城镇化发展提供有力文化支撑。中国艺术科技研究所在2013年初启动该课题，具有很强的现实性。

6．围绕新购置的舞台测量仪器，先后联系仪器厂商和相关单位结合中国艺术科技研究所的对外技术服务，组织进行多次的技术培训和实际操作，开展相关舞台测量方面的预研究。完成2011年度、2012年度所购置全部舞台测量66类仪器设备资料手册的整理和外文说明书的翻译工作，分类造册28册，约500万字，为中国艺术科技研究所新成立的“舞台设备检测中心”在国内开展舞台设备检测工作打下基础。

7．2013年，中国艺术科技研究所申报的“一种互动型广告设备及其工作方法”、“一种人体动作自动评估方法及舞蹈评分系统”两项技术获得国家发明专利。

【项目课题研究与项目立项工作】 中国艺术科技研究所与中国传媒大学共同承担的文化部国家文化创新工程项目《基于激发文化科技活力的研学合作模式研究》，所内自主课题《中国文化地图后续研究课题》、《便携式小型灯光系统配套专用灯具及附件研究》及中国艺术科技研究所与多家合作单位签订的子课题研究《建筑文化地理与历史分布GIS系统》、《城市雕塑地理分布GIS系统》、《国家历史文化名城地理分布与发展GIS系统》、《中国皮影戏地理分布与发展GIS系统》、《中国朝鲜族象帽舞GIS系统》、《中国少数民族文化研究》、《国家文化产业园区、文化产业示范基地分布与信息内容采集植入》、《全国公共文化服务设施分布与信息采集系统开发及内容植入示范工程》、《文化地图内容数据库管理系统》、《文化创意产业标准研究》等均结题，通过验收。

在项目立项方面，中国艺术科技研究所申报的《中国典型视觉与听觉文化符号的数字化表达与特征量研究》列入2013年文化部国家科技提升计划项目，《文化艺术与科技融合视域下的文化产业发展路径研究》列入国家社科基金艺术学重点项目。在所内自主课题立项方面，2013年，中国艺术科技研究所从有利于促进所内科研工作水平的角度出发，立足所学术委员会，从专业角度进行把关，对各部门申报的项目进行精心筛选，确保项目的质量和研究水平。

【编辑出版文化科技汇编资料】 为方便有关单位学习解最新的文化与科技融合的有关论述，中国艺术科技研究所编辑出版《文化科技大融合，同心共筑中国梦—“文化与科技融合”主要政策与重要讲话摘编》，得到社会各界的好评。

为汇总中国艺术科技研究所近年来科研项目及其成果，编辑出版《中国艺术科技研究所科研成果及在研项目汇编（2003—2013）》。为及时传递文化科技的最新动态，中国艺术科技研究所与《中国文化报》等共同编发8期《文化科技动态信息》。上述汇编和动态信息得到部里有关司局的认可和业内专家的一致肯定。

【对外合作和技术咨询】 4月中旬，中国艺术科技研究所与湖南省设计艺术家协会共同主办的“筑梦杯”青少年儿童书画大赛正式拉开帷幕，全国各地2000多名参加美术考级的青少年儿童参加大赛活动。经与上海书画出版社合作，编写出版全新美术考级教材，该教材遵循逐级递进的考级要求，把美术考级的十个等级分为四个层次（1-3级、4-6级、7-8级、9-10级），简明扼要、浅出、图文茂、针对性强。9月，中国艺术科技研究所在青海省西宁市召开2013年美术考级工作会议，美术考级评审专家以及全国各地（含香港地区）美术考级承办单位代表等近80人参加会议。

11月15日至18日，中国艺术科技研究所与杭州市人民政府和中国美术学院共同举办“杭州西湖艺术衍生品国际博览会”，该博览会是国内首届就艺术衍生品专门举办的博览会，对于国内艺术衍生品产业链的发展，具有的带动作用。

在舞台技术咨询服务方面，中国艺术科技研究所发挥舞台技术在本行业的优势，在对外开展咨询、设计项目中，以国家现有的剧场规范、标准为依据，以确保文化设施建设的安全为己任。

中国艺术科技研究所与中国区域科学协会合作成立区域文化发展委员会，在北京大学召开“新型城镇化进程中的文化建设”学术研讨会。“文化专委会”由中国艺术科技研究所作为依托单位，所长白国庆担任主任。“文化专委会”的成立，是中国艺术科技研究所顺应当前“新型城镇化”中央工作大局，落实《国家新型城镇化规划》以及部领导关于“为城镇化发展提供有力文化支撑”指示的具体举措，为中国艺术科技研究所承担的2014年度国家财政社会公益专项项目《新型城镇化视域下文化建设指标体系及采集系统研发》的开展提供支持，是新形势下对于交叉性研究进行“创新协同”的探索。

党、团及工会建设和内部管理

【概况】 中国艺术科技研究所党支部重视中国艺术科技研究所党建工作，组织党员干部开展学习活动。

中国艺术科技研究所团支部利用所团委书记在文化部扶贫县——山西娄烦县挂职的契机，配合部团委，组织80多名文化系统青年分为9个调研实践团，在娄烦开展“根在基层 中国梦”——文化中国•文化部文化青年走基层实践活动。他们深入该县6个乡镇的7个村庄，参与文化支教、演出以及非遗民俗、文博、考古、公共文化服务、新农村文化建设等调研实践活动，取得良好的反响。

所工会组织会员参加文化部工会组织的健步走及文化部直属单位广播体操展演活动，取得优秀组织奖。

为加强采购管理和资产管理工作，2013年中国艺术科技研究所的设备采购工作按照政府采购法规定的相关程序，实现全流程电子化管理。在固定资产登记方面，依据有关《资产管理办法》分别按部门对资产进行分类、编号登记，将管理责任落实到具体的使用人或保管人，规范资产采购、验收、入库、领用、回收、调拨等管理流程。

党的群众路线教育实践活动

【概况】 根据中央和部党组的要求，开展党的群众路线教育实践活动，中国艺术科技研究所成立以所长白国庆为组长、其他所领导和党支部成员组成的党的群众路线教育实践活动领导小组，以多种形式听取党员、群众的意见。领导班子根据征求意见的情况进行分类和梳理，开展查摆，分析其存在问题的原因。为保证征求意见取得实效，中国艺术科技研究所以结合“所”改“院”的方式，以“我理想中的中国文化科技研究院”为主题向全所职工征求书面意见，全所有36人从“四风”问题，以及“所”改“院”提出意见和建议，共有四大类，24个问题或建议。

7月15日，在中国艺术科技研究所召开群众路线教育实践活动动员会议，对全所群众路线教育实践活动进行部署，文化部第二督导组全体成员出席动员会。

中国艺术科技研究所采取多种形式进行学习活动，组织党员、干部学习党章、党的十八大报告、总书记习近平在党的群众路线教育实践活动工作会议上的重要讲话、中央八项规定等；研读《论群众路线—重要论述摘编》、《党的群众路线教育实践活动学习文件选编》、《厉行节约 反对浪费—重要论述摘编》等学习材料；邀请党史研究专家举办讲座。

领导班子成员在开展相互谈心的基础上，撰写对照检查材料，梳理和分析存在的主要问题，查摆问题的原因，提出整改措施。领导班子于10月31日召开民主生活会，在民主生活会上，重点围绕为民务实清廉要求，查摆形式主义、官僚主义、享乐主义和奢靡之风方面的问题，进行党性分析和自我剖析，开展批评和自我批评，现场听取督导组的意见。根据督导组意见，中国艺术科技研究所整改措施主要集中在以下三方面：

一是贯彻落实党的路线、方针、政策，钻研文化及文化科技融合方针政策，盘活所里科研局面，在开展创新上下功夫，争取使中国艺术科技研究所科研工作再上一个新台阶。

二是按照中央和部党组要求，建立和完善反对“四风”规章制度，按照中央八项规定和部党组落实八项规定的具体措施要求，建立完善廉洁自律的规章制度和实施细则，从制度上加强管理，执行不放松。

三是完善布局设计，推动文化科技研究事业全面升级，从文化科技事业发展布局角度出发，完善布局设计，加强科研管理，大胆改革，推进各项业务建设，建成服务全国文化科技创新工作的综合性骨干研究机构。借助开展群众路线实践教育活动，尤其是面临“所”改“院”的大好机遇，探索和建立现代科研管理制度和内部激励机制，建立健全内部各项管理制度。

文化部全国公共文化发展中心

概　述

2013年，文化部全国公共文化发展中心（以下简称“发展中心”）在文化部党组和有关司局的指导下，贯彻党的十八大和十八届三中全会精神，开展党的群众路线教育实践活动，按照“三个转变”的工作思路，开拓创新，适应新形势、新任务的需要，加强顶层设计，加快职能转变，致力于构建覆盖城乡、互联互通、内容丰富、功能健全、便捷实用的公共数字文化服务体系，推进公共文化服务数字化、标准化、均等化，保障广大基层群众的基本文化权益。

公共数字文化服务技术平台升级

【概况】　以文化共享工程、公共电子阅览室覆盖城乡的6级服务网络为基础，多举措，立体化推动数字文化服务技术平台升级。

【推进“国家公共文化数字支撑平台”建设】　该平台以文化共享工程现有的服务网络及硬件条件为基础，通过资源共享、智能调度、应用服务、管理监控等系统建设，增强数字资源共享能力，提高数字资源传播效率和信息基础设施综合利用率，致力于为各级各类公共文化机构提供开放互动、共建共享的服务平台。2013年，在中央财政的支持下，启动发展中心和北京、浙江、黑龙江、湖北、广西、陕西、上海7个第一批地区的平台建设，确定四川、福建等7个第二批建设地区。

【推动“公共电子阅览室管理信息系统”建设】　系统用于规范公共电子阅览室上机用户的行为，管理和监督公共电子阅览室网络信息，以及掌握公共电子阅览室的运行服务状况。截至2013年底，依托共享工程建各级各类公共电子阅览室28639个。年内，该系统与各省的互联互通稳步推进，北京、辽宁、黑龙江、上海、江苏、福建、河南、湖南、广东、广西、海南、重庆、四川、云南、西藏、陕西、甘肃、宁夏18省（区市）安装该系统，天津、山东、安徽、湖北、新疆维吾尔自治区（区市）5个自建的公共电子阅览室管理信息系统与发展中心系统平台实现对接。

【启动“中国文化网络电视”建设试点】　为打通“最后一公里”服务瓶颈，发展中心与中国国际广播电台、中央电视台等单位合作，抢抓互联网电视、IPTV、双向数字电视等新媒体传播形态迅猛发展的机遇，推出集多种技术于一体的“中国文化网络电视”，以“入户”模式进入百姓家庭，以“入站”模式进入公共文化服务场所。年内，启动云南、江苏试点工作，入户数累计350万，入站基层点20个，上线节目1000个，500小时。推进内蒙古等地的试点工作，探索长效发展机制。计划2014年试点地区增至10个，2015年在全国32个省（区、市）全面铺开。

【打造“国家数字文化网”全媒体全服务网站门户】按照文化部赋予的工作职能和构建公共文化服务体系的新发展思路，发展中心引进现代新技术全媒体理念，从技术、硬件，到网站结构和运行机制，对原文化共享工程网站(www.ndcnc.gov.cn)进行全新改版升级，正式启用“国家数字文化网”中文名称。新版网站在运行模式上取得两点突破：一是与中国文化传媒网强强联合，丰富信息资源，提升专业能级；二是实现跨平台合作和个性化服务定制，实现增量服务。该网站集“权威信息发布、特色资源推送、业界交流共建”于一体，共开设30个频道页。年内发布新闻38292条、视频超过8000个，自2012年12月上线运行以来，网站日访问终端用户从不足500增长至2000，增长300%，网页日访问次数（点击量）从不足2000到超万次，增长400%。

公共数字文化资源库群建设

【概况】 数字资源是公共数字文化服务体系建设的核心。2013年发展中心以加强顶层设计为突破口，统筹推进与各省级分中心资源建设，盘活存量，精推增量，提高质量，构建公共数字文化资源库群。

【完善工作机制】 针对发展中心历来在统筹地方资源项目建设方面的被动局面，通过制定规划、理顺流程，2013年的地方资源建设确立“先申报立项、后下拨财政资金”的工作机制，变被动为主动。2013年，完成99个项目的评审立项，地方资源项目累计达467个。

【精推增量，提高质量】 坚持服务为先，以需求定建设、推建设。年内，针对视障人群的特殊需求，推出“心声 音频馆”专题资源，累计服务163万次；推出“戏曲动漫”精品资源库，以数字化形式传承中华传统文化；与中国人民解放军政治工作网合作，在政工网开设共享工程专栏，为百万官兵提供专题资源服务；策划建设“大众美育馆”，启动中华传统节庆系列资源项目建设。

【少数民族语言译制】 在少数民族语言资源译制方面，在新疆维吾尔自治区、内蒙古自治区分别成立少数民族语言资源建设中心，推动少数民族语言资源的共建共享。

公共数字文化服务在基层

【概况】 公共文化服务的重点在基层，难点也在基层。发展中心从基层实际出发，精心策划，推出一系列特色服务品牌。

【推出“边疆万里数字文化长廊”项目】 在18个省（区、市）和新疆生产建设兵团现有的服务网络基础上，汇聚共享边疆特色数字文化资源，消除盲点，连点成线，连线成网，构建广覆盖、高效能的边疆地区公共数字文化服务网络。文化部副部长杨志今先后带队赴黑龙江、内蒙古、云南、新疆文化共享工程基层服务点调研指导。4月，文化共享工程三沙市支中心，成为数字文化长廊南海第一站，在黑龙江、内蒙古、云南、新疆、山东等地启动试点。内蒙古实施的“数字文化走进蒙古包”项目，受到当地牧民欢迎。

【文化共享工程公共电子阅览室暨传统文化进校园】 该项目旨在推动中国戏曲等传统文化内容以数字化的形式，进课堂、进校园，普及中华传统文化知识。年内，该项目在湖南、海南、湖北等地推开，累计培训近180所小学，260余位老师，近2万人次的小学生参与活动。这是一条向未成年普及传统优秀文化的行之有效的途径，社会反响良好。发展中心将在此基础上研究启动“中华传统文化传承计划”。

【“文化共享杯”摄影大赛】 与中国艺术摄影学会、中国群文学会联动，推出第一届“文化共享杯”全国群众摄影艺术作品征集大赛，基层群众参与热情高涨。依托6大培训基地和国家数字文化网培训频道，多种形式，全方位加大培训力度，全年累计培训30万人次。

科研项目和课题研究

【概况】 发展中心在推进公共数字文化服务实践探索的，承担科研项目，推进公共文化服务体系政策研究和制度设计。2013年，发展中心组织申报得以立项的科研项目3个，分别是：国家文化创新工程项目“公共数字文化体验区的模式研究与示范”，国家文化科技提升计划项目“农村地区公共文化数字资源和传播渠道建设研究”和“公共电子阅览室的新形态实现研究”。2013年，发展中心承担的“文化信息资源共享中的知识产权管理”研究课题顺利通过结题验收，该课题由国家知识产权战略实施领导小组办公室委托开展。

中国文化年鉴

Almanac Of Chinese Culture

地方文化建设

Local Culture

北京市文化局

艺术

【概况】 年内，本市文化艺术工作始终坚持以党的十八大精神为引领，明确一个方向，即以人民为中心的创作方向；明确两个原则，即“二为”方向和“双百”方针；强化三个意识，即首都意识、精品意识、创新意识；围绕四个重点，即政策引导、平台搭建、机制建设、品牌培育;健全创作、演出、营销、服务的舞台艺术产品生产产业链条，分类指导艺术创作及优秀作品的生产，着力提高创作品质，在文华奖、国家舞台艺术精品工程等国家级综合性评奖活动及单项评奖中屡获佳绩。

【第十四届文华奖评奖获佳绩】 10月11日至26日，第十届中国艺术节在山东省举办。在其间举行的第十四届文华奖评奖中，北方昆曲剧院创作演出的昆曲《红楼梦（上下本）》摘取“文华大奖”，北京儿童艺术剧院股份有限公司创作演出的儿童剧《想飞的孩子》获“文华优秀剧目奖”，为我市近十年来在国家级舞台艺术评奖活动中的最佳成绩。另有主创人员分获多项“文华奖”单项奖。

【“北京故事”优秀小剧场贺岁剧展演】 1月16日至3月1日，由市文化局主办的“‘北京故事’优秀小剧场贺岁剧展演”在京举行，共演出10部以“北京故事”为主题、反映时代精神、紧扣现实生活的小剧场作品，涌现出《建家小业》、《彼岸》、《梦行者》等体现“北京的、当代的、原创的”优秀小剧场话剧作品，其中《建家小业》荣获第七届北京市文学艺术奖。

【2013年全国小剧场戏剧优秀剧目展演】 8月9日至25日，由文化部艺术司与市文化局共同主办的“2013年全国小剧场戏剧优秀剧目展演”在京举行，共有26台全国各地的优秀剧目参加演出，其中本市12台剧目入选。展演在坚持政府主导与社会参与相结合、坚持剧目的思想与艺术标准相结合、坚持彰显艺术特色与传播主流价值相结合的原则指导下进行，参演剧目题材广泛，内容丰富，风格多样，受到了业内专家学者、新闻媒体以及广大观众的关注和肯定。

【2013年北京“春苗行动”优秀少儿题材剧目展演】 6月1日至8月31日，市文化局“2013年北京‘春苗行动’优秀少儿题材剧目展演”在京举办，国内外25家艺术团体的30台剧目参加了展演，共演出百余场。作品内容以“关注儿童的内心、启发儿童的自信、增强儿童的责任意识”为出发点，推出一批内容丰富、题材多样、质量上乘，集思想性、艺术性、观赏性于一体的剧目。

【2013年北京金秋优秀剧目展演】 9月6日至11月2日，由市文化局主办的“2013年北京金秋优秀剧目展演”在京举行，共演出剧目25台、49场，涉及戏曲、话剧、歌剧、舞剧、音乐剧等多个艺术门类，涵盖了中央院团、市属及改制院团、民营艺术生产机构在内的各类演出机构。演出剧目既秉承了中国梦和中华民族伟大复兴，讴歌民族精神、时代精神和北京精神的宗旨，又体现了作品思想性、艺术性和观赏性相统一的原则。

【第十六届北京国际音乐节】 10月4日至10月31日，第十六届北京国际音乐节在京举行。本届音乐节以“向大师致敬”为主题，汇集了英国、德国、奥地利、意大利、波兰、捷克、斯洛伐克、加拿大、韩国、日本、中国等国家和地区近千名艺术家参演，举行了音乐会及各类公益教育项目总计31场，共有23053名观众现场聆听、参与了本届音乐节的音乐会以及各类公益教育活动。

【第十一届北京国际戏剧•舞蹈演出季】 10月7日至12月7日，由市文化局主办、国家大剧院承办的“第十一届北京国际戏剧•舞蹈演出季暨2013国家大剧院舞蹈节”在京举行，共演出剧目25台、100余场，参演团体来自8个国家，涵盖近10个艺术门类。除突出体现艺术性、国际性、原创性外，在活动组织上也注重社会性、公益性，期间举行艺术普及活动20余场。

【戏剧奥林匹克国际委员来京访问】 11月25日至28日，戏剧奥林匹克国际委员会主席特尔佐布罗斯携往届戏剧奥林匹克活动主办国的国际委员、戏剧奥林匹克亚洲事务局人员一行7人来京访问。市委常委、宣传部长、第六届戏剧奥林匹克北京组委会主席李伟同志会见了国际委员会一行。市文化局就第六届戏剧奥林匹克活动举办时间、主题、活动规模等具体问题与国际委员会进行了商议，并召开了第一次新闻发布会。访问期间，国际委员会一行还考察了本市部分大中型剧场。第六届戏剧奥林匹克活动将由市政府主办，于2014年11月在京举行。

【2013北京曲艺（相声）新作品展演】 2013年11月18日至2014年1月18日，由市文化局举办的“‘笑语欢歌中国梦’——2013北京曲艺（相声）新作品展演”在京举行。展演由新作品征集评选、剧场演出、区县巡演三部分组成，评出展演入围作品92件，共9家文艺团体参与演出，合计演出50场。此次展演是近年来首次举行的语言类节目展演活动。

【万场演出下基层】 年内，市文化局继续开展面向全市的“万场演出下基层”活动。包括中央院团、市属及改制院团、民营院团在内的116家专业文艺表演团体共完成演出11000余场。

【低价票补贴工作】 年内，继续推进低价票补贴工作，将参与活动的剧场增加到23个，并针对高端艺术演出将补贴金额提高到200元。全年共完成低价票补贴演出场次793场，补贴低价票105762张，补贴金额1332.07万元。

【搭建剧目交易平台】 建立中演、保利等全国性演出院线与北京交响乐团、北京儿艺等15家剧院团合作交流机制，搭建本市演艺资源向外输出平台。北京市曲剧团等5家院团与中国国际演出剧院联盟签订了400余场，价值4000余万元营业性演出协议。

【启动北京市剧场标准化管理工作】 率先在全国探索实行剧院星级评定标准管理，推进营业性演出场所资质等级评定标准制定工作，起草了《北京市剧场标准化管理实施办法》，提高全市营业性演出场所硬件设施、经营管理和服务水平，实现剧场管理科学化、标准化、专业化。

公共文化

【概况】 年内，全市公共文化工作以党的十八大精神和十八届三中全会精神为指导，按照市委、市政府提出的关于加强公共文化服务体系建设的具体要求，以满足人民群众文化需求为各项工作的出发点和落脚点，坚持面向基层，服务群众，本着“以政策推动发展，以示范引领建设，以考核促进提升”的工作原则，注重出政策、搭平台、建机制、树品牌，在基层公共文化服务现代化、城乡文化建设一体化、文化权益均等化、群众文化队伍培训规范化和社会资源整合规模化上实现新突破，首都公共文化服务水平明显提高。

【加强基层文化管理人员和业务人员队伍建设】 年内，积极组织基层文化干部参加全国基层文化队伍示范性培训；举办“2013年全市基层文化骨干培训班”，完成10期全市16个区县500名基层文化组织员培训工作；举办全市文化馆工作人员包括合唱指挥、声乐、美术、摄影等方面共计11个培训班；组织300名文化志愿者培训；积极实施“春雨工程”，邀请新疆和田市玉都文工团58人来京进行为期23天的演出和培训，促进内地与边疆文化交流。

【全市群众文化活动丰富多彩】 年内，全市围绕传统民俗节日和重要节庆日，开展大型群众文化活动1016场。组织开展了北京公园群众文化活动巡礼、“爱北京 唱我家 我的北京我的家”大型群众歌曲演唱电视竞赛、第九届园博会“北京周”活动、“舞动北京——群众舞蹈大赛”原创精品节目展演、2013京津沪渝四直辖市“都市风采”主持人大赛和器乐大赛等大型文化活动。同时，面向老年人、妇女儿童、残疾人、来京务工人员和少数民族等各类特殊群体，积极开展多种形式的文化惠民活动。

【加强公共文化设施规范化、标准化、数字化建设】 年内，启动第一次全国乡镇综合文化站评估定级工作，实施基层文化站设施、管理、服务、活动和特色“五达标”第三方评估；新建200个数字文化社区，对已建成的100个数字文化社区加强了运营管理和服务推广；完成全市500社区文化中心标识牌规范工作；推动24小时自助图书馆体系建设，在全市大型社区等公共场所开通了134台24小时自助图书机。

【完成第一批国家公共文化服务体系示范区验收工作】 6月日，顺利完成朝阳区第一批国家公共文化服务体系示范区创建验收工作，东城区公共文化资源分类供给、大兴区公共文化设施空间拓展方式两个示范项目获颁优秀示范项目。11月6日，在文化部主办的国家公共文化服务体系示范区（项目）创建工作会议上，朝阳区、东城区和大兴区获得授牌。

【完成全国第五次图书馆评估工作】 7月8日，文化部公共图书馆第五次评估定级督导小组开展对首都图书馆的评估指导工作。评估组开展了实地考察、资料审阅、读者满意度调查等各项考核督导工作，对本市公共图书馆事业发展和首都图书馆的各项工作给予了自评估工作开展以来的首个满分，全市有17个区县图书馆被评估为一级馆。

【开展第二批国家公共文化服务体系示范区创建工作】 8月14日至16日，文化部在北京组织召开的第二批国家公共文化服务体系示范区创建资格评审会议。东城区获得第二批国家公共文化服务体系示范区创建资格。海淀区“在高新技术企业园区构建公共文化服务长效机制”、延庆县“村级群众文化组织员建设工程”获得第二批国家公共文化服务体系示范项目创建资格。

【在第十届中国艺术节评奖中取得丰硕成果】 10月，在文化部第十届中国艺术节“群星奖”比赛中，《都市白领》等3个舞蹈获得舞蹈类群星奖；《伟大的青春》等2个戏剧获得戏剧类群星奖；朝阳区“社区一家亲”等4项文化活动获得项目类群星奖；朝阳区快板刘文化大院创始人刘士华等3个个人获“群文之星”称号。男生独唱“孔子说”获得第十届中国艺术节音乐类优秀演出奖；“海燕合唱团”等2个合唱团获得合唱类优秀演出奖；“鼓舞太平”获得广场舞类优秀演出奖；西河大鼓“虞美人”获得曲艺类优秀演出奖。

【首图百年纪念会暨“城市与图书馆”学术论坛】 10月16日，首都图书馆举办建馆一百周年纪念会。首图与法国蓬皮杜国家艺术和文化中心公共信息图书馆签订了战略合作协议。来自荷兰海牙市图书馆、新加坡公共图书馆等国内外图书馆进行了交流发言。

【首次全国文化志愿工作表彰会北京获得全部奖项】 12月4日，文化部2013年全国文化志愿服务工作现场经验交流会在福建省厦门市召开，本市获得全部奖项。市文化局获得2013年全国文化志愿服务工作优秀单位；北京文化艺术活动中心负责组织实施的新疆和田玉都文工团赴京培训演出项目获得“春雨工程”——全国文化志愿者边疆行示范项目；朝阳区“肩并肩农民工志愿工程”等4个项目获得基层文化志愿服务示范项目；3名志愿者获个人奖。

【“名家名作进社区”活动】 “名家名作进社区”活动由市文化局主办，以“艺术服务大众”为理念，以美术馆和艺术机构为活动主体，以艺术讲座、展览和互动交流等多种方式，将艺术作品、艺术家带进基层、请进社区，为群众提供艺术普及教育。活动全年举办50场，惠及数十个社区、街道和校园，艺术影响力波及近2万人。

【“走进美术馆体验美术馆”活动】 “走进美术馆体验美术馆”活动由市文化局主办，整合了全市国有及民营美术馆优质资源，从上千个展览中遴选推出了32个思想性强、艺术性高、观赏性强的高品质展览，向市民推荐，活动全年共接待观展群众近16万人次。

文化市场

【概况】 市文化局现有审批、初审、备案事项共计13项。区县文委有审批、初审、备案事项共计8项。截至年底全市共有文艺表演团体620家，比上一年的562家增长了10.3%；演出经纪机构1646家，比上年的1540家增长了6.9%；互联网上网服务营业场所1536家，与上年基本持平；娱乐场所经营单位2094家，比上年的1983家增长了5.6%；互联网文化经营单位989家，比上年的807家增长了22.5%，数量占全国的近三分之一。年内市文化局受理行政许可事项2541项，其中演出活动申请事项685个；批准设立营业性演出经纪机构272家；受理申请设立网络文化经营单位182个；全年审批美术品进出口项目463个7160件次。全市营业性演出审批总计2034台、38547场。

【文化创意产业整体上稳中有进】 文艺演出、艺术品交易等产业稳步发展。全市123家主要演出剧场全年营业性演出达到23155场，吸引观众1014万人次，实现票房收入14.42亿元，演出产业结构进一步优化。全年艺术品拍卖成交额预计突破300亿元，较2012年增长10%以上，占全国比重超过50%，继续稳居全国第一。全年经市文化局批准的美术品进出口经营活动463项7160件，其中，进口185项2573件，出口278项4187件。动漫游戏产业态势良好，据北京动漫游戏产业联盟初步统计，年内本市动漫游戏产业规模以上企业总产值达到220亿元，增长约22%。移动游戏作为新的收入增长点呈现爆发式增长，推动动漫游戏产业整体收入持续增长。

【动漫企业认定和年审工作】 经市文化局初审推荐，本市新增6家经国家认定的动漫企业，2家重点动漫企业，8个重点动漫产品，通过年审的43家动漫企业均获得不同程度税收优惠。

【行政审批规范化建设】 为提高市、区（县）两级文化市场行政审批工作人员的业务素质、服务意识和依法行政能力，根据《文化部关于加强行政审批规范化建设开展文化市场行政审批大检查的通知》的要求和统一部署，制定印发了《北京市文化局关于文化市场行政许可规范化建设的工作意见》、《北京市区县文化市场行政许可审批事项办事指南及业务手册》，有效规范了行政审批工作；3月至10月，组织全市16个区、县文化委员会，开展了文化市场行政审批规范化建设和行政审批大检查工作。重点针对演出、娱乐、网络文化等审批事项进行规范化检查。

【网络文化经营单位自审人员培训班】 贯彻落实《文化部关于实施网络文化经营单位内容自审管理办法的通知》，举办了本市网络文化经营单位自审人员培训班，引导网络文化企业树立安全责任意识、产品合法意识、依法管理意识，提升法规运用能力、应急处置能力、综合协调能力。共培训网络文化企业177家，232人次。

【文化市场安全日活动】 6月19日，市文化局牵头，市文化市场行政执法总队、朝阳区文化委员会、朝阳区消防支队在温莎KTV国贸店，共同组织举办了以“关爱生命，安全发展”为主题的文化市场安全日大型现场会活动。开展了文化娱乐场所安全生产宣传教育活动，组织应急疏散演练，对火情警报、人员疏散、初期自救、专业救援等内容和程序进行了演示。全市文化娱乐场所经营单位的代表共300多人参加了活动，现场发放宣传品500多份。通过演练活动增强了文化娱乐场所经营单位安全意识，促进了全市文化娱乐行业健康安全发展。

文化交流

【概况】 年内，市文化局的对外文化交流工作以推动文化“走出去”为中心，坚持“两服务”（坚持为中央外交全局及我市外事工作服务，坚持为我市文化企业和文化产品“走出去”服务）、落实“两手抓”（一手抓文化“走出去”，不断提升中华文化的国际影响力和北京的国际形象，一手抓世界优秀文化产品和高端文化机构的“引进来”），重点推进并圆满完成了本年度本市对外及对港澳台的各项文化交流工作。年内，市文化局共受理出访国外及港澳台地区文化交流项目140批2979人次。其中，局系统57批1424人次，归口管理单位83批1555人次。引进国外及港澳台地区共43批1351人次。其中，局系统8批46人次；归口管理单位35批1305人次。

【赴意大利罗马市举办2013年中国春节庆祝活动】 1月30日至2月4日，市文化局组派由中国杂技团、北京歌剧舞剧院、北京万兴歌舞团组成的表演团一行115人赴意大利罗马市，在罗马帝国大道上举办了2013年中国春节庆祝活动。我驻意大使、罗马市长等政要出席，现场观看演出的意大利观众超过十万人。

【赴芬兰赫尔辛基市、爱沙尼亚塔林市举办2013年中国春节庙会】 2月6日至14日，市文化局组派由中央民族大学舞蹈学院和北京歌剧舞剧院民乐团组成的表演团一行30人赴芬兰赫尔辛基市、爱沙尼亚塔林市举办2013年中国春节庙会。赫尔辛基市市长和塔林市市长分别出席了活动，两地的演出吸引了近八万名观众观看了演出。

【参加沙特“杰纳第利亚遗产文化节”中国主宾国活动】 4月3日至19日，市文化局组织古琴艺术、同仁堂中医药文化、“厨子舍”清真菜民间宴席制作技艺等8个非遗项目及传承人参展沙特“杰纳第利亚遗产文化节”中国主宾国活动。

【参加阿根廷文化产业交易会】 4月10日至12日，市文化局与文化部共同组团参加南美地区最重要的文化展会之一——阿根廷文化产业交易会，介绍了本市文化产业发展情况，并重点推介了本市优秀文化企业。

【举办“两岸城市文化互访系列——北京周”暨京台文化节活动】 5月12日至20日，市文化局组派北京市曲剧团一行76人，赴台湾举办了“北京戏曲台湾行”演出活动，在台北市中山堂演出了《正红旗下》、《骆驼祥子》两台北京曲剧经典剧目，传播经典文化，巩固两岸友好关系。

【组派北京艺术团赴古巴举办“北京之夜”文艺演出】 5月30至31日，市文化局组派北京艺术团赴古巴举办了两场“北京之夜”文艺演出。在哈瓦那进行工作访问的中共中央政治局委员、北京市委书记郭金龙一行，中国驻古巴大使张拓，古巴政治局委员、哈瓦那市委第一书记拉扎纳•洛佩兹，古巴文化部长贝尔纳，古共中央书记处书记、古共国际关系部长巴拉格尔，以及100多个国家驻古巴外交使节等各界嘉宾，与哈瓦那观众一起观看了首场演出。

【与文化部合作举办首届中非文化产业圆桌会议】 6月18日至24日，市文化局与文化部合作举办首届中非文化产业圆桌会议，26个非洲英语国家的文化高官出席了会议。

【组派非遗项目参加“中国—中东欧地方领导人会议”商务推介会 】 7月2日至4日，在重庆举办的“中国—中东欧地方领导人会议”北京市商务推介会上，市文化局选派北京钧天坊古琴文化艺术传播有限公司的5位艺术家，现场向参与展会的各国嘉宾进行了“琴、书、花、茶、香”五道展示。该活动有中东欧16国首都等共计50多个省市代表团及16国中央政府高官及驻华使节来华参会。

【赴澳门举办第二届京澳洽谈会民族音乐会】 7月10日至11日，市文化局与澳门文化局、市港澳办在澳门旅游塔会展娱乐中心剧院共同承办了两场第二届北京•澳门合作交流洽谈会民族音乐会。中联办副主任仇鸿、北京市副市长程红、澳门特别行政区社会文化司司长张裕与京澳两地近500名观众一同观看了演出。

【与曼谷开展双向交流演出活动】 为庆祝北京市与泰国曼谷市缔结友好城市关系20周年，市文化局组派中国杂技团于8月24日、25日晚在泰国曼谷青年中心演出两场杂技晚会《一品一三绝》。10月24日至26日曼谷市市长素坤攀•巴里帕率近100人演出团在首都图书馆举办“2013曼谷文化艺术节”活动。

【举办“首届艺术与创意城市北京论坛”】 10月22日至23日，首届艺术与创意城市北京论坛在北京大都美术馆举办。论坛由联合国教科文组织、北京市人民政府、中国联合国教科文组织全国委员会共同主办，由市文化局和北京文化艺术基金会承办。论坛是联合国教科文组织创意城市北京峰会的主题论坛之一，以“艺术塑造城市未来”为主题，包括学术论坛和画展两大部分。论坛讨论通过了《北京共识：艺术对城市可持续发展和创造力的贡献》。联合国教科文组织总干事博科娃、北京市副市长杨晓超出席论坛开幕式并致辞。

【组织2014年亚太经合组织非正式高官会北京市政府招待晚宴文艺演出活动】 12月9日晚，市文化局在北京饭店国际会展中心组织了2014年亚太经合组织非正式高官会北京市政府招待晚宴文艺演出活动。

【与首尔中国文化中心开展年度对口合作】 按照文化部海外中国文化中心部省对口年度合作安排，市文化局在2013年与首尔中国文化中心开展年度合作，共12个交流项目。该系列活动被纳入“2013北京-首尔友好交流年”范畴。

【举办“2013北京舞台艺术香江行”活动】 市文化局与北京文创国际集团创办的京港文化交流品牌——“2013北京舞台艺术香江行”，第一次在香港尝试以商业运作的模式开展贯穿全年的文化活动。

非物质文化遗产保护

【概况】 年内，在非物质文化遗产保护方面，市文化局健全非遗保护机制，完善名录体系，多种保护方式并举，广泛开展宣传展示活动，加强理论研究，整体推动本市非遗保护工作。市级财政非遗经费全年投入约1147万元，全市围绕春节、清明节等传统节庆开展重点文化活动近160项，市文化局、北京非物质文化遗产保护中心组织36个非遗项目及传承人参与国内外展示展演活动8次，命名5个传承示范校、3个生产性保护示范基地，授予21家单位及个人年度“北京市非遗保护贡献奖”。

【春节重点文化活动】 春节期间，全市举办庙会、灯会、展览展示、民俗文化活动等四大类重点文化活动32项。

【清明节文化活动】 清明节期间，全市开展祭扫、表演、诗会、讲座等文化活动44项。

【“非遗市场化运作”高级研修班】 4月，市文化局、北京非遗保护中心面向区县文委主管主任、文化馆主管馆长和各非遗项目保护单位负责人及传承人，开办为期8天的“非遗市场化运作”高级研修班，4期计400余人次参加。培训内容涉及非遗市场化运作思路、市场机会识别、成长战略与竞争战略等方面。

【北京非遗产展——宏音斋笙管乐器展演展示活动】 4月18日至22日，由市文化局和首尔中国文化中心共同主办的“北京非遗展——宏音斋笙管乐器展演展示活动”在韩国首尔举办，活动包括实物展示及传承人现场器乐演示，共77件作品参展。

【端午节重点文化活动】 端午节期间，全市举办17项重点文化活动，包括龙舟竞赛3项、诗会歌会1项、文艺演出3项、展览讲座2项、非遗展示展演7项、体育健身1项。

【文化遗产日非遗“十个一”系列活动】 6月文化遗产日期间，由中共北京市委宣传部、北京市文化局主办，北京非遗保护中心、16区县文化委员会承办的非遗“十个一”系列活动在国家大剧院、长安大剧院等场所举行。活动内容包括：举行“名家传艺——非遗代表性传承人收徒传艺工程”启动仪式，梅葆玖等8位名家收徒27位；举办非遗百集纪录片

《守望》首发式；颁发“2013年度北京市非遗保护贡献奖”；命名传统节日“北京特色活动”；命名2013年度“北京市非遗生产性保护示范基地”；命名2013年度“北京市非遗传承示范校”；颁发2013年度北京市级代表性传承人传习补贴；举办“恢复经典、再现传统”非遗展演活动；举办国家级非遗项目景泰蓝制作技艺师徒作品展；举办“做文化遗产的小主人”系列活动。

【第四届中国成都国际非遗节】 6月15日至23日，本市组织景泰蓝制作技艺、内联升千层底布鞋制作技艺、北京哈氏风筝制作技艺3个非遗项目，参加第四届中国成都国际非遗节。

【恭王府中华传统技艺精品展“北京月”活动】 9月，本市组织北京灯彩、琉璃烧造技艺等14个项目参加为期19天的恭王府中华传统技艺精品展“北京月”活动。

【中秋节重点文化活动】 中秋节期间，全市组织重点文化活动23项，包括展览展示活动8项、演出7项、比赛3项、读书讲座活动2项，其他3项。

【第四批国家级非遗代表性项目推荐申报工作】 9月至12月，市文化局组织专家召开推荐申报评审会，确定31个项目申报第四批国家级非遗代表性项目，完成本市推荐申报工作。

【重阳节文化活动】 重阳节期间，全市开展活动41项，其中慰问活动13项，演出10项，展览展示5项，读书讲座4项，比赛4项，诗歌朗诵3项，其他2项。

【首届中国杭州亚太传统手工艺博览会】 10月17日至20日，本市组织3个非遗代表性项目、5位传承人参加首届中国杭州亚太传统手工艺博览会。

【非遗项目参展文博会】 11月7日至10日，本市组织金漆镶嵌髹饰技艺项目及传承人参加第八届中国北京国际文化创意产业博览会。

【人大代表非遗调研】 11月19日，市人大代表赴北京市珐琅厂有限责任公司及北京京城百工坊艺术品有限公司调研，考察景泰蓝制作技艺等非遗项目，并与项目单位负责人及传承人代表座谈。

【APEC非正式高官会议非遗展】 12月9日至10日，在国家会议中心举办APEC非正式高官会议非遗展，雕漆技艺、剧装戏具制作技艺等6个非遗代表性项目参展。

【传统节庆补贴评审会召开】 12月，市文化局非遗处召开传统节庆补贴评审会，组织专家审议确定传统节庆补贴办法，确定年内8项传统节日“北京特色活动”获得96万元补贴。

【《非遗国家级文化生态保护实验区规划纲要》编制】 年内，开展《非遗国家级文化生态保护实验区规划纲要》编制工作，组织16区县文化委员会主管主任及非遗负责人召开座谈会，完成对本市非遗代表性项目和传承人情况前期调研工作。

【非遗大型纪录片《守望》拍摄制作】 年内，北京非遗保护中心与北京电视台合作，拍摄制作并播放非遗大型纪录片《守望》63集，现已累计完成125集。

【抢救性征集非遗代表性传承人实物作品】 年内，继续推进抢救性征集代表性传承人实物作品工作，新征集宏音斋笙管制作技艺、谭柘紫石砚等4个项目作品10件套，现已累计征集作品153件套。

文化会展

【第二届京交会——“动漫品牌授权洽商会”】 5月31日，市文化局在“第二届中国（北京）国际服务贸易交易会”期间举办了“动漫品牌授权洽商会”活动，活动共吸引了50余个国内外知名动漫形象参展，超过100家企业作为买家参会，展品涉及服装、家电、饰品、玩具、出版等诸多领域。品牌授权洽商会的举办，有效填补了本市缺少专业性动漫品牌授权活动的空白，推动了动漫产业与商业、金融、教育、通信等行业的融合发展，促进了动漫产业链条的延伸。

【第二届“动漫北京”活动】 9月18日至20日，市文化局联合石景山区委、区政府、首钢集团、中国文化传媒集团、中国动漫集团在首钢主厂区举办了第二届“动漫北京”活动。活动以“动漫创造快乐”为主题，包含民族原创动漫形象大赛、动漫游戏成果展、民族动漫游戏推介洽商交易会、电子竞技大赛等11个分项活动。活动面积约7800平方米，参展企业200余家，观众人数达3万余人次。

文博会

【组织筹备文博会北京文化展馆】

11月8日至11日，市文化局在“第八届文博会”期间组织了“北京文化展馆”展览活动，“北京文化展馆”总面积5000平方米，分为演出、艺术品、动漫游戏和非物质文化遗产四个板块。

天津市文化广播影视局

概　述

全市文化系统贯彻落实党的十八大、十八届三中全会和全国文化厅局长会议、市委十届二次、三次全会精神，围绕大局、服务人民、改革创新，完成全年各项工作任务，文化工作取得新进展、新成效。

公共文化服务

【公共文化设施建设】　天津市群众艺术馆新馆投入使用，新馆总建筑面积达到8700平方米，提升群众文化服务能力和水平。完成天津自然博物馆搬迁改造和新馆布展，向社会试开放。周恩来邓颖超纪念馆和平津战役纪念馆红色旅游景区二期基础设施改造项目竣工。红旗剧院改扩建、河北梆子剧院综合业务楼落地重建和中国大戏院修缮工程进展。滨海新区投资新建5个1000平方米以上的街镇综合文化站、106个居民书房和居民文化室。武清区新建区图书馆、博物馆，河西区文化中心等项目推进。蓟县投入600万元，提升图书馆、文化馆、美术馆等场馆的设施设备水平。

【文化惠民工程】　公共电子阅览室、文化信息资源共享、农村电影放映等文化惠民工程推进。全年放映农村公益电影44044场，其中室内放映场次达到21%，研究制定《天津市“公共电子阅览室建设计划”实施方案》，启动天津图书馆与市内六区图书馆通借通还服务，完成本市第五次公共图书馆评估定级工作。天津图书馆音乐图书馆、数字资源服务区和视障读者服务区全面开放，完善服务功能。创新服务机制，滨海新区实施文化服务外来建设者工程，投入近400万元，大项目工地、蓝领公寓送演出、电影、讲座、文化用品及图书等；投资120万元支持“三馆一站”免费开放的28个服务品牌建设。开展志愿文化服务活动，蓟县文化馆志愿服务等4个项目被文化部评为“文化志愿者基层服务年”示范项目，“春雨工程”天津市文化志愿者西藏行和新疆行活动，被评为全国文化志愿者边疆行示范项目。实施“千人百团”社区艺术团文艺骨干培训工程，为126支社区团队、2000名文艺骨干提供公益培训服务。和平区被评为首批国家公共文化服务体系示范区，北辰区“文化品牌活动长效机制”、东丽区“群众文艺创作激励机制”入选首批国家公共文化服务体系示范项目。西青区杨柳青镇文体中心、宁河县兴影农村数字电影放映站等8家单位荣获第五届全国服务农民服务基层文化建设先进集体称号。

【群众文化活动】　举办第四届“和平杯”中国京剧小票友邀请赛、第二十二届“东丽杯”全国鲁藜诗歌评奖活动、“北仓杯”第三届环渤海地区青年新歌手电视大赛、首届“武清•李润杰杯”全国快板书大赛、首届“和平杯”华北五省区市曲艺票友邀请赛等大型群众文化活动，扩大影响，打造品牌。天津市第四届“南开杯”新广场舞大赛、西洋乐器大赛、第五届社区文化艺术节、第六届老年文化艺术节、第七届家庭文化艺术节、第九届滨海艺术节、“东疆杯”第六届青年新歌手电视大赛、“大田杯”中小学生读书系列活动、第二届“天图杯”读书知识竞赛等群众文化活动丰富多彩，参与广泛。在第十六届全国“群星奖”评选中，该市11个参赛作品全部获奖，其中4个作品荣获“群星奖”，7个作品荣获优秀演出奖，滨海新区公共文化服务激励机制等3个项目荣获项目类群星奖，3人荣获“群文之星”荣誉称号。

艺术创作和演出

【艺术创作成果】　在第十届中国艺术节上，评剧《赵锦棠》荣获第十四届文华大奖，京剧《香莲案》荣获第十四届文华优秀剧目奖，京剧《楚宫恨》荣

获演出奖。评剧《赵锦棠》入选“2011—2012年度国家舞台艺术精品工程重点资助剧目”。在第九届全国杂技魔术比赛中，魔术《雪韵》、杂技《垓下雄风—蹬人》、《倒立技巧》分获金、银、铜奖，杂技《垓下雄风—蹬人》还荣获第十二届莫斯科国际青少年马戏节和第十五届意大利拉蒂那国际马戏节金奖。民乐“十不闲”与吹打乐组合节目《渔童送福》荣获中国民族器乐民间乐种组合展演职业组优秀演奏奖。天津人民艺术剧院话剧《相士无非子》参加第七届全国话剧优秀剧目展演。天津市曲艺团和天津市儿童艺术剧团节目入选参加全国曲艺、木偶、皮影优秀剧目展演。

天津评剧院、天津市评剧白派剧团被文化部评为“全国地方戏创作演出重点院团”，天津市曲艺团7个曲艺节目和天津市儿童艺术剧团的1台木偶剧入选全国曲艺木偶戏及皮影戏优秀剧（节）目扶持名单。创作排演大型民族舞剧《泥人的事》、芭蕾舞剧《海侠》、津版歌剧《茶花女》、话剧《小楼春秋》、河北梆子《梦南国》、评剧《剑魂》《马昭仪》、人偶剧《轻轻飘落的红围巾》和《龙》（国际版），以及曲艺综合专场《中国梦》等一批新作品。

【演出活动】 举办天津市2013年优秀剧目展演，汇集11个艺术院团，共有23台优秀剧节目，在市内和郊区县的15个场所演出43场，集中展示近年来本市艺术创作的优秀成果，扩大优秀作品的市场占有率和社会影响力，受到观众热烈欢迎，赢得社会广泛赞誉。天津交响乐团推出贝多芬交响乐系列演出。此外，完成第六届东亚运动会开闭幕式、夏季达沃斯论坛天津之夜演出、庆五一“海河情”—“劳动者之歌”慰问演出和天津市2013年新年音乐会、天津市2013年军民春节联欢晚会等一系列重大演出任务。各艺术院团全年共演出2745场，观众达127万人次。

文化产业和市场管理

【重点文化产业项目建设】 国家动漫产业示范园二期、中国天津3D影视创意园建设推进，产业集聚作用彰显。票务网络建设推进，推动和促成天津市剧院联盟与全国票务网络技术和营销能力最强的中演票务通公司开展业务合作，在原天津演出票务网基础上，组建中天演出票务网，2013年12月正式开通，实现新版网站开发上线、票务系统设计改版和系统与网站对接。新的票务平台在增加传统纸质票销售网点的同时，推出网络直接选座、购票、支付和自主换票、电子票、免费送票等便捷服务。为方便群众购票观演，在全市布设网络售票点和自助换票点80个，覆盖市内六区和滨海新区及部分郊区县。举办中国天津第四届滨海国际文化创意展交会，展区面积4万平方米，标准展位1000个，近400家企业参展，观众达到11万人次，现场成交额达1亿元，各类项目达成意向和签约总额16亿元。组织参加第十届中国艺术节演艺产品交易会、第八届中国北京国际文化创意产业博览会等活动，展示天津市文化产业发展特色与成果，天津市被授予“最佳展示奖”和“最佳组织奖”。

【动漫、电影产业】 5家动漫公司通过国家动漫企业认定，3部动漫产品、两家动漫企业分别通过国家重点动漫产品和重点动漫企业认定。动漫作品《三国演义》、《魁拔2》，动漫创意《毛病》入选2013年“国家动漫品牌建设和保护计划”。神界漫画公司的《原创漫画开发服务系统》入选国家发改委和文化部首批“高技术服务业研发及产业化”扶植项目。全市拥有数字影院51家、银幕345块。其中，新建影院10家，新增银幕73块，IMAX巨幕6块、X-LAND或其他品牌国产巨幕4块。全市城市电影票房收入3.3亿元，观影场次554965场，观影人次10234226，较去年同期分别增长25.12%、20.61%和25.26%。

【文化产业发展环境和企业竞争力】 评选命名天津市首批文化产业示范园区17家。天津杨柳青画社有限公司的《杨柳青年画公益广告及衍生产品研发制作》和《杨柳青年画创意新品种研发》项目获600余万元文化产业专项资金扶持。中国大戏院办好中华大戏院、京剧票友大舞台、燕赵之声河北梆子专场等演出，实现经营收入396万元。天津市演出总公司举办木偶剧“弦艺情缘”系列演出、澳大利亚华裔油画家傅红先生油画展等活动。天津市文化艺术音像出版社集中优势资源做好“像音像”工程。天津市文化发展中心举办38场拍卖会，总成交额达3.3亿元，其中艺术品拍卖18场，成交额2.9亿元。天津市舞台科学技术研究所获得演艺灯光综合设计国家一级资质。

【文化市场规范化建设】 开展文化市场行政审批大检查活动，全面梳理2010年天津市文化市场行政审批情况，建立运行天津市文化市场行政审批服务监督平台，通过文化部检查组的考核验收。举办首届“天津市文化市场综合行政执法岗位大练兵与技能大比武”活动，展示天津市文化市场综合执法改革成果。全年审批娱乐场所涉外及涉港澳台演出150余项，审核通过14家互联网文化经营企业，增速高于往年，天津市互联网文化企业经营实现规模化发展。指导天津市娱乐协会举办天津市第五届“全民歌王”大赛活动，收到良好效果，品牌效应逐步增强。指导筹建成立天津市互联网上网服务营业场所行业协会。

文化遗产保护

【文物保护工作】 大运河保护和申遗工作取得重要进展，《大运河天津段总体保护规划》编制完成，经市政府批准公布，推进实施大运河整治工程，通过联合国教科文组织国际古迹遗址理事会专家现场考察评估。第一次全国可移动文物普查工作推进。国务院核定公布天津市第七批全国重点文物保护单位13处，市政府批准公布第四批天津市文物保护单位145处，天津市全国重点文物保护单位达到28处，市级文物保护单位214处，区县级文物保护单位144处。完成全国重点文物保护单位广东会馆、独乐寺报恩院与天津市文物保护单位大悲禅院、于方舟故居等重点文物修缮工程，确保文物安全。先后完成蓟汕高速公路、天津市外环线东北部调线、天津港-华北石化原油管道工程（天津段）、宝坻区歇马台回迁房、华电武清燃气分布式能源站等工程的考古勘探工作和蓟县吴庄明代墓葬抢救性考古发掘工作。《2013年天津及唐山水下文物调查工作计划》、《元明清天妃宫遗址本体保护方案》、《天津张湾出土古船保护修复方案》和《宝坻区歇马台遗址发掘申请》4个方案获得国家文物局批准。完成独乐寺、义和团吕祖堂坛口遗址、石家大院、大沽口炮台、北洋水师大沽船坞遗址等一批全国重点文物保护单位保护规划编制工作。开展2013年文化遗产日宣传活动，组织为期一周的“津沽运河行”骑行活动等多项内容，于遗产日在天津市三岔河口思源广场举办大型宣传活动，宣传文化遗产保护知识，取得良好社会效果。

【博物馆事业】 天津博物馆《中华百年看天津》荣获“全国博物馆十大陈列精品展览”。平津战役纪念馆被评为国家4A级旅游景区。举办《珍贵的瞬间——纪念周恩来诞辰115周年图片展》、《“中国梦、我的梦”大型图片展》、《星云大师一笔字书法展》、《华枝春满——李叔同书法、信札展》、《红色经典——馆藏二十世纪中国画展（1950—1979）》等特色展览100余个，组织博物馆开展送展览、送讲座进学校、社区活动，受到广大观众的欢迎。组织开展“我最喜爱的博物馆”评选和国际博物馆日主题活动，全市20余万群众踊跃参与。组织博物馆、纪念馆、美术馆开展送展览、送讲座进学校、社区活动及冬夏令营活动，受到广大群众的欢迎。举办天津市第三届国学文化节，弘扬优秀传统文化。加强文物拍卖标的审核工作，审核全市31场拍卖会18101件（套）标的。推进《天津通志•文物博物馆志》编辑组织工作，完成编修人员培训、特聘专家遴选及聘书致送等系列工作。

【非物质文化遗产保护工作】 市政府公布第三批市级非物质文化遗产名录项目62项。开展第四批国家级非物质文化遗产名录项目申报工作。举办“宝坻杯”第三届全国京东大鼓艺术节，组织开展“非遗”进校园和“非遗百题知识竞赛”、“非遗知识电视竞赛”、“非遗传承与素质教育实践培训”等“文化遗产日”系列活动，营造全社会关注支持非遗保护的良好氛围。加强非物质文化遗产保护理论研究，在天津体育学院建立非遗保护研究基地。

对外文化交流

【概况】 开展多渠道多层次多形式的对外文化交流，推动文化产品和服务走出去。全年共办理引进和派出项目143项、3287人次，承办和协办大型涉外活动5项，接待文化考察交流团组8个。受国家文化部委派，天津艺术团赴坦桑尼亚等非洲四国开展“欢乐春节”文化活动，共演出14场，完成访演任务。天津市青年京剧团赴英国演出、华夏未来少儿艺术团环球之旅、天津市杂技团和天津霍元甲武术队赴土库曼斯坦参加“中国文化日”活动、天津京剧院赴香港访演、津味相声台湾行、大型歌舞《异彩流金》应邀赴新加坡参加演出、话剧《风华绝代》赴香港演出、2013天津滨海•台湾版画作品交流展等活动，扩大天津文化的影响力。作为文化部“2013中国文化聚焦”的重要项目，在津举办非洲武术学员培训班。天津市文化广播影视局连续两年获得文化部“对外及对港澳台文化交流贡献奖”。

党建和文化队伍建设

【党员干部思想政治建设】 围绕学习贯彻党的十八大、十八届三中全会和总书记习近平系列重要讲话精神，结合学习贯彻市委十届二次、三次全会精神，采取中心组学习、集中宣讲、辅导报告、交流研讨等多种形式，组织党员干部学习，用科学理论武装头脑，指导工作。精神文明创建活动推进，5个项目被评为全市精神文明建设最具影响力项目和品牌项目。开通天津市文化广播影视局官方微博，共发布演出信息1083条，原创内容占90%以上。

【领导班子和干部队伍建设】 充实调整27个局属单位领导班子，涉及局管干部进退留转79人。对局系统39个单位党组织进行普遍摸底，指导平津战役纪念馆、天津评剧院、天津市艺术研究所、天津艺术职业学院等基层党组织增补委员。加强党员队伍建设，做好发展党员工作，全年指导局属18个基层单位完成49名发展党员任务。完成社会组织党建工作目标任务，广泛开展“服务社会、诚信惠民”主题教育实践活动，与各社会组织党组织逐一签订《党建工作责任书》。

【文化人才队伍建设】 启动百名优秀人才引进计划，采取柔性机制、争取灵活政策，引进拔尖和急需人才。完成“131”人才工程评选推荐工作，20人当选天津市宣传文化“五个一批”第四批人才。2人荣获中国戏剧第26届梅花奖，7人分别荣获第十四届文华奖“文华剧作奖”、“文华舞台美术奖”和“文华音乐创作奖”，4人荣获第十届中国艺术节优秀表演奖。天津芭蕾演员在亚洲规格最高的芭蕾舞大赛日本大阪国际青少年芭蕾舞比赛中分别获得青年组唯一金奖和铜奖，实现新突破。加强艺术职业教育，强化京剧小学员班、鼓曲班、评剧白派班的教学质量，对报考戏曲专业的学生，采取减免学费的扶持政策，培养戏曲接班人。支持西部艺术人才培养，为西藏昌都地区委培60名文艺特长生。

【党风廉政建设】 落实党风廉政建设责任制，执行领导干部廉洁自律各项规定和党内各项监督制度，加强对重大文化项目和重点工程的监督检查。按照清退时限、清退对象和清退范围，全面开展会员卡清退自查自纠，全系统4273人做出零持有会员卡报告，反腐倡廉宣传教育效果增强。组织开展对用公款送月饼节礼、制作赠送台历挂历、购买炮竹年礼等专项检查，取消年终会餐、招待、联欢等活动28次，节省资金20万元。周恩来邓颖超纪念馆和平津战役纪念馆被文化部命名为“廉政文化建设基地”。

教育实践活动

【概况】 贯彻落实中央和市委的要求部署，坚持高标准、严要求，做好党的群众路线教育实践活动学习教育、听取意见，查摆问题、开展批评和整改落实、建章立制各环节的工作；坚持问题导向，边学边改、边查边改、边整边改，查摆“四风”方面的突出问题，检查剖析问题产生的根源，制定整改措施，狠抓整改落实，取得明显成效。天津市文化广播影视局机关先后组织集中学习5次，集体参观1次、观看影视教育片3次，开展自学，深化对党的群众观点和群众路线的认识。局领导班子成员带头开展“五必谈”，带头基层与干部群众座谈、交心，召开各层面座谈会21次，谈心谈话600多人次，发放调查问卷361份。针对查找出的问题，研究制定《天津市文化广播影视局领导班子党的群众路线教育实践活动整改方案》、《天津市文化广播影视局开展“四风”突出问题专项整治工作方案》和《天津市文化广播影视局党的群众路线教育实践活动制度建设计划》，明确6个方面、20项整改任务，7项专项整治任务和14项制度建设任务，分别制定任务书，逐项分解细化，把责任落实到人，以的责任制确保把整改抓实、抓细、抓具体，解决作风方面存在的突出问题，把文化为民、文化惠民落到实处。制定出台加强作风建设的九项规定。低票价惠民演出取得实效，增加10家区县演出场所作为超场次演出指定剧场，各艺术院团通过降低创作生产成本，加大惠民演出力度。出台《支持高端演出、高端展览和公益文化普及活动专项经费管理暂行办法》，使高雅艺术走进百姓生活。向市民免费发放“天津文化中心公益文化消费券”，天津市文化中心各文化场馆共举办公益文化普及活动715场、展览125个、演出312场、文献外借200余万册，接待观众约400万人(次)。树立节俭办晚会的理念，取消以市委、市政府名义举办的天津市新年音乐会，国庆文艺晚会调整为逢五、逢十举办，控制大型演出、晚会规模适量。精简文化行政审批数量，取消行政审批事项7项，下放12项。天津市文化广播影视局机关开展“五个一”活动，促进加强学习、改进作风、服务基层、提高效能良好风气的形成。

河北省文化厅

概　述

2013年，河北省文化系统学习贯彻党的十八大、十八届三中全会和总书记习近平系列讲话精神，落实文化部和省委、省政府的要求部署，围绕建设文化强省、推动河北文化建设进入全国第一方阵的目标，搭建公共文化服务、群众文化活动、文化艺术精品、文化市场监管服务、机关效能建设五大平台，全省文化建设取得新成绩、新进展。

党的群众路线教育实践活动

【概况】　坚持“以学促知、以知促行、知行合一”的学习理念，把学习贯彻十八大精神、十八届三中全会精神和习近平总书记系列讲话精神作为主线，采取个人自学与集中学习相结合、书记讲党课与专家辅导相结合、小组讨论与集中交流相结合、学习教育与典型宣传相结合等多种形式，宣传党的路线方针政策和决议，加强党员干部理论武装。按照“照镜子、正衣冠、洗洗澡、治治病”的总要求，以为民务实清廉为主题，贯彻中央八项规定、聚焦解决“四风”问题，联系思想、作风和工作实际，开展批评和自我批评，查摆问题，剖析原因，明确方向和改进措施，开展正风肃纪、公共文化窗口亮化提升、城乡文化市场规范净化、基层文化网络建构提升四个专项行动，把教育实践活动落到实处。省文化厅领导班子坚持边查边改、立改立行，共查找、征集“四风”问题和意见建议59条，制定整改措施26项，一批群众反映强烈的问题得到整改，促进文化工作开展。组织承办全国文化系统党建研究会2013年年会，厅党组书记王离湘同志撰写的《同心同向　凝聚精神　同力同行　奋发有为——学习十八大报告“关于协商民主制度建设”的实践与思考》，获得全国文化系统党建研究会2013年度论文评选一等奖。

公共文化服务

【公共文化服务体系建设】　省博物馆新馆全面开馆投入使用，地市级“三馆”建设推进，全省列入国家规划的1557个乡镇综合文化站基本建成。评审命名20个“河北省县域公共文化建设‘二十强’”、100个“河北省百佳乡镇综合文化站”、20项“一县一品”双十佳县域品牌文化活动、50个河北省特色文化广场、100个河北省基层文化之星。组织开展第一次乡镇（街道）综合文化站评估定级和第五次县以上公共图书馆的评估定级工作。秦皇岛市、邯郸市、霸州市通过文化部第一批国家公共文化服务示范区（项目）创建验收，廊坊市、张北县、井陉县通过第二批国家公共文化服务体系示范区（项目）创建资格评审。启动河北省公共文化服务示范县（市、区）创建工作，共评审出20个示范县（市、区）创建单位。为全省转企改制国有剧团先后配送53辆流动舞台车。

【文物保护工作】　截至2013年底，承德避暑山庄及周围寺庙文化遗产保护工程通过国家文物局批复88项、开工69项、完工47项。清东陵、清西陵文物保护工程全面启动。正定古城文物保护工作全面展开，省政府批准公布6处国保单位保护规划，隆兴寺方丈院维修工程完工。省内代表性长城段落保护、大运河申遗准备工作推进。编制完成燕下都遗址、泥河湾遗址群、赵邯郸故城遗址、元中都遗址、中山古城遗址、北戴河秦行宫遗址保护规划。泥河湾东方人类探源工程科研课题获批准立项。推进涿鹿黄帝城保护利用工作，开展中华文明起源研究。内丘邢窑遗址考古发掘项目被国家文物局评为“2012年度全国十大考古新发现”之一。组织启动第一次可移动文物普查。河北省纳入中央免费开放政策补贴的博物馆增加到54座，全年免费接待观众2000多万人次。田野文物安全技术防范系统建设进入结项收尾阶段，共涉及全省9个设区市33个县（市）的42处文物保护单位。组织开展火灾隐患排查整治专项行动、文物安全大检查活动和汛期文物安全隐患排查整治专项行动。

【非物质文化遗产保护传承工作】 省文化厅组织评选16家单位为首批河北省非物质文化遗产研究基地，16家单位为河北省第一批非物质文化遗产生产性保护示范基地；省政府公布第五批省级非物质文化遗产名录推荐项目共计137个项目（子项152项）。《河北省非物质文化遗产条例》通过省政府常务会审议，报送省人大研究审议。组织开展河北省重点非物质文化遗产项目价值点、价值量、存续环境及保护要点研究，引起文化部高度重视。组织举办“我们的节日”河北省非物质文化遗产展演活动，与保定市委、市政府联合举办第六届河北省民俗文化节暨首届保定市民俗文化节。

群众文化活动

【文化惠民服务活动】 组织“我们的节日——相约省城和欢乐城乡”百场惠民演出活动以及暑期“文化惠民演出季”、北戴河海上音乐厅暑期演出活动，深受各界观众喜爱。组织省心连心艺术团等省级骨干艺术团体开展“加强基层建设年——走进帮扶村”系列演出活动，共演出140场，行程50000多公里。河北省话剧院演艺有限公司承办的“百场儿童剧进校园”活动，在全省11个市基层中小学特别是偏远、贫困地区中小学开展巡演活动反响强烈。

【各类群众文化活动】 开展以“善行河北”、“廉政文化”和“我的中国梦”为主题的群文作品创作、征集、评选活动。与教育厅、团省委联合组织开展以“经典浸润人生　阅读成就梦想”——第十五届中国老年合唱节，共有全国各地55支老年合唱代表队参加。举办“河北省廉政文化题材武强木版年画巡展”。群众文艺创作演出活动非常活跃，共有2个音乐类、1个舞蹈类、3个戏剧类、4个项目类获文化部群星奖，4名个人获“群文之星”；1个合唱团、1个曲艺类节目获优秀演出奖，数量和质量都比往届有新提高。

【文化志愿服务】 “河北省文化志愿者协会”筹备成立准备工作就绪。组织开展以“大讲堂”、“大舞台”、“大展台”为基本载体的文化志愿服务活动，河北省文化厅荣获全国文化志愿者服务工作优秀单位，河北省群众艺术馆“文化志愿者服务农村文艺辅导基地”、河北省图书馆“青春践行梦想——河北省图书馆2013年暑期大学生志愿服务活动”、秦皇岛市群众艺术馆“情暖城乡——玩命文化志愿者走进百姓系统工程”、张家口市群众艺术馆“百姓一家亲欢乐伴你行”活动荣获“9个主题”基层文化志愿服务示范项目，唐永谦被评为优秀文化志愿者。

文化艺术精品平台

【艺术创作生产】 研究制定《河北省舞台艺术精品工程项目管理办法（试行）》，确定13个经费补助项目。省演艺集团河北梆子剧院有限公司与承德金龙集团合作，创排河北梆子《六世班禅》。河北演艺集团杂技团有限公司推出两台原创作品《蔬菜总动员》、《秘境巡礼》。河北演艺集团歌舞剧院有限公司邀请东方演艺集团导演郑军创排大型歌舞演出《梦回奇冀》首演。河北艺术职业学院创排河北梆子《孟姜女》，邀请名导黄豆豆执导创排舞剧《红山女神》。话剧《雾蒙山》继荣获文华优秀剧目奖之后，又荣获2011-2012年度国家舞台艺术精品工程重点资助剧目，河北省文化厅荣获“组织工作奖”，《雾蒙山》编剧孙德民获“文华剧作奖”，《雾蒙山》演员敖小毅、《黄粱梦》演员李红山获“第十届中国艺术节表演奖”。省京剧艺术研究院院长裴艳玲荣获第二届中华艺文奖。河北省河北梆子剧院演艺有限公司入选“全国地方戏创作演出重点院团”。唐山市评剧团评剧《从春唱到秋》参加第十三届中国戏剧节获“优秀剧目奖”，张俊玲“优秀表演奖”和“文华表演奖”。滦南县文化馆的乐亭大鼓《双锁山》、唐山市皮影剧团的皮影戏《观世音传奇》、乐亭县文化广播电视新闻出版局的皮影戏《五锋会》入选文化部举办的全国曲艺、木偶剧及皮影戏优秀剧（节）目扶持评审结果。

【大型节庆品牌活动】 举办第十四届中国吴桥国际杂技艺术节，按照“政府主导、社会参与、市场运作”的思路，首次引入全程市场运营商机制，先后举办开幕式暨开幕演出、国际杂技比赛演出、闭幕式暨颁奖演出、惠民专场演出、社区公益系列演出、马戏大篷惠民演出、国际马戏论坛暨节庆产业与城市发展峰会、国际杂技商业演出暨杂技魔术产业交易洽谈会及沧州分会场活动等九大主体活动，共有19个国家和地区的30个节目（含展演节目2个）参加演出，直接观众近10 万人次。经激烈角逐，朝鲜平壤国家杂技团的《空中飞人》、俄罗斯尼古灵马戏公司的《抖杠》、中国云南省杂技团的《女子蹬人流星》夺得金狮奖。组织开展河北省首届美展暨青少年书画展筹备工作，按照“政府主导、招标承办、市场运作、画家自愿参与”原则进行，探索文企结合办活动的新途径。

【文化交流与合作活动】 以促进河北优秀文化走出去为重点，参与国家组织实施的大型对外文化活动，完成省委、省政府重点文化外宣活动工作任务，提升河北文化的影响力。2013年共办理对外文化交流项目83批次，1091人次，其中派出团组21批次、215人次，来访团组62批次、876人次，涉及30多个国家和地区。文化部和河北省人民政府共同主办“情系燕赵—两岸文化联谊行”大型对台文化交流活动，两岸150余位文化界人士齐聚燕赵大地，感悟燕赵历史文化。组派蔚县剪纸参加在法国、德国举办的“欢乐春节”活动，在法国、德国和西班牙三国中国文化中心进行巡展。组派唐山皮影赴西班牙开展展演活动。与澳门民政总署联合主办“彩墨乾坤—冀澳书画艺术交流展”。河北梆子经典剧目《宝莲灯》开展“全国巡演万里行”活动，先后进入甘宁青粤豫鲁津等7省市及澳门巡演，共演出68场，总路程达到14200多公里，观看人数超过77000人。《留君岁月—邓丽君经典歌曲演唱会》在东南亚和京、豫、苏、渝、沪等地演出近百场，实现经济效益和社会效益双赢。话剧儿童剧《“下次开船”港》5月份走进国家大剧院，中标武汉市“小时候•双百场儿童剧进校园活动”。杂技儿童剧《蔬菜总动员》中标由中国国际剧院联盟牵头组织的儿童剧集中采购招标活动。省杂技团有限公司介入荷兰演出商《冰河世纪》欧洲五年巡演活动，小团队低成本试水美国市场，与俄罗斯签订为期5年长期商演合约。

文化市场监管服务

【搭建服务平台】 培育省级文化产业园区，启动河北省第一批文化产业园区评选工作，组织专家对26家候选园区材料进行评审；开展全省文化产业示范基地巡礼活动，通过对张家口、唐山、保定、邯郸、廊坊、秦皇岛等市的河北省文化产业示范基地进行抽检，详细解企业发展情况，对重点企业进行全方位宣传推介。完成廊坊5•18“旅游文化产业专场推介会”的承办工作，实现16个项目签约；完成第八届北京文博会参展工作；筹备举办河北省第二届特色文化产业博览会。搭建银企文对接服务平台，分别与中国建设银行河北分行、中国人民财产保险股份有限公司河北分公司签订战略合作协议；与省司法厅联合出台《关于发挥律师职能作用服务文化产业发展的实施意见》；与省司法厅、省金融办举办律师服务业、金融行业和文化产业发展对接会；与湖南省文化厅签署文化产业发展战略合作协议；在中央文化干部管理学院举办三期全省文化产业管理人才培训班。围绕做大做强河北演艺集团，按照“做强演艺主业、延伸产业链条、坚持多元发展、增强综合实力”中长期发展思路，推动河北演艺集团构建适应市场经济要求的艺术生产、市场营销、财务运营、用人分配和投融资机制，深化改革、优化结构，各项工作取得较好进展，截止到11月底，实现营业收入1874.24万元。

【搭建监管平台】 抓练兵比武，提升执法办案能力。组织四次全省执法业务骨干培训，培训执法人员300余人次；组织开展全省文化市场综合行政执法技能大比武比赛和全省文化市场综合行政执法案卷评查活动。抓制度调研，加强文化市场规范化管理。制定出台《文化市场经营场所管理规范》，分为“安全经营十严禁”、“日常管理十须知”、“诚信经营五提倡”三部分；开展文化市场行政审批规范化建设课题研究形成调研报告；开展2012年度河北省网吧市场、演出市场深度调研活动以及“河北省动漫产业发展战略及规划”课题调研活动。抓技术监管，提高文化市场工作效率。以提高安装率、在线率为重点，抓好省级文化市场监管中心、网吧监管平台建设，全省网吧监管软件安装率、在线率达到80%以上；推进全省综合执法办公系统应用工作，行政审批录入等工作实现常态化、制度化、规范化。抓环境优化，促进文化市场繁荣有序。组织各级文化市场管理和综合执法机构以政治性非法文化产品和服务、违规接纳未成年人及安全生产等易引发社会热点、焦点的问题为重点整治内容，开展各类文化市场整治行动，打击违法违规经营行为；开展安全生产大检查活动，保障文化市场安全；以重要节日、全国两会、暑期、十八届三中全会等为重点时期，强化暗访督查力度，组织开展覆盖全省近40个县（市、区）、各类文化经营场所223家的文化市场行政审批交叉大检查，确保全省文化市场的平稳有序。

山西省文化厅

概　述

2013年，在省委、省政府的领导下，全省文化战线围绕加快转型跨越、建设文化强省，突出形象在精品、根本在惠民、突破在产业、重点在投入、关键在人才、出路在改革六个重点，在服务转型跨越、服务人民群众、服务基层、服务文化人上下功夫，各项工作取得成效。

文化改革

【概况】 省文化厅党组组织多次专题学习，学习十八大、十八届三中全会精神，明确改革创新的重点，增强推进文化体制机制改革创新的紧迫感；学习总书记习近平系列重要讲话，增强实现“中国梦”，展现文化之美、之为的责任感；学习全国全省宣传思想工作会议精神，学习省委十届五次全会暨全省经济工作会议、全省宣传部长会议和全国文化厅局长会议精神，增强文化工作强起来、硬起来、亮起来、实起来的责任意识和“像挖煤炭资源一样挖文化资源”的进取精神，明确文化工作的前进方向。通过学习提高对文化工作在党和国家工作全局中的地位和作用的认识。

文化建设

【概况】 7月1日至2日，全国文化厅局长座谈会在太原召开，这是文化部首次将这样规格和规模的会议放在山西，也是省文化厅承办的最重要的一次会议。省文化厅在会上作典型发言。会议期间，省长李小鹏和部长蔡武签署《山西省人民政府、文化部关于共同推进文化建设战略合作框架协议》，省委书记袁纯清出席签字仪式。省部协议的签署是全省文化工作中的一件大事，是加强省部合作、创新文化发展的一项重大举措。协议签署后，文化部在转型综改试验区建设、非遗项目保护利用、对外文化交流合作等9个方面给予指导支持，成为该省文化改革发展的强大助推力。

省城文化“三大工程”

【概况】 实现山西大剧院与保利文化集团的战略合作，成立山西大剧院管理中心，每年引进100场中外剧目，5月25日首演演出67场。启动“长风之夜”常态化周末惠民演出，赢得赞誉。省图书馆完成建馆50多年来的首次搬迁，新馆于7月1日正式开放，日均接待读者万余人次，为全省人民提供一所设施完备、功能齐全的“终身学校”和“城市书房”。山西晋剧艺术中心建设项目是省政府2013年重点工程，10月30日奠基开工。省委、省政府对这三项工程高度重视，全方位给予支持，提供保证。省级标杆文化设施建设，带动全省各级文化服务设施体系的建设。

文艺创作及成果

【概况】 在第十届中国艺术节上，山西艺术职业学院的舞剧《粉墨春秋》荣膺“文华大奖”，全国仅有9个省市区获此奖项，成为继话剧《立秋》获奖之后6年来登上全国舞台艺术最高领奖台的又一山西精品剧目，作为文化建设成果写入省《政府工作报告》；山西戏剧职业学院的说唱剧《解放》获“文华优秀剧目奖”，吕梁市晋剧院的晋剧《刘胡兰》获“文华剧目奖”。14个基层选送的节目荣获“群星奖”，获奖数与浙江省列全国第三；山西省图书馆系统服务总分馆建设、山西省农村流动书库工程等5个项目获单项奖，取得历史最好成绩。在第十三届中国戏剧节上，山西省晋剧院的《巴尔思御史》、太原市晋剧艺术研究院的《上马街》获得优秀剧目奖。省文化厅在芮城召开全省艺术创作工作会议，对“讲好山西故事”进行部署，表彰一批文艺院团先进集体和个人。围绕“山西精神”塑造，省演艺集团创作话剧《立春》、京剧《紫袍记》等省级重点舞台艺术作品。山西画院组织开展以“美丽山西”为主题的系列美术作品创作工作。省文化厅获得文化部“2011—2012年度国家舞台艺术精品工程组织工作奖”。晋剧《大红灯笼》、舞剧《粉墨春秋》入选国家舞台精品工程重点资助剧目。截止2013年底，该省有7部精品获此殊荣，在全国名列前茅。

公共服务体系

【概况】　开展“省市县三级公益文化设施达标率”测评，对做好农村文化活动场所全覆盖工程后期维护及日常开放工作作出安排，对98个公共图书馆评估定级；落实中央及省级年度建设资金1亿元，推进大同、忻州、临汾等地7个市级项目的建设，完成县级标准化建设项目20个；落实中央及省级农村文化建设资金1.97亿元，为每个村级文化活动室安排专项经费7000元；推进“三馆一站”免费开放，落实设备购置及日常免费开放资金1亿元，为基层文化单位配送流动舞台车81辆、流动文化服务车148辆；84个图书馆通过文化部验收，达到三级以上等级馆标准。长治市通过文化部“公共文化服务体系示范区”验收，太原市文广新局“文化精品惠民基层行”通过文化部国家示范项目验收，为全省积累宝贵经验。朔州市入选第二批“国家公共文化服务体系示范区”创建资格名单，晋中市文广新局“民办文化的扶持、引导与规范管理”、大同市文广新局“红领巾艺术团再建设”入选创建项目名单。

群众文化活动

【概况】　落实中央资源共享工程建设资金350万元、“数字图书馆”建设资金75万元、电子阅览室建设资金893万元，建设全省联合书目数据库图书馆100个。全省59个老区县级公共文化设施、670个老区乡镇综合文化站、15265个老区农村文化活动场所实现全覆盖。举办第二届农民工歌手大赛、第四届少年儿童粉笔画大赛、第五届网络摄影大赛、山西省“金秋风韵”老年才艺大赛、“手牵手•让梦想成真”系列公益活动。开展“三下乡”、“四进社区”活动，省直院团基层为群众演出超过1000场。完成“春雨工程——山西省文化志愿者新疆行”文化交流任务。省文化厅到垣曲古城镇、武乡砖壁村开展送戏、送文化、送器材活动。

非遗保护

【概况】　以晋中文化生态保护区建设为试点，探索非遗整体性保护体制机制，开展4个选题调研，推进太原市小店区等8个综合传习中心建设和4个濒危项目抢救保护工作，编纂、出版20个项目的图书，复排12部传统剧目，完成3个省级文化生态保护区总体规划编制工作。推荐50个项目参加第四批国家级名录项目评审。完成第四批省级名录项目评审工作，新增省级名录项目50项，项目保护单位120个。推荐6个项目保护单位参加第二批国家级“非物质文化遗产生产性保护示范基地”评审。成立山西省非物质文化遗产保护促进会。主办第八个“文化遗产日”宣传活动。各市选送优秀非遗项目参加第九届深圳文博会非遗专题展、第四届成都国际非遗节和中国与蒙古国文化交流展览展示活动，展示该省的非遗保护成果。

文化产业

【概况】　省文化厅与保利文化集团签订战略合作协议，在山西文化保税区和山西文化广场两个项目上达成合作意向，在与知名文化企业和金融机构的合作上迈出新步伐。与建设银行山西分行签订合作协议，协调省建行与山西演艺集团、山西唐是文化艺术设计公司等5个文化企业就多个产业项目达成合作意向。理顺与省文化发展基金会和省工艺美术协会的关系，山西工美集团注册成立，拓展文化厅工作领域。第四届山西动漫艺术节举办。山西高新博澳文化产业股份有限公司被认定为国家重点动漫企业。广灵剪纸文化产业园、平遥漆器文化产业园、平定刻花瓷文化产业园等文化产业示范基地建设推进。配合省委宣传部举办山西省首届文化产业博览会。参加“第九届深圳文化产业博览会”、“第八届北京国际文化创意产业博览会”等国内知名文化产业会展活动。启动山西省民营文化企业协会的组建工作。

文化队伍建设

【概况】 加快“三区”人才培养工作。举办省直文化系统处级干部、县（市、区）级文化局长、全省艺术院校舞蹈教师素质提升等21个培训班，培训各类人才1000多名。与省人社厅联合承办全国“文化生态保护区非物质文化遗产保护和利用”高级研修班；与省建行联合举办“文化金融大讲堂”；与北京舞蹈学院联办高级舞蹈研修班；与上海戏剧学院联办高级编导研修班；在太原举办全省工美行业小微企业扶持政策培训班，在北京大学举办山西省工艺美术小微企业管理和设计人才研修班。省文化厅、省戏曲职业学院推动建立王爱爱工作室。运城市蒲剧青年实验团团长景雪变获“中国戏剧表演奖•二度梅花奖”、演员贾菊兰获得“梅花表演奖”。全省有44人获此殊荣，其中4人为“二度梅”。在全国少儿戏曲“小梅花”比赛中，该省艺术院校6人获得“十佳”称号。大小梅花数量均居全国榜首。山西戏剧职业学院与中国戏曲学院联办首届中国戏曲学院晋剧班返晋实习，创排剧目40余部，实践演出5场，赢得省内戏曲界认可。高雅艺术进校园演出活动举办28场。申报艺术科学规划课题，参与山西省第八次社会科学研究优秀成果评奖工作，获得好评。

文化治理

【概况】 落实文化部、中宣部等九部门文件精神，支持转企改制文艺院团改革发展。对省直五院团和学院两个舞剧团以及部分市县院团给予资助，帮助它们提升发展能力，促进国有、集体和民营院团竞相发展。全省演出、娱乐、艺术品、网吧、网络音乐、网络游戏六大市场总规模达到31.18亿元。省文化厅将9项审批事项缩减为4项，5项下放到基层，放开网吧审批，简化流程和环节。开展“文化市场综合行政执法岗位大练兵大比武”活动，全面提升文化市场综合执法规范化专业化水平。全省出动3万余人次开展执法检查，有效地净化社会文化环境。加快山西文化走出去步伐，全年实施交流项目41项，出国（境）展演人数达492人次，与往年相比有较大提升。组织“山西—乌兰巴托中国文化中心合作项目”，该省在乌兰巴托举办活动6项，蒙古国文化代表团来晋开展活动3项。太原歌舞杂技团、长治市杂技团、临县大唢呐艺术培训中心等实施“山西文化进台湾”项目，为晋台文化交流谱写新篇章。

文化工作作风

【概况】 省文化厅参加第一批党的群众路线教育实践活动，厅党组和省直文化系统21个单位、43个基层党组织，按照“照镜子、正衣冠、洗洗澡、治治病”的总要求，坚持学习为先，把提高思想认识贯穿，通过多次集体学习、住村调研、讲党课、听报告等，为教育实践活动打下坚实基础；征求意见建议，组织各类座谈会15次，专题调研30次，征求意见和建议206条，聚焦到18个方面的突出问题；各级领导、各个支部广泛开展谈心交心活动，召开民主生活会，开展批评和自我批评，深挖思想根源，查摆突出问题，得到省委领导肯定；坚持“钉钉子”精神，围绕突出问题狠抓整改落实，落实作风和工作方面的整改任务24项，解决涉及干部职工切身利益的整改任务5项，完善相关制度13项；坚持统筹兼顾，协调推进教育实践活动和各项工作。

内蒙古自治区文化厅

概　述

内蒙古自治区文化厅是主管全区文化艺术事业的自治区人民政府职能部门。厅机关现有公务员编制55名，在职52人，离退休69人，设职能处室12个，管理区直文化单位18个，职工1224人。

公共文化服务体系建设

【争取资金支持，促进贫困地区公共文化事业发展】2013年，中央和自治区拨付全区的经费总额为9.95亿元，较上年增长9%。其中，文化事业费6.21亿元，较上年增长13%，文物事业费2.96亿元，较上年增长1%，基本建设经费0.78万元较上年增长8%。为贯彻内蒙古自治区政府《关于推进公共文化服务体系惠民工程的实施意见》，制定落实文化惠民工程的实施方案。加大对武川等38个贫困旗县资金的支持力度，制定38个国家级、自治区级贫困旗县扶贫方案和资金支持方案，促进贫困地区公共文化事业的快速发展。

【评优创先达标活动及成果】　开展国家公共文化示范区创建工作。鄂尔多斯市通过国家公共文化示范区验收，包头市进入国家第二批国家公共文化示范区创建名单。乌海市“书法五进”、兴安盟乌兰浩特市“少数民族地区非遗项目普及推广机制建设”成为国家第二批公共文化示范项目，实现该区申报国家级公共文化示范项目零的突破。在全国第十六届“群星奖”评比中，舞蹈《萨吾尔登》、《敖鲁古雅伊堪》、戏剧《轻舟恋》获作品类奖，呼和浩特市文化进社区大型公益活动等2项获群星奖项目类奖，3人获“群文之星”称号，有5部作品获得优秀演出奖。首次开展自治区“群星奖”项目类奖和“群文之星”评选工作，评出“群星奖”项目类奖7个、“群文之星”13名。公共图书馆评估工作有新突破。101个参评图书馆中有80个被文化部命名为三级以上图书馆，比第四次全国评估地市等级的图书馆增加22个。综合文化站评估全面展开。首次对全区1000余个综合文化站进行评估。开展全区社会文化评优创先活动。评选命名2011—2012年度全区基层文化单位十佳图书馆、文化馆、文化站、民间剧团、文化大院（文化户）；与自治区文明办、民政厅共同开展“文化先进社区”、“社区文化优秀辅导员”评比命名；与自治区建设厅共同开展“2011—2012文化广场”、“特色文化广场”评选命名活动。

【举办示范性文化活动】　推动“春雨工程”文化志愿者边疆行活动，在全区组织开展“文化志愿者基层服务年”系列活动。与包头市政府共同举办“激情广场•舞动金秋”全区广场舞大赛，与巴彦淖尔市政府共同举办内蒙古首届中西部民歌大赛。组织参加中国老年合唱节和少儿合唱节，分获“金山岭长城杯”和小云雀奖。全区各地举办的节庆活动、主题文化活动精彩纷呈。内蒙古草原文化节、呼和浩特昭君文化节、包头鹿城文化节、通辽赛马节、乌海市广场文化艺术节、赤峰红山文化节、额济纳胡杨节等特色化、品牌化、规模化节庆文化活动日益活跃。广场文化、社区文化、企业文化、校园文化等社会文化活动丰富群众文化生活。

【文化惠民活动】　推进文化资源共享工程、数字图书馆工程建设，为72个街道、288个社区、261个乡镇、3710个嘎查村下发电脑、投影仪等配套设备。开展“百团千场”下基层惠民演出活动，下基层慰问演出共5000余场。结合党的群众路线教育实践活动，开展“放歌大草原•唱响中国梦”特色系列惠民演出活动。区直艺术院团走基层惠民演出171场，最远至大兴安岭林区和兴安盟牧区进行慰问演出。

艺术创作和舞台演出

【推动舞台剧目创作】 剧目创作有新进展。推动舞剧《东归》剧本创作，经数十次修改完善，剧本基本成熟。组织专家先后对《敕勒川的女儿》、《寻城记》、《惊蛰》、《万家灯火》、《老哈河水长又长》等5个剧本进行研讨论证，对舞剧《明安图》、《长歌》、蒙古剧《蒙古象棋》、音乐剧《阿拉善传奇》、二人台现代戏《月照金河套》、晋剧《一钱太守》、漫瀚剧《敕勒川的女儿》、评剧《老哈河水长又长》等8台剧目进行实地指导，从中筛选出4台参加第十届中国•内蒙古草原文化节优秀剧目展演。加大中小型剧（节）目创作力度，促进艺术全面发展。对全区47个蒙语和汉语小戏小品进行遴选，选调《情暖人间》、《一封举报信》等5个汉语小戏小品、《牧民趣事》、《民间艺人》等6个蒙语小戏小品，组成蒙语和汉语小戏小品两台晚会，成为草原文化节一大亮点。开展《漫瀚调艺术集成》项目编撰工作。

【文艺演出丰富多彩】 第十届草原文化节期间，安排6台剧目、2台小戏小品（蒙语、汉语）专场晚会以及《天地人和漫瀚调》等3台歌舞晚会，共演出18场，观众1.8万多人，成为草原文化节最受关注和欢迎的活动项目。同时首次组织对草原文化节文艺演出评奖，制定评奖办法，成立评委会，评出编剧、导演、表演等奖41名，这是草原文化节首次评奖。二人台现代戏《黄土谣》西部巡演30场；推动舞蹈诗《鄂尔多斯婚礼》和《呼伦贝尔大雪原》在保利院线巡演，《鄂尔多斯婚礼》在全国19个城市演出29场，《呼伦贝尔大雪原》与保利院线签订全国巡演合同。完成2013毛里求斯“中国•内蒙古文化周”、庆祝香港回归祖国16周年、“草原情•宝岛行—内蒙古台湾经贸交流活动”文艺演出等对外交流演出任务。全区三级艺术院团共演出12563场，其中，下乡演出7083场，城镇演出5210场，国外演出270场。观众达1573.15万人次。

【参加全国重要文艺活动】 组织参加第十届中国艺术节系列活动。《呼伦贝尔大雪原》、《花落花开》参加十艺节优秀剧目展演和第十四届文华奖评选，分别荣获“文华优秀剧目奖”和“文华剧目奖”，这是全区参加历届中国艺术节取得的最好成绩；首次参加十艺节全国优秀美术作品展，推荐61幅美术作品参选，共有17幅作品入围，弥补历届中国艺术节该区没有参加美术展览的空白；参加十艺节演艺产品交易会，推介剧目26台，达成2项演出协议。组织参加第十届全国舞蹈比赛，筛选推荐34个作品参赛，有7个作品入围现场决赛，2个作品获奖。组织参加全国话剧优秀剧目展演、第二届中国西部交响乐周、第二届全国合唱比赛、全国曲艺展演、中国民族器乐展演等。

【加强艺术人才培训】 加大培训力度，“走出去”开阔视野，提升素质。在山东举办第十届中国艺术节观摩研讨班；选派23名业务骨干先后到北京和宁波参加全国演艺创作营销研修班和全国舞台调音师、钢琴调律师培训班。创新改进培训内容和方式，“走下去”辅导、采风。组织全区15名中青年作词、作曲、编剧、舞蹈编导等创作骨干鄂尔多斯市伊金霍洛旗、乌审旗、鄂托克前旗、鄂托克旗开展创作采风活动。从区直艺术院团选派10名优秀舞蹈编导和声乐教员赴鄂伦春旗、莫力达瓦旗、额尔古纳市、库伦旗、科右中旗等地乌兰牧骑和兴安盟歌舞团，上门培训辅导，一对一、面对面服务，基层文化主管部门和艺术单位给予高度评价，称赞是文化厅转变作风、联系群众、文化惠民的务实举措。

文化遗产保护

【文物保护工作】 该区第一次全国可移动文物普查工作全面展开。成立普查工作领导小组，制定普查实施方案，确定时间表、任务书、责任人。召开全区电视电话会议，落实普查经费，全面部署可移动文物普查工作，分批培训普查人员260余人，编印《内蒙古自治区第一次可移动文物普查800问》，完成国有文物收藏单位调查任务，共调查国有单位16025个，其中，收藏文物的国有单位968家，占调查单位的16.6%。全区62处重点文物古迹（2处扩展的文物项目）被国务院列入第七批全国重点文物保护单位，全区国家级重点文物保护单位增至141处。辽上京遗址、萨拉乌苏遗址2处重点文物遗址列入国家考古遗址公园预备名单。经过，“红山文化遗址群”、“辽代大遗址群”、“阴山岩刻群”列入国家申报世界文化遗产名单。博物馆、纪念馆免费开放工作成效明显。

全区共有112个国有、16个民营博物馆、纪念馆向社会免费开放，全年接待观众3000余万人次。配合公安司法部门开展严厉打击文物犯罪专项行动。协助破获文物盗掘案件25起，抓获犯罪嫌疑人66人，收缴文物1899件套。与自治区公安边防总队共同签订《关于开展警民共建边境地区文物保护“草原神鹰”工程建设工作的合作协议》，在全区7个盟市，19个边境旗县开展“警民共建文物保护‘草原神鹰’工程”。“蒙古族源与元朝帝陵综合研究”国家重大社科课题的正式启动。加强文物保护人才队伍建设。在赤峰学院成立“内蒙古文物与博物馆专业人才培训基地”。举办全区馆藏文物保护培训班和两期“全区文物保护项目编制、申报工作培训班”。

【非物质文化遗产保护】 开展第四批自治区级非物质文化遗产名录推荐申报工作。巴尔虎英雄史诗等43个项目和阿斯尔等25个扩展项目列入自治区非物质文化遗产保护名录。组织评审和推荐第四批国家级非物质文化遗产项目名单和有关资料，争取国家的评审。推进全区非物质文化遗产普查工作，在鄂伦春自治旗、科右中旗、阿巴嘎旗等非物质文化遗产分布重点旗县开展普及试点工作，抢录近百首长调和马头琴曲谱，举办传承人培训班，培训150名传承人。加大非物质文化遗产宣传，组织开展文化遗产日系列宣传活动。在乌兰察布市举办“中国文化遗产日”的宣传展示系列活动。组织该区非物质文化遗产项目参加成都国际非物质文化遗产节、亚太传统手工技艺展、东北文博会等展览展示活动。承办全国第二期非物质文化遗产传统医药类项目传承人培训班，全区各地各级举办形式多样的培训活动。推动非物质文化遗产学术研究工作，召开全区蒙古族长调、呼麦、马头琴音乐保护工作汇报会和全区马文化及其相关文化学术研讨会。完成《蒙古族传统服饰》的出版和《蒙古族长调民歌大系》的审校工作，促进全区非物质文化遗产保护理论和学术提升。参加中国和蒙古国在乌兰巴托举行的联合保护非物质文化遗产合作机制第三次工作小组会议，对联合保护、联合申报工作进行沟通，为联合申报和联合保护工作奠定基础。推动非物质文化遗产整体性保护，开展12个自治区级文化生态保护区督查和调研工作。评审鄂温克自治旗、鄂伦春自治旗申报自治区级文化生态保护区，报送自治区人民政府审批公布。进行人口较少民族非物质文化遗产保护和传承工作专项调研，制定保护方案。该区土默特左旗塔布赛镇塔布赛村等5处传统村落入选第二批列入中国传统村落名录的村落名单。推动立法保护，开展《非物质文化遗产条例》区内调研，征求盟市对条例草案的意见和建议，完善草案。

文化市场监管

【文化市场北疆稳定工程】 围绕自治区“8337”发展思路中提出的“建成祖国北疆安全稳定屏障”的发展定位，结合文化市场实际工作，制定“文化市场北疆稳定工程”项目书，列出时间表、路线图。推动出台《内蒙古自治区人民政府关于加强新形势下文化市场管理工作的意见》，制定下发贯彻落实文化部《娱乐场所管理办法》的实施意见。各地落实日常巡查制度和执法机构70%的时间、70%的人员用于文化市场巡查的要求，加大检查频率，扩大检查的覆盖面，发现和纠正违规经营行为。结合“两节两会”等重要节点，组织开展专项督查行动。加强对网吧、歌舞娱乐、电子游戏、营业性演出、网络游戏、网络音乐等市场监管，打击接纳未成年人等违规经营行为。组织开展校园周边文化市场专项整治行动，为未成年人健康成长营造良好社会文化环境；与公安、工商等部门联合打击黑网吧、黑游戏厅及电子游戏经营场所赌博行为。开展文化市场安全生产大检查，对100个旗县区文化市场安全生产和经营秩序进行交叉执法检查和暗访检查。与自治区公安、工商、电信等部门联合开展无照经营网吧整治工作。全区三级文化市场管理部门和执法机构共出动执法人员288541人次，检查经营单位 201149家次，责令整改2478家次，受理举报157件，立案调查841件，移交案件5件，办结案件1241件，警告2098家次，罚款300余万元，责令停业整319家次，吊销许可证3家，没收违法所得2.4余万元。全区文化市场经营秩序保持安全有序、健康发展的良好势头。

【文化市场行政审批规范化建设】 制定《内蒙古自治区文化厅关于加强行政审批规范化建设，开展文化市场行政审批大检查实施方案》，组织全区文化市场行政审批交叉检查。对盟市、旗县区2010年至2012年审批的504个经营场所的案卷进行检查，对不规范的审批案卷进行指导和整改。先后举办全区文化市场行政审批培训班和全区文化市场行政审批案卷评查暨以案代训培训班。开展自下而上和盟市间案卷评查和2013年文化市场行政审批优秀案卷评选。按照文化部、自治区人民政府关于取消和下发行政审批事项的意见要求，梳理自治区文化厅本级文化市场负责审批的事项，决定取消、下放的4个项目，形成《内蒙古自治区文化厅关于取消和下发文化市场行政审批事项的意见》。在广泛调研的基础上，制定全区文化市场发展规划。

【文化市场综合执法岗位大练兵技能大比武活动】制定《2013年全区文化市场综合行政执法岗位大练兵与技能大比武方案》，明确各级在“训、练、比、督”四个环节的任务和责任。通过查看执法案卷、网络办公操作、练兵比武活动方案、学习培训记录、观看比武比赛等形式，对14个盟市本级和80个旗县区文化市场综合执法机构大练兵大比武活动进行检查，选拔组成参加全国文化市场综合执法技能比武的内蒙古代表队。

文化产业

【加强宏观规划指导】 组织编制《内蒙古自治区文化产业中长期发展规划（2013-2020）》草案，规划对该区文化产业发展起到重要的指导作用。为加快文化产业园区健康有序发展，避免重复建设、缺乏科学布局等问题，自治区政府下发《内蒙古自治区级文化产业园区评选命名管理办法》。

【加强区域合作】 与广东省文化厅签订文化建设战略合作框架协议，建立跨区域文化产业对接合作机制，为两地文化企业跨区域发展创造条件。

【促进动漫文化产业发展】 推荐内蒙古东联影视动漫有限公司等3家动漫企业、赤峰无界影视传媒有限公司等6个动漫创意作品参加2013年国家动漫品牌建设和保护工程申报工作。在呼和浩特市举办首届中国动漫金龙奖巡展，增强该区与动漫发达省区和著名动漫名家名企的联系，扩大该区动漫的影响力，为该区动漫企业和创作者创造学习机会。

【文化贸易工作】 与商务厅共同赴包头、鄂尔多斯进行文化贸易工作调研。以《文化产品和服务出口指导目录》为依据，推荐内蒙古东联影视动漫有限公司和《中华德育故事》为2012-2013年度文化出口重点企业和文化出口重点项目。

文化体制改革

【概况】 自治区政府批准《内蒙古民族艺术剧院暨民族演艺集团组建方案》，该厅根据自治区文化体制改革领导小组的要求，制定《内蒙古民族艺术剧院暨民族演艺集团筹建工作方案》，明确编制、人事、收入分配、艺术生产等方面的改革要求。按照自治区编办的要求报送直属单位分类改革方案，经广泛征求意见，结合工作实际，直属18家单位均以公益一类的单位性质报自治区编办审核。

对外文化交流

【概况】 全年，全厅共派出50个团组、800余人次，赴毛里求斯、塞舍尔、南非、俄罗斯、巴西、蒙古、美国、香港、澳门等20余个国家和地区开展文化交流活动；引进美国、毛里求斯、俄罗斯图瓦共和国、蒙古等国家80余名文化艺术工作者赴该区进行文化交流活动。

【与毛里求斯的合作】 2013年，该厅与毛里求斯开展大规模文化交流与合作，全年共派出15个批（次）文化团组赴毛里求斯。特别是举办的2013“中国•内蒙古文化周”活动，掀起全区与毛里求斯合作的高潮。

【与有关国家及港澳台地区的文化交流活动】 2月，文化部委派，由该厅组织的文化代表团赴哈萨克斯坦、圣彼得堡开展“欢乐春节”演出活动，受到中国驻两国领事馆的高度赞扬。6月，受自治区政府委派，由内蒙古自治区副主席刘新乐率领内蒙古民族歌舞剧院演职人员一行89人赴香港参加香港回归祖国16周年庆典活动；组派内蒙古民族歌舞剧院一行15人，参加由俄罗斯图瓦共和国文化部、“呼麦”国际学术中心举办的第六届“中亚民族文化瑰宝-呼麦”国际呼麦比赛，内蒙古民族歌舞剧院昂沁组合在比赛中获得一等奖，3名演员分别获得最佳人气奖，创新奖等奖项。7月，接待“香港青少年蒙古族文化艺术考察团”及台湾大学院校艺文中心学会参访团赴该区呼伦贝尔、鄂尔多斯、呼和浩特等地进行考察访问，得到台湾、香港及文化部的好评。

辽宁省文化厅

概　述

2013年，辽宁省文化建设全面贯彻落实党的十八大和十八届三中全会精神，发展社会主义先进文化，推进社会主义核心价值体系建设，各项工作取得明显成效，为辽宁老工业基地全面振兴、建设富庶文明幸福新辽宁，提供精神和文化支撑。

党的群众路线教育实践活动

【概况】　按照中央和省委的要求，组织、开展党的群众路线教育实践活动。重点整改工作取得进展。“两转变一整治”通过省政府验收；“三公经费”得到控制，比上年同比下降40.6%；会议、文件大幅精简；完善修订22项工作制度。

【文化惠民活动】　举办迎全运专场文艺演出——音舞诗画《我的家园我的梦》在辽宁大剧院连续演出五场，观众达6000余人次；组织省直艺术院团和沈阳京剧院、评剧院演出《郭明义》、《女儿风流》、《我那呼兰河》、《辽河•摇篮曲》等剧（节）目共24场，实现全运会期间天天有演出，观众近3万人次。举办“激情全运，魅力辽宁”全省非物质文化遗产展示展演周。全省80多个非物质文化遗产代表性项目、200多名代表性传承人和表演队伍参加现场展示和展演，吸引6万多名来自国内外的观众。推出五大精品展览献礼全运。省博物馆打造《辽河文明展》、《翰墨撷英——辽宁省博物馆藏中国古代书画名品展》、《美洲原住民——玛雅、印加和北美土著杰夫•佛可思摄影作品展》、《明清玉器展》、《中国古代货币展》五大展览。全运会期间，共接待国内外各界观众5万余人。推出“礼迎全运，魅力阅读”活动。省图书馆将文化与体育相结合，组织《五十四载沧桑巨变，历届全运辉煌回顾》、《书海航程》大型图片展；“礼迎全运，传递文明”万人大签名活动；“图书馆之夜”大型群体文化活动；“服务全运，共享阅读”图书流动车开进全运村等四大系列五十余项活动，参与人数达20余万人次。组织“群星漂流，全民全运”文化志愿者下乡演出活动。省群众艺术馆先后到抚顺望花区古城社区、昌图县泉头镇等地进行文化惠民演出，受益群众达20万人次。

文艺创作演出

【艺术创作成果】　整合全省各院团艺术资源，组织创作演出大型综艺晚会“绚彩春天2013迎新春文艺晚会”；辽宁人民艺术剧院创作演出音画诗剧《以梦想的名义》、儿童剧《西游后记》、《卖火柴的小女孩》。沈阳评剧院创作现代评剧《月清》。大连话剧团创作排演儿童剧《小王子》、话剧《闯关西》。锦州市创作演出大型音舞诗画《锦绣神州》和特技实景秀《御寇烽火》。朝阳市创作歌舞剧《红山女神》等。

【艺术评奖】　话剧《郭明义》在第十届中国艺术节上获“文华奖优秀剧目奖”。沈阳京剧院《将军道》获“文华奖优秀剧目奖”，被评为“2011——2012年度国家舞台艺术精品工程重点资助剧目”，省文化厅获组织工作奖。大连杂技团《胡桃夹子》获“文华奖优秀演出奖”。辽宁人民艺术剧院话剧《代理村官》获第七届全国话剧优秀剧目展演优秀剧目奖。沈阳杂技团《未来——双轨旋转飞杠》获“文华杂技节目创作金奖”和“文华杂技节目创新奖”。冯玉萍在第26届中国戏剧梅花奖中获“梅花大奖”，是中国评剧界第一位获得“三度梅”的艺术家。在第十届艺术节上，李跃民、常东获得“优秀表演奖”。

【艺术演出】　全省40个国有演出团体演出剧（节）目8000场。其中公益演出4400场，观众达650万人次。辽宁芭蕾舞团在东南沿海5省（市）开展高雅艺术进校园活动巡演20场，与俄罗斯合作排演古典芭蕾舞剧《斯巴达克》，在国家大剧院演出2场。辽宁歌舞团在海南定点演出200场。大连京剧院在中央电视台《空中剧院》栏目现场直播京剧《野猪林》、《将相和》和《西门豹》。全省466个民营演出团体演出各类节目3万余场。本山传媒集团自2010年起连续三年获评“全国文化企业三十强”，“刘老根大舞台”成为全国知名文化品牌。沈阳的《盛京红磨坊》、大连的《宏济大舞台》、锦州世博园的《锦绣神州》等常态化演出渐成品牌。

公共文化服务体系建设

【公共文化服务体系示范区（项目）创建工作】 大连市和《沈阳市社区文化建设“五个一”项目》分别通过国家验收，正式进入首批国家级公共文化服务体系示范区和示范项目行列。沈阳市沈河区和本溪市《群众文化“双进双建”》、丹东市《打造具有地域特色的节日文化》项目分别通过国家评审，进入第二批国家公共文化服务体系示范区和示范项目创建行列。

【文化共享工程】 编辑制作、推送2万条图文、50部电子图书，时长约1200小时的2000个视频；模拟频道播出5040小时。省财政投入300万元，建成60个乡镇文化站电子阅览室。

【文化志愿者工作】 打造辽宁文化志愿服务品牌，建立文化志愿者基层服务站472个、志愿服务队伍1683支，招募文化志愿者57784人。举办各类演出及送戏下乡活动6200余场，展览展示近3200场，讲座及辅导3800余场（次），受益人数达810万人次，受到文化部表彰，中宣部《宣传工作》介绍工作经验，新华社等新闻媒体作专题报道。

【群众文化活动】 举办辽宁省第二届群众文化节，建立省市联动机制，扩大文化惠民的普及面。大连、抚顺、本溪、锦州、营口、朝阳等6个市开展广场演出活动，举办“图书馆嘉年华”系列文化活动、“群星漂流•欢乐百姓”惠民巡演活动、“我健身•我快乐”农村文化广场主题文化活动、全省“百姓健康舞”普及推广活动、“文化进基层•辅导面对面”文化共享服务活动等各类文化活动1200余项，惠及群众达480余万人。在第十届中国艺术节上，辽宁省“百馆千站”文化艺术素质提升工程、“对面朗读”公益文化活动、沈阳市艺术惠民“双百万”工程、大连市图书馆白云系列活动获项目类“群星奖”；沈阳市群众艺术馆的评书《特殊任务》、本溪市群众艺术馆的小品《探亲》获作品类“群星奖”；沈阳市法库县文化馆馆长李君、朝阳县北四家乡唐杖子村农民李春军、铁岭县凡河镇沙山子村四组农民李山林、大连市群众艺术馆周舜民被授予“群文之星”称号。

【公共文化服务机构活动】 省图书馆、博物馆年初与国家图书馆共同举办珍贵古籍特展，展出珍贵古籍148件，《永乐大典》、《赵城金藏》等6部国宝级珍贵古籍首次与辽沈观众见面，3万余名观众参观展览。“图书馆嘉年华”取得良好社会效益，30余项活动吸引近万名阅读爱好者。省群众艺术馆组织的全省“百馆千站”培训工程完成沈阳、大连等10个市基层文化队伍的培训工作，培训人员近千人。

文物保护

【全国重点文物保护单位】 全省75处不可移动文物，120个点，入选第七批全国重点文物保护单位，全省的全国重点文物保护单位总数达128处，173个点。

【文物保护专项补助经费】 组织编制全国重点文物保护单位保护工程立项文本25项，上报国家文物局。全年共有44个文体项目向国家申请专项补助经费，国家向辽宁下达2013年国家重点文物保护专项补助资金1.1385亿元，比2012年翻一番。

【重点文物保护工程】 全面完成牛河梁遗址的第三、五、十三、十六地点保护工程，牛河梁国家考古遗址公园正式挂牌。兴城环境改造项目得到国家文物局批准。完成兴城古城钟鼓楼和南门门楼修缮工程，实施兴城文庙油饰工程；启动兴城城墙整体维修工程各项前期准备工作。全面启动实施营口、葫芦岛地区文物保护重点工程。

【地下文物考古勘探发掘工作】 开展辽阳江官屯窑址、燕州城山城及墓地的考古发掘工作，填补中国陶瓷史关于江官屯窑口的记载空白。开展大连机场等46项大型基本建设项目的考古调查、勘探工作。

【“5•18国际博物馆日”】 省文物局、沈阳市文物局共同举办纪念“5•18国际博物馆日”暨沈阳二战盟军战俘营旧址陈列馆开馆仪式，在沈17家博物馆参与举办多项博物馆日宣传活动。

【第二批国家二、三级博物馆评估工作】 沈阳新乐遗址博物馆、锦州市博物馆被评定为国家二级博物馆，本溪市博物馆、辽阳市博物馆、凌海市萧军纪念馆被评定为国家三级博物馆。全省国家二级博物馆增加到7家，国家三级博物馆增加到5家。

非物质文化遗产保护

【非遗基础工作】 成立辽宁省非物质文化遗产保护工作领导小组。编制《辽宁省非物质文化遗产“十二五”保护工作总体规划》和60个国家级非物质文化遗产代表性项目保护规划。推进辽宁鼓乐、医巫闾山满族剪纸、凌源皮影戏三个国家级非遗项目数字化管理系统试点工作。

【非物质文化遗产宣传展示活动】 开展第八个文化遗产日非物质文化遗产宣传展示活动。锦州满族刺绣项目代表东北三省参加联合国教科文组织和文化部联合举办的第四届中国成都国际非物质文化遗产节。

海城高跷项目的国家级代表性传承人邢传佩获中华非物质文化遗产“薪传奖”。

【非物质文化遗产进校园活动】 省非物质文化遗产保护中心先后组织剪纸、糖画、面塑、东北二人转等项目传承人深入各地大、中小学20余所，累计开展活动214场次，受益学生达7600多人。

文化产业

【文化产业示范园区和基地建设】 全省有国家级文化产业示范园区和示范基地15个，总数位居全国第四。2013年命名首批6个省级文化产业示范（试验）园区和16个省级文化产业示范基地。

【演艺娱乐业】 中国•辽宁剧院联盟与北方剧院联盟资源整合。在辽宁优秀剧目演出季期间，辽宁剧院联盟17家剧场演出34台剧目、86场次，观众达7.3万人次。

【文化会展业】 举办第五届中国（沈阳）东北文化产业博览交易会，国内外3200余个参展商参展，观众累计150余万人，零售文化商品额突破1000万元，大宗合同购销实现2400余万元，推介会现场签约额达427亿元。举办“中国锦州古玩节”、“中国阜新玛瑙博览会”、“沈阳动漫电玩博览会”、“沈阳古玩艺术品博览会”。

【“夜经济”工作】 出台《关于发展夜经济的指导意见》。开展文艺演出活动300余场次，组织各种非物质文化遗产展演展示和群众文化活动400余场次。

文化市场监管

【文化市场规范化建设】 规范行政审批，开展行政审批大检查活动。对全省文化市场审批事项、程序、案卷、服务等进行检查。开展文化市场“大练兵、大比武”活动，省市两级培训执法人员3000余人次。

【文化市场执法检查】 开展校园周边网吧市场专项整治、娱乐场所专项治理、营业性演出市场整治，打击互联网文化经营中违法违规行为、文化市场侵犯知识产权行为、艺术品市场失信行为，严防重大安全事故发生。全省共出动执法人员24.36万人次，检查经营场所14.45万家，办结案件2923件。

对外及对港澳台文化交流

【对外文化交流工作】 全年审核、审批对外文化交流项目199项、对港澳台文化交流项目69项，总人数1500人次。

【文化“走出去”】 辽宁与毛里求斯中国文化中心对口年度合作进展，文化交流合作重点项目和国家品牌项目“欢乐春节”活动进行。组成以辽宁歌舞团为主的辽宁艺术团赴爱尔兰都柏林大学孔子学院参加“欢乐春节”活动。辽宁芭蕾舞团参加巴西“中国文化月”大型文化交流活动，赴美国参加教学交流活动、赴香港参加明星芭蕾舞演出，受到好评。大连海浪少年交响乐团赴台湾演出，辽宁省博物馆赴香港、台湾参加培训。省图书馆赴印度尼西亚、泰国、新加坡参加第79届国际图联大会。辽宁省博物馆赴英国举办“中国古代绘画名品展”。旅顺博物馆赴日本举办“旅顺博物馆名品展”。省文物考古研究所赴肯尼亚执行水下考古调查任务。

【引进国外文化交流项目】 波兰在辽宁举办“辽宁——波兰友好周”。辽宁省博物馆举办“博萃臻艺——中西方珍宝艺术展”。大连现代博物馆举办“难忘的岁月——苏联二十世纪20-40年代油画展”。德国斯图加特交响乐团、俄罗斯圣彼得堡交响乐团、乌克兰萤火虫影子剧团、美国好莱坞电影乐团、美国冰上迪士尼表演团、澳大利亚管弦乐团、俄罗斯托迪斯舞蹈团、法国巴黎爵士铜管乐队、西班牙舞蹈团、台北爱乐管弦乐团等先后来辽演出。

文化体制改革

【概况】 与省委宣传部等部门联合下发《关于转发九部委<关于支持转企改制国有文艺院团改革发展的指导意见>的通知》。完成《下一代》杂志社转企改制工作。

省文化厅“三定”规定方案获得批准。上报厅直事业单位分类改革方案。清理整顿社团组织和民办非企业单位，由39个减少到12个。

清理和减少行政审批项目，取消7项、下放3项。

《辽宁省文物保护条例》和《辽宁省非物质文化遗产保护条例》列入省人大2013年——2018年立法规划。制定《辽宁省文化厅开展“法治政府规范化建设年”活动实施方案》。

文化基础设施建设

【概况】 文化基础设施建设全面推进。推进省博物馆、省图书馆新馆内部装修和辽宁艺术中心及两个剧场建设工作。辽宁大剧院和青年剧场改造工程列入规划。省艺术学校教学楼项目动工。沈阳艺术大厦、市图书馆等15个建设、改造项目推进；大连历史博物馆、图书馆新馆等5个文化基础设施建设项目同时推进；省内其他市新建、修缮一批图书馆、博物馆、群众艺术馆等文化设施。全年争取资金总计6.44亿元。

党建、人才队伍建设

【学习培训】 开展系列培训活动。在省直机关工委组织最佳实事评选中，省文化厅第二季度“辽塔保护工程全面完成”、第三季度“辽宁省图书馆打造全民学习中心”、第四季度“辽宁全国重点文物保护单位增至128处”被评为最佳实事。协调安排定点扶贫活动资金140万元，省文化厅被评为省直扶贫工作先进单位。

【反腐倡廉工作】 制定《省文化厅改进工作作风、密切联系群众的实施意见》、《辽宁省文化厅政府采购招标投标活动监督工作暂行办法》，举办“官德教育”专题讲座。开展全省文化惠农政策落实情况专项检查。文化部授予省图书馆和辽阳弓长岭雷锋纪念馆“廉政文化教育基地”称号。

【人才队伍建设】 宋晓冬、王筱雯、杨赤被被评为2013年度文化部优秀专家；曲滋娇被省委组织部评为辽宁省第二批领军人才，车英、田立坤、田剑峰、吕萌被评为辽宁省第六批优秀专家；推荐5名人选参加全省宣传文化系统“四个一批”人才评选；获省委宣传部“四个一批”人才培养资助项目2个。省艺术学校成为全国文化干部培训基地。

【信息宣传】 报送信息多次被文化部、省委、省政府刊物采用，2次被中宣部刊物采用，3次得到领导批示。获评省政府网站信息保障标兵单位。

吉林省文化厅

概　述

2013年，在文化部支持下，吉林省文化厅围绕全省中心工作，突出发展主题，推动文化建设。完成扶持建设农村文化大院、社区文化活动室和“送戏下乡”3项省政府年度民生实事项目；省图书馆新馆、大众剧场开始试运行；省演艺中心、省美术馆、东北抗联展览馆项目启动建设工作推进；长春市公共文化服务体系示范区建设项目通过国家验收，入选第二批国家文化和科技融合示范基地；舞台艺术繁荣发展，继续出精品、出人才，在国际和国家级评选活动中收获荣誉，京剧《孙安动本》入选国家舞台艺术精品工程重点资助剧目；文化产业健康发展，社会效益和经济效益同步提升，重点文化产业园区规模效益增长；文化遗产保护利用工作加强，展览、展示、交流活动内容丰富，可移动文物普查取得阶段性成果；文化交流活动日趋活跃，彰显吉林地域文化特色；探索文化市场安全生产监管工作模式，确保安全运行。

公共文化基础设施建设

【概况】　全年扶持建设农村文化大院3319个、社区文化活动室400个和“送戏下乡”4000场。其中，扶持建设农村文化大院项目历时5年，实现全省行政村初步覆盖。

【公共文化服务体系】　图书馆、博物院、美术馆、群众艺术馆等公益性文化事业单位在构建公共文化服务体系中的作用凸显，长春市24个文化馆、图书馆全部达标，全省公共文化设施免费开放效果提升；文化共享工程、图书馆联盟建设、数字阅读网站建设、数字图书馆建设深化，实现全省各级公共馆数字资源共建共享；初步构建省、市（州）、县（市、区）三级文化志愿者管理和服务网络；省博物院的《黑土军魂——东北抗日联军军史陈列展》荣获第十届全国博物馆十大精品展，松原市农民自办文化示范项目通过国家验收；首届吉林省油画双年展等文化活动丰富多彩，“长白之声”合唱节、农民文化活动月、吉林市的“松花江之夏、松花江金秋广场文化活动周”和“松花江河灯文化节”、延吉市的“快乐延吉大舞台”等面向基层群众的文化活动形成品牌。在中国第十届艺术节“群星奖”比赛中，该省共获11项大奖，展示群众文化的风采。

文化产业

【文化产业】　演艺娱乐产业原创能力和“两个效益”同步提升。“吉林歌舞”品牌效应彰显。吉林省歌舞团有限责任公司创排的《长白神韵》、《天地长白》演出效果很好；吉林市歌舞团创排的《满江红》在全国专业舞蹈比赛中脱颖而出。中筝集团光明艺校、辽源显顺琵琶学校、李艳梅明星艺术培训学校等演艺培训企业多元发展，成效明显；以东北风、刘老根为代表的二人转演艺市场发展，逐渐形成综合艺术表演形式和现代都市剧场院线演艺模式；儿童剧、小话剧等文艺形态开始崭露头角。

【动漫游戏产业】　《参娃与天池怪兽》等动漫影片创作、播出，市场反响良好；《乾坤在线》等游戏产品制作完成；禹硕、知合、风雷、凯帝、睿网、铭诺、紫晶、同创、年年等重点动漫网游企业健康发展。铭诺公司根据郑渊洁同名作品改编的《鲍尔历险记》入选文化部“国家动漫品牌建设和保护计划”;凯帝公司实现动漫图书发行30多种70余万册，较上一年增长17%；风雷公司实现收入4000万元，实现税金600多万元，成为东北地区发展最快的游戏娱乐网站之一。

【松花石等特色文化产业】　松花石（砚）各园区引进谋划产业升级。关东文化产品交易市场、白山市江源奇石文化城、长春华联古玩城产生平台效应。白山市将政府服务窗口前移，文化产业办公室入驻文化产业园区为企业提供便捷服务，园区规模扩大。以宝凤剪纸、林田远达、宇平工艺、紫玉木兰、东丰农民画、敦化刀油画、张宏布糊画、关东文化园为代表的特色文化企业坚持走“专、精、尖”发展之路，与高校联姻提升文化产品的创意水准，开拓内需市场，与实体经济的龙头企业嫁接，实现多元发展，对注册地的税收贡献逐年增加。

【重点文化产业园区（基地）】 东北亚文化创意科技园开拓市场，创建文化创意产业学院，科研项目《对“政产学研资介”六位一体的文化产业园区发展模式的实践探索与理论研究》获得国家文化科技创新项目（全国评选12个），现在园区有规模以上企业20家，形成独有的“政、产、学、研、资、介”一体化的发展态势；吉林动漫游戏原创产业园承办“2013年中国吉林动漫文化论坛”和“吉林动画学院杯”动画作品大赛等活动，历时五年创排的具有自主知识产权的3D动画电影《青蛙王国》登陆全国电影院线，票房近2000万元。

文化市场

【概况】 落实省委、省政府关于安全生产工作一系列会议精神，营造良好的社会文化环境、创建平安文化市场，加强对文化市场的监管，促进文化市场发展。创新安全生产管理模式，自主研发安全生产工作巡检信息系统，免费提供各文化经营单位安装（全省共有6000家左右），全面提升文化经营场所安全防范能力和管理部门的监管能力。文化市场综合执法力量明显增强，执法队伍由原来的502人现增加到670人，增幅达33.5%，文化市场综合执法机构经费增加，装备状况改善，执法的科技含量提升。

群众文化

【概况】 吉林省第六届“长白之声”合唱节，在为期2天的赛事中，共有来自全省45个合唱团，2000余名演职人员参赛。期间评选出参花金奖6个、参花银奖10个、参花铜奖9个、优秀组织奖15个，特殊贡献奖1个。此次活动成功，在社会上引起良好反响。

在吉林省东方大剧院举办的“欢乐农家 幸福吉林”吉林省“农民文化活动月”农民优秀节目专场文艺演出，是该省开展“农民文化活动月”重要内容之一，按照“农民演 演农民”思路，以展示该省少数民族特色、地域特色，农民文艺能人、草根明星，反映该省农村文化建设新成果为晚会主题。演出节目8个，调动9个市州、长白山管委会的演出人员近400人，节目内容丰富，包括农民书法、手撕画、雕刻、大合唱、还有戏曲连唱、少数民族特色鲜明的朝鲜族、蒙古族和满族歌舞等节目，演出规模、参演人数、节目质量和演出效果，是近年来该省群众文艺舞台最好的一次演出。

在第十届中国艺术节“群星奖”颁奖晚会上，该省共获11项大奖，其中“群星奖”7项，“群星奖”优秀表演奖4项。获得“群星奖”项目类有：汪清县的中国朝鲜族农乐舞（象帽舞）、柳河县“翰墨新农村”活动，吉林市朝鲜族民俗文化节。作品类：延边州文化馆的舞蹈《盛世长鼓》，前郭县草原文化馆的曲艺表演《历史问答》。“群文之星”：通化市东昌区文化馆馆长柯维群，敦化市文化馆馆长赵楠。“群星奖”优秀表演奖：吉林市丰满一实验小学的合唱作品、长春市朝阳区文化馆的舞蹈《喜悦》、吉林市朝鲜族艺术馆的歌曲《故乡赞歌》，长春市群众艺术馆的小品《候车大厅》。为该省群众文化事业增添荣誉，展示吉林群众文化的风采，推动全省群众文化事业的繁荣和发展。

文化遗产保护

【文化遗产保护利用工作】 落实省政府与国家文物局《合作加强吉林省文物博物馆工作框架协议》相关内容，全面开展文物工作管理年建设；在全国率先完成1-6批33处全国重点文物保护单位保护规划的编制和立项工作；和龙渤海中京遗址公园、柳河罗通山城遗址公园等6处文化遗址公园建设项目申报国家考古遗址公园工作取得突破性成果；重点启动伪满国务院旧址保护与利用工程；以全省可移动文物普查工作为重点，完成机构组建、方案制定、经费划拨、人员培训和全省国有单位文物收藏情况调查工作；在国家二、三级博物馆评估定级工作中取得突破性成果，全省新增国家二级博物馆3家、国家三级博物馆4家，全省各种类别博物馆累计达107家。全年争取到文物保护、博物馆展示等国家专项资金达2.2亿元，创历史新高。

【非物质文化遗产传承保护工作】“东北二人转”国家级传承人王中堂荣获“第二届中华非物质文化遗产传承人薪传奖”；第三批《满族说部》即将于读者见面；吉林市的吉林书画城，成为全省首批集书画收藏与拍卖、展览与交易于一体的专业书画艺术品经营场所，推进东北二人转的保护和传承，东北二人转博物馆成为展示该省东北二人转保护工作成果的重要窗口。

文化活动与交流

【文艺创作演出】 举办“吉林省第六届二人转•戏剧小品艺术节”、“全省国有转企改制院团重点剧（节）目汇演和评奖活动”，东北风二人转文化传播有限公司、梨树县地方戏曲剧团有限责任公司双双获得全国“双服务”先进单位称号。文艺创作成果喜人。大型时尚民族音乐会《长白乐韵》创排完成，受到观众的好评；大型朝鲜族原创歌舞《放歌长白山》荣获文华优秀剧目奖。

【吉剧振兴工程】 吉剧《桃李梅》荣获全国优秀保留剧目大奖，《贵妃还乡》荣获中国少数民族戏剧会演金奖，《鹿乡女人》荣获中国艺术节文华剧目奖。《关于实施“吉剧振兴工程”的意见》正式印发，全省“吉剧振兴工程”工作会议召开，为吉剧振兴提供保证。梁学华、刘扬、黄梅花、张彤彤、王权、沈红、汪小伦、董宏利等优秀演员在国内外重大评比、赛事中获得殊荣。

【文化交流活动】 “走出去”日趋活跃。作为“2013蒙古行——中国吉林文化周”的重要活动之一，吉林图片展及宝凤剪纸艺术展在蒙古国乌兰巴托举办，赴英国、德国、新加坡、约旦、土耳其、斯里兰卡、印度、韩国、俄罗斯、贝宁、尼日利亚、埃塞俄比亚等国家的交流访问演出任务完成，受到当地政要、新闻媒体及社会各界的好评。人民网、中国网、新华网、参考消息和国务院新闻办公室门户网站等几十家主流媒体予以跟踪报道，彰显中华优秀传统文化和吉林地域文化的魅力，也为开拓商演市场积累经验。“引进来”内容丰富。完成“2013中国长春•东北亚文化艺术周”期间的演出、展览、书画等文化交流活动的承办工作；北京、上海和韩国、俄罗斯等国内外演艺团体的精彩演出受到观众欢迎；举办《古罗马帝国文物交流展》，受到专家和市民的好评；按照部省合作（央地合作）框架，完成与贝宁中国文化中心各项交流活动。

黑龙江省文化厅

概　述

2013年，黑龙江省文化系统在各级党委政府领导下，贯彻党的十八大精神，落实国家和省关于文化工作的决策部署，转变作风，开拓创新，突出重点，狠抓落实，各项工作稳中有进，重点工作取得突破。

公共文化服务体系建设

【文化投入】　2013年，黑龙江省本级财政对文化的投入继续保持增长势头，达到3.8亿元。累计争取中央财政补助黑龙江省文化建设专项资金5.82亿元，同比增长20.8%，其中，图书馆、文化馆（站）、博物馆免费开放补助资金16489万元，农村文化建设专项资金9694万元，基层文化设施建设和数字图书馆建设资金13063万元，重点文物保护专项资金8551万元。撬动各级地方财政对文化建设投入显著增长，不完全统计，地市级财政投入文化发展资金达9亿元。省委决定在省博物馆新馆在原有规划基础上，新增建筑面积3万平方米，新增投资3亿元。落实中央支持地市“三馆”建设项目4个，年内，完成投资8135万元。

【公共数字文化建设工程】　完成国家下达的两批6个地市数字图书馆建设任务，哈尔滨、牡丹江、大庆、鹤岗市足额落实地方配套资金，哈尔滨、牡丹江市数字图书馆实现与国家和省的资源共享。省图书馆创新全媒体数字资源服务模式，整合各数字服务平台构建覆盖全省、传输快捷的全省“公共数字文化服务平台”，依托覆盖省、市、县、乡（城市社区）、村的五级共享工程网络和自建VPN专网，实现全省106个图书馆、1290个乡镇、社区公共电子阅览室和9054个行政村免费共享图书馆海量数字文化资源服务，可传输资源总量210.5TB。

【公共文化创建工作】　牡丹江市首批国家公共文化服务体系示范区创建工作通过国家验收，创造好的经验，举办创建成果展暨全省免费开放观摩讲评活动，在全省发挥示范作用。哈尔滨市南岗区入选第二批国家公共文化服务体系示范区，北安市和阿城区入选示范项目。第五次公共图书馆评估定级全省上等级馆71个，一二级馆35个，增长192%。省文化厅新评选命名13个省级文化先进县，对50个优秀文化站予以通报表彰。黑龙江省参加“十艺节”群星奖评比，获作品类、项目类和“群文之星”7个奖项。

【满足群众文化需求】　全省1234个公共文化场所全部免费开放，全年累计接待群众5200余万人次。全省“百馆千站送文化下基层”活动（全省254个图书馆、文化馆依托900个乡镇综合文化站和400个社区文化中心）开展“五送”（送辅导、送培训、送演出、送图书、送数字资源）5000余场次，直接受益群众100万人以上。全省“城市之光”“金色田野”主题群众文化系列活动全年组织活动3.3万场次，参与群众2000余万人次。全省专业院团“送欢笑到基层”活动全年演出3500场，直接观众500万人次。全省“高雅艺术进校园”活动正式启动，省直院团下半年送演出进校园50场，学生观众5万余人。

艺术创作生产

【概况】　召开全省舞台艺术创作座谈会，对全年艺术生产进行规划和指导，全年新创排剧节目600余部（个）。龙江剧《鲜儿》、新创京剧《月照塞北》参加“十艺节”演出，分获“文华优秀剧目奖”和“文华剧目奖”及四个单项奖。排演以满族民俗文化为主题的大型民族交响音乐会《满族风情》，全新打造两台大型冰上晚会《惊美图》《梦幻图》。鸡西市创排的话剧《梦圆北大荒》、鹤岗市的大型歌舞诗剧《寻梦女真》、绥化市的龙江剧《庄稼院里的春天》均有很好的艺术基础。创作推出一批中小型精品剧节目，其中两个舞蹈作品参加第十届全国舞蹈比赛获奖。举办第五届全省声乐比赛、器乐比赛和全省龙江剧“白淑贤杯”调演暨小戏曲艺杂技比赛，与省民委联合举办第五届全省少数民族文艺调演，活跃创作和全省文艺舞台同时发现人才、发现作品。省龙江剧艺术中心被评为“全国地方戏创作演出重点院团”。

文化遗产保护

【重点文物保护工作】　国家重点项目渤海国上京龙泉府遗址保护展示工程全部完工，被正式命名为国家考古遗址公园，金上京会宁府遗址进入国家考古遗址公园立项名单。侵华日军第七三一部队旧址保护规划经国家文物局批准。中东铁路历史建筑群总体保护规划编制立项获国家文物局批准支持，线上两处国保单位保护规划编制完成，配合基本建设工程3处文物保护建筑整体平移。开展金界壕遗址、卜奎清真寺、胜山要塞等一批重要遗址和文物保护建筑的保护规划立项、编制和维修工程，组织海林中东铁路历史建筑、哈尔滨颐园街一号欧式建筑、哈尔滨文庙等国保单位安技防项目报审、论证和工程实施，黑龙江省博物馆安全技术一级防范系统正式投入使用。开展受水灾损毁文物的抢救保护工作，11个项目获国家支持。有6个项目纳入国家文化和自然遗产保护设施建设资金支持。

【文物保护基础工作】　国务院公布第七批全国重点文物保护单位，黑龙江省25处遗址、建筑入选，新增19处。组织第六批省级文物保护单位评审，完成537处申报项目的实地核查和初审。会同省住建厅评选报请省政府公布首批省级历史文化名镇、名村6处。落实国务院做好旅游等开发建设活动中文物保护的意见，组织全省文物安全大检查和督察。加大文物执法力度，严厉查处多起文物违法案件。加强文物保护队伍建设，与国家文物局联合举办全省文物保护管理人员培训班和执法人员培训班。在齐齐哈尔市举办“中国文化遗产日”主场城市宣传活动，组织“5•18国际博物馆日”系列活动，提高全社会的文化遗产保护意识。

【考古研究工作】　配合国家考古遗址公园建设，组织渤海上京城及周边遗迹考古调查，开展金上京会宁府遗址考古发掘。配合基本建设，开展11项考古调查勘探，组织泰来东明嘎遗址抢救性发掘。开展“昂昂溪文化”课题研究，组织齐齐哈尔洪河遗址考古发掘，发现明代墓葬49处，出土大量珍贵器物。开展大兴安岭岩画调查工作，发现22处岩画570幅，是迄今该省发现数量最多、分布最广、历史最悠久的岩画群，具有重要的历史文化价值。

【博物馆事业健康发展】　全面启动国有可移动文物普查工作，按计划完成年度普查工作任务，普查国有文物单位33408家，确定收藏单位384家，开展国有文物认定。坚持博物馆陈列展览精品标准，大庆市博物馆《东北第四纪哺乳动物陈列》获“全国博物馆十大陈列展览精品奖”，黑龙江省邮政博物馆基本陈列获优秀奖。黑河爱辉博物馆、大庆铁人博物馆、黑龙江省博物馆、东北烈士纪念馆通过国家一级博物馆运行评估，2家博物馆晋升国家二级馆、13家博物馆晋升国家三级馆。黑龙江省博物馆与首都博物馆联合在京举办《白山黑水海东青——纪念金中都建都860周年特展》，展期半年，开创黑龙江省文物赴京展先河，文博专家及首都各界给予高度评价。黑龙江省博物馆与美国贝林集团环境健康与教育基金会签署合作协议，将无偿获赠一批世界珍稀野生动物标本，价值超亿元。省级财政增设文物征集专项经费1000万元用于省直博物馆文物征集。省博物馆新入藏文物、书画、标本、化石等12611件套，省民族博物馆将一批极为珍贵的民族文物征集到馆。召开国有行业博物馆座谈会，加强国有行业博物馆业务指导和宏观管理。全省登记注册博物馆154家。

【非物质文化遗产保护工作】　重点加强国家级、省级非物质文化遗产代表性项目的保护与传承，一批重点项目得到保护，宣传展示工作产生较大社会影响。评选公布第四批省级名录，推荐30个省级名录申报第四批国家级名录。启动赫哲族文化生态保护区申报国家级文化生态保护区工作。推进赫哲族伊玛堪和望奎皮影两个联合国名录保护履约工作，赫哲族伊玛堪保护工作取得进展，成立赫哲族伊玛堪保护工作领导小组和专家顾问组，召开伊玛堪学术研讨会和保护工作会议，录制《永远的伊玛堪》电视专题片，举办伊玛堪说唱比赛，传承工作成效显著，基本完成《伊玛堪集成》编纂工作。创新性举办首届黑龙江（牡丹江）非物质文化遗产博览会，搭建该省首个非物质文化遗产综合性展示、交流和贸易平台。

文化产业

【重点文化产业项目建设】 发挥文化部门在指导推进文化产业发展中的重要作用，为文化企业发展提供优质服务，引导文化企业创新发展。确定15个项目为省政府重点文化产业项目，跟踪推进，总投资231.5亿元，当年完成投资45.6亿元。完成国家级和省级产业园区、基地考核巡检。组织企业申报国家扶持资金和项目，又有4家企业通过国家动漫企业认定，1家企业被认定为国家重点动漫企业，动画片《云奇飞行日记》被认定为重点动漫产品；12家企业和3个项目入选国家文化出口重点企业和项目目录，其中7家企业获得出口绩效奖励；21家企业获得中央财政9120万元的文化产业发展专项资金扶持。省政府安排文化产业结构调整专项资金4000万元，5家企业获资金扶持。

【特色产业项目】 黑龙江冰上杂技、冰雕展等特色冰雪产业项目运营于国际市场，冰上杂技全年境内外演出超1000场，其“冰秀”品牌及其延伸产品注册24项商标权；冰雕艺术展在美国、泰国、以色列、澳门均获得良好收益。省文化厅跟踪的同源文化、极光文化、品格文化、英立科技等一批民营文化企业业绩突出，成长良好。省文化厅组织文化企业参加“深圳文博会”“哈洽会”“京交会”“哈尔滨国际冰雪动漫展”、第五届“东北文博会”等重要文化展会，为企业发展提供展销平台，获得良好效果。

对外文化交流和贸易

【重大文化交流和贸易活动】 举办第四届中俄文化大集。活动在中国黑河市和俄罗斯布拉戈维申斯克市同期举行，交流范围和领域扩展，参加展销文化企业300多家，中俄双方互派艺术团过境演出，省政府主要领导和文化部领导出席开幕式和相关活动，活动规模、质量、效益均有提升，影响力扩大，成为国家和黑龙江省对俄文化交流与合作的重要平台，受到文化部领导高度赞誉。在“哈洽会”期间，举办第三届黑龙江友城文化周，活动提升为省政府主办，突出对俄交流，共举办18项精品文化活动，有力地配合经贸活动开展，使“哈洽会”同时成为传播中华文化、促进文化交流的载体，省政府主要领导肯定。配合国家外交大局执行文化交流任务，完成中阿丝绸之路文化之旅的出访任务，组织黑龙江京剧团赴摩洛哥、阿尔及利亚、突尼斯访演；接待蒙古国“合作伙伴代表团”来访。配合省委省政府重大外事活动，落实对俄罗斯远东地区交流项目9个。

【文化交流领域】 促进官民举的多渠道交流，促成黑龙江省博物馆与美国贝林集团环境健康与教育基金合作，省图书馆和俄罗斯远东国家图书馆建立起包括资源共建共享、馆员定期交流培训、数字图书馆服务的双边合作交流机制。培育扶持优秀涉外文化企业和社会机构、外向型文化产品发展，为其提供优质服务，搭建平台，年度文化贸易额大幅度增长。2013年，经省文化厅审批实施对外及港澳台文化交流项目42项，涉及24个国家和地区。

文化市场管理

【文化市场监管】 黑龙江省作为全国7个文化市场技术监管与服务平台建设试点省份，试点工作取得阶段性成果，完成省级平台硬件建设和软件升级开发实验工作，开展试运行，工作成效得到文化部肯定。全省文化市场综合执法岗位大练兵技能大比武活动，全省各级文化市场综合执法机构全体动员、全员参与，全面检验执法队伍，提升执法人员基本技能，齐齐哈尔队代表黑龙江参加全国决赛，获得全国十四，东三省第一的较好成绩。改进文化市场综合执法人员培训方式，实施网络文化市场以案施训，取得良好效果。开展全省文化市场行政审批大检查，提升文化市场综合执法规范化水平。

【平安文化市场建设】 加大检查频次、创新监管方式，加强网吧、娱乐、演出等文化市场日常监管。针对文化市场管理突出问题和阶段性工作重点，全年组织开展4次全省范围的文化市场专项整治行动，震慑违法经营行为，确保文化市场健康有序运行。推进网吧连锁工作，出台指导政策，经过评估、筛选、考察、认定，批准6家企业为省内网吧连锁企业。规范演出经纪机构设立和演出活动审批，加强涉外涉港澳台营业性演出活动监管，制止违规项目实施，确保演出市场有序。

艺术教育和文化科研

【人才培养】 继续实施人才培养计划，“送出去”“请进来”，在中国戏曲学院、中央戏剧学院分别举办为期一年的戏曲导演、舞美设计、灯光音响脱产培训班，集中培训60人；在省内举办为期半年的小戏小品创作培训班，聘请名家授课，集中培训30人；根据某些艺术领域专业特点，选派10名优秀青年拔尖人才赴京、沪等地拜名师一对一重点培养。省文化厅与国内9所顶级艺术高校签订人才培养协议。

【艺术教育】 突出黑龙江艺术职业学院职业教育特点，一手抓教育教学，一手抓舞台实践，在5个专业被确定为国家和省重点、示范专业基础上，学院舞蹈系花棍舞专业入选国家教育部、文化部、国家民委“全国民族文化传承与创新专业点”，毕业生就业率92.42%。举办第三届全省艺术教育成果调研评比，省内19所大专院校参加评比活动，展示全省艺术教育教学成果，促进全省艺术教育事业的繁荣发展。强化全省社会艺术水平考级管理，管理措施从宏观引导、备案审批拓展到考试监管、工作评估、信息化建设等方面，规范考级行为，考级质量提升，2013年参加社会艺术水平考级人数达5.9万人。

【文化科研创新】 黑龙江省首次获得“国家社科基金艺术学重大项目”立项，有8个项目获国家社科基金艺术学立项、1人获得国家社科基金青年项目、2个项目获文化部文化科技提升项目和文化科技创新项目立项，创历年申报最好成绩。全省艺术规划课题立项和全省艺术科研优秀成果评比，申报数量和质量均较上年明显提升。省文化厅加强项目中期检查和结项验收管理，《黑龙江省民族民间舞蹈》等3个国家级项目通过验收结项。《中国舞蹈志黑龙江卷》送审。《北方文物》荣膺最受海外机构用户喜爱的中国期刊榜第37位。

文化系统改革

【国有文艺院团改革】 省直改制院团全部完成企业法人登记注册，按照现代企业管理模式健全用人、分配、管理和运行机制。挖掘自身优势开拓演出市场，省直转制院团全部实现驻场演出。省直六院团全年完成演出783场，其中驻场演出269场，哈尔滨市演艺集团所属各院团完成演出687场。推动北方剧场享受第二批非时政类报刊改革政策，推进省市京评剧院合重组工作取得新进展，合重组的实施意见完成相关部门会签。

【分类推进所属文化事业单位改革】 《黑龙江省文化厅所属事业单位分类方案》《省直文化系统岗位设置方案》保证文化单位的利益，实现增设机构、增加编制和领导职数，正高岗位增量74个。省直大部分文化事业单位按照新的岗位设置完成竞聘上岗工作。

党的群众路线教育实践活动

【概况】 按照省委统一部署，完成党的群众路线教育实践活动调研任务，为活动开展提供借鉴。在省委督导组直接领导下，省直文化系统开展教育实践活动，以机关和直属单位处级以上干部为重点，按照活动的总要求，根据三个重要环节的不同任务要求，围绕解决“四风”方面存在的突出问题，开展批评和自我批评，研究制定整改措施，开展专项整治，厅领导班子、直属单位班子和机关各支部均召开专题民主生活会。

上海市文化广播影视管理局

概　述

2013年，在上海市委、市政府、市委宣传部的领导下，上海市文化广播影视管理局以改革创新、加快开放为动力，以群众需求为第一信号，以良好作风改善文化民生为根本，开创上海文化事业产业发展新局面，形成与上海城市整体发展相协调的城市文化格局。

营造城市文化氛围

【概况】　发展广场文化，利用广场、绿地等公共空间举办城市景观交响音乐会、湖畔音乐会等。

打造地铁文化创建“上海地铁、文化地铁”品牌，在各地铁站点引入雕塑、绘画、摄影、书法展览等艺术形式，举办“地铁音乐角”等公共文化活动，对人民广场、中华艺术宫等重点站点和新开线路站点进行整体艺术设计。

发展市民文化，打造贯通全年、覆盖全市的首届上海市民文化节。

发展剧场文化，以环人民广场区域为核心，整合区域外存量资源，吸引国内外优秀制作团队落户，形成集聚和辐射效应。

培育商圈文化，推进“环球港”文商结合试点项目，在商场公共空间引入美术馆、博物馆、艺术品拍卖、音乐会等六大类文化项目。

发展集市文化，虹桥艺术集市于3月23日开市，全年举办15期，吸引市民8万人次。

培育街头文化，会同有关区确定示范点，明确试点管理模式，制订管理办法，委托市行业协会完成首批艺人甄选。

发展影像文化，创设上海影像艺术夜，以全市各区县商业中心和广场户外大屏为载体，直播2013上海夏季音乐节和第十五届中国上海国际艺术节演出，组织和指导东方明珠广场推出大型公益多媒体表演《东方之光》，28场演出吸引20万市民和中外游客观看。

建设影院文化，建立映前宣传片播放机制开展影前公益广告放映。成立由4条院线、10家影院组成的上海艺术电影放映联盟。

发展机场文化整合全市博物馆资源，推进浦东机场博物馆建设，首个展览推出“东风西渐——欧洲瓷器展”。

文化融合发展

【文化与科技】　完成《上海市数字化公共文化服务研究报告》，重点打造“一朵云和四个下一代”，“一朵云”即在嘉定、闸北启动“公共文化服务云”试点，“四个下一代”即推进下一代大型5D剧场、下一代舞台、下一代半导体彩色激光源、下一代广播电视网等的规划实施和重大项目落户上海。

【文化与教育】　与市教委共同形成《关于推进文教结合工作的若干意见》和《三年行动计划》，29个文化项目纳入。与上海大学签署《战略合作框架协议》，就学科建设、人才培养、实践基地和项目合作等4方面、30个具体项目开展长期战略合作。推进温哥华电影学院与上海高校合作办学取得实质性进展。

【文化与旅游】　落实《上海文化与旅游合作发展三年行动计划》，会同市旅游局等制订文化服务信息进宾馆、进景点、进机场、进地铁、进公交等实施方案，共同推出首批“上海影视拍摄取景地”。

【文化与金融】　上海银行等八家商业银行在“百亿授信”协议框架内，全年为8家影视公司提供总计超过5亿元的授信，实际发放贷款3.8亿元。

【文化与商业】　探索社会资本、资源参与公共文化建设模式，将环球港打造为文商融合示范样板，1

万平方米商场公共空间用于公共文化项目展示，吸引文化企业、行业协会、社会组织等25个主体参与，日均吸引观众5万人次，提升商圈整体文化氛围。抓住中国（上海）自由贸易试验区建设机遇，推进文化开放政策设计，在外商独资演出经纪机构、娱乐场所、演出场所、游戏游艺设备生产销售等4方面取得突破，佳士得拍卖、华谊兄弟、盛大、东方明珠、百视通等一批重点文化企业入驻。以国家对外文化贸易基地（上海）为平台，组织上海文化企业参加海外知名展会，推动上海原创剧目赴海外商演。

文化市场体系建设

【简政放权】 将营业性演出国内许可等4个事项终审权下放区县，设立演出经纪机构等10余个事项调整为窗口当场办结简易程序。编制文化市场行政审批《业务手册》与《审批指南》，被文化部作为全国推荐版本下发各省市执行。

【行政审批“一口式”受理与“一揽子”管理】 以迪士尼国际旅游度假区建设为契机，提出行政审批“一口式”受理与“一揽子”管理方案，加强事前指导，推进管理创新。

【推动长三角文化市场一体化】 落实一体化协议，推进长三角区域剧场发展联盟建设。

【文化市场三级联动巡查制度】 年内，全市出动巡查员5万多人次，巡查场所近7万家（次），发现抄告执法部门查处违规经营行为近千件。

【政策与研究】 开展画廊业发展扶持政策、动漫网游骨干企业重点扶持政策等专项研究。

【培育经营主体】 继续用好各级文化专项资金，发挥动漫游戏产业、民营院团等市级专项资金作用。建立骨干企业重点培育机制，建立新设企业面谈机制和新兴主体走访机制。实施民营院团能力提升工程。

【培育品牌主体】 指导办好中国上海国际艺术节、中国国际动漫游戏博览会、中国（上海）国际乐器展等大型文化活动和会展，重点支持民营美术馆发展论坛、爵士音乐节、游戏开发者大会等区县和社会力量举办的品牌活动。推动国际顶尖体育舞蹈赛事“WDC国际标准舞大赛”落户上海。

文艺创作

【舞台艺术创作】 实施国家舞台艺术精品创作战略，重点打磨昆剧《景阳钟》、沪剧《挑山女人》等一批体现民族特色和国家水准的艺术精品。组织开展“2013年上海市小剧（节）目评选展演”，为新人新作提供机会，激活上海本土原创能力。

【美术创作】 推进上海历史文脉美术创作工程三期创作，32件作品签约。工程一、二期作品57件在中华艺术宫展出。

【区县及民营文艺院团创作】 加强对区县院团和民营院团的创作指导扶持。推荐宝山沪剧团参加国家级艺术赛事。开展“民营院团能力提升工程”，举行为期1个月的民营院团展演，邀请专家对民营院团原创作品进行一对一修改，推动院团提高艺术创作水平，话剧《保卫理想》等一批原创剧（节）目经修改后进入展演。

江苏省文化厅

概　述

2013年，在江苏省委、省政府的领导下，江苏省文化厅学习贯彻总书记习近平系列重要讲话精神，按照中央和省委、省政府的决策部署，以党的群众路线教育实践活动和民主评议政风行风为契机，改进工作作风，提高服务效能，推进文化建设工程，各项工作取得新的进展和成效。

艺术创作成果

【概况】 原创话剧《枫树林》获第十届中国艺术节文华大奖，昆曲《牡丹亭》、锡剧《一盅缘》分获文华优秀剧目奖、剧目奖；唢呐演奏《苏北风情》、舞蹈《香脆萝卜干》、小品《浪漫的事》等9件作品和3个公共文化服务项目、5位群文工作者获得群星奖；34件美术作品入选全国美展，入选数量名列全国前茅；江苏取得近十年来参加中国艺术节的最好成绩。江苏省政府为《枫树林》剧组记集体一等功，江苏省文化厅为徐州市、常州市和张家港市文广新局分别记集体二等功。滑稽戏《探亲公寓》、锡剧《二泉映月•随心曲》、淮剧《半车老师》等5台剧目获得第十三届中国戏剧节优秀剧目奖，全国第一。儿童剧《留守小孩》入选国家舞台艺术精品工程，苏州市滑稽剧团入选全国地方戏创作演出重点院团，苏州弹词《雷雨》等10台剧（节）目入选全国曲艺、木偶戏及皮影戏优秀剧（节）目扶持计划。张家港市艺术团的董红和南京市京剧团的范乐新荣膺“梅花奖”。组织承办全国首届职业院校技能大赛，江苏摘得三金五银，全国第三。各地新创多部剧目，其中现实题材作品占近60%，涌现扬剧《小花旦当官》、淮海戏《乡村好人》、儿童剧《黎明的河边》等一批优秀剧目。

文化艺术活动

【概况】 将戏剧节、音乐舞蹈节、曲艺节等进行资源整合，创办首届江苏艺术展演月活动，32台剧（节）目参演，举办5个大型画展和5个广场活动；开展首届江苏省文华奖评选，评出舞台艺术类4个文华大奖、40个文华单项奖，美术类10个文华奖、20个文华提名奖。艺术展演月活动期间，推出江苏文惠网，采取低票价和梯度票价，吸引4万多名观众走进剧场、11万人（次）参观美展。组织第六届江苏省少儿艺术节，1210名少年儿童参加现场决赛，创下历届少儿艺术节参赛人数之最。举办的“第四届全国中国画展”、“时代印迹—2013中国百家金陵画展（版画）”、“新中国美术家系列——江苏省中国画作品展”等美术展社会反响热烈。各地组织的汉文化旅游节、梅兰芳艺术节、周信芳戏剧节、三山文化艺术展演月、西游记文化节、长江文化艺术节等活动此起彼伏，深受群众欢迎。

公共文化服务

【概况】 苏州市以全国总分第一的成绩，荣获首批国家公共文化服务体系示范区称号。南通市环濠河博物馆群建设和连云港市社区文化中心标准化建设，创建首批国家公共文化服务体系示范项目。无锡市进入第二批国家公共文化服务体系建设示范区创建行列，南京市的文化惠民“百千万工程”和常州市“电视图书馆”进入第二批国家公共文化服务体系示范项目创建名单。省级公共文化服务体系示范区创建工作有力推进，2个地级市和15个县（市、区）列入第二批省级创建名单。完成第五次全国公共图书馆评估定级和首批乡镇综合文化站评估定级工作，全省有国家一级图书馆99个，数量居全国第一，国家级乡镇文化站达标率位居全国前列。完成“春雨工程—江苏文化志愿者边疆行”三年活动，江苏省文化厅被文化部表彰为全国文化志愿服务优秀组织单位。公共文化服务立法工作取得新进展，《江苏省公共文化服务促进条例》正式列入省人大（2013-2017）五年立法规划。经省编办批准，江苏省文化厅社会文化处更名为公共文化处。社会力量参与公共文化服务踊跃，无锡2013年购买公共文化服务60多项，拉动社会资金4000多万元。张家港成立长江文化基金会。各地普遍开展文化广场周周乐、“展志愿风采、传文化瑰宝”等文化志愿服务活动。

文化产业

【概况】 根据江苏省统计局2013年度发布数据，全省文化产业实现增加值2330亿元，占GDP的比重为4.3%，高于地区生产总值和第三产业增幅。全省现有文化及相关产业法人单位近8万家，文化产业法人单位数和增加值总量均居全国前列。2013年全省有47家文化企业获得1.7836亿元的中央文化产业发展专项资金，比2012年增长203%，创历年新高，其中文化艺术类贴息项目14个，获贴息补助5510万元，列全国第一；有28家企业、6个项目入选国家文化出口重点企业和重点项目，名列全国前茅。南京、无锡获得全国第二批文化科技融合示范基地称号。1件作品获得国家“动漫品牌”奖，3件作品获得国家“动漫创意”奖，有7家动漫企业被文化部认定。下达省级文化产业引导资金2.09亿元，扶持245个文化产业项目，带动项目总投资额达231亿元。命名17家企业为第四批江苏省文化产业示范基地。举办第二届苏州创博会、第九届深圳文博会江苏馆、第十届常州动漫艺术周、第三届中国（无锡）国际文化艺术产业博览交易会等活动，累计有1500多家企业参展、签约金额45亿元。文化与金融融合取得新进展，苏州成立文化产业担保基金、创业投资基金；无锡成立文化产业引导投资基金和中小企业投资基金；徐州举办文化产业银企对接会，签订3年20亿元的文化产业融资合作协议。

文化设施建设

【概况】 南京博物院二期改扩建工程建成开放，展陈文物增加到4万余件，比改造前扩大8倍，日均观众接待量近1万人次，节假日突破2万人次。江苏大剧院建设进展顺利。南京书画院、金陵美术馆、老城南记忆馆，镇江图书馆、美术馆、非遗展示馆、文化馆新馆，盐城市图书馆新馆、泰州市文化馆新馆、宿迁市博物馆新馆等一批市级重点文化设施建成开放。连云港东海县建成总投资近3亿元、建筑面积2.9万平方米的水晶博物馆。苏州“中国昆曲”剧院加快建设。淮安市图书馆、文化馆和南通市图书馆新馆进入功能装修与布展阶段。

文化市场管理

【概况】 组织“文化市场综合执法岗位大练兵、大比武”活动，在全国执法技能大比武中获得团体季军和单项优胜奖。推进综合执法规范化，修订执法考核细则，实现执法标识、执法证件、执法服装、执法装备、执法文书“五个统一”。开展文化市场整治活动，组织跨区域交叉执法行动，打击网吧违规接纳未成年人等违法行为，查处含有色情低俗内容的演出活动，净化市场环境。在全国文化市场综合执法十大案件和重大案件评比中，江苏名列第一。全面加强文化市场监管信息化建设，实现省级主会场与13个地市分会场互联互通，建立文化市场管理人员移动执法办公系统，12318举报电话覆盖全省。

文化遗产保护

【概况】 大运河（江苏段）申遗通过联合国专家组实地考察验收。扬州曹庄隋炀帝墓被列为2013年度全国十大考古新发现。新申报中国历史文化名镇名村20个；新增加全国重点文物保护单位106处，全省现有国家重点文物保护单位226处，居全国前列。命名第七批省级历史文化名镇9座、名村8座。新批准设立博物馆15家，无锡博物院入选国家二级博物馆。新修订的《江苏省非物质文化遗产保护条例》正式施行，苏州、镇江等地出台非物质文化遗产地方法规。命名首批11家省级生产性保护示范基地。完成125项国家级非物质文化遗产中长期保护规划编制和四个省级文化生态保护实验区试点建设。举办江苏省非物质文化遗产技艺大展等系列展示活动，产生广泛的社会影响。

对外文化交流

【概况】 2013年组织71批文化团组885人次赴世界21个国家及港澳台地区开展文化交流，接待6个国家及我国港台地区的16批文化团组411人次来访。由江苏省文化厅和盐城市政府联合出品、盐城市杂技团演出的音乐杂技剧《猴•西游记》，作为美国林肯中心艺术节开幕大戏连续商演27场，刷新林肯艺术节举办演出单剧票房纪录，观众6.21万人次，约九成是当地主流人群，实现江苏文化“走出去”从“技艺”到“内容”、从华人受众为主到当地主流人群为主、从“送出去”到“卖出去”的三大转变，取得重大突破。南京的杂技《睡美人》和无锡的舞剧《绣娘》在海外商演取得较大影响。组织“欢乐春节”活动，在美国、马耳他、荷兰、埃及等国家展示江苏文化的独特魅力。

人才队伍建设

【概况】 开展文化创新团队评选，苏州蓝海彤翔、江苏金一文化2个团队获得“江苏省创新团队计划”资助。20位文化专家入选第四期“333高层次人才培养工程”，4名文化学者入选“五个一批人才”。32位文化企业家入选省人才办第一期科技企业家培育名单，30位文化企业家参加在清华大学举办的文化科技企业家研修班。改进文化艺术人才职称评审办法，评出文化艺术人才一级职称93名，二级职称265名，通过率63.1%。加强干部队伍建设，省文化厅3位处级干部走上副厅领导岗位，1位副厅级领导转任，17位同志走上正处或副处岗位，厅系统干部队伍结构得到优化。

政风行风建设

【概况】 开展党的群众路线教育实践活动、民主评议政风行风和“三解三促”活动，出台公共图书馆、博物馆、文化馆、美术馆服务规范，开展公共文化服务窗口单位优质服务提升月和文化市场整治月行动，建设为民、务实、清廉、高效的服务型机关。省文化厅狠抓作风建设的五大举措得到文化部部长蔡武的批示肯定。省文化厅党组被省委组织部、省委宣传部命名为“全省首届学习型党组织建设工作先进单位”。南京图书馆、江苏省美术馆、江苏省文化馆等3家单位跻身新一届“江苏省文明单位”行列。江苏省国画院、南京博物院被省级机关工委表彰为“省级机关文明单位”。宿迁、盐城在市级政风行风现场评议环节获得总分第一。镇江、扬州、南通等市政风行风评议得分名列前茅。全省文化系统服务意识增强、服务作风改进、服务效能提升，精神面貌焕然一新。

浙江省文化厅

概　述

2013年，全省文化系统在党的十八大和省第十三次党代会精神指引下，开展党的群众路线教育实践活动，践行“以文化人、以文惠民、以文强省”的工作理念，启动实施文化发展“六区”计划，即打造全国性公共文化服务示范区、文艺精品创作繁荣区、文化遗产保护模范区、文化产业发展先行区、优秀文化人才集聚区、文化体制机制创新区，文化强省建设迈上新台阶，取得新成效。

文艺精品创作

【概况】 开展农村文化礼堂建设，全省建成1337家；实施村级文化活动室全覆盖计划，截至2013年底，覆盖率达97.8%；推进县图书馆乡镇分馆建设，新建成56个中心镇图书馆；推进数字图书馆推广工程，完成省、市和60%以上的县级数字图书馆虚拟网建设，与国家数字图书馆虚拟网联通。浙江省首批创建的8个国家级和省级公共文化服务体系示范区及12个示范项目全部通过验收。新创建省级文化先进县14个，文化强镇45个。全省文化系统持续开展惠民活动，2013年全省文化系统送戏下乡1.93万场（次），送书242万册（次），送讲座展览4941场（次）；开展文化走亲1100场。举办“舞动浙江”——2013浙江省万人排舞大展演、浙江省第四届农民文化艺术节、浙江省农（渔）民书画大展等省本级大型群众文化活动共18项，为群众搭建文化活动舞台。培育群众文艺带头人和文艺骨干，开展浙江省“十佳群众文艺示范团队”、“百名群众文艺带头人”和“千名群众文艺骨干”评选活动。全省各地以“汽车图书馆”、“流动文化馆”、“流动舞台车”为平台，建立起灵活机动、方便群众的流动文化服务网络，有效地扩展公共文化服务的覆盖面。副总理刘延东先后对浙江省杭州市朝晖街道基层文化建设和衢州市“流动文化加油站”给予肯定。

制定《浙江省舞台艺术精品创作生产五年行动计划》

【概况】 制定落实《浙江省舞台艺术精品创作生产五年行动计划（2013-2017）》等文件，召开“浙江省舞台艺术精品创作5年行动计划”启动暨2012年度舞台艺术精品创作表彰大会，举办浙江省第十二届戏剧节等艺术活动，助力全省艺术创作生产，艺术创作呈现出繁荣发展的态势。在浙江省第十二届戏剧节上，共有53个戏剧新作参赛，31个优秀作品进入决赛，越剧《我的娘姨我的娘》、《班昭》、《江南好人》、昆剧《金印记》、婺剧《英王徐策》、姚剧《五月杨梅红》等16个剧目获新剧目大奖。话剧《谁主沉浮》、京剧《飞虎将军》、《藏羚羊》、杂技《禅·武一头顶技巧》等一批文艺精品和翁国生、陈美兰等一批优秀文艺人才获得国家级艺术奖项。在第十六届全国“群星奖”评选中，浙江省共有14件作品、5个项目获群星奖，获奖总数与广东、上海在全国各省（区、市）中列第二。指导抓好以“中国梦”、“美丽浙江”为主题的文艺创作和演出活动，浙江交响乐团推出“唱响中国梦”大型交响合唱音乐会，浙江京昆艺术中心（浙江京剧团）推出现代少儿京剧《少年中国梦》，浙江歌舞剧院有限公司筹备“美丽浙江”原创歌曲巡演活动。美术工作管理职能得到加强，召开首次全省美术工作会议，56件作品入选第十届中国艺术节——全国优秀美术作品展，展示近年来浙江作为美术大省的风貌和水准。

文化遗产保护

【概况】 浙江省第一次全国可移动文物普查正式启动，完成44778家国有单位的文物收藏情况调查，其中有（或疑似）文物的单位922家，初步统计（疑似）文物总数400多万件（套）。围绕2014年大运河申遗的目标，配合国际专家完成对大运河（浙江段）申遗项目现场考察评估，评估反馈情况总体较好。开展良渚遗址申遗前期工作，提请国家文物局将良渚遗址列为2016年中国申报世界文化遗产正式项目。新增全国重点文物保护单位99处，总数达231处。浦江上山遗址等8处大遗址入选该省第一批省级考古遗址公园，开展考古发掘项目28项。加强水下考古工作，组织实施舟山白节山海域水下文物探测，开展浙江省管辖海域内文化遗产首次联合水下执法。博物馆事业持续发展，浙江省博物馆“惠世天工——中国古代发明创造文物展”等3个陈列展览荣获第十届全国博物馆十大陈列展览精品奖，该省共有11项博物馆陈列展览获此奖项，名列全国第一。共有49家博物馆被认定为国家三级以上博物馆，数量与广东列全国第一。浙江省在全国率先启动优秀传统文化传承体系建设（非遗工作）推进年活动。率先打响美丽非遗品牌，举行浙江省美丽非遗电视晚会、2013“最美中国年•浙江年俗”寻访活动、第八届浙江省非物质文化遗产节等具有较大影响的活动。举办“美丽中国与美丽非遗”第二届中国非遗保护（余杭）论坛、第二届浙江省美丽乡村建设中非遗保护现场会、全省畲族文化乡镇长座谈会。启动浙江省濒危剧种守护行动。承办亚太传统手工艺博览会。在全国率先实现省、市、县三级非遗保护工作机构全覆盖。

文化产业和文化市场发展

【概况】 举办第8届中国义乌文化产品交易博览会和第九届中国国际动漫节。本届义乌文博会实现展览成交额48.3亿元，同比增长6.92%，其中外贸成交额29.15亿元，同比增长5.81%；本届中国国际动漫节借鉴国外动漫节的经验，将动画片交易会、衍生产品授权会和项目洽谈会等三个项目优化整合为“动漫产业交易会”，共吸引68个国家和地区的472家中外企业、机构参展参会，123万人次参加活动。配合文化部将义乌文博会升级为“义乌文交会”。组织开展“浙江省文化产业示范园区”和“浙江省文化产业示范基地”评选命名活动及第三届“最美浙江人•文化新浙商”评选活动。全省文化产业发展大会召开后，各地纷纷研究制订文化产业发展规划或政策性措施，宁波市、温州市出台关于支持和促进文化发展的若干意见，舟山市制订文化产业三年推进计划，金华市出台关于做好金融支持文化产业发展繁荣的指导意见等等。推动文化市场管理创新，浙江省被文化部确定为全国网吧准入试点、艺术品市场鉴定管理试点、文化市场技术监管与服务平台试点省份。加大文化市场监管力度，在省、市、县三级责任制建设全面完成的基础上，2013年浙江省867个乡镇（街道）建立文化市场管理责任制，完成率达67.5%。组织抓好“扫黄打非”各项工作任务，部署开展“净网”、“清源”、“秋风”等专项行动，文化市场整体健康有序。据统计，2013年全省各级文化市场执法机构出动检查12.2万人次，检查经营单位16.4万家（次），行政处罚立案调查3959件，办结案件3948件，警告2814家（次），罚款1633.9万元，停业整顿179家（次），吊销许可证44家（次）。

文化体制机制改革

【概况】 贯彻党的十八届三中全会和省委十三届四次全会精神，研究制订浙江省文化厅推进文化体制机制改革创新的实施意见和重点项目。深化行政审批制度改革，省文化厅行政许可事项从10项减少至7项；对社会关注度较高的网吧审批进行改革，放宽准入，放开单体网吧审批。推进内部运行机制改革。改革创新公益性文化事业单位年度目标管理责任制、岗位管理制度、绩效工资分配等内部管理和运行机制，制定实施《关于完善厅属事业单位绩效工资分配的意见》和《关于规范厅属事业单位岗位管理制度有关问题的意见》。推进经营性文化单位转企改制，谋划深化改革工作方案。巩固文化市场综合执法体制改革成果，推行文化市场“阳光执法”工作。在2013年全国文化市场综合行政执法技能比武活动中，浙江代表队获决赛亚军。支持国家级综合改革试点的文化建设，与义乌、嘉善签订文化共建战略框架合作协议，与景宁建立文化支持机制。

对外文化交流

【概况】“浙江文化节”再创佳绩，先后在柏林和莫斯科举办“德国•中国浙江文化节”、“俄罗斯•中国浙江文化节”，连续第七年赴台举办“台湾•浙江文化节”。春节期间，组织5批出访团组赴非洲、欧洲、美洲、亚洲的7个国家（地区）开展2013年海外“欢乐春节”活动。实施央地合作项目，组派8个艺术团组分批赴德国举办文化艺术活动，受到德国民众的欢迎。组织和承办“中泰一家亲”文艺晚会。落实“中非文化人士互访计划”，举办“印象浙江——非洲画家来浙江客座交流成果展”等活动。组织第四届“海峡两岸文化创意产业展”主宾省活动，举办“香港•文化创意•授权”研讨会，为文化企业搭建开拓境外市场的平台。各地各单位也参与文化交流活动，宁波市从2008年每年举办一届海外文化周，2013年赴韩国、法国和德国等国举办第六届海外文化周；浙江婺剧团连续第六年受文化部委派，完成赴南美的文化交流活动；温州市赴台举办温州文化周等等。据统计，2013年，浙江省共实施对外对港澳文化交流项目1048起，其中引进项目916起，派出项目132起。

重大文化设施建设

【概况】浙江音乐学院整体桩基工程基本完工，15个建筑单体均全面开工，部分进入主体施工，其中学生公寓全部结顶，项目周边配套建设也在有序推进；浙江小百花艺术中心项目全部完成拆迁安置谈判以及爆破作业，舞台中心基坑工作基本完成，将进行桩基施工。完成“西湖文化广场两团一馆”装修工程和浙江图书馆改造提升项目。浙江图书馆新馆、浙江省博物馆新馆、浙江省非遗馆、浙江自然博物院四大场馆经完成选址，筹建工作正在推进。金华中国婺剧院、松阳县文化中心等一批市、县级重点文化设施建成投入使用；绍兴市文化中心、温州市文化艺术大楼、丽水市博物馆等主体工程完工，即将投入使用；宁波市图书馆新馆、诸暨大剧院等正在启动或推进建设。省级博物馆、美术馆、图书馆等公益性文化单位，加强公共文化设施管理，创新管理理念，关注社会热点和群众需求，丰富免费开放服务的方式和内容，发挥大型公共文化设施的服务集聚效应。其中，浙江自然博物馆举办“金蛇狂舞——蛇年特展”、“浙江大地十亿年”等19个公益性展览，全年接待观众172.76万人次，较上年增长28.5%，观众服务满意度达98%。

文化人才培育

【概况】推进浙江音乐学院筹建工作，做好班子搭建、高层次人才队伍建设规划、内涵建设和申报路径等方面工作，将杭州师范大学音乐学院成建制划入浙江音乐学院（筹）。制定实施《省属舞台艺术拔尖人才选拔培养管理办法》，首批确定3名培养对象，涉及越剧、舞蹈和音乐3个艺术门类，为每位培养对象定制培养方案。举办新松计划——第8期全省青年表演人才演员（武生武旦）高级研修班，为来自京剧、昆曲、越剧、婺剧、瓯剧、绍剧、高腔等全省各戏曲院团的36名青年演员进行为期半个月的强化集训。举办全省青年歌手大赛。浙江美术馆马锋辉团队、浙江歌舞剧院有限公司刘福洋舞蹈团队入选第三批省级重点创新团队。实施基层文化队伍素质提升工程，培训人员32.6万人次。发挥浙江艺术职业学院作为全国基层文化队伍培训基地的资源优势，实施各项培训计划，承办29期培训班，培训人数达1708人次。制定实施《省文化厅、省文物局领导联系专业骨干人才制度》。各地加强对文艺人才的培养，温州市实施文艺人才培养“星辰计划”，选拔233名具有较好艺术潜质和培养前景的文艺人才作为培养对象。

作风建设和内部管理

【概况】学习贯彻党的十八大、十八届三中全会、全国宣传思想工作会议、总书记习近平系列重要讲话以及省第十三次党代会、省委十三届四次全会等重要精神，开展党的群众路线教育实践活动，推出“文化零距离——百千万行动”和“提、查、点”等特色活动，共召开各类座谈会125个，个别谈话212人次，走访基层单位265个，向基层群众发放满意度问卷和意见调查表12093份，共征集到1100多条（次）意见建议，涉及“四风”方面的问题共17个方面50条，制定6方面27条整改措施，新制定、修订完善制度28项，废止或者撤销制度4项，解决文化系统长期存在的“四风”问题。通过教育实践活动，规范艺术作品和艺术活动的领导署名行为；清理取消全省节庆项目30个，撤销率为32.9%；取消论坛项目20个，撤销率为60.6%；厅机关2013年“三公”经费实际支出数比上年下降11.42%，公务接待费比上年下降24.95%；全厅各处室共取消考核评比达标项目8个，压缩34.7%。浙江省文化厅在全省教育实践活动工作交流会上作经验交流。加强机关内部管理，强化对厅属单位的联系与指导。实行机关干部大轮岗，推进干部能进能退，加强干部队伍建设。

安徽省文化厅

概　述

2013年，在安徽省委、省政府领导下，在文化部的指导和关心支持下，安徽省文化厅围绕文化强省建设目标，把握大局，开拓创新，实施目标管理，项目推进，抓重点、带全局，重落实，求实效，各项工作呈现良好态势。

公共文化服务体系建设

【概况】　马鞍山市、铜陵市城市社区文化建设和淮南市少儿文艺发展，通过首批国家公共文化服务体系示范区、示范项目创建工程验收。安庆市、宣城市村级文化广场建设与服务和蚌埠市花鼓灯特色群众文化建设获第二批国家示范区、示范项目创建资格。12月30日，重点文化项目省美术馆、百戏城开工建设，预计2016年建成。池州市博物馆、绩溪县博物馆建成开放。列入国家发改委“十二五”重点扶持项目的亳州、宿州、黄山市图书馆，芜湖、池州博物馆5个市级三馆新建或改扩建工程进展。建成合肥、芜湖、安庆、马鞍山、铜陵等5个市级数字图书馆。一批县级图书馆、文化馆或新建、或改扩建投入使用，以“三馆一站”为主要阵地的城乡公共文化服务网络初步形成。在全国第五次公共图书馆评估定级中，全省85个公共图书馆上等级，等级馆数量创历史新高，一级馆由8家增加到34家。在国家等级博物馆评审中，新增3家二级博物馆和8家三级博物馆。公共文化服务信息化559个电子阅览室建设，全省101个图书馆、120个文化馆、7个美术馆、115个博物馆、1286个乡镇综合文化站全部对外免费开放，公共文化信息化建设（公共电子阅览室）等三项省政府民生工程规范实施，制定《实施办法》、《考核办法》、《管养办法》，开展全省督查及绩效考评。全省15539个行政村完成文艺演出49125场。结合美好乡村建设，创新开展农民文化乐园及美好乡村重点示范村综合文化活动中心建设试点工作，除省里确定的20个试点村外，各市自行扩面增加45个村试点。在金寨、太湖、繁昌、青阳、五河、当涂县先行试点农村公共图书服务一体化建设，取得阶段性成果。建立公安监管场所图书流动服务点。文化信息资源共享工程与省党员干部远程教育工程合作共建，规范提升服务能力。推进文化群众辅导“双千百十”工程，出台广泛开展基层文化志愿服务活动的意见，群众文化辅导员队伍发展到6000多人、建立2000多个辅导点。“安徽省群众文化辅导工作”成为全国九个主题的基层文化志愿服务示范项目之一。评选首届江淮群星奖，推荐参加文化部第16届“群星奖”评选，凤台县花鼓灯《千里淮河一条线》获作品类“群星奖”。组织“春雨工程—全国文化志愿者边疆行”，赴内蒙古自治区锡林郭勒盟开展书画创作大讲堂、大展台活动，深受好评。

艺术创作

【概况】　以“美好安徽”为主题，举办“2013年文化强省系列艺术活动”，优秀剧目展演、新剧目汇演等7大艺术活动展示成果，推出精品力作。选调22台剧目，涵盖黄梅戏、徽剧、庐剧、泗州戏、梆剧、坠子戏、二夹弦、文南词等多个地方戏剧种，累计演出50场，观众达6万人。期间，组织专业文艺骨干观摩剧目，邀请知名专家讲学，围绕重点剧目举行互动评议。举办2013年全省民乐、声乐、舞蹈比赛，锻炼队伍，培养人才。引领和指导地方开展特色活动，举办地方戏精粹展演、安庆“十一”黄梅戏展演周、“青春黄梅——首届全国校园黄梅戏演唱大赛”、“校园大舞台——徽风皖韵进高校活动”等文艺演出活动，涌现出一批优秀艺术作品，促进全省的艺术创作。在第十届中国艺术节上，黄梅戏《雷雨》获文华优秀剧目奖以及文华编剧、导演、作曲、演员奖等多个奖项，《徽州往事》获文华剧目奖。黄梅戏《风雨丽人行》入选 2011—2012年度国家舞台艺术精品工程重点资助剧目，省文化厅获组织工作奖。阜南县安徽琴书《中国好人刘振帮》、禹会区皮影戏《金兜山》入选国家扶持的全国曲艺、木偶剧及皮影戏优秀剧（节）目。省黄梅戏剧院入选首批全国地方戏创作演出重点院团。实施舞台艺术精品工程，编制地方戏和曲艺等艺术品种发展扶持规划。创排大型文旅项目《太白皖韵》、花鼓灯歌舞剧《风雨淮河岸》、黄梅戏《陈道生还债》和《七女还乡》、歌曲《播种未来》和《为你放歌》等作品。黄梅戏《雷雨》和《徽州往事》参加第十届中国艺术节，角逐第十四届文华奖。合肥赖少其艺术馆《木石艺痕——赖少其版画回顾及文献史料展》入选文化部“2013年全国美术馆馆藏精品展出季项目”。全省重大历史题材美术创作工程进入收官阶段，53幅签约作品全部创作完成通过验收。

文化产业

【概况】 全省4家动漫企业通过国家认定，总数达28家。动漫作品《合肥老母鸡》入选2013年国家动漫品牌建设和保护计划，安徽樱艺缘文化传播有限公司入选国家重点动漫企业，实现我省重点动漫产品和重点动漫企业双“零”突破。蚌埠花鼓灯嘉年华、池州大愿文化园等文化产业园区相继开园，成为文化产业项目新亮点。命名63家企业为第四批安徽省文化产业示范基地。全省制作发行动画片39部、同比增长18部。全省动漫和服务外包企业产值32.5亿元，同比增长25%。组织参加各种文化产业交易会，在第十届中国艺术节演艺产品交易会上，6家企业参会企业现场签约金额2820万元。安徽省文化厅获得优秀组织奖和优秀展示奖。建立全省文化贸易促进工作联席会议制度，为文化企业展览展示、招商引资做好服务。加强调研和人才培训，完成《安徽动漫产业发展探究及对策》、《文化与科技融合初探》、《我省民营演艺产业调研》等课题。举办3期文化企业高级管理人才和专业技术人才培训班，培训112人次。

文化遗产保护

【概况】 新增第七批国保单位74处（共130处）。大运河申遗工作得到国际专家考察评估肯定。黄山呈坎村和宣城黄田村列为古村落、古民居保护利用全国示范试点，呈坎村入选全国古村落保护利用综合试点村。含山凌家滩、凤阳明中都皇故城考古遗址公园入选第二批国家考古遗址公园建设，6个大遗址入选国家“十二五”重大遗址名单。全面启动安徽省第一次全国可移动文物普查工作。省政府与故宫博物院签订战略合作协议，从人才培养、展览展示、非遗保护等9个方面合作。安徽博物院《皖风徽韵——安徽历史文化陈列》获年度全国十大精品陈列奖，金寨县革命博物馆《两膺上将 国之勋臣——洪学智生平事迹陈列》获年度全国博物馆陈列展览优秀奖。《安徽省非物质文化遗产保护条例》立法工作，形成较为完善的文本，列入省人大常委会预备审议类立法规划。徽州文化生态保护区创新工程项目通过国家验收。评审第四批安徽省级非遗名录，70项非遗项目入选。入选全国10个省（区、市）非遗数据库建设试点省之一。实施濒危项目抢救工程，采录国家级非遗项目53项，编辑整理采录成果30项。

文化市场管理

【概况】 以网吧市场整治、净网行动、知识产权保护等系列专项活动为主线，保持高压加强监管，出台执法办案规范，健全市场举报体系，文化市场平安有序，共出动执法人员376170人次，检查经营单位121862家（次），责令整改1152家，受理举报433件，责令停业整顿68家，吊销许可证10家。省文化厅获全国“扫黄打非”先进集体，4个案件入选“2013年度全国文化市场重大案件”获文化部奖励。全年引进境内外优秀艺术团组近300余批（次），增强演出市场活力。年内，全省国有院团演出总场次为13000场，观众约120多万人次，演出总收入3.4亿元。全省民营艺术院团演出场次约30多万场，收入超6亿元。以文化市场行政审批大检查为载体，简政放权优化流程，修订标准规范行为，文化市场服务社会服务群众效能显著提高。开展扶持民营艺术院团发展“四个十”工程，开展首批“名团”、“名剧”评选表彰。精减行政审批项目，减幅达63.3%，优化审批流程，办理时限压缩60%，均高于全省54.7%和51.2%的平均数。

对外文化交流

【概况】 组织文化交流项目共32批（次）、438人次，赴亚、欧、美15个国家和地区进行文化交流。其中安徽花鼓灯艺术团一行38人参加“第十五届华盛顿中国文化节暨安徽文化周”访演活动，集中展示安徽摄影师和画家100幅宣传安徽自然风貌、人文风情的作品，展出具有安徽生态、地方风情的精美工艺品，受到美国市民及近百个华人社团欢迎。皖台文化交流水平提升，8月22日，“皖台文化旅游交流周”——《台湾当代名家书画展》在合肥开展，中国国民党荣誉主席吴伯雄，省委常委、宣传部部长曹征海，副省长谢广祥等出席。筹措乌兰巴托中国文化中心部省对口合作项目，组织申报首届“东亚文化之都”，黄山市获“入围城市”称号，池州市入选提名城市。

文化宣传信息

【概况】 更新改版安徽省文化厅门户网站，在全国文化部门网站群绩效评估中由第10位跃升至第2位，获网站建设年度最佳奖、快速发展奖和政务公开领先奖。开展第八个中国文化遗产日宣传活动，主题突出，内容丰富，群众广泛参与，宣传效果明显。《安徽日报》“镇馆之宝”、《合肥晚报》“走进国宝”等文物宣传活动和系列专栏报道，反响热烈。承办国家文物局驻华使节走进安徽黄山市世界文化遗产活动，意大利、坦桑尼亚等7国驻华使节参赞参加，受到好评。

教育实践活动

【概况】 开展党的群众路线教育实践活动，围绕“为民务实清廉”的主题，把“照镜子、正衣冠、洗洗澡、治治病”的总要求，推进学习教育、听取意见，查摆问题、开展批评，整改落实、建章立制等环节活动。坚持开展走访调研活动，确定《当前文化工作面临的新形势和亟待解决的重点难点问题研究》等20个重点调研课题，由厅领导班子成员牵头，基层走访调研，广泛征求意见，寻求解决办法，形成《构建演艺市场体系，激活艺术院团活力》等一批调研报告。坚持边学边查边改，针对文化发展面临的新形势、新要求、新任务，推进文化部门职能的“五个转变”，即由“办文化”为主向“管文化”为主转变，由“管系统”向“管行业”转变，由“送文化”向“种文化”转变，由“重管理”向“重服务”转变，由“被动服务”向“主动服务”转变，以职能转变推进作风转变。坚持以活动推进工作落实，围绕全年10个方面、50项重大活动、重要项目（工程），实行责任处室局负责制、工作进度月调度制，加快重点工作进展，增强工作实际效果，群众满意度提高，安徽文化软实力提升。

文化大事记

1月12日，第二届安徽省动漫大赛结束。38所高校、33个企事业单位，以及一大批动漫爱好者参赛，收到参赛作品1600多件。

1月16日，安徽省政府在合肥召开全省文物工作会议，部署推进文物强省建设。会前，省长李斌对文物工作作出重要批示，副省长谢广祥出席会议讲话。

1月17日，安徽省文化工作会议在合肥召开。

1月25日至27日，文化部党组成员、国家文物局局长励小捷，国家文物局副局长顾玉才一行在安徽省黄山市调研古村落古民居保护利用工作。

2月17日至21日，省文化厅厅长杨果、副厅长唐跃重大历史题材工程部分在合肥作者工作室，调研重大历史题材美术作品创作工程进展情况。

3月8日，国务院公布第四批《国家珍贵古籍名录》，全省共有安徽省图书馆和安徽省博物院两家藏馆的11部珍品入选汉文古籍名录。

4月15日，中宣部副部长孙志军率调研组到金寨县南溪镇就基层公共文化服务体系建设开展调研，省文化厅厅长袁华陪同调研。

4月18日，国务院第一次全国可移动文物普查领导小组召开电视电话会议，副省长谢广祥在安徽分会场出席会议对安徽省贯彻全国会议精神作出部署。

5月2日至3日，副省长谢广祥濉溪、泗县等地，实地调研隋唐大运河安徽段保护和申遗工作，出席全省大运河保护和申遗市厅际会商小组会议。省文化厅厅长袁华陪同调研主持会议。

5月，安徽省有72处文物保护单位和2处合项目入选第七批全国重点文物保护单位，总数达到130处。

5月，省文化厅启动2013年度全省民营艺术院团“十大名团”和“十大名剧”申报评选工作，拉开新一轮民营艺术院团发展扶持工作。

5月18日，第十届（2011－2012年度）全国博物馆十大陈列展览精品评选结果在山东济南揭晓。安徽博物院《皖风徽韵——安徽历史文化陈列》荣获2011年度全国博物馆十大陈列展览精品奖，金寨县革命博物馆《两膺上将 国之勋臣——洪学智生平事迹陈列展览》荣获2012年度优秀奖。

5月20日，全省博物馆讲解培训班举行，全省90家文博单位260多名讲解员参加培训。6月初，在第八个中国文化遗产日期间举行全省博物馆讲解员大赛。

6月4日，省委书记张宝顺来到黄镇图书馆视察，省委常委、省委秘书长唐承沛等陪同视察。

6月6日，国家文物局文物保护样板工程暨安徽省第八个文化遗产日活动在黄山市徽州区呈坎古村落启动。

6月8日，安徽省第八个中国文化遗产日主场城市活动在安庆市太湖县五千年文博园举行。

6月，副省长谢广祥分别到铜陵市、蚌埠市调研文化工作，省文化厅厅长袁华陪同调研。

6月18日至20日，文化部副部长项兆伦一行来该省调研文化工作。安徽省副省长谢广祥、省文化厅厅长袁华一同调研。

6月27日至28日，省委常委、宣传部长曹征海到金寨县南溪镇门前村、南湾村、南溪村等地，调研农民文化乐园项目建设情况。

7月7日晚，省委书记张宝顺，省长王学军等省四套班子领导观看大型话剧《石乡党魂——柯增华》，全省第一批参加教育实践活动单位的干部职工代表等1200余人一同观看演出。

7月3日，省委书记张宝顺、省长王学军率省四套班子党员负责同志在合肥集体参观渡江战役纪念馆，缅怀先烈丰功伟绩，接受革命传统教育。

7月，安徽省文化厅开展党的群众路线教育实践活动，厅党组书记、厅长袁华抢救考古发掘工地，走访慰问奋战在高温烈日下的考古队员，听取他们意见和建议。厅领导班子对照检查，进行批评与自我批评，开展“制度完善年”活动，推动文化厅职能“五个转变”。

7月12日，省委常委、宣传部长曹征海调研界首市公共文化服务体系建设情况。

7月，安徽省委宣传部、省文化厅、省新闻出版局共同下发《关于开展农村公共图书服务一化建设试点工作的通知》，部署开展农村公共图书服务一体化建设试点工作，在金寨县召开建设试点工作座谈会。

7月16日，安徽省民乐、声乐、舞蹈比赛在合肥举行，全省67名民乐演员、108名歌手和48个舞蹈节目，举行5场民乐、6场声乐和4场舞蹈比赛，拉开2013安徽省系列艺术活动的帷幕。

7月17日至18日，全省文化局长座谈会在马鞍山市召开。

7月27日，安徽省第一次全国可移动文物普查动员会在合肥召开，布置全省第一次全国可移动文物普查工作，进行普查业务培训。

8月2日至3日，国家文物局副局长宋新潮一行在安徽调研民办博物馆发展情况。

8月13日，省人大常委会党组副书记、副主任臧世凯到省文化厅调研指导党的群众路线教育实践活动，征求对加强作风建设等方面的意见建议。

8月21日，中国国民党荣誉主席吴伯雄率台湾参访团一行参观安徽博物院新馆，省委常委、宣传部部长曹征海和省文化厅厅长袁华陪同参观。

9月4日至5日，国家文化创新工程项目“徽州文化生态保护区建设工程”通过文化部专家组验收。

9月20日至21日，国际专家来该省濉溪县柳孜遗址、泗县大运河十里长街段两处大运河申遗点段现场考察评估，给予评价。

9月26日至28日，全省农民文化乐园建设试点工作专题培训班在合肥举办，试点村两委主要负责人、文化管理员、文化站站长等170余人参加。

9月26日至9月30日，以安徽省凤台县推剧团为主体的安徽省访演团赴韩国江原道交流演出。

9月底，安徽凤台花鼓灯艺术团一行38人，赴美参加“第十五届华盛顿中国文化节暨安徽文化周”演出活动。

10月1日至4日，第二届安徽省社区文艺调演在合肥市人民广场举行，来自全省16市76个社区、近千名业余文艺爱好者参加演出。

10月7日，青春黄梅——首届全国校园黄梅戏演唱大赛在安庆市举行总决赛及颁奖典礼。在长达半年的赛事中，来自全国各地近千名选手报名参加，比赛走进北京大学、西安交通大学、华东师范大学、中国科学技术大学、安徽大学、安徽师范大学、合肥师范学院、安庆师范学院等高校。

10月11日至13日，第三届“黄淮七省考古论坛”在合肥召开，来自江苏、山西、山东、陕西、河北、河南、安徽七省与会代表，国家文物局、社科院考古所、北京大学、文物出版社、科学出版社等单位领导和专家学者，以及安徽省社科院、中国科技大学、安徽大学等专家参加。

10月23日，省长王学军，省委常委、宣传部部长曹征海，副省长谢广祥一行到安徽博物院新馆参观展览，省文化厅厅长袁华等陪同参观。

10月26日，在第十届中国艺术节上，参演参评作品《雷雨》斩获“文华优秀剧目奖”，以及文华编剧奖、文华导演奖、文华作曲奖、文华演员奖等多个单项奖；参评作品《徽州往事》获“文华剧目奖”。

10月30日，副省长谢广祥调研宁国市云梯畲族乡千秋村基层公共文化服务体系建设。

10月27日，在法国巴黎中国文化中心主办的第六届“巴黎中国传统戏曲节”上，由安徽省艺术研究院陆洪非改编、时白林作曲、安徽省黄梅戏剧院演出的黄梅戏《女驸马》荣获戏曲节特别奖。

10月30日，由文化部港澳台办公室和澳门特别行政区政府文化局主办、安徽省文化厅承办、黄山市文化委协办的澳门特别行政区文化遗产保护和管理高级研修班在黄山市开班。

10月31日至11月1日，全省群众文化辅导员培训班在滁州市琅琊区举办。省文化厅厅长袁华作报告，来自全省的群众文化辅导员组织机构负责人、乡镇综合文化站站长共220余人参加。

11月6日，马鞍山市创建首批国家公共文化服务体系示范区，铜陵市城市文化社区建设、淮南市少儿艺术发展项目创建首批国家公共文化服务体系示范项目，铜陵市城市文化社区建设被评为优秀示范项目；安庆市和宣城市村级文化广场、蚌埠市“花鼓灯”特色文化建设入选第二批创建示范区和示范项目。

11月21日，省长王学军到省文化厅调研文化事业改革发展工作。省委常委、宣传部长曹征海，副省长谢广祥一同调研。

11月26日至12月10日，由国家文物局主办，国家文物进出境审核安徽管理处承办的“国家文物进出境责任鉴定员杂项类培训班”在合肥举办，来自全国17个省市的文物进出境审核管理处的40余名专业人员参加为期15天的学习。

12月8日，第六届皖江八市群众艺术（舞蹈）大赛“舞动皖江”在黄山市举行。来自马鞍山、芜湖、铜陵、池州、安庆、宣城、滁州、黄山等八市的24个原创舞蹈节目参加比赛，代表皖江八市群众舞蹈艺术最高表演水平。

12月6日，省委常委、宣传部长曹征海检查合肥文化市场，实地察看安徽大市场书刊批发市场、合肥华云印务有限责任公司和巨星网吧，省文化厅厅长袁华等参加检查。

12月，根据安徽省文化厅与安徽省教育厅共同研究制定的文化、教育信息资源共建共享工作方案，省图书馆网络中心和省教育科研网经过实地互访，进行技术对接和操作实施，实现网络的互联互通，文化、教育信息资源实现互通共享。

12月16日，安徽省2014年文化科技卫生“三下乡”启动仪式暨集中服务月活动在芜湖市鸠江区沈巷镇举行。开展“情暖农民工”慰问演出、留守儿童书画辅导、专题讲座、书写春联、指导群众广场舞等系列文化活动。

12月9日至11日，合肥、蚌埠两市承担的国家文化创新工程重点项目《合肥推进文化与科技融合创新研究》及《中国汉族代表性民间歌舞——安徽花鼓灯文化生态保护工程》通过专家组验收。

12月12日至13日，全省民营艺术院团“百佳院团”座谈培训会在合肥召开，全省百佳院团团长等140余人参加培训会。会议对第五届全国“双服务”先进集体、2013年度全省民营艺术“十大名团”、“十大名剧”进行表彰授牌，各地就加大民营院团扶持、政府采购、活动开展、节庆举办等做交流发言。

12月17日至18日，文化部召开第二批国家公共文化服务体系示范区创建规划和制度设计研究方案评审会议，邀请专家对第二批示范区创建规划和制度设计研究方案的科学性、现实性和前瞻性等进行评审，安庆市创建规划和制度设计研究方案通过专家评审。

12月18日，第三届安徽省民间杂技艺术节在临泉县开幕。艺术节期间举办杂技比赛，来自全省8个地市、47个民营院团、196名演员同场竞技，展示民营杂技院团的崭新风貌。艺术节还举办民俗展演、书法美术摄影展、招商引资项目对接会、优质农产品展销、送杂技下乡等系列活动。

12月23日，国家文物局正式公布第二批国家考古遗址公园立项名单，安徽省含山县凌家滩考古遗址公园、凤阳县明中都皇故城考古遗址公园跻身其中。标志着安徽省国家考古遗址公园建设实现零的突破。

12月30日，安徽省美术馆、安徽百戏城等2个重点文化项目开工。省美术馆和百戏城建筑面积分别为5万平方米和6万平方米，集中坐落于合肥市政务新区，预计2016年6月底主体工程竣工。

福建省文化厅

概　述

2013年，福建省文化系统学习领会党的十八大、十八届三中全会和总书记习近平系列重要讲话精神以及福建省委九届十次全会精神，贯彻落实中央和福建省委、省政府的决策部署，抓教育实践活动，抓作风改变，抓改革创新，统一思想，明确方向，凝聚力量，以崭新的面貌、创新的精神、务实的态度，推动福建文化工作健康有序发展。

作风建设

【概况】　7月，根据中央和福建省委的统一部署，在省委第14督导组的指导下，福建省文化厅党组围绕纠正“四风”方面存在的主要问题，根据三个重要环节不同任务要求，制定教育实践活动方案，开展党的群众路线教育实践活动。坚持边学边改，即查即改，根据厅属单位、各设区市文化部门和基层群众反映的意见和建议，针对查摆出来的25个问题提出74条整改措施，制定整改方案，明确责任分工处室，解决突出问题，建章立制，建立长效机制。厅党组、各地市文化部门贯彻落实中央“八项规定”精神和关于厉行节约反对浪费的要求，制定具体实施办法，结合教育实践活动进行整改，全面清理规章制度，大幅压缩三公经费，整治文山会海，治理豪华晚会，提高窗口单位便民利民服务水平，全省文化系统作风面貌焕然一新。

文化体制机制改革

【概况】　2013年，福建省文化厅全省文化行政部门“转变职能、转变观念、转变服务”推动文化体制机制改革。一是简政放权，推进行政审批制度改革。贯彻落实国务院和福建省政府关于取消、下放行政审批项目的部署，福建省文化厅接收文化部下放审批项目1项、下放厦门市港澳地区营业性演出和演出经纪机构审批、营业性互联网文化单位审批2项5小类行政审批项目。在简政放权同时，加强过程管理与事后监督。二是加强指导，推进国有文艺院团改革。根据福建省国有文艺院团和演出市场的实际，以及省长苏树林主持召开的文艺院团调研座谈会精神，福建省属国有文艺院团采取“事业单位、市场机制”的改革思路，推动财政补助从“养人”向“养事”转变。协调相关部门落实会议议定事项，福建省文化厅牵头拟定关于稳妥推进省属国有文艺院团改革发展的意见和需要协调解决的事项，由省政府办公厅征求省委宣传部、省委编办、省发改委、省教育厅、省财政厅、省人社厅等六个部门意见，各相关部门在建立艺术创作生产激励机制、深化内部收入分配制度改革、实行灵活的选人用人机制、培育演艺市场、盘活和用好院团演艺剧场、建立专业艺术院校与文艺院团合作机制等方面给予支持，在影响院团改革发展的问题和困难上给予帮助解决，推进福建省属国有文艺院团改革发展。三是推进部省合作协议的落实。福建省文化厅争取文化部、国家文物局、中国艺术研究院在规划布局、政策制定、项目安排、资金等方面给予福建省支持。

艺术创作

【概况】　一是参评第十届中国艺术节和第十四届“文华奖”获奖名列全国前列。有4个剧目入选参评参演第十四届“文华奖”和第十届中国艺术节，创历届福建省参加中国艺术节、参评“文华奖”之最，也是本届艺术节除主办省山东之外入选剧目最多的省份。其中歌剧《土楼》、舞蹈诗《沉沉的厝里情》、木偶戏《赵氏孤儿》3个剧目荣获“文华优秀剧目奖”，越剧《柳永》荣获“文华剧目奖”；福建省还获得十艺节优秀表演奖和文华导演（编导）、音乐创作奖（作曲、指挥）、舞台美术（舞美、灯光设计）等多个文华单项奖的优良成绩。在十艺节“群星奖”作品类评选中，福建省还有舞蹈《鼓神》、戏剧小品《等》和《小圣斗巨蟒》3件作品及福州小茉莉合唱团获奖，有3项群文活动获项目类群星奖，2位群文工作者获“群文之星”称号。二是在文化部先后举办的音乐、舞蹈、戏剧、曲艺、木偶、杂技等舞台艺术门类的专项演出评比活动中，福建省均有作品入选取得好成绩。福建京剧院的孙劲梅荣获第26届中国戏剧梅花奖。福建省实验闽剧院、福建省梨园戏传承中心2个院团入选全国地方戏创作演出重点院团，福建省是全国入选院团最多的省区市之一。

公共文化服务体系建设

【公共文化基础设施建设】　厦门市和艺术扶贫工程、村级文化协管员队伍建设通过第一批国家公共文化服务示范区（示范项目）验收，三明市和福州市激情广场大家唱活动分别入选第二批国家公共文化服务示范区和示范项目创建单位。推进重点项目建设，海峡演艺中心开工建设，海峡文化广场、省图书馆改扩建项目、省歌舞剧院综合楼建设项目有序推进。第五次全省公共图书馆评估定级取得较好成绩。第一次全省乡镇综合文化站评估考核有序开展。推进200个乡镇综合文化站和100个城镇社区公共电子阅览室建设。

【博物馆建设和文博为民惠民工作】　组织“5•18国际博物馆日”、“文化遗产日”活动。继续开展“文物在我身边——福建文博进校园、进社区双百”活动，拓展“纸上、网上、空中博物馆”，举办的“丝路帆远　海上丝绸之路文物精品七省联展”列入2013年福建文化八项大事之一。组织第二届全省博物馆陈列展精品评选，全年共举办各类文博展览活动508场，接待观众2236万人次；联合民政厅等8部门制定印发《关于推动我省民办博物馆建设与发展的意见》。

【群众文化活动】　组织实施省委、省政府为民办实事文化项目300个激情广场群众性文化示范点建设。开展“群星璀璨”公共文化服务系列活动。贯彻全国美术工作会议精神，召开全省美术工作会议，成立省艺委会美术书法专业委员会。在厦门大学艺术学院设立“福建省海峡两岸视觉艺术交流基地”，在福州大学厦门工艺美术学院设立“福建省漆艺创作研究基地”。数字文化服务体系建设加强，国家图书馆在省图书馆举办“数字文化服务推广工程”福建站（全国第一站）启动仪式，福建省同步启动以“网络书香”为主题的数字阅读推广系列活动。

【文化惠民活动】　成立福建剧院联盟，盘活和用好院团演艺剧场，发挥福建大剧院的龙头作用。组织省属文艺院团开展文艺下乡、拥军慰问、高雅艺术进校园等系列文化惠民演出活动，全年完成公益演出748场。在全省组织开展“情系八闽——文化志愿服务走基层”系列文化为民惠民活动，集中一批优秀文艺作品、优秀演员志愿服务走基层，下乡演出120多场（次）。让文化成果惠及全省广大人民群众。

文化产业和文化市场

【文化产业发展】　推动福建艺术职业学院与莆田市试点开展“校企合作”培养工艺美术人才，采取学校与企业联合办学的模式，设立珠宝制作、传统家具设计与制作、木雕等工艺美术专业方向，把学校办到企业，工艺美术大师当技能老师，为缓解福建省木雕等工艺美术企业用工需求、增强工艺美术企业创新能力、有效保护和传承非物质文化遗产等作出有益探索。中国艺术研究院（中国非物质文化遗产保护中心）和福建省文化厅签订《非物质文化遗产人才培养基地协议》，中国艺术研究院授予福建艺术职业学院“非物质文化遗产人才培养基地”；福建省文化厅授予5家企业“福建省非物质文化遗产培训基地”；福建艺术职业学院与5家企业签订校企合作办学协议。

【举办第六届海峡两岸文博会】　该届文博会与第九届海峡两岸图书交易会、第六届厦门国际动漫节、2013海峡两岸民间艺术节、2013中国厦门国际运动健身器材展同期举办，形成“两会两节一展”的“大文博会”格局。共有海峡两岸2295家企业参展，其中台湾参展企业973家，基本覆盖台湾所有县市。

【文化市场】　全省评选14家文化企业为第七批省级文化产业示范基地。福建省开发的“手机小子”被认定为国家重点动漫产品。全省有8家动漫企业通过国家动漫企业认定委员会认定。1家工艺美术企业被评为全国文化企业30强，这是福建省首家文化企业进入30强。在全省开展文化市场行政审批大检查。改进网吧布局和准入政策，开展动漫、网吧市场及校园周边等一系列的文化市场检查整治工作，查处的一批具有典型性、示范性的案件被评为全国十大或重大案件。组织开展全省文化市场综合行政执法岗位大练兵与技能大比武活动，福建省代表队荣获全国文化市场综合行政执法岗位练兵技能比武决赛团体冠军，个人夺得政策法规比赛第一名。

文化遗产保护

【文物保护工作】 福建省政府颁布实施《福建土楼保护规划》。武夷山城村汉城、三明万寿岩两处遗址获国家考古遗址公园立项，这是福建省文保单位首次入围。石狮永宁老街入选第五届中国历史文化名街。新增55处全国重点文物保护单位和230处省级文物保护单位，全省有25个村落列入第一批中国传统村落名录名单。组织开展全省第一次可移动文物普查完成阶段性任务。组织开展国家二、三级博物馆的申报和迎评工作，福建省2家博物馆被评定为国家二级博物馆、6家博物馆被评定为国家三级博物馆。开展为期三个月的“文物安全隐患大排查大整治活动”。

【非物质文化遗产保护与传承】 文化部批复同意福建省实施《闽南文化生态保护区总体规划》，福建省政府决定组织实施闽南文化生态保护六大重点项目建设，福建省文化厅组织对50个示范点（示范园区）进行正式评估验收。组织首批畲族文化保护示范点评估调研，推进客家文化生态保护实验区的申报审批工作。《新华社内参》第374期以《专家建议加强客家文化保护促进两岸民间交流》为题报道客家文化保护的重要性。开展第八个文化遗产日的系列活动，组织开展文化遗产进高校（福州大学）、进社区活动和全省非遗保护专项培训。

对台对外文化交流

【对台文化交流】 坚持把加强两岸青少年交流作为对台文化交流工作重点，推进“福建文化宝岛校园行”台湾各类院校及青少年群体开展文化交流活动，增进台湾青少年对祖国大陆的认知，增强其归属感和认同感。举办2013年海峡两岸民间艺术节、第15届莆田湄洲妈祖文化旅游节、第7届闽台对渡文化节暨蚶江海上泼水节、第14届海峡两岸关帝文化节、第8届中国（莆田）海峡工艺品博览会、第5届郑文化节等文化部、国台办年度重点对台文化交流活动。在第五届海峡论坛期间举办系列相关文化活动，福建省闽台文化交流中心和厦门市中华文化联谊会被文化部、国台办确立为首批海峡两岸文化交流基地；由文化部、福建省政府等共同主办的“2013世界闽南文化节”在福建泉州举办，扩大闽南文化对台湾乃至东南亚的影响力。福建省持续打造的两岸文化交流平台影响力提升，推进闽台文化交流合作。《新华社内参》第1405期以《我宜发挥祖地优势，丰富闽台文化交流》为题，报道福建省开展闽台文化交流的成果。

【对外文化交流】 福建省文化厅发挥福建侨乡资源和侨胞优势，巧打“侨牌”，以福建特色文化为主题，创新开展对外文化交流打造品牌，推动福建文化、中华文化走向世界，先行先试，先后在南非约翰内斯堡、美国纽约闽籍侨胞聚集地区设立“闽侨文化中心”，以当地华侨社团负责提供场地和日常管理、福建省文化厅负责提供文化资源内容为合作共建模式，在当地引起热烈反响，受到广大华侨华人和所在国民众的热情欢迎与广泛赞誉。为福建文化对外工作搭建新的桥梁和平台，得到文化部和福建省委、省政府的肯定。我驻南非使馆、驻美国纽约总领馆分别向外交部、文化部、侨办、全国侨联及福建省政府发密电专报给予高度评价。《新华社内参》先后两次分别专题报道福建省文化厅在南非和美国设立“闽侨文化中心”的做法和意义。

【落实央地合作项目】 福建省文化厅与巴黎中国文化中心共同主办“闽韵流芳·福建文化年”系列活动，在法国巴黎中国文化中心举办福建戏曲展演、漆艺展、寿山石雕刻艺术展、非物质文化遗产展示、福建文化记忆宣传片展播等形式多样的“福建文化展示周”活动。福建泉州市当选为首届“东亚文化之都”。

江西省文化厅

概　述

2013年，江西省文化厅围绕中心、服务大局，开展党的群众路线教育实践活动，融入全省各项工作大局，克服困难、凝心聚力、主动作为，丰富群众文化生活、繁荣文艺创作、发展文化产业、传承优秀传统文化，为全省“发展升级、小康提速、绿色崛起、实干兴赣”做出贡献。

两大文化活动

【举办第五届江西艺术节】 2013年，举办第五届艺术节，组委会确立“坚持四个性（即人民性、时代性、艺术性、节俭性），办好五艺节”的指导思想。艺术节秉持以人民为中心的办节导向，实现“六个首次”：首次集中展演28台大戏；首次整合13个活动项目；首次将艺术节展演门票全部免费发放；首次免费接送特殊困难群体观看；首次聘请大众评委评审参赛节目；首次有省四套班子领导集中观看。艺术节制止豪华铺张，取消开闭幕晚会、赠送纪念品等项目，节省经费300多万元。艺术节整合13个活动子项，将精品剧目、精美绘画、精彩摄影、精湛技艺、精致文物交织成绚丽多彩的艺术世界。艺术节从遴选节目到集中展演，发动专业院团、民营院团、农民工、学生乃至幼儿园小朋友等参赛、参演，共有1000多支队伍参加，人数达10万以上。艺术节免费发放集中展演门票3万余张，免费接送1200余名特殊困难群众观看，通过进社区、进公园、进学校演出等，在群众身边举办各类展演1100多场，观众达600多万人次。省委书记强卫等省四套班子领导先后亲临现场观看节目达30余人次，100多家境内外媒体和网站争相报道艺术节盛况，百度搜索引擎搜索相关信息达51万余条。

【开展党的群众路线教育实践活动】 按照中央和省委的部署，结合文化系统的实际，江西省文化厅从领导班子到厅机关各处室、厅直各单位坚持聚焦“四风”抓教育，抓查摆、纠错误，解决实际问题，转变机关作风一是机关作风实现“五减一增”。公文减少32%；会议减少，没有召开全省性工作会议；公务开支减少，公务接待费同比下降65.89%；因公出国（境）减少，支出同比下降38.53%；节庆活动减少，取消一批节庆活动；调研大幅增加，赴基层调研次数比2012年增加50%，形成一批调研成果。二是问题整改到位。以“钉钉子”的精神抓好群众意见建议的整改落实，对中央巡视组反馈的1项意见，省委常委会交办的3项牵头任务、6项协办任务，以及根据活动中征求的324条群众意见建议整合的24项专项治理任务，整改落实到位，解决了一些老大难问题。整改工作得到中央巡视组、省委、省政府领导的高度评价和省委督导组的肯定。三是完善制度。围绕“四风”整治常态化、长效化，建立健全基层联系群众等7个方面的制度。

文化发展六大工程

【演艺繁荣工程】 一是培育壮大演艺主体。采取扶持壮大国有演艺实体、发展国有民营混合演艺实体、支持民营演艺实体、鼓励中介机构引进省外境外演出等措施，通过三下乡演出的政府采购、商业演出的奖励政策、股份合作的体制机制改革、放宽境外演出的审批限制等举措，促使赣鄱大地演艺市场各类主体竞相发展。全省80家改革院团、200家民营和股份院团、100家经纪机构，以及雨后春笋般涌现的小型、季节性的民营小剧团，形成既分工又竞争又融合的局面。二是创新演艺组织模式。一方面，以省艺术中心为龙头，整合全省17家剧场，组建的“剧团剧场院线”联盟首战出彩。省艺术中心不仅自身完成演出106场，实现总收入2013万元，而且将赣南采茶歌舞剧《八子参军》、话剧《生如夏花》推向7个省（市）30余家剧院巡回演出，票房过百万，又将北京曲剧《骆驼祥子》引入全省17个市（县）巡演。另一方面，跨行业、跨所有制融合重组，出现新型演艺组织。省艺术剧院与湖南琴岛公司、南昌市政集团以股份合作的方式打造“天天演”的《琴岛之夜》，7月18日首演，连续167天不间断演出，创造城区演艺战绩。三是推动演艺与旅游市场融合。继九江《春江花月夜》、上饶《印象上饶》之后，吉安市创作的大型情景主题歌舞《记忆庐陵》，于6月首演，演出30余场，先后赴北京保利剧院和韩国演出。萍乡市新世纪大歌城以团场结合的方式，在城区开展驻场演出，形成一台天天演的城区演艺节目，平均每天票房收入达万元。据不完全统计，2013年全省国有改制院团完成演出12579场，引进境外演出269场，全省演艺市场共演出18215场，演出收入近3亿元。

【精品创作工程】　以举办第五届江西艺术节、参评第十届中国艺术节为契机，征集各类创作项目50余个，确定13个项目为年度文艺创作与繁荣工程扶持项目，遴选出28台剧目为第五届江西艺术节集中展演剧目，省直六个院团均创排新戏。大型采茶歌舞剧《八子参军》入选文化部“国家舞台艺术精品工程重点资助项目”，填补江西省多年无作品入选精品工程的空白，省文化厅也因此获得“国家舞台艺术精品工程组织工作奖”。《八子参军》还荣获第十届中国艺术节“文华优秀剧目”奖和5个单项奖，话剧《生如夏花》荣获第十届中国艺术节“文华剧目”奖、优秀表演奖。举办全省音乐戏剧创作人员培训班、舞台艺术观摩研讨培训班、委托中国戏曲学院举办舞台表演艺术研修班，提升基层艺术创作人员的创作水平。

【文化产业翻番工程】　一是定政策。制订出台《江西省人民政府动漫奖管理办法》，推动出台《江西省人民政府关于加快文化创意产业发展的若干政策措施》。年内，以省政府名义出台两项政策，这在江西省文化产业发展史上是第一次。二是抓项目。推进文化旅游、艺术品、文化创意、文化产品制造等文化产业项目，全省资产1亿元以上的文化企业或项目达112个。重点引进南昌绿色文化创意产业园落户南昌高新技术开发区，协调推进中国联通手机沃动漫项目落户江西。三是建平台。组建江西省文化企业协会，搭建文化企业交流协作平台；与中国进出口银行江西分行建立独立审贷合作平台；开展首届江西省政府动漫奖评选、第四批省级文化产业园区基地评选命名、首批乡村休闲旅游示范点评选等活动，21家企业（景点）命名为第四批省级文化产业示范基地。四是打基础。开始建立文化产业发展季报制度，建立全省文化系统重点文化企业和项目库，举办全省文化产业工作培训班。截至2013年底，全省拥有国家级文化产业示范基地6家，省级文化产业示范基地（试验基地）55家。2013年全口径文化产业主营业务收入突破2000亿元，比上年增长26.8%。

【文化强基工程】　一是强设施。完成44个县级两馆的维修改造，新增一级图书馆28家、二级图书馆18家，公共图书馆上等级率达93.7%，高于全国平均水平8.6个百分点。新增9家博物馆，全省博物馆总数达141家，新增国家二级、三级博物馆7家，上等级博物馆总数达31家，位居全国第11位。省图书馆与国家图书馆实现数字图书馆专网互通，完成省图书馆与7个设区市图书馆的虚拟专网连接。二是强服务。提升全省“读好书”、“讲坛论坛”、“每月一宝”等免费开放服务品牌，全年免费开放服务群众达4400多万人次，同比增长46.66%；农村文化“三项活动”推进。南昌城区图书通城通借通还“一卡通”全面启动。公共图书馆讲座与展览联盟全年开展讲座72场、展览30场，全省市县巡讲12场、巡展18场。全省第一批国家公共文化服务体系示范区、示范项目通过验收，新余市及九江市、吉安市申报第二批示范区和示范项目。12个节目项目和个人获得第十届中国艺术节“群星奖”。三是强队伍。举办12期全省乡镇综合文化站站长培训班，对1305名文化站长进行轮训。举办文化市场综合执法岗位大练兵、技能大比武活动。一批拔尖人才进入国家级和省级文化人才培养工程。四是强管理。下放网吧连锁企业认定；开展全省网吧准入试点，调整网吧总量和布局规划，完善单体网吧审批、网吧变更许可；启动游戏游艺场所审批；推行网上审批和网上办案。开展首次乡镇综合文化站评估，出台《江西省公共图书馆服务规范》等。各项公共文化管理工作步入科学化、规范化轨道。

【推进百馆展示工程】　一是突出重点。抓八大山人纪念馆、傅抱石纪念馆和景德镇中国陶瓷博物馆等5家博物馆的陈展布展和改造提升，完成对赣南历史纪念设施建设和陈列布展工作的指导。二是专家把关。建立由38位专家组成的“百馆展示工程”专家库，先后组织召开20余次专家评审会、创意定位会及工程验收会，30余个博物馆经完成或正在进行陈展更新。三是推出精品。加强经验交流和陈展研讨，全省博物馆（纪念馆）全年举办基本陈列和临时展览500余个，其中南昌县博物馆“洪州窑青瓷展”和九江市博物馆“九派云横——九江历史文化陈列”双双喜获“第十届全国博物馆十大陈列展览精品奖”。

【文化遗产保护工程】　一是抓规划。编制完成《赣南等原中央苏区革命遗址（旧居旧址）保护规划》，完成200余个赣南等原中央苏区革命旧居旧址维修方案，编制一批保护规划（含立项）、维修及陈展方案，争取国家文物局专项资金3.1亿元，比上年增长72%，创历史新高。编制非遗保护规划，客家文化（赣南）生态保护实验区、景德镇陶瓷文化生态保护区分别成为国家级、省级文化生态保护实验区。二是抓保护。加快推进景德镇御窑、吉州窑、瑞昌铜岭铜矿、樟树吴城、筑卫城等大遗址保护，景德镇御窑遗址、吉州窑遗址分别列为第二批国家考古遗址公园名单和立项名单。统筹推进179个全国重点文保单位和基层文物保护项目的保护维修，新增76处全国重点文物保护单位，景德镇市申报2014年中国文化遗产日主场城市。新建墎墩墓、乐平唐代南窑遗址、景德镇宋代至民国落马桥遗址等考古发掘取得重要进展。启动全省第一次全国可移动文物普查，开展全省文物安全隐患排查专项行动和重点督察，加强馆藏文物管理和制度建设。三是抓传承。组织申报第二批国家级非遗生产性保护示范基地，组织评审第四批省级非遗保护项目，4个单位命名为江西省首批非遗研究基地和传承基地，评审公布118项第四批省级非遗名录。举办全省非遗成果展，组织非遗项目参加第四届成都国际非遗节、中国非遗北京展等活动。引入民营资本开办江西非遗樟树林展示馆，完成省、市两级非遗保护成果编辑出版和非遗数据库建设。

文化交流

【概况】　一是开展两项部省合作项目。实施与埃及开罗中国文化中心2013年度部省对口合作计划，组织8个文化交流合作子项，先后派出5批42人次赴埃及交流访问，接待3批8人次埃及交流访问人员。承办第九届“艺海流金——感悟瓷魂”大型对港澳文化交流活动，邀请100位港澳和内地艺术家赴江西省4个设区市，开展对口交流、合作论坛等9大活动。二是完成三项境外展演项目。先后组团参加第四届“海峡两岸文化创意产业展”；韩国顺天湾世界园艺博览会中国江西文化日活动；2013年“沙特杰纳第利亚民族遗产文化节”中国主宾国展览活动。三是引进四项优秀演艺展览项目。全年引进89批次境外演艺项目，同比增长41.2%；引进台湾《雅石雅玉特展》，《走向现代——英国美术300年》大型展览，澳大利亚沃伯顿原住民大型艺术展，提高江西文化开放度。全年对外及对港澳台文化交流项目123个，比上年增长36.7%，文化交流出入境2076人次，比上年增长88.9%，江西文化对外开放度和国际影响力得到提升。

山东省文化厅

概　述

2013年，全省文化系统学习贯彻党的十八大和十八届三中全会精神，落实文化部、省政府《关于合作推进山东文化强省建设框架协议》，围绕打造全国重要区域性文化中心、各项工作进入全国第一方阵“一大目标”，抢抓科学发展和筹备十艺节“两大机遇”，实施精品带动、人才振兴、创新驱动“三大战略”，筹办第十届中国艺术节，突出艺术精品创作、文化设施建设、服务水平提升、文化产业发展、文化市场繁荣、文化区域建设、文化遗产保护、文化宣传推介、齐鲁文化走出去、文化队伍建设等“十项重点”，求真务实，开拓创新，开创文化强省建设新局面。

十艺节

【概况】　在中央关怀下，在文化部指导下，坚持务实办节、创新办节、节俭办节，经过全省各级各有关部门的共同，该省夺取办赛、参赛“两块金牌”，实现“零事故”、“零差错”、“零失误”、“零投诉”、“零负面报道”，办成一届国家级艺术盛会，山东省文化厅被文化部授予“十艺节优秀组织工作奖”。十艺节举办，受到中央领导的肯定和高度评价，赢得社会各界广泛好评。

【参赛成绩】　该省15台剧目入围十艺节，其中3台剧目获“文华大奖”，1台剧目获“文华大奖特别奖”，10台剧目获“文华优秀剧目奖”，1台剧目获“剧目奖”，1人获“文华表演奖”，获得“文华奖”单项奖33个，创历届艺术节一个省份参赛和获奖数量之最、获大奖数量和获奖总数之最，取得历史性重大突破。32件作品、4个项目获“群星奖”，6人获“群文之星”，获优秀演出奖7个，总数第一。139件作品参加全国优秀美术作品展览，居全国第一位。在十艺节各专业艺术单项评比展演中，该省入选作品数量、获奖作品数量、获奖等次也均居全国前列。演艺产品交易会在参展规模、质量、签约金额等方面取得重大突破。

【场馆设施水平】　全省准备演展场馆56个，资金投入达98.31亿元，其中新建16个，维修改建25个，其他场馆也进行改造完善。这些场馆成为重要的文化阵地和文化新地标。省会文化艺术中心大剧院、山东美术馆新馆等一批重点场馆的建成使用，标志着山东演展场馆硬件水平进入国内一流行列。

【艺术精品创作】　实施舞台艺术精品工程、十艺节重点剧目创作工程、社会文化艺术创作工程和重点美术创作工程等“四大工程”，筹备十艺节，全省累计投入2.8亿元，新创作重点剧目62台，群众文艺节目4400多个，参加县级以上选拔的美术作品13200多幅。省京剧院、省吕剧院各有一名演员荣获第26届中国戏剧梅花奖；1台剧目、1名演员分别荣获第13届中国戏剧节“优秀剧目奖”、“优秀表演奖”；多台剧（节）目在国内汇演评比中获奖。省吕剧院被文化部评为“全国地方戏创作演出重点院团”。“山东省重大历史题材美术创作工程作品展”、“美丽的传说—山东省民间文学中国画展”、“齐鲁画风—山东省中国画大展”等主题性美术展览举办，“情系雅安——山东百名书画家抗震救灾公益笔会”等活动。

【文化惠民】　十艺节邀请演出、祝贺演出剧目展演异彩纷呈。以筹办十艺节为契机，组织举办系列惠民展演活动，累计演出5万多场，举办广场群众文化活动3.5万余场，美术作品展览920多场，参与群众2900多万人（次）。向农民工、残疾人、福利院儿童等特殊群体免费送票1万余张，向低收入家庭、老年观众、青年学生等提供低价票2万余张，老百姓得到文化实惠。

【创新办节】　贯彻中央八项规定，取消开闭幕式大型综合文艺演出，开创举办大型公共活动的新风；运用市场机制，吸引企业和社会力量参与，社会筹资总额达3.16亿元，创历届中国艺术节最好水平；在文化部支持下，将7个全国性专业艺术单项评比展演作为艺术节重要组成部分提前举行，丰富十艺节的内容；创新办节模式，全省17个市共同承担办节任务，形成全省办节格局；推行票务改革，取消向党政机关赠票送票，受到各界广泛好评。

作风建设

【党的群众路线教育实践活动】　根据中央和省委部署，开展党的群众路线教育实践活动，做好思想、工作、组织“三项准备”。先后17次召开党组（扩大）会议，21次召开领导小组办公室工作会议，进行研究部署。

省文化厅机关和直属单位共有4个党委、10个党总支、75个党支部、1281名党员参加教育实践活动，做到全员覆盖。采取15种方式广泛征求意见，累计征集392条，领导班子和成员查摆问题79条。立说立行，解决、答复群众反映问题352个。确定领导班子整改事项9个方面41项，新建和修订制度26个。对“节庆活动繁多”、“庸懒散”、“道德领域突出问题”和“会所中的歪风”进行专项治理。

【调研活动】　在全省文化系统部署开展大调研活动，确立综合调研及专项调研选题102个，调研内容涉及公共文化服务体系建设、文化艺术产业发展、非物质文化遗产保护等11个方面。教育实践活动，厅领导带队开展调研46次，累计调研186天，形成调研报告22篇，分别同比增加14次、33天、9篇。“曲阜文化经济特区”规划建设调研报告成果进入省委、省政府决策。全省文艺院团体制改革调研报告被省委政研室采用，成为省委、省政府制订文艺院团改革实施意见的重要依据。

【文化惠民活动】　以筹办十艺节为契机，组织系列惠民展演活动，累计演出5万多场，举办广场群众文化活动3.5万余场，美术作品展览920多场，参与群众2900多万人次。十艺节举办期间，向农民工、残疾人、福利院儿童等特殊群体免费送票1万余张，向低收入家庭、老年观众、青年学生等提供低价票2万余张,使老百姓得到文化实惠。

【会议数量减少】　减少会议数量，压缩会议时间，提高会议质量。全省文化工作会议与宣传部长会议、新闻出版会议、广播电视会议等合套开。主要负责人讲话稿控制在4000字，不超过20分钟。年中不再召开全省性工作会、务虚会。专题性会议召开次数、累计时间、参加人数，分别比上年减少8次、9天、340人。

【文件数量减少】　坚持少而精的原则，注重发文实效，解决实际问题。对可发可不发的公文做到不发，可长可短的公文一定要短。能够以电话、电子邮件等方式商洽工作、解决问题的，不再印发文件。能够通过发电报、传真或便函方式解决的事项，不再印发文件。厅党组会议、厅长办公会议等一般不发文，主要通过官方网站公布。下发文件比同期降低10.4%。

【简报种类数量减少】　对“山东文化信息”、“山东文化要情”、“山东文化通报”进行整合归，统一为“山东省文化厅简报”。对正式文件或信息资料上报的情况，不再报送简报；对一般性工作动态，通过厅门户网站“工作动态”、“全省文化信息联播”栏目公布，不再编印简报。年内，编发《山东省文化厅简报》92期，比上年减少71期，降低43.6%。

【公务接待数量减少】　规范公务接待，制定《山东省文化厅公务接待管理办法》，从严控制接待标准，坚持厉行节约，杜绝铺张浪费。公务接待费同比降低51%。

【精简节庆活动数量】　对牵头举办的各类文化节庆活动进行精简规范，取消合山东省农村文化艺术节、山东省美术作品展览、“全国曲艺类非物质文化遗产保护成果学术交流展演”暨“中国曲艺团长高峰论坛”、2013全国美术馆年会、全国古琴艺术雅集品赏会、海峡两岸画家画宝岛写生作品展等8项活动，由原来的11项减少到3项。明确活动的规模、形式、经费使用等规定要求，各类文化节庆活动依据明确、规模适度、勤俭节约、经费合理，防止铺张浪费。

【重大活动会议费减少】　2012年，各类会议活动经费支出减少78.97万元，同比下降41.2%。

【因公出国（境）人数减少】　控制出国人员的数量和次数，提高出国考察质量，加强经费管理，强化预算约束。年内，因公出国（境）团组数量、人数、费用，分别同比降低23.5%、43.8%、26.9%。

文化体制改革

【转企改制工作】　年内，全省承担改革任务的116家国有文艺院团全部完成阶段性改革任务，其中转企68家，撤销23家，划转25家，核销事业法人91个，核销事业编制4410名，3689人进入转制企业，签订劳动合同，缴纳社会保险，涉及资产4.9亿元（不含土地和房产），转企院团占到全省院团总数的58%，杂技、话剧、歌舞等一般性国有院团全部实现转企改制。省直、青岛、济南、济宁等组建演艺集团。贯彻中宣部、文化部等九部门《关于支持转企改制国有文艺院团改革发展的指导意见》，推动院团改革政策落实，对转企院团的支持力度加大。发挥山东演艺集团龙头带头作用，联合全省180多家艺术院团、剧场、演出经纪机构，组建山东演艺联盟，建成剧场院线、票务系统、联盟理事会三位一体的大型演艺产业发展平台。

【文化事业单位改革工作】 在省图书馆、山东博物馆、省文化馆、山东美术馆“四馆”实施“大师引进工程”，延聘许嘉璐、单霁翔、王文章、刘大为分别担任“四馆”名誉馆长，全面提升“四馆”文献学术研究、对外文化交流和社会教育水平，为其他文化事业单位体制机制改革积累经验。结合文化体制改革，做好事业单位清理规范和机构编制核查工作，制定《山东省文化厅直属事业单位清理规范方案》，开展事业单位岗位聘任工作。

【文化市场管理工作】 全省17个市及大多数县市区基本建立文化市场管理工作领导小组及办公室，又有8个市文化市场执法主体授权工作通过省政府批复，全省12个需要授权的市级文化市场综合执法机构授权全部完成，县级执法机构授权工作正在推进。

【文化科技创新】 组织开展首届山东省文化创新奖评选，评选出省委宣传部“文化惠民办实事”等30个获奖项目，代表近两年该省文化创新的最高水平。推进“十艺节”国家课题研究，与山东大学、省社科院、武汉大学国家文化创新中心等密切合作，完成国家课题—“中国艺术节运行模式创新研究”阶段性成果。在全省选取17家代表性公共文化单位与经营性文化单位，与武汉大学国家文化财政政策研究基地共建，作为国家公共文化政策研究实验基地。文化科教在国家立项和获奖方面位居前列，推荐申报的青岛市黄岛区“小品进社区”项目入选国家文化创新工程，2个项目入选文化部科技创新项目，13个课题入选国家社科基金艺术学项目，为近年立项最多的一届。

公共文化服务体系

【公共文化设施】 全省公共文化设施建设投入资金77亿元，其中，县乡村基层文化设施投入42亿元以上，新建、改建市级图书馆、文化馆20个，县级图书馆、文化馆132个，乡镇综合文化站在基本覆盖的基础上规范服务和科学管理，新建村文化大院9200多个，总量达到6.9万多个，基本实现全覆盖。

【公共文化服务体系示范区（项目）创建】 青岛市被命名为首批国家公共文化服务体系示范区，2个项目被命名为国家公共文化服务体系示范项目；烟台市进入第二批国家示范区创建行列，2个项目进入第二批国家示范项目创建行列。省评选命名5个市、17个县市区为首批省级示范区，27个项目为省级示范项目。在全国第五次公共图书馆评估中，该省被评为一、二、三级馆的数量分别为76个、42个和3个，总体水平居全国前列。在全国乡镇综合文化站评估定级方面，该省作为东部地区唯一试点省，率先制订标准，在全省开展评估工作，促进乡镇综合文化站规范化、标准化建设。

【文化惠民实事】 对10370个村文化大院进行优化升级，超额完成年度计划；“五馆一站”免费开放新增服务窗口647个、服务项目376个，接纳群众2780万人次，同比增长17%；为改制院团配备流动舞台车17辆；免费培训乡村文艺骨干19300名，超过全年计划近1倍；为农村（社区）免费送戏21033场，超过全年计划1倍以上。

【公共文化重点工程】 全省文化信息资源共享工程建成157个市、县支中心，2447个乡镇（街道）基层服务点，7.8万多个村（社区）服务点，资源总量达到70TB；公共电子阅览室达到8000多个；数字图书馆推广工程建成1个省级中心和11个市级中心，实现全省140个县级数字图书馆全覆盖。组织文化志愿者赴西藏、黑龙江开展“春雨工程”支援边疆公共文化建设工作，受到文化部肯定在全国性会议上介绍经验。该省与国家公共文化发展中心、省武警总队合作，在全国率先实施“万里海疆数字文化长廊建设工程”，中央电视台晚间新闻给予报道。

文化产业

【重点区域文化产业规划编制】 贯彻文化部、山东省政府合作推进文化强省建设框架协议，加快“曲阜文化经济特区”发展规划编制，推进省会城市群经济圈文化产业发展规划编制工作，形成《省会城市群经济圈文化产业发展调研报告》，在此基础上编制《省会城市群经济圈文化产业发展规划》，通过专家评审论证。

【文化产业发展载体建设】 加强重点文化产业项目库建设和对重点项目的宣传推介，确定重点文化产业项目230个，入选文化部2013年度国家文化产业重点项目。举办十艺节演艺产品交易会，参展规模、质量、签约额均取得重大突破，86个演艺项目签约金额达9.02亿元，为上届的5倍。一至三季度，全省文化创意产业固定资产投资施工项目3678个，新开工2708个，累计完成投资2529亿元，同比增长30%；实现增加值2224.2亿元，同比增长18%。加强园区基地管理，文化产业示范园区、示范基地的积聚效应日益增强，该省国家级、省级文化产业园区（基地）年主营业务收入达1029.9亿元，带动就业12.9万人。

【文化产业服务平台建设】 组织文化企业参加第九届中国（深圳）文博会、第六届海峡两岸（厦门）文博会，多个项目签约或达成合作意向。评审认定2012—2013年度山东省重点文化产品和服务出口企业61家。强化动漫产业服务平台建设，依托省内动漫基地、软件园、高校，高起点建设公共技术服务平台。完善动漫产业联席会议机制，与省财政厅、省国税局、省地税局联合制定《关于做好动漫企业认定管理工作的意见》，有4家企业通过“国家动漫企业”认定。

文化市场管理

【概况】 开展文化市场行政审批规范化建设和文化市场综合执法规范化建设，转变政府职能，创新管理方式，规范文化市场执法管理。在文化部文化市场综合执法岗位练兵技能比武活动中，该省获得1个一等奖、1个二等奖、1个个人奖、团体三等奖的优异成绩。在执法案件评选中，进入十大案件1个，重大案件7个，受到文化部表彰。

【文化市场综合执法规范化建设】 健全市县两级文化市场综合执法机构和执法队伍，完善综合执法统一体系、制度体系、技术监管体系、执法保障体系，建立“统一领导、统一协调、统一执法”的文化市场管理体制和运行机制，提高全省文化市场依法管理、科学管理、有效管理水平。

【文化市场技术监管和服务体系建设】 省级文化市场技术监管与服务中心将原网络监控中心业务进行整合，具备文化市场视频监控系统、应急指挥系统、综合执法办公系统等六大系统21项功能，担负着全省文化市场视频监控、快速反应、远程指挥、网上办案、信息交流等任务。省网络监管平台运行平稳，在中央监管平台监管情况通报中，主要指标均继续稳居全国前三位。省市县三级文化市场技术监管体系初步建立。2013年该省被确定为“全国文化市场技术监管与服务体系建设试点省”，制定印发《全国文化市场技术监管与服务平台试点工作方案》。开展全省文化市场基础信息采集工作，文化市场信息采集系统录入审批单位1.5万多家，受到文化部市场司的表扬。

【网吧、娱乐和演出市场管理机制】 推动网吧市场准入和管理工作与市场发展变化相适应，从重管理向重服务转变，从提高网吧连锁率向网吧市场规范化建设转变，被文化部确定为“全国网吧准入试点省”。在市级试点的基础上向全省推广，简化网吧变更手续，规范审批流程，强化网吧市场培育、服务和管理，推进连锁经营规范化建设，促进网吧行业转型升级。建立完善娱乐场所文化产品内容审核、娱乐场所设立听证、日常活动监督管理规范、筹建娱乐场所行政指导等制度，细化规范娱乐场所管理措施。简化演出活动审批流程，缩短审批时限，提高审批效率，促进演出市场繁荣发展。

【文化市场审批规范化建设】 在全省组织开展文化市场行政审批规范化大检查活动，对审批权限、审批条件、审批流程、审批效率、审批公开等进行全面检查。面向社会公布行政审批服务监督电话和电子邮箱，接受社会公众咨询和监督，营造公平、公正的市场环境。

【文化市场专项检查】 结合“十艺节文化市场保障

年”行动，在全省开展文化市场安全生产大检查、文化市场暑期整治、网吧市场专项整治等行动，促进平安文化市场建设，维护良好的市场秩序。

非物质文化遗产保护

【概况】 贯彻落实《非物质文化遗产法》，遵循非物质文化遗产保护、传承发展规律，推进保护传承工作。

【非遗保护基础工作】 组织开展第四批国家级非遗名录推荐工作，评审公布第三批省级非遗项目136项，四级名录体系完善。全省新建传习基地（传习所）110多处，各类非遗博物馆、传习所达到1010个，在省文化馆新设立2000多平方米的非遗展厅。采取业务培训、组织资源采集等多种形式，推进全省非遗数据库建设，录入数据资源近1000GB。参加中国艺术研究院组织的非遗数字化管理系统试点，该省入选项目位居全国前列。开展省级十大非遗亮点事项、十大非遗模范代表性传承人和第二批山东省传统技艺大师评选。命名第四批山东省民间文化艺术之乡85个。

【非遗整体性保护工作】 文化部在北京召开潍水文化生态保护实验区《总体规划》专家论证会，原则通过该省制定的《总体规划》。评选公布第二批省级文化生态保护实验区5个，全省省级文化生态保护实验区达到8个，加强对国家级、省级实验区规划建设的督导，全省文化生态保护实验区建设工作有序推进。

【非遗文化惠民活动】 在全省实施“百乡千人”扶持计划，依托民间文化艺术之乡，对非遗传承人、民间艺人进行扶持，举办各类非遗传承人、民间艺人收徒传艺培训班390多期，培训10700多人次，全省非遗传承人、民间艺人共新收徒14790人。依托具有非遗保护职能的各类文艺表演团体开展下乡演出6900多场（次），发挥非遗项目在文化惠民中的作用。

【非遗展演宣传活动】 举办鲁台文化交流山东省非物质文化遗产展演，开展第八个“文化遗产日”系列庆祝和展览展示活动，全省举办各类活动770多场（次），参与群众800多万人次。组织优秀非遗项目、传承人走出去，先后参加深圳文化产业博览会、第四届成都国际非物质文化遗产节等会展活动，展示山东非物质文化遗产保护成果。

文化交流

【文化交流活动】 举办第六届世界儒学大会，14个国家和地区的120多位专家学者参加会议，2名专家获“孔子文化奖”。参与文化部海外“欢乐春节”展演活动，深受泰国观众欢迎。对台交流取得新成果，2013年台湾•山东周文艺演出和非遗展演活动取得良好效果；在台湾举办“庆佳节、叙亲情”山东同乡元宵会文艺演出、山东佛教刻经拓片展、山东•台湾两岸书画交流笔会等活动；“海峡两岸画家画宝岛”写生采风、“台湾山东籍现代水墨画家乡情展”、“两岸同心•海峡两岸画家宝岛台湾写生作品展”等活动取得成功。组织各类文化团体赴泰国、阿曼、新加坡等国家和地区，开展文艺演出、文化展览，受到当地观众欢迎。组织代表团赴埃及、马耳他、德国考察访问，在马耳他、莫斯科建立海外“尼山书屋”，推动齐鲁文化“走出去”。

【文化引进来活动】 以举办十艺节为契机，引进境外优秀节目、美术作品来该省进行展演展览，产生强烈反响。举办“欧美经典美术大展”，325件作品参展，其中包括达•芬奇的《自画像》、亨利•马蒂斯的《音乐课》、毕加索的《笑脸》等享誉世界的大师级名家作品，反响空前，32万观众踊跃参观。邀请8台境外精品剧（节）目参加十艺节演出40余场，扶持演出经纪机构引进的国外演出7场，让广大观众欣赏到国际一流的演出，成为十艺节的一大亮点。

【打造十大“文化宣传平台”】 省文化厅门户网站、中国文化报《艺彩山东》专版、大众日报《大众文化》专版、文化共享工程有线电视平台—“文化方舟”、山东卫视“文化山东”栏目等，在文化宣传中的重要作用日益突出；分别在新华社、《人民日报》、中新社、光明网官方网站开辟“文化山东”频道；创办“人文天下•文化山东”专刊；在文化部网站设立第十届中国艺术节专题，全面提升全省文化宣传工作水平。在文化部2013年度政府网站群绩效评估中，山东省文化厅网站总分跃居省级文化行政部门第一名，公众参与模块总分排名全国第一，总体发展水平成为全国第一个也是目前唯一一个进入“卓越阶段”的省级文化行政单位。

河南省文化厅

概　述

2013年，全省文化系统学习贯彻党的十八大和十八届三中全会精神，开展党的群众路线教育实践活动，解放思想，持续求进，务实发展，作为，推动各项重点工作开展。

党的群众路线教育实践活动

【概况】　按照中央和省委统一部署，省直文化系统围绕“照镜子、正衣冠、洗洗澡、治治病”的总要求和省委“一学三促四抓”的工作安排，开展党的群众路线教育实践活动。厅党组带头抓学习、听意见，查“四风”、搞批评，严整改、建制度，期间发放调查问卷178份，召开座谈会48次，通过手机短信、电子信箱、热线电话、意见箱，征求意见。经过分析整理、归纳汇总为124条。其中，反映“四风”问题的23条，反映文化工作和群众实际困难问题的有92条，提出搞好教育实践活动建议9条。省文化厅领导班子开展自查自纠，看问题、找差距、抓整改，制定整改方案和整改措施，围绕领导班子的“四抓”事项、班子成员的“三件事”，建立细化近中远期37个大项的整改台账，着眼常态化、长效化建立机制。

公共文化服务体系建设

【公共文化服务体系示范区（项目）创建】　郑州市被命名为第一批国家公共文化服务体系示范区，郑州市“文化茶馆”、周口市“一元剧场”创建第一批国家公共文化服务体系示范项目通过验收。洛阳市入选第二批国家公共文化服务体系示范区创建资格名单，信阳市平桥“关爱留守儿童：农村公共图书馆一体化”建设、漯河市“幸福漯河健康舞”申报为第二批国家公共文化服务体系示范项目。省级公共文化服务体系示范区（项目）创建筹备工作启动。

【文化基础设施建设】　文化信息资源共享工程、数字图书馆推广、公共电子阅览室建设三大数字文化惠民工程推进，全省文化共享工程初步建成覆盖全省的五级网络体系，包括 1个省级分中心、15个市级支中心、159个县级支中心、1795个乡镇基层服务点、47533个村级基层服务点，实现县县建有支中心和“村村通”。全省建成数字图书馆9个、公共电子阅览室1950个，信息存储量达80T。市县级图书馆、群众艺术馆（文化馆）达标建设及省辖市、文物大县博物馆建设推进，郑州市图书馆、鹤壁市、平顶山群艺馆、周口市群艺馆建成投入使用，40个县级“两馆”功能提升项目全面完成。全省有市级公共图书馆17个、群众艺术馆18个、美术馆6个、少儿图书馆3个。在2013年第五次全国公共图书馆评估定级工作中，该省被认定国家一级馆40个、二级馆42个、三级馆37个。全省乡镇综合文化站、城市街道、社区文化中心设备完成设备购置工作，为615个乡镇（街道、社区）均配备信息资源共享、文化活动等设备。农村文化大院建设进展，20000余个农村文化大院全年开展各项活动，服务群众8600万人（次）。省图书馆新馆、河南博物院二期（中原考古博物馆）确定在郑东新区选址，河南歌舞演艺集团、省京剧院、话剧院、曲剧团项目建设方案开始办理用地手续和设计方案招标工作，河南豫剧院三团剧场新建项目开工。新审核设立13家民办博物馆，全省民办博物馆总数达44家。

【文化惠民】　全省139个免费开放博物馆、纪念馆举办陈列展览1000余个，接待观众4500多万人次。6个美术馆、145个公共图书馆、2072个文化馆（站）免费开放工作提升，全年接待4360万人次。洛阳博物馆《河洛文明》、许昌博物馆《许之昌——许昌历史文化陈列》分别荣获2011和2012年度全国博物馆十大陈列展览精品奖。省美术馆全年举办展览38个，观众达40万人次，其中“美术馆里过大年”活动、“全国第三届中国国线描艺术展”、“中外艺术大讲堂”等产生较大影响，全年新增藏品578幅（件）。省群艺馆各类社会文化活动超过180余项，公益演出突破130余场次，常态免费服务项目达15项，每周向公众提供服务的开放时间达48小时，参演人员达上万人次，受益观众达31万人次，实现公共空间设施场地全部免费开放，所提供的基本服务项目全部免费的工作目标。据不完全统计，全省各级文艺院团开展公益惠民演出近14000场，其中全省文艺院团完成“舞台艺术送农民”演出3356场、优秀舞台艺术“五进”（进农村、进社区、进企业、进校园、进军营）演出4130场、联合省邮政公司开展“天天邮戏、戏送万家”惠民演出609场，丰富城乡人民群众的文化生活。

【群众文化活动】 举办“春满中原”系列文化活动，各地开展县和县级以上（包括部分乡镇）活动达1822项，乡村级活动参与人数超过千万人次。举办第七届河南省少儿文化艺术节，近万名少儿参加活动。“百城万场”广场文化活动共完成7000余场，参加人次近千万人次。举办第五届河南省合唱节，全省共有71支队伍参加比赛展演，总人数超过4000人。组织举办第十三届河南省艺术摄影大展和首届民俗摄影展。先后获第十五届中国老年唱节金奖、第五届中国少儿合唱节银奖。平顶山市“美丽鹰城”公益课堂活动、省艺术中心“放歌如意湖”广场文化活动、许昌市“百姓剧场”公益演出活动入选文化部“群星奖”优秀公共文化服务项目，赵力民、李阁琪获得全国“群文之星”称号。首次举办大型国际性民间艺术展演交流活动“2013国际民间艺术周”，共邀请4大洲9个国家的148名民间艺术家进行为期7天的28场演出，丰富基层群众的精神生活，促进中外民间艺术交流。组织首届河南省“群星奖”优秀公共文化服务项目和“群文之星”评选。全年新成立登记文化类民办非企业单位21家，社团11家，基金会1家。文化厅主管的全省性文化类社会组织达281家。对2012年度10个优秀民办非企业单位、8个优秀社会团体、2个优秀基金会进行表彰。

文化艺术

【文艺创作】 2013年，全省共新创剧（节）目80台（个），改编移植剧（节）目109个，复排剧目（含折子戏）274个，加工提高剧目174个。省直21个剧（节）目通过“河南省省级艺术创作生产扶持工程”得到1000万元专项资金扶持或奖励。省直文艺院团的舞剧《太极传奇》、交响合唱《朝阳沟》、豫剧《魏敬夫人》、方言剧《老汤》、曲剧《医圣传奇》、《杨开慧》、新版豫剧《穆桂英挂帅》等多部作品立上舞台。举办“河南省第七届青年戏剧演员大赛”、“河南省第三届县（区）级暨民营文艺院团戏剧大赛”、第六届河南省优秀剧本征集活动，发现和推出一大批优秀剧目和人才。在第十届中国艺术节上，河南省话剧院话剧《红旗渠》获第十四届“文华大奖”，郑州歌舞剧院舞剧《水月洛神》获第十四届“文华优秀剧目奖”歌剧舞剧类第一名。河南歌舞演艺集团双人舞《自有后来人》获全国舞蹈比赛三等奖，“十盘乐”获中国民族器乐民间乐种组合展演优秀演出奖，周口市杂技马戏团的《空中大飞人》荣获第九届全国杂技比赛评委会特别奖，魔术《天山上的红花》荣获表演奖。舞剧《水月洛神》入选2013年国家舞台艺术精品工程“十大精品”，被文化部确定为重点资助项目。

【省内外演出活动】 全省全年演出34313场，演出收入达1.5亿元，其中省直文艺院团演出2263场，演出收入近5200万元。交响合唱《朝阳沟》、大型原创舞剧《太极传奇》在国家大剧院演出广受好评，开创该省音乐舞蹈半个月内两进国家大剧院演出的先河。《红旗渠》参加第七届全国话剧优秀剧目展演在全国巡演40余场，《太极传奇》在全国商业演出30余场。豫剧《朝阳沟》、《铡刀下的红梅》参加第二届全国优秀保留剧目大奖作品全国巡演140余场，京剧《龙凤呈祥》等优秀剧目进京汇报演出。话剧《红旗渠》、豫剧《焦裕禄》、豫剧《王屋山的女人》在全省完成巡回演出25场，弘扬红旗渠精神、焦裕禄精神和愚公移山精神。省委党的群众路线教育实践活动领导小组将大型现代豫剧《焦裕禄》和大型话剧《红旗渠》列入党的群众路线教育实践活动重要内容，《焦裕禄》在省人民会堂连演6场，省直近1.5万名党员干部观看演出。

文化产业

【文化产业园区、基地建设】 开展主管副省长带队和省直有关厅局、省辖市主管市长、直管县主管县长等参加的全省文化产业园区观摩活动，召开全省文化产业园区建设座谈会。命名孟津牡丹文化产业园区、鹿邑曲仁里老子文化产业园区为第三批“河南省文化产业示范园区”。开展第五批省级文化产业示范基地评选命名工作，命名郑州华强文化科技产业基地等20多家企业为河南省文化产业示范基地。评选命名20个河南省特色文化基地。指导、推进国家动漫产业发展基地（河南基地）建设，该项目全部完工通过验收。

【文化企业和文化产业项目】 河南歌舞演艺集团有限公司等10多家文化企业获得2013年度省服务业发展引导资金扶持1000多万元，河南省演出有限责任公司等15个文化产业项目获得中央文化产业专项资金补助和奖励共计4664万元。全省7家企业、2个项目进入国家文化出口重点企业、重点项目目录。郑州华强文化科技有限公司等50个单位被评为“河南省文化企业50强”，《禅宗少林•音乐大典》大型山地实景演出等60个项目被评为“河南省重点文化产业项目”。

【文化产业融资引资】 举办全省50多家重点文化企业、有关金融机构参加的全省文化产业投融资培训班。全年通过与省工行、农行、建行签订的战略合作协议为文化企业贷款30多亿元。第31届中国洛阳牡丹文化节期间游客达1869万人次，旅游收入112.2亿元。组织文化企业参加展会推介等活动，推介重点项目50个，指导全省文化企业开展招商引资工作，落实招商引资合同金额60多亿元。

【动漫产业】 组织编撰《河南省动漫产业发展报告》。全省新增国家认定动漫企业6家、国家免征进口税收资格认定企业3家、优秀国产动画片2部、备案原创动画片17部9000多分钟。开展2013年度省级扶持动漫产业发展专项资金评审工作，11个动漫项目获扶持资金1000万元。组织开展100多家动漫企业参加的全省动漫产业培训班。全省第一个省级电视台动漫卡通栏目《卡通动漫营》开通。2013中原动漫嘉年华“国庆COSPLAY大赛”举办。在“2012中国动漫十大名片评选”活动中，河南麦草动漫科技有限公司总经理黄涛、公司原创动漫形象“二兔”分别入围2012中国动漫十大人物和2012中国动漫十大形象，河南华豫兄弟动画影视制作有限公司入围2012中国动漫十大企业。

文化遗产保护

【文物保护利用工作】 全省3处世界文化遗产社会效益和经济效益实现新提升，完成大运河（河南段）、丝绸之路（河南段）国际遗产专家现场考察评估。全省可移动文物普查进展，基本完成国有单位文物收藏情况调查工作。南水北调等重点项目建设中的文物保护工作持续推进，12个省辖市受水区文物保护工作基本完成，丹江口库区文物保护工作通过国家验收。完成宁西铁路增建第二线工程等34个大型建设项目文物调查、勘探、发掘工作和 73个涉及省级以上文物保护单位建设项目报批工作。大遗址保护和国家考古遗址公园建设开展，郑州商城、汉魏洛阳故城、隋唐洛阳城等大遗址保护展示工程取得阶段性成效，汉魏洛阳故城入选第二批国家考古遗址公园名单，偃师商城、信阳城阳城遗址、新郑郑韩故城入选立项名单，省国家考古遗址公园达到8处，位居全国前列。169处不可移动文物入选第七批全国重点文物保护单位，9处长城点（段）被省政府核定公布为第六批省级文物保护单位，全省国保单位达358处、省保单位902处。洛阳栾川孙家洞旧石器时代遗址入选2012年度“全国十大考古新发现”，全省获此殊荣的项目达39项，位居全国之首。举办“传承世界遗产、建设美丽中国”研讨会、“国际动物考古协会第九届骨器研究学术研讨会”、“纪念贾湖遗址发掘30周年暨贾湖文化国际研讨会”等，提升中原文化影响力。

【非物质文化遗产保护】 《河南省非物质文化遗产保护条例》获准颁布，将于2014年1月1日起施行。“铭刻——河南省非物质文化遗产全面记录计划”工作有序推进。传统戏剧类和传统体育、游艺与竞技类数字化试点工作通过中国非物质文化遗产保护中心初步验收。“河南省稀有剧种抢救工程”启动，完成69部代表性传统剧目的拍摄工作。河南浚县正月古庙会、洛阳关林春节庙会、宝丰马街书会等7个项目入选全国春节特色文化活动名录。“中国·宝丰马街书会国家级非物质文化遗产曲艺展演”、第四届“中原古韵——中国（淮阳）非物质文化遗产展演”、第二届中国特色商品交易博览会——非物质文化遗产项目特展、“薪火相传——河南省非物质文化遗产保护成果展”、“品味中原——河南省非物质文化遗产传统戏剧（曲剧）专场展演”等引起强烈反响。国家级文化生态保护区申报工作进展。“国家级非物质文化遗产——传统戏剧研究基地”落户河南。完成第四批国家级非物质文化遗产代表性项目申报工作。经过地市推荐、专家评审等程序，该省向文化部推荐“河图洛书传说”等58个项目申报第四批国家级非物质文化遗产代表性项目。全省共有省级非物质文化遗产保护中心1个，市级非物质文化遗产保护中心18个，县（区）级非物质文化遗产保护中心158个（其中4个为独立建制单位）。全省非物质文化遗产保护工作人员近2000人。共有国家级非物质文化遗产名录项目73个（95个保护单位）、省级非物质文化遗产名录项目372项（568个保护单位）、市县级非物质文化遗产名录项目近9000项，国家级非物质文化遗产项目代表性传承人84名（去世5人）、省级非物质文化遗产项目代表性传承人641名、市级非物质文化遗产项目代表性传承人6000余名。全省古籍保护中心古籍书库建设工作进展，完成古籍普查数据7780条，修复破损古籍89册。

文化市场管理

【文化市场经营主体】　实现行政审批由管理向服务的转变，向社会发布网吧、娱乐、演出、美术品等文化市场发展报告，为行业和社会提供市场指引等信息服务，将全省娱乐场所的设立由筹建制转变为行政指导制。调整网吧市场总量，降低市场准入标准，促进网吧市场转型升级，推进网吧连锁经营企业和单体网吧重点向农村地区、外来务工人员聚集区倾斜。全年新增连锁直营门店315家。下放涉外营业性演出项目审批权限，规范涉外、涉港澳台演出活动审批及监管，全年完成70余场涉外、涉港澳台大型演出活动。开展第五届网络文化新生活大型公益活动，引导网络文化经营企业发展和网络文化。

【行政审批规范化建设】　通过文化市场行政许可案卷评查会，规范文化市场行政审批程序，提高审批人员依法行政能力。组成工作组分赴全省开展督查，召开经营业主座谈会、查看审批窗口，对全省行政审批工作进行检查。结合党的群众路线教育实践活动，先后发放1100份“2013年河南省文化系统行政审批满意度问卷调查表”，就文化市场政务公开情况、审批服务水平、廉洁自律情况、办事程序及效率、依法行政情况等进行不记名征求意见。制定实施《河南省文化市场行政执法十不准》、《河南省文化市场行政审批工作制度》、《河南省文化市场综合执法行为规范》、《文化市场行政审批规范化建设示范标准》等十多项规章制度。

【综合执法队伍建设】　按照“立足岗位、贴合实际、全员参与、注重实效”原则，在全省文化市场执法人员中开展大比武大练兵活动，3月起，先后开展学习、培训、征文和执法案例汇编工作，举办河南省首届文化市场综合行政执法岗位大练兵技能大比武复赛、决赛，对执法人员掌握法律、法规、规章情况以及案卷制作、网络执法、办公系统应用等执法能力进行综合考察。中央电视台、《中国文化报》、人民网、凤凰网等对活动进行报道。

【文化市场综合执法】　开展打击侵犯知识产权和制售假冒伪劣商品专项行动、文化市场暑期专项行动、文化市场“闪电”系列行动、无照经营网吧整治行动、网络文化市场专项执法活动等。利用春节、五一、十一节假日，对郑州、焦作、新乡等地进行暗访检查，对发现的问题提出整改意见督促落实到位。落实文化部督办和12318举报案件，做到案案有落实，件件有反馈。联合相关部门开展“服务农民、服务基层”评选和群众满意文化市场执法机构评选活动，提高基层执法部门的服务质量和办事效率，改进工作作风。

对外文化交流合作

【对外交流】　全年执行文化交流任务17批，1000余人次。“央地合作”对非交流活动，河南艺术团在非洲卢旺达、埃塞俄比亚、马拉维三国的演出引起强烈反响。承担文化部“欢乐春节”项目，赴美开展交流演出10场，参加ICN国际卫视蛇年春节联欢晚会。少林武僧团赴俄罗斯参加“中国旅游年”开幕式和俄罗斯军乐节，支持少林寺在美国举办北美少林文化节。豫剧《程婴救孤》赴美国交流、《清风亭上》赴土耳其演出、三门峡豫剧团赴比利时演出、河南艺术团赴越南参加越南政府主办的红河艺术节、河南艺术团赴加勒比5国演出均取得较好效果。在少林寺举办“非洲武术学员来华培训班”。接待美国三月四日管弦乐团巡演，丰富“海外艺术进校园”活动内涵。

【对港澳台交流】 开封大相国寺佛乐艺术团赴香港演出和《水月洛神》、少林功夫团赴澳门演出。承担文化部“欢乐春节”项目，组团赴台湾演出24场。举办豫剧入台60年庆祝活动。组派济源市豫剧团赴台与台湾豫剧团联合巡回演出《王屋山的女人》等剧目，信阳市豫剧团赴台湾公演5场。

【对外文物交流】 全年举办6个文物外展，即组织“黄河流域王室与诸侯——中国河南青铜文明展”、“中国文字图片展”、“百济金铜大香炉发掘20年特展”、“古韵新风——朱仙镇木版年画特展”、“佛国墨影——巩义石窟拓片展”、“盛唐回忆——洛阳唐三彩珍品展”等，赴瑞典、加拿大、韩国及中国台湾、澳门等地展出，取得良好效果。省政府授予瑞典世界文化博物馆总馆长桑娜女士“黄河友谊奖”。

文化大事记

1月7日，越调《老子》入选2012年度“国家舞台艺术精品工程”十大精品剧目。

1月10日，河南省“三下乡”集中服务活动在平顶山市郏县启动，省委常委、宣传部长赵素萍，省委宣传部常务副部长王耀，省文化厅厅长杨丽萍等领导出席。活动当天，来自省直的15个部门向郏县王集乡捐赠价值91.15万元的图书资料和科普宣传器材。省文艺界知名演员、著名书法家、医疗专家、科技专家为当地群众送去文艺演出、法律咨询、科普宣传、义诊体检、书写对联等服务。

1月30日，由河南省委宣传部、省工商联、省文化厅主办，省豫剧二团演出的新编豫剧现代戏《春满太行》演出。省委常委、省纪委书记尹晋华，省人大常委会副主任蒋笃运，副省长张广智、省委宣传部副部长李庚香等领导观看演出。《春满太行》以全国道德楷模、辉县裴寨村支部书记裴春亮先进事迹为原型，歌颂一名致富不忘乡邻、务实肯干、无私奉献、带领群众走向共同富裕道路的新时代村官。

2月22日，曲艺展演举办。由河南省文化厅、平顶山市人民政府共同主办的中国•宝丰马街书会国家级非物质文化遗产曲艺展演举办，来自全国10个省市14个曲种180名演员为观众展演。宝丰马街书会是全国曲艺行当盛会，为国家级非物质文化遗产名录，是中国十大民俗之一，可考证的历史达700多年。每年农历正月十三，全国上千名民间曲艺艺人在此集会，说书亮艺、以曲会友。此次宝丰马街书会共有1518位民间艺人参加大会，说书棚（摊）297棚。参演的非物质文化遗产项目包括河南坠子、评书、西河大鼓、安徽大鼓、单弦、快板书、三弦书、东北二人转、徐州琴书、京东大鼓、河洛大鼓等。

2月22日，第五届中国（鹤壁）民俗文化节举办。由中国民间文艺家协会、河南省文联主办的第五届中国（鹤壁）民俗文化节近日在鹤壁市举办。其主题是“赏中原民俗，逛千年庙会，享春节盛宴”，内容包括开幕式、文艺演出、中原春节灯会、中原社火展演、首届中原社火表演大赛、中原非物质文化遗产展演、民俗文化体验、大伾山祈福纳祥法会、第四届中国春节文化高层论坛暨《中国春节》文化丛书编纂启动仪式、经贸洽谈项目签约与招商联谊会等，专项活动包括中原民间工艺品博览会暨旅游商品交流大会、中原春节文化暨民间艺术书画摄影精品展、中原民俗文化游、中原美食文化节、中原民间绝活绝技展演、中原特色戏曲展演、“全国网络媒体赏民俗”大型采风、新春文化狂欢节暨群众游艺、“春节团圆幸福来”交友大会等。

2月，全国首个单体杂技博物馆进入试运行。该馆位于被誉为“中国杂技之乡”的濮阳东北庄村，项目总投资5000万元，建设面积5700平方米，布展面积近2000平方米，集中展示中国古今杂技的发展历程和中原杂技魅力。

3月13日，由中国非物质文化遗产保护中心、河南省文化厅、周口市人民政府共同主办的第四届“中原古韵——中国（淮阳）非物质文化遗产展演”在淮阳拉开帷幕。展演以河南、山东、安徽、河北、山西、湖南、湖北、江苏、江西、陕西等入选国家级非物质文化遗产名录的表演类项目为主，参加省份由上届8省扩展到10省。表演形式主要有传统音乐、传统舞蹈、传统戏剧、传统体育、游艺与杂技、曲艺等，共分6场，包括近30个省级以上项目、20余个周口市本地市、县级非物质文化遗产项目。

3月12日起，全省掀起文化市场综合行政执法岗位大练兵与技能大比武活动热潮。

3月20日至21日，国家文物局副局长董保华到周口市调研。国家文物局副局长董保华、中国文化遗产研究院院长刘曙光一行到周口市检查指导工作出席国家文物局定点扶贫淮阳座谈会。

3月20日至4月16日，在河南省话剧艺术中心、河南省演出有限责任公司共同运作下，大型话剧《红旗渠》先后在湖北、湖南、江西、浙江、江苏、北京、上海等5省2市巡演14场，受到当地观众的热烈欢迎。

3月27日，省豫剧二团受美亚文化交流集团邀请，到美国百老汇、洛杉矶进行演出，受到美国观众的热烈欢迎。此次演出是全国地方戏首次登上美国纽约百老汇舞台，市场化运作售票率达70%。演出结束后，美国、希腊、塞浦路斯等有关方面与省豫剧二团达成多项合作演出协议。

3月30日，由中国非物质文化遗产保护中心，河南省文化厅和周口市人民政府共同主办，河南省非物质文化遗产保护中心、周口市文化广电新闻出版局和淮阳县人民政府承办的第四届“中原古韵——中国（淮阳）非物质文化遗产展演”在淮阳县羲皇文化广场落下帷幕。活动历时半个月，来自河南、江苏、山东、安徽、河北、山西、湖南、湖北、江西、陕西等十个省份50余个演出团体近3000名演员奉献六场艺术盛宴。

4月3日，由中国文联和河南省人民政府共同主办的2013中国（开封）清明文化节在清明上河园拉开序幕。中国文联党组成员、副主席、书记处书记杨承志，中国民协分党组书记、副主席罗杨，省委常委、省委统战部部长史济春，省人大常委会副主任蒋笃运、省政府副省长张广智、省政协副主席靳绥东出席。

4月5日至5月5日，由文化部与省政府联合主办的主题为“相约千年帝都 共享国色天香”第31届中国洛阳牡丹文化节在洛阳歌剧院开幕。文化部副部长王仲伟、省委常委、宣传部部长赵素萍，副省长张广智等领导出席开幕式。文化节内容包括2013中国洛阳国际牡丹高峰论坛、第二届洛阳•中国名花展、文化部第二届优秀保留剧目大奖作品展演、河洛欢歌•广场文化狂欢月、河洛文化民俗庙会、摇滚音乐会等20余项雅俗共赏、各具特色的文化活动。

4月7日至9日，文化部副部长董伟率艺术司一行来豫调研出席“文化科技对文化创新驱动作用”调研座谈会。调研期间，董伟就艺术创作生产现状、问题及对策召开省直院团、部门地市文化局长座谈会，深入周口市戏剧艺术研究院、河南省越调保护传承中心、商水县豫剧艺术中心、淮阳县艺术中心等文艺院团，就如何完善体制机制建设、推动艺术创作生产繁荣发展进行实地调研。

4月8日至9日，大型原创舞剧《太极传奇》在甘肃兰州金城大剧院正式上演。该剧以河南焦作陈家沟陈氏太极拳创始人陈王廷传奇的经历和近四百年来陈氏太极拳的传承和普及为历史背景，讲述太极拳掌门人陈云天与武状元蒋龙飞之妹叠彩的生死之恋，反映太极文化的博大内涵和东方哲学思想精髓。

4月9日，河南多地强化文化市场安全生产工作。全面排查文化市场安全生产。滑县文化市场综合执法大队召开全县文化市场安全生产工作会议，讲解安全生产常识和注意事项，进行消防安全演练活动。正阳县文广新局召开全县网吧、娱乐场所、演出场所安全经营会议，与各网吧、娱乐场所、演出场所签订安全经营责任书。濮阳市开展文化市场安全生产检查，到乡镇暗访网吧、演出等市场经营情况，对发现的问题要求经营业主立即整改，严防安全事故发生。

4月9日至10日，全省开展文化市场综合执法“闪电”系列1号行动。重点对城郊结合部和农村乡镇影剧院、演艺厅及物资交流会、庙会流动大棚的演出，城郊结合部及农村乡镇等重点部位网吧，出版物销售场所和批发、零售单位进行检查。集中行动共出动执法人员1830人次，车辆270台次，检查网吧2634家，演出单位253家，出版物单位1722家。

4月9日至10日，第23届上海白玉兰戏剧表演艺术奖获奖名单揭晓暨颁奖晚会在上海戏剧学院剧院举行，共有来自全国各地38个院团、16个剧种、52台剧目、73名优秀演员参评。河南省话剧艺术中心大型话剧《红旗渠》荣获“上海白玉兰戏剧表演艺术奖集体奖”榜首，该剧主演吴广林荣获“上海白玉兰戏剧表演艺术奖主角提名奖”。

4月11日至17日，河南省举办癸巳年黄帝故里拜祖大典中原文化活动周优秀剧目展演活动。活动在郑州举办，期间，河南省越调剧团、河南歌舞演艺集团等9个院团在河南艺术中心等7个剧场演出15台优秀剧目。

4月22日，河南省教育厅、文化厅、财政厅主办的2013年河南省“高雅艺术进校园”开幕式暨河南民族乐团专场音乐会在河南农业大学大礼堂上演。省教育厅巡视员张健、省文化厅巡视员董文建、河南歌舞演艺集团董事长周虹、省学校艺术教育协会会长石品和1300余名河南农大师生一同观看演出。音乐会先后演奏《金蛇狂舞》、《红楼梦序曲》、《云台山素描》、《十面埋伏》等精彩节目。

4月底，由省文化厅、省财政厅牵头举办的2013年“河南省舞台艺术送农民”正式启动。

5月8日至17日，受中国驻越大使馆和越南文化部的邀请，在文化部的委派下，河南省文化交流代表团一行33人先后赴越南河内、海防、下龙湾、胡志明市等多地进行文化交流演出活动。代表团先后为2000多名越南观众演出4场包括少林功夫和杂技在内的精彩节目。

5月10日，2013年河南省“百城万场”系列广场文化活动启动。活动启动仪式在河南艺术中心如意湖广场举行,活动主要包括广场、节庆和民俗文化活动，“教你一招”群众文艺活动和文化志愿者活动等三项内容。省人大教科文卫委副主任李经超、省人大副秘书长戚建庄、省委宣传部副部长李庚香，省文化厅厅长杨丽萍、副厅长崔为工等领导出席启动仪式。

5月12日，首届河南省“文化志愿者服务年”启动。活动开展时间为5至12月。

5月30日，由省文化厅、省教育厅、南省通信管理局、共青团河南省委共同主办，省网络文化协会、省互联网协会、省青少年宫协会、河南博物院等单位共同承办的第五届河南省“网络文化新生活”大型公益活动在郑州师范学院启动。活动主要包括三项工程（爱心帮扶、爱心接力、公益助学工程）、三项大赛（第二届河南省“网络微电影”大赛、首届河南省“网吧技术人才大师赛”、河南省首届电子竞技联赛）、三项活动（“中国梦、中原梦、我的梦”活动，先进文化、传统文化、中原文化进网站、网吧活动，优秀网吧连锁企业和网吧评比活动）等。

6月8日,濮阳县古十字街入选“中国历史文化名街”。评选推介活动由中国文化报社和中国文物报社联合主办，本次评选出的10条名街，从参与申报的65条街道产生。

6月27日，彩陶中国——纪念庙底沟遗址发现60周年暨首届中国史前彩陶学术研讨会在三门峡举办。活动由中国社会科学院考古研究所、河南省文物局、三门峡市政府联合主办。中国社会科学院副院长李培林等出席研讨会开幕式，来自全国各地的专家、学者围绕庙底沟文化等国内彩陶文化进行广泛交流和探讨，共同发出《加强庙底沟遗址保护利用和管理的倡议书》。省文化厅组织开展首批特色文化基地创建活动。

6月，省文化厅发布《2012年河南省文化市场年度报告》，内容涵盖网吧、娱乐、演出、艺术品四个领域。

7月1日至8月31日，省文化厅开展暑期文化市场集中整治行动。

7月3日，河南开展首批特色文化基地评选。评选对象为乡（镇、街道）、村（社区）及其他具备一定发展规模、场地设施、从业人员的文化基地，要求有丰富的文化资源、有较成熟的艺术活动载体、有较强的骨干队伍、有固定的场所设施、有一定的规模效益、有完善的管理机制等。首批10至20家“河南省特色文化基地”将由省委宣传部、省文化厅、省文联联合命名，将获取一定的政策和资金支持。

7月17日，经河南省委、省政府批准，河南豫剧院正式挂牌成立。中国文联副主席杨承志、中国剧协分党组书记季国平、文化部艺术司戏剧处处长吕育忠，河南省委常委、宣传部部长赵素萍，省人大常委会副主任蒋笃运、李文慧，省政协副主席靳克文等领导到会祝贺，来自省内外文化艺术界、戏剧界专家以及省内外艺术院团的代表500余人出席成立大会。原国家军委副主席、国防部长曹刚川、全国文联主席孙家正、中国剧协主席尚长荣等发来贺电。

7月24日，鲁山县被中国民协命名为“中国墨子文化之乡”正式授牌。鲁山县境内现有墨子故里、墨子祠庙、墨子洞、墨隐寺、墨子城、墨子著经阁等历史遗迹遗存20多处。

7月29日至8月7日，河南文化调研团访问非洲。调研团先后访问埃塞俄比亚国家大剧院、埃塞俄比亚国家图书馆、档案馆、埃塞俄比亚国家博物馆，和埃塞俄比亚文化旅游部签订《中国河南省文化厅和埃塞俄比亚文化旅游部关于加强文化合作的谅解备忘录》，分别在埃塞俄比亚首都亚地斯亚贝巴和肯尼亚首都内罗毕举办“魅力中原—聚焦非洲”摄影展。

8月3日，河南省第一个卡通栏目《卡通动漫营》正式开播。《卡通动漫营》以“快乐分享，快乐成长”为口号，以本地动漫作品为主要播出内容，以儿童、青少年、家长为主要观众定位，在播出中穿插知识问答，让孩子在寓教于乐中学习知识。

8月7日，朱仙镇木版年画成为中国首个获颁“PEOP”证书的“非遗”产品。获得证书的产品统一使用“PEOP”标志，受国家行政保护。

8月26日，方言话剧《老汤》在郑州首演。《老汤》通过轻喜剧的方式讲述一个关于诚信的故事，对唯利是图、见利忘义、责任缺失等社会不良现象进行讽刺和批判，也对河南人的朴实、善良进行讴歌和弘扬。

8月28日至30日，郑州市通过国家创建公共文化服务体系示范区实地检查验收。由国家文化部副部长、国家文物局局长励小捷带领的国家创建公共文化服务体系示范区检查验收组对郑州市的创建工作进行实地检查。省领导吴天君、张广智、路国贤、省文化厅厅长杨丽萍、副厅长崔为工以及郑州市的有关领导参加相关活动。

8月29日，国家文物局局长励小捷一行到河南博物院调研。参观大型基本陈列“中原古代文明之光”和历史教室，欣赏华夏古乐团的演出，对河南博物院的文物收藏、陈列展览和服务水平给予肯定，对河南博物院实物展示、图文说明、模型再现、多媒体辅助相结合的展览模式给予高度评价。

9月1日，海峡两岸周易学术论坛暨第二十四届周易与现代化国际讨论会开幕。开幕式在汤阴县羑里城举行，来自海内外的1500多名易学专家、学者和爱好者参加开幕式。

9月20日，2013河南国际民间艺术周开幕。来自孟加拉国、斯里兰卡、泰国、罗马尼亚、斯洛文尼亚、土耳其、哥伦比亚、埃及、塞内加尔等9个国家的148位民间艺术家，共演出具有浓郁异国风情和民族特色的民间文艺表演26场。

10月19日，省委常委、宣传部部长赵素萍调研开封市文化产业。与开封市领导和相关项目负责人举行座谈。

10月26日，河南省载誉“十艺节”实现大奖五连冠。

11月1日至3日，纪念贾湖遗址发掘30周年暨贾湖文化国际研讨会在漯河召开。研讨会由中国科学技术大学、中国社会科学院考古研究所、河南省文物局、漯河市人民政府联合主办。与会70余名国内外知名专家学者围绕贾湖遗址地位和研究价值、加大贾湖遗址的保护开发利用等进行交流。

12月5日至6日，文化部副部长项兆伦到洛阳调研指导网吧升级转型和牡丹文化节提升工作。

12月，河南省县级以上公共图书馆建设取得长足进步。据文化部公布的全国县级以上公共图书馆第五次评估定级结果，全省147个县级以上公共图书馆中，有123个参加此次评估定级，其中上等级公共图书馆119个，其中一级馆40个，二级馆42个，三级馆37个，与第四次全国公共图书馆评估定级结果相比，一级馆增加24个，二级馆增加29个，三级馆减少11个。全省一级馆、二级馆、三级馆的数量分别占全省县级以上公共图书馆数量的27%、28%、25%，分别占这次参评公共图书馆数量的33%、35%、31%。

湖北省文化厅

创作文艺精品

【艺术精品誉满“十艺节”】 第十届中国艺术节期间，湖北省3台剧目参评，其中，京剧《建安轶事》荣获文华大奖，黄梅戏《妹娃要过河》和汉剧《宇宙锋》荣获文华优秀剧目奖，获奖剧目数和等次位居全国第二，紧跟东道主山东省，这是湖北省在中国艺术节客场（“八艺节”之外）取得的最好成绩。湖北省京剧院朱世慧和省戏曲艺术剧院杨俊2人荣获舞台表演艺术政府最高奖文华表演奖，获奖人数约占全国获奖总数的十分之一，和天津、浙江列第一。《建安轶事》荣获文华剧作奖和文华音乐创作奖，《妹娃要过河》荣获文华音乐创作奖和文华舞台美术奖，万晓慧、詹春尧、王荔荣获第十届中国艺术节优秀表演奖。22件美术作品入选第十届中国艺术节全国优秀美术作品展览，入选作品数居全国前列。

【文艺创作】 省戏曲艺术剧院黄梅戏《妹娃要过河》入选2011—2012年度国家舞台艺术精品工程年度资助剧目。武汉杂技团杂技《飞轮炫技》荣获第九届全国杂技比赛金奖。武汉歌舞剧院群舞《汉正街的娘子军》、武钢文工团群舞《土家汉子捧个起》和省歌剧舞剧院群舞《生死谣》分别荣获第十届全国舞蹈比赛文华节目创作二等奖、三等奖和文华节目优秀创作奖。湖北艺术职业学院群舞《激楚》荣获中央电视台第七届全国电视舞蹈大赛优秀作品奖，这是湖北省作品首次在该项赛事中获奖。省戏曲艺术剧院詹春尧荣获第二十七届中国戏剧梅花奖。

【重大文化活动】 举办第八届湖北省黄梅戏艺术节，湖北、湖南、江西3省11个专业团体近千名演职人员参加，演出10台优秀剧目，举办7场广场惠民演出，10余万观众观看艺术节演出，让人民群众共享文化发展成果，推动湖北地方戏曲保护发展。举办“学习贯彻十八大、争创发展新业绩”湖北省优秀剧目优秀美术作品展演月活动，全省近100个文艺院团、30多家美术展览单位、6000余名文艺工作者，城乡社区、乡镇村落、剧院和广场、军营和学校，为全省人民奉献1100多场文艺演出和近40场美术展览活动，受到广大人民群众的热烈欢迎。组织优秀剧目开展省内外巡演活动，扩大精品剧目的影响。举办“秋之韵•东湖音乐会”系列演出活动，举办9场高水平音乐会，省市领导和高校师生、社区居民、企业员工、武警官兵等各行各业近2万名观众欣赏音乐会精彩演出，打造湖北文化活动新品牌。举办“艺脉相承——鄂湘赣皖当代漆艺陶艺作品展”、“神游东方——周韶华艺术大展”、2013湖北国际漆艺三年展等美术展览，促进美术事业发展。

【艺术科教工作】 在2013年度国家社科基金艺术学和文化部文化艺术科学研究项目立项中，湖北省共有14项课题获准立项，其中国家级项目8个，文化部项目6个，立项总数居全国第二，同比2012年增长56%。此外，1个项目入选国家文化创新工程，1个项目入选国家文化科技提升计划，4个项目入选全国美术馆发展扶持计划项目，1个项目入选全国画院优秀创作研究扶持计划项目，3个展览项目入选全国美术馆馆藏精品展出季活动，展示湖北省艺术科研实力。

公共文化服务体系建设

【文化惠民工程】 向中央和省两级财政共争取专项资金3.68亿元，为完善基层公共文化服务体系提供经费保障。省图书馆新馆建设工程完成现场收尾和验收工作，省博物馆三期扩建工程、编钟改造工程等建设项目有序推进，湖北艺术职业学院新校址完成立项、选址、征地等工作。推动市级“三馆”、县级“两馆”建设，10个市级“三馆”开工建设；确定20个县级两馆支持项目，4000万元补助资金全部下达到位，各地抓紧建设。继续实施社区文化中心（文化活动室）设备购置工程，为55个社区文化中心、360个社区文化活动室争取共5823万元的设备购置专项资金。流动图书车配送工程继续实施，为11个市县配备流动图书车。推进“三馆一站”免费开放，全省公共图书馆、文化馆、乡镇综合文化站全部实现无障碍、零门槛进入，免费提供基本服务项目，服务活动数、服务人次明显增长。

黄石市、“武汉之夏”群众文化活动、荆州小太阳读书节暨全民阅读活动创建第一批国家公共文化服务体系示范区（项目）通过国家验收，完成创建任务。其中，黄石市取得公共文化服务体系制度设计研究中部组第一的优异成绩，“武汉之夏”荣膺第一批优秀示范项目。组织第二批国家公共文化服务体系示范区（项目）申报工作，襄阳市、孝感市楚剧展演活动、黄冈市“激情新黄冈•欢乐大舞台”东坡广场大型文化活动获得创建资格。省政府在黄石召开全省公共文化服务体系建设现场会，推进全省公共文化服务体系建设。开展省级公共文化服务体系示范区创建工作，10个县市成为第一批创建单位。

【公共文化服务】 1．打造公共文化服务品牌

联合省委组织部、省委宣传部、省直机关工委共同举办大型公共文化服务活动品牌“长江讲坛”，举办50多场高层次讲座，阎崇年、余秋雨、周国平、朱孝远、詹福瑞、王立群、乌丙安、丁宁等全国著名学者先后莅临讲演，2万余人次旁听，通过电视、报纸、网络等媒体覆盖全省。

2．创新公共文化服务形式

全省各地大胆探索，创新。武汉新建“24小时自助图书馆”25个，深受市民欢迎。十堰扶持农民自办文化形成规模效应，郧县“农民演艺队”、竹山“特色文化户”、丹江口“农村文化互助合作社”等，得到群众响应。仙桃扩展文化信息资源共享工程设备功能，建立乡镇综合文化站免费开放监管平台，不间断实时远程监控，确保文化站按时免费开放。

3．推进公共文化数字服务能力

督导各地加大文化共享工程、数字图书馆和公共电子阅览室建设力度。整合农村党员远教工程资源，丰富文化共享工程内容；实现8家地市级公共图书馆与国家图书馆联网，共享国家海量数字资源；完成公共电子阅览室省级平台建设、云平台建设的前期准备工作。在全国数字图书馆会议上，该厅作典型经验交流发言。

整合部门资源，丰富群众精神文化生活，推动文化资源向基层、向边远地区、向弱势群体倾斜。举办或联合举办第十届“童之趣”杯征文大赛、中小学生幼儿美术书法比赛、楚天大学生艺术节、“书香荆楚•文化湖北”读书月、全省图书馆服务宣传周、少儿文艺“金蕾奖”评奖、青少年音乐舞蹈大赛、全省残疾人艺术汇演、中老年人才艺大赛、湖北大鼓大家唱等一系列文化活动，丰富群众文化生活。组织协调“春雨工程”、2013年“文化志愿者基层服务年”活动，其中省群艺馆、省美术院实施的“春雨工程”湖北省群众美术书法摄影作品赴新疆乌鲁木齐、博州举办交流展览和“春雨工程”鄂西行——湖北省美术院大型美术创作活动取得较大影响。全省开展各类群众文化活动17300余次，约1170万人次参与。在第十届中国艺术节群星奖比赛中，省群艺馆、恩施州、武汉市、宜昌市、仙桃市、天门市选送的13件群众文化作品获得十艺节群星奖，获奖作品数居全国第三位。恩施州、黄冈市、武汉市、黄石市的3件群众文化作品和1个群众文化团队获群星奖优秀表演奖。武汉市“首义之春”系列群众文化活动、黄石市“天天跳、周周唱、月月演”广场文化活动、荆州市社区消夏文化节获得项目类“群星奖”。田玉成、付群刚、沈小慧、尤成立获得“群文之星”荣誉称号。

【对口援建工作】 做好援疆援藏工作，加强对接沟通，在人才培养、设施设备、文化产业等方面开展支援活动。完成支持大别山、武陵山、秦巴山、幕阜山经济社会发展试验区，武汉城市圈，竹房城镇带一体化，脱贫奔小康试点县，南水北调移民工作，三峡库区后续工作，616工程对口支援，支援29个贫困县等15项援建任务。

文化市场

【概况】 网吧行业逐步转型升级，省级网吧连锁企业增加到17家，连锁网吧门店在全省网吧总量比例提高到15%。网络文化市场规模扩大，新增网络文化经营单位22家，全省企业总数达74家，注册资金超过10亿元，年产值超过30亿元。娱乐市场结构优化，场所总量、从业人数、资产、利润均有所增加，一批设备落后、环境较差、经营无序的经营场所被市场淘汰。演出市场需求旺盛，各类营业性演出26000余场，其中，涉外、涉港澳台演出140场，3000人以

上大型演出21场。艺术品市场持续增长，全省艺术品经营单位增加到500余家，从业人员2000余人，艺术品年交易额近8亿元。

【文化市场管理】 1. 转变行政职能，简政放权

取消3项文化市场行政审批项目，将娱乐、网络文化、演出3个门类的4项省级文化市场行政审批项目下放到市（州）文化行政部门，让社会资金投资文化市场领域更加便利化，促进文化市场的繁荣发展。规范行政审批行为，开展全省文化市场行政审批交叉大检查，得到文化部文化市场司的高度肯定，在全国文化市场行政审批交叉检查中，湖北省被列为免检省份。

2. 提升文化市场服务水平

推行文化市场“十星级”管理，打造一批诚信守法、规范有序、文明安全的示范场所。与省公安消防总队建立文化经营场所年审协作机制，确保文化行政部门年审通过的文化经营场所消防安全合格。调整全省文化市场“十佳”评选内容，设置“人民群众满意站所”项目，在“湖北文化市场网站”开通投票窗口，强化各级文化市场综合执法人员的依法行政意识和服务意识。

3. 加强文化市场法制化建设

出台《湖北省文化厅关于贯彻<娱乐场所管理办法>的通知》；调整网吧市场总量和布局规划；打造艺术品市场诚信平台，结合2013年艺术品市场法制宣传周活动，开展湖北诚信画廊诚信艺术品拍卖企业评选活动，评出6家“湖北诚信画廊”和7家“湖北诚信艺术品拍卖企业”，促进艺术品市场健康发展。

4. 加强队伍建设

举办第二届湖北省文化市场综合执法技能竞赛，开展全省文化市场综合执法案卷评查活动，举办2期全省文化市场管理与综合执法培训班，选派各地骨干参加文化部组织的各类法律法规培训和“以案施训”活动，促进综合执法能力提升。协调和争取相关部门支持，改善文化市场综合执法条件。

【创建平安社会文化环境】 加强网络文化市场监管，完善湖北省网吧监管平台和湖北文化市场网站，提高技术监管水平；会同省公安厅、省新闻出版局、省广电局、省工商局、省通信管理局组成检查组赴全省各地明察暗访、检查督办。发挥各级文化市场管理工作领导小组指导、协调作用，齐抓共管文化市场。

襄阳“4.14”火灾事故发生后，派员协助调查，下发《省文化厅关于加强当前文化市场管理工作的紧急通知》，会同省消防总队、省工商局等部门先后派出4个检查组，对全省部分市（州）、县（市）的文化经营场所的安全生产情况进行抽查，督促整改消防隐患，确保市场安全。

组织开展音像市场专项整治、文化市场“净网”行动和全省文化市场“雷霆”行动等专项整治行动，查处一批违法案件，净化文化市场。

文化产业

【编制规划】 与北京大学文化产业研究院合作，开展《2014-2020年湖北文化产业发展战略规划》编制工作。

【园区基地建设】 出台《湖北省文化产业示范园区管理暂行办法》，评选出首批16家省级文化产业示范园区。组织文化产业示范基地参加日本东京动漫展、苏州文博会、杭州动漫节、深圳文博会、第十届中国艺术节“2013中国（山东）演艺产品交易会”等展会，推介文化产品。在杭州动漫节上，6部作品和一名动漫技术人才获奖，其中玛雅动漫和博润通分别获得中国动漫行业的最高奖项——“金猴奖”与“中国少儿精品——优秀国产动画片奖”。

【发展动漫产业】 开展动漫产业发展专项资金申报工作，对53个动漫项目给予886万元的专项资金扶持和贷款贴息支持。江通动画股份有限公司被评为“2013-2014年度国家文化出口重点企业”，武汉治图文化传媒有限公司《招财童子》、海豚传媒股份有限公司《米可米乐》、武汉博润通数码科技有限公司《UP喵》入选2013年国家动漫品牌保护计划。动画电影《民的1911》、动画电视片《家有浆糊》获湖北省第八届精神文明建设“五个一工程”，动画电视片《福星八戒》获“屈原文艺奖”。盛天网络、百纳信息获得工信部、国家发改委、科技部等部门主办的第十七届中国国际软件博览会金奖。

【打造文化产业基础平台】 1. 争取政策支持

组织省文化企业及项目申报国家项目和资金，宜昌金宝乐器制造有限公司等4家企业获评文化出口重点企业，柏德盛乐器境外投资项目等2个项目获评文化出口重点项目。江通动画、艾立卡、视纪印象、

亿童文教等公司申报项目分别得到国家和省扶持优势文化产业资金支持。

2. 开展人才培训

组织参加文化部举办的动漫、新媒体、创意策划、投融资等方向的高级研修班，依托协会、动漫平台、龙头企业等，开展文化产业基础人才培训，优化文化产业人才队伍结构。

3. 推动企业融资

深化与金融机构的合作，帮助企业融资，给予相应政策保障。为7个动漫项目贷款提供贴息支持。与担保公司、风投机构对接，依托光谷创意产业基地开展“文化创意产业重点投融资项目推介会”，向武汉科技创投、东湖高新集团等近30家投融资机构推荐治图文化、博润通等20余家企业。推动企业上市交易，省文化产业示范基地企业亿童文教股份有限公司和银都传媒成为首批进军新三板的文化企业。

4. 打造活动平台

推动、完善光谷创意产业基地企业公共服务平台、湖北动漫公共技术服务平台、光谷创意产业服务平台建设。与省新闻出版广电局、湖北日报传媒集团、省文联联合主办湖北“文化产业跨越发展”系列评选活动，指导、支持第二届大学生动漫创意大赛、“光谷动漫节暨第六届光谷PLAY动漫游戏嘉年华”、“湖北原创动漫展示基地”宣传展示等活动。

文化遗产保护

【文物保护工作】 推动恩施唐崖土司遗址申报世界文化遗产工作，编制完成申遗文本初稿，第365号省政府令公布《唐崖土司城址保护管理办法》。全面启动全省第一次可移动文物普查，组建普查机构，健全工作机制，编制实施方案，争取普查经费，组建骨干队伍，普查工作有序推进。推动大遗址保护工作，新增4处遗址入选国家大遗址保护“十二五”规划，总数达到9处，在南方省份中位居第一。熊家冢国家考古遗址公园、盘龙城国家考古遗址公园、潜江龙湾遗址博物馆、大冶铜绿山古铜矿遗址博物馆、随州曾文化大遗址保护片区规划、立项和建设工作推进。组织开展叶家山墓地考古与宣传工作。组织完成叶家山墓地第二阶段考古工作，央视现场直播及媒体宣传取得。水下文化遗产、重点文物、三峡南水北调工程文物保护等工作取得新进展。

【博物馆事业】 推动全省博物馆基础设施建设，省博三期扩建工程和一批市县博物馆建设工程推进。推进博物馆免费开放，实施博物馆展览提升工程，加强馆藏文物科技保护，全省博物馆引进推出临时展览近300个，接待观众超过1600万人次。推进博物馆进社区、进军营，送展览到乡村等惠民服务，开展“博物馆进校园”主题活动，全省近80万中小学生参与。加强博物馆规范管理和安全工作，编制《湖北省文物系统博物馆安全达标三年规划（2013-2015）》，全省158家博物馆获国家文物局年检合格，省博物馆被列入国家5A景区。促进行业和民办博物馆发展，完成14家博物馆设立审核审批。

【文物安全监管】 健全文物安全防控体系，建立打击和防范文物违法犯罪联合长效工作机制，开展文物系统安全大检查、联合打击文物犯罪和专项执法督察等工作，妥善处理一批文物安全案件。完善文保单位安防消防防雷工程审批制度，制定《湖北省全国重点文物保护单位防雷工程设计方案审核工作流程》、《文物保护单位安防、消防、防雷工程技术方案审核操作规程》。做好文物鉴定与审核工作，为4家拍卖公司审核拍卖标的3934(套)，9个市、县公安部门鉴定涉案文物71件（套)，审核进出境文物114件（套)。

【非物质文化遗产保护工作】 组织开展国家级非物质文化遗产生产性保护示范基地、第四批国家级非物质文化遗产项目推荐工作。公布18个省级生产基性保护示范基地和40名优秀代表性传承人。开展第四批省级非遗项目申报评审和公布工作，新增项目56项，扩展项目26项，113个项目保护单位。编印湖北省非遗资源分布图。与省教育厅联合开展非物质文化遗产研究中心的申报推荐工作，在武汉大学等16所高校和科研单位设立湖北省非遗研究中心。举办湘赣鄂皖四省非遗联展，共展出图文展板131块、实物近千件，促进长江中游城市群文化合作交流。开展“文化遗产日”等宣传活动。

对外文化交流

【概况】 完成春节期间湖北艺术团赴澳大利亚墨尔本慰侨文艺演出任务。组织湖北艺术团的40余名表演艺术家，为海外侨胞及澳洲民众欢度春节奉献一场文化盛宴，宣传展示湖北经济社会文化发展新成就。承办全国文化厅局对外及对港澳台文化工作会议。执行中央和省委、省政府相关规定，节俭办会，务求高效，确保会议的成功。开展“荆楚风、两岸情—2013湖北宝岛文化交流之旅”活动。组织文化分团完成“荆楚风、两岸情——2013湖北宝岛文化交流之旅”活动的各项文化交流任务；与台湾相关单位签订文化交流合作协议。筹划2014年与莫斯科中国文化中心部省对口合作项目，做好方案制定和沟通衔接工作。

引进《曙光时代——伊特鲁尼亚文物特展》、《美国当代写实油画展》、《生命之相——本体艺术绘画展》、《平凡中的非凡——拉丁美洲五国摄影展》等高水平展览，在台湾举办《郑和时代瑰宝——梁庄王墓出土文物特展》，参加在意大利举办的《早期中国》展，促进对外文化交流。派员参加第二次中意博物馆联盟会议，签署有关合作协议。第23届国际博物馆协会大会暨博物馆博览会上，完成中国博协委托的中国馆设计任务，开馆。

文化大事记

2月19日，省委、省政府在武汉召开文艺家座谈会。省委书记李鸿忠、省长王国生出席座谈会，与文艺家代表面对面交流，周韶华、陈方既、唐小禾、沈虹光、熊召政、张辉、杨俊、孟凡耀、周泳、彭志敏、董继宁、陆鸣、王荔、陈勇劲等知名文学家、艺术家先后发言。省委常委、宣传部部长尹汉宁主持座谈会。省委常委、省委秘书长傅德辉，副省长王君正，省政府秘书长王祥喜等出席座谈会。

3月1日，大型公益讲座“长江讲坛”在湖北省图书馆开讲。长江讲坛聘请国内多位著名专家学者担任顾问，围绕省委、省政府中心工作，结合湖北发展实际和社会关注焦点，每周确定一个主题、邀请国内外知名专家学者举办一场讲座。讲坛由省委组织部、省委宣传部、省直机关工委、省文化厅主办，省图书馆承办。

3月，国家文物局正式确认湖北咸丰唐崖土司遗址、湖南永顺老司城遗址、贵州遵义海龙囤土司遗址正式联合申报世界文化遗产。唐崖土司城遗址始建于元代初期，相沿18代，历时470余年。鼎盛时期占地100余公顷，拥有3街18巷36院。现存遗址东西长770米、南北宽750米，总面积57.75万平方米，街道墙垣仍清晰可辨，部分建筑尚保存完好，是湘鄂川黔少数民族地区最典型、规模最大、保存较完整的一处土司城遗址，为解、认识、研究中国土司制度提供实物资料。

3月，经国家文物局批准，随州叶家山墓地二期考古工作启动实施。叶家山墓地位于随州市经济开发区浙河镇蒋寨村八组，为西周早期曾国墓地，探明古墓139座、马坑7座。

4月17日，2013年全国文化厅局对外及对港澳台文化工作座谈会在武汉召开。文化部副部长赵少华出席会议，作题为《学习贯彻党的十八大精神　推动全国对外及对港澳台文化工作再上新台阶》的主旨讲话。湖北省副省长王君正出席会议致辞。会议通报表扬在2012年度对外及对港澳台文化工作中表现突出、成绩显著的文化厅局。赵少华代表文化部向重庆市文化广播电视局、上海市文化广播影视管理局、广东省文化厅、河南省文化厅、浙江省文化厅、湖北省文化厅、江苏省文化厅、江西省文化厅、福建省文化厅和天津市文化广播影视局10家受表彰单位颁发获奖证书。文化部外联局（港澳台办）局长（主任）张爱平向大会作工作报告，通报文化部对外及对港澳台文化工作的主要部署和安排。外交部政策规划司、国务院港澳办交流司、国务院台办交流局的有关负责同志在会上分别作相关工作领域情况和形势的分析与介绍。来自全国各省区市文化厅局、新疆生产建设兵团文化广播电视局、各计划单列市与其他特邀城市文化局相关负责人，文化部各有关司局、香港中联办宣文部、澳门中联办文教部、国家文物局外事司、中国文联国际部、中国作协外联部及中国对外文化集团公司、中外文化交流中心等单位的140余位代表出席会议。

4月26日，由鄂湘赣皖四省文化厅联合主办、湖北美术馆承办的“艺脉相承——鄂湘赣皖当代漆艺、陶艺作品展”在湖北美术馆开幕。中共湖北省委常委、省委宣传部部长尹汉宁，省委宣传部副部长陈连生，湖北省文化厅党组书记、厅长雷文洁，湖南省文化厅副厅长吴友云，安徽省文化厅副厅长唐跃以及江西省文化厅有关领导和四省参展艺术家出席开幕式，一同观看展览。此次展览共展出来自鄂湘赣皖四省60多位艺术家的120余件漆艺陶艺作品。

5月1日，2013年全省文化市场“雷霆行动”全面展开。此次行动是湖北为推进全省平安文化市场建设而开展的重点整治网吧、游艺娱乐、演出、出版物等市场的综合执法行动。分别于5至6月和9至10月，采取明查与暗访相结合的方式，对各地“雷霆行动”的开展情况进行检查督办。对重点推进的文化市场行政审批、执法装备配备、综合执法技能大赛、文化经营场所消防安全隐患排查等工作进行督办，将检查情况通报给当地党委政府。

5月11日，“湘鄂赣皖四省公共图书馆联盟签约仪式”在湖北省图书馆举行。“湘鄂赣皖四省公共图书馆联盟”藏书总量达6394.7万册，总服务人群达2.3亿。同时建有文化信息资源共享工程省级中心4个，市县级支中心406个，设有电子阅览室11776个。

5月17日至20日，湖北省美术院携“长江万里情”美术作品展参加第九届深圳文博会，获“最佳组织奖”。原中央政治局常委李长春，中央政治局委员、广东省委书记胡春华，中宣部副部长孙志军等领导观看展览。此届文博会上，展出49位艺术家100余件精品，涵盖写意画、工笔画、油画、漆画、雕塑等众多类别，涉及山水、花鸟、人物等不同题材。

5月23日至6月2日，贯彻落实《长江中游城市集群战略合作框架协议》和《文化发展战略合作框架协议》，加强湘赣鄂皖文化交流与合作，展示四省非物质文化遗产保护成果，四省文化厅在湖北美术馆举办第一届湘赣鄂皖非物质文化遗产联展。此次联展共设四个展厅，共展出图文展板131块、实物近千件，有传统美术和传统手工技艺传承人80余人进行现场展示。

5月27日，应中国国民党中央委员会邀请，中共湖北省委书记李鸿忠率湖北省代表团，启程赴台湾举办“荆楚风•两岸情——2013湖北宝岛文化交流之旅”活动。此次活动以“促进两岸关系和平发展”为主题，突出“荆楚风•两岸情”文化交流与合作的主线，其间举办民俗文化联展、历史文化沙龙、屈原诗会、两岸炎帝神农祭典，以及农业生态文化、旅游文化、佛教禅宗文化交流等一系列活动，随团的湖北企业、社会团体将举办入岛投资、产品采购、慈善捐赠等活动。此次活动于6月2日结束。

8月12日上午11时(北京时间12日22时)，第23届国际博物馆协会大会暨博物馆博览会中国馆开馆。吸引两千余位国际博物馆界同行参加。中国馆坐落于博览会主会场的显著位置，以“礼乐中国”为主题，以庄重大方的中国红为基调，以庄严肃穆的天坛和先秦时期的编钟复制件为背景，凸显中国元素。第23届国际博协（ICOM）大会主题为“记忆+创造力=社会变革”。

9月7日，由文化部、中国文联、湖北省人民政府、上海市人民政府共同主办，中共上海市委宣传部、中共湖北省委宣传部共同支持，中国美术家协会、中国国家画院、中国美术馆、上海市文化广播影视管理局、上海市文化艺术界联合会、湖北省文化厅、湖北省文学艺术界联合会、上海市美术家协会、湖北省美术家协会共同协办，中华艺术宫、中国国家画院美术研究院、周韶华艺术中心共同承办的“神游东方——周韶华艺术大展”在中华艺术宫隆重举行。文化部副部长董伟，中国文联党组成员、副主席左中一，中国文联副主席、中国美协主席刘大为，中国国家画院副院长张晓凌等领导出席开幕式参观展览。展览包括作品、文献、讲座、研讨四个部分：《梦溯仰韶》《荆楚狂歌》《汉唐雄风》《江山多娇》四个系列构成展览的主体部分；邀请著名艺术史家、批评家、策展人以周韶华的艺术观与绘画实践为题，向公众开设八个系列讲座；邀30余名国内外专家，研讨撰写周韶华艺术的评论集。

9月12日至22日，第八届湖北省黄梅戏艺术节在黄冈隆重举办。第八届黄梅戏艺术节参演剧目涉及湘鄂赣10个剧团，黄梅戏、花鼓戏、采茶戏、文曲戏、楚剧等5个剧种。

9月28日，第二届湖北国际漆艺三年展在湖北美术馆开幕，此次展览以“大漆世界：源•流”为主题，参展作品囊括来自中国、日本、韩国、法国、美国、越南6个国家的88位漆艺家、约300件漆艺精品。展览持续到11月3日。

10月11日，《唐崖土司城址保护管理办法》以省长令第365号公布。唐崖土司城址位于恩施土家族苗族自治州，是元末至清雍正时期鄂西覃氏土司行使权力和生活的历史遗存，总面积73万平方米，历史上3街18巷36院落的主体格局保留完好，该遗址2006年被公布为全国重点文物保护单位，2012年被列入《中国世界文化遗产预备名单》。

10月22日，湖北省人民政府批准公布第四批省级非物质文化遗产名录。第四批省级非物质文化遗产名录包括新增项目56项、扩展项目26项，项目保护单位113个。至此，共有省级非物质文化遗产项目316项，项目保护单位466个。此批名录项目主要侧重于传统手工技艺、传统美术、传统戏剧和传统音乐等类别。

11月1日，贯彻落实《非物质文化遗产法》和《湖北省非物质文化遗产条例》，发挥在鄂高校及科研单位优势，开展非物质文化遗产研究，推动全省非物质文化遗产保护工作，省文化厅、省教育厅在部分高校和科研单位设立首批湖北省非物质文化遗产研究中心。授牌仪式在华中师范大学逸夫国际会议中心举行。此次授牌的有武汉大学、华中师范大学、武汉理工大学、中南民族大学、武汉纺织大学、湖北大学、湖北省社会科学院、武汉体育学院、武汉音乐学院、湖北美术学院、湖北师范学院、三峡大学、长江大学、湖北民族学院、黄冈师范学院、江汉大学等16所高校和科研单位。

11月初，为加强对文化经营场所的消防安全管理，省文化厅与省公安消防总队共同建立全省文化经营场所年审协作机制，制定下发《关于建立全省文化经营场所年审协作机制的通知》（以下简称《通知》），明确文化行政部门与公安消防部门在文化市场经营场所管理的职责。

11月4日至5日，省政府在黄石召开全省公共文化服务体系建设现场会。副省长郭生练出席会议讲话。各市、州、直管市及神农架林区、第一批省级公共文化服务体系示范区创建县市和部分现场经验交流县市的政府和文化部门负责人参加会议。

湖南省文化厅

概　述

2013年湖南省文化部门贯彻落实党中央、国务院和省委省政府关于文化建设的一系列重大决策部署，做好各项工作。

学习调研思想作风建设

【概况】 2013年，厅党组理论学习中心组带头学习，厅机关各部门、省文物局、厅直各单位、各市州文化部门开展学习。深化认识，提高对文化工作地位和作用的认识，厅党组深入基层，加强调查研究，理清文化工作的思路；明确文化行政管理部门的职责定位，转变职能，由办文化向管文化转变；坚持以保障人民基本文化权益为根本，推进工作重心下移。

工作作风建设

【概况】 按照中央和省委的统一部署，7月，厅党组组织开展党的群众路线教育实践活动。制定《湖南省文化厅开展党的群众路线教育实践活动实施方案》，研究制定党组整改落实方案，重点抓好4大方向、25项整改任务、10项制度建设；省文化厅在专项治理工作中，出台改进机关作风、直接服务群众的文件5个、措施123条。2013年度，共节约“三公”经费开支67.63 万元，同比减少35 %；减少因公出国（境）1批次，同比降低 9 %，减少因公出国（境）人员3人次，同比降低8%；公务车购置及运行费减少38.62 万元，同比减少30%；收缴、封存公务用车 7辆，其中拍卖公务用车5 辆、退回借用公务用车2辆；精简各类全省性会议2次，同比减少50%，节约会议经费30万元；减少发文73个，精简幅度24 %。

文化设施建设

【概况】 省博物馆改扩建工程2013年8月8日正式动土施工，确立“千日开馆”的建设目标。湖南艺术职业学院新校区建设按质按量完成一期工程2000多根桩基础施工任务。省文化艺术中心根据省长办公会精神，召开论证会，再次调整的《总体规划方案》及其建设规模和投资估算上报省政府和相关部门，开工建设前期工作基本准备就绪。各市州的重大文化项目也在推进。衡阳图书馆、邵阳文化艺术中心、娄底文化中心、长沙“两馆一厅”、郴州文化艺术中心等建设进度加快。完成639个乡镇综合文化站设备、6个市州图书馆的数字图书馆建设设备统一采购配送工作，为42家改制文艺院团配送流动舞台车。

艺术生产创作

【概况】 舞台艺术剧目湘剧《谭嗣同》、花鼓戏《平民领袖》分别荣获第十届中国艺术节“文华优秀剧目奖”和“文华剧目奖”，邵展寰、夏明庚获第十届中国艺术节“优秀表演奖”，钱珏荣获“文华剧作奖”；曲艺《传承》等6个群文作品、《和风衡州——群众文化艺术节》等3个群文项目和陈恭森等4人获得“群星奖”，群文节目获奖总数位居全国第9位，这是湖南省在近三届中国艺术节上成绩最好的一次。祁剧《梦蝶》入围文化部2011—2012年度国家舞台工程资助剧目。湖南省昆剧团雷玲获第26届中国戏剧梅花奖。省湘剧院入选“全国地方戏创作演出重点院团”，皮影戏《人狼同舞》、木偶戏《李白醉月》、湘北大鼓《传承》和土家溜子说唱《岩生哥的婚事》入选文化部扶持优秀剧（节）目。举办全省中青年戏曲演员折子戏和新创小戏比赛，88个剧目参加，3个剧目获新创小戏创作一等奖，11人获折子戏表演一等奖。

据不完全统计，2013年，省直文艺表演团体全年共演出1825场，比上年增加20%。厅直系统在艺术创作方面取得新的成绩：省湘剧院演出147场，新排《十三福》和《百花记•斩巴》，挑选10个折子戏和《琵琶记》赴港演出获得好评。省花鼓戏保护传承中心演出151场，创作纪录剧《亮相》，复排《喜脉案》、《刘海戏金蟾》，拍摄数字戏曲电影《老表轶事》。省木偶皮影艺术保护传承中心加强观念更新、管理创新，把艺术生产和非遗保护传承紧密结合，创排木偶剧《思凡》、皮影剧《木兰从军》，复排木偶传统折子戏《金鳞记-碧波潭》，与民企合作《猪猪侠——魔幻森林》、《果宝特功》、《青蛙王子》、《小天鹅历险记》、卡通剧《麦咭历险记》，开展木偶皮影进社区、培训基地等活动，全年演出383场，取得良好的社会效益和经济效益。省京剧保护传承中心全年共完成演出158场，打造“湘魂京韵——京剧晚会”获得好评，复排传统大戏《四郎探母》、编排《红灯记》等一系列经典优秀折子戏。省艺术研究院修改完善祁剧《梦蝶》、娄底花鼓戏《钢之魂》、衡州花鼓戏《父亲》等。省杂技艺术剧院、省歌舞剧院、省话剧院有限责任公司打造《芙蓉国里》、《时空之旅》、《芙蓉花开》、大型歌舞诗“舞乐潇湘”、世界经典歌剧《茶花女》舞台版、大型话剧《毛泽东在长沙》、小剧场话剧《红袖》等剧目。

公共文化服务体系建设

【概况】 文化惠民活动蓬勃开展。全省“欢乐潇湘”大型群众文艺汇演活动参演节目13.8万个，演出13094次（场），惠及观众达1670.7万余人，这是湖南省演出规模最大、时间跨度最长、发动最、参与面最广的纯公益性群众文化活动，不仅探索出一条“政府主导、部门组织、群众参与”的群众文化活动新路径，而且从乡村、城镇到社区、街道，在三湘大地掀起群众文化活动的热潮。“雅韵三湘”高雅艺术普及计划活动完成181场演出，惠及观众超过20万人，该活动形式多样、内容丰富多彩、演出质量高、效果好，不仅推动高雅艺术走进市场、走进生活、亲近大众，而且深受广大人民群众好评。“送戏下乡、演艺惠民”完成演出11454场，超额完成演出任务。策划今年元旦、春节惠民演出，元旦、春节期间，省直艺术表演单位放弃休假，坚持演出20场，为广大群众提供有品位的文化盛宴。

文化遗产保护

【概况】 在文化部、国家文物局的关怀支持下，湖南省新增123处第七批全国重点文物保护单位，截至2013年底，共有183处国保单位，数量位居全国第9位，在长江以南地区排第2位；其中近现代重要史迹及代表性建筑类国保单位总量54处，在全国排名第一。全面完成第一次全国可移动文物普查第一阶段工作部署。完成第四批省级历史文化名城名镇名村评审，确定省级历史文化名城5处、名村28处。国家文物局正式确定永顺老司城遗址等代表中国土司遗产，申报2015年世界文化遗产。长沙铜官窑、澧县城头山、宁乡炭河里、长沙国王陵、宁远舜帝陵庙等大遗址保护和国家考古遗址公园建设力度加快。完成韶山毛泽东纪念馆生平馆区陈列布展及省立第一师范学校旧址、湘乡东山书院旧址文物保护工程和陈列布展工作。

组织第四批国家级非遗项目申报推荐、认定工作和第三批省级非遗项目代表性传承人申报、初审工作，截至2013年底，湖南省共有国家级非物质文化遗产保护名录项目99个，省级名录项目220个；国家级项目代表性传承人76人，省级项目代表性传承人136人。开展非物质文化遗产展示活动，举办“守望精神家园——湖南省非物质文化遗产网络展”活动。联合举办“第一届湘赣鄂皖非物质文化遗产联展”。参加第四届中国成都国际非物质文化遗产节，获大会执委会颁发的“太阳神鸟”特别奖。武陵山区（湘西）土家族苗族文化生态保护实验区总体规划经文化部组织专家评审论证正式通过。祁剧国家级传承人刘登雄获第二届“中华非物质文化遗产传承人薪传奖”。

文化产业

【概况】 演艺、文化娱乐、动漫游戏产业等继续保持良好发展势头。继续抓好国家示范园区、重点企业和重大产业项目建设，建立全省重大项目、重点企业、重要品牌名录，加强项目跟踪服务，提高项目带动效应。争取中央文化产业发展专项资金1960万元，同比增长78%，省级文化产业引导资金6495万元，同比增长136%。湖南省演艺集团有限责任公司正式成立，标志着湖南省国有文艺院团在完成转企改制后，进入到重塑市场主体，大胆走向市场，促进演艺产业集约化、规模化发展的新阶段。第七届中国原创手机动漫游戏大赛，征集各类参赛作品6万余件，参与的内容商超过2100家，参赛作品累计下载次数突破4800万次。2013中国（长沙）手机文化产业博览会，是全国规模最大、文化内容最丰富的一次手机文化产业展会。与河北省文化厅签署文化产业发展战略合作协议。签署《长株潭三市文化交流与合作框架协议》。初步拟定与中国建设银行湖南省分行战略合作框架协议，拟授信60亿元。联合利国文化产权交易所、湖南文化艺术品产权交易所通过清理整顿。

湖南大剧院突出演艺主业，依托新业态，坚持多元化的发展战略，全年收入突破5213万元。湖南省演出公司共举办、承办文化娱乐演出活动172场，观众人数达18万人（次），全年经营收入达2505万元（含演出票房总收入）。湖南省文化物资公司全力以赴开展经营业务，全年营业收入达 1700 多万元，超额完成任务900多万元，职工工资收入同比增加15%。湖南省文物交流鉴定中心承办第九届、第十届全国文物艺术品交流会，分别实现销售收入1.05亿元和1.2亿元。

文化市场监管与执法

【概况】 召开全省文化市场监管与执法工作会议，确立科学的运转机制，促进市州区县文广新局与综合执法局工作关系协调统一。2100余名执法人员参加“全省文化市场行政综合执法岗位大练兵技能大比武”活动，湖南代表队在全国文化市场综合行政执法岗位练兵技能比武活动中荣获团体季军，获得“执法程序规范”第三名。全年各级文化市场稽查机构共出动检查人员425010人次，检查各类文化场所163165家次，受理举报 1334起，立案调查4956起，移交90起，办结案件3730起，责令停业整顿445家，确保全省文化市场平安稳定繁荣。

对外文化交流

【概况】 2013年文化厅系统对外文化交流项目共派出21批177人次，赴19个国家和地区，审批引进交流项目58项，来湘交流人数达408人次。举办2013张家界国际乡村音乐周，境内外29支各具特色的乐队在张家界7个游客集中的景点共上演32场，有10万名游客前来欣赏山水美景、感受乡村音乐，搭建一个世界性的文化交流平台，是“巧用软实力提升国际形象的实践”，提升湖南的国际美誉度。组团参加第二届“相约维也纳——奥地利中国艺术节”、“庆祝中泰建交38周年‘亲情中华、魅力湖南’文化交流”活动、厄瓜多尔社会马戏大蓬开幕式表演等。

文化大事记

1月19日，湖南省文化工作会议在长沙召开。会议主题是学习领会、贯彻落实全省宣传部长会议精神和全国文化厅局长会议精神，总结成绩和经验，理清工作思路，部署今年的工作。

2月12日至24日（农历正月初三至正月十五），湖南省文化厅主办的“文化春节•亲情演出季”——省直文艺院团优秀剧(节) 目惠民演出活动在长沙各大剧院上演。

3月20日，“雅韵三湘”高雅艺术普及计划启动式在湖南音乐厅举行。该活动由省委宣传部、省文化厅、省教育厅、湖南广播电视台联合主办，省文化厅承办，红网协办。

3月21日，《武陵山区（湘西）土家族苗族文化生态保护区总体规划》在文化部召开的“国家级文

化生态保护区总体规划编制论证会”上获得通过。

5月3日，国家文物局公布第七批全国重点文物保护单位名单。湖南新获批国保单位123家，是前六批60家的两倍还多三家，总量位居全国第9位，在长江以南地区排名第2位。

5月31日，湖南省“文化志愿服务”系列活动在省群众艺术馆正式启动，成立湖南省文化志愿服务机构。

7月11日至12日，2013年湖南省文化工作座谈会在岳阳市召开。朱建纲在会上传达7月1日至2日召开的全国文化厅局长座谈会的主要精神，总结湖南省文化系统上半年主要工作，对下半年重点工作进行布置和安排。

9月4日，为期5天的“2013张家界国际乡村音乐周”在张家界魅力湘西大剧院完美落幕。本届乡村音乐周期间，共有10万游客到张家界赏山水美景，听乡村音乐。

9月29日，2013年湖南省“欢乐潇湘”大型群众文艺汇演优秀节目展演在湖南大剧院举行，历时7个多月的大型群众文艺汇演活动拉下帷幕。

9月29日，《长株潭三市文化交流与合作框架协议》在长沙签订，长株潭文化一体化由此迈入一个新的阶段。

11月12日，湖南永顺老司城与湖北唐崖、贵州海龙屯联合组成土司遗址，作为中国唯一申报项目冲击2015年世界文化遗产。

12月10日，湖南省演艺集团正式成立，标志着湖南省国有文艺院团在完成转企改制后，进入到重塑市场主体，大胆走向市场，促进演艺产业集约化、规模化发展的新阶段。

广东省文化厅

概述

2013年，在文化部和广东省委、省政府的领导下，广东省文化系统贯彻落实党的十八大、十八届三中全会和总书记习近平系列重要讲话精神，围绕中心，服务大局，组织实施《广东省建设文化强省规划纲要（2011-2020年）》，确保各项工作落到实处，为广东文化强省建设作出新成绩。

公共文化

【扶持基层公共文化设施】 全年对经济欠发达地区下达基层公共文化设施建设奖补扶持资金18996万元，共计奖补扶持欠发达地区新建、改扩建或完善设施设备县级公共图书馆、文化馆、博物馆共53个，乡镇（街道）综合文化站306个，行政村（社区）文化室1708个，乡镇（街道）综合文化站公共电子阅览室588个，地市级数字图书馆12个。

【提升基层馆站服务能力】 扩大基层“三馆一站”免费开放的补助范围，全年补助欠发达地区免费开放资金7319万元，着力推动各馆、站完善基本服务项目，建立健全规章制度和保障机制，此外，全年下达2500万元专项资金，对欠发达地区16815个行政村的文体协管员开展文体工作予以补助，推动了全省农村文化体育事业发展，解决农村文体人才缺乏，队伍薄弱的状况。

【组织参加全国第十六届“群星奖”】 10月13日至23日，广东省文化厅组织22个节目赴山东省参加第十六届“群星奖”音乐、舞蹈、戏剧、曲艺门类决赛，其中15个节目获得作品类“群星奖”，名列全国第二；有4个公共文化服务项目获项目奖、3名个人获“群文之星”称号。

【组织开展“开心广场·百姓舞台”文化惠民系列活动】 2013年，中共广东省委宣传部、省文化厅通过省、市、县、镇、村五级联动的方式，重点举办“开心广场·百姓舞台”文化惠民系列活动。6月，在东莞市塘厦镇启动“同饮一江水”2013广东农民工歌唱大赛，至12月底，全省9大赛区经过近半年时间举办100多场比赛，共有4000多名农民工歌手参赛，40多万名群众直接参加观看。7月，在惠州市启动文化志愿者惠民巡演活动，首次采用“群众点单，政府送戏”的双向互动方式，从省文化志愿者艺术团及各分团中择优选拔优秀节目，面向粤东西北经济欠发达地区的农村、企业、厂矿、学校等，历时4个月巡演50多场，直接观众近20万人。9月至11月，举办第二届广东省粤曲私伙局大赛，大赛总决赛在广州市番禺区举行，来自全省粤语地区15个市的48支粤曲私伙局队伍同台竞技，决出节目综合金、银、铜奖和优秀组织奖、最佳演唱奖、最佳乐队伴奏奖等奖项。

【第二届广东社区文化节】 9月至10月，广东省社工委、省文化厅、省民政厅共同主办第二届广东社区文化节，开展文化志愿者惠民巡演、服务进社区、广场活动辅导示范点建设、社区文化大讲坛、“粤读越精彩”全民读书、排舞推广、家庭艺术“嘉年华”等活动。以“幸福广东，和谐家园”为主题，以“植根社区、贴近百姓、惠民乐民”为宗旨，引导和带动基层文化部门组织开展系列群众文化活动，推动“南粤幸福活动周”开展。

【广东省第九届少儿艺术花会】 8月13日至17日，由广东省文化厅、省教育厅、省妇联、佛山市人民政府共同主办的广东省第九届少儿艺术花会在佛山市举行。本届花会有来自全省23支代表队的167个节目、1800多名少年儿童演员参演，节目内容涵盖少儿舞蹈、幼儿舞蹈、音乐、语言艺术、个人才艺5个类别，共举行9场比赛和展演。佛山市南海区人民政府获特别贡献奖，东莞市文化广电新闻出版局等10个单位获优秀组织奖，广州市海珠区少年宫等23个单位获“广东省少儿艺术培训示范基地”称号，《京剧娃娃》等27个节目获金奖，《鼓越》等12个节目入选闭幕式的优秀节目展演。

【创建国家公共文化服务示范区（项目）】 11月，经国家公共文化服务体系建设专家委员会评审，东莞市创建为首批国家公共文化服务体系示范区；佛山市南海区“县域公共文化服务体系建设工程”、中山市“农村文化室全覆盖工程”项目成为创建国家公共文化服务体系示范项目;深圳市福田区获得第二批国家公共文化服务体系示范区创建资格；广州市越秀区“中心城区公共文化服务体系创新工程”、惠州市“文化惠民卡制度”成为第二批国家公共文化服务体系示范创建项目。

【广东文化志愿者边疆行】 2013年9月4日至7日，广东省文化厅组织举行“春雨工程”2013年广东省文化志愿者青海行活动，70多名文化志愿者青海省海北、互助、贵德等少数民族州、市、县，以“大舞台”、“大讲堂”、“大展台”和摄影下乡服务等形式开展活动，举办文艺演出、主题讲座、特色展览等7场，受益群众近2万人次，推动广东和青海两地的文化交流。

【公共文化服务队伍建设】 2013年，广东省文化系统开展多层次、多渠道、多形式的培训活动，国家、省、市、县层层举办培训班。全省文化系统参加和举办各类培训300多批（次），培训人数达3万多人（次）。

【改组成立广东省公共文化促进会】 11月15日，广东群众文化学会举行换届改选大会，学会改名为“广东省公共文化促进会”。会议选举产生会长、副会长，常务理事、理事，秘书长、副秘书长，各委员会主任，审议通过《广东省公共文化促进会选举办法》、《广东省公共文化促进会章程》。

专业艺术

【舞台艺术创作】 2013年，广东省推出音乐剧《六祖慧能》、粤剧《风云2003》、音乐剧《西关小姐》、《妈妈，再爱我一次》、《王二的长征》、话剧《我想谈恋爱》、晚会《童心共筑中国梦》、现代舞《情书》、《微视界》等一批优秀新作品。广东省分别与北京大学、芬兰联合制作的大型原创歌剧《宋庆龄》、大型当代音乐剧《玩偶》（《PLAYME》）在广州首演，获得广泛好评。在全国重大艺术比赛评比中，广东省取得较好成绩：在山东省举行的第十届中国艺术节中，代表广东省参评的音乐剧《钢的琴》、话剧《与妻书》、粤剧《碉楼》等三部剧目高质量地完成演出任务，展示广东省舞台艺术的整体水平，受到评委、观众和新闻媒体的广泛好评，获得“文华优秀剧目奖”、“第十届中国艺术节优秀表演奖”等九个奖项。在文化部主办的中国民族器乐民间乐种组合展演中，广东省参赛的9支民族器乐民间乐种组合全部获奖，在总共15个“优秀演奏奖”中获得3个“优秀演奏奖”，另获3个“演奏奖”和3个“鼓励奖”，获奖队伍数和获奖等次仅次于东道主山东省。举办全省优秀舞台艺术作品巡演活动、二沙岛户外音乐季、第十届广东现代舞周等重大文艺活动，传播和弘扬广东省优秀文化艺术成果。

【鼓励艺术人才】 2013年，广东省文化厅先后制定《广东省文化厅直属艺术院团举办各类个人艺术专场演出补助规定》和《广东省文化厅直属单位参加全国及国际性重要专业舞台艺术比赛获奖个人奖励办法（试行）》，鼓励优秀人才脱颖而出。

【倡导文艺新风】 为贯彻落实中宣部等五部委联合印发的《关于制止豪华铺张、提倡节俭办晚会的通知》精神，弘扬社会主义先进文化，营造和谐向上健康的文化氛围，9月，广东省文化厅组织召开省直演艺单位倡导文艺新风工作座谈会，向全省同行发出带头厉行节俭办晚会和节庆演出、树立文艺新风的倡议书。

【文化科技与艺术教育】 2013年，广东省文化厅受理哲学社会科学艺术类课题项目申报148项，获得国家立项5个、文化部立项4个，申报总数和立项数排在全国前列。在艺术教育方面，加强广东舞蹈戏剧职业学院软硬件建设，做好指导、协调和服务，推进教学和管理上新水平。

文化产业

【文化产业政策】 2013年，广东省制定《关于促进我省文化和科技融合发展的意见》、《关于加快文化强省建设的若干文化经济政策》、《关于促进对外文化贸易发展的实施意见》、《广东省文化厅关于文化创意产业园区（集聚区）的管理办法》等多个规范性、政策性文件，有力推动广东省文化产业发展。

【文化产业调研】 2013年，广东省文化厅开展系列文化产业调研形成调研报告，其中《广东省小微文化企业发展现状研究报告》入选《2012年度全国文化系统优秀调研成果选编》，获得文化部表彰；《广东文化创意产业及其相关产业融合发展调研报告》经省人民政府办公厅转报国务院参阅。广州、深圳、佛山等地文化部门针对本地情况开展专项调研，从不同方面对文化产业发展情况进行研究分析，为梳理本地文化资源、确定发展思路、制定发展决策提供客观依据。

【文化会展】 2013年，广东省文化厅扶持和指导全省举办重点文化会展。5月，第九届中国（深圳）国际文化产业博览交易会在深圳市举行，总成交额达1665.02亿元人民币，创历届新高。深圳文博会整体质量、水平和影响力再上新台阶，成为国家级、国际化、综合性的文化产业贸易平台。第六届中国国际漫画节、第五届中国国际影视动漫版权保护和贸易博览会、第四届中国（云浮）石文化节、2013中国（中山）国际游戏游艺博览交易会等文化展会此起彼伏，成效显著。

【粤港澳文化产业合作】 2013年，广东省文化厅参与粤港澳自由贸易园区建设，梳理粤港澳自贸区文化领域外商投资负面清单，力争文化部支持扩大开放，以产业互补拓宽粤港澳未来发展空间。8月29日，广东省文化厅与文化部港澳台办、香港贸易发展局在广州市联合举办“香港•文化创意•授权”研讨会，国内文化龙头企业与香港授权业界权威人士进行交流，逐步推进全省文化创意企业与香港授权市场乃至国际授权市场对接，促进广东文化创意产业国际化进程。

【动漫产业】 2013年，广东省文化厅开展广东省动漫企业认定、年审及动漫品牌建设和保护工作，全省有9家企业通过动漫企业认定。广州奥飞文化传播有限公司的《巴啦啦小魔仙》等3个动漫品牌和广州漫友文化科技发展有限公司的《楼兰旖梦》等3个动漫创意入选2013年国家动漫品牌建设和保护计划。加强专业人才培育，组织推荐省内优秀动漫企业的专业技术人员及高管参加国家举办的研修班。

【文化产品“走出去”】 3月，广东省文化厅和省外经贸厅联合组织、扶持广东省演艺设备生产企业赴德国参加世界级灯光音响专业展—法兰克福国际乐器、舞台灯光及舞台音响技术展览会，全省有122家企业参展，达成意向交易额4120万美元，标志着广东是中国最集中的专业灯光音响舞台设备产业基地，广东舞台灯光及音响技术逐步走向世界。

【跨省文化产业合作】 5月，广东与内蒙古签订文化建设战略合作框架协议，共同推进两省区文化产业发展和公共文化服务体系建设。粤蒙两省区将发挥各自优势，建立跨区域合作机制，推动两省区文化产业对接合作，支持举办深圳文博会和内蒙古国际草原文化节，为文化企业跨地区发展创造有利条件。

文化市场

【概况】 2013年，广东省文化市场综合行政执法机构共出动行政执法力量约62.8万人次，检查各类文化市场经营场所约25.8万家次，受理举报1278件。其中，广东省文化市场综合执法局受理举报160件；全省立案调查各类违法违规案件2774宗，移交案件76宗，办结案件1880宗；行政处罚文化市场违法违规经营单位1679家次，责令停业整顿131家次、吊销经营许可证24家，罚没人民币约1074.4万元。全省文化市场健康、平稳、有序发展。

【行政审批先行先试】 2013年1月1日起，文化部批准广东文化市场领域行政审批先行先试，明确在广东省行政区域内由文化部负责的文化市场审批事项委托广东省文化厅执行。包括在广东省内举办涉外营业性演出活动的审批（全国巡演除外）、港澳方服务提供者在深圳前海和珠海横琴（试点）设立独资娱乐场所的审批、文化部发放的号段核发《网络文化经营许可证》编码。7月1日，文化部将全国巡演的涉外演出下放到广东省文化厅审批，取消演出、娱乐、网吧等各类文化市场经营许可证的换证审批。10月1日，文化部将涉台演出审批权下放到广东省文化厅审批。

【行政审批大检查】 4月至11月，广东省文化厅在全省组织开展文化市场行政审批交叉检查，规范行政审批工作，提高各级审批管理干部依法履职能力，加强地区之间的相互学习与交流。是年，广东省文化厅创新性制定《文化市场行政审批工作考评标准》，量化行政审批检查标准，根据考评成绩对各地行政审批工作情况进行通报。

【文化市场调研】 1月至7月，广东省文化厅对全省网吧、演出市场进行调研，编制《2012年广东省网吧市场年度发展报告》、《广东省演出市场发展报告》。广州、深圳、江门、河源、东莞等市先后完成演出、网吧、娱乐场所、美术品市场的调研，加强基础信息的采集工作。7月，广东省文化厅派员先后赴深圳、珠海、东莞、顺德等地就开展商事登记制度改革情况进行调研，形成调研报告。

【调整网吧准入政策】 5月，按照文化部要求，广东省文化厅在全省开展网吧准入试点工作，在发挥市场机制调节作用的同时，放开网吧总量和布局限制，放开网吧经营方式的限制。11月，广东省文化厅印发《关于贯彻落实公安部、工业和信息化部、文化部、国家工商行政管理总局开展无照经营网吧整治工作的通知》，重申网吧试点工作的精神和要求，取消连锁网吧的认定办法，督促各地全面落实网吧准入试点工作。

【妥善处理演出突发事件及违规案件】 5月至6月，广东省文化厅妥善处理美国“后街男孩”音乐组合在深圳停演等突发事件，化解风险，避免造成社会不稳定。10月，针对深圳巨星娱乐公司提供虚假材料骗取行政许可的情况，广东省文化厅作出撤销行政许可的决定通报全省，要求各地三年内不受理该公司演出申请。

【“平安文化市场”创建工作】 9月27日，广东省综治委、省创建平安广东工作领导小组在肇庆市召开全省创建平安校园、平安文化市场工作推进会。是年，广东省文化市场综合执法局在全省开展“平安文化市场”创建工作。全省文化市场综合行政执法机构以法定节假日、双休日、寒暑假、特殊敏感时期等为重点时段，以繁华街区、旅游景点、交通枢纽、学校周边、城乡结合部等为重点区域，重点打击制售政治性非法出版物、侵权盗版出版物等行为，重点清理含有国家法律法规禁止内容的文化产品和有害信息，重点查处演出、娱乐、网吧等文化市场违法违规经营行为，重点整治非法文化产品生产制作源头、复制印刷环节、流通传播渠道和集中经营场所。通过采取联合、错时、暗访、交叉检查等多种方式，持续开展文化市场“双打”、“净网”、“清源”等一系列专项整治行动。

【“岗位大练兵、技能大比武”活动】 2013年，广东省文化市场综合执法局在全省组织开展文化市场综合执法“岗位大练兵、技能大比武”活动，通过多种形式对执法人员进行综合考查。同时抽选一批业务骨干代表广东省参加文化部组织的全国文化市场综合行政执法技能大比武复赛和决赛，获全国团体三等奖，有2名执法人员以优异的个人单项成绩进入全国“十强”。

【大案要案查办】 2013年，广东省各级文化市场综合执法部门共查处大案要案20宗。其中，广州市查办的“中铁二局股份有限公司施工损坏文物案”、汕头市查办的“广州市哇宝信息技术有限公司未经著作权人许可通过信息网络向公众传播其音乐作品案”、中山市查办的“赖某未经批准擅自从事音像制品批发经营活动案”、深圳市龙岗区查办的“郑某未经批准擅自从事出版物发行业务案”、深圳市福田区查办的“深圳巨星娱乐有限公司以非法手段取得营业性演出批准文件案”被文化部评为“2013年全国文化市场重大案件”。

文化遗产保护

【概况】 至2013年，广东省共有全国重点文物保护单位98处，省级文物保护单位475处，市县级文物保护单位4000多处；国家大遗址3处；国家历史文化名城7座、历史文化名街5个、名镇10个、名村15个、传统村落91个；省级历史文化名城16个、历史文化街区11条、名镇14个、名村49个。广东省拥有人类非物质文化遗产代表作名录4项，国家级名录项目129项，省级524项，市县级2360项。国家级非物质文化遗产项目代表性传承人84人，省级496人，市县级1277人。国家级文化生态保护实验区1个，省级2个。国家级非物质文化遗产生产性保护示范基地2个，省级28个。省级非物质文化遗产传承基地51个，研究基地13个。

【开展第一次可移动文物普查】 2013年，广东省人民政府部署开展广东省可移动文物普查工作，召开两次第一次全国可移动文物普查电视电话会议，印发《广东省第一次全国可移动文物普查实施方案》，成立普查机构。省普查办印发《第一次全国可移动文物普查工作手册》，组建普查队伍，开展普查宣传，大部分地区落实普查经费。全省共普查国有单位52815家（机关12267家，事业单位27111家，国有企业8991家，其他单位4446家），回收调查表49921份，回收率为95%。其中，国有文物收藏单位586家，占全省国有单位总数的1.11%；全省国有单位收藏的文物数量约为235万件/套。

【加强文物安全保护】 6月，广东省文化市场综合执法局联合广州市文化市场综合行政执法总队，依法从严从速对广州市金陵台、妙高台等历史建筑遭强拆事件和广州市萝岗区“大公山遗址”先秦古墓遭毁坏事件进行查处。

【拓展文物保护对象】 2013年，广东省文化厅继续加强对古遗址、古墓葬、古建筑及石刻等古代文物的保护，主动拓展对乡土建筑、传统民居、工业遗产、20世纪遗产、老字号等文化遗产的登记保护，实施对城市文化遗产、巨型文化遗产、线型文化遗产、文化遗产景观的整体保护。是年，广东新增全国重点文物保护单位32处、国家大遗址项目2项、中国传统村落51个、中国历史文化名街3条。

【强化不可移动文物管理】 2013年，广东省文化厅规范不可移动文物管理。全年共审核审批58项文物保护工程勘察设计方案，19项在文物保护范围及建设控制地带内的建设工程设计方案，对竣工的18项文物保护工程进行验收，完成57家文物保护工程资质单位的年检，依法对其中3家违规单位进行处罚，审核审批26项文物保护规划（其中经省政府批准公布和国家文物局同意的各3项），审查16项城乡总体规划。对笔架山潮州窑遗址进行文物考古调查、勘探和保护规划编制工作，广东笔架山潮州窑遗址和明清海防（广东部分）被评为国家大遗址。省文化厅和惠州市人民政府签订《银岗古窑场保护合作框架协议》。配合大型基本建设工程进行文物考古调查、勘探和发掘，全年累计完成文物调查、勘探项目近百个，发掘项目16个，发掘面积近2万平方米。启动“南海Ⅰ号”全面发掘与保护工作。配合国家文物局督查组，对第七批全国重点文物保护单位的“四有”工作和国家重点文物保护专项经费补助项目进展情况进行督查。

【文物保护专项经费大幅增长】 2013年，中央财政和省财政对广东省文物事业的直接投入资金总额再次创下新高。中央财政下达广东省重点文物保护专项经费6219万元，比2012年增长34%，同时下达地方博物馆、纪念馆免费开放专项资金10600万元，比2012年增长3.7%；省重点文物保护专项经费从2012年的3150万元增加至4000万元，增长27%，共补助86项文物保护项目，推动广东省文物保护事业的发展。对2011年中央财政和省级财政补助的项目开展绩效自评工作，提高资金使用效率。

【文物业务培训和科学研究】 2013年，广东省文物局组织专业人员参加文化部和国家文物局主办的培训班共23个班次70多人次，举办文物鉴定、文物保护工程管理、文物安全管理、文物普查等专业培训班8个；各市县也举办相关培训，提高文博工作队伍业务水平。开展科研与出版工作，全年完成科研课题结题1项，申报国家文物局课题27个，编辑出版第三次全国文物普查成果名录《广东文化遗产》（共13册）、《广东省历史文化名镇名村》、《广府传统建筑壁画》等书刊。

【第五批省级非物质文化遗产代表性名录项目】 3月至8月，广东省文化厅组织开展第五批省级非遗名录项目申报和评审工作。经初评、复评、审核、公示、复议和省非遗保护工作联席会议审定，从各地申报的166个项目中评选出第五批省级非遗代表项目名录项目推荐名单78项，其中新入选42项，扩展项目36项，上报广东省政府审批。11月，广东省政府正式批准、公布。

【第一批省级非遗生产性保护示范基地和研究基地】 4月，在各地申报、评审审议、实地考察、公示的基础上，广东省文化厅确定第一批省级非物质文化遗产生产性保护示范基地28个，第一批非物质文化遗产研究基地13个。各非遗研究基地结合自身实际，申报2013年非遗研究课题18个，通过论证，确定支持研究课题6个。

【非物质文化遗产展演及宣传展示活动】 1月，广东省文化厅启动《广东省非物质文化遗产图典》（二）的编辑出版工作。5月，广东省文化厅在全国率先推出“广东省非物质文化遗产电子地图”，以电子地图形式标注非遗项目、传承人等地理位置，上传相关文字简介、图片、视频等信息。同月，组织广东“潮绣”等151个国家级、省级非物质文化遗产名录项目，参加第九届中国（深圳）国际文化产业博览交易会，成交金额30.38亿元，签约金额近30.01亿元。6月8日（文化遗产日），由广东省文化厅主办，省非物质文化遗产保护中心、省博物馆承办的“粤韵珠江•巧夺天工—广东省非物质文化遗产代表性传承人技艺展示展演活动”在省博物馆举行，来自全省各地54个代表性项目及200多件作品、100位民间艺人参加活动；组织举办“活力粤博•韵味岭南—非物质文化遗产系列讲座”系列活动、“活力非遗高峰论坛”暨“活力非遗年度致敬人物”评选活动，评选出2013年度“活力非遗年度致敬人物”10名。6月，组织、策划《探寻•传承》——广东省非物质文化遗产百集大型系列专题片的拍摄工作，通过省级媒体、电视、网络和电子出版物等向社会传播。同月，组织“潮州木雕”、“石湾陶塑制作技艺”、“端砚制作技艺”等相关项目及代表性传承人参加第四届中国成都国际非物质文化遗产节。7月，2013年广东省非物质文化遗产传统舞蹈大汇演在东莞市清溪镇举行。11月8日，2013广东国际旅游文化节在清远市举行，广东省文化厅协助做好期间的“岭南民间艺术展演”活动，组织潮州音乐等14个非遗表演团队参演。11月，广东省文化厅与广东音像出版社组织开展“珍稀剧种”优秀剧目的收集整理，编辑出版《广东珍稀戏曲大典》。同月，广东省文化厅启动粤剧数据库建设。12月，在广州市举行“首届中国非物质文化（刺绣）遗产国际论坛暨中国传统刺绣艺术精品展”。同月，广东省文化厅组织乳源瑶族刺绣项目赴北京参加“2013中国少数民族非物质文化遗产展示周”活动。

对外和对港澳台文化交流

【概况】 2013年，广东省开展对外、对港澳台双向文化交流755批12802人（次），继续保持全国首列；其中来访431批7279人（次），出访324批5523人（次）。接待多国重要外宾率团来访，协助各国驻穗总领事馆举办馆外文化交流活动23项。5月2日，广东省文化厅被文化部评为“2012年度对外及对港澳台文化工作先进单位”。

【广东文化“走出去”】 1．2013海外欢乐春节品牌活动

2013年春节期间，广东省文化厅与广州、深圳、珠海、汕头、佛山、肇庆、清远、梅州、云浮、揭阳等10个地级以上市合作，组派33批文艺团组共828人次，分别赴美国、加拿大、英国、爱尔兰、法国留尼旺、毛里求斯、巴拿马、新加坡、澳大利亚、新西兰、塞舌尔、泰国等14个国家以及香港、澳门地区开展“欢乐春节”活动，演出122场，海外观众130多万人，活动的批次、人数、形式均创历史之最。

2．与莫斯科中国文化中心共建合作

2012年至2013年，广东省文化厅与莫斯科中国文化中心开展共建合作，2013年共派出6批39人次出访，团组涉及摄影、武术、杂技、声乐、器乐、芭蕾、合唱、少儿舞蹈、麒麟舞等艺术门类，展示广州彩瓷、佛山剪纸、陶瓷微书、潮州泥塑、惠州麒麟舞、中医针灸、推拿等非物质文化遗产项目。

3．乌克兰、白俄罗斯“广东周”

5月23日至30日，广东艺术团一行34人赴乌克兰、白俄罗斯参加“广东周”演出活动，内容包括杂技、武术、声乐、器乐、木偶、滚地金龙表演等舞台演出形式和新会葵艺、大吴泥塑、手拉泥壶、潮阳剪纸等广东省非物质遗产展示。

4．广东艺术团东南亚巡演

6月23日至7月3日，广东民族乐团一行49人出访泰国、印尼，在曼谷、雅加达、棉兰三地举办5场专场演出。

5．《人文颂》赴巴黎演出

9月18日至24日，应联合国教科文组织总部邀请，深圳交响乐团、深圳交响乐团合唱团、深圳高级中学合唱团180人赴法国巴黎，在联合国教科文组织总部会堂演出大型原创儒家交响乐《人文颂》。《人文颂》是第一部于世界和平日在联合国教科文组织总部演出的中国艺术作品。

6．北美“广东文化周”

10月18日至11月3日，由广州市杂技团、南方歌舞团、广东民乐团和暨南大学武术队组成的30人艺术团在美国、加拿大举办6场演出，为中国驻旧金山总领事馆、承办方及华侨社团举办3场慰问表演。同时举办《美丽广东》图片展，省政府新闻办、广州市委宣传部与美国、加拿大当地媒体展开座谈。

【粤港澳文化交流】 1月1日至17日，广东歌舞剧院演员一行65人赴加拿大、美国，与香港舞蹈团演员共同演出大型舞蹈诗《清明上河图》。2月22日，粤港澳三地联合创作的现代舞剧《情书》在广州友谊剧院举办首场演出；4月30日至5月9日，《情书》赴港澳巡演。5月8日至9日，粤港澳文化合作第十四次会议在澳门召开，160多名与会代表围绕演艺人才交流与节目合作、文化资讯交流合作、文博合作、公共图书馆合作交流合作、非物质文化遗产交流合作、文化产业合作等6个专题进行商讨；三方达成新合作项目59项，签署《关于联合举办“岭南考古三十年—粤港澳文物大展”》及《关于建立粤港澳文化交流合作示范点评估机制》意向书；同期进行“粤港澳历史文物建筑摄影大赛”颁奖以及获奖作品展。7月22日至31日，广东省文化厅与香港特别行政区政府民政事务局、澳门特别行政区政府高等教育辅助

办公室联合举办“2013粤港澳青年文化之旅”活动，组织三地142名大学生在香港、澳门、江西、广东开展访问、交流、培训、讲座、演出观摩及联欢表演等活动。

【粤台文化交流】 6月至8月，广州艺术博物院与台北故宫博物院合作举办“溯源与拓展——岭南画派特展”。7月25日至8月1日，广东舞蹈学校一行30人赴台湾参加2013年海峡两岸民族民间舞观摩交流演出活动。8月15日至26日，广东舞蹈戏剧职业学院与台北市艺术文化交流协会，在学院南海校区举办“2013年第二届海峡两岸中国民族民间舞蹈交流研习夏令营”，来自台湾地区的118名青少年参加中国舞培训、研修和交流活动，该项目列入国台办2013年对台交流重点项目。9月5日至26日，由文化部（中华文化联谊会）、广东省人民政府、台北市政府主办，广东省文化厅、省台办、台北市政府文化局、台北市文化基金会承办的2013“两岸城市艺术节—台北文化周”在广州市举办，台北四个演出团体和台北市立美术馆代表共208人来粤开展文化交流活动，内容包括举办民族音乐会、数码艺术现代舞蹈、话剧、打击乐音乐会等7场演出及“非形之形—台湾抽象艺术展”、“两岸抽象艺术的渊源与交流”座谈会。活动取得良好反响，演出上座率达90%以上，展览参观人数达18364人次。

【大型文化交流活动】 1. 首届中非文化产业圆桌会议

6月21日至24日，文化部在深圳市举办首届中非文化产业圆桌会议。非洲26国文化主管部门及非盟文化事务官员或专家出席会议，围绕“文化产业在各自发展中的地位和作用及双方合作前景”主题，就双方文化产业政策、发展现状、经验、彼此诉求、合作愿景等内容进行探讨，实地考察深圳市主要文化创意企业。

2. 第一届中国国际马戏节

11月20日至12月1日，由文化部、广东省人民政府主办，珠海市人民政府、广东长隆集团有限公司承办，中国杂技家协会、广东省文化厅、省旅游局、省人民政府外事办公室协办的第一届中国国际马戏节在珠海市举办。来自五大洲17个国家的27个节目参赛参演，观众超过10万人次。11月21日举办主题为“马戏•城市•生活”的国际马戏杂技发展研讨会，中外300名专家学者参加。

3. 柬埔寨文化周

11月21日至27日，文化部与柬埔寨文化艺术部在广州市举办纪念中柬建交55周年“柬埔寨文化周”活动，内容包括两场专场演出、纪录片放映和参观考察等。

4. 连州国际摄影年展

11月23日至12月12日，由广东省文化厅、清远市人民政府、连州市人民政府主办，广东省人民政府外事办公室协办的2013连州国际摄影年展在清远连州市举办。年展以“告别经验”为主题，展出来自国内外150多名摄影师约6500幅作品；设立连州主题展及26个开放展，举办“影像专家见面会”，邀请来自各国的40位艺术界专家、美术馆馆长、摄影节总监、出版人、资深画廊代表参加。

5. 2013中国广州国际演艺交易会

11月7日至9日，广州市文化广电新闻出版局在广州举办2013中国广州国际演艺交易会，邀请来自12个国家及香港特区、台湾地区的62家艺术节机构、演艺机构、演出院团约200人参会，96个交易剧目参展，交易金额达2亿元人民币。

6. 第18届广州国际艺术博览会

12月12日至16日，由中国美术家协会、广州市人民政府主办，广州市文化广电新闻出版局承办的第18届广州国际艺术博览会在广州举办。来自世界20多个国家的200多家美术、艺术机构和单位近2万件（套）艺术品参展，6000多家国内外艺术品经营机构观摩采购，20多万珠三角地区市民参观，现场成交额超3亿元人民币。

【创建“国家对外文化贸易基地”】 1月7日，广东省文化厅向文化部申报深圳创意信息港创建国家对外文化贸易基地。12月，文化部正式批复同意将深圳创意信息港命名为“国家对外文化贸易基地”。

博物馆

【概况】 2013年，广东省登记注册的各级各类博物馆、纪念馆209家，其中国有博物馆149家，民办博物馆44家，行业博物馆16家。

【推进免费开放工作】 2013年，广东英德博物馆、南海博物馆、顺德博物馆、潮阳博物馆等一批新建、改扩建的博物馆相继建成开放。继续深化博物馆免费开放工作，全方位提升博物馆公共文化服务水平，全省免费开放的博物馆有183家。

【博物馆年检和评估定级】 2013年，广东省文物局完成209家各级、各类博物馆、纪念馆的年检工作，开展博物馆评估定级工作。是年，国家文物局公布第二批国家二、三级博物馆名单。至此，广东省有国家一级博物馆4家，数量列全国第五位；国家二级博物馆20家，数量位居全国第一；国家三级博物馆25家，数量列全国第二位。

【陈列展览】 2013年，广东省各级博物馆提升陈列展览水平，虎门鸦片战争博物馆的《虎门销烟展》获全国博物馆陈列展览优秀奖。提升流动博物馆服务水平，成员单位100个，新设展览9个，流动展出76场，观众90万人次。

【对外文物交流与合作】 2013年，广东省博物馆共举办对外文物展览13个、涉外专业论坛2个、培训班2个，其中粤港澳三地联合举办的大型文物展海上瓷路、考古成果展相继开展。同时，组织“5•18国际博物馆日”活动和“中国文化遗产日”活动，粤港澳三方互派人员参加。

【社会文物管理】 2013年，广东省文物局审核文物拍卖资质单位15家，审核文物拍卖会33场，会同相关部门调查处理涉嫌违法拍卖的企业2家；充实博物馆藏品，接收深圳、广州海关移交的文物2852件。

公共图书馆

【概况】 至2013年，广东省建有市县（区）级以上公共图书馆139个，其中县级图书馆110个；广东省一级图书馆66个，二级图书馆30个。是年，佛山、肇庆、揭阳、陆丰等市建成新馆，汕尾市陆河县、阳江市江城区设立图书馆，韶关、河源、清远等市新馆建设正在推进。是年，广东省公共图书馆购书经费22286.9万元，购书5147782.7册，书刊文献外借册次3313.3 万册，年外借1527.2 万人次。广东省公共图书馆图书总藏量共计7149.7万册，累计发放有效借书证416.4万个。

【广东十大最美图书馆建筑】 11月5日，广东图书馆学会理事长秘书长联席会议在省立中山图书馆召开，从18个参选图书馆中评出：省立中山图书馆、广州图书馆、东莞图书馆、深圳图书馆、南方医科大学顺德校区图书馆、韶关学院图书馆、虎门图书馆、肇庆市图书馆、乳源县图书馆、中山大学东校区图书馆等十所图书馆为“广东十大最美图书馆建筑”。

【全国第五次公共图书馆评估定级】 2013年，文化部组织开展第五次全国公共图书馆评估定级。广东省公共图书馆一级馆66个，二级馆30个，三级馆27个。

【广东流动图书馆建设】 至2013年，广东流动图书馆共建立分馆81个，其中2013年新建5个分馆。全年对60个分馆补充新书14.27万余册，流动图书共24.27万余册，流动分馆进馆总人数6182744人次，阅览图书12136675册，咨询112299件，外借办证53295个，外借781957人次，外借图书1101644册（次）。

【公共数字文化服务建设】 1. 文化信息资源共享工程建设

截至2013年，广东省文化信息资源共享工程共建成1个省级分中心，21个市级支中心，106个县级支中心；与农村党员远程现代教育项目相结合，合作共建镇级基层服务点1148个、村级基层服务点19526个。实现全省镇、村级网络全覆盖，形成从省、市、县、镇、村的五级服务网络。

2. 公共电子阅览室建设

2013年，广东省实施完成公共电子阅览室省级技术平台一期项目建设，4个市级公共图书馆公共电子阅览室与省立中山图书馆实现VPN虚拟网络连通，实现省馆数字资源共享利用，同时组建视频监控和集中展示系统。11月，启动省级平台二期项目建设。

3. 数字图书馆推广工程建设

2012年12月，广东省立中山图书馆与国家图书馆完成VPN虚拟专用网的互连互通。2013年底，广州、深圳、佛山三市图书馆与广东省立中山图书馆的VPN虚拟专用网的互联互通。通过虚拟专网，各图书馆可共享到国家图书馆组织的总量超过120TB的中外文数字资源，内容包括近150万册中外文图书、750余种中外文期刊、7万余个教学课件、18余万份外文档案全文、1万余种图片、3000余种讲座和地方戏曲等视频资源供读者服务。

【古籍保护】 至2013年，广东省有古籍收藏单位33家，完成古籍普查登记数据74549条。是年，广东省古籍保护中心完成大型古籍整理工程国家清史项目《清代稿钞本》1-5辑的全部编辑出版，以优等结项；为广东省内41家单位先后配送工具书7种911册，为12家单位购置古籍文献拍摄台。

文化馆

【广东省文化志愿者总队建设】 截至2013年底，广东省在册文化志愿者共31463人，文化志愿机构5947个。文化志愿者队伍逐步形成省、市、县、镇（街道）、村（社区）五级公共文化服务网络。广东省文化厅获“2013年全国文化志愿服务组织工作优秀单位”。

【“红红火火过大年”迎春惠民演出】 1月至2月底，广东省文化志愿者艺术团开展“红红火火过大年”迎春惠民演出。各艺术团分团前往社区、学校、军营、老人院、企业等地，广泛开展群众喜闻乐见的文艺演出，演出共计57场，受益人数约10万人次。

【编辑出版《广东群文论文专刊》】 为提高全省群文工作者理论水平，4月至8月，广东省文化馆向全省群文系统征集论文，收到各地级市馆报送的论文近200篇，经专家筛选，85篇论文收入《广东群文论文专刊》正式编辑出版。

【特殊群体文化志愿服务进社区活动】 9月至10月，广东省文化馆联合省文化志愿者总队在全省组织开展“文化暖心 、点亮生活”关爱特殊群体文化志愿服务进社区活动。21个地级以上市文化馆，组织当地文化志愿者以文艺小分队形式走进敬老院、残障学校、厂矿企业、异地务工人员子弟学校开展文化志愿服务。活动免费为群众演出、免收演出补助、免收所在单位补贴，开展活动服务点218个，参加活动的文化志愿者达8736名，累计24万多群众受益。活动被文化部评为基层文化志愿服务优秀示范项目。

【广东省第十二届美术书法摄影联展】 12月27日，广东省第十二届美术书法摄影联展在佛山市南海区开幕。共收到来自全省的美术、书法、摄影作品7422件，展出获奖作品810件。获奖作品在广州、中山、江门、惠州、翁源等市县进行巡展。

美术馆

【亚洲美术策展人论坛】 9月11日至13日，由文化部和广东省文化厅指导，全国美术馆专业委员会和《美术》杂志支持，中国美术馆与广东美术馆主办的亚洲美术策展人论坛在广州市举行。来自亚洲22个国家和地区，以及欧美8个国家的80多名博物馆、美术馆和艺术机构的馆长及资深策展人，围绕“亚洲意识与亚洲经验”的主题进行探讨，加深亚洲及欧美的博物馆、美术馆、策展人之间的交流和解，形成《广州共识》。

【全国美术馆馆藏精品展出季及扶持计划】 2013年，广东省有4个项目入选2013年全国美术馆馆藏精品展出季活动，其中广东美术馆、广州艺术博物院推荐的两个展览获2013年全国美术馆馆藏精品展出季“优秀展览”称号，获奖数量在全国各省市区中名列第一；广东省文化厅获“优秀组织单位”称号。同年，广东省6个项目入选2012年度全国美术馆发展扶持计划，3个项目入选2012年度全国画院优秀创作研究扶持计划，均在全国名列前茅。

【重要美术展览】 2013年，广东美术馆策划的“风•雅•颂——广东美术馆开馆十五周年馆藏精品展”、“新兴木刻与广东版画——广东美术馆藏版画陈列展”、“光的现代性——意大利1850-1950托斯卡纳油画展”等重要展览获观众好评。3月至5月、7月至10月，深圳华•美术馆分别举办“Tokyo TDC 2012世界字体设计年赛展”、“第91届纽约艺术指导俱乐部暨青年先锋年赛展”首次在中国展出。12月1日至20日，“第八届深圳国际水墨双年展”在深圳关山月美术馆举行。12月至2014年1月，“2013-2014深圳水彩画双年展”在深圳美术馆举办。

【美术交流活动】 1月至3月，应泰国当代艺术和文化办公室邀请，广东美术馆组织16件中国画、油画作品赴泰国曼谷参加第27届亚洲国际美术展。4月至6月，广东美术馆举办“走向现代——英国美术300年展”，展出英国西北部地区17家博物馆美术馆藏品共80件，先后在长沙、北京、沈阳、南昌、广州和郑州展出。6月至11月，广东美术馆赴意大利举办威尼斯双年展平行展“未曾呈现的声音——中国当代艺术展”，展出绘画、雕塑、装置、影像作品97组（件）。

【部省文化合作】 6月，文化部、国家文物局和广东省人民政府在北京签署《关于共同推进文化建设战略合作框架协议》。协议确立三方在公共文化服务体系建设、文艺繁荣、文化产业转型升级、现代文化市场体系、文物博物事业发展、非物质文化遗产保护、对外对港澳台文化交流合作、文化改革创新、文化人才队伍等九个方面开展部省合作。

广西壮族自治区文化厅

概　述

2013年是全面学习贯彻落实党的十八大精神的开局之年，也是实施文化发展“十二五”规划、推进民族文化强区建设的重要一年。广西全区文化系统以改革为动力，以设施建设、活动开展、精品创作、人才培养、市场管理、产业发展、文化交流、遗产保护等工作为重点，开拓创新、求真务实，攻难点，创亮点，高标准完成全年各项工作任务，全区文化建设跃上新台阶。

公共文化服务体系建设

【创建国家公共文化服务体系示范区（项目）】　来宾市、罗城仫佬族自治县通过首批国家公共文化服务体系示范区、示范项目验收。玉林市、柳州市鱼峰区、桂林市临桂县申报第二批国家公共文化服务体系示范区。

【完成为民办实事文化项目】　完成1500个村级公共服务中心建设任务，全年完成投资额50882.8万元，平均每个建设点投入33.9万元；全自治区109个公共图书馆、122个文化馆、45个博物馆纪念馆、1166个文化站全部实现无障碍、零门槛免费开放，中央补助资金、自治区配套资金和地方财政配套资金到位率100%。

【摘取中国十艺节群星奖桂冠】　第十届中国艺术节“群星奖”全国入选节目303个，广西有7个节目入选，其中三江县《侗不离酸》、贺州市《连心店》荣获作品类“群星奖”大奖。“宾阳炮龙节”、柳城县“百村百戏”、“桂林百姓大舞台”、“魅力北部湾群众文化活动”荣获项目类群星奖，为广西历届的最好成绩。

【文化志愿者服务工作】　成立文化志愿者分中心15个、支中心129个、服务站221个、服务点748个，登记在册的文化志愿者11622人。文化厅被评为“全国文化志愿服务优秀单位”。

文艺创作生产与展演

【打造演出活动品牌】　相继启动“南国之声”周末音乐会和“民族戏苑”周末天天演两个驻场演出项目，受到社会各界的欢迎和好评。

【全国重大文艺赛事获奖】　广西戏剧院桂剧团的桂剧《七步吟》获得第十四届文华奖二等奖和6个单项奖；北海市文艺交流中心、北海市歌舞剧院的舞剧《碧海丝路》摘取第十四届文华奖优秀剧目奖、6个单项奖和第九届中国舞蹈“荷花奖”舞剧•舞蹈诗银奖；柳州市艺术剧院的群舞《仫佬仫佬背背抱抱》荣获第十届全国舞蹈比赛文华舞蹈节目创作优秀剧目奖和第九届中国舞蹈“荷花奖”民族民间舞比赛金奖、音乐创作奖；广西歌舞剧院的群舞《绣缘》荣获文华舞蹈节目优秀表演奖。

【举办一系列比赛活动，推出一批新创作品】　举办第七届广西音乐舞蹈比赛，创作268个节目，其中181个声乐、舞蹈、器乐作品参加比赛；配合自治区党委宣传部举办第二届基层群众文艺会演，213个节目参加比赛，赛后精选部分节目制作成光碟免费赠送1100个乡镇文化站和5000个村级公共服务中心学习欣赏；创作一批以“美丽广西•清洁乡村”为主题的小戏小品、音乐舞蹈作品组织在全区巡演；柳州市的《柳州优秀民间美术——三江农民画传承与发展研究》入选全国画院优秀创作研究扶持计划；桂林市的《桂林美术馆•百年太阳——阳太阳艺术精品展》列入文化部重点宣传的美术精品展览项目。广西艺术学院的油画《南方假日系列三》、《石山下的乡村》，版画《电车蓬》、《语系列》、雕塑《黑衣壮的女人》等5部作品入选第十届中国艺术节全国优秀美术作品展览。

【惠民演出】 各级文艺院团以“我们的中国梦•文化进万家”、“美丽广西•清洁乡村”、“永远的雷锋”为主题基层、农村、社区、军营、工地、校园演出5394场，观众达到830万人。2013年底文化厅印发《关于加强节假日文化服务的通知》，要求各级文化部门发挥剧场、群艺馆、文化馆、博物馆、图书馆、乡镇文化站等公共文化设施功能，在节假日开展多种形式的文化服务活动，为人民群众享受文化改革发展最新成果提供便利。

文化产业

【完善文化产业发展政策】 文化厅、财政厅联合印发《广西动漫产业发展引导资金管理暂行办法》，扶持动漫产业发展迈出实质性步伐。文化厅印发《关于鼓励和引导民间资本进入文化领域的实施意见》，广西成为全国文化行政部门率先出台鼓励和引导民间资本发展文化产业专题文件的省区之一。

【评选命名文化产业示范基地园区】 全区51家自治区文化产业示范基地园区年产值达到30亿元，年产值超过亿元的基地园区达到8家。桂林、河池、北海、玉林、梧州、贺州等市评选命名市级文化产业示范基地。南宁市、桂林市制定文化产业示范基地评选命名管理办法。

【推出一批特色文化产品】 命名武鸣县等16个县（市、区）为自治区首批特色文化产业示范县（市、区），横县等22个县（市、区）为自治区首批特色文化产业项目示范县（市、区），举行命名授牌仪式，与获得命名的示范县签订《目标管理责任书》。为特色文化产业（项目）示范县安排专项规划编制经费。钦州坭兴陶、博白芒编、梧州人造宝石、桂林市临桂县五通镇农民画、百色靖西绣球、凭祥东兴红木工艺品等特色文化产品市场份额逐步扩大，成为当地重要的支柱性产业和群众致富的重要渠道。

【扶持一批动漫产业项目】 推动设立广西动漫产业发展引导资金，自治区每年安排资金1000万元。评选命名第二批自治区动漫骨干企业9家，动漫人才培训基地8家。4家企业通过国家动漫企业认定。桂林市被命名为“国家级文化和科技融合示范基地”。

【组织企业申报文化产业发展专项资金】 2个文化产业项目获中央文化产业发展专项资金扶持670万元；14个文化产业项目获自治区文化产业发展专项资金（第一批）扶持1650万元。

【推动重大文化产业项目建设】 南宁五象新区文化产业项目规划建设取得重要进展，编制概念性总体规划、南片区深化方案，核心项目中国—东盟实景创意乐园（锦园）一期工程335亩完成土地出让程序。万达集团投资建设桂林万达文化旅游城项目，总投资240亿元；钦州千年古陶城（钦州坭兴陶创意文化产业园）完成投资2429万元，累计完成投资6270万元。

【打造文化产业新品牌】 三江侗族大型风情实景演出《坐妹三江》演出221场，成为在区内外具有一定影响的文化旅游新品牌；南宁市大型多媒体风情歌舞秀《锦宴》、河池市大型山水实景演出《梦•巴马》正式公演；柳州市演艺集团打造时尚创新表演“炫舞蜻蜓”，赴欧洲商业巡演24场，实现赢利，欧美国家预定105场。

文化市场

【转变职能、简政放权】 制定下发《关于做好调整营业性演出审批项目工作的通知》，简化营业性演出审批程序，调整、优化审批流程，完成五项行政审批项目的承接、下放、合、取消的调整工作，授权政务服务中心文化厅政务服务窗口直接受理办理权，压缩时限50%以上，办理事项提速55%。简化营业性演出审批手续。

【开展文化市场专项治理工作】 组织“元旦”、“春节”、全国全区“两会”、“五一”、“七一”、“国庆”等节庆、暑期文化市场和“净化乡村文化市场”专项行动。开展全区各市交叉检查考评。组织指导各级综合执法机构开展政策法规、文书制作、案卷归档、文化产品识别、执法程序、行为规范、举报办理、网络执法及办公系统应用等内容专题训练，广西代表队参加全国文化市场综合行政执法岗位大练兵技能大比武获得优胜奖。

文化遗产保护

【全面启动第一次可移动文物普查工作】 自治区人

民政府印发《关于开展第一次全区可移动文物普查的通知》，成立广西第一次可移动文物普查领导小组和办公室，落实可移动文物普查经费200万元，全面启动第一次可移动文物普查工作，增加1949年以后珍贵资料的普查备案，完成国家部署的普查试点、国有单位摸底排查年度任务。

【世界文化遗产申报工作】 自治区人民政府办公厅下发《关于成立申报世界文化遗产工作领导小组的通知》，桂林市、崇左市和兴安县、宁明县、龙州县相继成立申遗工作领导小组，举办灵渠、花山岩画文化景观专家咨询评估会，崇左市、兴安县编制申遗文本和保护管理规划，考古调查和勘探左江流域岩画文化。

【实施一批重点文物保护项目】 完成花山岩画本体保护第二期工程、保护工作与监测站改扩建征地和建筑设计；完成甑皮岩遗址、靖江王昭和王陵维修和恭惠王、温裕王陵遗址考古清理，以及靖江王陵考古调查和地理环境航拍、地形图测绘、遗址文物三维扫描工作；完成容县黄绍竑故居等50多项重点文物保护单位的维修、环境整治等工作。24处文物保护单位列入第七批全国重点文物保护单位名单，30个村落入选第二批中国传统村落名录。

【文物保护相关法规获自治区审议通过】 11月28日，《广西壮族自治区文物保护条例》经广西壮族自治区十二届人大常委会第七次会议审议通过；12月25日自治区十二届人民政府第21次常务会议审议通过《广西壮族自治区灵渠保护办法》。

【百家博物馆工程建设】 广西美术馆等9个博物馆建成对外开放；广西政协文史馆等9个项目主体工程完工，正在进入陈列布展阶段；柳州白莲洞古人类遗址博物馆等7个项目正在建设；柳州市公布柳银钱币馆等11家民办博物馆为柳州市博物馆群第二批单位。

【非物质文化遗产传承体系建立】 广西共有24人被评为国家级代表性传承人，建立广西传承人补助经费机制。2013年，柳州山歌传承基地等19个传承基地相继建成，非物质文化遗产传承基地实现全区14个市的全覆盖。指导15个县一级传承基地筹建，与广西大学建立集科研、教学、传承为一体的雕刻技艺传承基地。

【开展非物质文化遗产整体性保护】 铜鼓文化(河池)生态保护区被列为国家级文化生态保护实验区，成为目前我国设立的15个生态保护实验区之一；设立自治区级侗族文化(三江)、苗族文化(融水)生态保护区。

对外文化交流

【扩大文化交流规模】 2013年开展对外文化活动共计45次，涉及20多个国家和地区，涵盖文艺演出、文化展览、人员互访、培训讲座等多个领域。

【举办国家品牌论坛】 举办2013中国—东盟文化论坛，文化部副部长董伟出席论坛大会作主旨报告，自治区副主席李康致欢迎辞。论坛组委会首次收到来自国际嘉宾代表团的感谢信。论坛获得中国—东盟博览会10周年品牌论坛奖项。

【参加国家“欢乐春节”活动】 组派3个艺术团，先后分赴波兰、匈牙利、泰国等国家参加文化部海外“欢乐春节”系列活动。波兰副总理兼经济部长别霍钦斯基、泰国总理英拉、老挝人革党中央政治局委员、副总理阿桑•劳利等各国政要分别出席观看。中国驻波兰大使馆发来感谢信。

【拓展对外文化交流演出】 与曼谷中国文化中心开展年度合作共建，举办“2013泰国•中国广西文化年”系列活动，泰国诗琳通公主率泰国文化部长宋塔亚•昆本等泰国文化部、外交部、旅游局及各界政要出席活动开幕式，亲自为活动剪彩。自治区主席陈武亲临曼谷中国文化中心视察“美丽广西”活动，参观展览观看演出，中国驻泰国大使馆特发来感谢信；先后组派广西艺术团赴印尼参加庆祝中国—东盟建立战略伙伴十周年纪念招待会演出；赴马来西亚开展彩调剧刘三姐全球巡演首站演出。配合文化部和自治区党委、政府有关活动，组派艺术团赴港、澳、台开展文化交流活动。

文化体制改革

【国有文艺院团体制改革】 继续指导转制国有文艺院团完善企业法人治理结构，帮助转制单位解决在改革过程中遇到的困难，结合党的群众路线教育实践活动，化解群众信访积案矛盾。

【推进区直文化系统事业单位分类改革】 在调研、摸清家底的基础上，结合区直文化系统事业单位实际，提出自治区文化厅所属18家事业单位改革分类意见。

人才队伍建设

【提高文化队伍素质】 制定《广西文化系统干部素质提升计划（2013-2017）》，提出优化干部人才队伍学历结构、职级结构和专业结构的目标。争取到国家专项经费1588万元，下发《边远贫困地区、边疆民族地区和革命老区人才支持计划实施方案》，2013年确定服务项目280项，选派686人，培养100人。举办全区文化产业经营管理人才培训班、广西艺术人才德艺双馨研习班等20个全区性培训班，参加培训人数2600人次。开展基层文化骨干培训大行动，全区举办公共文化培训班9196期，培训总人数达32577人次。

【干部选拔和培养工作】 2013年区直文化系统对外输送干部2名，提拔任用13名，系统内平级交流任用6名，协助自治区党委组织部推荐副厅级干部1名。

党的群众路线教育实践活动

【概况】 文化厅于7月5日正式启动党的群众路线教育实践活动。根据中央、自治区的统一部署，文化厅党组以学习党的十八大、十八届三中全会和总书记习近平一系列重要讲话精神，李克强总理在广西调研期间的重要讲话精神为重点，相继举办15次专题辅导会，学习人数达到1800多人次，以党组成员带头学、个人主动学、专家辅导学、支部讨论学、调研实践学等形式把学习贯穿于教育实践活动。

文化厅坚持开门搞活动，宽领域、多层次、大范围全面征求意见建议，通过发送征求意见函、召开座谈会、个别访谈、实地调研等多种方式广泛征求区直单位、厅直属单位、机关处室、各市县文化行政部门和扶贫点、“清洁乡村”联系点群众意见建议。指导文化厅机关、直属单位78个党组织开展教育实践活动，1086名党员按要求撰写对照检查材料。

针对“四风”方面存在的突出问题，抓好整改落实。对群众反映的12个积案进行厅领导包案化解。建章立制，组织制订和完善关于理论学习、内部管理等13项规章制度，建立健全制度体系。开展公车治理、会员卡清理等专项整治工作。落实中央八项规定，改变会风文风、厉行节约、制止奢侈浪费。在党的群众路线教育实践总结与民主评议考核中，文化厅领导班子获得最高等次“好”的评价达到100%。

海南省文化广电出版体育厅

概　述

2013年是海南推进国际旅游岛文化建设的重要一年。全省文化系统干部职工在省委、省政府的领导下，学习贯彻党的十八大、十八届三中全会以及总书记习近平视察海南时的重要讲话精神，开展党的群众路线教育实践活动，落实省委省政府关于文化改革发展的重大决策部署，坚持围绕大局，服务中心，团结奋进，攻坚克难，开创文化繁荣发展的新局面。

公共文化服务体系建设

【概况】 2013年，海南省坚持把公共文化服务体系建设作为文化惠民的首要任务，继续实行以公共财政为支撑、稳定增长的文化事业建设投入机制，省、市县两级财政按比例分担农村公共文化基础设施建设费用，采取政府购买公共文化服务等措施，提高公共文化服务水平和质量，人民群众和广大游客的基本文化需求得到较好的保障。

【文化基础设施建设】 省博物馆二期完成主体结构；国家南海博物馆立项获批；永兴考古工作站、国家南海考古基地项目有较大进展;观澜湖华谊冯小刚电影公社1942街区竣工试运营。

【文化惠民工程】 全省累计建设完成280个行政村文化活动室；继续实施文化信息资源共享工程和数字图书馆工程建设；推进省、市县博物馆、纪念馆免费对外开放。

【物质文化遗产保护工作】 开展第三批省级文物保护单位申报工作；组织西沙群岛北礁、甘泉岛文物保护规划的前期调研；完成龙梅太史坊、八角殿及胡氏宗祠等维修设计方案的审批；丘浚墓、美榔双塔、海口天后宫等修缮工程进展；海口秀英炮台修缮竣工对外开放；完成2013年南沙群岛海域水下文化遗产调查工作，《南沙文物调查报告》引起中央领导的高度重视，李克强总理作重要批示。

【非物质文化遗产保护】 评选命名第一批16个海南省非物质文化遗产代表性项目传承村、第一批6个省级非物质文化遗产生产性保护示范基地、第一批17个海南省非物质文化遗产传承教学基地；完成省级非物质文化遗产项目保护规划；出版《海南省非物质文化遗产概览》和《黎锦技艺》教材；启动《崖州民歌》非物质文化遗产数字资料片拍摄工作；完成《黎锦技艺履约申报书》上报工作；举办黎锦技艺保护与传承国际学术研讨会。

文化精品工程

【概况】 舞蹈诗《黎族故事》、歌舞剧《执着》荣获第十届中国艺术节文华剧目奖，李十伟等5人获文华导演奖，周格特力加、戴泽松获得第十届中国艺术节表演奖；原生态小组唱《山兰放歌》、群舞《花帽新韵》、《博•鳌》3个节目荣获作品类“群星奖”，音乐说唱《南海颂歌》、戏剧《鲜红的三角梅》2个节目获中国艺术节优秀表演奖，“群艺大舞台”、“海口市万春会”、“欢乐陵河”广场文化活动3个项目获项目类“群星奖”，孙如强、王文红2人获“群文之星”；群舞《万泉河水》、《南海潮》获第十届全国舞蹈比赛文华舞蹈节目表演三等奖，独舞《情系•这片土地》获文华舞蹈节目优秀表演奖；新编历史琼剧《琼州海瑞》荣获第十三届中国戏剧节优秀剧目奖大奖和优秀编剧、表演、音乐等三个单项奖。此外，油画《岁月》、《乡村系列之一》、《寂静的莲》、《南国椰韵》，版画《盛夏里》、《关于相遇的理想片段•地铁》、水彩画《港口•一号》等7幅作品入选“第十届中国艺术节•全国优秀美术作品展览”。

文化与旅游

【策划，组织实施数十项重大文化活动】 2013年，策划组织实施以纪念海南建省25周年文艺演出，“欢动海南”公益演出、第23届全国图书交易博览会、海南书香节、“艺海文心•李岚清篆刻书法素描艺术展”等为标志的系列文化活动，丰富中外游客和全省人民群众的文化生活，弘扬优秀传统文化和海南特色文化，展示海南丰富的旅游资源魅力，推动市县旅游环境的改善和基础设施建设，带动当地文化旅游经济发展，提升海南国际旅游岛在世界上的知名度。

【海南西部文化资源保护与开发工作】 为突破海南旅游“东热西冷”、“南热北冷”的瓶颈问题，在调研的基础上，海南成立西部文化资源保护与开发领导小组，研究制定《西部文化资源保护与开发宣传工作方案》，举行西部文化资源保护与开发宣传工作启动仪式，在《海南日报》、海南电视台设专版和专栏进行深度挖掘和系列报道，在新华网举办“西部故事”征文活动，在海南在线创建“西部文化资源保护与开发宣传”网站，举办“西部文化资源摄影图片展”，制作24集西部文化资源宣传电视专题片等。省文体厅还与省交通运输厅等部门携手合作，将澄迈大丰古村等4条文化景点公路（总里程17.3公里、支持经费共358.5万元）纳入2013年第二批农村公路连通工程。省委宣传部为该项活动划拨专项经费，将澄迈罗驿村和儋州峨蔓盐田、临高王佐故乡等西部3个文化旅游景点的景观升级改造示范工程建设项目纳入到省文化产业发展专项资金的扶持对象；省政协把西部文化资源的保护与开发纳入到2014年度的工作计划；省住建厅也将西部古村落的保护工作纳入到小城镇建设范畴中，掀起西部文化旅游资源保护与开发的热潮。

文化企业展

【开展文化产业示范园区、基地评选命名工作】 2013年，省政府印发《海南省文化产业示范园区、基地评选命名管理办法》，评选出海南生态科技新城发展服务有限公司等2家省级文化产业示范园区、甘什岭槟榔谷原生态黎苗文化旅游区等6家省级文化产业示范基地，评选命名活动的开展对促进全省文化企业做强、做大起到示范和引导作用。全年有52家文化企业受到文化产业发展专项资金奖励。

【省文化产业重点项目建设】 协调省相关部门和市县全力推进海口观澜湖华谊冯小刚电影公社、长影海南“环球100”、海南电影公社等3个省文化产业重点项目，多次现场办公，协调解决相关问题，项目建设推进。海口观澜湖华谊冯小刚电影公社承建的1942民国风情街于年底竣工、对外开放，成为“2013海南欢乐节”的分会场，展示文化与旅游融合发展的魅力，受到中外游客的好评。

【搭建展会平台】 2013年，海南承办第23届全国图书交易博览展会，共有1500家出版发行单位参展，展出各类出版物35万多种，参会代表约1.5万人，外地参展客商达2万人，展会期间参观总人流达16万人次，100多位名人、作家、学者参加136项活动，出版物交易额近11亿码洋。此次书博会规模大、质量高、效果好，深受各参展单位和社会各界好评。组织全省147家文化单位或企业参加第九届中国（深圳）国际文化产业博览交易会，在海南省文化产业项目推介暨签约仪式上，项目合作签约金额71.8亿元。

【文化经营收入】 大型歌舞《三亚千古情》自9月25日开演，演出140场，3000多个座位场场爆满。2013年省直院团共演出310场，观众人数70万人(次)，收入1379.6万元。

文化市场监管

【概况】 2013年，海南实施文化综合执法和综合整治工程，开展“净网、清源、秋风”等“扫黄打非”专项行动。共出动执法人员5.3万人次，检查出版物经营单位及店档摊点4.9万家（次），处罚和取缔非法出版物经营点251家（个），收缴各类非法出版物31.6万多件，关闭以“天涯易读”为首的13个不同域名、不同IP的网站，注销10家网站备案信息，查处涉及违规互联网出版内容的网站3家。全年立案调查367宗，办结案件79宗，刑事处罚5人，行政罚款101万多元，没收违法所得5.7万多元，为国际旅游岛建设和文化发展营造良好的市场与舆论环境。三亚海关、海口市公安局琼山分局经侦大队等2个单位和海口市文体局张昆荣、省文化市场行政执法总队王春风、省公安厅朱津金、省通信管理局肖峰等4名同志受到全国扫黄打非小组的表彰。

对外文化交流

【概况】 坚持“走出去”与“引进来”相结合，以打造国际文化交流平台为抓手，推动琼剧、黎苗族歌舞等外访联络乡情，加强对港澳台文艺演出、民族文化考察、文物保护研讨、画展、展会等全方位、多领域、深层次的交流。2013年，共审批审核全省对外文化交流和营业性演展124项，851人次。组织海南女子爱乐合唱团等相关单位和人员参加2013加拿大海南文化节暨旅游文化推介周活动，在新加坡举办民族歌舞表演、民俗手工艺展、旅游和非物质文化遗产图片展等6项演展，新加坡总统和总理等政要以及逾10万民众前往活动现场参观，受到新加坡各界和中国驻新加坡使馆的高度评价。同时，还做好2014年澳门内地春节文化习俗展、2014年与东京中国文化中心年度合作等交流项目的前期筹备工作。

文化人才建设

【概况】 制定《省文体厅2013年人才工作要点》和《省文体厅2013年干部培训工作计划》；开展厅机关和厅属单位班子成员十八大培训工作，举行8次集中学习；做好全省文化系统“515”人才第一、二层次推荐工作；按规定的条件和程序选任干部，组织实施副处级领导职务的竞争上岗，履行33位干部任职相关手续，涉及干部试用期满考核任职9人，提任干部25人，平职交流干部14名；完成2013年文化系列专业技术职称评审受理初审工作，召开文化、博物中评会和高评会，启动群众文化、文博、艺术等专业技术职称评审条件的修订制定工作。

党建和纪检监察

【概况】 根据中央和省委的统一部署，从7月中旬开始，海南省文化系统开展党的群众路线教育实践活动，历经六个多月时间，完成“学习教育、听取意见”、“查摆问题、开展批评”、“整改落实、建章立制”等各项任务，达到预期目标。省文体厅党组重新修订完善《厅党组理论中心组学习制度》、《党员干部调查研究制度》、《厅机关精简会议文件的有关办法》、《节俭办活动的有关办法》、《厅机关厉行节约反对浪费工作规则》、《服务型机关建设的有关规定》、《提高文化惠民工程管理使用效能的办法》。全省文化系统执行中纪委、省纪委系列“严禁”要求，改进文风会风和工作作风，厉行勤俭节约，解决“四风”突出问题，推进查找出的16个问题的整改和7项作风建设长效机制建设，全年取消和下放16项行政审批事项，审批提前办结率99.99%；三公经费同比下降41.12%，树立新风气。坚持围绕中心抓好机关党建工作，贯彻落实《2013年度海南省省直机关党建工作目标管理考核实施意见》，选举产生厅机关党委新一届委员会和厅机关第一届纪律委员会。推进廉政风险防范工作，对职权进行疏理，查找风险点，制定防控措施，编制流程图。落实中央八项规定，反对“四风”，做好会员卡专项清退工作。开展反腐倡廉教育，提高机关党员干部拒腐防变能力。

重庆市文化广播电视局

概 述

2013年，全市文化广电系统学习贯彻党的十八大、十八届三中全会和市委四届二次、三次全会精神，按照“五位一体”总体布局要求，把握“稳中求进”工作总基调，坚持解放思想，求真务实，开拓创新，推进文化强市建设各项工作，完成年度目标任务。

党的群众路线教育实践活动

【概况】 按照市委统一部署，在局党委组织领导下，局党委、机关处室及局属单位从7月中旬开始，进行为期7个多月的党的群众路线教育实践活动。活动抓住查摆问题、剖析问题、整改问题等关键环节，形成一批惠及社会、惠及行业、惠及群众的成果，推动文化工作发展。

局党委成立活动领导小组和办公室，建立 3个督导组和9个活动联系点，负责局属各单位实践教育的指导。研究制定《实施方案》、《活动进度表》和《量化考核评分表》。召开动员会进行部署，9个局机关支部、19个局属单位、70个基层党组织、170名处级以上党员领导干部、1379名党员参加活动，做到全覆盖。活动按照学习教育、听取意见、查摆问题、开展批评、整改落实、建章立制等规定有序推进。

开展“七个一”等主题学习活动，举办专题报告会47场，学习辅导32次，保证学习时间。观看《周恩来的四个昼夜》、《激情•奉献》、《居安思危》、《苏共亡党亡国20年祭》等影片。采取图书专架、主题展览和专题创作等各种形式，加强学习。

广泛听取意见，通过设置意见箱、开通热线电话、开设网上邮箱等多种方式，共收集到意见建议924条，逐一梳理，明确整改时限、责任单位和责任人。局党委班子成员在听取群众意见的基础上，查摆思想上和工作中存在的“四风”问题。召开专题民主生活会，开展批评与自我批评。局机关各支部和各直属单位班子也先后召开专题民主生活会和组织生活会。

针对查摆的突出问题，局党委坚持“五个结合”，制定《专题民主生活会整改方案》、《群众意见建议整改台账》、《突出问题整改台账》，落实整改措施共计217条。19个局属单位修订完善《工作规则》、《督办工作制度》等规定149个。坚持立说立改，控制发文数量、办会次数，分别较往年减少124份和11次；治理奢侈浪费，局系统“三公”经费较往年减少35%；整治“慵懒散”，大兴调查研究之风，办好民生实事，建立作风建设长效机制，巩固活动成效。全年共办结行政审批事项312件，无一例投诉或逾期办理的情况。

公共文化服务体系建设

【文化设施建设】 1. 大型文化设施

国泰艺术中心正式投用，市群众艺术馆新馆对外免费开放；重庆自然博物馆主体工程完成；重庆国际马戏城一期工程启动；重庆工业博物馆、大足石刻博物馆、市川剧艺术中心辅楼按计划推进。重庆美术馆正式挂牌开馆，重庆当代美术馆、罗中立美术馆正式授牌。

2. 基层文化设施

建成311个标准化社区文化室。50%的乡镇综合文化站、60.6%的街道综合文化站达到国家等级标准。37个公共图书馆达到国家等级。投入7000万元，完成全市区县广播电视台播控系统改造。全市广播综合覆盖率达到98.16%，居西部第一、全国第四，电视综合覆盖率达到98.76%，居西部第二、全国第四。编制完成《重庆市主城区公路隧道调频广播覆盖技术方案》，启动主城区18个覆盖建设项目。新建影院19家，新增银幕154块，银幕数达到658块。每4.9万人拥有1张银幕，高于全国平均水平。其中，IMAX厅数达到5个，居西部第一。

【拓展服务内容】 渝中区创建为第一批国家公共文化服务体系示范区，大渡口区、南川区创建为第一批国家公共文化服务体系示范项目。北碚区获得第二批国家公共文化服务体系示范区创建资格；九龙坡区、南岸区获得第二批国家公共文化服务体系示范项目创建资格。主城九区“一卡通”服务推进，6个区的数字图书馆联通国家图书馆的虚拟网。数字文化馆全国试点工作正式启动，建立8家国家公共文化政策研究实验基地。国有博物馆、美术馆、公共图书馆、文化馆（站）免费开放实现全覆盖，重庆图书馆“志愿者之家”、九龙坡“喜悦”文化志愿服务行动、开县“快乐星期六”文化志愿服务活动荣获文化部基层文化志愿服务示范项目。以重庆图书馆为龙头的文化共享工程农民工服务联盟、讲座联盟、展览联盟，以及以市少儿图书馆为龙头的红岩少年读书活动、爱心图书接力服务活动等更有影响。全年举办各级各类基层文化队伍培训班3463期，培训61万人次。

【加大惠民力度】 农村惠民电影放映14万场，受惠人次3200余万。其中行政村放映10万多场，观影人次1900多万，中小学放映31348场，观影人次1100多万。为干休所、敬（养）老院等放映专场电影1000场；为农民工及城市低收入人群放映专场电影600场，实现“农村一月放映一场电影”和“农村中小学校每年观看6场电影”的目标。社区电影启动。率先在主城9区、776个社区开展公益电影放映，累计放映电影6310场。基层群众文化服务项目开展，完成“渝州大舞台”城乡文化互动工程暨2013年元旦春节期间送演出进基层活动，共计演出1400余场，群众满意度较高。举办第十六届重庆市美术书法摄影联展和第二届社区文化节活动。完成“书香中国——阅读引领未来”宣传周活动和2013年重庆市文化科技卫生“三下乡”服务示范演出。

艺术创作

【推进创作工作】 1. 新创作排演一批剧目

话剧《幸存者》、芭蕾舞剧《追寻香格里拉》、川剧《玉簪记》、曲艺歌舞《竹枝风流》立上舞台进行首轮公演；川剧《日出》、歌剧《妙善公主》、舞剧《女娲》、京剧《孔子》启动一度创作。

2. 打磨一批剧目

推进歌剧《钓鱼城》、杂技剧《花木兰》、川剧《鸣凤》、京剧《张露萍》、话剧《幸存者》等一批优秀原创剧目的深度打造，提高艺术水准。

3. 推动重大题材美术创作工程

完成60个市重大题材美术创作工程的选题论证。《记忆•重庆民居》、《寻访恐龙足迹•探索自然奥秘——科普版画创作》入选“2012年度全国画院优秀创作研究扶持计划”创作类扶持项目，《刻就历史•传承经典——重庆美术馆／四川美术学院美术馆馆藏版画精品展》入选“2013年全国美术馆馆藏精品展出季活动”目录。

4. 推动影视创作

备案公示《青年朱德》、《兄弟兄弟》、《小猪班纳2》等电视剧、动画片22部，初审《蔡锷路24号》等纪录片20部，公告电视纪录片《飞扬的江雪》等5部，全市年纪录片产量200小时，总库存量3604小时。备案立项电影20部，拍成《小事大爱》、《心愿》等电影10部，审查电视剧《彩虹小镇》、引进剧《爱的新生》，动画片《小猪班纳2》。推荐优秀纪录片《老街拍客》等6部，《姐弟》、《暖冬》登录央视纪录片频道播出。

【展演交流活动】 全年12台剧（节）目入选全国重要展演活动。川剧《金子》入选文化部“全国地方戏精粹展演”，沈铁梅携《金子》选段参演2014年新年戏曲晚会；话剧《幸存者》入选文化部“第七届全国话剧优秀剧目展演”；歌剧《钓鱼城》参加“2013年国家大剧院歌剧节”展演；音乐剧《城市丛林》、话剧《彭家楼子》入选文化部、商务部等5部委主办的参演剧目；川剧《李亚仙》、京剧《张露萍》入选“纪念梅花奖创办30周年演出月”展演活动；话剧《7080》入选“2013年全国小剧场戏剧优秀剧目展演”；芭蕾舞剧《追寻香格里拉》入选第十五届中国上海国际艺术节展演；四川清音《花园跑马》、《龙门阵》、四川竹琴《赞三峡》入选文化部“全国曲艺优秀节目展演”，入选作品数量居西部12省区市首位。

【重大赛事摘金夺银】 1. 歌剧《钓鱼城》、川剧《鸣凤》荣获第十四届文华奖“优秀剧目奖”、“文华剧作奖”、“文华音乐创作奖”，主演刘广、车璐、谭继琼荣获第十届中国艺术节优秀表演奖。“十艺节”共荣获“群星奖”18个，位居全国第五、西部第一，实现历史最好水平。油画《雷雨》等12件美术作品入选“第十届中国艺术节•全国优秀美术作品展览”。

2. 第九届全国杂技比赛中，夺得“两金一银一铜”。杂技《梦》获杂技组金奖；魔术《伞从扇影》获魔术组金奖、编导奖、表演奖；杂技《励》获杂技组银奖；杂技《会当凌绝顶——少儿双人顶功》获杂技组铜奖和表演奖。

3. 青年京剧演员周利获第26届中国戏剧梅花奖，实现我市梅花奖“五连冠”。

4. 歌剧《钓鱼城》参加第十三届中国戏剧节评比，荣获剧目奖、优秀表演奖、优秀音乐奖。重庆川剧院被文化部评为“全国地方戏创作演出重点院团”。

5. 合唱《长江》荣获第十七届全国音乐作品三等奖。群舞《汉风俪影》、《高山流水》，双人舞《惜》入围第十届全国舞蹈比赛决赛，《汉风俪影》夺得“文华舞蹈节目优秀表演奖”。沙坪坝区文化馆群星合唱团和彭水县老年合唱团荣获第十六届中国老年合唱节金奖。南岸区珊瑚小学合唱团荣获第五届中国少儿合唱节银奖。长寿区文化馆石工耗子，荣获第十届中国西部（花儿）歌会金奖。

6. 重庆川江号子艺术演出团应邀赴德国参加第八届勃拉姆斯国际合唱节比赛，荣获金奖及最佳民族特色单项奖。

7. 开展2011—2012年度重庆市广播影视奖评选，267件作品获奖，推荐《红星照耀中国》、《暖冬》等33件作品参评全国第23届“星光奖”，19件作品参评中国广播影视大奖。电视剧《刘伯承元帅》获得第29届中国电视剧“飞天奖”二等奖，动画片《东方少年之击斗战车》、广播栏目《大头小当家》入选全国少儿精品及国产动画发展专项资金项目。

文化产业

【搭建政策平台】 坚持政策引导与发挥市场机制相结合，坚持不懈推动产业政策出台。争取到市委、市政府将文化产业纳入对区县的年度目标考核。修订完成《重庆市人民政府关于加快文化产业发展若干政策的意见》、《重庆市文化产业发展专项资金管理办法》，研究制定《重庆市电影精品生产奖励扶持办法》，启动《重庆市文化产业发展促进条例》和《重庆市营业性演出管理办法》立法调研。下发《关于推进网吧连锁工作和加强网吧管理的通知》、《关于贯彻娱乐场所管理新办法实施意见》和《关于调整行政审批有关事项的通知》，通过一系列政策的调整，激发文化产业市场活力。

【推进重点项目】 1. 建立市级文化产业重点项目库，新储备项目53个，启动视美动画产业园等重点项目6个，万盛动漫产业园完成征地拆迁，铜梁动漫产业园、巴南民俗文化村建设完成选址。新开工建设创意产业园等项目18个，建设完成酉州古城等项目6个，广告产业园完成第一期工程。

2. 遴选出21个项目申报中央文化产业发展专项资金，6个项目共获资金5680万元，与上年同比增长469.3%。

3. 举办第五届中国西部动漫文化节，美国暴雪娱乐等150家国内外动漫龙头企业参展，项目签约51亿元，参观人数达13万人次，荟萃展销动画、漫画、游戏原创产品及周边衍生品共10万余品种，现场销售6000万元。热岛科技《霸剑列传》网络游戏在台湾上线。第三届重庆演出季落幕，培育重庆演出市场。

【培育产业品牌】 1. 组织开展特色文化产品评选，三峡绣、堰兴剪纸等30批（件）产品命名为“2013年重庆市特色文化新产品”。

2. 文化产业示范园区基地引进130余家企业入驻发展，新增就业14300余人，年销售额达105.3亿元。组织10家企业参与2013年动漫企业认定。华莱集团等10家企业新入选全市重点民营文化企业。

3. 组织壹秋堂夏布、堰兴剪纸、綦江版画等50余家文化企业参加文博会等会展，签订招商项目5个，引进资金5.5亿元，现场销售产品9000余万元，签订产品销售合同2.2亿元。

文化遗产保护

【文物保护】 1. 新增全国重点文物保护单位35处，全市全国重点文物保护单位总数达到55处，万州、江津等11个区县国保单位实现零突破。

2. 率先完成国有可移动文物普查第一阶段国有单位文物收藏情况调查摸底，39个区县共调查国有单位26104家，反馈文物总量1953748件（套），启动国有抗战可移动文物专项调查，走在全国前列。

3. 实施市级以上文物保护单位保护维修项目31个，实施三峡后续文物保护批复项目54个。新储备文物保护项目323个，完成130个重点文物保护项目的申报。潼南大佛本体保护修复工程入选“2012年度全国十大文物维修工程”。

4. 完成考古调查58项，调查400.22平方公里，勘探5.2万平方米，发现文物点327处；完成考古发掘55项，发掘文物点44处30972平方米，资料留取30处。渝中区老鼓楼衙署遗址荣获“2012年度全国十大考古新发现”。钓鱼城国家考古遗址公园入选第二批国家考古遗址公园。

【博物馆事业】 1. 博物馆建设加快

新增博物馆4家，全市博物馆总数达到72家。北碚区博物馆、聂荣臻元帅陈列馆晋升第二批国家三级博物馆。重庆自然博物馆、万州三峡移民纪念馆等2家市级博物馆和秀山等5个区县博物馆新馆主体工程相继完工。出台《关于促进民办博物馆发展的意见》，新建成开放3家民办博物馆。

2. 免费开放博物馆

新增4家免费开放博物馆，免费开放总数达到55家，全年参观人数1735万人次。实施免费开放绩效考核，提升服务水平。推出《三峡文物保护成果展》等原创展览 60个，引进境外展览6个，组织文博单位送展览下乡500场。

3. 抓好文物征集、修复、鉴定

全年征集文物2253件（套），资料538件，修复珍贵文物595件（套），其中重庆自然馆获贝林捐赠标本201件，完成571件上展标本征集。开展馆藏及司法文物鉴定12次，审核备案3次文物艺术品拍卖会拍品。

4. 博物馆能力建设

重庆中国三峡博物馆、市文化遗产研究院获国家文物局可移动文物修复设计甲级资质，重庆中国三峡博物馆被文化部命名为海峡两岸文化交流基地、“全国人文社会科学普及基地”，列入全国首批22家可移动文物保护修复优质服务机构。重庆自然博物馆被评为优秀全国科普教育基地。

【非遗保护】 出台《重庆市非物质文化遗产专家评审办法》，组织评选第四批市级非遗项目110项，申报第四批国家级非遗项目38项。铜梁龙灯会等五个项目入选2013年文化部“春节文化特色地区”。组织50名非遗传承人参与第四届中国（成都）国际非物质文化遗产节展演活动，取得。向国家推荐第二批国家级非物质文化遗产生产性保护示范基地4个。渝东南土家族、苗族文化生态保护区申报国家级文化生态保护工作加快推进。有40种古籍入选国家第四批珍贵古籍名录。

媒体传播

【加强舆论引导】 开展学习贯彻党的十八大、全国“两会”、全市“两会”、市委四届二次、三次全会精神和“中国梦”、群众路线教育实践活动等主题宣传。全国“两会”期间，开设“两会专递”、“两会特稿”、“两会声音”、“两会大家谈”4个专栏报道两会盛况，推出《刘钟俊代表：我为农民工代言》等10多篇宣传特稿。坚持新闻立台，推出《直播重庆》，全新打造《新闻解码》。坚持节目强台，推出《走近中国消防》、《红岩本色》等社教类节目。重点打造大型季播综艺节目《奇迹梦工厂》，形成与其他卫视综艺节目的差异化格局，重庆卫视收视排名从去年底20多位上升为前10名。全市广播影视系统在中央电视台播出稿件1473条，其中在《新闻联播》播出88条；向中央电台《中国之声》送稿650条，影响力增强。

【实施重点工程】 在全国率先启动广播电视台标准化建设，确定万州、渝北、开县、荣昌、酉阳等5个区县为首批建设单位，4个区县验收合格。实施地面数字电视建设，完成渝西地区9个主站、2个辅站、3个补点站数字电视建设。投入10.4亿元，实施城域骨干网扩容、基础网络改造、中心机房标准化整治、运营支撑系统等建设，有线用户总数达596万，其中数字用户380万，数字化率达到63.76%。双向化覆盖用户543万户，双向化覆盖率91.1%，领先于全国双向化覆盖率36.8%，全市有线网络标准化中心机房建设和标准化营业厅建设走在全国前列。各区县投入7372万元，升级改造广播电视制播技术系统，区县广播电视台全部实现台内数字化、网络化。启动首批10个高山无线发射台站基础设施建设，落实资金2188万元。网络广播电视台获国家新闻出版广电总局正式批准开办。

【加强行业管理】 1. 加强安全播出工作

开展经常性安全规范化管理专项培训，实现重

大活动、重点时段、重要节目“零停播”目标。对全市39个区县广播电视台（新闻中心）组织开展拉网式检查。全市90%以上区县台达到国家“三级保障”要求。

2. 加强内容监管

起草《区县广播电视台标准化建设节目内容考核评估办法》，聘请30位监看评议专家，加强广播电视节目内容监看评议，编发收听收看简报31期。加大区县电视台节目监看评议，编发14篇专评。强化对重视卫视节目的引导，督促整改落实。规范微电影、网络剧等网络视听节目审核管理，经营秩序规范。

3. 强化机构管理

培训125家广播电视节目经营制作机构负责人。完成影视机构换证工作。开展优秀网吧评选和召开广播电视监看评议会暨优秀节目交流评析会，产生影响。推进IPTV监管平台建设工作，通过广电总局论证。加大互联网舆情工作研判力度，处置网上维权等涉稳舆情1400余条。开展“净网”行动等活动，查处40余家违规网站。加强频道频率专业化建设。加强广告管理，倡导公益广告，打击虚假违法医药广告，电影专资用管规范，连续五年获国家电影专项资金管理一等奖。

对外文化交流

【“走出去”范围更广】 全年完成出访41项，387人次，出访26个国家和地区。一是派出4个文化代表团分赴美国、中东、南美、东亚等7个国家参加全球“欢乐春节”访演活动，演出27场，巡游4场，受到我使馆、所在国政府和人民的高度赞誉和热烈欢迎；二是举办第七届英国威尔士重庆周、首届匈牙利文化周；三是先后组织文研院赴瑞士等国家进行“2013年中欧城市文化论坛系列活动”；组织曲艺团赴俄罗斯执行“2013年俄罗斯中国旅游年”演出；组织重庆艺术团赴斐济、瓦努阿图访演；组织民族歌舞团赴巴西巡演；组织自然博物馆赴澳大利亚、新西兰进行博物馆运营管理调研考察；组织三峡博物馆赴匈牙利、新西兰商谈展览合作及与意大利执行“第二届中意博物馆联盟会议”任务；四是歌剧《凤仪亭》参加加拿大多伦多北美艺术节，重庆文化代表团参加第41届墨西哥塞万提斯国际艺术节、“第22届西班牙国际民间舞蹈艺术节”、斐济红花节“亚洲之夜”、法国巴黎“中国戏曲节”演出，均取得较好效果。三峡博物馆列入全国对台文化交流基地名单。2013年5月，该局被文化部表彰为全国对外对港澳台文化工作十大先进省市。

【“引进来”影响更大】 全年引进演出和展览149项，来访170项，2377人（次），来自22个国家和地区。一是引进德国著名艺术家迪克斯《奥拓•铜版画展》、《匈牙利画家萨雷作品展》；二是筹办实施“中国—中东欧国家地方领导人会议人文论坛”，完成墨西哥中国文化中心重庆年度合作任务，举办俄罗斯和韩国电影周；三是重庆中国三峡博物馆举办的《西迁文物展》在重庆台湾周上展出；四是日本、菲律宾、泰国、韩国等在渝举办专题文化活动；五是德国歌德学院文化代表团、德国柏林国家博物馆代表团、俄语国家公共文化服务培训团、英国威尔士文化部长休•路易斯率领的威尔士政府代表团等来渝进行文化访问。

文化改革

【改革和法规工作】 1. 推进改革

联合十个市级部门下发《关于支持转企改制国有文艺院团改革发展的实施意见》，深化制播分离改革，完成重庆有线和信息网络管理主体合。

2. 加快推进立法

《重庆市长江白鹤梁题刻保护管理办法（草案）》通过市政府常务会审议，于2014年2月1日施行。5个立法项目列入市人大2013-2017年立法规划，《重庆市公共文化服务条例》初稿形成，《重庆红岩遗址保护区管理办法》进行立法后评估。

3. 开展调研

开展文化强市专题调研，形成1个总课题和8个分课题。完成城乡总体规划优化完善基础研究文化路线图分课题，课题成果进入四届三次全会五大功能区建设战略部署。

【党群工作】 1. 完善党建工作制度

召开2013年度党建工作暨党风廉政建设会议，制定《2013年党群工作要点》和《党建工作专项考核目标体系》，每季度组织党建工作座谈会，掌握情况，交流经验，明确重点。出台《领导干部民主生活会实施细则（试行）》，增强党建工作活力。

2. 加强基层组织建设

指导局后勤服务中心成立支部委员会。变更重庆市文化遗产研究院党支部名称，完成换届。增补市少儿图书馆党总支委员、市文研院党支部委员。完成8个机关支部调整换届工作。组织 45名入党分子参加市直机关党校培训，发展党员23名。

3. 开展群团活动

开展送温暖活动，先后看望慰问2168人次。开展“健身迎‘五一’乒乓球挑战赛”等文体活动。为留守儿童送去图书册、模型标本3000余册（件）。重庆图书馆、自然博物馆被全国老龄委授予第一届全国“敬老文明号”荣誉称号。命名7个局级文明单位。重庆视美动画公司等4个单位分别荣获全国广电系统和重庆市团委青年文明号、五四红旗团委等荣誉。

【干部队伍建设】 1. 抓好干部选拔

先后选拔电影处等5名处室领导干部，完成3名调研员和2名副调研员的竞选，对局系统27名处级领导干部开展民主测评和谈话考察。组织局机关、三峡博物馆等13家单位交流任职，出台干部年度考核办法。

2. 抓好人才培训

选派28人次参加文化部、国家新闻广电出版总局、国家文物局、市委党校等培训，开展基层专业技术人员培训4期共700余人次。制定重庆市“三区”文化人才工作方案，招募244名文化志愿者到渝东南和渝东北的乡镇文化站从事为期1—3年文化志愿服务工作。

3. 抓好有效管理

全面启动绩效工资工作，先后完成重庆图书馆等19个事业单位绩效工资实施办法。开展与职称评定相衔接的重庆市专业文艺评奖机制调研，完成国家级人才申报1项、市级人才申报3项。组织414人参加全国广播电视编辑记者、播音员主持人资格考试。

【加大财政投入】 一是市财政下达文化广电文物预算指标13.05亿元，较往年增长20%。落实文图三馆一站免费开放、博物馆纪念馆免费开放、专业院团演出场次补贴、精品创作专项等17个常规专项资金7.7亿。落实永川区图书馆、巫山县博物馆等基建专项2.15亿元，新增文化人才培训专项额度1490万元。二是加大财政结余结转资金清理力度，对局系统政府采购全过程规范化监管，全年市财政局下达局系统政府采购计划199项，完成165项，完成率83%，节约资金650万元。加强专项资金财务检查力度，检查范围扩大到远郊15个区县。三是起草《局属企业国有资产管理的意见》、《局属企业重大投资管理办法》，下发《关于加强非税收入资金管理的通知》，启动司法程序收回半岛国际大厦权属房屋，确保资产保值增值。

【反腐倡廉工作】 下发2013年党风廉政建设和反腐败工作《责任分解》和《工作要点》，坚持把廉政目标与业务工作同部署、同落实、同考核，局属单位、机关处室逐一签订廉政目标责任书，构建四位一体的责任机制，落实“一岗双责”。

坚持经常性教育与专题活动相结合，组织对“八项规定”、“八个禁止”、“十二不准”和局党委的“十不准、十提倡”的学习教育；组织“加强作风建设，促进廉洁从政”的专题警示教育报告会。坚持发送廉政短信，宣传教育2500人次，做到警钟长鸣。组织开展“四强化四提升”专项整治，筑牢思想防线。

实行年度监督事项预申报制度，对声乐比赛等敏感事项开展监督，组织会员卡清退工作，强化监督效能。

深化“三项治理”，机关领导干部主动上交1.45万礼金，存入“581”廉政账户，解决纪律散漫、作风漂浮等突出问题。执行“三谈两述”和领导干部个人有关事项报告制度。起草《重庆市文化广电局评奖评审比赛活动监督管理办法》、《市文化广电局系统工程建设项目和物资采购招标投标活动监督工作暂行办法》。办理来信来访，做到件件有回音，事事有着落。

四川省文化厅

文化艺术

【概况】 2013年，四川文化艺术工作围绕第十届中国艺术节、2013年四川省舞蹈新作比赛、首届四川省文华美术奖评选和作品展览、第十四届四川省小戏小品比赛等重大主题赛事活动，抓人才培养、精品剧目生产，推进全省各门类艺术创作生产的协调发展。同时加大政府采购力度，建立健全文化下乡长效机制，承办专业赛事与文化惠民相结合，让广大群众共享文艺创作生产成果。送文化下基层开创新局面，振兴川剧取得成效。

【舞台艺术精品战略】 全省舞台艺术创作题材涵盖舞剧、话剧、歌剧、川剧、歌曲、舞蹈、曲艺、木偶杂技、小品小戏等多种艺术形式。新创及复排重点剧目10余台，省川剧院的川剧《卧虎令》（复排）、《荷珠配》（复排），省人艺的话剧《第二十九棵树》（复排）、省歌舞剧院的舞剧《川茶铺子》《红军花》（复排），四川交响乐团的歌剧《鸣凤》，省曲艺研究院的曲艺音乐剧《锦城绣娘》，成都市的川剧《岁岁重阳》《卓文君》，话剧《保尔冬妮娅》、《特警队长》，乐山市的舞剧《断层线》，古蔺县的花灯戏《畲香公主》等。新创舞蹈如省歌舞剧院的《茶味》《九大碗》《蓉城井巷》《吾水》，自贡市的《老两口的菜地》、四川音乐学院的《瓦尔俄足》、西南民族大学的《高原之舟》等获奖节目，此外，小品《都市一角》《我不是阑尾炎》《明年夏天去看海》，诗歌《守望》、曲艺剧《新生》、金钱板剧《一只鸡》，歌曲《好吧，雅安》《雄起》《祖国是靠山》等一批新作品问世，丰富省艺术创作舞台。

组织举办“2013年四川省舞蹈新作比赛”“第十四届全省小戏小品比赛”，阆中国际旅游节开幕式，“中国街子民歌村”启动及群众文化活动周，川北灯戏节，嘉陵江合唱节，第三届全国新农村文化艺术展演和新农村文艺创作座谈会，2013年舞蹈新作比赛吸引19个参赛单位的500余名参赛选手45个舞蹈作品参加角逐，吸引各界观众3000余人次，在广元市举办的小戏小品比赛，各地市（州）参赛性高，最终有40余个作品参加决赛，展示近两年来各地狠抓小戏小品创作生产的成果和潜力。

【艺术创作】 全省舞蹈新作比赛中涌现出来的优秀作品《老两口的菜地》等10个作品入选参加第十届全国舞蹈比赛；舞剧《红军花》和话剧《第29棵树》参加第十四届全国文华剧目奖的展评，《红军花》获优秀文华剧目奖、《第29棵树》获文华剧目奖、陈巧茹荣获文华表演奖、马东风获文华导演（编导）奖，林晨获优秀表演奖，李东昌获表演奖。画家马一平的《动地长歌木卡姆》、何冠霖的《开花纪》等7幅作品入围十艺节全国美术作品展评奖，美展组委会还特邀四川李焕民、阿鸽、徐匡、彭先诚、罗中立等5位著名画家的作品参展。省曲艺研究院四川扬琴《船会》、四川清音《四川更美丽》、琵琶弹唱《羌山欢歌》，南充市皮影戏《斩蔡阳》、木偶戏《千里共婵娟》，成都市木偶戏《别洞观景》等5个节目参加全国优秀曲艺木偶皮影戏展演。

参加全国重大赛事活动获得佳绩。《第29棵树》入选参加第七届全国话剧优秀剧目展演，开展全国巡演获得。《保尔与冬妮娅》入选参加2013年全国小剧场戏剧优秀剧目展演。茂县的四川羌笛荣获中国民族器乐民间乐种组合展演非职业组演奏奖。四川音乐学院绵阳艺术学院辣妹子合唱团获得第三届“黄河大合唱”合唱邀请赛二等奖。第26届戏剧梅花奖上，成都市川剧研究院王超和成都市京剧研究院刘露成为四川新添的两朵新梅花。原创舞蹈《百花争妍》《蓉城井巷》入围央视舞蹈大赛，《百花争妍》入选参加2014年中央电视台春节联欢晚会。

【院团改制结硕果】 四川省歌舞剧院完成《阆苑飞歌》旅游演出剧目，第十四届西博会开幕式展演、物流行业杰出人物颁奖公益晚会等专场演出。四川交响乐团打造的旅游演出剧目《彩云飞歌》自2012年7月正式首演，演出600余场，从每天一场到每天演出两场，在云南丽江引起极大的反响，受到来自国内外游客的追捧和喜爱。《彩云飞歌》是川交挖掘内部潜力，整合社会资源，自信自强，勇于挑战，在文化旅游市场中探索打破地域“走出去”，跨省出击“闯天下”的一次初步尝试，展示院团改革后激发出的生机活力，成为四川交响乐团对外展示的一张闪亮名片，彰显前进中的四川文化软实力。四川民族歌舞团瞄准崇州街子古镇旅游景区，打造展现川西民风民俗的剧目《幺妹情》，国庆前夕正式上演，国庆期间每天演出两场，在街子获得强烈反响。天姿国乐女子乐团发挥形式灵活和原创的优势，组织精彩节目在成都东郊记忆等旅游景点驻场演出，获得一致好评。

【文艺惠民战略】 加大政府采购力度，建立健全文化下乡长效机制。一是采购节目优化，群众参与面扩大，社会影响增强。全年省直院团和各市（州）组织送文化下乡文艺演出3500余场，观众达170余万人次。二是各省直文艺院团、各市（州）专业文艺院团开展“每周戏聚”“高雅艺术进校园”“精品剧目进校园”等公益性活动，到社区、厂矿、学校、军队、山区等基层演出，满足当地群众的精神文化生活需要。四川交响乐团开展“周末音乐会”“送高雅艺术到学校”等惠民活动，蓉城市民踊跃观看演出；省曲艺团送文化到阿坝藏区、广西北海等边疆地区；省川剧院每周日上演精彩川剧，到甘孜藏区开展送戏下乡活动；省人艺开展现实题材话剧，讲老百姓自己的故事的话剧《第29棵树》到基层巡回演出；四川参加十艺节的优秀剧目《红军花》和《第29棵树》回蓉后参加惠民演出，广大市民免费观看。三是继续打造“文化列车”品牌，组织第15次文化列车赴宜宾市10个县（区）演出，观众达2万余人次，受到当地人民群众热烈欢迎。四是配合文化部艺术家下基层慰问活动，采购省直院团优秀节目下基层，坚持实施文艺惠民战略，丰富城乡舞台，2013年元旦春节期间，文化部副部长董伟带文化部艺术家小分队到民族地区阿坝州茂县开展“艺术家小分队下基层慰问演出”活动，按照“把舞台搭建在基层，把欢笑传递给群众”的要求，为当地群众献上一场丰盛的文化大餐，让广大基层群众共享文化发展新成果。

在“4•20”芦山强烈地震发生后，组织以省直文艺院团为班底队伍，聚集省内一线的曲艺、声乐、舞蹈演员60多名，分赴震中庐山县、强震区宝兴县、名山县灾区的灵关、龙门等地开展慰问演出，共演出5场，观众达5000余人次，受到灾区群众、部队官兵、援建单位代表的欢迎。四川交响乐团在震后与自贡市开展文化安民、文化抚慰心灵活动，演出15场，用文艺参与雅安地震灾后重建社会服务。

【巴蜀画派建设】 组织首届四川省文华美术奖评选和作品展览，共收到来自全省21个市（州）及各级画院、省直文化单位、大专院校等单位参赛者的共计500余件各类美术作品，经过专家评审委员会评选,最终产生265件优秀作品参加展览，集中展示四川过去5年来的优秀美术作品，体现四川的美术实力。四川文华美术奖是新中国成立后四川首次设立的政府美术奖，四川也是全国少有的几个设立文华美术奖的省份之一，体现省委省政府对四川美术事业发展的重视。四川文华美术奖的设立为四川美术家的展示和成长搭建一个平台，在首届美术奖中脱颖而出的优秀作品被推荐参加全国美术作品展。

【振兴川剧】 举办“川剧大师阳友鹤表演艺术系列活动”“余开元从艺五十周年演出活动”，获得社会广泛好评。省川剧院经典历史剧《卧虎令》实现首次全球网络直播，为通过产业经济经营手段提高传统艺术的高附加值进行有益尝试和创新。省川剧院从8月起开展“每周戏聚”惠民活动，每周星期天在省川剧院剧场开展以川剧传承和普及培训为主的“舞台戏剧艺术品推广展示演出活动”，打造一个展示交流川剧作品、培训普及传统川剧知识技能的公益性舞台艺术品展示展览交易基地，2013年上演20余台（折）经典川剧，吸引观众达数万人次。

公共文化

【概况】 2013年，四川公共文化坚持把公共文化服务体系建设作为文化惠民的首要任务，按照体现公益性、基本性、均等性、便利性的总体要求，以“文化民生”为先，围绕“次级突破”“多点多极支撑”战略，制定刚性政策，构建文化阵地，激活基层细胞，创新公共文化服务管理体制和运行机制，提高公共文化服务质量和水平。全省建成公共图书馆188个，文化馆205个，乡镇、街道文化站4596个，成为全国数量最大、战线最长、网点最多、服务人口众多和公共文化服务网络。2010年至2012年，全省人均文化事业费由17.89元跃升至30.04元，排名从全国第23位升至第18位。2012年四川公共文化投入进步指数全国第一，公共文化投入人均进步指数全国第二，公共文化服务进步指数全国第三。省政府副省长黄彦蓉批示“省文化厅主动作为，创新实践，公共文化建设亮点迭出，成效显著，实现公共文化全覆盖向公共文化全服务的转变和飞跃，多项考核指标位居全国前列，经验在全国推广示范，可喜可贺！”成都市高新区芳草街道综合文化活动中心、龙泉驿区图书馆等单位被中共四川省委宣传部推荐参加中宣部“服务农民、服务基层”文化建设先进集体表彰。

【创新公共文化服务体制机制】 攀枝花市和泸县两个示范项目通过评审验收。作为示范区验收的前置条件，成都市承担的《政府公共文化服务主体地位研究》国家课题于2013年5月通过示范区制度设计研究课题评审，得分获得西部第一，全国第三，荣获“优秀课题”称号。6月底至7月底，文化部专家组对成都市创建示范区工作进行实地检查验收和集中评审，在全部61项指标中，成都市获得60项优秀，1项达标，验收成绩名列中西部第一，全国第三。

2013年8月14日至17日，在第二批国家公共文化服务体系示范区（项目）创建资格评审工作会上，经国家公共文化服务体系建设专家委员会评审，四川省南充市获得第二批示范区创建资格，达州市全国新农村文化艺术展演平台建设、乐山市“文瀚嘉州•百姓直通车”获得第二批示范项目创建资格，3个创建示范区（项目）数量列全国第一。

四川省第一部公共文化地方法规，《四川省公共图书馆条例》通过省人大常委会审议颁布，于10月1日起施行，四川省公共图书馆事业正式迈入法制化时代。根据文化部要求，省文化厅组织全省文化、教育、科研系统单位申报2013～2014年度国家公共文化服务体系制度设计研究课题，经过各单位申报与省专家组评审，四川上报的课题中有3项获得文化部立项，立项数量列全国第一。为完善四川公共文化服务体系建设长效机制，提高公共文化服务体系建设工作的科学化水平奠定理论基础。

【提档升级公共文化服务能力水平】 年内，四川有118个公共图书馆迈入国家等级馆行列（一级馆38个、二级馆48个、三级馆32个），上等级馆数量位居全国第五，比2009年第四次评估时增加20个，增长率为20.41%，根据文化部统一部署，四川于2013年开展第一次全省乡镇综合文化站评估定级工作，在市（州）自评的基础上，经省文化厅审核，最终产生的一级站、二级站、三级站数量分别占全省乡镇综合文化站的10%、15%和20%，评估结果上报文化部备案。

2013年上半年四川开展第一批省级古籍重点保护单位和古籍保护单位的申报评审工作，省政府办公厅命名14家古籍重点保护单位、12家古籍保护单位，涵盖公共图书馆、高校图书馆、博物馆、档案馆（局）、宗教、寺庙等古籍收藏单位。

【搭建城乡文化惠民活动平台】 四川在第十届中国艺术节“群星奖”比赛中斩获17个“群星奖”奖项。其中5个项目类“群星奖”名列全国第一，4个“群文之星”名列全国第三,作品类历届最多。

省文化厅于7月中旬至9月底，组织全省各地开展“舞动民族魂唱响中国梦”四川省首届群众广场舞大赛，全省598支队伍,2.6万名演员先后登台献艺，55万多名观众自发参加。9月28日在成都市温江区成都中医药大学体育馆举行决赛，大赛受到各级新闻媒体的广泛关注，新华社、《人民日报》、《光明日报》、《中国文化报》、《四川日报》等主流媒体报道新闻60余篇，四川电视台全程录播决赛盛况。大赛首创的“十个不”“六群众”成为新的群众文化观，体现以群众为中心的文化导向，发挥群众的主体作用。

全省城乡群众文化活动丰富多彩。雅安举办2012年度“优秀民间文艺团体”“先进文化广场”颁奖典礼、文艺进社区暨2013年度“欢乐大舞台”广场文化活动，“醉美泸州•百姓舞台——泸县农民演艺专场”群英荟萃，接地气，贴近百姓生活，展现“泸县农民演艺网”创建国家公共文化服务体系示范项目的丰硕成果。内江市重点打造的群众文化活动品牌——“2013内江文化四季风广场文化活动”让文化走近基层、走近群众、走近生活，为市民提供一个免费享受文化的平台，宜宾市图书馆公共电子阅览室开通“心声•音频馆”，面向视障人群和社会公众定制推出免费资源服务，成为视障读者获取知识、感知世界、健康成长的一个重要途径。

【文化志愿交流活动】 开展抗震救灾及灾后恢复重建工作。“4•20”芦山地震发生后，省文化厅庚即下发《四川省文化厅关于开展“4•20”芦山地震文化帮扶系列活动的通知》，组织文化志愿者在灾民安置点，建立服务点，提供图书借阅、电子阅览及共享工程服务，要求两馆一站“帐篷书屋”灾区集中安置点免费开放。总书记习近平5月21日亲自视察芦山县图书馆“帐篷书屋”，高度赞扬“帐篷书屋”丰富了灾区人民群众的文化生活，让灾区群众的心灵得到安抚。邀请心理和医疗专家到灾区，为灾区人民传授心理健康方面的知识，启动灾后恢复重建灾情统计和规划编制工作，编制《公共文化灾后恢复重建专项规划》。

组织开展汉藏文化交流工作，3月22日至25日，汉藏文化交流试点工作现场会议分别在阿坝藏区农区金川县和牧区阿坝县召开。会议确定汉藏文化交流活动采用“试点先行，以点带面”的工作方式，活动内容包括举办汉藏文化交流公益论坛、讲座，开展藏区寺庙古籍文献普查，开展文化共享工程，为农区协助筹建图书室等。5月27日，省图书馆和金川县人民政府联合举办“《金川历史文化览略》书首发及赠书仪式”，在全省扩大汉藏文化交流工作的影响力。

7月2日至9日，“康定情歌的故乡•最后的香格里拉——圣洁甘孜走进广东”活动在广州和深圳举行，中共中央政治局委员、广东省委书记胡春华做出重要批示；中共四川省委书记王东明，省委副书记、省长魏宏，省委常委、宣传部长吴靖平，省政府副省长甘霖等领导分别批示，广州军区、广东省相关部门、广州市四大班子领导、四川省文化厅、甘孜州四大班子领导出席参加。省文化厅参与组织策划的康巴文化展、康巴文化大讲堂、专场文艺演出和锅庄晚会四大文化活动，为项目招商、文化旅游产品推介，搭建平台。9个项目签约成功、签约资金超过87亿元。此项活动为四川“‘春雨工程’——全国文化志愿者边疆行”的重要组成部分。

为加强内地民族地区与边疆民族地区的文化交流，根据文化部、中央文明办统一部署，10月17日至24日“春雨工程”——四川省文化志愿者广西行系列活动在广西南宁、北海、钦州等地的社区、广场、边疆军营、剧场等地展开。来自省曲艺团、省川剧院、四川艺术职业学院等单位的70余名四川文化志愿者，通过“大舞台”“大讲堂”“大展台”等形式，组织实施10个内容丰富、形式多样的文化志愿服务项目，为基层群众提供面对面、零距离的文化服务，广西自发参与活动的群众和驻守边疆的子弟兵达6万人。此次活动是四川公共文化首次走出去援助边疆的一次盛大的公共文化志愿活动。

文化产业

【概况】 2013年，是实施“十二五”规划承前启后的关键年，根据文化部文化产业司工作安排，四川文化产业坚持实施重大文化产业项目带动战略，做大做强文化旅游产业、演艺娱乐产业，重点培育动漫游戏产业和创意设计产业，发展壮大文化产业骨干企业，培育中小微文化企业，提升文化产业的地位。

【文化产业发展前景】 根据文化部《“十二五”时期文化产业倍增计划》和实施重大文化产业项目战略带动战略工作部署，四川在全省21个市（州）和厅直属单位梳理总共160个涉及投资金额近千亿元的重点文化产业项目，出台《关于推动全省文化系统文化产业倍增发展的指导意见》，提出到2017年，全省文化系统文化产业增加值达到700亿元，较2012年翻一番的发展目标。

组织委托专业机构编制四川省动漫游戏产业、示范园区（基地）、民营文化产业、演出、艺术品等行业发展报告，对全省重点文化产业业态进行梳理，把握文化产业发展趋势和规律，提供文化产业发展全局性和导向性意见，增强决策的科学性和前瞻性。

2013年，全省文化产业实现增加值比上年的936.44亿元增加452亿增长33%。

【特色文化产业建设】 制定《四川省文化产业示范园区评选命名管理办法（试行）》，组织进行全省首批省级文化产业示范园区和第四批省级文化产业示范基地申报工作。安仁（中国）博物馆小镇、广元蜀汉文化产业园、遂宁观音文化产业园成为全省首批省级文化产业示范园区。截至年底，四川共有国家级文化产业示范园区1家、国家级动漫游戏基地1个、国家级文化产业示范基地13个，省级文化产业示范园区3个，省级文化产业试验园区2个，省级文化产业示范基地44个。

为整合四川藏羌彝文化产业走廊区域文化资源，梳理区内优质项目，省文化厅委托省社科院、电子科技大学、西南民族大学等相关高校和研究机构组织力量藏羌彝民族地区，帮助指导规划文化产业项目。《藏羌彝文化产业走廊（四川区域）发展规划》通过专家评审。6月，“四川省藏羌彝文化产业走廊（精品展示）交流会暨川港文化产业高端人才培训系列活动”在香港举行。活动得到两地媒体的高度赞赏。包括新华社、中新社、《香港文汇报》、《香港大公报》、香港卫视、《中国文化报》、《四川日报》、人民网、新浪网、腾讯网在内的50多家境内外媒体对此次交流会予以关注报道。成都民办博物馆聚集中心、四川动漫游戏游艺产业园等重大文化产业项目建设快速推进，项目得到地方政府支持，土地等前置手续基本就绪，项目有序推进。

【文化产品交易与文化项目推介】 省文化厅组织参加第九届中国国际文化产业博览交易会、第十四届中国西部国际博览会、第八届北京国际文化创意产业博览会等重大会展活动。在第九届中国国际文化产业博览交易会开幕日，中共中央政治局委员、中央书记处书记、中宣部部长刘奇葆亲临四川展位。刘奇葆对四川文化产业发展进行肯定，勉励要挖掘丰富资源，加快推进文化产业发展，为推动社会主义文化大发展大繁荣提供有力支撑。

对外推介四川重点文化产业项目，省文化厅编印《2013年四川省文化产业招商引资项目推荐册》和《重点文化产品宣传推介册》，据不完全统计，2013年参加各大展会期间通过宣传推介，同四川洽谈有意向合作的达150个项目，意向金额约600亿元。其中深圳文博会期间，四川成都市、泸州市、雅安市分别举行专场文化产业项目推介会暨签约仪式，共计推介重点文化产业项目71个，现场签约项目13个，签约金额94.2亿元。

【探索文化产业民营发展模式】 为摸清全省民营文化产业发展实际状况，省文化厅组织多次民营文化企业调研和座谈，重点进行民营文化产业发展现状、文博资源转化和文化产业发展等专题调研活动，对四川民间资本进入民营文化产业领域的发展情况、四川为推动民营企业发展出台的相关政策以及配套措施、当前制约民营文化企业发展的主要问题等方面进行研究，编制相关报告。

在进行民营文化产业发展调研中，省文化厅重点就文化企业担保、政府贷款贴息、国有和民营文化产业人才双向流动机制，孵化小微民营文化企业、运用政府采购方式支持民营文化产业发展等方面进行分析，推动省工商联文化产业协会建立面向民营文化企业融资担保与再担保机制，联系金融机构同中小微文化企业进行项目对接，以帮助更多小微文化企业解决贷款难的问题，助推民营文化企业健康发展。

【文化科技融合】 为促进文化与科技更好融合，省文化厅搭建动漫产业服务平台，促成国家动漫游戏产业（四川）振兴基地与成都武侯祠博物馆合作，在成都大庙会上融合表现力丰富的动漫元素，以“动漫三国”和“穿越三国”作为庙会主题，为传统节庆活动吸引人气。为促使四川动漫企业走出去，省文化厅组织成都恒风动漫制作有限公司、成都风之翼动画制作有限公司、成都牧鹰数码艺术设计公司、成都谛听文化传播有限公司等动漫企业参加杭州国际动漫节和上海国际动漫游戏博览会。参展企业在衍生产品授权、产品销售渠道等方面寻找到合作伙伴，拓宽发展空间。开展全省动漫游戏产业专题调研，编制四川动漫游戏产业发展年度报告。据统计，2013年全省共举办各级各类动漫游戏展会二十余场，共吸引参展观众200万余人次。

四川文艺音像出版社与四川新闻网传媒（集团）有限公司联合制作的《动漫川剧古诗词曲》多媒体课件入选2013年“国家动漫品牌建设和保护计划”（动漫创意）。10月，四川新型文化业态企业参加“香港•文化创意•授权”研讨会。省文化厅推动在省博物院、锦里、宽窄巷子等创意元素密集区域设立“创意小屋”，重点对四川创意设计业重点品牌产品进行集中展示。

对外和对港澳台文化交流

【概况】 2013年，四川对外文化工作以党的十八大精神为引领，在《十二五文化改革发展规划》统一部署下，配合省委省政府中心工作，按照“官民举、双轮驱动，交流互鉴、兼容蓄”的原则，多渠道、多方式搭建四川文化“走出去”平台，对外文化交流和对外文化贸易齐头进。

【扩大对外交流】 全省对外和对港澳台文化交流演展项目214项，参与文化交流人数2784人；在境外举办609场（天）展演活动，海外观众达1475万人（次）；在省内举办涉外和港澳台文化展演5023场(天)。

1. 开展央地合作，办好国家级重点交流项目

以“欢乐春节”品牌活动为平台，分别组派四川交响乐团“天姿国乐”民乐团赴新西兰巡演，派甘孜州歌舞团赴保加利亚和斯洛文尼亚巡演，推动成都民族歌舞剧院艺术团赴英国和以色列演出、自

贡彩灯赴台湾举办灯展等，对四川春节文化品牌起到有力的推广作用。支持凉山州歌舞团参加国家民委组派赴加拿大巡演，参加蒙特利尔国际立体花坛大赛“中国主宾国”演出。受文化部邀请，作为全国唯一省市代表，赴尼泊尔参加“加德满都文化论坛”作主题发言。与文化部外联局紧密协作，完成《保护非物质文化遗产公约》通过10周年纪念大会、国际非物质文化遗产节邀请境外代表和演展人员的申报工作、开幕式以及重要会见活动的礼宾工作。推动文化部对港澳台重点项目，四川省文化馆组织非遗传承人和南充歌舞团赴澳门举办春节习俗展，组织四川艺术团赴香港举办“中秋彩灯节”演展活动；四川艺术职业学院赴台与台湾戏曲学院等5所高校开展校际交流。南充《川北大木偶集萃》入选文化部对外文化交流精品项目（西亚北非地区）。

2. 围绕省政府对外开放战略，推动四川“大文化”走出去

一是加强部门协作，服务对外开放。省文化厅主动加强与省外办协作，推动与法国、韩国、日本等友城交流合作项目，与法国香槟-阿登大区签署文化合作意向书，促进南充市与法国莎勒维尔市以木偶文化为桥深化友城关系，四川交响乐团天姿国乐团赴日本友好城市演出。与省委台办共同推动对台交流，促进演展团组和艺术家个人赴台湾开展交流活动。协助省侨办、省侨联、省民委推动海外文化慰侨工作。与省委宣传部、商务厅、成都海关等共同协作，为文化贸易提供政策和资金支持。二是推动“藏区文化走出去”。组派甘孜州歌舞团（保加利亚和斯洛文尼亚）赴中欧参加“欢乐春节”，赴香港参加“中秋彩灯节”，赴台湾参加对台文化交流。在香港举办“藏羌彝”文化产业专场推介。在四川艺术职业学院赴台高校交流项目中安排藏族老师讲解唐卡画派，向台湾师生展示“9+3”免费职业教育与保护传承藏族非遗文化成果。三是加深港澳台民众对四川文化认知与解。推动四川博物院藏汉代画像砖珍品展赴澳门展览、绵阳北川羌族民俗博物馆赴澳门参加“五四”青年文化周展览。协助举办第四届“台湾学生天府夏令营”，安排百名台湾学生参观四川博物院、武侯祠、杜甫草堂、三星堆博物馆等。安排香港大学生在四川文博和文化产业机构实习。四是支持文化交流与城镇化建设结合，提升国际化小镇的文化内涵，拉近交流活动与民众的距离。省博物馆学会与成都文旅集团等共同主办的“2013安仁•博物馆论坛”，邀请境内外博物馆专业人士参与，提升安仁博物馆小镇的国际品牌价值。成都彭州白鹿镇先后举办法国古典音乐艺术节、世界和平童声合唱团演唱会，外国艺术家走进社区和学校，向世界展现小镇文化活力。

3. 促进艺术院团开展编创合作，实现本土艺术品牌与国际表达的有机结合

扶持乐山市歌舞剧团携中国、澳大利亚、新西兰合作编创、反映灾后重建精神的现代舞剧《断层线》赴新西兰参加三大国际艺术节演出，中国驻克兰斯特彻奇总领事馆专门向文化部和四川省文化厅发来专电表扬乐山市歌舞剧团的精彩演出和热烈反响。支持演艺机构开展国际合作，引进先进理念和管理经验：四川省人民艺术剧院与法国驻成都总领事馆和法国编导开展戏剧合作，推动《饭碗》2014赴法国参加阿维尼翁戏剧节；四川交响乐团聘请英国音乐家担任音乐总监，指导艺术创作和排练；锦城艺术宫与世界剧院演出行业龙头——美国倪德伦公司合作，商讨共同组建川渝百老汇剧院管理公司、建设室外音乐广场等合作项目。

【对外文化贸易】 2013年，四川核心文化产品出口约5.62亿美元，其中艺术品出口达到5.12亿美元。成都金山、魔方、数字天空、尼毕鲁等游戏公司则通过联合开发、授权代理、独立运营等形式将原创网络游戏和手机游戏销往海外。恒风动漫出品的《蔬果宝贝》和《星系宝贝》系列动画片，在欧洲和亚洲一些国家进行授权海外销售。成都铁皮人科技原创的幼儿教育类插画销往中国台湾、香港和韩国、日本等市场。

1. 助力推动川港文化产业合作

通过四川天府文化产业发展促进中心，组织省内21家优秀文化企业赴港举办“藏羌彝”文化产业走廊（精品展示）交流推介活动，借助香港平台推广四川文化产业与文化产品。与文化部港澳台办公室、香港贸发局共同举办“香港•文化创意•授权研讨会”，通过国家动漫游戏（四川）振兴基地和天府文化产业中心、四川文化品牌协会等机构邀请70家文化艺术机构、企业、大学的100人参与，学习香港文化创意与产品设计营销结合的先进理念。

2. 搭建，宣传贸易企业平台

在西博会上首次举办“四川文化走出去特色展区”，征集国家级文化出口19家重点企业和3个项目，集中编印《四川省国家级重点出口企业和出口项目》

（中英文）宣传册，通过展板、视频和宣传册集中推介文化“走出去”优秀企业和优秀项目。

3. 加强部门合作，争取扶持政策

加强与省委宣传部、省商务厅、成都海关的协作，为文化出口企业争取资金和政策扶持。组织开展2013～2014国家文化出口重点企业和重点项目申报推荐工作，组织优秀出口项目参评四川文化发展专项资金、四川省文化产业专项资金，促进“一市一州一品”文化贸易品牌建设，支持演艺、自贡彩灯、动漫游戏和艺术品贸易扩大国际市场份额。

4. 加强对动漫游戏等文化贸易重点企业的调研

与“国家动漫游戏产业（四川）振兴基地”的合作，以“四川省动漫游戏业对外贸易发展问题与对策”为题，对四川动漫游戏、服务外包的重点企业进行实地调研，了解企业情况，形成近2万字的《四川动漫游戏产业对外贸易问题与对策调研报告》，为全省动漫游戏出口、外包找问题、寻对策，为对外贸易政策的制定提供参考和依据。

【因公出访的三审核一公示制度】 按照中央“八项规定”和省委“十项规定”，四川省文化厅管控因公出访项目，要求做到出访有实质内容，有明确目的，有实际效果。执行省委相关规定，实行因公出访团组出访内容审核、财务审核、人员审核和团组公示制度。与省外办协调沟通，推动业务单位实质性交流项目的实施。

【规范文化交流管理】 编印《文化交流项目申报指南》，向市（州）文化局和厅直各单位下发，明确申报程序、所需材料等事项，为申报单位提供便利服务。加强省外办沟通协调，规范外国使领馆在川举办文化交流活动的申报流程。加强与省市公安局出入境管理局的协作，规范管理外国人来华交流活动。

文化市场

【概况】 2013年，完善城乡文化市场服务体系，增强文化市场服务业对工业化、城镇化的配套和服务能力。据统计，全省文化市场经营单位17565家，新增541家，经营收入230.5亿元。其中，营业性演出经营单位948家，新增228家，举办各类演出近5.2万余场（次），票房收入6亿元;娱乐场所7359家，新增353家，新增面积25.7万平方米，新增投资5.4亿元，营业收入142亿元；网络文化经营单位92家，新增35家，网吧9425家，新增121家，网络文化市场经营收入82亿元；各艺术品机构举办专业艺术展览1500余场(次)，举办文物艺术品拍卖24场，成交额3亿元。全省文化市场发展有升有降，总体平稳。

【加强政策研究】 实施文化产业倍增计划，13个市调研，对各地工作进行点对点的指导和梳理，制定和完善推动文化市场服务业的政策。开展文化市场调研，组织召开全省文化产业文化市场工作会，统一各地对发展文化市场服务业的认识，指导各地编制文化市场服务业项目。围绕实施“三大发展战略”、推进两个“跨越”和建设“两区四带四圈层”服务业发展空间格局的工作要求，制定《关于加速全省文化市场服务业发展的指导意见》和《文化市场服务业重点项目》，明确推动全省文化市场服务业发展和工作方向和着力点，提升文化服务业创新能力和核心竞争力，推出一批深受群众喜爱、市场占有率高的原创文化市场产品，满足人民群众日益增长的文化消费需求。委托专业机构撰写网吧市场、演出市场和艺术品市场年度发展报告，对文化市场服务业发展进行分析总结，提供市场发展全局性和导向性意见，增强决策的科学性和前瞻性，促进文化市场服务业转型升级。

把握市场发展态势，适时调整政策，推动市场发展。调整娱乐、网吧准入政策，激活社会资本投资文化市场活力，形成连锁网吧和单体网吧合理配置的市场格局，引导网吧、娱乐场所向农村合理布点，缩小城乡信息化差距，满足农村人口和低收入群体享受多样化文化生活。全年农村新增网吧108家、娱乐场所184家、演出团体163家。

【西部区域文化市场中心建设】 促进文化与旅游融合，推广旅游演出市场品牌，与中共四川省委宣传部、省旅游局共同举办以“行看锦绣天府，戏品文化巴蜀”为主题的“四川省优秀旅游演出评选及展演活动”；与省旅游局共同举办“旅游四川好戏连台——游客最喜爱旅游演出剧（节）目评比活动”。

打造惠民演出产品，推出低票价演艺品牌。整合院团、演出经纪机构、剧场资源，以低票价、高品质原则，推出低价惠民的“周末音乐会”，重点演出公司引进和举办的交响乐、芭蕾舞、话剧、儿童剧、大型舞台剧等高雅剧目，首度进入中国大陆市场的“格莱美”音乐会在成都举办，扩大成都演出市场影响力，逐年形成的“热波音乐节”“汽车音乐节”“咪咕音乐节”“欢乐谷狂欢节”渐成四川知名音乐节庆，四川演出市场呈多元发展态势。

指导举办成都首届蓝顶艺术节，通过艺术论坛、展览、开放艺术家工作室等活动，吸引近10万群众参加；指导建立四川艺术品专业网站“99艺术网”，初步建成四川艺术品数据分析中心、信息采集中心和艺术品电子商务平台；指导“四川文化消费节”，以此为平台，整合各类文化资源、产品和服务，拓展大众文化消费市场，开发特色文化消费，培育新的文化消费增长点，打造“四川文化消费节”品牌。

推动演出院线建设，协助四川省创意剧院场连锁有限责任公司完成企业注册，开展演出连锁经营。2013年，院线公司引进的5项国内外精品剧目演出38场，在培育二线城市演出市场，促进演出市场平衡发展上发挥作用。加强演出市场主体培育，指导省演出娱乐协会扩大民间演艺人员资质考核认定和演出经纪人培训和资格考试。全年新增演出经纪机构19家，新增演出团体204家、演出场所5家。

推动新兴文化市场发展，成都聚集的“手游”研发、运营企业和团队超过300家，涌现出尼毕鲁、蓝航科技、数字天空、哆可梦等一批明星公司。尼毕鲁凭借旗下四款主打国际市场的帝国系列iOS网游，实现年收入近3亿元。金山网游荣获2013年度中国网络文化优秀品牌奖，中国无线音乐基地的咪咕音乐人平台荣获全国网络音乐平台奖。

泸州、巴中、眉山利用省厅政策，解决娱乐场所无证经营问题。三市文化部门在政府的统一领导下，整合部门资源，把依法管理和引导服务相结合、推动发展与解决民生相结合，化解社会矛盾，促其合法经营，使量贩式歌城和低消费娱乐场所成为老百姓喜爱的文化消费方式。

【行政审批规范化建设】 举办全省文化市场管理培训会，印制《四川省市（州）政务服务中心文化窗口行政审批事项办事指南（范本）》，制定《四川省文化市场行政许可工作制度》《四川省文化厅关于公布文化市场行政审批服务监督电话及电子邮箱的通知》和《2013-2016年文化市场行政审批人员岗位培训考核纲要》，开展行政权力清理，优化行政审批流程，加强制度建设和优化工作流程，促进依法行政、正确履职。至11月底，文化厅窗口共受理行政许可申请279件，办结255件，按时办结率100%，现场办结率达到100%，群众满意率100%，效能提速率保持在51.75%，收到群众赠送锦旗8面，表扬信2封。

按照文化部行政审批规范化建设工作部署，对全省11个市及其所辖32个县（市、区）开展全省文化市场行政审批工作交叉大检查，解审批情况，查找问题，总结亮点，听取建议，提出意见，促进各级文化市场行政审批工作经验交流，推进文化市场审批规范化建设。

【试点文化市场管理信息化建设】 省文化厅和德阳、遂宁、泸州3市9县文化行政部门成为文化部“全国文化市场技术监管与服务平台”试点单位。完成平台各级试点单位行政审批业务运行环境准备、行政审批初始化数据采集核准、平台运行硬件设备配置以及行政审批人员培训等基础性工作，保障平台试点于9月28日启动。

【推动经营性事业单位转企改制】 如期完成《银幕内外》杂志社改制工作。研究政策，协调相关厅局，确定该社社保关系转移时的补缴社会保险费金额，解决该社转企改制中社保关系转移问题。加快博文集团组建步伐，保障各组建单位职工利益，研究解决其社保事企资金缺口问题。按照新修订的《中华人民共和国文物保护法》规定，由四川省雕塑艺术院接受四川省文物总店按股份划转其持有的四川省翰雅拍卖有限公司股份，使四川翰雅拍卖有限公司取得文物拍卖资质，理顺企业资产关系和权利义务。针对四川大剧院项目出现的14779.66万元资金缺口，协调省发改委报请省政府予以解决。省发改委以两个资金分项（省锦城艺术宫经营性项目资金5302万元和省锦城艺术宫分年度划拨项目9478万元）上报省领导审批。

【统筹协调文化市场管理】 组织开展文化市场经营单位安全生产督查活动，指导眉山、南充、巴中、泸州等地文管领导小组开展娱乐市场专项整治工作，指导其在整治中把握法规政策界线，对工作推进、工作亮点和成效进行宣传引导。收集总结各市（州）文管办特色工作，编写工作简报进行经验推广；连续下发《关于全省文化市场综合执法三化建设进展情况的通报》《关于开展全省文化市场综合执法基础信息采集工作的通知》，与四川省文化体制改革和发展工作领导小组办公室联合下发《关于开展深化文化市场综合执法改革暨执法专业化规范化信息建设检查验收工作的通知》等文件，开展综合执法改革检查验收工作，推动全省文化市场综合执法“三化”建设，增强执法队伍战斗力。

文物保护

【概况】 2013年，全省文物系统围绕十八大、十八届三中全会精神的贯彻落实，在省委、省政府领导下，在国家文物局支持下，抓主抓重，稳健务实，完成各项年度目标任务，推动全省文物工作跃上新台阶。

【文物保护工作】 根据国务院《关于做好旅游等开发建设活动中文物保护工作的意见》。省政府在全国范围内第一个出台《关于做好旅游等开发建设活动中文物保护工作的实施意见》，对加强全省旅游等开发建设活动中的文物保护工作提出具体要求。会同省住建厅和省旅游局，对全省范围内旅游等开发建设活动中的文物保护情况进行全面检查，对峨眉山、江油、阆中、犍为、青神、资中等地的违法违规行为予以纠正。

【基本建设中的文物抢救保护】 组织开展考古发掘项目80余项，发掘面积约5万平方米，在抢救保护一批珍贵文物的同时，保障全省众多基本建设工程的推进。尤其是配合基本建设发现的四川金川刘家寨新石器时代遗址，荣获“2012年度全国十大考古新发现”，这一殊荣四川为第13次。

【文物基础工作】 年内，省政府公布10处“国保”和2处“省保”单位保护规划。制定《四川省省级文物保护专项补助资金管理办法》对专项资金的主要用途、分配方法、申报审批、监督管理等作出新的规定。开展项目储备和资金申报工作，中央财政下达全年四川各类文物保护专项补助资金近6亿元。全省市、县、乡、村四级文物安全责任体系更加完善，武胜宝箴塞、成都大慈寺擅自在保护范围内开展建设工程等违法事件得到处理。文物部门与公安、工商、海关等部门的合作机制加强，文物违法犯罪多发势头得到有效遏制。

【文物保护四有工作】 根据《文物保护法》等法律法规规定，按照上年文物工作会的安排部署，全省各地的“四有”工作继续推进，特别是第七批全国重点文物保护单位和第八批省级文物保护单位的保护范围划定、保护标志设立、记录档案建立、保护机构建立健全等基础工作有序开展，多数市（州）基本完成，这为依法实施文物保护单位保护管理工作提供重要保证。

【文物资源】 国务院核定公布第七批全国重点文物保护单位，四川102处不可移动文物位列其中，至此，四川“国保”数量达230处，数量位居全国第五。成都市大邑县新场古镇上下正街被文化部、国家文物局评为“中国历史文化名街”，平武县被省政府列为省级历史文化名城，四川42个村落列入第二批中国传统村落名录。

【文物保护成果惠及民生】 芦山地震发生后，四川第一时间启动全省文物系统救灾应急预案，携带救援物资赶赴灾区，解文物受灾情况；第一时间在国家文物局下拨280万元应急资金的同时，配套20万元用于灾区文物应急抢险；第一时间组织完成文物灾情调查统计、灾害损失评估、应急抢险和《“4•20”芦山地震灾后文物抢救保护规划》编制工作，186项灾后文物抢救保护项目纳入国务院和省政府先后公布的总体规划和专项规划。8月22日，省政府、国家文物局和省文化厅、省文物局与当地党委政府一道，在重灾区和一般灾区分别举行茶马古道•观音阁和三苏祠灾后文物抢救保护工程开工仪式，标志着灾后文物抢救保护工程的全面启动。截至2013年底，灾后文物抢救保护项目启动78个，启动率达42%。

根据国务院《关于开展第一次全国可移动文物普查的通知》，省政府下发《关于开展第一次全国可移动文物普查的通知》、组建省级普查机构召开四川省第一次全国可移动文物普查电视电话会议，全面部署文物普查工作。省普查办编制完成向社会公布普查实施方案，举办“四川省第一次全国可移动文物普查骨干培训班”，完成各地普查机构的搭建、普查经费的落实，在全国率先完成国有单位文物收藏情况调查工作。其中德阳、资阳、自贡、达州等地开展宣传活动，阿坝、甘孜、凉山等民族地区克服地域广、人手少、交通不便等诸多困难，完成第一阶段的工作任务。在上年底召开的全国文物局长会议上，四川第一次全国可移动文物普查工作得到国家文物局的肯定。

大遗址保护工作开展。成都平原史前城址、十二桥遗址、明蜀王陵墓群、罗家坝遗址、茶马古道、蜀道6处大遗址新列入国家“十二五”大遗址保护项目库，加上原有的三星堆遗址、金沙遗址和邛窑遗址，四川共有9处大遗址保护项目位列其中。成都市人民政府在全国率先颁布施行针对大遗址保护的综合性管理办法——《成都市大遗址保护管理办法》，将全市35

处遗址纳入成都片区大遗址保护名录。

文物保护重点工程全面实施。全年完成19项“国保”和28项“省保”单位抢救保护工程，对于民族地区特别是藏区的泸定桥、丹巴碉楼、卓克基土司官寨等一大批涉及民生民计的文物保护项目，在资金筹措、技术指导、人才培训等方面给予重点倾斜与支持，对白利寺一处“国保”单位，中央和省级财政“十二五”期间投入近3000万元。

【博物馆事业】 截至年底，全省博物馆纪念馆备案登记的数量达244座，其中文物系统博物馆152座，行业博物馆17座，民办博物馆75座；拥有国家一级博物馆7座，二级博物馆7座，三级博物馆18座。

全省89家免费开放博物馆纪念馆。全年免费接待观众人数约1 600万人次，其中未成年人约600万人次，大中小学生及农民工、城镇低收入群体参观人数上升，博物馆纪念馆的社会效益显现。

提升公共服务能力。北川羌族民俗博物馆基本陈列“大美羌乡”荣获“2012年度全国博物馆陈列展览优秀奖”，广汉三星堆博物馆荣获“2012年度国家一级博物馆运行评估遗址类博物馆”第三名。组织完成国家二、三级博物馆运行评估试点工作，首次引入社会评价机制将其作为与行业评估行的重要部分。

开展文物交流活动。金沙遗址博物馆引进《马王堆汉墓文物珍品展》、四川博物院赴新疆博物馆举办的《巴蜀神韵—四川博物院馆藏文物精品展》等反响强烈；配合中国文物交流中心开展的赴日“中华大文明展”、赴意“早期中国展”、赴英“明代：皇宫与驿道”展各项工作推进；与美国宝尔博物馆、休斯敦自然博物馆外展合作项目进展，四川文化遗产的影响力、吸引力增强。

【探索文物保护改革创新】 减政放权工作进行。按照国务院和省政府安排部署，省文物局对现有13项行政许可项目进行集中清理，其中由政府出资修缮的非国有全国重点文物保护单位转让、抵押或者改变用途审批事项被依法取消。纳入政务中心的行政许可项目承诺办结时限缩短为10个工作日，除行政许可外的35项行政权力全部实现在省政府电子政务网站公开运行。

完成民办博物馆规范化建设评估及发展调研。以中央资金奖励民办博物馆为契机，发挥奖励资金的导向作用，对全省民办博物馆在提高陈列水平、加强藏品保护管理、提升公共服务能力等方面提出要求。

文博信息化建设步伐加快。数字博物馆、掌上博物馆等新媒体传播模式发展应用，四川省文物考古研究院“虚拟考古体验馆”开馆，成都市文物信息咨询中心数字文化文物信息综合管理、展示与互动平台——“成都数字文化文物信息平台”基本建成。

非物质文化遗产保护

【概况】 2013年，四川非遗保护工作坚持“抢救为主、保护第一、合理利用、传承发展”的方针，以举办第四届中国成都国际非物质文化遗产节为契机，以开展《四川省非物质文化遗产条例》立法调研为抓手，转变观念、创新理念，坚持依法保护、科学保护，强化落实各项工作措施，全省非遗保护工作得到较大的提升和发展。

【举办第四届非遗节】 6月15日至23日，由文化部、四川省人民政府、中国联合国教科文组织全国委员会、联合国教科文组织主办，成都市人民政府、中国非物质文化遗产保护中心、四川省文化厅、联合国教科文组织亚太地区非物质文化遗产国际培训中心承办，成都市文化局、青羊区人民政府、国际非物质文化遗产博览园具体执行的第四届中国成都国际非物质文化遗产节（以下简称“非遗节”）在四川成都举办。非遗节以“人人都是文化传承人”为主题，举办开幕式、纪念《保护非物质文化遗产公约》通过10周年成都国际非物质文化遗产大会、国际非遗博览会、第26届中国戏剧梅花奖赛事、中国书法篆刻艺术国际大展、主题分会场和配套活动以及闭幕式等7项主要节会活动。荟萃各类非遗项目1000余项，举办300多项交流、展示、展演、展销和招商签约活动，107个国家（地区）的600多名代表，以及国内各省、区、市的3000多名代表参加主要演展和观摩活动。据统计部门检测380多万游客和市民观摩、体验节会各项活动，拉动社会消费42亿元人民币，受到文化部和省领导的肯定，获得国内外专家和人民群众的广泛赞誉。文化部部长蔡武、副部长董伟，中共四川省委书记王东明，四川省委副书记、省长魏宏，四川省委常委、宣传部部长吴靖平，四川省副省长黄彦蓉分别对第四届非遗节作出重要批示，给予高度评价。王东明在省文化厅《关于报送第四届中国成都国际非物质文化遗产节工作总结的报告》上批示："这次非遗节组织得很好。下一届可适当加大宣传力度，扩大影响，力争办得更好。更重要的是采取更有力的举措，把非遗保护工作做得更好"。

本届非遗节坚持简约办节。

减少领导出席的礼仪性活动，增多百姓免费观摩项目，简化会场布展方式，取消盛大的招待酒会。

搭建国际平台。

采取"政府主导、社会参与、市场运作"的运作模式，广泛动员社会资源参与非遗节各项活动。

突出非遗亮点。

非遗节期间推进非遗资源与文化产业之间的对接，首次举行非遗项目和文化产业项目签约仪式，共签约12个项目，签约金额人民币142.3亿元。

坚持文化惠民，打造民众节日。

免费开放的非遗节主会场和7个分会场和遍及成都市各区（市、县）的各种非遗宣传展示展演活动，让民众广泛的融入到各项节会活动之中。

媒体强势聚焦，全球瞩目成都。

本届非遗节受到国内外主流媒体的高度关注，30多家中央级媒体、30多家境外华文媒体和各省（区、市）媒体的300多名记者和100多名摄影家云集成都，中央主流媒体的报纸、电视、广播、网络对非遗节的报道达370余条，省（区、市）媒体对非遗节的报道1100多条，其中在中央媒体和省（区、市）媒体发表专访和重点报道60余篇。

【转变作风基层调研】 开展非遗保护调研。

上半年，结合第四届非遗节四川参展项目的选调组织，基层开展有针对性的非遗保护调研工作。实地到蜀锦、蜀绣、成都漆艺、雅安南路边茶、荥经砂器、刘氏竹编、藏族编织挑花刺绣等一批国家级、省级非遗项目保护单位，听取意见和建议，与国家级、省级传承人面对面交流，8月28日至9月2日，厅党组成员、副厅长泽波率非遗保护调研组到马尔康县、金川县、色达县、丹巴县、康定县等民族地区进行调研，实地考察格萨尔、藏族唐卡、甘孜州南派藏医药、金川马奈锅庄等国家级、省级非遗项目，采取召开座谈会、边考察边听取意见等形式，实地解当地非遗项目保护情况及非遗保护工作面临的困难与问题，征求民族地区党委政府、文化部门及基层文化单位、非遗传承人对做好全省非遗保护工作的意见和建议。

开展非遗立法调研。

2013年初，省政府法制办正式将《四川省非物质文化遗产条例》的制定列入2013年立法调研项目。省文化厅组建立法调研工作领导小组，制定工作计划和立法进度表。研究省非遗保护情况，参考借鉴重庆、广东、湖北、山西、贵州、江苏等省制定非遗立法方面的经验，起草《四川省非物质文化遗产条例（征求意见稿）》，广泛征求各市（州）文化局和省级相关部门的意见。深入到省内非遗资源富集、民族特色鲜明的甘孜州、阿坝州、泸州等地开展非遗立法专项调研，听取意见。调研组在广泛征求全省非遗项目传承人、保护单位、市（州）文化部门、非遗保护厅级联席会议单位意见的基础上，对《条例（征求意见稿）》进行修改，形成《四川省非物质文化遗产条例（草案）》，于10月中旬上报省政府法制办。

开展摩梭文化保护调研。

按照省委、省政府领导提出的"改善摩梭家园、保护摩梭文化、抢占泸沽湖旅游发展制高点的战略构想"批示精神，省文化厅配合牵头部门省民委开展摩梭家园建设暨摩梭文化保护工作。与省民委、省财政厅共同组成调研组赴泸沽湖实地调研摩梭文化保护现状，在广泛征求非遗专家和省、州、县相关部门意见的基础上，制定《摩梭家园建设暨摩梭文化保护专项规划》。其相关工作与省发改委、省民委、省财政厅、凉山州政府、盐源县对接，落实2013年启动项目中摩梭文化保护项目。

【地震灾区非遗抢救保护】 "4•20"雅安芦山大地震给灾区人民的生命财产带来巨大灾难，也使非物质文化遗产遭受损失。省文化厅非遗处、省非遗中心与雅安、成都、眉山、乐山、甘孜、阿坝等受灾市（州）文化主管部门取得联系，摸清灾情，统计非遗受灾情况，上报文化部非遗司。

省文化厅要求灾区各级文化主管部门采取措施，了解传承人安危及受损情况，对传承人予以救助、慰问。

下发《关于做好受灾地区非遗抢救保护工作的通知》，要求相关市（州）各级文化主管部门全力做好非遗抢救保护工作。抓紧抓好非遗灾情统计工作；救助、安置各级非遗代表性传承人，帮助传承人解决生产生活困难；抓紧抢救保护受灾的各级非遗项目相关实物、文字、图片、音像资料；做好非物质文化遗产灾后恢复重建规划编制工作。

按照省政府要求，省文化厅在摸清灾情的基础上，编制《芦山地震灾后恢复重建总体规划》和《文化旅游专项规划》非遗保护方面的内容。

【完善非遗保护机制】 按照文化部非遗司的要求，下半年四川开展第四批国家级非遗项目申报推荐工作，各市（州）以此为契机，挖掘当地非遗资源，做好非遗项目保护规划，强化落实保护措施。在各市（州）推荐的基础上，省文化厅召开省级非遗专家评审会评选，推荐项目申报国家级非遗代表性项目。下半年省文化厅启动第四批省级非遗项目申报评审工作。

【搭建非遗传承人交流平台】 春节期间省文化厅在成都文殊坊举办的“首届‘文殊坊杯’非遗手工技艺精品邀请展”。从蜀锦织造技艺、蜀绣、藏族编织挑花刺绣工艺、彝族漆器髹饰技艺等18个国家级、省级非遗项目中国家级、省级传承人和非遗爱好者的作品中精选137件作品，邀请展特设金、银、铜奖，由省文化厅聘请省级相关专业非物质文化遗产专家、中国工艺美术大师组成评奖委员会，评选出4个金奖、8个银奖、14个铜奖。邀请展为非遗传承人搭建交流展示的平台，在企业的参与和运作下，全省许多国家级、省级非遗代表性传承人纷纷落户文殊坊，建立起自己的非遗工作室，让非遗项目走入市场，形成初具规模的文殊坊非遗手工技艺一条街。

【传统村落的保护】 省文化厅与省住建厅、省财政厅共同开展四川省传统村落保护工作，组织完成四川省传统村落摸底调查工作，经推荐评审，全省20个村落列入第一批国家级传统村落名录，120个村落列入第一批四川省传统村落名录。第一批国家级传统村落档案、发展规划在制作和编制中。

【省非遗中心工程建成】 第四届非遗节期间，坐落在成都国际非遗博览园的全国首个省级非遗保护中心设施建设工程——四川省非遗保护中心精彩亮相。在省非遗中心的一、二层展览大厅，举办第四届非遗节四川省非物质文化遗产生产性保护示范基地成果展，集中展示蜀锦、成都漆艺、攀枝花苴却砚、雅安藏茶、荥经砂器、青神竹编、绵竹年画、怀远藤编等8个国家级、省级非遗项目。

【艺术科研活动和管理】 全省共申报国家社科基金项目128项（其中青年项目53项，一般项目70项，文化部项目2项，重点项目3项），四川大学《近代西学视野中的中国美术——以卜士礼为例》、西南民族大学《藏传佛教典籍中书籍装潢的民族性研究》、四川大学《维吾尔十二木卡姆与达斯坦的关系及其传承和保护研究》获准立项。申报2013年度国家文化创新项目7项，申报2013年度文化部科技创新项目6项，四川省科技计划8项，其中《川剧的跨文化传播研究》《中国南疆跨界民族乐器与东盟乐器文化比较研究》被文化部科技创新项目获准立项。推进文化与科技融合，运用科技手段推进文化信息化建设，在政府信息化服务保障能力、文化市场信息化综合管理系统建设、公共文化服务信息化水平、舞台装备技术应用水平等方面取得显著成绩。

文化市场综合执法

【概况】 2013年，四川文化市场行政执法工作坚持服务群众、服务市场、服务基层，按照文化部文化市场综合执法工作要点，结合四川实际，创新工作方法，开展综合执法，各项工作取得实效。

【综合执法三化建设】 以文化部专业化规范化信息化（以下简称三化）建设要求为目标，在全省推动综合执法三化建设。

优化队伍年龄、学历、专业结构，督促各市（州）综合执法机构科学设置内设机构，以专业化要求锻造队伍，开展大练兵大比武活动等多种方式狠抓执法队伍培训。

对执法机构的独立办公场所设立、外在形象装饰、内部办公设施建设、必备执法设备购置制定标准，梳理综合执法和运行制度，在全省统一推进。

在总队内设机构设立专门的技术监管支队，加强全国文化市场技术监管与服务平台的管理与保障工作，承办全国测试大会战工作，推动四川文化市场技术监管建设，对3市9县试点单位的培训率达到100%，全省文化市场信息化监管水平迈上新台阶。

【提升执法队伍素质】 省文化厅按照文化部《关于开展全国文化市场综合行政执法岗位大练兵与技能大比武活动的通知》精神，在全省范围开展综合执法业务大练兵大比武活动。广元、乐山、达州、遂宁、南充、阿坝坚持自学与辅导相结合、集中培训与日常训练相结合，邀请专业人员授课，确保活动时间、内容、人员、效果“四落实”；资阳、自贡、德阳、巴中、广安、甘孜坚持每天十题、每周一课、半月一考、每月一比，提升活动效果；宜宾、泸州、凉山、内江采取学一科、考一科、评一科的方法，增强练兵的针对性；成都、眉山、绵阳、攀枝花、阿坝发挥个人主观能动性，学有笔记、有讨论、有体会，把岗位练兵与执法办案结合在一起，做到学用结合。市（州）大练兵考核，全省60%的单位和85%的个人达到基本合格，40%的单位和15%的个人达到合格，执法人员整体素质、能力增强，在12月底举行的全国文化市场综合执法技能大比武中，四川取得优异成绩：三名执法人员参赛，在法规政策科目比赛中，一人夺得第四名，一人夺得第七名，两名参赛人员进入全国前十；在五个参赛科目中，获得法规政策、文化产品识别两个团体第三名。

【文化市场执法办案】 年内，共办理20余起重大案件，数量较上年同期增长100%。四川永艺演出有限公司主办、上海新雨后文化体育信息有限公司承办的“2013后街男孩20周年世界巡回中国首航演唱会（成都站）”现场舞台搭建与主办方售票时向观众宣传提供的舞台不符、实际演唱曲目数量较广告推广册印发曲目减少，导致演出结束后部分观众滞留现场3个小时要求退票和道歉，省文化厅对此展开调查，认定其违规事实，对该演唱会主办方进行批评教育，罚款人民币5万元，协调解决主办方与观众的矛盾，成功平息一触即发的群体性事件。成都市综合执法总队加强网络巡查，在网上文化市场查找案件线索，省文化厅给予悉心指导，通过技术攻关，准确定位服务器，办理成都南航科技有限公司涉嫌擅自从事手机网络游戏上网运营活动案。该案涉及三款手机网络游戏的4个操作系统版本、8个语言版本，游戏注册用户近700万户，在国内外三家知名互联网开放平台上提供收费下载，涉案金额高达2400余万元。另广元市某小区民租房内建立“雷神工作室”，利用互联网架设“天龙八部”游戏私服推广网站，对外推广及自营私服，广元市综合执法支队联系公安机关成立联合调查组，查实雷某等人匿名从安徽、广东、美国、香港等地机房购买或租用服务器，通过非法渠道获取天龙八部游戏官方服务器和客户端源程序，对其源程序进行部分功能修改，研发私服登录器，架设三个网站发布私服广告，通过卖游戏装备和虚拟元宝的形式获利，其玩家充值管理平台截止到7月25日总结算资金高达435万多元人民币，该案共批捕3人，刑拘9人。典型重大案件的查办促进综合执法工作。

【综合执法考核】 针对各部门考核职能，分别确立“平安文化市场创建的执法队伍建设”“保护未成年人文化权益的主要执法力量建设”“深化文化市场综合执法改革暨综合执法三化建设”等指标，写入对地方党委政府工作考核体系，引起地方党委政府对文化执法队伍建设的高度重视，推动全省执法队伍建设，改变上述部门在以往考核中，从中央到地方只考核市场监管，不过问确保市场监管到位的执法保障和执法队伍建设问题。

文化人才队伍建设

【概况】 2013年，四川省文化厅党组加强文化人才培养和专业技术队伍建设，加强文化干部队伍的使用和管理，促进建设与文化强省相适应的西部文化人才高地，为全省文化大发展大繁荣提供人才支撑和智力支持。

【实施人才兴文战略】 完善干部人事管理制度。抓好《四川省文化厅干部选拔任用工作规程》《四川省文化厅干部交流工作暂行办法》《四川省文化厅“十二五”文化人才发展规划纲要》《2011～2015全省文化系统干部教育培训规划》等制度文件的落实，完善厅直文化系统干部的选拔任用制度化建设，探索符合省文化厅系统实际的各级干部选拔任用方式和干部交流培养成长办法。制发《四川省文化厅公职人员因私出国（境）管理规定（试行）》和《关于规范因公临时出国（境）人员备案工作的通知》，规范文化厅公职人员出国（境）管理。

对厅办公室、厅宣传信息中心、省文物管理局、四川人民艺术剧院、省图书馆、省中心图书馆委员会办公室、省非物质文化遗产保护中心、省歌舞剧院有限责任公司、省锦城艺术宫等单位领导班子进行调整，优化领导干部队伍结构。

根据《党政领导干部选拔任用工作条例》《四川省文化厅干部选拔任用工作规程》选拔任用干部，厅直系统选派22名干部到厅机关上挂锻炼。在2012年度考核（含事业单位）工作中，13人被评定为优秀公务员。抓好干部有关事项报告制度的落实，完成处级及以上干部共162人的个人有关事项申报。

完成年度专业技术职务评审工作。组织开展2013年度全省文化系统艺术、群众文化、文物博物、图书资料四个专业高级技术职务任职资格评审工作，对相关获奖奖项进行认定。2013年度，经四个专业高评委评审通过人员211人，其中副高136人、正高75人。按照条件，开展专家推荐工作。厅直系统共有9人获得相关专家荣誉称号，1人获得2012年国务院政府特殊津贴，2人成功申报专业技术二级岗位，1人荣获第十批省学术和技术带头人称号，1人荣获第十批省学术和技术带头人后备人称号，4人荣获第十一批省有突出贡献的优秀专家称号，3人荣获文化部优秀专家称号（文人发〔2013〕59号）。

全省完成7批文化人才培训，共380人次参训。完成由文化部主办、四川省文化厅承办的文化部第七期全国文化系统青年公务员培训班，59名全国文化系统青年公务员参加培训。按照文化部、省委省政府等的要求，分批选派3批3人参加文化部培训，选送14人参加省委党校（省直机关党校或四川行政学院）干部培训；全面完成全体公务员职业道德培训；完成省委组织部2013年十大重点培训项目之一——四川省文化产业与公共文化服务体系建设高级研修班，各市（州）党委常委宣传部长、政府分管文化的副市长、文化局局长、厅机关相关处室负责人及厅直单位负责人共47人参加培训。11月26日至27日，文化部人事司主持召开的全国文化干部培训基地申报单位座谈会暨评审答辩会在中央文化管理干部学院召开，四川艺术职业学院从来自12个省、区、市的13家申报单位中脱颖而出，被评选为首批新评的三家基地之一。12月，四川艺术职业学院再次被省人社厅认定为“四川省专业技术人员继续教育基地”，四川艺术职业学院还被确定为“文化部文化市场管理和执法人员定点培训单位”“四川省文化系统干部培训中心”。

年内，厅直单位公开招聘172人，为历年之最，占到同期省级公招人员的三分之一。全年完成31批次共43人的出国（境）政审工作。

【推进三区人才支持计划】 按文化部部署，开展全省边远贫困地区、民族地区和革命老区人才支持计划文化工作者专项工作，2013年度，文化部分配给四川选派名额501名，培养名额180名，经费由中央财政全额划拨支持。省文化厅会同省委组织部、省人社厅、省财政厅、省扶贫和移民工作局联合下发《关于印发<四川省边远贫困地区、民族地区和革命老区人才支持计划文化工作者专项实施方案>的通知》（川文办发〔2013〕124号），制定下发《四川省文化厅关于印发<四川省2013年度边远贫困地区、民族地区和革命老区人才支持计划文化工作者专项实施方案>的通知》（川文办发〔2013〕136号），11月7日在成都召开2013年度全省“三区”人才支持计划文化工作者专项动员部署会议，对全省“三区”计划文化工作者专项进行全面部署安排。全省选派服务的文化工作者在11月全部到位。

【文化体制改革】 按照《中共四川省委办公厅 四川省人民政府办公厅关于开展事业单位分类工作的实施意见》（川委办〔2013〕6号）文件要求，研究事业单位分类改革工作，明确改革方向，组织25个事业单位开展事业单位分类方案制定工作。研究上报《四川省文化厅厅直事业单位分类改革实施方案》。

按照省政府办公厅《关于贯彻落实四川省人民政府关于深化行政审批制度改革的意见任务分工的通知》（川办函〔2013〕58号）文件要求，组织对省文化厅非行政许可审批项目进行全面清理，清理后的非行政许可审批项目总数为31项。

按照《关于开展干部人事档案检查审核工作的通知》文件要求，对15个厅直单位干部人事档案工作进行清查整理。完成机关公务员工资调整、事业单位绩效工资的落实及新标准的审核上报。

贵州省文化厅

概　述

2013年，贵州省文化厅贯彻落实党的十八大和十八届三中全会精神，按照贵州省第十一次党代会和省委十一届二次、三次、四次全会部署，坚持把推动贵州多民族文化大发展大繁荣作为中心任务，保障和改善文化民生，完善城乡公共文化服务体系，抓好文艺精品创作生产，推进文化遗产保护与利用，做大做强文化产业，全省文化改革发展呈现出良好发展势头。

公共文化服务体系建设

【公共文化服务基础设施建设】　省博物馆新馆、贵州文化广场等重大文化基础设施项目建设进程加快，遵义会议纪念馆改扩建工程项目进入开工建设准备阶段。推进基层文化设施建设，为323个乡镇综合文化站、18个社区文化活动中心、94个社区文化活动室配置设备，为498个乡镇综合文化站、24个社区文化活动中心、124个社区文化活动室配置公共电子阅览室设备，“数字图书进农家”工程为400户农家配送电脑及内容资源。

【提升公共文化服务水平】　制定下发《贵州省公共图书馆、文化馆、乡镇综合文化站（社区文化活动室）设备管理办法》、《贵州省公共图书馆、文化馆、乡镇综合文化站免费开放工作考评办法（试行）》、《贵州省乡镇综合文化站评估定级工作方案》，对全省“两馆一站”设备管理和免费开放工作进行规范。完成全省“两馆一站”设施设备资产登记和免费开放绩效考评，开展第五次公共图书馆评估定级和第一次乡镇综合文化站评估定级。推进公共文化服务设施向社会免费开放，下达中央“两馆一站”免费开放专项补助经费9,668万元，补助地级“两馆”18个、县级“两馆”176个、乡镇综合文化站1,448个。遵义市首批通过国家公共文化服务体系示范区验收，贵阳市和2个项目通过国家第二批公共文化服务体系示范区（示范项目）创建评审。2013年图书馆服务宣传周系列活动，在活动规模、活动形式等方面创贵州省同类活动历年之最；正安县图书馆馆长冯康入选2013年度中国图书馆榜样人物。

【群众性文化活动】　组织参加在宁夏银川举办的“第十一届西部民歌（花儿）大赛”，取得1金3银2铜；参加“十艺节”群众文化节目展演，黄果树艺术团选送的《地戏情韵》获优秀组织奖；参加第十六届“群星奖”评选，音乐门类作品《我爱我家》，项目类《花灯戏》、《“花溪之夏”艺术节》获“群星奖”，黎平县文体广电局副局长、县文化馆馆长杨国祥、遵义市群众艺术馆馆长马丽获“群文之星”荣誉称号；贵州省老年合唱团在全国老年合唱比赛中获得1金1银；举办贵州省馆办业余文艺团队调演，参与举办贵州省第五届少数民族文艺汇演和第八届贵州省残疾人艺术汇演；与有关单位共同组织残疾人艺术团参加“第八届全国残疾人艺术展演”比赛，获得4个一等奖、5个二等奖、2个三等奖、团体二等奖；组织省直剧团赴威宁、平塘、德江等地“送欢乐、下基层”演出20余场，观众近6万人次；组织演出队伍赴麻江参加2013年“三下乡”启动仪式开幕式文艺演出；开展“廉政主题曲艺作品评选”活动；选送“荔波县民族艺术团”参加“2013张家界国际乡村音乐周”展演。

艺术创作生产

【参战第十届中国艺术节（以下简称“十艺节”）】改编、修排4个剧目赴“十艺节”参展，大型花灯剧《枫染秋渡》入围荣获第十四届文华剧目奖，主演邵志庆获“十艺节”优秀表演奖。组织优秀器乐、美术作品、舞蹈节目等参加“十艺节”各项活动，器乐节目“四滴水组合”荣获比赛二等奖，3个舞蹈节目入选复赛，《追恋》进入总决赛；荐送50余件优秀美术作品参展“十艺节”；《水寨龙珠》获“全国木偶戏、皮影戏优秀剧（节）目展演”优秀剧目奖。

【打造文艺精品】 成立贵州省精品剧目打造工作领导小组；实施精品剧目重点立项管理，初步确定3个重点立项项目；与贵州省广播电台合作制作交响组曲《贵州》；重点支持省黔剧院“开心剧场”、黔东南侗族歌舞剧《珠郎娘美》、黔南水族歌舞《远古走来的贵族》等项目。贵州首部在国家大剧院演出的舞台剧目——民族管弦乐苗族歌舞剧《仰欧桑》广受好评。举办全省第三届美术专业比赛，推出新人。

【完成多项省级演出任务】 组织举办2013年春节团拜会文艺演出、欢迎华润集团拓展贵州市场专场文艺晚会、“瑞士•贵州之夜”文艺演出、“中华文化四海行——走进贵州”联谊文艺晚会等，向省领导、国内外政商界重要客人呈现多台民族风情浓郁的舞台艺术表演。

文化遗产传承保护

【文物保护】 贵州海龙屯与湖南、湖北联合申报的土司遗产被国家文物局确定为2015年我国唯一申报世界文化遗产的项目；贵州32处文物被列入国务院公布的第七批全国重点文物保护单位名单；推荐海龙屯、万山汞矿、赫章可乐遗址、宁谷遗址等申报第二批国家考古遗址公园；会同省住建厅推荐上报湄潭县永兴镇等8处城镇及村落申报第六批中国历史文化名镇名村；推荐石阡县石阡老街、普安县青山老街和安龙县北门坡历史文化街区申报第五届中国历史文化名街。重点考古项目海龙屯获评为2013年度“十大考古新发现”。编制和申报全国重点文物保护维修方案25个、可移动文物修复方案4个、文物安防项目28个，其中35个方案获得国家文物局批准或立项，《增冲鼓楼保护规划》、《遵义海龙屯文物保护规划》经省人民政府公布实施；实施湄潭浙江大学旧址等30余项文物保护维修工程；编制夹岩水利枢纽工程等49项重大基本建设用地范围内的文物调查及保护方案；组织验收威宁石门坎光华小学旧址等3处保护维修工程。

【博物馆建设及传统村落保护】 新增国有博物馆、民办博物馆各4家，全省博物馆达81家；六盘水市建设的全国第一家三线建设博物馆正式向社会开放，得到“三线人”和社会的广泛认可。探索生态博物馆建设本土化，推动“百村计划”实施，黎平堂安生态博物馆转型提升通过国家文物局验收，印江合水传统造纸生态博物馆和乌当渡寨音乐生态博物馆资料信息中心建设正式启动，地扪侗寨被列为国家文物局传统村落保护试点项目之一。展开贵州省全国第一次可移动文物普查完成国有单位收藏文物情况调查。

【推进非物质文化遗产传承保护】 推荐申报第四批国家级非物质文化遗产代表性项目35个；开展省级以上非物质文化遗产代表性项目督查工作；推荐申报第二批国家级非物质文化遗产生产性保护示范基地10个，开展第二批省级非物质文化遗产生产性保护示范基地评审命名14家单位。做好黔东南国家级民族文化生态保护实验区规划编制和保护工作，推进黔南水族申报国家级文化生态保护实验区。在榕江召开“侗年”保护工作经验交流会暨专家论坛，在黎平召开“侗族大歌”保护传承高峰论坛，在册亨召开“布依戏”学术交流研讨会，通过以会代训的形式，交流工作经验，推进非遗项目有效保护传承。反排苗族木鼓舞国家级传承人万政文、苗族芦笙舞（滚山珠）国家级传承人王景才两人荣获第二届中华非物质文化遗产传承人薪传奖。贵州省被文化部列为2013年全国非物质文化遗产数字化保护工程试点地区，4个项目被列为试点项目。

【做好文化遗产宣传推介和研讨工作】 组织“5•18国际博物馆日”和第八个“中国文化遗产日”宣传活动；承办“2013年中法乡村文化遗产保护与发展学术研讨会”，与法国文化部门在文化遗产保护、乡村发展等方面进行交流合作；开展文物资源调研，形成上报《福泉市古城墙等文物资源保护与利用调研报告》、《贵州省古玩旧货市场经营管理工作情况报告》。

文化产业发展

【启动县域文化产业发展“三个一”工程】 通过培养、评选和命名一批文化产业示范村、优秀演出团、特色文化产品，将文化、旅游、新农村建设结合起来，形成三位一体的文化产业发展新模式。评选资助第一批文化产业示范村9个、优秀演出团4个、特色文化产品10个。

【文化企业】　多彩贵州文化艺术有限公司与黄果树旅游文化公司合作成立贵州黄果树多彩数字文化艺术有限公司；遵义奇利动画影业有限公司新推出的《动画制作ING》作品获得良好的社会效益和经济效益；贵阳朗玛信息技术股份有限公司、贵州西江千户苗寨旅游文化发展公司、平坝天龙屯堡文化旅游公司等国家级和省级文化产业示范基地总体呈现出较快发展态势。

【助推文化企业发展】　分别组织有关企业和负责人参加“第九届中国（深圳）国际文化产业博览交易会”、“第八届中国（北京）国际文化创意产业博览会”、“2013中国贵州香港投资贸易周”、“中国贵州生态产品（技术）博览会”等活动；参与组织筹办“2013中国国内旅游交易会”、“第十五届中国科协年会”、“中国贵州生态产品（技术）博览会”、“第三届中国（贵州）国际酒类博览会”、“中国（贵州）国际民族民间工艺品•文化产品博览会”。毕节市初步列入文化部藏羌彝文化产业走廊建设项目。

文化市场管理

【提升文化市场服务监管能力和水平】　组织开展文化市场行政审批大检查，规范全省文化市场行政审批工作。重视抓好文化综合执法岗位大练兵与技能大比武，通过抓比武促进文化市场综合执法工作质量提升。开展覆盖全省的网吧技术监控平台安装工作，达到安装率、在线率两个80%。完成全省游艺娱乐场所调查摸底工作和文化市场技术监管及服务平台基础数据库初始化工作。

【执法督导检查】　启动全省经营性互联网文化单位清理工作，开展全省歌舞娱乐场所、游艺娱乐场所、网吧专项整治行动以及校园周边文化场所专项检查。加强对涉外演出的现场检查和指导督查；联合江西、湖北和深圳网络文化执法业务骨干赴黔西南州和贵阳市对2家网络文化违规经营网站进行查处，查办5起文化市场重大案件，打击互联网文化违规经营活动。

文化交流与合作

【推动民族文化“走出去”】　全年对外及对港澳台文化交流项目共计30起，519人次（出访26起，479人次；来访4起，40人次）。涉及澳、美、英、瑞、日、韩等国和香港、台湾地区。组织贵州京剧院赴澳大利亚参加墨尔本中国戏剧节展演，组织贵州优秀非物质文化遗产参加“欢乐春节•醉美多彩贵州——2013年第三届海峡两岸春节民俗庙会”展演，赴香港举办“根与魂——贵州非物质文化遗产展演”，展示和宣传多彩贵州，扩大贵州文化影响力。

【加强部省对接】　承办国家文物局组织的第八届“驻华使节走进中国文化遗产”活动，塞舌尔、蒙古等8个国家的驻华使节走进贵州，关注民族、红色和历史文化遗产。筹备2014年与马德里中国文化中心合作项目各项工作，工作组赴西班牙与马德里中国文化中心进行前期对接，达成初步合作协议，对有关活动内容进行预安排。

文化体制改革

【转企改制，建立现代企业制度】　支持贵州文化演艺集团完善法人治理结构，探索公益性演出和商业演出新途径。贵州文化演艺集团建立董事会、监事会和经理层，完善企业规章制度、理顺资产关系。将省文化厅原下属8家单位（除省黔剧院外，其余7家转制为企业成为贵州文化演艺集团子公司）持有的贵州文化产业股份有限公司股权划转给贵州文化演艺集团，由贵州文化演艺集团作为股东统一持有7家子公司持有的文产股份公司的股权，实现文产股份公司由“7+1”变为“1+1”的股权结构。支持省直院团加强文艺专业人才培养，省黔剧院、杂技团、花灯剧院与国内有关院校达成合作协议，联合办班培养学员。草拟贯彻落实国家九部委《关于支持转企改制国有文艺院团改革发展的指导意见》具体实施意见。

【行政审批事项清理】　对行政审批事项进行清理合并，合并2项，下放1项，行政许可事项由原来的15项压缩为12项。

云南省文化厅

概　述

2013年，全省文化系统学习贯彻党的十八大精神，全国、全省宣传思想文化工作会议及“两会”精神，按照省委省政府的工作部署，围绕建设民族文化强省总目标，落实服务“三个发展”总要求，突出文化惠民，完成各项工作任务。

公共文化服务体系建设

【概况】　开展以“大普查、大调研、大建设、大服务、大培训”为主要内容的“基层文化建设年”活动，完成10余篇公共文化建设的调研报告，组织两批100余人基层文化骨干赴省外学习培训，扶持性奖励1000支农村优秀业余文艺演出队，完成115个乡镇农文网培学校建设任务，启动100个乡镇文化站的新建工作。落实免费开放资金1.78976亿元，全省美术馆、公共图书馆、文化馆（站）和博物馆实现免费开放。经过2年的创建，保山市成为中国首批国家公共文化服务体系示范区，7大创建亮点广受关注。昆明市“社区文化沟通机制建设”、楚雄州“农文网培学校”作为第一批国家公共文化服务体系示范项目通过国家验收。楚雄州入选第二批国家公共文化服务体系示范区创建城市，红河州开远市自然村“四位一体”阵地建设和昭通市“送文化百千万工程”入选第二批国家公共文化服务体系示范项目。我省被列入全国“边疆数字文化长廊”建设和首批“中国文化网络电视”试点省。举办“建设者之歌——云南省第二届农民工文化节”，全省16个州市，3000余名农民工，6万余名观众参与活动。在全国第十六届“群星奖”比赛中，云南共有7个作品类节目、3个项目类及4名个人荣获“群星奖”。各州市群众文化活动丰富多彩，大理州举办“三月街民族节文艺汇演”；保山市举办“欢乐乡村大家乐”、“千场节目下乡村”文化活动；迪庆州举办香格里拉县第三届青年歌手大奖赛和迪庆州第三届新歌新舞展演；红河州举行“中国梦•红河路”、“三亮泰和杯”首届本土歌曲演唱大赛；普洱市、昭通市举办农民工文化节；文山州举办“开元广场杯”广场舞大赛；玉溪市举办第三届中国聂耳音乐（合唱）周系列文化活动；德宏州申报“千人孔雀舞”、“万人嘎伴光舞”2项世界纪录。全省群众文化活动丰富多彩。

文化艺术创作

【概况】　组织实施“艺术创作志愿服务基层•三百计划”，在全省范围组织100名志愿服务基层的艺术创作人员，到基层体验生活采风创作不少于100天，创作100个包括音乐、舞蹈、戏剧、美术等深受群众喜爱的艺术作品。成立云南省文化厅艺术专家委员会聘请首批艺术专家，提高省文化厅在艺术决策中的科学性、准确性、民主性，加强艺术专家对全省艺术创作和艺术生产的指导，发挥专家的参谋顾问作用。省直院团“文化大篷车•千乡万里行”赴乡镇演出300场，全省国有文艺院团送戏下乡10000余场，近千万群众免费享受文化大餐。举办第十二届新剧目展演，共有21台剧目参演，汇聚近2年全省创作的精品剧目。与有关部门共同主办云南省第二届少数民族文艺会演。为完成转企改制的28个县级文工团队配备流动舞台车。省话剧院《搬家》获第十四届“文华剧目奖”，女主角的扮演者马娟获“第十届中国艺术节表演奖”，杨丽萍获得“2013中国文化艺术政府奖——文华表演奖”，10件作品入选第十届中国艺术节全国优秀美术作品展。在“2013中国（山东）演艺产品交易会”上，省13台剧目参加展示，云南剧院联盟意向签约100场。省滇剧院青年演员陈亚萍获第26届中国戏剧“梅花奖”。省文化馆作曲家钟霄军获第九届中国音乐金钟奖。曲靖市大型滇剧《大唐公主》荣获中国少数民族戏剧“金孔雀”综合大奖。德宏州大型傣剧《刀安仁》在2013年全国少数民族戏剧汇演中荣获最高奖项“优秀剧目金奖”。

文化遗产保护

【概况】 红河哈尼梯田被正式列入世界文化景观遗产名录，组织“认识世遗新成员—云南红河哈尼梯田”媒体与专家恳谈会、《梯田神韵》专场演出等一系列活动；红河哈尼梯田又入选“中国十大魅力湿地”。普洱景迈山古茶园申报世界文化遗产工作推进。56项重要文物被国务院公布为全国重点文物保护单位，云南全国重点文物保护单位增加到132项。贯彻落实中央对旅游等开发建设活动中文物保护管理的文件精神，对8州市进行实地督查，对发现的问题进行整改和纠正。会泽被国务院公布为国家级历史文化名城。启动全省43个国家重点文物保护单位维修保护工程。开展全省国家“十二五”文化和自然遗产保护设施建设规划项目前期工作。全面展开全省可移动文物普查工作。云南省博物馆新馆建设工程形象进度完成96%。《云南省非物质文化遗产保护条例》于6月1日正式颁布实施，组织《条例》的宣传贯彻和培训。迪庆民族文化生态保护区开始建设工作，完成大理文化生态保护区总体规划。公布云南省第三批省级非物质文化遗产名录126项。组织“大地蹄印•历史回声”茶马古道文物展。分别在瑞士、澳门举办“感知中国•美丽云南”——“云南记忆”、“根与魂•云南省非物质文化遗产展演”。举办云南省第八届民族民间歌舞乐展演、中国石林首届民族民间情歌座谈会及展演、第三届昆明官渡全国非物质文化遗产联展活动。昆明市和昆明学院美术与艺术设计学院合作，共建昆明市非物质文化遗产保护研究基地和昆明市非物质文化遗产保护教学传承基地。丽江市完成明代丽江版《甘珠尔》大藏经复制工作。怒江州整理出版《怒族怒苏舞蹈实录》系列非遗资料丛书。普洱市出版发行《普洱市非物质文化遗产名录大典》。

文化惠民与文化产业

【概况】 在耿马县孟定镇芒团村召开云南省文化惠民工作现场推进会议，总结推广芒团文化惠民示范村经验。推进云南剧院联盟建设，引进和承接多部国内外优秀剧目在昆明商演。产业与金融合作成效明显，联合工行云南省分行主办金融支持文化产业暨青年企业家发展启动仪式，向100位文化企业和非物质文化遗产传承人代表颁发100万元的贷款意向书，贷款总额达1亿元。开展部行合作融资项目的申报，“昆明老街”、“古滇王国”、“新会展中心”等项目通过文化部初审。确定第五批60个文化惠民示范村创建点名单。对175个文化惠民示范村创建点进行检查考评。

文化市场

【概况】 在全省开展“加强行政审批规范化建设”、“文化市场行政审批大检查”、“文化市场综合执法岗位大练兵技能大比武活动”。组成8个工作组交叉检查全省2013年文化市场行政审批情况，接受文化部的检查。加快推进网吧连锁化经营，探索推进“绿色网吧”试点建设工作，在全省组织开展“净网”专项治理，查处一批违法违规经营网吧。在全省范围内开展网吧、娱乐场所消防安全专项治理工作。在“两会”和春节期间开展文化市场集中整治行动。对全省26家社会艺术水平考级机构（承办单位）负责人进行培训，加强社会艺术水平考级活动及其市场的管理。

对外文化交流

【概况】 举办第十三届亚洲艺术节，围绕“魅力亚洲、文化中国、七彩云南、美丽春城”的主题，诠释“共享、展示、交流、和谐”的主旨，凸显国际性、学术性、民族性、人民性、俭约性的特色。8位国内外政要，21个国家的驻华大使和文化参赞、7个国家的驻昆总领事，以及来自11个国家和地区的15个艺术团队、1000多名艺术家和文化工作者参加盛会。完成随秦光荣书记“七彩云南宝岛行”文化交流任务，随总书记习近平赴俄罗斯访问、“中国旅游年”开幕式《美丽中国》主题文艺演出任务。红河州、德宏州、怒江州、迪庆州组织演员和节目，分别赴俄罗斯、台湾、维也纳、泰国、德国、意大利、梵蒂冈、瑞士等国家和地区进行文化交流演出活动。组派云南文化先遣考察团赴墨西哥中国文化中心开展年度合作前期考察，初步确定2014年度文化合作主题。昆明市继续开展与苏黎世互派艺术家对外文化交流项目、中法文化交流之春系列文化活动。加强沪滇合作交流，以送出去和请进来的方式，举办两期文化产业经营管理和戏剧编创及艺术管理人才高级研修班。与上海文广局签订《2014年沪滇对口文化合作项目建议备忘录》。

文化体制改革

【概况】　继续深化国有文艺院团改革，巩固完善改革成果，表彰全省国有文艺院团改革先进单位和个人，激活国有文艺院团内在活力，一批转制院团逐步在市场中站稳脚跟，创造良好的社会和经济效益。对全省经营性文化事业单位转企改制情况进行摸底统计。全省文化市场综合执法改革在完成机构整合的基础上，执法工作更加规范，执法能力得到增强。探索公益性文化事业单位改革路径，启动省直文化系统事业单位模拟分类工作和公益性文化事业单位法人治理结构改革，省博物馆被列为全国和全省事业单位法人治理结构建设试点单位，试点工作按计划展开；全省文化系统事业单位分类改革全面铺开。协调省委组织部选派第四批5名文化副县长赴基层任职。

文化系统自身建设

【概况】　贯彻落实中央转变作风、密切联系群众“八项规定”和省委“实施办法”，制定下发《云南省文化厅干部转变作风六条规定》，制定《云南省文化厅工作规则》。按照省委的统一部署，在省直文化系统开展党的群众路线教育实践活动，党组成员乡镇、农村、“四群教育”联系点、对口扶贫点实地调研，解基层群众对文化建设的所需所盼，掌握第一手资料。按照“照镜子、正衣冠、洗洗澡、治治病”的总要求，开展对照检查，查找“四风”等方面存在的问题，开好专题民主生活会。改进文风、会风，控制会议次数、规模，文件数量较往年同期减少三分之一以上。发挥文化部门的优势，真正为“四群”教育联系点永胜县六德乡营山村办实事、解难题，制定“10+1”文化扶贫开发计划组织实施，联系广东、北京等地爱心企业资助营山村帮扶工作，协调落实项目经费400余万元，基本完成传习馆布展、村路建设、人畜饮水以及民族歌舞剧《他留人》的创作。

西藏自治区文化厅

概　述

2013年，在西藏自治区党委、政府的领导下，在区党委宣传部的指导和自治区有关部门的支持下，西藏文化系统各单位开展党的群众路线教育实践活动，提升服务基层、文化惠民的能力和水平；学习贯彻党的十八届三中全会和区党委八届五次全委会精神，开拓改革发展的新途径；学习贯彻全国和全区宣传思想工作会议精神，把握文化工作正确导向，发挥文化在意识形态工作中的重要作用，文化领域各项工作取得新成绩。

公共文化服务体系建设

【健全公共文化设施】　2013年，全区543个乡镇综合文化站和39个县民间艺术团排练场所建设项目投资超额下达，总额达5.5亿元。382个乡镇综合文化站和7个县民间艺术团排练场建设项目竣工。下达城市公共文化设施建设项目投资4525万元，那曲、山南地区图书馆完成主体工程，区地市图书馆、群艺馆改扩建前期工作基本完成，区地市博物馆建设前期工作进展。新安排384个乡镇文化站、33支县民间艺术团和6个地区专业文艺团体设备采购和维修改造项目。全区各地市县通过各种途径，建成文化广场1616个。

【公共文化服务设施免费开放】　制定出台《西藏自治区公共文化服务设施免费开放工作准则》，开展全区免费开放督导，表彰奖励，宣传推广先进经验和典型。萨嘎县综合文化活动中心、当雄县民间艺术团、拉萨市俄杰塘社区文化中心、山南雅砻民族文艺有限责任公司演出队等4个单位被中宣部、文化部等授予全国服务农民、服务基层先进单位。全年各级公共文化设施开展免费开放活动近1万场（次），受益人数达到310万人次。

【文化下乡】　向基层捐赠各类图书3万余册、优秀剧（节）目光盘20多万张。配合新旧西藏对比教育活动，举办《新旧西藏对比展》，制作413个展板和1200张光盘，赠送到全区各级各类学校。全区专业文艺团体和县民间艺术团下乡演出近3000场（次），新创作节目突破1000个，创历史新高。

【群众文化活动】　举办“移动杯”全区民歌大赛、“甘露杯”全区曲艺大赛和“畅想中国梦　喜迎国庆节”全区干部职工书法美术摄影大赛等活动。各地（市）和县开展的群众性、常态化品牌文化活动达到90个，全区乡村文艺演出队全年开展自娱性文艺演出8400余场。拉萨市开展“幸福拉萨规范舞”学跳活动3000余场（次），参与人数达到300余万人次。

【示范区项目创建工作】　林芝地区示范区创建工作通过国家验收，成为区内首个国家级公共文化服务体系示范区，山南地区获得第二批示范区创建资格，江孜县“基层群众自办文艺团队建设机制”、昌都地区“公共图书馆服务拓展与创新机制”获得示范项目创建资格。山南地区制定出台创建规划，全面启动创建工作。

【群众文艺作品成果】　在第十六届“群星奖”决赛中，区群艺馆、拉萨市、日喀则地区选送的舞蹈《舞动雅江》、《大地之舞》、《酥油情》、《查琼拉》和藏戏片段《卓瓦桑姆》等5个节目获作品类“群星奖”。自治区图书馆拉萨便民警务站“便民书窗”服务网点，林芝地区民族特色群众广场文化活动，自治区群艺馆全区性示范性群众文艺汇演机制，日喀则地区珠峰文化旅游节等4个项目获项目类“群星奖”，2人获“群文之星”荣誉称号，创造历史上最好成绩。拉萨市群众文艺作品《阿谐》荣获全国电视舞蹈大赛金奖。

文艺创作

【概况】　全区共有55个项目和个人荣获省部级以上奖励。与中央民族乐团联手打造推出2013年新年音乐会《西藏春天》，赴成都等9个城市巡演。大型民族歌舞《魅力西藏》获第十届中国艺术节“文华优秀剧目奖”，话剧《解放，解放！》继获得国家舞台艺术精品工程奖之后，再获第十届中国艺术节“文华剧目奖”和第七届全国优秀话剧展演“优秀展演奖”。举办第二届全区专业电视舞蹈大赛，新推出优秀作品35个。传统藏戏《白玛文巴》改编舞台剧与观众见面，完成《诺桑王子》创编工作。地市专业文艺团体在全区性重大文化艺术活动和区域性品牌活动中，创作和推出一大批优秀舞台文艺作品。

区藏剧团班典旺久摘得第26届中国戏剧“梅花奖”，区话剧团阿旺仁青获第十五届“华表奖”优秀新人男演员奖，区歌舞团次仁央宗获第十五届全国青年歌手电视大赛民族唱法第四名。桑丹、扎西次旺、刘一澜、卓玛、次仁拉宗等在全国文艺创作和演出比赛中获优异成绩。

文化遗产保护

【文物保护】　一批重点文物保护维修项目开工，国家级和自治区级重点文物保护单位数量得到增加，文物保护名录体系和保护工作机制完善。野外文物看管人员得到落实，全区文物安全得到加强，文物展示和利用手段提高。文博单位接待服务能力和水平得到提升。

【非遗保护】　全年安排保护专项资金3000多万元。新命名101个自治区级项目，总数升至323项。全年新增传习展示基地83处，总数达到113处。开展第二批国家级生产性保护示范基地，第四批国家级项目、保护利用设施建设储备项目等申报工作。开展第三批自治区级传承人申报和藏医药申报联合国“人类非物质文化遗产代表作”工作。2名传承人荣获传承人“薪传奖”。举办全区第二届藏戏大赛暨全国藏戏学术研讨会和“西藏非物质文化遗产手工技艺精品展”等系列展示活动。“西藏唐卡画院”、“藏戏艺术展示厅”正式挂牌对外开放，成为西藏非遗保护的重要展示窗口和交流平台。《西藏自治区实施<中华人民共和国非物质文化遗产法>办法》通过一审。昌都地区启动数据库建设，列入全国非遗数字化保护工程试点。林芝、那曲地区投入人力物力，开展文化资源系列丛书的编撰工作。

【古籍普查】　自治区政府颁布《关于加强我区古籍普查保护工作的通知》，成立古籍保护专家委员会。基本完成林芝、山南、拉萨面上普查和第五批国家珍贵古籍申报工作。启动那曲、阿里普查目录编撰工作，出版一批普查和保护成果图书。布达拉宫等4个单位列入全国古籍重点保护单位名录，124部古籍列入第四批全国珍贵古籍名录。那曲和阿里地区高度重视古籍普查工作，投入人力物力财力，率先完成全面普查任务，为推进全区古籍普查工作做出重要贡献，得到文化部和全国古籍保护中心的高度评价。

文化产业

【文化企业】　新批准成立近200家文化企业，批准公布9家文化产业示范基地和1家示范园区，自治区级示范基地和园区达到17家。

【搭建文化企业交易服务平台】　组织文化企业参加北京文化创意产业博览会，现场交易额达到600多万元，创历史新高。举办第三届西藏唐卡艺术博览会，销售额近272万元。参与“中国光彩事业西藏行”等招商引资活动，实现文化产业引资7亿元。完成《藏羌彝文化产业走廊——西藏自治区专项规划》的编制上报和第一批自治区级示范基地年度目标考核工作。

【推动重点项目】　日喀则江洛康萨产业园等地域性文化产业项目建设全面启动。林芝地区《寻找香巴拉》、山南地区《雅鲁藏布情》等演艺产品投放旅游市场获得初步成果。林芝地区立足特色文化资源，制定和实施文化产业整体发展规划，开展系列特色文化产品的研发、推广工作。

【文化市场监管】　开展文化市场审批项目专项清理，加大网络市场、歌舞娱乐场所和经营性演出活动的监管力度，确保文化市场安全。

文化交流

【概况】　加强“走出去”与“请进来”工作，宣传西藏文化保护与发展成果。全年对外文化交流共组团7批165人次，完成“泰国•2013年欢乐春节”、“德国•西藏文化周”、“澳门•内地春节习俗展演”等文化交流活动。邀请天津、重庆、山东、陕西省市文化志愿者在该区开展展览、培训、捐赠、演出、采风等活动19场。

文化队伍建设

【概况】 年内，新批准成立16支民间艺术团，全区民间艺术团达到67支。全区乡村业余文艺队达到2446支，演员人数达到4万余人。林芝、山南、拉萨等地落实乡镇文化站人员编制，全区乡镇文化站管理人员达到1802名，部分县解决县综合文化活动中心和民间艺术团事业编制。日喀则地区率先一次性地将18个县民间艺术团演员纳入公益性岗位，解决演员的后顾之忧，稳定队伍，全年在区内外举办全区性培训班近20期，受训人员达到1000多人次。

陕西省文化厅

概　述

2013年，陕西文化工作在陕西省委、省政府的领导下，以全面建设“三强一富一美”的西部强省和“三个陕西”为目标，推进文艺精品创作生产，加强公共文化服务体系建设，继续实施民生文化工程，开展群众文化活动和对外文化交流，让人民群众享受文化成果，增强陕西文化竞争力，推进陕西文化繁荣发展，为全省经济社会发展，构建和谐社会营造良好的文化氛围。

文化工作

【申办第十一届中国艺术节】　2013年初，陕西省文化厅将提出申办2016年第十一届中国艺术节。陕西省委、省政府主要领导高度重视，分管领导具体指导协调推进，最终通过文化部实地考核，该省被确定为第十一届中国艺术节举办地。此次申办，将对全省各地文化基础设施建设、文艺生产创作、群众文化活动、文化人才培养乃至社会经济发展产生重要的推动作用。

【打造丝绸之路经济带】　贯彻总书记习近平共建丝绸之路经济带的重大战略构想，根据陕西省委书记赵正永把陕西建成丝绸之路经济带新起点的要求，省文化厅按照“建立丝绸之路经济带新起点，文化先行”的思路，策划开展“从长安到罗马”丝绸之路系列音乐会等活动。12月24日，在西安成立“陕西丝绸之路文化交流中心”，“今日丝绸之路”国际美术邀请展、“从长安到罗马”丝绸之路艺术展演系列活动同时启动。12月29日，“丝路风情”之“从长安到罗马”系列艺术展演月在西安隆重启幕。省文化代表团赴哈萨克斯坦和吉尔吉斯斯坦“陕西村”进行交流访问，为陕西乡亲们配送文化器材开展腰鼓培训等文化活动，加强与丝绸之路沿线国家的艺术交流活动。

【文艺精品创作】　召开全省文艺创作、美术工作会议等。推出原创歌剧《大汉苏武》和以陕南移民搬迁为题材的大型秦腔现代戏《家园》，话剧《明天》开启全国巡演，央视多次进行专题报道。

举办“文华奖”陕北民歌、秦腔、合唱、小品等大赛。

举办第三届中国儿童戏剧节西安分会场优秀儿童剧展演、陕西省庆“六一”欢乐与你成长经典儿童剧展演、“乐动我的中国梦”陕西少儿艺术大赛等活动。

举办陕西省终身成就艺术家展演、“诺日朗”北京国际电子音乐节经典作品西安巡演、2013年清明公祭轩辕黄帝告祭乐舞演出和十七届“西洽会”演出等文化活动

《西京故事》获第十届中国艺术节“文华大奖”，《金格灿灿彩》获“优秀剧目奖”，杂技节目《百戏钻桶》获第九届全国杂技比赛银奖，省戏曲研究院李东桥荣获“二度梅”，赵杨武首获“梅花奖”。

【公共文化服务体系建设】　宝鸡市示范区、渭南市的“‘一元剧场’演出项目”、铜川市的“公共图书馆服务一体化建设”项目通过国家评审验收。渭南市示范区、安康市“汉剧兴市”项目、高陵县“公共文化服务‘110’”项目通过第二批国家公共文化服务体系建设示范区（项目）资格评审。

组织实施“两馆一院一站一室”建设工程、“公共数字文化工程”、“农村舞台艺术繁荣工程”、“农村文化人才培训工程”、“三馆一站免费开放工程”、非物质文化遗产传承与保护等六大文化惠民工程。文化信息资源共享工程、县级图书馆文化共享服务车和剧团流动舞台车实现全覆盖。

推动省图书馆扩建工程、省艺术馆扩建工程、西京剧院、陕西文化艺术中心等重点文化基础项目建设。

民生文化办公室负责惠民演出、公共数字文化

项目、基层公共图书馆（文化馆）设备配送及其他涉及民生的文化项目，让基层群众得实惠。组织赴全省各地开展1500多场政府购买演出。

会同省财政厅研究制定《关于支持文化大发展大繁荣若干财税政策的意见的实施细则》和《陕西省文化艺术创作奖励资金管理办法》。出台《陕西省省级政府购买公共演出服务试行方案》及《实施细则》，支持文化发展。

第三届农民文化节演出2109场、剧（节）目1.1万余个，参演人员达9万余人，观众达368万人次。举办“书香长安 诵读三秦”首届陕西省阅读文化节。开展秦腔惠民演出130场，观众近20万人次，聘请专业老师及乐队举办免费公益戏迷培训班。公布第一批陕西省珍贵古籍名录409部举办“陕西省古籍保护成果展”。

【非物质文化遗产保护】 推进《陕西省非物质文化遗产条例》出台。公布第四批非物质文化遗产名录80个项目。推进国家级文化生态保护区建设，制定《陕北文化生态保护区总体规划》。举办第八个国家“文化遗产日”主会场活动。重点对西安鼓乐、华县皮影戏、秦腔、凤翔泥塑、陕北说书、耀州窑陶瓷烧制技艺等项目和代表性传承人进行抢救性保护。

【文化市场监督管理】 开展全省文化市场行政审批规范化建设暨行政审批大检查工作。精简项目简化程序，取消省、市级审批项目各1项。开展打击侵犯知识产权和假冒伪劣商品专项整治、动漫市场专项整治、艺术品市场专项整治活动。推进“网络文化市场技术监管系统”、“文化市场综合执法办公系统”应用工作。加强游艺娱乐场所管理，建立审批和监管的协作机制。

【文化产业政策】 加强宏观指导。全省文化产业发展会议是该省首次以省政府名义召开的文化产业会议，省长娄勤俭，省委常委、省委宣传部部长景俊海、副省长白阿莹出席。《陕西省人民政府关于实施项目带动战略促进文化产业发展的意见》实施30个重大项目带动全省文化产业跨越发展。《关于加快推进文化与科技旅游金融融合发展的意见》全面规划文化与科技、旅游、金融融合发展的总体思路，提出推动融合发展的51项重点任务和工作机制

组织参加第九届深圳国际文化产业博览交易会，推出70个文化旅游产业项目，总投资308亿元。陕西省文化旅游产业发展合作交流活动21个项目集中签约58.91亿元。第三届陕粤港澳经济合作活动周13个文化旅游产业项目集中签约230亿元。

【文化交流活动】 2013年，陕西民间艺术团赴台湾参加“台湾元宵灯会”活动，韩城行鼓艺术团赴台湾新竹参加“2013新竹花鼓艺术节”系列活动，省戏曲研究院小梅花团赴香港参加“国粹香江校园行”系列文化交流活动。西安鼓乐何家营鼓乐社赴韩国参加“感动光州”第十届中韩青少年文艺交流盛典活动。陕西民俗演展小组赴奥地利、斯洛伐克进行文化交流活动。

【文化人才队伍建设】 举办全省舞台艺术创作培训班、2013春季全省舞台美术专业培训班等。依托知名高校举办面向全省文化产业示范基地（单位）和文化企业的文化产业经营管理人才培训班。选派优秀文化工作者到“三区”工作服务，从县乡文化单位中选拔有培养潜质的文化工作者到省直文化单位、专业院校等进行培养学习。与陕西师范大学共建陕西文化资源开发协同创新中心，推动文化传承资源共享。

【开展党的群众路线教育实践活动】 贯彻中央、省委关于开展党的群众路线实践活动的要求，陕西省文化厅对照党章找问题，基层听意见。开展批评与自我批评，查找“四风”方面存在的突出问题，以查“四风”、改作风、促工作为目标，服务民生文化。贯彻十八届三中全会精神，完善制度机制，提升教育实践活动效果。坚持统筹兼顾，把抓好教育实践活动与推进当前工作结合起来，做到两手抓两不误两促进。开展节庆论坛展会摸底普查和规范工作，对全省节庆论坛展会进行审核规范。举办全省文化系统反腐倡廉理论研究征文和“为民务实清廉”——陕西省文化系统美术书法摄影作品展览。

【科学执政依法行政建设】 增强省文化厅系统领导干部科学执政、依法行政、民主执政意识和为民执政理念，以法制规范工作，以学习促进工作，每月在厅直系统范围举办一期法制或文化业务知识讲座，邀请省委常委、政法委书记安东，驻文化部纪检组原组长李洪峰，北京大学教授李国新，清华大学教授熊澄宇，省法制办主任宋昌斌，西北政法大学副校长杨宗科等授课。

甘肃省文化厅

概　述

2013年，甘肃省各级文化部门贯彻中央和省委决策部署，解放思想、实事求是、与时俱进、改革创新，推动文化大省、华夏文明创新区和戏剧大省建设，使人民基本文化权益得到保障，使社会文化生活丰富多彩。

截止到2013年底，全省共有文化馆103个、公共图书馆103个，其中省级馆各1个，地级图书馆和文化馆分别为16个、15个，全省86个县区中85个县区有文化、图书馆，基本实现县县拥有“两馆”的建设目标。全省博物馆、纪念馆143家，其中省级2家，市级23家，县级118家，全省1228个乡镇都有乡镇综合文化站。文化信息资源共享工程省级中心1个、市级分中心13个、县级支中心86个、乡镇街道服务站60个、村级服务点16371个，实现共享工程在农村的全覆盖。全省各级文化馆馆舍使用面积达到14.92万平方米，馆均达到1448平方米，馆内设有辅导培训、展览、排练等场所，在第三次全国文化馆评估中51个市、县文化馆被评定等级，其中一级馆7个、二级馆13个、三级馆31个。全省公共图书馆馆舍使用面积达到19.35万平方米，馆均达到1608平方米，图书总藏量达到1226.2万册，年新增藏量为68万册，阅览坐席达到17400多个，各级图书馆根据读者阅读需求，开展少儿阅览、报刊阅览、图书借阅和电子阅览业务，实现图书资源现代化管理。

公共文化服务体系建设

【概况】 黄河剧院建成投入使用，成为省上又一重要演出场所；2013年有12个项目开工建设。甘肃省所有博物馆、图书馆、文化馆、美术馆和乡镇综合文化站全部实行免费开放，服务能力提升。公共文化服务体系示范区及项目创建工作推进，金昌市被列入第一批国家公共文化服务体系示范区名单，兰州市自发群众文艺团队建设机制被列入国家第一批示范项目名单；张掖市被确定为第二批国家公共文化服务体系示范区创建城市，定西市“百姓舞台”机制建设、酒泉市“图书漂流”志愿服务活动被确定为第二批国家公共文化服务体系示范项目名单。数字图书馆建设进展，有4个完成建设任务。

艺术创作

【概况】 甘肃省文化部门实施精品战略，创作生产一批艺术精品。组织参加第十届中国艺术节，话剧《天下第一桥》、秦剧《麦积圣歌》获优秀剧目奖，相声《传说与现代》获全国曲艺优秀节目展演奖，6件美术作品入选参加全国优秀美术作品展，3个群众文艺作品进入全国群星奖决赛。话剧《天下第一桥》入选2011—2012年度国家舞台艺术精品工程重点资助剧目。杂技剧《博鳌传奇》、《敦煌神女》，情景剧《天下雄关》在旅游景点驻点演出，市场份额逐步提升。“敦煌画派”创作工程实施，创作一批敦煌艺术特色鲜明的美术作品，艺术科研课题《石窟文化数字体验馆建设与应用研究》获2013年度国家文化科技提升计划项目立项。

文化市场管理和文化产业

【文化市场管理】 规范文化市场行政审批工作，开展演出场所、演出经纪机构、演出团体、网吧、互联网文化单位、娱乐场所、艺术品市场管理工作。组织开展全省文化市场行政审批大检查、岗位大练兵和技能大比武活动，选拔执法骨干参加全国文化市场大比武活动。组织开展节假日期间文化市场重点领域及学校周边环境的专项整治行动。

【文化产业发展】 文化产业发展势头良好，向文化部上报该省藏羌彝文化产业走廊项目建设规划，项目总投资计划35亿元。主办2013中国（兰州）国际演出交易会，吸引416家文化单位、演出经纪机构的800余名代表参会。组织参加第六届海峡两岸文化产业交易博览会，甘肃省两家企业的产品在厦门落地，合同金额1200万元。成立全省动漫产业协会，文化部在该省举办动漫产业经营管理人才培训班，搭建动漫产业发展平台。完善发展文化产业的扶持政策，研究制定兰白经济区承接产业转移示范区文化创意产业政策，提出深化文化与旅游融合发展的政策建议。

文化遗产保护

【概况】 丝绸之路申遗工作取得重大进展，对5个入选点进行环境整治和文物本体保护维修，通过国家专家组的验收。第一次可移动文物普查工作全面启动，国有单位可移动文物普查登记基本完成。重大文物保护工程推进，敦煌莫高窟保护利用工程游客服务中心建设项目基本完成，嘉峪关文化遗产保护工程、拉卜楞寺保护维修工程实施。文物考古发掘取得新成果，文物科研工作继续在全国保持领军优势。召开全省非物质文化遗产保护传承工作会议，申报第二批国家级非物质文化遗产生产性保护示范基地和项目保护经费。古籍保护推进，经甘肃省政府批准，公布第二批《甘肃省珍贵古籍名录》和古籍重点保护单位。全国珍贵古籍数字化试点工作启动，甘肃省承担25部国家珍贵古籍的数字化加工任务。

对外文化交流

【概况】 舞剧《丝路花雨》赴美国林肯艺术中心演出，得到美国主流社会及媒体的认可；之后又赴吉尔吉斯斯坦友好交流演出。歌舞“华彩乐舞”赴塔吉克斯坦、土库曼斯坦参加“中国文化日”演出，为打造“丝绸之路经济带”，拓展中亚、西亚国家间交流发挥作用。组织《丝绸之路文化展》参加“杰纳第利亚民族遗产文化节”。《甘肃风情摄影展》赴台湾高雄、台北等地巡回展览，邀请澳门乐团来甘肃访问演出，深化与港澳台地区的交流合作。

文化人才队伍建设

【概况】 实施“三区”人才支持计划文化工作者专项，印发《关于推进文化人才工程建设的意见》。推进敦煌研究院申请设立博士后科研工作站报批工作，加强领军人才队伍建设，2013年有2人获中国戏剧梅花奖、2人获文化部文华奖、2人获文化部优秀专家、27人入选甘肃省宣传文化系统“四个一批”人才；郭向东在甘肃省943名领军人才考核中进入前30名被确定为优秀等次。推进省直院团精品剧目领衔主演B、C角色培养和省农村实用文化人才高级职称津贴奖励项目，推进农村实用文化人才高级职称评定。

文艺院团体制改革

【概况】 在甘肃省委文化体制改革领导小组的领导下，多次召开改革工作会议，推进改革后续工作。甘肃演艺集团于2013年2月18日正式完成工商注册。完成“5.30”提前退休人员的审核，办理手续。协调省编制、财政、人社等部门细化、落实改革政策。甘肃省直转制院团股份制改革启动，完成《股份制改革实施方案》的制定。甘肃省直各转制院团加强市场探索，寻求合作伙伴。

青海省文化和新闻出版厅

概　述

2013年，青海省文化和新闻出版厅贯彻落实党的十八大及省十二次党代会精神，围绕“文化名省”建设目标，以开展党的群众路线教育实践活动为契机，围绕中心、服务大局，抢抓机遇、多措举、狠抓落实，全力以赴推进各项工作。

公共文化服务体系建设

【概况】　青海省委省政府下发《关于加强基层文化建设的意见》，对全省基层文化建设起到促进作用。青海省文化和新闻出版厅结合“十二五”文化发展规划和文化建设“八大工程”，制定贯彻落实《意见》的方案，争取公共文化建设资金3.8亿元，其中，中央资金2.97亿元，地方资金0.83亿元，实施10个文化惠民和公共文化设施建设项目。下达资金1350万元，实施州县级公共图书馆图书配发工程；下达资金405万元，140个公共电子阅览室建设工程设备招标采购正在进行；下达资金810万元，文化信息资源共享工程中的青海地方资源建设项目启动，热贡艺术视频专题片制作及省级专家评审全部完成；下达资金260万元，省图书馆及西宁市、海南、海西、海北、果洛州数字图书馆推广建设工程进入设备安装调试阶段；下达资金833万元，对全省“农牧家书屋”图书进行更新，投入资金1260万元，在全省建设745个藏传佛教寺院“寺庙书屋”；下达资金2000万元，417个行政村的文化进村入户2项设备进入招标采购；下达资金5920万元，用于藏区县级“两馆”建设；下达资金1200万元，建设藏区17个乡镇综合文化站；下达资金2334万元，专项用于农村文化建设；对6州党报进行采编信息化及印刷设备改造，33辆基层新华书店流动售书车配发到位，21个县级新华书店业务用房基本建成，玉树州《三江源报》业务用房建设项目开工。青海省图书馆(二期)、青海省文化馆新建项目开工建设。格尔木市创建国家公共文化服务体系示范区通过验收，西宁市创建工作初审基本合格。“三馆一站”免费开放后的服务能力和水平有很大提高，青海省图书馆、博物馆、民俗博物馆（馨庐）、柳湾彩陶博物馆年接待观众120多万人次。

文化产业

【概况】　2012年全省实现文化及相关产业增加值35.57亿元，比上年增长20.8%，文化产业增加值增速高于GDP增速（可比价）8.5个百分点，占全省生产总值的比重为1.88%。文化服务业实现增加值列前10位的行业中，文化新闻出版部门占7位，产值17.63亿元。下达文化产业资金8560万元，扶持省内文化企业，尤其是小微企业发展。农行、建行、中行、国开行累计发放文化产业贷款32.3亿元，超上年6.75亿元。与商务厅签订支持文化产品及服务“走出去”战略合作协议。督促指导“十二五”规划中的27个文化产业园区项目加快建设进度，23个项目开工建设，累计投资22.7亿元。西宁城南文化产业聚集区项目正式开工建设，总投资2亿元。新评选一批省级文化产业示范基地，全省的国家级文化产业示范基地达到8个；省级文化产业示范基地、单位、示范园、示范户达到84个。国家藏羌彝文化产业走廊项目涵盖全省西宁、海东及6州的30县（市），共规划23个文化产业项目，总投资29.08亿元。青海省民族语动漫发展中心创作的原创动漫《藏羚羊》（5集汉藏双语）正式上映，影视纪录片《青海湖•天鹅湖》、《藏族姑娘的成人礼》和原创动漫《寻找智慧精灵》在第二届中国西部（国际）电影艺术节上均获一等奖。组织省内近90家文化企业及单位参加深圳文博会、厦门海峡两岸文博会和北京文创会，累计销售收入超过千万元，签约、订货突破1亿元。“青洽会”特色文化产业展，销售收入147万元，订货371万元。全省共有出版物、包装装潢印刷和专项排版制版企业62家，固定资产6.7亿元，年产值5.8亿元。出版物发行单位439家，年销售总额3.2亿元。

出版和艺术精品创作

【概况】 2013年，青海民族出版社和青海人民出版社共出版图书402种。列入国家出版基金项目的《藏传佛像圣像解说》出版；国家“十二五”少数民族语言文字出版规划项目《喜饶嘉措文集》发稿。列入国家民族文字专项资金扶持项目的《藏族民间文学丛书》、《农牧民科普读物丛书》、《惠民书库》、《藏汉双语知识启蒙丛书》、《少儿知识文库》、《新编十万个为什么》、《新编藏文字典》等43本图书及《藏族十明文化传世经典丛书•萨迦系列》20卷出版。为纪念玉树地震3周年编辑出版的图书《留给世界的温暖》反响较好。《大美青海》省情教育读本系列丛书在全国首届党员教育培训教材展示交流活动中被评为优秀教材。

该省演艺集团市场化运作的剧目《藏舞京典》和《环球梦之旅——世界风情歌舞》在全国巡演29场。歌舞《大美青海》、西部京剧《国家英雄》进入创作，帮助青海湖景区创作民族歌舞《祭海》9月份在景区演出。按照《青海省“十二五”舞台艺术创作规划》，西宁市艺术剧院有限公司创作歌舞剧《唐蕃古道》。全省各州民族歌舞团也都策划、创作、修改、复排一批优秀剧目，如黄南州民族歌舞团的藏戏《松赞干布》，海南州民族歌舞团的舞剧《姜国王子》海北州民族歌舞团的歌舞剧《华热哇》和反映两弹一星精神的歌舞《丰碑》，玉树民族歌舞团的民俗歌舞《玉树音画》等。在第十届中国艺术节上，《热贡神韵》、《藏羚羊》获文华剧目奖；2人荣获“群文之星”称号，“西北五省（区）花儿演唱会”等3个文化品牌项目获群星奖。在第八届全国残疾人艺术汇演中，该省演艺集团参与创排的舞蹈、声乐、器乐节目，获一等奖1个，二等奖2个，三等奖3个。完成17项课题的申报和2项课题结项。文化部春雨工程派出广东、福建艺术团体在该省基层开展演出、讲座、展览等文化活动。第三届“欢乐乡村”巡回演出活动，在全省17个县的32个村演出50场。全省艺术院团共完成演出1819场（次）。

文化遗产保护

【概况】 玉树灾后文物抢救保护工程全部完工。全年争取文物保护资金1.37亿元，其中中央资金1.26亿元，地方资金0.11亿元。第一次国有可移动文物普查调查、统计工作按计划进行。国务院公布第七批国保单位名单，该省全国重点文物保护单位增至45处，省级文物保护单位增至415处。4家博物馆入围国家二、三级博物馆名单。该省博物馆、柳湾彩陶博物馆407件文物分赴大连、河南、杭州交流展览，观众达25万人次。喇家遗址列入国家考古遗址公园立项名单。落实国家非物质文化遗产保护专项资金3603万元，省级专项资金400万元。首批“寻根行动——非物质文化遗产资源调查”成果丛书开始印刷，第二批寻根行动工作进入文字整理阶段，第二批国家级非遗代表作名录丛书开始编纂。与北京普罗之声文化传播有限公司合作，在798创意文化广场举办为期3个月的《青海精品唐卡艺术展》。新公布59项省级“非遗”代表作名录。投资80万元，在全省修建8个演艺小舞台。加大“非遗”进景区力度，全省66个3A级以上景区中，有34个景区引进“非遗”项目及民间艺人的产品展示、销售。约有20个景区在旅游旺季组织文艺演出活动。

文化市场监管

【概况】 推进文化市场综合执法办公系统建设工程，规范文化市场管理。组织开展文化市场、印刷行业岗位大练兵与技能大比武活动。开展文化市场行政审批大检查活动，受理涉外、涉台营业性演出及备案演出10余次，受理从事营业性演出经纪单位申请2家。完成1393家文化经营单位的年检审核备案工作。加强网吧监管，完善监督举报机制，封堵各类非法网站及非法游戏，净化全省网络文化环境。组织开展打击涉藏反动出版物、集中清理整顿非法卫星地面接收设施、网络淫秽色情信息、非法医疗刊物、查堵反制香港和涉藏涉疆反动出版物、校园周边出版物市场集中整治等7项专项行动，成立督导组对各市州文化市场进行20余次暗访督查。全省共出动执法人员49974人（次），检查出版、印刷复制、文化娱乐经营单位39690家，查处违规经营单位606家，查缴各类非法出版物及宣传品56626件，查获“藏独”出版物及宣传品案件15起，查缴销毁非法卫星地面接收设施229261套，删除屏蔽网络有害信息1994条。

对外文化交流

【概况】 与马耳他中国文化中心的部省合作计划，按要求全年完成50人次的出访任务，在马耳他举办摄影采风、非物质文化遗产展演、民族歌舞演出、彩陶展、民间艺人培训、国画培训、摄影展、文化讲座等多项活动。马耳他中国文化中心来华创作、奖学之旅、民间艺人等4个团组12人来青开展文化交流活动。为期1个月的“青海藏传佛教艺术精品展”在韩国首尔中国文化中心举办，韩中文化友好协会一次性收藏掐丝唐卡作品9幅。在玉树地震三周年之际，青海省文化和新闻出版厅与中国国家画院分别在京、青两地联合举办“大美青海•中国国家画院著名画家青海行作品展”，展出中国国家画院和青海画家的国画、油画、雕塑等各类美术作品114幅（件）。2013青海国际水与生命主题音乐会、第四届青海湖国际诗歌节等特色文化品牌活动举办。第十一届青海文化旅游节推出展览、演出、产业培训、创意大赛、藏品鉴赏等11项主题活动，国内外120余家客商参展，产品销售收入76万元，订货金额230万元，签约2.37亿元。韩国国会议员安鸿俊率百人代表团在青举办“大美青海——中韩缘文化节”，推出展览、演出、洽谈等多项活动。组织省内17家文化企业赴越南举办文化产品展销活动，订货金额2200万元，与越南越中文化交流中心签订合作交流备忘录。

文化体制改革

【概况】 该省演艺集团有限公司组建，人事、分配、艺术创作生产全部企业化运行，人均工资达4000元，比转制前增长10%。2013年，演艺集团演出1134场，其中，下基层演出473场，收入1353.1万元。指导西宁市艺术剧院有限公司和保留事业体制的6州民族歌舞团，探索和推进内部改革。首批转制的13家非时政类报刊出版单位相继挂牌成为出版企业。全面完成省、市（州）、县三级政府机关软件正版化整改工作。

人才培养

【概况】 投入资金2040万元，组织实施青海省“三区”（边远贫困地区、边疆民族地区和革命老区）人才支持计划文化工作者专项工作。全省890名选派人员到达服务岗位开展工作。以挂职形式进行培训42人。全年举办31期各类文化人才培训班，培训各类文化人才3237人次。选派1名厅级干部到国家新闻出版广电总局挂职锻炼，选派2名处级干部到海南、果洛挂职锻炼。抽调14名干部到该省藏区乡镇、社区、农村牧区、企业开展帮扶活动。

宁夏回族自治区文化厅

概　述

2013年，自治区文化厅按照文化部和自治区党委、政府的部署要求，围绕中心，服务大局，攻坚克难，开拓创新，推进文化强区建设，在新的起点上开创文化繁荣发展的新局面。

创新性亮点工作

【概况】　舞台艺术精品创作实现新突破，新创剧（节）目8部（台），多部剧目获国家级奖项，秦腔《花儿声声》荣获“文华大奖”、国家舞台艺术精品工程重点资助剧目；舞剧《花儿》获文华剧目奖。创建国家公共文化服务体系示范区卓有成效，银川市荣获首批示范区称号，石嘴山市和吴忠市分别被确定为第二批创建单位和创建项目。宁夏美术馆立项。公共文化服务水平实现新提升，“清凉宁夏”广场文化示范演出活动、银川市踏歌起舞系列文化惠民活动、舞动石嘴山广场文化艺术节等3个群众文化活动品牌和舞蹈《串铃声声》、女声小组唱《哥是阳沟妹是水》、宁夏坐唱《民生工程为民生》、小品《绣家园》、数来宝《说法》等5部作品分获项目类和作品类“群星奖”，7个图书馆和自治区博物馆跻身国家一级馆行列。文艺旅博会“塞上江南”旅游演艺大舞台和文化旅游产品展首次在景点举办，开创文化旅游融合发展新局面。创立宁夏文化旅游产业种子基金，拓展文化产业投融资新渠道。西夏陵申遗进入国家预备名录，18处不可移动文物被国务院公布为第七批全国重点文物保护单位。

艺术创作生产

【新剧（节）目创演】　围绕“内陆开放型经济试验区”和“银川综合保税区”建设、生态移民工程等，新创大型回族歌舞诗《九州花儿美》、话剧《回族干娘》《铁肩》、眉户剧《大学生村官》、儿童音乐剧《岩画精灵的美丽家园》、儿童剧《阿里巴巴和四十大盗》、首届中阿博览会主题晚会《拥抱世界》、杂技《耍花坛》8部（台）优秀剧（节）目。全国首部《回族舞蹈教材》出版发行，填补该领域的空白。杂技《耍花坛》首次摘得“文华奖”第九届全国杂技比赛铜奖。群舞《阿色俩目》荣获第十届全国舞蹈比赛文华舞蹈节目优秀创作奖。在第26届中国戏剧梅花奖榜单中，演员柳萍获“二度梅”，屈莲英获“梅花奖”。自治区文化厅被文化部授予2011-2012年度国家舞台艺术精品工程组织工作奖。

【原创精品剧目打磨提升】　打磨大型历史京剧《萧关道》、大型现代秦腔风情剧《花儿声声》、话剧《喊叫水村移民纪事》、舞剧《花儿》、眉户剧《情系健康为民众》（《六盘山下的一缕嫣红》）、《红枸杞音原创音乐会》6部。《花儿声声》为宁夏摘得首个“文华大奖”、获得国家舞台艺术精品工程重点资助剧目；《花儿》获文华剧目奖。

【“回族音乐汇宁夏”项目】　实施“回族音乐汇宁夏”项目，成立课题研究组，召开专题研讨会，编纂《回族音乐资料选编》，搜集整理一批回族音乐资源，为创作体现时代精神、具有民族地域特色、为群众所喜闻乐见的回族歌曲奠定基础。

【美术创作】　实施宁夏美术馆收藏计划，征集一批国内著名画家的绘画作品。组织创作“中国画画穆斯林世界”百米长卷，由8位中外书画名家历时半年共同创作完成，绘有中国和阿拉伯国家及世界其他国家地区的地标物，展现中国与世界伊斯兰国家团结合作、友好往来、共建丝绸之路经济带的美好愿景，成为宁夏继《黄河金岸图》百米长卷之后弘扬回族文化的又一精品力作。

文化惠民工程

【国家公共文化服务体系示范区（项目）创建】 11月6日，在上海全国公共文化服务体系建设会议上，银川市被授予国家首批公共文化服务体系示范区称号，石嘴山市和吴忠市“文化进慈善产业园”项目分别被列入2013-2015年创建国家公共文化服务体系示范区和示范项目名单。第五次全国公共图书馆评估定级宁夏有21个公共图书馆跻身全国上等级图书馆行列，其中，自治区图书馆等7个图书馆跻身一级馆行列。

【文化民生实事】 2013年，自治区10项民生计划为民办30件实事确定由文化厅牵头实施的6个方面的任务全面超额完成。其中：建设社区、街道文化中心公共电子阅览室122个；扶持移民新村文化活动室、基层示范文化大院220个；培训基层文艺骨干和民间文艺乡土人才3200人次，非遗项目进校园培训4.4万人次；送戏进农村、进社区、进校园、进军营、进工地演出1708场；开展广场文化演出1435场；图书馆、博物馆等公共文化设施免费开放服务群众98万人次。

【文化志愿服务】 组织实施的“‘共享阳光 爱心助盲’志愿服务活动”项目、“传递书香 温暖读者——青铜峡市图书馆文化志愿服务活动”项目、“银川市‘万家欢乐涌湖城’文化志愿服务活动”等一批项目被文化部评为2013年“文化志愿者基层服务年”示范项目。

【文化设施建设】 宁夏艺术学校新校区建成投入使用。宁夏大剧院基本建成。红旗文化大厦封顶。宁夏美术馆完成立项。维修改造市县文化馆、图书馆8个，新建、改造乡镇综合文化站8个。数字图书馆推广工程扎实推进。

文化产业发展

【示范园区建设】 中华回乡文化园二期项目、华夏河图文化创意产业园、贺兰山东麓百万亩葡萄文化长廊、沙坡头文化旅游产业示范区等文化产业园区加快建设。

【文化企业扶持和文化产业特色街区、村镇建设】 建成永宁县纳家户村、大武口区龙泉村、利通区穆民新村、隆德县城关镇红崖村、沙坡头区迎水桥镇等一批文化产业特色街区、特色村镇；重点扶持宁夏回乡文化实业公司、宁夏嘉润文化传媒有限公司、宁夏新科动漫产业有限公司、银川信威会展服务有限公司、吴忠万绨旎民族服饰有限公司、宁夏天予枣业有限责任公司等一批文化企业。

【服务平台建设】 创新融资方式，与中信银行宁夏分公司合作，创立宁夏文化旅游产业种子基金，撬动资金20亿元，扶持骨干文化企业、中小微文化企业发展，为全区文化产业发展搭建新的融资平台。举办第二届宁夏文化装备技术创意产品展览会和首届宁夏文化创意设计大赛、首届中国（银川）国际微电影“金脸谱奖”颁奖活动，推出一批特色文化产品和优秀影片。

【海峡两岸文博会签约文化产业项目】 10月25日至28日，宁夏在第六届海峡两岸(厦门)文化产业博览交易会上，签约4个文化产业项目，签约金额1.3亿元。这是宁夏首次在海峡两岸文博会上签约文化产业项目。宁夏新科动漫产业有限公司与福建天狼星动漫有限公司签约数字媒体安全宣教平台项目；中国(银川)国际微电影金脸谱奖组委会与香港大信国际投资有限公司签约制作大型电视栏目《中国电影梦》项目；宁夏荧屏天天传媒广告有限公司与福建天狼星动漫有限公司签约联合制作3D动漫电影《凤凰城传奇》项目；宁夏嘉润文化传播有限责任公司与厦门融易通控股有限公司签约宁夏贺兰山葡萄酒文化旅游项目。

品牌文化活动

【第五届中国（宁夏）国际文化艺术旅游博览会】 由文化部、国家民委、国家旅游局、中国人民对外友好协会和自治区人民政府共同主办，于2013年5月12日开幕，9月25日闭幕，历时5个月，共举办3大板块8项大型活动，第三届“感恩母亲河”活动、首届中国（银川）国际动漫微电影金脸谱奖颁奖典礼、第十一届中国西部民歌（花儿）歌会、“塞上江南”旅游演艺大舞台、2013年天王天后银川演唱会、中国（宁夏）文化创意设计大赛和宁夏大中专院校第十三届导游服务技能大赛、第十一届中国（国际）汽车摩托车自驾旅游节、第三届“黄河大合唱”邀请赛暨文艺旅博会闭幕式），邀请3个国家、4个国家部委、港澳台和28个兄弟省（区、市）参加，参会嘉宾超过3000人。其中：第十一届中国西部民歌（花儿）歌会于7月26日至28日举办，共有来自西部12省区市、新疆生产建设兵团和新疆昌吉、甘肃临夏2个回族自治区（州）的14支代表队、102名歌手携79个节目参赛。经过3天激烈角逐，17名(组)歌手摘取金奖，26名(组)歌手摘取银奖，29名(组)歌手摘取铜奖，14个单位获得“优秀组织奖”，4名歌手获“传承贡献奖”，2名歌手获“花儿传唱新人奖”。宁夏选手共获得2金3银6铜1个传承贡献奖和1个优秀组织奖。第三届“黄河大合唱”合唱邀请赛于9月24日至25日在宁夏石嘴山市文化艺术中心大剧院举行，来自全国各地的16支合唱团代表队参加本次邀请赛。经过激烈角逐，河北交响乐团合唱团、四川音乐学院绵阳艺术学院合唱团分别获得金奖、银奖。

【第二届中国西部交响乐周】 由文化部、自治区人民政府主办，文化部艺术司、自治区文化厅承办，于2013年9月22日9月28日在银川举行。本届交响乐周以“音乐的盛会，人民的节日”为主题，历时7天。来自宁夏、陕西、甘肃、新疆、重庆、云南、内蒙古等西部7省（区、市）的8支专业交响乐团、600余名演奏家汇聚一堂，奉献8场精彩的交响音乐会。到银川及周边地区的社区、学校、部队，开展7场“三进”演出活动。本届交响乐周全面展示西部交响乐的优秀成果，促进西部地区交响乐艺术的发展和普及，丰富广大群众的文化生活，产生强烈的社会反响。新华社以《舞台繁荣文化惠民》，《人民日报》以《文化部组织系列活动丰富群众节日文化生活》，《光明日报》以《8支交响乐团银川摆下艺术盛宴》为题对活动盛况进行报道，提升了宁夏的知名度和影响力。

【第十五届中国上海国际艺术节“美丽家园——宁夏文化周”】 由中国上海国际艺术节组委会、宁夏回族自治区人民政府和上海市人民政府共同主办，于2013年11月6日至11日在上海举行。宁夏推出大型原创回族舞剧《花儿》、回族舞蹈诗《九州花儿美》展演、“远古的呼唤——宁夏岩画艺术特展”为主要内容的艺术展览、舞台表演、广场演出等系列活动，以厚重的黄河文化、神秘的西夏文化和浓郁的回族文化，让数万观众感受到西夏文明和宁夏精神，谱写沪宁两地文化合作新篇章。演出交易会上，宁夏回族舞蹈诗《九州花儿美》与上海城市剧院、杭州剧院、昆明剧院、太仓大剧院等多家院线达成巡演意向。艺术节组织委员会向宁夏回族自治区文化厅发来感谢信，对宁夏在第十五届中国上海国际艺术节期间举办“宁夏文化周”给予肯定。

【“欢乐宁夏”等乐民文化活动】 组织举办春节民俗文化大集、“新春乐”社火比赛、“春雨工程”文化志愿服务、全区农民书画展、全区企业文化节、全区青少年国标舞比赛、全区第七届“群星奖”评奖等群众文化活动，丰富城乡群众精神文化生活。

文化遗产保护传承

【概况】 推进丝绸之路沿线遗产点的文物保护工作。全区可移动文物普查工作有序推进，全面完成国有单位可移动文物收藏情况调查。编制完成灵武窑址等4个全国重点文物保护单位的保护规划。西夏陵4号陵、银川鼓楼抢救保护加固工程完成，海宝塔、须弥山安防工程着手实施。完成西气东输等11个基本建设文物调查、勘探发掘项目。加强博物馆体系建设，展陈、服务和文物利用水平得到提升。举办《大漠行踪•西夏文物精品展》等大型文物展览15个。在国家文物局牵头下，与丝绸之路中国段沿线的河南、陕西、甘肃、青海、新疆（区）人民政府共同签署《关于保护丝绸之路遗产的联合协定》。

组织评选申报非遗国家级生产性保护示范基地、保护利用设施建设项目和第四批代表性项目。公布56名第三批自治区级非物质文化遗产项目代表性传承人。宁夏回族医药（张氏回医正骨疗法）传承人张宝玉荣获“第二届中华非物质文化遗产传承人薪传奖”。

文化交流合作

【概况】 9月14日至19日在银川举行2013中阿博览会•中阿文化艺术展示周，共策划举办3大版块9项活动。专业艺术版块为“欢动宁夏”中阿优秀节目展演，连续上演《拥抱世界》《科威特之夜》《九州花儿美》3台大戏；民间艺术版块为“艺耀五洲”国际民间艺术展演，有来自9个国家的40余位艺术家联袂演出4场文艺节目；美术展览版块为中阿书法绘画艺术作品展，集中展示12个国家的200余幅作品。组织开展毛里求斯“文化合作年”、埃及“欢乐春节”、东京文化合作年等活动；举办东京中国宁夏当代书画展，推动宁夏文化走出国门。

文化市场监管

【概况】 开展文化市场统一悬挂警示标志、统一悬挂证照制度、统一实行日志登记、开展“评星定级”等“三统一、一评级”规范化建设，文化市场信息化、规范化建设水平得到新提高，技术监管、经营主体分级管理和信用等级评价机制迈出新步伐。中宣部刊发信息向全国推广宁夏做法。文化市场行政审批规范化建设和行政审批大检查、综合执法岗位大练兵技能大比武活动有效开展。推行文化经营场所“评星定级”，文化市场经营主体分级管理和信用等级评价机制实现新探索。组织开展“两节”、“两会”期间文化市场专项整治，“打非治违”和为期3个月的网吧市场集中整治行动，净化城乡社会文化环境。全年共出动执法人员42332人次，检查各类文化经营场所26947家次，受理群众举报138件，立案调查315件，结案305件，移交案件6件，警告164家次，责令改正641家次，责令停业整顿81家次。

图书馆业

【概况】 宁夏图书馆全年招标采购各类文献实洋300万元，码洋394.4万元。购入（完成数据录入）普通图书14018种43331册，港台图书267种267册、报刊29种，地方文献2161册（件），中文期刊1580种，报纸180种，音像视听资料2431种。完成古籍普查条目1194条。开通使用文献数据库20个，基本实现跨库检索。2013年“我的图书馆”总访问量15.7万人次，最大访问量991人次/日。从2013年12月1日起，全区公共图书馆逢双休日、节假日延时向公众开放。每周开放时间达到65小时，超出国家《公共图书馆服务规范》的标准服务时间。

新疆维吾尔自治区文化厅

概　述

2013年，在新疆维吾尔自治区党委、人民政府的领导下，在文化部的支持下，全疆文化系统贯彻落实中央、自治区的重大决策部署，以现代文化为引领，以“群众第一、民生优先、基层重要”为立足点和落脚点，按照“到人、管用、有效”的总要求，狠抓党的群众路线教育实践活动，弘扬新疆精神，践行新疆效率，转变工作作风，变化变革创新，满足全疆各族人民日益增长的精神文化需求，各项工作取得成绩。

开展党的群众路线教育实践活动

【概况】　根据中央和自治区党委的统一部署，在自治区督导组的指导下，文化厅围绕解决在“四风”方面存在的主要问题，根据三个重要环节不同任务的要求，开展党的群众路线教育实践活动，集中力量解决突出问题，与时俱进解决新问题，以建章立制为重点，建立长效机制。

群众路线教育实践活动期间，文化厅召开党组会议12次，领导小组会议4次，专题学习会7次。786名党员干部集中学习了132次，参加人数2546人次，有效地推动了群众路线教育实践活动的贯彻落实。厅党组主要领导和班子成员及厅教育实践活动督导组，用近20天的时间，与厅系统22个单位，809名各界、各族群众、党员代表及领导干部面对面交流，征求意见737条，归纳梳理成22个方面、57条具体问题和意见。以“心跳 脸红 出汗”为标准，召开专题民主生活会，得到督导组给予的“查摆问题好、自我剖析好、谈心交心好、开展批评好”的好评。

【文化厅教育实践活动】　清理审批事项简化审批程序13项，取消下放部门审批权限5项。集中解决老艺术家楼验收办证问题、老干活动中心问题、厅机关干部职工就餐问题、部分事业单位职称兑现等问题。启动文化大院集资建房项目、新疆艺术中心项目建设，叫停机关增加司机工勤岗位，清理长期存在的随意借调基层人员等145个群众关心的热点、难点问题。新制定《文艺工作者从业规范和要求（试行）》等8项制度，修改完善12项制度，废除其中不合时宜的23项制度。

重大文化活动

【举办第三届中国新疆国际民族舞蹈节】　7月20日至8月5日，由文化部、国务院新闻办公室、新疆维吾尔自治区人民政府主办的第三届中国新疆国际民族舞蹈节分别在乌鲁木齐市主会场，库尔勒市、石河子市分会场隆重举办。中共中央政治局委员、新疆维吾尔自治区党委书记张春贤，文化部部长蔡武，新疆维吾尔自治区主席努尔•白克力等嘉宾和演职人员出席招待会和开幕式。来自12个国家和地区，以及9个国内艺术团，2000多名不同肤色、不同语言的舞蹈艺术家，为观众奉献66场精彩演出。期间，举办2013年中国网络舞蹈节、生命律动——国际舞蹈大师课、歌舞之乡——新疆歌舞艺术摄影联展、创意新疆设计未来——新疆礼物创意大赛、舞彩缤纷——舞蹈节参演国家图片展、向上——新疆油画作品学术展6项配套活动。新疆电视台一套至十二套用汉语、维吾尔语、哈萨克语三种语言对开幕式和演出剧目《情暖天山》（歌舞剧）进行现场直播。新疆电视台部分频道分别对舞蹈节开幕式晚会以及国内外参演剧目进行录播。国内外数千万观众通过现场、网络、电视等其他多种媒体观看演出和配套活动。

【举办第三届中国-亚欧博览会——中外文化展示周系列活动】　8月30日至9月12日在乌鲁木齐举办。本届“中外文化展示周”以“艺术编织丝路美景”为主题，以“民族和睦、艺术繁荣、文化开放”为展示重点，举办《大师的窖藏》——“走进中国的六分之一”中国画精品展，中国新疆国际版画邀请展，意会中国“大美新疆—第四届阿拉伯国家知名艺术家来华采风作品汇报展”三大艺术展览，参观人数约 34000人次。举办“中国梦•新疆情”——王宏伟个人演唱会，俄罗斯阿尔泰边疆区国家青年歌舞团综艺晚会，印度歌舞晚会三大舞台艺术表演活动，现场观看人数约为8000人次，反响热烈，受到各族群众的广泛关注和好评。

文化惠民

【概况】 5月14日，新疆木卡姆艺术团主题晚会《木卡姆的春天》赴国家大剧院演出，受到国家领导人和首都各族群众的好评。话剧团创作的风情话剧《大巴扎》和乌鲁木齐市艺术剧院创作的民族风情话剧《美好家园》，分别于5月、10月参加山东第十届中国艺术节优秀剧目展演，组委会和山东的观众给予高度评价。元宵佳节期间，应库尔勒市委、市政府的邀请，歌舞团为当地各族观众演出两场大型民族歌舞晚会—《大美新疆》，约1800余名观众观看演出。话剧团创作演出的《天作之合》、《向上走、向下走》、《霸王歌行》三部话剧被定为“高雅艺术进校园”活动演出剧目，创作的音乐话剧《蕴倩姆》在乌鲁木齐连续演出15场，得到老艺术家和首府观众的高度肯定和一致赞扬。伊犁州《美丽伊犁我的家》、昌吉州音乐剧《别失八里》也受到观众的广泛好评。新疆画院画家孙黎明油画作品《塔吉克人的婚礼》入选第十届中国艺术节全国优秀美术作品展、龚建新个人画展在中国美术馆举办。由文化厅主抓的电视连续剧《阿娜尔罕》在中央电视台一套热播，受到广大观众喜爱和好评。

话剧《大巴扎》、维吾尔语话剧《他没有两个老婆》分别荣获自治区第四届“天山文艺奖”，尤其是话剧《大巴扎》被自治区党委书记张春贤高度评价为现代文化的典范，民族团结的典范。艺术剧院歌唱演员阿依先木•依米然木孜获得中央电视台举办的《争奇斗艳——蒙藏维回朝彝壮冠军歌手争霸赛》优秀奖。由艺术剧院作曲家哈利木拉提作曲的《爱在海南》在“唱响海南”全国歌曲创作征集评选活动中获得优秀奖。昌吉民间社火 、阿勒泰市“金山之夏”文化艺术节 、奎屯市文化艺术节合唱比赛、乌鲁木齐市中老年艺术节等 4个群文项目荣获第十六届“群星奖”项目类奖项，柴彩、何玲玲、王娟等3人荣获“群星奖”群文之星。

对外文化交流

【概况】 2013年，共完成文化交流出访项目31项，文化交流来访项目41项。国外及港澳台地区来疆进行商业演出的团体42个、演员525人，演出163场，地点涉及14个地州市，观众达7.3万余人次。

2月6日至14日，应泰国国家旅游局邀请，由文化厅党组成员、副厅长柯尼斯•杉尼率新疆杂技团、喀什塔什库尔干塔吉克自治县文工团一行70人分别赴泰国曼谷、苏攀府执行文化部第九届“欢乐春节”文化活动任务，该活动的举办在两国间引起强烈反响，各方都给予高度评价。3月15日至19日，应阿塞拜疆教育部邀请，买买提•吐尔逊等一行6人赴阿塞拜疆参加第三次国际木卡姆节日（比赛）活动。3月15日至25日，根据自治区党委书记张春贤的批示，分别由文化厅党组成员、副厅长卡米力•吐尔逊率新疆艺术剧院歌舞团一行22人，自治区党委外宣办副主任左锋率新疆歌舞团一行37人赴土耳其参加诺茹孜节庆祝演出活动和“突厥世界文化之都”开幕式大型演出。演员们表演《刀郎麦西来甫》、《顶碗舞》等7个节目，深受当地观众喜爱。4月11日至5月15日，应美国中西部艺术联盟的邀请，新疆艺术剧院“塔里木歌舞小组”一行18人由新疆艺术剧院民族乐团团长拜合提亚尔•阿不都瓦依提带队赴美国参加2013年“世界艺术节”，先后在美国伊利诺斯州、威斯康星州、明尼苏达州、北达科他州和南达科他州等地，为中小学生、市民、企业及孤儿院演35场，观众达6500人次，使美国人民对中华文化有更深的解。4月22日，应法国文化之家邀请，由文化厅副巡视员马迎胜带团一行9人赴法国巴黎参加“幻想艺术节”演出活动。其中刀郎木卡姆专场演出获得高度好评。5月1日至7日，应日本OK総合企画有限公司的邀请，新疆杂技团一行4人赴日本进行交流演出。5月30日至6月3日，应澳门广播电视有线公司邀请，新疆艺术剧院歌舞团一行5人赴澳门参加澳门电视台台庆活动。通过文化交流活动，向世界人民展示了新疆文化艺术的独特魅力和中华文化艺术的光辉璀璨。

文化产业

【重大产业活动】 参加第九届中国（深圳）国际文化产业博览交易会的14个文化产业项目，现场签约19亿元，文化产品销售100余万元。组织各类文化企业22家参加第八届中国（北京）国际文化创意产业博览会，展示新疆文化产业成果，加强与国内外文化企业的交流与合作，获得“文博会”组委会颁发的“最佳展示奖”和“最佳组织奖”两个奖项。举办以“创意•启迪未来”为主题的新疆首届文化创意产业博览会，汇集50余家新疆优秀文化企业和137家国内外知名文创企业，提升新疆文化创意产品知名度和品牌价值。举办新疆第八届原创动漫展暨新疆第八届COSPLAY(角色扮演）大赛，来自全疆各地的40个优秀动漫团体，600名COSPLAY扮演者，为COSPLAY大赛的各类奖项以及晋级全国大赛资格展开激烈的争夺，近万名观众到场参观。

【创建文化产业示范基地】 相继建成运营乌鲁木齐七坊街文化创意产业集聚区、新疆野马集团古生态文化园、昌吉青湖御园三个园区。全疆共有4家文化企业获得“国家文化产业示范基地”称号，7家动漫企业通过国家认定，25家企业获得首批自治区文化产业示范基地命名。27家企业获得第二批自治区文化产业示范基地。

文化遗产保护

【概况】 2013年，全区新增55处全国重点文物保护单位。完成259处自治区级文物保护单位的申报、核查、评审，116处自治区级文物保护单位的保护范围、建设控制地带划定及汇总工作,报经自治区人民政府公布。编制完成《新疆文物保护总体规划（2012-2020)》等保护规划。完成自治区第一次全国可移动文物普查第一阶段各项工作，丝绸之路（新疆段）重点文物抢救保护工程通过联合国专家评审。博物馆建设、展陈工作推进，伊犁州博物馆、克州博物馆、塔城地区博物馆等8个地县级新馆开工建设。引进《盛世华彩遗珍归——圆明园生肖兽首展》等众多文物大展，举办《新疆古代服饰的记忆》等多个新疆原创展览。

完善非物质文化遗产保护名录体系建设，开展自治区第四批非物质文化遗产名录项目申报和第三批自治区级非物质文化遗产项目代表性传承人评选及名录项目保护责任单位认定工作。加强非物质文化遗产保护展示宣传活动，举办第八个“文化遗产日暨首届新疆非物质文化遗产展示周”活动。推进非物质文化遗产分类保护，开展生产性保护等八个非物质文化遗产保护基地建设。

文化市场

【概况】 推进文化市场诚信体系建设，组织开展全疆文化市场“诚信经营单位”评选。结合文化市场实际，协调解决上网服务行业和娱乐行业税率过高问题，营业税由20%调整为5%。编印《文化市场综合行政执法法律法规选编》。开展“全疆文化市场综合行政执法岗位大练兵与技能大比武”活动和文化市场行政审批大检查。在“两节”、“两会”、寒暑假、重要节庆点期间，开展文化市场专项保障行动和整治“三非”专项行动，查处一批具有较大影响和典型意义的重大案件。据统计，2013年全疆各级文化市场行政执法机构共出动检查28.2493万人次，检查经营场所18.3030万家次，责令整改2598家，受理举报342起，立案调查464起，移交案件32起，办结案件339起，行政警告1062家次，罚款145.3555万元，责令停业414家次，吊销许可证9家，没收违法所得1.8598万元，打击非法经营行为，维护文化市场健康有序发展。

公共文化服务体系建设

【概况】 全疆347个图书馆、博物馆、文化馆、美术馆，1024个乡镇文化站，实现向社会公众免费开放，免费开放服务增量进入全国前三名。完成全国第五次、自治区第四次公共图书馆、第二次乡镇综合文化站评估定级工作。首次启动全国乡镇综合文化站评估定级工作。“新疆边境地区公共数字文化长廊建设课题”、“新疆乡村文化带头人与边疆民族地区公共文化服务体系建设课题”被列入国家文化部课题研究重点。完成新疆第一批国家公共文化服务体系1个示范区、2个示范项目的检查验收。申报第二批国家公共文化服务体系1个创建示范区和示范项目。

新疆生产建设兵团文化广播电视局

概　述

2013年，兵团各级宣传文化部门，在各级党委领导下，贯彻党的十八大、十八届三中全会精神和总书记习近平系列重要讲话精神，按照中宣部、文化部统一部署，履行文化市场监管和公共服务职能，加强市场管理，开展“扫黄打非”专项治理，净化社会文化环境，维护文化安全，提高公共服务水平，推进知识产权保护，保障文化市场健康有序发展。学习借鉴内地先进的文化产业和文化事业发展经验，推进兵团文化事业、文化产业、文化市场和文物保护等各项工作取得新的进展。

文化事业发展

【“十件实事”9个团场文化中心建设项目】　2013年，兵团党委将兵团9个团场综合文化活动中心纳入“十件实事”之中，印发《关于下达2013社会事业建设项目投资计划的通知》（兵发改投资　〔2013〕269号），计划建设面积16500平方米，共计投资3300万元，实际完成投资3560万元。9个项目单位分别为：一师7团、托喀依乡；二师33团、37团；四师78团、七师123团；八师148团、十师183团、十三师红山农场。

【创建公共文化服务体系建设示范区项目】　石河子文化广场活动机制作为第一批公共文化服务体系示范项目，参加文化部第一批公共文化服务体系示范项目检查验收。2013年组织第二批公共文化服务体系示范区、示范项目申报工作，申报一个示范区：八师石河子市公共文化建设;一个示范项目：六师五家渠市文化共享工程进连入户工程。经国家公共文化服务体系建设专家委员会评审，石河子和五家渠市文化共享工程进连入户工程分别列入2013-2015年创建国家公共文化服务体系示范区、示范项目名单，中央财政给予1350万元的资金补助。

【数字图书馆和公共电子阅览室建设】　2012年文化部下达给兵团一个本级数字图书馆、两个地级数字图书馆的建设任务，中央财政投资360万元（其中省级240万元，地级120万元）。按照国家文化部的建设标准和要求，通过招投标建设，兵团文化中心数字图书馆和六师、八师两个地级数字图书馆项目建设完成。公共电子阅览室建设，主要依靠兵团文化共享工程县级支中心建设的基础，建设和完善81个公共电子阅览室，1个本级公共电子阅览室建设和108个乡镇服务点播放室，形成兵团自上而下的网络服务体系。

【基层文化干部培训工作】　3月18日至22日，由文化部全国公共文化发展中心主办，兵团文广局、文化共享工程兵团分中心协办，文化共享工程浙江省杭州市萧山区支中心承办的“兵团边境团场文化业务骨干培训班”在杭州市萧山区图书馆举办。来自兵团边境团场的43名学员参加培训。9月23日，组织兵团基层业务骨干参加由文化部全国公共文化发展中心主办的文化共享工程师资骨干培训班。来自兵团基层共享工程支中心的45名学员参加此次培训。12月初，由文化部人事司与兵团文广局联合在乌市举办兵团基层文化骨干培训班，各师及团场基层文化骨干参加培训。

【加大公共文化服务体系保障经费支持力度】　在文化部的重视支持下，中央财政下拨2013年兵团基层公共文化服务体系保障经费2740万元，比上年追加224万元；下达中央补助地方文化传媒资金中文化文物事业经费430万元；下达农村乡镇文化建设保障资金2000万元。

【第三次全国文化文物系统援疆工作电视电话会议】文化部、文物局于10月21日召开第三次全国文化文物系统对口支援新疆工作电视电话会议。根据文化部的部署，兵团和各师分别设置分会场。兵团党委常委、副司令员、宣传部部长成家竹出席在北京的主会场代表发言。兵团文广局作为主要承办单位之一，在文化部、国家文物局的领导下，派出专人先期赴文化部协调对接，做好兵团及各师分会场会议室落实、会议材料准备、组织人员参会等各项筹备工作，协调兵团领导出席会议及发言事宜，通知各师主动地与对口支援省市进行对接，确保会议召开。

【"三区"文化人才支持计划工作】　根据国家有关部委办局文件精神，兵团文广局与兵团党委组织部、人社局组织开展兵团辖区的有关工作调研，通过向各师和相关团场自下而上的摸底统计，形成实施方案上报国家文化部。9月底，财政部、文化部下达兵团2013年"三区"（边远贫困地区、边疆民族地区和革命老区）人才支持计划专项经费281万元。

【举办系列文艺活动】　2013年初，组织安排一系列文艺演出活动，兵团春节电视晚会、兵团迎新春杂技晚会、综艺晚会、六师专场和八师专场等5场专场演出，派出专业文艺团体协助各师开展丰富多彩的文艺演出活动，营造昂扬奋进、欢乐祥和的节日气氛。

【举办"弘扬中华文化、振奋民族精神"西北省区兵团中华锣鼓邀请赛】　由文化部公共文化司支持，兵团党委宣传部（文广局）及陕西、甘肃、青海、宁夏、新疆等省区文化厅局共同主办、兵团六师五家渠市承办的西北省区兵团中华锣鼓邀请赛于8月18日至19日在六师五家渠市举办。期间，举办西北省区兵团中华锣鼓邀请赛兵团锣鼓大赛，来自兵团各师及武警部队共11支代表队进行现场比赛，经过紧张激烈的角逐，通过公开、公正、公平的评比，产生金奖3个、银奖4个和优秀奖4个。兵团三支金奖代表队与特别邀请的陕西、甘肃、青海、宁夏4支代表队进行精彩的中华锣鼓表演，并组织优秀代表队在团场和五家渠市文化广场进行展演。此次活动弘扬中华文化，提振民族精神，丰富职工群众的精神文化生活，促进兵团与西北各省的文化交流，加大对兵团的宣传力度，增进各方相互间的解和友谊，锻炼宣传文化队伍。

【举办兵团基层文化能人大赛活动】　为活跃基层群众文化生活，弘扬中华文化，发现和培养基层文化骨干，兵团党委宣传部、文广局与兵团文联、工会（妇联）、团委等部门联合举办"兵团基层文化能人大赛"活动。活动时限为全年，各师先行开展选拔和比赛活动，将优秀代表既作品推选到兵团参加决赛，对优秀代表授予"兵团基层文化能人"称号。各师共推荐艺术表演类候选人63名、艺术创作类候选人133名。11月中旬进行评审，命名第一批兵团文化能人42名。12月中旬在八师石河子市举办兵团文化能人展示展演活动。

【开展送文艺下基层活动】　根据兵团和宣传部的安排部署，组织协调直属文艺团体赴基层开展送文艺下乡演出慰问活动。2013年元旦、春节期间，赴一师青松建化、1团，三师图木舒克市、53团、八师150、四师69团、七师131团团走访困难职工家庭，进行"送欢乐下基层"慰问演出活动；歌舞剧团在兵团二中开展以"绽放兵团风采、点燃青春激情"为主题的送欢乐进校园活动；兵团杂技团、秦剧团、豫剧团均分赴基层开展下基层慰问演出活动。元旦、春节期间，为丰富基层职工群众的精神文化生活，兵团党委宣传部、文广局、文联再次组织5个文艺小分队，由宣传部领导带队分赴各师基层团、连开展慰问演出活动。

【举办系列主题文艺演出活动】　组织举办现代豫剧《兵团记忆》和话剧《天山人家》两场中央新疆工作座谈会三周年专题文艺演出活动；在中国共产党成立92周年之际，举办一场"《永远跟党走》——庆祝中国共产党建党92周年"主题文艺晚会，唱响共产党好、社会主义好、改革开放好的时代主旋律；在毛泽东诞辰120周年之际，兵团党委宣传部、兵直党工委、兵团文广局将联合举办纪念毛泽东诞辰120周年群众性演唱活动，以此缅怀毛泽东的丰功伟绩和革命历程。

【舞台艺术作品创作】　按照文化部和兵团的要求，兵团文艺团体在文艺作品创作时注重"三贴近"，创作出一批反映兵团基层真实面貌、职工群众现实生活的优秀舞台艺术作品，在国内的各类比赛中获得多项大奖。由兵团杂技团创编的节目《胡杨魂—男子倒立技巧》获"文化奖"第九届全国杂技（魔术）比赛银奖，伊力扎提等23名演员荣获"优秀表演奖"。兵团豫剧团创排的现代豫剧《天山人家》获得第十四届"文华奖"剧目奖，主演和导演分别获得十艺届表演奖和第十四届"文华奖"导演奖；兵团群艺馆创编的少儿舞蹈《边境线上的小妞妞》，继在第七届全国少儿舞蹈大赛——"小荷风彩"少儿舞蹈展演中荣获"小荷之星"、"小荷之家"、"优秀组织"、"最佳编导"、"小荷园丁"五项大奖后，在第十届中国艺术节、第十四届"群星奖"比赛中，荣获"群星奖"，张国庆荣获"群文之星"荣誉称号。

兵团杂技团代表兵团出席央视三套《直通春晚》现场表演，同时代表兵团出席12月21日央视《直通春晚》节目选拔活动。

文化产业发展

【考察文化产业发展情况】 为推动兵团文化产业大发展、快发展，兵团组成由兵团党委常委、副司令员、宣传部长成家竹为组长的兵团文化产业考察组，对陕西、四川、湖南、江西、山西五省的文化产业发展情况进行历时9天的实地考察学习。在考察学习的基础上，提出在十二师五一新区建设“兵团文化传媒发展基地”的设想。出台《关于加快推进兵团文化产业发展的意见》。

【举办文化产业发展研讨班】 在文化部的支持下，举办兵团文化产业发展研讨班，各师及直属文化单位的27名分管文化产业的领导参加为期10天的培训。

【文化产业发展专项资金申报工作】 与兵团财务局共同对各师、各直属单位申报的64个文化产业项目进行审核，确定35个文化产业项目符合兵团文化产业发展专项资金的申报要求。

文化市场

【概况】 制定《兵团党委宣传部关于2013年“扫黄打非”行动方案》。对全年“扫黄打非”工作做总体安排和部署。

组织开展元旦、春节期间的文化市场监管、两会前集中专项整治行动、学校周边文化市场集中整治、打击政治性、宗教类非法出版物和反动宣传品集中行动，以及非法报刊专项治理“秋风”行动、暑假期间文化市场监管、“五一”、“十一”期间文化市场专项保障行动大文化市场专项整治保障行动等一系列专项行动。

举办兵团文化市场行政执法人员培训班。来自各师、团的153名基层文化市场行政执法人员参加培训。

年内，共出动检查人员17678人次，检查经营单位19876家(次)，查处接纳未成年人网吧110余家，取缔黑网吧12家、游戏厅14家、娱乐场所9家；查处违规印刷企业2家；收缴盗版书籍8832本，非法出版物10200册，盗版音像制品4824盘，淫秽色情制品4600余盘（册），盗版教辅资料8400多份；收缴非法宗教宣传品1556册（盘）。

文物保护

【国家文物局加大对兵团的支持力度】 9月初，国家文物局副局长顾玉才率领国家文物局、发改委、财政部联合援疆调研组专程赴兵团，就兵团文物保护、博物馆建设等方面情况进行调研指导，就兵团提出的需要国家支持的文物项目提出意见。兵团党委高度重视兵团文物保护工作，主要领导作出批示，要求兵团党委宣传部、文广局、文物局落实调研组一行对兵团文物工作的指导意见，推进兵团文物保护事业的发展，安排兵团党委常委、副司令员、党委宣传部部长成家竹于9月27日赴国家文物局汇报对接工作，受到文化部副部长、国家文物局局长励小捷同志接待。通过座谈，国家文物局表示将加度，持续地支持兵团文物工作，共同推荐兵团文化事业的发展，重点在遗址类全国重点文物保护单位考古工作、兵团博物馆、纪念馆工作、文博人才培养等方面给予兵团倾斜和支持，尤其对兵团文物经费实施单独划拨方面实现突破。国家文物局就此次座谈会印发会议纪要。10月底，国家文物局向兵团先期划拨2500万元重点文物保护经费。

【第一次全国可移动文物普查工作】 根据国务院关于开展第一次全国可移动文物普查的通知要求，兵团成立领导小组，编制普查经费预算向财政部和文物局进行申报，制定下发《兵团第一次全国可移动文物普查实施方案》。9月底，兵团文广局在六师五家渠市举办兵团第一次全国可移动文物普查骨干培训班，对第一次全国可移动文物普查有关内容进行培训。国家文物局、新疆文物局专家授课，兵团各师、院校、重点博物馆、陈列馆和兵团普查领导小组成员单位有关人员44人参加。

【文物管理机构正式挂牌】 上半年，兵团文广局组织开展兵团文物事业调研工作，局分管领导率领有关处室赴有关师实地调研摸底。兵团文广局要求各师分别开展调研，形成调研报告上报。根据各师上报的调研材料和实地调研掌握的情况，兵团文广局就兵团文物现状、存在问题和建议组织起草专题报告呈报兵团领导，得到兵团主要领导批示。8月29日，兵团编委印发《关于兵、师两级文物管理机构设置的批复》，将兵团党委宣传部文化处挂牌的兵团文物局调整为兵团党委宣传部（兵团文广局）挂牌，各师党委宣传部（文广局）馆师文物局牌子。正式将文物行政管理工作纳入兵、师两级机关工作内容，改变兵团长期无文物管理机构的状况，为兵团文物事业的发展奠定基础。

【争取博物馆、纪念馆免费开放补助资金】 2013年，财政部、国家文物局下达4个兵团博物馆、纪念馆免费开放补助资金400万元。为满足兵团实际需求，兵团文广局联合财务局向国家财政部和国家文物局上报增加以上4个馆的经费补助金额420万元和增加7个免费开放博物馆、纪念馆的请示。9月，兵团领导专程赴国家文物局汇报对接工作，得到国家文物局领导的高度重视，表示将对兵团文物保护和博物馆、纪念馆免费开放工作给予进一步支持和倾斜。

【开展第三批非物质文化遗产项目评审工作】 兵团文化广播电视局于10月至11月启动第三批兵团级非物质文化遗产名录项目申报和第四批国家级项目推荐工作。

文化大事记

5月15日和21日，组织举办现代豫剧《兵团记忆》和话剧《天山人家》两场纪念中央新疆工作座谈会三周年专题文艺演出。

7月1日，举办“《永远跟党走》——庆祝中国共产党建党92周年”主题文艺晚会。

8月18日至19日，在六师五家渠市举办“弘扬中华文化、振奋民族精神”西北省区兵团中华锣鼓邀请赛。本次邀请赛由文化部公共文化司支持，兵团党委宣传部（文广局）及陕西、甘肃、青海、宁夏、新疆等省区文化厅局共同主办、兵团六师五家渠市承办。

8月29日，兵团编委印发《关于兵、师两级文物管理机构设置的批复》，将兵团党委宣传部文化处挂牌的兵团文物局调整为兵团党委宣传部（兵团文广局）挂牌，各师党委宣传部（文广局）馆师文物局牌子。正式将文物行政管理工作纳入兵、师两级机关工作内容。

9月27日至29日，在六师五家渠市举办兵团第一次全国可移动文物普查骨干培训班。

9月30日，兵团文广局印发《关于推荐申报第三批兵团级非物质文化遗产代表性项目有关事项的通知》，启动第三批兵团级非物质文化遗产名录项目申报和第四批国家级项目推荐工作。

9月30日，财政部下达文件，追加兵团“三馆”免费开放专项资金224万元，兵团该项补助资金达到2740万元。

10月21日，兵团党委常委、副司令员、宣传部部长成家竹出席国家文化部、文物局召开的第三次全国文化文物系统对口支援新疆工作电视电话会议代表发言，兵团和各师分别设置分会场。

10月26日，兵团群艺馆创编的少儿舞蹈《边境线上的小妞妞》在第十届中国艺术节暨第十六届全国“群星奖”比赛上，荣获“群星奖”，兵团群艺馆研究馆员张国庆荣获“群文之星”称号。

10月26日，兵团豫剧团创排的现代豫剧“天山人家”代表兵团首次参加在山东举办的“第十届中国艺术节”，获第十四届“文华奖”剧目奖和表演奖、导演奖。

10月28日，兵团杂技团创编节目“胡杨魂——男子倒立技巧”获“文化奖”第九届全国杂技（魔术）比赛银奖，伊力扎提等23名演员荣获“优秀表演奖”。

10月底，国家文物局向兵团划拨2500万元重点文物保护经费，国家文物局向兵团下达专项经费支持的渠道正式建立。

12月24日至25日，在八师石河子市举办兵团文化能人展示展演活动，对42名优秀代表授予“兵团基层文化能人”称号。

12月26日，在乌鲁木齐市举办纪念毛泽东诞辰120周年群众性演唱活动。

2013年底，组织5个文艺小分队，由宣传部（文广局）领导带队分赴各师基层团、连开展慰问演出活动。

2013年底，列入兵团党委“十件实事”之中的9个团场综合文化活动中心全部竣工，超额完成投资，实际完成投资3560万元。

中国文化年鉴

Almanac Of Chinese Culture

获奖名单

List of winners

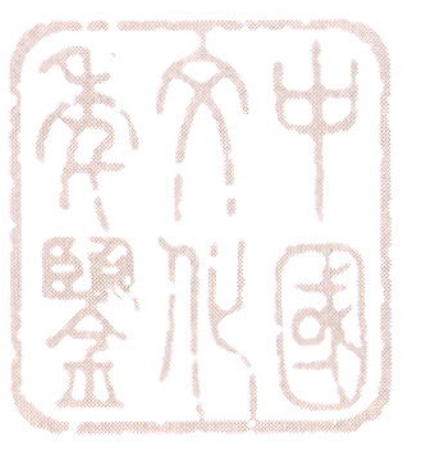

2013年度第一批国家社科基金艺术学项目结项名单

（24项）

2013年度第一批申请结项的24项研究成果（“九五”文化部项目1项、“十一五”国家项目17项、“十二五”国家项目3项、“十二五”文化部项目3项）已被政府完整采纳或于近期通过专家组鉴定，有关情况如下：

一、下列“十一五”规划项目最终成果已被湖南省委省政府完整采纳，根据有关规定可免于鉴定：

《文化竞争力评价体系研究》（“十一五”国家一般项目；

批准号：08BG54；负责人：湖南省文化厅周用金；最终成果名称：研究报告《文化竞争力评价体系研究报告》）。

二、下列项目已通过专家组鉴定：

1. 天津曲艺史（批准号：98BGA05；“九五”文化部重点项目；负责人：天津市艺术研究所张蕴和）；

2. 中西绘画图式与时空观念比较研究（“十一五”国家一般项目；批准号：07BF33；负责人：中央美术学院刘斌）

3. 中国古代设计史史料学研究与数据库建设（“十一五”国家一般项目；批准号：09BF047；负责人：湖南工业大学朱和平；最终成果名称：专著《中国古代设计史史料学研究》、DVD盘《中国古代设计史史料数据库》）；

4. 中国电影史学与资料库建设研究（“十一五”国家重点项目；批准号：08AC03；负责人：中国艺术研究院丁亚平；最终成果名称：专著《中国电影史学及资料库建设研究》）；

5. 性别视野的民俗艺术（“十一五”国家一般项目；批准号：08BA07；负责人：黑龙江省艺术研究所陈力）；

6. 走在现实主义道路上的辽宁人民艺术剧院（“十一五”国家一般项目；批准号：08BB14；负责人：辽宁省艺术研究所桂亚林；最终成果名称：专著《在艺术的精神殿堂前——辽宁人民艺术剧院的创作道路》）；

7. 男旦：性别反串——中国戏曲特殊文化现象研究（“十一五”国家青年项目；批准号：08CB60；负责人：莆田学院徐蔚）；

8. 留学生与中国近现代美术（“十一五”国家青年项目；批准号：08CF74；负责人：中央美术学院傅怡静；最终成果名称：研究报告《留学生与中国近现代美术——以美术专业留日学生（1897-1949）为研究中心》）；

9. 全国文化艺术类网站调查与研究报告（“十一五”国家数据库专项；批准号：08HG92；负责人：中国艺术研究院吴祚来）；

10. 桂林抗战艺术史（“十一五”国家一般项目；批准号：09BA008；负责人：广西社会科学院李建平）；

11. 艺术流变与文化视野：新世纪的中国电影（2000——2009）（“十一五”国家一般项目；批准号：09BC025；负责人：中国艺术研究院吴涤非）；

12. 中国水彩画观念史（“十一五”国家一般项目；批准号：09BF050；负责人：上海大学潘耀昌）；

13. 思路与出路：非物质文化遗产保护与旅游产品升级（“十一五”国家青年项目；批准号：09CG086；负责人：湖南师范大学贺小荣；最终成果名称：论文《非物质文化遗产的旅游开发：主题园区模式》、《非物质文化遗产生产性保护的实践框架与策略》）；

14. 电视栏目剧的发展与对策研究［“十一五”国家一般项目；批准号：09EC094；负责人：重庆广播电视集团（总台）郭庆］；

15. 文化信贷与担保的法律问题研究——以《文化产业振兴规划》为背景（批准号：10CG098；“十一五”国家青年项目；负责人：文化部张域）；

16. 我国艺术表演团体改革的政策与路径研究（“十一五”国家青年项目；批准号：10CG102；负责人：武汉大学陈庚）；

17. 新疆地区当代交响音乐创作研究（“十一五”国家西部项目；批准号：10ED108；负责人：新疆艺术学院王宝龙）；

18. 震后羌族非物质文化遗产修复现状调查与保护模式研究（“十一五”国家西部项目；批准号：10EG112；负责人：四川音乐学院廖恒）；

19. 濒临消亡的重庆阳戏的抢救与保护

（“十二五”国家西部项目；批准号：11EB128；负责人：重庆市文化艺术研究院胡天成）；

20.藏羌文化产业走廊项目集聚研究（“十二五”国家西部项目；批准号：11EG140；负责人：四川省文化信息中心赵红川）；

21.原生态民歌的活态保护与资料库建设——以湖南桑植民歌为例（“十二五”文化部项目；批准号：11DD13；负责人：湖南工业大学舒达；最终成果名称：专著《湘西民族音乐艺术表象初论》、论文《浅析白诚仁民族声乐作品〈山神〉》、《湘西花灯音乐刍探》、《论跳香的美学内涵》）；

22.罗汉图像发展史研究（“十二五”文化部项目；批准号：11DF23；负责人：中国国家画院段传峰）；

23.民营艺术表演团体现状调查与研究（“十二五”文化部项目；批准号：11DG31；负责人：中央文化管理干部学院孟晓雪）。

2013年度第二批国家社科基金艺术学项目结项名单

（30个）

2013年度第二批申请结项的30项研究成果（“十五”国家项目5项、“十一五”国家项目18项、“十一五”文化部项目4项、“十二五”国家项目1项、“十二五”文化部项目2项）已于近期通过专家组鉴定，有关情况如下：

1.转型期艺术表演团体改革模式研究（“十五”国家重点项目；批准号：03AG013；负责人：湖北省文化厅蒋昌忠；项目组成员：宋丹娜、傅才武、陈庚、纪东东、陈波、肖伟池、管成文、王军、李国东、邢文君、张国超）；

2.上海近现代服装艺术史研究（“十五”国家年度项目；批准号：05BF039；负责人：东华大学卞向阳；项目组成员：赵丰、孙瑜、李甍）；

3.山西辽金彩塑的考察与研究（“十五”国家年度项目；批准号：05BF043；负责人：山西大学张明远；课题组成员：李非、张卫东、郭秋英、王丽雯、陈智勇、王璐、杜菁菁、胡文英、乔建奇）；

4.藏族民间美术研究（“十五”国家年度项目；批准号：05BF047；负责人：四川大学康•格桑益希；课题组成员：康•格桑梅朵、泽仁邓珠、根秋登子、骞仲康；最终成果名称：论文集《藏族民间美术研究文集》）；

5.敦煌石窟中的少数民族服饰文化研究（“十五”国家西部；批准号：05IF153；负责人：兰州大学谢静）；

6.中国传统文化中的环境美学（“十一五”国家一般项目；批准号：07BF45；负责人：西安美术学院杨晓阳；项目组成员：吴昊、刘临安、杨建兮、王金岭、赵步唐、茹桂、刘晨晨）；

7.关于城市化与城市文化建设的协调发展的思考（“十一五”国家一般项目；批准号：07BG52；负责人：天津市文化局成其圣）；

8.20世纪中国戏剧理论批评史（“十一五”国家重点项目；批准号：08AB02；负责人：厦门大学周宁；课题组成员：高波、李江、杨惠玲、赵春宁、梁燕丽、王晓红）；

9.中国民族声乐艺术百年发展史（“十一五”国家一般项目；批准号：08BD25；负责人：沈阳音乐学院刘辉；项目组成员：林林、匡祎）；

10.传统的蜕变——中国现代民族管弦乐队百年鉴思（“十一五”国家一般项目；批准号：08BD28；负责人：中国艺术研究院薛艺兵；项目组成员：李丽敏；最终成果名称：专著《中国现代民族管弦乐队百年鉴思》）；

11.西方音乐史学理论研究（批准号：08BD31；“十一五”国家一般项目；负责人：中央音乐学院刘经树；最终成果名称：专著《德语学界的西方音乐史学理论》）；

12.中国古代舞蹈研究与复现（“十一五”国家一般项目；批准号：08BE33；负责人：北京舞蹈学院孙颖、史博；项目组成员：邓文英、杜乐、赵文婷）；

13.岭南舞蹈的传承与发展研究（“十一五”国家一般项目；批准号：08BE34；负责人：广东舞蹈学校李永祥；项目组成员：李宗元、曾华美、谢东乐、张云鹏、杨柳、黄光临、丁然；最终成果名称：专著《岭南舞蹈的传承与发展》、论文集《岭南舞蹈研究文集》）；

14.东路二人台——从无意识发生到介入式延续（“十一五”国家西部项目；批准号：08EB78；负责人：呼和浩特市艺术学校刘新和；项目组成员：王文曜、付磊、王美荣、刘尧晔、林颖；最终成果名称：专著《东路二人台——从无意识发生到介入式延续》、研究报告《东路二人台——从无意识发生到介入式延续》）；

15.河南戏曲现代戏研究（“十一五”国家一般项目；批准号：09BB014；负责人：河南省艺术研究院李红艳；项目组成员：吴亚明）；

16.河南曲艺信息资料数据库建设与研究（“十一五”国家一般项目；批准号：09BB015；负责人：南阳师范学院吴金宝；课题组成员：冯振琦、关莉、王娜、马莎、纪月宁、李京、马奇、刘阳）；

17.张光宇艺术研究（“十一五”国家一般项目；批准号：09BF043；负责人：清华大学唐薇；项目组成员：黄大刚、黄姗；最终成果名称：专著《张光宇评传》〈上篇〉、《张光宇年谱》〈下篇〉）；

18.中国古代服装结构研究（“十一五”国家一般项目；批准号：09BF054；负责人：清华大学李当岐；项目组成员：贾玺增、臧迎春）；

19.基于3G移动网络的情节互动式手机电影艺术形态研究（“十一五”国家青年项目；批准号：09CC075；负责人：北京邮电大学贾云鹏；项目组成员：蔡东娜、何亮、唐薇、李学明、戴宇新）；

20. 中国古代戏曲理论史通论（“十一五”国家重点项目；批准号：10AB002；负责人：温州大学俞为民；课题组成员：孙蓉蓉）；

21.舞蹈编导理论与实践研究（“十一五”国家重点项目；批准号：10AE004；负责人：北京舞蹈学院吕艺生；课题组成员：屈红梅、张乐乐）；

22.江西红歌的文化内涵及音乐形态研究（“十一五”国家青年项目；批准号：10DD20；负责人：东华理工大学廖夏林；项目组成员：纪德纲、杨菁、闻慧莲、朱晓燕、熊芬芬；最终成果名称：《红土地上的江西民歌》、《民间山歌旋律的现代性——从〈苏区干部好作风〉看兴国山歌的经典传承》等6篇）；

23.1937-1949年：解放区文艺运动中的民间音乐问题研究（“十一五”国家青年项目；批准号：10CD087；负责人：河南大学陈宗花；课题组成员：张先飞、姬宁、吕华、关心、柯杨、班一）；

24.福建省民营戏曲剧团生存状态调查与研究（“十一五”文化部重点项目；批准号：06EB03；负责人：福建省艺术研究所林瑞武；项目组成员：张帆、王小梅、骆婧、林志杰、郑政）；

25.闽剧史论（“十一五”文化部重点项目；批准号：06EB05；负责人：福建省艺术研究院王评章；项目组成员：王晓珊、刘湘如、吴迪、叶永平、葛清、刘闽生、王小梅）

26.中国当代流行音乐的传播与接受研究（“十一五”文化部项目；批准号：07DD16；负责人：福建艺术职业学院张锦华；项目组成员：张炎炎、靳相林、徐羽中、黄宗权、王晓勇）；

27.新媒体视域下的中国动漫艺术创新力研究（“十一五”文化部项目；批准号：10DC13；负责人：南京理工大学唐艺；项目组成员：周伟、程狄）；

28.国有表演艺术院团改革及其国际化发展战略研究（“十二五”国家一般项目；批准号：11BG072；负责人：北京第二外国语学院李嘉珊；项目组成员：李小牧、王洪波、宋晨、李恩杰、周志强、杨玲、Dr.Lucy Lu、王海文、朱麟、谢琼、杨磊、孙庚、孙俊新、王丽君；最终成果名称：研究报告《中国国有表演艺术院团改革发展研究》）；

29.当代摄影艺术的数字化生存与文化传播研究（“十二五”文化部项目；批准号：11DF24；负责人：河南大学田欣欣；项目组成员：董世斌、延婧、刘阳、王悦彤、郑岚心）；

30.全国艺术科研院所现状调查与创新发展研究（“十二五”文化部项目；批准号：12WG02；负责人：甘肃省文化艺术研究所苟晓飞；项目组成员：顾善忠、刘尧晔、顾雅琦、周琪、段建成、刘韬玮、魏鸣、马嘉悦、高星伟、于哲、付强）。

2013年度第三批国家社科基金艺术学项目结项名单

（6个）

2013年度第三批申请结项的国家社会科学基金艺术学项目《当代设计艺术伦理学研究》等6项研究成果完成鉴定等工作。

一、5个“十一五”规划项目研究成果已通过专家组鉴定：

1.《文化产业与文化艺术生产问题研究》（批准号：07DG25；“十一五”文化部项目；负责人：山东艺术学院杨秀玉；课题组成员：曹文、殷增琴、鲍晓媛、侯小林、刘小覃、胡博；最终成果名称：研究报告《文化艺术创新视角下的文化产业发展内在动力与外部条件的研究》）；

2.《中国合唱创作研究》（批准号：08DD19；“十一五”文化部项目；负责人：山东教育学院房思钊；课题组成员：王维琴、徐承跃、曲永新、吴一凡、李勤）；

3.《当代设计艺术伦理学研究》（批准号：09BF053；“十一五”国家一般项目；负责人：浙江工商大学张建春；课题组成员：陈君、高颖、孙蔚、王双阳、张世月、王宁）；

4.《越剧文化研究》（批准号：10BB021；“十一五”国家一般项目；负责人：浙江省文化艺术研究院蒋中崎；最终成果名称：专著《越剧文化史》、《越剧文化论》）；

5.《川剧高腔音乐研究》（批准号：10EB105；“十一五”国家西部项目；负责人：重庆市文化艺术研究院张永安；课题组成员：周津菁）。

二、1个“十五”规划项目研究成果获省部级评奖三等奖以上（含三等奖）奖励，按有关规定可免于鉴定：

《中越边境民族文化艺术考察研究》（批准号：03GA111；“十五”文化部项目；负责人：广西壮族自治区文化厅于瑮；项目组成员：廖明君、覃乃昌、韩德明、黄燕熙、郑超雄、史晖；最终成果名称：专著《中越边境民族文化艺术考察研究》、《南行边关——中越边境民族文化艺术考察札记》）。

2013年度第四批国家社科基金艺术学项目结项名单

（16个）

2013年度第四批申请结项的16项研究成果（“十五”国家项目2项，“十五”文化部项目2项，“十一五”国家项目8项，“十一五”文化部项目2项，“十二五”国家项目1项，“十二五”文化部项目1项）已于近期通过专家组鉴定，情况如下：

1.长江三角洲地区大型公共文艺设施管理和运营的现状、问题与对策研究（“十一五”国家一般项目；批准号：07BG53；负责人：宁波大学陈月明；项目组成员：朱春阳、李宏宇、赵高辉；最终成果名称：研究报告《公益化运作　公共化管理：大型公共文艺设施管理运营之道——长三角大型公共文艺设施管理运营状况研究报告》）；

2.相声表演艺术研究（“十一五”文化部项目；批准号：07DB06；负责人：中国艺术研究院蒋慧明）；

3.《大公报》与京津戏剧（1902-1949）（“十一五”文化部项目；批准号：10DB07；负责人：天津市艺术研究所杨秀玲；项目组成员：王兴昀、齐会英、曹勇、郝天石、杨平）；

4.我国社区音乐文化可持续发展的新策略研究（“十二五”文化部项目；批准号：12DD18；负责人：江西师范大学黄凰；项目组成员：贺鸣明、张为、陈洁）；

5.中国金石（艺术）学史（“十一五”国家一般项目；批准号：08BF47；负责人：浙江工商大学王宏理）；

6.中国水族舞蹈的历史传承与现代重构研究（“十一五”国家一般项目；批准号：09BE040；负责人：贵州省黔南州文学艺术研究所陈显勋；项目组成员：王思民、范禹、杨燕芹、徐利林、龙育才）；

7.中外扬琴发展比较研究（“十五”国家自筹经费项目；批准号：05DD109；负责人：厦门大学赵艳芳）；

8.青海藏区民族文化多样性与社会稳定关系研究（“十一五”国家西部项目；批准号：08EG86；负责人：青海民族学院骆桂花；项目组成员：洲塔、张科、陈奇）；

9.史诗《格萨尔》“口述”中的乐舞研究（“十二五”国家西部项目；批准号：11EE136；负责人：青海师范大学李措毛；项目组成员：牟英琼、张静、李国顺、昂乾才让、李秀加、代东芳、桑杰）；

10.佛教艺术图像学研究（“十五”国家年度项目；批准号：05BF041；负责人：南京大学丁方；项目组成员：翁剑青、张谦、聂危谷、王忠林、尚荣、顾生蓉；最终成果名称：《永恒的形象——经典佛像的诞生》、《凝固的语言——东西方雕塑比较》、《佛教艺术东渐的若干图像问题》）；

11.跨语境艺术史研究下的中国书画（“十一五”国家青年项目；批准号：09CF082；负责人：南京师范大学王菡薇；项目组成员：邵晓峰、陶小军）；

12.纪录片内涵扩大与创作手法、作品形态互动相关发展研究（“十一五”国家一般项目；批准号：10BC031；负责人：苏州大学倪祥保；课题组成员：邵雯艳、倪沫、贾恺、梁桂军、杨秋、王福来；最终成果名称：专著《纪录片：观念、手法与形态》）；

13.文化科技发展思路与对策研究（“十一五”国家一般项目；批准号：10BG064；负责人：中国艺术科技研究所严先机；课题组成员：张宜春、吴晓雨、沈萦华、姚宇航、解云超、袁泉）；

14. 江西专业艺术表演团体布局调整中艺术资源的合理化配置（“十五”文化部一般项目；批准号：01FG85；负责人：江西省文化厅姚亚平；课题组成员：王晓庆、任永新、舒康复）；

15. 艺术表演团体多元化运作模式研究（批准号：03GG118；“十五”文化部自筹经费项目；负责人：江西省文化厅任永新；课题组成员：杨静、杨丁、舒康复）；

16. 当代中国民族管弦乐队发展研究（“十一五”国家一般项目；批准号：09BD035；负责人：沈阳师范大学程岩；课题组成员：林林、张涛、铁梅、于君、张剑、李丛慧、潘晓红、宁淑云、李香波、朴东升、田军）。

2013年国家社科基金艺术学后期资助项目评审（上半年）立项名单

序号	学科分类	课题名称	申报人姓名	工作单位	所属省份	推荐方式	出版社名称	初评主审专家	复评主审专家
1	美术	陕西关中传统民居门窗文化研究	李琰君	西安理工大学	陕西	出版社	中国科技出版传媒股份有限公司（科学出版社）	段明	段明
2	美术	西方艺术史认识论	高名潞	天津美术学院	天津	出版社	北京大学出版社	宋玉成	丁宁
3	戏剧	中国小剧场戏剧艺术与戏剧教育	吴卫民	云南艺术学院	云南	专家		段明	段明
4	音乐	中国古代音乐官署职能研究	殷莹	天津师范大学	天津	专家		方可杰	方可杰
5	音乐	中国古代少数民族音乐史	孙星群	福建艺术研究院	福建	专家		方可杰	方可杰
6	音乐	李凌音乐评论研究	项筱刚	中央音乐学院	北京	专家		黄大同	方可杰
7	影视	中国电影理论史	陈山	北京电影学院	北京	出版社	北京大学出版社有限公司	沙蕙	贾磊磊

2013年国家社科基金艺术学后期资助项目评审（下半年）立项名单

立项序号	原申报成果名称	专家修改后成果名称	申报人姓名
1	解构与建构：西方现代派戏剧叙事转型研究	西方现代戏剧叙事转型研究	冉东平
2	《诗经》之民族器乐研究	《诗经》之民族器乐研究	李婷婷
3	中国画学文献史略	中国画学文献史略	韦宾
4	系统视域下的中国民俗造物	中国民俗系统造物	韩波
5	大数据信息时代的信息可视化与信息设计	大数据时代的信息可视化与信息设计	覃京燕

2013年国家文化科技提升计划立项项目一览表

（16项）

序号	项目名称	项目申报单位	项目承担单位	补助经费（万元）
1	农村地区公共文化数字资源和传播渠道建设研究	文化部全国公共文化发展中心	文化部全国公共文化发展中心 天闻数媒科技（北京）有限公司 福建省图书馆	70
		天津市文化广播影视局	天津市迅龙通讯科技有限公司 南开大学软件学院	20
2	公共电子阅览室的新形态实现研究	广东省文化厅	东莞图书馆 文化部全国公共文化发展中心	70
3	分布式异构文化资源智能定位与收割平台研究	北京市文化局	北京中数创新技术有限公司 广西壮族自治区图书馆	70
4	文化科技培训综合服务IT支撑平台系统研发	中央文化管理干部学院	中央文化管理干部学院 中国人民大学商学院 北京百年树人远程教育有限公司	50
5	徽州牌坊的保护修复与数字化展示研究	安徽省文化厅	安徽大学 安徽省文物考古研究所 合肥金诺数码科技股份有限公司	50
6	多民族地区传统节日文化信息获取及展示技术应用示范	新疆建设兵团文化广播电视局	石河子大学 杭州师范大学	50
7	汉字书法数字化建设及其应用示范	湖北省文化厅	湖北民族学院 中国艺术科技研究所 武汉安珈教育科技有限公司	50
8	石窟文化数字体验馆建设与应用研究	甘肃省文化厅	甘肃省文化艺术研究所 甘肃读者动漫科技有限公司 麦积山石窟艺术研究所	70
9	黑胎哥窑开片青瓷复烧工艺研究	浙江省文化厅	龙泉市正聪青瓷研究所	50
10	中国戏曲海外传播推送服务平台构建	中国数字文化集团有限公司	中国数字文化集团有限公司 精伦电子股份有限公司	50
11	中国典型视觉与听觉文化符号的数字化表达与特征量研究	中国艺术科技研究所	中国艺术科技研究所 中国传媒大学 北京掌迅东方文化发展中心	50
12	LED舞台基本光照明灯具光色改性技术研究与应用	北京市文化局	中国传媒大学 北京中照捷瑞光电科技有限责任公司	20

续表

序号	项目名称	项目申报单位	项目承担单位	补助经费（万元）
13	专业灯光音响产品检测评价体系及其服务平台建设	北京市文化局	中国演艺设备协会 南京大学 中国电子科技集团第三研究所 广州大学 北京星光影视科技股份有限公司 广州市浩洋电子有限公司 广州彩熠舞台灯光音响有限公司	50
14	民族低音拉弦乐器改良	中国音乐学院	中国音乐学院 四川音乐学院 沈阳师范大学 中国民族管弦乐学会乐器改革制作专业委员会 中国乐器协会 中国科学院声学研究所	50
15	基于Web的三维动画数字播放技术	北京市文化局	中科北控成像技术有限公司	20
16	深度沉浸式虚拟现实技术集成研究与应用示范	北京市文化局	北京智慧谷文化传媒有限公司 北京理工大学	20
共　计			810万元	

2013年度文化部科技创新项目立项名单

序号	类别	项目名称	承担单位	申报部门	项目负责人	文化部补助（万元）
1	公共文化服务	上海公共文化服务云平台研究	上海创图网络科技发展有限公司	上海市文化广播影视管理局	张生言	5
2		基于农村地区公共文化音视频图形数字资源库的研建	兰州北方文化影视传媒有限公司	甘肃省文化厅	靳　宁	5
3		博物馆公共文化服务云平台框架体系研究与技术实现	北京盈科大成科技有限公司	北京市文化局	温　婧	5
4		北京地区群众性舞蹈多元混融效应的评价建模与分析	北京舞蹈学院艺术传播系	北京舞蹈学院	张朝霞	5
5		基于文化累积效应的区域城市化规划模型研究及量化分析	浙江艺术职业学院	浙江省文化厅	周　益	5
6		移动公共文化交流视频通平台的研发与应用	深圳市世文通文化传播有限公司	广东省文化厅	李宝龙	0
7		吉林省基层群众数字化文化需求调查及统计评价模型构建与分析	东北师范大学	吉林省文化厅	罗云华	5

续 表

序号	类别	项目名称	承担单位	申报部门	项目负责人	文化部补助（万元）
8	公共文化服务	基于WiFi网络的公共文化传播系统构建与应用	山东建筑大学	山东省文化厅	薛　娟	5
9		基于RFID技术的读者借阅行为分析与预测研究	国家图书馆	国家图书馆	茹　文	5
10		基于云计算的古籍数据库建库技术研究	国家图书馆出版社	国家图书馆	方自金	0
11		新型无酸纸质材料对古籍保存影响的研究	湖南省博物馆	湖南省文化厅	王宜飞	5
12		图书馆智慧平台的研究与示范	深圳市盐田区图书馆	广东省文化厅	尹丽棠	5
13		数字图书馆个性化推荐服务体系及相关技术研究	山东科技大学	山东省文化厅	李　默	3
14		图书馆综合服务模式研究及示范	北京文创国际集团有限公司	北京市文化局	张　晓	5
15		黑龙江省图书馆馆藏资源非遗文献挖掘与数据库构建	黑龙江省图书馆	黑龙江省文化厅	许静华	5
16	文化遗产保护	广西左江岩画数字化记录与应用研究	广西民族博物馆	广西壮族自治区文化厅	莫志东	5
17		湘西与黔东南区域苗族银饰锻制技艺研究	湖南师范大学	湖南省文化厅	陈　剑	5
18		景德镇颜色釉瓷釉料配方及生产工艺研究	景德镇颜色釉陶瓷艺术研究院	江西省文化厅	邓希平	3
19		粤剧遗产数据资源共享及推送系统研发	广东省艺术研究所	广东省文化厅	王迅霆	5
20		非遗数据库构建分类及信息资源元数据研究	中国文化传媒集团国家公共文化发展中心	中国文化传媒集团有限公司	苑　利 李　静	5
21		激光技术在文物修复及保护领域的应用研究	吉林省文化科技研究所	吉林省文化厅	张继勇	5
22		高新油画布研发	无锡凤凰画材有限公司	江苏省文化厅	陈卫宏	0
23		基于国学内容的社区活动馆室需求分析与设计研究	四川大学	四川省文化厅	王　卓	5
24	文化产业	540度--720度球面全景式拍摄免拼接技术研发	上海戏剧学院	上海戏剧学院	胡雪桦	5
25		乐秀娱乐互动平台构建	深圳市聚橙网络技术有限公司	广东省文化厅	田更生	0
26		基于戏剧艺术推广的手机服务平台研发与应用	中国国家话剧院	中国国家话剧院	周志强	5
27		鄱阳湖生态经济区文化产业科技发展水平评价指标与方法的研究及构建	江西科技师范大学	江西省文化厅	许其高	4

续表

序号	类别	项目名称	承担单位	申报部门	项目负责人	文化部补助（万元）
28		“红楼梦世界”创意产业工程	江苏红楼梦世界股份有限公司	江苏省文化厅	刘金星	5
29	演艺科技及艺术教育	大型数字媒体舞台系统研发	上海秀域文化科技有限公司	上海市文化广播影视管理局	于建平	0
30		直立音板双音箱竹制弦鸣乐器研究与应用	江苏凤灵乐器文化产业有限公司	江苏省文化厅	钱富民	5
31		戏曲噪音声学分析、建模与感知研究	浙江师范大学	浙江省文化厅	韩启超	5
32		湖南区域表演类非物质文化遗产资源调查与数据库构建	湖南艺术职业学院	湖南省文化厅	刘坚平	5

2013年文化部文化科技创新项目验收结项名单

序号	合同编号	项目名称	完成单位	验收形式	备注
1	26-2011	数字化舞台技术研究	中央歌剧院	会议验收	2013年验字1号
2	20-2012	京剧打击乐流动音罩的研发	国家京剧院	会议验收	2013年验字2号
3	28-2010	数字图书馆新媒体技术服务研究	国家图书馆	会议验收	2013年验字3号
4	7-2011	玉树地震灾区藏文文献遗产整理保护研究	西南民族大学	通讯验收（省厅主持）	2013年验字4号
5	19-2011	唐卡的数字化保护及图像信息资源库建设	西北民族大学	会议验收	2013年验字5号
6	9-2011	基于微机械传感器的人体动作信息捕捉技术开发及系统研制	兰州交通大学艺术设计学院	会议验收	2013年验字6号
7	19-2009	基于Web GIS的甘肃少数民族音乐数字化展示平台的研究和开发	西北民族大学	会议验收	2013年验字7号
8	54-2010	“睛盲共游”交互娱乐产品开发与模式研究	中国美术学院	会议验收	2013年验字8号
9	28-2009	音乐数字媒体艺术人才培养模式研究与艺术实践	上海音乐学院	会议验收	2013年验字9号
10	18-2011	实验性数字博物馆信息服务协同关键技术研究与应用	中国美术学院上海设计学院、江苏无锡博物院、上海新领地创意设计有限公司	会议验收	2013年验字10号
11	11-2012	基于视频修复产业化的技术研究与实现	上海广播电视台	会议验收	2013年验字11号

续表

序号	合同编号	项目名称	完成单位	验收形式	备注
12	6-2012	3D智能虚拟人信息咨询公共服务平台	山东财经大学	会议验收（省厅主持）	2013年验字12号
13	27-2011	交互式多媒体电子音乐光敏控制装置	中央音乐学院中国现代电子音乐中心	会议验收	2013年验字13号
14	35-2010	中原记忆——河南省非物质文化遗产数字博物馆	河南省非物质文化遗产保护中心、郑州大学	会议验收（省厅主持）	2013年验字14号
15	25-2009	3D舞台虚拟预演系统软件	云南省民族艺术研究所	会议验收	2013年验字15号
16	6-2011	少数民族语言数字资源建设与检索平台	新疆维吾尔自治区图书馆、广州图创计算机软件开发有限公司	通讯验收	2013年验字16号
17	18-2010	缩微文献影像数据库建设标准的研究	天津图书馆	会议验收（省厅主持）	2013年验字17号
18	48-2010	音像图书数字内容网络P2P可控传播系统	上海唐舜电信科技有限公司	会议验收（省厅主持）	2013年验字18号
19	4-2011	古籍纸张近红外光谱无损检测系统研究	国家图书馆	会议验收	2013年验字19号

2013年度国家文化创新工程立项项目名单

序号	项目名称	项目类别	申报部门	共建部门	承担单位	补助经费（万）
1	公共文化服务网格化模式创新与示范	重点项目	江苏省文化厅	张家港市人民政府	中共张家港市委宣传部、张家港市文化广电新闻出版局	35
2	“丝绸之路”染缬文化产业推广平台与传播体系建设	重点项目	甘肃省文化厅	甘肃省委宣传部	兰州交通大学	30
3	对“政产学研资介”六位一体的文化产业园区发展模式的实践探索与理论研究	重点项目	吉林省文化厅	长春市人民政府	吉林省东北亚文化创意科技园有限公司、长春建筑学院文化创意产业学院	30
4	“小品进社区”工程	重点项目	山东省文化厅	青岛市黄岛区人民政府	青岛市黄岛区文化新闻出版局	30
5	黄山市“百村千幢”古民居保护利用工程	一般项目	安徽省文化厅		黄山市文化委员会	35
6	基于互联网电视平台的数字图书馆应用与示范	一般项目	国家图书馆		国家图书馆	20

续表

序号	项目名称	项目类别	申报部门	共建部门	承担单位	补助经费（万）
7	公共数字文化体验区的模式研究与示范	一般项目	文化部全国公共文化发展中心		文化部全国公共文化发展中心、东莞图书馆	20
8	丝绸织锦文化创意与工艺创新及示范推广	一般项目	浙江省文化厅		浙江理工大学	30
9	平遥梦--平遥首届“微电影”节	一般项目	山西省文化厅		平遥县文体广电新闻出版局	30
10	动漫游戏企业CG专业技术等级测评与创新能力评价体系构建及其示范应用	一般项目	中央文化管理干部学院		中央文化管理干部学院	30
11	多维度戏剧艺术博物馆DTAM文化科技融合创新工程	一般项目	上海戏剧学院		上海戏剧学院	20
12	地方戏曲高校传承创新工程	一般项目	湖北省文化厅		湖北大学	20

文化部2013年文化行业标准清单

序号	标准编号	标准名称	批准日期	实施日期
1	WH/T 54 2013	手机（移动终端）动漫内容要求	2013-04-15	2013-05-01
2	WH/T 55-2013	手机（移动终端）动漫运营服务要求	2013-04-15	2013-05-01
3	WH/T 56-2013	手机（移动终端）动漫用户服务规范	2013-04-15	2013-05-01
4	WH/T 57-2013	演出场馆设备技术术语 音响系统	2013-09-27	2014-01-01
5	WH/T 58-2013	演出场所有源扬声器系统主要性能测试方法	2013-09-27	2014-01-01
6	WH/T 59-2013	演出场馆设备技术术语 剧场	2013-09-27	2014-01-01
7	WH/T 60-2013	LED舞台灯具通用技术条件	2013-12-23	2014-03-01
8	WH/T 61-2013	演出场所电脑灯具性能参数测试方法	2013-12-23	2014-03-01

第十届“桃李杯”国际标准舞比赛获奖名单

标准舞常规赛21岁以上组

名次	男选手	女选手	参赛单位	园丁奖
一等奖	彭佳男	钟佳慈	北京百汇演艺学校	李春生、梁思源
	张占华	张若男	北京舞蹈学院	齐志峰、王政
二等奖	林正	李元新	北京舞蹈学院	齐志峰、王政
	蒋纪英	赵玉烨	北京舞蹈学院	齐志峰、李濛
三等奖	于珑琦	平甜甜	北京舞蹈学院	齐志峰、王政
	李想	刘思荟	上海戏剧学院舞蹈学院	李立
优秀表演奖	曾蓥峰	苏梦旎	上海戏剧学院舞蹈学院	
	颜定	刘艺	北京舞蹈学院	
	徐德斌	章晨	上海体育学院	
	钱坤	杨柳	上海戏剧学院舞蹈学院	
	杨金斌	白灵	广东文艺职业学院	
	钟驰	许莉苑	天津体育学院	

拉丁舞常规赛21岁以上组

名次	男选手	女选手	参赛单位	园丁奖
一等奖	王棘	潘健卉	广东文艺职业学院	尹卫东、龙卫敏
二等奖	吴柳福	杜玉君	广东文艺职业学院	尹卫东、龙卫敏
	李孟举	于雪娇	上海市群星职业技术学校——方昭舞蹈	陈昭、方俊
三等奖	龙泳坤	程佳妮	深圳骏艺艺术学校	黄蕊、马骏
	罗鑫垚	王莹	北京舞蹈学院	娄慧、陈淑民
	张驭坤	刘佳佳	江西艺术职业学院	郭红、龚为民

续 表

名次	男选手	女选手	参赛单位	园丁奖
优秀表演奖	侯超鹏	袁梦	北京舞蹈学院	
	张帆	张馨月	北京舞蹈学院	
	孙翔	陈佳	广东文艺职业学院	
	丁嘉文	李林静	广州体育学院	
	杨希	翁婧岚	重庆艺术学校	
	贺言伊博	王思嘉	首都体育学院	

标准舞常规赛21岁以下组

名次	男选手	女选手	参赛单位	园丁奖
一等奖	谢淙先	曾译慧	广东文艺职业学院	冯彬、蔡艳峰
二等奖	袁绍阳	黄楚君	北京舞蹈学院	齐志峰、王政
	王枫逸	邹晓敏	北京舞蹈学院	齐志峰、王政
三等奖	陈祥宇	焦玥涵	北京百汇演艺学校	李春生、周琳娜
	郑珺谦	叶鑫	上海电影艺术学院	刘媛、夏寅莹
	刘守坤	韦梦梦	广东舞蹈戏剧职业学院	谢永杰、杨曦
优秀表演奖	姚若极	王奕婷	北京舞蹈学院	
	靳骅	陈婷婷	北京舞蹈学院	
	毛志豪	韩菲儿	北京舞蹈学院附属中等舞蹈学校	
	田越	祁崇萱	北京舞蹈学院	
	张学超	耿如璀	南京艺术学院	
	刘家希	刘俊瑶	北京舞蹈学院附属中等舞蹈学校	

拉丁舞常规赛21岁以下组

名次	男选手	女选手	参赛单位	园丁奖
一等奖	古堃玄	孙晨鸿	天津体育学院	王艺瑾
二等奖	郭震昇	祝嘉阳	广东文艺职业学院	尹卫东、王浚铭
	龚超群	卓莲薇	广东文艺职业学院	尹卫东、王浚铭
三等奖	闫超琛	刘宇彤	北京百汇演艺学校	梁思源、张卓妮
	李明阳	柳均霖	北京舞蹈学院	韩美玲、王仁正
	李荣志	刘青楣	广东舞蹈戏剧职业学校	李文、李欢
优秀表演奖	文智	李嘉琪	北京舞蹈学院	
	白智谦	张寒蕾	北京舞蹈学院	
	吴盛源	张亦阒	上海市群星职业技术学校	
	蔡文豪	李亚格	深圳骏艺艺术学校	
	李钊	刘滢	大连国际舞蹈学校	
	华琰	焦二孟	北京百汇演艺学校	

标准舞常规赛18岁以下组

名次	男选手	女选手	参赛单位	园丁奖
一等奖	戈薪权	冯田青	北京戏曲艺术职业学院	臧晓静、成沂
二等奖	袁一齐	浣燕妮	广东舞蹈戏剧职业学校	党奇、刘红梅
	张洪泽	韩欣芮	北京辅仁音乐舞蹈学校	谢永杰、杨曦
三等奖	王涛	郑晓云	北京舞蹈学院附属中等舞蹈学校	刘帅、廉欣
	刘苏洋	周忻凝	北京舞蹈学院附属中等舞蹈学校	刘帅、牛佳
	杨光	邹青娟	北京舞蹈学院附属中等舞蹈学校	刘帅、廉欣
	徐青林	王宇	大连国际舞蹈学校	
	周彦辰	鲁楚怡	北京文化艺术职业学校	

续 表

名次	男选手	女选手	参赛单位	园丁奖
优秀表演奖	王大宇	郭盈莉	广东文艺职业学院	
	陈冰洋	汤珊娜	北京辅仁音乐舞蹈学校	
	王 宇	李卓玥	北京戏曲艺术职业学院	
	赵智浩	宋一恒	北京戏曲艺术职业学院	

拉丁舞常规赛18岁以下组

名次	男选手	女选手	参赛单位	园丁奖
一等奖	琚毅	沈茜	北京辅仁音乐舞蹈学校	胡耀、郭琦
二等奖	王大宇	郭盈莉	广东文艺职业学院	龙卫敏、骆智豪
	李威	周婷	北京百汇演艺学校	任怡、张晓睿
三等奖	王恒宇	王宇欣	广东舞蹈戏剧职业学校	李文、黄欢
	潘磊	刘祯祯	广东文艺职业学院	龙卫敏、王棘
	芮文灿	郭梦蝶	北京百汇演艺学校	马鸣、易莎
优秀表演奖	卫政言	谢玛丽	广东舞蹈戏剧职业学校	
	孙万霖	杨瑞捷	北京百汇演艺学校	
	陈俊安	于秋潘	北京舞蹈学院附属中等舞蹈学校	
	王少宇	任毅	北京辅仁音乐舞蹈学校	
	土艺伟	廉晓威	北京辅仁音乐舞蹈学校	
	季鼎然	麻安琪	北京文化艺术职业学校	

标准舞常规赛16岁至14岁组

名次	男选手	女选手	参赛单位	园丁奖
一等奖	马大钧	丁雨萌	北京百汇演艺学校	孙凯、周琳娜
二等奖	唐渝杰	朱彦臻	重庆艺术学校	李兆林、李小媛
	沈珏钦	胡鸽	重庆艺术学校	李兆林、马燕燕

续 表

名次	男选手	女选手	参赛单位	园丁奖
三等奖	商润泽	张嘉芮	北京舞蹈学院附属中等舞蹈学校	党奇、牛佳
	张航然	刘博闻	北京辅仁音乐舞蹈学校	曹峻、刘婉宁
	陈博威	赵颖	武汉市体育舞蹈学校	王寅、周望望
优秀表演奖	陈跃文	王雅楠	北京辅仁音乐舞蹈学校	
	王锐	郭伊琳	北京辅仁音乐舞蹈学校	
	聂燕辉	苗阁轩	北京百汇演艺学校	
	宋子航	徐欣安	北京辅仁音乐舞蹈学校	
	黄俊达	邓婉然	北京戏曲艺术职业学院	
	付 欧	张竞心	北京戏曲艺术职业学院	

拉丁舞常规赛16岁至14岁组

名次	男选手	女选手	参赛单位	园丁奖
一等奖	梁森	童谣	北京辅仁音乐舞蹈学校	胡耀、郭琦
二等奖	马大钧	丁雨萌	北京百汇演艺学校	梁思源、王晓楠
	石成越	李雨珂	深圳骏艺艺术学校	马骏、尹向荣
三等奖	康凯	朱小丹	北京舞蹈学院附属中等舞蹈学校	邹阳、石琳
	蒋浩	郭阳	北京舞蹈学院附属中等舞蹈学校	刘丹、范文博
	张姚	孙凯丽	北京辅仁音乐舞蹈学校	邓博文、邵倩倩
优秀表演奖	吴生锋	华诗雨	深圳骏艺艺术学校	
	程赞宇	白梦洁	北京舞蹈学院附属中等舞蹈学校	
	胡晋伟	张韵佳	北京辅仁音乐舞蹈学校	
	赵晖	龙佳玲	广东文艺职业学院	
	聂燕辉	苗阁轩	北京百汇演艺学校	
	黄祺	谢雨蒙	北京华嘉体育舞蹈学院	

续 表

艺术表演舞—标准舞双人组

名次	作品名称	参赛单位	园丁奖
一等奖	《最美好的事》	北京舞蹈学院	齐志峰、韩美玲
	《时间沙漏》	上海电影艺术学院	苗小龙、赵佳
二等奖	《时光中的时光》	广东文艺职业学院	蔡艳峰、龙卫敏
	《想你的夜》	上海戏剧学院舞蹈学院	曹洪
三等奖	《姻•缘》	北京舞蹈学院	齐志峰、吕梓民
	《不离不弃》	上海戏剧学院舞蹈学院	曹洪
优秀表演奖	《我们》	北京舞蹈学院附属中等舞蹈学校	
	《我也曾如你般》	上海戏剧学院舞蹈学院	

艺术表演舞—拉丁舞双人组

名次	作品名称	参赛单位	园丁奖
一等奖	《再别康桥》	北京舞蹈学院	韩美玲、娄慧
二等奖	《七年之痒》	北京舞蹈学院	娄慧、韩美玲
	《母亲的最后战争》	北京市文化艺术职业学校	王锦松、陆俊宁
三等奖	《领悟余生》	北京舞蹈学院附属中等舞蹈学校	漆剑如、姜梦佳
	《青花梦》	江西艺术职业学院	龚为民、郭红
	《梦•梅》	北京辅仁音乐舞蹈学校	李阳、余乐平
优秀表演奖	《Leave》	广东文艺职业学院	
	《会有天使替我爱你》	沈阳音乐学院附属中等舞蹈学校	
	《不再让你孤单》	北京体育大学	
	《胭脂扣》	北京文化艺术职业学校	
	《虐待狂之又爱又恨》	广东文艺职业学院	
	《无助》	广东文艺职业学院	

艺术表演舞—标准舞编队舞

名次	作品名称	参赛单位	园丁奖
一等奖	《青花》	北京市文化艺术职业学校	臧晓静、赵轩
	《人鱼传说》	北京舞蹈学院附属中等舞蹈学校	党奇、王宇潇
二等奖	《旋舞狂想》	武汉市体育舞蹈学校	王寅、周望望
	《天鹅随想》	沈阳音乐学院附属中等舞蹈学校	商悦桃、李岩
三等奖	《one》	大连国际舞蹈学校	孙玉枝
	《达瓦尼玛》	四川师范大学	张恩思、杨月

艺术表演舞—拉丁舞编队舞

名次	作品名称	参赛单位	园丁奖
一等奖	《世纪•梦》	上海电影艺术学院	曲慧佳、陈万辉
二等奖	《飞天》	北京市文化艺术职业学校	侯寅山、田甜
	《雕刻时光》	北京舞蹈学院	娄慧、陈淑民
三等奖	《I WILL SURVIVE》	首都体育学院	陈灿、刘畅
	《创战纪》	沈阳音乐学院附属中等舞蹈学校	李文旭、陈姿陶
	《格调》	沈阳师范大学附属艺术学校	李聪、栾海

艺术表演舞—创编舞

名次	作品名称	参赛单位	园丁奖
一等奖	《胡同印象》	北京舞蹈学院	韩美玲、陈淑民
二等奖	《十面霾伏》	北京辅仁音乐舞蹈学校	纪家瑄、曹峻
	《凌云》	北京舞蹈学院附属中等舞蹈学校	漆剑如、姜梦佳
三等奖	《clown》	广东文艺职业学院	骆智豪、霍雨佳
	《汐梦》	广西艺术学院舞蹈学院	皇甫淑君、蒋颖慧
	《毕业照》	南京艺术学院舞蹈学院	邹军、张帷
优秀表演奖	《地铁四号线》	北京舞蹈学院	
	《猫》	上海戏剧学院舞蹈学院	

续表

名次	作品名称	参赛单位	园丁奖
优秀表演奖	《家园》	南京体育学院	
	《雨中情》	安徽艺术职业学院	

2013年全国职业院校技能大赛艺术专业技能赛项获奖名单

高职组中国舞表演

一等奖

蔡诗旸　北京戏曲艺术职业学院
阮仁俊　浙江艺术职业学院
李　晨　湖北艺术职业学院
郑雅文　上海电影艺术职业学院
李馨玫　福建艺术职业学院
魏雯茜　安徽艺术职业学院
孙恩慧　山西戏剧职业学院
吴　雯　大连艺术学院

二等奖

朱雅婷　北京戏曲艺术职业学院
王依梦　北京联合大学
林绿泉　浙江艺术职业学院
郑　理　中州大学
冯小光　江汉艺术职业学院
郭海龙　湖南艺术职业学院
覃　思　广西幼儿师范高等专科学校
李伟东　浙江纺织服装职业技术学院(高)
杨薇佳　湖南艺术职业学院
应梦菲　上海电影艺术职业学院
柏祖恩　安徽艺术职业学院

三等奖

罗绪隆　湖南科技职业学院
樊珍宏　宁夏艺术学校
李清海　广东文艺职业学院
樊　秦　重庆旅游职业学院
吕冰竹　大连艺术学院
陈青杏　琼台师范高等专科学校
方泽斌　福建艺术职业学院
金春巧　郑州师范学院
卓漫玉　广西幼儿师范高等专科学校
吴　欣　琼台师范高等专科学校
叶　琦　广东省外语艺术职业学院
陈雪丽　成都艺术职业学院
马梦婕　河南职业技术学院
杨湑婷　黑龙江幼儿师范高等专科学校
郝鑫鑫　广东文艺职业学院

高职组声乐表演

一等奖

孟　璐　北京戏曲艺术职业学院
杨　迎　江汉艺术职业学院
李芳琪　河北省艺术职业学院
李雨桦　湖南艺术职业学院
欧紫恩　广东省外语艺术职业学院
赖　勇　韶关学院韶州师范分院
朱文章　江苏联合职业技术学院
刘歆迪　北京戏曲艺术职业学院

二等奖

谭慧婷　湖南艺术职业学院
马健帅　天津艺术职业学院
骆敏婕　江苏联合职业技术学院
葛青英　漯河职业技术学院
鲁　艳　湖南大众传媒职业技术学院
黄　芳　湖北艺术职业学院
金沿江　郑州师范学院

吴全文　山东艺术学院
王　悦　河北省艺术职业学院
刘淳铭　泉州幼儿师范高等专科学校
薛　强　浙江艺术职业学院
陈雅楠　江苏联合职业技术学院
王奕奕　福建艺术职业学院
罗　静　广西艺术学院
云黄昱　湖南大众传媒职业技术学院

三等奖

立　军　科尔沁艺术职业学院
赵晋瑶　天津艺术职业学院
董嘉卉　黑龙江幼儿师范高等专科学校
宁铭臻　山西戏剧职业学院
潘梅红　广西艺术学院
胡　侨　安徽艺术职业学院
月　香　科尔沁艺术职业学院
张　莉　山西戏剧职业学院
马　玲　广东文艺职业学院
李　畅　北京联合大学
魏晓旭　晋城职业技术学院
蔡嘉琳　浙江艺术职业学院
董少杰　绍兴文理学院
周卓樊　琼台师范高等专科学校
王启同　朝阳师范高等专科学校
赵悦吉　大连艺术学院
李枭龙　宁夏艺术学校
徐晓晨　东营职业学院
刘雯菲　上海电影艺术职业学院
周　倩　四川职业技术学院
唐宛徽　广东省外语艺术职业学院
宋龙波　江汉艺术职业学院
张宇鹏　山东艺术学院
李威娇　云南文化艺术职业学院
刘玉结　濮阳职业技术学院
张　楠　宁夏艺术学校

中职组中国舞表演

一等奖

董家铭　北京舞蹈学院附属中等舞蹈学校
李晨赛　北京舞蹈学院附属中等舞蹈学校
王雪柔　北京舞蹈学院附属中等舞蹈学校
王　丹　上海戏剧学院附属舞蹈学校
白宇豪　上海戏剧学院附属舞蹈学校
彭芷琪　广东舞蹈学校
刘逸凡　江苏省戏剧学校
马轶敏　上海戏剧学院附属舞蹈学校
何俊波　深圳艺术学校
席　超　北京市国际艺术学校
王智滢　北京戏曲艺术职业学院
孙冰倩　上海戏剧学院附属舞蹈学校
杨家祥　四川艺术职业学院
朱耘君　南京艺术学院附属中等艺术学校

二等奖

熊亦玮　广东舞蹈学校
王艺涵　深圳艺术学校
张智媛　江苏省戏剧学校
周衍磊　宁波外事学校
王姝蒙　广东舞蹈学校
杨　峥　深圳艺术学校
邢炎松　河北艺术职业学院
张　觅　广东舞蹈学校
靳子谦　无锡文化艺术学校
张世伟　宁波外事学校
王剑锋　青岛艺术学校
董　涵　沈阳师范大学附属艺术学校
殷华峰　重庆艺术学校
苗嘉伟　宁波外事学校
王沫予　山西艺术职业学院附属中等艺术学校
刘谱江　青岛艺术学校
王诗琪　四川艺术职业学院
丁卓雅　南京市中等专业(走读)学校
叶伟炳　浙江艺术学校
朱瑾慧　江西艺术职业学院（中专部）
孔羿霏　河北艺术职业学院
王　斌　杭州艺术学校
石飞扬　湖北省艺术学校
吴腾波　山西戏剧职业学院附属中等艺术学校
陶　艺　广西艺术学院附属中等艺术学校
蒋林蓉　湖南省艺术学校

蒋钰茜　　厦门艺术学校
董婷婷　　福建艺术职业学院

三等奖

童含月　　浙江艺术学校
陈浩凯　　浙江艺术学校
乔安娜　　天津市艺术学校
赵京来　　宁波外事学校
袁廷毓　　青岛艺术学校
葛　辛　　武汉音乐学院附中
张宁彧　　山西艺术职业学院附属中等艺术学校
张文鸿　　江西中山舞蹈学校
侯　辛　　厦门艺术学校
梁冰玉　　广西壮族自治区艺术学校
王　众　　深圳艺术学校
周艺羽　　大连艺术学校
李天植　　潍坊学院幼教特教师范学院
范馨仪　　湖北省艺术学校
庄海兰　　浙江艺术学校
李冠洋　　东北师范大学附属舞蹈学校
陆俊廷　　武汉市艺术学校
张丹春雪　陕西省艺术学校
董文杰　　青岛艺术学校
樊　磊　　成都市文化艺术学校
尹黎婧　　兰州女子职业学校
林莉莎　　江西中山舞蹈学校
张钰浩　　安徽艺术职业学院
朱羽雪　　安徽艺术职业学院
谷敬一　　黑龙江艺术职业学院
尹柏舜　　东北师范大学附属舞蹈学校
王俊鹏　　兰州女子职业学校
于凡舒　　黑龙江艺术职业学院
宝乐尔　　内蒙古大学艺术学院附属中等艺术学校
王浩男　　沈阳市艺术学校
雷晓海　　福建艺术职业学院
万安琪　　江西艺术职业学院（中专部）
汪　丹　　广西壮族自治区艺术学校
顾子健　　沈阳市艺术学校
杨　凡　　安徽艺术职业学院
苏　航　　成都市文化艺术学校
郑茹玥　　广西艺术学院附属中等艺术学校
沈　菲　　济南艺术学校
武向乐　　兰州女子职业学校
徐陈林　　福建艺术职业学院
肖钰滢　　福建艺术职业学院
李焜扬　　黑龙江艺术职业学院
刘　迪　　辽宁省艺术学校
马思源　　宁夏艺术学校
阿尔曼•艾尼瓦尔　新疆艺术学院附属中等艺术学校

优秀指导教师奖

廖　衍　　北京戏曲艺术职业学院
孙延泽　　浙江艺术职业学院
肖庆云　　湖北艺术职业学院
吴　菁　　上海电影艺术职业学院
常　皓　　福建艺术职业学院
王晓京　　安徽艺术职业学院
邱慧敏　　山西戏剧职业学院
赵倩雯　　大连艺术学院
夏丹丹　　北京戏曲艺术职业学院
耿同梅　　江汉艺术职业学院
汪　娟　　河北省艺术职业学院
郑　萍　　湖南艺术职业学院
刘朝碧　　广东省外语艺术职业学院
周　原　　韶关学院韶州师范分院
黄　奕　　江苏联合职业技术学院
曹　华　　北京戏曲艺术职业学院
楚　希　　北京舞蹈学院附属中等舞蹈学校
张　瑶　　北京舞蹈学院附属中等舞蹈学校
郑　捷　　北京舞蹈学院附属中等舞蹈学校
叶燕萍　　上海戏剧学院附属舞蹈学校
宁　治　　上海戏剧学院附属舞蹈学校
何　昱　　广东舞蹈学校
徐昉菲　　江苏省戏剧学校
梁　斌　　上海戏剧学院附属舞蹈学校
扎西才让　深圳艺术学校
刘德平　　北京市国际艺术学校
王峤峤　　中国戏曲学院附属中等戏曲学校
张娟华　　上海戏剧学院附属舞蹈学校
周　余　　四川艺术职业学院
郑亚楠　　南京艺术学院附属中等艺术学校

第十四届文华奖

文华大奖（共14 台）

1. 京剧、昆曲类

京剧《瑞蚨祥》山东省京剧院

昆曲《红楼梦（上下本）》北方昆曲剧院

京剧《建安轶事》湖北省京剧院

2. 地方戏曲类

秦腔《花儿声声》宁夏演艺集团秦腔剧院有限公司

秦腔《西京故事》陕西省戏曲研究院

评剧《赵锦棠》天津评剧院

吕剧《百姓书记》山东省吕剧院

3. 话剧、儿童剧类

话剧《红旗渠》河南省话剧院

话剧《共产党宣言》广州军区政治部战士文工团

话剧《枫树林》江苏省演艺集团话剧院、南京市话剧团

4. 歌剧、舞剧、杂技剧类

歌剧《红河谷》中国歌剧舞剧院

舞剧《红高粱》青岛市歌舞剧院

舞剧《铁道游击队》总政歌舞团

舞剧《粉墨春秋》山西艺术职业学院华晋舞剧团

文华大奖特别奖

京剧《项羽》济南市京剧院

文华优秀剧目奖(共46台)

1. 京剧、昆曲类（4台）

京剧《将军道》沈阳京剧院

昆曲《景阳钟》上海昆剧团

昆曲《牡丹亭》江苏省苏州昆剧院

京剧《香莲案》天津京剧院

2. 地方戏曲类（18台）

桂剧《七步吟》广西戏剧院桂剧团

黄梅戏《雷雨》安徽省黄梅戏剧院

采茶戏《八子参军》江西赣南采茶歌舞剧院

沪剧《挑山女人》上海宝山沪剧艺术传承中心

黄梅戏《妹娃要过河》湖北省戏曲艺术剧院

湘剧《谭嗣同》湖南省湘剧院

山东梆子《古城女人》山东省菏泽市地方戏曲传承研究院

山东梆子《两狼山上》山东省泰安市山东梆子艺术研究院

吕剧《李二嫂的新故事》山东省潍坊艺术剧院有限公司

汉剧《宇宙锋》武汉汉剧院

五音戏《云翠仙》山东省淄博市五音戏剧院

山东梆子《圣水河的月亮》济宁演艺集团山东梆子剧院有限责任公司

龙江剧《鲜儿》黑龙江省龙江剧艺术中心

秦腔《麦积圣歌》甘肃省天水市秦剧团有限责任公司

川剧《鸣凤》重庆市三峡川剧团

莱芜梆子《儿行千里》山东省莱芜市莱芜梆子剧团

提线木偶戏《赵氏孤儿》福建省泉州市木偶剧团

柳琴戏《沂蒙情》山东省临沂市柳琴戏传承保护中心

3. 话剧、儿童剧类（10台）

话剧《生命档案》总政话剧团

儿童剧《向前向前》青岛市话剧院

话剧《谁主沉浮》浙江话剧团有限公司

方言话剧《泉城人家》济南市曲艺团

话剧《天下第一桥》甘肃省话剧院有限责任公司

话剧《雾蒙山》河北承德话剧团演艺有限公司

儿童剧《想飞的孩子》北京儿童艺术剧院股份有限公司

儿童剧《特殊作业》中国儿童艺术剧院

话剧《四世同堂》中国国家话剧院

话剧《郭明义》辽宁人民艺术剧院有限公司

4. 音乐、舞蹈、杂技剧类（14台）

舞剧《水月洛神》郑州歌舞剧院

说唱剧《解放》山西戏剧职业学院

音乐剧《钢的琴》东莞保利文化演艺集团有限公司

歌剧《钓鱼城》重庆市歌剧院、重庆交响乐团

杂技剧《聊斋遗梦》山东省杂技团

歌剧《土楼》福建省歌舞剧院、福建大剧院

芭蕾舞《过年》中央芭蕾舞团

歌舞《放歌长白山》延边歌舞团

歌舞音画《金格灿灿彩》陕西省歌舞剧院有限公司

舞剧《碧海丝路》广西北海市文艺交流中心、

广西北海市歌舞剧院有限责任公司

舞剧《红军花》四川省歌舞剧院有限责任公司

舞蹈诗《沉沉的厝里情》厦门小白鹭民间舞艺术中心、厦门艺术学校

歌舞诗剧《呼伦贝尔大雪原》呼伦贝尔民族歌舞剧院

歌舞诗《魅力西藏》西藏自治区歌舞团

文华剧目奖（共26台）

1. 京剧、昆曲类（3台）

京剧《飞虎将军》浙江京昆艺术中心（浙江京剧团）

京剧《月照塞北》黑龙江省京剧院

京剧《藏羚羊》青海省演艺集团有限责任公司京剧团、浙江京剧团

2. 地方戏曲类（11台）

晋剧《刘胡兰》山西省吕梁市晋剧院有限公司

花鼓戏《平民领袖》湖南省汨罗市花鼓戏剧团

锡剧《一盅缘》张家港市艺术中心

吉剧《鹿乡女人》吉林省戏曲剧院吉剧团

豫剧《天山人家》新疆兵团豫剧团

花灯剧《枫染秋渡》贵州省花灯剧院

黄梅戏《徽州往事》安徽再芬黄梅文化艺术股份有限公司

越剧《柳永》福建省芳华越剧团

二人台《花落花开》呼和浩特市民间歌舞剧团

粤剧《碉楼》广州粤剧院有限公司

平调落子《黄粱梦》河北省邯郸市平调落子剧团

3. 话剧、儿童剧类（6台）

话剧《第29 棵树》四川人民艺术剧院

话剧《生如夏花》江西省话剧团有限责任公司

话剧《解放 解放》西藏自治区话剧团

话剧《搬家》云南省话剧院有限责任公司

话剧《与妻书》广东省话剧院有限公司

话剧《严复》山东省话剧院

4. 音乐、舞蹈、杂技剧类（6台）

歌舞《热贡神韵》青海省藏剧团、黄南州民族歌舞剧团

舞剧《花儿》宁夏演艺集团歌舞剧院

舞蹈诗《黎族故事》海南省歌舞团

歌舞剧《执着》三亚市艺术团、澄迈县歌舞团

民族交响音画《泰山》济南军区前卫文工团

民族风情音画《美好家园》新疆乌鲁木齐市艺术剧院

文华单项奖

一、文华剧作奖

1. 京剧、昆曲类

《建安轶事》编剧：罗怀臻

《香莲案》编剧：刘连群

2. 地方戏曲类

《西京故事》编剧：陈彦

《花儿声声》编剧：班杰、刘家声

《赵锦棠》整理改编：梁波

《古城女人》编剧：韩枫、韩萌

《雷雨》编剧：隆学义

《挑山女人》编剧：李莉

《谭嗣同》编剧：钱珏

《鲜儿》编剧：费守疆、杨北星

《圣水河的月亮》编剧：田伟泓、韩枫

3. 话剧、儿童剧类

《共产党宣言》编剧：唐栋、蒲逊

《枫树林》编剧：孟冰

《向前 向前》编剧：张志华

《生命档案》编剧：孟冰、王宏、肖力

《泉城人家》编剧：王宏、姜桂成

《雾蒙山》编剧：孙德民

《天下第一桥》编剧：李维平、王元平

4. 音乐、舞蹈、杂技剧类

《水月洛神》编剧：冯双白

《金格灿灿彩》编剧：刘庆

《钓鱼城》编剧：冯柏铭、冯必烈

《热贡神韵》编剧：仁青加

二、文华导演（编导）奖

1. 京剧、昆曲类

《红楼梦（上下本）》总导演：曹其敬 导演：徐春兰 副导演：杨帆

《瑞蚨祥》导演：卢昂

《牡丹亭》总导演：汪世瑜 导演：翁国生 副导演：张天乐

2. 地方戏曲类

《花儿声声》导演：张曼君 副导演：黄明先

《西京故事》导演：查明哲 执行导演：贺琳、张平

《七步吟》导演：杨小青

《云翠仙》导演：王青 副导演：崔星明

《雷雨》导演：王向明

《古城女人》导演：李永志、池骋

《李二嫂的新故事》导演：田敬阳 副导演：隋永毅

《挑山女人》导演：孙虹江、华雯

《天山人家》导演：丁建英

《一盅缘》导演：童薇薇

3. 话剧、儿童剧类

《红旗渠》导演：李利宏

《共产党宣言》导演：傅勇凡

《生命档案》导演：宫晓东

《天下第一桥》导演：胡宗琪

《向前 向前》导演：黄港

《特殊作业》导演：廖向红

4. 音乐、舞蹈、杂技剧类

《聊斋遗梦》导演：张弋、刘小荷

《解放》导演：张继钢

《放歌长白山》编导：咸顺女、金姬、崔香丹、金荣华等

《水月洛神》导演：佟睿睿

《执着》导演：李士伟、王迪、赵京生、李亚迪、刘欢

《粉墨春秋》编导：邢时苗、周莉亚、韩真、王菁华

《碧海丝路》编导：陈维亚、宋亚平、钟丽春、沈晨、赵栩可等

《红高粱》编导：王舸、许锐、李世博、贾菲

《铁道游击队》导演：杨笑阳

《过年》编导：赵明、王媛媛、冯英等

《红军花》导演：马东风

《沉沉的厝里情》编导：靳苗苗、李伟斌、黄新等

三、文华音乐创作奖

1. 京剧、昆曲类

《将军道》作曲：沈鹏飞、祝福

《建安轶事》作曲：朱绍玉

《月照塞北》作曲：谢振强

2. 地方戏曲类

《妹娃要过河》作曲：徐志远

《西京故事》作曲：王瀲、薛天信、谭建春

《八子参军》作曲：尹文华、刘洪忠

《七步吟》作曲：董钧、王小旭

《赵锦棠》唱腔设计：樊继忠、剧文林、赵玉兴

《百姓书记》作曲：栾胜利、栾凯、马常委、刘春光

《雷雨》作曲：时白林

《云翠仙》作曲：徐志远、毕金奎

《两狼山上》作曲：高鼎铸、潘思廷、高原

3. 音乐、舞蹈、杂技剧类

《红河谷》作曲：孟卫东

《土楼》作曲：莫凡 指挥：郑小瑛

《解放》作曲：张千一

《钢的琴》作曲：三宝

《钓鱼城》作曲：徐占海、郑冰、王华

《粉墨春秋》作曲：方鸣

《铁道游击队》作曲：赵季平、赵麟

四、文华舞台美术奖

1. 京剧、昆曲类

《红楼梦（上下本）》舞美设计：刘杏林

《项羽》舞美设计：于鹤咏、房岷

《瑞蚨祥》灯光设计：蒙秦

2. 地方戏曲类

《花儿声声》灯光设计：邢辛

《赵锦棠》舞美设计：黄永碤 灯光设计：林宏恩

《七步吟》舞美设计：胡佐 服装设计：蓝玲、张颖

《妹娃要过河》舞美设计：修岩 服装设计：王玲

《古城女人》舞美、灯光设计：刘鹏、马路、卢绪峰、高圆圆、龚元

服装设计：彭丁煌

《西京故事》舞美设计：罗江涛、张小楠、张凯 服装设计：汪又绚

《八子参军》舞美设计：王卫中、张又虹 灯光设计：秦玉山

《赵氏孤儿》舞美设计：林志斌 灯光设计：林凤锦

3. 话剧、儿童剧类

《生命档案》舞美设计：孙东 灯光设计：刘建中

《红旗渠》舞美设计：张武、常伟 灯光设计：金长烈

《向前 向前》舞美设计：周丹林、董凡 灯光设计：周正平、赵田文

《想飞的孩子》灯光设计：胡耀辉、刘毓

《谁主沉浮》舞美设计：熊延平

4. 音乐、舞蹈、杂技剧类

《放歌长白山》舞美设计：任东吉、金泰洪

《水月洛神》舞美设计：刘科栋 灯光设计：邢辛 服装设计：麦青

《钢的琴》舞美设计：王琛 灯光设计：刘建中

《粉墨春秋》舞美设计：高广建 灯光设计：沙晓岚 服装设计：王秋平

第十届中国艺术节

荣誉改编奖

京剧《楚宫恨》改编：李瑞环

优秀表演奖

1. 京剧、昆曲类（8名）

《香莲案》吕洋
《将军道》常东
《建安轶事》万晓慧
《景阳钟》黎安
《瑞蚨祥》刘建杰
《香莲案》凌珂
《月照塞北》马佳
《楚宫恨》赵秀君

2. 地方戏曲类（24名）

《宇宙锋》王荔
《挑山女人》华雯
《一盅缘》董红
《古城女人》祝凤晨
《两狼山上》杨圣军
《云翠仙》吕凤琴
《圣水河的月亮》李新花
《赵锦棠》剧文林
《谭嗣同》邵展凡
《平民领袖》夏明庚
《花儿声声》李小雄
《妹娃要过河》詹春尧
《八子参军》李莉
《枫染秋渡》邵志庆
《麦积圣歌》窦凤琴
《碉楼》黎骏声
《鸣凤》谭继琼
《花落花开》段八旺
《柳永》王君安
《鲜儿》李雪飞
《百姓书记》柏绪民
《鹿乡女人》梁学华
《儿行千里》李桂英
《雷雨》何云

3. 话剧、儿童剧类（11名）

《天下第一桥》朱衡
《生如夏花》宋运成
《生命档案》徐晓菁
《泉城人家》李洋
《郭明义》李跃民
《共产党宣言》张阿亮
《严复》张林
《红旗渠》吴广林
《四世同堂》辛柏青
《想飞的孩子》卢宏
《谁主沉浮》吉京京

4. 音乐、舞蹈、杂技剧类（16名）（含1个集体）

《红高粱》孙秋月、张珅
《土楼》王庆爽
《钢的琴》孙博
《钓鱼城》刘广、车璐
《过年》盛世东
《红河谷》魏松、巨有燕
《水月洛神》唐诗逸、汪子涵
《粉墨春秋》吕建飞
《碧海丝路》刘福洋
《铁道游击队》李志
《红军花》林晨
《泰山》全体演奏员（集体演奏奖）

表演奖

1. 京剧、昆曲类（3名）

《瑞蚨祥》王艳
《牡丹亭》沈丰英
《红楼梦（上下本）》邵天帅

2. 地方戏曲类（10名）（含1个集体）

《花儿声声》张涛
《李二嫂的新故事》史萍
《天山人家》徐爱华
《刘胡兰》李莉芳
《西京故事》王战备
《沂蒙情》吕素芳
《赵氏孤儿》全体演员（集体表演奖）
《黄粱梦》李红山
《八子参军》杨俊
《两狼山上》陈扬

3. 话剧、儿童剧类（8名）

《向前 向前》张欣

《与妻书》鞠月斌
《特殊作业》唐妍
《搬家》马娟
《枫树林》于东江
《第29 棵树》李东昌
《雾蒙山》敖小毅
《解放 解放》桑丹

4. 音乐、舞蹈、杂技剧类（15名）

《铁道游击队》山翀
《沉沉的厝里情》吴雨薇
《聊斋遗梦》郭庆龙、张旭
《粉墨春秋》任中杰
《解放》李艳超
《魅力西藏》次仁央宗
《金格灿灿彩》杜朋朋
《黎族故事》周格特力加
《执着》戴泽松
《放歌长白山》黄梅花
《花儿》马仟
《美好家园》李倩
《胡桃夹子》王艺睿
《梦归琴岛》王楠

演出奖

京剧《楚宫恨》天津市青年京剧团
杂技剧《胡桃夹子》辽宁大连杂技团
魔术音乐剧《梦归琴岛》天创国际演艺制作交流有限公司

2013 年中国文化艺术政府奖——文华表演奖获奖名单(21人)

表演者	职位	选送单位
殷秀梅	中国广播艺术团演员，国家一级演员	中国歌剧舞剧院
阮余群	中央歌剧院演员，国家一级演员	中央歌剧院
张剑	中央芭蕾舞团首席主演，国家一级演员	中央芭蕾舞团
曾昭娟	天津评剧院副院长，国家一级演员	天津评剧院
王平	天津京剧院院长，国家一级演员	天津京剧院
张俊玲	唐山市评剧团艺术总监，国家一级演员	唐山市评剧团
史佳花	山西梅花文化传播有限公司艺术总监，国家一级演员	山西梅花文化传播有限公司
谷好好	上海昆剧团团长，国家一级演员	上海昆剧团
陈美兰	浙江婺剧艺术研究院（浙江婺剧团）艺术委员会主任，国家一级演员	浙江婺剧艺术研究院（浙江婺剧团）
翁国生	浙江京剧团团长，浙江京昆艺术中心艺术总监，国家一级导演，国家一级演员	浙江京昆艺术中心（浙江京剧团）
吴亚玲	安徽省黄梅戏剧院演员，国家一级演员	安徽演艺集团有限责任公司
刘莉莉	山东省临沂市柳琴戏传承保护中心演员，国家二级演员	山东省临沂市柳琴戏传承保护中心
汪荃珍	河南豫剧院党委书记，国家一级演员	河南豫剧院三团
朱世慧	湖北省京剧院院长，国家一级演员	湖北省京剧院
杨俊	湖北省戏曲艺术剧院院长，国家一级演员	湖北省演艺集团公司
陈巧茹	成都市川剧研究院常务副院长，国家一级演员	成都市川剧研究院
侯丹梅	贵州京剧院有限责任公司董事长兼总经理，国家一级演员	贵州京剧院有限责任公司
杨丽萍	中央民族歌舞团演员，国家一级演员	云南杨丽萍文化传播有限公司

续 表

表演者	职位	选送单位
李东桥	陕西省戏曲研究院艺术总监，国家一级演员	陕西省戏曲研究院
边肖	甘肃省陇剧院副院长，国家一级演员	甘肃省陇剧院
洪涛	北京军区政治部战友文工团演员，国家一级演员	北京军区政治部战友文工团

国家舞台艺术精品工程

2010—2011年度重点资助剧目

（15部，以艺术品种为序）

剧目名称	剧种	演出单位
《西京故事》	秦腔	陕西省戏曲研究院
《老子》	越调	河南省越调艺术保护传承中心
《七步吟》	桂剧	广西壮族自治区桂剧团
《香莲案》	京剧	天津京剧院
《牡丹亭》（青春版）	昆曲	江苏省苏州昆剧院
《红楼梦》	昆曲	北方昆曲剧院
《大红灯笼》	晋剧	山西梅花文化传播有限公司
《谁主沉浮》	话剧	浙江话剧团有限公司
《三峡人家》	话剧	重庆三峡歌舞剧团
《毛泽东在西柏坡的畅想》	话剧	总政话剧团
《郭明义》	话剧	辽宁人民艺术剧院有限公司
《四世同堂》	话剧	国家话剧院 北京儿童艺术剧院股份有限公司
《解放，解放》	话剧	西藏自治区话剧团
《三家巷》	舞剧	广州军区政治部战士文工团
《花木兰》	杂技剧	重庆杂技艺术团有限责任公司

2011-2012年度重点资助剧目

（15部，以艺术品种为序）

剧目名称	剧种	演出单位
《花儿声声》	秦腔	宁夏演艺集团秦腔剧院有限公司
《将军道》	京剧	辽宁省沈阳京剧院
《赵锦棠》	评剧	天津评剧院
《八子参军》	采茶戏	江西赣南采茶歌舞剧院
《景阳钟》	昆曲	上海昆剧团
《建安轶事》	京剧	湖北省京剧院

续表

剧目名称	剧种	演出单位
《孙安动本》	京剧	吉林省戏曲剧院京剧团
《风雨丽人行》	黄梅戏	安徽省黄梅戏剧院有限责任公司
《雾蒙山》	话剧	河北省承德话剧团演艺有限公司
《天下第一桥》	话剧	甘肃省话剧院
《特殊作业》	儿童剧	中国儿童艺术剧院
《想飞的孩子》	儿童剧	北京儿童艺术剧院股份有限公司
《钓鱼城》	歌剧	重庆市歌剧院
《粉墨春秋》	舞剧	山西艺术职业学院华晋舞剧团
《水月洛神》	舞剧	河南省郑州歌舞剧院

第七届全国话剧优秀剧目展演入选剧目名单

（按行政区划排列）

剧目	演出单位
《我们的荆轲》	北京人民艺术剧院
《海淀之北》	北京林兆华戏剧文化有限公司
《相士无非子》	天津人民艺术剧院
《雾蒙山》	河北省承德话剧团
《立春》	山西省话剧院有限责任公司
《拓跋鲜卑》	呼伦贝尔民族歌舞剧院
《木匠村官》	辽宁人民艺术剧院有限公司
《大哥》	上海话剧艺术中心有限公司
《谁主沉浮》	浙江话剧团有限公司
《古田会议》	福建人民艺术剧院
《严复》	山东省话剧院
《泉城人家》	济南市曲艺团
《红旗渠》	河南省话剧院
《信仰》	湖北省演艺集团长江人民艺术剧院
《幸存者》	重庆市话剧团有限责任公司
《第29棵树》	四川人民艺术剧院
《搬家》	云南省话剧院有限责任公司
《解放，解放》	西藏自治区话剧团
《天下第一桥》	甘肃省话剧院
《大巴扎》	新疆艺术剧院话剧团
《共产党宣言》	广州军区政治部战士文工团
《起飞》	空军政治部电视艺术
《红岩魂》	中国国家话剧院

全国曲艺优秀节目展演入选作品名单

（按行政区划排列）

作品名称	演出单位	表演者
相声《八大吉祥》	北京笑动百华文化传媒有限公司	吉祥、如意
快板书《武松打店》	天津市曲艺团	李少杰
京韵大鼓《丑末寅初》	天津市曲艺团	冯欣蕊
相声《戏曲杂谈》	天津市曲艺团	李梓庭、孟令一
乐亭大鼓《吕蒙正赶斋》	河北省乐亭县文化遗产传承中心	张近平
《小品《呼唤和平》	山西省曲艺团有限责任公司	王兆麟、马晓红
《蓝色之韵》	内蒙古自治区民族曲艺团	艾拉古组合

续表

作品名称	演出单位	表演者
群口好来宝《腾飞歌》	内蒙古自治区民族曲艺团	乌云桑 等
京东大鼓《擒兽记》	吉林省曲艺团有限责任公司	王大海 等
快板书《哪吒闹海》	吉林省曲艺团有限责任公司	岳飞
相声《模拟疗法》	黑龙江省曲艺团	宗成滨、刘彤
短篇弹词《梁祝•梳妆》	上海评弹艺术传习所（上海评弹团）	徐惠新、周红
弹词选回《昭君•雁门关》	上海评弹艺术传习所（上海评弹团）	秦建国、蒋文
滑稽京戏《追韩信》	上海滑稽剧团有限公司	钱程、阮继凯
苏州弹词《雷雨•留萍》	江苏省苏州市评弹团	盛小云 等
扬州弹词《盛世红伶》选段	江苏省扬州市曲艺研究所	包伟 等
徐州琴书《虞姬赋》	江苏省徐州市歌舞团	张巧玲 等
小品《一个馄饨引发的故事》	江苏省宜兴市文化馆	郑挺 等
小品《真假局长》	浙江曲艺杂技团有限公司	贾冰 等
小热昏《卖鱼桥传说》	浙江省杭州滑稽艺术剧院演艺有限公司	金一戈
对口数来宝《局长的茶杯》	安徽省合肥演艺集团有限责任公司	孙铭泽、唐浩
少儿相声《想不想长大》	安徽省芜湖市文化馆	孙欣悦、熊树豪
十番伬《秦楼月•春回坊巷》	福建省福州市曲艺团	强淑如 等
山东快书《鲁达除霸》	山东省艺术研究所	李东风
山东快书《抗洪小夜曲》	山东省艺术研究所	阴军
山东琴书《说唱农村新风尚》	山东省艺术研究所	刘世福、高桂云
快板书《新猪八戒拱地》	山东广播电视台	张连伟
单弦《大美泉城》	山东省济南市曲艺团	闫磊
相声《学艺》	山东省济南市曲艺团	薛晓东、高超
山东琴书《梁祝下山》	山东省济南市曲艺团	姚忠贤、杨珀
山东快书《十字坡》	山东省济南市曲艺团	朱忠振
河南坠子《寸草心》	山东省菏泽市群众艺术馆	刘瑞莲
山东琴书《亲上亲》	山东省菏泽市群众艺术馆	王振刚 等
东路大鼓《太师训徒》	山东省滨州市滨城区文化馆	杨国辉 等
相声《说变化》	山东省滨州市阳信县鼓书院	林涛、商伟
数来宝《登陆上海滩》	山东省威海市群众艺术馆	王艺霖、郭迎欢
山东渔鼓《孔子试徒》	山东省济宁市文广新局	刘炳金
山东落子《特殊招聘》	山东省济宁市文广新局	张青敏、王丽
山东快书《打洋行》	山东省枣庄市文广新局	武道君
快板书《精武英雄霍元甲》	湖北省民间艺术团	刘雄

续表

作品名称	演出单位	表演者
曲艺小品《排骨藕汤》	湖北省武汉说唱团有限责任公司	刘智鹏、钱艺
相声《送你一朵玫瑰花》	湖北省武汉说唱团有限责任公司	刘智鹏 等
郧西三弦《丹水橘香》	湖北省十堰市群众艺术馆	王则虹 等
常德丝弦《乡嫂骂夫》	湖南省常德丝弦艺术剧院	朱晓玲 等
琵琶弹唱《九天九夜》	广东音乐曲艺发展有限公司	陈玲玉 等
龙舟说唱《智救队长》	广东音乐曲艺发展有限公司	梁奇志
广西渔鼓《家长里短》	广西壮族自治区群众艺术馆	王小鸽 等
《天琴的传说》	广西南宁市民族文化艺术研究院	苏永良 等
四川清音《花园跑马》	重庆演艺集团有限责任公司曲艺分公司	刘靓靓
清音表演唱《龙门阵》	重庆演艺集团有限责任公司曲艺分公司	邱朝晖 等
四川竹琴《赞三峡》	重庆市三峡曲艺团	胡冯 等
四川扬琴《船会》	四川省曲艺研究院	唐瑜蔓
四川清音《四川更美丽》	四川省曲艺研究院	曾恋 等
故事《外公的红军灯》	贵州省文化馆	谭铮 等
彝族阿细说唱《爱心水》	云南省红河州艺术研究所	张垒 等
说唱《达西》	西藏昌都县民间艺术团	次仁尼玛
男女相声《传统与现代》	甘肃省曲艺团	李倩、李金辉

全国木偶戏、皮影戏优秀剧（节）目 展演入选作品名单

1. 河南省豫剧一团
   豫剧《常香玉》
2. 皮影《樊梨花》（选场）
   北京皮影剧团
3. 木偶《兄弟打虎》
   天津市儿童艺术剧团
4. 皮影《劈山救母》
   河北省唐山市皮影剧团
5. 皮影《桃花计》
   山西省孝义市民间艺术研究院皮影木偶剧团演出有限公司
6. 皮影《美猴王学艺》（选场）
   黑龙江省哈尔滨儿童艺术剧院
7. 木偶《八仙过海》
   上海木偶剧团有限公司
8. 木偶《三打白骨精》
   上海戏剧学院
9. 木偶《踢花枪》
   江苏省演艺集团木偶剧团
10. 木偶《胡桃夹子》
    江苏省扬州市木偶研究所
11. 木偶《徐策跑城》
    浙江省平阳木偶戏保护传承中心
12. 皮影《水漫金山》（选场）
    浙江省海宁皮影艺术团有限公司
13. 木偶《赵氏孤儿》
    福建省泉州市木偶剧团
14. 木偶《大名府》《雷万春打虎》
    福建省漳州市木偶剧团
15. 木偶《辨真假》《踢球舞》
    福建省晋江市掌中木偶剧团
16. 木偶《农夫与仙鹤》
    山东省济南儿童艺术剧院
17. 皮影《泰山石敢当•降妖》

山东省泰安市泰山皮影艺术研究院
18. 皮影《人狼共舞》
湖南省木偶皮影艺术保护传承中心
19. 木偶《真假孙悟空》
广东省木偶艺术剧院有限公司
20. 皮影《哭塔》
广东省陆丰市皮影戏传承保护中心
21. 木偶《杨八姐闯幽州》
广东省潮安县金石龙阁木偶剧团
22. 木偶《小美人鱼》（选场）
广西木偶剧团有限责任公司
23. 木偶《别洞观景》
四川省成都市非物质文化遗产艺术研究院
24. 木偶《千里共婵娟》
四川省南充大木偶剧团
25. 皮影《斩蔡阳》
四川川北王皮影艺术团
26. 木偶《水寨龙珠》（选场）
贵州省贵阳演艺集团木偶剧团
27. 木偶《智斗》
陕西省民间艺术剧院有限公司
28. 木偶《秦琼观阵》
陕西省洋县杖头木偶班社
29. 皮影《员外娶妾》
陕西省洋县文化馆灯影腔剧团
30. 皮影《断桥》
甘肃省环县艺龙道情皮影演出有限公司

第一批国家公共文化服务体系示范区名单

1. 北京市朝阳区
2. 天津市和平区
3. 河北省秦皇岛市
4. 山西省长治市
5. 内蒙古自治区鄂尔多斯市
6. 辽宁省大连市
7. 吉林省长春市
8. 黑龙江省牡丹江市
9. 上海市徐汇区
10. 江苏省苏州市
11. 浙江省宁波市鄞州区
12. 安徽省马鞍山市
13. 福建省厦门市
14. 江西省赣州市
15. 山东省青岛市
16. 河南省郑州市
17. 湖北省黄石市
18. 湖南省长沙市
19. 广东省东莞市
20. 广西壮族自治区来宾市
21. 海南省澄迈县
22. 重庆市渝中区
23. 四川省成都市
24. 贵州省遵义市
25. 云南省保山市
26. 西藏自治区林芝地区
27. 陕西省宝鸡市
28. 甘肃省金昌市
29. 青海省格尔木市
30. 宁夏回族自治区银川市
31. 新疆维吾尔自治区喀什地区

第一批国家公共文化服务体系示范项目名单

1. 北京
东城区:公共文化资源分类供给
大兴区:公共文化设施空间拓展方式

2. 天津
北辰区:文化品牌活动长效机制
东丽区:群众文艺创作激励机制

3. 河北
邯郸市:“千村万户”文化家园工程
廊坊市:霸州县级公共文化服务体系

4. 山西
太原市：文化精品惠民基层行

5. 辽宁
沈阳市:社区文化建设“五个一”工程运作模式

6. 吉林

松原市：积极探索“种”文化模式 推动农民自办文化健康发展

7. 上海

宝山区：国际民间艺术交流平台建设

浦东新区：高雅艺术走进百姓的运作模式

8. 江苏

连云港市：社区文化中心标准化建设

南通市：环濠河博物馆群

9. 浙江

嘉兴市:城乡一体化公共图书馆服务体系建设

温州市：苍南农村文化中心建设创新模式

10. 安徽

铜陵市：城市文化社区建设项目

淮南市:少儿艺术发展项目

11. 福建

福州市等：艺术扶贫机制建设

福州市等：村级文化协管员队伍建设

12. 江西

宜春市:“一乡一色”、“一村一品”特色文化建设

南昌市：社区文化在线

13. 山东

泰安市:肥城县级公共文化服务志愿者递进培养工程

威海市:农村文化大院规范化建设与服务

14. 河南

南阳市:邓州创建文化茶馆

周口市:周末公益性剧场演出活动

15. 湖北

武汉市:“武汉之夏”群众文化活动

荆州市:小太阳读书节暨全民阅读活动

16. 湖南

衡阳市:公共文化服务进社区活动

常德市:鼎城民间艺术团体惠民演出

17. 广东

佛山市:南海区县域公共文化服务体系建设工程

中山市:农村文化室全覆盖工程

18. 广西

河池市:罗城仫佬族自治县乡镇文化站规范管理

19. 海南

陵水黎族自治县：群众文化活动示范项目

20. 重庆

大渡口区:文化馆和图书馆总分馆制

南川区：文化中心户标准化建设

21. 四川

攀枝花市:大地书香新农村家园工程

泸州市:泸县农民演艺网

22. 云南

昆明市:社区文化沟通机制建设

楚雄彝族自治州:农民素质教育网络培训学校建设

23. 西藏

山南地区:民族地区公共文化服务体系建设机制

24. 陕西

渭南市:“一元剧场”演出项目

铜川市:公共图书馆服务一体化建设

25. 甘肃

兰州市:群众自发文艺团队建设机制

26. 新疆

克拉玛依市:图书馆联建、共享一体化服务体系

乌鲁木齐市:“新疆情”文化讲坛的拓展和创新

第二批创建国家公共文化服务体系示范区名单

1. 北京市东城区
2. 天津市河西区
3. 河北省廊坊市
4. 山西省朔州市
5. 内蒙古自治区包头市
6. 辽宁省沈阳市沈河区
7. 吉林省延边朝鲜族自治州
8. 黑龙江省哈尔滨市南岗区
9. 上海市浦东新区
10. 江苏省无锡市
11. 浙江省嘉兴市
12. 安徽省安庆市
13. 福建省三明市
14. 江西省新余市

15. 山东省烟台市
16. 河南省洛阳市
17. 湖北省襄阳市
18. 湖南省岳阳市
19. 广东省深圳市福田区
20. 海南省保亭黎族苗族自治县
21. 广西壮族自治区玉林市
22. 重庆市北碚区
23. 四川省南充市
24. 贵州省贵阳市
25. 云南省楚雄彝族自治州
26. 西藏自治区山南地区
27. 陕西省渭南市
28. 甘肃省张掖市
29. 青海省西宁市
30. 宁夏回族自治区石嘴山市
31. 新疆维吾尔自治区克拉玛依市
32. 新疆生产建设兵团农八师石河子市

第二批创建国家公共文化服务体系示范项目名单

1. 北京

海淀区高新技术企业园区构建公共文化服务长效机制研究

延庆县村级群众文化组织员建设工程

2. 天津

宝坻区挖掘传统文化资源促进公共文化发展

3. 河北

张家口市张北创建城乡文艺演出服务体系

石家庄市井陉文化广场项目

4. 山西

晋中市民办文化扶持引导与规范管理

大同市红领巾艺术团再建设项目

5. 内蒙古

乌海市“书法五进”

兴安盟乌兰浩特市少数民族地区公共文化产品供给机制建设

6. 辽宁

丹东市打造具有地域特色的传统节日文化

本溪市群众文化“双进双建”

7. 吉林

吉林市松花江河灯文化节

白城市鹤文化系列群众文化活动

8. 黑龙江

黑河市北安红色文化系列活动

哈尔滨阿城区版画艺术园区

9. 上海

松江区万部图书、千场电影、百场文艺下农村、进社区、到工地、入军营

普陀区苏州河文化品牌打造

10. 江苏

南京市文化惠民“百千万工程”

常州市电视图书馆

11. 浙江

杭州市余杭区乡镇综合文化站服务效能提升工程

绍兴市电视图书馆绍兴模式

12. 安徽

宣城市村级文化广场建设

蚌埠市“花鼓灯”特色文化建设

13. 福建

福州市激情广场大家唱活动

14. 江西

九江市文化亲民“八个一”工程

吉安市农村文化“星火”工程

15. 山东

淄博市张店文化协管员

济宁市“政府搭台，百姓听戏，激情广场大家唱”文化惠民工程

16. 河南

信阳市平桥关爱留守儿童：农村公共图书馆一体化建设

漯河市“幸福漯河健康舞”

17. 湖北

孝感市楚剧展演活动

黄冈市“激情新黄冈，欢乐大舞台”东坡广场大型文化活动

18. 湖南

郴州市东江旅游摄影艺术惠民公益平台建设

株洲市“乡村大舞台”文化服务点

19. 广东

广州市越秀区中心城区公共文化服务体系创新工程

惠州市文化惠民卡制度

20. 海南

琼中乡村大舞台

三亚市城市休闲娱乐文化广场

21. 广西

柳州市“鱼峰歌圩”建设

桂林市临桂五通农民画引领文化致富模式

22. 重庆

南岸区社区图书馆标准化服务

九龙坡区企业共建共享公共文化服务

23. 四川

达州市全国新农村文化艺术展演平台建设

乐山市文瀚嘉州·百姓直通车

24. 贵州

黔南州幸福进万家——文化精品乡村行

六盘水市公共文化服务机构的队伍拓展模式

25. 云南

昭通市送文化百千万工程

红河州开远自然村四位一体阵地建设工程

26. 西藏

江孜县基层群众自办文艺团队

昌都地区公共图书馆服务拓展与创新

27. 陕西

安康市“汉剧兴市”创新公共文化服务体系建设

西安市高陵公共文化服务“110”示范项目

28. 甘肃

定西市“百姓舞台”机制建设

酒泉市图书漂流志愿服务活动

29. 宁夏

吴忠市公共文化服务进慈善产业园区

30. 新疆

巴音郭楞蒙古自治州“幸福家园·特阅服务”公共图书阅览及文化信息共享工程

31. 新疆生产建设兵团

新疆生产建设兵团第六师文化共享工程进连入户

第十届中国艺术节“群星奖”获奖名单作品类“群星奖”

音乐类

天津	城里打工的姊妹花	重唱组合
天津	运河颂	情景歌曲
河北	太行谣	女声组合
河北	古道乡音	器乐演奏
山西	闻喜鼓车	器乐
山西	丁陶鼍鼓	鼓乐
黑龙江	四物游戏	朝鲜族打击乐合奏
上海	站在高高的脚手架上	男声小合唱
上海	天候	打击乐
上海	古镇风情	女声组合
上海	桃花女	女声小组唱
江苏	苏北风情	唢呐演奏
浙江	畲乡三月三	女声独唱
浙江	早春的脚步	男女组合
浙江	小巷总理	男声独唱
浙江	南腔北调都是歌	男声组唱
山东	石韵·泰山	器乐合奏
山东	唱大戏	鲁西南吹打乐
山东	闯海人	男声组唱
山东	新绣荷包	女声表演唱
山东	亲亲的老百姓	独唱
山东	赶山会	鲁中南平派鼓吹乐
山东	泰山石敢当	声乐
河南	家的牵挂	歌曲
湖北	美酒喷喷香	表演唱
湖北	莲花赋	女声独唱
湖北	群星耀中华	男女声对唱
湖北	哪门搞起	男女声表演唱
湖南	山泉	女声小组唱
广东	春暖南海	男声四重唱
广东	城市节奏	新打击乐
广东	脚印	小组唱
广东	山美 城美	流行音乐组合
广西	侗不离酸	侗族大歌
海南	山兰放歌	原生态小组唱（黎族）
重庆	老张和老王	男声独唱
重庆	赶秋	组合唱

重庆 田坝腔 原生态无伴奏表演唱
重庆 跳蹬石工号子 表演唱
四川 香巴拉 歌曲
四川 川北婚嫁 组合表演唱
贵州 我爱我家 原生态演唱
云南 阿哈巴拉 小合唱
陕西 小桃红 组合演唱
甘肃 羲皇故里 独唱
宁夏 哥是阳沟妹是水 女声组合唱
总政 指导员信箱 男声表演唱
武警 让我来 男声小合唱
全总 师傅 男声独唱

合唱类

山西 山西省晋城市群众艺术馆太行风合唱团
上海 上海市嘉定区南翔百花合唱团
浙江 浙江省温州市籀园小学合唱团
福建 福建省福州市小茉莉合唱团
山东 山东省滨州市群星合唱团
山东 山东省烟台市群众艺术馆群星合唱团
广东 广东省广州市小海燕合唱团
广东 广东省中山市合唱团
广东 广东省广州市花都区合唱团
重庆 重庆市北碚区文化馆“缙云之声”合唱团

舞蹈类

北京 都市白领 群舞
北京 青春的记忆 群舞
北京 新居 群舞
河北 大山•油料兵 群舞
山西 海英和她的妈妈们 群舞
山西 我们的城里老师 群舞
山西 回娘家 群舞
山西 矿工情 男子情景舞蹈
内蒙古 萨吾尔登 群舞
内蒙古 敖鲁古雅伊堪 男女群舞
吉林 盛世长鼓 群舞
上海 小笼师傅 男子群舞
上海 我们的新家 少儿舞蹈
江苏 香脆萝卜干 舞蹈
浙江 青青竹儿 女子群舞
浙江 芙蓉镇印象 三人舞
安徽 千里淮河一条线 群舞
福建 鼓神 当代舞
江西 我最棒 幼儿舞蹈
山东 爷爷教我踩高跷 群舞
山东 闯关东 群舞
山东 舒心的日子扭着过 女子群舞
山东 小嫚 群舞
山东 田野的嫚儿 群舞
山东 运河绣娘 群舞
山东 泰山人家 群舞
河南 手舞四季 女子群舞
湖北 哩嘞响 女子群舞
湖北 爱在山水间 群舞
广东 学军 少儿舞蹈
广东 传人 舞蹈
广东 星期天 当代舞
广东 流动娃 群舞
海南 花帽新韵 群舞
海南 博•鳌 舞蹈
重庆 高山流水 舞蹈
重庆 咏莲 舞蹈
重庆 飞呀飞呀 少儿舞蹈
四川 老俩口的菜地 集体舞
四川 春色羌绣 女子群舞
四川 幸福像花儿一样 舞蹈
云南 热美姑娘 舞蹈
云南 嘎蒙卡兜 苗族原生态舞蹈
西藏 舞动雅江 歌舞
西藏 酥油情 群舞
西藏 查琼拉 舞蹈
青海 彩虹舞 土族女子群舞
宁夏 串铃声声 群舞
兵团 边境线上的小妞妞 少儿集体舞
总政 维和天使 舞蹈
总政 连队年夜饭 情景舞蹈

广场舞类

山东 豪情鞭鼓俏秧歌
山东 幸福像花儿一样
湖北 五峰板凳龙
四川 泸州雨坛彩龙
云南 喜悦霸王鞭
西藏 大地之舞
新疆 黑走马

戏剧类

北京	伟大的青春	情景小品
北京	乐谷之声	音乐小品
天津	给我一个微笑	小品
天津	走出大山的人们	小品
河北	枫林红了	丝弦小戏
河北	修鞋的故事	小品
河北	讨薪	小品
山西	县长遛牛	风台小戏
山西	带着妈妈上大学	眉户小戏
山西	影戏缘	碗碗腔小戏
内蒙古	轻舟恋	二人台戏曲表演
辽宁	探亲	小品
上海	无弦的小提琴	小品
上海	牵手	小品
上海	门当户对	小品
上海	爱情小笼包	音乐剧小品
江苏	浪漫的事	小品
江苏	丫丫考0分	锡剧小戏
江苏	救	小品
江苏	公鸡做媒	小淮剧
江苏	一个馄饨引发的故事	小品
浙江	程序	小品
浙江	京巴小白	小品
浙江	文件夹	小品
福建	等	小品
福建	小圣斗巨蟒	儿童布袋木偶戏
江西	乡里新曲	戏曲
江西	鸭缘	戏曲小品
江西	把城里妹妹娶回家	小戏
山东	我们的名字	儿童剧
山东	将心比心	小品
山东	新房之夜	小品
山东	一个钱包	小吕剧
山东	村官上树	吕剧
山东	骆驼石	小品
山东	爱心家园	两夹弦小戏
河南	婚姻驿站	戏曲
湖北	来得及	小品
湖北	希望	小品
湖北	抢老张	花鼓小戏
湖南	人怕出名狗怕叫	常德花鼓小戏
湖南	两份协议	花鼓戏
广东	打虎之后	小品
广东	精雕细榄	小品
广西	连心店	客家山歌剧
重庆	杀出重围	戏剧小品
四川	两个人的车站	小品
云南	邻居•种鸡•杂毛鸡	花灯小戏
云南	喜羊羊	小彝剧
云南	挡车石	花灯小戏
西藏	藏戏片段（卓瓦桑姆）	传统戏剧
宁夏	绣家园	小品
新疆	最后三百箱葡萄	小品
总政	对抗	小品
总政	高人	小品
总政	人不留人天留人	小品
武警	纠结	小品
武警	便衣行动	小品
全总	回家过年	小品

曲艺类

山西	常回家看看	长子鼓书
山西	退钱	钢板鼓书
山西	借亲妈	河东道情
山西	好婆婆	潞安鼓书
辽宁	特殊任务	评书
吉林	历史问答	双人好来宝
上海	领奖风波	沪书
上海	戆到底	情景故事
上海	镜头外的故事	故事
上海	花与瓜	上海说唱
江苏	送果篮	苏州评弹
江苏	文明村的风波	徐州琴书
浙江	老板密室	绍兴莲花落
浙江	斗牛	杭州评话
浙江	长年葱	唱新闻
浙江	兵站故事	宁波走书
江西	今日犹闻翰墨香	南昌清音
山东	亲家亲	山东琴书
山东	农家春	山东琴书
山东	孔子试徒	山东渔鼓
山东	大喇叭	相声
山东	肉夹馍	群口山东快书
山东	太师训徒	东路大鼓
山东	登陆上海滩	数来宝

河南	劝人要有好心态	河洛大鼓	广东	好人的故事	快板
河南	孝子	三弦书	重庆	电话响过之后	谐剧
河南	农家溜	大调曲子	重庆	民生之帆	评书
湖北	人民调解员	湖北大鼓	四川	中华医药	四川清音
湖北	镇船石	恩施扬琴	陕西	陕西关中八大怪	说唱
湖北	口说为凭	天门说唱	陕西	说风	陕北说书
湖南	传承	湘北大鼓	宁夏	说法	数来宝
湖南	贩酒也烦恼	湘北大鼓	宁夏	民生工程为民生	宁夏坐唱
湖南	岩生哥的婚事	溜子说唱	总政	警戒线	情景快板说唱
广东	南音新唱十三行	广东南音弹唱	总政	我们村的退伍兵	常德丝弦

第十届中国艺术节“群星奖”获奖名单项目类“群星奖”

北京　朝阳区“社区一家亲”文化活动
北京　暖心工程
北京　房山区“文化周末大舞台”品牌系列文化活动
北京　延庆端午文化节系列群众文化活动
天津　滨海新区公共文化服务激励机制项目
天津　残疾儿童艺术节
天津　“和平杯”全国“读书”漫画大赛
河北　“燕赵少年读书”系列活动
河北　“欢乐乡村”十百千万农村文化工程
河北　民俗文化节
河北　北戴河音乐文化人活动
山西　图书馆系统业务总分馆建设
山西　农村流动书库工程
内蒙古　土右旗文化大院群众活动品牌项目
内蒙古　呼和浩特市文化进社区大型公益活动
辽宁　百馆千站文化艺术素质提升工程
辽宁　“对面朗读”——辽宁省图书馆公益文化活动
辽宁　沈阳市艺术惠民“双百万”工程
辽宁　大连图书馆白云系列活动
吉林　中国朝鲜族农乐舞（象帽舞）
吉林　柳河县“翰墨新农村”活动
吉林　吉林市朝鲜族民俗文化节
黑龙江　牡丹江市群众艺术馆“走进音乐厅”品牌活动
黑龙江　中国哈尔滨朝鲜族民俗文化节
黑龙江　“大庆之冬”艺术节
上海　松江区“万千百”文化配送实事工程
上海　“社区•院团一家亲”文化牵手活动
上海　“长风杯”新上海人歌手大赛
上海　“唱响贤城”——上海市奉贤区“群众文化四季歌”系列活动
江苏　张家港市网格化公共文化服务
江苏　掌上苏图——手机图书馆服务系统
江苏　牛歌会
浙江　嘉兴市城乡一体化公共图书馆服务体系
浙江　杭州市余杭区乡镇综合文化站服务与管理创新
浙江　儿童知识银行
浙江　文化走亲
浙江　定海区“文化零距离”大型民生服务项目
安徽　大地欢歌——淮南市社会文化展示活动
安徽　铜陵市农村文化墙展示活动
安徽　“金色晚霞”合唱节
福建　厦门市群众文化艺术节
福建　三明市麒麟文化艺术节暨广场文化活动
福建　新福州人歌手大赛
江西　婺源•中国乡村文化旅游节
江西　萍乡市安源区“新安源•新形象”广场群众文化活动
江西　中国宜春•明月山月亮文化节
山东　济南市书香泉城全民阅读节活动
山东　济南市“新市民 新课堂”公益性艺

术辅导培训
山东 淄博市桓台县公共电子阅览室暨乡村少年宫建设与服务
山东 东营市垦利县村村唱戏村村舞
河南 平顶山市“美丽鹰城”公益课堂活动
河南 “放歌如意湖”广场文化活动
河南 许昌市“百姓剧场”公益演出
湖北 “首义之春”系列群众文化活动
湖北 “天天跳、周周唱、月月演”特色广场文化
湖北 荆州市社区消夏文化节
湖南 长沙市“欢乐星城”大型群众文化活动
湖南 常德市鼓王擂台赛
湖南 衡阳市“和风衡州”群众文化艺术节
广东 广州市“羊城之夏”群众文化广场系列活动
广东 “寻梦佛山”异地务工人员子女文化夏令营
广东 深圳市群众艺术馆公益培训
广东 东莞市“越唱越红”歌唱大赛
广西 “魅力北部湾”群众文化活动
广西 桂林百姓大舞台
广西 百村百戏
广西 宾阳炮龙节
海南 群艺大舞台
海南 “欢乐陵河”广场文化活动
海南 海口市万春会
重庆 沙坪坝区民间故事会（黄葛树下龙门阵）
重庆 公共图书馆文化共享农民工联盟
重庆 合川儿童画进校园
重庆 “1+6”亲子读书活动推进全民阅读
四川 文瀚嘉州•百姓直通车
四川 甘孜州牧民定居暨帐篷新生活文化行动
四川 社区文化信使行动
四川 农民工文化服务“网络快线”
四川 成都文化四季风
贵州 花灯戏
贵州 “花溪之夏”艺术节
云南 大理“洱海歌手大奖赛”
云南 昆明和谐大舞台
云南 阿露窝罗节
西藏 图书馆拉萨便民警务站“便民书窗”服务网点
西藏 林芝地区民族特色群众广场文化活动
西藏 全区性、示范性群众文艺汇演机制
西藏 珠峰文化旅游节
陕西 社区文化节
陕西 渭南市公共文化服务“四进”零距工程
陕西 宝鸡市激情广场
陕西 陕图讲坛
甘肃 少儿文化艺术节
甘肃 老年文化艺术节
甘肃 “和谐之春”天水市文化馆春节系列文化活动
青海 百姓大舞台
青海 西北五省（区）花儿演唱会
青海 互助县“二月二”擂台庙会
宁夏 “清凉宁夏”广场文化示范演出活动
宁夏 银川市“踏歌起舞”文化工程系列文化惠民活动
宁夏 “舞动石嘴山”广场文化艺术节
新疆 昌吉民间社火
新疆 阿勒泰市“金山之夏”文化艺术节
新疆 奎屯市文化艺术节合唱比赛
新疆 乌鲁木齐市中老年艺术节
总政 北京军区“多彩的军营”业余文艺会演
总政 海军“闪光的金锚”读书活动
总政 青藏兵站部“雪线”系列文化品牌
总政 云南边防八千里文化长廊
全总 “濠滨夏夜”广场文化活动

群文之星

北京 刘士华
朝阳区文化馆快板刘文化大院创办人
北京 王玉梅
东城区体育馆路街道文化服务中心主任
北京 黄　群
西城区文化委员会副主任兼西城区文化馆馆长
天津 穆双喜
北辰区文化馆馆长、副研究馆员
天津 张　举

宝坻区文化馆馆长
天津　　　高　平
和平文化宫
河北　　　王庆茂
唐山市丰润区文化馆馆长
河北　　　顾玉青
省图书馆副馆长
河北　　　金　洁
任丘市文化馆馆长
河北　　　王新荣
邯郸武安市文化馆馆长
山西　　　刘宇宁
省群众艺术馆副馆长
山西　　　乔俊宝
太原市群众艺术馆研究馆员
山西　　　苏安福
稷山县安福艺校校长
内蒙古　　付曙华
通辽市科尔沁区文化馆
内蒙古　　高怀信
鄂尔多斯市群众艺术馆馆长
内蒙古　　王福君
土右旗文化广播电影电视局、旅游局书记、局长，敕勒川博物馆馆长
辽宁　　　李　君
法库县文化馆馆长
辽宁　　　李春年
朝阳县北四家乡唐杖子村农民
辽宁　　　李山林
铁岭县凡河镇沙山子村四组农民
辽宁　　　周舜民
大连市群众艺术馆书记
吉林　　　柯维群
通化市东昌区文化馆 馆长
吉林　　　赵　楠
敦化市群众文化馆馆长
黑龙江　　袁　颖
鸡西市鸡东县文化馆馆长
黑龙江　　王亚慧
望奎县文化馆副馆长、舞蹈辅导员
黑龙江　　于力平
齐齐哈尔市群众艺术馆馆长
上海　　　李为民
闸北区彭浦镇文化站站长
上海　　　萧烨璎
市群众艺术馆馆长、党支部副书记
上海　　　俞志清
虹口区文化馆党支部书记、副馆长
江苏　　　崔世莹
南通市海安县文化馆
江苏　　　叶林生
常州市金坛市文化馆研究馆员
江苏　　　王宝红
徐州市沛县文化馆馆长
江苏　　　李开清
镇江市丹阳市延陵镇文体中心主任
江苏　　　杭笑春
盐城市文化馆馆长
浙江　　　褚树青
杭州图书馆馆长兼杭州少年儿童图书馆馆长
浙江　　　潘力峰
丽水市文化馆馆长
浙江　　　谢智勇
温州市图书馆馆长
安徽　　　曾玉琴
太湖县图书馆馆长
安徽　　　余凤龙
青阳县委宣传部退休干部
安徽　　　孙　珂
首市（县级市）文化馆馆长
安徽　　　薛　梅
滁州市文广新局社会文化科科长
福建　　　李明卿
连城县文化馆馆长
福建　　　刘雪花
南平市延平区西芹镇西芹社区文化协管员
江西　　　林　燕
南昌市青山湖区文化馆馆长
江西　　　李媛媛
赣州市群众艺术馆书记、馆长
江西　　　祝安峰
广丰县文化馆
江西　　　王永鸿
南昌市西湖区文化馆干部
山东　　　陆　玲
青岛市群众艺术馆馆长

山东　　王子华
临清市文化广电新闻出版局原副局长
山东　　张荫松
烟台市群众艺术馆
山东　　魏玉静
巨野县文化馆馆长
山东　　齐新东
泰安市艺术馆
山东　　李晓静
滨州市群众艺术馆
河南　　赵力民
省群众艺术馆
河南　　李阁琪
中国平煤神马集团文工团
湖北　　田玉成
长阳土家族自治县资丘镇文化站站长
湖北　　付群刚
省群众艺术馆副馆长
湖北　　沈小慧
中共常青花园新区委员会副书记、武汉市常青花园新区管委会副主任
湖北　　尤成立
十堰市群众艺术馆馆长
湖南　　梁兆萍
衡阳耒阳市文化馆副馆长
湖南　　陈恭森
长沙市长沙县江背镇综合文化站站长
湖南　　姚　垚
娄底市涟源文化馆副馆长
湖南　　袁学明
常德市群众艺术馆馆长
广东　　符史安
深圳市罗湖区文化馆馆长
广东　　黄晓丽
东莞市长安镇宣教文体局局长、镇文联主席
广东　　谢荣波
广州市萝岗区文化与博物馆馆长
广西　　范向健
玉林市北流市文化馆馆长
广西　　孙红兵
自治区群众艺术馆戏剧曲艺部主任
广西　　何瑞武
来宾市象州县文化馆馆长
海南　　孙如强
昌江黎族自治县文化馆馆长
海南　　王文红
陵水黎族自治县文化馆馆长
重庆　　缪培坚
璧山县文化馆馆长
重庆　　董进波
北碚区文化馆馆长
重庆　　吴　文
九龙坡区文化馆曲艺干部
四川　　罗建华
宜宾市珙县文化广播影视新闻出版局文化股兼特色文化研究传播中心主任
四川　　方　江
达州市文化馆干部
四川　　阿依林芳
成都市温江区文化馆
四川　　童世英
自贡市富顺县文化馆馆长
贵州　　杨国祥
黔东南州黎平县文体广电局副局长、县文化馆馆长
贵州　　马　丽
遵义市群众艺术馆馆长
云南　　黄树兴
昆明市石林彝族自治县文化馆馆长
云南　　赵门太
临沧市沧源佤族自治县勐省镇和平村央大海自然村自办文化室创始人、负责人
云南　　李赞阳
楚雄州永仁县中和镇文化站站长
云南　　杨刘忠
大理白族自治州群众艺术馆馆长
西藏　　达瓦次仁
康马县民间艺术团团长
西藏　　多　吉
自治区群艺馆副馆长
陕西　　张天佑
渭南市合阳县甘井镇文化站站长
陕西　　袁彩娥
安康市旬阳县文化馆馆长
陕西　　朱　强
延安市吴起县文化馆馆长

甘肃　　　姬亚宏
华亭县文化馆
甘肃　　　杨耀中
白银市群众艺术馆任馆长
青海　　　刘　鹏
西宁市群众艺术馆副馆长
青海　　　刘应军
海东地区互助县文化馆副馆长
宁夏　　　田红梅
石嘴山市文化馆馆长
新疆　　　柴　彩
博乐市文化馆馆长
新疆　　　何玲玲
奎屯市文化体育广播影视局文化科科长
新疆　　　王　娟
伊犁州文化馆中共党支部书记兼馆长
兵团　　　姚明庆
第二师22团宣传文化科
兵团　　　张国庆
兵团群众艺术馆副研究馆员
总政　　　李东东
69064部队政治部副主任
全总　　　盖崇茂
辽宁省沈阳市工人文工团团长、文化宫主任

第十届中国艺术节优秀演出奖获奖名单

音乐类

北京	孔子说	男声独唱
天津	巧手神功泥人张	歌伴舞
山西	好兴头	八音会
内蒙古	草原等你来	组合演唱
辽宁	情系东北风	唢呐、京胡与竹笛
吉林	故乡赞歌	女声独唱
上海	衣被天下	女声与童声
安徽	金锁呐	男声独唱
福建	默娘	男生小组唱
江西	等着你	小组唱
山东	乡音和鸣	弦索乐
湖北	宋词黄州	男声独唱
湖南	下河嗓子—放排歌	原生态歌舞
广东	古埠听涛	古琴弦唱
广西	瑶族盘古歌	小组唱
重庆	梭乃惹	原生态演唱
云南	阿哥小普	女声小合唱
西藏	神奇的本塔	男声独唱
陕西	跑旱船	女生三重唱
青海	天地相接的蒙旗大草原	独唱
新疆	美丽的帕米尔	独唱
总政	到	歌表演
武警	雪域雄鹰	男声独唱

合唱类

北京	北京海燕合唱团
北京	北京东城区第二文化馆华风合唱团
河北	河北省唐山市群众艺术馆艺术中心合唱团
内蒙古	内蒙古呼和浩特市群艺馆教师合唱团
辽宁	辽宁省沈阳市总工会职工合唱团
辽宁	辽宁省沈阳市铁西区“工人之声”合唱团
吉林	吉林省吉林市丰满区第一实验小学“太阳花”合唱团
黑龙江	黑龙江省哈尔滨市香坊区金歌合唱团
上海	上海新韵合唱团
上海	上海市学生艺术团普陀区青少年中心合唱团
江苏	江苏省苏州工业园区青少年活动中心圆融•花季青少年艺术团
江苏	江苏省文化馆“爱之声”合唱团
福建	福建省榕树合唱团
山东	山东省青岛群星爱乐合唱团
山东	山东省青岛市老年服务中心七彩风男声合唱团
河南	河南省郑州田园室内合唱团
湖北	湖北省黄石市爱乐合唱团
湖南	湖南省太丰湘西边城之声合唱团
广东	广东省深圳市群声合唱团
广东	广东省深圳市宝安中学合唱团
重庆	重庆市沙坪坝区文化馆群星合唱团
四川	四川省成都高新区肖家河社区合唱团

贵州　　贵州省独山花灯合唱团
云南　　云南省怒江州福贡县赤恒底农民合唱团
新疆　　新疆乌鲁木齐高新区（新市区）文化馆家园合唱团
武警　　武警广东省总队红肩章战士合唱团

音乐类

北京	孔子说	男声独唱
天津	巧手神功泥人张	歌伴舞
山西	好兴头	八音会
内蒙古	草原等你来	组合演唱
辽宁	情系东北风	唢呐、京胡与竹笛
吉林	故乡赞歌	女声独唱
上海	衣被天下	女声与童声
安徽	金锁呐	男声独唱
福建	默娘	男生小组唱
江西	等着你	小组唱
山东	乡音和鸣	弦索乐
湖北	宋词黄州	男声独唱
湖南	下河嗓子—放排歌	原生态歌舞
广东	古埠听涛	古琴弦唱
广西	瑶族盘古歌	小组唱
重庆	梭乃惹	原生态演唱
云南	阿哥小普	女声小合唱
西藏	神奇的本塔	男声独唱
陕西	跑旱船	女生三重唱
青海	天地相接的蒙旗大草原	独唱
新疆	美丽的帕米尔	独唱
总政	到	歌表演
武警	雪域雄鹰	男声独唱

合唱类

北京　　北京海燕合唱团
北京　　北京东城区第二文化馆华风合唱团
河北　　河北省唐山市群众艺术馆艺术中心合唱团
内蒙古　　内蒙古呼和浩特市群艺馆教师合唱团
辽宁　　辽宁省沈阳市总工会职工合唱团
辽宁　　辽宁省沈阳市铁西区“工人之声”合唱团
吉林　　吉林省吉林市丰满区第一实验小学“太阳花”合唱团
黑龙江　　黑龙江省哈尔滨市香坊区金歌合唱团
上海　　上海新韵合唱团
上海　　上海市学生艺术团普陀区青少年中心合唱团
江苏　　江苏省苏州工业园区青少年活动中心圆融•花季青少年艺术团
江苏　　江苏省文化馆“爱之声”合唱团
福建　　福建省榕树合唱团
山东　　山东省青岛群星爱乐合唱团
山东　　山东省青岛市老年服务中心七彩风男声合唱团
河南　　河南省郑州田园室内合唱团
湖北　　湖北省黄石市爱乐合唱团
湖南　　湖南省太丰湘西边城之声合唱团
广东　　广东省深圳市群声合唱团
广东　　广东省深圳市宝安中学合唱团
重庆　　重庆市沙坪坝区文化馆群星合唱团
四川　　四川省成都高新区肖家河社区合唱团
贵州　　贵州省独山花灯合唱团
云南　　云南省怒江州福贡县赤恒底农民合唱团
新疆　　新疆乌鲁木齐高新区（新市区）文化馆家园合唱团
武警　　武警广东省总队红肩章战士合唱团

舞蹈类

天津	兵趣	群舞
山西	走四方	舞蹈
辽宁	蝴蝶兰	群舞
吉林	喜悦	群舞
黑龙江	风雪倒套人	群舞
上海	迎着阳光上学去	少儿舞蹈
山东	拉大粑	群舞
河南	平安花	群舞
湖北	响•想•享	男子群舞
湖南	麻石街上的堂客们	女子群舞
广东	渔舟唱“惋”	群舞
广西	壮家娃娃扁担乐	群舞
重庆	母亲的火塘	群舞
贵州	小鸡丑丑	群舞
云南	唱支山歌给党听	舞蹈
云南	花枝•花鼓	群舞
云南	火火的佤山	民族群舞
陕西	妈妈的呼唤	当代舞、群舞

甘肃	扇韵	舞蹈
新疆	欢乐的牧羊人	男子群舞
新疆	依依塔河情	集体舞
总政	水下军魂	男子群舞
总政	蓝盔节奏	男子群舞
总政	机务兵	男子群舞
武警	家园	男女群舞

广场舞类

北京	鼓舞太平
天津	津门太平鼓
内蒙古	顶碗舞
辽宁	戏耍财主
江西	瓷灯熠熠
山东	零

戏剧类

天津	最后一次摆渡	小品
山西	一块宅基地	秧歌小戏
辽宁	馄饨馆儿	小品
吉林	候车大厅	小品
黑龙江	大森林里的小故事	儿童音乐短剧
黑龙江	血，总是热的	小品
上海	请客	小品
浙江	看社戏	少儿绍剧小戏
山东	让座	山东梆子小品
河南	扁担湾的笑声	小品
河南	好媳妇	戏曲
湖北	护工	小品
湖南	留守嫂子	花灯戏
广东	清洁交响曲	哑剧小品
广东	天桥	音乐小品
广东	局长家事2	小品
广西	连心店	客家山歌剧
广西	香糯香	乡村音乐剧
海南	鲜红的三角梅	小歌剧
重庆	文化站长	川剧小品
四川	调解	喜剧小品
四川	生活的味道	方言小品
云南	唢呐白曲歌不断	小白剧
陕西	采访的故事	小品
陕西	美丽的心灵	小品
陕西	路遇	情景小品
总政	红包	小品
武警	聊天	小品
全总	那年那月那天	小品

曲艺类

北京	虞美人	西河大鼓
天津	福满家园	天津时调
天津	天津人的乐	曲艺表演唱
天津	情满社区	鼓曲说唱
河北	二尺八	方言数子（方言快板）
内蒙古	王婆骂假	二人台呱嘴
内蒙古	奉献爱的故乡	好来宝
辽宁	深夜奇案	山东快书
黑龙江	咱村也有文艺人	龙江说唱
上海	都市里的女村官	宣卷
浙江	三张火车票	湖州三跳
福建	我的家乡在厦门	南音
江西	一块蓝绒布	弋阳腔说唱
山东	闹喜宴	山东琴书
广西	大岭山上桃花红	曲艺（零零落）
海南	南海颂歌	音乐说唱
重庆	妹妹花轿几时来	四川竹琴
四川	又听布谷鸟儿叫	四川清音演唱
贵州	外公的红军灯	故事
云南	我的爷爷杨善洲	快板
青海	水淹金山	青海地方曲艺“平弦”
总政	从军梦	相声

第十届中国艺术节“群星奖”优秀组织奖获奖名单

山东省文化厅
济南市人民政府
青岛市人民政府
烟台市人民政府
泰安市人民政府
威海市人民政府

第五次公共图书馆评估定级上等级图书馆名单

一级图书馆

北京市

首都图书馆
东城区图书馆
西城区图书馆
西城区第二图书馆
西城区青少年儿童图书馆
朝阳区图书馆
丰台区图书馆
石景山区图书馆
石景山区少年儿童图书馆
海淀区图书馆
房山区图书馆
通州区图书馆
昌平区图书馆
大兴区图书馆
怀柔区图书馆
平谷区图书馆
密云县图书馆
延庆县图书馆

天津市

天津图书馆
天津市少年儿童图书馆
和平区图书馆
河东区图书馆
南开区图书馆
红桥区少年儿童图书馆
泰达图书馆
滨海新区大港图书馆
东丽区图书馆
津南区图书馆
北辰区图书馆
静海县图书馆
蓟县图书馆

河北省

河北省图书馆
石家庄市图书馆
唐山市图书馆
秦皇岛图书馆
邢台市图书馆
沧州市图书馆
廊坊市图书馆
唐山市丰南区图书馆
乐亭县图书馆
遵化市图书馆
迁安市图书馆
涉县图书馆
武安市图书馆
沙河市图书馆
涞水县图书馆
易县图书馆
涿州图书馆
张北县图书馆
滦平县图书馆
泊头市图书馆
霸州市图书馆

山西省

山西省图书馆
太原市图书馆
长治市图书馆
清徐县图书馆
长治县图书馆
沁源县图书馆
灵石县图书馆
万荣县图书馆
晋中市榆次区图书馆
祁县图书馆
曲沃县图书馆
古县图书馆
孝义市图书馆
汾阳市图书馆

内蒙古自治区

包头市图书馆

鄂尔多斯市图书馆
包头市青山区图书馆
包头市九原区图书馆
土默特右旗图书馆
乌海市乌达区图书馆
通辽市科尔沁区图书馆
开鲁县图书馆
奈曼旗图书馆
赤峰市红山区民族少年儿童图书馆
鄂尔多斯市东胜区图书馆
鄂托克旗图书馆
乌审旗图书馆
科尔沁右翼中旗图书馆

辽 宁 省

沈阳市图书馆
大连图书馆
大连市少年儿童图书馆
鞍山市图书馆
营口市图书馆
沈阳市和平区图书馆
沈阳市大东区图书馆
沈阳市东陵区图书馆
沈阳市沈北新区图书馆
沈阳市于洪区图书馆
大连市开发区图书馆
大连市西岗区图书馆
大连市沙河口区图书馆
大连市甘井子区图书馆
大连市旅顺口区图书馆
大连市金州区图书馆
瓦房店市图书馆
普兰店市图书馆
庄河市图书馆
鞍山市铁东区图书馆
海城市图书馆
营口市鲅鱼圈区图书馆
建平县图书馆
北票市图书馆
凌源市图书馆

吉 林 省

长春市少年儿童图书馆
延边朝鲜族自治州图书馆
吉林市图书馆
松原市图书馆
延吉市少年儿童图书馆
长春市宽城区图书馆
长春市朝阳区图书馆
长春市绿园区图书馆
蛟河市图书馆
桦甸市图书馆
通化县图书馆
抚松县图书馆
前郭尔罗斯蒙古族自治县图书馆
敦化市图书馆
龙井市图书馆

黑龙江省

黑龙江省图书馆
牡丹江市图书馆
大庆市图书馆
哈尔滨市南岗区图书馆
哈尔滨市香坊区图书馆
哈尔滨市阿城区图书馆
哈尔滨市双城市图书馆
拜泉县图书馆
伊春市西林区图书馆
伊春市金山屯区图书馆
嘉荫县图书馆
绥芬河市图书馆
东宁县图书馆
海林市图书馆
望奎县图书馆
庆安县图书馆
绥棱县图书馆

上 海 市

上海图书馆
上海市少年儿童图书馆
黄浦区图书馆
黄浦区明复图书馆
徐汇区图书馆
长宁区图书馆
长宁区少年儿童图书馆
静安区图书馆

普陀区图书馆
普陀区少年儿童图书馆
闸北区图书馆
闸北区少年儿童图书馆
虹口区图书馆
杨浦区图书馆
闵行区图书馆
宝山区图书馆
嘉定区图书馆
浦东图书馆
浦东新区陆家嘴图书馆
浦东新区新川沙图书馆
松江区图书馆
青浦区图书馆
奉贤区图书馆
崇明县图书馆

江 苏 省

南京图书馆
金陵图书馆
无锡市图书馆
徐州市图书馆
常州市图书馆
苏州图书馆
南通市图书馆
南通市少年儿童图书馆
连云港市图书馆
连云港市少年儿童图书馆
淮安市图书馆
淮安市少年儿童图书馆
盐城市图书馆
扬州市图书馆
扬州市少年儿童图书馆
镇江市图书馆
泰州市图书馆
南京市玄武区少年儿童图书馆
南京市白下区图书馆
南京市秦淮区图书馆
南京市建邺区图书馆
南京市鼓楼区图书馆
南京市浦口区图书馆
南京市栖霞区图书馆
南京市雨花台区图书馆
南京市江宁区图书馆
南京市六合区第一图书馆
南京市六合区第二图书馆
南京市溧水区图书馆
南京市溧水区少年儿童图书馆
南京市高淳区图书馆
无锡市崇安区图书馆
无锡市北塘区图书馆
无锡市锡山区图书馆
无锡市惠山区图书馆
无锡市滨湖区图书馆
无锡市新区图书馆
江阴市图书馆
宜兴市图书馆
徐州市铜山区图书馆
沛县图书馆
新沂市图书馆
邳州市图书馆
常州市武进区图书馆
溧阳市图书馆
金坛市图书馆
苏州市沧浪区图书馆
苏州市平江区图书馆
苏州市金阊区图书馆
苏州市吴中区图书馆
苏州市相城区图书馆
苏州市高新区图书馆
苏州市吴江区图书馆
苏州工业园区独墅湖图书馆
常熟市图书馆
张家港市图书馆
张家港市少年儿童图书馆
昆山市图书馆
太仓市图书馆
南通市通州区图书馆
海安县图书馆
如东县图书馆
启东市图书馆
如皋市图书馆
海门市图书馆
赣榆县图书馆
东海县图书馆
灌云县图书馆

灌南县图书馆
淮安市淮安区图书馆
淮安市清河区图书馆
洪泽县图书馆
盱眙县图书馆
金湖县图书馆
盐城市盐都区图书馆
滨海县图书馆
阜宁县图书馆
射阳县图书馆
建湖县图书馆
东台市图书馆
大丰市图书馆
扬州市江都区图书馆
扬州市邗江区图书馆
仪征市图书馆
高邮市图书馆
镇江市京口区图书馆
镇江市润州区图书馆
镇江市丹徒区图书馆
丹阳市图书馆
扬中市图书馆
句容市图书馆
泰州市高港区图书馆
泰州市姜堰区图书馆
兴化市图书馆
靖江市图书馆
泰兴市图书馆
宿迁市宿城区图书馆
沭阳县图书馆
泗阳县图书馆

浙 江 省

浙江图书馆
杭州图书馆
杭州少年儿童图书馆
温州市图书馆
温州市少年儿童图书馆
嘉兴市图书馆
湖州市图书馆
绍兴图书馆
金华市图书馆
舟山市图书馆
台州市图书馆
杭州市下城区图书馆
杭州市江干区图书馆
杭州市拱墅区图书馆
杭州市西湖区图书馆
萧山图书馆
杭州市余杭区图书馆
桐庐县图书馆
建德市图书馆
富阳市图书馆
临安市图书馆
宁波市江东区图书馆
宁波市鄞州区图书馆
宁波市镇海区图书馆
宁波市北仑区图书馆
宁波市海曙区图书馆
宁波市江北区图书馆
象山县图书馆
宁海县图书馆
余姚市图书馆
慈溪市图书馆
奉化市图书馆
温州市瓯海区图书馆
温州市龙湾区图书馆
洞头县图书馆
永嘉县图书馆
平阳县图书馆
苍南县图书馆
泰顺县图书馆
瑞安市图书馆
乐清市图书馆
嘉善县图书馆
海盐张元济图书馆
海宁市图书馆
平湖市图书馆
桐乡市图书馆
湖州南浔区图书馆
德清县图书馆
长兴县图书馆
安吉县图书馆
绍兴县图书馆
新昌县图书馆
诸暨市图书馆

上虞市图书馆
嵊州市图书馆
武义县图书馆
浦江县图书馆
磐安县图书馆
兰溪市图书馆
义乌市图书馆
东阳市图书馆
永康市图书馆
舟山市定海区图书馆
舟山市普陀区图书馆
岱山县图书馆
嵊泗县图书馆
台州市椒江区图书馆
温岭市图书馆
临海市图书馆
云和县图书馆
景宁畲族自治县图书馆
龙泉市图书馆

安徽省

安徽省图书馆
合肥市图书馆
芜湖市图书馆
蚌埠市图书馆
马鞍山市图书馆
淮北市图书馆
铜陵市图书馆
安庆市图书馆
肥东县图书馆
芜湖市镜湖区图书馆
芜湖县图书馆
繁昌县图书馆
南陵县图书馆
五河县图书馆
马鞍山市花山区图书馆
怀宁县图书馆
枞阳县图书馆
太湖县图书馆
宿松县图书馆
桐城市图书馆
歙县图书馆
来安县图书馆
定远县图书馆
凤阳县图书馆
天长市图书馆
颍上县图书馆
界首市图书馆
巢湖市图书馆
无为县图书馆
黄山市屯溪区图书馆
黟县图书馆
郎溪县图书馆
青阳县图书馆
宁国市图书馆

福建省

福建省图书馆
厦门市图书馆
厦门市少年儿童图书馆
泉州市图书馆
三明市图书馆
龙岩图书馆
长乐市图书馆
厦门市思明区图书馆
厦门市海沧区图书馆
厦门市湖里区图书馆
厦门市集美图书馆
厦门市集美区少年儿童图书馆
厦门市同安区图书馆
厦门市翔安区图书馆
沙县图书馆
将乐县图书馆
永安市图书馆
泉州市鲤城区图书馆
永春县图书馆
石狮市图书馆
晋江市图书馆
南安市图书馆
南安市李成智公众图书馆
南靖县图书馆
龙海市图书馆
邵武市图书馆

江西省

南昌市图书馆

景德镇市图书馆
萍乡市图书馆
九江市图书馆
赣州市图书馆
吉安市图书馆
宜春市图书馆
抚州市图书馆
上饶市图书馆
庐山图书馆
会昌县图书馆
进贤县图书馆
乐平市图书馆
莲花县图书馆
武宁县图书馆
修水县图书馆
湖口县图书馆
瑞昌市图书馆
渝水区图书馆
分宜县图书馆
月湖区图书馆
大余县图书馆
上犹县图书馆
定南县图书馆
全南县图书馆
于都县图书馆
青原区图书馆
吉安县图书馆
峡江县图书馆
遂川县图书馆
万安县图书馆
安福县图书馆
奉新县图书馆
万载县图书馆
上高县图书馆
宜丰县图书馆
靖安县图书馆
崇仁县图书馆
金溪县图书馆
弋阳县图书馆

山 东 省

山东省图书馆
青岛市图书馆
济南市图书馆
淄博市图书馆
枣庄市图书馆
东营市图书馆
烟台图书馆
潍坊市图书馆
济宁市图书馆
泰安市图书馆
莱芜市图书馆
临沂市图书馆
德州市图书馆
菏泽市图书馆
济南市历下区图书馆
济南市市中区图书馆
济南市槐荫区图书馆
济南市天桥区图书馆
济南市历城区图书馆
济南市长清区图书馆
商河县图书馆
章丘市图书馆
青岛经济技术开发区图书馆
青岛市南区图书馆
青岛市市北区第一图书馆
青岛市市北区第二图书馆
青岛市黄岛区图书馆
青岛市崂山区图书馆
青岛市李沧区图书馆
青岛市城阳区图书馆
即墨市图书馆
平度市图书馆
莱西市图书馆
淄博市张店区少儿图书馆
桓台县图书馆
沂源县图书馆
滕州市图书馆
东营市东营区图书馆
垦利县图书馆
广饶县图书馆
烟台经济技术开发区图书馆
烟台市牟平区图书馆
龙口市图书馆
莱阳市图书馆
莱州市图书馆

招远市图书馆
潍坊市坊子区图书馆
潍坊市奎文区图书馆
青州市图书馆
诸城市图书馆
寿光市图书馆
高密市图书馆
昌邑市图书馆
金乡县图书馆
曲阜市图书馆
兖州市图书馆
邹城市图书馆
泰安市泰山区图书馆
东平县图书馆
肥城市图书馆
文登市图书馆
荣成市图书馆
乳山市图书馆
莱芜市钢城区图书馆
郯城县图书馆
沂水县图书馆
临沭县图书馆
陵县图书馆
齐河县图书馆
平原县图书馆
禹城市图书馆
茌平县图书馆
东阿县图书馆
无棣县图书馆
博兴县图书馆
菏泽市牡丹区图书馆

河 南 省

郑州图书馆
洛阳市图书馆
安阳市图书馆
鹤壁市图书馆
新乡市图书馆
焦作市图书馆
许昌市图书馆
三门峡市图书馆
信阳市图书馆
济源市图书馆
郑州市金水区图书馆
郑州市上街区图书馆
郑州经济技术开发区图书馆
荥阳市图书馆
新郑市图书馆
孟津县图书馆
新安县图书馆
偃师市图书馆
宝丰县图书馆
延津县图书馆
修武县图书馆
鄢陵县图书馆
禹州市图书馆
渑池县图书馆
陕县图书馆
灵宝市图书馆
淅川县图书馆
商丘市梁园区图书馆
商丘市睢阳区图书馆
睢县图书馆
永城市图书馆
信阳市平桥区图书馆
罗山县图书馆
商城县图书馆
商水县图书馆
郸城县图书馆
淮阳县图书馆
西平县图书馆
上蔡县图书馆
汝南县图书馆

湖 北 省

湖北省图书馆
武汉图书馆
武汉市少年儿童图书馆
黄石市图书馆
十堰市图书馆
宜昌市图书馆
襄阳市图书馆
鄂州市图书馆
荆州市图书馆
武汉市江岸区图书馆
武汉市江汉区图书馆

武汉市硚口区图书馆
武汉市汉阳区图书馆
武汉市青山区图书馆
武汉市洪山区图书馆
武汉市东西湖区图书馆
武汉市蔡甸区图书馆
武汉市江夏区图书馆
大冶市图书馆
宜昌市夷陵区图书馆
远安县图书馆
兴山县图书馆
秭归县图书馆
长阳县图书馆
当阳市图书馆
襄阳市襄州区图书馆
谷城县图书馆
老河口市图书馆
宜城市图书馆
京山县图书馆
钟祥市图书馆
应城市图书馆
松滋市图书馆
团风县图书馆
红安县图书馆
罗田县图书馆
浠水县图书馆
蕲春县图书馆
黄梅县图书馆
麻城县图书馆
嘉鱼县图书馆
崇阳县图书馆
赤壁市图书馆
利川市图书馆
仙桃市图书馆
潜江市图书馆
天门市图书馆

湖 南 省

湖南图书馆
湖南省少年儿童图书馆
株洲市图书馆
衡阳市图书馆
岳阳市图书馆
常德市图书馆
长沙市芙蓉区图书馆
长沙市天心区图书馆
长沙市岳麓区图书馆
长沙市开福区图书馆
长沙市雨花区图书馆
长沙县图书馆
长沙市望城区雷锋图书馆
宁乡县图书馆
浏阳市图书馆
攸县图书馆
茶陵县图书馆
炎陵县图书馆
醴陵市图书馆
湘潭县图书馆
湘乡市图书馆
韶山市图书馆
衡南县图书馆
张家界市永定区图书馆
衡东县荣桓图书馆
邵东县图书馆
隆回县魏源图书馆
岳阳县图书馆
华容县图书馆
平江县图书馆
汨罗市图书馆
临湘市图书馆
石门县图书馆
益阳市资阳区图书馆
益阳市赫山区图书馆
桃江县图书馆
永州市零陵区图书馆
祁阳县图书馆
双峰县图书馆
冷水江市图书馆
涟源市图书馆
泸溪县图书馆
凤凰县图书馆
花垣县图书馆

广 东 省

广东省立中山图书馆
广州图书馆

广州少年儿童图书馆
深圳图书馆
深圳少年儿童图书馆
珠海市图书馆
汕头市图书馆
佛山市图书馆
湛江市图书馆
湛江市少年儿童图书馆
茂名市图书馆
肇庆市图书馆
惠州市慈云图书馆
梅州市剑英图书馆
东莞市图书馆
中山市图书馆
广州市荔湾区图书馆
广州市越秀区图书馆
广州市海珠区图书馆
广州市天河区图书馆
广州市白云区图书馆
广州市黄埔区图书馆
广州市番禺区图书馆
广州花都区图书馆
广州市南沙区图书馆
广州市萝岗区图书馆
增城市图书馆
从化市图书馆
深圳市罗湖区图书馆
深圳市福田区图书馆
深圳市南山区图书馆
深圳市宝安区图书馆
深圳市龙岗区图书馆
深圳市盐田区图书馆
汕头市龙湖区图书馆
汕头市澄海区图书馆
佛山市禅城区图书馆
佛山市南海区图书馆
佛山市顺德区图书馆
佛山市三水区图书馆
佛山市高明区图书馆
江门市五邑图书馆
江门市新会区景堂图书馆
台山市图书馆
开平市图书馆
鹤山市图书馆
恩平市图书馆
高州市图书馆
肇庆市端州区图书馆
广宁县图书馆
怀集县图书馆
高要市图书馆
四会市图书馆
惠州市惠阳区图书馆
博罗县图书馆
惠东县图书馆
梅县图书馆
蕉岭县图书馆
兴宁市图书馆
英德市图书馆
连州市图书馆
中山市火炬开发区图书馆
揭阳市榕城区图书馆
普宁市图书馆
新兴县图书馆
罗定市图书馆

广西壮族自治区

广西壮族自治区图书馆
南宁市图书馆
南宁市少年儿童图书馆
柳州市图书馆
北海市少年儿童图书馆
贵港市图书馆
玉林市图书馆
隆安县图书馆
宾阳县图书馆
横县图书馆
灵川县图书馆
灵山县图书馆
博白县图书馆
北流市图书馆
兴宾区图书馆
象州县图书馆

海 南 省

昌江黎族自治县图书馆

重 庆 市

重庆图书馆
重庆市少年儿童图书馆
涪陵区图书馆
涪陵区少年儿童图书馆
渝中区图书馆
大渡口区图书馆
江北区图书馆
沙坪坝区图书馆
九龙坡区图书馆
南岸区图书馆
北碚区图书馆
万盛经济技术开发区图书馆
黔江区图书馆
长寿区图书馆
潼南县图书馆
铜梁县图书馆
荣昌县图书馆
璧山县图书馆
武隆县图书馆
忠县图书馆
开县图书馆
云阳县图书馆
奉节县图书馆
秀山县图书馆
酉阳县图书馆

四 川 省

成都图书馆
攀枝花市图书馆
泸州市图书馆
绵阳市图书馆
邓小平图书馆
成都市锦江区图书馆
成都市青羊区图书馆
成都市金牛区图书馆
成都市武侯区图书馆
成都市成华区图书馆
成都市龙泉驿区图书馆
成都市青白江区图书馆
成都市新都区图书馆
成都市温江区图书馆
成都市高新区图书馆
双流县图书馆
郫县图书馆
新津县图书馆
都江堰市图书馆
彭州市图书馆
邛崃市图书馆
崇州市图书馆
米易县图书馆
合江县图书馆
中江县图书馆
广汉市图书馆
什邡市图书馆
绵竹市图书馆
三台县图书馆
安县图书馆
北川羌族自治县图书馆
旺苍县图书馆
苍溪县图书馆
射洪县图书馆
南部县图书馆
眉山市东坡区图书馆
仁寿县图书馆
资阳市雁江区图书馆

贵 州 省

贵阳市图书馆
遵义市图书馆
毕节市图书馆
贵阳市乌当区图书馆
贵阳市白云区图书馆
开阳县图书馆
湄潭县图书馆
兴义市图书馆
贞丰县图书馆
仁怀市图书馆
大方县图书馆
镇远县图书馆
都匀市图书馆
瓮安县图书馆

云 南 省

云南省图书馆
昆明市图书馆

玉溪市图书馆
楚雄州图书馆
大理州图书馆
昆明少年儿童图书馆
昆明市五华区图书馆
昆明市官渡区图书馆
昆明市西山区图书馆
安宁市图书馆
曲靖市麒麟区图书馆
陆良县图书馆
师宗县图书馆
罗平县图书馆
宣威市图书馆
玉溪市红塔区图书馆
易门县图书馆
腾冲县图书馆
昌宁县图书馆
玉龙县图书馆
临翔区图书馆
楚雄市图书馆
大姚县图书馆
禄丰县图书馆
个旧市锡都图书馆
开远市图书馆
石屏县图书馆
弥勒市图书馆
泸西县图书馆

陕 西 省

陕西省图书馆
铜川市图书馆
延安市宝塔区图书馆
神木县图书馆
汉滨区少年儿童图书馆

甘 肃 省

甘肃省图书馆
兰州市图书馆
金昌市图书馆
白银市图书馆
兰州市西固区图书馆
张掖市甘州区图书馆
高台县图书馆
华亭县图书馆
酒泉市肃州区图书馆
通渭县图书馆
陇西县图书馆

宁夏回族自治区

宁夏图书馆
银川市图书馆
吴忠市图书馆
贺兰县图书馆
平罗县图书馆
青铜峡市图书馆
中宁县图书馆

新疆维吾尔自治区

乌鲁木齐市图书馆
克拉玛依市图书馆
昌吉州图书馆
克拉玛依市独山子区图书馆
昌吉州吉木萨尔县图书馆
巴音郭楞州和静县图书馆
喀什地区莎车县图书馆
伊犁州新源县图书馆

二级图书馆

天 津 市

河西区图书馆
滨海新区汉沽图书馆

河 北 省

保定市图书馆
正定县图书馆
平山县图书馆
赵县图书馆
辛集市图书馆
藁城市图书馆
晋州市图书馆
新乐市图书馆
鹿泉市图书馆
唐山市曹妃甸区图书馆
唐山市古冶区图书馆
唐山市丰润区图书馆

滦南县图书馆
青龙满族自治县图书馆
昌黎县图书馆
抚宁县图书馆
鸡泽县图书馆
内丘县图书馆
任丘市图书馆
栾城县图书馆
唐县图书馆
定州市图书馆
平泉县图书馆
宽城满族自治县图书馆
邢台县图书馆
承德市鹰手营子矿区图书馆
青县图书馆
大厂县图书馆
黄骅市图书馆

山 西 省

阳泉市图书馆
大同市城区图书馆
大同市南郊区图书馆
左云县图书馆
襄垣县图书馆
长子县图书馆
黎城县图书馆
武乡县图书馆
朔州市朔城区图书馆
山阴县图书馆
代县图书馆
襄汾县图书馆
洪洞县图书馆
安泽县图书馆
侯马市图书馆
柳林县图书馆

内蒙古自治区

赤峰市图书馆
呼伦贝尔市图书馆
巴彦淖尔市图书馆
乌兰察布市图书馆
阿拉善盟图书馆
达茂旗图书馆
乌海市海勃湾区图书馆
赤峰市红山区图书馆
巴林左旗图书馆
巴林右旗图书馆
通辽库伦旗图书馆
扎鲁特旗图书馆
阿荣旗图书馆
莫力达瓦达斡尔族自治旗图书馆
满洲里市图书馆
五原县图书馆
乌拉特前旗图书馆
乌拉特中旗图书馆

辽 宁 省

丹东市图书馆
盘锦市图书馆
盘锦市少年儿童图书馆
铁岭市少年儿童图书馆
朝阳市图书馆
锦州市少年儿童图书馆
鞍山市铁西区图书馆
大连市中山区图书馆
长海县图书馆
鞍山市立山区图书馆
黑山县图书馆
义县图书馆
凌海市图书馆
阜新蒙古族自治县图书馆
彰武县图书馆
辽阳市宏伟区图书馆
辽阳市弓长岭区图书馆
辽阳县图书馆
灯塔市图书馆
朝阳市双塔区少年儿童图书馆
朝阳县图书馆
喀喇沁左翼蒙古族自治县图书馆
葫芦岛市连山区图书馆
建昌县图书馆

吉 林 省

白山市图书馆
长春市二道区图书馆
长春市双阳区图书馆

九台市图书馆
榆树市图书馆
德惠市图书馆
永吉县图书馆
磐石市图书馆
伊通满族自治县图书馆
集安市图书馆
白城市洮北区少年儿童图书馆
图们市图书馆
汪清县图书馆

黑龙江省

伊春市图书馆
哈尔滨市呼兰区图书馆
尚志市图书馆
依安县图书馆
泰来县图书馆
富裕县图书馆
讷河市图书馆
肇州县图书馆
肇源县图书馆
伊春市南岔区图书馆
伊春市友好区图书馆
伊春市新青区图书馆
铁力市图书馆
黑河市爱辉区图书馆
嫩江县图书馆
孙吴县图书馆
绥化市北林区图书馆
海伦市图书馆

上 海 市

金山区图书馆

江 苏 省

南京市下关区图书馆
宿迁市图书馆
无锡市南长区图书馆
涟水县图书馆
响水县图书馆
宿迁市宿豫区图书馆
泗洪县图书馆

浙 江 省

宁波市图书馆
淳安县图书馆
文成县图书馆
常山县图书馆
开化县图书馆
龙游县图书馆
江山市图书馆
台州市黄岩区图书馆
玉环县图书馆
三门县图书馆
天台县图书馆
仙居县图书馆
缙云县图书馆
遂昌县图书馆
松阳县图书馆

安 徽 省

淮南市少年儿童图书馆
长丰县图书馆
固镇县图书馆
马鞍山市雨山区图书馆
淮北市杜集区图书馆
淮北市相山区图书馆
淮北市烈山区图书馆
铜陵县图书馆
临泉县图书馆
岳西县图书馆
黄山市黄山区图书馆
黄山市徽州区图书馆
休宁县图书馆
祁门县图书馆
舒城县图书馆
金寨县图书馆
霍邱县图书馆
东至县图书馆
宣城市宣州区图书馆
泾县图书馆
广德县图书馆
旌德县图书馆

福 建 省

漳州市图书馆

三明市少年儿童图书馆
福州市台江区图书馆
福州市马尾区图书馆
福州市晋安区图书馆
连江县图书馆
平潭县图书馆
福清市图书馆
明溪县图书馆
清流县图书馆
宁化县图书馆
大田县图书馆
尤溪县图书馆
泰宁县图书馆
建宁县图书馆
惠安县图书馆
安溪县图书馆
德化县图书馆
漳浦县图书馆
诏安县图书馆
长泰县图书馆
浦城县图书馆
光泽县图书馆
政和县图书馆
武夷山市图书馆
建瓯市图书馆
建阳市图书馆
永定县图书馆
上杭县图书馆
武平县图书馆
连城县图书馆
漳平市图书馆
宁德市蕉城区图书馆
福安市图书馆
福鼎市图书馆

江 西 省

江西省图书馆
新余市图书馆
鹰潭市图书馆
南昌市东湖区图书馆
南昌市西湖区图书馆
南昌市青云谱区图书馆
南昌县图书馆
安义县图书馆
浮梁县图书馆
芦溪县图书馆
永修县图书馆
德安县图书馆
都昌县图书馆
贵溪市图书馆
赣县图书馆
信丰县图书馆
安远县图书馆
龙南县图书馆
兴国县图书馆
南康市图书馆
吉水县图书馆
新干县图书馆
永丰县图书馆
泰和县图书馆
永新县图书馆
井冈山市图书馆
丰城市图书馆
樟树市图书馆
高安市图书馆
南城县图书馆
南丰县图书馆
乐安县图书馆
宜黄县图书馆
资溪县图书馆
信州区图书馆
玉山县图书馆
鄱阳县图书馆
万年县图书馆
婺源县图书馆
德兴市图书馆

山 东 省

平阴县图书馆
淄博市临淄区图书馆
枣庄市峄城区图书馆
枣庄市台儿庄区图书馆
枣庄市山亭区图书馆
东营市河口区图书馆
利津县图书馆
烟台市芝罘区图书馆

长岛县图书馆
蓬莱市图书馆
海阳市图书馆
潍坊市寒亭区图书馆
临朐县图书馆
安丘市图书馆
微山县图书馆
汶上县图书馆
泗水县图书馆
新泰市图书馆
五莲县图书馆
莒县图书馆
临沂市兰山区图书馆
临沂市罗庄区图书馆
临沂市河东区图书馆
沂南县图书馆
苍山县图书馆
费县图书馆
平邑县图书馆
莒南县图书馆
蒙阴县图书馆
宁津县图书馆
庆云县图书馆
临邑县图书馆
夏津县图书馆
武城县图书馆
乐陵市图书馆
高唐县图书馆
临清市图书馆
滨州市滨城区图书馆
阳信县图书馆
单县图书馆
巨野县图书馆
郓城县图书馆

河 南 省

河南省图书馆
平顶山市图书馆
安阳市少年儿童图书馆
濮阳市图书馆
周口市图书馆
郑州市中原区图书馆
郑州市二七区图书馆
郑州市管城区图书馆
郑州市惠济区图书馆
中牟县图书馆
巩义市图书馆
新密市图书馆
洛阳市吉利区图书馆
栾川县图书馆
嵩县图书馆
鲁山县图书馆
舞钢市图书馆
滑县图书馆
浚县图书馆
新乡市牧野区图书馆
获嘉县图书馆
长垣县图书馆
武陟县图书馆
温县图书馆
清丰县图书馆
许昌市魏都区图书馆（许昌市少年儿童图书馆）
长葛市图书馆
漯河市郾城区图书馆
舞阳县图书馆
卢氏县图书馆
义马市图书馆
西峡县图书馆
镇平县图书馆
唐河县图书馆
桐柏县图书馆
邓州市图书馆
民权县图书馆
宁陵县图书馆
固始县图书馆
扶沟县图书馆
平舆县图书馆
确山县图书馆

湖 北 省

荆门市图书馆
孝感市图书馆
黄冈市图书馆
随州市图书馆
武汉市江岸区少年儿童图书馆
武汉市武昌区图书馆

武汉市汉南区图书馆
武汉市黄陂区图书馆
武汉市新洲区图书馆
阳新县图书馆
郧县图书馆
郧西县图书馆
五峰县图书馆
宜都市图书馆
保康县图书馆
枣阳市图书馆
荆门市掇刀区图书馆
孝感市孝南区图书馆
云梦县图书馆
安陆市图书馆
汉川市图书馆
荆州市荆州区图书馆
公安县图书馆
石首市图书馆
黄冈市黄州区图书馆
英山县图书馆
蕲春县少年儿童图书馆（李时珍图书馆）
武穴市图书馆
咸宁市咸安区图书馆
通城县图书馆
通山县图书馆
恩施市图书馆

湖 南 省

衡阳市少年儿童图书馆
邵阳市少年儿童图书馆
益阳市图书馆
郴州市图书馆
怀化市图书馆
湘西土家族苗族自治州图书馆
衡阳市雁峰区图书馆
衡阳县图书馆
南县图书馆
衡山县图书馆
祁东县图书馆
邵阳市松坡图书馆
邵阳市双清区图书馆
邵阳市大祥区图书馆
邵阳市北塔区图书馆
新邵县图书馆
邵阳县图书馆
洞口县图书馆
武冈市图书馆
常德市鼎城区图书馆
安乡县图书馆
汉寿县图书馆
澧县图书馆
临澧县图书馆
张家界市武陵源区图书馆
慈利县图书馆
桑植县图书馆
安化县图书馆
沅江市图书馆
郴州市嘉禾县图书馆
郴州市临武县图书馆
郴州市资兴市图书馆
双牌县图书馆
宁远县图书馆
怀化市鹤城区图书馆
沅陵县图书馆
辰溪县图书馆
溆浦县图书馆
会同县图书馆
通道侗族自治县图书馆
新化县图书馆
龙山县图书馆
保靖县图书馆
永顺县图书馆

广 东 省

韶关市图书馆
阳江市图书馆
云浮市图书馆
韶关市曲江区图书馆
乳源县图书馆
乐昌市图书馆
南雄市图书馆
珠海市斗门区图书馆
珠海市金湾区图书馆
汕头市金平区图书馆
汕头市潮阳区图书馆
遂溪县图书馆

廉江市图书馆
雷州市图书馆
信宜市图书馆
封开县图书馆
德庆县图书馆
梅州市梅江区图书馆
大埔县图书馆
丰顺县图书馆
五华县图书馆
紫金县图书馆
和平县图书馆
阳江市阳春图书馆
清远市清城区图书馆
饶平县图书馆
揭阳市揭东区图书馆
揭西县图书馆
惠来县图书馆
郁南县图书馆

广西壮族自治区

北海市图书馆
钦州市图书馆
南宁市兴宁区图书馆
南宁市青秀区图书馆
南宁市江南区图书馆
南宁市西乡塘区图书馆
南宁市良庆区图书馆
南宁市邕宁区图书馆
武鸣县图书馆
马山县图书馆
上林县图书馆
柳江县图书馆
柳城县图书馆
鹿寨县图书馆
融水县图书馆
临桂县图书馆
兴安县图书馆
合浦县图书馆
钦州市钦北区图书馆
浦北县图书馆
平南县图书馆
桂平市图书馆
靖西县图书馆
昭平县图书馆
南丹县图书馆
钟山县图书馆
环江县图书馆
宜州市图书馆
忻城县图书馆
武宣县图书馆
金秀县图书馆
宁明县图书馆
大新县图书馆
凭祥市图书馆

海 南 省

海南省图书馆
三亚市图书馆
澄迈县图书馆
保亭黎族苗族自治县图书馆
琼中黎族苗族自治县图书馆

重 庆 市

渝北区图书馆
巴南区图书馆
合川区图书馆
永川区图书馆
城口县图书馆
丰都县图书馆

四 川 省

自贡市图书馆
广元市图书馆
德阳市图书馆
宜宾市图书馆
遂宁市图书馆
内江市图书馆
乐山市图书馆
南充市图书馆
达州市图书馆
资阳市图书馆
巴中市图书馆
攀枝花市仁和区图书馆
盐边县图书馆
泸州市纳溪区图书馆
泸州市龙马潭区图书馆

泸县图书馆
叙永县图书馆
罗江县图书馆
盐亭县图书馆
梓潼县图书馆
平武县图书馆
江油市图书馆
青川县图书馆
剑阁县图书馆
大英县图书馆
威远县图书馆
资中县图书馆
峨眉山市图书馆
营山县图书馆
蓬安县图书馆
仪陇县图书馆
阆中市图书馆
青神县图书馆
广安市广安区图书馆
岳池县图书馆
武胜县图书馆
邻水县图书馆
达县图书馆
宣汉县图书馆
大竹县图书馆
渠县图书馆
万源市图书馆
巴中市巴州区图书馆
通江县图书馆
南江县图书馆
平昌县图书馆
茂县图书馆
西昌市图书馆

贵 州 省

贵州省图书馆
六盘水市图书馆
黔南州图书馆
息烽县图书馆
六盘水市六枝特区图书馆
盘县图书馆
桐梓县图书馆
绥阳县图书馆
正安县图书馆
道真县图书馆
凤冈县图书馆
余庆县图书馆
习水县图书馆
赤水市图书馆
普定县图书馆
关岭县图书馆
江口县图书馆
石阡县图书馆
思南县图书馆
印江县图书馆
黔西县图书馆
兴仁县图书馆
安龙县图书馆
威宁县图书馆
锦屏县图书馆
福泉市图书馆
榕江县图书馆
从江县图书馆
麻江县图书馆
岑巩县图书馆
荔波县图书馆
龙里县图书馆
惠水县图书馆
碧江区图书馆

云 南 省

普洱市图书馆
文山州图书馆
通海县图书馆
石林县图书馆
富源县图书馆
江川县图书馆
澄江县图书馆
峨山县图书馆
新平县图书馆
隆阳区图书馆
永善县图书馆
绥江县图书馆
威信县图书馆
丽江市古城区图书馆
景东县图书馆

牟定县图书馆
姚安县图书馆
永仁县图书馆
武定县图书馆
建水县图书馆
马关县图书馆
广南县图书馆
大理市图书馆
弥渡县图书馆
鹤庆县图书馆

西藏自治区

昌都地区图书馆

陕 西 省

西安图书馆
咸阳市图书馆
高陵县图书馆
铜川市耀州区图书馆
宝鸡市金台区图书馆
三原县图书馆
乾县图书馆
彬县图书馆
旬邑县图书馆
临渭区图书馆
华县图书馆
韩城市司马迁图书馆
吴起县图书馆
黄陵县轩辕图书馆
汉中市汉台区图书馆
南郑县图书馆
榆林市榆阳区星元图书馆
定边县图书馆
洛南县图书馆
柞水县图书馆

甘 肃 省

嘉峪关市少年儿童图书馆
天水市图书馆
兰州市安宁区图书馆
天水市麦积区图书馆
武威市凉州区图书馆
肃南县图书馆
庄浪县图书馆
静宁县图书馆
环县图书馆
镇原县图书馆
定西市安定区图书馆
临洮县图书馆

青 海 省

海西州图书馆
宁夏回族自治区
石嘴山市图书馆
中卫市图书馆
西夏区图书馆

新疆维吾尔自治区

新疆维吾尔自治区图书馆
巴音郭楞蒙古自治州图书馆
塔城地区图书馆
克拉玛依市白碱滩区图书馆
吐鲁番地区鄯善县图书馆
昌吉州昌吉市图书馆
昌吉州阜康市图书馆
昌吉州玛纳斯县图书馆
昌吉州奇台县图书馆
昌吉州木垒县图书馆
巴音郭楞州库尔勒市图书馆
巴音郭楞州尉犁县图书馆
阿克苏地区沙雅县图书馆
阿克苏地区拜城县图书馆
喀什地区喀什市图书馆
喀什地区疏附县图书馆
和田地区于田县图书馆
伊犁州伊宁县图书馆
塔城地区额敏县图书馆
塔城地区沙湾县图书馆

三级图书馆

天 津 市

河北区图书馆
河北区少年儿童图书馆

河 北 省

承德市图书馆
石家庄市高新区图书馆
石家庄市井陉矿区图书馆
石家庄市裕华区图书馆
井陉县图书馆
行唐图书馆
灵寿县图书馆
深泽县图书馆
无极县图书馆
元氏县图书馆
玉田县图书馆
秦皇岛市山海关区图书馆
卢龙县图书馆
邯郸市邯山区图书馆
邯郸市丛台区图书馆
邯郸市复兴区图书馆
邯郸市峰峰矿区图书馆
临漳县图书馆
磁县图书馆
肥乡县图书馆
邱县图书馆
馆陶县图书馆
曲周县图书馆
永年县图书馆
临城县图书馆
柏乡县图书馆
隆尧县图书馆
任县图书馆
宁晋县图书馆
广宗县图书馆
平乡县图书馆
威县图书馆
清河县图书馆
南宫市图书馆
高碑店市图书馆
张家口市下花园区图书馆
万全县图书馆
怀来县图书馆
承德丰宁满族自治县图书馆
承德县图书馆
固安县图书馆
文安县图书馆
景县图书馆
枣强县李玉霞图书馆
冀州市图书馆

山 西 省

朔州市图书馆
太原市尖草坪区图书馆
太原市万柏林区图书馆
娄烦县图书馆
大同市新荣区图书馆
大同县图书馆
阳泉市城区图书馆
平定县图书馆
盂县图书馆
长治市郊区图书馆
平顺县图书馆
屯留县图书馆
壶关县图书馆
沁县图书馆
潞城市图书馆
晋城市城区图书馆
沁水县赵树理图书馆
陵川县图书馆
高平市图书馆
左权县图书馆
和顺县图书馆
运城市盐湖区图书馆
新绛县图书馆
绛县图书馆
垣曲县图书馆
夏县图书馆
平陆县图书馆
永济市图书馆
河津市图书馆
忻州市忻府区图书馆
定襄县图书馆
五台县图书馆
繁峙县图书馆
宁武县图书馆
静乐县图书馆
神池县图书馆
五寨县图书馆
岢岚县图书馆
河曲县图书馆

保德县图书馆
偏关县图书馆
原平市图书馆
太谷县图书馆
临汾市尧都区图书馆
翼城县图书馆
吉县图书馆
大宁县图书馆
隰县图书馆
蒲县图书馆
汾西县图书馆
文水县图书馆
交城县图书馆
中阳县图书馆
临县图书馆

内蒙古自治区

内蒙古自治区图书馆
乌海市图书馆
通辽市图书馆
呼和浩特市图书馆
呼和浩特市新城区图书馆
包头市白云矿区图书馆
赤峰市元宝山区图书馆
阿鲁科尔沁旗图书馆
林西县图书馆
克什克腾旗图书馆
翁牛特旗图书馆
敖汉旗图书馆
达拉特旗图书馆
鄂托克前旗图书馆
杭锦旗图书馆
伊金霍洛旗图书馆
鄂伦春自治旗图书馆
鄂温克族自治旗图书馆
新巴尔虎左旗图书馆
新巴尔虎右旗图书馆
扎兰屯市图书馆
额尔古纳市图书馆
根河市图书馆
巴彦淖尔市临河区图书馆
磴口县图书馆
乌拉特后旗图书馆
杭锦后旗图书馆
凉城县图书馆
化德县图书馆
商都县图书馆
察右中旗图书馆
察右后旗图书馆
科尔沁右翼前旗图书馆
乌兰浩特市图书馆
扎赉特旗图书馆
突泉县图书馆
二连浩特市图书馆
锡林浩特市图书馆
阿巴嘎旗图书馆
苏尼特左旗图书馆
东乌珠穆沁旗图书馆
西乌珠穆沁旗图书馆
镶黄旗图书馆
正镶白旗图书馆
太仆寺旗图书馆
多伦县图书馆
阿拉善左旗图书馆
阿拉善右旗图书馆

辽 宁 省

丹东市少年儿童图书馆
辽阳市少年儿童图书馆
铁岭市图书馆
鞍山市千山区图书馆
营口市西市区图书馆
营口市老边区图书馆
调兵山市图书馆
绥中县图书馆

吉 林 省

通化市图书馆
白城市图书馆
四平市图书馆
吉林市龙潭区图书馆
吉林市船营区图书馆
吉林市丰满区图书馆
舒兰市图书馆
梨树县图书馆
公主岭市图书馆

双辽市图书馆
东辽县图书馆
通化市二道江区图书馆
柳河县图书馆
白山市江源区图书馆
镇赉县图书馆
通榆县图书馆
大安市图书馆

黑龙江省

鸡西市图书馆
七台河市图书馆
牡丹江市朝鲜族图书馆
大兴安岭地区图书馆
哈尔滨市道外区图书馆
哈尔滨市平房区图书馆
宾县图书馆
通河县图书馆
延寿县图书馆
五常市图书馆
甘南县图书馆
鸡东县图书馆
虎林市图书馆
密山市图书馆
龙江县图书馆
萝北县图书馆
绥滨县图书馆
饶河县图书馆
林甸县图书馆
杜蒙县图书馆
伊春市美溪区图书馆
伊春市五营区图书馆
伊春市红星区图书馆
伊春市汤旺河区图书馆
富锦市图书馆
汤原县图书馆
宁安市图书馆
林口县图书馆
穆棱市图书馆
北安市图书馆
安达市图书馆
兰西县图书馆
明水县图书馆
青冈县图书馆
肇东市图书馆
漠河县图书馆

江 苏 省

丰县图书馆
宝应县图书馆
淮安市淮阴区图书馆

浙 江 省

丽水市图书馆
青田县图书馆
庆元县图书馆

安 徽 省

阜阳市图书馆
池州市图书馆
宣城市图书馆
庐江县图书馆
怀远县图书馆
淮南市潘集区图书馆
凤台县图书馆
当涂县图书馆
濉溪县图书馆
铜陵市郊区图书馆
潜山县图书馆
全椒县图书馆
明光市图书馆
阜南县图书馆
宿州市埇桥区图书馆
砀山县图书馆
萧县图书馆
含山县图书馆
和县图书馆
六安市金安区图书馆
寿县图书馆
霍山县图书馆
亳州市谯城区图书馆
涡阳县图书馆
蒙城县图书馆
利辛县图书馆
石台县图书馆
绩溪县图书馆

福 建 省

南平市图书馆
莆田市图书馆
仓山区图书馆
罗源县图书馆
永泰县图书馆
仙游县图书馆
云霄县图书馆
东山县图书馆
平和县图书馆
华安县图书馆
顺昌县图书馆
霞浦县图书馆
屏南县图书馆
古田县图书馆
寿宁县图书馆
柘荣县图书馆

江 西 省

南昌市湾里区图书馆
新建县图书馆
景德镇市昌江区图书馆
景德镇市珠山区图书馆
上栗县图书馆
九江市庐山区图书馆
浔阳区图书馆
九江县图书馆
星子县图书馆
彭泽县图书馆
章贡区图书馆
崇义县图书馆
宁都县图书馆
寻乌县图书馆
石城县图书馆
瑞金市图书馆
吉州区图书馆
铜鼓县图书馆
临川区图书馆
黎川县图书馆
广昌县图书馆
上饶县图书馆
横峰县图书馆
余干县图书馆

山 东 省

枣庄市中区图书馆
栖霞市图书馆
曹县图书馆

河 南 省

开封市图书馆
南阳市图书馆
登封市图书馆
兰考县图书馆
宜阳县图书馆
平顶山市卫东区图书馆
叶县图书馆
郏县图书馆
汝州市图书馆
安阳县图书馆
汤阴县图书馆
内黄县图书馆
原阳县图书馆
卫辉市图书馆
博爱县图书馆
孟州市图书馆
许昌县图书馆
临颍县图书馆
南召县图书馆
方城县图书馆
内乡县图书馆
社旗县图书馆
新野县图书馆
柘城县图书馆
虞城县图书馆
夏邑县图书馆
信阳市浉河区图书馆
潢川县图书馆
淮滨县图书馆
周口市川汇区图书馆
西华县图书馆
鹿邑县图书馆
项城市图书馆
驻马店市驿城区图书馆
正阳县图书馆

泌阳县图书馆
遂平县图书馆

湖 北 省

恩施州图书馆
竹山县图书馆
竹溪县图书馆
丹江口市图书馆
荆门市东宝区图书馆
沙洋县图书馆
孝昌县图书馆
大悟县图书馆
监利县图书馆
江陵县图书馆
洪湖市图书馆
建始县图书馆
巴东县图书馆
宣恩县图书馆
来凤县图书馆
鹤峰县图书馆
神农架林区图书馆

湖 南 省

永州市图书馆
株洲县图书馆
湘潭市岳塘区图书馆
衡阳市珠晖区图书馆
衡阳市石鼓区图书馆
衡阳市南岳区图书馆
新宁县图书馆
城步县图书馆
岳阳市云溪区图书馆
岳阳市君山区图书馆
岳阳市屈原区图书馆
岳阳市岳阳楼区图书馆
湘阴县图书馆
桃源县图书馆
郴州市苏仙区图书馆
桂阳县图书馆
宜章县图书馆
永兴县图书馆
汝城县图书馆
桂东县图书馆
安仁县图书馆
永州市冷水滩区图书馆
东安县图书馆
道县图书馆
津市图书馆
江永县图书馆
蓝山县图书馆
新田县图书馆
江华县图书馆
怀化市洪江市图书馆
怀化市鹤城区少年儿童图书馆
中方县图书馆
麻阳苗族自治县图书馆
新晃侗族自治县图书馆
芷江侗族自治县图书馆
靖州苗族侗族自治县图书馆
洪江区图书馆
涟源市作家爱心书屋

广 东 省

汕尾市图书馆
清远市图书馆
潮州市图书馆
始兴县图书馆
仁化县图书馆
翁源县图书馆
新丰县图书馆
汕头市濠江区图书馆
南澳县图书馆
湛江市霞山区图书馆
吴川市图书馆
电白县图书馆
化州市图书馆
肇庆市鼎湖区图书馆
龙门县图书馆
梅县松口图书馆
平远县图书馆
河源市源城区图书馆
连平县图书馆
阳东县图书馆
佛冈县图书馆
阳山县图书馆
连山县图书馆

连南县图书馆
清远市清新区图书馆
潮安县图书馆
云安县图书馆

广西壮族自治区

梧州市图书馆
贺州市图书馆
河池市民族图书馆
柳州市城中区图书馆
柳州市鱼峰区图书馆
融安县图书馆
三江县图书馆
全州县图书馆
灌阳县图书馆
龙胜县图书馆
永福县图书馆
平乐县图书馆
苍梧县图书馆
藤县图书馆
蒙山图书馆
岑溪市图书馆
上思县图书馆
东兴市图书馆
钦州市钦南区图书馆
容县图书馆
兴业县图书馆
田东县图书馆
百色市右江区图书馆
田阳县图书馆
凌云县图书馆
乐业县图书馆
田林县图书馆
西林县图书馆
隆林县图书馆
天峨县图书馆
凤山县图书馆
东兰县图书馆
罗城县图书馆
巴马县图书馆
大化县图书馆
合山市图书馆
扶绥县图书馆
龙州县图书馆
天等县图书馆
那坡县图书馆
荔浦县图书馆
都安县图书馆
陆川县图书馆
恭城县图书馆

海 南 省

五指山市图书馆
琼海市图书馆
儋州市图书馆
东方市图书馆
定安县图书馆
屯昌县图书馆

重 庆 市

万州区图书馆
南川区图书馆
綦江区图书馆
巫山县图书馆
石柱县图书馆
彭水县图书馆

四 川 省

阿坝藏族羌族自治州图书馆
凉山彝族自治州图书馆
眉山市图书馆
金堂县图书馆
大邑县图书馆
蒲江县图书馆
荣县图书馆
富顺县图书馆
古蔺县图书馆
广元市朝天区图书馆
遂宁市船山区图书馆
隆昌县图书馆
乐山市沙湾区沫若图书馆
乐山市五通桥区图书馆
犍为县图书馆
井研县图书馆
夹江县图书馆
沐川县图书馆

彭山县图书馆
洪雅县图书馆
宜宾县图书馆
宜宾市南溪区图书馆
江安县图书馆
高县图书馆
珙县图书馆
筠连县图书馆
兴文县图书馆
开江县图书馆
汶川县图书馆
九寨沟县图书馆
小金县图书馆
宁南县图书馆

贵 州 省

安顺市图书馆
黔东南州图书馆
修文县图书馆
平坝县图书馆
沿河县图书馆
铜仁市万山特区图书馆
晴隆县图书馆
册亨县图书馆
金沙县图书馆
织金县图书馆
赫章县图书馆
黄平县图书馆
三穗县图书馆
剑河县图书馆
黎平县图书馆
雷山县图书馆
平塘县图书馆
长顺县图书馆

云 南 省

曲靖市图书馆
曲靖市少年儿童图书馆
保山市图书馆
昭通市图书馆
临沧市图书馆
红河州图书馆
西双版纳州图书馆
德宏州图书馆
怒江州图书馆
迪庆州图书馆
昆明市呈贡区图书馆
华宁县图书馆
施甸县图书馆
巧家县图书馆
大关县图书馆
水富县图书馆
凤庆县图书馆
云县图书馆
永德县图书馆
沧源县图书馆
盈江县图书馆
晋宁县图书馆
富民县图书馆
宜良县图书馆
嵩明县图书馆
禄劝县图书馆
寻甸县图书馆
马龙县图书馆
会泽县图书馆
沾益县图书馆
元江县图书馆
腾冲和顺图书馆
龙陵县图书馆
昭阳区图书馆
鲁甸县图书馆
盐津县图书馆
镇雄县图书馆
华坪县图书馆
宁蒗县图书馆
宁洱县图书馆
墨江县图书馆
景谷县图书馆
镇沅县图书馆
江城县图书馆
孟连县图书馆
澜沧县图书馆
西盟县图书馆
镇康县图书馆
双江县图书馆
耿马县图书馆

双柏县图书馆
南华县图书馆
元谋县图书馆
屏边县图书馆
元阳县图书馆
红河县图书馆
金平县图书馆
砚山县图书馆
麻栗坡县图书馆
丘北县图书馆
富宁县图书馆
景洪市图书馆
漾濞县图书馆
祥云县图书馆
宾川县图书馆
南涧县图书馆
巍山县图书馆
永平县图书馆
云龙县图书馆
洱源县图书馆
剑川县图书馆
芒市图书馆
瑞丽市图书馆
梁河县图书馆
陇川县图书馆
泸水县图书馆
贡山县图书馆
维西县图书馆

西藏自治区

西藏自治区图书馆
林芝地区图书馆
札达县图书馆
工布江达县图书馆

陕 西 省

铜川市王益区少年儿童图书馆
宝鸡市图书馆
安康市图书馆
西安市灞桥区图书馆
西安市阎良区图书馆
西安市临潼区图书馆
蓝田县图书馆
户县图书馆
铜川市印台区图书馆
宜君县图书馆
宝鸡市渭滨区图书馆
宝鸡市陈仓区图书馆
凤翔县图书馆
岐山县图书馆
扶风县图书馆
眉县图书馆
陇县图书馆
千阳县图书馆
凤县图书馆
泾阳县图书馆
礼泉县图书馆
永寿县图书馆
淳化县图书馆
兴平市图书馆
大荔县图书馆
澄城县图书馆
富平县图书馆
延川县图书馆
志丹县图书馆
城固县图书馆
西乡县图书馆
勉县图书馆
镇巴县图书馆
留坝县图书馆
佛坪县图书馆
佳县国祯图书馆
汉阴县图书馆
石泉县图书馆
平利县图书馆
旬阳县图书馆
商洛市商州区少年儿童图书馆

甘 肃 省

兰州市红古区图书馆
永登县图书馆
榆中县图书馆
白银市平川区图书馆
靖远县图书馆
会宁县图书馆
景泰县图书馆

清水县图书馆
秦安县图书馆
甘谷县图书馆
民勤县图书馆
天祝县图书馆
民乐县图书馆
临泽县图书馆
山丹县图书馆
泾川县图书馆
灵台县图书馆
金塔县图书馆
瓜州县图书馆
肃北县图书馆
阿克塞县图书馆
玉门市图书馆
华池县图书馆
合水县图书馆
正宁县图书馆
宁县图书馆
渭源县图书馆
漳县图书馆
岷县图书馆
成县图书馆
迭部县图书馆

青 海 省

果洛州图书馆
大通县图书馆
湟中县图书馆
海晏县图书馆
湟源县图书馆
平安县图书馆
民和县图书馆
乐都县图书馆
门源县图书馆
河南县图书馆
贵德县图书馆
格尔木市图书馆
互助县图书馆

宁夏回族自治区

永宁县图书馆
灵武市图书馆
惠农区图书馆
盐池县图书馆
同心县图书馆
原州区图书馆
西吉县图书馆
彭阳县图书馆
隆德县图书馆
泾源县图书馆
海原县图书馆

新疆维吾尔自治区

吐鲁番地区图书馆
阿克苏地区图书馆
喀什地区图书馆
和田地区图书馆
伊犁哈萨克自治州图书馆
石河子市图书馆
乌鲁木齐市水磨沟区图书馆
乌鲁木齐市米东区图书馆
吐鲁番地区吐鲁番市图书馆
吐鲁番地区托克逊县图书馆
哈密地区哈密市图书馆
哈密地区巴里坤县图书馆
哈密地区伊吾县图书馆
昌吉州呼图壁县图书馆
博尔塔拉州博乐市图书馆
博尔塔拉州精河县图书馆
巴音郭楞州轮台县图书馆
巴音郭楞州若羌县图书馆
巴音郭楞州且末县图书馆
巴音郭楞州焉耆县图书馆
巴音郭楞州和硕县图书馆
巴音郭楞州博湖县图书馆
阿克苏地区新和县图书馆
阿克苏地区乌什县图书馆
克孜勒苏州阿图什市图书馆
克孜勒苏州乌恰县图书馆
喀什地区英吉沙县图书馆
喀什地区泽普县图书馆
喀什地区叶城县图书馆
喀什地区伽师县图书馆
伊犁州奎屯市图书馆
伊犁州察布查尔县图书馆

塔城地区塔城市图书馆
塔城地区托里县图书馆
塔城地区裕民县图书馆
塔城地区和布克赛尔县图书馆
阿勒泰地区阿勒泰市图书馆
阿勒泰地区哈巴河县图书馆
阿勒泰地区富蕴县图书馆
阿勒泰地区福海县图书馆
阿勒泰地区吉木乃县图书馆

2013年全国文化志愿服务组织工作优秀单位名单

省（区、市）文化厅（局）

1. 北京市文化局
2. 天津市文化广播影视局
3. 河北省文化厅
4. 山西省文化厅
5. 辽宁省文化厅
6. 上海市文化广播影视管理局
7. 江苏省文化厅
8. 浙江省文化厅
9. 安徽省文化厅
10. 江西省文化厅
11. 山东省文化厅
12. 广东省文化厅
13. 海南省文化广电出版体育厅
14. 广西壮族自治区文化厅
15. 四川省文化厅
16. 西藏自治区文化厅
17. 甘肃省文化厅
18. 青海省文化和新闻出版厅
19. 新疆维吾尔自治区文化厅

第一批国家公共文化服务体系示范区城市文化局

1. 河北省秦皇岛市文化广电新闻出版局
2. 山西省长治市文化广电新闻出版局
3. 内蒙古自治区鄂尔多斯市文化局
4. 吉林省长春市文化广电新闻出版局
5. 黑龙江省牡丹江市文化广电新闻出版局
6. 江苏省苏州市文化广电新闻出版局
7. 安徽省马鞍山市文化委员会
8. 福建省厦门市文化广电新闻出版局
9. 山东省青岛市文化广电新闻出版局
10. 河南省郑州市文化广电新闻出版局
11. 湖北省黄石市文化局
12. 湖南省长沙市文化局
13. 重庆市渝中区文化广电新闻出版局
14. 贵州省遵义市文化体育广播电影电视局
15. 陕西省宝鸡市文化广电新闻出版局
16. 甘肃省金昌市文化广播影视新闻出版局
17. 青海省格尔木市文化体育广播电视局
18. 宁夏回族自治区银川市文化广播电视局

文化部直属单位

1. 中国艺术研究院
2. 国家图书馆
3. 故宫博物院
4. 国家博物馆
5. 中国文化传媒集团有限公司
6. 国家京剧院
7. 中国国家话剧院
8. 中国歌剧舞剧院
9. 中国东方演艺集团有限公司
10. 中国交响乐团
11. 中国儿童艺术剧院
12. 中央歌剧院
13. 中央芭蕾舞团
14. 中央民族乐团
15. 中国美术馆
16. 中国国家画院
17. 文化部全国公共文化发展中心

2013年“文化志愿者基层服务年”示范项目名单

“春雨工程”——全国文化志愿者边疆行示范项目

1. 新疆和田玉都文工团赴京培训演出
实施单位：北京市文化局
新疆维吾尔自治区文化厅

2. 天津文化志愿者西藏新疆行（大舞台、大讲堂、大展台）
实施单位：天津市文化广播影视局
西藏自治区文化厅
新疆维吾尔自治区文化厅

3. 山西文化志愿者新疆行（大讲堂、大展台）
实施单位：山西省文化厅
新疆维吾尔自治区文化厅
新疆生产建设兵团文化广播电视局

4. 江苏文化志愿者新疆行（大舞台、大讲堂、大展台）
实施单位：江苏省文化厅
新疆维吾尔自治区文化厅

5. 全国边疆民族地区文化艺术人才培训班
实施单位：浙江省文化厅

6. 山东群众文艺精品节目赴黑龙江演出
实施单位：山东省文化厅
黑龙江省文化厅

7. 青岛文化志愿者甘肃行（大舞台、大讲堂、大展台）
实施单位：山东省青岛市文化广播新闻出版局
甘肃省文化厅

8. 湖北文化志愿者新疆行（大讲堂、大展台）
实施单位：湖北省文化厅
新疆维吾尔自治区文化厅

9.“洞庭连天山、和美一家亲”湖南、新疆文化交流
实施单位：湖南省文化厅
新疆维吾尔自治区文化厅

10.“三省坡”侗乡共建共享暨“关爱留守儿童”活动
实施单位：湖南省文化厅

11. 广东省文化志愿者青海行（大舞台、大讲堂、大展台）
实施单位：广东省文化厅
青海省文化和新闻出版厅

12. 康定情歌的故乡•最后的香格里拉——圣洁甘孜走进广东
实施单位：广东省文化厅
四川省文化厅

13. 黎苗歌舞进宁夏
实施单位：海南省文化广电出版体育厅
宁夏回族自治区文化厅

14.“魅力北部湾”--三省文化艺术交流
实施单位：广西省文化厅
江西省文化厅
四川省文化厅

15. 西藏基层文化干部赴重庆培训
实施单位：重庆市文化广播电视局
西藏自治区文化厅

16. 成都艺术志愿者三省行（大讲堂、大展台）
实施单位：四川省成都市文化局
山西省文化厅
内蒙古自治区文化厅
陕西省文化厅

17.“丝路秦风”——陕西文化志愿者敦煌行（大舞台、大讲堂、大展台）
实施单位：陕西省文化厅
甘肃省文化厅

18.“渭水歌韵•雪域情深”——宝鸡文艺节目赴藏演出
实施单位：陕西省宝鸡市文化广电新闻出版局
西藏自治区文化厅

19.“网络书香边疆行”全国数字阅读推广活动
实施单位：国家图书馆

20.“走基层——美丽中国•海疆行”系列采访活动
实施单位：中国文化传媒集团有限公司

21. 文化共享志愿者边疆万里数字文化长廊活动（大讲堂）
实施单位：文化部全国公共文化发展中心

“大地情深”——国家艺术院团（馆）志愿服务走基层示范项目

1. 文艺知识大讲堂
实施单位：中国艺术研究院
服务地区：辽宁省大连市、内蒙古自治区鄂尔多斯市

江苏省苏州市、安徽省马鞍山市
江西省赣州市、山东省青岛市
河南省郑州市、湖北省黄石市
湖南省长沙市、广东省东莞市
四川省成都市、云南省保山市
西藏自治区林芝地区、宁夏回族自治区银川市

2.“文博大讲堂”及“历史印记-清宫帝后宝玺展”

实施单位：故宫博物院

服务地区：河北省秦皇岛市、福建省厦门市
云南省保山市

3.“牵手文明”图片展及文物知识讲座

实施单位：国家博物馆

服务地区：北京市朝阳区、内蒙古自治区鄂尔多斯市
宁夏回族自治区银川市

4. 京剧“大舞台”

实施单位：国家京剧院

服务地区：河北省秦皇岛市、内蒙古自治区鄂尔多斯市
上海市徐汇区

5. 话剧演出及普及知识讲座

实施单位：中国国家话剧院

服务地区：安徽省马鞍山市、广东省东莞市
广西壮族自治区来宾市、河南省郑州市

6. 歌舞剧演出及舞蹈编排创作现场指导

实施单位：中国歌剧舞剧院

服务地区：内蒙古自治区鄂尔多斯市、广东省东莞市
海南省澄迈县、广西壮族自治区来宾市
宁夏回族自治区银川市

7. 大型歌舞演出及辅导培训

实施单位：中国东方演艺集团有限公司

服务地区：天津市和平区、内蒙古自治区鄂尔多斯市
黑龙江省牡丹江市、重庆市渝中区
陕西省宝鸡市、甘肃省金昌市

8.“打开音乐之门”室内音乐会

实施单位：中国交响乐团

服务地区：江苏省苏州市、湖南省长沙市

9. 儿童剧演出

实施单位：中国儿童艺术剧院

服务地区：北京市朝阳区、山西省长治市
吉林省长春市、江苏省苏州市
山东省青岛市、河南省郑州市
贵州省遵义市、青海省格尔木市
宁夏回族自治区银川市

10.《鄞地九歌》及原创歌曲创作演出

实施单位：中央歌剧院

服务地区：浙江省宁波市鄞州区

11. 经典芭蕾舞剧演出

实施单位：中央芭蕾舞团

服务地区：内蒙古自治区鄂尔多斯市、吉林省长春市
湖北省黄石市

12. 民族器乐演出及知识讲座

实施单位：中央民族乐团

服务地区：北京市朝阳区、四川省成都市

13. 馆藏艺术精品赏析讲座

实施单位：中国美术馆

服务地区：吉林省长春市、宁夏回族自治区银川市

14. 书画、篆刻知识讲座

实施单位：中国国家画院

服务地区：四川省成都市、广西壮族自治区来宾市

“9个主题”基层文化志愿服务示范项目

1. 肩并肩农民工志愿工程

实施单位:北京市朝阳区文化志愿者服务中心

2. 怀柔区文化志愿者义务辅导站网络建设

实施单位:北京市怀柔区文化馆

3. 文化志愿服务5285工程项目

实施单位:北京市房山区文化志愿者服务中心

4. 文化公益大讲堂

实施单位:北京市顺义区文化志愿者服务中心

5.“爱心天使 传递书香”和平区图书馆志愿服务活动

实施单位:天津市和平区图书馆

6. 静海县书画文化志愿服务活动

实施单位:天津市静海县书画院

7.“中国梦 蓟州行”蓟县文化馆文化志愿服务活动

实施单位:天津市蓟县文化馆

8. 文化志愿者服务农村文艺辅导基地

实施单位:河北省群众艺术馆

9. 青春践行梦想——河北省图书馆2013年暑期大学生志愿服务活动

实施单位:河北省图书馆

10. 情暖城乡——万名文化志愿者走进百姓系统

工程

实施单位:河北省秦皇岛市群众艺术馆

11.“百姓一家亲 欢乐伴你行”活动

实施单位:河北省张家口市群众艺术馆

12. 传递书香 见证成长——山西省图书馆文化志愿服务活动

实施单位:山西省图书馆

13.“太原市图书馆高校志愿者联盟”服务活动

实施单位:山西省太原市图书馆

14. 长治市“送戏惠民直通车”

实施单位:山西省长治市青年戏迷协会志愿者服务队

15.“流动博物馆”基层行

实施单位:内蒙古自治区鄂尔多斯博物馆

16.“志愿服务深入基层 推动文化惠及民生”——乌审旗文体特派员服务基层活动

实施单位:内蒙古自治区乌审旗文化广播电影电视局

17. 文化公益 社会责任

实施单位:内蒙古自治区杭锦后旗陕坝镇河酒社区红歌合唱团

18. 辽宁省博物馆志愿者历史文化宣讲团服务活动

实施单位:辽宁省博物馆

19.“群星漂流 欢乐百姓”惠民巡演活动

实施单位:辽宁省群众艺术馆

20. 锦州市文化志愿者群星大课堂

实施单位:辽宁省锦州市文化广电新闻出版局
辽宁省锦州市群众艺术馆

21.“艺术点燃希望 行动关爱未来”文化志愿服务活动

实施单位:吉林省长春市群众艺术馆

22.“传递书香”——敦化市流动图书志愿服务活动

实施单位:吉林省延边朝鲜族自治州敦化市图书馆

23. 百名志愿者 百日下基层

实施单位:黑龙江省牡丹江市群众艺术馆

24.“传递书香 见证成长”鹤岗市图书馆志愿服务活动

实施单位:黑龙江省鹤岗市图书馆

25.“与艺术同行”——中华艺术宫文化志愿服务活动

实施单位:上海市中华艺术宫

26.“绿叶助学志愿队”服务活动

实施单位:上海市闵行区图书馆

27.“名家坊”——天平社区文化名人服务活动

实施单位:上海市天平路街道办事处

28.“聚乐轩”文化志愿者管理委员会

实施单位:上海市嘉定镇街道文化体育服务中心

29. 上海师范大学“爱心学校”志愿服务活动

实施单位:共青团上海师范大学委员会

30.“传递书香 见证成长”公共图书馆志愿服务活动

实施单位:江苏省南京图书馆

31. 南通市文化馆新市民文化服务活动

实施单位:江苏省南通市文化馆

32. 苏州市民文化艺术素养提升志愿服务工程

实施单位:江苏省苏州市公共文化中心

33.“新阅读 心服务”e时代乡村行活动

实施单位:江苏省苏州市吴江区图书馆

34.“绽放在港城”文艺演出基层行

实施单位:江苏省张家港市文化志愿者协会

35. 安徽省群众文化辅导工作

实施单位:安徽省文化厅

36. 情系八闽——文化志愿服务走基层活动

实施单位:福建省艺术馆

37.“故事妈妈”俱乐部

实施单位:福建省厦门市少儿图书馆

38. 面向特殊群体、弱势人群的知识援助行动

实施单位:福建省图书馆

39. 周末免费百姓剧场

实施单位:福建省宁德市文化广电新闻出版局

40.“传播爱心献社会 文化服务暖人间”活动

实施单位:江西省抚州市群众艺术馆

41. 泰安市群众文化艺术年活动

实施单位:山东省泰安市文化广电新闻出版局

42. 文化共享工程便民服务活动

实施单位:山东省荣成市文化广电新闻出版局

43.“精彩生活 幸福使者”文化馆志愿服务活动

实施单位:山东省临朐县文化广电新闻出版局

44. 吕剧传承发展活动

实施单位:山东省广饶县吕剧艺术中心

45.“文化暖心 点亮生活”关爱特殊群体文化志愿服务活动

实施单位:山东省定陶县两夹弦非遗保护传承中心

46. 公益无限系列活动

实施单位:河南省群众艺术馆

47. 小导游志愿服务活动

实施单位:河南省济源市济渎庙管理处

48."爱•链"行动

实施单位:河南省焦作市图书馆、焦作师专

49. 志愿者图书导读活动

实施单位:河南省许昌市图书馆

50."百姓书场"文化志愿者惠民演出活动

实施单位:河南省周口市鹿邑县宋河镇文化站

51. 历史大课堂——湖北省博物馆志愿者走进希望小学

实施单位:湖北省博物馆

52."小种子"流动阅读推广活动

实施单位:湖北省武汉市少年儿童图书馆

53. 博物馆进校园——博物馆志愿者走进乡村小学系列活动

实施单位:湖北省荆门市博物馆

54."欢乐潇湘"文化志愿行

实施单位:湖南省群众艺术馆

55. 三千文化志愿者下乡镇(社区)活动

实施单位:湖南省岳阳市群众艺术馆

56. 用心点亮世界 用爱构建和谐--湖南图书馆文化志愿者服务视障读者活动

实施单位:湖南图书馆

57. 深圳市宝安区"文化钟点工"志愿服务活动

实施单位:广东省深圳市宝安区群众艺术馆

58."文化暖心 点亮生活"关爱特殊群体文化志愿服务活动

实施单位:广东省文化馆、各地级市文化馆

59. 广州市爱心艺术培训班

实施单位:广东省广州市文化馆

60."文化艺术惠民生 百场培训进企业"活动

实施单位:广东省佛山市顺德区文化艺术发展中心

61."书香润琼州"活动

实施单位:海南省图书馆

62."广场排舞大家跳"活动

实施单位:海南省海口市群众艺术馆

63. 光影榭—周末观影沙龙

实施单位:广西壮族自治区图书馆

64. 千村万民农村基层大培训

实施单位:广西壮族自治区桂林市群众艺术馆

65. 高校公共文化志愿进"三馆"入社区

实施单位:广西师范大学公共文化服务体系建设研究团队

66."情暖乡村同欢乐"文化惠民志愿服务活动

实施单位:广西壮族自治区北海市群众艺术馆

67. 重庆图书馆志愿者之家

实施单位:重庆图书馆

68."喜悦"文化志愿服务行动

实施单位:重庆市九龙坡区图书馆

69."快乐星期六"文化志愿服务活动

实施单位:重庆市开县文化广电新闻出版局、开县文化馆

70. 名师大讲堂

实施单位:四川省成都市文化志愿者协会

71. 壤塘藏戏团送戏下基层

实施单位:四川省阿坝藏族羌族自治州壤塘藏戏团

72. 二郎山艺术团抗震救灾巡回义演

实施单位:四川省天全县二郎山艺术团

73."特色文化艺术学校"文化志愿服务活动

实施单位:四川省遂宁市文化馆

74. 抢救修复云南民族古籍文化志愿服务行动

实施单位:云南省图书馆

75."义写春联"活动

实施单位:云南省商洛市群众艺术馆

76."文化使者进草原 群文活动乐万家"文化志愿服务活动

实施单位:甘肃省肃南县文化馆

77."传递书香 见证成长"金昌市图书馆志愿者活动

实施单位:甘肃省金昌市图书馆

78."欢乐乡村"巡回演出

实施单位:青海省文化馆

79. 银川市"万家欢乐涌湖城"文化志愿服务活动

实施单位:宁夏回族自治区银川市文化艺术馆

80. 传递书香 温暖读者——青铜峡市图书馆文化志愿服务活动

实施单位:宁夏回族自治区青铜峡市图书馆

81."共享阳光 爱心助盲"志愿服务活动

实施单位:宁夏回族自治区银川市文化广播电视局

82. 伊宁市文化馆"文化钟点工"志愿服务活动

实施单位:新疆维吾尔自治区伊宁市文化馆

83."文化惠民 为您服务"沙雅县海楼乡志愿服务活动

实施单位:新疆维吾尔自治区阿克苏地区沙雅县海楼乡人民政府

84."中学生义务馆员"

实施单位:新疆维吾尔自治区克拉玛依市图书馆

2013年优秀文化志愿者名单

1. 马崇阳（女）
推荐单位：北京市文化局
2. 李世儒
推荐单位：北京市文化局
3. 杨子湘（女，蒙古族）
推荐单位：北京市文化局
4. 唐永谦
推荐单位：河北省文化厅
5. 崔兰芳（女）
推荐单位：内蒙古自治区文化厅
6. 郭建忠
推荐单位：内蒙古自治区文化厅
7. 丁桂馥（女）
推荐单位：辽宁省文化厅
8. 赵广军
推荐单位：辽宁省文化厅
9. 谢晓楠
推荐单位：辽宁省文化厅
10. 杨　帆（满族）
推荐单位：吉林省文化厅
11. 郑殿维
推荐单位：吉林省文化厅
12. 徐亚峰
推荐单位：黑龙江省文化厅
13. 史怡婷（女）
推荐单位：上海市文化广播影视管理局
14. 朱菊芬（女）
推荐单位：上海市文化广播影视管理局
15. 庄顺海
推荐单位：上海市文化广播影视管理局
16. 杨慧生
推荐单位：安徽省文化厅
17. 应天蓝
推荐单位：安徽省文化厅
18. 汪礼堂
推荐单位：安徽省文化厅
19. 陈志新
推荐单位：福建省文化厅
20. 李金水
推荐单位：河南省文化厅
21. 李璐璐（女）
推荐单位：河南省文化厅
22. 申文慧（女）
推荐单位：河南省文化厅
23. 彭泽云
推荐单位：湖北省文化厅
24. 欧阳红
推荐单位：湖南省文化厅
25. 吴伟敏（女）
推荐单位：广东省文化厅
26. 唐　平（女）
推荐单位：广东省文化厅
27. 刘学玲（女，黎族）
推荐单位：海南省文化广电出版体育厅
28. 刘毓鲲
推荐单位：广西壮族自治区文化厅
29. 张星红
推荐单位：重庆市文化广播电视局
30. 余　沛
推荐单位：重庆市文化广播电视局
31. 王作平
推荐单位：四川省文化厅
32. 李　茂（藏族）
推荐单位：四川省文化厅
33. 张秋荷（女）
推荐单位：贵州省文化厅
34. 宋　芊（女）
推荐单位：贵州省文化厅
35. 黄燕梅（女）
推荐单位：贵州省文化厅
36. 彭光祥
推荐单位：云南省文化厅
37. 杨跃华
推荐单位：云南省文化厅
38. 董学芬（女）
推荐单位：云南省文化厅
39. 李　刚
推荐单位：陕西省文化厅

40. 刘小奔
推荐单位：陕西省文化厅
41. 毛金凤（女）
推荐单位：甘肃省文化厅
42. 杨　红
推荐单位：甘肃省文化厅
43. 房宁霞（女）
推荐单位：宁夏回族自治区文化厅
44. 唐振山
推荐单位：宁夏回族自治区文化厅
45. 马淑芳（女）
推荐单位：新疆生产建设兵团文化广播电视局
46. 夏家岐
推荐单位：新疆生产建设兵团文化广播电视局
47. 王佐诗
推荐单位：故宫博物院
48. 庄则平（女）
推荐单位：中国美术馆

2013年通过认定的动漫企业名单（87家）

北京潘高文化传媒有限公司
北京鑫联必升文化发展有限公司
轩创国际文化发展（北京）有限公司
北京银河长兴影视文化传播有限责任公司
中科北控成像技术有限公司
北京漫联创意科技有限公司
天津祺祥文化创意有限公司
天津瑞格奇迹影视动漫文化有限公司
天津玺朗文化传媒有限公司
翼动文化传播（天津）有限公司
天津市动漫堂文化传媒有限公司
河北妙思影动文化传播有限公司
石家庄神行动漫设计有限公司
河北燕娃动漫设计有限公司
山西乐酷文化传媒有限公司
沈阳义果文化传播有限公司
大连奥马科技有限公司
大连乾豪动漫有限公司
大连翰星传媒有限公司
大连卡拉扬科技发展有限公司
哈尔滨极光文化传播有限公司
哈尔滨雪娃文化发展有限公司
黑龙江龙德天合动漫有限公司
哈尔滨圣文动画有限公司
上海汇漫信息科技有限公司
上海上影大耳朵图图影视传媒有限公司
上海淘米动画有限公司
上海最世文化发展有限公司
上海小虫焉知动漫科技有限公司
上海皆悦文化影视传媒有限公司
上海视金石动画有限公司
常州金刚网络技术有限公司
常州香江多媒体科技有限公司
南京水木动画制片厂有限公司
华宇动画（江苏）有限公司
苏州米粒影视文化传播有限公司
华莱坞传媒股份有限公司
无锡熊猫动画设计有限公司
杭州华人普雷森文化创意有限公司
浙江缔顺科技有限公司
宁波莱彼特文化传媒有限公司
安徽依美杰动漫科技有限公司
宿州中卡通动画制作股份有限公司
安徽信达动画制作有限公司
安徽星动卡通影视有限公司
厦门联合优创网络科技有限公司
福建坤奇信息科技有限公司
福建省华悦文化投资有限公司
福建省星空动漫科技有限公司
福建中科亚创通讯科技有限责任公司
福州天之谷网络科技有限公司
厦门大口袋动漫设计有限公司
厦门蓝火焰影视动漫有限公司
江西省铃山堂文化传播有限公司
江西腾王科技有限公司
山东广电呀咔咔动漫产业有限公司
威海市光远影视动画有限公司
潍坊合展动画有限公司
济南科明数码技术有限公司
河南安卓卡通科技有限公司

河南名阁影画文化传播有限公司
河南约克信息技术股份有限公司
河南智睿动漫设计有限公司
郑州太极蝌蚪动漫影视有限公司
郑州壹卡通动漫科技有限公司
武汉四明印象文化传播有限公司
武汉漫维文化传媒有限公司
湖南锦绣神州影视文化传媒有限公司
广州市东奕文化传播有限公司
广州天闻角川动漫有限公司
广州市乐淘动漫设计有限公司
深圳创艺时代文化发展有限公司
深圳市卡曼文化传播有限公司
东莞市天成动漫有限公司
东莞水木动画衍生品发展有限公司
佛山市南海区达力创意动漫有限公司
梅州市汉唐影视动漫传播有限公司
广西临届动漫设计有限公司
广西天象国际动漫科技产业有限公司
桂林坤鹤文化传播有限公司
南宁峰值文化传播有限公司
海南英立科技开发有限公司
重庆长美影视动画设计有限责任公司
成都谛听文化传播有限公司
昆明盛策同辉数字科技有限责任公司
甘肃上元甲子文化传媒有限责任公司
新疆魔力矩阵信息技术有限公司

2012年通过认定的重点动漫企业名单(9家)

北京联盟影业投资有限公司
北京万豪天际文化传播股份有限公司
天津画国人动漫创意有限公司
天津市仁永影视动画制作传播有限公司
山西高新博澳文化产业股份有限公司
哈尔滨品格文化传播有限公司
安徽樱艺缘文化传播有限公司
江西凯天动漫有限公司
广东咏声文化传播有限公司

2013年通过认定的重点动漫产品名单

产品名称	产品类型	申报单位
《摩尔庄园海妖宝藏》	动画（电影）	北京华映星球国际文化发展有限公司
《武林外传》	动画	北京联盟影业投资有限公司
《阿狸》	网络动漫	北京梦之城文化有限公司
《天天向上-忽悠讲坛》	手机动漫	北京千雅文化传播有限责任公司
《魁拔》	动画（电影）	北京青青树动漫科技有限公司
《侠岚》	漫画	北京若森数字科技有限公司
《兔侠传奇》	动画（电影）	北京世纪彩蝶动画制作有限公司
《天天好孩子》第一季	动画	北京万豪天际文化传播股份有限公司
《我爱灰太狼》	动画（电影）	卡通先生（天津）影业有限公司
《童子山》	动画	天津画国人动漫创意有限公司
《草莓乐园》	动画	天津市仁永影视动画制作传播有限公司

续表

产品名称	产品类型	申报单位
《天天健康》第一部	手机动漫	山西高新博澳文化产业股份有限公司
《云奇飞行日记》	动画	哈尔滨品格文化传播有限公司
《中国动漫百位插画师CG作品精选》	漫画	上海动画大王文化传媒有限公司
《漫画中国》系列作品	漫画	上海京鼎动漫科技有限公司
《诺诺森林》	动画	苏州士奥动画制作有限公司
《梦回金沙城》	动画（电影）	杭州盛世龙图动画有限公司
《手机小子》	手机动漫	福建天狼星动漫有限公司
《我的老婆是只猫》	动画（电影）	江西凯天动漫有限公司
Q版《后宫甄嬛传》	手机动漫	湖南浩丰文化传播有限公司
《爆笑校园》	漫画	广州漫友文化科技发展有限公司
《张小盒 》	漫画	广州盒成动漫科技有限公司
《熊出没》	动画	深圳华强数字动漫有限公司
《喜羊羊与灰太狼之开心闯龙年》	动画（电影）	广东原创动力文化传播有限公司

2013年国家动漫品牌建设和保护计划动漫品牌入选名单

申报地区	序号	项目	申报单位
中央直属单位	1	哪吒传奇	央视动画有限公司
	2	功夫兔与菜包狗	中国传媒大学
北京	1	星海镖师	北京颜开文化发展有限公司
天津	1	三国演义	天津神界漫画有限公司
	2	魁拔	天津市滨海新区青青树动漫科技有限公司
上海	1	大耳朵图图	上海上影大耳朵图图影视传媒有限公司
	2	兔子帮	上海炫动传播股份有限公司
	3	赛尔号	上海淘米网络科技有限公司
	4	斗罗大陆	上海风炫动画设计制作有限公司
	5	中华小子	上海今日动画影视文化有限公司
	6	小破孩	上海拾荒动画设计有限公司
江苏	1	开心宠物店	苏州欧瑞动漫有限公司
浙江	1	乐比悠悠	浙江中南卡通股份有限公司
	2	少年阿凡提	宁波民和影视动画股份有限公司

续表

申报地区	序号	项目	申报单位
福建	1	手机小子	福建省天狼星动漫有限公司
湖北	1	招财童子	武汉治图文化传媒有限公司
湖南	1	山猫吉咪	湖南山猫卡通有限公司
广东	1	巴啦啦小魔仙	广州奥飞文化传播有限公司
	2	拽猫	东莞市漫彩文化传播有限公司
	3	洛克王国大冒险	腾讯科技（深圳）有限公司

2013年国家动漫品牌建设和保护计划动漫创意入选名单

申报地区	序号	项目名称	申报单位
中央直属单位	1	新少林	央视动画有限公司
	2	侍灵演武	邮电出版有限责任公司
北京	1	新年的故事	北京国是经纬科技有限公司
	2	明卡猫	北京明卡动画有限公司
天津	1	毛病	天津神界漫画有限公司
山西	1	沃沃健康小卫士	山西高新博澳文化产业股份有限公司
辽宁	1	折纸总动员	大连乾豪动漫有限公司
	2	淘气冬冬	大连胡军漫画文化发展有限公司
上海	1	小花仙	上海淘米动画有限公司
	2	跟着刀刀去旅行	上海漫行文化传播有限公司
	3	梅兰芳漫画版	上海易霖动漫文化传播有限公司
	4	努努和露露	上海炫动传播股份有限公司
	5	昨日青空	上海青空绘彩动漫文化传播有限公司
江苏	1	粉墨宝贝	昆山合谷数码科技有限公司
	2	吉娃娃	江苏希际数码艺术网络股份有限公司
	3	小龙甜品工房	常州文化创意科技发展有限公司
浙江	1	子不语	杭州夏天岛影视动漫制作有限公司
	2	妙先生	杭州路行动画设计有限公司
	3	亲亲小可	杭州时空影视文化传播有限公司
	4	魔幻仙踪	浙江中南卡通股份有限公司
安徽	1	合肥老母鸡	安徽同人文化传播有限公司
湖北	1	米可米乐	海豚传媒股份有限公司
	2	UP喵	武汉博润通数码科技有限公司
湖南	1	PUPU健康歌	湖南金鹰卡通有限公司
	2	后宫甄嬛传Q版	湖南浩丰文化传播有限公司

续表

申报地区	序号	项目名称	申报单位
广东	1	楼兰旖梦	广州漫友文化科技发展有限公司
	2	键盘仔	广州盒成动漫科技有限公司
	3	快乐梦想家	广州艺洲人文化传播有限公司
四川	1	动漫川剧古诗词曲	四川文艺音像出版社
陕西	1	秦俑之五行传说	陕西动漫产业平台管理中心有限责任公司

全国文化市场综合执法岗位练兵技能比武复决赛获奖名单

（一）团体奖

一等奖：

福建省文化厅

二等奖：

上海市文化市场行政执法总队

浙江省文化厅

三等奖：

江苏省文化厅

山东省文化厅

广东省文化厅

河南省文化厅

湖南省文化厅

（二）团体单项奖

网络执法与办公系统应用单项奖：

山东省文化厅

浙江省文化厅

广西壮族自治区文化厅

文化产品识别单项奖：

河南省文化厅

上海市文化市场行政执法总队

四川省文化厅

江苏省文化厅

执法程序规范单项奖：

浙江省文化厅

山东省文化厅

湖南省文化厅

福建省文化厅

文书制作与归档单项奖：

湖北省文化厅

广东省文化厅

北京市文化市场行政执法总队

福建省文化厅

（三）政策法规个人单项奖

邱益民　福建省泉州市文化市场综合执法支队

虞晓燕　浙江省湖州市德清县文化市场行政执法大队

黄　卓　浙江省台州市文化市场行政执法支队

肖　梅　四川省成都市文化市场综合执法总队

杨韦拉　山东省济宁市文化市场综合执法局

曹　辉　广东省广州市文化市场综合行政执法总队

张　旋　四川省广元市青川县文化市场综合执法大队

吴　晖　安徽省宣城市文化市场综合执法大队

汤　球　安徽省安庆市文化市场综合执法大队

石　磊　广东省广州市文化市场综合行政执法总队

（四）精神文明奖

安徽省文化厅

内蒙古自治区文化厅

黑龙江省文化厅

贵州省文化厅

新疆维吾尔自治区文化厅

重庆市文化市场行政执法总队

（五）组织奖

陕西省文化厅

海南省文化广电出版体育厅

天津市文化市场行政执法总队

山西省文化厅
云南省文化厅
河北省文化厅
辽宁省文化厅
宁夏回族自治区文化厅
江西省文化厅
吉林省文化厅
甘肃省文化厅
青海省文化和新闻出版局
西藏自治区文化市场综合执法总队

2013年全国文化市场十大案件办案单位名单

1. 北京心田一品科技有限责任公司侵犯高清影视、游戏及音乐作品著作权案（北京市文化市场行政执法总队）

2. 朝阳市凤凰山云接寺擅自修缮不可移动文物，致清代壁画损毁案（辽宁省朝阳市文化市场综合执法支队）

3. 上海果游网络信息科技有限公司未经批准，擅自从事网络游戏经营活动并提供含有违规内容的网络游戏产品案(上海市文化市场行政执法总队)

4. 陈某某擅自从事娱乐场所经营活动及开设赌场案（福建省漳州市文化综合执法支队）

5. 福州天下创世数码有限公司制作、销售网络游戏外挂，破坏计算机信息系统案（江苏省扬州市文化行政综合执法支队）

6. 喀什市吾斯曼江图书店销售宗教类非法出版物案（新疆维吾尔自治区喀什市文体局）

7. 青岛中孚信息产业有限公司非法复制计算机软件，侵犯著作权案(山东省平度市文化市场行政执法局)

8. 冯某某、梁某某等人非法印刷发行图书案（天津市文化市场行政执法总队）

9. 张某某非法设立广播电台案（浙江省宁波市文化市场行政执法总队）

10. 上海新雨后文化体育信息有限公司举办营业性演出擅自变更节目内容未及时告知观众案（四川省文化市场稽查总队）

2013年度全国文化市场重大案件及办案单位名单

1. 熊某某组织淫秽表演案（湖北省咸宁市文化市场综合执法支队）

2. 雷神工作室侵犯著作权案（四川省广元市文化市场综合执法支队）

3. 谭某侵犯著作权案（湖北省荆州市文化市场综合执法支队）

4. 上海某信息技术有限公司提供含有禁止内容的互联网文化产品且违规变更许可经营范围并擅自通过信息网络向公众提供他人作品案（上海市文化市场行政执法总队）

5. DJ疯吧音乐网覃某某擅自向公众提供未经授权录音录像制品案（安徽省铜陵市文化市场综合执法大队）

6.“动漫屋”网站侵犯著作权案（江苏省扬州市文化行政综合执法支队）

7. 5•15非法销售音像制品案（四川省成都市金牛区文化旅游和体育局）

8. 郑州中兴印务有限公司盗用他人名义印刷出版物案（河南省巩义市文化广电新闻出版局）

9. 景德镇市巧芳建材经营部未经著作权人许可发行其作品案（江西省景德镇市文化市场综合执法支队）

10. 李某某等人营业性演出有宣扬色情的情形案（河南省焦作市沁阳市文化广电新闻出版局）

11. 陈某某未经著作权人许可复制其作品案（湖南省长沙市文化市场综合执法局）

12. 窦某某经营的动漫城设置未经文化主管部门内容核查的游戏游艺设备案（新疆维吾尔自治区克拉玛依市城市管理行政执法局）

13. 成都南航科技有限公司未经批准擅自从事手机网络游戏上网运营活动案（四川省成都市文化市场综合执法总队）

14. 厦门同步网络有限公司未经批准擅自从事网络游戏上网运营活动案（福建省文化稽查总队）

15. 吕某买卖国家禁止买卖的文物案（福建省泉州市文化市场综合执法支队）

16. 深圳巨星娱乐有限公司以非法手段取得营业性演出批准文件案（广东省深圳市福田区文化市场行政执法大队）

17. 广西贺州市姑婆山国家森林公园、平桂管理区公会金凤凰客家旅游剧团未经批准举办营业性演出、发现营业性演出有禁止情形未采取措施予以制止案（广西壮族自治区贺州市平桂管理区文化市场综合执法大队）

18. 合肥望湖美家居有限公司未经批准，在非歌舞娱乐场所举办有外国文艺表演团体个人参加的营业性演出活动案（安徽省合肥市文化市场综合执法大队）

19. 福州泰维房地产开发有限公司未经批准举办台湾歌手熊天平参加的营业性演出案（福建省文化稽查总队）

20. 南阳日报社未经批准擅自出售演出门票、营业性演出冠以“中国”字样案（河南省南阳市文化市场综合执法支队）

21. 义乌市名仕酒吧未经批准举办营业性演出案（浙江省义乌市文化广电新闻出版局）、

22. 芜湖市甜蜜电子游乐有限公司设置未经文化主管部门内容核查的游戏游艺设备案（安徽省芜湖市文化市场综合执法大队）

23. 天外天歌厅不配合文化主管部门技术监管措施案（黑龙江省鹤岗市文化广电新闻出版局）

24. 重庆市涪陵区义得网吧接纳未成年人案（重庆市涪陵区综合执法局第二执法支队）

25. 晋城市城区凤城在线网吧接纳未成年人案（山西省晋城市文化市场行政综合执法大队）

26. 阳光网络会所接纳未成年人案（青海省西宁市城东区文化市场综合执法大队）

27. 信禾网络会所接纳未成年人案（宁夏回族自治区吴忠市文化市场综合执法队）

28. 宜昌市锦绣网络会所擅自停止实施经营管理技术措施案（湖北省宜昌市文化市场综合执法支队）

29. 南昌九盛科技发展有限公司未经批准擅自从事网络游戏上网运营活动案（江西省文化市场稽查总队）

30. 南宁市杨某某未经批准擅自从事网络游戏虚拟货币交易服务案（广西壮族自治区南宁市文化市场综合执法支队）

31. 广州市哇宝信息技术有限公司未经著作权人许可通过信息网络向公众传播其音乐作品案（广东省汕头市文化市场综合执法大队）

32. 哈尔滨巨众惠泽信息技术有限公司未经批准擅自从事经营性互联网文化活动案（黑龙江省文化市场行政执法总队）

33. 中铁二局股份有限公司施工损坏文物案（广东省广州市文化市场综合行政执法总队）

34. 南阳市实验中学擅自拆除不可移动文物案（河南省南阳市文化市场综合执法支队）

35. 南京站东置业有限公司未经考古调查、勘探，擅自进行工程建设案（江苏省南京市文化综合执法总队）

36. 戎某某擅自拆除不可移动文物案（江苏省金坛市文化广电体育局）

37. 福州市三坊七巷保护开发有限公司擅自在文物保护单位的建设控制地带内进行建设工程，对文物保护单位的历史风貌造成破坏案（福建省福州市文化市场综合执法支队）

38. 江西上饶周田涂料厂擅自在文物保护单位的建设控制地带内进行建设工程，对文物保护单位的历史风貌造成破坏案（江西省上饶市文物保护执法支队）

39. 重庆联隆西永房地产开发有限公司擅自在文物保护单位的建设控制地带内进行建设工程，对文物保护单位的历史风貌造成破坏案（重庆市沙坪坝区文广新局）

40. 永嘉旅游投资集团有限公司擅自修缮不可移动文物，明显改变文物原状案（浙江省永嘉县文化市场行政执法大队）

41. 南充宝寿寺管委会擅自拆除不可移动文物案（四川省南充市高坪区文化市场综合执法大队）

42. 汝州影视城未经著作权人许可放映其作品的案（河南省汝州市文化广电局）

43. 肥城市某镇广播站擅自设立有线广播电视传输覆盖网、广播电视站案（山东省泰安市文化市场综合执法支队）

44. 益阳市广播电视台擅自设立广播电视转播台案（湖南省长沙市文化市场综合执法局）

45. 天津汇高花园酒店有限公司擅自安装和使用卫星地面接收设施案（天津市文化市场行政执法总队）

46. 山东鲁能商贸有限公司贵都大酒店未按照《接收卫星传送的境外电视节目许可证》载明的接收

内容接收和使用卫星电视节目案（济南市文化市场综合行政执法局）

47. 辽宁博信网络科技有限公司通过信息网络擅自向公众提供他人的作品、表演、录音录像制品案（辽宁省沈阳市文化市场行政执法总队）

48. 栾川县人民政府公众信息网站擅自从事互联网视听节目服务案（河南省洛阳市栾川县文化市场综合执法大队）

49. 合一信息技术（北京）有限公司传播的视听节目内容违反规定案（北京市文化市场行政执法总队）

50. 腾冲县邮政局出租出版物经营许可证资质案（云南省保山市文化市场综合执法支队）

51. 刘某、刘某某销售非法出版物案（福建省厦门市文化市场综合执法支队、福建省厦门市集美区文化市场综合执法大队）

52. 杜某某、薛某某运输非法出版物案（上海市金山区文化市场行政执法大队）

53. 湖南电视广播大学卫生分校擅自从事出版物发行案（湖南省衡阳市文化市场综合执法局）

54. 张某、马某、陈某等人发行非法出版物、非法经营案（山东省滨州市阳信县文化执法局）

55. 孔某某擅自从事出版物发行业务案（湖北省黄冈市红安县文化市场综合执法大队）

56. 临沧希望图书城侵权著作权案（云南省临沧市临翔区文化市场综合行政执法大队）

57. 郑某某未经批准擅自从事出版物发行业务案（广东省深圳市龙岗区文体旅游行政执法大队）

58. 中教慧源国际科技发展有限公司出版、发行非法出版物案（北京市文化市场行政执法总队）

59. 大庆实验中学擅自从事出版、印刷、发行业务案（黑龙江省大庆市文化市场综合执法支队）

60. 克拉玛依市艺升有限责任公司未按规定印刷内部资料性出版物案（新疆维吾尔自治区克拉玛依市城市管理行政执法局）

61. 多某擅自从事出版、印刷业务案（西藏自治区拉萨市文化市场综合执法支队）

62. 北京漫动天地文化传媒有限公司、开明音像出版社、北京艺堂印刷有限公司、北京旺都印务有限公司出版、发行非法出版物案（北京市文化市场行政执法总队）

63. 杭州凌云印刷有限公司接受非出版单位委托印刷出版物、非法经营案（浙江省杭州市文化市场行政执法总队）

64. 南昌纳杰广告有限公司擅自从事出版物发行业务案（江西省南昌市文化市场综合执法支队）

65. 青岛市丛某等擅自从事非法报刊发行业务案（山东省青岛市文化市场行政执法局）

66. 泉州蔡某某等人擅自从事出版物出版、发行业务案（福建省泉州市文化市场综合执法支队）

67. 南京瑶台商贸中心擅自从事出版物出版业务案（江苏省南京市秦淮区文化局）

68. 夏某擅自从事期刊出版、发行业务案（湖南省岳阳市文化市场综合执法局）

69. 沧州玛利亚医院擅自从事出版物出版、发行业务案（河北省沧州市文化广电新闻出版局）

70. 东营市同济医院擅自从事出版物出版、发行业务案（山东省东营市文化市场综合执法局）

71. 赖某未经批准擅自从事音像制品批发经营活动案（广东省中山市文化市场综合执法支队、古镇综合执法局）

72. 黔西南州安龙县罗某侵犯著作权案（贵州省安龙县文化市场综合执法大队）

73. 杨某某侵犯著作权案（浙江省嘉兴市文化市场行政执法支队）

74. 张某、赵某等侵犯著作权案（陕西省咸阳市文化市场综合执法支队）

75. 贵州省贵阳市邱某销售非法音像制品案（贵州省贵阳市云岩区文化市场综合执法大队）

76. 秦安县大众音像店销售非法音像制品案（甘肃省秦安县文化广播影视局）

77. 2•25阿某销售非法音像制品案（新疆维吾尔自治区乌鲁木齐市文化市场稽查支队）

78. 淄博市书刊市场正大书店擅自从事出版物出版、发行业务案（山东省淄博市文化市场执法局）

79. 春来文具店侵犯著作权案（吉林省公主岭市文化市场综合执法大队）

80. 普洱市墨江县10.13非法音像制品案（云南省墨江县文化市场综合执法大队）

81. 王某某擅自从事出版物的出版、印刷、发行业务案（湖北省荆门市文化市场综合执法支队）

82. 天津午阳印刷有限公司未验证印刷委托书承印非法出版物案（天津市武清区文化市场行政执法大队）

83. 莆田市鸿立印刷包装有限公司未经批准接受委托印刷境外出版物案（福建省莆田市文化市场综合执法支队）

84. 贵州省毕节市铅华印务有限责任公司未验证印刷委托书、准印证案（贵州省毕节市文化市场综合执法支队）

85. 百色市采微印务有限公司印刷含有禁止内容出版物案（广西壮族自治区百色市文化市场综合执法支队）

86. 临洮县长江印刷厂印刷非法出版物案（甘肃省临洮县文化广播影视局）

87. 黄冈市新华印刷有限责任公司印刷非法出版物案（湖北省黄冈市文化市场综合执法支队）

88. 真彩印刷厂印刷非法出版物案（内蒙古自治区赤峰市文化市场综合执法局）

89. 余某某未经著作权人许可通过信息网络向公众传播其作品案（浙江省宁波市文化市场行政执法总队）

90. 李某、王某等人违规设立报刊记者站案（江苏省连云港市文化行政综合执法支队）

91. 杨某某假冒报刊记者站名义开展活动案（山西省运城市文化市场行政综合执法大队）

92. 陈某某擅自从事出版物发行业务案（北京市文化市场行政执法总队）

93. 赵某某侵犯著作权案（重庆市九龙坡区文化执法大队）

94. 10. 12中国特色美食创业网侵犯著作权案（安徽省蚌埠市文化市场综合执法大队）

95. 侵犯江苏国泰新点软件著作权案（江苏省张家港市文化行政综合执法大队）

96. 山西华辰致远科技有限公司未经软件著作权人许可向公众发行著作权人的软件案（山西省朔州市文化市场行政综合执法大队）

97. 上海众力投资发展有限公司未经软件著作权人许可复制著作权人的软件案（上海市文化市场行政执法总队）

98. 杨某某未经软件著作权人许可复制著作权人的软件案（湖南省岳阳市文化市场综合执法局）

99. 郴州市蓝电科贸经营部侵犯著作权案（湖南省郴州市文化市场综合执法局）

100. 周村区“第一视频网”利用互联网组织淫秽色情表演牟利案（山东省淄博市周村区文化市场综合执法局）

2012至2013年度全国文化市场综合执法优秀案卷制作单位

一等奖

序 号	案卷名称	制作单位
1	汉门（上海）电子工业有限公司未经著作权人许可复制著作权人的软件案	上海市文化市场行政执法总队
2	宁波甬鸿置业有限公司擅自拆除不可移动文物案	宁波市文化市场行政执法总队
3	天津市瀚海星文化传播有限公司未经著作权人许可发行其作品案	天津市文化市场行政执法总队
4	北京新浪互联信息服务有限公司登载含有禁止内容的互联网出版物案	北京市文化市场行政执法总队
5	深圳市霸图商务有限公司未经批准，擅自从事经营性互联网文化活动案	深圳市福田区文化市场行政执法大队
6	江苏嬉戏族有限公司未经著作权人许可，复制、表演其作品案	常州市文化行政综合执法支队
7	丰都远通航运发展有限公司擅自在文物保护单位的保护范围内进行建设工程案	重庆市文化市场行政执法总队
8	青岛三晋源酒店管理有限公司擅自安装和使用卫星地面接收设施案	青岛市城阳区文化市场行政执法局

续 表

二等奖

序 号	案卷名称	制作单位
1	北京东方基业国际商贸中心有限公司设置未经文化主管部门内容核查的游戏游艺设备案	北京市文化市场行政执法总队
2	李楠未经许可擅自从事互联网视听节目服务和擅自从事经营性互联网文化活动案	上海市浦东新区文化市场行政执法大队
3	上海颠视数码科技有限公司未经批准，擅自从事网络游戏经营活动且 以随机方式诱导用户投入虚拟货币获取网络游戏产品和服务案	上海市文化市场行政执法总队
4	东营市同济医院擅自从事出版物的出版发行业务案	东营市文化市场综合执法局
5	嘉兴市云豪印刷有限公司接收非出版单位和个人的委托印刷出版物案	嘉兴市文化市场行政执法支队
6	富阳福星电玩城从业人员实施赌博行为案	杭州市富阳市文化市场行政执法大队
7	中铁二局股份有限公司工程建设中发现古文化遗址、古墓葬，不立即停止施工并保护现场案	广州市文化市场综合行政执法总队
8	宜兴市创世纪网吧接纳未成年人进入营业场所且未按规定核对、登记上网消费者有效身份证件案	无锡市宜兴市文化广电新闻出版局
9	天津市汝家酒店管理有限公司擅自安装和使用卫星地面接收设施案	天津市文化市场行政执法总队
10	天津市天辰区飞跃网吧接纳未成年人进入营业场所，且未按规定核对、登记上网消费者有效身份证件案	天津市北辰区文化市场行政执法大队
11	齐齐哈尔拓鑫科技发展有限公司运营的国产网络游戏在上网运营之日起30日内　未按规定向国务院文化行政部门履行备案手续案	黑龙江省文化市场行政执法总队
12	淮北市相山区速度激情网络会所未悬挂《网络文化经营许可证》案	淮北市文化市场综合执法大队
13	重庆巴月庄实业有限公司擅自在文物保护单位的保护范围内进行挖掘作业案	重庆市大足区文化市场行政执法支队
14	资阳市雁江区和协网络会所在规定的营业时间以外营业且接纳未成年人进入营业场所案	资阳市雁江区文化市场综合执法大队
15	福州东南妇幼医院擅自从事出版物出版业务案	福州市文化市场综合执法支队
16	瓦房店市梦幻网吧接纳未成年人进入营业场所案	大连市文化市场综合执法总队
17	云南省昆明市邓常松擅自设立广播电台案	昆明市文化市场综合执法支队
18	唐山十月制版印刷有限公司未验证准印证承印出版物及广告宣传品案	唐山市文化市场综合执法大队
19	郭强擅自安装卫星地面接收设施案	巴彦淖尔市乌拉特前旗文化市场综合 执法大队
20	晋城市城区华天易网科宇加盟网吧接纳未成年人进入营业场所，且未按规定核对、登记上网消费者有效身份证件案	晋城市文化市场行政综合执法大队

续表

三等奖

序 号	案卷名称	制作单位
1	益阳市广播电视台擅自设立FM104.0MHZ广播电视转播台案	长沙市文化市场综合执法局
2	石嘴山市平罗西区卓越网络休闲会所未按规定核对、登记上网消费者有效身份证件案	石嘴山市文化市场综合执法队
3	杨建源擅自从事网络游戏虚拟货币交易服务案	南宁市文化市场综合执法支队
4	海口明洪网络休闲中心接纳未成年人进入营业场所，且未按规定核对、登记上网消费者有效身份证件案	海口市龙华区文化市场稽查大队
5	甘肃省临洮县长江彩印厂印刷含有禁止内容的出版物案	定西市临洮县文化市场综合执法队
6	济源市丽原网吧在规定的营业时间以外营业案	济源市文化市场综合执法支队
7	深圳市迅雷网络技术有限公司传播的视听节目内容违反规定案	深圳市南山区文化市场行政执法大队
8	湖州联力网络科技有限公司未经批准，擅自从事网络游戏经营活动案	湖州市文化市场行政执法支队
9	山东鲁能商贸有限公司贵都大酒店擅自安装和使用卫星地面接收设施案	济南市文化市场综合行政执法局
10	北京燕鑫印刷有限公司接受非出版单位和个人的委托印刷出版物案	北京市顺义区文化委员会行政执法队
11	天津市盛游天华网络科技有限公司未经批准，擅自从事网络游戏上网运营案	天津市文化市场行政执法总队
12	杨胜旺未经批准，擅自从事经营性互联网文化活动案	重庆市北碚区文化市场行政执法支队
13	郑巧耘设立美术品经营活动单位未按规定向文化行政部门备案，且不能证明经营的美术品的合法来源案	宜昌市文化市场综合执法支队
14	南京站东置业有限公司未经考古调查、勘探，擅自进行工程建设案	南京市文化综合执法总队
15	刘惠兴未经著作权人许可通过信息网络向公众传播其作品案	张家港市文化广电新闻出版局
16	百色采微印务有限公司印刷明知或应知有禁止内容的出版物案	百色市文化市场综合执法支队
17	甘肃省白银市起凡网吧在规定的营业时间以外营业且接纳未成年人进入营业场所案	白银市文化市场综合执法支队
18	玉屏侗族自治县黔东夜都娱乐城接纳未成年人进入营业场所案	铜仁市玉屏侗族自治县文化市场综合执法大队
19	克拉玛依市美乐网络文化传播有限公司未按规定核对、登记上网消费者的有效身份证件案	新疆克拉玛依市白碱滩区城市管理行政执法局
20	陕西省西安市望园酒店未经许可，擅自安装和使用卫星地面接收设施案	西安市文化市场行政执法总队
21	福州市三坊七巷保护开发有限公司擅自在文物保护单位的建设控制地带内进行建设工程，对文物保护单位的历史风貌造成破坏案	福州市文化市场综合执法支队
22	萍乡市民彩印务有限公司擅自兼营出版物印刷经营活动案	萍乡市文化市场综合执法支队
23	辽宁绥四建筑集团公司第四项目部擅自拆除不可移动文物案	葫芦岛市文化市场综合执法支队

续表

序 号	案卷名称	制作单位
24	镇赉县海天网吧接纳未成年人进入营业场所案	白城市镇赉县文化市场综合执法大队
25	陵川县莘鑫网吧接纳未成年人进入营业场所案	晋城市陵川县文化市场行政综合执法大队
26	孙立新设置未经文化主管部门内容核查的游戏游艺设备案	赤峰市敖汉旗文化市场综合执法大队
27	三富电玩城设置的电子游戏机在国家法定节假日外向未成年人提供案	赤峰市松山区文化市场综合执法大队
28	山东为尚投资有限公司未经批准，擅自从事信息网络传播视听节目业务案	济南市文化市场综合行政执法局
29	涡阳县康乐电子游艺城设置未经文化主管部门内容核查的游戏游艺设备案	亳州市涡阳县文化市场综合执法队
30	南宁建宁水务投资集团有限公司未经批准举办涉外营业性演出活动案	南宁市文化市场综合执法支队
31	春香网吧未按规定核对、登记上网消费者有效身份证件案	怀化市文化市场综合执法局
32	云南省昆明市五华区缘生电子游戏室游戏机内的游戏项目含有《娱乐场所管理条例》禁止内容案	昆明市文化市场综合执法支队
33	上海艺法商贸有限公司擅自开展涉外商业性美术品展览活动案	上海市静安区文化市场行政执法大队
34	上海馨源娱乐有限公司播放的曲目、屏幕画面含有《娱乐场所管理条例》禁止内容案	上海市杨浦区文化市场行政执法大队
35	黄冈市罗田县地皇、鹏跃石材场擅自拆除不可移动文物案	黄冈市文化市场综合执法支队
36	何小军经营的潜江市九九红量贩式歌厅播放的曲目含有《娱乐场所管理条例》禁止内容案	潜江市文化市场综合执法支队
37	成都蓝航科技有限公司擅自从事网络游戏经营活动案	成都市文化市场综合执法总队
38	王春杰擅自从事娱乐场所经营活动案	鹤岗市文化市场综合执法支队
39	金寨县彭大文擅自干扰广播电视信号案	六安市金寨县文化市场综合执法队
40	金峰网络会所接纳未成年人进入营业场所案	海东市循化县文化市场综合执法大队

首届“东亚文化之都”评选名单

7月4日，首届“东亚文化之都”初审工作会议在文化部举行，评审出西安、青岛、苏州、武汉、济宁、黄山、泉州、咸阳、杭州、桂林等10个入围城市。8月26日在国家博物馆召开终审会，最终选出泉州市作为中国首届“东亚文化之都”当选城市，同时当选的还有日本的横滨和韩国的光州。

“廉政文化教育基地”名单

为进一步深入推进廉政文化建设，巩固廉政文化建设成果，完善廉政文化建设长效机制，中央纪委驻文化部纪检组、监察部驻文化部监察局组织开展了全国文化系统廉政文化教育基地评选活动，经各地申报，精心审评，决定授予国家图书馆等60个廉政文化建设成绩突出、社会影响较大、廉政教育特色鲜明的文化窗口单位“廉政文化教育基地”称号。

1. 国家图书馆
2. 国家博物馆
3. 中国美术馆
4. 首都图书馆
5. 孔庙和国子监博物馆
6. 平津战役纪念馆
7. 周恩来邓颖超纪念馆
8. 保定市直隶总督署博物馆
9. 承德热河文庙
10. 八路军太行纪念馆
11. 山西长治市图书馆
12. 内蒙古博物院
13. 辽宁省图书馆
14. 辽宁省辽阳雷锋纪念馆
15. 吉林省博物院
16. 四平战役纪念馆
17. 黑龙江省图书馆
18. 东北烈士纪念馆
19. 中共一大会址纪念馆
20. 上海鲁迅纪念馆
21. 中共代表团梅园新村纪念馆
22. 南京图书馆
23. 长兴新四军苏浙军区纪念馆
24. 温州图书馆
25. 金寨县革命博物馆
26. 安庆市革命文物陈列馆
27. 福建省图书馆
28. 福州市林则徐纪念馆
29. 南昌八一起义纪念馆
30. 江西赣州群众艺术馆
31. 山东省图书馆
32. 青岛市博物馆
33. 河南新县鄂豫皖苏区首府革命博物馆
34. 河南确山竹沟革命纪念馆
35. 武汉革命博物馆
36. 随州市博物馆
37. 湖南图书馆
38. 长沙市博物馆
39. 中共三大会址纪念馆
40. 鸦片战争博物馆
41. 海口市海瑞墓园与海瑞故居
42. 柳州市柳侯祠
43. 百色起义纪念馆
44. 重庆市图书馆
45. 重庆中国三峡博物馆
46. 四川省宜宾市图书馆
47. 四川省眉山市三苏祠博物馆
48. 四渡赤水纪念馆
49. 贵州省图书馆
50. 云南省图书馆
51. 云南玉龙县红军长征过丽江纪念馆
52. 陕西省图书馆
53. 延安革命纪念馆
54. 红军会宁会师旧址
55. 甘肃临泽县廉政文化教育基地
56. 青海省博物馆
57. 宁夏博物馆
58. 新疆维吾尔自治区博物馆
59. 巴音郭楞蒙古族自治州图书馆
60. 三五九旅屯垦纪念馆

文化大事记

Cultural events

中国文化年鉴

Almanac Of Chinese Culture

1 月

2日至11日，应台湾原韵丝竹乐团和嘉义大学邀请，中央民族乐团一行98人赴台北、台中、高雄、嘉义演出。

4日至10日，应台北演艺经纪文化交流协会邀请，北京巨龙文化公司组派演职人员50人赴台北举办“庆祝两岸交流25周年-李昱和台北音乐会”。

4日至6日，全国文化厅局长会议在北京召开。

6日至15日，应海南省台办邀请，台湾佛光山星云大师一行10人来海南举办“星云大师一笔书法展”，展出作品92件。

6日至9日，文化部港澳台办组织6家文化部直属文博机构及北京、上海、武汉、吉林、广东五省市的22家动漫企业观摩第11届香港国际授权展，并参加同期举行的亚洲授权业研讨会。

7日至9日，中国歌剧舞剧院一行2人赴香港参加中国经典名曲交响演唱会演出。

8日至22日，应台湾沈春池文教基金会邀请，中华文化联谊会与文化部艺术服务中心共同组派150人赴台举办“第四届当代中国画学术论坛暨第四届当代中国画学术展系列活动”，展出386件展品。台“政务委员”黄光男、文化部港澳台办党委书记、副主任张爱平出席展览开幕式。

9日，在中宣部和文化部的大力支持下，经过反复论证和修改方案，启动实施以“祖国”为总题目的“六大题材美术创作工程”。由院领导带队，将全院研究员分成七个小组，分别深入四川、陕西、甘肃、青海、新疆等地区进行采风写生活动，收集了大量一手资料和素材，为下一阶段项目的实施奠定了良好基础。

10日至15日，应台湾沈春池文教基金会邀请，文化部港澳台办党委书记、副主任张爱平以中华文化联谊会副会长身份赴台访问，与文化部文化交流司徐振德专门委员举行了两岸文化论坛第2次磋商，会见了陆委会文教处处长华士杰。

10日至2014年12月10日，应杭州西湖风景名胜区管理委员会邀请，台湾两岸和平发展基金会在杭州举办“连震东与台湾知识分子抗日活动展”，展出76件展品。

10日至2月7日，应台湾台中市旅行商业同业工会邀请，自贡市灯贸管理委员会一行24人携3组大型特色灯组赴台参加2013年台湾元宵灯会。

11日，文化部党组成员、副部长董伟代表文化部，在集团董事长、总经理顾欣的陪同下，慰问集团老艺术家谷建芬。

11日至18日，应台湾“中国文艺协会”邀请，中国作协组派大陆作家、艺术家代表团赴台举办“同根的文明-海峡两岸作家艺术家水墨丹青大展”，展出作品137幅。国民党荣誉主席连战会见了代表团，海基会董事长林中森、国民党副主席蒋孝严、中国书法家协会名誉主席沈鹏等展览开幕式。

13日至23日，北京京剧院一行89人在香港新光戏院大剧场举行京剧演出。

14日，《文化部“十二五”时期公共文化服务体系建设实施纲要》正式发布。在“十二五”时期公共文化服务体系建设主要指标中，数字资源指标增长最为突出，其中，文化信息资源共享工程资源量指标将由2010年的108TB提高到2015年的530TB，国家数字图书馆资源总量指标将由2010年的480TB提高到1000TB。

15日至18日，2013年全国文化市场管理工作会议暨信息化建设工作部署会在广东广州召开。文化部党组成员、副部长王仲伟出席并讲话。会议总结了2012年工作，部署了2013年工作，表彰奖励了2012年全国文化市场综合执法先进集体、优秀个人和全国文化市场十大案件和重大案件，专门部署了文化市场信息化建设工作，提出深入贯彻落实党的十八大精神，促进文化市场规范有序发展。

18日至23日，中国文联一行2人赴香港参加“金钟之声”民乐名家名曲音乐会演出。

18日至3月17日，应台北历史博物馆邀请，河南博物院赴台与台北历博联合举办《古韵新风-河南朱仙镇木版年画展》，提供96件展品，其中文物8件。

20日至28日，浙江小百花越剧团一行67人在香港新光戏院大剧场举行《西厢记》巡演。

21日至24日，台北故宫博物院院长冯明珠一行来京，与故宫博物院就八项议题达成继续深入合作的共识。

21日至24日，2013年全国文化产业工作年会在江苏省南通市举行。

21日至25日，应故宫博物院邀请，台北故宫博物院院长冯明珠一行7人来京访问，与故宫博物院院长单霁翔举行了会谈，共同会见了记者。文化部副部长、国家文物局局长励小捷会见并宴请了冯明珠一行。

23日，文化部部长蔡武会见并宴请了在北京访问的台北故宫博物院院长冯明珠一行7人，文化部港澳台办主任侯湘华见宴时在座。

23日至29日，上海芭蕾舞团一行81人赴香港举行《白毛女》演出。

27日至2月5日，应台湾新象文教基金会邀请，上海昆剧团一行98人在台两厅院举办“欢乐春节•上海昆剧团赴台20周年纪念演出”。

28日，国家图书馆与中国延安精神研究会合作备忘录签约仪式在国家图书馆举行。国家图书馆副馆长张志清出席仪式，代表国家图书馆签订合作备忘录，接受捐赠并颁发捐赠证书；中国延安精神研究会理事胡木英等出席活动。

28日上午，文化部召开2013年党风廉政建设工作会议。会议传达学习了习近平总书记在十八届中央纪委第二次全会上的重要讲话和王岐山同志所作的工作报告，对文化部2013年党风廉政建设和反腐败工作进行了部署。

28日下午，文化部召开了全国文化系统纪检组长监察室主任座谈会。文化系统六家单位介绍了有关工作经验；李洪峰出席会议并作了重要讲话，对文化系统贯彻落实部党风廉政建设工作会议精神，抓好各项工作的落实提出明确要求。

28日至30日，应中华文化联谊会邀请，台湾“文化部”文化交流司司长王振台一行来京与文化部港澳台办主任侯湘华举行两岸文化论坛第3次磋商。

29日，肖夏勇局长助理会见和宴请中国土耳其文化年土方工作组。

30日，文化部发布《全国公共图书馆事业发展“十二五”规划》，这是我国第一个全国性的公共图书馆事业发展五年规划。

30日，由文化部非物质文化遗产司和国家图书馆共同主办的中国记忆项目系列展览之“年画中的记忆——国家图书馆藏年画精品暨国家级非物质文化遗产年画项目代表性传承人作品展”正式开展。展览现场举行年画项目代表性传承人作品捐赠仪式，9位传承人将35幅代表作品捐赠给国家图书馆永久保存。

1月，德国“中国文化年”闭幕演出。

1月，国家博物馆参与主持的《文物出土现场保护移动实验室研发与应用》国家科技支撑项目获得国家科学技术进步二等奖。

2 月

1日，“道法自然——大都会艺术博物馆精品展”在国家博物馆开幕。文化部部长蔡武出席并宣布展览开幕，国家博物馆馆长吕章申、纽约大都会艺术博物馆馆长康柏堂讲话。开幕仪式前，蔡武部长在国家博物馆楠木厅会见了康柏堂馆长，吕章申馆长参加了会见。

1日，文化部部长蔡武在京会见了来访的美国大都会艺术博物馆馆长托马斯•坎贝尔一行。

1日至3月10日，文化部民族民间文艺发展中心组织山西、四川省展品500余件，工作人员共计53人赴澳门举办“春意万象满山川——山西省、四川省春节习俗展演”。

3日，文化部艺术家小分队赴四川“三下乡”慰问演出。

3日至28日，应台湾万象艺术国际有限公司邀请，太原市歌舞杂技团一行17人赴台彰化演出。

3日至7日，浙江昆剧团一行29人赴香港举行昆剧经典折子戏演出。

4日，文化部颁布《娱乐场所管理办法》，建立筹建娱乐场所行政指导制度、娱乐场所文化产品内容自审和巡查制度以及设立娱乐场所听证制度等三大制度。《办法》于2013年3月11日起正式施行。

4日至3月5日，应台湾高雄关帝庙管理委员会邀请，山西长治市杂技团一行33人赴台进行26场春节演出。

5日，文化部联合卫生部、国家互联网信息办公室等十五部门发布《未成年人网络游戏成瘾综合防治工程工作方案》，提出以预防、干预、控制网瘾为主线，完善相关管理制度，减少网瘾对未成年人的危害。

6日，中央精神文明建设指导委员会副主任刘淇到国家博物馆视察参观“道法自然——大都会艺术博物馆精品展”。刘淇同志对国家博物馆给予高度评价和充分肯定，希望国家博物馆继续发挥大馆作用，举办更多高水平、高质量的展览。

8日至16日，应台湾威景国际文化事业有限公司邀请，浙江曲艺杂技总团一行41人赴澎湖、金门演出。

8日至26日，应台湾中华道统慈善协会邀请，河南文化联谊会组派综艺表演团体一行54人赴台北举办“欢乐春节•母娘文化季海峡两岸文化民俗艺术观光节”。

8日至3月4日，乐山市辰龙杂技团一行8人赴香港参加各界庆祝春节及元宵节相关演出活动。

12日至21日，应台湾唐龙艺术有限公司邀请，中华文化联谊会与中国友好和平发展基金会共同组派115人赴台举办“欢乐春节•第三届海峡两岸春节民俗庙会”活动。文化部港澳台办副主任赵海生、台中市副市长蔡炳坤、台“文化部”文化资产局局长王寿来等出席开幕式并致辞。

14日至18日，国务院侨办组派“文化中国•四海同春”艺术团一行71人赴香港举行慰侨访演。

18日至27日，国家京剧院1人赴香港参加京剧经典折子戏演出。

19日，文化部党组副书记、副部长赵少华、港澳台办主任侯湘华出席中央台办召开的2013年对台工作会议。

21日至25日，文化部组派云南省红河州歌舞团一行33人赴香港参加“春节及元宵彩灯会”演出活动。

22日，国家图书馆与总后勤部共建的军队后勤数字图书馆在总后勤部档案馆正式开通，面向全军后勤官兵提供个性化、知识化和信息化服务。官兵可在电脑上浏览国家图书馆提供的数字资源，双方还签署合作共建协议。

22日至3月4日，应苗栗县乡土文化学会邀请，陕西民间歌舞团一行45人赴台演出。

23日，文化部港澳台办在广州召开“港澳文化现状、趋势及对策建议”专家论证会，重点就港澳文化现状及价值取向分析、如何推动港澳民众中华文化认同等议题听取各方意见和建议。

24日，以中国东方演艺集团演员为班底的“文化中国·四海同春”亚洲艺术团赴菲律宾马尼拉演出，菲律宾副总统比奈和驻华大使巴西利奥等菲方政要出席。

25日，中国国民党荣誉主席连战率访问团来国家博物馆参观，海峡两岸关系协会会长陈云林等陪同参观。国家博物馆馆长吕章申馆长为代表团进行介绍并赠送了《中华文明》图录和《图说聊斋》复制精本。

26日,民国时期文献整理出版专家咨询会在国家图书馆举行。国家图书馆馆长周和平出席，副馆长陈力主持会议。中国社会科学院、四川大学、北京大学，中共中央党史研究室等单位专家学者应邀参会。

26日至3月5日，中国东方演艺集团“三下乡”赴山西太原、寿阳、武乡和芮城4个县市演出。

27日，《文化部关于加快推进少数民族和民族地区公共文化服务体系建设的意见》正式印发。

28日至3月5日，应国家大剧院演艺中心有限责任公司邀请，台湾云门舞集舞蹈团一行45人来北京演出。

2月下旬，全国文化系统反腐倡廉理论研究征文活动全面开展。

3 月

1日，“守望家园——陕西宝鸡群众保护文物特展”在国家博物馆西大厅开幕。陕西省人民政府省长娄勤俭，文化部副部长、国家文物局局长励小捷，国家博物馆馆长吕章申等出席了开幕式。

1日,国家图书馆“两会”服务正式启动，主要服务举措有：精心编辑“两会”专题信息资料，为“两会”代表及委员提供深入的专题信息服务；充实完善“国家图书馆大会信息服务平台”和“国家图书馆‘两会’服务平台”，向参会代表及委员介绍国家图书馆的服务并接受代表及委员的委托咨询；充分利用现代化信息技术手段，提升服务水平。

1日，孙建华副局长主持召开2013中国土耳其文化年开幕式局长办公会。

4日至9日，应中华文化联谊会邀请，台湾广艺基金会执行长杨忠衡率台湾表演艺术经营管理团一行20人来北京进行“艺游两岸”参访，了解我表演艺术政策及北京表演艺术生态。文化部港澳台办主任侯湘华会见并宴请了该团。

5日至14日，应台湾客家演艺文化协会邀请，广东梅州“客家意象”艺术团一行68人赴台湾演出。应杭州文广演艺有限公司邀请，台湾云门舞集舞蹈团一行45人于8日至9日来杭州演出。

6日，文化部文化体制改革工作领导小组会议在京召开。会议讨论并通过《2013年文化系统体制改革工作要点》及其《分工实施方案》。

7日至10日，国家京剧院一行116人赴香港举行老旦专场及新编历史京剧演出。

8日，文化部召开调研工作动员会，贯彻落实中央关于在宣传思想文化领域进行大调研的总体部署，把大调研活动作为上半年最重要的工作，摆上重要日程。

11日，文化部港澳台办主任侯湘华会见并宴请台湾世界宗教博物馆宗教艺术文化展代表团一行8人。

12日，侯湘华局长、孙建华副局长出席土耳其文化年新闻发布会。

12日至18日，应苗栗县文化基金会邀请，福建龙岩市永定县客家土楼艺术团一行99人赴台演出大型原生态客家风情歌舞剧《土楼神韵》。

13日，国务院正式印发《关于公布第四批国家珍贵古籍名录和第四批全国古籍重点保护单位名单的通知》，共有1516部古籍和16个收藏单位入选。

13日至14日，文化部公共文化司主办、国家图书馆承办的公共图书馆评估定级工作培训班在国家图书馆举办。来自全国省级、副省级图书馆（包括少儿馆）的馆长及相关部门负责人约100人参加培训。国家图书馆馆长周和平、文化部公共文化司巡视员刘小琴出席会议并讲话。

14日至17日，应上海东方艺术中心管理有限公司邀请，台湾云门舞集舞蹈团一行45人来上海演出。

15日至25日，国家话剧院《青蛇》剧组一行42人赴香港参加香港艺术节演出，演出反响热烈。

18日，文化部港澳台办副主任赵海生会见并宴请台湾唐龙艺术公司总经理王振亚一行。

20日，蔡武部长宴请泰国朱拉蓬公主。朱拉蓬公主此次来华为2013年底在华举行的第6届“中泰一家亲”音乐歌舞晚会进行古筝练习和准备工作。

20日至24日，土耳其政府代表团访华。21日蔡武部长会见土耳其文化旅游部长，共同出席土耳其文化年开幕式演出，孙建华副局长陪同出席。

21日，国家图书馆主办、南京图书馆协办的民国时期文献保护工作座谈会在南京举行。会议旨在对民国时期文献保护工作进行总结回顾，对下一阶段工作进行安排部署。国家图书馆馆长周和平出席会议并作主旨发言，江苏省文化厅党组书记、厅长徐耀新致辞，国家图书馆副馆长陈力主持会议。来自全国省级图书馆的代表，档案馆、高校以及各研究机构的专家学者近50人参加会议。

22日，蔡武部长会见日本茶道里千家千玄室大宗匠，就进一步加强中日文化交流、改善中日关系交换意见。

22日，文化部港澳台办副主任赵海生出席第六届海峡两岸文博会组委会会议。

22日，习近平主席访俄期间，中俄双方签署了中俄互设文化中心协定补充议定书，为中共六大会址修复和保护工作奠定了法律基础。

22日至23日，应广州大剧院管理有限公司邀请，台湾云门舞集舞蹈团一行45人来广州演出。

23日，中共六大纪念馆启动仪式及中共六大图片展在莫斯科总统饭店举行，习近平主席和俄副总理戈洛杰茨出席仪式并共同触亮发光启动球，宣告中共六大纪念馆建馆工作正式启动。

23日至28日，国家交响乐团李心草1人赴香港指挥香港小交响乐团演出。

23日至28日，西藏自治区藏剧团、歌舞团一行36人赴澳门举行《澳门基本法》颁布20周年纪念演出活动。

25日，文化部港澳台办副主任赵海生出席星云文教基金会协调会。

26日至29日，国务院侨办组派“文化中国•四海同春”艺术团一行46人赴澳门举行慰侨访演。

28日至4月4日，应台湾沈春池文教基金会邀请，文化部港澳台办主任、中华文化联谊会常务副会长侯湘华率大陆文化行政专业人士访问团一行19人赴台交流参访。期间，与台“文化部”文化交流司司长王振台举行了“两岸文化论坛”第4次磋商，与台有关方面召开公共文化服务座谈会。

29日，“小品大艺——馆藏明清扇面艺术展”在国家博物馆西大厅开幕，国家博物馆馆长吕章申等出席开幕式。

29日至30日，应重庆演出有限责任公司邀请，台湾云门舞集陈慕涵一行45人来重庆演出。

29日至4月1日，文化部民族民间文艺发展中心组织承办的“香港青少年瑶族文化艺术考察”活动在广东连南成功举办，共有来自香港荃湾圣芳济中学、裘锦秋中学的40余名师生参与。

30日至4月16日，中华文化联谊会、中华全国台湾同胞联谊会、台湾文化会馆基金会在北京、上海举办“美丽台湾-台湾近现代名家经典作品展”，展出作品168件。台联党前主席苏进强以台湾文化会馆基金会执行长身份率台艺术家51人出席展览开幕等相关活动。文化部党组副书记、副部长赵少华等于4月2日出席展览开幕式，赵少华副部长4月3日会见并宴请了苏进强一行。

30日至4月6日，应台湾台中大甲镇澜宫邀请，中华文化联谊会、福建省广播影视集团组派95人赴台举办2013“妈祖之光”大型电视晚会并参加“妈祖绕境巡游”活动。

3月，推出“一人一品——中国国家画廊年度学术邀请展”，推出中国国家画院及注重艺术价值探索的全国各地的艺术家120余位参展。作品体现了很强的专业性、探索性和研究性，体现了中国国家画院一直提倡的“大美为真，一人一品”的艺术主张。

4 月

2日，由国家图书馆、中国图书馆学会联合主办的“科普阅读——开启智慧人生”2013全国少年儿童阅读年系列活动启动仪式在国家图书馆举行。国务院妇女儿童工作委员会办公室副主任宋文珍，中国图书馆学会副理事长、国家图书馆副馆长陈力出席仪式并分别致辞，来自共青团中央、图书馆界、出版界、教育界的专家学者及少年儿童代表100余人参加活动。

2日，国家图书馆馆长周和平与香港特别行政区康乐及文化事务署署长冯程淑仪在香港中央图书馆签署《关于在香港公共图书馆开展数字图书馆合作的协议》。香港公共图书馆咨询委员会主席梁智仁、副主席张志刚，康乐及文化事务署副署长廖昭薰、助理署长李玉文，中央图书馆总馆长刘淑芬等出席仪式。

2日，文化部副部长赵少华在京会见了来访的美国旧金山市市长李孟贤一行。

2日至15日，由国家画院与全国台联等单位联合主办的“美丽台湾——台湾近现代名家经典作品展”及学术研讨会。

3日至19日，第28届沙特阿拉伯“杰纳第利亚遗产文化节”中国主宾国活动在沙特首都利雅得举办。

4日至6日，应安徽滁州市文化馆邀请，台湾宜兰县中国传统艺术推广协会一行60人来滁州举办“同乡音•两岸情”文化交流活动。

5日至5月5日，由文化部与河南省人民政府共同主办的第31届中国洛阳牡丹文化节在河南洛阳举办。

8日，由中国国家画院和青海省文化和新闻出版厅共同主办的“大美青海·中国国家画院著名画家青海行作品展”。

9日，孙建华副局长应邀出席土耳其驻华大使答谢午宴。

10日，文化部印发《关于开展“十二五”文化改革发展规划中期评估的通知》，启动“十二五”文化改革发展规划评估工作。

11日，“毛利斗篷”借展交接仪式在国家博物馆白玉厅举行。中央政治局委员、国务院副总理刘延东，新西兰总理约翰·基，文化部部长蔡武，国务院副秘书长江小涓，外交部副部长翟隽，国家博物馆馆长吕章申等出席仪式。

11日至12日，国家图书馆主办的“数字图书馆推广工程”资源建设及平台应用培训班在北京举办。国家图书馆副馆长魏大威出席培训班并致辞，来自国家图书馆、全国49家副省级以上图书馆的95名数字资源及系统平台建设相关人员参加培训。

12日，文化部港澳台办主任助理李保宗会见国务院台办副主任曲萌，就评选命名海峡两岸文化交流基地等事宜交换意见。

12日下午，文化部党组书记、部长蔡武，文化部副部长董伟，中宣部、中央文资办有关同志，文化部有关司局负责同志来中国东方演艺集团调研座谈。

12日至19日，应台湾中国青年大陆研究文教基金会邀请，中国侨联组派“亲情中华”艺术团一行

79人赴台演出。

15日，文化部副部长赵少华在北京会见了来访的香港特区民政事务局局长曾德成一行，听取其汇报香港文化政策措施以及期待获得我部的支持。

15日，中央政治局委员、中央书记处书记，中央宣传部部长刘奇葆来国家博物馆调研视察。文化部部长蔡武、中宣部副部长翟卫华、国家博物馆馆长吕章申等同志陪同。

16日，中共中央政治局委员、国务院副总理刘延东到故宫博物院西玉河基地调研，并主持召开“平安故宫”工程现场办公会。

16日至20日，2013年“对外及对港澳台文化年会”在湖北武汉召开，赵少华副部长出席并做重要发言，张爱平主任主持会议并作工作报告。

16日至22日，国家京剧院一行15人赴澳门参加《风华国乐》音乐会。

17日至5月1日，应台湾多元化艺术事业有限公司邀请，天津京剧院一行93人赴台演出。

18日，第四批《国家珍贵古籍名录》暨古籍普查重要发现在国家图书馆正式发布。国家图书馆副馆长、国家古籍保护中心副主任张志清，全国古籍保护工作专家委员会主任李致忠以及相关古籍善本研究专家分别就第四批《国家珍贵古籍名录》和“全国古籍重点保护单位”以及古籍普查重要发现的相关情况，向媒体记者作介绍。

18日，全国美术工作会议在北京召开。

18日至2014年1月10日，应中国艺术研究院邀请，台湾佛光山文教基金会在天津、北京、山东、山西、内蒙古、甘肃、陕西、河南、云南举办“星云大师一笔字书法2013年中国大陆巡回展”，展出星云书法作品360件，星云法师一行10人出席在各地举办的展览开幕式。中共中央政治局常委、全国政协主席俞正声于20日会见星云法师，文化部部长蔡武、副部长赵少华同日会见并宴请了星云法师一行，文化部党组副书记、副部长赵少华等于20日出席北京站展览开幕式。文化部港澳台办主任张爱平陪同。

18日至22日，故宫博物院院长单霁翔率团访问台北故宫，确定今后双方进一步加强交流与合作的方向。

18日至22日，应台北故宫博物院邀请，故宫博物院院长单霁翔一行8人赴台湾访问。

19日，文化部召开了廉政工作会议。励小捷、杨志今、项兆伦等部领导出席会议，李洪峰主持会议并传达了李克强总理的重要讲话，杨志今受蔡武委托做了讲话，对文化部系统贯彻落实国务院廉政会议精神提出明确要求。

19日至22日，由文化部文化产业司、江苏省文化厅、苏州市人民政府共同主办的第二届“中国•苏州文化创意设计产业交易博览会”在江苏省苏州市举行。

20日，“星云大师一笔字书法——2013中国大陆巡回展”在国家博物馆西大厅开幕。第十届全国人大常委会副委员长许嘉璐，十一届全国政协副主席、中国文联主席孙家正，中央社会主义学院党组书记、第一副院长叶小文，全国政协副秘书长张秋俭，国家宗教局局长王作安，国务院台办常务副主任孙亚夫，海峡两岸关系协会副会长王富卿，最高人民检察院原副检察长张庚，文化部副部长赵少华，中国艺术研究院院长王文章，国家博物馆馆长吕章申，星云大师等出席了开幕式。同日，“人性与爱·李自健油画祖国巡展”在国家博物馆西大厅开幕。国家博物馆馆长吕章申等出席了开幕式。

22日，文化部部长蔡武会见泉州市委书记黄少萍，听取2013世界闽南文化节筹备情况汇报。文化部港澳台办主任张爱平会见时在座。

22日，文化部港澳台办主任张爱平、主任助理李保宗分别会见福建广电集团副董事长陈若凡，听取“妈祖之光”大型电视晚会举办情况汇报。

22日至27日，文化部组织内地15家文博机构代表一行18人赴港澳交流，与香港特区康乐及文化事务署等部门洽谈合作意向，并与港澳主要博物馆及文化机构交流管理经验。24日至5月12日，在湖北举行纪念《澳门特别行政区基本法》颁布二十周年暨澳门回归十三周年图片展活动，展出图片450幅。

22日至5月12日，中华文化联谊会、上海琉璃艺术博物馆在中国美术馆举办“琉璃之人间探索-杨惠姗张毅作品联展”，展出作品46件。文化部港澳台办副主任赵海生于23日出席展览开幕式。

23日，为促进全民阅读，第18个联合国“世界读书日”之际，国家图书馆举办“书香中国·阅读让人生更美好——4·23世界读书日优秀图书推介活动”，揭晓第八届文津图书奖获奖图书。国家图书馆馆长、文津图书奖组委会主任周和平，文化部公共文化司巡视员、文津图书奖组委会副主任刘小琴，国家图书馆党委书记、常务副馆长、文津图书奖组委会副主任詹福瑞，国家图书馆副馆长张志清等出席活动。

23日，文化部副部长赵少华在京会见并宴请了来华访问的美国林肯表演艺术中心总裁雷纳德•列维一行。

23日，由文化部、中央文明办组织的2013年文化志愿者基层服务年系列活动启动仪式在京启动。

23日至5月12日，应台湾昆剧团邀请，浙江昆剧团一行60人赴台湾参加“浙江文化节”演出。

24日，由中国国家画院与洛阳市政府主办的“看今朝——当代中国人物画优秀作品展”。

24日，赵少华副部长会见了缅甸文化部艺术局局长吴扬奈乌率领的第27届东南亚运动会开闭幕式工作组。

24日至26日，国家图书馆主办、重庆图书馆承办的“民国时期文献普查工作培训班”在重庆举行。国家图书馆副馆长陈力、重庆市文化广播电视局副局长温俊华等出席会议。来自全国18家副省级以上公共图书馆的40名民国时期文献普查工作人员参加培训。

26日，孙建华副局长出席土耳其文化年重点项目《后宫诱逃》新闻发布会。

26日，文化部港澳台办主任张爱平出席海协会第三届理事会第一次会议暨纪念汪辜会谈20周年活动。

26日至28日，由文化部主办的“刘国松现代水墨艺术馆开馆仪式暨刘国松现代水墨学术国际学术研讨会”在山东博物馆举办。文化部副部长董伟、山东省委常委、宣传部长孙守刚等出席开幕仪式。

27日，文化部港澳台办副主任孙建华出席第五届海峡论坛组委会会议。

27日，我国图书馆界第一本综合性研究报告——《中国图书馆事业发展报告2012》（蓝皮书）出版座谈会在国家图书馆召开。国家图书馆馆长周和平，文化部政策法规司副司长孙若风、财务司副司长马秦临，以及来自文化部、国家图书馆、公共图书馆、高校图书馆、图情类院所、出版社的相关代表、部分媒体记者参加会议。

27日至30日，由文化部、浙江省人民政府共同主办的2013中国义乌文化产品交易博览会在浙江省义乌市举办。

27日至5月21日，应台湾广艺基金会邀请，北京典雅天地文化传播股份有限公司一行52人赴台参加“2013两岸小剧场艺术节”。

28日，蔡武部长会见日本前参议院议长、日中友好协会馆长江田五月一行，对进一步加强中日两国文化领域内的交流进行了会谈。

28日至5月2日，中华文化联谊会、莆田市人民政府在莆田举办第八届海峡工艺品博览会。

4月，威尼斯双年展中国馆改造工程成功实施，使中国馆内的展出面积成为除意大利馆之外的最大馆。

4月底至5月中旬，第七届全国话剧优秀剧目展演在山东济南、莱芜进行。

4月至7月，第二届优秀保留剧目全国巡演在全国范围开展。

4月至2014年7月，承办外联局交办的《毛利碧玉：新西兰文化艺术珍品展》四地巡展相关组织协调、具体实施和后勤保障工作。作为中新建交40周年的重要文化交流活动之一，中外文化交流中心与新西兰国家博物馆-蒂帕帕汤葛里瓦合作《毛利碧玉：新西兰文化艺术珍品展》。继在国家博物馆展出之后，先后在浙江良渚博物院、广东省博物馆、重庆中国三峡博物馆和陕西历史博物馆举办巡展，共展出216件展品。

5 月

1日至2日，土耳其文化年重点项目之一歌剧《后宫诱逃》在国家大剧院上演。

2日至7日，应台湾台北如果儿童剧团邀请，中国儿童艺术剧院一行55人赴台演出。

3日，李洪峰赴中央纪委汇报文化部贯彻落实“八项规定”的有关情况并接受了中央纪委领导的约谈。

4日至7月7日、8月26日至9月26日，中华文化联谊会、中国美术馆与台湾美术基金会、台湾美术馆分别在台湾美术馆和中国美术馆举办“交互视象——2013海峡两岸当代艺术展”。

7日，文化部港澳台办主任助理李保宗出席观看台湾长荣交响乐团演出。

8日，文化部召开调研工作交流会，各调研课题组就综合选题和专项选题的进展情况进行交流。

8日至9日，粤港澳三地文化合作第十四次会议在澳门举行，三方与会代表160余人，新达成合作项目59项。

9日，蔡武部长会见并宴请泰国文化部长颂塔亚•坤本一行，就签署中泰两国2014-2016年文化交流执行计划等相关事宜进行商谈。

9日，文化部党组副书记、副部长赵少华会见厦门市委宣传部长叶重耕，听取第六届海峡两岸文博会筹备情况汇报。文化部港澳台办主任助理李保宗会见时在座。

10日，文化部港澳台办主任助理李保宗会见江苏昆山市委宣传部部长杭颖，就举办两岸中秋灯会交换意见。

11日至13日，中国残疾人艺术团一行27人赴澳门参加“母亲节慈善活动”演出。

12日至15日，中国文联在澳门举办第三届“濠江之春——澳门与内地艺术家大联欢暨内地优秀影片展示周年庆典”。

12日至23日，应台北市文化基金会邀请，北京市曲剧团一行81人赴台参加“2013两岸城市文化互访系列-北京周”演出及交流活动。

13至19日，承办“中国——中东欧国家文化合作论坛”相关组织协调、具体实施和后勤保障工作。由文化部主办、该中心承办“中国——中东欧国家文化合作论坛”在北京举办。论坛系中国——中东欧国家合作机制下首个举办的活动。论坛期间，来自中东欧地区16个国家的文化代表团与中国代表团就深化中国与中东欧地区的文化交流与合作进行了深入探讨并通过了《中国——中东欧国家文化合作行动指南》。此外，代表团还集体赴深圳参加了第九届中国（深圳）国际文化产业博览交易会。

14日，“中国——中东欧国家文化交流回顾展”在国家博物馆开幕。文化部部长蔡武以及阿尔巴尼亚、波斯尼亚、保加利亚等中东欧16个国家的文化部部长、部长代表和驻华使节出席开幕式。

14日至29日，应台南市文化协会邀请，中华文化联谊会、厦门市中华文化联谊会组派厦门歌舞剧院、歌仔戏研习中心一行75人赴台进行“乡音之旅”演出。

15日至17日，土耳其文化年项目之一土耳其文化产业代表团参加深圳文博会。

15日至20日，应台湾海峡两岸音乐交流协会邀请，厦门市老年文化艺术交流团一行104人赴台演出。

16日，“3D纪录片《国脉》首映暨国博数码影院正式启用”新闻发布会在国家博物馆举行。国家博物馆馆长吕章申等出席了仪式。

16日至20日，国家京剧院一行67人赴澳门参加“澳门艺术节”。

17日至20日，由文化部、商务部、国家新闻出版广电总局、中国国家贸易促进委员会、广东省人民政府、深圳市人民政府等部门联合主办的第九届中国（深圳）国际文化产业博览交易会在深圳举行。

18日至8月4日，应台湾鸿禧艺术文教基金会邀请，湖北省博物馆赴台举办“梁庄王墓文物展”，展出114件文物。

20日，文化部部长蔡武在京会见澳大利亚新任艺术部长托尼•伯克一行。双方就如何加强中澳文化交流与合作深入交换意见。

20日，文化部港澳台办主任助理李保宗赴石家庄出席“情系燕赵”两岸文化联谊行组委会会议。

21日，全国图书馆联合编目中心上海分中心揭牌仪式在上海举行，上海图书馆馆长吴建中和我馆副馆长陈力共同为上海分中心揭牌。来自全国各地的90 余位业界代表参加活动。

21日，为盘龙谷创作基地开幕举行的“中国国家画院美术作品文献展”。

22日至29日，应台湾中华侨联总会邀请，河南信阳市豫剧团一行43人赴台演出。

23日，“李岚清艺术展”在国家博物馆开幕。开幕式上，李岚清先生将“中华人民共和国之宝”巨型印玺赠送给国家博物馆，国家博物馆馆长吕章申向他颁发了收藏证书。十一届全国政协副主席张榕明、孙家正等也出席了开幕式。

25日，由中国国家画院主办的“中国国家画院(国展)美术中心启动暨美丽中国・中国国家画院美术作品展开幕式”在中国国家画院(国展)美术中心举行。展出中国国家画院国画、油画、版画、雕塑、书法篆刻五个专业的200余名艺术家的400多件作品。

25日，中国残联和国家图书馆联合主办的“书香中国・让知识的阳光照亮每一个人的心灵”——图书馆文化助残系列活动在国家图书馆启动。中国残联党组副书记、常务副理事长王乃坤，国家图书馆馆长周和平出席活动。残疾人读者代表和首都师范大学的大学生志愿者等100余人到现场参加活动。

25日至30日，在中国国家画院美术馆举办“王憨山花鸟画作品展”等。

25日至6月4日，应南台湾交响乐团邀请，中央音乐学院一行80人赴高雄、台南、嘉义、台中、台北、新北市演出。

26日，中华文化促进会与台湾中华两岸文化创意产业发展协会在承德举办以“核心竞争力：创意创新创造”为主题的2013两岸文化产业（承德）论坛。

28日，文化部港澳台办主任张爱平在文化部会见了香港贸易发展局副总裁方舜文一行5人。双方就授权业在内地与香港的发展现状及将来两地合作的前景交换了意见。

28日至6月16日，中国东方演艺集团高雅艺术进校园演出队赴贵州、福建、浙江、安徽四省六市演出。

30日，蔡武部长会见前来辞行拜会的韩国驻华大使李揆亨。

31日，文化部召开了文化部纪检监察机构清退会员卡活动会议。会议传达了中央纪委关于在全国纪检监察系统开展会员卡清退活动的通知和王岐山同志重要讲话的精神。李洪峰出席会议并讲话，对清退工作做出部署并提出明确要求。

31日，中国民族器乐民间乐种组合展演评奖在山东济宁举办。

5月下旬，在西安举办“中国当代人物画名家作品展”。

5月至10月间，文化部港澳台办与香港贸易发展局合作，先后在北京、杭州、广州、上海和成都5个城市举办“香港 文化创意 授权”研讨会，邀请香港业界权威人士介绍授权基本概念、运营模式和操作技巧，共吸引近1200名业界人士参加。

5月至11月，第55届威尼斯艺术双年展中国馆展览。

6 月

3日，国家图书馆主办的“文献为证——钓鱼岛文献整理出版座谈会”在京召开。国家图书馆馆长周和平，来自中国社会科学院、北京大学、北京师范大学、国家图书馆等单位的边疆问题研究、中日关系、国际法等领域以及文献整理研究方面的资深专家王晓秋、厉声、李国强、万明、赵英军、黄润华、王菡等出席座谈会。国家图书馆馆长助理孙一钢主持会议。

6日，文化部部长蔡武、美国驻华大使骆家辉一同出席观看了在国家大剧院举办的“纪念美国费城交响乐团访华40周年”音乐会。

6日，文化部部长蔡武会见福建省副省长李红，就筹备举办第六届两岸文博会交换意见。

6日和8日，“根与魂——中国非物质文化遗产展演”活动分别在香港和澳门隆重开幕。文化部副部长董伟率代表团赴港澳出席了开幕式及相关文化活动。

7日，文化部非物质文化遗产司与国家图书馆共同主办的中国记忆项目系列展览之“大漆的记忆——中国大漆髹饰暨国家级非物质文化遗产项目代表性传承人作品大展”在国家图书馆总馆北区拉开帷幕。仪式上，国家图书馆馆长周和平代表国家图书馆接受了16位国家级非物质文化遗产大漆髹饰项目代表性传承人捐赠的作品，并向传承人颁发捐赠证书。

7日至14日，文化部非物质文化遗产司与国家图书馆联合主办的“非物质文化遗产保护讲座周”在国家图书馆总馆北区举办。讲座周期间，共举办8场专题讲座，全面展示非物质文化遗产保护成果。7日，国家图书馆馆长周和平作题为“我国非物质文化遗产保护的实践与创新”的首场讲座。

8日，“春节文化摄影（视频）优秀作品展”开幕式暨颁奖仪式在国家博物馆举行。中国艺术研究院院长、中国非物质文化遗产保护中心主任王文章等出席了开幕式并为获奖代表颁奖。

8日，中国东方演艺集团艺术家小分队赴天津和平文化宫举办“大地情深”志愿服务走基层活动艺术讲座。

9日，赵少华副部长会见南盟秘书处秘书长萨利姆，双方就中国与南亚国家文化交流及中国与南盟区域文化合作深入交换了意见。

9日至13日，河北梆子剧院演艺有限公司一行61人赴香港举行《宝莲灯》及精品折子戏演出。

11日至16日，香港晋江同乡会一行16人赴福建参加2013世界闽南文化节有关活动。

12日至15日，中央民族乐团1人赴香港参加“丝绸之路2013香港音乐会”。

13日至16日，西安音乐学院一行74人赴香港参加“西北风情2013香港音乐会”演出。

14日，第四届中国成都国际非物质文化遗产节：“笔墨东方-中国书法艺术国际大展·国际论坛”，在成都国际非物质文化遗产园隆重开幕本次活动也是中国国家画院书法篆刻院自成立以来，由本院自主操办的第一个大型书法展览本次活动进一步扩大了中国国家画院书法篆刻院的社会影响与国际地位，为其打造代表当下最高中国书法创作与学术研究平台，迈出了重要的一步。

14日至24日，港澳嘉宾林锦源、梁燕芬赴成都参加国际非物质文化遗产大会及“非物质文化遗产清单制定培训班”。

15日，蔡武部长在成都会见来华参加成都国际非物质文化遗产节的尼日利亚文化和国家指导部长杜克。

15日至17日，文化部部长蔡武、副部长赵少华赴泉州出席由文化部、福建省人民政府主办的2013世界闽南文化节开幕活动，文化部港澳台办主任张爱平、主任助理李保宗陪同。

15日至17日，文化部党组副书记、副部长赵少华赴厦门出席第五届海峡论坛开幕活动，文化部港澳台办主任助理李保宗陪同。

16日至24日，国家话剧院《青蛇》剧组一行47人赴澳门演出。

17日至18日,海外（北美地区）中华古籍保护工作研讨会在国家图书馆召开。美国国会图书馆、美国哈佛大学燕京图书馆、加拿大多伦多大学东亚图书馆等12家北美地区收藏中文善本较多的图书馆馆长或负责人应邀参加。国家图书馆馆长、国家古籍保护中心主任周和平出席开幕式并讲话，副馆长、国家古籍保护中心副主任张志清，馆长助理孙一钢出席会议。

18日，“面具·灵魂的艺术——法国凯·布朗利博物馆馆藏精品展”在国家博物馆开幕。国家博物馆馆长吕章申，法国驻华大使白林，法国凯·布朗利博物馆馆长斯特凡·马丁等出席了开幕式。

18日，赵少华副部长和佛得角文化部长索萨共同出席首届中非文化产业圆桌会议开幕式并作主旨讲话。

19日，“中国国家博物馆捐赠基本陈列《复兴之路》图录仪式”在国家博物馆举行。文化部副部长杨志今和国家博物馆馆长吕章申向新疆、西藏地区、雅安灾区以及4个国家贫困县捐赠了4000册《复兴之路》基本陈列图录。

19日晚，在中国国家主席习近平欢迎越南主席张晋创的晚宴上，集团艺术家们表演了精彩的节目。

19日至22日，文化部港澳台办主任助理李保宗赴上海出席海协、海基两会领导人第九次会谈，并出席“两岸服务贸易协议”签字仪式。

20日至29日，应台湾新竹市政府邀请，中国音协与福州市人民政府组派11支大陆合唱团612人赴台举办第六届海峡两岸合唱节。

22日至27日，上海昆剧团一行64人赴香港参加“中国戏曲节”。

23日，“文心天物——盛梅冰油画作品展”在国家博物馆开幕。十一届全国政协副主席孙家正，新闻出版总署副署长邬书林，中国文联副主席冯远等出席开幕式。

23日至26日，应宁波市政府邀请，台湾长荣交响乐团一行90人来宁波演出。

25日至30日，济南市儿童艺术剧院一行22人赴香港演出儿童剧《宝贝儿》。

26日至7月1日，天津京剧院一行73人赴香港参加“中国戏曲节”。

27日，美国前国务卿基辛格博士及家人一行到国家博物馆参观。国家博物馆馆长吕章申会见了基辛格博士一行。

27日，文化部文化体制改革工作领导小组会议在京召开。会议讨论通过了《文化部学习贯彻文化体制改革工作座谈会精神推动2013年下半年重点工作实施方案》，总结党的十八大以来文化系统体制改革的新成效，部署下半年文化系统体制改革重点工作。

27日晚，在中国国家主席习近平宴请韩国总统朴槿惠的欢迎晚宴上，集团艺术家们在表演了《迎鼓》《高山流水》等节目，受到朴槿惠总统的高度评价。

28日，“法国皮诺家族捐赠圆明园青铜鼠首兔首仪式”在国家博物馆举行。中央政治局委员、国务院副总理刘延东与弗朗索瓦·皮诺共同为兽首揭幕。文化部部长蔡武向皮诺先生颁发了捐赠证书。外交部副部长程国平，文化部副部长、国家文物局局长励小捷，国家博物馆馆长吕章申，法国文化与新闻部长奥蕾莉·菲莉佩，法国驻华大使白林等出席了仪式。

28日，共青团中央、国家图书馆在中国青年政治学院签署合作协议，国家图书馆团中央分馆同时揭牌。共青团中央办公厅主任康国明与国家图书馆馆长助理孙一钢签署合作协议。中国青年政治学院党委书记倪邦文，国家图书馆副馆长魏大威分别致辞。共青团中央书记处常务书记贺军科，国家图书馆馆长周和平共同为分馆揭牌。

28日至30日，文化部港澳台办主任助理李保宗赴香港出席两岸关系研讨会。

29日，中国文化产业示范基地园区协会成立大会在北京举行。

29日至7月3日，应台湾环境有限公司邀请，中华文化联谊会、上海文化联谊会等组派70人、100件（组）展品赴台举办第三届“海派文化艺术节•上海非物质文化遗产精品展”和“两岸文化产业发展论坛”。

29日至7月上旬，第十届全国舞蹈比赛在山东临沂、日照举办。

30日至7月30日，应中华文化联谊会邀请，台湾戏曲学院14名学生来中国戏曲学院进行“艺传两岸”京剧培训。文化部港澳台办主任助理李保宗会见并宴请了培训师生。

7 月

1日至2日，国际博物馆协会国际博物馆培训中心成立仪式及研讨会在故宫博物院举行。国际博物馆协会主席汉斯-马丁•辛兹（Han-Martin Hinz）、国际博物馆协会中国国家委员会主席宋新潮、故宫博物院院长单霁翔代表合作三方共同签署了培训中心框架协议并为中心揭牌。

1日至2日，全国文化厅局长座谈会在山西省太原市召开。

3日至14日，澳门乐团第十次赴内地巡回演出。

3日至8日，上海越剧院一行74人赴香港参加“中国戏曲节”，演出越剧红楼梦。

3日至8日，浙江婺剧团一行80人赴香港参加“中国戏曲节”。

3日至8日，中国京剧艺术基金会一行32人赴澳门演出两场京剧。

4日，文化部港澳台办主任助理李保宗会见并宴请台北市财政局局长邱大展。

8日，泰国前总理他信到国家博物馆参观。国家博物馆馆长吕章申会见了来宾。

8日至10日，《中国画史的梳理与重构》国际学术研讨会在国家博物馆召开。国家博物馆馆长吕章申出席并讲话。

8日至17日，文化部以中华文化联谊会名义与河北省人民政府举办“情系燕赵-两岸文化联谊行”活动，台湾100位文化界等各界知名人士赴石家庄、保定、蔚县、张北、承德等地参访，举办了两岸表演艺术传承与发展论坛、祭拜黄帝、炎帝、蚩尤三祖活动等。文化部副部长项兆伦、河北省副省长杨汭等出席开幕活动。文化部港澳台办主任张爱平出席闭幕活动。

10日至15日，香港嘉宾叶嘉星等3人赴陕西参加“海峡两岸文化交流活动”。

11日，中央精神文明建设指导委员会副主任刘淇同志到国家博物馆视察参观。国家博物馆馆长吕章申等陪同参观。

11日至15日，由文化部、上海市人民政府主办的第九届中国国际动漫游戏博览会在上海举行。

11日至18日，应台湾中华华夏两岸文经协会邀请，甘肃省天水市职工合唱团一行79人赴台湾演出。

12日，“国家图书馆三沙市分馆”挂牌成立。南海舰队政治部副主任卓怡新、文化部副部长董伟、国家图书馆副馆长魏大威出席在三沙市举行的启动仪式。

13日，中央政治局委员、北京市市委书记郭金龙到国家博物馆视察参观“复兴之路”基本陈列。北京市市长王安顺、市政协主席吉林及市委常委、市人大、市政府、市政协其他领导同志近40人一同参观。

14日至19日，华东理工大学合唱团一行64人赴香港参加香港国际青少年合唱节。

14日至22日，第九届“艺海流金—感悟瓷魂”对港澳大型文化交流活动在江西成功举办。文化部副部长董伟、江西省副省长朱虹出席开幕式并致词；江西省省长鹿心社和文化部副部长董伟共同会见了内地与港澳嘉宾代表。

15日至19日，石家庄市丝弦剧团一行58人赴香港参加“中国戏曲节”。

16日至22日，应台北如果儿童剧团邀请，中国儿童艺术剧院一行47人赴台湾演出。

17日至23日，土耳其政府文化代表团访问北京和乌鲁木齐，18日在京拜会李洪峰部长特别助理，20日代表团赴乌鲁木齐出席新疆国际民族舞蹈节。

18日至23日，湖南省湘剧院一行49人赴香港参加“中国戏曲节”。

19日至26日，土耳其歌剧芭蕾舞总局《玫瑰园》剧组来华参加新疆国际民族舞蹈节。

21日至25日，北京市曲剧团一行68人赴香港举行“2013北京舞台艺术香港行”演出活动。

21日至25日，文化部民族民间文艺发展中心组织承办的“香港青少年蒙古族文化艺术考察”活动在内蒙古自治区成功举办，来自香港王锦辉中学的约40名师生参与了活动。

21日至28日，应中华文化联谊会邀请，台湾大学艺文中心主任参访团一行20人来内蒙古和北京参访。文化部港澳台办主任助理李保宗会见并宴请该团。

21日至8月21日，应中华文化联谊会邀请，台湾戏曲学院19名学生来中国杂技团进行“艺传两岸”杂技培训。

21日至8月4日，香港驻京办与中华文化联谊会合作，在北京举办“英雄•本色——一个与香港有关的中国当代艺术展”，共展出展品114件。

22日至8月1日，“粤港澳青年文化之旅”成功举办，组织粤港澳三地142名大学生在香港、澳门、江西、广东四地开展活动。

22日至8月1日，全国木偶皮影优秀剧（节）目展演在山东东营举办。

23日，中国东方演艺集团召开党的群众路线教育实践活动动员大会。党委书记崔建飞对集团开展教育实践活动作了部署，董事长、总经理顾欣结合集团改革发展实际提出要求。文化部第四督导组组长刘玉珠作了讲话，对集团教育实践活动提出指导意见。

24日至29日，浙江新昌县调腔保护传承发展中心一行46人赴香港参加“中国戏曲节”。

24日至8月6日，应台湾多元化艺术事业有限公司邀请，国家京剧院一行88人赴台演出。

25日，文化部副部长丁伟主持召开对港澳台文化工作专题会，港澳台办领导班子全体成员出席会议。

25日至29日，全国曲艺优秀节目展演在山东滨州举办。

26日至28日，河北省杂技集团演艺有限公司一行39人赴香港演出杂技剧《印象花木兰》。

26日至29日，土耳其国家话剧院儿童剧《秃小子》剧组来京参加第三届中国儿童戏剧节。

29日至8月5日，国家博物馆馆长吕章申率代表团赴肯尼亚、南非，检查水下考古项目，商谈合作。

31日至8月1日，文化部在北京举办深化文化系统体制改革工作培训班。

31日至8月4日，由文化部、教育部联合主办的第五届中国少年儿童合唱节在江苏省常熟市举行。共有来自全国22个省(区、市)的25支合唱团队、1000多位少年儿童合唱队员参加。

31日至10月7日，故宫博物院与香港历史博物馆合作，在香港举办清代宫廷服饰展。

8 月

1日至6日，香港青年爱乐乐团一行84人赴北京，在国家大剧院参加“2013年京港台青少年系列音乐会”演出活动。

1日至6日，应国家大剧院邀请，台湾新竹青年国乐团一行99人来京参加“2013年国家大剧院京港台青少年系列音乐会”。

4日至6日，福建师范大学举办第一届海峡两岸文化发展论坛，60余名两岸专家学者出席，就两岸文化的共同特征、文化传统的时代意义、继承与发展等进行研讨。

7日至10日，应台湾宝业国际企业有限公司邀请，中国残疾人艺术团一行32人赴台湾演出。

8日至16日，文化部部长蔡武率中国政府文化代表团访问了斐济、瓦努阿图和新西兰，与斐政府签署了《中华人民共和国政府和斐济共和国政府双边文化交流合作谅解备忘录》。1日下午，丁伟副部长主持召开第十三届亚洲艺术节工作会议。会议听取了云南申办以来的主要工作情况和现阶段艺术节筹备工作进展汇报，并对下一阶段工作提出要求。5日，丁伟副部长会见新任驻泰国使馆大使宁赋魁，就中泰文化合作交流交换了意见，谢金英副局长陪同出席。

9日至12日，文化部副部长丁伟赴杭州、厦门调研对台文化交流基地建设并召开对台文化交流基地座谈会，文化部港澳台办主任助理李保宗陪同。

9日至25日，全国小剧场戏剧优秀剧目展演在北京举办。

12日，文化部出台《网络文化经营单位内容自审管理办法》，规范企业对自身内容审核和管理责任，强化政府对企业的指导服务和后续监管。

12日至16日，由文化部、河北省人民政府共同主办的“永远的辉煌”——第十五届中国老年合唱节在河北省承德市举行。全国有55个老年合唱团参演，合唱节期间将举办开、闭幕式，4场合唱展演以及进社区、进学校交流演出等活动。杨志今副部长出席闭幕式并颁发荣誉杯。

13日，第二届国家公共文化服务体系建设专家委员会成立大会在北京召开。新一届专家委员会初定57人，按照“二二制”原则，主要由高校科研机构专家学者、文化部直属单位推荐专家、地方公共文化单位专家组成。

13日至16日，福建省杂技团一行28人赴澳门，参加澳门福建体育会庆典演出。

14日至9月3日，第四届意会中国——阿拉伯中国采风系列活动在北京、新疆举行，共有来自13个阿拉伯国家的15位画家参加。

15日至24日，政协全国委员会办公厅一行11人赴澳门，举办“濠江情•中国梦”书画展。

16日，“黄永玉九十画展”在国家博物馆开幕。中央政治局委员、国务院副总理马凯于当日参观了展览，国家博物馆馆长吕章申等陪同。同日，中央政治局委员、中央书记处书记、中央宣传部部长刘奇葆在国家博物馆会见台湾小学生黄绎心。国家博物馆馆长吕章申等陪同。

16日至22日，第79届国际图联大会在新加坡举行，其卫星会议于13日至16日在泰国曼谷召开，国家图书馆馆长助理孙一钢率代表团参加会议。会议期间，国家图书馆代表团正式访问泰国国家图书馆和新加坡国家图书馆，并与两馆领导层就深入开展合作进行探讨；与澳大利亚国家图书馆、新西兰国家图书馆、南非国家图书馆、韩国国立中央图书馆等馆领导举行双边会谈，就双方关切的问题进行磋商。

19日至25日，应台湾中华海峡两岸客家文经交流协会和新竹县政府邀请，中华文化联谊会、福建省广播影视集团组派110人赴新竹举办“客家之歌•义薄云天”大型电视综艺晚会。22日，文化部港澳台办主任张爱平、主任助理李保宗与台湾“文化部”文化交流司司长王更陵一行举行两岸文化前瞻论坛第5次商谈。

21日至9月1日，中国东方演艺集团出品的大型风情音乐会《民乐也时尚——天下一家》、歌舞晚会《水墨中华 • 雅》和舞蹈晚会《天涯若比邻》参加2013年国家艺术院团演出季。

22日至26日，香港Metalware Technology(HK) Ltd公司和香港ENS公司赴广东参加第五届中国国际影视动漫版权保护和贸易博览会。

24日至9月9日，应台湾威景国际文化事业有限公司邀请，北京京剧院一行112人赴台演出。

25日至30日，南京越剧团一行65人赴香港举行越剧演出。

25日至9月26日，中华文化联谊会与中国美术馆在中国美术馆举办2013海峡两岸当代艺术展。文化部副部长丁伟出席26日举办的展览开幕式，文化部港澳台办主任助理李保宗致辞。25日至9月2日，应台湾弘梅雅集京昆艺术团邀请，福建京剧院一行93人赴台演出。

26日，承办首届“东亚文化之都”评选相关组织协调、具体实施和后勤保障工作。首届“东亚文化之都”评选活动终审工作会议在中国国家博物馆举行。泉州市成为我国唯一入选城市，当选首届“东亚文化之都”。

26日至28日，梧州市演艺有限责任公司一行52人赴澳门举行粤剧演出。

28日，文化部在长春召开了廉政文化建设经验交流会。中央纪委监察部有关部门、吉林省委宣传部、吉林省文化厅有关领导同志，全国各省市计划单列市文化厅局纪检监察机构负责人，文化部有关司局和直属单位有关同志参加了会议。李洪峰出席会议并讲话，总结了近年来廉政文化建设的经验，对进一步推进廉政文化建设提出新要求。会议同时举行了文化系统廉政文化教育基地授牌仪式。承办各海外文化中国中心“奖学之旅”体验团相关组织协调、具体实施和后勤保障工作。“奖学之旅”活动一直延续着“配合中国文化中心的教学培训工作，提高学员学习中国语言文化热情”的初衷。通过开展培训、参观体验、外省交流，使学员对中国文化具有鲜活、立体、全面的感知。

28至30日，由文化部恭王府管理中心和中外文化交流中心共同主办的“2013恭王府论坛”在北京举办。来自欧洲11个国家的17座古堡王宫博物馆负责人与来自中国11家皇家园林与王府博物馆负责人分享了中欧双方在文化遗产保护、文化旅游开发方面的理念与实践，探讨了交流与合作的形式与内容，建立了中国王府与欧洲古堡之间的合作机制。论坛期间，与会代表还共同签署了《中国明清王府博物馆与欧洲王宫古堡博物馆关于合作开展文化遗产保护和旅游开发的合作意向书》。

29日,“国家动漫公共素材库”上线发布会在天津滨海国际会议中心隆重举行。文化部文化产业司司长刘玉珠、副司长高政，国家图书馆副馆长魏大威等有关领导出席发布会。会上，刘玉珠、魏大威与动漫行业的四位专家共同启动国家动漫公共素材库上线。

29日至9月2日，由文化部文化产业司、天津市委宣传部、天津市文化广播影视局、天津市滨海新区人民政府共同主办的第四届中国（天津滨海）国际文化创意展交会在天津市滨海新区举办。29日，由文化部文化产业司、中国文化产业协会、天津市文化广播影视局、天津市滨海新区人民政府共同创办的中国动漫品牌峰会在天津市滨海新区召开。

31日至11月13日，故宫博物院与澳门艺术博物馆合作，在澳门举办“山水清晖——故宫、上博珍藏王鉴、王翚及虞山派绘画精品展”。

8月至11月，2013年全国美术馆馆藏精品展出季活动在全国开展。

8月至9月，2013年国家艺术院团演出季在北京举办。

9 月

2日，在中国人民抗日战争胜利及世界反法西斯战争胜利68周年纪念日前夕，国家图书馆联合上海交通大学整理出版的《远东国际军事法庭庭审记录》（全80卷）正式与读者见面，首发出版座谈会在国家图书馆举行。文化部副部长杨志今，中国社会科学院原副院长武寅，中国人民大学原党委书记程天权，国家图书馆馆长周和平，上海交通大学原党委书记、校务委员会名誉主任王宗光以及来自国家新闻出版广电总局、中央档案馆等单位相关负责人出席座谈会。国内多位近代史、中日关系、抗日战争研究专家以及“东京审判”中国法官梅汝璈、检察官向哲浚、检察组顾问倪征燠的子女等50余人参加会议。

3日，文化部副部长杨志今会见前来拜访的澳门特区政府社会文化司司长张裕，双方就内地与澳门的文化交流与合作等事宜充分交换了意见。

4日，原中央政治局常委、国家副主席曾庆红，原中央政治局常委贺国强，中央政治局委员、国务院副总理刘延东到国家博物馆参观“黄永玉九十画展”。中央党史研究室主任欧阳淞，文化部副部长杨志今，国家博物馆馆长吕章申等陪同参观。

4日至6日，开封大相国寺佛乐艺术团一行33人赴香港演出《大相国寺梵乐》。

4日至8日，应台湾中华文化总会邀请，中华文化联谊会、中国艺术研究院赴台举办汉字艺术节。文化部港澳台办主任助理李保宗等赴台出席开幕活动。

4日至9日，天津人民艺术剧院一行44人赴香港演出三场话剧《风华绝代》。

5日，丁伟副部长出席朝鲜驻华使馆国庆招待会活动，谢金英副局长陪同出席。

5日，文化部副部长丁伟在京会见了来华访问的美国鹰龙传媒有限公司总裁苏彦韬一行。

6日，原中央政治局委员、十一届全国政协副主席王刚到国家博物馆参观“黄永玉九十画展”。国家博物馆馆长吕章申等陪同参观。

6日至25日，中华文化联谊会、广东省人民政府、台北市政府在广东举办“两岸城市艺术节-台北文化周”活动。台北市全民大剧团、台北市立国乐团、朱宗庆打击乐团、台北市立美术馆、狠主流多媒体数码艺术现代舞等一行250余人来粤展演。文化部副部长丁伟、广东省副省长陈云贤、台北市副市长陈雄文等出席文化周开幕活动，文化部港澳台办副主任孙建华陪同。

8日至23日，应台湾击乐文教基金会邀请，国家大剧院一行96人赴台湾演出话剧“王府井”。

9日，蔡武部长会见纳米文化部长杰里。

9日至16日，湖北省歌剧舞剧院一行26人赴香港，参加香港中乐团第三十七乐季音乐会。

9日至18日，土耳其总统府交响乐团一行106人来华，在北京、乌鲁木齐、广州和深圳进行巡回演出。

10日，蔡武部长会见来华履新的韩国驻华大使权宁世。

10日，文化部指导中国互联网上网服务营业场所行业协会在上海举办转型升级论坛，明确上网服务企业“社区信息服务平台和多功能文化休闲场所”的社会定位，文化部党组成员、副部长项兆伦出席论坛。2013年在19个省（市、区）的部分地区开展准入试点工作，调整上网服务企业总量和布局规划，降低准入门槛，放开审批，会同公安、工信、工商等部门开展无照上网服务企业整治工作。在北京、洛阳、长沙等地开展“创新业态、提升形象”试点工作。2013年，先后组织“两节”“两会”期间专项整治，落实“净网”、“清源”、“秋风”三项“扫黄打非”行动，以打击侵犯知识产权、查处接纳未成年人为重点，切实加大明查暗访、督导检查等工作力度，强化网络文化市场执法协作机制，发布第十八、十九批黑名单，对626家违法违规网络文化经营单位进行查处。

10日至11日，国家图书馆主办的“网络资源采集与数字资源长期保存”研讨会在北京会议中心举办。来自国家档案局、国家科学图书馆、新西兰国家图书馆、新加坡国家图书馆以及60余所公共图书馆、专业图书馆和高校图书馆的专家和研究人员参加会议。

10日至22日，港澳画家杨恩生等5人赴广东参加“水沁三彩——港澳台三地水彩画家邀请展”。

10日至25日，应台湾社团法人台南市文化协会邀请，厦门市金莲升高甲剧团、厦门歌舞剧院一行74人赴台演出。

11日至12日，国家大剧院一行115人赴澳门举行管弦乐团专场演出。

12日，中国东方演艺集团参加了由文化部主办的2013年国家艺术院团演出推介会。集团董事长、总经理顾欣对三台新剧目做了详细介绍。

12日，中央政治局委员、中央书记处书记、中央宣传部部长刘奇葆邀请四川甘孜州基层优秀党员干部代表一行到国家博物馆参观“复兴之路”基本陈列。

13日，“中华文明历史题材美术创作工程创作草图观摩展”在国家博物馆剧场开幕。十一届全国政协副主席、中国文联主席孙家正，中国文联党组书记赵实，中国文联副主席左中一、冯远，国家博物馆馆长吕章申等出席开幕式。当日下午，在国家博物馆学术报告厅举办了中华文明历史题材美术创作工程学术研讨会，国家博物馆馆长吕章申等出席了研讨会。

13日，积极参与由中国文联组织的“中华文明历史题材美术创作工程”，国家画院前后数次召集研究员针对提出的历史题材，反复展开研讨，进行创作、看稿活动。该院共有7名艺术家选题入选。

13日，文化部部长蔡武在京会见了来访的巴西文化部长玛尔塔•苏普里奇，双方就加强两国文化高层往来、互办“文化月”、互设文化中心等事宜交换了意见。

13日至10月7日，安庆市杂技团一行9人赴香港参加各界庆祝“中秋节”及“国庆节”演出活动。

13日至11月28日，中华文化联谊会分别组派“美丽广西”综艺团、大陆民乐名家小组、四川艺术职业学院、甘肃风情摄影展、天津相声小组等“文化小分队”项目赴台交流。

13日至15日，应台湾政治大学邀请，国家大剧院音乐厅管弦乐团一行105人赴台湾演出。

13日至15日，应中国国际文化艺术公司邀请，高雄市交响乐团一行93人来北京、上海演出。

13日至18日，香港青年步操乐团一行130人赴上海参加上海旅游节演出活动。

13日至24日，应台湾佛光山文教基金会邀请，中国艺术研究院文学院院长莫言赴台演讲交流。

14日至12月8日，应台湾佛光山文教基金会邀请，中华文物交流协会赴台举办“光照大千——丝绸之路的佛教艺术展”，展出134件展品。

14日至18日，在中央文化干部学院举行第十届中国艺术节“群星奖”项目类和“群文之星”评审工作。

15日，“创建真实：人类情感大师威尔第”在国家博物馆开幕。国家博物馆馆长吕章申，意大利驻华大使白达宁等出席了仪式。

15日至19日，文化部副部长项兆伦率团分别赴香港、澳门出席第十四届“香江明月夜”和第二届“濠江月明夜”庆中秋演出活动。

16日至2014年1月11日，中华文化联谊会组派京剧、杂技教师赴台湾戏曲学院进行“艺传两岸”授课活动。

17日，“黄建华捐赠达利雕塑仪式”在国家博物馆举行。国家博物馆馆长吕章申，西班牙驻华大使马努埃尔·马里亚·巴伦西亚·阿隆索等出席了仪式。吕章申馆长向黄建华先生颁发了收藏证书。

17日至10月6日，文化部以中华文化联谊会名义与台湾中华两岸交流协会、江苏昆山市政府在昆山举办首届“海峡两岸中秋灯会”。灯会以“花开并蒂、灯映两岸”为主题，以丰富多彩的灯会为核心，辅以文艺表演、彩车巡游、美食、游艺等活动。文化部副部长董伟、海协会会长陈德铭、海基会会长林中森等出席灯会开幕活动。

18日至10月1日，四川省文化馆一行54人赴香港参加《同乐今宵》中秋彩灯会及庆祝国庆文艺演出。

18日至21日，中国残疾人艺术团一行27人赴香港参加高银金融地产控股有限公司成立20周年庆典演出活动。

18日至25日，丁伟副部长率团出访埃塞俄比亚和尼日利亚，向埃方提交在埃塞设立中国文化中心的谅备，与尼文化部长共同出席了尼中国文化中心揭牌仪式，张德江委员长出席并见证。

19日至25日，澳门美术展览馆吴方洲的摄影作品在山西参加“2013平遥国际摄影展”。

20日至24日，由文化部、国家新闻出版广电总局、东北三省人民政府共同主办的第五届中国东北文化产业博览会在沈阳举办。

21日，“化境——陈家泠艺术展”在国家博物馆开幕。中央政治局委员、国务院副总理马凯于当日参观了展览。人民日报社总编辑杨振武，原解放军副总参谋长熊光楷，文化部副部长项兆伦，全国政协副秘书长卢昌华，全国人大外事委员会副主任赵少华，中国艺术研究院院长王文章，国家博物馆馆长吕章申等出席了开幕式。

21日至25日，应河南文化联谊会邀请，台湾豫剧团和专家、学者一行63人来河南演出并举办“第十届海峡两岸河洛文化暨豫剧发展理论研讨会”。文化部港澳台办副主任赵海生参加有关活动。

21日至28日，第二届中国西部交响乐周在宁夏举办。

22日至25日，港澳嘉宾刘淑芬、王国强等5人赴北京参加中文文献资源共建共享合作会议理事会第七次会议。

22日至28日，集团选派4位青年同志参加2013年文化部文化青年走基层活动，走进山西娄烦盖家庄。

23日，美国子午线艺术中心展览。

23日，文化部部长蔡武在京会见了来访的特立尼达和多巴哥艺术与多元文化部长林肯•道格拉斯一行，双方就进一步加强文化领域人员往来，合作在华举办“加勒比音乐节”及在特多举办“欢乐春节”等活动交换了意见。

23日至29日，全国文化系统纪检监察干部业务培班在中央纪委杭州培训中心举办。来自全国文化系统纪检监察部门的50余位同志参加了培训。根据中央通知，王铁任中央纪委驻文化部纪检组组长、文化部党组成员，李洪峰不再担任中央纪委驻文化部纪检组组长、文化部党组成员。

24日至26日，第三届“黄河大合唱”合唱邀请赛在宁夏举办。

24日至26日，香港创智有限公司、香港游龙电子株式会社赴广州参加2013广州电子游戏国际产业展。

24日至28日，港澳嘉宾马逢国、吴志良等一行49人赴北京参加第22届中国金鸡百花电影节。

24日至30日，由文化部、中国驻俄罗斯大使馆举办的“影动梦想——中国当代动漫艺术展”在俄罗斯莫斯科中国文化中心举行。

25日至10月3日，广州军区政治部战士杂技团一行75人赴澳门举办庆祝中华人民共和国成立六十四周年文艺晚会暨杂技芭蕾舞剧《天鹅湖》专场演出。

25日至10月4日，应台北爱乐文教基金会邀请，北京全明星青少年合唱团一行78人赴台参加“魅力金秋悦动海峡”演出。

26日，“大美木艺——中国明清家具珍品”专题陈列在国家博物馆开幕。全国人大外事委员会副主任赵少华，全国政协港澳台侨委员会副主任、中国紫檀博物馆馆长陈丽华，国家博物馆馆长吕章申等出席了开幕式。

26日至28日，承办“第五届欧亚经济论坛文化分会”相关组织协调、具体实施和后勤保障工作。由文化部主办、该中心承办的第五届欧亚经济论坛文化分会在西安举办。本届论坛的主题为“全球化、新媒体时代的博物馆管理与发展”。来自欧亚地区19个国家的国家级博物馆馆长与来自中国各地11家主要博物馆的负责人就博物馆在全球化、新媒体时代如何服务社会、促进发展进行研讨。与会嘉宾将就博物馆与城市发展，博物馆与社会可持续发展，博物馆与科技进步，博物馆与新媒体，博物馆在公众教育、服务社会中的作用，博物馆与志愿者以及中国——欧亚国家的区域交流与合作等议题进行了深入研讨。

27日，“青春万岁——王蒙文学生涯六十年展”在国家博物馆开幕。原中央政治局常委、中纪委书记吴官正于当日参观了展览。九届全国政协副主席胡启立，十一届全国政协副主席郑万通，原解放军副总参谋长熊光楷，原文化部部长、著名作家王蒙，中宣部副部长翟卫华，中国文联副主席赵实，中国作家协会主席铁凝，中国作家协会副主席李冰，文化部副部长董伟，中国文联副主席李屹，国家博物馆馆长吕章申，国务院参事室中央文史研究馆副馆长冯远，中国作家协会副主席何建明，中央党校副校长李书磊等出席了开幕式。

28日至10月5日，与常州市成功举办了“第十届中国（常州）国际动漫周”。由文化部和江苏省人民政府主办，第十届中国（常州）国际动漫艺术周在江苏省常州市举行。动漫节邀请了国内和国际的知名动画专业人士担任评委评审，保证了赛事的国际知名度和影响力。动漫大赛共有来自31个国家和地区，500多部优秀原创动漫影片参加。

29日，“鹏翼展天宽——欧豪年书画展”在国家博物馆开幕。中华文化发展促进会常务副会长邢运明，中国艺术研究院院长王文章，国家博物馆馆长吕章申，著名画家欧豪年等出席了开幕式。

29日，全国文化市场技术监管与服务平台上线运行暨启动试点工作视频会议在北京召开，文化部党组成员、副部长项兆伦出席会议。全国文化市场技术监管与服务平台建设取得阶段性成果。

30日，《永乐大典》（卷2272至2274卷“模”字韵“湖”字，一册）入藏国家图书馆仪式暨《永乐大典》特展开幕式在国家图书馆举行。文化部副部长、国家文物局局长励小捷，国家图书馆馆长周和平，国家文物局副局长宋新潮，国家图书馆党委书记、常务副馆长詹福瑞，国家文物局博物馆与社会文物司司长段勇出席仪式。文化部、国家文物局、中国文物信息咨询中心、国家图书馆有关负责人，以及中国工程院院士、国家文物鉴定委员会主任傅熹年等专家学者参加仪式。

9月，与德国贝塔斯曼基金会、北京大学德国研究中心联合举办“敢于信任—首届中德领袖论坛”。

9月，与对外友协合作，组织艺术家赴印尼举行展览并采风写生活动，代表团受到印尼总统、国王接待。

9月，在中国驻美国领事馆展览举行扇面小品展，多国驻联合国大使出席开幕酒会。

10 月

2日至9日，中国残疾人艺术团一行45人赴香港参加庆祝香港中文大学成立50周年公益演出。

4日至31日，港澳嘉宾徐惟聆、莫华伦赴北京参加第十六届北京国际音乐节。

4日至7日，国家博物馆在香港举办“复兴之路”展览。

5日至2014年1月5日，应台湾财团法人佛光山文教基金会邀请，河南省文物局赴台进行举办“佛国墨影——河南巩义石窟寺拓片展”，展出80件展品。

6日，原中央政治局常委、全国政协主席贾庆林到国家博物馆参观“青春万岁——王蒙文学生涯六十年展”。原文化部部长、著名作家王蒙，文化部部长蔡武，国家博物馆馆长吕章申等陪同参观。

6日至11日，上海戏剧学院及附属戏曲学校一行54人赴香港参加庆祝香港中文大学建校50周年京昆戏曲演出。

7日，文化部副部长、国家文物局局长励小捷会见来天津出席东亚运动会开幕活动的台湾“行政院政务委员”黄光男，文化部港澳台办主任助理李保宗作陪。

8日至2014年1月7日，两岸故宫合作在台北故宫

举办“十全乾隆—清高宗的文化品位展”，11月在北京故宫举办以“乾隆皇帝的艺术品位”为主题的“两岸故宫第四届学术研讨会”。故宫博物院院长单霁翔一行于6日至10日赴台出席展览开幕活动。

10日，《文化部关于2013年全国文化信息资源共享工程及公共电子阅览室建设计划督导情况的通报》印发。

10日至15日，文化部邀请港澳嘉宾刘汉祺、张晓光等21人赴山东观摩第十届中国艺术节。

11日，“陈家泠艺术作品捐赠仪式暨学术研讨会”在国家博物馆举行。国家博物馆馆长吕章申向陈家泠先生颁发收藏证书并讲话。

11日，第十届中国艺术节开幕式在山东济南举行。

11日至14日，湖南省歌舞剧院有限责任公司等一行85人赴澳门参加第十一届澳门妈祖文化旅游节演出。

11日至26日，第十届中国艺术节在山东举办。

12日，由中国国家画院承办的“第十届中国艺术节全国优秀美术作品展”在山东省美术馆新馆开幕。展出了数百件全国范围内的优秀美术作品，成为第十届中国艺术节期间最为重要的美术作品展览。

12日至15日，应台湾妈祖经贸文化交流协会邀请，福建省实验闽剧院一行60人赴台演出。

14日，杨志今副部长会见来华出席“第二届尼日利亚文化周”的尼文化部长杜克。

14日至16日，国家图书馆主办的数字图书馆推广工程·全国图书馆参考咨询协作网“图书馆参考咨询业务培训班”在青岛举办，来自全国38家副省级以上图书馆的60余名参考咨询业务骨干以及业务管理人员参加培训。

15日，由中华人民共和国文化部主办、中国国家画院与曼谷中国文化中心承办的“中国风格•中国国家画院国画作品展”在曼谷中国文化中心开幕。

15日，中央政治局委员，国务院副总理马凯到国家博物馆参观“青春万岁——王蒙文学生涯六十年展”。原文化部部长、著名作家王蒙，国务院参事室主任陈进玉，国家博物馆馆长吕章申等陪同参观。

15日至16日，“2013中阿丝绸之路文化之旅中国—阿拉伯国家博物馆馆长论坛”在国家博物馆开幕。13个阿拉伯国家和中国10余家博物馆馆长参加论坛。中国文化部副部长丁伟，埃及文物部副部长艾哈迈德·谢里夫，国家博物馆馆长吕章申等出席了开幕式。论坛发布了《中国——阿拉伯国家博物馆馆长北京宣言》。

15日至24日，中国阿拉伯国家博物馆馆长论坛在华召开，共有来自12个国家的15位外宾参加，并访问北京、泉州、西安三地。

16日，文化部港澳台办主任助理李保宗会见并宴请台湾“两厅院”董事长朱宗庆。

16日至19日，国家图书馆和山东省图书馆主办，青岛市图书馆协办的“2013 年全国图书馆参考咨询工作研讨会”在山东青岛举办。国家图书馆馆长助理汪东波出席会议并致开幕辞，来自全国50余所公共图书馆、专业图书馆以及高校图书馆的90余位专家、参考咨询馆员和业务管理者参加会议。

17日至21日，香港艺术节何嘉坤等嘉宾赴上海观摩2013年第十五届中国上海国际艺术节演出交易会。

19日，国家图书馆、三联书店共同主办的“看见梦想的力量——国际佛光会图书捐赠、星云大师演讲暨《百年佛缘》新书首发”活动在国家图书馆举行。星云大师，国家宗教事务局原局长、中央社会主义学院党组书记、第一副院长叶小文，国家图书馆馆长周和平，国际佛光会中华总会总会长赵丽云，以及来自国家宗教事务局、国务院台办、文化部、国家图书馆、国家博物馆、清华大学、北京师范大学、中国出版集团公司、三联书店等有关负责同志出席活动。

19日，中央政治局委员、中央书记处书记，中央宣传部部长刘奇葆到国家博物馆参观“青春万岁——王蒙文学生涯六十年展”。原文化部部长、著名作家王蒙，中国作家协会主席铁凝，中宣部副部长黄坤明，国家博物馆馆长吕章申等陪同参观。

20日，“中国风格•中国国家画院赴毛里求斯书法作品展”在毛里求斯中国文化中心开幕。

20日至23日，国家图书馆和中国图书馆学会信息组织专业委员会主办、厦门市图书馆协办的“第三届全国文献编目工作研讨会”在福建厦门举办。国家图书馆馆长助理、中国图书馆学会信息组织专业委员会主任汪东波出席会议并致辞，来自厦门市文化广电新闻出版局，中国版本图书馆，厦门市图书馆，福建省图书馆等单位的负责同志出席会议开幕式。来自全国23个省、自治区、直辖市的140余名图书馆界代表参加会议。

20日至24日，上海民族乐团一行100人赴澳门参加第27届澳门国际音乐节演出。

22日至23日，香港嘉宾郭玉梅等2人赴北京参加“中文名称规范联合协调委员会”第十一次会议。

23日，故宫研究院成立大会在故宫博物院举行。文化部副部长项兆伦、国家文物局副局长董保华、故宫博物院院长单霁翔、故宫研究院院长郑欣淼及吴良镛、戴逸、李学勤、李伯谦等数十位院内外专家学者出席。

23日，在习近平主席宴请印度总理辛格的欢迎晚宴上，集团11位青年艺术家表演了印度舞蹈《阿拉瑞普》、中国傣族舞蹈《碧波孔雀》等，演出得到了领导人的一致肯定。

24日至27日，文化部副部长项兆伦以特邀嘉宾身份出席在南宁举办的第九届两岸经贸文化论坛。文化部港澳台办主任助理李保宗以特邀专家身份出席。

24日至27日，应上海文化联谊会邀请，台湾国乐团一行83人来沪参加第15届中国上海国际艺术节和首届上海市民文化节活动。

24日至28日，由中华文化联谊会、福建省文化厅、厦门市人民政府主办的“2013海峡两岸民间艺术节”在厦门举办。台湾明华园戏剧总团等280余人参加艺术节。文化部副部长项兆伦出席开幕活动，文化部港澳台办主任助理李保宗陪同。

25日，“中日代表书法家作品展”在国家博物馆开幕。国家博物馆馆长吕章申分别向中国书法家代表陈洪武和日本书法家代表田中节山颁发捐赠收藏证书。中国书法家协会主席张海，中国书法家协会分党组书记、驻会副主席赵长青，全日本书道联盟副理事长清水透石等出席了开幕式。

25日至28日，由文化部、中央台办、国家新闻出版广电总局、福建省人民政府主办的第六届海峡两岸（厦门）文化产业博览交易会在厦门举办。文化部副部长项兆伦出席开幕活动，文化部港澳台办主任助理李保宗陪同。

26日至11月8日，中华文化联谊会组派大陆艺术家25人赴台进行“艺绘两岸”艺术创作。

27日至30日，澳门排排舞总会排舞队一行30人赴浙江参加“中华同心”排舞邀请赛。

28日至11月3日，第四届中国西安国际民间影像节。由中外文化交流中心主办、陕西文化产业投资控股（集团）有限公司承办的第四届中国·西安国际民间影像节在西安举办。本届影像节吸引了来自42个国家和地区的3260部作品报名参赛，并邀请了包括韩国釜山电影节主席等5位著名专家担任评委。影像节期间，举办了2013西安国际动画电影节、中韩主题日、2013西安亚洲民间影像年度展、国际展映季等多项活动。此外，包括美国国家地理频道等30家海外机构与影像节签署了合作协议。

29日，“地中海文明——法国卢浮宫博物馆藏文物精品”展在国家博物馆开幕。文化部部长蔡武，国家文物局副局长董保华，国家博物馆馆长吕章申，法国卢浮宫博物馆馆长让—吕克·马丁内兹，法国驻华公使白良等出席了开幕式。

29日，第九届全国杂技比赛在重庆开幕。

29日至11月3日，由文化部港澳台办公室和澳门文化局共同主办的第四届澳门特区文化管理高级研修班在安徽省黄山市成功举办，来自澳门文化遗产管理单位、社团代表及特区政府文化官员共19人参加。

30日，“雕刻·记忆——中国紫檀博物馆馆藏紫檀制天坛、安定门古建模型展”在国家博物馆开幕。海峡两岸关系协会顾问陈云林，全国人大外事委员会副主任赵少华，全国政协港澳台侨委员会副主任、中国紫檀博物馆馆长陈丽华，国家博物馆馆长吕章申，故宫研究院院长郑欣淼等出席了开幕式。

31日，由中国国家画院、中国上海国际艺术节中心、中华艺术宫联合主办的“第十五届中国上海国际艺术节——写意中国•2013中国国家画院国画、书法、版画邀请展”开幕式在上海中华艺术宫举行。

10月，《地中海文明——法国卢浮宫博物馆馆藏文物精品》在国家博物馆开幕。

10月，故宫博物院、上海博物馆、敦煌研究院、辽宁省博物馆、天津博物馆联合在英国维多利亚和阿尔伯特博物馆联合举办《700-1900中国古代绘画精品展》。

10月，通过与国内外文化基金会、企业的合作，举办了“Chifra中法文化艺术展”。《2013chifra中法艺术交流展》由文化部中外文化交流中心主办、索非亚国际艺术基金会协办，共展出28名中国艺术家和14名法国艺术家超过200件作品。通过精美的油画、雕塑和版画作品，向观众们呈现中法老中青三代艺术家的探索和追求。

10月至12月期间，第十届中国艺术节“全国优秀美术作品展览”在济南举办。

11 月

3日至9日，应台湾文化艺术发展促进会邀请，宁波市演艺集团一行70人赴台演出。

4日，故宫学院成立典礼在北京国际职业教育学校总部校区举行。国家文物局副局长董保华，国家文物局副局长、中国博物馆协会理事长宋新潮，国际博物馆协会主席汉斯-马丁•辛兹（Han-Martin Hinz）等近150人出席。

4日至9日，文化部支持举办的第八届“国粹香江校园行”活动在香港成功举行，在香港科技大学等5所知名学府举办了秦腔知识讲座及示范演出。

5日，“哈萨克斯坦古代珍宝展”在国家博物馆开幕。哈萨克斯坦文化与信息部部长库尔穆·哈梅德，哈萨克斯坦驻华大使努·叶尔梅克巴耶夫等出席了开幕式。

5日，“鲁本斯、凡·戴克与佛兰德斯画派——列支敦士登王室珍藏展”在国家博物馆开幕。国家主席习近平专门发来贺信，对该展在国家博物馆的举办表示热烈的祝贺。文化部部长蔡武出席仪式并宣读了习近平主席的贺信。列支敦士登公国摄政王储阿洛伊斯殿下，列支敦士登公国外交、教育和文化部长奥蕾利亚·弗里克，国家博物馆馆长吕章申等出席了开幕式。

5日，应国家大剧院邀请，台湾台北艺术大学管乐团一行55人来北京演出。

5日至11日，浙江昆剧团一行60人赴香港演出《解怨记》。

6日，文化部、财政部在上海召开国家公共文化服务体系示范区（项目）创建工作会议，江苏省苏州市等31个城市正式成为我国首批国家公共文化服务体系示范区。

6日，文化部、财政部在上海召开国家公共文化服务体系示范区（项目）创建工作会议，江苏省苏州市等31个城市正式成为我国首批国家公共文化服务体系示范区。

6日至10日，由文化部、国家新闻出版广电总局、北京市人民政府共同主办的第八届中国北京国际文化创意产业博览会在北京举办。

6日至8日，人民政协报社6人赴香港协助“和谐盛世，艺术辉煌——‘一代极品’猛犸牙雕”展览布展、撤展工作。

6日至9日，香港浸会大学图书馆馆长李海鹏1人赴北京参加2013年中国图书馆年会。

7日，文化部副部长丁伟会见台湾中华两岸文化艺术基金会会长庄汉生，文化部港澳台办副主任蒲通陪同。

7日，中央精神文明建设指导委员会副主任刘淇到国家博物馆视察参观，观看了“鲁本斯、凡·戴克与佛兰德斯画派——列支敦士登王室珍藏展”和“地中海文明——法国卢浮宫博物馆藏文物精品”展。

7日至9日,“2013年中国图书馆年会——中国图书馆学会年会·中国图书馆展览会”在上海市浦东新区举办。本届年会由文化部主办，文化部公共文化司、文化部文化产业司、上海市文化广播影视管理局、上海市浦东新区人民政府、中国图书馆学会、国家图书馆、文化部全国公共文化发展中心共同承办。本届年会的主题为“书香中国——阅读引领未来”，分为工作会议、学术会议、展览会三大板块。文化部副部长杨志今，上海市副市长翁铁慧，国家图书馆馆长、中国图书馆学会名誉理事长周和平，上海市政协副主席、浦东新区区长姜樑和国际图书联合管理委员会委员严立初等出席7日的开幕式。

7日至9日，香港中英剧团6人、澳门杨氏动画设计有限公司1人赴广州参加2013中国广州国际演艺交易会。

7日至9日，由文化部主办的“2013年中国图书馆年会——中国图书馆学会年会·中国图书馆展览会”在上海市浦东新区举办，主题为“书香中国——阅读引领未来”，由工作会议、学术会议、展览会3大板块组成。

8日，2013全国公共图书馆工作会议在上海召开，总结全国第五次县以上公共图书馆评估定级工作，研究部署公共图书馆事业发展、公共数字文化重点工程建设及全国古籍保护工作。

8日，文化部副部长丁伟会见并宴请前来参加北京文博会的台中市副市长蔡炳坤和台北市文化局局长刘维公一行，文化部港澳台办主任助理李保宗陪同。

8日，文化部副部长丁伟会见了来京访问的澳门基本法推广协会代表团一行28人，双方就加强内地与澳门文化交流与合作交换了意见。

8日，由文化部文化产业司和中国人民大学共同主办的“文化中国•中国文化产业指数发布会”在北京召开。

8日至10日，台北故宫冯明珠院长率队来院出席“两岸故宫学术研讨会——乾隆皇帝的艺术品味”研讨活动。

9日至10日，应故宫博物院邀请，台北故宫博物院院长冯明珠一行11人来京参加“两岸故宫第四届学术研讨会”。

10日，“承古融今星汉灿烂——中国嘉德艺术品拍卖20年精品回顾展”在国家博物馆开幕。原国家文物局局长张德勤等出席了开幕式。

11日至13日，文化部支持中国文化产业协会组团以主宾国身份在加拿大魁北克参加第十届蒙特利尔国际游戏峰会。

11日至17日，应台北市文化艺术促进协会邀请，文化部党组副书记、副部长杨志今以中华文化联谊会顾问身份赴台湾访问，出席“首届海峡两岸文化遗产节”开幕活动，会见国民党荣誉主席吴伯雄、海基会会长林中森、文化部副部长洪孟启等。

12日，文化部以中华文化联谊会名义与浙江省人民政府共同举办的“首届海峡两岸文化遗产节•护生画集展”在台中开幕。文化部副部长杨志今出席开幕活动，文化部港澳台办主任助理李保宗陪同。

12日上午，文化部副部长丁伟会见了来京访问的香港康文署署长冯程淑仪一行，双方就内地与香港在文化交流与合作方面取得的成果及未来可加强合作的领域交流了意见。

12日至15日，文化部部长蔡武率团赴港出席2013“亚洲文化合作论坛”并在论坛文化部长座谈会上发表演讲。

14日至15日，全国文化法制联络员研讨培训班在北京举行。

16日，“傅申学艺展”在国家博物馆开幕。台湾新党主席郁慕明，全国政协副秘书长卢昌华，中国文联党组书记、副主席覃志刚，艺术家傅申先生等出席了开幕式。

17日至23日，土耳其安卡拉加济大学音乐小组来华访问，在北京、上海相关音乐院校举办音乐工作坊和音乐会。

18日，土耳其安纳托利亚文明展在上海博物馆顺利开幕。土耳其文化旅游部副次长法鲁克来华访问上海并参加展览开幕式。

18日，文化部董伟副部长在云南昆明会见了应邀出席第十三届亚洲艺术节的柬埔寨文化艺术大臣彭萨格纳一行。

18日至27日，文化部“原创动漫边疆推广计划”动漫进云南活动在昆明市举行。

19日，国家图书馆、中国非物质文化遗产保护中心主办，杭州十竹斋艺术馆承办的十竹斋木版水印非遗艺术传承文献展在国家图书馆古籍馆开幕。第九、十届全国人大常委会副委员长、中华文化促进会名誉主席许嘉璐，第十、十一届全国人大常委会副委员长、中国科学院院士、中国工程院院士路甬祥，第十一届全国人大教科文卫委员会副主任委员、国务院原副秘书长李树文，文化部原副部长、中国非物质文化遗产保护中心主任、中国艺术研究院院长王文章，国家图书馆副馆长张志清等出席开幕式并致词。

19日，印发《第十届中国艺术节“群星奖”评选结果通知》。

19日至20日，2013亚洲图书馆馆长论坛在云南昆明成功举办，论坛通过了《亚洲图书馆昆明宣言》。文化部副部长董伟、云南省副省长高峰、国家图书馆馆长周和平和国际图联秘书长詹妮弗·尼克尔森等出席开幕式，董伟、高峰、詹妮弗·尼克尔森先后致辞，文化部公共文化司巡视员刘小琴主持开幕式。

21日配合住建部，在国宾酒店举办“中欧城镇化伙伴关系论坛·人文城市分论坛”。

21至24日，文化部以中华文化联谊会名义与浙江省人民政府、台湾商业总会在台北举办第四届海峡两岸文化创意产业展，同时举办文化创意产业发展研讨班。首次采取主宾省形式组展，浙江、重庆等90余人、130余展位参展。文化部副部长项兆伦出席开幕活动，文化部港澳台办副主任蒲通陪同。

22日，文化部在国家图书馆举办“文化与法治”法学名家讲座第三讲，邀请北京大学法学院王锡锌教授作题为“政府治理中的法制建设”的讲座。

22日至24日，由文化部文化产业司和贵州省文化厅联合主办的第7届亚洲青年动漫与数字艺术大赛在贵州贵阳举办。

22至23日，承办中俄文化旅游论坛相关组织协调、具体实施和后勤保障工作。由中俄两国文化部主办、我中心参与承办的首届中俄文化旅游论坛在俄罗斯圣彼得堡举办。来自中国文化艺术领域的著名专家学者、专业人士和政府官员共21位代表与俄罗斯同行就中俄两国文化交流与合作、公共外交、当代文学、电影、文化创意产业等议题进行了广泛深入的探讨。

23日至29日，上海戏剧学院附属戏曲学校一行68人赴澳门参加“全澳中学生普及艺术教育计划——鉴赏国粹、细味戏曲”演出活动。

24日至27日，广西北海市文艺交流中心一行35人赴澳门交流演出。

27日至28日，文化部“十二五”时期文化改革发展规划中期评估工作会议暨培训班在北京举办。

27日至30日，文物局局长励小捷参加香港“内地贵宾访港计划”访问香港，并出席香港“文物保育国际研讨会”。

27日至12月1日，成龙等13名港澳电影界人士赴北京参加影协第九次全国代表大会。

30日至12月9日，中央芭蕾舞团一行28人赴澳门举行“走进芭蕾2013”教育演出活动。

11月，“列支敦士登王室珍藏展”在国家博物馆开幕，国家主席习近平和列支敦士登大公为展览发贺信。

11月，第十八届全国音乐作品（民乐）评奖在北京进行。

11月至12月，文化部分别以“演艺企业发展战略”“艺术创作和产品推广”“演艺产品营销”为主题进行三期全国演艺企业经营管理人才培训班培训。

12 月

1日至20日，香港画家文凤仪、梁嘉贤2人携作品赴深圳参加“第八届深圳国际水墨双年展”。

2日，国务院总理李克强陪同在华进行访问的英国首相戴维·卡梅伦来国家博物馆参观。李克强总理和卡梅伦首相观看了“中国古代青铜器艺术”、“中国古代佛造像艺术”等展览。国家博物馆馆长吕章申陪同，并为总理和首相介绍了展品。同日，国家博物馆与国务院信息化办公室合作举办“网络文化名人游国博”活动，国家博物馆馆长吕章申向40多位网络文化名人介绍了国家博物馆历史沿革和事业发展概况。

2日至8日，应台湾文创平台发展基金会邀请，故宫博物院学术委员会主任郑欣淼等赴台访问。

3日,“古籍普查重要发现暨第四批国家珍贵古籍特展”在国家图书馆总馆北区开展。展览由文化部、国家文物局主办，国家图书馆（国家古籍保护中心）承办，全国60家公共图书馆、高校图书馆、博物馆、民族宗教系统等古籍收藏机构联合举办。展览从第四批《国家珍贵古籍名录》1516部古籍文献中精选110余部极具代表性的古籍珍品展出。展品包含甲骨文、敦煌遗书、宋元旧拓、古代舆图、民族古籍和外文善本等，不少珍贵文献为首次面向公众展出。

3日，第三届“艺术水立方”杯国际书画大展暨中国国家画院美术作品展在国家游泳中心“水立方”开展。

3日至4日，“汉学家与中外文化交流”座谈会在国家博物馆举行。中央政治局委员、中央书记处书记，中央宣传部部长刘奇葆4日出席了座谈会，文化部部长蔡武，副部长丁伟，中国艺术研究院院长王文章，国家博物馆馆长吕章申等出席。

3日至8日，承办首届国际汉学家座谈会相关组织协调、具体实施和后勤保障工作。由文化部主办、我中心承办的“汉学家与中外文化交流”座谈会在北京举办。来自17个国家的21位著名汉学家和中国问题研究学者与中国15位著名作家和学者就“文化交流：碰撞与交融，共性与差异”、“中国当代作品译介”和“世界文学中的中国文学：现状与发展”等3个议题进行了广泛深入的探讨。活动期间，还组织海外汉学家赴东亚文化之都——泉州进行了学术考察。

4日，文化部副部长杨志今会见台湾佛光山如常法师等，文化部港澳台办主任助理李保宗参加会见。

4日，在第28个国际志愿者日到来前夕，全国文化志愿服务工作现场经验交流会在福建省厦门市召开。

5日，第十一届全国人大常委会副委员长陈至立到国家博物馆参观“大美木艺——中国明清家具珍品展”。

7日，文化部副部长董伟参加由中华文化联谊会等单位主办的中华两岸书画艺术交流展及研讨会开幕活动，文化部港澳台办主任助理李保宗陪同。

10日，中国国家画院将赴法国文化中心举行展览开幕式，并为中国国家画院巴黎创作中心举行揭牌仪式。

10日至2014年3月，故宫博物院与澳门艺术博物馆合作，在澳门举办“清心妙契——中国茶艺文物展”。

11日至16日，中央民族乐团一行20人赴澳门与澳门中乐团合演《豪情绽放庆回归》音乐会。

12日至13日,国家图书馆主办的“第十四届全国省、自治区、直辖市、较大城市图书馆馆长联席会议”在国家图书馆召开，会议主题是围绕全国公共图书馆服务体系建设问题进行研讨。国家图书馆馆长周和平、文化部公共文化司巡视员刘小琴、国家图书馆领导班子成员和全国公共图书馆50余位馆长出席会议。

12日至18日，应台湾“文讯”杂志邀请，中国作家协会副主席陈崎嵘一行赴台参加“两岸获奖作家座谈会”。

13日，2013年全国美术馆年会在济南召开。

13日至18日，国家林业局一行5人赴香港举办“弘扬生态文明、建设美丽中国”书画展。

15日，“科技梦·中国梦——中国现代科学家主题展”在国家博物馆开幕。中国科协常务副主席、党组书记、书记处第一书记申维辰，中国科协副主席、党组副书记、书记处书记程东红，国资委副主任、党委委员徐福顺，中国科学院副院长李静海，国家博物馆馆长吕章申等出席了开幕式。

16日至19日，吉林省交响乐团一行72人赴香港演出。

18日，文化部港澳台办主任张爱平会见国台办交流局局长程金中，文化部港澳台办主任助理李保宗陪同。

19日，文化部副部长丁伟在京会见了来访的美国高盛集团副董事长马克•史华兹一行，双方就如何加强中美文化交流交换了意见。

19日至21日，文化部港澳台办主任张爱平应邀赴澳门参加庆祝澳门回归祖国14周年大型文化活动——“澳门拉丁城区幻彩大巡游”。

20日，台湾星云法师获得文化部、中央电视台等单位主办的“2013中华之光传播中华文化年度人物奖”，文化部部长蔡武等出席颁奖典礼。

20日至24日，中国广播艺术团一行81人赴澳门参加“第五届澳门国际电影节颁奖典礼”演出。

22日至15日，土耳其当代影像艺术展在上海民生现代美术馆举办。

23日，“巨人毛泽东——毛泽东书法与当代名家雕塑绘画展”在国家博物馆开幕。中央档案馆馆长杨冬权，国家博物馆馆长吕章申，毛泽东同志的女儿李敏，中国美协名誉主席、中国文联副主席靳尚谊等出席了开幕式。

24日，李立言局长助理出席在中央美术学院美术馆举行的土耳其视觉艺术展开幕式。

24日，全国政协副主席、台盟中央主席林文漪到国家博物馆参观“地中海文明——法国卢浮宫博物馆藏文物精品”、“鲁本斯、凡•戴克与佛兰德斯画派——列支敦士登王室珍藏展”。

25日，“东方红•中国梦——2013美术作品邀请展”在国家博物馆开幕。原解放军总装备部副部长张建启，国家博物馆馆长吕章申，著名画家龙瑞，著名书法家谢云等出席了开幕式。

25日至30日，遵义市杂技歌舞艺术有限公司一行50人赴香港演出。

26日至29日，全国文化市场综合执法岗位练兵技能比武活动复决赛在北京举行，文化部党组书记、部长蔡武，党组成员、副部长项兆伦，新闻出版广电总局党组成员、副局长阎晓宏等出席观看决赛下半场，并为获奖代表颁奖。活动期间，全国各级共培训执法人员8万余人次，执法人员的工作能力和专业素养大幅提升，多部门协作机制进一步深化，执法队伍的战斗力、凝聚力、向心力进一步增强。

26日至31日，澳门乐团一行90人赴内地举办第十一次内地巡回音乐会。

27日，文化部在京召开2013年年终工作总结会。

29日，中央政治局委员、国务院副总理刘延东到国家博物馆参观“科技梦•中国梦——中国现代科学家主题展”。中国科协常务副主席、党组书记、书记处第一书记申维辰，国务院副秘书长江小涓，科技部副部长王志刚，文化部副部长董伟，国家博物馆馆长吕章申等陪同参观。

30日，文化部非物质文化遗产司、国家图书馆和中国丝绸博物馆共同主办的“丝绸的记忆——中国蚕丝织绣暨国家级非物质文化遗产项目特展”在国家图书馆开展。5位国家级非遗项目代表性传承人将各自作品捐赠国家图书馆。国家图书馆馆长周和平代表国家图书馆接受捐赠并颁发收藏证书，文化部非物质文化遗产司司长马文辉在捐赠仪式上致辞。

12月，“十大昆曲优秀剧目”展演在北京举行。

12月，印发《文化部关于2013年数字图书馆推广工程督导情况的通报》。

12月初，中国国家画院与对外友协合作，在巴黎卢浮宫举行美术作品展。

12月下旬，中国国家画院与德国美术家协会联合举办中德美术交流展。

12月底，“新中国美术家”系列作品展，在文化部艺术司和中国美术家协会等机构的支持下，中国国家画院将以全国各省、自治区、直辖市为单位，精选1949年以后出生的优秀美术家，陆续在中国国家画院美术馆举办展览，同时召开学术研讨、出版展览作品集，翔实深入地记录美术家的创作历程、艺术特点、艺术理想，将为当代美术史研究留下一部完整的、鲜活的进入新中国美术史的艺术史料档案的重要展览策划，包括浙江、江苏两个重量级省份进京展举办。

中国文化年鉴

Almanac Of Chinese Culture

文化机构人员

Cultural Organization Staff

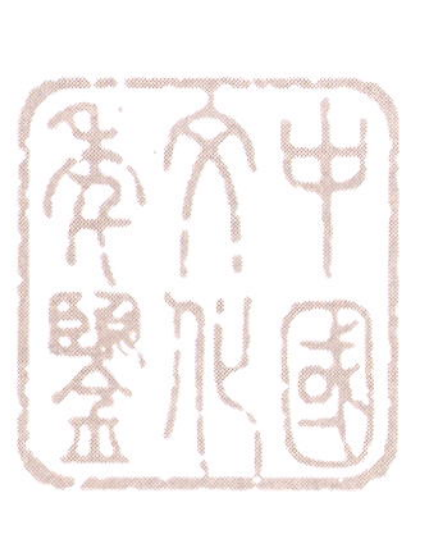

部领导
（截至2013年12月31日）

部长、党组书记：蔡　武
副部长、党组副书记：杨志今
副部长、党组成员、国家文物局局长：励小捷
副部长、党组成员：项兆伦
中纪委驻部纪检组长、党组成员：王　铁
副部长、党组成员：董　伟
副部长、党组成员：丁　伟
党组成员、故宫博物院院长：单霁翔

机关司局领导名单
（截至2013年12月31日）

副部长、党组成员兼艺术司司长：董　伟
办公厅主任：于　群
办公厅副主任兼机关服务中心主任：都海江
办公厅副主任：熊远明
办公厅副主任：陈发奋
政策法规司司长：韩永进
政策法规司副司长：李红琼
政策法规司副司长：王建华
人事司司长：张雅芳
人事司副司长：汪志刚
人事司副司长：张士军
财务司司长：赵　雯
财务司副司长兼文化部海外文化设施建设管理中心主任(正局级)：饶　权
财务司副司长：马秦临
艺术司副司长：陶　诚
艺术司副司长：张凯华
艺术司副司长：诸　迪
文化科技司司长：于　平
文化科技司副司长：王　丰
文化市场司司长：李　雄
文化市场司副司长：庹祖海
文化市场司副司长：陈　通
文化市场司副司长：刘　强
文化产业司司长：刘玉珠
文化产业司副司长：高　政
文化产业司副司长：吴江波
公共文化司司长：张永新
公共文化司副司长：周广莲
公共文化司副司长：陈彬斌
非物质文化遗产司司长：马文辉
非物质文化遗产司副司长：马盛德
非物质文化遗产司副司长：王福州
外联局（港澳台办）局长：张爱平
外联局（港澳台办）党委书记、副局长：蒲　通
外联局（港澳台办）副局长：谢金英
外联局（港澳台办）副局长：赵海生
外联局（港澳台办）副局长：孙建华
机关党委常务副书记：刘长权
机关党委副书记兼纪委书记：张申康
离退休干部局局长：张理萌
离退休干部局副局长：聂久祥
离退休干部局副局长：阎颐兰

部直属单位领导名单
（截至2013年12月31日）

机关服务中心主任：都海江
机关服务中心党委书记：姚家华
机关服务中心副主任：李泽林
机关服务中心副主任：焦长华
机关服务中心副主任：步士忠
文化部信息中心主任：洪永平
文化部信息中心副主任：杨　郑
文化部信息中心副主任：罗洪涛
国家艺术基金管理中心(筹)主任：韩子勇
中国艺术研究院院长（副部级）：王文章
中国艺术研究院党委书记、副院长兼中国工艺美术馆馆长：高显莉
中国艺术研究院常务副院长（正局级）：王能宪
中国艺术研究院纪委书记：李长林
中国艺术研究院副院长：田黎明
中国艺术研究院副院长兼研究生院院长：吕品田
中国艺术研究院副院长：牛根富
中国艺术研究院副院长：贾磊磊
国家图书馆馆长兼国家古籍保护中心主任(副部级)：周和平
国家图书馆党委书记、常务副馆长：詹福瑞

国家图书馆副馆长：陈　力
国家图书馆副馆长兼国家古籍保护中心
副主任：张志清
国家图书馆副馆长：魏大威
国家图书馆副馆长：王　军
国家图书馆副馆长兼国家典籍博物馆
常务副馆长：李虹霖
国家图书馆现代技术研究所所长
（副局级）：孙一钢
国家图书馆研究院院长（副局级）：汪东波
部党组成员、故宫博物院院长(副部级)：单霁翔
故宫博物院党委书记、副院长：纪天斌
故宫博物院副院长：王亚民
故宫博物院副院长：陈丽华
故宫博物院副院长：宋纪蓉
故宫博物院副院长：冯乃恩
国家博物馆馆长、党委副书记（副部级）：吕章申
国家博物馆党委书记、副馆长：黄振春
国家博物馆副馆长：张　威
国家博物馆党委副书记兼纪委书记：金　祥
国家博物馆副馆长：陈履生
国家博物馆财务总监（副局级）：冯靖英
国家博物馆副馆长：李六三
国家博物馆副馆长：陈成军
中央文化管理干部学院院长：张　旭
中央文化管理干部学院党委书记：周庆富
中央文化管理干部学院党委副书记：景小勇
中央文化管理干部学院副院长：段周武
中央文化管理干部学院副院长：李春华
中国文化传媒集团有限公司董事长、总经理、
中国文化报社社长兼中国动漫集团有限
公司董事长、总经理：刘承萱
中国文化传媒集团有限公司副董事长、董事
兼中国文化报社总编辑：宋合意
中国文化传媒集团有限公司党委书记：刘　杰
中国文化传媒集团有限公司监事会副主席：王　旗
中国文化报社党委副书记：杨守民
中国文化报社副总编辑：赵　忱
中国文化报社副总编辑：徐　涟
中国文化报社副总编辑、副社长：杨胜生
中国文化传媒集团有限公司副
总经理（聘任）：陈建祖
国家京剧院党委书记：杨化玉
国家京剧院副院长（主持工作）：尹晓东
国家京剧院副院长、艺术指导：于魁智
国家话剧院院长、党委副书记：周予援
国家话剧院副院长：王晓鹰
国家话剧院副院长：查明哲
国家话剧院副院长：史丽芬
中国歌剧舞剧院院长、党委副书记：林文增
中国歌剧舞剧院党委书记：魏银久
中国歌剧舞剧院副院长：郎新建
中国歌剧舞剧院副院长：徐丽桥
中国歌剧舞剧院副院长：张亚峰
中国东方演艺集团有限公司董事长兼总经理：顾　欣
中国东方演艺集团有限公司党委书记：崔建飞
中国东方演艺集团有限公司副总经理：马俊英
中国东方演艺集团有限公司纪委书记：张忠奇
中国东方演艺集团有限公司副总经理：李振清
中国交响乐团团长、党委副书记：关　峡
中国交响乐团党委书记：田军利
中国交响乐团副团长：魏　军
中国交响乐团副团长：黄越峰
中国交响乐团党委副书记：巩保江
中国儿童艺术剧院党委书记：雷喜宁
中国儿童艺术剧院副院长：闪增宏
中国儿童艺术剧院副院长：李小刚
中国儿童艺术剧院党委副书记、副院长：杨　帆
中央歌剧院院长：俞　峰
中央歌剧院党委书记：嬴　枫
中央歌剧院副院长：鞠雄志
中央歌剧院副院长：宋　晨
中央歌剧院党委副书记兼纪委书记：袁　平
中央芭蕾舞团团长：冯　英
中央芭蕾舞团党委书记：王才军
中央芭蕾舞团副团长：王全兴
中央芭蕾舞团副团长：张　艺
中央民族乐团团长、党委副书记：席　强
中央民族乐团党委书记：孙　毅
中央民族乐团副团长：吴玉霞
中央民族乐团副团长：王次恒
中国美术馆馆长、党委副书记：范迪安
中国美术馆党委书记：游庆桥
中国美术馆副馆长：马书林
中国美术馆副馆长：谢小凡
中国美术馆副馆长：胡　伟

中国国家画院院长：杨晓阳
中国国家画院常务副院长（正局级）：卢禹舜
中国国家画院副院长：张晓凌
中国国家画院副院长：张江洲
中国国家画院副院长：赵　卫
中国国家画院副院长：曾来德
中国国家画院美术馆馆长(副局级)：舒建新
中国对外文化集团公司董事长兼总经理：张　宇
中国对外文化集团公司监事会主席：宋丽红
中国对外文化集团公司党委书记：宋官林
中国对外文化集团公司副总经理：竺自毅
中国对外文化集团公司副总经理（正局级）：李立新
中国对外文化集团公司副总经理：张树新
中国对外文化集团公司副总经理：阎　东
中国数字文化集团有限公司董事长兼党委副书记：李沪生
中国数字文化集团有限公司党委书记、董事：刘中军
中国数字文化集团有限公司总经理、外聘董事：刘　燕
中国数字文化集团有限公司党委副书记：姚　涵
中国数字文化集团有限公司监事会副主席：潘　亿
文化部恭王府管理中心主任：孙旭光
文化部恭王府管理中心党委书记：杨建昆
文化部恭王府管理中心副主任：刘占文
文化部恭王府管理中心副主任：李铬钢
文化部恭王府管理中心副主任：边　伟
文化部文化艺术人才中心主任：王　庆
文化部文化艺术人才中心党委书记、副主任：赵树栋
文化部文化艺术人才中心副主任：张希光
文化部文化艺术人才中心副主任：张　波
文化部离退休人员服务中心主任：陆耀儒
文化部离退休人员服务中心党委书记：白永新
文化部离退休人员服务中心党委副书记：禹兰芹
文化部离退休人员服务中心副主任：刘俊岩
文化部离退休人员服务中心副主任：王炳义
文化部离退休人员服务中心副主任：孔　蓉
文化部离退休人员服务中心副主任：史自文
文化部艺术发展中心主任：胡　克
文化部艺术发展中心副主任：李立中
文化部艺术发展中心副主任：刘清朗
文化部艺术发展中心副主任：蒋存雄
国家清史纂修领导小组办公室主任：卜　键
国家清史纂修领导小组办公室副主任：顾　春
中外文化交流中心主任：于　芃
中外文化交流中心副主任：马　达
中外文化交流中心副主任：严振全
中国动漫集团有限公司监事会主席：柳士发
中国动漫集团有限公司副总经理：李春阳
中国动漫集团有限公司副总经理：周　勇
中国动漫集团有限公司副总经理：陈学会
文化部民族民间文艺发展中心主任：李　松
文化部民族民间文艺发展中心副主任(正局级)：王勇才
文化部民族民间文艺发展中心副主任：刘　嘉
文化部民族民间文艺发展中心副主任：张　刚
全国公共文化发展中心主任：李　宏
全国公共文化发展中心副主任：刘惠平
全国公共文化发展中心副主任：李建军
全国公共文化发展中心副主任：陈胜利
中国艺术科技研究所所长：白国庆
中国艺术科技研究所副所长：严先机
中国艺术科技研究所副所长：兰　静
文化部海外文化设施建设管理中心副主任（法定代表人）：张海清

北京市

北京市文化局

党组副书记、局长：陈　冬
党组书记、副局长：张文华
党组副书记、副局长、巡视员：何　昕
党组成员、北京京剧院院长：李恩杰
党组成员、副局长：王　珠
副局长：王　鹏
党组成员、副局长：张　晓、关　宇、吕先富
巡视员：吴　然

东城区文化委员会主任：李承刚
西城区文化委员会主任：孙劲松
朝阳区文化委员会主任：黄晓伟
丰台区文化委员会主任：王　虹
石景山区文化委员会主任：高洪雁

海淀区文化委员会主任：陈　静
门头沟区文化委员会主任：闫洪亮
房山区文化委员会主任：王永年
通州区文化委员会主任：杜德久
顺义区文化委员会主任：王　颖
昌平区文化委员会主任：刘全新
大兴区文化委员会主任：王　健
怀柔区文化委员会主任：吕晓国
平谷区文化委员会主任：王振国
密云县文化委员会主任：李洪仕
延庆县文化委员会主任：刘永强

天津市

天津市文化广播影视局

党委书记、副局长：杜彩霞
党委副书记、局长：郭运德
党委副书记、副局长：金洪跃
党委副书记、巡视员：党丽颖
党委常委、副局长：靳方华
副局长：金永伟
党委常委、副局长：游庆波
党委常委、纪检组组长：李广玉
党委常委、副局长：白文源、徐恒秋
党委常委、副巡视员：李春雨、施爱茹
副巡视员：康书祥

和平区文化和旅游局局长：赵　滨
河东区文化和旅游局局长：闫巨嵩
河西区文化局局长：朱义海
南开区文化和旅游局局长：冉　然
河北区文化和旅游局局长：张丽强
红桥区文化和旅游局局长：张志忠
滨海新区文化广播电视局局长：张长海
东丽区文化广播电视局局长：张耀国
西青区文化广播电视局局长：赵文月
津南区文化广播电视局局长：肖　刚
北辰区文化广播电视局局长：杨国珍
武清区文化广播电视局局长：尤鑫栋
宝坻区文化广播电视局局长：康德鸿
宁河县文化广播电视局局长：项志军
静海县文化广播电视局局长：姚　新
蓟县文化广播电视局局长：赵海军

河北省

河北省文化厅

党组书记：王离湘
厅长：张妹芝
巡视员：边发吉
党组成员、纪检组组长：徐亚平
党组成员、副厅长：彭卫国、李建华、李新平
党组成员、省文物局局长：张立方

石家庄市文化新闻出版局局长：李　波
长安区文体局局长：段永新
桥东区文体局局长：张贵忠
桥西区文体局局长：蔡风国
新华区文体局局长：郭航军
裕华区文体局局长：李明华
井陉矿区文体局局长：刘玉斌
辛集市文广新局局长：田英秋
藁城市文体局局长：田江水
晋州市文广新局局长：康晋涛
新乐市文广新局局长：田俊英
鹿泉市文广新局局长：艾新建
井陉县文广新局局长：张富海
正定县文广新局局长：李铁民
栾城县文广新局局长：杨志新
行唐县文广新局局长：康鏊战
灵寿县文广新局局长：付建敏
高邑县文广新局局长：贾瑞卿
深泽县文广新局局长：纪书强
赞皇县文广新局局长：时占敖
无极县文广新局局长：李跃清
平山县文广新局局长：陈建廷
元氏县文广新局局长：高冠社
赵县文广新局局长：高志英

张家口市文广新局局长：姜玉琛
桥西区文体局局长：王　臣
桥东区旅游文化体育局局长：孙志强
宣化区文广新局局长：李宏君
下花园区文广新局局长：韩　文

宣化县文教局局长：史维军
张北县文体广电局局长：宗跃宏
康保县旅游文化体育广电新闻出版局局长：史维军
沽源县文广新局局长：田瑞峰
尚义县文广新局局长：阮　才
蔚县文广新局局长：张文波
阳原县文广新局局长：李春江
怀安县旅游文化体育广电新闻出版局局长：宗跃宏
万全县旅游文体广电局局长：李学宏
怀来县文广新局局长：常全利
涿鹿县文化体育广电新闻局局长：高小卫
赤城县文体广电新闻出版局局长：侯海云
崇礼县文广新局局长：吴占钦

承德市文广新局局长：杨　铭
双桥区文广新局局长：李成娥
双滦区文物旅游局局长：朱文秀
营子区文广新局局长：赵海军
承德县文广新局局长：刘秀丽
兴隆县文广新局局长：邓久国
平泉县文广新局局长：祁彦春
滦平县文化广播电影电视局局长：赵俊海
隆化县文化广播电影电视局局长：傅雨时
丰宁县文化广播电影电视局：戚玉国
宽城县文化广播电影电视局局长：陈艳军
围场县文广新局局长：王亭章

秦皇岛市文广新局局长：李文生
海港区文广新局局长：胡广设
山海关区文化教育广电新闻出版局局长：马　野
北戴河区文化体育局局长：李春光
昌黎县文化广电新闻出版局局长：白秀川
抚宁县文化局局长：刘永柱
卢龙县文化体育广电新闻出版局局长：韩淑敏
青龙县满族自治县文广新局局长：刘金贵

唐山市文化广播电视新闻出版局局长：韦远东
路北区文体局局长：董　洁
路南区文体局局长：李建忠
古冶区文体局局长：郭东升
开平区文广新局局长：蒋海洪
丰润区文广新局局长：亢瑞秋
丰南区文广新局局长：田殿江
遵化市文广新局局长：陈玉军
迁安市文广新局局长：刘　海
玉田县文广新局局长：王玉峰
迁西县文广新局局长：李铁东
滦县文广新局局长：王庆刚
滦南县文体局局长：尹兆忠
乐亭县文广新局局长：白玉奇
唐海县文广新局局长：王之海

廊坊市文广新局局长：卢留虎
广阳区文广新局局长：姬国胜
安次区文广新局局长：冯　强
霸州市文广新局局长：朱　红
三河市文广电局局长：何振文
固安县文广新局局长：王炳彦
永清县文广新局局长：尹长吉
香河县文广新局局长：李朝民
大城县文广新局局长：张占军
文安县文广新局局长：王盛运
大厂县文广新局局长：何玉国

保定市文广新局局长：高　玉
新市区文教局局长：陈占成
北市区文教局局长：冯　华
南市区文教局局长：李建辉
定州市文广新局局长：张立亚
涿州市文广新局局长：王丽伟
安国市文广新局局长：崔永成
高碑店市文广新局局长：王腾洋
满城县文广新局局长：宁洪水
清苑县文体局局长：王秋和
易县文体局局长：马文斌
徐水县文广新局局长：李国友
涞源县文广新局局长：张殿军
定兴县文广新局局长：姚克欣
顺平县文广新局局长：周大军
唐县文教局局长：吕海振
望都县文广新局局长：闫　肃
涞水县文广新局局长：田树江
高阳县文广新局局长：马建全
安新县文广新局局长：王迦梁
雄县文广新局局长：高再学
容城县文体教育局局长：杨振奇

曲阳县文化文物旅游局局长：张向红
阜平县文广新局局长：牛玉杰
博野县文广新局局长：刘恩普
蠡县文广新局局长：魏宽成

衡水市文广新局局长：李根起
桃城区文体局局长：荣守莉
冀州市文教局局长：张庆振
深州文体局局长：李会来
枣强县文广新局局长：齐双占
武邑县教文体局局长：庞文湃
武强县教文体局局长：张春瑜
饶阳县教文体局局长：何航平
安平县文体局局长：张力上
故城县教文体局局长：张凤强
景县文体局局长：李树旺
阜城县教文体局局长：高良松

邢台市文广新局局长：刘焕典
桥东区文化新闻出版体育局局长：郝双辉
桥西区教育文化体育局局长：王之良
南宫市文化广播电视新闻出版体育局局长：白来文
沙河市文化广播电视新闻出版体育局局长：樊渠金
邢台县文化广播电视新闻出版体育局局长：吴国会
临城县教育文化广电新闻出版体育局局长：王秀海
内丘县文化广播电视新闻出版体育局局长：张金良
柏乡县文化体育旅游局局长：侯运良
隆尧县文化广播电视新闻出版体育局局长：任京国
任县文化广播电视新闻出版体育局局长：王梦辉
南和县文化广播电视新闻出版体育局局长：孙立新
宁晋县文化广播电视新闻出版体育局局长：赵志军
巨鹿县文化广播电视新闻出版体育局局长：张蔚霞
新河县教育文化广电新闻出版体育局局长：王秀辰
广宗县教育文化广电新闻出版体育局局长：韩秀平
平乡县文化广播电视新闻出版体育局局长：郭根水
威县文化广播电视新闻出版体育局局长：杨立群
清河县文化广播电视新闻出版体育局局长：朱彦兴
临西县文化广播电视新闻出版体育局局长：宋万强

邯郸市文广新局局长：冯洪波
丛台区文教体局局长：郭红卫
邯山区文广新局局长：邵岩冰
复兴区文教体局局长：裴献堂
峰峰矿区文体旅局局长：陈　虎
武安市文广新体局局长：王慈娴
邯郸县文广新局局长：田九海
临漳县文广新局局长：郭　超
成安县文广新局局长：徐旭东
大名县文广新体旅局局长：康玉娥
涉县文广新局局长：姚华祥
磁县文广新局局长：牛玉生
肥乡县文广新局局长：毕怀领
永年县文广新局局长：郭志军
邱县文广新局局长：李爱君
鸡泽县文广新局局长：范慧丽
广平县文广新局局长：翟志强
馆陶县文广新体局局长：赵树新
魏县文广新体旅局局长：刘　猛
曲周县文广新局局长：朱金生

沧州市文广新局局长：冯彦宁
运河区文化教育局局长：陈升翼
新华区文化教育局局长：涂强
泊头市文广新局局长：杨金葆
任丘市文广新局局长：高军来
黄骅市文体广新局局长：王文博
河间市文体广新局局长：石占坡
沧县文广新局局长：张钜祯
青县文体广新局局长：杨志刚
东光县文广新局局长：林永正
海兴县文体广新局局长：郭维东
盐山县文体广新局局长：高春峰
肃宁县文体广新局局长：代　伟
南皮县文广新局局长：许振清
吴桥县文广新局局长：吴　鑫
献县文广新局局长：张立杰
孟村回族自治县文体广新局局长：王书文

山西省

山西省文化厅
党组书记、厅长：张明亮
党组成员、巡视员：赵晋蓉
党组成员、纪检组组长：李春荣
党组成员、副厅长：张建军、贾新田、郭　立

党组成员、副巡视员：窦明生
党组成员、副巡视员、省话剧院院长：贾茂盛

太原市文广新局局长：李　钢
杏花岭区文体广电新闻出版局局长：赵　林
小店区文化广电新闻出版局局长：李春涛
迎泽区文体广电新闻出版局局长：畅耀宗
尖草坪区文化广电新闻出版局局长：赵劲钧
万柏林区文化广电新闻出版局局长：王有军
晋源区文体广电新闻出版局局长：赵　卫
古交市文体广电新闻出版局局长：康志明
清徐县文体广电新闻出版局局长：高德刚
阳曲县文体广电新闻出版局局长：李继宏
娄烦县文体广电新闻出版局局长：王爱军

大同市文广新局局长：李恒瑞
城区文体广电新闻出版局局长：马永寄
矿区文体广电新闻出版局局长：濮建文
南郊区文体广电新闻出版局局长：王洪涛
新荣区文体广电新闻出版局局长：梁有泉
阳高县文体广电新闻出版局局长：刘进才
天镇县文体广电新闻出版局局长：周进利
广灵县文体广电新闻出版局局长：苏子旭
灵丘县文体广电新闻出版局局长：刘向阳
浑源县文体广电新闻出版局局长：杨　林
左云县文体广电新闻出版局局长：董振华
大同县文体广电新闻出版局局长：杨春茂

朔州市文广新局局长：郭文新
朔城区文体局局长：赵晓宇
平鲁区科技文体局局长：刘志仁
山阴县文体局局长：吉　谦
应县科技文体广电局局长：白　玉
右玉县文体局局长：王　发
怀仁县文体局局长：王　志
阳泉市文广新局局长：高士萍
城区文化体育旅游局局长：李　明
矿区文化体育局局长：任文祥
郊区文化体育广电新闻出版局局长：杨海青
平定县文化体育局局长：郗小英
盂县文化体育局局长：张瑞峰

长治市文广新局局长：陈秀英
城区文体广电新闻出版局局长：王国红
郊区文体广电新闻出版局局长：史海莲
潞城市文体广电新闻出版局局长：秦虎钢
长治县文体广电新闻出版局局长：李　龙
襄垣县文体广电新闻出版局局长：孙　波
屯留县文体广电新闻出版局局长：张玉刚
平顺县文体广电新闻出版局局长：申安根
黎城县文体广电新闻出版局局长：王苏陵
壶关县文体广电新闻出版局局长：李国祥
长子县文体广电新闻出版局局长：李照楠
武乡县文体广电新闻出版局局长：张碧玉
沁县文体广电新闻出版局局长：吴国强
沁源县文体广电新闻出版局局长：李庆新

晋城市文广新局局长：闫锦绣
城区文体广电新闻出版局局长：翟国良
高平市文体广电新闻出版局局长：郜书宁
泽州县文体广电新闻出版局局长：焦平旺
沁水县文体广电新闻出版局局长：马国华
阳城县文体广电新闻出版局局长：李武红
陵川县文体广电新闻出版局局长：陈永清

忻州市文广新局局长：潘孝忠
忻府区文化体育局局长：胡忠田
原平市文化广电体育局局长：郑争妍
定襄县教育文化广电体育局局长：张　伟
五台县教育文化广电体育局局长：马廷飞
代县文化广电体育局局长：黄凤翔
繁峙县文化广电体育局局长：侯　军
宁武县教育文化广电体育局局长：郭建毅
静乐县文化广电体育局局长：李全厚
神池县文化广电体育局局长：王淑文
五寨县文化广电体育局局长：张　璐
岢岚县文化广电体育局局长：高志彦
河曲县教育文化广电体育局局长：王建国
保德县教育文化广电体育局局长：王永成
偏关县文化广电体育局局长：王在勤

晋中市文广新局局长：巩海湛
榆次区文化广电新闻出版局局长：魏学强
介休市文体广电新闻出版局局长：赵晓峰
榆社县文体广电新闻出版局局长：李宪军
左权县文体广电新闻出版局局长：王建军

和顺县文体广电新闻出版局局长：邓永林
昔阳县文体广电新闻出版局局长：赵海柱
寿阳县文体广电新闻出版局局长：赵　源
太谷县文体广电新闻出版局局长：杨小勇
祁县文体广电新闻出版局局长：崔　骏
平遥县文体广电新闻出版局局长：闫振贵
灵石县文体广电新闻出版局局长：温百宏

临汾市文广新局局长：傅遵师
尧都区文体新闻出版局局长：蔡海平
侯马市文化广电新闻出版局局长：范孟龙
霍州市文化广电新闻出版局局长：张建民
曲沃县文化广电新闻出版局局长：杨切喜
翼城县文化广电新闻出版局局长：侯　霆
襄汾县文化广电新闻出版局局长：张　翔
洪洞县文化广电新闻出版局局长：赵文卿
古县文体广电新闻出版局局长：尚立春
安泽县文体广电新闻出版局局长：郝爱民
浮山县文化广电新闻出版局局长：柏丰岭
吉县文体广电新闻出版局局长：强朝晖
乡宁县文体广电新闻出版局局长：刘顺才
蒲县文体广电新闻出版局局长：王晓晖
大宁县文体广电新闻出版局局长：王录明
永和县文体广电新闻出版局局长：葛　毅
隰县文体广电新闻出版局局长：任志平
汾西县文体广电新闻出版局局长：马明明

运城市文广新局局长：杨金贵
盐湖区文化新闻出版局局长：杨银叶
永济市文体广电新闻出版局局长：李金州
河津市文体广电新闻出版局局长：齐彦青
芮城县文体广电新闻出版局局长：苏民武
临猗县文化广电新闻出版局局长：张自力
万荣县文体广电新闻出版局局长：廉振虎
新绛县文化广电新闻出版局局长：南海浪
稷山县文体广电新闻出版局局长：乔应选
闻喜县文体广电新闻出版局局长：席晓明
夏县文化广电新闻出版局局长：文东雷
绛县文体广电新闻出版局局长：都俊杰
平陆县文化广电新闻出版局局长：解柏年.
垣曲县文体广电新闻出版局局长：杨金祥

吕梁市文广新局局长：孙晋军
离石区文化广电新闻出版局局长：王建平
孝义市文化广电新闻出版局局长：马明高
汾阳市文化广电新闻出版局局长：强玉山
文水县文化广电新闻出版局局长：樊　俊
中阳县文化广电新闻出版局局长：李红梅
兴县文化广电新闻出版局局长：马　云
临县文化广电新闻出版局局长：张金生
方山县文化广电新闻出版局局长：靳乃平
柳林县文化广电新闻出版局局长：刘映学
岚县文化广电新闻出版局局长：魏海明
交口县文化广电新闻出版局局长：宋禄珍
交城县文化广电新闻出版局局长：高　涛
石楼县文化广电新闻出版局局长：乔志浩

内蒙古自治区

内蒙古自治区文化厅
厅长：王志诚
副厅长：刘春良、安泳锝、赵新民、乔玉光
副厅长、纪检组组长：韩　冰
副巡视员：李鸿英、闫利霞

呼和浩特市文化局局长：焦　鸿
新城区文体局局长：马丽萍
回民区文体局局长：王月平
玉泉区文体局局长：康丽霞
赛罕区文体局局长：张　毅
土默特左旗文体局局长：王锦霞
清水河县文体局局长：张文玲
托克托县文体广电局局长：刘　义
和林格尔县文体局局长：王建功
武川县文体局局长：张世杰

包头市文化局局长：洪　涛
固阳县文体广电局局长：马崇高
达茂旗文体广电局局长：伊拉勒图
白云区文体广电局局长：李　峰
石拐区文体广电局局长：王旭东
土右旗文体广电局局长：王福君
九原区文体广电局局长：刘占江
东河区文体广电局局长：张春枝
青山区文体广电局局长：李和平

昆区文体广电局局长：刘　萍

呼伦贝尔市文化局局长：何　涛
海拉尔区文体局局长：马景会
满洲里市文化局局长：闫　明
扎兰屯市文体广电局局长：于　萍
牙克石市文体广电局局长：杨　志
额尔古纳市文体广电局局长：杨元峰
根河市文体广电局局长：杨有福
陈巴尔虎旗文体广电局局长：陈彦龙
新巴尔虎左旗文体广电局局长：达•朝鲁门
新巴尔虎右旗文体广电局局长：齐海龙
鄂温克旗文体广电局局长：尤　拉
鄂伦春旗文体广电局局长：吴　莽
阿荣旗文体广电局局长：冯启军
莫力达瓦旗文体广电局局长：阿荣挂

兴安盟文化局局长：任玉忠
乌兰浩特市文体局局长：王宏宇
阿尔山市文体局局长：李玉霞
科右前旗文体局局长：庞　伟
科右中旗文体局局长：白建华
扎赉特旗文体局局长：田　香
突泉县文体局局长：王　清

通辽市文化局局长：盛　勤
霍林郭勒市文化广电局局长：于海宝
扎鲁特旗文化广电局局长：赵　庆
科尔沁左翼中旗文化广电局局长：蔡云龙
开鲁县文化广电局局长：王　雁
科尔沁区文化广电局局长：于海明
科尔沁左翼后旗文化局局长：孙　平
奈曼旗文化广播电视局局长：王书博
库伦旗文化广播电视局局长：丛日成
开发区科技教育文化广播电视局局长：白立民

赤峰市文化局局长：于凤仙
阿鲁科尔沁旗文体广电局局长：布和巴特尔
巴林左旗文体广电局局长：陶建英
巴林右旗文体广电局局长：张志勇
克什克腾旗文化局局长：孙再兴
林西县文体广电局局长：赵国庆
翁牛特旗文体广电局局长：刘增军
喀喇沁旗文体局局长：高希川
宁成县文体广电局局长：吴京民
敖汉旗文体广电局局长：许景泉
红山区文体局局长：张兆明
元宝山区文体广电局局长：隋子祥
松山区文体局局长：李国君

锡林郭勒盟文体局局长：李　询
锡林浩特市文体局局长：张福山
二连浩特市文体局局长：王佩芬
西乌珠穆沁旗文体广电局局长：斯琴巴特尔
东乌珠穆沁旗文体广电局局长：萨仁苏和
正镶白旗文体局局长：苏德毕力格
苏尼特右旗文体广电局局长：乌云达来
苏尼特左旗文体广电局局长：胡木吉利
太仆寺旗文体局局长：杜　伟
镶黄旗文体广电局局长：宝贵拉
阿巴嘎旗文体广电局局长：那仁额尔敦
正镶蓝旗文体广电局局长：孟克巴特尔
多伦县文体局局长：甄玉林
乌拉盖文体局局长：胡明凯
多伦县文物局局长：吴克林
正镶蓝旗文物局局长：高　华

乌兰察布市文化局局长：付俊峰
集宁区文化局局长：王志强
丰镇市文化局局长：王孝飞
察哈尔右翼前旗文化局局长：弓晓燕
察哈尔右翼中旗文化局局长：李志军
察哈尔右翼后旗文化局局长：阿拉腾花
凉城县文化局局长：王　利
兴和县文化局局长：刘　坤
商都县文化广播电影电视局局长：王利为
化德县文化广播电视局局长：贾永杰
卓资县文化局局长：赵万元
四子王旗文化广播电视局局长：包　峰

鄂尔多斯市文化局局长：白　霞
达拉特旗文化广播电视局局长：于生彪
乌审旗文化广播电视局局长：哈斯朝格图
伊金霍洛旗文化广播电视局局长：赵子杰
鄂托克旗文化广播电视局局长：云苏米雅
杭锦旗文化广播电视局局长：辛易莲

准格尔旗文化广播电视局局长：安　霞
鄂托克前旗文化广播电视局局长：李　清
东胜区文化局局长：刘满山

巴彦淖尔市文体局局长：王　瑞
临河区文体局局长：王春叶
杭锦后旗文体广电局局长：高　飞
磴口县文体广电局局长：任海韬
五原县文体广电局局长：高伍良
乌拉特前旗文体广电局局长：任晓晋
乌拉特中旗文体广电局局长：田桂虎
乌拉特后旗文体广电局局长：辛志军

乌海市文化局局长：樊桂丽
海勃湾区文化局局长：李　平
乌达区文教体局局长：樊　丽
海南区文教体局局长：穆晓兰

阿拉善盟文化广播电视局局长：包　金
额济纳旗文化广播电视局局长：李发英
阿拉善右旗文化广播电视局局长：许学峰
阿拉善左旗文化广播电视局局长：吴永远
阿拉善经济开发区社会事务管理局局长：孙林春
孪井滩示范区社会事务管理局局长：徐先忠

辽宁省

辽宁省文化厅
党组书记、厅长：周连科
党组副书记、副厅长：佟　昭
党组成员、副厅长：丁　辉、赵奎伟、殷仁连
党组成员、纪检组长：毕素文
党组成员、副厅长：许红英
副巡视员：孙　浩

沈阳市文化广播电视新闻出版局局长：冯　彦
沈河区文体广电新闻出版局局长：徐明泉
和平区文体广电新闻出版局局长：任　忠
大东区文体广电新闻出版局局长：苏宗海
皇姑区文体广电新闻出版局局长：顾晓洸
铁西区文体广电新闻出版局局长：王　晖
苏家屯区文体广电新闻出版局局长：赵玉平
浑南区文体广电新闻出版局局长：王凤桐
沈北新区文体广电新闻出版局局长：孙祥维
于洪区文体广电新闻出版局局长：郭连城
新民市文体广电新闻出版局局长：陈英赤
辽中县文体广电新闻出版局局长：王　凯
康平县文体广电新闻出版局局长：王德才
法库县文体广电新闻出版局局长：林长义

朝阳市文化广电新闻出版局局长：牛　驰
双塔区文化广播电视体育局局长：刘瑞霞
龙城区文化体育广播电视新闻出版局局长：李玉江
北票市文化广电新闻出版局局长：李玉文
凌源市文化广播电视体育局局长：李守申
朝阳县文化局局长：苑　珉
建平县文化体育广播电视局局长：刘希鹏
喀左县文化广播电影电视局局长：白晓辉

阜新市文化广电新闻出版局局长：王秋义
细河区教育文化体育局局长：英　磊
海州区教育文化体育局局长：张文才
清河门区教育文化体育广电局局长：魏海斌
太平区教育文化体育局局长：庞晓东
新邱区文化体育广电局局长：周永红
彰武县文体广电新闻出版局局长：孙建国
阜新县文化新闻出版局局长：高月茹

铁岭市文化广播电视新闻出版局局长：徐　勇
银州区文化局局长：迟国庆
清河区文化局局长：石国学
调兵山市文化体育广播电视局局长：董　杰
开原市文化体育广播电视局局长：王洪涛
铁岭县文化体育广播电视局局长：张大权
西丰县文化体育局局长：刘大成
昌图县文化局局长：徐忠诚
经济开发区文化广播电视新闻出版局局长：何　冰

抚顺市文化广播电影电视局局长：吴耀华
顺城区文化体育局局长：张志军
新抚区文化体育局局长：江　旭
东洲区文化体育局局长：郭美琴
望花区文化体育局局长：祁晓霞
抚顺县文化体育局局长：王满杰
新宾县文化体育局局长：孟庆宇

清原县文化体育局局长：董 平

本溪市文化广播电影电视局局长：魏志辉
平山区文化广播电影电视局局长：胡立友
溪湖区文化广播电影电视局局长：田洪艳
明山区文化广播电影电视局局长：乔 惠
南芬区文化广播电影电视局局长：栾鸿云
本溪县文化广播电影电视局局长：景殿龙
桓仁县文化广播电影电视局局长：苏春寰

辽阳市文化广电新闻出版局局长：党 徽
白塔区教育文化体育局局长：工国峰
文圣区文化体育局局长：赵锦绣
宏伟区文化体育局局长：陈文丽
弓长岭区教育文化体育局局长：王 丹
太子河区文化广播体育局局长：葛晓薇
灯塔市文化体育局局长：曾广明
辽阳县文化广电新闻出版局局长：吕景田

鞍山市文化广电新闻出版局局长：刘耀庭
铁东区文化体育局局长：张文东
铁西区文化体育局局长：石丽娟
立山区文化体育局局长：关二风
千山区文化体育局局长：高 志
海城市文化广播电视体育局局长：王 艳
台安县文化广播电视体育局局长：杨明超
岫岩县文化广播电视体育局局长：杜成辉

丹东市文化广播电影电视局局长：牛 莉
振兴区文化旅游局局长：郭素文
元宝区文化旅游局局长：吴晓宇
振安区文化体育电影电视局局长：刘 军
凤城市文化广播电影电视新闻出版局局长：隋秀义
东港市文化广播电影电视新闻出版局局长：王天久
宽甸县文化广播电影电视局局长：王清祥

大连市文化广播影视局局长：王星航
西岗区文化体育局局长：李 铁
中山区文化体育局局长：宋建龙
沙河口区文化体育局局长：徐 丽
甘井子区文化体育局局长：宋 健
旅顺口区文化体育广播影视局局长：唐正卫
金州新区教育文化体育局局长：高奇志

瓦房店市文化体育广播影视局局长：姜广英
普兰店市文化体育广播影视局局长：生宝俊
庄河市文化体育广播影视局局长：梁静波
长海县文化体育广播影视局局长:朱 军

盘锦市文化广电局局长：郭康生
兴隆台区文教局局长：孙丽伟
双台子区文化广电体育局局长：孟庆强
大洼县文化新闻广播电视局局长：徐海洋
盘山县文化广电体育局局长：齐 贺

锦州市文化广电新闻出版局局长：孙海滨
太和区文化旅游发展中心主任：闫 勇
凌河区文教局局长：秦 晖
古塔区文化旅游局局长：孟晓伟
凌海市文化旅游局局长：王兴刚
北镇市文化广电局局长：刘 明
黑山县文化旅游局局长：孟繁东
义县文化旅游局局长：刘 杰
松山新区文化教育局局长：刘文占

营口岛市文化广播影视局局长：曲景太
站前区教育文化体育局局长：刘明权
西市区教育文化体育局局长：窦玉敏
鲅鱼圈区文化广电新闻出版局局长：赵 英
老边区教育文化体育局局长：刘慧娟
大石桥市文化广电新闻出版局局长：栾守壮
盖州市文化广电新闻出版局局长：李家政

葫芦岛文化广播影视局局长：韩庆春
龙港区文化广电旅游局局长：孟献青
连山区文化广播电视局局长：岳阳金
南票区文化广播电视局局长：李 蔚
兴城市文化广播影视局局长：郭长林
绥中县文化广播影视新闻出版局局长：马志华
建昌县文化广播电视局局长：王连军

吉林省

吉林省文化厅
党组书记、厅长：林 君
党组成员、副厅长：朱成华、翟利国

党组成员、纪检专员：张世文
党组成员、副厅长：苏　威
党组成员、副厅长、文物局局长：金旭东
副巡视员：任智富、孙喜军

长春市文化广电新闻出版局局长：崔永泉
南关区文体局局长：李敏玲
朝阳区文体局局长：张代军
宽城区文体局局长：马　骉
二道区文体局局长：孙艳秋
绿园区文体局局长：岳丽萍
双阳区文化广电新闻出版局局长：刘福强
德惠市文化广电新闻出版局局长：刘玉才
九台市文化广电新闻出版局局长：杨丹丽
榆树市文化广电新闻出版局局长：耿淑环
农安县文化广电新闻出版局局长：蔡亚民

白城市文化广电新闻出版局局长：马　加
洮北区文体局局长：孙德利
大安市文化广电新闻出版局局长：黄　彪
洮南市文体局局长：姜新建
镇赉县文化广电新闻出版局局长：肖　军
通榆县文化广电新闻出版局局长：陈海峰

松原市文化广电新闻出版局局长：宋凤国
宁江区文体局局长：张彦伟
扶余县文化广电新闻出版局局长：陈立文
长岭县文化广电新闻出版局局长：张涤非
乾安县文体局局长：张晓辉
前郭尔罗斯县文广新局局长：季魁江

吉林市文化局局长：阎海春
船营区文体局局长：于广骥
龙潭区文体局局长：姜富娟
昌邑区文体局局长：闫巨友
丰满区文体局局长：王天慧
磐石市文化广电新闻出版局局长：孙国臣
蛟河市文化广电新闻出版局局长：张德胜
桦甸市文化广电新闻出版局局长：李志国
舒兰市文体局局长：徐成宪
永吉县文化广电新闻出版局局长：奚柏东

四平市文化广电新闻出版局局长：左今明
铁西区文体局局长：单桂英
铁东区文体局局长：李春彦
双辽市文化广电新闻出版局局长：林　森
公主岭市文化广电新闻出版局局长：金玉庆
梨树县文化广电新闻出版局局长：周兴安
伊通县文化广电新闻出版局局长：杨密林

辽源市文化广电新闻出版局局长：王晓冬
龙山区文体局局长：高广来
西安区文体局局长：唐春晖
东丰县文化广电新闻出版局局长：刘宝仁
东辽县文化广电新闻出版局局长：邓永波

通化市文化广电新闻出版局局长：张玉霞
东昌区文体局局长：王悦福
二道江区文化广电新闻出版局局长：王磊岩
梅河口市文化广电新闻出版局局长：蒋德启
集安市文化广电新闻出版局局长：董志坚
通化县文化广电新闻出版局局长：张志芹
辉南县文化广电新闻出版局局长：刘国华
柳河县文化广电新闻出版局局长：姚　远

白山市文化广电新闻出版局局长：刘锦秀
浑江区文教局局长：王殿富
江源区文体局局长：周泳利
临江市文体局局长：刘　励
抚松县文体局局长：姜红岩
靖宇县文体局局长：王　强
长白县文化广播电视新闻出版局长：王　林

延边朝鲜族自治州文化局局长：沈秀玉
延吉市文化广电新闻出版局局长：黄春玉
图们市文化广电新闻出版局局长：许明花
敦化市文化广电新闻出版局局长：张春华
珲春市文化广电新闻出版局局长：金　花
龙井市文化广电新闻出版局局长：朴仁哲
和龙市文化广电新闻出版局局长：金永虎
汪清县文化广电新闻出版局局长：陈雪梅
安图县文化广电新闻出版局局长：宋德华

黑龙江省

黑龙江省文化厅

党组书记、厅长:宋宏伟
副厅长:韩慧峰
党组成员、副厅长：綦　军
党组成员、纪检组组长：姜一海
副巡视员:张学文

哈尔滨市文化新闻出版局局长：张本沪
呼兰区文化体育旅游局局长：洪永生
阿城区文化体育广播电视局局长：景晓龙
双城市文体广电局局长：郑孟楠
尚志市文体广电局局长：张志瑛
五常市文化体育局局长：张　镇
依兰县文化体育局局长：敖卫中
方正县文化体育局局长：冯金库
宾县文化体育局局长：战继和
巴彦县文体广电局局长：刘淑伟
木兰县文化体育局局长：王宪波
通河县文体广电局局长：董龙江
延寿县文化体育局局长：马贵君

齐齐哈尔市文化广电新闻出版局局长：孙志斌
梅里斯区文化体育局局长：赵继平
讷河市文化广电体育局局长：　陈秀辉
龙江县文化广电体育局局长：付贵彬
依安县文化广电体育局局长：綦文顺
泰来县文化广电体育局局长：蒋国良
甘南县文化广电体育局局长：张宏莲
富裕县文化广电体育旅游局局长：刘　青
克山县文化广电体育局局长：　杨庆林
克东县文化广电体育局局长：龚洪伟
拜泉县文化广电体育局局长：田丹桂

黑河市文广新局局长：常玉辉
黑河市文物管理委员会主任：吴　燕
爱辉区文化体育局局长：孟东梅
北安市文化广电体育局局长：刘凤芝
五大连池市文化广电体育局局长：张　颖
嫩江县文化广电体育局局长：郝　冰
逊克县文化广播电视局局长：张思坚
孙吴县文化体育电视局局长：刘廷泽

大庆市文化广电新闻出版局局长：王海勤
肇州县文化广电体育局局长：王　浩
肇源县文化广电体育局局长：韩春宇
林甸县文化广电体育局局长：宋殿悦
杜尔伯特蒙古族自治县文化体育局局长：付国宝

鹤岗市文化广电新闻出版局局长：海　声
萝北县文化体育局局长：张兴海
绥滨县文化局局长：曹德君

伊春市文化广电新闻出版局局长：张志麟
翠峦区文化广电体育局局长：张伟志
铁力市文化广电体育局局长：孙力艳
嘉荫县文化广电体育局书记：杜树鹏

佳木斯市文化广电新闻出版局局长：姜　富
同江市文化广电新闻出版局局长：尤明忠
富锦市文化广电新闻出版局局长：顾立军
桦南县文化广电新闻出版局局长：张远山
桦川县文化广电新闻出版局局长：孙佐宝
汤原县文化广电新闻出版局局长：陈立志
抚远县文化广电新闻出版局局长：董　平

双鸭山市文化广电新闻出版局局长：张小豪
集贤县文化广电新闻出版局局长：申景伟
友谊县文化广电新闻出版局局长：于长青
宝清县文化广电新闻出版局局长：赵　瑞
饶河县文化广电新闻出版局局长：尤雪松

七台河市文化广电新闻出版局局长：刘立志
勃利县文化体育局局长：任永华

鸡西市文化广电新闻出版局局长：顾洪涛
虎林市文化广电体育局局长：毕云贵
密山市文化广电体育局局长：李志超
鸡东县文化广电新闻出版局局长：张罗福

牡丹江市文化广电新闻出版局局长：马春芳
穆棱市文化广电新闻出版局局长：赵　新
绥芬河市文化广电新闻出版体育局局长：闫春光
海林市文化广电新闻出版局局长：李修杰

宁安市文化广电新闻出版局局长：刘　伟
东宁县文化广电新闻出版局局长：董歧山
林口县文化广电新闻出版局局长：张喜德

绥化市文化广电新闻出版局局长：尹德全
安达市文化广电新闻出版局局长：朱志娟
肇东市文化广电新闻出版局局长：陈泰炙
海伦市文化广电新闻出版局局长：孙宏业
望奎县文化广电新闻出版局局长：李春玲
兰西县文化广电新闻出版局局长：王　红
青冈县文化广电新闻出版局局长：焦密林
庆安县文化广电新闻出版局局长：兰亚军
明水县文化体育局局长：马秋雨
绥棱县文化广电新闻出版局局长：邢广富

大兴安岭地区行署文广新局局长：王　闯
呼玛县文化广电体育局局长：尤本江
塔河县文化广电体育局局长：徐海峰
漠河县文化广电体育局局长：张宝君

上海市

上海市文化广播影视管理局

党委书记：陈燮君
局　长：朱咏雷
艺术总监：刘文国
副局长：王　玮、王小明、贝兆健
巡视员：张　哲
副巡视员：施大畏

黄浦区文化局局长：杨　刚
徐汇区文化局局长：李明毅
长宁区文化局局长：张永珍
静安区文化局局长：张爱华
闸北区文化局局长：陈　宏
虹口区文化广播影视局局长：陆　健
杨浦区文化局局长：蒋争春
普陀区文化局局长：何丽芬
浦东新区文化广播影视管理局局长：夏煜静
宝山区文化广播影视管理局局长：彭　林
闵行区文化广播影视管理局局长：杨继桢
嘉定区文化广播影视管理局局长：燕小明
金山区文化广播影视管理局局长：陆引娟
松江区文化广播影视管理局局长：顾静华
青浦区文化广播影视管理局局长：曹伟明
奉贤区文化广播影视管理局局长：宗全林
崇明县文化广播影视管理局局长：黄海盛

江苏省

江苏省文化厅

党组书记、厅长：徐耀新
党组副书记、副厅长：马　宁
副厅长：高　云
巡视员：王世华
党组成员、副厅长：秦基春、吴晓林、裴　旭
党组成员、副厅长、南京博物院院长：龚　良
党组成员、南京图书馆党委书记：方标军
党组成员、纪检组组长：刘爱华
副巡视员：徐晓林、嵇亚林

南京市文化广电新闻出版局局长：刁仁昌
玄武区文化局局长：鲁　中
白下区文化局局长：张　毅
秦淮区文化局局长：赵久明
建邺区文化局局长：陈　瑛
鼓楼区文化局局长：李国蓉
下关区文化局局长：孙　威
浦口区文化广电局局长：何晓萍
六合区文化广电局局长：梁　超
栖霞区文化旅游局局长：赵家宝
雨花台区文化局局长：朱天燕
江宁区文化广电局局长：杨嘉清
溧水县文化广电局局长：徐称心
高淳县文化广电局局长：陈小进

徐州市文化广电新闻出版局局长：高成福
云龙区文教体局局长：王　艳
鼓楼区文教体局局长：刘永光
贾汪区文广新体局局长：齐善君
泉山区文教体局局长：王　建
铜山县文广新体局局长：冯军成
邳州市文广新体局局长：李　岩
新沂市文广新体局局长：夏同宪

睢宁县文广新体局局长：魏晓峰
沛县文广新体局局长：吴　勇
丰县文广新体局局长：孙厚银

连云港市文化广电新闻出版局局长：田　明
新浦区文化体育旅游局局长：刘　虹
连云区文化体育旅游局局长：胡可东
海州区文化体育旅游局局长：刘锦州
赣榆县文化广电体育局局长：韩宝东
灌云县文化广电体育局局长：陈守金
东海县新闻出版文化体育局局长：卢　毅
灌南县文化广电体育局局长：相海龙

宿迁市文化广电新闻出版局局长：武　倩
宿城区文化广电新闻出版局局长：李士禄
宿豫区文化广电新闻出版局局长：胡德斌
沭阳县文化广电新闻出版局局长：周　浩
泗阳县文化广电新闻出版局局长：王东成
泗洪县文化广电新闻出版局局长：何光军

淮安市文化广电新闻出版局局长：杨　斌
清河区文体局广电新闻出版局局长：刘桂珍
清浦区文体局广电新闻出版局局长：戴红萍
淮安区文化局广电新闻出版局局长：杨文杰
淮阴区文化局广电新闻出版局局长：裘靖媛
金湖县文化局广电新闻出版局局长：李中秋
盱眙县文化局广电新闻出版局局长：葛　云
洪泽县文化广电新闻出版局局长：陈礼新
涟水县文化广电新闻出版局局长：刘宝泽

盐城市文化广电新闻出版局局长：许新建
亭湖区文化广电新闻出版局局长：刘清茂
盐都区文化广电新闻出版局局长：丁　勤
东台市文化广电新闻出版局局长：张源平
大丰市文化广电新闻出版局局长：汤云庆
射阳县文化广电新闻出版局局长：刘　旭
阜宁县文化广电新闻出版局局长：蔡卫国
滨海县文化广电新闻出版局局长：沈光祥
响水县文化广电新闻出版局局长：李　清
建湖县文化广电新闻出版局局长：陈远立

扬州市文化广电新闻出版局局长：季培军
邗江区文化体育新闻出版局局长：何云峰
广陵区文化新闻出版局局长：戴红兵
江都市文化广电新闻出版局局长：王　声
仪征市文化广电新闻出版局局长：陈　彪
高邮市文化广电新闻出版局局长：黄　平
宝应县文化体育新闻出版局局长：钱永建

泰州市文化广电新闻出版局局长：陈士宏
海陵区文化体育新闻出版局局长：吴家宽
高港区文化体育旅游局局长：张霁明
靖江市文化广电新闻出版局局长：刘舰平
泰兴市文化广电新闻出版局局长：张　敢
姜堰市文化广电新闻出版局局长：曹学林
兴化市文化广电新闻出版局局长：唐永贵

南通市文化广电新闻出版局局长：陈　亮
崇川区文化新闻出版局局长：倪永南
港闸区教育与文化体育局局长：冯志宏
通州区文化广电新闻出版局局长：陈剑俊
海门市文化广电新闻出版局局长：陈忠新
启东市文化广电新闻出版局局长：许锦飞
如皋市文化广电新闻出版局局长：姚呈明
如东县文化局广电新闻出版局局长：张　恺
海安县文化局广电新闻出版局局长：陈　琳

镇江市文化广电新闻出版局局长：周文娟
京口区文化体育局局长：赵晓文
润州区文化体育局局长：陈晓鸽
丹徒区文化广电体育局局长：吴富祥
扬中市文化广电体育局局长：黄声亮
丹阳市文化广电新闻出版局局长：王　强
句容市文化广电体育局局长：严建华

常州市文化广电新闻出版（版权）局局长：陈建共
新北区教育文体局局长：徐　俊
钟楼区教育文体局局长：薛丽君
天宁区教育文体局局长：任　洁
戚墅堰区教育文体局局长：贺国良
武进区文化广电新闻出版局局长：范正洪
金坛市文化广电体育局局长：贺进军
溧阳市文化广电体育局局长：朱洪伟

无锡市文化广电新闻出版局局长：叶建兴
崇安区文体局局长：吴　军

南长区文体局局长：顾文娟
北塘区文体（旅游）局局长：马建华
滨湖区文体局局长：孙力民
惠山区文体局局长：毛德祥
锡山区文体局局长：郁　枫
江阴市文化广电新闻出版局局长：蒋　青
宜兴市文化广电新闻出版局局长：许夕华

苏州市文广新局局长：陈　嵘
姑苏区文化商旅发展局局长：郦小萍
吴中区文化体育局局长：唐峥嵘
相城区文化体育局局长：沈炳泉
吴江区文化广电新闻出版局局长：金健康
昆山市文化广电新闻出版局局长：姚伟宏
太仓市文化广电新闻出版局局长：潘锦亚
常熟市文化广电新闻出版局局长：吴　伟
张家港市文化广电新闻出版局局长：陈世海

浙江省

浙江省文化厅

党组书记、厅长：金兴盛
党组成员、副厅长、省文物局局长：陈　瑶
党组成员、副厅长、浙江音乐学院党委书记：褚子育
党组成员、副厅长：赵和平
党组成员、副厅长：黄健全
党组成员、副厅长：杨越光
党组成员、副厅长：柳　河
巡视员：鲍贤伦
副巡视员：尤炳秋

杭州市文化广电新闻出版局局长：钮　俊
上城区文化广电新闻出版局局长：丁建华
下城区文化广电新闻出版局局长：王仙桃
西湖区文化广电新闻出版局局长：王菡蓉
江干区文化广电新闻出版局局长：步汉英
拱墅区文化广电新闻出版局局长：黄　玲
滨江区文化广电新闻出版局局长：於国荣
杭州经济技术开发区社会发展局局长：袁　月
西湖风景名胜区文化局局长：童国亮
萧山区文化广电新闻出版局局长：董茶仙
余杭区文化广电新闻出版局局长：冯玉宝
桐庐县文化广电新闻出版局局长：王樟松
淳安县文化广电新闻出版局局长：黄存菊
建德市文化广电新闻出版局局长：邱剑娟
富阳市文化广电新闻出版局局长：周亦涛
临安市文化广电新闻出版局局长：黄晓明

湖州市文化广电新闻出版局局长：宋　捷
吴兴区文体局局长：蒋立敏
南浔区文体局局长：钱红梅
长兴县文化广电新闻出版局局长：曾善赐
德清县文化广电新闻出版局局长：姚明星
安吉县文化广电新闻出版局局长：彭忠心

嘉兴市文化广电新闻出版局局长：金琴龙
南湖区教文体局局长：沈　静
秀州区教文体局局长：陈明根
嘉善县文化广电新闻出版局局长：倪学庆
平湖市文化广电新闻出版局局长：郑忠勤
海盐县文化广电新闻出版局局长：郁惠祥
海宁市文化广电新闻出版局局长：吴建林
桐乡市文化广电新闻出版局局长：吴利民

舟山市文化广电新闻出版局局长：陆深海
定海区文体新闻出版局局长：何　斌
普陀区文体广电新闻出版局局长：蔡敏波
岱山县文体广电新闻出版局局长：周　波
嵊泗县文体广电新闻出版局局长：陈国军

宁波市文化广电新闻出版局局长：陈佳强
海曙区文化广电新闻出版局局长：陈建东
江东区文化广电新闻出版局局长：王　昱
江北区文化广电新闻出版局局长：黄强明
鄞州区文化广电新闻出版局局长：胡岳明
镇海区文化广电新闻出版局局长：余维勤
北仑区文化广电新闻出版局局长：陈胜蛟
慈溪市文化广电新闻出版局局长：虞卡娜
余姚市文化广电新闻出版局局长：熊培军
奉化市文化广电新闻出版局局长：周永龙
宁海县文化广电新闻出版局局长：万吉良
象山县文化广电新闻出版局局长：任先顺

绍兴市文化广电新闻出版局局长：杨志强
越城区文化体育旅游局局长：蒋金耿

绍兴县文化广电新闻出版局局长：王　彪
诸暨市文化广电新闻出版局局长：金海炯
上虞市文化广电新闻出版局局长：宋建明
嵊州市文化广电新闻出版局局长：黄皎昀
新昌县文化广电新闻出版局局长：叶　钟

衢州市文化广电新闻出版局局长：王建华
柯城区文化局局长：吴玉珍
衢江区文化广电新闻出版局局长：刘华新
龙游县文化广电新闻出版局局长：方玉林
开化县文化广电新闻出版局局长：方忠明
常山县文化广电新闻出版局局长：毕建国
江山市文化广电新闻出版局局长：赵　敏

金华市文化广电新闻出版局局长：钟世杰
婺城区文体新闻出版局局长：郭梓军
金东区文体局局长：王秀鸾
兰溪市文化广电新闻出版局局长：蓝　峰
东阳市文化广电新闻出版局局长：马景斌
义乌市文化广电新闻出版局局长：楼小明
永康市文化新闻出版局局长：翁卫航
浦江县文化广电新闻出版局局长：徐方镇
武义县文化广电新闻出版局局长：胡旭东
磐安县文化广电新闻出版局党组书记：潘玲玲

台州市文化广电新闻出版局局长：徐友根
椒江区文化广电新闻出版局局长：何昌廉
黄岩区文化广电新闻出版局局长：邱天华
路桥区文化广电新闻出版局局长：潘方地
临海市文化广电新闻出版局局长：苏小锐
温岭市文化广电新闻出版局局长：吕志令
玉环县文化广电新闻出版局局长：翁长峰
天台县文化广电新闻出版局局长：王太龙
仙居县文化广电新闻出版局局长：朱文锋
三门县文化广电新闻出版局局长：郭　萍

温州市文化广电新闻出版局局长：吴　东
鹿城区文化广电新闻出版局局长：季新扬
龙湾区文化广电新闻出版局局长：潘旭宏
瓯海区文化广电新闻出版局局长：姜小英
乐清市文化广电新闻出版局局长：陈绍鲁
瑞安市文化广电新闻出版局局长：黄友金
永嘉县文化广电新闻出版局局长：胡佐光
洞头县文化广电新闻出版局局长：甘海选
平阳县文化广电新闻出版局局长：吕德金
苍南县文化广电新闻出版局局长：李晖华
文成县文化广电新闻出版局局长：蒋海波
泰顺县文化广电新闻出版局局长：雷国金

丽水市文化广电新闻出版局局长：周一红
莲都区文化广电新闻出版局局长：胡菊萍
龙泉市文化广电新闻出版局局长：夏　卫
青田县文化广电新闻出版局局长：徐啸放
云和县文化广电新闻出版局局长：邱伟荣
庆云县文化广电新闻出版局局长：祁康明
缙云县文化广电新闻出版局局长：沈挺峰
遂昌县文化广电新闻出版局局长：陈爱娥
松阳县文化广电新闻出版局局长：蓝　海
景宁县文化广电新闻出版局局长：夏雪松

安徽省

安徽省文化厅

党组书记、厅长：袁　华
副厅长：李修松
党组成员、副厅长：唐　跃、周明洁
党组成员、纪检组组长：宰学明
党组成员、副厅长：丁光清
副巡视员：葛　光
党组成员、省文物局局长：何长风

合肥市文化广电新闻出版局局长：罗　平
蜀山区文化局局长：罗　昕
庐阳区文化局局长：丁凤云
瑶海区文化局局长：谢后平
包河区文化广播电视局局长：詹雄才
巢湖市文化广播电视新闻出版局局长：缪建华
长丰县文化广电新闻出版局局长：戚明余
肥东县文化广电新闻出版局局长：梁建文
肥西县文化广电新闻出版局局长：吴　培
庐江县文化广电新闻出版局局长：王友鹏

宿州市文化广电新闻出版局局长：刘　光
埇桥区文化广电旅游局局长：陈海萍
砀山县文化广电新闻出版局局长：张宏记

萧县文化广电新闻出版（旅游）局局长：朱雪峰
灵璧县文化广电新闻出版局局长：王从效
泗县文化广电新闻出版局局长：王永乐

淮北市文化广电新闻出版局局长：王治江
相山区文化广电体育旅游局局长：黄　静
杜集区文化广电体育旅游局局长：王道华
烈山区文化广电体育局局长：王振红
濉溪县文化委员会主任：周金华

阜阳市文化广电新闻出版局局长：朱道业
颍州区文化广电局局长：刘玉亮
颍东区文化广电局局长：刘俊美
颍泉区文广新局局长：马　骥
界首市文广新局局长：梅龙卿
临泉县文广新旅局局长：郑中民
太和县文广新局局长：史兆军
阜南县文广新体局局长：王志豪
颍上县文广新局局长：徐守锋

亳州市文化旅游局局长：怀　颖
谯城区文化体育旅游局局长：张　岩
涡阳县文化体育旅游局局长：李永进
蒙城县文化体育旅游局局长：彭卫东
利辛县文化体育旅游局局长：童　捷

蚌埠市文化广电新闻出版局局长：袁　政
蚌山区文广体旅局局长：张志良
龙子湖区文广体旅局局长：缪云章
禹会区文广体旅局局长：胡袁娟
淮上区文广体旅局局长：凌　军
怀远县文广体新局局长：蒋　伟
五河县文广体新局局长：张耀对
固镇县文广体新局局长：刘现亮

淮南市文化广电新闻出版局局长：方　斌
田家庵区文化广电体育局局长：杨素芳
大通区文化广电体育局局长：姚冬梅
谢家集区文化广电体育局局长：宫　玲
八公山区文化广电体育局局长：张传云
潘集区文化广电体育局局长：屈良海
凤台县文化广电体育局局长：李白月
毛集实验区文化广电体育局局长：朱克云

滁州市文化广电新闻出版局局长：杨成志
琅琊区文广新局局长：秦　平
南谯区文广新局局长：张成为
明光市文广新局局长：孙宗林
天长市文广新局局长：孙启智
来安县文广新局局长：王　峰
全椒县文广新局局长：关敬文
定远县文广新局长：石明家
凤阳县文广新局局长：姚广德

马鞍山市文化委员会主任：谢红心
雨山区文化体育旅游局局长：徐春雷
花山区文体局局长：袁德琴
博望区文体局局长：许　泓
当涂县文体广电新闻出版局局长：褚本燊
含山县文广新局局长：滕立树
和县文广新局局长：颜　文

芜湖市文化委员会主任：夏光发
鸠江区文化广电新闻出版局局长：赵敬东
弋江区文广新局局长：马　靖
三山区社会事业局局长：吴昌桂
镜湖区文广新局局长：杨　红
芜湖县文广新局局长：孙国凤
繁昌县文广新局局长：沈大龙
南陵县文广新局局长：汪全红
无为县文广新局局长：陈　俊

铜陵市文化广电新闻出版局局长：张　琼
铜官山区文化体育局局长：程丽娟
狮子山区文化广电旅游局局长：谢贵祥
郊区文化广电旅游局局长：汤彩凤
铜陵县文化广电旅游局局长：王先锋

安庆市文化广电新闻出版局局长：刘春旺
大观区文广新局局长：江金宝
迎江区文广新局局长：朱礼德
宜秀区文广新局局长：曹金亮
桐城市文广新局局长：徐明翔
怀宁县文广新局局长：江厚平
枞阳县文广新局局长：谢虎超
潜山县文广新局局长：葛立平

太湖县文广新局局长：徐　克
宿松县文广新局局长：吴云涛
望江县文广新局局长：徐志斌
岳西县文广新局局长：王敢峰

黄山市文化委员会主任：胡建斌
屯溪区文广新局局长：魏晓莉
黄山区文广新局局长：罗毅力
徽州区文广新局局长：娄光辉
歙县文广新局局长：方卫星
休宁县文广新局局长：程声长
黟县文广新局局长：金忠民
祁门县文广新局局长：李文青

六安市文化广电新闻出版局局长：黄道甫
金安区文广新局局长：朱卫东
裕安区文广新局局长：杨光华
寿县文广新局局长：李延孟
霍邱县文广新局局长：田　强
舒城县文广新局局长：万红兵
金寨县文广新局局长：徐　浩
霍山县文广新局局长：但修胜
叶集试验区文广新局局长：台德颋

池州市文化广电新闻出版局局长：何建民
贵池区文广新局局长：韩　华
东至县文广新局局长：张广祥
石台县文广新局局长：吕旺陆
青阳县文广新局局长：王玉发

宣城市文化广电新闻出版局局长：沈筱华
宣州区文广新局局长：白润地
宁国市文广新局局长：方　莉
郎溪县文广新局局长：邱金凤
广德县文广新局局长：王忠祥
泾县文广新局局长：朱代胜
旌德县文广新局局长：李　强
绩溪县文广新局局长：毕永生

福建省

福建省文化厅
党组书记、厅长：陈秋平
党组成员、副厅长：陈　朱、齐建华、陈　吉
党组成员、副厅长、纪检组组长：张佩煌
党组成员、省文物局局长：郑国珍
副巡视员：卢鸿筠、黄锡斌

福州市文化新闻出版局局长：杨　凡
鼓楼区文化体育局局长：刘幼英
台江区文化体育局局长：卓丹红
仓山区文化体育局局长：叶晓瑜
马尾区文化体育局局长：吴聿建
晋安区文化体育局局长：陈宗辉
福清市文化体育局局长：林　强
长乐市科技文体局局长：陈舜敏
闽侯县科技文体局局长：陈步强
连江县科技文体局局长：张建国
罗源县科技文体局局长：丁　枫
闽清县科技文体局局长：马昭峰
永泰县科技文体局局长：陈振灯
平潭县科技文体局局长：高　云

南平市文化广电新闻出版局局长：陆旭光
延平区文体新局局长：陈温萍
邵武市文体新局局长：叶　芬
武夷山市文体新局局长：林建江
建瓯市文体新局局长：范志平
建阳市文体新局局长：叶晓华
顺昌县文体新局局长：游代荣
浦城县文体新局局长：郑　敏
光泽县文体新局局长：朱月琴
松溪县文体广新局局长：伊宏强
政和县文体新局局长：罗小成

三明市文化广电新闻出版局局长：陈丽珍
梅列区文体广电出版局局长：林建忠
三元区文体广电出版局局长：林　健
永安市文体广电出版局局长：历　艺
明溪县文体广电出版局局长：张永清
清流县文体广电出版局局长：江长文

宁化县文体广电出版局局长：唐又群
大田县文体广电出版局局长：林春忠
尤溪县文体广电出版局局长：柯德钦
沙县文体广电出版局局长：陆玉姬
将乐县文体广电出版局局长：程瑞振
泰宁县文体广电出版局局长：龚衍生
建宁县文体广电出版局局长：陈可辉

莆田市文化广电新闻出版局局长：刘晶洁
城厢区文体广电出版局局长：林平凡
涵江区文体广电出版局局长：曾德洪
荔城区文体广电出版局局长：林　锋
秀屿区文体广电出版局局长：吴国忠
仙游县文体广电出版局局长：郑秉忠

泉州市文化广电新闻出版局局长：张镇国
丰泽区文体旅游新闻出版局局长：洪月辉
鲤城区文体旅游新闻出版局局长：苗　圃
洛江区文体旅游新闻出版局局长：卢恩水
泉港区文体旅游新闻出版局局长：陈玉顺
石狮市文体旅游新闻出版局局长：吴泽荣
晋江市文化体育新闻出版局局长：黄　良
南安市文化体育新闻出版局局长：吴佳和
惠安县文化体育新闻出版局局长：王洪波
安溪县文化体育新闻出版局局长：傅伟明
永春县文化体育新闻出版局副局长：李端阳
德化县文化体育新闻出版局局长：陈金殿

厦门市文化广电新闻出版局局长：罗才福
思明区文化体育局局长：郁小亮
海沧区文体广电出版旅游局局长：章国炎
湖里区文体出版旅游局局长：郭漳楚
集美区文体广电出版旅游局局长：吴吉堂
同安区文化体育出版局局长：叶红旗
翔安区文体广电出版旅游局局长：王才能

漳州市文化广电新闻出版局局长：李　华
龙文区文化体育新闻出版局局长：林溪圳
芗城区文化体育新闻出版局局长：黄炳龙
龙海市文化体育新闻出版局局长：胡伟国
云霄县文化体育新闻出版局局长：方妙秦
漳浦县文化体育新闻出版局局长：林建耀
诏安县文体科技新闻出版局局长：林志坚
长泰县文体体育新闻出版局局长：薛东文
东山县文化体育新闻出版局局长：郑江辉
南靖县文化体育新闻出版局局长：蔡志祥
平和县文化体育新闻出版局局长：黄汉洋
华安县文体科技新闻出版局局长：黄清文

龙岩市文化广电新闻出版局局长：卢伟耀
新罗区文体广电新闻出版局局长：黄天平
漳平市文化体育局局长：陈　军
长汀县文化体育出版局局长：刘睿隽
永定县文体广电新闻出版局局长：沈庆城
上杭县文体广电新闻出版局局长：丁焱志
武平县文体广电新闻出版局局长：石禄生
连城县文体广电新闻出版局局长：马勋明

宁德市文化广电新闻出版局局长：刘国平
蕉城区文化体育新闻出版局局长：陈赛英
福安市文化体育新闻出版局局长：林　著
福鼎市文化体育新闻出版局局长：费允忠
寿宁县文化体育新闻出版局局长：金向祥
霞浦县文化体育新闻出版局局长：高　建
柘荣县文化体育新闻出版局局长：吴恩银
屏南县文化体育新闻出版局局长：苏旭东
古田县文化体育新闻出版局局长：叶端云
周宁县文化体育新闻出版局局长：詹其木

江西省

江西省文化厅
党组书记、厅长：郜海镭
党组成员、副厅长：王晓庆
党组成员、纪检组组长：魏　玮
党组成员、副厅长、省文物局局长：徐琳琳
党组成员、副厅长：任永新、郎道先
副巡视员：孙家骅、谌洪敏

南昌市文化新闻出版局局长：王国昌
东湖区文化广电旅游新闻出版局局长：胡　薇
西湖区文化广电旅游新闻出版局局长：林　峰
青云谱区文化广电旅游新闻出版局局长：罗洪斌
湾里区文化广电新闻出版局局长：邓凤保
青山湖区文化广电旅游新闻出版局局长：邓　涛

南昌县文化广电旅游新闻出版局局长：熊　军
新建县文化广电旅游新闻出版局局长：刘明慧
进贤县文化广电旅游新闻出版局局长：吴振明
安义县文化广电旅游新闻出版局局长：刘　枫

九江市文化新闻出版局局长：柯亨龙
浔阳区文化新闻出版局局长：陈　革
庐山区文化体育广播电视局局长：杨伟华
经济技术开发区文化教育局局长：陈霓月
共青城市文化广播影视新闻出版局局长：刘照龙
九江县文化广播影视新闻出版局局长：王事建
瑞昌市文化广播影视新闻出版局局长：祝炳龙
武宁县文化广播影视新闻出版局局长：马哲才
修水县文化广播影视新闻出版局局长：戴嵩青
湖口县文化广播影视局局长：石小荣
都昌县文化广播影视新闻出版局局长：邵伦秀
彭泽县文化广播电视新闻出版局局长：邓小林
星子县文化体育广播电视局局长：夏茂臣
德安县文化旅游广播影视局局长：柯宁安
永修县文化广播影视新闻出版局局长：杨祚育

上饶市文化局局长：涂相珍
上饶县文化广播电影电视局局长：徐　勇
弋阳县文化广播电影电视局局长：吴升林
婺源县文化广播电视局局长：江进民
德兴市文化广播电影电视局局长：徐润金
信州区文化广播电影电视局局长：缪红芳
铅山县文化广播电影电视局局长：于晓明
鄱阳县文化广播电影电视局局长：朱晓军
广丰县文化广播电视局局长：徐贵清
横峰县文化广播电视局局长：刘定勇
余干县文化广播电视局局长：史　俊
玉山县文化广播电影电视局局长：杨卫国
万年县文化广播电视局局长：黄绥忠

抚州市文化新闻出版局局长：黄有盛
乐安县文化广播电影电视局局长：游娟娟
临川区文化广播电影电视局局长：范成龙
南丰县文体广电新闻出版局局长：饶爱华
南城县文化体育广播电影电视局局长：刘惠能
金溪县文化体育广播电影电视局局长：冯慧琴
资溪县文化体育广播电影电视局局长：章建华
宜黄县文化体育广播电影电视局局长：曹建辉
广昌县文化体育广播电影电视局局长：赖劲松
黎川县文化体育广播电影电视局局长：雷旭东
东乡县文化体育广播电影电视局局长：李巧仁
崇仁县文化体育广播电影电视局局长：熊兴华

宜春市文化和新闻出版局局长：李光发
丰城市文化新闻出版局局长：谢爱平
奉新县文化局局长：李志丹
高安县文化局局长：罗晔根
铜鼓县文化局局长：涂光明
万载县文化和新闻出版局局长：周细辉
宜丰县文化教育局局长：李佳春
袁州区文化教育局局长：言　辉
上高县文化和新闻出版局局长：赵勇强
樟树市文化教育局局长：聂水星
靖安县文化局局长：陈　斌

吉安市文化广播电影电视新闻出版局局长：张　平
吉水县文化广播电视新闻出版局局长：刘春秀
永丰县文化广播电影电视新闻出版局副局长：刘金燕
万安县文化广播电视新闻出版局局长：罗国强
井冈山市文化广播电影电视新闻出版局局长：熊赛苏
吉安县文化广播电视新闻出版局局长：李才生
遂川县文化广播电影电视新闻出版局局长：黎育清
吉州区文化广播电影电视新闻出版局局长：徐少青
峡江县文化广播电视新闻出版局局长：胡苏华
青原区文化广播电影电视新闻出版局局长：张　斌
泰和县文化广播电视新闻出版局局长：温双凤
安福县文化广播电视新闻出版局局长：周文安
永新县文化广播电视新闻出版局局长：王敏杰
新干县文化广播电影电视新闻出版局局长：陈　琳

赣州市文化和广播电影电视局局长：章隆元
章贡区文化和广播电影电视局局长：殷芝萍
赣县文化和广播电影电视局局长：黄海燕
上犹县文化和广播电影电视局局长：张继茂
崇义县文化和广播电影电视局局长：张昌忠
南康市文化和广播电影电视局局长：朱吉祥
大余县文化和广播电影电视局局长：钟余珍
信丰县文化和广播电影电视局局长：肖生祥
龙南县文化和广播电影电视局局长：徐晓虹
全南县文化和广播电影电视局局长：陈　辉
定南县文化和广播电影电视局局长：周杨晶

安远县文化和广播电影电视局局长：赖德新
寻乌县文化和广播电影电视局局长：凌云南
于都县文化和广播电影电视局局长：袁尚贵
兴国县文化和广播电影电视局局长：邓京红
瑞金市文化和广播电影电视局局长：刘瑞平
会昌县文化和广播电影电视局局长：许永春
石城县文化和广播电影电视局局长：徐根雄
宁都县文化和广播电影电视局局长：夏章奎

景德镇市文化广播电影电视新闻出版局局长：艾春龙
浮梁县文化广播电影电视新闻出版局局长：胡建繁
乐安市文化广播电影电视新闻出版局局长：王小平
昌江区文化广播影视新闻出版局局长：马莉萍
珠山区文化旅游广播影视新闻出版局局长：徐智勇

萍乡市文化广电新闻出版局局长：陈建国
安源区文化广电新闻出版局局长：文　博
湘东区文化广电新闻出版局局长：何建明
芦溪县文化广电新闻出版局局长：李忠生
上栗县文化广电新闻出版局局长：黄绍良
莲花县文化广电新闻出版局局长：刘春明

新余市文化广电新闻出版局局长：彭建亚
渝水区文化广电新闻出版局局长：彭梅根
分宜县文化广电新闻出版局局长：张秋照
新余市经济开发区社会局局长：杨绍真
孔目江区文化旅游局局长：严小平
仙女湖区社会事业局局长：黄绍峰

鹰潭市文化广电新闻出版局局长：黄顺茂
贵溪市文化广电新闻出版局局长：周荣辉
余江县文化广电新闻出版局局长：彭　敏
月湖区文化广电新闻出版局局长：王　蕖
龙虎山景区文化教育局局长：姜有明

山东省

山东省文化厅

厅长、党组书记:徐向红
副厅长、党组成员:谢治秀
副厅长:李国琳
副厅长、党组成员:胡上山、陈　鹏
党组成员、纪检组组长：林奎山
副巡视员:王廷琦

济南市文化广电新闻出版局局长：刘程华
历下区文化局局长：胡方秋
市中区文化局局长：李善田
槐荫区文化局局长：刘兆勇
天桥区文化局局长：李兆福
历城区文化广电新闻出版局局长：王德福
长清区文化广电新闻出版局局长：李存寅
章丘市文化广电新闻出版局局长：宫鹏飞
济阳县文化广电新闻出版局局长：巴建英
商河县文化广电新闻出版局局长：陈成金
平阴县文化广电新闻出版局局长：井庆春

聊城市文化广电新闻出版局局长：杨　达
东昌府区文化广电新闻出版局局长：李炳泉
临清市文化广电新闻出版局局长：王兴刚
冠县文化广电新闻出版局局长：任广民
莘县文化广电新闻出版局局长：夏振华
阳谷县文化广电新闻出版局局长：訾士勇
东阿县文化广电新闻出版旅游局局长：王宪民
茌平县文化体育旅游局局长：仇长义
高唐县文化广电新闻出版局局长：田方宏

德州市文化广电新闻出版局局长：杨　杰
德城区文化新闻出版局局长：吴海蓉
禹城市文体广电新闻出版局局长：梁　军
乐陵市文体广电新闻出版局局长：房绍良
宁津县文化体育局局长：郑福庆
齐河县文化广电新闻出版局局长：谢　强
陵县文化广电新闻出版局局长：张宝砚
临邑县文体广电新闻出版局局长：修广利
平原县文体广电新闻出版局局长：孙宝胜
夏津县文体广电新闻出版局局长：张文明
庆云县文体广电新闻出版局局长：武晖天
武城县文化旅游局局长：刘建义

东营市文化广电新闻出版局局长：马洪军
东营区文化体育广电新闻出版局局长：苏咏霖
河口区文化体育广电新闻出版局局长：金建村
广饶县文化体育广电新闻出版局局长：李军章
垦利县文化体育广电新闻出版局局长：郭树礼

利津县文化体育广电新闻出版局局长：李先锋

淄博市文化广电新闻出版局局长：李贡平
张店区文化出版局局长：李　颖
淄川区文化旅游和新闻出版局局长：唐加福
博山区文化出版局局长：尹玉刚
临淄区文化出版局局长：毕国鹏
桓台县文化出版局局长：曹瑞刚
周村区文化新闻出版局局长：丁秀霞
高青县文化局局长：杜丽娥
沂源县文化出版局局长：许曰坤

潍坊市文化广电新闻出版局局长：孙俐君
青州市文化广电新闻出版局局长：郑义章
安丘市文化广电新闻出版局局长：栾成军
昌邑市文化广电新闻出版局局长：周文明
高密市文化广电新闻出版局局长：徐　明
诸城市文化广电新闻出版局局长：王聚培
昌乐县文化广电新闻出版局局长：朱英平
临朐县文化广电新闻出版局局长：孙秉明
寿光市文化广电新闻出版局局长：张文升
潍城区文化广电新闻出版局局长：杨永健
奎文区文化旅游新闻出版局局长：孙先政
坊子区文化广电新闻出版局局长：王　涌

烟台市文化广电新闻出版局局长：徐　明
海阳市文化广电新闻出版局局长：王同清
莱阳市文化广电新闻出版局局长：鲁世旭
栖霞市文化广电新闻出版局局长：林德义
招远市文化广电新闻出版局局长：唐占敖
蓬莱市文化广电新闻出版局局长：王　轶
龙口市文化广电新闻出版局局长：罗振兴
莱州市文化广电新闻出版局局长：孙瑞强
长岛县文化广电新闻出版局局长：李　明
牟平区文化广电新闻出版局局长：王旭波
福山区文化旅游局局长：林克芳
芝罘区文化新闻出版局局长：常　洁
莱山区文化新闻出版局局长：林荣胜
寒亭区文化广电新闻出版局局长：徐化源

威海市文化广电新闻出版局局长：林　强
荣成市文化广电新闻出版局局长：王春河
文登市文化广电新闻出版局局长：于军宁
乳山市文化广电新闻出版局局长：赵红日
环翠区文化广电新闻出版局局长：王贺生

青岛市文化广电新闻出版局局长：王纪刚
市南区文化新闻出版局局长：方　健
市北区文化新闻出版局局长：程方厚
李沧区文化新闻出版局局长：刘从岭
城阳区文化新闻出版局局长：吕永翠
崂山区文化新闻出版局局长：王保生
开发区文化新闻出版局局长：张文晓
黄岛区文化新闻出版局局长：薛立群
胶州市文化新闻出版局局长：于敬军
即墨市文化新闻出版局局长：蓝英杰
平度市文化新闻出版局局长：刘金文
莱西市文化新闻出版局局长：程灿谟

日照市文化广电新闻出版局局长：郑玉霞
东港区文化体育新闻出版局局长：赵东波
岚山区文体新局局长：尹德东
莒县文化体育广播电视局局长：庞传奎
五莲县旅游和文化体育广播电视局局长：单忠元

临沂市文化广电新闻出版局局长：曹首娟
兰山区文化广电新闻出版局局长：管桂启
罗庄区文化广电新闻出版局局长：张永胜
河东区文化广电新闻出版局局长：王彦军
郯城县文化广电新闻出版局局长：梅　博
苍山县文化广电新闻出版局局长：王昌印
沂水县文化广电新闻出版局局长：邱　键
沂南县文化广电新闻出版局局长：尹瑞波
平邑县文化广电新闻出版局局长：张　军
费县文化广电新闻出版局局长：姚东海
蒙阴县文化广电新闻出版局局长：姜兆修
莒南县文化广电新闻出版局局长：王兴堂
临沭县文化广电新闻出版局局长：王志银

枣庄市文化广电新闻出版局局长：邵　磊
滕州市文化广播电视和新闻出版局局长：贾福军
峄城区文化广电新闻出版局局长：梁福锦
薛城区文化广电新闻出版局局长：王广法
台儿庄区文化广电新闻出版局局长：孙作伟
山亭区文化广电新闻出版局局长：贾广灿

济宁市文化广电新闻出版局局长：孙爱民
市中区文化广电新闻出版局局长：刘运国
任城区文化广电新闻出版局局长：祝自稳
兖州市文化广电新闻出版局局长：胡长荣
曲阜市文化广电新闻出版局局长：胡　勇
邹城市文化广电新闻出版局局长：史传龙
泗水县文化广电新闻出版局局长：龙　泉
微山县文化广电新闻出版局局长：刘修武
鱼台县文化广电新闻出版局局长：田书敏
金乡县文化广电新闻出版局局长：周忠勤
嘉祥县文化广电新闻出版局局长：张化陨
汶上县文化广电新闻出版局局长：张会学
梁山县文化广电新闻出版局局长：马新东

泰安市文化广电新闻出版局局长：刘　康
泰山区文化广电新闻出版局局长：展新维
岱岳区文化广电新闻出版局局长：许　杰
新泰市文化广电新闻出版局局长：汤永生
肥城市文化广电新闻出版局局长：王　霞
宁阳县文化广电新闻出版局局长：石玉奎
东平县文化广电新闻出版局局长：徐天成

莱芜市文化广电新闻出版局局长：亓祥云
莱城区文化体育新闻出版局局长：王庆堂
钢城区文化体育新闻出版局局长：张学波

滨州市文化广电新闻出版局局长：曹玉斌
滨城区文化旅游新闻出版局局长：尹洪吉
博兴县文化旅游新闻出版局局长：刘国升
沾化县文化体育新闻出版局局长：崔良海
无棣县文化广电新闻出版局局长：董昭武
邹平县文化体育和旅游事业发展局局长：杨元家
惠民县文化新闻出版局局长：张玉德
阳信县文化广电新闻出版局局长：张立泽

菏泽市文化广电新闻出版局局长：陈庆勇
牡丹区文化体育局局长：洪继勋
定陶县文化体育局局长：杜玉章
曹县文化体育局局长：李圣安
成武县文化体育局局长：汪雁征
单县文化体育局局长：谢孔芹
巨野县文化体育局局长：解瑞民
郓城县文化体育局局长：周国栋
鄄城县文化体育局局长：李　军
东明县文化体育局局长：郭振华

河南省

河南省文化厅

党组书记、厅长：杨丽萍
党组成员、副厅长：崔为工
巡视员：董文建
党组成员、副厅长：李　霞、郭书城、康　洁
党组成员、纪检组组长：陈　峰
党组成员、省文物局局长：陈爱兰
党组成员、省博物院院长：田　凯
副巡视员：王天虹、孙　鹏

郑州市文化广电新闻出版局局长：李宪敏
中原区文化旅游局局长：陈　烈
二七区文化旅游局局长：牛志宏
管城回族区文化旅游新闻出版局局长：李　静
金水区文化旅游局局长：吴兆强
上街区文化广电新闻出版局局长：冯立新
惠济区文化旅游局局长：赵会勇
新郑市文化广电新闻出版局局长：刘学敏
登封市文化广电新闻出版局局长：王彩红
新密市文化广电旅游局局长：张银灿
荥阳市文化广电新闻出版局局长：王志中
中牟县文化广电和旅游局局长：王玉忠

三门峡市文化广电新闻出版局局长：梅良川
湖滨区文化旅游局局长：卫清波
义马市文化广电旅游和新闻出版局局长：李纪从
灵宝市文化广电和新闻出版局局长：张建华
渑池县文化广电和新闻出版局局长：方丰章
陕县文化广电和新闻出版局局长：郭海阳
卢氏县文化广电和新闻出版局局长：贾建涛

洛阳市文化广电新闻出版局局长：马奎元
西工区文化旅游局局长：巩卫国
老城区文化局局长：李建西
廛河区科技文化旅游局局长：李　鹏
涧西区文体旅游局局长：段起旭
吉利区文化广电新闻出版局局长：李志杰

洛龙区文化广电新闻出版局局长：李清江
偃师市文化广电新闻出版局局长：吴利超
孟津县文化广电新闻出版局局长：杨长生
新安县文化广电新闻出版局局长：王书林
栾川县文化广电新闻出版局局长：刘亚欧
嵩县文化广电新闻出版局局长：崔德福
汝阳县文广新局局长：翟灿波
宜阳县文化广电科技局局长：周瑞盈
洛宁县文广新局局长：卫万里
伊川县文化广电新闻出版局局长：李社伟

焦作市文化广电新闻出版局局长：王东林
解放区文化体育广播局局长：何　毅
山阳区文体广电新闻出版局局长：布财勇
中站区文化体育广播电视局局长：郭　凌
马村区文化体育广播局局长：闪成福
孟州市文化广播电视新闻出版局局长：宋建华
沁阳市文化广电新闻出版局局长：张安国
修武县文化广电新闻出版局局长：田　健
博爱县文化广电新闻出版局局长：张晓军
武陟县文化局局长：成东升
温县文化广电新闻出版局局长：王　兵

新乡市文化广电新闻出版局局长：褚源新
卫滨区教育文化体育局局长：王　静
红旗区教育文化体育局局长：陈学勇
凤泉区教育文化体育局局长：王金旺
牧野区教育文化体育局局长：王玉芳
卫辉市文化广播电影电视局局长：姚　航
辉县市文化局局长：金　葵
新乡县文化广电旅游局局长：郭玉常
获嘉县文化广电旅游局局长：王明珍
原阳县文化广播电影电视局局长：赵光岭
延津县文化广播电影电视局局长：李社会
封丘县文化广播电影电视局局长：万传中

鹤壁市文化广电新闻出版局局长：刘炳强
淇滨区文化教育体育局局长：徐延平
山城区文化体育局局长：李国勤
鹤山区文化教育体育局局长：李鸿斌
浚县文化广播电影电视局局长：崔改琴
淇县文化广播电影电视局局长：高代泉

安阳市文化广电新闻出版局局长：王金涛
北关区文化旅游和新闻出版局局长：郭宏伟
文峰区文化广电新闻出版和旅游局局长：朱艳丽
殷都区文化广播新闻和旅游局局长：郭宪林
龙安区文化广电新闻出版和旅游局局长：周现清
林州市文化广电新闻出版局局长：申保伏
安阳县文化旅游局局长：石海林
汤阴县文化广电新闻出版局局长：张志勇
内黄县文广新局局长：张正道

濮阳市文化广电新闻出版局局长：陈景涛
华龙区文化广电旅游局局长：曹修光
清丰县文化广电旅游局局长：王亚光
南乐县文化广电体育旅游局局长：王国平
范县文体广电新闻出版旅游局局长：董永霞
台前县文化广电旅游局局长：刘崇良
濮阳县文化广电旅游局局长：郭修恒

开封市文化广电新闻出版局局长：姚春贵
鼓楼区教育文化体育局局长：李　芳
龙亭区教育文化体育局局长：唐惠敏
顺河回族区教育文化体育局局长：杨红珊
禹王台区教育文化体育局局长：许彦军
杞县文化广电新闻出版局局长：王宏博
通许县文化广电新闻出版局局长：岳邦亮
尉氏县文化广电新闻出版局局长：王馥芹
开封县文化局局长：张　军

商丘市文化广电新闻出版局局长：孙玉林
梁园区文化旅游局局长：陈　磊
睢阳区文化旅游局局长：盛　鹏
虞城县文化广电旅游局局长：马义超
民权县文化广电旅游局局长：锦传明
宁陵县文化广电旅游局局长：郑学峰
睢县文化广电旅游局局长：李志昌
夏邑县文化广电旅游局局长：吕慕宇
柘城县文化广电旅游局局长：张峰杰

许昌市文化新闻出版局局长：张　琳
魏都区文化和广播影视局局长：王自立
禹州市文广局局长：王根发
长葛市文化局局长：朱保春
许昌县文化旅游局局长：陶义红

鄢陵县文化和广播影视局局长：宋发展
襄城县文化和广播影视局局长：张清奇

漯河市文化新闻出版局局长：吴玉培
郾城区文化旅游局局长：周学政
源汇区文化旅游局局长：娄绍安
召陵区文化旅游局局长：杨秀民
舞阳县文化广电旅游局局长：效亚文
临颍县文化局局长：张富鑫

平顶山市文化广电新闻出版局局长：肖元欣
新华区文化旅游局局长：马群峰
卫东区文化局局长：贺　峰
湛河区文化广电局局长：王绍强
石龙区文化广电局局长：王建新
舞钢市文化广局局长：李洪涛
宝丰县文化广电局局长：吕才营
叶县文化局局长：任　磊
鲁山县文化局局长：王向阳
郏县文化广电新闻出版局局长：刘亚锋

南阳市文化广电新闻出版局党组书记：马本殿
卧龙区文广新局局长：李　成
宛城区文化广电新闻出版局局长：陈少强
南召县文化广播新闻出版局局长：赵鸿远
方城县文化广电新闻出版局局长：贺志斌
西峡县文化广电新闻出版局局长：韩向阳
镇平县文化局局长：姚金波
内乡县文化广电新闻出版局局长：徐向升
淅川县文化广电新闻出版局局长：刘建农
社旗县文化广电新闻出版局局长：杨清良
唐河县文广新局局长：华金松
新野县文化广电新闻出版局局长：张华敏
桐柏县文化广电新闻出版局局长：李贵文

信阳市文化新闻出版局局长：张冬梅
浉河区文化新闻出版局局长：郝全修
平桥区文化新闻出版局局长：仝亚伟
息县文化广电新闻出版局局长：王　磊
淮滨县文化广电新闻出版局局长：吕其顺
潢川县文化广电新闻出版局局长：邬志合
光山县文化广电新闻出版局局长：郑红梅
商城县文化广播新闻出版局局长：曾宪忠
罗山县文化广电新闻出版局局长：李松海
新县文化广电新闻出版局局长：黄成军

周口市文化广电新闻出版局局长：凌全贞
川汇区文化局局长：薛顺名
项城市文化广电新闻出版局局长：于河川
扶沟县文化广播新闻出版局局长：周东风
西华县文化广播新闻出版局局长：赵耀宇
商水县文化广电新闻出版局局长：卫素安
太康县文化广电新闻出版局局长：陈俊丽
郸城县文化广播新闻出版局局长：罗明俊
淮阳县文化广电新闻出版局局长：窦凤祥
沈丘县文化广电新闻出版局局长：李　彬

驻马店市文化新闻出版局局长：李林清
驿城区文化和旅游局局长：王新平
确山县文化广电新闻出版局局长：闫群东
泌阳县文化广电新闻出版局局长：王水洲
遂平县文化广电新闻出版局局长：陈鹏华
西平县文化广电新闻出版局局长：张　宏
上蔡县文化广电新闻出版局局长：马红旗
汝南县文化广电新闻出版局局长：杨民生
平舆县文化广电新闻出版局局长：范秋灵
正阳县文化新闻出版局局长：孟凡军

省直管试点市县
济源市文化广电新闻出版局局长：刘善祥
巩义市文化广电新闻出版局局长：逯熙鹏
兰考县文化广电新闻出版局局长：张连民
汝州市文化广电局局长：董广兴
滑县文化旅游广电新闻出版局局长：韩守宗
长垣县文化广电旅游局局长：林建文
邓州市文化广电新闻出版局局长：闫富传
永城市文化广电旅游局局长：王晓五
固始县文化广电新闻出版局局长：董　安
鹿邑县文化广电新闻出版局局长：张险峰
新蔡县文化广电新闻出版局局长：杨超群

湖北省

湖北省文化厅
党组书记、厅长：雷文浩

巡视员：沈海宁
党组成员、副厅长：严荣利、李耀华
党组成员、纪检组长：段天玲
党组成员、副厅长：陶宏家
副巡视员：吴　宪、徐永胜

武汉市文化新闻出版广电局局长：陈邂馨
江岸区文体局局长：徐燕青
江汉区文体旅局局长：江　凡
硚口区文体局局长：杨　斌
汉阳区文体局局长：王建伟
武昌区文体局局长：刘　全
青山区文体局局长：孙宗良
洪山区文体局局长：蒋　华
东西湖区文体广电（旅游）局局长：张晓平
汉南区文体局局长：鄢卫华
蔡甸区文体局局长：蔡　永
江夏区文体局局长：邓淮生
黄陂区文化局局长：刘际平
新洲区文化体育局局长：姜　珊

十堰市文体局局长：牛孝文
茅箭区文体局局长：林青海
张湾区文体局局长：郭瑞兵
丹江口市文体局局长：史海钧
郧县文体旅游局局长：梁建明
郧西县文体局局长：钟建华
竹山县文体局局长：薛继田
竹溪县文体局局长：陈诗云
房县文体局局长：刘世宏
经济开发区文教卫局局长：翁端胜

襄阳市文化新闻出版局局长：李　晟
襄城区文体新局局长：耿　芳
樊城区文体旅局局长：陈仁杰
襄州区文旅新局局长：胡莉莉
老河口市文化体育旅游局局长：冯　雨
枣阳市文体旅游和新闻出版局局长：卢世成
宜城市文化旅游和新闻出版局局长：田　辉
南漳县文体新局局长：郭永金
谷城县文体新局局长：张旭升
保康县文体新局局长：李昭辉

荆门市文体新局局长：刘国芳
漳河新区文体新局局长：曾金花
东宝区文体广播电视局局长：邵启宏
掇刀区文体和广播电影电视局局长：张学锋
钟祥市文体新局局长：张华清
京山县文体新局局长：严泽波
沙洋县文化体育和广播电影电视局：付东升
钟祥市文体新局局长：张华清

孝感市文体新局局长：胡　斌
孝南区文体新局局长：钟楚华
应城市文体新局局长：金　洋
安陆市文体局局长：高建新
汉川市文体新局局长：李绍斌
孝昌县文体新局局长：刘国琼
大悟县文体新局局长：乐浩东
云梦县文体新局局长：左燕翔

黄冈市文化局局长：黄玉琴
黄州区文化局局长：周　欢
龙感湖管理区文化局局长：严　丹
麻城市文化局局长：张　星
武穴市文化广电影视局局长：周小平
团风县文体局局长：余秋明
红安县文化局局长：喻成传
罗田县文化局局长：熊涤生
英山县文化局局长：陈　君
浠水县文化局局长：闫桂华
蕲春县文体局局长：伊育群
黄梅县文化局局长：吴亚城
龙感湖管理区文化局局长：严　丹

鄂州市文体局局长：　刘履超
梁子湖区文体局局长：汪长生
华容区文体局局长：赵利波
鄂城区文体局局长：余志和

黄石市文化局局长：曹树莹
黄石港区卫生文体局局长：邹红波
西塞山区文体局局长：汪　文
下陆区卫文体局局长：邓延才
铁山区文体局副局长：余柏春
大冶市文体局局长：曹云华

阳新县文体局局长：洪登亮
经济开发区教文卫局局长：黄棉香

咸宁市文体新局局长：潘　华
咸安区文体新局局长：李志强
赤壁市文体新局局长：马景良
嘉鱼县文体新局局长：刘焰才
通城县文体新局局长：宋旺龙
崇阳县文广新局局长：王向阳
通山县文体新局局长：陈世德

荆州市文化局局长：贺洪文
沙市区文体局局长：吴爱莲
荆州区文体局局长：周　炬
石首市文化局局长：胡昌杰
洪湖市文化局局长：贺广龙
松滋市文化局局长：贺元昌
公安县文化局局长：孟丽平
监利县文化旅游局局长：赵更生
江陵县文体局局长：宋　翔
开发区文化局局长：翟光前

宜昌市文化局局长：王永平
西陵区文体局局长：席群英
伍家岗区文体局局长：王　辉
点军区文体旅局局长：朱德斌
猇亭区文体旅局局长：易　兵
夷陵区文体局局长：李西学
宜都市文化局局长：陈　威
当阳市文体旅局局长：贾玉蓉
枝江市文体局局长：李建庭
远安县文体局局长：徐光斌
兴山县文化局局长：邹志斌
秭归县文化旅游局局长：王　罡
长阳土家族自治县文体局局长：胡世春
五峰土家族自治县文体旅局局长：王义国

随州市文体新局局长：孙国成
曾都区文化体育广电局局长：吕文军
广水市文体新局局长：王德明
随县文体局局长：宋　云

省直辖县级行政单位：
仙桃市文广新局局长：郑局廷
潜江市文化旅游局局长：徐中兵
天门市文广电新出版局局长：李小明
神农架林区文体局局长：刘生策

恩施州文体局局长：刘　跃
恩施市文体局局长：李拔权
利川市文体局局长：杨镇全
建始县文体局局长：廖利泉
巴东县文体局局长：刘贤圣
宣恩县文体局局长：谢庆慧
咸丰县文体局局长：刘翔高
来凤县文体局局长：岳　琼
鹤峰县文体局局长：向宏艳

湖南省

湖南省文化厅
党组书记、厅长：朱建纲
党组成员、副厅长：杨福杰
副厅长：鄢福初
党组成员、副厅长、省文物局局长：陈远平
党组成员、副厅长：孟庆善、肖凌之
党组成员、纪检组长：张彩辉
副巡视员：王崇福

长沙市文化广电新闻出版局局长：杨长江
芙蓉区文体新局局长：成良访
天心区文体新局局长：雷丽娜
岳麓区文体新局局长：王　洪
开福区文体新局局长：王　艳
雨花区文体新局局长：王　琳
长沙县文体广电局局长：冯武斌
望城县文体旅游局局长：刘文术
浏阳市文体广电局局长：余海波
宁乡县文体广电局局长：贺太泉

衡阳市文化广电新闻出版局局长：王　燕
衡南县文化广电新闻出版局局长：唐鸣春
衡阳县文化广电新闻出版局局长：龙国华
衡东县文化广电新闻出版局局长：陈和平
衡山县文化广电新闻出版局局长：余庆丰

祁东县文化广电新闻出版局局长：高尚升
常宁市文化广电新闻出版局局长：邹求荣
耒阳市文化广电新闻出版局局长：李乙平
雁峰区教文体局局长：杨成栋
石鼓区教文体局局长：汪衡湘
珠晖区教文体局局长：李必根
蒸湘区教文体局局长：钟家友
南岳区文化广电新闻出版局局长：刘元莲

株洲市文化广电新闻出版局局长：吴安浩
芦淞区文体新局局长：翟孝安
天元区文体新局局长：杨忠明
石峰区文体新局局长：陈琳敏
荷塘区文体新局局长：冯　晓
醴陵市文体广电新闻出版局局长：易小龙
株洲县文体广电新闻出版局局长：李光荣
攸县文体广电新闻出版局局长：颜继瑞
茶陵县文体广电新闻出版局局长：刘小元
炎陵县文体广电新闻出版局局长：唐青平

湘潭市文化广电新闻出版局局长：李冬平
岳塘区文体广电新闻出版局局长：陈自安
湘潭县文体广电新闻出版局局长：莫柏槐
湘乡市文体广电新闻出版局局长：肖　鹄
韶山市文体广电新闻出版局局长：曹　咪
雨湖区文体广电新闻出版局局长：彭灿辉

邵阳市文化广电新闻出版局局长：王铭祥
邵东县文化广电新闻出版局局长：李秋兵
新邵县文化广电新闻出版局局长：陈丰收
隆回县文化广电新闻出版局局长：张　晗
洞口县文化广电新闻出版局局长：严楚纲
绥宁县文化广电新闻出版局局长：熊敏刚
城步县文化广电新闻出版局局长：陈卫东
武冈市文化广电新闻出版局局长：刘虎云
新宁县文化广电新闻出版局局长：李涵喆
邵阳县文化广电新闻出版局局长：王席军
大祥区文体局局长：罗康平
双清区文体局局长：李　巍
北塔区文体局局长：简　洁

岳阳市文化广电新闻出版局局长：黄建文
临湘市文化广电新闻出版局局长：廖明斌
湘阴县文体广电新闻出版局局长：钟志平
岳阳县文化广电新闻出版局局长：郑一夫
汨罗市文化广电新闻出版局局长：欧阳三华
平江县文化广电新闻出版局局长：吴改良
华容县文体广电新闻出版局局长：王良庆
岳阳楼区文体广电新闻出版局局长：周和平
云溪区文化广电新闻出版局局长：周志辉
君山区文化广电新闻出版局局长：张全亮

常德市文化广电新闻出版局局长：黄修林
武陵区文化新闻出版和体育局局长：郭德西
鼎城区文化广电新闻出版局局长：雷绘坡
石门县文化广电新闻出版局局长：覃业翼
澧县文化广电新闻出版局局长：向绪钦
安乡县文化广电新闻出版局局长：丁敬均
津市文化广电新闻出版局局长：聂　宇
临澧县文化广电新闻出版局局长：吴景华
汉寿县文化广电新闻出版局局长：邱鹏飞
桃源县文化广电新闻出版局局长：徐进华

张家界市文化广电新闻出版局局长：兰智平
永定区文化广电新闻出版局局长：郭宏升
武陵源区文体广电新闻出版局局长：粟芬芳
慈利县文化广电新闻出版局局长：符青青
桑植县文化广电新闻出版局局长：聂耀亚

益阳市文化广电新闻出版局局长：刘兆平
赫山区文化广电新闻出版局局长：胡志伟
资阳区文化广电新闻出版局局长：郭　云
桃江县文化广电新闻出版局局长：龚胜芳
沅江市文化广电新闻出版局局长：陈盛祥
南县文化广播电视旅游局局长：龚　克
安化县文化旅游广电新闻出版局局长：周德淑

郴州市文化广电新闻出版局局长：龙齐阳
北湖区文化新闻出版局局长：肖　卓
苏仙区文化新闻出版局局长：郭华蔚
资兴市文化广电新闻出版局局长：王筱兰
桂阳县文化广电新闻出版局局长：吴淑姝
宜章县文化广电新闻出版局局长：李晓平
永兴县文化广电新闻出版局局长：张洪友
嘉禾县文化广电新闻出版局局长：王继国
临武县文化广电新闻出版局局长：曹夏平

汝城县文化广电新闻出版局局长：陈建平
桂东县文化广电新闻出版局局长：黄光华
安仁县文化广电新闻出版局局长：罗外归

永州市文化广电新闻出版局局长：李小星
冷水滩区文化旅游局局长：陈　军
零陵区文化局局长：李立新
祁阳县文化局局长：黄爱蓉
东安县文化广电新闻出版局局长：俞兰桂
双牌县文化广电新闻出版局局长：桑显英
道县文化广电新闻出版局局长：罗明桥
江永县文化广电新闻出版局局长：谢明尧
江华县文化广电新闻出版局局长：周德新
宁远县文化广电新闻出版局局长：唐太培
新田县文化广电新闻出版局局长：黄　英
蓝山县文化广电新闻出版局局长：梁社忠

怀化市文化广电新闻出版局局长：周正宇
麻阳县文化广电新闻出版局局长：藤建学
鹤城区文化新闻出版局局长：陈小松
辰溪县文化广电新闻出版局局长：周　丹
靖州县文化广电新闻出版局局长：谢遵成
芷江县文化广电新闻出版局局长：唐　伟
溆浦县文化广电新闻出版局局长：张建平
沅陵县文化广电新闻出版局局长：田学武
新晃县文化广电新闻出版局局长：杨先尧
会同县文化广电新闻出版局局长：龙世泉
通道县文化广电新闻出版局局长：张建国
中方县文化广电新闻出版局局长：宁关林
洪江市文化广电新闻出版局局长：周圣华
洪江区文化广电新闻出版局局长：王承当

娄底市文化广电新闻出版局局长：李东升
娄星区文化广电新闻出版局局长：刘时雨
冷水江市文化广电新闻出版局局长：匡建军
涟源市文化广电新闻出版局局长：童建武
双峰县文化广电新闻出版局局长：罗跃勃
新化县文化广电新闻出版局局长：朱吉良

湘西州文化广电新闻出版局局长：罗亚阳
凤凰县文化广电新闻出版局局长：杨志勇
保靖县文化广电新闻出版局局长：邹利佳
古丈县文化广电新闻出版局局长：陈鸣峰
泸溪县文化广电新闻出版局局长：李玉梅
花垣县文化广电新闻出版局局长：龙　雨
吉首市文化广电新闻出版局局长：康　军
龙山县文化广电新闻出版局局长：田发奎
永顺县文化广电新闻出版局局长：胡廷民

广东省

广东省文化厅
党组书记、厅长：方健宏
党组成员、巡视员：马新民
党组成员、副厅长：陈　杭、杨　树、杨伟时
党组成员、纪检组长：凌曲刚
党组成员、省文化市场综合执法局局长：胡振国
副巡视员：顾民强、王　莉

广州市文化广电新闻出版局局长：陆志强
越秀区文化广电新闻出版局局长：王卫国
荔湾区文化广电新闻出版局局长：严汉初
海珠区文化广电新闻出版局局长：吴天军
天河区文化广电新闻出版局局长：张　颖
白云区文化广电新闻出版局局长：丁和平
黄埔区文化广电新闻出版局局长：孙恺敏
番禺区文化广电新闻出版局局长：何穗鸿
花都区文化广电新闻出版局局长：骆权灯
南沙区文化广电新闻出版局局长：王少宁
萝岗区文化广电新闻出版局局长：黄金持
增城市文化体育广电新闻出版局局长：黄海明
从化市文化广电新闻出版局局长：朱虹霞

清远市文化广电新闻出版局局长：许广勇
清城区文化体育局局长：张　青
英德市文化广电新闻出版局局长：邓明华
连州市文体旅游局局长：唐记南
佛冈县文化广电新闻出版局局长：曾道明
阳山县文化广电新闻出版局局长：饶火明
清新县文化广电新闻出版局局长：程建文
连山壮族瑶族自治县文体局局长：李福润
连南瑶族自治县文化广电新闻出版局局长：唐铁荣

韶关市文化广电新闻出版局局长：何正平
浈江区文化新闻出版局局长：宋柏均

武江区文化新闻出版局局长：曾　宏
曲江区文化广电新闻出版局局长：李伟才
乐昌市文化广电新闻出版局局长：黄志雄
南雄市文化广电新闻出版局局长：肖丽琼
始兴县文化广电新闻出版局局长：陈向明
仁化县文化广电新闻出版局局长：刘　强
翁源县文化广电新闻出版局局长：林晃奎
新丰县文化广电新闻出版局局长：刘光志
乳源瑶族自治县文体旅游局局长：邬宝华

河源市文化广电新闻出版局局长：梁伟光
源城区文化广电新闻出版局局长：潘　瑛
紫金县文化广电新闻出版局局长：林建峰
龙川县文化广电新闻出版局局长：王洪涛
连平县文化广电新闻出版局局长：潘继红
和平县文化广电新闻出版局局长：黄嘉乐
东源县文化广电新闻出版局局长：黄建平

梅州市文化广电新闻出版局局长：陈锐锋
梅江区文化广电新闻出版局局长：李常青
兴宁市文化广电新闻出版局局长：杨颂阳
梅县文化广电新闻出版局局长：吴永生
大埔县文化广电新闻出版局局长：黄伟强
丰顺县文化广电新闻出版局局长：朱耀辉
五华县文化广电新闻出版局局长：张远平
平远县文化广电新闻出版局局长：刘立新
蕉岭县文化广电新闻出版局局长：黄金松

潮州市文化广电新闻出版局局长：林广鹏
湘桥区文化广电新闻出版局局长：张旭光
潮安县文化广电新闻出版局局长：吴培辉
饶平县文化广电新闻出版局局长：陆锡文

汕头市文化广电新闻出版局局长：黄煜生
金平区文化广电新闻出版局局长：郑文义
濠江区文化广电新闻出版局局长：陈健平
龙湖区文化广电新闻出版局局长：蔡垂政
潮阳区文化广电新闻出版局局长：董建伟
潮南区文化广电新闻出版局局长：黄尊光
澄海区文化广电新闻出版局局长：谢延平
南澳县文化广电新闻出版局局长：柯伟煌

揭阳市文化广电新闻出版局局长：郑海忠
榕城区文化新闻出版局局长：林永生
普宁市文化广电新闻出版局局长：黄楚雄
揭东县文化广电新闻出版局局长：吴伟斌
揭西县文化广电新闻出版局局长：巫丽琼
惠来县文化广电新闻出版局局长：林铁伦

汕尾市文化广电新闻出版局局长：林来平
汕尾市城区科技文体局局长：郭乃坎
陆丰市文化广电新闻出版局局长：李汉沛
海丰县文体旅游局局长：卢小娟
陆河县文化广电新闻出版局局长：杨学而

惠州市文化广电新闻出版局局长：罗川山
惠城区文化广电新闻出版局局长：刘少辉
惠阳区文化广电新闻出版局局长：马雄辉
博罗县文体旅游局局长：罗燕辉
惠东县文化广电新闻出版局局长：钟铁锋
龙门县文化广电新闻出版局局长：梁志斌

东莞市文化广电新闻出版局局长：陈志伟

深圳市文体旅游局局长：岳川江
福田区文化体育局局长：胡星宏
罗湖区文化体育局局长：廖　晓
南山区文化局局长：姜广华
宝安区文体旅游局局长：邓少玲
龙岗区文体旅游局局长：张　耀
盐田区文化体育局局长：李志利

珠海市文体旅游局局长：张梅生
香洲区文体旅游局局长：张洁珍
斗门区文化广电新闻出版局局长：韦大奇
金湾区文体旅游局局长：李成铿

中山市文化广电新闻出版局局长：罗建华

江门市文化广电新闻出版局局长：伍宇雄
蓬江区文体新局局长：李伟垣
江海区文体新局局长：邓群标
新会区文广新局局长：李悦忠
恩平市文广新局局长：梁朝贺
台山市文广新局局长：黄伟华
开平市文广新局局长：谭伟强

鹤山市文广新局局长：邓梓威

佛山市文化广电新闻出版局局长：徐东涛
禅城区文体旅游局局长：余　斌
南海区文体旅游局常务副局长：谭国洪
顺德区文体旅游局局长：王　勇
三水区文体旅游局局长：严振飞
高明区文体旅游局局长：陈新文

肇庆市文化广电新闻出版局局长：欧荣生
端州区文化局局长：陈秀萍
鼎湖区文化广电新闻出版局局长：周勇军
高要市文体旅游局局长：苏世雄
四会市文化广电新闻出版局局长：冼志潜
广宁县文化广电新闻出版局局长：邓兴平
怀集县文化广电新闻出版局局长：陈智旭
封开县文化广电新闻出版局局长：杨　松
德庆县文化广电新闻出版局局长：覃彬源

云浮市文化广电新闻出版局局长：梁仁球
云城区文化广电新闻出版局局长：陈志亮
罗定市文化广电新闻出版局局长：杨振东
云安县文化广电新闻出版局局长：李妍姬
新兴县文化广电新闻出版局局长：吴　平
郁南县文化广电新闻出版局局长：许澄江

阳江市文化广电新闻出版局局长：张小光
江城区文体旅游和外事侨务局局长：利如晁
阳春市文化体育广电新闻出版局局长：邓汝平
阳西县文体广电新闻出版局局长：许广多
阳东县文体广电新闻出版局局长：梁广艺

茂名市文化广电新闻出版局局长：黄晨光
茂南区文化体育局局长：郑　佳
茂港区文化体育新闻出版局局长：赖　胜
化州市文化广电新闻出版局局长：宋　凯
信宜市文化广电新闻出版局局长：吴家庆
高州市文化广电新闻出版局局长：陈沛超
电白县文化广电新闻出版局局长：郑闪光

湛江市文化广电新闻出版局局长：聂　兵
赤坎区文化新闻出版局局长：黄柳坚
霞山区文化新闻出版局局长：曾继房
坡头区文化广电新闻出版局局长：黄国楣
麻章区文化广电新闻出版局局长：郑永丰
吴川市文化广电新闻出版局局长：陈燕熙
廉江市文化广电新闻出版局局长：胡锡富
雷州市文化广电新闻出版局局长：牧　野
遂溪县科技文化广电新闻出版局局长：卢　旺
徐闻县文体局局长：张世越

广西壮族自治区

广西壮族自治区文化厅
党组书记、厅长：黄　宇
党组副书记、副厅长：李民胜
党组成员、副厅长：洪　波
党组成员、副厅长：唐正柱
副厅长：覃　溥
党组成员、纪检组组长：李晓泉
巡视员：余益中
副巡视员：马红英、任保胜

南宁市文化新闻出版局局长：蒙文虎
青秀区文化新闻出版体育局局长：赖清玲
兴宁区文化新闻出版体育局局长：周　卫
江南区文化新闻出版体育局局长：谢　嘉
西乡塘区文化新闻出版体育局局长：黄枝滔
邕宁区文化新闻出版体育局局长：苏兰芳
良庆区文化新闻出版体育局局长：李少珊
武鸣县文化广播影视和体育局局长：潘进忠
横县文化广播影视和体育局局长：陈兴华
宾阳县文化广播影视和体育局局长：梁　松
上林县文化广播影视和体育局局长：覃启良
马山县文化广播影视和体育局局长：蒙海军
隆安县文化广播影视和体育局局长：梁　毅

柳州市文化局局长：李丽珍
柳北区文化体育局局长：王继萍
城中区文化体育局局长：韦　晓
鱼峰区文化体育局局长：陈　波
柳南区文化体育局局长：覃　捷
柳江县文化体育局局长：全开源
柳城县文化体育局局长：周　志
鹿寨县文化体育局局长：韦江华

融安县文化体育局局长：赵翔燕
融水县文化体育局局长：周路记
三江县文化体育局局长：骆　斌

桂林市文化局局长：唐建林
秀峰区文化体育局局长：彭卫东
叠彩区文化体育局局长：李丹平
象山区文化体育局局长：王　坤
七星区文化体育旅游局局长：蒋才华
雁山区文化体育局局长：陈　靖
临桂县文化体育局局长：赵秋岚
灵川县文化局局长：周祖伟
兴安县文化旅游局局长：胡　琳
资源县文化体育局局长：张定喜
全州县文化局局长：蒋跃辉
灌阳县文化局局长：王鹆群
龙胜县文化局局长：周艳红
永福县文化体育局局长：黄流琪
阳朔县文化体育局局长：蒋平顺
平乐县文化旅游局局长：李任科
恭城县文化旅游局局长：傅秋明
荔浦县文化体育局局长：卓礼雄

梧州市文化新闻出版局局长：冯绍溪
长洲区科技文化体育局局长：岑锦萍
蝶山区科卫文体局局长：黄金莲
万秀区科技文化体育局局长：俞　健
龙圩区科技文化体育局局长：王治文
岑溪市文化和体育局局长：甘　卫
苍梧县文化和体育局局长：班　文
藤县文化和体育局局长：肖谋义
蒙山县文化和体育局局长：肖映山

北海市文化局局长：陈月梅
合浦县文化体育新闻出版局局长：陈　辉
海城区文化体育广播电视局局长：蒙海涛
银海区文化体育广播电视局局长：杨　铖
铁山港区文化体育和广播电视局局长：陈钦武

防城港市文化体育新闻出版局局长：卢　岩
防城区文化体育广播电影电视局局长：张创文
港口区文化体育广播电影电视局局长：黄海燕
上思县文化体育广播电影电视局局长：雷爱新
东兴市文化体育广播电影电视局局长：李华毅

钦州市文化和新闻出版局局长：林钦娟
浦北县文化体育局局长：夏玄新
灵山县文化体育局局长：黄　健
钦南区文化体育局局长：王　伟
钦北区文化体育局局长：李荣良

贵港市文化局局长：廖向杰
平南县文化体育局局长：陈世穆
桂平市文化体育局局长：陈兆仁
港北区文化体育局局长：高建伟
港南区文化体育局局长：黄冬珍
覃塘区文化体育局局长：唐军明

玉林市文化局局长：李锦第
玉州区文化体育局局长：谭艳艳
北流市文化体育局局长：杨江南
容县文化体育局局长：梁　彬
陆川县文化体育局局长：俞伟汉
博白县文化体育局局长：李书耀
兴业县文化体育局长：麦昭阳
福绵区文化体育局局长：汤广荣
玉东新区科教文体局局长　李健勇

百色市文化和新闻出版局局长：李小华
右江区文化局局长：罗　群
田阳县文化体育局局长：吴才现
田东县文化体育局局长：苏　华
平果县文化体育局局长：唐仁军
德保县文化体育局局长：黄小示
靖西县文化体育局局长：农俊杰
那坡县文化体育局局长：朱宁波
凌云县文化体育局局长：冉景奎
乐业县文化体育局局长：韦胜亮
田林县文化体育局局长：文　宝
隆林县文化体育局局长：蔡　良
西林县文化体育局局长：丁韦震

贺州市文化新闻出版局局长：蒋永亮
八步区文化体育局局长：黄爱娱
钟山县文化体育局局长：刘　勉
昭平县文化体育局局长：左忠才

富川县文化体育局局长：黄　灵
平桂管理区文化体育局局长：张自良

河池市文化广播影视管理局局长：杨卫群
金城江区文化广播影视局局长：覃宇雷
宜州市文化体育局局长：覃永建
罗城县文化体育局局长：银联健
环江县文化体育局局长：周纯管
南丹县文化体育局局长：冉秀书
天峨县文化体育局局长：牙　彬
东兰县文化体育局局长：周华强
巴马县文化体育局局长：李仕庭
凤山县文化体育局局长：韦联浩
都安县文化体育局局长：王　勇
大化县文化体育局局长：霍子甫

来宾市文化新闻出版局局长：杨春阳
忻城县文化体育旅游局局长：蓝懂贵
金秀县文化和体育局局长：李金阳
合山市文体广电局局长：李国孟
象州县文化体育局局长：罗　钰
兴宾区文化体育局局长：曾向祥
武宣县文体广电局局长：廖武谊

崇左市文化局局长：陆汉新
江州区文化体育局局长：黄升光
扶绥县文化体育局局长：钟文庆
龙州县文化体育局局长：林　海
宁明县文化体育局局长：陶昌东
天等县文化体育局局长：杨德广
大新县文化体育局局长：农冬梅
凭祥市文化体育局局长：李小山

海南省

海南省文化广电出版体育厅

党组书记、厅长：朱寒松
党组成员、副厅长：柳松华
党组成员、副厅长：刘　曦
党组成员、副厅长：杨浩强
党组成员、副厅长：杨毅光
党组成员：汤德辉
副巡视员：陈文宝

海口市文化广电出版体育局局长：徐　涛
龙华区文化体育和旅游发展局局长：许善宁
秀英区文化体育和旅游发展局局长：陈真权
琼山区文化体育和旅游发展局局长：王业权
美兰区文化体育和旅游发展局局长：林尤胜

三亚市文化广电出版体育局局长：董永泉

省直辖行政单位：
文昌市文化广电出版体育局局长：符向明
琼海市文化广电出版体育局局长：陈海燕
万宁市文化广电出版体育局局长：肖传能
五指山市文化广电出版体育局局长：伍楚君
东方市文化广电出版体育局局长：符　巍
儋州市文化广电出版体育局副局长：秦大茂
临高县文化广电出版体育局局长：符龙勤
澄迈县文化广电出版体育局局长：王　双
定安县文化广电出版体育局局长：邢　莉
屯昌县文化广电出版体育局局长：郭桂珍
昌江县文化广电出版体育局局长：庞大海
白沙县文化广电出版体育局局长：符荣海
琼中县文化广电出版体育局局长：龙朝雄
陵水县文化广电出版体育局局长：叶仕勤
保亭县文化广电出版体育局局长：林孟地
乐东县文化广电出版体育局局长：林其波
三沙市文化广电出版体育局局长：黎　明

重庆市

重庆市文化委员会

党委副书记、主任：汪　俊
党委书记、副主任：郭　翔
党委副书记：温俊华
副主任、重庆文化艺术职业学院院长：刘明华
党委委员、副主任：雷　平、王增恂、李廷勇
党委委员、纪委书记：张　梅
党委委员、副主任、市文物局局长：幸　军
党委委员、副巡视员：谢　宾、席　华、赵明全
副巡视员：肖　敏

万州区文化广电新闻出版局局长：熊　刚
黔江区文化广电新闻出版局局长：罗　凌
涪陵区文化广电新闻出版局局长：周　烽
渝中区文化广电新闻出版局局长：辛正明
大渡口区文化广电新闻出版局局长：蒋　波
江北区文化广电新闻出版局局长：王海虎
沙坪坝区文化广电新闻出版局局长：高小余
九龙坡区文化广电新闻出版局局长：黄贤中
南岸区文化广电新闻出版局局长：李永文
北碚区文化广电新闻出版局局长：万天伦
渝北区文化广电新闻出版局局长：李享强
巴南区文化广电新闻出版局局长：郑丽娟
长寿区文化广电新闻出版局局长：林家义
江津区文化广电新闻出版局局长：胡　林
合川区文化广电新闻出版局局长：左学耕
永川区文化广电新闻出版局局长：代永强
南川区文化广电新闻出版局局长：沈　瑨
綦江区文化广电新闻出版局局长：高思成
潼南县文化广电新闻出版局局长：杨　春
铜梁县文化广电新闻出版局局长：印才英
大足区文化广电新闻出版局局长：李洪秀
荣昌县文化广电新闻出版局局长：李　春
璧山县文化委员会局长：王复莲
梁平县文化广电新闻出版局局长：向时明
城口县文化广电新闻出版局局长：陈国心
丰都县文体广电新闻出版局局长：杜洪发
垫江县文化广电新闻出版局局长：左利埋
武隆县文化广电新闻出版局局长：蔡　胜
忠县文体广电新闻出版局局长：吴英良
开县文化广电新闻出版局局长：黄晓勇
云阳县文化广电新闻出版局局长：李建军
奉节县文化广电新闻出版局局长：曾学军
巫山县文化广电新闻出版局局长：袁宏勋
巫溪县文体广电新闻出版局局长：黄晓明
石柱县文化广电新闻出版局局长：黄怀林
秀山县文体广电新闻出版局局长：杨棕全
酉阳县文化广电新闻出版局局长：罗万明
彭水县文化广电新闻出版局局长：曾凡才

四川省

四川省文化厅

党组书记、厅长：郑晓幸
党组成员、副厅长：窦维平、泽　波、王志平
党组成员、省文物局局长：王　琼
党组成员、机关党委书记：严飒爽
党组成员、纪检组组长：熊隆东
副巡视员：孙舒亚、卢　锋、石　勇、唐　明

成都市文化局局长：王　进

武侯区文化体育旅游局局长：唐　凯
青羊区文化体育广播电视和旅游局局长：刘咏梅
锦江区文化广电新闻出版局局长：王茂林
金牛区文化旅游和体育局局长：刘明书
成华区文广新局局长：韩际舒
龙泉驿区文化广播影视新闻出版和体育旅游局局长：彭　虹
青白江区文体广电新闻出版局局长：李华蓉
新都区文化体育广播电视和新闻出版局局长：宋昌文
温江区文化广电和新闻出版局局长：吕骑铧
高新区社会事业局局长：官　旭
都江堰市文化广电新闻出版局局长：王爱君
彭州市文体广电新闻出版局局长：毛泽玉
邛崃市文化体育广播电视和新闻出版局局长：刘泳希
崇州市文化体育广播电视和新闻出版局局长：陈　玲
金堂县文化体育广播电视和新闻出版局局长：钟方健
双流县文化旅游局局长：周永强
郫县文体广电和新闻出版局局长：陈　慧
大邑县文化体育广电新闻出版局局长：金禹良
蒲江县文化体育广电新闻出版局局长：李　辉
新津县文化体育广播电视和新闻出版局局长：鲁建根

广元市文化广播影视新闻出版局局长：余飞宇

利州区文化广播影视新闻出版局局长：何　浒
昭化区文化广播影视新闻出版局局长：龚贵宏
朝天区文化广播影视新闻出版局局长：杨治国
旺苍县文化广播影视新闻出版局局长：陈凯生
青川县文化广播影视新闻出版局局长：吴炳贵
剑阁县文化广播影视新闻出版局党组书记：何志武
苍溪县文化广播影视新闻出版局局长：阳艾利

绵阳市文化广播影视新闻出版局局长：马宗舜
涪城区文化广播影视新闻出版局局长：张国茂
游仙区文化广播影视新闻出版局局长：邓文太
高新区社会发展局局长：伍　杰
江油市文化广播影视新闻出版和旅游局
　　局长：蒲永见
三台县文化广播影视新闻出版局局长：王述生
盐亭县文化广播影视新闻出版和旅游局
　　局长：肖　兵
安县文化广播影视新闻出版和旅游局
　　局长：崔　强
梓潼县文化广播影视新闻出版和旅游局
　　局长：梁　勇
北川羌族自治县文化广播影视新闻出版局
　　局长：郭志武
平武县文化广播影视新闻出版和旅游局
　　局长：陈凤春

德阳市文化广播影视新闻出版局局长：包育建
旌阳区文化广播影视新闻出版局局长：陈应明
什邡市文化广播电影电视局局长：蒲堂全
广汉市文化体育广播影视新闻出版局局长：杨建华
绵竹市文化体育广播电影电视局局长：高　松
罗江县文化体育广播影视新闻出版局局长：肖　勇
中江县文化体育广电旅游局局长：叶应和

南充市文化广播影视体育局局长：陈家喜
顺庆区文化旅游广播影视局局长：唐维林
高坪区文化广播影视体育局局长：任凤华
嘉陵区文化广播影视体育局局长：陈　焱
阆中市文化旅游广播影视局局长：罗晓芹
南部县文化广播影视体育局局长：张志良
营山县文化和广播影视局局长：段青长
蓬安县文化广播影视体育局局长：袁力平
仪陇县文化体育和广播影视局局长：曹　萍
西充县文化广播影视局局长：谢　勇

广安市文化广播影视新闻出版局局长：徐怀林
广安区文化广播影视新闻出版局局长：刘伯清
前锋区文化广播影视新闻出版局局长：欧居建
华蓥市文化广播影视新闻出版局局长：王　勘
岳池县文化广播影视新闻出版局局长：邵建平
武胜县文化广播影视新闻出版局局长：黄　玉
邻水县文化广播影视新闻出版局局长：黄　卫

遂宁市文化广播电影电视局局长：勾中进
船山区文化广播影视局局长：胡建军
安居区文化体育广播电影电视局局长：张　萌
蓬溪县文化广播电影电视局局长：代文益
射洪县文化和广播影视局局长：冯　瑛
大英县文化体育广播电影电视局局长：周松林

内江市文化广播影视和新闻出版局局长：黄志权
市中区文化体育和新闻出版局局长：柳永忠
东兴区文化体育广播影视和新闻出版局
　　局长：游　洪
威远县文化体育广播影视和新闻出版局
　　局长：付晓丹
资中县文化体育广播影视和新闻出版局
　　局长：孙文兴
隆昌县文化体育广播影视和新闻出版局
　　局长：黄有全

乐山市文化广播影视新闻出版局局长：谢晓明
市中区文化体育新闻出版局局长：王小虎
沙湾区文化体育广播影视新闻出版局局长：向洪敏
五通桥区文化体育广播影视新闻出版局
　　局长：邓必强
金口河区文化广播影视新闻出版体育旅游局
　　局长：江　莉
峨眉山市文化广播影视新闻出版局局长：任冀兰
犍为县文化广播影视新闻出版局局长：杨　东
井研县文化体育广播影视新闻出版旅游局
　　局长：李旭东
夹江县文体广播影视新闻出版局局长：张一平
沐川县文化体育广播影视新闻出版局局长：徐　芸
峨边彝族自治县文化广播影视新闻出版局
　　局长：陈晓波
马边彝族自治县文化体育广播影视新闻出版局
　　局长：田富贵

自贡市文化广播影视新闻出版局局长：卓　越
自流井区文体广电和新闻出版局局长：甘建平
大安区文体广电和新闻出版局局长：张　联
贡井区文体广电和新闻出版局局长：温鸿斌

沿滩区文体广电和新闻出版局局长：宋　潮
荣县文体广电和新闻出版局局长：杨泽祥
富顺县文体广电和新闻出版局局长：高仁斌

泸州市文化新闻出版局局长：方　莉
江阳区文化体育广播影视新闻出版局局长：林海霞
纳溪区文化体育广播电影电视局局长：张　勇
龙马潭区文化体育广播影视新闻出版局
　　局长：吴佳敏
泸县文化体育广播电影电视局局长：游书勇
合江县文化体育广播电影电视局局长：龙启权
叙永县文化体育广播电影电视局局长：颜　强
古蔺县文化体育广播电影电视局局长：罗　燕

宜宾市文化广播影视新闻出版局局长：汪　庆
翠屏区文化广播影视新闻出版局局长：葛伟杰
宜宾县文化广播影视新闻出版和体育局
　　局长：王德明
南溪县文化广播影视新闻出版和体育局
　　局长：万　敏
江安县文化广播影视新闻出版和旅游局
　　局长：刘生敏
长宁县文化广播影视新闻出版和体育局
　　局长：刘　勇
高县文化广播影视新闻出版和体育局
　　局长：李　烨
筠连县文化广播影视新闻出版和旅游局
　　局长：杨占国
珙县文化广播影视新闻出版局局长：邓怀健
兴文县文化广播影视新闻出版和体育局
　　局长：王　宇
屏山县文化广播影视和体育局局长：曾宪章

攀枝花市文化广播影视新闻出版局局长：杨　军
东区文化体育和广播电视局局长：衡明坤
西区文体旅游广电新闻出版局局长：王　政
仁和县文化广播影视新闻出版局局长：陈　华
米易县文化广播影视新闻出版局局长：蔡　文
盐边县文化体育广播影视新闻出版局局长：周　勇

巴中市文化广播影视新闻出版局局长：黄　鸣
巴州区文化广播影视新闻出版局局长：杨　树
恩阳区文化广播影视新闻出版局局长：张家弟
通江县文化广播影视新闻出版局局长：李建生
南江县文化广播影视新闻出版局局长：符　忠
平昌县文化广播影视新闻出版局局长：白能国

达州市文化和广播影视局局长：王隆毅
通川区文化体育和广播影视新闻出版版权局
　　局长：喻　静
万源市文化广播影视新闻出版版权局局长：向　豪
达川区文化体育广播影视新闻出版版权局
　　局长：李晓波
宣汉县文化和广播影视局局长：胡华瑜
开江县文化广播影视新闻出版版权局局长：蒋利平
大竹县文化体育广播影视新闻出版版权局
　　局长：于　飞
渠县文化体育和广播影视局局长：王本川

资阳市文化广播影视新闻出版局局长：石朝武
雁江区文化体育广播影视新闻出版局局长：骆　雪
简阳市文化体育广播影视新闻出版局局长：施　亮
乐至县文化体育广播影视新闻出版局
　　局长：冯期春
安岳县文化体育广播影视新闻出版局局长：邹　平

眉山市文化广播影视新闻出版局局长：田　禾
东坡区文化体育新闻出版局局长：许洪林
仁寿县文化体育新闻出版局局长：田　泳
彭山县文广新局局长：吕卫东
洪雅县文广新局局长：何林芳
丹棱县文化广播影视新闻出版局局长：叶　斌
青神县文化广电新闻出版局局长：邵永义

雅安市文化新闻出版和广播影视局局长：冯锡友
雨城区文化体育新闻出版和广播影视局
　　局长：倪洪伟
名山县文化新闻出版和广播影视局局长：彭　震
荥经县文化新闻出版和广播影视局局长：夷大杰
汉源县文化新闻出版和广播影视局局长：唐　亮
石棉县文化体育新闻出版和广播影视局
　　局长：及康生
天全县文化新闻出版和广播影视局局长：杨贤斌
芦山县文化新闻出版和广播影视局局长：陈中献
宝兴县文化新闻出版和广播影视局局长：杨华国

阿坝州文化体育广播影视新闻出版局局长：贺　松
马尔康县文化体育广播影视新闻出版局
局长：班玛初
汶川县文化体育广播影视新闻出版局局长：陈　康
理县文化体育广播影视新闻出版局局长：韩龙香
茂县文化体育广播影视新闻出版局局长：陈太林
松潘县文化体育广播影视新闻出版局局长：刘晓东
九寨沟县文化体育广播影视新闻出版局局长：徐　棕
金川县文化体育广播影视新闻出版局局长：黄发强
小金县文化体育广播影视新闻出版局局长：刘　宇
黑水县文化体育广播影视新闻出版局局长：代　琳
壤塘县文化体育广播影视新闻出版局局长：周春香
阿坝县文化体育广播影视新闻出版局局长：红　梅
若尔盖县文化体育广播影视新闻出版局
局长：李玉塔
红原县文化体育广播影视新闻出版局
局长：尼美多杰

甘孜州文化体育和广播影视局局长：龚建忠
康定县文化旅游和广播影视体育局局长：吴跃凤
泸定县文化旅游和广播影视体育局局长：刘劲松
丹巴县文化旅游和广播影视体育局局长：罗布加他
九龙县文化旅游和广播影视体育局局长：降秋泽仁
雅江县文化旅游和广播影视体育局局长：王永强
道孚县文化旅游和体育局局长：拥青她姆
炉霍县文化旅游和广播影视体育局局长：王大贵
甘孜县文化旅游和广播影视体育局局长：孙明春
新龙县文化旅游和广播影视体育局局长：四龙仁孜
德格县文化旅游和广播影视体育局局长：杨　胜
白玉县文化旅游和广播影视体育局局长：黄　兴
石渠县文化旅游和广播影视体育局局长：郭　松
色达县文化旅游和广播影视体育局局长：泽娜措
理塘县文化旅游和广播影视体育局局长：余华平
巴塘县文化旅游和广播影视体育局局长：绒　布
乡城县文化旅游和广播影视体育局局长：格桑邓珠
稻城县文化旅游和广播影视体育局局长：布　多
得荣县文化旅游和广播影视体育局局长：阿　绒

凉山州文化影视新闻出版局局长：陈方勇
西昌市旅游文化体育和新闻出版局局长：彭正科
盐源县文化广播电影电视局局长：米扬洪
德昌县文化影视新闻出版局局长：庄仕光
会理县文化影视新闻出版局局长：祁开虹
会东县文化影视新闻出版和旅游局局长：徐　飞
宁南县文化影视新闻出版局局长：张林森
普格县文化影视新闻出版旅游局局长：阿基俄尔
布拖县文化影视新闻出版和体育旅游局
局长：胡子丹
金阳县文化影视新闻出版局局长：黑里日
昭觉县文化影视新闻出版和体育旅游局
局长：金文明
喜德县文化影视新闻出版和旅游局局长：马海锁古
冕宁县文化影视新闻出版和旅游局局长：魏志强
越西县文化影视新闻出版和体育旅游局
局长：阿苏越尔
甘洛县科技文化影视新闻出版和体育旅游局
局长：文　毅
美姑县旅游文化广播局局长：曲木阿莫
雷波县文化影视新闻出版局局长：姜远安
木里县文化广播电视局局长：罗永忠

贵州省

贵州省文化厅
党组书记、厅长：许　明
党组成员、副厅长：黎盛翔
党组成员、副厅长：张明辉
党组成员、副厅长、省文物局局长：王红光
党组成员、纪检组长：孔　锦
党组成员、副厅长：袁　伟
副厅长：姜刚杰

贵阳市文化广播电影电视局局长：韦鸿宁
云岩区文化广播电视局局长：曹　静
南明区文化广播电视局局长：张亚玲
白云区旅游文体广播电视局局长：涂朝学
花溪区文化体育广播电视局局长：杨　旭
乌当区旅游文体广播电视局局长：王家康
金阳新区文体广播电视局局长：王　刚
开阳县旅游文体广播电视局局长：贺　毅
清镇市文体广播电视局局长：陶　涛
息烽县旅游文体广播电视局局长：朱登麟
修文县旅游文体广播电视局局长：周　红

六盘水市文化体育广播电影电视局局长：周应寿

六枝特区文体广电旅游局局长：肖忠学
盘县文体广电旅游局局长：邹兴林
水城县文体广电旅游局局长：冯　伟
钟山区文体广电旅游局局长：季　忠

遵义市文化体育广播电影电视局局长：周国栋
红花岗区文广电旅游局局长：徐　刚
汇川区文体广播电视局局长：吴建渝
遵义县文体广电旅游局局长：魏明伟
仁怀市文体广电旅游局局长：王道勋
赤水市文体广电旅游局局长：宋秋萍
习水县文体广电旅游局局长：叶晓林
务川县文体广电旅游局局长：文　鸣
正安县文体广电旅游局局长：吴　涛
道真县文体广电旅游局局长：韩智勇
湄潭县文体广播电视局局长：赵　翔
凤冈县文体广电旅游局局长：薛　维
余庆县文体广播电视局局长：张权勇
绥阳县文广电旅游局局长：杨　进
桐梓县文体广电旅游局局长：杨国祥

安顺市文化广播电影电视局局长：吴　为
安顺市西秀区文体广电旅游局局长：严　军
普定县文化体育广播电视局局长：张亚玲
紫云县文体广电旅游局局长：卫　雨
镇宁县文体广电旅游局局长：谢世福
关岭县文体广电旅游局局长：丁美健
平坝县文体广电旅游局局长：陈　伟

毕节市文化体育广播电影电视局局长：李明泽
七星关区文化体育广播电视旅游局局长：徐兴志
黔西县文体广电旅游局局长：曾　红
大方县文化体育广播电视旅游局局长：杨永松
金沙县文化体育广播电视旅游局局长：蒋重江
织金县文化体育广播电视旅游局局长：王招勋
纳雍县文体广播电视旅游局局长：周训照
威宁县文化体育广播局局长：王　铸
赫章县文化体育广播电视旅游局局长：张建华

铜仁市文化体育广播电影电视局局长：王恩田
碧江区文化体育广播电视旅游局局长：李益民
沿河县文化体育广播电视旅游局局长：徐兴强
江口县文化体育广播电视旅游局局长：杨　涛
万山特区文化体育广播电视旅游局局长：张秀芬
玉屏县文化体育广播电视旅游局局长：杨　青
石阡县文化体育广播电视旅游局局长：余安华
松桃县文化体育广播电视旅游局局长：龙再渊
思南县文化体育广播电视旅游局局长：樊建华
德江县文化体育广播电视旅游局局长：安　康
印江县文化体育广播电视旅游局局长：陈晓华

黔东南州文化体育和广播电影电视局局长：张　林
凯里市文体广播电视局局长：张　洪
黄平县文体广电局局长：杨　德
施秉县文体广电旅游局局长：吴启宏
台江县文体广电旅游局局长：李廷付
剑河县文体广电旅游局局长：李代云
三穗县文体广电旅游局局长：吴会师
天柱县文体广电旅游局局长：杨彰群
岑巩县文体广电旅游局局长：熊永龙
锦屏县文体广电旅游局局长：吴厚良
雷山县文体广电局局长：张　德
榕江县文体广电局局长：左才宏
从江县文体广电局局长：石朝生
黎平县文体广电旅游局局长：张勇贤
麻江县文体广电旅游局局长：曾正军
镇远县文体广电局局长：李　江
丹寨县文体广电旅游局局长：陆忠奎

黔南州文化和广播电影电视局局长：莫才军
都匀市文体广电旅游局局长：尹　蕙
瓮安县文体广电旅游局局长：何　端
贵定县文体广电旅游局局长：隆　辉
福泉市文体广电旅游局局长：李　宁
荔波县文体广电旅游局局长：何　虎
平塘县文体广电旅游局局长：宋恩贯
罗甸县文体广电旅游局局长：罗孔理
独山县文体广电旅游局局长：池继霞
长顺县文体广电旅游局局长：雷尊顺
三都县文体广电旅游局局长：梁家源
惠水县文体广电旅游局局长：孙　玲
龙里县文体广电旅游局局长：庹朝平

黔西南州文化和广播电影电视局局长：李泽春
兴义市文化体育旅游和广播电影电视局
局长：鄢　鸣

贞丰县文化体育旅游和广播电影电视局
局长：王　崇
兴仁县文化体育旅游和广播电影电视局
局长：曾　馨
册亨县文化体育旅游和广播电影电视局
局长：代安泽
普安县文化体育旅游和广播电影电视局
局长：谭代宽
望谟县文化体育旅游和广播电影电视局
局长：王朝晖
安龙县文化体育旅游和广播电影电视局
局长：冉　兵
晴隆县文化体育旅游和广播电影电视局
局长：李　宠

云南省

云南省文化厅

党组书记、厅长：黄　峻
党组成员、副厅长：黄　玲
党组成员、副厅长：熊正益
副巡视员：魏斯庆
党组成员、纪检组组长：盛高举
副巡视员：郭　伟
党组成员、副厅长：崔　文

昆明市文化广播电视体育局局长：戴　彬
五华区文化体育旅游局局长：　张跃勇
盘龙区文化体育旅游局局长：彭　磊
官渡区文化体育旅游局局长：海志强
西山区文化体育旅游局局长：陈　锦
东川区文体广电旅游局局长：唐江昆
呈贡区文体广电旅游局局长：郭慧芬
安宁市文体广电旅游局局长：闫晴方
晋宁县文体广电旅游局局长：李雄辉
富民县文体广电旅游局局长：苏学平
宜良县文体广电旅游局局长：张绍云
嵩明县文体广电旅游局局长：李兆魁
石林彝族自治县文体广电旅游局局长：周保能
禄劝县文体广电旅游局局长：赵　明
寻甸回族彝族自治县文体广电旅游局局长：马媛琳

曲靖市文化体育局局长：纪爱华
麒麟区文化体育局局长：廖东胜
马龙县文化体育广播电视局局长：高旭飞
陆良县文化体育广播电视局局长：伏鸿翔
师宗县文化体育广播电视旅游局局长：尹白云
罗平县文化体育广播电视局局长：陈利平
宣威市文化体育广播电视旅游局局长：余红梅
富源县文化体育广播电视旅游局局长：方盛仙
沾益县文化体育局局长：曾利斌
会泽县文化体育广播电视局局长：高　坤

玉溪市文化局局长：周延平
红塔区文体广电旅游局局长：王　涛
通海县文体广电旅游局局长：杨　敏
江川县文体广电旅游局局长：周　瑜
澄江县文体广电旅游局局长：赵开华
华宁县文体广电旅游局局长：李飞跃
易门县文体广电旅游局局长：王云峰
峨山县文体广电旅游局局长：何克敏
新平县文体广电旅游局局长：李明团
元江县文体广电旅游局局长：朱学超

保山市文化广播电视新闻出版局局长：　艾怀森
隆阳区文化广播电视体育局局长：张文芹
腾冲县文化广播电视体育局局长：李启山
施甸县文体广电旅游局局长：王开洪
昌宁县文体广电旅游局局长：段体宪
龙陵县文体广电旅游和外事局书记：陈　旭

昭通市文体新闻出版局局长：施华滟
昭阳区文化体育局局长：李　战
鲁甸县文体广电和旅游局局长　罗发洪
镇雄县文体广电旅游局局长：邓　兴
彝良县文体和广播电视局局长　赵邦定
威信县文体广电和旅游局局长：彭吉武
盐津县文体局局长：熊世华
永善县文体广电和旅游局局长：殷　卉
绥江县文体局局长：许国江
大关县文体广电旅游局局长：佘家均
巧家县文体广电和旅游局局长　黎　平
水富县文体广电和旅游局局长；狄卫红

丽江市文化广电新闻出版局局长：和丽萍

古城区文化广电新闻出版局局长：王建南
玉龙纳西族自治县文化广电新闻出版局
局长：赵树森
永胜县文化体育广播电视新闻出版局局长：陈绍军
华坪县文化体育广电新闻出版局局长：蒋仕成
宁蒗彝族自治县文化体育广电新闻出版局
局长：马雄斌

普洱市文化局局长：饶明勇
思茅区文化体育和广播电视局局长：刘学春
宁洱县文化体育和广播电视局局长：杨忠林
景东县文化体育和广播电视局局长：蔡　志
景谷县文化体育和广播电视局局长：付　罡
镇沅县文化体育和广播电视局局长：周昌钦
墨江县文化体育和广播电视局局长：郭　伟
孟连县文化体育局局长：陶婉香
澜沧县文化体育和广播电视局局长：周天红
西盟县文化体育和广播电视局局长：毛莲英
江城县文化体育局局长：李启学

临沧市文体局局长：张龙明
临翔区文体广电旅游局局长：罗　青
凤庆县文体广电旅游局局长：张中伦
云县文体广电旅游局局长：滕艺兴
永德县文体广电旅游局局长：李春军
耿马县文体广电旅游局局长：杨明琴
双江县文体广电旅游局局长：李卫平
镇康县文体广电旅游局局长：穆建忠
沧源县文体广电旅游局局长：赵志强

德宏州文化体育局局长：方桄明
芒市文体广电旅游局局长：李荣宽
瑞丽市文体广电旅游局局长：杨建军
盈江县文体广电旅游局局长：徐永文
梁河县文体广电旅游局局长：张　雁
陇川县文体广电旅游局局长：普　丽

怒江州文化局局长：普利颜
泸水县文体广电局局长：张丽琴
福贡县文体广电旅游和外事侨务局局长：和江文
兰坪县文体广电旅游局局长：陈松泉
贡山县文体广电旅游和外事侨务局局长：兰慧明

迪庆州文化局局长：王崇民
香格里拉县文化体育广电局局长：张宏灿
德钦县文化体育广电旅游局局长：张雄光
维西傈僳族自治县文化体育广电旅游局局长：魏承江

大理州文化（新闻出版、版权）局
局长：王峥嵘
大理市文化体育广播电视局局长：邹　勤
鹤庆县文化体育广播电视局局长：赵汝训
剑川县文化体育广播电视局局长：何伯纪
洱源县文化体育广播电视局局长：李学雄
宾川县文化体育广播电视局局长：施德兴
巍山彝族回族自治县文化体育广播电视局
局长：字　根
弥渡县文化体育旅游局局长：白成瑾
南涧彝族自治县文化体育广播电视旅游局
局长：郎沅龙
漾濞彝族自治县文化体育广播电视旅游局
局长：郎跃军
永平县文化体育广播电视旅游局局长：字文高
云龙县文化体育广播电视旅游局局长：杨礼全
祥云县文化体育广播电视旅游局局长：刘黔云

楚雄州文体局局长：施克沛
楚雄市文体广电旅游局局长：金　山
牟定县文体广电旅游局局长：何光明
双柏县文体广电旅游局局长：董云生
禄丰县文体广电旅游局局长：宋耘田
永仁县文体广电旅游局局长：李发安
南华县文体广电旅游局局长：彭元勇
武定县文体广电旅游局局长：鲁自福
姚安县文体广电旅游局局长：乔仁潭
大姚县文体广电旅游局局长：周建民
元谋县文体广电旅游局局长：任　和

红河州文化体育局局长：赵向前
蒙自市文化体育和广播电视局局长：包德勇
个旧市文化体育和广播电视局局长：王家新
开远市文化体育和广播电视局局长：陈秋圻
石屏县文化体育和广播电视局局长：普仕祥
建水县文化体育和广播电视局局长：王　波
弥勒县文化体育和广播电视局局长：罗丽莉
泸西县文化体育和广播电视局局长：施　勇

红河县文化体育和广播电视局局长：马然发
元阳县文化体育和广播电视局局长：朱文珍
绿春县文化体育和广播电视局局长：杨常代
金平县文化体育旅游和广播电视局局长：高理祥
屏边县文化体育旅游和广播电视局局长：陶玉伟
河口县文化体育和广播电视局局长：成　翠

文山州文化局局长：陈亚非
文山市文化广电体育旅游局局长：王保剑
砚山县文化广电体育旅游局局长：权丽萍
西畴县文化广电体育旅游局局长：殷正云
麻栗坡县文化广电体育旅游局局长：任志弘
马关县文化广电体育旅游局局长：王元勇
丘北县文化广电体育局局长：黄　云
广南县文化广电体育局局长：黄先泰
富宁县文化局局长：黄炳会

西双版纳州文化体育和新闻出版局局长：杨洪雯
景洪市文化体育广播电视局局长：杨双桥
勐海县文化体育广播电视和旅游局局长：刀林冬
勐腊县文化体育广播电视和旅游局局长：杨飘龙

西藏自治区

西藏自治区文化厅
党组书记、副厅长：邹　立
党组副书记、厅长：尼玛次仁
党组成员、文物局局长：桑　布
党组成员、副厅长：徐　非
党组成员、纪检组长：张亮明
党组成员、副厅长：任淑琼、张治中、张　波
副巡视员：丹增朗杰

拉萨市文化局局长：多吉次仁
城关区文化局局长：石　岩
城关区文化局局长：王军旗
堆龙德庆县文化局局长：邹圣兰
尼木县文化局局长：其米顿珠
达孜县文化局局长：米玛次仁
墨竹工卡县文化局局长：格　桑
林周县文化局局长：米　玛
当雄县文化局局长：巴桑加措

那曲地区文化局局长：次仁纳美
那曲县文化局局长：白　鲁
聂荣县文化局局长：米玛玉珍
嘉黎县文化局局长：普布扎西
安多县文化局局长：旺　珍
比如县文化局局长：巴　桑
索县文化局局长：扎西塔杰
班戈县文化局局长：多吉尼玛
申扎县文化局局长：益西曲珍
尼玛县文化局局长：玉　珍
双湖县文化局局长：久　美
巴青县文化局局长：边　巴

昌都地区文化局局长：张　青
昌都县文化局局长：措　姆
边坝县文化局局长：洛松顿珠
洛隆县文化局局长：次仁旺堆
类乌齐县文化局局长：嘎　玛
丁青县文化局局长：阿旺次仁
贡觉县文化局局长：文玉江
芒康县文化局局长：洛松次仁
左贡县文化局局长：罗布仁青
八宿县文化局局长：张　科
江达县文化局局长：扎西桑布
察雅县文化局局长：布　嘎

林芝地区文广局局长：扎西洛布
林芝县文化局局长：丁天军
工布江达县文化局局长：郭　燕
米林县文化局局长：卫健勇
朗县文化局局长：群　措
波密县文化局局长：卢俊香
察隅县文化局局长：扎西平措
墨脱县文化局局长：冯兴旺

山南地区文化局局长：多　吉
乃东县文化局局长：唐文彩
扎囊县文化局局长：边　巴
贡嘎县文化局局长：巴　桑
桑日县文化局局长：王建红
琼结县文化局局长：旦增旺堆
曲松县文化局局长：白玛次旦

措美县文化局局长：旺　丹
洛扎县文化局局长：次旦央吉
加查县文化局局长：央　琼
隆子县文化局局长：索朗欧珠
错那县文化局局长：边巴格列
浪卡子县文化局局长：扎西次仁

日喀则地区文化局局长：金巴洛珠
日喀则市文化局局长：巴桑次仁
白朗县文化局局长：索朗平错
江孜县文化局局长：阿旺洛桑
康马县文化局局长：德　吉
亚东县文化局局长：王泽利
岗巴县文化局局长：次仁平措
拉孜县文化局局长：顿珠央拉
萨迦县文化局局长：吴富荣
定结县文化局局长：多布杰
聂拉木县文化局局长：达　瓦
定日县文化局局长：白　珍
仲巴县文化局局长：拉普琼
吉隆县文化局局长：熊维波
南木林县文化局局长：扎西平措
谢通门县文化局局长：次仁央准
仁布县文化局局长：李维森
昂仁县文化局局长：徐　培
萨嘎县文化局局长：尼玛罗布
萨迦县文化局局长：吴富荣

阿里地区文化局局长：索南群觉
噶尔县文化局局长：扎西顿珠
普兰县文化局局长：郭　勇
札达县文化局局长：多吉平措
日土县文化局局长：陈庆春
革吉县文化局局长：阿旺次仁
改则县文化局局长：扎南次仁
措勤县文化局局长：李志龙

陕西省

陕西省文化厅
党组书记、厅长：余华青
党组成员、副厅长：蒋惠莉、李军民
副厅长：刘宽忍
党组成员、纪检组长：李延军
党委书记：彭　英
副巡视员：强双喜、李全虎、王志强

西安市文化广电新闻出版局局长：彦　彬
莲湖区文化体育局局长：孙历斌
新城区文化体育局局长：张阿萍
碑林区文化体育局局长：王宗会
灞桥区文化体育局局长：陈亚红
未央区文化体育旅游局局长：冯启辉
雁塔区文化体育局局长：殷枫岚
阎良区文化体育广播电视局局长：魏　烜
临潼区文化体育广播电视局局长：姚华山
长安区文化体育广播电视局局长：王超峰
蓝田县文化体育广播电视局局长：王养军
周至县文化体育广播电视局局长：时周平
户县文化体育广播电视局局长：陈　炜
高陵县文化体育广播电视局局长：李巧玲
杨凌县文化体育局局长：万新智

延安市文化广电新闻出版局局长：胡仰明
宝塔区文体广电局局长：王　峰
延长县文体广电局局长：强海洋
延川县文体广电局局长：袁竹林
子长县文体广电局局长：曹晓君
安塞县文体广电局局长：刘进益
志丹县文体广电局局长：李志刚
吴起县文体广电局长：曹宪武
甘泉县文体广电局长：刘玉东
富县文体广电局局长：任宏江
洛川县文体广电局局长：李小龙
宜川县文体广电局长：王思宣
黄龙县文体广电局局长：石文学
黄陵县文体广电局局长：刘俊生

铜川市文化广电新闻出版局局长：鱼福昌
耀州区文广局局长：张建华
王益区文体广电局局长：杨金印
印台区文体广播电视局局长：井战红
宜君县文体广电局局长：白赵销

渭南市文化广电新闻出版局局长：陈虎成

临渭区文化体育旅游局局长：惠双奇
华阴市文化体育广播电视局局长：郝富仓
韩城市文体广电局局长：王　勇
华县文化体育局局长：赵小红
潼关县文化体育广电局局长：汤振华
大荔县文化体育广电局局长：李高峰
浦城县文化体育广电局局长：程建武
澄城县文化体育广电局局长：王现民
白水县文化体育广电局局长：王俊荣
合阳县文化体育广电局局长：张新选
富平县文化广电局局长：雷　虎

咸阳市文化广电新闻出版局局长：闻俊辉
秦都区文化体育事业局局长：吴晓秦
杨陵区文化局局长：万新智
杨陵示范区文化局局长：李成砚
渭城区文化体育局局长：郭增勇
兴平市文化体育广电局局长：杨正平
三原县文体广电局局长：党德海
泾阳县文体广电局局长：张永利
乾县文体旅游局局长：赵明博
礼泉县文体局局长：周佩玉
永寿县文体旅游局局长：宋小民
彬县文体广电局局长：樊俊峰
长武县文体旅游局局长：段张权
旬邑县文体旅游局局长：燕培植
淳化县文体广电局局长：杜思刚
武功县文体广电局局长：韩宁超

宝鸡市文化广电新闻出版局局长：张　辉
渭滨区文化旅游局局长：黄卫红
金台区文化广电局局长：白本军
陈仓区文化广电局局长：杨继晓
凤翔县文化广电局局长：牛军涛
岐山县文化广电局局长：杨栓绪
扶风县文化广电局局长：成广宁
眉县文化广电局局长：张　鹰
陇县文化广电局局长：李文粱
千阳县文化旅游局局长：夏　攀
麟游县文化广电局局长：兰乾生
凤县文化广电局局长：王　勇
太白县科技文化文物局局长：王西海
高新区文化局广电局局长：葛　佩

汉中市文化广电新闻出版局局长：王汉山
汉台区文化文物旅游广播电视局局长：马千里
南郑县文体事业局局长：刘兰鹏
城固县文化广播电视局局长：伍宏贤
洋县文化广播电视局局长：白宝平
西乡县文体事业局局长：周　健
勉县文化广电局局长：严海金
宁强县文化广电局局长：王志明
略阳县文化体育局局长：王晓东
镇巴县文化广电局局长：王科玉
留坝县文化广电局局长：李建安
佛坪县文化教育体育局局长：马正平

榆林市文化广电新闻出版局局长：刘仲平
榆阳区文体事业局局长：杨志军
神木县文体事业局局长：项世荣
府谷县文体广电局局长：谭玉山
横山县文体广电局局长：师发光
靖边县文体广电局局长：任利戈
定边县文体广电局局长：艾　君
绥德县文体广电局局长：贺怀杰
米脂县文体广电局局长：王　勇
佳县文体广电局局长：刘建新
吴堡县文体广电局局长：李彦林
清涧县文体广电局局长：陈建民
子洲县文化广电局局长：石国玉

安康市文化文物广电局局长：杨海波
汉滨区文化文物广电局局长：罗先余
汉阴县文化广电局局长：张显斌
石泉县文化文物广电局局长：蔡方毅
宁陕县文化文物广电局局长：卢益建
紫阳县文化局局长：李正国
岚皋县文化文物广电局局长：杜文涛
平利县文化文化广电局局局长：胡昌志
镇坪县文化旅游广电局局长：龙　英
旬阳县文化旅游局局长：何家立
白河县文化旅游广电局局长：白建根

商洛市文化文物广电局局长：周云岳
商州区文化广电局局长：张　勇
洛南县文化广电局局长：陈翔宇

丹凤县文化广电局局长：姚虎山
商南县文化广电局局长：刘海宏
山阳县文化广电局局长：杨　彬
镇安县文化广电局局长：何代瑜
柞水县文化广电局局长：韩祖学

甘肃省

甘肃省文化厅

党组书记、厅长：孙　伟
党组成员、甘肃演艺集团党委书记、
董事长：朱玉兰
党组成员、副厅长、省博物馆馆长：俄　军
巡视员：　李慎滨
党组成员、纪检组长：董义平
党组成员、副厅长：杨建仁
党组成员、副厅长：梁朝阳
党组成员、甘肃画院党委书记：安邕江
党组成员、省文物局局长：马玉萍
党组成员、副厅长：王文全

兰州市文化广播影视新闻出版局局长：韩德才
城关区文化局局长：曾照婷
七里河区文化体育广播影视局局长：玄承民
安宁区文广局局长：丁发岳
西固区文化广播影视局局长：刘克钧
红古区文化体育广播影视局局长：刘昌录
永登县文化体育局局长：张永贵
皋兰县文化体育局局长：俞显熊
榆中县文化体育广播影视局局长：李学玲

嘉峪关市文化广播电视局局长：贾光军

金昌市文化广播影视新闻出版局局长：何济国
金川区文化广播影视局局长：冉生鹏
永昌县文化广播影视局局长：程硕年

白银市文化广播影视新闻出版局局长：胡梓寿
白银区文化体育局局长：张玉珀
平川区文化体育和广播影视局局长：贺更弘
靖远县文化体育和广播影视局局长：周　盛
会宁县文化体育和广播影视局局长：邢耀辉
景泰县文化体育和广播影视局局长：彭宝清

天水市文化广播影视新闻出版局局长：刘　锋
秦州区文化广播影视局局长：秦毅敏
麦积区文化广播影视局局长：王　琛
清水县文化广播影视局局长：李国桢
秦安县文化广播影视局局长：任保民
甘谷县文化广播影视局局长：任光明
武山县文化广播影视局局长：张彧杰
张家川回族自治县文化广播影视局局长：马素福

武威市文化广播影视新闻出版局局长：许建武
凉州区文化体育局局长：王　喜
民勤县文化体育局局长：赵新民
天祝县文化体育局副局长：胡忠林
古浪县文化体育局局长：王子璠

酒泉市文广新局局长：贾其全
肃州区文化体育局局长：高殿国
玉门市文化出版局局长：李玉林
敦煌市文化体育和广播影视局局长：陈　科
金塔县文化体育局局长：俞新琳
瓜州县文化体育局局长：康付明
肃北县文化体育局局长：丁立军
阿克塞县文化广播电影电视体育局局长：屈存军

张掖市文化广播影视新闻出版局局长：徐晓霞
甘州区文化广播影视新闻出版局局长：康建军
民乐县文化广播影视新闻出版局局长：王登学
临泽县文化广播影视新闻出版局局长：刘　红
高台县文化广播影视新闻出版局局长：郑伏英
山丹县文化广播影视新闻出版局局长：周德兴
肃南裕固族自治县文化广播影视新闻出版局
局长：王秀芸

庆阳市文化广播影视新闻出版局局长：李永洲
西峰区文化广播影视新闻出版局局长：王新宁
庆城县文化广播影视局局长：吴军宏
环县文化广播电视局局长：黄满斌
华池县文化广播影视新闻出版局局长：王文彪
合水县文化广播影视局局长：吴建华
正宁县文化广播影视局局长：潘文社
宁县文化广播影视局局长：马永录

镇原县文化广播影视局局长：路永新

平凉市文化广播影视新闻出版局局长：刘万民

崆峒区文体广电局局长：杜志民
泾川县文体广电局局长：李晓京
灵台县文体广电局局长：于自强
崇信县文体广电局局长：杨永宏
华亭县文体广电局局长：金光宇
庄浪县文体广电局局长：李平德
静宁县文体广电局局长：牛永琪

定西市文化广播影视新闻出版局局长：肖长禄

安定区文化广播影视新闻出版局局长：杨立新
通渭县文化广播影视局局长：周耀宗
临洮县文化广播影视局局长：李家功
漳县文化广播影视局局长：潘双平
岷县文化广播影视局局长：季绪才
渭源县文化广播影视局局长：田学忠
陇西县文化广播影视局局长：胡照明

陇南市文化广播影视新闻出版局局长：陈永贵

武都区文化体育局局长：杨　林
成县文化体育局局长：孙浩文
宕昌县文化体育局局长：陈　昌
康县文化体育局局长：燕永春
文县文化体育局局长：高　峰
西和县文化局局长：王卫红
礼县文化体育局局长：许明理
两当县文化体育局局长：成仁才
徽县文化体育局局长：张　霖

临夏回族自治州文化出版局局长：马光才

临夏市文广局局长：马培云
临夏县文化体育局局长：张维吉
康乐县文化体育局局长：刘建文
永靖县文化体育局局长：王永胜
广河县文化广播影视局局长：唐士乾
和政县文化广播影视局局长：马占祥
东乡县文化局局长：高家峻
积石山县文化体育局局长：周永祥

甘南州文化广播影视新闻出版局局长：全永康

合作市文化体育广播影视局局长：冯启仁
临潭县文化体育广播影视局局长：王　忠
卓尼县文化体育广播影视局局长：牛建荣
舟曲县文化体育广播影视局局长：杨桑吉成
迭部县文化体育广播影视局局长：杨宝泉
玛曲县文化体育广播影视局局长：朵才智
碌曲县文化体育广播影视局局长：李玉明
夏河县文化体育广播影视局局长：傅　润

青海省

青海省文化和新闻出版厅

厅　长：曹　萍
副厅长：李加曲、司才仁
巡视员：吴解勋
副厅长：张承伟、王建平、吕　霞
纪检组组长：常建明
副厅长：孔　蓉、康海民
党组成员、青海民族出版社社长：祁正贤
副巡视员：扎　西

西宁市文化广播电视局局长：赵　冬

城中区科技文体旅游局局长：卞小玮
城东区科技文体旅游局局长：于江红
城西区科技文体旅游局局长：王慧明
城北区科技文体旅游局局长：封　玮
大通回族土族自治县科技文化体育局局长：苏亚玲
湟源县科技文化体育局局长：张文仲
湟中县科技文化体育局局长：李成云

海东市文化广播电视局局长：谭　玲

平安县文化体育广播电视局局长：李翠红
乐都区文化体育广播电视局局长：杨桂香
民和县文化体育广播电视局局长：黎　峰
互助土族自治县文化体育局局长：麻守文
化隆回族自治县文化体育广播电视局局长：马青云
循化县文化体育广播电视局局长：张进成

海北州文化体育局局长：丁云生

海晏县文化体育广播电视局局长：桑杰加
祁连县文化广播电视局局长：马金国
刚察县文化体育广播电视旅游局局长：南久多杰
门源县科技文化体育广播电视局局长：冯秀英

海南州文化体育局局长：叶忠措
共和县文化体育广播电视局局长：索南项秀
同德县文化体育广播电视局局长：撒　列
贵德县文化体育广播电视局局长：樊永萍
兴海县文化体育广播电视局局长：关却杰
贵南县文体广电局局长：华　青

黄南州文化体育局局长：拉龙当周
同仁县文化体育广播电视局局长：娘毛才让
尖扎县文体广电旅游局局长：杨项峰
泽库县文体广电旅游局局长：多杰扎西
河南县文体广电旅游局局长：斗格杰

果洛州文体广电局局长：多杰坚措
玛沁县文体广播电视局局长：却　松
班玛县文体广播电视局局长：郭海民
甘德县文体广播电视局局长：索南多杰
达日县文体广电旅游局局长：董　强
久治县文体广电局局长：马华旦
玛多县文化体育广播电视局局长：拉毛吉

玉树州文化体育局局长：昂文格来
玉树市文体广播电视局局长：普布加措
杂多县文化旅游广播电视局局长：布在加
称多县文化体育广播电视局局长：才扎西
治多县文体旅游广播电视局局长：巴德才仁
囊谦县文化旅游广播电视局局长：徐青锋
曲麻莱县文化旅游广播电视局局长：成林昂江

海西州文体广电局局长：汪　静
德令哈市文体广电局局长：郭继平
格尔木市文体广电局局长：马建伟
乌兰县文体广电局局长：韩永玺
都兰县文体广电局局长：韩木生
天峻县文体广电局局长：洛昭才让

宁夏回族自治区

宁夏回族自治区文化厅
党组书记、厅长：阮教育
党组副书记、副厅长：杜秀岚
党组成员、副厅长：秦发生、卫忠、王正儒
党组成员、纪检组组长：思仲举
党组成员：焦连新
党组成员、宁夏演艺集团有限公司
　　总经理：范晋国
副巡视员：行小卫

银川市文化广播电视局局长：于小龙
兴庆区文化体育旅游局局长：陈　杰
金凤区文化体育旅游局局长：杨晓娟
西夏区文化体育旅游局局长：王彦君
永宁县文化旅游广播电视局局长：沈学华
贺兰县文化旅游广播电视局局长：董　斌
灵武市文化旅游广播电视局局长：杨华东

石嘴山市文化广电旅游局局长：杨　帆
大武口区文化旅游局局长：李玉宏
平罗县文化旅游广播电视局局长：魏振国
惠农区商务和文化旅游局局长：曲显普

吴忠市文化体育广播电视局局长：杨成葆
利通区文化体育旅游局局长：马铁马
青铜峡市文化体育局局长：王葆青
同心县文化体育局局长：马　啸
盐池县文化旅游广播电视局局长：张志奋
红寺堡区文化体育旅游局局长：张耀忠

固原市文化体育广播电视局局长：马凤贤
原州区文化体育旅游局局长：岳国军
西吉县文化旅游广播电视局局长：马耀宏
隆德县文化旅游广播电视局局长：张雪峰
泾原县文化旅游广播电视局局长：咸金仓
彭阳县文化旅游广播电视局局长：林生库

中卫市文化体育广播电视局局长：张学文
沙坡头区文体卫生和计划生育局局长：鲁思琴
中宁县文化旅游广播电视局局长：王少庸
海原县文化旅游广播电视局局长：李文才

新疆维吾尔自治区

新疆维吾尔自治区文化厅
党组书记、副厅长：任　华

党组副书记、厅长：穆合塔尔•买合苏提
党组成员、副厅长：柯尼斯•杉尼
党组成员、文物局局长：盛春寿
党组成员、纪检组组长：徐　良
党组成员、副厅长：徐锐军
党组成员、新疆艺术剧院党委书记：张建新
党组成员、副厅长、新疆艺术剧院
　　院长：卡米力•吐尔逊
副巡视员：马迎胜
副厅长：张子康

乌鲁木齐市文化局(新闻出版局、版权局)
**　　局长：周树新**
天山区文体局局长：闫玉凤
沙依巴克区文体局局长：居来提•阿吉
新市区文化体育旅游局局长：刘　霖
水磨沟区文化体育旅游局局长：张　卫
头屯河区文化体育旅游局局长：谷立群
达坂城区文化体育旅游局局长：海建新
米东区文化体育旅游局局长：桑梓槟
乌鲁木齐县文化体育旅游局局长：陈守清

克拉玛依市文化广播影视局局长：常锋英
克拉玛依区文化体育局局长：何　英
独山子区文体局局长：杜新兰
白碱滩区文体旅游局局长：谢和平
乌尔禾区文化体育旅游局局长：翟兰芳

喀什地区文化体育新闻出版局
**　　局长：阿力木江•阿西木**
喀什市文体局局长：阿布都克日木•苏里坦
疏附县文化体育广播影视局局长：曹　军
疏勒县文体新闻出版局局长：鬲　岚
英吉沙县文化体育广播影视局局长：田少杰
泽普县文体局局长：买买提明•马木提
莎车县文化体育新闻出版局
　　局长：买买提吐孙•乌斯曼
叶城县文体局局长：阿不都克尤木•库来提
麦盖提县文体局局长：艾尼瓦尔•乌司曼
岳普湖县文化体育广播影视局局长：俞兆文
伽师县文化广播电视局局长：吕　林
巴楚县文体广电局局长：买买提明•艾海提
塔什库尔干塔吉克自治县文化体育新闻出版局
　　局长：王梅兰

阿克苏地区文体局局长：吐尔洪•阿不都热合曼
阿克苏市文化体育广播影视局局长：陈霄鸿
温宿县文化体育广播影视局局长：李爱军
库车县文化体育广播影视局
　　局长：努尔尼沙•阿布拉
沙雅县文化体育广播影视局
　　局长：阿尼娜•亚克西
新和县文体广播影视局局长：杨　杰
拜城县文化体育广播影视局局长：牟景艳
乌什县文化体育广播影视局
　　局长：木合塔尔•麦麦提
阿瓦提县文化体育广播影视局局长：田朝晖
柯坪县文化体育广播影视局局长：亚森•赛买提

和田地区文化体育局局长：居来提•麦色依提
和田市文体局局长：王　峰
和田县文体局局长：吴德超
墨玉县文化体育影视局局长：吾加•布都拉
皮山县文体广电局局长：阿不力克木•塔力甫
洛浦县文体局局长：吐送江•米吉提
策勒县文体局局长：田　雷
于田县文体局局长：吴安臣
民丰县文化体育广播影视局
　　局长：艾沙东•阿布都热合曼

吐鲁番地区文化体育新闻出版局局长：钱昊亮
吐鲁番市文广局局长：张江成
鄯善县文广局局长：常浩东
托克逊县广电文体局局长：杨极思

哈密地区文体局局长：祖农•沙依提
哈密市文化体育广播影视新闻出版（版权）局
　　局长：张江宏
伊吾县文化体育广播影视新闻出版（版权）局
　　局长：吕开娥
巴里坤县文体局局长：吴同生

克孜勒苏柯尔克孜自治州文体局
**　　局长：阿斯卡尔•江额巴依**
阿图什市文化体育广播影视局
　　局长：木和塔•米吉提

阿克陶县文体局局长：阿力甫•沙德尔
阿合奇县文化体育广播影视局局长：吐尔地巴依
乌恰县文体局局长：多力坤•阿地

博尔塔拉蒙古自治州文体广新局局长：铁　山
博乐市文体局局长：新巴特
精河县文化体育广播影视局局长：黄雪丽
温泉县文体广新局局长：巴　亚

昌吉回族自治州文体局局长：吴　勇
昌吉市文化体育广播影视局局长：马　婷
阜康市文体局局长：李凤妹
呼图壁县文化体育旅游广播影视局局长：龚建烨
玛纳斯县文化体育旅游广播影视局局长：高彦海
奇台县文广局局长：王晓文
吉木萨尔县文化体育旅游广播影视局局长：齐吉平
木垒县文体局局长：方志安

巴音郭楞蒙古自治州文化体育广播影视局
局长：高新友
库尔勒市文化体育广播影视局局长：甄建梅
轮台县文化体育广播影视局局长：艾合买提•克日木
尉犁县文化体育广播影视局局长：陶春玲
若羌县文化体育广播影视局局长：孟捍高
且末县文化体育广播影视局
局长：迪力木拉提•艾麦尔
和静县文化体育广播影视局局长：衣仁且
和硕县文化体育广播影视局局长：马德玺
博湖县文化体育广播影视局局长：张　立
焉耆县文化体育广播影视局局长：燕　婷

伊犁哈萨克自治州文化体育广播影视局
局长：涂　林
伊宁市文化体育广播影视局局长：赛迪尔•艾丁
奎屯市文化体育广播影视局局长：孔繁坤
伊宁县文化体育广播影视局局长：托乎提艾力
霍城县文化体育广播影视局局长：刘旖炫
巩留县文体广播影视局局长：穆哈太伊
新源县文体广播影视局局长：努尔太
昭苏县文化体育局局长：叶尔江
特克斯县文化体育广播影视局局长：何泽虎
尼勒克县文化体育广播影视局局长：加娜尔
察布查尔县文化体育广播影视局局长：吴文泉

塔城地区文体局局长：鲁维玉
塔城市文化体育广播影视局书记：覃蛟龙
乌苏市文化体育广播影视局局长：肖　静
额敏县文化体育广播影视局局长：拉汗•夏汗
沙湾县文化体育广播影视局局长：丁志毅
托里县文化体育广播影视局局长：马尚诚
裕民县文化体育广播影视局局长：木尔扎汗
和布克赛尔蒙古自治县文化体育广播影视局
局长：乌图那生

阿勒泰地区文体广新局局长：巴合提•吐素普别克
阿勒泰市文体新闻出版局
局长：杜曼•阿不都拉别克
布尔津县文体新闻出版局局长：木拉提•哈比
富蕴县文化体育局长：陈晓霞
福海县文化体育局长：刘婧琚
哈巴河县文体新闻出版局局长：王新强
青河县文化体育新闻出版局局长：阿山•恰汗
吉木乃县文化体育广播影视新闻出版局
局长：王乃祥

新疆生产建设兵团

新疆生产建设兵团文化广播电视局
常务副局长：曾建勇
副局长：王运华、麻　霞、王翰林、
李立新、许先锋、曾　康

农一师文化广播电视局局长：白新明
农二师文化广播电视局局长：井盛泉
农三师文化广播电视局局长：曹文斌
农四师文化广播电视局局长：宋　卫
农五师文化广播电视局局长：龙利金
农六师文化广播电视局局长：高华生
农七师文化广播电视局局长：王次会
农八师石河子市文体局局长：黄　海
农九师文化广播电视局局长：李伟道
农十师文化广播电视局局长：王建伟
建工师文化广播电视局局长：李银林
农十二师文化广播电视局局长：向志华
农十三师文化广播电视局局长：魏红花
农十四师文化广播电视局局长：张　艳

中国文化年鉴

Almanac Of Chinese Culture

附录

Appendix

文化法规选编目录

法律

全国人民代表大会常务委员会关于修改《中华人民共和国文物保护法》等十二部法律的决定

行政法规及法规性文件

国务院关于修改《中华人民共和国著作权法实施条例》的决定

（中华人民共和国国务院令第633号）

国务院关于修改《信息网络传播权保护条例》的决定

（中华人民共和国国务院令第634号）

国务院关于废止和修改部分行政法规的决定

（中华人民共和国国务院令第638号）

国务院关于修改《全国年节及纪念日放假办法》的决定

（中华人民共和国国务院令第644号）

国务院办公厅关于印发2013年全国打击侵犯知识产权和制售假冒伪劣商品工作要点的通知

（国办发〔2013〕36号）

国务院关于同意将云南省会泽县列为国家历史文化名城的批复

（国函〔2013〕59号）

部门规章及规范性文件

文化部关于印发《文化部社会组织管理暂行办法》的通知

（文办发〔2013〕25号）

文化部关于学习贯彻党的十八届三中全会精神的通知

（文办发〔2013〕53号）

文化部关于印发文化部系统突发事件应急预案管理办法的通知

（文办发〔2013〕56号）

文化部关于表彰2013年度文化部优秀专家的决定

（文人发〔2013〕59）

文化部办公厅关于印发《全国文化先进单位（文化先进县、市、区）评选标准》的通知

（办人发〔2013〕29号）

文化部关于印发《文化部信息化发展纲要》的通知

（文信息发〔2013〕44号）

娱乐场所管理办法

（文化部令第55号）

文化部关于贯彻《娱乐场所管理办法》的通知

（文市发〔2013〕12号）

文化部关于做好取消和下放营业性演出审批项目工作的通知

（文市发〔2013〕27号）

文化部关于实施《网络文化经营单位内容自审管理办法》的通知

（文市发〔2013〕39号）

文化部关于发布文化市场行政审批办事指南和业务手册的通知

（文市发〔2013〕41号）

文化部关于实施中国（上海）自由贸易试验区文化市场管理政策的通知

（文市发〔2013〕47号）

文化部关于下放一批行政审批项目的通知

（文市发〔2013〕60号）

文化部关于加强行政审批规范化建设开展文化市场行政审批大检查的通知

（文市函〔2013〕262号）

文化部办公厅关于公布文化市场行政审批服务监督电话及电子邮箱的通知

（办市发〔2013〕17号）

文化部关于印发《地方戏曲剧种保护与扶持计划实施方案》的通知

（文艺发〔2013〕35号）

文化部、财政部国家税务总局关于2013年通过认定动漫企业名单的通知

（文产发〔2013〕57号）

文化部关于做好2013年动漫企业认定有关工作的通知

（文产函〔2013〕240号）

文化部关于印发《文化部“十二五”时期公共文化服务体系建设实施纲要》的通知

（文公共发〔2013〕3号）

文化部关于印发《全国文化信息资源共享工程“十二五”规划纲要》的通知

（文公共发〔2013〕7号）

文化部关于印发《全国公共图书馆事业发展

“十二五”规划》的通知

（文公共发〔2013〕8号）

文化部关于印发《对港澳文化交流重点项目扶持办法（试行）》的通知

（文港澳台发〔2013〕34号）

《文化部“十二五”时期文化改革发展规划》中期评估报告

《文化部“十二五”时期文化改革发展规划》是文化部贯彻党的十七届六中全会和十八大精神、落实《中华人民共和国国民经济和社会发展第十二个五年规划纲要》和《国家“十二五”时期文化改革发展规划纲要》的重要举措，是指导文化系统“十二五”时期改革发展的总体规划。全面评估《文化部“十二五”时期文化改革发展规划》（以下简称《规划》）实施进展情况，推进《规划》各项任务顺利完成，对推动文化大发展大繁荣、加快社会主义文化强国建设、全面建成小康社会具有十分重要的意义。同时，对“十三五”规划的前期研究，具有重要参考价值。中期评估主要围绕《规划》确定的目标任务、主要指标、重大工程等的实施进展情况进行全面评估，并在深入分析存在问题和挑战的基础上，立足《规划》实施，着眼长远发展，提出对策建议。

一、《规划》实施进展情况

《规划》实施以来，在党中央、国务院坚强领导和全体文化工作者共同努力下，《规划》总体进展顺利，主要目标任务实现程度良好，文化改革发展取得显著进展。

（一）文化艺术产品创作生产取得显著成绩

坚持一手抓创作和生产，一手抓公益性演出，取得良好成效。舞台艺术精品纷呈，社会文化生活不断丰富。

1. 重大扶持工程、重大展演、展览活动成效显著。国家舞台艺术精品工程共推出100部精品剧目，另有200多台作品得到资助。实施国家重点京剧院团保护和扶持规划（二期），推出了11个国家重点京剧院团创作演出的22台优秀京剧剧目。实施国家昆曲艺术抢救、保护和扶持工程，扶持了全国7个昆曲院团挖掘整理的17台优秀昆曲剧目。实施全国美术馆发展扶持计划，扶持优秀展览项目57个，优秀公共教育和推广项目49个，惠及全国18个省区的53家美术馆。举办第六届中国京剧艺术节、第二届优秀保留剧目评选和巡演活动、首届中国歌剧节、第七届全国话剧优秀剧目展演、国家艺术院团优秀剧目展演等重大艺术展演活动，推出一大批优秀作品，建立起国家艺术院团创作生产的有效机制和演出交易平台。举办首届中国设计大展，构建了一个专业性和权威性的国家级展览平台。

2. 深入基层，服务群众，取得良好效果。“十二五”以来，文化部每年元旦、春节期间组织艺术院团和美术机构开展“三下乡”慰问演出，举办送春联、书画活动，把艺术送给基层群众。经常性组织高雅艺术进校园活动，国家级艺术院团和优秀地方院团赴高校演出300多场，为青年学生奉献出优质艺术食粮。引导民营艺术院团健康发展，积极组织民营艺术院团优秀剧目在全国巡演，受到各地观众的热烈欢迎。

3. 国家艺术基金正式设立。为适应我国文化体制改革的新形势，进一步转变政府职能，繁荣艺术创作，借鉴国外基金制管理的成功经验，2012年11月，国务院正式批准设立国家艺术基金，文化部成立了国家艺术基金管理中心，现已开始工作。“十二五”期间，中央财政计划投入专项资金20亿元。国家艺术基金的设立，将对艺术创作生产起到重要财政保障作用。

（二）公共文化服务体系进一步完善

坚持保基本、强基层、建机制的思路，大力推动公共文化服务体系建设。各类群众性文化活动蓬勃开展，公共文化服务均等化不断推进，人民群众基本文化权益得到进一步保障。

1. 国家公共文化服务体系示范区（项目）建设成效显著。各示范区（项目）在满足群众基本文化需求的基础上，积极探索如何形成网络健全、结构合理、发展均衡、运行有效、惠及全民的公共文化服务体系，极大地调动了地方参与公共文化服务体系建设的积极性，形成了中央与地方的合力，为构建现代公共文化服务体系提供了实践示范和制度建设经验。

2. 文化馆、图书馆事业稳步推进。文化部、国家发展改革委和国家文物局共同研究编制的《全国地市级公共文化设施建设规划》实施顺利，截至2013年6月底，纳入该规划的项目已开工建设165个，已启动前期准备工作149个。组织开展了第三次全国文化馆评估定级工作，全国共有2028个文化馆达到三级馆以上文化馆标准，占总数的61.7%。2012年全国公共图书馆购书费达14.78亿元，人均图书馆购书经费1.09元，比2010年增长0.22元。目前正在组织开展第五次县级以上公共图书馆评估，在提高标准的前提下，预计仍能够完成“十二五”规划提出的指标。

3.公共文化设施免费开放工作进展顺利。截至2013年6月底，全国46000多所文化馆（站）、公共图书馆、美术馆，2400多个博物馆、纪念馆实行免费开放。

4.数字文化工程进展迅速。全国文化信息资源共享工程初具规模，已基本建成覆盖城乡的6级服务网络；数字图书馆推广工程迅速开展，全国20多家省级图书馆和近100家市级图书馆完成了硬件配备；公共电子阅览室建设计划落实良好，截至2012年底，已完成28612个基层服务点建设和设备升级任务。

5.“春雨工程”——全国文化志愿者边疆行活动成效显著。活动开展3年多来，共有20多个内地省（市）和单位组成80多支志愿团，招募3000多名文化志愿者，面向边疆民族地区开展文化服务，先后组织文艺演出500多场，业务培训3000多学时，文化展览800多天，惠及群众近百万人次。

（三）文物保护工作成效显著

认真践行传承文明、服务社会、惠及民生宗旨，以夯实基础、增强能力为着力点，文物保护各项工作取得显著成绩。

1.文物保护状况进一步改善。第三次全国文物普查全面完成。第一次全国可移动文物普查工作完成试点，全面展开。长城资源调查、大运河资源调查全面完成。流失海外中国文物调查稳步开展。不可移动文物保护扎实推进。四川、青海、云南等灾后文物抢救保护工程有序开展，都江堰古建筑群、藏羌碉楼等242项汶川灾后文物抢救保护工程顺利竣工。可移动文物保护项目稳步推进，文物标本库房建设工程、文物修复整理室和特殊质地标本保存室、文物库房安全防护和环境监测控制设备设施建设项目顺利推进。国务院核定公布第七批全国重点文物保护单位。150处大遗址保护规划编制启动率达到82%；世界文化遗产保护规划项目启动率达到80%；国有博物馆一级文物的建账建档率达到100%；文物博物馆一级风险单位中文物收藏单位的防火、防盗设施达标率为92%。

2.博物馆建设和社会服务水平进一步提升。全国博物馆总数达到3866个，全国博物馆年均举办陈列展览个数达到20115个，全国文博单位年接待观众数量达到 5.64亿人次，均已超过规划预期；文物保护工程勘察设计甲级资质、施工一级资质和监理甲级资质单位达到243家，省级文物行政执法机构建成率达到62%，国家一级博物馆的文物安全监测平台建设率达到92%，均接近规划预期；完成了三年一轮的世界文化遗产监测巡视工作。

3.文物保护能力进一步增强。文物法制和标准化建设不断完善。《中华人民共和国文物保护法》修订列入全国人大五年立法规划，修法工作全面启动，修法重点进一步明确。《大运河遗产保护管理办法》公布实施。《大运河遗产展示与标识系统设计指导意见》、《文物安全案件督查督办管理规定》以及50多项地方文物保护法规发布。文物执法督察和安全监管能力明显提升，文物安全技术防范和制度建设成效显著。34项文物保护国家和行业标准审查通过，立项在编国家标准36项，行业标准100项。科学研究和技术创新能力持续增强，多项重大科技项目被列入国家科技支撑计划。指南针计划、文物保护关键技术提升计划、文物保护基础研究推进计划稳步实施。“文物出土现场保护移动实验室研发与应用”项目获得国家科技进步二等奖。文物博物馆信息化水平不断提高，第三次全国文物普查GIS地理信息系统等一批信息化成果得到广泛应用。

（四）非物质文化遗产保护传承工作稳步推进

着力加强制度建设，不断完善工作体系，生产性保护、抢救性保护和整体性保护工作全面推进，非物质文化遗产保护传承工作水平不断提高。

1.非物质文化遗产保护传承体系和机制不断完善。2011年印发了《文化部关于加强国家级非物质文化遗产代表性项目保护管理工作的通知》，建立起自查、监督和警告、退出机制。调整、撤销了105个国家级非物质文化遗产代表性项目保护单位。根据项目和保护单位变化的实际情况，对433个国家级非物质文化遗产代表性项目保护单位进行了重新认定。开展了第四批国家级非物质文化遗产项目代表性传承人认定工作，确定并公布了498名第四批国家级非物质文化遗产项目代表性传承人，至此国家级代表性传承人达1986名。同时，启动了“十二五”时期国家级代表性传承人抢救性记录工作。

2.非物质文化遗产生产性保护成效显著。一是开展国家级非物质文化遗产生产性保护示范基地建设，命名了第一批41家国家级非物质文化遗产生产性保护示范基地。二是印发《文化部关于加强非物质文化遗产生产性保护的指导意见》，提出了加强生产性保护的切实措施，为科学指导和规范生产性保护工作的开展提供了充分的依据和坚实的基础。三是与国家税务总局、财政部共同研究，为非物质文化遗产生产性保护相关企业提供税收政策支持。

3. 非物质文化遗产保护基础设施建设工程顺利启动。目前，非物质文化遗产保护利用设施建设项目已经纳入国家发展改革委牵头编制的《国家“十二五”时期文化和自然遗产保护设施建设规划》，计划重点从国家级非物质文化遗产名录中筛选100个具备与旅游开发、生产经营、展示利用等进行有效结合的保护传承项目，分类建设非物质文化遗产保护利用设施，以满足我国非物质文化遗产保护利用设施建设的迫切需要。目前，该规划实施方案已初步编制完成，设施建设标准正在编制中。

4. 文化生态保护区建设顺利推进。“十二五”以来，新设立了大理白族文化生态保护实验区、陕北文化生态保护实验区、黔东南民族文化生态保护实验区等5个国家级文化生态保护实验区。印发了《文化部关于加强国家级文化生态保护区建设的指导意见》和《文化部办公厅关于加强国家级文化生态保护区总体规划编制工作的通知》，对国家级文化生态保护区的定义、意义、措施和总体规划的编制提出了明确要求。开展了国家级文化生态保护区总体规划论证工作，已有7个国家级文化生态保护区总体规划得到文化部批复实施。各地也积极开展了省级文化生态保护区建设。

（五）文化产业全面发展

以落实政策和重大项目、搭建服务平台扶持小微企业和创意创业人才为重点，不断推动文化产业成为新的经济增长点。文化产业总量稳步增加，文化创意水平不断提升，对国民经济增长的贡献率逐步提高。

1. 文化产业重点领域稳步发展。制定发布《文化部“十二五”时期文化产业倍增计划》和《“十二五”时期国家动漫产业发展规划》，明确了文化产业重点领域发展思路、目标和政策举措。两年多来，在引导内容生产、扶持市场主体、推进技术创新、培养高端人才、加强宣传推广等各个方面，开展了一系列工作，不断完善扶持文化产业发展的政策体系。制定深化文化金融合作、加快发展对外文化贸易的政策，实施成长型小微企业、创意创业人才等扶持计划，不断改善文化产业发展环境。演艺产业保持稳步上升势头，演出收入大幅增长，2012年全国演出市场票房总收入达到135亿元。动漫产业保持高速增长态势，2012年总产值达759.94亿元，产业结构进一步优化，质量效益明显提高。文化旅游日益成为消费热点。

2. 文化产业布局逐步优化。加大对中西部地区扶持力度，推动实施特色文化产业发展工程、藏羌彝文化产业走廊等重大项目，进一步加快中西部地区、少数民族地区特色文化产业聚集，在与产业和市场的结合中较好地实现民族文化的传承和可持续发展。

3. 文化产业园区、基地和特色产业群建设不断推进。通过制定相应的管理办法，强化管理，引导地方政府完善政策服务，推动国家级园区、基地快速发展，为全国文化产业的发展发挥了引领和示范作用。2012年开展第五批国家文化产业示范基地和第四批国家级文化产业示范园区评选命名工作。截至2012年底，一共命名了五批269家国家文化产业示范基地、四批15家国家级文化产业示范（试验）园区，15个国家级文化产业园区汇集了各类文化企业9377家，园区内文化企业实现总收入1774亿元，实现总利润367亿元，实现总税收127亿元。开展国家文化产业示范基地和园区巡检考核工作，实施动态管理，对不合格的基地园区予以撤销。

4. 文化产业投融资体系日益健全。进一步扩大部行合作范围，鼓励和引导银行机构开发适应文化产业发展特点的金融产品和服务。截至2012年底，文化产业本外币中长期贷款余额达1155亿元，同比增长34.8%，高于同期全部产业中长期贷款平均增速26个百分点。积极推动文化企业上市和债券融资工作，截至2012年底，已有96家文化企业通过发行债券成功融资。

5. 文化产业展会成效显著。积极为文化产业发展搭建交流与合作平台。联合相关地方政府和部委成功举办中国（深圳）国际文化产业博览交易会、中国义乌文化产品交易博览会、中国西部文化产业博览会、中国东北文化产业博览会、中国北京国际文化创意产业博览会等重点展会，并采取有效措施推动文化展会转型升级，提升展会市场化、专业化、国际化水平。

（六）文化市场监管体系不断完善

以进一步简政放权、规范文化市场行政审批和加强文化市场信息化、规范化建设为重点，不断深化综合执法改革成果，推动文化市场繁荣有序发展。

1.全国文化市场技术监管与服务平台建设进展顺利，文化市场信息化水平显著提升。全国文化市场技术监管与服务平台建设是“十二五”时期文化市场管理的重点工作之一。“十二五”以来，文化部在充分调研论证的基础上，成立了项目管理机构，落实了项目资金，并下发了《文化部关于全国文化市场技术监管与服务平台建设的实施意见》，就平台的建设与实施提出具体要求。已利用信息化技术，部署了监管平台业务应用系统试点工作，开发了行政审批系统，对文化市场行政许可全部52项业务150个业务流程进行统一梳理，启动建立中央、省、市、县四级联动的网上办事大厅。开发了网络游戏、网络音乐动态监管系统，通过技术手段实现精准管理。建立了上网服务营业场所监管平台，目前中央平台已与全部省份的监管平台实现对接，可对全国12万余家上网服务企业内的793万余台计算机终端实行实时动态监控。推广了综合执法办公系统，目前已在天津、黑龙江、内蒙古、辽宁、江苏、安徽、福建等20个省份基本应用。

2.综合执法规范化建设初见成效，文化市场监管能力显著提升。截至2013年6月，全国列入改革范围的403个地级市以及2594个县（区），全部完成综合执法机构组建工作，综合执法人员达32089人；98%的省（区、市）和78%的地市、59%的县（区）组建了文化市场管理工作领导小组。制定了《文化市场重大案件管理办法》、《文化市场综合行政执法人员行为规范》等规范性文件，逐步建立了业务工作、人员管理、激励约束及协作协调等四大类18项工作制度，使文化市场综合执法行为得到进一步规范。组织实施《全国文化市场综合执法队伍培训规划（2011-2015年）》，完善部、省、市、县四级培训网络，重点组织开展了全国文化市场综合执法岗位练兵技能比武活动。

3.建设规范有序的网络文化市场。进一步改进网络文化市场主体准入和产品准入制度，简化网络文化产品审查、备案程序，优化审批、备案流程。深入贯彻《网络文化经营单位内容自审管理办法》，增强企业自主管理能力和自律意识。积极支持应用游戏发展，丰富游戏产品类型。鼓励互联网上网服务行业探索多种业态和经营方式，促进互联网上网服务行业转型升级、提升形象，将互联网上网服务营业场所逐步改造成为适合不同人群的多功能文化休闲场所和社区教育信息服务平台。

4.文化市场诚信建设稳步推进。加强立法，先后出台《网络游戏管理暂行办法》、《互联网文化管理暂行规定》、《文化市场综合行政执法管理办法》、《演出经纪人员管理办法》、《娱乐场所管理办法》等部门规章，充实和完善了文化市场的法规体系。按照国务院总体部署，取消和下放行政审批事项，激发演出市场活力。对演出经纪人实行分级分类管理，加大失信惩戒力度。

（七）对外（港澳台）文化交流与贸易繁荣发展

不断深化对外（港澳台）文化合作与交流，助推国内文化建设事业繁荣发展，重点加强政策指导和统筹协调，整合资源、创新方式、打造品牌，对外（港澳台）文化交流与贸易繁荣发展。

1.对外文化交流成效逐步提高。2011年，与22个国家签订文化交流执行计划，在16个双边和多边政府合作机制框架下建立和参与建立交流机制。2012年，与21个国家签订或续签文化交流年度执行计划，与6个国家签订了互设文化中心协定和谅解备忘录。上海合作组织成员国文化部长第九次会晤有10多个成员国和观察员国的文化部长与会，开启了上合组织文化合作的新篇章。首届“中非文化部长论坛”共有46个文化部长及代表出席，成为中非文化交流史上“规模最大、规格最高、影响最广”的盛会。对外援助的受援国家达到20个以上。“欢乐春节”活动已成为当前中外文化交流活动中规模最大、覆盖最广的文化品牌。

2.海外中国文化中心发展步伐加快。文化中心建设步伐加快，2012年至2013年，共有5家海外中国文化中心投入运营。实施了“部省对口年度合作”机制，为地方文化走出去搭建了海外平台。2011年，9个中心与9个省（区、市）建立“对口年度合作”成功，2012年，11个省（区、市）与海外中心实现对接。

3.对外文化产业与贸易发展势头良好。加快对外文化产业与贸易平台建设，先后将上海国际文化服务贸易平台和北京国际文化贸易服务中心命名为国家对外文化贸易基地，上海基地已初步发展成为国际文化贸易企业集聚区、国际文化贸易服务创新区、国际文化贸易政策试验区和国际文化贸易专业培训中心。加强与地方政府合作，推动文化产业走出去，先后在济南、北京、深圳等地举办“中国文化产品国际营销年会”系列活动，组织企业参与美国“APAP演艺出品人年会”、美国电子娱乐展等知名国际展会与交易会。积极利用各种平台，牵线搭桥，扶持民营企业走上国际市场。2012年底，红樱束打击乐团的《木兰》剧目在美国百老汇演出32场，票房上座率达90%以上，成为民营企业开拓海外主流市场的有益尝试。

4.对港澳台文化工作不断做深做实做细，针对性逐步加强。深化与港澳台现有的交流渠道和品牌建设，有针对性地加强了对港澳青少年、台湾南部群体的文化工作，提升了港澳同胞国家荣誉感，巩固了两岸关系和平发展的文化基础。加强对港澳台文化产业合作，邀请港澳台文化企业参加“深圳国际文博会”、“北京国际文博会”等重要会展，在台举办“海峡两岸文化创意产业展”。两岸合作成功举办了“山水合璧——黄公望与富春山居图特展”，在海内外产生强烈反响。

（八）文化体制改革取得显著成果

深化文化体制改革，有效激发了文化生产力，并为更深层次、更进一步的文化改革发展打下了坚实的基础。

1.国有文艺院团体制改革完成既定目标，演艺业科学发展水平显著提高。截至2012年底，全国承担改革任务的2103家国有文艺院团，已经按照“五个一批”的改革路径，完成既定改革任务，其中转企改制院团占61%，划转占19%，撤销占20%。杂技、话剧、歌舞类院团基本实现全行业转企改制。

2.出台九部委《关于支持转企改制国有文艺院团改革发展的指导意见》，加大对转制企业的扶持力度。考虑到当前我国演艺市场发育程度比较低，大部分转企院团底子薄、包袱重、赢利能力弱，转制后面临巨大的生存发展压力，文化部会同中宣部等八部门共同制定印发了《关于支持转企改制国有文艺院团改革发展的指导意见》，从落实和强化对转制院团的政策扶持、促进转制院团自我发展能力建设和加强转制院团改革发展支撑体系建设三个方面，加大扶持力度。

3.以推进文化事业分类单位改革为依托，公共文化服务运行机制创新成效明显。按照分类推进事业单位改革的要求，对文化部系统事业单位进行清理规范。对职能发生变化的单位重新界定和赋予职能，根据承担的社会职能和公益属性的变化进行撤销和整合。深入推进文化事业单位内部“三项制度”改革。保留事业单位体制的院团、图书馆、博物馆、文化馆等文化事业单位，按照创新机制、增强活力的要求，完善内部运行和管理机制，面向市场、服务群众的能力进一步提升。

（九）文化与科技融合进一步深化

积极实施文化与科技融合促进工程，推动文化与科技的深度融合，取得明显成效。

1.“文化与科技融合促进工程”稳步实施。开展国家文化科技提升计划、文化部科技创新项目评审工作，以项目为依托，充分调动社会、企业、科研单位等众多文化科技研究力量，组织进行文化领域基础技术、关键技术攻关。自2011年至2013年，国家文化科技提升计划项目立项39项，文化部科技创新项目立项90项。组织实施“文化资源数字化关键技术与应用示范”等6项国家科技支撑计划重点项目，获得国拨经费支持超亿元。开展“文化科技对文化创新驱动作用”调研及文化与科技融合示范基地调研，与中宣部、科技部等五部委联合认定了首批16家国家级文化和科技融合示范基地。

2.理论创新体制机制更加完善。为大力推进理论创新，进一步加强艺术学项目的导向作用，于2012年首次设立“国家社科基金艺术学重大项目”。“国家社科基金艺术学重大项目”是现阶段我国艺术科学领域层次最高、资助力度最大、权威性最强的国家级政府基金资助项目，项目密切联系文化建设实际和艺术学发展趋势，强化顶层设计理念，加强对当前文化艺术建设急需解决的重要问题研究。设立了“文化部文化艺术科学研究”专项经费，进一步完善了文化部部级艺术科学研究机制和艺术学项目资助体系。

（十）文化人才培养力度不断增强

坚持“人才兴文”战略，不断开拓创新，加快造就德才兼备、锐意创新、结构合理、规模宏大的文化人才队伍，为推动社会主义文化大发展大繁荣提供有力人才保障。

1.文化人才教育培训水平进一步提升，人才保障更加有力。制定了《2011—2015年全国文化系统干部教育培训规划》，不但明确了文化系统干部教育培训的指导思想、基本原则、总体目标和主要任务，还从机构、机制、内容、师资、管理、组织保障等方面提出了加强培训体系建设的具体措施，进一步增强培训工作的科学化和系统化。以培训规划为指导，不断推动培训工作向纵深发展。针对文化发展迫切需要，组织实施专业技术人才知识更新工程，进一步推动全国急需紧缺人才队伍发展，先后举办了7期专业技术人才知识更新工程高级研修班。

2.建立全国性干部教育培训基地，进一步加强培训阵地的基础建设。把中央文化管理干部学院建设成为文化干部教育培训的主阵地，并经人力资源和社会保障部审批成为国家级专业技术人员继续教育基地。同时，积极开辟和建立全国性和区域性干部教育培训基地，充分发挥各地培训资源优势。

3.加强艺术职业院校学科建设与人才培养力度，艺术教育服务文化行业发展作用日益突出。制定了《全国中长期戏曲教育发展规划》、《全国艺术职业教育师资培训规划（2013—2015)》，指导艺术院校深入开展教育教学改革，不断改进教学方式。成功组织举办“文华艺术院校奖”——第十届全国青少年桃李杯舞蹈比赛、第四届全国青少年民族乐器演奏比赛等赛事。

4.文化人才考核评价机制逐步完善，文化人才评价方式进一步科学化。一是进一步完善领导班子和领导干部考核评价机制，加强对干部平时工作的了解，不断完善干部综合考评体系。二是进一步完善专业技术人才评价机制，调整充实了高级职称评委会评委库，修订完善了高级职称评审基本条件和评审程序，提升了职称评审工作的透明度。三是进一步完善职业技能鉴定的考核方法，推进评价体系多元化。

（十一）文化建设各项保障措施逐步加强

全国文化事业费稳步增长，文化发展的资金更加充足。全国文化事业费（不含基本建设财政拨款和行政运行费），2010年为323.06亿元；2011年为392.62亿元，比上年增加69.56亿元，增长21.5%；2012年为480.10亿元，比上年增加了87.48亿元，增长22.3%，增长速度比上年提高0.8个百分点。

文化立法进程明显加快，法制保障逐步加强。文化法律法规体系逐步建立健全。《非物质文化遗产法》于2011年6月1日起颁布施行。这是《文物保护法》颁布近30年来，文化领域的又一部重要法律，是完善中国特色社会主义法律体系、加强文化立法的重要步骤。《公共图书馆法（草案送审稿)》已于2011年12月，经文化部部务会议审议通过后呈报国务院审议。《公共文化服务保障法》和《文化产业促进法》开始启动。《博物馆条例》已被国务院列为2012年度立法计划的一档项目。《互联网上网服务营业场所管理条例》修订列入国务院2013年立法工作计划的二档项目。

加大行政审批制度改革力度，行政管理效率进一步提高。大幅度减少行政许可类审批项目。按照加快转变政府职能、深化审批制度改革的要求，大力推进行政许可类审批项目的取消和下放工作。现有的13项行政许可审批项目中，于2013年上半年取消3项，下放1项，下半年下放5项，仅保留4项。取消和下放的项目比例占69%，在国务院各部委中名列前茅。

总的看来，《规划》提出的主要目标、重点任务、重大工程进展较为顺利。除个别项目外，绝大多数指标能够达到预期进度要求。部分目标已经或即将提前完成。

二、目前完成《规划》面临的主要问题和挑战

综合考虑“十二五”前半期《规划》的实施情况和存在的薄弱环节，结合“十二五”后半期外部环境和内部条件的可能变化，全面完成《规划》提出的各项目标任务，还存在一些问题和挑战。

（一）文化投入不足，制约各项事业发展

“十二五”以来，各级政府不断加大文化投入，全国文化投入呈现持续增长的态势，基本上实现了十七届六中全会提出的“保证公共财政对文化建设投入的增长幅度高于财政经常性收入增长幅度，提高文化支出占财政支出比例”的要求。但同时也必须看到，我国文化投入在总量、结构和体制上仍然存在一些不足。

文化投入总量少，比重低，结构不尽合理而且经常滞后。“十二五”头两年，文化事业费年均增速为21.9%，略高于同期财政收入年均18.6%的增速。然而，文化事业费占国家财政总支出的比重，自“十五”以来就一直在0.3%至0.4%之间徘徊。2012年，全国文化事业费总计480.10亿元，占国家财政总支出的0.38%；而同年教育经费支出达到21994亿元，占国家财政总支出的17.4%，占GDP比重达到4.23%，首次超过4%的目标。相对于教育、卫生等领域事业费的大幅度增长，文化事业费占财政支出的比重增长缓慢，其中个别年份还有回落。文化事业费的短缺，已经明显影响了《规划》的实施和事业的发展。如，由于文化人才资金投入不足，使得多

项文化人才工程难以实施或进度缓慢。对外（港澳台）文化工作，10年来对外文化工作数量增加近10倍，但近年外事经费投入并未随之增长。全国地市级公共文化设施建设规划和全国非物质文化遗产保护利用设施建设规划等项目，由于资金投入缓慢滞后，进展受到一定影响。

社会力量进入文化领域的投资渠道不够畅通。“政府投入为主、社会力量积极参与”的多元化投入机制尚未形成，鼓励社会力量参与公共文化服务建设的政策力度不够、实施细则不完善，税收减免的程序和手续繁杂，导致社会力量参与公共文化服务体系建设的积极性不高，参与程度相当有限。

资金使用效率偏低。《规划》项目执行中，普遍存在重经费申报、轻经费管理的现象。公共财政绩效考评制度建设缓慢，资金使用缺乏必要的调节手段和监管措施，造成部分资金使用存在浪费现象。

（二）文化建设人才缺乏，人才成长激励机制不够完善

文化人才缺乏及结构不合理问题在文化建设各领域均一定程度存在。在公共文化服务领域，一些单位人才数量不足、结构不合理，整体素质也有待提高。一些地方文化站编制没有得到落实，出现专干不专、无人办事的现象。在专业艺术领域，既懂艺术又懂管理的领军人才非常缺乏。在文化产业领域，优秀的创意人才和经营管理人才均严重不足。在文物保护领域，机构和人才队伍与繁重的管理任务不相匹配。两年多来，我国世界文化遗产的数量增加了3处，跃居世界第二，全国重点文物保护单位的数量增加了1943处，博物馆数量增加了500多个，文物保护任务成倍增长，但文物行政管理机构、人才队伍没有发生相应变化。在对外（港澳台）文化工作领域，各类人才匮乏，驻外文化机构编制严重欠缺，人员素质和数量难以满足工作快速发展的需求。

激励、保障人才成长的环境、手段不够完善。目前，大部分文化单位在人员进口方面仍为传统的计划审批体制，市场配置作用发挥不够，选人用人方式较为单一，人才流动的体制机制障碍尚未消除，特殊人才引进障碍重重，缺乏有效的人才市场机制。人才引进工作受到编制、进人计划、身份、户籍等多种因素制约，手续繁杂，历时较长，工作急需的实用人才、紧缺人才难以引进。与此同时，由于缺乏人才市场机制，现有人员退出机制不健全，人员出口不畅，部分不适合现有工作岗位的人员占据编制，单位无法正常引进年轻后备人员，人才队伍结构无法及时调整，造成了文化单位中专业素质好的员工留不住、专业素质差的员工不愿走的现象。文化艺术领域的国家荣誉制度历经半个多世纪的呼吁，至今仍未出台。

（三）文化工作管理体制机制不顺，对文化建设重视程度不足

文化事务管理方式不明晰。部门职责权限不明确，还存在着多头管理、互相掣肘、资源分散的现象。例如，管人管事管资产管导向相统一的国有文化资产管理体制，在实践中如何落实，还处在探索之中。各地文化市场综合行政执法机构归属不尽相同，名称也五花八门，且与扫黄打非专项工作的关系未能理顺。在基层公共文化服务网络建设方面，多个部门分别投入，重复建设，造成资源和财力的浪费。

一些地方对文化建设重视程度不够。十七届六中全会明确提出，各级党委政府要切实担负起推进文化改革发展的政治责任，把文化建设列入党委、政府重要议事日程，纳入经济社会的发展规划，把文化建设的成效纳入科学考核评估体系。但仍有一些地方党委、政府对文化建设的重要性认识不足，文化改革发展的指标体系尚未有效建立，一些地方考核政绩指标仍主要是“GDP”，文化建设依旧没有纳入重要议事日程，没有列入干部政绩考核体系。

（四）公共文化服务资源供给总量不足，城乡区域差距显著

从总体上看，“十二五”上半期，公共文化服务资源仍然匮乏，难以满足基层人民群众的基本需求。一是全国人均公共文化资源占有量较低。以公共图书馆藏书量为例，2012年全国人均仅为0.58册，远低于国际图联、联合国教科文组织规定的人均藏书量1.5至2.5册的标准。二是由于地区经济社会发展水平不同，城乡二元结构影响长期存在，造成文化建设的城乡、区域发展不平衡现象十分突出。一些农村地区、欠发达地区文化设施建设比较薄弱。无法正常开展活动。很多设施简陋、设备陈旧，一些设施建成后由于缺少运营经费保障、少编无人难以正常运转。区域间文化发展不平衡现象也十分突出。例如，2011年广东、浙江、上海文化事业费分别是33.74、28.86、24.18亿元，分列全国前三位，宁夏、青海、西藏文化事业费分别是3.55、3.41、1.92亿元，分列全国后三位。贫困地区、边境地区

以及民族地区文化基础薄弱，文化阵地形势严峻，亟需加大扶持力度。

（五）文化产品创新能力较弱，产品供应单一

文化领域自主创新能力较低，竞争力不强。在文化产业领域，科技、内容、服务等方面的自主创新能力不足的问题十分突出，许多关键技术只能依靠少数西方公司。产品适应性不强，在国际上叫得响、立得住的品牌较少。公共文化服务领域，很多项目和节目形式单调，内容陈旧，难以满足基层群众需要。对外（港澳台）文化交流领域，缺少既代表中国特色、又符合国外民众审美取向的项目和作品，形式上以舞台艺术和展览为主，深层次交流较少，华人华侨参与多，融入主流社会不够。

（六）文化消费不足，制约文化产业发展

文化消费与文化产业的发展紧密相关，是文化产业发展的基础和动力。只有通过扩大文化消费才能促进文化产品和服务的创新和升级，优化文化产业结构，拓展文化产业领域，培育新型文化业态，从根本上拉动文化产业发展。按照国际经验，当一个国家人均国内生产总值超过5000美元时，居民消费将进入精神文化需求的旺盛时期。2011年，我国人均GDP超过5432美元，文化消费将成为经济发展和收入提高的历史趋势和必然选择。据有关方面统计，2011年我国城镇和农村居民的文化消费分别为1102元和165元，这组数值是较低的。究其原因，一是与基本的生活产品相比，当前我国文化消费品还是一种带有一定“奢侈性”的消费产品。要增强公众的文化消费能力，首先要提高公众的可支配收入。二是文化产品供给方面存在不足，文化产品价格较高，质量较差，种类贫乏，消费环境有待优化。

三、着力推进文化改革发展，力争全面完成《规划》各项任务

“十二五”后半期，文化系统将以党的十七届六中全会精神、十八大精神和十八届三中全会精神为指导，按照加大力度、深化改革、科学发展的工作要求，全面推进文化各领域各方面的改革发展，攻坚克难，力争全面完成“十二五”规划各项任务。

（一）提高规划意识，完善《规划》贯彻落实机制，加强规划执行与年度工作的衔接

1.进一步提高规划意识，真正把《规划》当作文化建设的宏伟蓝图，自觉按照《规划》要求有计划、有步骤地安排各项工作，避免工作的随意性。把《规划》中的各项指标任务、重大工程分解落实到年度重点工作任务中。加强年度预算与《规划》项目的衔接，把《规划》中各项任务、重大工程纳入年度预算。加强与相关部门沟通协调，为《规划》实施提供必需的资金人才保障，确保《规划》目标、任务层层落实，相互衔接。

2.健全《规划》评估机制，加强评估督察，确保各项任务落实。《规划》执行时间长，不确定因素多。因此，建立规划评估机制，加强对《规划》执行的评估督察，做好《规划》中期评估和期末评估，进行实施动态的跟踪与分析，对于保障《规划》有效实施是非常必要的。文化部和各地都需要通过评估督察，检查《规划》的执行情况和效果，加强对《规划》中重要指标和重大项目督办，发现和解决《规划》实施中出现的问题，根据实际情况进行相应督促和调整，推动《规划》各项任务的进一步落实，确保《规划》按时间和质量要求全面完成。

3.探索长效机制，确保实现文化投入增长目标，为《规划》顺利实施提供财政投入保障。《规划》提出了“保证公共财政对文化建设投入的增长幅度高于财政经常性收入增长幅度，提高文化支出占财政支出比例”的要求，各地在执行中需进一步落实政府主导责任，进一步加大文化建设的财政投入力度。

（二）深化文化体制改革工作，激发文化创造活力

1.进一步深化国有文艺院团体制改革。贯彻落实文化部等九部门《关于支持转企改制国有文艺院团改革发展的指导意见》，继续推动国有文艺院团体制改革特别是转企改制工作规范到位，加大对转企院团的扶持政策的落实力度，解决改革后出现的新问题。培育一批具有较强竞争力的骨干演艺企业。开展全国转制院团主要经营管理人才分批次培训。推动建立演艺企业测评体系，推进演艺市场主体评价。

2.深化经营性文化单位改革，分类推进文化事业单位改革。推动已转制的文化企业加快公司制、股份制改造，完善法人治理结构。推动骨干文化企业做大做强，增强其面向市场、参与竞争的能力。明确不同文化事业单位功能定位，建立法人治理结构，完善绩效考核机制，推动公共图书馆、博物馆、文化馆等组建理事会，吸纳有关方面代表、专业人士、各界群众参与管理。推动保留事业体制的院团实行企业化管理。

3.加快转变文化行政部门的职能。深化行政审批制度改革，减少审批，放宽限制，做好向市场、

社会放权。提高宏观管理能力，创新机制，强化政策调节、市场监管、社会管理、公共服务职能。按照政企分开、政事分开原则，推动政府部门由办文化向管文化转变，推动党政部门与其所属的文化企事业单位进一步理顺关系。加快推进文化立法。加强制度建设和依法行政，制定行业标准和规范。培育和发展行业协会、中介组织等社会力量，加强行业自律。

（三）树立以人民为中心的创作导向，进一步加强对文化产品创作生产的引导

1. 努力推进管理手段创新，提高管理水平，引导艺术院团创作优秀作品。不断改进和创新艺术管理的方式，综合运用资金支持、文艺评奖、舆论引导等手段，实行对艺术事业的宏观管理。充分发挥国家艺术基金作用，使用好国家艺术基金，为艺术创作生产和人才培养提供更多的经费保障。

2. 继续实施精品战略。大力支持舞台艺术和文学美术创作，推出一批体现社会主义核心价值观念的优秀文艺作品，增加中华民族的当代文化积累。大力推动各艺术品种、各地区的协调发展，推进艺术事业的全面繁荣。

3. 努力开拓艺术传播渠道。深入研究国内国际演出市场，正确认识艺术规律和市场规律，提高艺术作品的社会效益和经济效益。通过组织巡演、下基层慰问演出、低票价运营、演出交易会等办法以及强有力的宣传声势，扩大优秀艺术作品的知名度和观众覆盖面。

4. 贯彻落实中宣部等五部门关于制止豪华铺张、提倡节俭办晚会的通知精神，严格禁止豪华晚会。大力提倡崇尚艺术、不尚奢华、人民群众喜闻乐见的文艺晚会和节庆演出，鼓励演出节目出新出彩，鼓励内容与形式的完美统一。

（四）以提升服务效能为导向，加快构建现代公共文化服务体系

1. 进一步深化改革，创新公共文化服务管理体制机制。加快建立公共文化服务体系建设统筹协调机制，对全国公共文化资源、渠道、载体进行统筹规划、合理配置。深入开展国家公共文化服务体系示范区（项目）创建活动，加快解决公共文化发展存在的突出矛盾和问题。

2. 完善公共文化服务标准规范，以标准化、规范化建设促进均等化服务。加快完善公共文化服务基本保障标准、技术标准、考核评价标准等，引导各级政府和公共文化机构科学、规范地开展公共文化服务体系建设。加强贫困地区公共文化建设。以基本公共文化服务保障标准为依据，推动中央财政加大对中西部地区、贫困地区、少数民族地区、边疆地区的转移支付力度，促进公共文化资源的合理配置。

3. 引导和鼓励社会力量参与公共文化服务，实现公共文化服务供给主体和方式的多元化。在政府加大对公益性文化事业投入的前提下，探索将财政投入以直接拨款为主转为购买服务、项目补贴、以奖代补、基金制等多种方式。研究起草关于加强政府向社会力量购买公共文化服务的意见，鼓励社会力量、社会资本进入公共文化服务领域。促进民间文艺团体、文化行业协会、文化基金会等文化非营利组织的发展。加强公共文化普及工作，使文化艺术发展成果惠及全民。

4. 建立以效能为导向的绩效考核评价机制，完善公共文化服务效能建设的制度保障。树立以效能为导向的公共文化服务体系建设理念，在创建国家公共文化服务体系示范区（项目）等工作中，加大效能指标的设计，引导地方政府和公共文化单位把精力放到提升服务效益上来。制定公共文化服务群众满意度指标，建立和完善第三方评估制度，加大群众满意度测评方式的应用，强化群众对公共文化服务的评价监督。

（五）以完善发展环境为重点，促进文化产业健康发展

1. 进一步完善政策法规体系，为加快文化产业发展确立政策保障。加大财政、税收、金融、用地等方面对文化产业的政策扶持力度，加强政府政策引导和公共服务职能，逐步完善文化产业政策体系。推动出台支持特色文化产业、数字文化产业等具体领域发展的政策文件。同时，加快文化产业立法进程，争取把行之有效的文化产业政策，上升为国家法律法规。加大对文化产业创业创意人才培养、成长型中小微文化企业、特色文化产业、数字文化产业等重点领域的支持力度。完成“拉动城乡居民文化消费的政策和措施”专题调研，开展“中国文化消费指数”测度工作，并发布年度“中国文化消费指数”、年度“中国省市文化产业发展指数”。通过制定法规、政策和规划，依法管理，加强服务，营造良好的文化产业发展环境。完善文化产业发展的市场机制，减少政府的行政性干预。

2. 加强统筹规划和分类指导，推动区域文化产

业协调发展。实施差异化的区域文化产业发展战略，引导各地根据资源禀赋和功能定位，走特色化、差异化发展之路。统筹骨干文化企业和小微文化企业发展，扶持骨干文化企业做大做强，支持小微文化企业提高发展水平。

3. 鼓励引导民间资本进入文化产业，营造各类企业平等竞争的环境。鼓励金融资本、社会资本、文化资源相结合。深化文化金融合作，促进文化金融体制机制创新、产品和服务创新，优化文化产业投融资结构，推进文化产业投融资体系建设。保证各种所有制企业依法平等使用生产要素、公平参与市场竞争、同等受到法律保护，使各类所有制企业相互促进、共同发展。

4. 促进文化和相关产业融合，助推国民经济转型升级。推进文化和相关产业融合发展，提高国民经济附加值，使文化产业成为促进经济发展方式转变、优化经济结构和产业结构、提升国家产业竞争力的重要产业。

5. 加快推进文化产业结构调整，加快传统文化产业升级改造，培育新型文化业态，加快推动数字文化产业发展。进一步实施国家动漫品牌建设和保护计划，培育优秀民族原创动漫创意品牌。加强对文化产业园区基地的指导和扶持，促进园区基地转型升级。进一步提升文化展会的专业化、市场化水平，为文化产业交易与合作提供良好平台。调动全社会文化消费的积极性，针对大众、中西部地区、农村等不同群体进行文化消费市场培育。

（六）创新体制机制，全面推进文物保护利用、传承发展

1. 完善法律制度体系，加大法律政策保障力度。完善法律体系，加快推进文物保护法的修订完善，推动将世界文化遗产、水下文化遗产、大遗址保护、考古勘探与发掘、文物安全、文物利用等纳入法律规范。强化专门立法、地方立法，全面提升文物执法效力和效能。完善制度安排，建立健全中央与地方财政共担经费保障机制、文物保护责任制度和责任追究制度、专项资金使用监督检查制度、财政投入绩效评价制度、信息公开制度、文物市场监管服务体系，以及鼓励支持社会力量、社会资本参与文物保护利用的土地、财税、金融、知识产权等配套政策。完善标准规范，加快构建中国文物保护标准化理论方法和国家标准、行业标准、企业标准制修订，推进文物保护管理制度化、规范化、科学化。

2. 加强科技创新和人才队伍建设，全面提升文物保护利用水平。大力推进观念创新、科技创新和机制创新，充分发挥国家重点学科、重点科研基地，区域创新联盟、技术创新联盟、高等院校、科研院所以及地方文博单位作用，加快文物保护基础性技术和关键技术研究，文物保护利用科学技术设施设备建设和信息技术、数字技术推广运用，改善文物、博物馆单位文物科技保护和科研技术条件，全面提升文物保护利用科技能力和科技水平。加快推进文博系统现有人才队伍结构优化和能力建设，创新人才培养模式，建立开放式人才培养体系。充分发挥国家重大科研项目和重大工程、重点学科和重点科研基地、国际学术交流合作项目作用，加强实践培养。调整优化高等院校、职业院校学科专业设置，加大文物保护修复紧缺人才、特殊人才和基层管理人才培训力度，优化基层文博机构设置和职能配置，全面提升文物保护利用管理整体水平。

3. 扎实推进文物保护重点工程，切实改善文物保护状况。健全文物调查登录制度，做好第一次全国可移动文物普查。建立国有博物馆文物藏品和民办博物馆珍贵文物藏品档案，构建不可移动文物动态信息和资源管理平台，摸清文物资源状况。建立健全世界文化遗产、重要文物保护单位、历史文化名城名镇名村监测预警体系，文物灾害、病害巡查养护体系，做好世界文化遗产、大遗址、近现代重要史迹、少数民族地区重点文物、古村落古民居、南海水下文物保护、文物安消防设施建设以及可移动文物保护等重大工程项目，全面排除全国重点文物保护单位、省级文物保护单位和市、县级文物保护单位重大险情。完善文物执法督察、安全检查制度，提高文物保护单位执法巡查覆盖率、文物行政违法案件查处率，全面构建文物安全责任体系和群防群治防范网络，有效遏制盗窃、盗掘和破坏文物等各类违法犯罪行为。

4. 充分发挥文物资源优势，更好地服务社会、促进发展、惠及民生。深入挖掘文物的历史、文化价值，充分发挥文物的宣传教育功能。紧紧围绕建设社会主义核心价值体系、优秀文化传承体系，深入挖掘和阐释蕴含于文化遗产中的民族精神、历史传统，形成系列反映中华民族伟大历史、具有中华民族独特标识的优秀文物陈列展览。紧紧围绕构建现代公共文化服务体系、深入挖掘和展示文物所蕴含的文化基因、情感记忆，推动文物保护与城镇化建设、

新农村建设相结合，丰富城市文化内涵，优化人居环境，改善群众生产生活。深化博物馆免费开放，创新博物馆理念，提升展陈服务质量，努力把文物、博物馆建设成为公共文化服务的重要阵地，公民丰富精神文化生活、感受文化体验的生动课堂，展示中华文明、促进人文交流的国际文化传播高地。鼓励和支持社会力量、社会资本参与文物保护利用，进一步提升文物事业对经济社会的贡献。

（七）坚持保护为主、合理利用原则，推动非物质文化遗产保护传承体系建设

1. 完善非物质文化遗产保护机制。修订《国家级非物质文化遗产名录申报评定暂行办法》，严格入选标准，继续做好国家级非物质文化遗产名录项目申报与评审工作。继续推进省、市、县三级非物质文化遗产名录体系的建设，逐步形成以市、县级名录为基础，以省级名录为骨干，以国家级名录为重点的梯次结构非物质文化遗产名录体系。加强与有关部门联系，加快非物质文化遗产保护基础设施建设，以满足我国非物质文化遗产保护利用设施建设的迫切需要。

2. 健全非物质文化遗产项目代表性传承人保护及传承机制。继续做好国家级非物质文化遗产项目代表性传承人认定与命名工作，推动各级代表性传承人认定与命名工作的规范化。进一步落实对非物质文化遗产项目代表性传承人的保护措施，并形成制度。制定发布国家级非物质文化遗产项目代表性传承人抢救性记录业务标准和技术标准，指导地方开展抢救性记录工作。

3. 积极推进国家级文化生态区和非物质文化遗产保护利用设施建设。统筹规划并组织专家对地方提出的设立文化生态保护区申请进行考察论证，按照成熟一个、设立一个的原则推进国家级文化生态保护实验区建设。同时，尽快出台文化生态保护区建设的评估办法和机制。积极配合国家发展改革委，组织专家对地方提交的非物质文化遗产保护利用设施试点项目建设方案进行评审、论证，建立试点建设项目库，制定2014、2015年试点项目建设资金投入计划，落实建设资金。

（八）完善文化市场综合执法体制机制，建立健全现代文化市场体系

1. 建立健全文化市场综合执法体制机制。认真做好综合执法改革后续工作，切实解决综合执法机构组建后的领导小组、机构编制、人员身份、经费保障和装备配备等相关问题。协调中宣部、中编办、人力资源和社会保障部、财政部、国务院纠风办、新闻出版广电总局等部门就文化市场综合执法人员编制、身份、装备配备、管理体制等问题开展调研，进一步深化落实综合执法体制机制改革。

2. 加强文化市场培育。进一步加强文化市场诚信建设。在文化市场领域全面推进诚信建设，充分发挥市场机制作用，培育壮大市场主体，扩大文化消费。依托全国文化市场技术监管与服务平台，在建设艺术品征信系统的基础上，建立文化市场各行业经营主体信用档案，制定文化市场各行业服务标准以及文化产品生产标准。发挥行业协会作用，将规范演出经纪人员的资质认定、职业培训和管理、行业监督等工作逐步推广到文化市场各行业从业人员。

3. 优化演出市场结构。鼓励演出院线联盟、区域联盟的建立，建设一批新型行业组织和市场中介机构，通过整合演出行业内资源和各种文化产业业态来疏导演出市场，推动形成高效的演出市场运作机制与合理的演出市场定价机制，扩大演出文化消费规模，提高人民群众的文化消费意愿。充分发挥各地演出交易会、博览会的平台作用，为演出市场发展提供专业化、社会化服务，为演出市场搭建资本、产权、人才、信息、技术等要素的流动平台。

4. 规范艺术品市场交易秩序。积极推动《艺术品市场管理条例》的立法工作，并加强与有关部门沟通，切实推动立法进程，做好艺术品交易、鉴定、拍卖、展览、进出口等各环节之间的法规衔接，明确管理主体和监管责任，为艺术品市场执法监督提供法制保障。

5. 建设健康有序的网络文化市场。进一步完善网络文化市场主体准入和产品准入制度。积极探索移动互联网环境下文化产品内容的审核方式和管理手段，提高网络文化市场管理的科学性和有效性。进一步完善网络游戏虚拟物品、虚拟货币管理措施，规范网游企业营销行为。鼓励严肃游戏发展，引导地方文化创意资金和评奖项目向严肃游戏倾斜。加强网络音乐市场建设和管理，建立健全网络音乐管理基础数据系统。

（九）着力推动科技创新，深化文化与科技融合

1. 着力推动科技创新。强化制度设计，从项目立项、条件支持和调控杠杆的角度为文化科技融合的发展创造良好的制度环境与氛围。加大文化科技理论研究，就文化科技驱动文化创新的重点路径、

方法和方式进行理论研究与探讨，为文化科技融合可持续发展提供理论支持。加快建立企业为主体、产学研用紧密结合的文化科技创新体系。着力为文化与科技融合汇聚智力资源，通过实施重大文化科技项目，聚集和培养一批文化科技领军人才。

2. 进一步发挥国家社科基金艺术学项目和文化部文化艺术科学研究项目的导向作用，深化和拓展我国艺术学学科体系建设和当代文化发展问题研究。加强艺术研究院所建设，拓展职能，提升效能。发挥艺术科研工作在文化决策咨询、文艺档案管理、文化活动策划、文艺刊物建设等方面的作用。推进艺术科研中级管理机构建设，加强艺术科研人才培养。

（十）提高对外开放水平，推动对外及对港澳台文化工作

1. 提高对外开放水平，大力推动中华文化“走出去”。通过中美人文交流高层磋商、中欧文化高层政治对话等机制，以文化合作助推中美、中欧关系的全面发展。加强与联合国教科文组织等国际组织的合作，积极参与国际文化事务，不断增强话语权。进一步发挥对外文化工作部际联席会议机制的作用，整合各方资源和力量。加大对民间力量参与对外文化交流的扶持力度。按照“政府统筹、社会参与、官民并举、市场运作”的思路，统筹国际国内两个市场两种资源，不断推动对外文化工作机制化、品牌化发展，逐步构建以我为主、于我有利的对外文化工作新格局。加强对汉学家的工作，每年举办相关论坛，并邀请100位青年汉学家来华交流培训，培育国际知华、友华力量。进一步打造优秀国际文化交流品牌，使“欢乐春节”、“中国文化年”等活动更具国际影响力。逐步开展对重要交流活动的评估工作，提高活动效益。充分利用国家领导人国事访问推出文化精品，放大宣传效果。积极探索在周边国家实施文化软援助的方式，营造良好的周边环境。

2. 提高文化传播能力，树立“文化中国”形象。充分运用各类驻外机构和交流渠道，以文化方式全面介绍、宣传“中国梦”。启动“文化中国”新媒体传播工程，努力形成对外文化传播的数字平台。在加强政府主导文化传播的同时，注重发挥公民、企业、智库、非政府组织在对外文化传播中的作用，形成广泛的、多层次的对外文化传播格局。积极推进优秀文化作品的译介与传播，推动我国优秀当代作品更多地走向世界。

3. 加快推动海外中国文化中心建设。进一步解放思想，转变观念，切实加快中心的布局规划，采取“中央地方并举，造车修路并举，建购租并举”的思路，按照夯实周边、拓展欧美、着眼全球的步骤，以每年建立4至5个中心的速度积极推进，力争“十二五”末完成建设25至30个海外中心，形成全球布局的基本发展目标。同时，夯实内容建设，打造支撑体系，保障海外中国文化中心的健康运营。

4. 加大扶持外向型文化企业，推动对外文化贸易发展。优化对外文化贸易政策环境，着力解决文化企业走出去遇到的政策瓶颈。建立系统化、职能分明的对外文化贸易扶持体系，继续提供海外文化市场信息服务，不断开拓对外文化贸易平台和渠道，深化全国对外文化贸易战略布局，引导企业进军海外文化市场。

5. 深化对港澳台文化工作，完善长效合作机制。推动与特区政府商签文化合作执行计划，统筹资源，推动更多精品进入港澳主流平台。加强对港澳青少年文化工作。丰富“情系中华”等品牌活动的内涵，推动更多大陆优秀文化项目及文化产品入岛交流。促进两岸文化产业合作，办好“海峡两岸文化产业博览交易会”和“海峡两岸文化创意产业展”。继续推动商签两岸文化领域交流合作协议和互设民间文化办事机构，推动两岸文化交流与合作的机制化。

（十一）进一步加强人才培养激励，为文化建设提供人才保障

1. 进一步创新文化人才培养机制。根据文化事业发展需求，不断优化人才培养结构。构建职业教育保障机制，改革职业教育模式。建立和完善人才培训机制，创新培训手段，有计划、分级分类地对文化人才进行培训、轮训，逐步形成抓重点、分层次、多渠道、有特色的培训工作体系。充分发挥文化部在艺术人才培养、选拔方面的导向作用。加强理论研究，科学布局艺术教育管理整体规划。用好、用活艺术比赛、艺术考级等管理手段，完善对高等艺术院校及艺术职业院校的指导机制。

2. 进一步创新人才评价使用机制。按照人力资源和社会保障部整体部署，加快推进职称和职业技能鉴定制度改革，完善专业技术评价方法，提高社会化程度。积极探索动漫、游戏软件研发、演出经纪等新兴行业专业技术人员、技能人才的评价方式。尽快规范人才职位分类，培育人才评价中介组织，研究建立全国统一的文化人才认证制度和认证体系。

3. 进一步创新人才激励保障机制。探索符合文

化发展规律、有利于文化人才成长的多元化人才激励机制。一是完善收入分配制度，保证文化人才在为国家艺术事业做出贡献的同时，也得到相应的工作、生活条件保障。二是健全表彰奖励制度，加快建立国家荣誉制度，表彰在文化艺术领域做出突出贡献的优秀人才。三是全面推进各项人才工程项目，加大对基层文化人才队伍的教育培训力度。四是加大人才激励投入力度，为人才培养、引进、表彰奖励等提供经费保障和制度支持。

四、关于“十三五”规划的建议

“十三五”时期，随着我国社会主义市场经济体制改革的逐步深入，如何进一步处理好政府和市场的关系将是我国各个领域面临的共同问题。在文化建设中，如何在公共文化和文化产业的发展中厘清并处理好政府与市场的关系，也将是“十三五”时期文化改革发展面临的主要难题。“十三五”时期，文化建设还将面临着诸多具体问题：一是人民群众收入水平的增长，将产生更加旺盛、更加多元的文化需求；二是城镇化的快速发展带来人口向城市的集聚，给文化资源的配置带来挑战；三是经济增速的减缓必将影响财政收入的增长，从而抑制文化投入的增长速度；四是文化领域的多部门管理体制，对文化发展的影响还将继续存在；五是随着国家法制建设逐步完善，文化领域转变管理模式的任务将更加凸显。

综合我国文化发展的趋势和条件，“十三五”时期文化发展的战略重点应为：一是推动建立并完善政府投入为主、社会力量积极参与的多元化文化投入机制；二是以群众需求为基础，提升服务效能为重点，统筹基层公共文化资源，提升公共文化服务的质量和水平；三是优化文化产业发展环境，依靠市场机制促进文化产业的自我良性发展；四是加快推进文化创新，促进文化与科技的深度融合；五是深入对外（港澳台）文化交流，更加注重文化交流的质量、内涵和层次；六是深化文化体制改革，提升政府配置公共文化资源、管理文化市场和引导社会力量参与的能力。

根据“十二五”中期评估的经验和发现的问题，对“十三五”时期规划目标和任务的设定建议如下：一是进一步筛选关键发展指标，重点衡量文化发展的产出和成效，减少反映文化部门内部运作的过程指标。如增加设施利用效果和群众文化参与等指标，以进一步反映公共文化服务的质量和效能。增加效果评价指标，以进一步反映科技成果在文化建设中的实际作用等。二是将规划目标划分为预期性和约束性两类指标。预期性指标主要依靠市场主体的自主行为实现，政府主要通过完善市场机制和利益导向机制来引导市场主体行为；而约束性指标是政府对人民群众的承诺，主要通过政府运用公共资源全力完成。要进一步强化反映政府文化责任的约束性指标，弱化文化发展的单纯经济指标，注重品质效益提升，凸显文化建设中政府职能的转变。三是坚持量力而行、科学测算，合理设定规划目标值。规划目标既是政府要实现的发展目标，也是面向社会的承诺。“十二五”规划实施情况表明，某些规划指标的设定不够科学，有的过低，难以发挥规划目标对政府工作的激励性和引导性；有的过高，规划期内难以实现，影响规划目标的严肃性。在“十三五”规划研究制定中，应该尽力避免。

文化部“十二五”时期
公共文化服务体系建设实施纲要

为深入贯彻落实党的十八大和十七届六中全会精神，推动“十二五”时期公共文化服务体系建设，文化部根据《中华人民共和国国民经济和社会发展第十二个五年规划纲要》、《中共中央关于深化文化体制改革推动社会主义文化大发展大繁荣若干重大问题的决定》、《国家基本公共服务体系“十二五”规划》、《国家“十二五”时期文化改革发展规划纲要》、《文化部“十二五”时期文化改革发展规划》，制定本纲要。

序　言

公共文化服务体系是以公共财政为支撑，以公益性文化单位为骨干，以全体人民为服务对象，现阶段以保障人民群众看电视、听广播、读书看报、进行公共文化鉴赏、参与公共文化活动等基本文化权益为主要内容，向社会提供的公共文化设施、产品、服务及制度体系的总称。构建覆盖城乡、结构合理、功能健全、实用高效的公共文化服务体系，是满足人民群众基本文化需求、保障人民群众基本文化权益的主要途径。

“十一五”以来，在党中央、国务院的高度重视下，在各级党委、政府的大力支持下，我国文化事业费投入大幅度增加，公共文化设施网络基本建立，队伍素质稳步提升，政策法规建设取得重要突破，重大文化惠民工程深入实施，服务方式和手段不断创新，服务能力和水平明显提高，公共文化服务体系建设取得重大进展，覆盖城乡的公共文化服务体系框架初步建立，人民群众的基本文化权益得到更好保障。

“十二五”时期，我国公共文化服务体系建设仍处于可以大有作为的重要战略机遇期。党和政府的高度重视为公共文化服务体系建设带来了历史性机遇，人民群众文化需求的日益旺盛为公共文化服务体系建设提供了内在动力，国家经济实力的增强为公共文化服务体系建设提供了经济保障，科技创新和现代传播手段的发展为公共文化服务体系建设提供了技术支撑。推进公共文化服务体系建设，已经成为建设服务型政府的重要内容，成为保障全体人民基本文化权益的必然要求。

但同时必须看到，我国公共文化服务总体水平不高，与经济社会发展的进程和水平还不相适应，与广大人民群众日益增长的精神文化需求还不相适应，与底蕴深厚的文化资源大国地位还不相适应，与实现文化大发展大繁荣的任务还不相适应，突出表现在：文化事业费投入总量不足，公共文化设施不完善，队伍不够健全，资源缺乏统筹，城乡、区域发展不平衡，特别是农村和欠发达地区基础薄弱，公共文化服务和科技的融合度不高，公共文化管理体制改革还不够深入，管理和服务水平不高，政策落实不到位，政策法规体系不完善等。“十二五”时期，必须不断增强机遇意识和忧患意识，抓住机遇，迎接挑战，更加自觉、更加主动地推动公共文化服务体系良性运行和可持续发展。

一、总体思路

（一）指导思想

以邓小平理论、“三个代表”重要思想、科学发展观为指导，按照党的十八大关于文化建设的决策部署，牢牢把握社会主义先进文化前进方向，以社会主义核心价值体系建设为根本任务，按照公益性、基本性、均等性、便利性的要求，坚持政府主导，依循“保基本、强基层、建机制、重实效”的基本思路，着力丰富人民群众精神文化生活，着力提高公共文化服务效能，着力创新体制机制，完善覆盖城乡、结构合理、功能健全、实用高效的公共文化服务体系，努力实现“广覆盖、高效能”，全面提升公共文化服务均等化水平，保障广大人民群众基本文化权益。

（二）基本原则

1. 政府主导、坚持公益。牢牢把握基本公共文化服务的公益性质，明确政府责任，充分发挥政府在公共文化服务体系建设中的主导作用，以公共财政为支撑，以公益性文化单位为骨干，建立健全公共文化设施网络，深入实施文化惠民工程，加强立法、规划、监督和政策支持。

2. 保障基本、促进公平。从满足人民群众基本文化需求、保障人民群众基本文化权益出发，立足我国社会主义初级阶段的基本国情，坚持尽力而为、量力而行，优先保障基本公共文化服务的供给，促进基本公共文化服务均等化，使全体人民共享文化改革发展成果。

3. 统筹城乡、突出基层。适应新型工业化、信息化、城镇化和农业现代化的发展趋势，加快城乡公共文化服务一体化建设，建立以城带乡联动机制，合理配置城乡公共文化资源，加强对农村和欠发达地区公共文化服务体系建设的帮扶力度，推动公共文化服务体系建设重心下移、资源下移、服务下移，加大公共文化资源向城乡基层倾斜的力度。

4. 创新机制、强化服务。创新发展思路和体制机制，着力解决制约公共文化服务体系科学发展的突出矛盾和问题，在继续加强公共文化设施建设的同时，更加注重现代科学技术和信息手段应用，更加注重产品供给、服务能力、队伍建设、资源共享、制度标准建设，努力提高公共文化服务效能。

（三）发展目标

到2015年，覆盖城乡、结构合理、功能健全、实用高效的公共文化服务体系初步建立，公共文化设施网络更加完善，服务运行机制进一步健全，服务效能明显提高，“十二五”时期公共文化服务国家基本标准有效落实，人民群众基本文化权益得到更好保障。

表1："十二五"时期公共文化服务国家基本标准

服务项目	服务对象	保障标准	支出责任	覆盖水平
公共文化场馆开放	城乡居民	公共空间设施和基本服务项目免费，全年开放时间不少于10个月	中央和地方财政按比例共同负担	除文物建筑及遗址类博物馆外，各级文化文物部门归口管理的公共文化场馆全部向社会开放
公益性流动文化服务	城乡居民	免费享有文艺演出、图片展览、图书借阅等为一体的流动文化服务；每个乡镇每年送4场地方戏曲	地方政府负责，中央财政适当补助	基本建立灵活机动、方便群众的公益性流动文化服务网络，保障公益性演出场次

——保证公共财政对文化建设投入的增长幅度高于财政经常性收入增长幅度，提高文化支出占财政支出比例。

——到"十二五"期末，全国60%以上文化馆、公共图书馆达到部颁三级以上评估标准。基本实现全国所有地市级城市都建有设施达标、布局合理、功能完善的文化馆、公共图书馆。县乡两级公共文化设施规范化、标准化水平进一步提升。基本实现每个行政村和城市社区建有文化活动场所。

——到"十二五"期末，全国人均拥有公共图书馆藏书达到0.7册。各级文化馆（站、室）、公共图书馆和文化共享工程基层服务点基本建有公共电子阅览室。文化共享工程资源量争取达到530百万兆字节以上，入户率达到50%左右。国家数字图书馆资源总量争取达到1000百万兆字节以上。

——到"十二五"期末，全国博物馆总数达到3500个，国家一、二、三级博物馆总数达到800个。法人治理结构规范化、管理专业化的民办博物馆建设率达到10%。

——到"十二五"期末，逐步实现全国地市级城市建有设施达标、布局合理、功能健全的国有美术馆。

——到"十二五"期末，中西部地区争取每县配备2台流动文化车。

——到"十二五"期末，文化馆（站）、博物馆、公共图书馆、美术馆等基本服务项目健全并向社会免费开放。

表2："十二五"时期公共文化服务国家基本标准

指标	单位	2010	2015
文化馆(群艺馆)达标率(部颁三级以上)	%	50	60
博物馆达标率（部颁三级以上）	%	16	23
图书馆达标率(部颁三级以上)	%	55.8	60
每××万人拥有一座博物馆	万人/座	40	35
人均公共图书馆藏书量	册	0.46	0.7
文化馆（站）举办活动次数	万次	57	100

指 标	单 位	2010	2015
县级以上博物馆展览次数	万次	1	1.5
公共图书馆总流通人次	亿人次	3.28	4.5
公共电子阅览室设置率	%	—	90
文化信息资源共享工程资源量	TB	108	530
国家数字图书馆资源总量	TB	480	1000
文化馆（站）、博物馆、公共图书馆、美术馆等公共文化设施免费开放率	%	—	90
行政村文化活动场所设置率	%	34	90
(城市)社区文化活动场所设置率	%	46	90

二、重点任务

（一）继续提高基层公共文化设施建设水平，实现有效覆盖

适应推进城镇化和建设社会主义新农村的要求，统筹规划、合理布局，以城乡基层文化设施建设为重点，以流动文化设施和数字文化阵地建设为补充，继续加强公共文化设施建设，努力形成比较完善的国家、省、市、县、乡镇（街道）、村（社区）六级公共文化设施网络。

1.市、县、乡公共文化设施。实施地市级公共文化设施建设规划，对地市级文化馆、博物馆、美术馆、公共图书馆等进行新建和改扩建。落实县、乡文化场馆建设标准和设备配置标准，继续实施县级图书馆、文化馆修缮项目，提高基层公共文化设施建设标准化和规范化水平。

2.行政村文化活动场所。与城乡统筹、小城镇建设、新农村建设等政策相衔接，与村级组织办公场所、村小学、文化信息资源共享工程基层服务点建设相结合，统筹村级文化活动场所规划、修建、管理、运营和维护，体现多功能、综合性。

3.城市社区文化活动场所。继续实施“社区文化中心（活动室）设备购置项目”，落实全国城市社区文化中心（街道文化站）和社区文化活动室设备购置专项资金，对中西部地区社区文化中心（活动室）设备购置进行补助。

4.流动文化设施。推动流动文化设施建设，提高装备配置水平，因地制宜开展流动服务，提高流动服务设施的利用效率，建立起灵活机动、方便群众的流动文化服务网络。

5.数字文化阵地。统筹实施文化共享工程、数字图书馆推广工程和公共电子阅览室建设计划等公共数字文化工程，努力形成内容丰富、技术先进、覆盖城乡、传播快捷的公共数字文化服务网络。

专栏1.公共文化设施建设项目

全国地市级公共文化设施建设规划:完成532个地市级文化馆、博物馆、公共图书馆建设项目，其中，地市级文化馆221个，地市级博物馆122个，地市级公共图书馆189个。规划实施完成后，基本实现全国地市都建有设施达标、功能完善、布局合理的文化馆和公共图书馆，文物资源特别丰富的地市文物馆藏及展示条件得到明显改善。

社区文化中心(活动室)设备购置项目:项目第一阶段于2009年至2013年实施，通过中央财政资金的投入和引导，向截止到2008年底已建有文化设施的社区文化中心（活动室）购置设备，总计投入10.59亿。项目第一阶段实施完成后，将争取实施第二阶段，实施时间为2014年至2018年，为2008年以后新建的社区文化中心（活动室）购置设备。

（二）加强公共文化产品的创作和生产，丰富服务内容

加强对公共文化产品创作和生产的引导，充分发挥广大文化工作者和人民群众的文化创造精神，推动优秀公共文化产品大量涌现，丰富公共文化服务内容，为人民提供更好更多精神食粮。

1.探索建立群众文化需求反馈机制。充分尊重群众的参与权和表达权，探索建立群众文化需求的动态反馈机制，重点加强对基层和少数民族地区群众文化需求的了解，有针对性地提供公共文化产品和服务。

2. 不断推出更多优秀公共文化产品。加强群众文艺创作规划和统筹，推动群众文艺作品体裁、题材、形式、手段发展创新。鼓励广大文化工作者生产创作一批文化精品剧（节）目，调动广大群众和社会力量参与文艺创作的积极性，支持文化企业生产质优价廉、安全适用的公共文化产品。各级文化馆要成为当地群众文艺创作中心，生产更多短小精悍、喜闻乐见的群众优秀文艺作品。鼓励国家投资、资助或拥有版权的文化产品无偿用于公共文化服务。加强少数民族语言文艺节目和数字文化资源的译制。

3. 丰富基层群众精神文化生活。开展群众性文化活动，引导群众在文化建设中自我表现、自我教育、自我服务。以“群星奖”、“中国民间文化艺术之乡”为龙头，推出一批优秀的、具有可持续发展价值的文化品牌，发挥导向、示范和带动作用，实现群众文化活动的整体推进、全面提高。以社区文化、村镇文化、企业文化、校园文化建设为载体，积极搭建公益性文化活动平台。依托重大节庆活动，大力开展群众文化活动，丰富其内容和形式。坚持面向基层，服务群众，开展“文化下乡”、“文化进社区”、群众文艺精品巡演展演、老年合唱节、少儿合唱节等公益性文化活动。挖掘和利用民族民间文化资源，打造特色文化精品。

（三）加强公共文化产品和服务供给，促进共建共享

坚持以政府为主导，强化公益性文化单位的骨干作用，充分调动市场和社会文化资源，形成共建共享、良性竞争、多元互补的公共文化服务供给体系，实现公共文化服务多元化、社会化。

1. 强化公益性文化单位的骨干作用。建立年度公益性文化服务目录公布制度。进一步明确文化馆（站）、博物馆、公共图书馆、美术馆的服务标准，向社会免费开放服务，继续推进科技馆、工人文化宫、青少年宫、妇女儿童活动中心免费开放工作，扩大文物博物馆公共文化服务的免费范围。开展世界文化遗产、国际考古遗址公园、文物保护单位定期免费开放试点工作。鼓励各级公益性文化单位开展立法决策咨询、讲座、培训、展览、组织活动等服务。鼓励有条件的文化单位开展流动服务、联网服务，推动公共文化服务更好地向城乡基层延伸。建设优秀传统文化传承体系，实施中华古籍保护计划。

2. 引导社会力量参与公共文化服务。支持社会力量兴办具有公益性和准公益性特点的读书社、书画社、乡村文艺俱乐部、文化大院、群众文艺团队、社区文化服务组织、民间文艺协会等，直接面向社会公众提供公益性文化服务。逐步建立公共文化服务政府采购制度，支持民营文化企业的产品和服务进入采购目录。鼓励民间资本通过招投标等方式，参与公益性文化产品和服务供给、重大公益性文化活动和其他公共文化服务。

3. 促进公共文化资源整合和共建共享。制定政策措施，调动政府、社会组织、企事业单位等的积极性，加大跨地区、跨部门、跨领域、跨系统文化项目的交流与合作，推动基层公共文化资源整合，促进共建共享和有效利用。鼓励展览馆、科技馆、工人文化宫（俱乐部）、青少年宫等国有文化单位以及大型企业、科研院所、高等院校等开展公益性文化活动，参与公共文化服务。

专栏2. 公共文化服务供给项目

美术馆、公共图书馆、文化馆（站）免费开放计划：进一步深化公益性文化事业单位改革，建立健全经费保障机制，深入推进美术馆、公共图书馆、文化馆（站）设施免费向群众开放，与其职能相应的基本文化服务项目健全并免费向群众提供。

全国美术馆事业促进计划：开展全国美术馆专业人才培训项目，实施全国美术馆优秀展览资助计划，推动重要学术研究及公共教育计划以及全国重点美术馆评估和标准化建设计划，有计划地开展全国美术馆调研、普查、登记工作，研究制定行业标准、管理办法以及相关法律法规，推动国内美术馆建设、管理水平的整体进步。

国家美术收藏工程：开展国家美术藏品的普查和档案及数据库建设，研究制定国家美术收藏规划和指导目录，加强对藏品的科学保护、修复、研究、展示和推广，制定国家美术收藏政策和法规等。

中华古籍保护计划:开展古籍普查、《中华古籍总目》分省卷的编纂、《中华医藏》的编纂、古籍数字化、古籍修复、西藏古籍保护、新疆古籍保护等工作。到2015年，初步形成比较完善的古籍保护工作体系，改善古籍保护条件，推动古籍的合理利用。

（四）加强公共文化人才队伍建设，提升服务能力

按照存量优化、增量优选的原则，落实文化人才队伍建设规划，完善机构编制、从业人员准入、学习培训、待遇保障等方面的政策措施，建立一支

稳定的、高素质的公共文化人才队伍。

1.重视公共文化人才的选拔、引进。完善公共文化人才政策和措施，吸引各类优秀人才进入公共文化服务领域，重点培养引进公共文化策划、组织、管理和“一专多能”的复合型人才。建立健全基层管理人才选拔任用机制，向社会选拔、公开招聘公益性文化单位负责人。设立城乡基层公共文化服务岗位，引导和鼓励高校毕业生到基层从事公共文化服务工作。重视发现和培养扎根基层的乡土文化能人、民族民间文化传承人和文化活动积极分子，促进他们健康成长、发挥积极作用。

2.落实编制，解决待遇，稳定基层文化队伍。适应公共文化设施免费开放要求，制定各级文化馆（站）、博物馆、美术馆、公共图书馆等公益性文化单位编制标准，落实每个乡镇（街道）文化站编制不少于2人的要求。与当地经济社会发展水平相适应，逐步提升基层文化工作人员待遇，稳定乡镇和社区文化队伍。加强基层尤其是农村文化从业人员的岗前培训，逐步实施基层公益性文化单位从业人员职业资格制度。

3.加强公共文化队伍的教育培训，提升队伍素质和服务能力。重点实施全国基层文化队伍培训项目、文物博物馆人才队伍能力提升工程、全国美术馆专业人才培训项目，强化公共文化人才职业道德、业务知识、管理能力、文化素质和服务能力等方面的培训。

4.支持边远贫困地区、边疆民族地区和革命老区公共文化人才队伍建设。加大对“三区”公共文化人才队伍建设的支持力度，落实“三区”人才支持计划文化工作者专项实施方案，提高“三区”文化工作者素质，为“三区”文化事业发展提供人才支持。

专栏3.全国基层文化队伍建设项目

全国基层文化队伍培训项目:“十二五”期间，对现有24.27万县乡专职文化队伍和366.85万左右的业余文化队伍（包括业余文艺骨干、基层文化指导员、大学生村官等）进行系统培训，积极发展省、市、县各级文化队伍培训网络，逐步建立基层文化队伍培训长效机制。编写、出版一批教材，培养一支稳定的高素质的师资队伍，推进基层文化队伍培训规范化建设。

边远贫困地区、边疆民族地区和革命老区人才支持计划文化工作者项目：从2013年到2020年，每年选派1.9万名优秀文化工作者到“三区”工作和提供服务，每年为“三区”培训1500名急需紧缺的文化工作者。

文物博物馆人才队伍能力提升工程：依托高等学校、科研院所和文物保护机构，建设一批国家级文物博物馆行业继续教育基地，统筹推进管理人员、执法人员和专业人员培训工作，培养一批行业急需高级专门人才和青年骨干人才，提高队伍整体素质。

全国美术馆专业人才培训项目：通过举办专业人员培训班、开展国际交流学习、资助国内外“访问学者”等方式，分专题对美术馆从业人员进行培训。

（五）促进公共文化领域文化和科技融合发展，强化公共文化服务的技术支撑

大力推进数字文化建设，将计算机技术、数字技术、网络技术、移动通讯技术等应用于公共文化服务，创新文化表现形式，丰富服务内容，拓宽服务渠道。

1.深入实施全国文化信息资源共享工程。在各级文化馆、城市社区新建基层服务点，加强管理，发展完善服务网络。进一步加大整合力度，丰富公共数字文化资源。利用“云计算”和“三网融合”技术，提升整个网络的管理水平和服务能力。大力推进工程资源进村入户，广泛开展惠民服务，实施以“农村实用技术人才培养计划”为重点的网络培训。

2.继续加强数字图书馆建设。建设覆盖全国的数字图书馆虚拟网、互联互通的数字图书馆系统平台和海量分布式数字资源库群，形成完整的数字图书馆标准规范体系。借助“三网融合”工程，实现全国图书馆资源的无障碍共享。实施“数字图书馆推广工程”，形成覆盖全国的数字图书馆服务网络，打造基于新媒体的图书馆服务新业态。

3.加快推进公共电子阅览室建设。实施“公共电子阅览室建设计划”，利用文化信息资源共享工程工作网络，依托公益性文化单位，建立公共电子阅览室，为基层群众特别是广大青少年提供内容健康、服务规范、环境良好的公益性互联网服务。

4.加强公益性文化单位网络服务平台建设。加强公益性文化单位基础数据库建设，发展网络服务平台，提高公共文化服务的数字化、网络化水平。将文化馆的数字化建设纳入文化共享工程建设体系，促进群众文化活动资源的数字化和网络化，开展网

上展览、网上辅导、远程指导等数字文化服务。推动全国数字美术馆建设。实施国家文物博物馆资源基础数据库建设工程。

5.加强移动通讯技术在公共文化服务领域的应用。鼓励和引导基于主流移动通讯平台的资源服务系统开发，探索通过手机、便携式计算机等移动终端提供公共文化服务。探索基于地理位置信息（GIS）的公共文化服务供给新模式，提高公共文化服务的针对性、便捷性和时效性。

专栏4.公共数字文化建设项目

全国文化信息资源共享工程:大力推进服务网络建设，在中西部地区积极推进“进村入户”。建立“公共文化数字资源基础库群”和“红色历史文化多媒体资源库”，加强少数民族语言数字资源译制等。到2015年，争取资源量达到530百万兆字节，入户率达到50%，建成资源优质丰富、技术先进实用、传播高效互动、服务便捷贴近、管理科学规范、体系完整可控的公共数字文化服务体系。

数字图书馆推广工程：构建以国家数字图书馆为中心、以各级数字图书馆为节点、覆盖全国的数字图书馆服务网络。力争通过五年的建设，全国各级公共图书馆的数字资源量将得到较大、均衡的增长，工程数字资源总量达到10000百万兆字节，其中国家图书馆数字资源总量达到1000百万兆字节，每个省级数字图书馆数字资源量达100百万兆字节，每个市级数字图书馆数字资源量达30百万兆字节，每个县级数字图书馆数字资源量达4百万兆字节。

公共电子阅览室建设计划：以未成年人、老年人、进城务工人员等群体为重点服务对象，与文化共享工程建设、乡镇文化站建设、街道（社区）文化中心（文化活动室）建设以及中央文明办组织实施的“绿色电脑进西部活动”相结合，推进公共电子阅览室建设，努力构建内容健康、服务规范、环境良好的公益性互联网服务体系。到“十二五”末，实现各级公共图书馆，文化共享工程乡镇、街道、社区基层服务点基本建有公共电子阅览室。

国家文物博物馆资源基础数据库建设工程：建设全国重点文物保护单位、世界文化遗产、重大遗址、国家一、二、三级博物馆、国有馆藏一级文物等国家文物博物馆资源基础数据库，建立基础数据管理、使用、共享和服务工作机制，基本实现在数据管理、科学研究、公共服务、决策支持等方面的信息化。

（六）深入推进国家公共文化示范区（项目）创建工作

按照公益性、基本性、均等性、便利性的要求，在全国创建一批公共文化示范区（项目），发挥示范带动作用，推动公共文化服务体系建设科学发展。

1.探索完善示范区（项目）创建工作机制。根据全国公共文化服务体系发展形势，进一步完善示范区（项目）申报方案、创建标准和验收办法，优化创建工作流程，明确国家公共文化服务体系建设专家委员会、各省（区、市）文化厅（局）、创建示范区人民政府的职责，形成示范区（项目）创建工作的整体合力。

2.加强对示范区（项目）创建工作的动态管理。建立健全创建示范区（项目）督查指导工作机制，贯彻落实《创建国家公共文化示范区（项目）过程管理几项规定》、《关于进一步加强第一批国家公共文化示范项目创建工作的通知》等文件精神，通过定期督查和指导，推动各创建示范区（项目）落实创建规划和实施方案。按照与时俱进修订的创建和验收标准，定期对已通过验收命名的示范区（项目）进行复查，建立保障示范区（项目）科学发展的长效机制。

3.总结推广各创建示范区（项目）的先进典型经验。组织召开示范区（项目）创建工作经验交流会，加强各创建示范区（项目）之间的工作交流。通过网络平台、信息简报、工作通报、工作座谈会等多种形式，推广示范区（项目）创建工作经验。充分吸纳各创建示范区的制度设计经验，及时形成对全国具有普遍指导意义的政策、措施和工作机制，推动各省（区、市）因地制宜开展本地示范区（项目）创建工作。

专栏5. 国家公共文化示范区（项目）创建工作

在全国创建一批网络健全、结构合理、发展均衡、运行有效的公共文化示范区，培育一批具有创新性、带动性、导向性、科学性的公共文化示范项目，为我国公共文化服务体系建设探索路径、积累经验、提供示范，推动公共文化服务体系建设科学发展。到2016年，计划建成国家公共文化示范区90个左右，示范项目180个左右，涵盖全国1/3的市县。

（七）加强制度设计，探索公共文化服务体系建设长效机制

坚持理论联系实际、理论指导实际，在继续推进实践探索的同时，更加注重公共文化服务体系理

论政策研究和制度设计，建立完善公共文化服务体系建设长效机制。

1. 加强公共文化服务体系制度设计研究。组建国家公共文化服务体系建设专家库，完善专家委员会工作机制，设立国家公共文化研究基地，建立一支高水平的公共文化服务体系专家队伍。完善制度设计研究工作长效机制，通过合作共建、项目委托等形式，推进公共文化服务体系理论和政策研究，充分发挥决策参考、指导实践、推动立法作用。

2. 推进公共文化服务的制度化、标准化和规范化建设。加快制定和完善公益性文化单位服务标准和服务规范，作为各级政府履行公共文化服务职能的规范、面向公众的服务承诺和监管公共文化服务过程的依据，提高公共文化服务的制度化、标准化和规范化水平。

专栏6. 国家公共文化服务体系制度建设项目

公共文化单位服务能力建设项目："十二五"期间投入2250万元，主要用于图书馆、文化馆（站）等基层公益性文化单位制度创新、丰富服务内容、强化管理、提高队伍素质等方面。具体包括图书馆、文化馆和乡镇综合文化站（社区文化中心）评估定级工作，中国民间文化艺术之乡评审、命名工作，优秀群众文艺作品创作与推广，图书馆和文化馆站标准化、规范化建设等。

（八）加强对特定地域、特定群体的公共文化服务，促进公共文化服务均等化

加强面向特定地域、特殊群体的文化关怀，促进公共文化资源的合理配置，丰富农村、偏远山区、边疆民族地区群众和弱势群体的精神文化生活，促进公共文化服务均等化。

1. 加强面向特殊群体的公共文化服务。完善面向妇女、未成年人、老年人、残疾人的公共文化服务设施。实施中国少儿歌曲创作推广计划，举办中国老年合唱节。以下岗失业人员、离退休人员、低收入人群、残障人群为重点服务对象，采取政府采购、补贴、发放文化消费券等措施，开辟服务渠道，丰富服务内容，探索建立长效机制，努力实现弱势群体文化权益保障的制度化。鼓励社会组织参与对弱势群体的文化服务。

2. 加快推进农民工文化建设。按照"政府主导、企业共建、社会参与"的原则，把农民工纳入城市公共文化服务体系，引导企业、社区积极开展面向农民工的公益性文化活动。把面向农民工的文化服务列为各级公益性文化单位工作重点，运用流动文化设施和数字文化阵地，广泛开展送图书、送电影、送演出、送讲座等多种形式的农民工文化服务。鼓励用工企业、社会组织参与农民工文化工作，采用政企共建、购买服务、委托承办等方式为农民工提供文化服务。加大对农民工文化团体的扶持力度，培育农民工的文化主体意识。

3. 深入实施文化援助帮扶计划。加大对革命老区、民族地区、边疆地区、贫困地区公共文化服务体系建设支持和帮扶力度。鼓励城市在基础设施建设、文化队伍培养、文化遗产保护、文化活动开展等领域对农村进行帮扶。把支持农村文化建设作为创建国家公共文化示范区重要指标。完善中央、省、市级公益性文化单位经常性下乡服务制度，鼓励面向农村开展数字文化服务、流动文化服务和网点服务。采取"城乡共建、对口帮扶"的办法，推动城市与农村"结对子"，开展"一对一"帮扶活动，促进城乡公共文化服务一体化发展。

专栏7. 特殊群体文化权益保障项目

中国少儿歌曲创作推广计划："十二五"期间，加大对优秀少儿歌曲创作的支持力度，采取多种形式广泛开展优秀少儿歌曲的推广普及活动，扩大少儿歌曲创作推广的社会参与面和参与度，提高优秀少儿歌曲的社会影响力。

群众歌咏和老年文化项目："十二五"期间，继续加大投入，推广推推广群众歌咏活动、举办全国老年合唱节，充分发挥示范、导向和带动作用，推动群众歌咏活动广泛、深入、持久地开展。

（九）加强少数民族和民族地区公共文化服务体系建设

以建设社会主义核心价值体系为主线，以增强少数民族和民族地区公共文化产品和服务供给能力为重点，采取有力措施，完善工作机制，全面提高少数民族和民族地区公共文化服务水平。

1. 完善民族地区公共文化设施网络。以自然条件、服务人口、覆盖面积等为依据，突出民族和地域特点，推进民族地区公共文化设施的科学化、规范化建设。落实国家地市级公共文化设施建设规划，对民族地区地市级文化馆、博物馆、美术馆、公共图书馆新建和改扩建项目，在技术、资金和人员培训方面给予倾斜和支持。重点推进沿边地区、偏远山区和广大农牧区公共文化设施建设，支持改建和扩建未达标的县级公共图书馆、文化馆和乡镇综合

文化站，推进村级文化活动场所建设，完善基层公共文化设施网络。

2.创新民族地区公共文化服务方式和手段。根据民族地区实际情况，推动各级文化馆（站）、公共图书馆、博物馆、美术馆等加强流动文化服务，消除公共文化服务“盲区”。加强公共数字文化服务，依托公共数字文化建设工程在民族地区建设一批少数民族语言资源译制中心，整合译制少数民族语言数字文化资源，通过互联网、广播电视网、无线通信网等新型传播载体，提升公共文化服务信息化水平。针对民族地区公共文化服务对象和服务内容多元多样的特点，因地制宜，分类指导，逐步建立起符合少数民族地区特点的公共文化服务模式。

3.深入开展“春雨工程”—全国文化志愿者边疆行工作。深入推进“文化援疆”、“文化援藏”工作。以“大舞台”、“大讲堂”、“大展台”为主要载体，坚持需求导向、项目带动，组织文化志愿者为边疆民族地区群众提供文化辅导、文艺演出和展览展示等文化服务，培育文化志愿服务品牌。采取双向互动交流的方式，进一步加强各省（区、市）与边疆民族地区的文化交流，逐步提高边疆民族地区的公共文化服务水平。

专栏8.少数民族文化权益保障项目

春雨工程——全国文化志愿者边疆行：“十二五”期间，着眼于满足边疆民族地区群众基本文化需求，通过开展各省、区、市对边疆民族地区的文化志愿服务活动，建立一支热心公益、素质优良、结构合理、积极奉献的文化志愿者队伍，推出一批惠及边疆民族地区群众的文化志愿服务品牌活动，形成一套设计科学、行之有效的文化志愿服务机制，不断深化各省、区、市与边疆民族地区的文化交流，提高边疆民族地区公共文化服务水平。

（十）探索完善文化志愿服务机制，广泛开展文化志愿服务活动

完善文化志愿服务工作机制，发展文化志愿者队伍，广泛开展文化志愿服务活动，努力构建参与广泛、形式多样、活动经常、机制健全的文化志愿服务体系。

1.完善文化志愿服务工作机制。贯彻落实《文化部 中央文明办关于广泛开展基层文化志愿服务活动的意见》精神，把文化志愿服务工作纳入公共文化服务体系建设总体规划，加强统筹协调和组织推动。制定文化志愿者招募办法，依托相关单位或行业协会组建文化志愿服务组织，建立文化志愿者注册系统、电子档案和文化志愿服务数据库，实现文化志愿者、服务对象、活动项目有效对接。加强文化志愿服务理论政策研究，建立和完善激励机制，推动文化志愿服务工作深入开展。

2.发展壮大文化志愿者队伍。鼓励热心公益事业的社会人士参与基层文化建设和群众文化活动，担任文化指导员、辅导员或文化管理员。招募大学生志愿者到西部地区乡镇文化站协助做好日常管理、政策宣传教育和开展基层文化活动等工作。依托全国文化信息资源共享工程、公共电子阅览室建设工程等重点文化惠民工程，招募文化志愿者做好技术指导、资源搜集整理、活动开展、政策宣传等志愿服务。开展常规培训与岗前培训，提升文化志愿者的服务意识、服务能力和服务水平。

3.广泛开展文化志愿服务活动。依托各类公益性文化单位，招募文化志愿者做好图书借阅管理、读者咨询、展览布展、讲解讲座、群众文化活动组织等志愿服务工作。组织志愿者深入全国文化信息资源共享工程县级支中心和乡镇街道服务点，辅导群众学习网络知识，检修电子设备，开展业务培训。组织文化志愿者在重要节日纪念日深入基层开展民俗活动、文化娱乐活动、主题教育实践活动等各具特色的文化志愿服务活动。以关爱空巢老人、留守儿童、农民工、残疾人、边疆民族地区群众为重点，培育和打造一批文化志愿服务品牌。

三、保障机制

（一）理顺权责关系，建立健全组织保障

按照党的十八大关于深化行政体制改革的要求，改革公共文化管理体制，强化基层政府在公共文化服务中的责任，理顺文化行政管理部门与文化事业单位的关系，推进文化事业单位改革，建立职责明确、反应灵敏、运转有序、统一高效的公共文化服务组织保障体系。

1.强化地方政府在公共文化服务中的责任。推动地方各级党委政府把公共文化服务体系建设作为提高党的执政能力、建设服务型政府的重要任务，切实担负起领导责任，充分发挥在公共文化服务体系建设中的主导作用。建立党政相关部门共同参与的沟通协商机制，共同承担公共文化服务体系建设职责，形成工作合力。

2. 深化公益性文化事业单位改革。按照党的十八大关于推进事业单位分类改革的要求，科学界定公益性文化事业单位的性质和功能，全面推进人事、收入分配和社会保障制度改革，增强活力。积极推动文化馆（站）、博物馆、公共图书馆等公益性文化单位创新公共文化设施运行机制，探索建立事业单位法人治理结构，吸纳有代表性的社会人士、专业人士、基层群众参与管理。

3. 加强公共文化行业管理。探索建立文化馆、博物馆、美术馆、公共图书馆行业协会组织，搭建行业交流和服务平台。按照政事分开、政社分开的原则，理顺文化行政部门和公共文化行业组织之间的关系，探索建立文化行政部门宏观调控和行业组织微观管理相结合的公共文化行业管理体制，推动政府公共文化职能转变，加快形成政社分开、权责明确、依法自治的现代社会组织体制。充分发挥公共文化行业组织在行业发展规划、标准制订、理论研究、信息交流、人才培训、资质认定、行业监督等方面的重要作用，提高行业组织自我教育、自我管理、自我服务、自我监督能力。

（二）探索建立公共文化服务经费投入和保障机制

积极推动把主要公共文化产品和服务项目、公益性文化活动纳入公共财政经常性支出预算，建立健全公共文化服务经费投入长效机制。发挥财政资金的杠杆作用，鼓励和引导民间资本参与公共文化服务，逐步形成以政府投入为主、社会力量积极参与的多元化公共文化服务投入机制。

1. 建立稳定增长的公共文化服务财政保障机制。保证公共财政对文化建设投入的增长幅度高于财政经常性收入增长幅度，提高文化支出占财政支出比例。以农村和基层、边疆民族地区、贫困地区为重点，优先安排设计关系人民群众切身利益的文化项目，重点保障基层公益性文化单位开展基本公共文化服务所需经费，扶持公益性文化单位的技术改造和设备投入。中央、省、市三级设立农村文化建设专项资金，保证一定数量的中央转移支付资金用于乡镇和村文化建设。

2. 引导和鼓励社会资本进入公共文化服务领域。转变公共财政投入方式，通过政府购买服务、项目补贴、以奖代补等方式，鼓励和引导社会力量提供公共文化产品和服务。落实和完善文化经济政策，进一步落实鼓励社会组织、机构和个人捐赠以及兴办公益性文化事业的税收优惠政策，促进企业及民间对文化的投入明显增加。落实《文化部关于鼓励和引导民间资本进入文化领域的实施意见》，鼓励和引导民间资本进入公共文化服务领域。

（三）探索建立公共文化服务绩效评价和监督机制

发挥绩效评价对政府行为的导向作用，研究建立完善的公共文化服务绩效评价指标体系，建立健全考核和监督机制，树立正确的绩效导向。

1. 完善公共文化服务绩效评价指标体系。建立健全政府、文化行政部门、公益性文化单位、重大文化项目工作考核机制，建立科学合理的绩效评价指标体系。通过开展文化馆（站）、博物馆、公共图书馆、国家重点美术馆评估定级工作，提高行业规范化、标准化水平。推动将公共文化服务指标纳入科学发展考核评价体系，纳入各级党委政府和党政领导干部的绩效考核体系。

2. 建立和完善社会评价机制。将群众满意度作为公共文化服务考核评价的重要指标，逐步建立“城乡居民公共文化服务满意度指数”。探索实施公共文化服务第三方评价机制，增强公共文化服务评价的客观性和科学性。

3. 加强对公共文化服务体系建设的监督和管理。加大对中央决策部署落实情况、重大文化惠民工程建设情况的监督检查，提高地方各级党委政府、文化行政部门和公益性文化单位推动公共文化服务体系建设的主动性和积极性。重视和充分发挥新闻媒体舆论引导和监督作用，营造公共文化服务体系建设良好氛围。

（四）加强公共文化服务领域政策法律法规建设，促进对外公共文化交流

1. 建立和完善公共文化服务领域的政策法规保障。加快研究制定《公共文化服务保障法》，继续推进《公共图书馆法》、《博物馆条例》立法工作，修订《文化馆管理办法》，制定《城市社区文化设施管理办法》、《美术馆管理办法》、《美术馆工作规范》，制定和完善文化馆（站）、公共图书馆等公益性文化单位的服务标准和服务规范。

2. 积极推动对外公共文化交流。继续组织公共文化领域的对外交流，落实好公共图书馆、群众文化、少数民族文化、少儿文化等领域的对外交流合作项目。准确把握国外公共文化服务体系建设的最新动态和发展趋势，借鉴和吸收有益经验，为科学

制定公共文化服务体系建设的政策措施提供参考依据。积极组织举办公共文化发展国际学术会议，参加国际公共文化交流活动。

文化部负责对《纲要》落实情况进行总体跟踪分析，适时开展《纲要》实施中期评估和后期评估。当宏观环境发生不可预见的重大变化，或由于其他原因导致实际发展严重偏离《纲要》目标时，可提出调整方案，由文化部党组审议批准后实施。

文化部关于印发《全国公共图书馆事业发展“十二五”规划》的通知

各省、自治区、直辖市文化厅（局），新疆生产建设兵团文化广播电视局，各计划单列市文化局，本部各司局、国家文物局，各直属单位：

《全国公共图书馆事业发展“十二五”规划》已经文化部审定，现印发给你们，请结合实际认真贯彻执行。

特此通知

文化部

2013年1月30日

全国公共图书馆事业发展“十二五”规划

“十二五”时期是全面建设小康社会的关键时期，是深化改革开放、加快转变经济发展方式的攻坚时期，也是推动社会主义文化大发展大繁荣、增强国家文化软实力、进一步推进公共文化服务体系建设的重要战略机遇期。公共图书馆作为公共文化服务体系的重要组成部分，承担着保存人类文化遗产、提供知识信息、传播先进文化、开展社会教育的重要职责，为中国特色社会主义事业建设提供信息资源支撑和智力支持。深刻认识并准确把握国内外形势新变化新特点，适应人民群众不断增长的精神文化需求，科学制定公共图书馆事业发展“十二五”规划，对于明确未来五年公共图书馆事业的发展方向、总体思路和重点任务，推动公共图书馆事业更好更快发展，促进公共文化服务体系建设，推进全面建设小康社会进程具有重要意义。

一、序言

公共图书馆是保障人民基本文化权益的重要阵地，是开展社会教育活动的终身课堂，是国家公共文化服务体系的重要组成部分，是城市文明进步的标志。“十一五”以来，中央和地方各级政府进一步加大对公共图书馆建设的支持力度，公共图书馆财政投入稳步增加，法制化、规范化建设取得重要进展。通过实施县级图书馆建设、县级图书馆修缮、全国文化信息资源共享工程（以下简称“文化共享工程”）、乡镇综合文化站建设等重点文化工程，各地公共图书馆服务设施网络不断完善，文献资源日益丰富，服务理念不断创新，服务手段不断增加，服务能力显著提升，队伍素质稳步提高，社会效益明显增强，公共图书馆事业呈现出蓬勃发展、整体推进的良好发展局面。同时，我们还必须看到，公共图书馆事业发展在总体上还滞后于经济社会发展，还不能满足社会公众日益增长的精神文化需求，与全面提供公益性、基本性、均等性和便利性的图书馆服务，构建覆盖城乡的公共文化服务体系，全面提高全民族文明素质，实现文化大发展大繁荣的要求还不相适应，主要表现在：设施网络尚需完善，服务网络有待健全，地区差异和城乡差异比较明显，文献资源保障能力有待提高，队伍建设需要加强，保障机制尚不健全。

“十二五”时期是我国进一步推进公共文化服务体系建设的重要战略机遇期，公共图书馆作为公共文化服务体系的重要组成部分，机遇与挑战并存。一是党和政府高度重视文化建设为公共图书馆事业发展提供了良好的政策环境。党的十七大对兴起社会主义文化建设新高潮、推动社会主义文化大发展大繁荣做出了全面部署，把建设覆盖全社会的公共文化服务体系作为实现全面建设小康社会的重要目标之一。党的十八大对建设社会主义文化强国，继续丰富社会文化生活，更好地保障人民基本文化权益，完善公共文化服务体系，提高服务效能提出了进一步的明确要求。党和政府的高度重视为公共图书馆事业发展提供了坚强的领导保证和政策环境，带来了历史性发展机遇。二是人民群众不断增长的精神文化需求为公共图书馆事业发展提供了强劲的动力。随着生活水平的不断提高，人民群众的文化需求日益增长，进一步保障人民群众的基本文化权益，是时代赋予我国公共图书馆事业的光荣职责和神圣使命，为我国公共图书馆事业的发展提供了内在动力。三是国民经济的稳步增长为公共图书馆事业发展提供了坚实的经济基础。“公共文化”是重要的民生问题之一，“十二五”时期国家加大对公共文化服务体系建设的投入，也必将为图书馆事业的发展带来更为充足的资金支持。四是现代科学技术的发展为公共图书馆事业发展提供了强大的技术支撑。当今时代，以信息技术为代表的科技发展日新月异。网络技术、数字技术、新型传媒技术的推广应用，对文化生产与传播产生了革命性的影响，极大地丰富了公共文化产品服务的内容和形式，为新时期公共图书馆事业的发展提供了强有力的技术支撑。同时，如何把握好机遇期，提高经费效益，不断提升技术应用水平，充分发挥公共图书馆在加快构建学习型社会、提高全民族文明素质和保障人民群众基本文化权益方面的积极作用，是摆在公共图书馆界面前的一个重大挑战。

二、“十二五”时期公共图书馆事业发展总体思路

（一）指导思想

坚持以中国特色社会主义理论为指导，深入贯彻落实科学发展观，以建设社会主义核心价值体系为根本任务，以丰富人民精神文化生活、保障人民群众基本文化权益、满足人民群众基本文化需求为出发点和落脚点，按照体现公益性、基本性、均等性、便利性的要求，坚持政府主导，依循“保基本、强基层、建机制、重实效”的基本思路，以城乡基层建设为重点，以基础设施建设为依托，以技术创新为动力，以机制体制建设为保障，努力构建普遍均等、惠及全民的公共图书馆服务网络，全面提升各级公共图书馆的服务能力、服务水平和服务效益，最大限度地发挥公共图书馆在保护文献典籍、传承中华文化、建设学习型社会、培养公民高度的文化自觉和文化自信、提高全民族文明素质、建设社会主义文化强国等方面的重要作用，推动公共图书馆事业更好更快地发展。

（二）基本原则

——政府主导，社会参与。各级政府切实履行发展公共图书馆事业的责任，将公共图书馆建设纳入经济社会发展规划，纳入公共文化服务体系建设总体架构，纳入财政预算，纳入科学发展考核评价体系。加大公共资金投入力度，保证公共图书馆免费提供基本服务和正常运转的需求。同时，倡导和鼓励社会力量以多种方式参与公共图书馆建设。

——强化基础，注重创新。进一步夯实各级公共图书馆的业务基础，加强对文献信息资源建设的整体规划，提高文献信息资源保障能力，强化公共文化产品供给能力。加快高新技术在公共图书馆领域的应用与推广，以技术创新促进管理创新、服务创新，推动公共图书馆事业实现创新型发展。

——统筹兼顾，分类指导。以构建覆盖全社会的公共图书馆服务体系为目标，以地市级公共图书馆的建设与发展为主要抓手，充分发挥城市中心图书馆在事业发展和创新中的引领作用，发挥县级图书馆在公共图书馆服务体系中承上启下的枢纽作用。立足中国图书馆事业发展的实际情况，按照东部、中部和西部进行分级分类指导，加大对中西部地区图书馆、农村和基层图书馆的支持力度，缩小事业发展的地区差距和城乡差距。

——以人为本，提升服务。继续扎实推进图书馆基本服务，不断满足人民群众日益增长的基本文化需求。全面提高公共图书馆服务的专业化水平，拓宽服务领域，创新服务方式，改善服务质量，提升服务效益，提供多层次、多样性、多元化的公共图书馆服务。

（三）发展目标

“十二五”期间，逐步建立覆盖城乡、结构合理、功能健全、实用高效的服务网络，进一步增强活力，提高效能，服务能力、服务水平与服务效益明显提升，部分地区图书馆接近或达到国际先进水平。加强公共图书馆与其他系统图书馆的共建共享，带动全国图书馆事业发展，从而使公共图书馆在公共文化服务体系和公共数字文化建设中发挥主体作用，使公共图书馆成为满足人民群众基本文化需求的重要阵地，为提高全民族素质，全面建成小康社会做出应有的贡献。

——设施网络覆盖城乡。推动地市级公共图书馆建设，按照《公共图书馆建设用地指标》和《公共图书馆建设标准》，力争使全国县以上图书馆全部达到国家建设标准。加强乡镇、社区图书馆（室）及服务网点建设，推进流动图书馆设施建设，形成覆盖城乡、比较完备的公共图书馆设施网络建设。

——服务网络惠及全民。在建立健全设施网络的基础上，进一步通过总分馆制、图书馆联盟、流动服务、数字远程服务等多种形式延伸图书馆服务，提高图书馆服务获取的便捷性。积极拓展公共图书

馆的社会教育职能，在实现均等普惠的公共服务基础上，加强对特定地域、特殊群体的服务，形成覆盖城乡、结构合理、功能健全、实用高效的图书馆服务网络。

——数字图书馆建设与服务加快推进。积极推进公共数字文化服务体系建设，以文化共享工程、数字图书馆推广工程、公共电子阅览室建设计划等重大项目为抓手，在全国形成一个资源丰富、服务快捷、技术先进、稳定可靠的分布式数字图书馆服务网络，催生网络环境下新的文化服务业态。

——文献资源保障能力不断提高。逐步在全国形成分级分布的，与各级公共图书馆功能任务相适应的，涵盖纸本文献、缩微文献、数字资源等各种资源类型的国家文献信息资源保障体系，重点开展地方特色资源建设，实现对地域性文化资源的传承与利用。

——人才队伍建设有效加强。重点提高基层公共图书馆骨干的业务素质，加大对优秀中青年人才队伍的培养，特别是围绕古籍保护、未成年人服务、信息资源建设、数字图书馆建设等事业发展重点领域培养一批领军人物，造就一支数量合理、结构优化、素质优良、有良好职业道德与服务能力的人才队伍。

——法制保障体系日益健全。积极推动出台《公共图书馆法》、《古籍保护条例》等法律法规，加快公共图书馆相关国家标准与行业标准的制定、修订工作，建立健全公共图书馆法律法规体系和标准规范体系。

——管理体制机制改革创新。推进和深化公共图书馆管理体制和运行机制改革，探索和建立与公共文化服务体系相适应的管理体制，建立充满生机与活力的公共图书馆体制机制。

表1："十二五"时期公共图书馆事业发展主要指标

指 标	单 位	地区	2010	2015
公共图书馆覆盖率	%	地市	81.98	100
		县	86.10	100
公共图书馆达标率（部颁三级以上）	%	县以上	55.8	60
公共图书馆免费开放率	%	县以上		100
人均公共图书藏书量	册	全国	0.46	0.7
		东部	0.65	1.0
		中部	0.33	0.5
		西部	0.36	0.5
人均公共图书馆年新增图书藏量	册	全国	0.02	0.05
人均公共图书馆购书经费	元	全国	0.83	1.65
国家数字图书馆资源总量	TB	全国	480	1000
有效读者总人数	万人	全国	2020	5050
文献外借册次	亿册次	全国	2.64	4
总流通人次	亿人次	全国	3.28	4.5
提供远程访问服务的公共图书馆比例	%	省		100
		地市		90
		县		50

续表

指 标	单 位	地区	2010	2015
图书馆专业技术人员比例高级职称	%	全国	8.2	10.66
图书馆专业技术人员比例中 级职称	%	全国	32.4	36.29

三、“十二五”时期重点任务

（一）加强制度化、标准化和规范化建设，为事业发展提供法制保障

积极推进《公共图书馆法》、《古籍保护条例》等图书馆相关立法进程，努力实现在制度层面保障公共图书馆事业的全面、协调、可持续发展。进一步建立健全公共图书馆标准规范体系，提高公共图书馆建设与服务的制度化、标准化和规范化水平。

1. 推动《公共图书馆法》立法。在前期工作的基础上，进一步加快《公共图书馆法》的立法进程，积极推动《公共图书馆法》的颁布和实施，以法律的形式对公共图书馆运行发展所涉及的各方面问题予以调整规范，保障公共图书馆履行职能，从制度上确保我国公共图书馆事业全面、健康、可持续发展。

2. 推动《古籍保护条例》的制定实施。广泛征求各方意见，修改完善《古籍保护条例》，积极推动《古籍保护条例》尽早列入国家立法计划，力争从国家立法层面规范古籍管理、保护与利用等工作，使古籍保护有法可依、有章可循，使中国古籍保护工作走上制度化和规范化道路，以巩固我国古籍保护工作已有成果，解决古籍保护工作中存在的突出问题，健全完善古籍保护制度体系，促进古籍保护事业科学、健康、可持续发展。

3. 推动图书馆工作相关业务标准规范的制定出台。依托全国图书馆标准化技术委员会等行业标准组织，设计、研究、制定有关行业标准规范，推动其上升为国家标准，逐步完善公共图书馆标准规范体系。颁布实施《公共图书馆服务规范》，进一步完善图书馆评估定级标准，围绕数字图书馆建设等事业发展的重要领域制订有关行业标准规范。

（二）进一步加强基层图书馆设施建设，力争形成覆盖城乡、结构合理、功能完备的设施网络

以城乡基层公共图书馆设施建设为重点，加强对公共图书馆布局的统筹规划，按照普遍均等、惠及全民的建设原则，在“十一五”建设的基础上，实现基层图书馆全覆盖，形成比较完备的国家、省、市、县（区）、乡镇（街道）、村（社区）六级公共图书馆设施网络。

1. 推动地市级公共图书馆设施建设。实施《全国地市级公共文化设施建设规划》，对设施不达标的地市级公共图书馆进行新建、改建和扩建，完成189个地市级公共图书馆建设项目。规划完成后，基本实现全国地市级城市都有设施达标、功能完善、布局合理的公共图书馆。

2. 加强基层公共图书馆设施建设。进一步加大县级和县级以下基层图书馆（室）设施建设力度，重点向贫困地区、落后地区、革命老区和基层农村倾斜。充分发挥县级图书馆承上启下的枢纽作用。在县县有图书馆的基础上，进一步在全国乡镇和街道文化站、村和社区文化室都设立图书室或图书馆服务网点，巩固和规范已有独立建制的基层图书室。

3. 开展县级图书馆修缮项目。对全国馆舍面积未达标的县级图书馆修缮给予资金补助，努力实现县级图书馆全部达到国家建设标准，使其具备开展公共文化服务的基本条件。按公共图书馆评估标准推进县级图书馆达标升级，实现60%的县级图书馆达到三级馆以上标准。重点对沿边地区、偏远山区和广大农牧区未达标的县级图书馆改扩建工作给予支持。

4. 推进流动图书馆设施建设。依托已有的图书馆阵地服务，大力推动流动图书馆设施建设，建立流动书库，为中等城市图书馆和县级图书馆配备流动服务车等流动服务设施设备。实现阵地服务与流动服务相结合，因地制宜开展流动服务，建立起灵活机动、惠及基层群众的流动服务网络，推动图书馆服务进一步向基层、社区延伸。

专栏一：地市级图书馆建设重点项目

实施《全国地市级公共文化设施建设规划》对设施不达标的地市级公共图书馆进行新建、改建和扩建，完成189个地市级公共图书馆建设项目。规划完成后，基本实现全国地市级城市都有设施达标、功能完善、布局合理的公共图书馆。

（三）深入开展公共数字文化建设与服务，培育基于新媒体的新型图书馆服务业态

依托文化共享工程、公共电子阅览室建设计划、

数字图书馆推广工程等，建立公共数字文化设施网络，加强公共数字文化资源生产，大力提高网络环境下公共图书馆的数字文化产品供给与服务能力，努力建设资源丰富、技术先进、服务便捷、覆盖全媒体的数字文化服务网络，培育基于新媒体的新型图书馆服务业态。

1．继续实施文化共享工程。进一步发挥各级公共图书馆在全国文化信息资源共享工程中的主体作用，在“十一五”基本实现“村村通”的基础上，以有效开展服务为重心，以打造精品、优化应用为重点，以可持续发展的体制机制为保障，进一步加大整合力度，建设“公共文化数字资源基础库群”，资源总量达到530TB；在城市社区、文化馆新建基层服务点，加强已建基层点的管理，发展完善覆盖城乡的服务网络，到“十二五”末达到基层服务点100万个，入户覆盖全国50%以上的家庭；利用“云计算”和“三网融合”技术，提升整个网络的服务能力与管理能力；大力推进进村入户，广泛开展惠民服务，实施以“农村实用技术人才培养计划”为重点的网络培训；与公共电子阅览室建设计划相结合，加快建设以公共图书馆、学校电子阅览室、社区文化活动中心为载体的未成年人公益性上网场所，更好地满足人民群众特别是广大青少年的精神文化需求，将文化共享工程建成技术先进实用、传播高效互动、服务便捷贴近、管理科学规范、体系完整可控的公共数字文化建设重点工程。

2．实施数字图书馆推广工程。在全国范围内实施“数字图书馆推广工程”，建设覆盖全国的数字图书馆虚拟网、互联互通的数字图书馆系统平台和海量分布式数字资源库群，形成完整的数字图书馆标准规范体系，借助全媒体提供数字文化服务。通过工程建设，进一步加强资源共享，扩大资源总量，形成规模效益，有效扩充全国各级公共图书馆的数字资源，避免重复建设；全面提升各级公共图书馆的文献保障水平和信息服务能力，拓展服务渠道，丰富服务手段；推广我国在数字图书馆软硬件平台建设方面的成果，搭建标准化和开放性的数字图书馆系统；以互联网、移动通信网、广电网为通道，借助手机、数字电视、移动电视等新兴媒体，使数字图书馆的服务覆盖全国省、市、县、乡镇（街道）、村（社区），为广大公众提供多层次、多样化、专业化、个性化的数字图书馆服务，打造基于新媒体的图书馆服务新业态，使数字图书馆的服务惠及全民。

3．实施公共电子阅览室建设计划。以保障人民群众的基本网络文化权益为目标，以未成年人、老年人、进城务工人员等群体为重点服务对象，依托文化共享工程的服务网络和设施，以及文化共享工程、数字图书馆推广工程丰富的数字资源，与文化共享工程建设、乡镇文化站建设、街道（社区）文化中心（文化活动室）建设，以及中央文明办组织实施的“绿色电脑进西部活动”相结合，在城乡基层大力推进公共电子阅览室建设，努力构建内容安全、服务规范、环境良好、覆盖广泛的公益性互联网服务体系。实施公共电子阅览室建设计划，将为广大人民群众特别是未成年人提供公益性上网场所，吸引广大人民群众参与积极、健康的网络文化活动；将进一步完善全国各级公共图书馆、文化馆（站、室）的软硬件设施，增强各级公共图书馆、文化馆（站、室）的数字文化服务能力，把更多适应人民群众需求的数字资源传送到社区、城镇和农村，活跃基层群众的文化生活，推进全社会的信息化。到“十二五”末，努力实现公共电子阅览室在全国乡镇、街道、社区的全覆盖。

三大公共数字文化惠民工程既有内在联系又各有侧重，在组织实施上，统一规划，统筹兼顾；在技术平台和网络建设上，做好协调，不重复建设；在资源建设上，各有侧重，突出特色；在标准规范上，统一规则，相互兼容。三大惠民工程互为支撑，互相促进，形成合力，共同在公共数字文化建设中发挥重要作用。

专栏二：公共数字文化建设重点项目

全国文化信息资源

共享工程

大力推进服务网络建设，在中西部地区积极推进“进村入户”。建立“公共文化数字资源基础库群”和“红色历史文化多媒体资源库”，加强少数民族语言数字资源译制等。到2015年，争取资源量达到530TB，入户率达到50%，建成资源优质丰富、技术先进实用、传播高效互动、服务便捷贴近、管理科学规范、体系完整可控的公共数字文化服务体系。

数字图书馆推广工程

“十二五”末，建设总量达10PB的数字资源（其中国家图书馆数字资源总量达到1000TB，每个省级数字图书馆数字资源量达100TB，每个市级数字图书馆数字资源量达30TB，每个县级数字图书馆数字资源量达4TB），服务覆盖3000万有线电视用户、7亿手机用户，同时100%覆盖全国文化信息资源共享工程各级中心和基层服务点，在全国形成一个资源丰富、服务快捷、技术先进、稳定可靠的分布式国家数字图书馆服务网络。

公共电子阅览室建设计划

以未成年人、老年人、进城务工人员等群体为重点服务对象，与文化共享工程建设、乡镇文化站建设、街道（社区）文化中心（文化活动室）建设以及中央文明办组织实施的“绿色电脑进西部活动”相结合，推进公共电子阅览室建设，努力构建内容健康、服务规范、环境良好的公益性互联网服务体系。到“十二五”末，实现各级公共图书馆，文化共享工程乡镇、街道、社区基层服务点基本建有公共电子阅览室。

（四）进一步推进传统文化资源的保存与保护，强化公共图书馆在传承中华文明方面的重要职能

依托中华古籍保护计划等重大文化工程，按照保护与利用并重的原则，努力建设公共图书馆传统文化资源保存保护和研究利用的合作网络，设立保护基地和实验室，加快推进公共图书馆对普通古籍、珍本善本、民国文献、少数民族文献、非物质文化遗产等传统文化资源的采集、保存、保护工作，大力提高公共图书馆古籍文献研究整理水平，促进古籍研究整理成果的出版、展示与利用，充分发挥公共图书馆保护民族典籍，传承中华文化的重要作用。

1. 加大古籍保护力度。大力推进中华古籍保护计划，继续实施全国古籍普查工作，完善《国家珍贵古籍名录》的申报机制，继续编纂《中华古籍总目》。积极开展国际合作，开展海外中华古籍调查，建立海外中华古籍书目数据库，鼓励海外古籍以各种方式回归，建立“国家级古籍编目、版本鉴定与修复专家”遴选机制，开展“文献修复师”职业资格认证工作，建设一支高素质的古籍专业人才队伍。完善国家级古籍修复中心的管理制度，健全科学、规范的修复措施。对入选《国家珍贵古籍名录》古籍采取数字化、缩微复制等方式，建设“中华古籍资源库”。加强对古籍版本目录和古籍保护修复工作的研究，增进国际交流，学习各国保护古籍的先进经验。加大对中西部地区扶持力度，促进古籍保护工作全面均衡发展。

2. 加快革命历史文献和民国时期文献的保护和开发利用。研究制定革命历史文献和民国时期文献保护工作实施方案，启动“革命历史文献和民国时期文献保护计划”。全面开展文献普查登记工作，建立民国文献联合目录检索平台；编制全国《民国时期文献总目》，实现特色文献的专项保护，建立若干专题目录；改善文献存藏条件，完成一批民国时期文献试点书库的标准化建设；设立若干保护基地和实验室，对珍贵文献进行脱酸、修复、加固等原生性保护；加快民国时期文献的缩微技术、数字技术等手段，对文献进行再生性保护；加快民国时期文献的缩微和数字化进程，联合馆藏三宝或特色突出的收藏机构，共建一批高质量的民国时期文献全文资源库；利用新媒体、新技术创新文献展陈手段，充分发挥革命历史文献和民国时期文献的社会教育作用；策划选题，加强出版利用工作；加强海峡两岸及国际间交流与合作，促进民国时期文献的共享和以各种形式回归。

3. 加强少数民族文献的保护和整理工作。推动西藏古籍保护专项工作和新疆古籍保护专项工作，开展对其他少数民族地区和不同语种的古籍保护，适时设立其他民族古籍保护专项。进一步发挥各地区少数民族古籍协作组织的作用，加强不同地区在同种民族语言文献收集、整理和利用方面的合作与共享，促进少数民族文字古籍的全面保护。制定与实施我国少数民族文字古籍定级标准，为少数民族古籍的保护、抢救、普查、修复、整理等各项工作提供重要依据，实现少数民族古籍的分级保护和科学管理。

专栏三：传统文化文献典籍保护重点项目

中华古籍保护计划

重点开展古籍普查、《中华古籍总目》分省卷的编纂、《中华医藏》的编纂、古籍数字化、古籍修复、西藏古籍保护、新疆古籍保护等工作。到2015年，初步形成比较完善的古籍保护工作体系，改善古籍保护条件，推动古籍合理利用。

革命历史文献和民国时期文献保护计划

全面开展文献普查工作；编制全国《民国时期文献总目》和《珍贵革命历史文献名录》；建立一批符合纸质文献永久保存要求的标准库房；设立若干保护基地和实验室，对珍贵文献进行脱酸、修复、加固等原生性保护；加快利用缩微技术、数字技术等手段，对文献进行再生性保护；策划选题，加强出版利用工作；加强海峡两岸及国际交流与合作。

（五）建设多级文献信息资源保障体系，提高公共图书馆文献信息保障能力

“十二五”期间，要进一步完善公共图书馆文献

信息资源保障体系，通过整体布局、协调采购、分工入藏、分散采集等方式，在全国建立若干地区性文献资源保障中心，提高公共图书馆文献信息保障能力。

1．建立总量丰富、结构优良的公共图书馆文献信息资源体系。加大文献资源建设经费投入，确保文献资源达到一定规模并持续更新，“十二五”末全国人均公共图书馆藏书量达0.7册，东部地区实现人均一册，中西部地区有明显增长。落实新增藏量指标，优化文献资源结构，建立涵盖纸本文献、缩微文献、数字资源、网络资源等各类资源类型的公共图书馆信息资源体系，推动公共图书馆文献信息资源建设的科学发展。加快数字资源建设，特别是地方特色数字资源、少年儿童适用数字资源和少数民族语言文字数字资源的建设，在全国形成超大规模分布式海量数字资源库群，扭转目前中文优质网络文化资源藏量不足的现状。

2．建立与各级公共图书馆功能任务相适应的多级文献信息资源保障体系。依托国家图书馆文献资源总库和国家文献战略储备库的建设，将省级和部分中心城市公共图书馆建成本地区的文献资源保障中心，加大基层图书馆地方特色资源建设，为地区地方特色文化和民族特色文化的传承和发展提供支撑，为本地区各级公共图书馆开展多层次、多元化、多样化的信息服务提供保障，最终形成全国性的多级文献资源保障体系，实现国家信息资源的长期保存与长久利用。

3．加强资源建设的协调与合作，建立和完善全国公共图书馆文献资源共建共享机制。加强各级政府对公共图书馆事业的领导，发挥行业组织的组织协调作用，建立完善各级公共图书馆文献资源建设，特别是外文资源建设的协调合作机制。建设各级公共图书馆文献资源共建共享平台，促进全国性联合书目网络建设，协调部署地方特色文献资源的数字化加工，形成一批地方特色精品数据库。鼓励基层公共图书馆与其他文化机构的资源整合，促进共建共享和有效利用。逐步建立起区域性、多层次、多形式的文献资源互补与共享机制，合理配置与整合文献资源，创新资源共建共享方式，提高文献资源利用率。

（六）创新服务手段，优化服务模式，全面提升公共图书馆服务能力

“十二五”期间，要积极利用现代信息技术，进一步推动服务创新，提高服务专业化水平，积极探索形式多样、内容广泛的服务模式，开展多种形式的延伸服务，向社会公众提供多样化、多层次的资源和服务，全面提升公共图书馆服务能力，进一步提高公众对图书馆服务的满意率，增强公共图书馆的社会影响力。

1．全面推进公共图书馆免费开放。“十二五”期间，全面实施公共图书馆免费开放，加大对中西部地区基层图书馆基本公共文化服务项目所需经费的投入，争取到2015年，实现全国公共图书馆基本公共文化服务项目健全。建立起相对完善的公共图书馆免费开放经费保障机制，不断提升公共图书馆免费开放的内容与质量，为城乡居民提供优质高效、普惠均等的公共文化服务。

2．加强对农村基层、特殊群体的服务。在实现均等普惠的公共服务基础上，加强面向农村基层、特殊人群的文化关怀，丰富农村、偏远山区、弱势群体的精神文化生活。加强面向农民、进城务工人员、老年人、未成年人、低收入人群、残障人群等特殊人群的图书馆服务，开辟服务渠道，丰富服务内容，探索建立长效机制，有效提高对弱势群体的公共文化供给能力。开辟面向未成年人的绿色网络空间，为青少年健康利用网络、提高信息素养提供条件，积极探索面向儿童的阅读服务。丰富边疆地区公共图书馆服务的层次和内容，促进民族团结和社会和谐。

3．大力开展公共图书馆延伸服务。建立各级图书馆的分层服务机制，在全国形成网络健全、结构合理、发展均衡、运行有效、惠及全民的公共图书馆服务网络。充分发挥公共图书馆的社会教育职能，大力开展讲座、展览、培训、读书活动等丰富多彩的活动。积极开展决策咨询服务，从整体上提高各级图书馆为立法决策服务的水平。积极探索适合基层特点、适应群众需要的新的公共图书馆服务方式，在有条件的地方开展流动服务、联网服务，推动公共图书馆服务更好地向城乡基层延伸，继续推进公共图书馆总分馆制，提升公共图书馆服务的整体效能。

4．提高公共图书馆服务专业化水平。将提高服务专业化水平作为提高服务质量的核心，通过合理规划馆藏体系、深入挖掘馆藏内容、有针对性地开展分层服务、提供个性化信息服务、有计划地开展馆藏和服务评价等方式，不断提高各级图书馆的服务专业化水平。在有条件的地区，鼓励开展盲人图书馆、少儿图书馆、主题图书馆等专业图书馆建设。在示范区或其他有条件的地区建设具有较高专业化服务水平和较好服务效益的示范性公共图书馆，通

过典型示范，带动全国公共图书馆服务质量的提高。

专栏四：公共图书馆服务重点项目

公共图书馆免费开放。到2011年底，全国所有公共图书馆实现无障碍、零门槛进入，公共空间设施场地全部免费开放，所提供的基本服务项目全部免费；到2012年底，全国所有一级馆、省级馆、省会城市馆、东部地区馆站免费提供的公共文化服务质量和水平不断提升，形成两个以上服务品牌。其他图书馆实现基本公共文化服务项目健全，并免费提供。

（七）加强新技术应用，以技术促进事业的创新发展

推进文化与科技的深度融合，使高新技术成为推动公共图书馆事业发展的重要引擎。在加快基层公共图书馆基础性技术普及和升级改造的同时，加强先进适用技术的研究、应用和推广，形成以技术强化业务，以技术创新服务，以技术提升管理，以技术促进发展的良性发展机制，为事业发展提供技术支撑。

1．加快公共图书馆基础性技术的普及。加强基础性技术的应用和推广，在现代技术应用薄弱的公共图书馆，特别是基层图书馆，提高业务管理自动化水平，在有条件的地区建立区域性集成系统，为区域性资源共建共享提供支撑。加大数字化、信息化、网络化技术的应用，加强图书馆网站建设，充分利用计算机网络设施开展各类型服务，使公共图书馆成为缩小数字鸿沟的重要基地。

2．提升公共图书馆新技术应用水平。以文化科技创新为动力，实施一批图书馆科技创新项目，自主研发一批有利于事业发展的核心技术。大力推进数字图书馆建设，积极开展基于手机、电视、网络提供服务的技术研发，加强新媒体服务应用和推广，进一步拓展公共图书馆服务的覆盖范围。通过知识组织等技术的应用，提升图书馆知识服务能力。加强图书馆新技术应用的理论研究，组织相关技术标准的制定和实施。

（八）加强科研工作，为事业发展提供理论支撑

加强全国公共图书馆科研工作的统筹规划和总体设计，围绕全国公共图书馆事业发展中亟须研究解决的问题，确立重点研究领域，加强科研成果转化，建立科研工作、人才培养与业务发展之间的良性互动机制，促进事业的科学发展。

1．加强科研工作的宏观管理。以实施国家文化科技提升计划为契机，加强公共图书馆科研工作的统筹规划和总体设计。加大对图书馆发展研究的投入力度，建立公益性行业（图书馆）科研专项，在国家科技经费中列出有关图书馆发展研究的相关课题。鼓励公共图书馆与各类型科研教育机构合作开展研究，建立相关的激励和保障机制，为公共图书馆结合实践开展科研工作创造有利条件。建立若干公共图书馆重点研究基地，开展以实践为导向的研究，将研究基地打造成公共图书馆事业战略发展的智囊机构、国际学术交流的前沿阵地、区域性公共图书馆管理与服务创新的试验田和新技术应用的孵化器。

2．加强事业发展重点领域研究。整合全国公共图书馆研究力量，围绕公共文化服务体系建设中公共图书馆的地位与作用、数字环境下公共图书馆转型与发展、公共图书馆服务模式、信息资源建设与管理、数字图书馆技术、图书馆标准规范、图书馆管理等重点领域开展深入研究。与国家公共文化服务体系建设示范区（项目）相结合，开展服务于事业发展的公共图书馆制度设计研究。

3．促进科学研究、人才培养与业务发展的有机结合。依托中国图书馆学会、全国图书馆标准化技术委员会、全国文献影像技术标准化技术委员会等平台，大力促进科研成果的转化、共享、推广与应用，重视科研成果的出版，推动业务与服务创新。加强科研成果在实际工作中的应用，使科研成果真正转化为现实生产力，发挥科研对事业发展的促进作用。促进科研工作、人才培养与业务发展三者的良性互动，通过科研工作促进人才培养与成长。

（九）加强人才队伍建设，为事业发展提供人才保障

把人才队伍建设作为图书馆创新服务的基础和关键，按照“存量优化、增量优选”的原则，以“人才资源优先开发、人才结构优先调整、人才投资优先保证、人才制度优先创新”为指导方针，结合我国公共图书馆的实际，探索能够有效发现人才、吸引人才、培养人才、留住人才、用好人才的体制机制，造就一支数量合理、结构优化、素质优良、有良好职业道德与服务能力的人才队伍。

1．重视人才的选拔、引进和任用。完善图书馆人才政策和措施，建立图书馆人才发展专项经费，采取各种措施吸引优秀人才进入公共图书馆。引导和鼓励高校毕业生到基层图书馆工作，鼓励各级公共图书之间开展多种形式的人才交流活动，提高基层队伍的素质和水平。加大对优秀中青年人才，特别是数字图书馆、古籍保护、特殊人群服务、信息

资源建设等重点领域领军人物的培养力度。建立健全基层图书馆管理人才选拔任用机制，完善人才公开聘任机制，建立人员录用考试机制。

2. 加强教育培训，提升队伍素质。完善图书馆在职人员继续教育体系，建立继续教育效果考核、评价机制。加强与图书情报教育机构的联系和合作，通过开展图书情报专业硕士培养等方式，鼓励图书馆从业人员接受专业断续教育。建立全国及区域性培训基地，对全国图书馆从业人员进行系统化、专业化的分层分类培训。逐步建立图书馆队伍培训长效机制，加强基层尤其是农村图书馆（室）从业人员的岗前培训，推进图书馆队伍培训规范化建设。

3. 建立健全人才评价和激励机制。探索实施对专业技术人才、技能人才、运行保障人才进行分类界定的方式，推进评价体系多元化。加快推进职称制度改革，完善专业技术职务任职评价方法。探索建立图书馆从业人员职业资格制度，结合地方实际情况，积极探索多样化的职业准入方式，在有条件的地区开展试点工作。建立以岗位绩效考核为基础的人员考核评价制度，健全领导干部考核评价机制。

4. 积极探索志愿者队伍建设。吸引社会人力资源以志愿者形式参与图书馆服务，成为专业队伍的有益补充。加强志愿者队伍的制度建设，探索和实践公共图书馆志愿者工作岗位的分类与界定，建立志愿者上岗的培训制度，保证志愿者岗位的服务质量，完善志愿者队伍管理制度。

（十）加强国内外交流与合作，进一步提升行业影响力和国际竞争力

以交流和吸收先进经验、拓展社会影响力和国际话语权为目标，以平等交流对话和广泛深入合作为手段，进一步扩大交流渠道，改进交流手段，深化交流内涵，提高交流质量，积极开创公共图书馆国内外交流合作新局面。

1. 加强国内合作。充分发挥中国图书馆学会等行业协会和区域性图书馆共享机制的作用，进一步加强公共图书馆之间以及公共图书馆与其他类型图书馆之间的交流与合作。加强图书馆联盟建设，重点以全国公共图书馆讲座联盟、全国公共图书馆展览联盟为平台，开展社会教育领域的合作。积极开展与港澳台地区图书馆的广泛联系与合作。

2. 拓展国际交流。加强与国际图联等国际组织的联系，鼓励和支持更多的图书馆参与国际学术交流活动，积极争取国际图联等国际组织常设基金对我国公共图书馆项目的资助。巩固和深化已有的交流与合作项目，策划新的国际交流合作项目，重点加强在古籍文献整理与保护、数字图书馆建设等方面的国际交流与合作。积极参与国家文化“走出去”战略，参与海外中国文化中心图书馆的建设，建设中华文化数字资源库群，通过网络向海外用户提供内容丰富多彩、形式生动鲜活的中华文化数字产品，不断增强中华优秀文化的辐射力与影响力。

四、保障措施

为确保全国公共图书馆事业“十二五”规划各项任务的落实，需要有必要的保障措施，主要包括建立健全组织保障、推进管理机制改革和完善经费保障机制。

（一）推动宏观管理体制机制改革创新，促进全国公共图书馆统筹协调发展

建立政府宏观管理、行业组织专业指导、公共图书馆法人治理的组织保障体系。积极转变政府职能，明确政府责任，实现政府对图书馆事业的宏观科学管理。加强图书馆行业组织建设，强化行业组织在事业发展中的专业指导和行业自律功能，探索建立政社分开、权责明确的公共图书馆行业管理体制。

（二）深化内部管理运行机制改革，激发公共图书馆事业的发展活力

以转换机制为手段，以增强活力为重点，以改善服务为宗旨，推进公共图书馆深化人事、收入分配和社会保障制度改革，建立公共图书馆法人治理结构。进一步转变观念，推进公共图书馆服务体系制度设计研究，探索与公共图书馆服务体系建设相适应的管理运行机制创新。立足现实，因地制宜地推广公共图书馆总分馆制。

（三）完善经费保障机制，促进公共图书馆事业持续稳定发展

围绕公共图书馆的基本职能，建立公共图书馆经费保障机制。将公共图书馆人员开支、资源购置、基本服务提供、数字图书馆建设、设施设备购置与维护等日常运行经费纳入各级财政预算，并逐步提高经费保障水平，以保证公共图书馆正常运转和可持续发展。建立免费开放经费保障机制，经费投入重点向中西部地区倾斜。探索建立公共文化多元化投入机制，拓宽经费来源渠道，大力吸引社会资金以多种方式投入到图书馆建设，逐步形成以政府投入为主、社会力量积极参与的多元化经费保障体系。建立经费投入的评价机制和监督机制，确保经费结

构科学合理，经费投入效益最大化。

（四）建立完善监督评估机制，强化服务标准考核

积极推动将公共图书馆建设与服务指标纳入科学发展考核评价体系，纳入各级文化行政主管部门的绩效考核体系。以绩效评估为手段，健全和完善监督机制，重点加强对专项资金和重大项目的监督考核机制。围绕全面提升各级公共图书馆建设水平和服务质量的要求，根据《公共图书馆建设标准》和《公共图书馆服务规范》的相关要求，进一步完善各级公共图书馆评估定级标准，建立健全各级公共图书馆的评估考核机制，将群众满意度纳入公共图书馆评价体系重要指标。

全国文化信息资源共享工程“十二五”规划纲要

全国文化信息资源共享工程（以下简称文化共享工程）是国家重大文化惠民工程，在我国公共文化服务体系建设中具有战略性、基础性地位。“十一五”期间，在党中央、国务院的正确领导下，在各级文化行政部门的大力推动下，文化共享工程建设取得了丰硕成果，覆盖城乡的服务网络基本建成，数字资源初具规模，技术平台日趋成熟，管理体系不断完善，初步实现了优秀文化信息资源在全国范围的共建共享。当前，文化共享工程已从共建进入到全面共享的发展阶段，面临着三个重要转变，即工作重点从侧重设施建设向侧重管理服务转变；建设方式从铺摊建点的规模化建设向专业化和品牌化转变；发展模式从单一化向社会化转变。为深入贯彻党的十八大及十七届六中全会精神，进一步推动“十二五”时期文化共享工程建设，切实保障人民群众的基本文化权益，推动社会主义文化大发展大繁荣，促进我国经济社会协调发展，编制本规划纲要。

一、指导思想与发展目标

（一）指导思想

以邓小平理论和“三个代表”重要思想为指导，深入贯彻落实科学发展观，坚持社会主义先进文化前进方向，以满足人民精神文化需求为出发点和落脚点，坚持公益性、基本性、均等性、便利性原则，坚持以政府为主导，以资源建设为核心，以技术支撑平台为保障，以共建共享为途径，面向基层、服务群众，努力实现优秀文化信息资源的全民共享。

（二）发展目标

在巩固完善文化共享工程基础设施建设基础上，丰富数字资源，扩展服务网络，优化技术平台，创新机制，完善管理，加强服务，提升效益，将文化共享工程建成资源丰富、传播高效、服务便捷、管理科学的公共数字文化品牌工程。到2015年，文化共享工程数字资源总量达到530百万兆字节；服务网络实现从城市到农村的全面覆盖，公共电子阅览室基本覆盖全国所有乡镇和街道、社区，入户率达到50%。

二、主要任务

（一）完善覆盖城乡的六级服务网络

继续以农村和中西部地区为重点，扩大覆盖，消除盲点，提高标准，完善文化共享工程国家、省、市、县（区）、乡镇（街道）、村（社区）六级服务网络。在各级文化馆、城市街道社区新建文化共享工程基层服务点。与公共文化服务示范区建设相结合，评选命名一批“文化共享工程•公共电子阅览室示范点”，发挥其在设施建设、管理与基层服务方面的示范作用，实现文化共享工程基层服务点建设的品牌化、科学化、规范化。

（二）推进文化共享工程进入居民家庭

紧密结合国家“三网融合”发展战略，加强与广播电视和信息产业等部门的合作共建，推广各地文化共享工程“进村入户”的先进经验，结合各地实际，通过直播卫星、互联网、通信网、有线（数字）电视、网络电视等多种方式，将文化共享工程的资源送入居民家庭。加强入户资源的建设与整合，完善相关技术标准、技术模式和制播流程，强化资源内容和节目播出的安全管理，确保入户资源的顺畅推送及节目编播的自主可控。

（三）实施“公共电子阅览室建设计划”

按照文化部、财政部印发的《“公共电子阅览室建设计划”实施方案》（文社文发〔2012〕5号）的要求，以未成年人、老年人、进城务工人员等特殊群体为重点服务对象，依托文化共享工程的服务网络和设施，与乡镇文化站建设、街道（社区）文化中心（文化活动室）建设以及中央文明办组织实施的“绿色电脑进西部”工程结合，与共青团中央、全国总工会、全国妇联等密切合作，组织实施“公共电子阅览室建设计划”。以乡镇、街道、社区为重点，提高配置标准，完善公共电子阅览室建设的设施条件。坚持建设、管理与服务并重，丰富公共电子阅览室的资源内容，完善技术支撑平台，健全管理制度，推进免费开放，加强惠民服务，努力构建

内容安全、服务规范、环境良好、覆盖广泛的公益性互联网服务体系。

（四）加强数字资源建设的统筹规划和管理

1. 建设公共数字文化资源基础库

以基层群众为对象，以服务和需求为牵引，大力建设体现社会主义核心价值、弘扬中华民族传统文化、关系文化民生的公共数字文化资源。深入研究基层群众的数字文化需求，研究制定《文化共享工程2013-1015年资源建设规划》，明确资源建设的目标、任务、分类体系、建设重点和建设方法，提高资源建设工作的整体水平。加大资源征集力度，确保资源增量。以文化艺术类、群众文化类、进城务工及农业科技类、生活服务类、少儿教育类等资源为重点，建设若干主题鲜明、体系完整、质量上乘、具备公共文化服务基础性的专题资源库，提高资源建设的系统性、针对性、实用性。贯彻落实中宣部有关文件精神，加强“红色历史文化”多媒体资源库的建设。统筹开展“中国戏曲多媒体资源库”等全国性资源建设项目的规划与实施。

2. 加强少数民族文化产品译制工作

重点整合译制藏语、维吾尔语、哈萨克语、蒙语、朝鲜语资源。在新疆维吾尔自治区、西藏自治区、内蒙古自治区、青海省、四川省、吉林省等建立少数民族语言资源建设中心，在文化共享工程国家中心组织协调下，开展相关少数民族语言数字资源的征集、整合、译制及服务工作，建设一批贴近少数民族群众生活、反映少数民族特色、帮助少数民族农牧民群众生产致富的数字文化资源。逐步丰富少数民族语言资源的种类。到2015年，建成藏汉、维汉、哈汉、蒙汉、朝汉等文化共享工程双语网站。

3. 推进数字资源共建共享

建立、完善文化共享工程资源建设标准规范体系，开展文化共享工程资源联合编目工作，编制文化共享工程资源总目录，推动文化共享工程全系统资源的共建共享。鼓励各省结合实际，采取灵活多样的办法，加强各省之间及本省范围内的资源共享。建设分布式数字资源共建共享系统，采用开放式、分级管理方式，实现数字资源的分布式加工、存储和元数据的统一管理以及跨库使用。建立数字资源异地灾备系统，实现数字资源的长期安全保存。

4. 建立健全资源建设机制

研究制定《文化共享工程资源建设管理办法》，全面提高资源建设的科学化、制度化、规范化水平。组建“文化共享工程资源建设领导小组”，加强对资源建设工作的组织领导，形成国家中心负责规划、统筹、指导，各省级分中心负责具体组织实施、市（县）级支中心共同参与的资源建设工作格局。组建“文化共享工程资源建设专家委员会”，充分发挥专家在资源建设规划、项目策划、方案实施、成果验收等方面的作用。建立健全资源建设的项目申报和立项审批机制，提高项目策划水平和建设质量。创新资源征集机制，加大对文艺院团、群艺馆、文化馆、美术馆、艺术院、博物馆等以及社会资源的征集力度，组织开展资源捐赠活动，鼓励机关事业团体、企业、个人向文化共享工程捐赠资源。探索建立资源使用效果的调查与反馈机制。

5. 切实做好资源的推送、揭示和服务

因地制宜，广开渠道，面向基层，加大资源的推送、更新、揭示和服务力度。制定《文化共享工程资源服务手册》，规范资源服务工作流程和管理。整合、开发、制作一批系列化的资源服务产品。按照中组部党员教育中心的要求，继续做好党员教育相关教材的制播工作。积极主动地向相关部门、企事业单位、社会组织等提供公益性资源服务。保护知识产权，妥善解决资源建设与服务中的版权问题。

（五）打造先进实用的技术支撑平台

1. 建设国家公共文化数字支撑平台

加强科研开发和应用的研究，采用云计算等最新适用技术，发挥文化共享工程基础设施作用和规模优势，建设管理统一、开放互动、共建共享的国家公共文化数字支撑平台，增强数字资源共享能力，提高数字资源的传播效率和信息基础设施的综合利用率，改善资源服务的针对性、便捷性和时效性，实现公共文化服务数字化评估管理，为提升文化共享工程服务效能、推动公共文化服务体系长效发展提供整体有效的数字化支撑。

2. 建设全国公共电子阅览室管理信息系统

运用先进技术手段，建立国家级公共电子阅览室建设管理平台，有效监督和管理全国各级公共电子阅览室的服务和使用情况，确保公共电子阅览室网络信息服务的安全，资源的及时更新以及服务导航的方便实用性，构建健康、文明的网络访问环境，杜绝反动、淫秽、暴力等不良信息的侵入和传播。

3. 建设公共文化信息服务门户

构建资源丰富、内容权威、基于现代新技术以全媒体数字文化服务新业态为主导的公共文化信息服务门户。建设国家、省、市、县/区四级分布式互联网网站群，打造“国家数字文化网”，满足基层群众多样化的网络文化信息需求。

（六）推动国家中长期人才培训计划的实施

1．开展国民信息素养教育培训

根据国家信息化发展战略确立的利用文化共享工程开展提高国民信息素养培训的要求，利用覆盖城乡的文化共享工程服务网络，通过建设与整合各类标准化、高质量的培训课件，因地制宜，有步骤、有组织地开展提高国民信息素养的教育培训。制作并翻译少数民族语言的培训课件，加大少数民族地区的培训力度。

2．推进农村实用人才和进城务工人员培训

根据《国家中长期人才发展规划纲要（2010—2020年）》和《关于进一步加强农民工文化工作的意见》要求，发挥文化共享工程服务网络优势，通过合作共建等方式推进基层服务品牌项目实施，大规模开展农村实用人才培养和进城务工人员培训。“十二五”期间，培训农村实用人才和进城务工人员1000万人次。

3．继续实施文化共享工程基层队伍培训

根据文化部《关于开展全国基层文化队伍培训工作的意见》和文化共享工程基层队伍培训工作规划，完善工程培训体系，提升远程培训能力，实现培训工作的科学化、规范化、常态化。按照分级负责、分类实施、全员学习的原则，培训各级各类工作人员500万人次。

（七）促进基层惠民服务品牌化专业化

1．创建“公共数字文化服务体验区”

围绕公共文化服务体系建设总体目标，依托文化共享工程服务网络及公共电子阅览室平台，以新思路、新技术、新产品、新内容为引导，着力推动公共文化服务与科技创新融合，试点推进、打造多种模式的集知识性、趣味性、互动性、娱乐性为一体的公共数字文化体验区，大幅度提升公共文化服务的吸引力、感染力。

2．构建“边疆万里数字文化长廊”

依托边疆地区文化共享工程基层服务网点和公共电子阅览室构建“边疆万里数字文化长廊”，通过提高边疆地区文化共享工程基层点和公共电子阅览室的覆盖率，改善边疆地区文化设施薄弱，基层群众、部队官兵的精神文化生活匮乏、单调的状况，增强文化实力。

3．联合打造基层惠民服务品牌

深入总结各地经验，大力推广“东方社区信息苑”、“数字文化讲师团”、“农文网培学校”、“市民艺术培训学校”、“戏曲动漫暨传统文化进校园”等服务模式，推动文化共享工程服务多样化、品牌化，不断满足基层群众“求知识、求富裕、求健康、求快乐”的需求。

4．广泛开展公共数字文化惠民服务

充分发挥文化共享工程基层服务点和公共电子阅览室阵地优势，结合国家重大事件、重要节日、假日和纪念日，策划开展持续时间长、参与人数多、举办规模大、对外影响广的公共文化服务活动，改进、丰富和加强公共数字文化惠民服务。

三、保障措施

（一）加强组织领导和管理机制创新

各级政府作为公共文化服务体系建设的领导者和组织者，要把文化共享工程纳入当地经济和信息化发展规划及创建文明城市、文明乡村的重要内容。各级文化主管部门要将文化共享工程纳入创建文化先进县（市）和乡镇的评比标准，并作为衡量当地文化事业发展的重要指标。文化共享工程各级单位，要在争取政策支持的同时，认真抓好各项任务的落实。要加强文化共享工程建设的制度设计，建立绩效评估体系，提高工程管理的科学化水平。

（二）争取财政持续加大投入

文化共享工程作为我国公共文化服务基础性、战略性工程，应积极争取中央财政投入，对文化共享工程运行保障、六级网络体系建设、资源建设、技术平台建设等给予经费支持，保障工程各项工作的顺利实施。通过补贴机制和奖励机制，对开展文化共享工程公益性服务和工作突出的地区和单位予以补贴和奖励，调动各地工作的积极性。各级地方财政要按照规划任务，确保配套资金的落实，同时结合本地实际，进一步加大对文化共享工程的投入力度。

（三）广泛开展共建共享

加大文化系统内的资源整合力度，争取由国家财政投入生产的文化产品向文化共享工程无偿提供。与教育、广电、信息产业、农业、科技、新闻出版等部门广泛合作，努力以免费或优惠的价格获取各系统的相关资源。建立捐赠人激励机制，对捐赠著作、资金、设备的个人、集体颁发荣誉证书，并协调相关部门，综合采取多项激励政策，鼓励和保护对公益性文化事业的捐助。

（四）健全人才队伍

加强文化共享工程各级中心的机构建设，建立文化共享工程人力资源支持保障体系，培养一支既具备较高技术素质和专业知识，掌握数字文化服务的基本理念，又能熟练运用数字文化服务技能的人才队伍。国家中心组织力量编制教材，面向省级分中心、地市（县）级支中心开办骨干培训班。各地组织本地区的培训工作，重点建设一批爱岗敬业、善于管理服务设施和组织基层文化服务项目的专业队伍。评选、表彰一批“文化共享之星”。把社会工作者、志愿者作为人才队伍建设的有机组成部分，切实做好人才配置工作。

（五）扩大宣传推广

提升高度、把握角度，下基层、接地气，找准切入点，突出宣传文化共享工程文化惠民的本质、特色和实效，以形成宣传推广品牌。积极发挥网站窗口作用，同时通过广播电视、平面媒体同步推送，参与组织举办主题晚会、制播公益广告及专题节目、开展知识竞赛等，进一步扩大文化共享工程的社会影响力。

文化部关于撤销2家单位国家级文化产业试验园区、国家文化产业示范基地命名的通知

文产函〔2013〕1751号

各省、自治区、直辖市文化厅（局），新疆生产建设兵团文化广播电视局：

经2013年度国家级文化产业示范（试验）园区考核和国家文化产业示范基地巡检，广东省广州北岸文化码头因当地规划调整导致项目建设终止，不再具备作为国家级文化产业试验园区的基本条件，根据《国家级文化产业示范园区管理办法》（试行）第二十条的规定，撤销其“国家级文化产业试验园区”命名；辽宁省大连普利文化产业基地已转向经营其他行业，不再具备作为国家文化产业示范基地的基本条件，根据《国家文化产业示范基地评选命名管理办法》第二十一条的规定，撤销其“国家文化产业示范基地”命名。

特此通知。

文化部

2013年12月25日

2013年度国家社会科学基金艺术学项目课题指南

《2013年度国家社会科学基金艺术学项目课题指南》的指导思想是：高举中国特色社会主义伟大旗帜，以邓小平理论、“三个代表”重要思想、科学发展观为指导，深入学习宣传贯彻党的十八大精神，坚持解放思想，实事求是，与时俱进，坚持以重大现实问题为主攻方向，坚持基础研究与应用研究并重，努力构建艺术科学体系，为党和国家工作大局服务，为推动社会主义文化大发展大繁荣、建设社会主义文化强国服务。

申报2013年度国家社会科学基金艺术学项目，要围绕党的十八大确立的重大理论观点、重大方针政策、重大工作部署，紧密联系我国改革开放与中国特色社会主义建设特别是文化艺术建设实践，以重大理论和现实问题为中心，坚持基础研究和应用对策研究相结合，推进、完善中国特色社会主义艺术科学体系建设，深化、拓展我国文化建设实践中的重大现实问题研究，着力推出代表国家水平的艺术科学研究成果。

为进一步突出重点，针对我国艺术科学各门类学科理论体系建设中的薄弱环节、我国文化建设中亟待研究回答的重大理论与实践问题，本《课题指南》确定了若干重点领域和优先研究方向（以*标注），为全国艺术科研机构、科研人员和社会各界有关人士提供研究参考，具备相应学术积累、学术资源和研究实力的申请者可在相关的范围和方向下自行拟定题目，其中优先研究方向的申报课题一经获准立项，可根据研究工作的实际需求，适度放宽资助额度。基础研究要具有创新性和开拓性，应用研究要具有现实性、针对性和时效性；鼓励艺术科学体系建设重要领域、方向与我国文化建设重大现实问题研究的集体攻关项目，鼓励这些研究领域与方向中优势学术资源的整合；努力推动传统学科、新兴学科和交叉学科健康发展，力求居于学科前沿，避免低水平重复。除重要的基础研究外，鼓励以高水平的论文和研究报告作为最终研究成果进行申报。

为切实提高规划水平和研究水平，2013年度国家社会科学基金艺术学项目的评审立项要与学科建设、队伍建设、基地建设、人才培养及科研结构调

整、合理布局结合起来，加强协同攻关，加强整合创新。在选题上应注意处理好几个方面的关系：

1. 注意处理好总结历史、研究现实以及准确把握未来三者之间的关系，努力使研究项目体现出科学性、时代性与前瞻性。

2. 注意处理好理论和实践统一的关系，防止理论与实践脱节的倾向。

3. 注意处理好共性与个性的关系，既要认真开展对当前艺术学发展有普遍指导意义的课题研究，也要针对本学科领域和本地区存在的特殊问题，深入开展个案研究和实证性研究。

4. 在数量和质量上注意做到缩短战线，控制规模，注重立项课题的质量，杜绝低水平重复选题，切实提高全国艺术科学研究的整体水平。

5. 在研究方法上，提倡运用现代科技手段，提倡定性研究与定量研究、理论研究与实证研究相结合，实现研究方法的科学性、规范性和严谨性。

根据突出重点、兼顾一般、控制规模、提高质量的要求，本年度项目将对我国文化建设实践中的重大现实问题研究给予重点关注，推出一批有代表性和重要社会影响的应用对策研究项目，以充分发挥项目的决策咨询功能，更好地为社会主义文化建设大局服务。同时，对在学科建设方面具有填补空白意义的基础理论研究、民族民间艺术研究等集体攻关课题以及边远贫困地区和少数民族地区特别是西部地区艺术研究给予一定倾斜。

一、艺术基础理论研究

马克思主义艺术学研究*
中国艺术学方法论研究
中国艺术史观与方法研究
中国传统艺术分类体系研究
中国现代艺术体系研究
中国近现代艺术史研究
地方艺术史研究
新中国成立以来艺术发展研究
新时期艺术理论、艺术学发展研究
艺术社会学研究
艺术创造与艺术心理学研究
艺术文化学研究
艺术人类学基础理论研究
20世纪重要艺术理论家研究
口述艺术史资料整理研究
中国现当代艺术批评研究
艺术学新兴、交叉学科发展状况及学科建设研究*
中国当前文艺热点与前沿问题研究*
中国艺术与世界艺术发展关系研究
西方现当代艺术理论与批评研究

二、戏剧（含曲艺、木偶、皮影、杂技、魔术）研究

中国戏曲表演艺术研究*
中国戏曲作曲及演奏技法研究
当代戏剧导演与编剧研究
中国各剧种史论研究
中国戏剧史断代研究
中国戏剧口述史研究
中国戏剧演出史研究
中国戏剧批评通史研究
地方剧种文献文物整理与研究
中国戏剧（戏曲、曲艺、木偶、皮影、杂技、魔术）艺术家、剧本研究及影像信息资料数据库建设
戏曲艺术传承方式与发展路径研究
中国现当代话剧观念与小剧场发展研究
中国舞台剧的叙述模式研究
音乐剧研究
当代戏剧舞台美术研究
景观演出研究
中国剧场演出院线体系研究
戏剧受众与文化影响研究*
戏剧传播途径研究
中国地方曲种研究*
曲艺老艺人口述史研究
濒危曲种保护与传承研究
民间曲艺发展问题的对策研究
木偶戏、皮影戏、杂技、魔术史论研究

三、电影、广播电视及新媒体艺术研究

中国电影通史研究*
中国电影评论史研究
中国电影、电视剧、动画创作现状与传播方式研究*
电影叙事研究
电影观众心理学研究
电影、电视剧导演与表演艺术家研究
电影、电视剧批评及其价值取向研究

电影数字艺术与技术创新研究
当代电视娱乐栏目的价值取向研究
电影、电视艺术作品的文化价值观研究
电影、电视发展与国家文化政策研究*
电影体制改革与创新机制研究
中国电影海外市场竞争策略可行性研究
我国电影、动漫产业现状与发展研究
电影院线建设与影院运营研究
农村电影研究
中外电影比较研究
外国电影研究
新媒体艺术研究
广播艺术研究

四、音乐研究

音乐史学理论研究
中国近现代音乐史研究
中国传统音乐美学研究*
中国传统音乐乐器学研究*
中国少数民族传统音乐中的知识体系研究
区域音乐研究
音乐社会学研究
音乐文献文物资料整理及数字化标准研究
20世纪各区域音乐史料搜集整理与研究
20世纪中国音乐家研究
中国当代音乐作品与作曲家研究
多元文化背景下中国当代音乐发展研究*
中国歌剧创作研究
中国音乐产业发展研究
音乐剧制作研究
新媒体音乐研究
广播影视音乐研究
音乐传播研究
社会音乐文化建设研究
当代西方音乐发展研究

五、舞蹈研究

中国舞蹈文化史研究*
中国民间舞蹈研究
中国少数民族舞蹈研究
中国现当代舞蹈发展研究
中国当代舞剧理论与实践研究
舞蹈编导学研究
当代舞蹈的表演艺术体系研究
舞蹈批评学研究
区域舞蹈研究
舞蹈记录方式数字化研究
舞蹈社会功能研究*
舞蹈文化产业研究
舞蹈市场运行研究
中国舞蹈的国际传播研究*

六、美术研究

中国美术史专题研究
中国雕塑史研究
中国古代书画著录研究
中国古代绘画的调查、整理与研究*
民间美术传承人口述史研究
民间美术传统技艺研究
中国少数民族美术研究
中国当代美术发展现状研究
中国书籍装帧与插图创作现状研究
信息技术在美术领域中的应用研究
美术批评研究
美术年展现状、问题与对策研究
美术馆博物馆的社会功能研究
中国当代书法艺术研究
摄影艺术研究
艺术品消费行为与消费模式研究*
当代中国艺术品市场现状、问题与对策研究
中外美术交流与比较研究
中外艺术品市场政策法规比较研究*
外国美术史专题研究

七、设计艺术研究

中国设计艺术史研究
中国设计思想研究
中国染织设计历史与方法研究
区域文化与设计文化形态研究
20世纪中国著名设计艺术家研究
当代中国设计艺术理论与实践研究*
节约型社会的设计理论与实践研究
设计艺术批评研究
设计艺术与社会心理研究
当代设计艺术与传统工艺美术产业研究
设计艺术在文化创意产业发展中的地位研究*

当代中国文化会展（博览会）中的艺术设计实践研究
中国民族服装服饰的当代发展研究
城市发展与规划设计研究
环境艺术研究
交互设计研究
中外设计艺术及其产业竞争力的比较研究*

八、艺术文化综合研究

中国特色社会主义文化制度研究
小康社会的文化建设目标研究*
中国文化安全体系构建研究*
文化领域主要统计指标体系研究
社会主义市场经济条件下文化艺术的分类管理研究
我国大众文化消费结构调查与研究
我国农村群众文化需求调查与研究
我国公共文化服务体系建设保障机制研究
激发我国公民艺术创造活力的体制机制和政策研究
当代文化发展繁荣与文化立法的关系研究
艺术生产评价体系研究
文化产业发展方式转变与创新研究
文化艺术赞助机制及政策研究
我国文化产业投融资体系建设研究
特色文化产业研究
全国艺术院团建设标准与评估体系研究
国有表演艺术院团体制改革现状调查与研究
国有文化资产管理体制与运营方式研究
公益性文化事业单位体制机制研究
民营艺术表演团体现状调查与研究
国有文化企业法人治理结构及经营管理机制研究
艺术资源信息库建设与应用研究
艺术产品的产权交易研究
文化市场监管体制机制建设研究
网络文化发展对社会文化生活的影响研究
新媒体时代的文化管理体系创新研究*
非物质文化遗产保护与传承研究
我国文化艺术行业的人才队伍现状与对策研究
文化与科技融合视域下的文化产业发展路径研究
国际艺术节的运作模式及促进社会发展的作用研究
我国艺术产品的国际传播与国际贸易研究
世界各国文化法律、文化政策比较研究
世界文化思潮及文化热点问题研究
（*为优先研究方向）

索　引
INDEX

汉语拼音索引

D

E

F

G

K

L

M

N

O

P

R

S

T

W

X

Y

Z

数字索引

标点符号索引